SCHÄFFER
POESCHEL

Manfred Steiner / Christoph Bruns

Wertpapiermanagement

Professionelle Wertpapieranalyse und
Portfoliostrukturierung

8., überarbeitete und erweiterte Auflage

2002
Schäffer-Poeschel Verlag Stuttgart

Verfasser:

Prof. Dr. Manfred Steiner
Lehrstuhl für Finanz- und Bankwirtschaft
Universität Augsburg

Dr. Christoph Bruns
Unabhängiger Vermögensverwalter
Chicago / USA

Die Deutsche Bibliothek – CIP-Einheitsaufnahme
Ein Titeldatensatz für diese Publikation ist bei
Der Deutschen Bibliothek erhältlich.

Gedruckt auf säure- und chlorfreiem, alterungsbeständigem Papier.

ISBN 3-7910-1992-9

Dieses Werk einschließlich aller seiner Teile ist urheberrechtlich geschützt. Jede Verwertung außerhalb der engen Grenzen des Urheberrechtsgesetzes ist ohne Zustimmung des Verlages unzulässig und strafbar. Das gilt insbesondere für Vervielfältigungen, Übersetzungen, Mikroverfilmungen und die Einspeicherung und Verarbeitung in elektronischen Systemen.

© 2002 Schäffer-Poeschel Verlag für Wirtschaft · Steuern · Recht GmbH & Co. KG
www.schaeffer-poeschel.de
info@schaeffer-poeschel.de
Druck und Bindung: Ebner&Spiegel GmbH, Ulm
Printed in Germany
September / 2002

Schäffer-Poeschel Verlag Stuttgart
Ein Tochterunternehmen der Verlagsgruppe Handelsblatt

Vorwort zur achten Auflage

Die achte Auflage hat wieder zahlreiche Erweiterungen und Ergänzungen, ausgelöst durch aktuelle Veränderungen, erfahren. So bewirkte die Kursentwicklung am Neuen Markt in Wissenschaft und Praxis eine verstärkt kritische Beschäftigung mit der Hypothese informationseffizienter Kapitalmärkte. Dieser Entwicklung wird in der Neuauflage durch Darstellung wesentlicher Elemente der Diskussion um Effizienz oder Ineffizienz und der daraus folgenden Konsequenzen Rechnung getragen. Auch Ziele und Instrumente von Investor Relations wurden einbezogen.

Im Bereich der Fundamentalanalyse von Aktien wurde eine Ausweitung der Ausführungen zu Cashflow- und Ertragsprognosen, auch durch Einbeziehung von Beispielen, vorgenommen. Dem neuen Steuerrecht wurde Rechnung getragen und so insbesondere das „Halbeinkünfteverfahren" bei der Besteuerung von Dividendenerträgen eingearbeitet. Auch bei strukturierten Produkten erfolgte eine Erweiterung der Ausführungen. So wird eine intensivere Darstellung von Aktienanleihen (Equity linked bonds) geboten und ihre Bewertung durch das relevante Duplikationsportfolio anhand eines Beispiels erläutert.

Eingearbeitet wurden auch zu erwartende Veränderungen im Wertpapierbereich durch die Umsetzung von Basel II, der neuen Vereinbarung zur Eigenkapitalunterlegung von Risikopositionen bei Kreditinstituten. Da als eine der Auswirkungen ein sich verstärkender Handel von Kreditrisiken gesehen wird, ist ein neuer Abschnitt über „Kreditderivate" in das Buch aufgenommen worden. Im Bereich der Anleihen wurden Ausführungen über die „Key Rate Duration" neu aufgenommen.

Erhebliche Erweiterungen erfolgten auch im Bereich der Optionen. Aufbauend auf dem beobachtbaren Volatility Smile wird dargestellt, inwieweit die Marktpreise von Optionen mit dem Standardbewertungsmodell von Black und Scholes kompatibel sind. Die Ursachen für Abweichungen zwischen den Marktpreisen und den Modellpreisen nach Black/Scholes werden aufgezeigt. Auch der Bereich der Exotischen Optionen wurde komplett überarbeitet und erweitert. Die institutionellen Gegebenheiten, wie z.B. die Eurex-Produktspezifikationen, wurden aktualisiert. In einem neu eingefügten Abschnitt werden „Optionen auf einen Swap", insbesondere „Swaptions", näher beschrieben.

Wir danken allen Lesern, die durch ihre Anregungen zur Verbesserung des Buches beigetragen haben. Für die Mitarbeit an dieser Auflage danken wir Herrn Dipl.-Math.oec *Bernhard Brunner*, Herrn Dr. *Leonhard Grünwald*, Herrn Dipl.-Kfm. *Wolfgang Mader*, Herrn Dipl.-Math.oec *Gerhard Schweimayer*, Herrn Dipl.-Kfm. *Nikolaus Starbatty*, Herrn Dipl.-Kfm. *Matthias Wagatha*, Herrn Dipl.-Math.oec *Christian Wenninger*, Herrn Dr. *Martin Wallmeier*, sowie für die redaktionellen Arbeiten Frau *Christine Schuster*. Unser besonderer Dank gebührt Herrn Dipl.-Kfm. *Christoph Hesselmann*, der sehr intensiv und mit großer Sorgfalt an der Überarbeitung der 8. Auflage mitgewirkt hat.

Augsburg und Frankfurt, Juni 2002   *Manfred Steiner*   *Christoph Bruns*

Vorwort zur ersten Auflage

Wertpapiere gewinnen im Rahmen der Vermögensanlage seit Jahren an Bedeutung. Einhergehend mit dem gewachsenen Interesse an den zahlreichen Varianten der Wertpapieranlage ist auch die Entwicklung von z. T. anspruchsvollen Techniken der Wertpapierauswahl erheblich vorangeschritten. Neben der Wertpapieranalyse, die Methoden zur Beurteilung von Wertpapieren anbietet, tritt besonders der Gedanke des strukturierten Wertpapiermanagements in den Vordergrund. In seiner weiten Fassung beinhaltet der Begriff des Wertpapiermanagements den kompletten Prozeß der Vermögensallokation. Mithin gehört neben der Festlegung der strategischen und taktischen Anlageziele, der notwendigen Informationsbeschaffung, der Portfoliostrukturierung und ggf. -Revision auch die unter dem Begriff Performance-Messung bekannte Erfolgskontrolle zum Spektrum des Wertpapiermanagements.

Modernes Wertpapiermanagement spielt sich heute vor einem breiten theoretischen Hintergrund ab. Durch die Finanzierungstheorie sind maßgebliche und zugleich praxisrelevante Konzepte im Bereich des Wertpapiermanagements entwickelt worden, so z. B. die Portfoliotheorie von Markowitz oder die Optionsbewertung nach Black und Scholes. Gerade die adäquate Berücksichtigung des Risikos von Wertpapieranlagen hat ihren Ursprung in der modernen Finanzierungstheorie. Im Gefolge dieser Entwicklungen ist die Bedeutung der Einzelanlage im Sinne eines 'Stock Picking' inzwischen zugunsten des Portfoliogedankens in den Hintergrund getreten.

Das vorliegende Werk versucht daher einen umfassenden Überblick über die Techniken und Verfahren der strukturierten Portfoliobildung, des Risikomanagements von Wertpapieren, der Wertpapieranalyse und der sachgerechten Beurteilung des Anlageerfolges zu geben. Um der Komplexität der genannten Themenbereiche Rechnung zu tragen, ist das Buch in neun Kapitel gegliedert. Obwohl jedes dieser neun Kapitel als eigenständig verständliches Modul angesehen werden kann, zieht sich ein roter Faden durch das Werk. Aufbauend auf den theoretischen Grundlagen des Wertpapiermanagements in Kapitel 1 wird im zweiten Kapitel eine ausführliche Darstellung der Wertpapierportfoliobildung gegeben. Neben einer einführenden Diskussion relevanter Rendite- und Risikomaße steht dabei die detaillierte Erläuterung und kritische Beurteilung der Asset Allocation im Mittelpunkt. Der überwiegende Teil des Werkes ist auch ohne vertiefte Kenntnisse der in Kapitel 1 dargestellten Theorien lesbar. In Kapitel 3 werden die grundlegenden Prinzipien und praxisrelevanten Verfahren der Optionsbewertung erörtert. Hierauf aufbauend erfolgt in Kapitel 4 die Beschreibung von Portfolio Insurance-Konzeptionen. Anschließend werden in den Kapiteln 5, 6 und 7 Analysetechniken der wichtigsten Wertpapierarten behandelt. Während Anleihen und Aktien jeweils ein eigenes Kapitel gewidmet ist, werden Optionsscheine und sonstige Wertpapiere - wie z.B. Genußscheine oder Indexanleihen - gemeinsam im Kapitel 7 dargestellt. Hier findet sich auch die Erörterung zahlreicher Finanzinnovationen, die in den letzten Jahren kreiert wurden.

Modernes Wertpapiermanagement ist heutzutage nicht ohne den Einsatz von Terminmarktinstrumenten denkbar. Aus diesem Grund, und weil mit der DTB inzwischen auch in Deutschland eine leistungsfähige Terminbörse existiert, steht das Kapitel 8 ganz im Zeichen von Futures und Optionen. Dabei nimmt insbesondere die Darstellung der Anwendungsmöglichkeiten der genannten Instrumente breiten Raum ein. Das letzte Kapitel des Buches ist folgerichtig der Performance-Messung vorbehalten. Dieser kommt die sachgerechte Beurteilung des Anlageerfolges zu.

Hinsichtlich der anwendungsorientierten Darstellung wurde große Sorgfalt auf die gute Nachvollziehbarkeit der beschriebenen Sachverhalte gelegt. Zahlreiche Rechenbeispiele und Graphiken sind zur Verdeutlichung der Inhalte im Text enthalten. Daneben gewährleistet das umfangreiche Stichwortverzeichnis einen raschen Zugriff auf den Leser interessierende Themen. Daran wird ersichtlich, daß gerade auch Praktiker, wie z.B. Portfoliomanager, Finanzanalysten und Börsenmakler, aber auch Mitarbeiter in den Finanz- und Wertpapierabteilungen bei Banken und Unternehmen, leicht Zugang zu der dargestellten Materie finden sollten. Ferner wendet sich das Werk an Studierende der BWL, insbesondere in den Spezialisierungen Bankbetriebslehre und Finanzierungslehre. Schließlich können sich auch interessierte Privatanleger durch das Buch angesprochen fühlen.

Münster, Juli 1993   *Manfred Steiner*   *Christoph Bruns*

Inhaltsübersicht

1 Theoretische Grundlagen des Wertpapiermanagements 1
    1.1 Überblick 1
    1.2 Portfoliotheorie 7
    1.3 Kapitalmarkttheorie 21
    1.4 Marktmodell 37
    1.5 Kapitalmarkteffizienz 41

2 Asset Allocation 51
    2.1 Performance als Zielgröße der Asset Allocation 51
    2.2 Die dreistufige Konzeption der Asset Allocation 79
    2.3 Implementierungsbeschränkungen der Asset Allocation 125
    2.4 Beurteilung der Asset Allocation Konzeption 133

3 Anleihebewertung und -management 135
    3.1 Anleihetypologie 135
    3.2 Anleihebewertung 140
    3.3 Anleihemanagement 201

4 Aktienbewertung und -management 205
    4.1 Aktienarten und -marktsegmente 205
    4.2 Aktien- und Volatilitätsindizes 215
    4.3 Dividendenbesteuerung 225
    4.4 Einzelwertorientierte Aktienanalyse 227
    4.5 Portfolioorientierte Aktienanalyse 304
    4.6 Aktienmanagement 312

5 Optionspreistheorie 317
    5.1 Optionstypologie 317
    5.2 Aktienoptionsbewertung 320
    5.3 Devisenoptionsbewertung 378
    5.4 Bewertung von zinsabhängigen Optionen 380

6 Portfolio Insurance 399
    6.1 Grundkonzept der Portfolio Insurance 399
    6.2 Portfolio Insurance Strategien für Aktienportfolios 402
    6.3 Portfolio Insurance Strategien für Anleiheportfolios 417
    6.4 Beurteilung des Portfolio Insurance Konzeptes 418

7 Bewertung von Optionsscheinen und sonstigen Anlageinstrumenten 421
    7.1 Optionsscheine 421
    7.2 Sonstige Anlageinstrumente 442

8 Termingeschäfte 453
    8.1 Futures 455
    8.2 Optionen 516
    8.3 Swaps 575
    8.4 Kreditderivate 584

9 Performance-Messung und -Attribution 595
    9.1 Performance-Messung 595
    9.2 Performance-Attribution 615

Inhaltsverzeichnis

Vorwort V
Inhaltsübersicht IX
Abbildungsverzeichnis XXI
Tabellenverzeichnis XXVII

1 Theoretische Grundlagen des Wertpapiermanagements 1
   1.1 Überblick 1
   1.2 Portfoliotheorie 7
      1.2.1 Das Portfolio-Selection-Modell von Markowitz 7
         1.2.1.1 Modelldarstellung 7
         1.2.1.2 Modellkritik 14
      1.2.2 Das Indexmodell von Sharpe 16
         1.2.2.1 Modelldarstellung 16
         1.2.2.2 Modellkritik 20
      1.2.3 Kritische Würdigung der Portfoliotheorie 20
   1.3 Kapitalmarkttheorie 21
      1.3.1 Capital Asset Pricing Model (CAPM) 22
         1.3.1.1 Modelldarstellung 22
            1.3.1.1.1 Die Kapitalmarktlinie 22
            1.3.1.1.2 Die Wertpapierlinie 25
            1.3.1.1.3 Das Multi-Beta-CAPM 28
         1.3.1.2 Modellkritik 29
      1.3.2 Arbitrage Pricing Theory (APT) 30
         1.3.2.1 Modelldarstellung 31
         1.3.2.2 Modellkritik 34
      1.3.3 Kritische Würdigung der Kapitalmarkttheorie 35
   1.4 Marktmodell 37
      1.4.1 Modelldarstellung 37
      1.4.2 Modellkritik 40
   1.5 Kapitalmarkteffizienz 41
      1.5.1 Hypothesendarstellung 41
      1.5.2 Implikationen von Kapitalmarkteffizienz 43
      1.5.3 Beurteilung der Kapitalmarkteffizienz 44

2 Asset Allocation 51
   2.1 Performance als Zielgröße der Asset Allocation 51
      2.1.1 Rendite 52
      2.1.2 Risiko 55
         2.1.2.1 Risikoarten 56
            2.1.2.1.1 Unsystematische Risiken 56
            2.1.2.1.2 Systematische Risiken 57

2.1.2.2 Risikomaße 58
  2.1.2.2.1 Volatilität 58
  2.1.2.2.2 Ausfallwahrscheinlichkeit 64
  2.1.2.2.3 Betafaktor 66
  2.1.2.2.4 Residualvolatilität 68
  2.1.2.2.5 Korrelationskoeffizient 70
  2.1.2.2.6 Tracking Error 72
 2.1.3 Nebenbedingung Liquidität 75
 2.1.4 Zeiteffekte der Performance 76
2.2 Die dreistufige Konzeption der Asset Allocation 79
 2.2.1 Schaffung der Datenvoraussetzungen 81
  2.2.1.1 Datenprognosen 81
   2.2.1.1.1 Konjekturale Prognosen 82
   2.2.1.1.2 Strukturmodellgestützte Prognosen 85
   2.2.1.1.3 Zeitreihengestützte Prognosen 85
  2.2.1.2 Datenaufbereitung 89
 2.2.2 Generierung effizienter Portfolios mittels Diversifikation 89
  2.2.2.1 Strategische Asset Allocation 90
   2.2.2.1.1 Assetklassendiversifikation (Asset Allocation i.e.S.) 91
   2.2.2.1.2 Länderdiversifikation (Country Allocation) 95
   2.2.2.1.3 Währungsdiversifikation (Currency Allocation) 100
  2.2.2.2 Taktische Asset Allocation 109
   2.2.2.2.1 Branchen-/Schuldnerklassen-/Laufzeitendiversifikation 109
   2.2.2.2.2 Titeldiversifikation 111
 2.2.3 Anlegerindividuelle Portfolioauswahl 119
  2.2.3.1 Theoretischer Ansatz: Nutzenfunktionen 120
  2.2.3.2 Praktischer Ansatz: Risikoklassen 124
2.3 Implementierungsbeschränkungen der Asset Allocation 125
 2.3.1 Depotgrößenproblematik 126
 2.3.2 Währungsproblematik 128
 2.3.3 Transaktionskosten- und Steuerproblematik 129
 2.3.4 Inflationsproblematik 129
 2.3.5 Anlagerichtlinienproblematik 131
 2.3.6 Timingproblematik 131
 2.3.7 Portfoliorevisionsproblematik 132
2.4 Beurteilung der Asset Allocation Konzeption 133

3 Anleihebewertung und -management 135
3.1 Anleihetypologie 135
 3.1.1 Anleihen mit fester Verzinsung 135
 3.1.2 Anleihen mit variabler Verzinsung 137
3.2 Anleihebewertung 140
 3.2.1 Present Value-Bestimmung 140
 3.2.2 Effektivzinsbestimmung 143
 3.2.3 Zinsstrukturkurven 148

XIII

    3.2.4 Net Present Value-Bestimmung unter Berücksichtigung von Zinsstrukturkurven 152
        3.2.4.1 Zerobondeffektivverzinsungen (Spot Rates) 152
        3.2.4.2 Forward Rates 154
    3.2.5 Duration 157
    3.2.6 Konvexität 163
    3.2.7 Effective Duration 166
    3.2.8 Key Rate Duration 167
    3.2.9 Steuerliche Bewertungsmaßstäbe 170
    3.2.10 Bewertung spezieller Anleiheformen 173
        3.2.10.1 Zerobonds 173
        3.2.10.2 Reverse Floating Rate Notes 177
        3.2.10.3 Optionsanleihen 178
        3.2.10.4 Wandelanleihen 179
        3.2.10.5 Aktienanleihen 180
        3.2.10.6 Kombizins- bzw. Gleitzinsanleihen 183
    3.2.11 Rating 186
        3.2.11.1 Entwicklungen am deutschen Finanzmarkt 188
        3.2.11.2 Der Markt für Rating-Agenturen 189
        3.2.11.3 Abbau von Kapitalmarktfriktionen 191
        3.2.11.4 Ratings als Grundlage für Investitionsentscheidungen 192
        3.2.11.5 Ratings als Stabilisierendes Element der Gesamtwirtschaft 192
        3.2.11.6 Externe Ratings zur Unterstützung des Kreditvergabeprozesses 193
            3.2.11.6.1 Steigerung der Transparenz 193
            3.2.11.6.2 Unterstützendes Element im Kreditvergabeprozess 193
            3.2.11.6.3 Überwindung der Moral Hazard-Problematik 194
            3.2.11.6.4 Kreditvergabe und Basel II 195
    3.2.12 Quantitative Verfahren zur Bonitätsprüfung 195
  3.3 Anleihemanagement 201

4 Aktienbewertung und -management 205
  4.1 Aktienarten und -marktsegmente 205
  4.2 Aktien- und Volatilitätsindizes 215
    4.2.1 DAX 215
    4.2.2 MDAX 218
    4.2.3 DAX 100 219
    4.2.4 SMAX-All-Share-Index und SDAX 219
    4.2.5 Neuer Markt und Neuer Markt Blue Chip Index 220
    4.2.6 CDAX 220
    4.2.7 Volatilitätsindizes 222
  4.3 Dividendenbesteuerung 225
  4.4 Einzelwertorientierte Aktienanalyse 227
    4.4.1 Random Walk-Hypothese 227
    4.4.2 Fundamentalanalyse 228
        4.4.2.1 Globalanalyse 231
        4.4.2.2 Branchenanalyse 236

4.4.2.3 Unternehmensanalyse 239
  4.4.2.3.1 Dividenden- und Gewinndiskontierung 241
  4.4.2.3.2 Discounted Cash Flow (DCF)-Verfahren 245
    4.4.2.3.2.1 Systematisierung, Annahmen und
               Cash Flow-Ermittlung..245
    4.4.2.3.2.2 WACC-Methode bei unternehmens-
               wertabhängiger Finanzierung 249
    4.4.2.3.2.3 APV-Ansatz bei autonomer Fremdfinanzierung..252
    4.4.2.3.2.4 Equity-Methode..254
    4.4.2.3.2.5 Zur Berücksichtigung von Steuern in der
               Unternehmensbewertung 255
  4.4.2.3.3 EVA-Konzept..257
  4.4.2.3.4 Bewertung anhand von geschätzten Gewinnen.................263
  4.4.2.3.5 CFROI..265
  4.4.2.3.6 Multiplikatorverfahren und einfache
           Bewertungskennzahlen...267
4.4.3 Technische Analyse 272
  4.4.3.1 Darstellungsformen der technischen Analyse 272
    4.4.3.1.1 Liniencharts 273
    4.4.3.1.2 Balkencharts 274
    4.4.3.1.3 Point & Figure-Charts..275
    4.4.3.1.4 Candlestick-Charts..276
  4.4.3.2 Gesamtmarktanalyse 277
    4.4.3.2.1 Die Dow Theorie 277
    4.4.3.2.2 Advance-Decline-Linie...279
    4.4.3.2.3 Unterstützungs- und Widerstandslinien 280
    4.4.3.2.4 Elliot-Wellen-Theorie...281
    4.4.3.2.5 Gleitende Durchschnittslinien..283
    4.4.3.2.6 Momentum..284
    4.4.3.2.7 Trendlinien und -kanäle 286
    4.4.3.2.8 Sonstige Chartindikatoren 287
  4.4.3.3 Einzelwertanalyse..288
    4.4.3.3.1 Relative Stärke..289
    4.4.3.3.2 Filterregeln 290
    4.4.3.3.3 Chart-Formationen..291
4.4.4 Neuere Bewertungsansätze 295
  4.4.4.1 Bubbles...295
  4.4.4.2 Neuronale Netze 296
  4.4.4.3 Chaostheorie 302
4.5 Portfolioorientierte Aktienanalyse 304
  4.5.1 Quantitative Analyse..304
  4.5.2 Anwendung von Einfaktormodellen 306
    4.5.2.1 Marktmodell 306
    4.5.2.2 CAPM..308
  4.5.3 Anwendung von Mehrfaktorenmodellen..310
4.6 Aktienmanagement 312

		4.6.1	Aktives Management	312

	4.6.2 Passives Management	314

5 Optionspreistheorie ... 317
5.1 Optionstypologie ... 317
5.2 Aktienoptionsbewertung ... 320
5.2.1 Grundlagen der Optionsbewertung ... 321
5.2.2 Das Binomialmodell ... 324
5.2.2.1 Bewertung von Kaufoptionen (Calls) ... 324
5.2.2.1.1 Der Einperiodenfall ... 324
5.2.2.1.2 Der Mehrperiodenfall ... 330
5.2.2.2 Bewertung von Verkaufsoptionen (Puts) ... 337
5.2.2.2.1 Europäischer Put ... 337
5.2.2.2.1.1 Der Einperiodenfall ... 337
5.2.2.2.1.2 Der Mehrperiodenfall ... 340
5.2.2.2.2 Amerikanischer Put ... 343
5.2.2.3 Die Put-Call-Parität ... 345
5.2.3 Das Black & Scholes-Modell ... 346
5.2.3.1 Bewertung von Kaufoptionen (Calls) ... 347
5.2.3.2 Bewertung von Verkaufsoptionen (Puts) ... 353
5.2.3.3 Modellerweiterung durch Dividendenberücksichtigung ... 354
5.2.3.3.1 Dividendenberücksichtigung bei europäischen Optionen .. 355
5.2.3.3.2 Dividendenberücksichtigung bei amerikanischen Optionen ... 358
5.2.3.4 Sensitivitätskennzahlen des Black & Scholes-Modells ... 360
5.2.3.4.1 Delta ... 360
5.2.3.4.2 Gamma ... 362
5.2.3.4.3 Omega ... 364
5.2.3.4.4 Rho ... 365
5.2.3.4.5 Theta ... 367
5.2.3.4.6 Vega ... 369
5.2.3.5 Inputdatenbestimmung ... 373
5.2.4 Übergang des Binomialmodells in das Black & Scholes-Modell ... 374
5.2.5 Empirische Überprüfung des Black & Scholes-Modells: Der Smile-Effekt .. 375
5.3 Devisenoptionsbewertung ... 378
5.4 Bewertung von zinsabhängigen Optionen ... 380
5.4.1 Optionen auf Anleihen ... 382
5.4.1.1 Klassifizierung der Anleiheoptionsmodelle ... 385
5.4.1.2 Der Garman/Kohlhagen-Ansatz für Anleiheoptionen ... 387
5.4.1.3 Modelle mit Binomial- oder Trinomialbäumen ... 388
5.4.1.4 Das Ball/Torous-Modell ... 392
5.4.2 Optionen auf Zinsfutures ... 393
5.4.2.1 Das Black-Modell ... 394
5.4.2.2 Der modifizierte Black & Scholes-Ansatz für Euro Bund Future-Optionen ... 395

6 Portfolio Insurance 399
   6.1 Grundkonzept der Portfolio Insurance 399
   6.2 Portfolio Insurance Strategien für Aktienportfolios 402
       6.2.1 Statische Strategien 403
            6.2.1.1 Stop-Loss Strategie 403
            6.2.1.2 Protective Put 404
            6.2.1.3 Portfolio Insurance mit Calls 407
       6.2.2 Dynamische Strategien 409
            6.2.2.1 Synthetischer Put 409
            6.2.2.2 Constant-Proportion Portfolio Insurance (CPPI) 413
   6.3 Portfolio Insurance Strategien für Anleiheportfolios 417
   6.4 Beurteilung des Portfolio Insurance Konzeptes 418

7 Bewertung von Optionsscheinen und sonstigen Anlageinstrumenten 421
   7.1 Optionsscheine 421
       7.1.1 Aktienoptionsscheine 422
            7.1.1.1 Kennzahlenorientierte Bewertung 423
            7.1.1.2 Optionspreistheoretische Bewertung 426
       7.1.2 Währungsoptionsscheine 429
            7.1.2.1 Kennzahlenorientierte Bewertung 430
            7.1.2.2 Optionspreistheoretische Bewertung 431
       7.1.3 Indexoptionsscheine 434
       7.1.4 Zinsoptionsscheine 435
       7.1.5 Sonstige Optionsscheine 437
            7.1.5.1 Pfadunabhängige Warrants 438
            7.1.5.2 Pfadabhängige Warrants 440
            7.1.5.3 Warrants auf mehrere Basiswerte 441
   7.2 Sonstige Anlageinstrumente 442
       7.2.1 Genussscheine 442
            7.2.1.1 Wandelgenussscheine 444
            7.2.1.2 Optionsgenussscheine 445
       7.2.2 Indexanleihen 446
       7.2.3 Caps, Floors und Collars 449
       7.2.4 Index-Partizipations-Scheine 451

8 Termingeschäfte 453
   8.1 Futures 455
       8.1.1 Grundlagen des Futurehandels 456
            8.1.1.1 Clearing 456
            8.1.1.2 Marginsystem 457
            8.1.1.3 Glattstellung und Open Interest 459
            8.1.1.4 Auftragsarten 459
            8.1.1.5 Fair Value 460
            8.1.1.6 Basis und Basisrisiko 468
       8.1.2 Zinsfutures an der Eurex 470
            8.1.2.1 Euro Bund Futures 471

		8.1.2.2	Euro Bobl Futures	478
		8.1.2.3	Euro Buxl Futures	479
		8.1.2.4	Euribor Futures	480
		8.1.2.5	Euro Schatz Futures	482
		8.1.2.6	CONF Future	483
	8.1.3	Aktienindex-Futures	484
		8.1.3.1	DAX® Futures	485
		8.1.3.2	Dow Jones STOXX^{SM} 50 und Dow Jones Euro STOXX^{SM} 50 Futures	487
		8.1.3.3	SMI-Futures	489
	8.1.4	VOLAX-Futures	490
	8.1.5	Anwendungsmöglichkeiten von Futures	491
		8.1.5.1	Hedging	492
			8.1.5.1.1 Hedging mit Zinsfutures	492
			8.1.5.1.2 Hedging mit DAX® Futures	497
		8.1.5.2	Arbitrage	498
			8.1.5.2.1 Arbitrage mit Euro Buxl, Euro Bund und Euro Bobl Futures	499
			8.1.5.2.2 Arbitrage mit Euribor Futures	501
			8.1.5.2.3 Arbitrage mit DAX® Futures	504
		8.1.5.3	Trading	507
			8.1.5.3.1 Trading mit Zinsfutures	507
			8.1.5.3.2 Trading mit DAX® Futures	509
	8.1.6	Futures an der LIFFE	511
8.2	Optionen	516
	8.2.1	Grundlagen des Optionshandels	516
	8.2.2	Aktienoptionen an der Eurex	517
		8.2.2.1	Aktienoptionen auf Deutsche Aktien	517
		8.2.2.2	Aktienoptionen auf Schweizerische Aktien	520
		8.2.2.3	Low Exercise Price Options	522
		8.2.2.4	Tradingstrategien	523
			8.2.2.4.1 Singuläre Handelsstrategien	523
			8.2.2.4.1.1 Long Call	523
			8.2.2.4.1.2 Short Call	525
			8.2.2.4.1.3 Long Put	525
			8.2.2.4.1.4 Short Put	526
			8.2.2.4.2 Kombinierte Tradingstrategien	527
			8.2.2.4.2.1 Synthetische Futures	528
			8.2.2.4.2.2 Split Strike Futures	530
			8.2.2.4.2.3 Spreads	531
			8.2.2.4.2.3.1 Vertical- bzw. Price-Spreads	531
			8.2.2.4.2.3.2 Butterflies	533
			8.2.2.4.2.3.3 Condors	535
			8.2.2.4.2.3.4 Ratio-Spreads	537
			8.2.2.4.2.3.5 Back-Spreads	539
			8.2.2.4.2.3.6 Horizontal-Spreads	541

		8.2.2.4.2.3.7 Diagonal-Spreads	544
		8.2.2.4.2.4 Straddles	546
		8.2.2.4.2.5 Strangles	547
		8.2.2.4.2.6 Straps	549
		8.2.2.4.2.7 Strips	551
	8.2.2.5	Arbitragestrategien	553
		8.2.2.5.1 Conversion	554
		8.2.2.5.2 Reversal	555
		8.2.2.5.3 Box	555
	8.2.2.6	Hedgingstrategien	556
		8.2.2.6.1 Fixed-Hedge	557
		8.2.2.6.2 Delta-Hedging	558
		8.2.2.6.3 Gamma-Hedging	559
8.2.3	Aktienindexoptionen an der Eurex		561
	8.2.3.1	DAX® Option	562
	8.2.3.2	Dow Jones STOXX^{SM} 50 Option und Dow Jones Euro STOXX^{SM} 50 Option	564
	8.2.3.3	SMI Option	565
8.2.4	Zinsoptionen an der Eurex		566
	8.2.4.1	Option auf Euro Bund Future	569
	8.2.4.2	Option auf Euro Bobl Future	570
	8.2.4.3	Option auf Euro Schatz Future	571
	8.2.4.4	Option auf Dreimonats Euribor Future	571
8.2.5	Währungsoptionen an der Eurex		572
8.2.6	Optionen an der LIFFE		574
8.3 Swaps			575
8.3.1	Währungsswaps		575
8.3.2	Zinsswaps		578
8.3.3	Innovationen bei Swapgeschäften		581
8.3.4	Optionen auf ein Swapgeschäft		581
8.3.5	Entwicklung der Swap-Märkte		583
8.4 Kreditderivate			584
8.4.1	Kreditrisikomanagement mit Kreditderivaten		585
	8.4.1.1	Aktivmanagement	586
	8.4.1.2	Passivmanagement	587
	8.4.1.3	Eigenhandel	587
8.4.2	Vertragsgestaltung und Produkttypen		588
	8.4.2.1	Kreditereignis und Ausgleichszahlung	588
	8.4.2.2	Produkttypen	589
		8.4.2.2.1 Credit Default Swap	589
		8.4.2.2.2 Total Rate of Return Swap	590
		8.4.2.2.3 Credit Linked Note	591
8.4.3	Bepreisung von Kreditderivaten		592
8.4.4	Problembereiche		593

9	Performance-Messung und -Attribution		595
	9.1 Performance-Messung		595
		9.1.1 Performance-Begriff	596
		9.1.2 Portfolioorientierte Renditeberechnung	597
		9.1.3 Portfolioorientierte Risikobestimmung	600
		9.1.4 Festlegung der Benchmark	602
		9.1.5 Performancemaße	604
		9.1.5.1 Sharpe-Maß	604
		9.1.5.2 Treynor-Maß	607
		9.1.5.3 Jensen-Maß	610
		9.1.5.4 Alternative Ansätze zur Performance-Messung	612
		9.1.5.5 Beurteilung der Performancemaße	613
		9.1.6 Global Investment Performance Standards	614
	9.2 Performance-Attribution		615
		9.2.1 Selektivität	616
		9.2.2 Timing	616
		9.2.3 Zufall	619

Literaturverzeichnis 621
Stichwortverzeichnis 641

Abbildungsverzeichnis

Kapitel 1: Theoretische Grundlagen des Wertpapiermanagements
Abb. 1.1: Effizienzkurve 9
Abb. 1.2: Effizienzkurven bei alternativen Korrelationskoeffizienten 12
Abb. 1.3: Graphische Bestimmung des optimalen Portfolios 13
Abb. 1.4: Zusammenhang zwischen Aktienrendite und Indexrendite 17
Abb. 1.5: Kapitalmarktgerade 23
Abb. 1.6: Das optimale Portfolio bei Vorliegen der Kapitalmarktlinie 24
Abb. 1.7: Wertpapierlinie 27
Abb. 1.8: APT-Hyperplane mit zwei Risikofaktoren 33
Abb. 1.9: Regressionsgerade im Marktmodell 39
Abb. 1.10: Heteroskedastizität der Residuen 40
Abb. 1.11: Beziehung der drei Abstufungen von Informationseffizienz 42
Abb. 1.12: Januarrenditen des Aktienindex des Statistischen Bundesamtes . 46

Kapitel 2: Asset Allocation
Abb. 2.1: Magisches Dreieck der Kapitalanlagen 52
Abb. 2.2: Formen der Unsicherheit 56
Abb. 2.3: Dichtefunktion einer Standardnormalverteilung 59
Abb. 2.4: Normalverteilung und Häufigkeitsverteilung eines simulierten GARCH-Prozesses 64
Abb. 2.5: Ausfallwahrscheinlichkeit 65
Abb. 2.6: Vereinfachte Berechnung des Betafaktors 67
Abb. 2.7: Siemens-Aktie im Vergleich zum DAX 68
Abb. 2.8: 250-Tage Volatilität und Residualvolatilität der Allianzaktie im Jahr 1991 70
Abb. 2.9: Unterschiedliche Korrelationskoeffizienten 72
Abb. 2.10: Tracking Error bei alternativer Portfoliogröße 73
Abb. 2.11: Renditedifferenz eines Portfolios zum DAX 74
Abb. 2.12: Unterschied zwischen Korrelation und Tracking Error 75
Abb. 2.13: Zeithorizont und Ausfallwahrscheinlichkeit 78
Abb. 2.14: Zeithorizonteffekt bei Kapitalanlagen 79
Abb. 2.15: Dreistufige Konzeption der Asset Allocation 80
Abb. 2.16: Wirtschaftsszenarien 83
Abb. 2.17: Ermittlung einer Renditeprognose durch Szenarien 84
Abb. 2.18: Darstellung einer linearen Einfachregression 88
Abb. 2.19: Alternative Regressionsfunktionen 88
Abb. 2.20: Diversifikationsebenen der Asset Allocation i.w.S. 90
Abb. 2.21: Assetklassen 92
Abb. 2.22: Rendite/Risiko-Kombinationen alternativer Assetklassen in den USA 94
Abb. 2.23: Die Effizienzlinie der vier Assetklassen 94
Abb. 2.24: Börsenkapitalisierung wichtiger Industrienationen in Mrd. USD 96
Abb. 2.25: Portfoliolinie bei internationaler Diversifikation 98
Abb. 2.26: Vergleich zwischen nationaler und internationaler Diversifikation 99
Abb. 2.27: Kursverlauf wichtiger Währungen gegenüber dem EUR 101

Abb. 2.28: Verlauf von USD und S&P 500 von 1970 bis 1995 102
Abb. 2.29: Risiko von Auslandsanlagen bei alternativen Korrelationen....................................105
Abb. 2.30: Aktienkursverläufe verschiedener Wirtschaftsbranchen 110
Abb. 2.31: Diversifikationsebenen innerhalb der Assetklassendiversifikation 111
Abb. 2.32: Graphische Darstellung der Datenausgangssituation 112
Abb. 2.33: Portfoliolinien bei alternativen Korrelationskoeffizienten im Zwei-Anlagen-Fall... 115
Abb. 2.34: Portfoliolinie bei fünf deutschen Aktien 118
Abb. 2.35: Diversifikationsmechanismus der Asset Allocation 119
Abb. 2.36: Nutzenfunktion bei Risikoaversion..120
Abb. 2.37: Bündel von Indifferenzkurven bei Risikoaversion...121
Abb. 2.38: Graphische Ermittlung des optimalen Portfolios 123
Abb. 2.39: Zwei exemplarische Musterportfolios..125
Abb. 2.40: Risikoreduktionspotential in Abhängigkeit von der Portfoliogröße.........................127
Abb. 2.41: Nominale versus reale Renditen einer Rentenmarktanlage von 1980-2000 130

Kapitel 3: Anleihebewertung und -management
Abb. 3.1: Entwicklung des Dreimonats-EURIBOR...138
Abb. 3.2: Relative Entwicklung des Dreimonats-EURIBOR zum Dreimonats-Euro-LIBOR ... 138
Abb. 3.3: Funktion des Net Present Value...142
Abb. 3.4: Alternative Zinsstrukturkurven 148
Abb. 3.5: Kupon- versus Zerobondstrukturkurve bei normaler Zinsstruktur am Kapitalmarkt. 157
Abb. 3.6: Schnittpunktlösung der Duration 158
Abb. 3.7: Zusammenhang zwischen Marktzins und Anleihekurs..164
Abb. 3.8: Zinsstrukturkurve vor und nach Variation der fünfjährigen Key Rate 167
Abb. 3.9: Theoretischer Kursverlauf eines Zerobonds bei alternativen Marktzinssätzen 175
Abb. 3.10: Zahlungsprofil einer Aktienanleihe..182
Abb. 3.11: Theoretischer Kursverlauf der Beispielanleihen in Abhängigkeit der Zeitpunkte.... 185
Abb. 3.12: Univariate Diskriminanzanalyse 197
Abb. 3.13: Ergebnis einer linearen Diskriminanzanalyse auf der Basis zweier Kennzahlen 198
Abb. 3.14: Künstliches Neuronales Netz zur Bonitätsprüfung 199
Abb. 3.15: Overlearning bei der Bonitätsprüfung..200
Abb. 3.16: Das KNN von Baetge et al...201
Abb. 3.17: Strategievarianten bei Anleiheportfolios..202

Kapitel 4: Aktienbewertung und -management
Abb. 4.1: Marktsegmente des Aktienhandels in Deutschland..208
Abb. 4.2: Ablauf des Xetra-Handels..213
Abb. 4.3: Aktienindizes der Deutschen Börse 221
Abb. 4.4: Entwicklung des VDAX 223
Abb. 4.5: Unterteilung der Fundamentalanalyse bei Aktien 231
Abb. 4.6: Verlauf von DAX und USD...233
Abb. 4.7: Geldmengenentwicklung in Deutschland 234
Abb. 4.8: Vergleich des BSP/BIP mit dem DAX 235
Abb. 4.9: Vergleich der Umlaufrendite öffentl. Anleihen mit dem DAX 236
Abb. 4.10: Ifo-Geschäftsklimaindex 238
Abb. 4.11: Auftragseingänge im Bauhauptgewerbe und Kursindex der Bauindustrie 239

Abb. 4.12: Abgrenzungen möglicher wertbestimmender Überschussgrößen 241
Abb. 4.13: Ermittlungsschritte des DVFA/SG-Schemas 244
Abb. 4.14: Systematisierung der Discounted Cash Flow-Verfahren 246
Abb. 4.15: Methoden zur Berücksichtigung der Unsicherheit 248
Abb. 4.16: Zirkularitätsproblem des Equity-Ansatzes 255
Abb. 4.17: Steuerlicher Vorteil der Fremdfinanzierung 256
Abb. 4.18: Zusammenhang zwischen EVA, MVA und Unternehmenswert 262
Abb. 4.19: Stellgrößen zur Verbesserung des Residualgewinns 263
Abb. 4.20: Zahlungsprofil als Grundlage des CFROI 266
Abb. 4.21: Linienchart der Bayer AG 273
Abb. 4.22: Balkenchart der Bayer-Aktie 274
Abb. 4.23: Point & Figure-Chart 275
Abb. 4.24: Grundelemente eines Candlestick-Charts 276
Abb. 4.25: Kauf- und Verkaufssignale nach der Candlestick-Technik (Beispiele) 277
Abb. 4.26: Trendumkehrformationen der Dow Theorie 278
Abb. 4.27: Widerstands- und Unterstützungslinien 281
Abb. 4.28: Prinzip der Elliot-Wellen-Theorie am Beispiel eines Haussezyklus 282
Abb. 4.29: Momentumdarstellung beim DAX 285
Abb. 4.30: S&P 500 Langfrist-Indexchart des S&P 500 mit eingezeichnetem Trendkanal 286
Abb. 4.31: Kursgraphik mit dem Index der relativen Stärke (RSI) 290
Abb. 4.32: Schematische Darstellung von Trendumkehrformationen 291
Abb. 4.33: Schematische Darstellung von Trendbestätigungsformationen 293
Abb. 4.34: Biologisches und künstliches neuronales Netz 297
Abb. 4.35: Informationsverarbeitung im Neuron u_j 298
Abb. 4.36: Typische Aktivierungsfunktionen 299
Abb. 4.37: Feedforward-Netz und Feedback-Netz 299
Abb. 4.38: Overlearning 302
Abb. 4.39: Alternative Alphafaktoren bei Aktien 307
Abb. 4.40: Wertpapierlinie am Beispiel des deutschen Aktienmarktes 309

Kapitel 5: Optionspreistheorie
Abb. 5.1: Grundpositionen bei Optionen 318
Abb. 5.2: Gewinn- und Verlustdiagramme bei Aktienoptionen 319
Abb. 5.3: Klassifizierung von Optionspreismodellen 320
Abb. 5.4: Innerer Wert bei Call und Put am Verfalltag 321
Abb. 5.5: Zeitwertkurve einer Option in Abhängigkeit von der Restlaufzeit 322
Abb. 5.6: Optionen innerhalb ihrer theoretischen Wertgrenzen 323
Abb. 5.7: Zustandsbäume des Binomialmodells bei zwei Zeitpunkten 325
Abb. 5.8: Aktienkurs- und Callpreisentwicklung bei drei Perioden 330
Abb. 5.9: Hypothetische Aktienkursentwicklung im Drei-Periodenfall 331
Abb. 5.10: Zustandsbaum der Call-Bewertung im Drei-Periodenfall 333
Abb. 5.11: Putpreise im Drei-Periodenfall 341
Abb. 5.12: Hypothetischer Aktienkursverlauf im Drei-Periodenfall 341
Abb. 5.13: Zustandsbaum der Put-Bewertung im Drei-Periodenfall 343
Abb. 5.14: Zustandsbaum der Put-Bewertung bei amerik. Optionen im Drei-Periodenfall 344
Abb. 5.15: Black & Scholes-Bewertungsfunktion für Calls 349

Abb. 5.16: Flächen- und Funktionswert der Standardnormalverteilung bei d_i 353
Abb. 5.17: Call-Delta in Abhängigkeit des Aktienkurses und seiner Volatilität 361
Abb. 5.18: Put-Delta in Abhängigkeit des Aktienkurses und dessen Volatilität 362
Abb. 5.19: Options-Gamma in Abhängigkeit des Aktienkurses und der Restlaufzeit 363
Abb. 5.20: Call-Omega in Abhängigkeit des Aktienkurses und dessen Volatilität 364
Abb. 5.21: Put-Omega in Abhängigkeit des Aktienkurses und dessen Volatilität 365
Abb. 5.22: Call-Rho in Abhängigkeit des Aktienkurses und der Optionsrestlaufzeit 366
Abb. 5.23: Put-Rho in Abhängigkeit des Aktienkurses und der Optionsrestlaufzeit 367
Abb. 5.24: Call-Theta in Abhängigkeit des Aktienkurses und der Optionsrestlaufzeit 368
Abb. 5.25: Put-Theta in Abhängigkeit des Aktienkurses und der Optionsrestlaufzeit 369
Abb. 5.26: Vega in Abhängigkeit vom Aktienkurs und der Restlaufzeit der Option 370
Abb. 5.27: Put- und Callpreisverlauf in Abhängigkeit des Aktienkurses 372
Abb. 5.28: Konvergenz von Binomial- und Black & Scholes-Callpreisen 374
Abb. 5.29: „Smile" von Optionspreisen 376
Abb. 5.30: Implizite Volatilitäten von DAX-Optionen 376
Abb. 5.31: Potentielle Kursverläufe einer Anleihe 383
Abb. 5.32: Volatilität bei Aktien und Anleihen im Zeitablauf 384
Abb. 5.33: Binomialbaum für die Zinsstrukturkurve aus Tabelle 5.14 389
Abb. 5.34: Binomialbaum für die Call-Bewertung auf einen Zerobond aus Tabelle 5.14 390

Kapitel 6: Portfolio Insurance
Abb. 6.1: Wertverlauf eines Aktienportfolios 400
Abb. 6.2: Symmetrische vs. asymmetrische Renditeverteilung 401
Abb. 6.3: Klassifizierung von Portfolio Insurance Strategien 402
Abb. 6.4: Portfolio Insurance mit einem Protective Put 404
Abb. 6.5: Portfolio Insurance mit Calls und einer Festzinsanlage 408
Abb. 6.6: Vergleich zwischen CPPI und Buy and Hold Strategie 416

Kapitel 7: Bewertung von Optionsscheinen und sonstigen Anlageinstrumenten
Abb. 7.1: Optionsscheinwert in Abhängigkeit vom Aktienkurs 424
Abb. 7.2: Zeitwert bei Optionsscheinen in Abhängigkeit von der Restlaufzeit 425
Abb. 7.3: Renditeverlauf des MEGA-Zertifikats in Abhängigkeit des DAX 447
Abb. 7.4: Anleiherendite in Abhängigkeit vom DAX 448

Kapitel 8: Termingeschäfte
Abb. 8.1: Systematisierung von Termingeschäften 453
Abb. 8.2: Umsätze an internationalen Terminbörsen 2000 455
Abb. 8.3: Unterschiedliche Definitionen des Begriffs „Basis" 463
Abb. 8.4: Entwicklung der Basis beim DAX® Future 469
Abb. 8.5: Basisentwicklung bei alternativem Verlauf der Zinsstrukturkurve 470
Abb. 8.6: Prinzip des Hedging dargestellt als Short Hedge 493
Abb. 8.7: Prinzip der Future-Forward Arbitrage 502
Abb. 8.8: Long und Short Call 524
Abb. 8.9: Long und Short Put 526
Abb. 8.10: Long und Short Future 529
Abb. 8.11: Long und Short Split Strike Futures 530

Abb. 8.12: Bull- und Bear-Price-Spread 532
Abb. 8.13: Long und Short Butterfly 534
Abb. 8.14: Long und Short Condor 536
Abb. 8.15: Ratio-Call und Ratio-Put-Spread 538
Abb. 8.16: Call- und Put-Ratio-Back-Spread 540
Abb. 8.17: Long und Short Time-Spread 543
Abb. 8.18: Bull- und Bear-Diagonal-Spread 545
Abb. 8.19: Long und Short Straddle 546
Abb. 8.20: Long und Short Strangle 548
Abb. 8.21: Long und Short Strap 550
Abb. 8.22: Long und Short Strip 552
Abb. 8.23: Conversion 554
Abb. 8.24: Reversal 555
Abb. 8.25: Long Box 556
Abb. 8.26: Beispielhafte Zahlungsstruktur eines Währungsswaps aus Sicht der Weltbank 576
Abb. 8.27: Volumina der ausstehenden Swapgeschäfte (jeweils zum 31.12.) 583
Abb. 8.28: Entwicklung des Welthandelsvolumens von Kreditderivaten 584
Abb. 8.29: Vier Grundformen von Kreditderivaten 589
Abb. 8.30: Credit Default Option 590
Abb. 8.31: Total Rate of Return Swap 591
Abb. 8.32: Credit Linked Note 592

Kapitel 9: Performance-Messung und -Attribution
Abb. 9.1: Anwendungsfelder der Performance-Messung.. 596
Abb. 9.2: Mögliche Risikodefinitionen im Rahmen der Performance-Messung 601
Abb. 9.3: Graphische Darstellung des Sharpe-Maßes 606
Abb. 9.4: Graphische Darstellung des Treynor-Maßes 608
Abb. 9.5: Graphische Darstellung des Jensen-Maßes 611
Abb. 9.6: Regressionsgeraden zur Erkennung von Selektivitäts- und Timing-Qualitäten 618

Tabellenverzeichnis

Kapitel 1: Theoretische Grundlagen des Wertpapiermanagements
Tab. 1.1: Kovarianz-Matrix im Zwei-Anlagen-Fall 10
Tab. 1.2: Inputdatenmatrix im Markowitz-Modell 15
Tab. 1.3: Inputdatenmatrix beim Indexmodell 20

Kapitel 2: Asset Allocation
Tab. 2.1: Exemplarische Zahlungsreihe 53
Tab. 2.2: Dateninput der Volatilitätsberechnung 61
Tab. 2.3: Dateninput für die Residualvolatilität 69
Tab. 2.4: Beispielhafte Berechnung von Korrelationskoeffizienten 71
Tab. 2.5: Rendite/Risiko-Profil verschiedener Assetklassen in den USA von 1960-1984 ... 93
Tab. 2.6: Renditekorrelationsmatrix der Assetklassen 93
Tab. 2.7: Rendite/Risiko-Kombinationen in Abhängigkeit von den Portfolioanteilen ... 95
Tab. 2.8: Rendite/Risiko-Übersicht verschiedener Anlageformen in USD 97
Tab. 2.9: Korrelationsmatrix für die Renditen verschiedener Anlageformen untereinander ... 98
Tab. 2.10: Rendite/Risiko-Kombinationen bei alternativen Gewichtungen 99
Tab. 2.11: Rendite/Risiko-Übersicht 102
Tab. 2.12: Anlage-Markt-Korrelationsmatrix 106
Tab. 2.13: Wechselkurs-Korrelationsmatrix 106
Tab. 2.14: Markt-Wechselkurs- Korrelationsmatrix 107
Tab. 2.15: Kreuzkorrelationsmatrix von Märkten und Fremdwährungswechselkursen ... 107
Tab. 2.16: Daten des Zwei-Anlagen-Falls 112
Tab. 2.17: Rendite/Risikokombinationen bei unterschiedlichen Korrelationskoeffizienten ... 114
Tab. 2.18: 250-Tage-Volatilität und Korrelation des DAX und der DAX-Werte ... 116
Tab. 2.19: Korrelationsmatrix ausgewählter deutscher Standardwerte 117
Tab. 2.20: Ausgewählte Volatilitätswerte 117
Tab. 2.21: Ausgewählte Renditewerte 117

Kapitel 3: Anleihebewertung und -management
Tab. 3.1: Hypothetische Zahlungsreihen zweier Anleihen 140
Tab. 3.2: Zahlungsreihe einer Anleihe 141
Tab. 3.3: Zerlegung einer Anleihe in Zerobonds 143
Tab. 3.4: Zahlungsreihe mit vier Perioden 145
Tab. 3.5: Modifizierte Zahlungsreihe der Beispielanleihe 147
Tab. 3.6: Renditestruktur als Grundlage des REX 150
Tab. 3.7: Zweijähriges Zerobondgeschäft 153
Tab. 3.8: Dreijähriges Zerobondgeschäft 153
Tab. 3.9: Anleihezahlungsströme zur Ermittlung von Spot Rates 153
Tab. 3.10: Forward-Geschäfte von $t_1 - t_2$ 154
Tab. 3.11: Forward-Geschäfte von $t_2 - t_3$ 155
Tab. 3.12: Spezifikationen eines Anleiheportfolios 162
Tab. 3.13: Vergleich zwischen konvexitäts- und durationsinduzierten Preisabschätzungen ... 166

Tab. 3.14: Barwerte der Anleihezahlungen vor und nach Variation der Key Rate ... 169
Tab. 3.15: Von der Besteuerung freigestellte Portfoliovolumina ... 171
Tab. 3.16: Disagiostaffel bei Emissionen ... 173
Tab. 3.17: Konstruktion eines Reverse Floaters ... 178
Tab. 3.18: Zahlungsstrom einer Aktienanleihe ... 181
Tab. 3.19: Zahlungen der Beispielanleihen ... 184
Tab. 3.20: Theoretische Kursentwicklung der ALLBANK-Kombizinsanleihe ... 184
Tab. 3.21: Theoretische Kursentwicklung der TuB-Gleitzinsanleihe ... 184
Tab. 3.22: Aussage, Inhalt und Rangfolge bei Ratingsymbolen ... 189
Tab. 3.23: Ratingsymbole bei Geldmarktpapieren ... 190
Tab. 3.24: Kumulative Ausfallraten von S&P's für den Zeitraum 1981 bis 2001 ... 191

Kapitel 4: Aktienbewertung und -management
Tab. 4.1: Handelsparameter für Designated Sponsors in Xetra ... 215
Tab. 4.2: DAX-Gesellschaften und ihre Gewichtung ... 216
Tab. 4.3: Zusammenfassung der Indizes ... 222
Tab. 4.4: Berechnung der erwarteten Schwankungsbreite des DAX ... 224
Tab. 4.5: Beispiel zur Dividendenbesteuerung ... 226
Tab. 4.6: Mögliche Brancheneinteilung des deutschen Aktienindex ... 237
Tab. 4.7: Ermittlung der freien Cash Flows ... 248
Tab. 4.8: Freie Cash Flows der Muster AG ... 251
Tab. 4.9: Berechnung der NOPAT der Muster AG ... 258
Tab. 4.10: Kapitalbindung der Muster AG ... 259
Tab. 4.11: Bestimmung der EVA der Muster AG ... 259
Tab. 4.12: Systematisierung der Bereinigungen von NOPAT und Kapitalbindung ... 260
Tab. 4.13: Korrigierte EVA- Berechnung der Muster AG ... 262
Tab. 4.14: Erwartete Gewinne pro Aktie der Beispiel AG ... 264
Tab. 4.15: Bestimmung der Residualgewinne der Beispiel AG ... 265
Tab. 4.16: Einfaches Cash Flow-Ermittlungsschema ... 269
Tab. 4.17: Berechnung der Advance-Decline-Linie ... 280

Kapitel 5: Optionspreistheorie
Tab. 5.1: Duplikationsportfolio ... 325
Tab. 5.2: Zahlungsreihe eines Call-Verkaufs ... 328
Tab. 5.3: Duplizierung eines Call-Verkaufs ... 328
Tab. 5.4: Numerisches Duplikationsportfolio ... 329
Tab. 5.5: Arbitragemöglichkeiten im Duplikationsportfolio ... 329
Tab. 5.6: Aufzinsungsmechanismus ... 333
Tab. 5.7: Duplikationsportfolio beim Put ... 338
Tab. 5.8: Zahlungsreihe eines Put-Kaufs ... 340
Tab. 5.9: Duplikation des Put-Kaufs ... 340
Tab. 5.10: Put-Call-Parität ... 345
Tab. 5.11: Flächeninhalte der Standardnormalverteilung bei alternativen d_i-Werten ... 351
Tab. 5.12: Funktionswerte der Standardnormalverteilung bei alternativen d_i-Werten ... 352
Tab. 5.13: Sensitivitätskennzahlen bei Optionen ... 371
Tab. 5.14: Beispiel einer Zinsstruktur ... 389

Kapitel 6: Portfolio Insurance
Tab. 6.1: Protective Put bei sechsmonatigem Planungshorizont und steigendem DAX 406
Tab. 6.2: Protective Put bei sechsmonatigem Planungshorizont und fallendem DAX............. 406
Tab. 6.3: Portfoliorendite mit und ohne Protective Puts 407
Tab. 6.4: Ergebnisvergleich zwischen CPPI und Buy and Hold Strategie 415
Tab. 6.5: Replizierung eines synthetischen Zins-Puts 418

Kapitel 7: Bewertung von Optionsscheinen und sonstigen Anlageinstrumenten
Tab. 7.1: Ausgangsdaten des DH AG Optionsscheins 423
Tab. 7.2: Ausgangsdaten des BSP US-Dollar-Optionsscheins 430
Tab. 7.3: Ausgangsdaten des Zinsoptionsscheins 436
Tab. 7.4: Einflussfaktoren auf Zinsoptionsscheine 437
Tab. 7.5: Übersicht exotischer Optionen 438

Kapitel 8: Termingeschäfte
Tab. 8.1: Kontraktspezifikationen beim Euro Bund Future 471
Tab. 8.2: Parameter zur Bestimmung des Konversionsfaktors 476
Tab. 8.3: Beispiel für eine Cheapest-to-Deliver Anleiheselektion 478
Tab. 8.4: Kontraktspezifikationen beim Euro Bobl Future 479
Tab. 8.5: Kontraktspezifikationen beim Euro Buxl Future 480
Tab. 8.6: Kontraktspezifikationen Euribor Futures.. 482
Tab. 8.7: Kontraktspezifikationen beim Euro Schatz Future 483
Tab. 8.8: Kontraktspezifikationen CONF-Future 484
Tab. 8.9: Übersicht Aktienindex-Produkte der EUREX 485
Tab. 8.10: Kontraktspezifikationen beim DAX® Future 486
Tab. 8.11: Kontraktspezifikationen beim Dow Jones STOXX^{SM} 50
 und Dow Jones EURO STOXX^{SM} 50 Future 488
Tab. 8.12: Kontraktspezifikationen beim SMI-Future 489
Tab. 8.13: Kontraktspezifikationen beim VOLAX-Future 490
Tab. 8.14: Beispiel eines Short Hedge mit Euro Bund Futurekontrakten 495
Tab. 8.15: Beispiel eines Long Hedge mit Dreimonats Euribor Futures 496
Tab. 8.16: Ermittlung eines Portfolio-Betafaktors 498
Tab. 8.17: Cash and Carry Arbitrage mit DAX® Futures 505
Tab. 8.18: Reverse Cash and Carry Arbitrage 506
Tab. 8.19: Preistableau für Euro Bobl Futurekontrakte 508
Tab. 8.20: Preistableau für Bund und Bobl Future 508
Tab. 8.21: Preisspreads bei DAX® Futures 510
Tab. 8.22: Erfolg einer Spreadstrategie mit DAX® Futures 511
Tab. 8.23: Financial Futures an der LIFFE 513
Tab. 8.24: Kontraktspezifikationen Swapnote-Futures 515
Tab. 8.25: Aktienoptionen auf deutsche Basistitel an der Eurex 518
Tab. 8.26: Basispreise an der Eurex 519
Tab. 8.27: Verfallmonate an der Eurex... 520
Tab. 8.28: Basiswerte an der Eurex Zürich 521
Tab. 8.29: Basispreisabstufungen an der Eurex Zürich 522

Tab. 8.30: Optionscharakteristika der singulären Handelsstrategien 527
Tab. 8.31: Charakteristika von kombinierten Optionsstrategien 553
Tab. 8.32: Charakteristika von optionsbasierten Arbitragestrategien 556
Tab. 8.33: Delta-Hedging einer Aktienposition 559
Tab. 8.34: Gamma-Hedging einer Aktienposition 561
Tab. 8.35: Übersicht Aktienindex Optionen der EUREX 562
Tab. 8.36: Ausübungspreisstaffel bei DAX® Optionen 563
Tab. 8.37: Kontraktspezifikationen bei der DAX® Option 563
Tab. 8.38: Kontraktspezifikationen Dow Jones STOXX^{SM} 50 und Dow Jones Euro STOXX^{SM} 50 Option 564
Tab. 8.39: Ausübungspreisstaffel bei Dow Jones STOXX^{SM} 50 und Dow Jones Euro STOXX^{SM} 50 Optionen 565
Tab. 8.40: Basispreisabstufungen bei SMI-Optionen 566
Tab. 8.41: Kontraktspezifikationen bei der Euro Bund Future Option 570
Tab. 8.42: Kontraktspezifikationen bei der Euro Bobl Future Option 571
Tab. 8.43: Kontraktspezifikationen bei der Euro Schatz Future Option 571
Tab. 8.44: Kontraktspezifikationen bei der Dreimonats Euribor Future Option 572
Tab. 8.45: Kontraktspezifikationen bei der USD/DM-Option 573
Tab. 8.46: Kontraktspezifikationen der Option auf Euribor Futures an der LIFFE 575
Tab. 8.47: Systematisierung der Einsatzmöglichkeiten von Swapgeschäften 577
Tab. 8.48: Zinskonditionen für Kreditmittelbeschaffungen 579
Tab. 8.49: Zahlungsströme aus Anleiheemission und Zinsswap 579

Kapitel 9: Performance-Messung und -Attribution
Tab. 9.1: Ausgangsdaten der Renditeberechnung 598
Tab. 9.2: Zeitgewichtete Rendite bei Fonds A 599
Tab. 9.3: Zeitgewichtete Rendite bei Fonds B 600
Tab. 9.4: Gängige Benchmark-Indizes in Deutschland 603
Tab. 9.5: Ausgangsdaten der Performancebestimmung 605

> "More than most sciences, economics not only analyzes reality, it also alters it. Theory leads to empiricism which changes behavior. Nowhere is this more evident than in financial economics."[1] **William F. Sharpe** (Nobelpreisträger für Wirtschaftswissenschaften 1990)

1 Theoretische Grundlagen des Wertpapiermanagements

1.1 Überblick

Die Theorie des Wertpapiermanagements versucht unter anderem folgende Fragen zu beantworten: Was determiniert den Wert eines Anlagegutes? In welchem Verhältnis steht dieser zu dem am Markt beobachteten Preis? Wie wirkt sich die Unsicherheit über den Anlageerfolg aus? Welche Bedeutung haben unterschiedliche Risikoeinstellungen und Anlagehorizonte? Nach welchen Kriterien sind individuelle und institutionelle Anlageentscheidungen zu treffen? Die Beantwortung der letzten Frage hängt entscheidend von der zuvor angesprochenen Preisbildung ab. Je stärker Wert und Preis prognostizierbar voneinander abweichen, desto wahrscheinlicher ist ein aktiver Anlagestil in Form des Timing oder der Aktienauswahl anzutreffen. Entspricht hingegen der Wert dem Preis, treten die beiden vorangegangenen Strategien zu Gunsten eines passiven Wertpapiermanagements in den Hintergrund. Ungeachtet der aktiven oder passiven Grundeinstellung können Aussagen über vernünftiges Anlageverhalten nicht getroffen werden, ohne wesentliche Restriktionen in der realen Welt wie Steuern, Transaktionskosten sowie Informationsasymmetrien zwischen Kapitalgebern und Kapitalnehmern und die damit verbundenen Reibungsverluste (Agency Costs) zu berücksichtigen.

Ausgangspunkt all dieser Fragen sind die Märkte, auf denen die diversen Finanztitel gehandelt werden. Ein wesentlicher Aspekt ergibt sich aus der Fristigkeit: Geldmarktpapiere sind kurzfristiger Natur, während Kapitalmarkttitel vornehmlich der Finanzierung langfristiger Investitionsvorhaben dienen. Die Trennlinie ist allerdings nicht scharf zu ziehen. Zuordnungsprobleme treten z.B. dann auf, wenn kurzfristige Papiere revolvierend aufgelegt werden, um einen langfristigen Kapitalbedarf zu decken.

Zu den wichtigsten Wertpapierkategorien zählen unter rechtlichen und Risikogesichtspunkten Aktien, Anleihen und Mischformen von Eigen- und Fremdkapital (z.B. Optionsanleihen). Daneben hat in den letzten Jahren die Bedeutung innovativer Instrumente stark zugenommen. Für sie

---

[1] **Sharpe** (1991), S. 221.

wurde der heutige Modebegriff Finanzderivate geprägt. Er erklärt sich aus der Erkenntnis heraus, dass Kuponanleihen, Optionen, Futures und Swaps aus den Basiselementen Zerobonds und Aktien abgeleitet werden können. Dieses "Baukastenprinzip" führte zu einer äußerst fruchtbaren Entwicklung sowohl hinsichtlich der Bewertung der Derivate als auch der Konstruktion neuer abgeleiteter Finanzierungsinstrumente (Finanzchemie, Financial Engineering). Daraus resultiert die Möglichkeit, beliebige Risikoprofile zu generieren, also z.B. eine Versicherungsleistung oder auch eine vollständig risikolose Anlage (perfektes Hedging) nachzubilden. Ökonomisch identische Güter lassen sich so in vielfältiger Weise reproduzieren, was über Arbitrageprozesse die Preisbildung nachhaltig beeinflusst.

Die Hauptaufgabe des Kapitalmarkts besteht in der effizienten Allokation der Kapitalströme. Die Allokationsfunktion betrifft in erster Linie den *Primärmarkt*, an dem neu geschaffene Finanztitel platziert werden. Als Emittenten treten vor allem Unternehmen und öffentliche Einrichtungen auf. Um ihren Platzierungserfolg zu sichern, müssen sie den Investoren einen genügend großen Kaufanreiz in Form einer attraktiven Verzinsung bieten. Erfolgreiche Unternehmen mit viel versprechenden Expansionsmöglichkeiten sind dazu leichter in der Lage als Unternehmen, die nicht gewinnbringend arbeiten. Das angebotene Kapital wird daher denjenigen Verwendungen zugeführt, welche die profitabelsten Investitionen erwarten lassen.

Am *Sekundärmarkt* werden die bereits emittierten Wertpapiere zwischen den Marktteilnehmern gehandelt. Auf den ersten Blick könnte die gesamtwirtschaftliche Bedeutung des Sekundärmarkts als gering angesehen werden, weil scheinbar kein Mehrwert geschaffen wird. Den Gewinnen eines Investors stehen notwendigerweise Verluste anderer Investoren in gleicher Höhe gegenüber. Allerdings wird dabei der Vermögensverteilungseffekt übersehen: Der Handel am Sekundärmarkt ermöglicht den Marktteilnehmern, ihre Vermögensstruktur bei Bedarf zu verändern, Fristen beliebig zu transformieren, Risiken gegen Entgelt auf andere Investoren abzuwälzen oder neue Risiken zu übernehmen. All dies erhöht die Bereitschaft, Wertpapiere am Kapitalmarkt zu erwerben. Auf diese Weise ergeben sich Rückkoppelungen zur Allokation am Primärmarkt.

Inwieweit Allokationseffizienz erreicht wird, hängt ganz wesentlich von der Preisbildung auf dem Kapitalmarkt ab. Die Marktpreise von Wertpapieren entsprechen nur dann ihrem fundamental gerechtfertigten Wert, wenn bei der Preisbildung alle verfügbaren Informationen berücksichtigt wurden. Aus der Sicht eines einzelnen Investors, der in der Regel als Mengenanpasser agiert, sind die Marktpreise wichtige Eingangsdaten für seine Anlageentscheidungen. Die Informationsverarbeitung und die Preisbildung am Kapitalmarkt stehen daher im Mittelpunkt der Kapitalmarktforschung und der Theorie des Wertpapiermanagements.

Das Wertpapiermanagement hat sich in den letzten vier Jahrzehnten zu einem Kernbereich der Finanzierungstheorie entwickelt. Aufbauend auf grundlegenden Arbeiten von *Markowitz*, *Sharpe*, *Lintner*, *Mossin*, *Black* und *Scholes* ist ein gefestigtes Theoriegebäude entstanden, das von vielen Fachvertretern zum Paradigma erhoben wurde. In der akademischen Literatur nimmt die Kapitalmarkttheorie unverändert einen breiten Raum ein. Die Diskussion blieb aber keineswegs auf die Universitäten beschränkt. Viel mehr wurden die theoretischen Erkenntnisse zu einem beachtlichen Teil in die Praxis des Wertpapiermanagements übertragen. Die Aufgaben und Methoden des Investment-Banking haben sich dadurch stark gewandelt.

Bis Ende der fünfziger Jahre war die Wertpapieranalyse durch eine einzelbetriebliche Betrachtungsweise gekennzeichnet. Wertpapiere wurden ausgehend von der Ertragsentwicklung des Unternehmens in der jüngeren Vergangenheit in "gute" und "schlechte" Titel eingeteilt. Eine Bewertungstheorie bestand nur in Ansätzen. Die Grundidee, dass der adäquate Preis eines Wertpapiers dem Barwert der zukünftigen Überschüsse entspricht, wurde zwar allgemein anerkannt. Allerdings fehlte eine Theorie zur Erklärung der zentralen Variablen des Barwertmodells. Umstritten war besonders die Definition der zu diskontierenden Überschussgrößen. Die Verfechter der "Dividendenthese" standen den Anhängern der "Gewinnthese" fast unversöhnlich gegenüber. Die Diskontierungssätze wurden als risikoadäquate Opportunitätskostensätze aufgefasst; völlig unklar war aber, wie eine theoretisch fundierte Risikobereinigung aussehen könnte.

Für die theoretische Beschäftigung mit diesen beiden Problemkreisen hat sich die idealtypische Modellvorstellung eines vollkommenen Kapitalmarkts als sehr fruchtbar erwiesen. Vollkommene Kapitalmärkte zeichnen sich dadurch aus, dass

- keine Transaktionskosten, Steuern oder andere Friktionen existieren,
- Wertpapiere beliebig teilbar sind,
- vollständiger Wettbewerb herrscht, d. h. kein einzelner Marktteilnehmer den Preis eines Wertpapiers beeinflussen kann,
- sämtliche Informationen allen Marktteilnehmern gleichzeitig und kostenlos zur Verfügung stehen,
- alle Anleger sich rational verhalten, d. h. ihren erwarteten Nutzen entsprechend dem Bernoulli-Prinzip maximieren.

Außerdem werden Wertpapiere in den Modellen meist vereinfachend auf ihre finanzielle Dimension reduziert. Sie lassen sich folglich durch einen deterministischen oder stochastischen Zahlungsstrom charakterisieren. Nicht-finanzielle Rechte wie z.B. Stimmrechte auf der Hauptversammlung werden vernachlässigt.

An einem solchen Kapitalmarkt ist die Kontroverse "Gewinn- versus Dividendenthese" bedeutungslos. Die Diskontierung von Dividenden, (um Doppelzählungen bereinigten) Gewinnen oder auch Cash Flows führt zwangsläufig zum gleichen Ergebnis. Der Grund hierfür ist, dass die Rentabilität der Sachinvestitionen für den Anteilswert der Eigenkapitalgeber entscheidend ist. Letztlich kann nur das in Form von Dividenden ausgeschüttet werden, was an den Gütermärkten als Gewinn realisiert wird.

Für die Beantwortung der zweiten Frage nach dem Zusammenhang zwischen dem Diskontierungssatz und dem Risiko eines Wertpapiers haben die Arbeiten von *Markowitz* eine methodische Grundlage geschaffen.[2] Sein Konzept der Portfolioauswahl ("portfolio selection") untersucht das Anlageverhalten rational handelnder Investoren. Um die Entscheidungen zu quantifizieren, werden Ertrag und Risiko einer Wertpapieranlage durch zwei Parameter abgebildet: die erwartete Rendite und die Renditevarianz. Auf diese Weise lässt sich zeigen, dass durch Bildung

---

[2] Vgl. **Markowitz** (1952,1959).

eines Wertpapierportfolios eine Risikoreduktion im Vergleich zu den Einzelanlagen eintritt. Die Risikodiversifikation stellt sich immer dann ein, wenn die Renditen der Wertpapiere nicht vollkommen positiv miteinander korreliert sind. Entwickeln sich die Renditen sogar gegenläufig, so ist die Risikoreduktion besonders stark. Jeder risikoscheue Anleger wählt ein effizientes Portfolio, d. h. eines, das bei gleichem Risiko eine höhere Rendite und bei gleichem Ertrag ein geringeres Risiko aufweist als alle anderen möglichen Portfolios.

Das Modell der Portfolioauswahl nach *Markowitz* ist normativ ausgerichtet, weil es Handlungsempfehlungen für die Vermögensdisposition formuliert. Ob das individuelle Angebots- und Nachfrageverhalten insgesamt konsistent ist und zu einer Markträumung führt, kann nur anhand eines (explikativen) Gleichgewichtsmodells beantwortet werden. In einem solchen Modell müssten die erwarteten Renditen, die bei *Markowitz* als bekanntes Eingabedatum behandelt wurden, modellendogen bestimmt werden. Die Erweiterung der Portfoliotheorie um die gesamtmarktbezogene Perspektive führte zum Capital Asset Pricing Model (CAPM).[3] Dessen zentrales Ergebnis besagt, dass im Marktgleichgewicht die erwartete Rendite eines Wertpapiers linear mit dem für dieses Modell charakteristischen Risikomaß ansteigt.

Das CAPM erlaubte erstmals, den Rendite-Risiko-Tradeoff am Kapitalmarkt zu quantifizieren. Für Unternehmen ist das Modell wichtig, weil es die Höhe der Kapitalkosten erklärt, für Investoren ist es von Bedeutung, weil sie erfahren, welche Risiken an einem (vollkommenen) Kapitalmarkt mit einer Risikoprämie entlohnt werden und welche nicht. Natürlich abstrahiert das CAPM in vielerlei Hinsicht von den Bedingungen an realen Kapitalmärkten. Ob es dennoch wichtige Zusammenhänge korrekt erfasst, wurde in einer Fülle von empirischen Untersuchungen überprüft.[4] Während die ersten Arbeiten die Theorie zu bestätigen schienen, sind in den letzten Jahren größere Zweifel aufgekommen. Zum einen zeigte sich, dass die Güte der statistischen Tests unbefriedigend war. Zum anderen wurden verschiedene Bewertungsanomalien nachgewiesen, die allem Anschein nach im Widerspruch zur Theorie stehen. So deuten einige Studien darauf hin, dass in gewissen Zeiträumen kleine im Vergleich zu großen Unternehmen sowie "Value-" im Vergleich zu "Growth-" Aktien systematisch überhöhte Renditen erzielt haben. Letzteres wird teilweise mit der Hypothese begründet, dass insbesondere institutionelle Anleger schwerpunktmäßig Wachstumswerte auswählen, weil sie das hohe in der Vergangenheit realisierte Unternehmenswachstum unzulässigerweise in die Zukunft extrapolieren. Dadurch werden die Kurse von "Growth"-Aktien in die Höhe getrieben. Da sich die optimistischen Wachstumserwartungen aber häufig nicht erfüllen, muss die Bewertung später nach unten korrigiert werden ("Overreaction"-Effekt). Andere Untersuchungen gehen der Frage nach, ob die beobachteten hohen Schwankungen der Aktienkurse durch die ständige Neubewertung der zukünftigen Dividenden erklärt werden können. Nicht wenige Autoren halten die Kursfluktuationen für zu hoch, um sie durch fundamentale Daten zu rechtfertigen. Demnach müssten Fehlbewertungen vorliegen.

In den siebziger Jahren ist ein Bewertungsansatz in den Mittelpunkt gerückt, der weniger strikte

---

[3] Vgl. **Sharpe** (1964), **Lintner** (1965), **Mossin** (1966).
[4] Die genauen Literaturhinweise werden später im Text gegeben.

Prämissen erfordert als eine allgemeine Gleichgewichtsanalyse. Es handelt sich um das Prinzip arbitragefreier Märkte, das von *Black* und *Scholes* zur Optionsbewertung und von *Ross* zur Aktienbewertung herangezogen wurde.[5] Arbitragemöglichkeiten bestehen, wenn Portfolios gebildet werden können, die mit Sicherheit einen positiven Ertrag abwerfen, obwohl sie keinen Kapitaleinsatz erfordern. Dabei kommt es auf die Ertragserwartungen der Investoren und ihre Zeit- und Risikopräferenz nicht an. Insofern ist Arbitragefreiheit ein sehr allgemeines Bewertungskonzept. Solange an einem Kapitalmarkt noch Arbitrage möglich ist, kann kein Gleichgewicht herrschen. Umgekehrt ist Arbitragefreiheit aber keine hinreichende Bedingung für ein Marktgleichgewicht.

Die Anwendung von Arbitrageüberlegungen setzt voraus, dass Wertpapiere oder Portfolios mit identischen Zahlungsstrukturen existieren. Nach der Arbitrage Pricing Theory (APT) von *Ross* sind am Aktienmarkt übereinstimmende Zahlungsströme herstellbar, wenn man annimmt, dass die relativen Kursveränderungen aller Wertpapiere durch wenige gemeinsame Einflussfaktoren ausgelöst werden. Durch geeignete Wahl der Anteilsgewichte lassen sich verschiedene Portfolios konstruieren, die in gleicher Weise auf die gemeinsamen Faktoren reagieren. Unterschiede in den Portfoliorenditen resultieren dann nur noch aus unternehmensspezifischen Entwicklungen, die sich in den stochastischen Restgrößen niederschlagen. Diese jedoch werden in breit gestreuten Portfolios vernachlässigbar klein. Folglich verläuft die Renditeentwicklung solcher Portfolios vollkommen parallel. Ihre Marktwerte müssen daher nach dem "Gesetz des Einheitspreises" übereinstimmen. Daraus lassen sich Rückschlüsse über die Struktur der erwarteten Renditen ziehen.

Die Duplizierung von Zahlungsströmen ist auch der Schlüssel zur Bewertung von Optionen. Unter bestimmten Bedingungen ist es möglich, Optionen und Kassageschäfte so zu kombinieren, dass für einen kurzen Zeitraum ein risikoloses Portfolio entsteht. Die Portfolioanteile werden laufend im Rahmen einer dynamischen Strategie ohne zusätzlichen Kapitaleinsatz angepasst, um das Portfoliorisiko über die gesamte Optionslaufzeit auszuschalten. An arbitragefreien Märkten gehorchen alle risikolosen Anlagemöglichkeiten dem "law of one price". Der Wert der Option entspricht somit prinzipiell dem Wert des risikolosen Portfolios abzüglich dem Marktwert des Kassainstruments. Aus dieser abgeleiteten Bewertung erklärt sich die Bezeichnung "Derivate".

Schließlich eignet sich die Arbitragetheorie in besonderer Weise zur Bewertung deterministischer Zahlungsströme, wie sie vor allem für viele Anleihen kennzeichnend sind. Hier entfällt die Notwendigkeit, stochastische Renditebewegungen zu modellieren. Verstöße gegen das Postulat der Arbitragefreiheit lassen sich am Anleihemarkt daher vergleichsweise leicht identifizieren.

In der Bewertungstheorie wird im Allgemeinen vorausgesetzt, dass allen Marktteilnehmern die bewertungsrelevanten Informationen vollzählig und stets aktuell zur Verfügung stehen. Das Problem der Informationsverarbeitung am Kapitalmarkt wird auf diese Weise in den Annahmen "versteckt". Wie, von wem und wie schnell neue Informationen aufgenommen werden und sich am Markt verbreiten, ist für die Funktionsfähigkeit des Kapitalmarkts jedoch ganz entscheidend. Dabei reicht es nicht aus, wenn alle Investoren sich nur solche Informationen beschaffen, mit

---

5   Vgl. **Black/Scholes** (1973), **Ross** (1976,1977).

denen sich Arbitragegelegenheiten aufspüren lassen. Arbitrage kann lediglich eine bestimmte Struktur der Wertpapierpreise herstellen, nicht aber deren Niveau festlegen.

Um die Informationsverarbeitung zu prüfen, wurde das Konzept informationseffizienter Märkte eingeführt. Die Effizienzthese besagt in ihrer allgemeinen Form, dass die Wertpapierpreise zu jeder Zeit alle verfügbaren, relevanten Informationen beinhalten. Eine Investition am Kapitalmarkt entspricht dann einem "Fair Game", d.h. die Erwartungen der Marktteilnehmer über zukünftige Wertpapierkurse sind nicht systematisch verzerrt. Spiegeln sich aber bestimmte Informationen unverzüglich im Marktpreis wider, so sind sie als Grundlage für Anlagestrategien zur Erzielung von Überrenditen ungeeignet. Von dem Grad der Informationseffizienz eines Kapitalmarkts hängt es also ab, wie die Erfolgsaussichten unterschiedlicher Formen der Wertpapieranalyse einzustufen sind. Die vielen empirischen Untersuchungen zur Informationseffizienz ergeben ein differenziertes, allerdings nicht immer einheitliches Bild. Sehr stark vereinfacht lässt sich dieses folgendermaßen skizzieren: Einerseits finden sich in der Literatur nur relativ wenige Belege dafür, dass Anlagestrategien existieren, mit denen sich dauerhaft systematische Überrenditen erzielen lassen. Andererseits häufen sich aber die Hinweise, dass Wertpapierpreise nicht ausschließlich auf fundamentalen Informationen beruhen und sich gerade die am Gesamtmarkt beobachteten Renditeverläufe und Volatilitäten zum Teil einer rationalen Begründung entziehen.

Die Funktionsfähigkeit eines Kapitalmarkts hängt neben der Informationseffizienz auch von der Höhe der Transaktionskosten ab. Hohe Transaktionskosten beeinträchtigen Anpassungen der Marktpreise an neue Informationen, weil ein Anleger einen Informationsvorsprung nur dann zu seinen Gunsten ausnutzen kann, wenn eine Preiswirkung in Höhe der entstehenden Kosten zu erwarten ist. Die Minimierung der Transaktionskosten durch die Wahl zweckmäßiger Markt- und Organisationsformen liegt daher gleichermaßen im Interesse der Gesamtwirtschaft wie auch der einzelnen Anleger. Die Auswirkung der Handelsorganisation und der Börsenstruktur auf den Prozess der Preisbildung steht im Mittelpunkt der Mikrostrukturtheorie, die als Zweig der Kapitalmarktforschung wachsende Bedeutung erlangt. Ein Merkmal dieser Forschungsrichtung ist die detaillierte Analyse der Interaktionsbeziehungen von Anlegern und Finanzmittlern. Betont wird der dynamische Aspekt der Preisbildung. Zu den Schwerpunkten der bisher durchgeführten Untersuchungen zählen Vergleiche zwischen Parkett- und Computerhandel sowie zwischen Handelssystemen nach dem Auktionator- und dem Market-Maker-Prinzip.

1.2 Portfoliotheorie

1.2.1 Das Portfolio-Selection-Modell von Markowitz

> **Zentrale Aussagen des Portfolio-Selection-Modells:**
> - Maßgeblich für die Portfoliokonstruktion sind die Größen 'erwartete Rendite' und 'Risiko'.
> - Aus Gründen der Risikoreduktion ist die Bildung von Wertpapierportfolios sinnvoll.
> - Als effizient werden solche Portfolios bezeichnet, zu denen es bei gleicher Rendite kein Portfolio mit einem geringeren Risiko gibt, und zu denen es bei gleichem Risiko kein Portfolio mit einer höheren Rendite gibt.
> - Zentrale Bedeutung für das Portfoliorisiko besitzt das Ausmaß des Gleichlaufs (Höhe der Korrelation) der Renditen der einzelnen Wertpapiere im Portfolio.

1.2.1.1 Modelldarstellung

Ausgangspunkt des Portfolio-Selection-Modells von Markowitz ist die empirische Beobachtung, dass Anleger ihr Vermögen auf mehrere Anlagetitel aufteilen.[6] Eine solche Aufteilung, die auch als Diversifikation bekannt ist, ist nur sinnvoll, wenn nicht ausschließlich die zu erzielende Rendite eines Portfolios betrachtet wird. Falls nur die Rendite eines Portfolios von Belang ist, müsste der gesamte verfügbare Anlagebetrag in das Wertpapier mit der höchsten erwarteten Rendite investiert werden. Eine Diversifikation ist in diesem Fall nicht sinnvoll. Da Markowitz aber beobachten konnte, dass Investoren ihr Kapital i. d. R. auf mehrere Wertpapiere aufteilen, verwirft er die Annahme einer monovariablen Zielfunktion, die nur die Zielvariable Rendite besitzt.[7]

Statt dessen schlägt Markowitz vor, die Zusammenstellung eines Portfolios anhand der Größen Rendite und Risiko zu analysieren. Dabei erweist sich die Berechnung der erwarteten Portfoliorendite (μ_p) als unproblematisch, da sie sich durch die Addition der mit den jeweiligen Portfolioanteilen (x_i) gewichteten Einzelrenditen ergibt, wie folgende Formel zeigt:

$$\mu_p = \sum_{i=1}^{n} x_i \mu_i$$

oder anders geschrieben

$$\mu_p = x_1\mu_1 + x_2\mu_2 + \ldots x_{n-1}\mu_{n-1} + x_n\mu_n$$

---

[6] Vgl. **Markowitz** (1952), S. 77.
[7] Vgl. **Markowitz** (1991), S. 206.

mit: μ_p =   erwartete Portfoliorendite,
       x_i =   Anteil des Wertpapiers i am Portfolio,
       μ_i =   Erwartungswert der Rendite des i-ten Wertpapiers und
       n   =   Anzahl der im Portfolio enthaltenen Wertpapiere.

Das erwartete Portfoliorisiko misst Markowitz mit Hilfe der Varianz, die als Streuungsmaß aus der Statistik bekannt ist. Die Berechnung der Varianz erfolgt grundsätzlich auf folgende Weise:

$$\sigma_p^2 = \frac{1}{T} \sum_{t=1}^{T} (R_{pt} - \mu_p)^2$$

mit: σ_p^2 =   Varianz der Rendite des Portfolios p,
       T   =   Anzahl der beobachteten Renditen des Portfolios (Zeitperioden),
       R_{pt} =   Rendite des Portfolios p in der Periode t,
       μ_p =   Erwartungswert der Portfoliorendite.

Anstelle der Varianz kann auch die Standardabweichung als äquivalentes Risikomaß Verwendung finden. Die Standardabweichung errechnet sich als Wurzel aus der Varianz:

$$\sigma = \sqrt{\sigma^2}$$

Soll die Varianz einer Portfoliorendite aus den Renditen der einzelnen Wertpapiere berechnet werden, so ist das Ausmaß des Renditegleichlaufs dieser Wertpapiere zu berücksichtigen. Aus diesem Grund bedarf es zur Bestimmung der Portfoliovarianz neben den Einzelvarianzen der Wertpapiere der Kovarianzen COV_{ij}, die wie folgt definiert sind:

$$COV_{ij} = \frac{1}{T} \cdot \sum_{t=1}^{T} (R_{it} - \mu_i)(R_{jt} - \mu_j)$$

mit: COV_{ij} =   Kovarianz der Renditen der Wertpapiere i und j,
       R_{it} =   Rendite des Wertpapiers i in der Periode t,
       μ_i =   Erwartungswert der Rendite des Wertpapiers i,
       T   =   Anzahl der Perioden.

Um entscheiden zu können, welche Aufteilung des verfügbaren Kapitals optimal ist, benötigt das Portfolio-Selection-Modell eine Entscheidungsregel bezüglich des Verhaltens der Investoren. Markowitz unterstellt, dass sich Anleger gemäß der aus der Entscheidungstheorie bekannten μ-σ-Regel verhalten.[8] Diese besagt, dass Anleger ihre Anlageentscheidung auf der Basis des Erwartungswertes der Renditen (μ) und ihrer Streuung (σ) treffen. Ferner wird die realitätsnahe Prä-

---

[8] Die μ-σ-Regel setzt eine Normalverteilung der Renditen, oder - bei beliebiger Renditeverteilung - eine quadratische Nutzenfunktion voraus. Vgl. **Sharpe** (1970), S. 187 ff. Siehe hierzu Abschnitt 2.2.3.1.

misse eines risikoscheuen Verhaltens seitens der Anleger gewählt. Demzufolge akzeptieren Anleger nur dann ein höheres Risiko, falls ihre Renditeerwartung überproportional zunimmt. Es ergeben sich drei Fälle, in denen effiziente Kombinationen von µ und σ in einem Portfolio vorliegen:[9]

Es gibt kein anderes Portfolio, das
1) bei gleichem Renditeerwartungswert ein geringeres Risiko,
2) bei gleichem Risiko einen höheren Renditeerwartungswert,
3) sowohl einen höheren Renditeerwartungswert als auch gleichzeitig ein geringeres Risiko besitzt.

Die Menge aller zulässigen Portfolios wird, wie aus Abbildung 1.1 ersichtlich ist, durch eine dick ausgezogene Effizienzkurve begrenzt, für die die Effizienzkriterien gelten. Zu allen Portfolios, die durch ein x markiert sind und unterhalb dieser Effizienzkurve liegen, lassen sich Portfolios finden, die hinsichtlich ihrer Kombination aus Rendite und Risiko dominant sind. Relevant für einen Investor sind deshalb nur jene Portfolios, die auf der Effizienzkurve liegen.

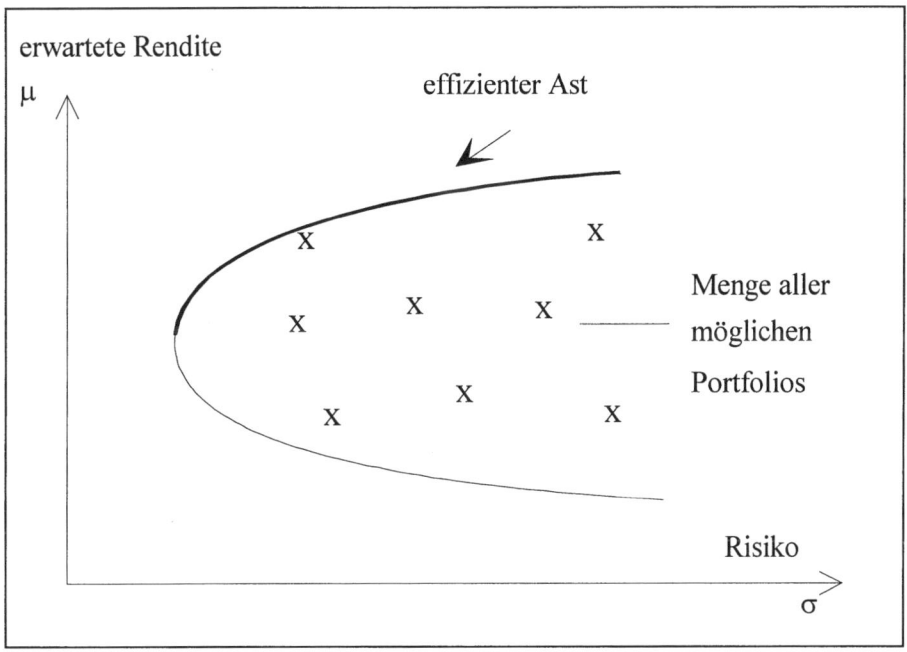

Abbildung 1.1: Effizienzkurve

---

[9] Risikoscheues Verhalten drückt sich bei normalverteilten Renditen durch eine konkave Nutzenfunktion aus.

Um ein Modell für die optimale Budgetaufteilung zu entwickeln, setzt Markowitz zusätzlich die Prämissen, dass

- Transaktionskosten und Steuern nicht existieren,
- alle Wertpapiere beliebig teilbar sind, und
- der Betrachtungszeitraum eine Periode beträgt (Zweizeitpunktmodell).

Unter diesen Modellbedingungen leitet Markowitz die Gleichungen zur Bestimmung der dargestellten Effizienzkurve ab. Dabei ermittelt er zunächst separat die Portfoliorendite und das -risiko. Die Formel für die erwartete Portfoliorendite ergibt sich - wie oben beschrieben - zu

$$\mu_p = \sum_{i=1}^{n} x_i \mu_i .$$

Demgegenüber lautet die allgemeine Formel zur Ermittlung der Portfoliovarianz (σ_p^2)

$$\sigma_p^2 = \sum_{i=1}^{n} \sum_{j=1}^{n} x_i\, x_j\, COV_{ij} .$$

Am Zwei-Anlagen-Fall wird die Varianzermittlung anschaulich. Dabei muss berücksichtigt werden, dass die Kovarianz eines Wertpapiers mit sich selbst immer die eigene Varianz ergibt. Folgende Kovarianz-Matrix, bei der die Gewichtungen mit den Portfolioanteilen bereits enthalten sind, stellt im Zwei-Anlagen-Fall alle Elemente der Portfoliorisikoformel dar:

	Wertpapier 1	Wertpapier 2
Wertpapier 1	$x_1^2 \sigma_1^2$	$x_1 x_2 COV_{12}$
Wertpapier 2	$x_1 x_2 COV_{12}$	$x_2^2 \sigma_2^2$

Tabelle 1.1: Kovarianz-Matrix im Zwei-Anlagen-Fall

Für den Zwei-Anlagen-Fall ergibt sich das Portfoliorisiko als Summe der in der obigen Matrix dargestellten Kovarianzen zu

$$\sigma_p^2 = x_1^2 \sigma_1^2 + x_2^2 \sigma_2^2 + 2 x_1 x_2 COV_{12}.$$

Da es sich bei der Kovarianz um eine absolute Kennzahl handelt, sind Vergleiche verschiedener Kovarianzen wenig aussagefähig. Um dem Manko der geringen Anschaulichkeit zu begegnen, wählt man zur Beschreibung des Gleichlaufs zweier Wertpapiere häufig die Korrelation, gemessen durch den Korrelationskoeffizienten (k_{ij}). Die Korrelation stellt aufgrund ihrer Eigenschaft als relatives Gleichlaufmaß eine Verbesserung zur Kovarianz dar, denn sie ist auf den Wertebereich zwischen 1 bis -1 standardisiert. Somit ist der Korrelationskoeffizient leicht interpretierbar. Die Berechnung des Korrelationskoeffizienten geschieht durch den Ausdruck

$$k_{12} = \frac{COV_{12}}{\sigma_1 \cdot \sigma_2} .$$

Unter Verwendung des Korrelationskoeffizienten ergibt sich das Portfoliorisiko im Zwei-Anlagen-Fall dann zu

$$\sigma_p^2 = x_1^2\sigma_1^2 + x_2^2\sigma_2^2 + 2x_1x_2\sigma_1\sigma_2k_{12}.$$

Neben der Portfoliorendite- und der Portfoliovarianzgleichung lässt sich noch eine weitere Gleichung zur Beschreibung des Portfolios aufstellen. Die Summe der einzelnen Portfolioanteile muss eins betragen, was mathematisch

$$\sum_{i=1}^{n} x_i = 1 \quad \text{bedeutet.}$$

Da die Portfolioanteile (x_i) in der Summe eins betragen, kann x_2 im Zwei-Anlagen-Fall durch (1-x_1) ausgedrückt und somit eliminiert werden. Aus der Portfoliorendite im Zwei-Anlagen-Fall in Höhe von

$$\mu_p = x_1\mu_1 + x_2\mu_2$$

wird dann

$$\mu_p = x_1\mu_1 + (1-x_1)\mu_2.$$

Wird x_2 auch in der Varianzformel durch (1-x_1) substituiert, so verbleiben zwei Gleichungen, die sämtliche Mischungen aus Wertpapier 1 und Wertpapier 2 beschreiben:

$$\mu_p = x_1\mu_1 + (1-x_1)\mu_2 \quad \text{und}$$
$$\sigma_p^2 = x_1^2\sigma_1^2 + (1-x_1)^2\sigma_2^2 + 2k_{12}x_1(1-x_1)\sigma_1\sigma_2.$$

Falls die Erwartungswerte der Renditen (μ_i) und deren Varianzen (σ_i^2) bekannt sind, besitzt das Gleichungssystem bei zwei Gleichungen nur zwei Unbekannte, nämlich den Portfolioanteil von Wertpapier 1 (x_1) und den Korrelationskoeffizienten zwischen Wertpapier 1 und 2 (k_{12}). Durch Auflösung der Renditegleichung nach x_1 und anschließendem Einsetzen in die Varianzgleichung findet man schließlich die Gleichung für die Portfoliolinie. Damit kann zu jedem Renditeerwartungswert das varianzminimale Portfolio gefunden werden.

Abbildung 1.2 stellt den Verlauf der Effizienzkurve für drei verschiedene Fälle von Korrelationskoeffizienten im Zwei-Anlagen-Fall dar.

Im Folgenden werden die drei markanten Fälle unterschiedlicher Korrelationskoeffizienten in ihrer Wirkung auf die Portfoliorendite und das -risiko erläutert.

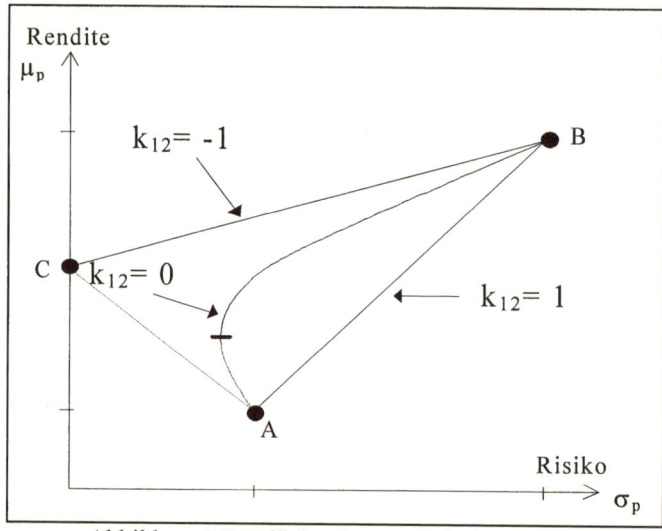

Abbildung 1.2: Effizienzkurven bei alternativen Korrelationskoeffizienten

a) $k_{12} = 1$ (vollständig positive Korrelation der Renditen)

Im Fall vollständig positiver Korrelation ergibt sich das Portfoliorisiko im Zwei-Anlagen-Fall zu:

$$\sigma_p = x_1\sigma_1 + x_2\sigma_2$$

Man erkennt, dass die Aufteilung des Investitionsbudgets nicht zu einer Verringerung des Portfoliorisikos führt, da es sich additiv aus den gewichteten Einzelstandardabweichungen errechnet. Eine Risikoreduktion kann durch Diversifikation in diesem Fall nicht bewirkt werden. Infolgedessen ergibt sich die Effizienzkurve aus den zwei Anlagen 1 und 2 durch die Gerade, die die beiden Punkte verbindet.

b) $k_{12} = 0$ (unkorrelierte Renditen)

Bei unkorrelierten Wertpapieren ergibt sich das Portfoliorisiko im Zwei-Anlagen-Fall zu:

$$\sigma_p = \sqrt{x_1^2\sigma_1^2 + x_2^2\sigma_2^2}$$

Der graphische Verlauf der Effizienzkurve entspricht der Verbindungslinie zwischen den Punkten A und B in Abbildung 1.2, wobei zu beachten ist, dass das erste, bei Punkt A beginnende Kurvenstück nicht effizient ist, da die Effizienzkriterien nicht erfüllt sind.

c) $k_{12} = -1$ (vollständig negativ korrelierte Renditen)

Im Fall vollständig negativer Korrelation ergibt sich das Portfoliorisiko im Zwei-Anlagen-Fall zu:

$$\sigma_p = |x_1\sigma_1 - x_2\sigma_2|$$

Bei Vorliegen einer vollständig negativen Korrelation lassen sich maximale Diversifikationseffekte erzielen. Durch die Kombination von Anlagewerten mit einer Korrelation von -1 und geeigneter Wahl der Portfolioanteile gelingt sogar die vollständige Elimination des Portfoliorisikos. Das optimale Verhältnis der Portfolioanteile im Sinne einer vollständigen Risikovermeidung ist dort erreicht, wo sich bei Anwendung der oben dargestellten Formel die Portfoliostandardabweichung zu null ergibt. Ein solcher Fall ist im Punkt C in Abbildung 1.2 gegeben. Die Effizienzkurve für ein Portfolio, bestehend aus den Aktien 1 und 2, verläuft hier von Punkt C nach Punkt B.

Damit ein Anleger entscheiden kann, welches auf der Effizienzkurve liegende Portfolio er auswählen soll, muss seine individuelle Risikoneigung bekannt sein. Die Risikoneigung von Anlegern wird mit Hilfe von Nutzenkurven ermittelt, die sowohl den Rendite- als auch den Risikoaspekt zu einem einzigen Präferenzwert aggregieren. Üblicherweise werden Nutzenfunktionen durch Isonutzenkurven dargestellt. Alle Punkte, die auf einer Isonutzenkurve liegen, weisen die gleiche Wertigkeit auf.

Dagegen besitzen die verschiedenen Isonutzenkurven unterschiedliche Wertigkeiten. Abbildung 1.3 zeigt, dass die Lage des optimalen Portfolios (P) genau im Tangentialpunkt zwischen der Effizienzkurve und der Isonutzenkurve 3 liegt. Das Nutzenniveau ist um so größer, je weiter der Tangentialpunkt oben links liegt. Je weiter oben links die Isonutzenkurve liegt, desto höher ist die Rendite bei gleichem Risiko.[10]

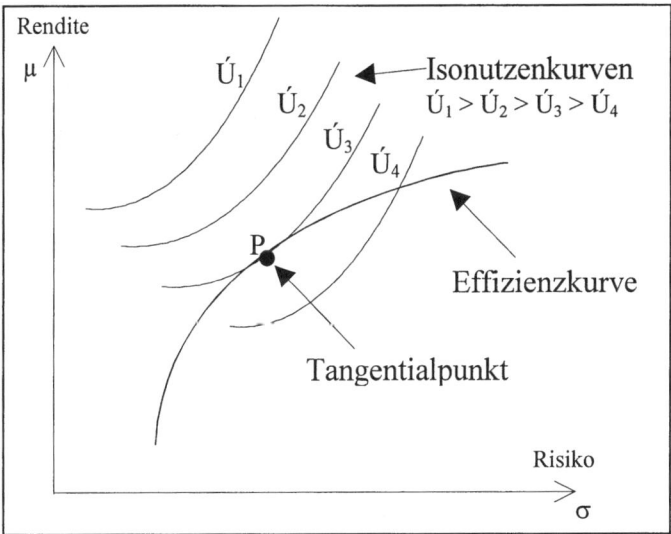

Abbildung 1.3: Graphische Bestimmung des optimalen Portfolios

---

10 Die dargestellten Isonutzenlinien gelten nur bei risikoscheuem Verhalten. Vgl. dazu **Markowitz (1959), S. 133 ff.**

Verbal lässt sich folglich sagen, dass die optimale Aufteilung des Budgets auf einzelne Wertpapiere dort erreicht ist, wo das Portfolio risikoeffizient ist und zugleich der individuellen Risikoneigung des einzelnen Anlegers entspricht.

Wird die Analyse auf den Mehr-Anlagen-Fall ausgedehnt, so bedarf es zur Ermittlung der Effizienzkurve der Lösung des folgenden quadratischen Programms:

Zu minimierende Zielfunktion:

$$\sigma_p^2 = \sum_{i=1}^{n} \sum_{j=1}^{n} x_i \, x_j \, COV_{ij}$$

Nebenbedingungen:

$$\mu_p = \sum_{i=1}^{n} x_i \mu_i \, ; \quad \sum_{i=1}^{n} x_i = 1 \quad \text{und} \quad x_i \geq 0$$

Dabei stellt μ_p den Erwartungswert der Portfoliorendite dar.

Als Ergebnis bleibt festzuhalten, dass jeder Anleger gemäß seiner individuellen Risikoneigung ein Portfolio zusammenstellt, das auf der effizienten Portfoliokurve liegt.

1.2.1.2 Modellkritik

Die von Markowitz gefundenen Ergebnisse lassen das Portfolio-Selection-Modell als Erklärungsmodell für das tatsächlich zu beobachtende Anlegerverhalten geeignet erscheinen. Die Streuung von Anlagekapital auf mehrere Werte bzw. die Bildung von Portfolios erfolgt demgemäß aus Gründen der Risikoreduktion und wird durch empirische Beobachtungen gestützt.[11]

Darüber hinaus kommt das Portfolio-Selection-Modell zu dem Ergebnis, dass es nicht so sehr auf die Menge der ins Portfolio aufgenommenen Werte, sondern viel mehr auf die Korrelation zwischen den in ihm befindlichen Werten ankommt.[12]

Zudem gelingt es dem Markowitz-Modell, das Risiko von Wertpapieranlagen explizit zu berücksichtigen. Ferner wird die eindimensionale Betrachtungsweise, die bis dahin vorherrschte, durch die bis heute aktuelle zweidimensionale Betrachtung ersetzt. Ebenfalls positiv zu beurteilen ist der Übergang von der Einzelwertbeurteilung hin zur Beurteilung ganzer Portfolios.

---

[11] Vgl. **Hielscher** (1990), S. 34.
[12] Vgl. **Markowitz** (1952), S. 89.

Gleichwohl ist das Portfolio-Selection-Modell nicht frei von Problemen.[13] Die Umsetzung der gewonnenen Erkenntnisse in die Anlagepraxis gelingt nicht ohne weiteres. Nur unter Datensicherheit bzw. unter Verwendung historischer Daten lassen sich effiziente Portfolios gemäß dem Markowitz-Modell generieren. Für Anleger ist aber die Kenntnis zukünftig effizienter Portfolios wichtig. In der Realität besteht oft erhebliche Unsicherheit bezüglich der Werte der Modellvariablen. Insofern darf die Chance für den Anleger, ex ante ein seiner Risikoneigung entsprechendes effizientes Portfolio zu finden, nicht überschätzt werden.

Ferner vernachlässigt Markowitz den Timing-Gedanken. Selbst wenn klar wäre, aus welchen Wertpapieren sich ein Anlegerportfolio optimalerweise zusammensetzen müsste, bestünde immer noch die Notwendigkeit der Suche nach den optimalen Ein- und Ausstiegszeitpunkten. Insoweit vernachlässigt das Portfolio-Selection-Modell die Erkenntnisse der fundamentalen und technischen Analyse.

Zudem bedarf es für die Portfoliozusammenstellung leistungsfähiger Computer und eines umfangreichen Wertpapierresearchs, um die Berechnung effizienter Portfolios zu gewährleisten. Dies liegt an der großen Menge zu schätzender Daten, die für die Berechnung der Portfoliolinie notwendig ist.[14] Wie aus Tabelle 1.2 zu ersehen ist, benötigt man für die Ermittlung der Effizienzlinie bei nur zwei Anlagetiteln (a und b) bereits folgende Daten:

	Variablen:			Allgemein:
Varianzen	σ_a^2	σ_b^2	2	n
Kovarianzen	COV_{ab}		1	$n(n-1)/2$
Renditen	μ_a	μ_b	2	n
Summe			5	$n(n+3)/2$

Tabelle 1.2: Inputdatenmatrix im Markowitz-Modell

Wird die Betrachtung auf zehn Werte ausgedehnt, so müssen zehn Varianzen, zehn Renditen und fünfundvierzig Kovarianzen geschätzt werden. Insgesamt bedarf es im Fall von zehn Anlagewerten also der Schätzung von 65 Parametern, um das Markowitz-Modell anwenden zu können. Bei 100 Anlagetiteln erhöht sich die entsprechende Datenmenge auf 5150 Schätzwerte. Hinzu kommt, dass im Fall von 100 Anlagetiteln auch 100 Gleichungen mit 100 Unbekannten aufgestellt und gelöst werden müssen. Aus diesem Grund dürfte die praktische Anwendbarkeit allenfalls institutionellen Anlegern möglich sein.[15]

---

[13] Zur Kritik an der Portfoliotheorie vgl. auch **Perridon/Steiner** (2002), S. 264 ff.
[14] Schierenbeck bezeichnet die Informationsanforderungen als "fast unerfüllbar". Vgl. **Schierenbeck** (1991), S. 641.
[15] Vgl. **Markowitz** (1991), S. 205.

Obwohl aus den genannten Gründen die praktische Anwendung des Portfolio-Selection-Modells eingeschränkt ist, bleibt sein Stellenwert insbesondere noch aus folgendem Grund hoch: Erst durch das Portfolio-Selection-Modell war die Entwicklung des Capital Asset Pricing Model (CAPM) möglich. Insofern bildet das Portfolio-Selection-Modell sowohl inhaltlich als auch zeitlich das Fundament der Kapitalmarkttheorie und insbesondere das Fundament des CAPM.[16]

1.2.2 Das Indexmodell von Sharpe

Zentrale Aussagen des Indexmodells:
- Das Datenproblem des Portfolio-Selection-Modells lässt sich mittels eines Indexes bewältigen.
- Die Wertentwicklung von Aktien ist nicht unabhängig voneinander, sondern hängt von allgemeinen Umweltbedingungen, gemessen an der Wertentwicklung eines Indexes, ab.
- Als Index, an dessen Entwicklung das Verhalten der einzelnen Aktien geknüpft ist, eignet sich ein Aktienindex.

Die dem Markowitz-Modell immanente Datenproblematik hat zur Entwicklung des Indexmodells (auch: Single-Index-Modell) durch Sharpe geführt.[17] Ziel des Indexmodells, das von Sharpe im Original als Diagonalmodell bezeichnet wird, ist es, die Anzahl der zur Bestimmung der Effizienzlinie notwendigen Inputdaten zu reduzieren. Erst eine deutlich reduzierte Anzahl von Inputdaten macht das Portfolio-Selection-Modell von Markowitz praktisch anwendbar.

1.2.2.1 Modelldarstellung

Wie Markowitz gezeigt hat, lässt sich das gesamte Risiko eines Portfolios eliminieren, falls ein Portfolio aus vollständig negativ korrelierten Aktien besteht. Tatsächlich kommen vollständig negativ korrelierte Aktien in der Realität nicht vor. Statt dessen lassen sich bei Aktien eines nationalen Marktes häufig Korrelationswerte beobachten, die zwischen 0,3 und 0,9 liegen. Sharpe geht davon aus, dass diese positiven Korrelationskoeffizienten fundamentale Ursachen haben. Änderungen der Leitzinsen durch die Notenbank wirken sich z.B. regelmäßig auf den gesamten Aktienmarkt aus. Ähnlich verhält es sich mit dem Ausbruch von Kriegen oder dem Eintritt unerwarteter politischer oder wirtschaftlicher Ereignisse. Geht man davon aus, dass diese gemeinsamen Einflüsse mit Hilfe eines Indexes erfasst werden können und unterstellt man weiter, dass dieser die Renditeunsicherheit der Aktien vollständig erklärt, so kann die Renditeentstehung wie folgt modelliert werden:

$$R_i = a_i + b_i R_I$$

---

[16] Vgl. **Perridon/Steiner** (2002), S. 269 ff.
[17] Vgl. **Sharpe** (1963), S. 277 ff.

mit: R_i = Rendite der Aktie i,
 a_i = konstante, unternehmensindividuelle Rendite,
 R_I = Rendite des Indexes, der die für alle Unternehmen bedeutsamen Ereignisse erfasst,
 und
 b_i = konstante Sensitivität der Aktie i auf Veränderungen der Rendite des Indexes.

Allerdings gibt es neben den gesamtwirtschaftlichen Unsicherheitsfaktoren auch unternehmensspezifische Ereignisse, die sich in der Rendite einer Gesellschaft niederschlagen. Ein Beispiel dafür ist ein Brand, der das Hauptverwaltungsgebäude einer Aktiengesellschaft zerstört. In diesem Fall wird nur die Aktie des betroffenen Unternehmens auf das Vorkommnis reagieren, da andere Aktien nicht fundamental betroffen sind. Folglich unterscheidet Sharpe noch eine titelspezifische Störkomponente ε_i, um die obige Gleichung zu erweitern ist:

$R_i = a_i + b_i R_I + \varepsilon_i$.

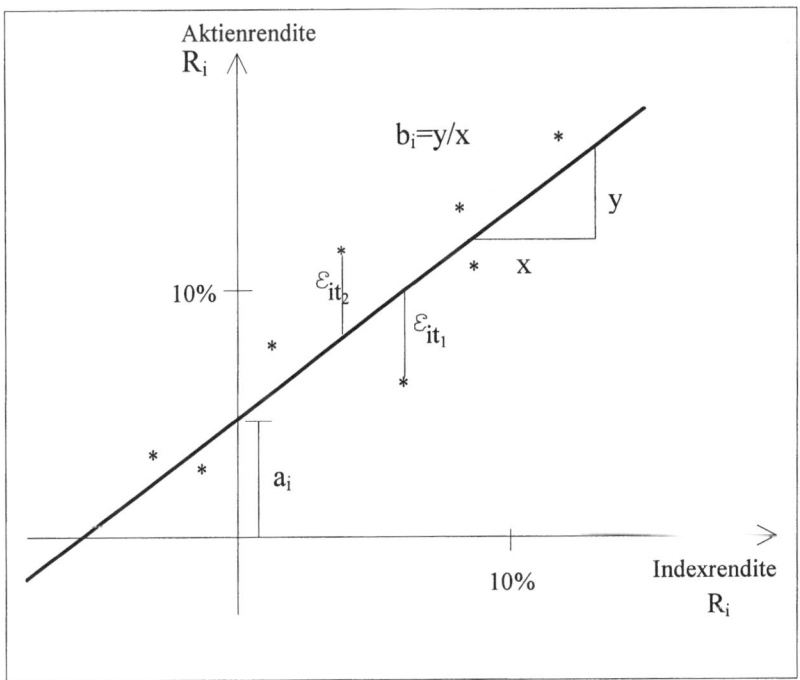

Abbildung 1.4: Zusammenhang zwischen Aktienrendite und Indexrendite

Offen geblieben ist bisher die Frage, welcher Index am zweckmäßigsten für die Erklärung der Aktienrenditen ist. Obwohl auch andere Indizes vorstellbar sind, wird bei der praktischen Modellanwendung stets der Index eines Aktienmarktes verwendet. Von einem solchen Aktienindex, der im Weiteren als Marktindex bezeichnet wird, nimmt man an, dass er den größten Einfluss auf die Renditen der einzelnen Aktien besitzt. Abbildung 1.4 stellt den Modellzusammenhang zwischen der Rendite einer Aktie und dem Marktindex graphisch dar. Die eingezeichnete Linie ist eine Regressionsgerade, mit der die Werte a_i und b_i geschätzt werden.

Damit das Indexmodell tatsächlich zu einer Reduzierung des Rechenaufwandes bei der Bestimmung der Effizienzlinie führt, müssen hinsichtlich der Störterme ε_i folgende Prämissen getroffen werden:

1. Die Zufallsschwankungen der i-ten Aktie gehorchen einer Normalverteilung und weisen einen Erwartungswert von null auf. Die Varianz der Zufallsschwankung lautet

$$\sigma_{\varepsilon_i}^2 = E[\varepsilon_i - E(\varepsilon_i)]^2$$
$$\sigma_{\varepsilon_i}^2 = E(\varepsilon_i^2).$$

2. Die Zufallsschwankung der i-ten Aktie ist nicht mit der Indexrendite korreliert. Daraus folgt

$$E(\varepsilon_i \cdot R_I) = 0.$$

3. Die Zufallsschwankungen der Aktien sind zeitlich unkorreliert. Daraus folgt

$$E(\varepsilon_{it_1} \cdot \varepsilon_{it_2}) = 0.$$

4. Die Störterme der Aktienrenditen sind untereinander unkorreliert, so dass gilt:[18]

$$E(\varepsilon_i \cdot \varepsilon_j) = 0.$$

Wird die Renditeformel in Erwartungswerten ausgedrückt, so entsteht für die Rendite der i-ten Aktie der Ausdruck

$$E(R_i) = E(a_i + b_i R_I + \varepsilon_i).$$

Durch Anwendung der Prämisse Eins vereinfacht sich der Ausdruck, da der Erwartungswert von ε_i annahmegemäß Null beträgt.

$$E(R_i) = a_i + b_i E(R_I)$$

Nachdem die Renditeformel bekannt ist, wird nun die Varianz der Rendite ermittelt. Es gilt

$$\sigma_i^2 = E[R_i - E(R_i)]^2$$
$$\sigma_i^2 = E[(a_i + b_i R_I + \varepsilon_i) - (a_i + b_i E(R_I))]^2.$$

Nach Auflösung der binomischen Formel ergibt sich

$$\sigma_i^2 = E[(b_i^2 (R_I - E(R_I))^2) + \varepsilon_i^2 + 2b_i(R_I - E(R_I))\varepsilon_i]$$
$$\sigma_i^2 = b_i^2 E[(R_I - E(R_I))^2] + E(\varepsilon_i^2) + 2b_i E[(R_I - E(R_I))\varepsilon_i].$$

---

[18] Diese Annahme ist ein wichtiger Unterschied des Indexmodells von Sharpe zu dem in Abschnitt 1.4 behandelten Marktmodell.

Unter Beachtung der obigen Prämissen erhält man für die Varianz der Rendite den Ausdruck

$$\sigma_i^2 = b_i^2 \cdot \sigma_I^2 + \sigma_{\varepsilon i}^2.$$

Neben der erwarteten Rendite und deren Varianz kommt, ähnlich wie beim Markowitz-Modell, der Kovarianz als zu schätzender Variablen Bedeutung zu. Die Kovarianzberechnung im Indexmodell geschieht wie folgt:

$$\begin{aligned}
COV(R_i R_j) &= E[(R_i - E(R_i)) \cdot (R_j - E(R_j))] \\
&= E\{[(a_i + b_i R_I + \varepsilon_i) - (a_i + b_i E(R_I))] \cdot [(a_j + b_j R_I + \varepsilon_j) - (a_j + b_j E(R_I))]\} \\
&= E[(b_i(R_I - E(R_I)) + \varepsilon_i) \cdot (b_j(R_I - E(R_I)) + \varepsilon_j)] \\
&= E[b_i b_j (R_I - E(R_I))^2 + \varepsilon_i \cdot \varepsilon_j + b_i(R_I - E(R_I))\varepsilon_j + b_j(R_I - E(R_I))\varepsilon_i]
\end{aligned}$$

Da die Erwartungswerte der letzten drei Terme unter den getroffenen Annahmen null betragen, erhält man schließlich die Formel für die Kovarianz zu

$$COV(R_i R_j) = b_i b_j \sigma_I^2.$$

Für die Rendite und die Renditevarianz eines Portfolios aus n Aktien mit den Anteilen x_i gelten folgende Zusammenhänge:

$$R_p = \sum_{i=1}^{n} x_i \cdot R_i = \sum_{i=1}^{n} x_i \cdot (a_i + b_i \cdot R_I + \varepsilon_i) = \sum_{i=1}^{n} x_i \cdot a_i + R_I \cdot \sum_{i=1}^{n} x_i \cdot b_i + \sum_{i=1}^{n} x_i \cdot \varepsilon_i$$

$$E(R_p) = \sum_{i=1}^{n} x_i \cdot a_i + b_p \cdot E(R_I) \quad \text{mit} \quad b_p = \sum_{i=1}^{n} x_i \cdot b_i$$

$$\sigma_p^2 = b_p^2 \cdot \sigma_I^2 + \sum_{i=1}^{n} x_i^2 \cdot \sigma_{\varepsilon i}^2$$

Entscheidend für die Gültigkeit der Varianzformel sind die obigen Prämissen 2 und 4, also die Unkorreliertheit der Störterme mit der Indexrendite sowie auch der Störterme untereinander.

Damit sind alle Formeln bekannt, um die Effizienzkurve sämtlicher Portfolios zu errechnen. Die Varianzfunktion ist bei gegebenem Renditeerwartungswert zu minimieren:

$$\min! \left(\sum_{i=1}^{n} x_i \cdot b_i\right)^2 \cdot \sigma_I^2 + \sum_{i=1}^{n} x_i^2 \cdot \sigma_{\varepsilon i}^2$$

Als Nebenbedingung der Optimierung ist erstens eine geforderte Rendite anzugeben und zweitens die Summe der Portfolioanteile auf Eins zu setzen:

$$E(R_p) = \sum_{i=1}^{n} x_i \cdot a_i + \sum_{i=1}^{n} x_i \cdot b_i \cdot E(R_I) \quad \text{und} \quad \sum_{i=1}^{n} x_i = 1.$$

Die zu schätzende Anzahl von Inputdaten ist bei diesen Gleichungen deutlich geringer als im Markowitz-Modell. Zur Ermittlung der Effizienzkurve müssen bei n Aktien genau n a_i-Werte, n b_i-Werte und n $\sigma_{\varepsilon_i}^2$-Werte geschätzt werden. Hinzu kommt die Schätzung für die Indexrendite sowie die Schätzung der Indexvarianz. Insgesamt ergeben sich somit im Indexmodell von Sharpe 3n+2 zu schätzende Werte. Tabelle 1.3 stellt die Menge der zu schätzenden Daten für den Fall von zehn Aktien dar.

Variablen:			Allgemein:
Sensitivitäten (b_i)	$b_1...b_{10}$	10	n
Titelspezifische Renditen (a_i)	$a_1...a_{10}$	10	n
Varianzen	$\sigma_{\varepsilon 1}^2...\sigma_{\varepsilon 10}^2$	10	n
Indexrendite	$E(R_I)$	1	1
Indexvarianz	σ_I^2	1	1
Summe		**32**	**3n+2**

Tabelle 1.3: Inputdatenmatrix beim Indexmodell

1.2.2.2 Modellkritik

Das Indexmodell von Sharpe leistet einen wesentlichen Beitrag zur Überwindung einer Schwäche des Portfolio-Selection-Modells von Markowitz. Der Dateninput, der zur Bestimmung einer Portfolioeffizienzkurve notwendig ist, kann bei Anwendung des Indexmodells deutlich reduziert werden. Dies führt zu Kosten- und Zeitersparnissen. Demgegenüber ergibt sich bei Anwendung des Indexmodells ein Informationsverlust gegenüber dem Markowitz-Modell. Dies liegt an den im Indexmodell gewählten Prämissen. Besonders die Unterstellung unkorrelierter Residuen dürfte problematisch sein. Realistischer ist es anzunehmen, dass der unternehmensindividuelle bzw. titelspezifische Return durchaus Auswirkungen auf den titelspezifischen Return anderer Unternehmen hat. Dies ist z.B. innerhalb von Wirtschaftsbranchen gut vorstellbar. Falls aber die Residuen nicht unkorreliert sind, ergeben sich für die Kovarianzen nur approximative Werte. Ähnliches gilt bei Nichtgültigkeit der Prämissen auch für die Varianzen von Aktien bzw. Portfolios. Insofern ist diese Informationsungenauigkeit der Preis für die erhaltene Aufwandsreduzierung.

1.2.3 Kritische Würdigung der Portfoliotheorie

Die Erkenntnisse der Portfoliotheorie haben in der Kapitalanlagepraxis weite Verbreitung gefunden. Sie dienen als theoretische Grundlage der Portfoliostrukturierung. Inhaltlich besitzt die Portfoliotheorie in erster Linie normativen Charakter, denn sie fällt auf der Basis ihrer Analyse

Werturteile über die optimale Portfoliozusammensetzung für Investoren.[19] Die gefundenen Modellaussagen der Portfoliotheorie, insbesondere die Erhöhung der Risikoeffizienz durch Portfoliobildung, dürfen als empirisch bestätigt gelten.

Die Problembereiche der Portfoliotheorie liegen im Detail. Die Bestimmung des optimalen Portfolios für einen Investor macht neben der Kenntnis zukünftiger Rendite- und Risikodaten auch die Kenntnis der individuellen Nutzenvorstellungen notwendig. Diese werden wie gesehen in Form von Isonutzenkurven abgebildet. In der Praxis ist eine solche Abbildung jedoch kaum möglich.

Die Notwendigkeit der Verwendung zukünftiger Rendite- und Risikodaten erweist sich ebenfalls als erhebliche Schwierigkeit. Auch wenn das Indexmodell hier eine Verbesserung hinsichtlich der quantitativen Datenerfordernisse leistet, so ist doch die Qualität geschätzter Rendite- und Risikodaten in der Praxis als mangelhaft anzusehen. Wegen des Problems der zeitlichen Instabilität von Daten ist auch die Methode der Extrapolation historischer Rendite- und Risikodaten mit Vorsicht zu beurteilen. Ein weiterer Kritikpunkt an der Portfoliotheorie ist ihr Risikomaß. Die Verwendung des Streuungsmaßes Varianz findet nicht uneingeschränkt Zustimmung.

1.3 Kapitalmarkttheorie

Die Modelle der Kapitalmarkttheorie gehen davon aus, dass für die Preisfindung von Anlagetiteln (insbesondere Wertpapieren) den Parametern Rendite und Risiko eine zentrale Stellung zukommt.[20]

Die Erklärung des Trade-Offs zwischen der zu erwartenden Rendite eines Wertpapiers und dessen Risiko steht im Vordergrund der Betrachtung. Welche Rendite bei welchem Risiko erwartet werden darf, versuchen die Modelle der Kapitalmarkttheorie auf unterschiedliche Weise zu klären.

Im Folgenden werden die Grundmodelle des Capital Asset Pricing Models (CAPM) und der Arbitrage Pricing Theory (APT) in ihren wesentlichen Aussagen dargestellt und beurteilt.

---

[19] Vgl. **Sharpe** (1991), S. 213.
[20] Vgl. **Perridon/Steiner** (2002), S. 21 ff.

1.3.1 Capital Asset Pricing Model (CAPM)

> **Zentrale Aussagen des CAPM:**
> - Im Kapitalmarktgleichgewicht ist der riskante Teil der Portfolios sämtlicher Anleger unabhängig von ihrer Risikoeinstellung identisch strukturiert (Tobin-Separation). Das riskante Teilportfolio entspricht dem Marktportfolio, d. h. es enthält alle verfügbaren Wertpapiere im Verhältnis ihrer Kapitalisierung.
> - Die erwarteten Renditen effizienter Portfolios sind eine lineare Funktion der Standardabweichung der Portfoliorendite (Kapitalmarktlinie).
> - Zwischen der Rendite eines Wertpapiers i und seinem Risiko (β_i) besteht ein linearer Zusammenhang (Wertpapierlinie)).
> - Die Wertpapierrendite setzt sich aus einem risikolosen Teil und einer Risikoprämie zusammen.

Das CAPM, das von Sharpe, Lintner, und Mossin entwickelt wurde, baut auf den Erkenntnissen der Portfoliotheorie auf.[21] Sharpe greift den Kerngedanken der Portfoliotheorie auf, demzufolge das Risiko von Wertpapieren z. T. durch Diversifikation zu eliminieren ist und deshalb nicht das Gesamtrisiko eines Wertpapiers für die Bewertung des Titels ausschlaggebend sein kann. Offen geblieben ist in der Portfoliotheorie aber die Frage, welcher Teil des Risikos nicht durch Diversifikation zu beseitigen ist und deshalb für den Investor Relevanz besitzt, bzw. vom Markt im Gleichgewicht vergütet werden muss.[22] Die erweiterte Fragestellung lautet deshalb: Welche Rendite kann von einem Portfolio im Kapitalmarktgleichgewicht erwartet werden, wenn neben den risikotragenden Anlageformen auch eine risikolose Anlagemöglichkeit besteht? Diese Frage wird durch die Kapitalmarktlinie beantwortet. Daran anschließend wird gefragt: Welcher Preis ist im Kapitalmarktgleichgewicht einem Wertpapier zuzumessen, das Gegenstand des Portfolios ist, und welches Risiko ist für ein solches Wertpapier relevant? Die Antwort auf diese Frage liefert die Wertpapierlinie.

1.3.1.1 Modelldarstellung

1.3.1.1.1 Die Kapitalmarktlinie

Neben den Prämissen der Portfoliotheorie werden folgende Prämissen ergänzend eingeführt:

- Es existiert ein risikoloser Zinssatz, zu dem jederzeit beliebig viel Geld aufgenommen und angelegt werden kann.

---

[21] Vgl. **Sharpe** (1964), S. 425ff., **Lintner** (1965), S. 13ff., **Mossin** (1966), S. 768 ff.
[22] Vgl. **Sharpe** (1964), S. 426.

- Bezüglich der Rendite und des Risikos aller Wertpapiere bestehen bei den Anlegern homogene Erwartungen.[23]

Die Aufnahme einer risikolosen Anlagemöglichkeit (R_f) in das Modell hat weit reichende Implikationen. Durch die Hinzunahme der risikolosen Anlagemöglichkeit in ein Portfolio müsste es zunächst zu einer Mischung der individuellen Wertpapierportfolios der Anleger mit der risikolosen Anlagemöglichkeit kommen. Die individuellen Anlegerportfolios können gemäß der Portfoliotheorie überall auf der Effizienzkurve liegen. Verbindet man graphisch den Achsenabschnitt R_f auf der Ordinate mit individuellen Portfolios auf der Effizienzkurve, so ergeben sich scheinbar die individuellen Portfoliogeraden für jeden Anleger. Wie Abbildung 1.5 aber zeigt, gibt es eine Effizienzgerade, die alle anderen Geraden in Bezug auf Risikoeffizienz dominiert.

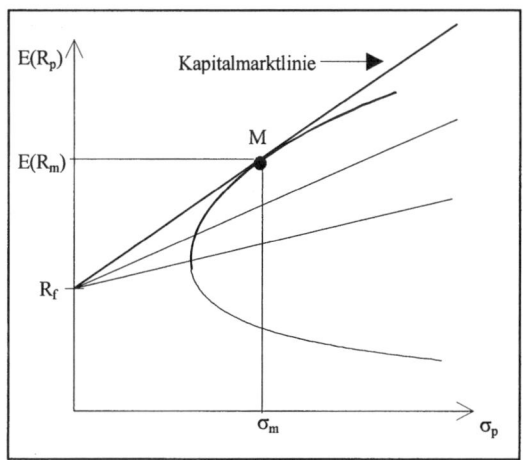

Abbildung 1.5: Kapitalmarktgerade

Zwei Punkte determinieren die Lage dieser Geraden, die als Kapitalmarktlinie bezeichnet wird. Zum einen der Ordinatenabschnitt R_f, und zum anderen der Tangentialpunkt mit der Effizienzkurve riskanter Portfolios, im Weiteren als Marktportfolio bezeichnet. Die mathematische Gleichung der Kapitalmarktlinie ist formal einer Geradengleichung entsprechend, deren Parameter Achsenabschnitt und Steigung der Abbildung 1.5 zu entnehmen sind. Daraus ergibt sich die Gleichung

$$E(R_p) = R_f + \frac{E(R_m) - R_f}{\sigma_m} \cdot \sigma_p,$$

mit: $E(R_p)$ = Renditeerwartungswert des Portfolios p,
$E(R_m)$ = Renditeerwartungswert des Marktportfolios,
σ_p = Standardabweichung des Portfolios p,

---

[23] Dies setzt einen informationseffizienten Kapitalmarkt voraus. Vgl. dazu **Ross/Westerfield/Jaffe** (1990), S. 338 ff.

σ_m = Standardabweichung des Marktportfolios und
R_f = risikolose Anlagemöglichkeit.

Die Interpretation der Kapitalmarktlinie lautet: Sind Anleger bereit, Risiko zu tragen, so dürfen sie eine Risikoprämie von $[E(R_m) - R_f] \cdot \sigma_p/\sigma_m$ erwarten. Anders ausgedrückt: Ändert sich das Risiko (σ_p) um eine Einheit, so führt dies zu einer veränderten Renditeerwartung von

$[E(R_m) - R_f]/\sigma_m$.

Von großer Bedeutung für die Kapitalmarktlinie ist das Marktportfolio. Gemäß dem Modell stellt das Marktportfolio die Vereinigung sämtlicher am Markt gehandelter Anlagen, gewichtet mit ihren Marktwerten, zu einem Portfolio dar.[24] Die Einführung des Konstruktes des Marktportfolios, das auf der Annahme homogener Erwartungen fußt, erbringt gegenüber der Portfoliotheorie den Vorteil, dass alle Anleger anstatt eines individuellen Portfolios die gleiche Portfoliozusammensetzung haben. Sie besitzen nämlich gemäß ihrer Risikoeinstellung eine Kombination zwischen risikoloser Anlage und dem Marktportfolio.[25] Diese Aufteilung bezeichnet man als Tobin-Separation.

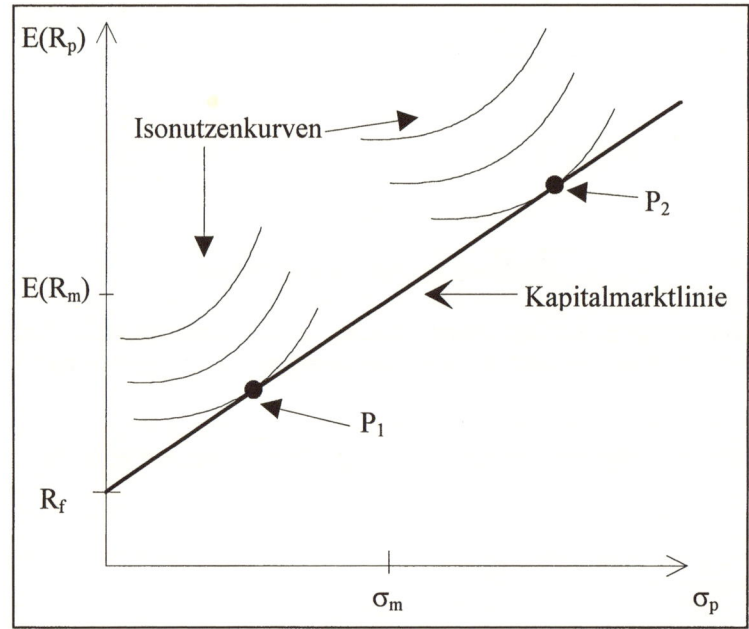

Abbildung 1.6: Das optimale Portfolio bei Vorliegen der Kapitalmarktlinie

---

24 Vgl. **Loistl** (1994), S. 251.

25 **Sharpe** bezeichnet diese Zweiteilung als Dichotomisierung des Anlagewahlprozesses. Vgl. **Sharpe** (1964), S. 427.

Die Konsequenz der Tobin-Separation lautet: Die Portfoliozusammensetzung ist für jeden Anleger die gleiche, lediglich die Gewichte zwischen risikoloser Anlage und Marktportfolio werden gemäß der individuellen Risikoeinstellung der Anleger festgelegt.[26] Welche Aufteilung für einen Anleger optimal ist, bestimmt sich durch die Suche nach dem Tangentialpunkt zwischen der Kapitalmarktlinie und den Isonutzenkurven des Anlegers.[27] Die Suche nach dem optimalen Portfolio ist in Abbildung 1.6 graphisch dargestellt. Man erkennt, dass das Portfolio, welches durch den Punkt P2 gekennzeichnet ist, gegenüber dem Portfolio P1 sowohl einen höheren Erwartungswert der Rendite als auch ein höheres Risiko besitzt. Beide Portfolios sind für die jeweiligen Anleger optimal, da sie auf der Kapitalmarktlinie liegen und den individuellen Nutzenvorstellungen entsprechen.

1.3.1.1.2 Die Wertpapierlinie

Nachdem mit Hilfe der Kapitalmarktlinie die Frage nach der Renditeerwartung riskanter Portfolios beantwortet ist, interessiert nun, welchen Preis einzelne Wertpapiere des Marktportfolios im Kapitalmarktgleichgewicht haben. Um den Gleichgewichtspreis für einzelne Wertpapiere zu bestimmen, geht man vom Marktportfolio aus. Da im Marktportfolio jedes risikotragende Wertpapier gemäß seinem Anteil am Gesamtumlauf aller Wertpapiere vertreten ist, kann sein Wert in Relation zum Marktportfolio ausgedrückt werden. Somit kann ein Portfolio aus a Teilen des Wertpapiers i und (1-a) Teilen des Marktportfolios M gebildet werden. Dies entspricht einem Zwei-Anlagen-Fall gemäß der Portfoliotheorie. Die Rendite dieses Portfolios ergibt sich dann zu[28]

$$E(R_p) = a \cdot E(R_i) + (1-a) \cdot E(R_m)$$

mit: a   = Anteil des Wertpapiers i am Portfolio p,
           $E(R_i)$ = Erwartungswert der Rendite des Wertpapiers i,
           $E(R_m)$ = Erwartungswert der Rendite des Marktportfolios und
           $E(R_p)$ = Erwartungswert der Rendite des Portfolios p.

Das Portfoliorisiko ergibt sich entsprechend zu

$$\sigma_p = [a^2 \sigma_i^2 + (1-a)^2 \sigma_m^2 + 2 COV_{im} a(1-a)]^{1/2}.$$

COV_{im} stellt die Kovarianz zwischen dem Wertpapier i und dem Marktportfolio dar.

Um zu sehen, welche Auswirkungen die Variation des Anteils des Wertpapiers i auf die Portfoliorendite und das Portfoliorisiko hat, leitet man beide Gleichungen nach dem Portfolioanteil a ab.

---

[26]   Vgl. **Tobin** (1958), S. 65 ff.
[27]   Vgl. **Sharpe** (1964), Abbildung 5, S. 434.
[28]   Zur mathematischen Ableitung vgl. **Sharpe** (1964), Fußnote 22, S. 438.

$$\frac{dE(R_p)}{da} = E(R_i) - E(R_m)$$

$$\frac{d\sigma_p}{da} = \frac{1}{2} \cdot [a^2\sigma_i^2 + (1-a)^2\sigma_m^2 + 2COV_{im}a(1-a)]^{-\frac{1}{2}}$$
$$\cdot [2a\sigma_i^2 - 2\sigma_m^2 + 2a\sigma_m^2 + 2COV_{im} - 4aCOV_{im}]$$

Da eine Preisbestimmung im Gleichgewicht vorgenommen werden soll, wird der Portfolioanteil des Wertpapiers i auf null gesetzt. Denn im Marktportfolio ist das Wertpapier i bereits mit einem Anteil a vertreten. Eine zusätzliche Nachfrage nach dem Wertpapier würde ein Ungleichgewicht bewirken. Daraus folgt für die Ableitungen

$$\left.\frac{dE(R_p)}{da}\right|_{a=0} = E(R_i) - E(R_m)$$

$$\left.\frac{d\sigma_p}{da}\right|_{a=0} = \frac{1}{2}(\sigma_m^2)^{-\frac{1}{2}}(-2\sigma_m^2 + 2COV_{im}) = \frac{COV_{im} - \sigma_m^2}{\sigma_m}.$$

Die Division der beiden verbliebenen Ableitungen stellt das Austauschverhältnis von Rendite und Risiko dar. Dieses gibt an, wie viel zusätzliches Risiko in Kauf zu nehmen ist bei einer bestimmten Steigung des Erwartungswertes der Rendite.

$$\left.\frac{dE(R_p)/da}{d\sigma_p/da}\right|_{a=0} = \frac{E(R_i) - E(R_m)}{(COV_{im} - \sigma_m^2)/\sigma_m}$$

Wie der Term zeigt, entspricht die Steigung dieses Austauschverhältnisses von Rendite und Risiko im Tangentialpunkt zwischen Kapitalmarktlinie und Portfoliokurve genau der Steigung der Kapitalmarktlinie selbst. Das durch die Kapitalmarktlinie beschriebene Austauschverhältnis von Rendite und Risiko muss auch für die Rendite- und Risikoänderungen gelten, die sich bei Änderung des Marktportfolios durch Variation des Anteils eines beliebigen Wertpapiers ergeben. Folglich lassen sich die Steigung der Kapitalmarktgeraden und das Austauschverhältnis von Rendite und Risiko gleichsetzen

$$\frac{E(R_m) - R_f}{\sigma_m} = \frac{E(R_i) - E(R_m)}{(COV_{im} - \sigma_m^2)/\sigma_m}.$$

Löst man die erhaltene Gleichung nach der Renditeerwartung des Wertpapiers i auf, so erhält man die Wertpapierlinie, die auch als Security Market Line bezeichnet wird:

$$E(R_i) = R_f + [E(R_m) - R_f] \cdot \frac{COV_{im}}{\sigma_m^2}$$

mit: $E(R_i)$ = Renditeerwartungswert des Wertpapiers i,
$E(R_m)$ = Renditeerwartungswert des Marktportfolios,
COV_{im} = Kovarianz zwischen Wertpapier i und dem Marktportfolio,

σ_m^2 = Varianz des Marktportfolios und
R_f = Rendite der risikolosen Anlagemöglichkeit.

Folglich kann für eine einzelne risikobehaftete Kapitalanlage im Kapitalmarktgleichgewicht eine Rendite erwartet werden, die sich aus einem risikolosen Zinssatz zuzüglich einer Risikoprämie zusammensetzt. Die Risikoprämie ergibt sich aus dem Marktpreis des Risikos $[E(R_m)-R_f]$ multipliziert mit der Höhe des Risikos, die durch den Ausdruck COV_{im}/σ_m^2 gemessen wird. Für das Maß der Risikohöhe hat sich der Ausdruck Betafaktor (ß) etabliert

$$ß_i = \frac{COV_{im}}{\sigma_m^2} = k_{im}\frac{\sigma_i}{\sigma_m}.$$

Daraus folgt die mathematische Standardgleichung des CAPM

$$E(R_i) = R_f + [E(R_m)-R_f] \cdot ß_i.$$

Die graphische Gestalt der Wertpapierlinie (Security Market Line) ist in Abbildung 1.7 dargestellt. Auf der Grundlage der Kapitalmarktlinie (Capital Market Line) beantwortet sie die Frage, wie ein einzelnes Wertpapier im Marktportfolio zu bewerten ist.

Wie aus der Abszissenbeschriftung deutlich wird, ist für einzelne Wertpapiere im Portfoliozusammenhang nur Beta als Risikomaß relevant. Da der Betafaktor lediglich das systematische, also das nicht wegdiversifizierbare Marktrisiko widerspiegelt, wird im CAPM für die Übernahme des unsystematischen Risikos keine Risikoprämie gewährt. Dies lässt sich damit begründen, dass unsystematische Risiken durch Diversifikation vollständig eliminiert werden können.

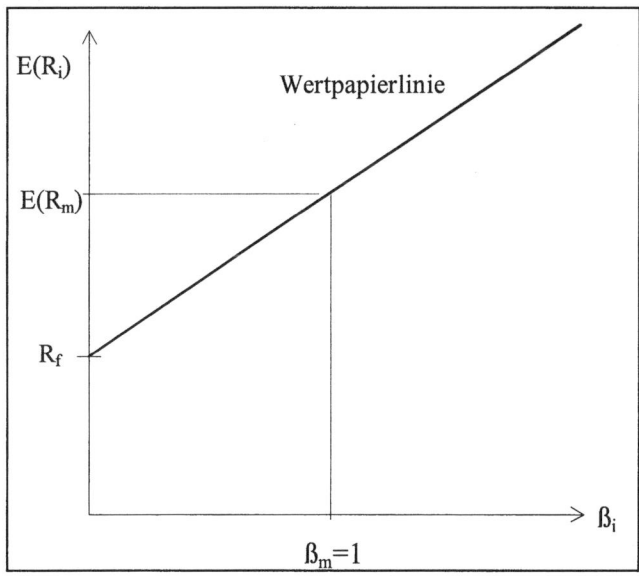

Abbildung 1.7: Wertpapierlinie

1.3.1.1.3 Das Multi-Beta-CAPM

Alle denkbaren systematischen Risikofaktoren, die für die Wertpapierrenditen bestimmend sein können, werden im CAPM durch den ß-Faktor erfasst. Es handelt sich somit um eine eindimensionale aggregierte Betrachtung. Im Rahmen möglicher Modellerweiterungen kann gezeigt werden, dass sich die im ß-Faktor aggregiert erfassten Risikoquellen auch differenzierter darstellen lassen.[29] Eine mehrfaktorielle Interpretation des CAPM ist möglich. Indem Sharpe explizit die Annahme eines Mehrfaktorenmodells voraussetzt, gelangt er in zwei Analyseschritten zur Ableitung des gewünschten Rendite/Risiko-Tradeoff.[30]

Durch Aufspaltung des originären Betafaktors $ß_{im}$ in eine beliebige Anzahl von Risikomaßen $ß_{ij}$, die nunmehr die Sensitivität der Renditevariationen des i-ten Wertpapiers in Abhängigkeit des Portfolios j messen, vollzieht sich der erste Schritt. Da das Portfolio j bei Einbeziehung eines Mehrfaktorenmodells als eigenständiger Risikofaktor interpretiert werden kann, lässt sich das Risikomaß $ß_i$ als Faktorsensitivität des i-ten Wertpapiers in Bezug auf den Risikofaktor deuten.

Für die Bewertungsgleichung des CAPM ergibt sich dann in seiner Multi-Beta-Fassung der Ausdruck

$$E(R_i) = R_f + [E(R_m) - R_f] \cdot \sum_{k=1}^{K} \frac{\sigma(F_k)}{\sigma(R_m)} \cdot ß_{mk} \cdot ß_{ik},$$

mit:

$ß_{mk}$ = Sensitivität der Rendite des Marktportfolios in bezug auf die Ausprägungen des Risikofaktors k,

$ß_{ik}$ = Sensitivität der Rendite des Wertpapiers i in Bezug auf die Ausprägungen des Risikofaktors k,

$\sigma(F_k)$ = Varianz des k-ten Risikofaktors und

$\sigma(R_m)$ = Varianz der Rendite des Marktportfolios.

Die Rolle des herkömmlichen Betafaktors im CAPM nimmt im Multi-Beta-CAPM somit der Ausdruck

$$ß_{im} = \sum_{k=1}^{K} \frac{\sigma(F_k)}{\sigma(R_m)} \cdot ß_{mk} \cdot ß_{ik}$$

ein. Offenbar erfolgt durch das Multi-Beta-CAPM eine Aufteilung des bisherigen Betafaktors in

---

[29] Vgl. **Sharpe** (1977), S. 127 ff.
[30] Vgl. **Steiner/Nowak** (1994), S. 350. Eine detaillierte Modellableitung findet sich in **Nowak** (1994), S. 44 ff.

mehrere Risikosensitivitäten. Die erwartete Rendite eines Wertpapiers ergibt sich nunmehr als Addition aus dem risikolosen Zinssatz und K verschiedenen Risikoprämien. Aus dem bisherigen Marktrisiko ist unter der Prämisse eines vollständig diversifizierten Marktportfolios die Summe verschiedener Faktorrisiken geworden.

1.3.1.2 Modellkritik

Den Beurteilungsmaßstab für das CAPM hat Sharpe selbst vorgegeben: "... the proper test of a theory is not the realism of its assumptions but the acceptability of its implications ...".[31]

Das CAPM ist besonders in den USA zahlreichen Tests hinsichtlich der Gültigkeit seiner Kernaussagen unterzogen worden. Aber auch für den deutschen Aktienmarkt liegen derartige Untersuchungen vor.[32] Dabei kommen die Analysen zu unterschiedlichen Ergebnissen, so dass weder von einer Bestätigung noch von einer eindeutigen Falsifizierung der Modellthesen gesprochen werden kann. Während die in den sechziger und frühen siebziger Jahren durchgeführten Tests die Aussagen des CAPM tendenziell eher bestätigen konnten, neigen neuere Tests eher zu einer Ablehnung der Modellaussagen.[33] Ganz offensichtlich lassen sich am Kapitalmarkt Effekte beobachten, die im Widerspruch zum CAPM stehen. Insbesondere der Kleinfirmeneffekt lässt sich mittels des CAPM nicht erklären.[34] Als weiteres Testergebnis muss angesehen werden, dass die Stationarität der Modellparameter (insbesondere ß) im Zeitablauf nicht gegeben ist.

Die Testbarkeit des CAPM wird allerdings von manchen Autoren in Frage gestellt, da das wahre Marktportfolio bei solchen Tests nicht zum Einsatz kommt.[35] Dies ist der zentrale Kritikpunkt am CAPM. Wird statt des tatsächlichen Marktportfolios nur ein Index als Hilfs-Marktportfolio verwendet, so kann ein empirischer Test streng genommen nur überprüfen, ob der Index effizient im Sinne der Portfoliotheorie ist.[36] Allerdings gibt es andere Untersuchungen, denen zufolge die Ergebnisse des CAPM nicht sehr sensitiv in Bezug auf den gewählten Marktindex sind, so dass die Wahl des Marktportfolios nicht entscheidend ist.[37] Im Rahmen der Version des Multi-Beta-CAPM lässt sich durch die Erfassung weiterer Risikofaktoren der bisherige eindimensionale Bezug auf das Marktportfolio sogar deutlich reduzieren.

Da in der Literatur bislang keine eindeutige Bestätigung der Modellthesen des CAPM gefunden

---

[31] **Sharpe** (1964), S. 434.
[32] Vgl. **Möller** (1988), S. 779 ff.
[33] Vgl. **Fama/French** (1992), S. 1 ff. und die dort angegebene Literatur.
[34] Vgl. **Brealey** (1990), S. 9.
[35] Vgl. **Roll** (1977), 129 ff.
[36] Vgl. **Möller** (1988), S. 796.
[37] Vgl. **Stambaugh** (1982), S. 238.

werden kann, taucht die Frage auf, ob dies an den z. T. realitätsfernen Prämissen des Modells liegt. Dem wird in der Literatur zu begegnen versucht, indem Modellprämissen durch realitätsnähere Annahmen ersetzt werden.[38] Black leitet die Wertpapierlinie z.B. ohne das Vorhandensein eines risikolosen Zinssatzes ab, da offensichtlich in der Praxis ein solcher Zinssatz, zu dem jeder Anleger beliebig viel Geld anlegen und aufnehmen kann, nicht existiert.[39,40] Stattdessen verwendet er ein sogenanntes Zero-Beta-Portfolio. Auch die Annahme homogener Erwartungen, die auf der These eines informationseffizienten Kapitalmarktes fußt, kann umgangen werden. Ähnliches gilt für die Prämisse der Transaktionskosten- und Steuerfreiheit.

Trotz der genannten Kritikpunkte ist das CAPM das bekannteste Modell zur Erklärung des Zusammenhangs zwischen der erwarteten Rendite und dem Risiko von Wertpapieren.[41] Neben der deskriptiven Funktion des CAPM zur Beschreibung des Trade-Off zwischen Rendite und Risiko wird das Modell auch normativ angewendet. Dies zeigt sich sehr deutlich im Bereich der Performance-Messung, wo beispielsweise die Anlageergebnisse von Investmentfonds mit Hilfe des CAPM beurteilt werden.

1.3.2 Arbitrage Pricing Theory (APT)

Zentrale Aussagen der APT:
- Die Wertpapierrenditen hängen von mehreren makro- und/oder mikroökonomischen Risikofaktoren ab.
- Arbitrageprozesse sorgen dafür, dass die Wertpapiere im Gleichgewicht stets richtig bewertet sind.
- Zwischen den Wertpapierrenditen und den zugehörigen Risikoausprägungen besteht ein linearer Zusammenhang.
- Die Wertpapierrendite setzt sich aus einem risikolosen Teil und verschiedenen Risikoprämien zusammen.
- Auf die Kenntnis des Marktportfolios kann verzichtet werden.

Die Reduzierung der Erklärung von Wertpapierrenditen auf einen Faktor (Rendite und Risiko des Marktportfolios) im Rahmen des CAPM hat zur Entwicklung der Arbitrage Pricing Theory durch Ross geführt.[42] Dabei wird ein gänzlich anderer Ansatz zur Erklärung und Beschreibung des Trade-Off zwischen der erwarteten Rendite und dessen Risiko bei einzelnen Wertpapieren

---

[38] Vgl. **Rudolph** (1979), S. 1049 ff.
[39] Für praktische Anwendungen werden meistens die Zinssätze öffentlicher Schuldverschreibungen verwendet, um das Bonitätsrisiko vernachlässigen zu können.
[40] Vgl. **Black** (1972), S. 444 f.
[41] Vgl. **Brealey/Myers** (1996), S. 184.
[42] Vgl. **Ross** (1976), S. 341 ff.

bzw. Wertpapierportfolios gewählt. Nicht die Portfoliotheorie ist das Fundament der APT, sondern ein in sich geschlossenes Arbitragegebäude. Damit gelingt es der APT, den auf der Portfoliotheorie basierenden Modellrahmen des CAPM zu verlassen. Immerhin stellt aber auch die APT ein Gleichgewichtsmodell dar.

1.3.2.1 Modelldarstellung

Der Grundgedanke der APT lautet: Ein Portfolio, das einen Anfangswert von null aufweist und dessen Zukunftswert in jedem Zeitpunkt ebenfalls null beträgt, muss risikolos sein. Sollte der Portfoliowert in irgendeinem Zeitpunkt von null verschieden sein, so kann ein risikoloser Gewinn (free lunch) erzielt werden. Arbitrageprozesse sorgen dann durch Kauf oder Leerverkauf des Portfolios dafür, dass sich der Markt wieder im Gleichgewicht befindet. Ein Portfolio, das die genannten Eigenschaften aufweist, wird als Arbitrageportfolio bezeichnet. Die allgemeine Ausgangsgleichung der APT lautet:

$$R_i = \alpha_i + \beta_{i1}F_1 + \beta_{i2}F_2 + ... + \beta_{in}F_n + \varepsilon_i$$

oder in Erwartungswerten:

$$E(R_i) = \alpha_i + \beta_{i1}E(F_1) + \beta_{i2}E(F_2) + ... + \beta_{in}E(F_n) + E(\varepsilon_i)$$

mit: $F_1, F_2, ..., F_n$ = Faktoren 1 bis n,
α_i = faktorunabhängiger Renditebestandteil,
β_{ij} = Sensitivität des Faktors j und
ε_i = Zufallsfehler.

Verbal erklärt ergibt sich demgemäß die Rendite des i-ten Wertpapiers bzw. des i-ten Portfolios als lineare Funktion mehrerer mit den jeweiligen Sensitivitäten gewichteter Faktoren zuzüglich einer faktorunabhängigen Rendite.

Folgende Prämissen liegen der APT zugrunde:

- Leerverkäufe sind uneingeschränkt möglich.
- Es liegt ein vollkommener Kapitalmarkt vor, der sich im Gleichgewicht befindet und somit arbitragefrei ist.
- Die Wertpapierrenditen hängen von mehreren Faktoren ab.
- Die Anleger sind risikoscheu und versuchen den Risikonutzen ihres Vermögens zu maximieren.
- Bezüglich der Wertpapierrenditen bestehen seitens der Anleger homogene Erwartungen (Informationseffizienzhypothese).
- Es existiert eine risikolose Kapitalanlage- und -aufnahmemöglichkeit.

Um ein Arbitrageportfolio mit den beschriebenen Eigenschaften zu generieren, wählt man folgendes dreistufige Vorgehen: Durch Käufe und Leerverkäufe wird zunächst dafür gesorgt, dass ein Portfolioanfangswert von null entsteht. Dies gelingt, wenn die Anteile der gekauften Papiere in der wertmäßigen Summe genau den Anteilen der leerverkauften Papiere entsprechen. Mithin muss gelten:

$$\sum_{i=1}^{n} x_i = 0$$

Unter der Voraussetzung, dass weder ein systematisches noch ein unsystematisches Risiko vorliegt, ergibt sich die Portfoliorendite dann zu

$$\sum_{i=1}^{n} x_i E(R_i) = 0.$$

Somit beträgt der Portfolioanfangswert null. Der zweite Schritt betrifft das unsystematische Risiko des Arbitrageportfolios, das sich in dem Term ε_i verbirgt. Die Elimination des unsystematischen Risikos bereitet keine großen Schwierigkeiten, da aus der Portfoliotheorie bereits bekannt ist, dass sich das unsystematische Risiko durch Diversifikation vollständig eliminieren lässt. Infolgedessen muss es sich bei dem Arbitrageportfolio um ein breit diversifiziertes Portfolio handeln. Die Portfolioanteile der einzelnen im Portfolio enthaltenen Wertpapiere sollten deshalb sehr klein sein. Hinzu kommt, dass das Portfolio einen großen Umfang haben muss. Folglich gilt:

$x_i = 1/n$, bzw. $|x_i| = 1/n$

wobei n sehr groß ist und keine Gleichgewichtung der Wertpapiere gegeben sein muss.

Dies führt dazu, dass $E(\varepsilon_i)$ gleich null ist und somit vernachlässigt werden kann. Da die ε_i-Werte überdies noch unkorreliert sind, beträgt ihre Varianz ebenfalls nahezu null und fällt damit weg.

Schließlich muss in einem dritten Schritt noch das systematische Risiko des Arbitrageportfolios berücksichtigt werden. Das systematische Risiko des Arbitrageportfolios wird eliminiert, indem die Summe der einzelnen Faktorsensitivitäten (β_{ij}), gewichtet mit den jeweiligen Portfolioanteilen (x_i), null ergibt. Dadurch ergibt sich für jeden Faktor eine Gesamtsensitivität von null. Folgende Bedingung muss erfüllt sein:

$$\sum_{i=1}^{n} x_i \beta_{ij} = 0 \qquad \text{für } j = 1, 2, ..., n.$$

Durch die Leerverkäufe müssen deshalb die negativen systematischen Risiken die positiven systematischen Risiken genau neutralisieren.

Für ein Arbitrageportfolio mit den genannten Eigenschaften gelingt es, die als Grundgleichung der APT bekannte Formel für die Rendite einzelner Wertpapiere bzw. für Wertpapierportfolios im Kapitalmarktgleichgewicht abzuleiten.[43] Diese lautet:

$$E(R_i) = R_f + [E(R_{F1})-R_f] \cdot \beta_{i1} + [E(R_{F2})-R_f] \cdot \beta_{i2} + ... + [E(R_{Fn})-R_f] \cdot \beta_{in}$$

Dabei stellt R_f den risikolosen Zinssatz dar.

Der Ausdruck $[E(R_{F1}) - R_f]$ ist als Risikoprämie des ersten renditebestimmenden Faktors zu interpretieren. β_{i1} stellt die Sensitivität des Wertpapiers i in Bezug auf Veränderungen des Faktors eins dar. Stellt man sich nun ein Wertpapier bzw. ein Portfolio vor, dessen sämtliche Sensitivitäten null betragen und das somit risikolos ist, dann verbleibt diesem Wertpapier bzw. Portfolio eine risikolose Rendite. Bei Vorliegen eines risikolosen Zinssatzes entsprechen sich dieser Zinssatz und die risikolose Rendite des betrachteten Wertpapiers bzw. Portfolios.

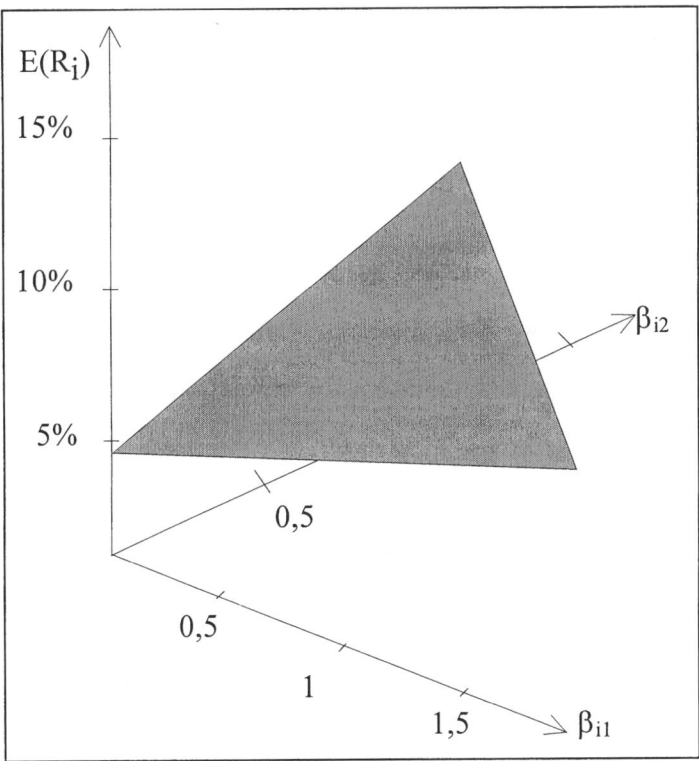

Abbildung 1.8: APT-Hyperplane mit zwei Risikofaktoren

Ähnlich wie beim CAPM bildet sich die zukünftige Wertpapierrendite folglich als Summe aus

---

43 Zur Ableitung des gesamten Modells vgl. **Uhlir/Steiner** (1994), S. 195 ff.

einem risikolosen Zinssatz zuzüglich einer Risikoprämie. Im Gegensatz zum CAPM wird die Risikoprämie nicht allein durch einen Faktor (Rendite und Risiko des Marktportfolios) erklärt, sondern ergibt sich aus den mit den jeweiligen Faktorsensitivitäten multiplizierten Risikoprämien der einzelnen Faktoren. Unterstellt man z.B. das Vorliegen zweier Risikofaktoren mit den Sensitivitäten $ß_{i1}$ und $ß_{i2}$, so erhält man mittels einer dreidimensionalen Darstellung die Abbildung 1.8, die als APT-Hyperplane bezeichnet wird. Es zeigt sich, dass alle relevanten Rendite/Risiko-Kombinationen auf einer Ebene liegen. Obwohl die APT auch mit beliebig vielen Faktoren vorstellbar ist, ist eine graphische Visualisierung bei mehr als zwei Faktoren nicht möglich.

1.3.2.2 Modellkritik

Die APT überwindet das Problem der einfaktoriellen Renditeerklärung, das im CAPM besteht. Insofern scheint es der APT eher zu gelingen, die Bestimmungsgründe für die empirisch zu beobachtenden Wertpapierrenditen in Abhängigkeit vom ihrem Risiko zu extrahieren.[44] Des Weiteren kommt die APT auch ohne die Kenntnis sehr spezieller Präferenzstrukturen der Anleger zu Gleichgewichtspreisen. Da die Annahmen der APT weniger streng sind als die des CAPM, gilt der Ansatz als allgemeiner. Von manchen Autoren wird das CAPM als Spezialfall der APT angesehen.[45] Zudem kommt die APT ohne die Kenntnis des Marktportfolios aus, welches eine dominante Rolle im CAPM spielt.[46] Gleichwohl fällt auf, dass sowohl das CAPM als auch die APT die Rendite von Wertpapieren als lineare Funktion des Wertpapierrisikos ansehen.

Die Erkenntnis, dass mehrere Faktoren für die Wertpapierrenditen maßgeblich sind, kann nur gewinnbringend genutzt werden, wenn bekannt ist, welche Faktoren konkret bestimmend für die Rendite von Wertpapieren sind. Dies ist die große Schwäche der APT.[47] Eine befriedigende Antwort auf die Frage, welche Faktoren für die Wertpapierrenditen maßgeblich sind, ist bisher nicht gelungen. Immerhin wird in der Literatur davon ausgegangen, dass die Anzahl der Faktoren nicht größer als fünf sein dürfte.[48] Vorstellbar sind dabei sowohl makro- als auch mikroökonomische Faktoren. Bei makroökonomischen Faktoren ist zu denken an Inflationsentwicklung, Zinsentwicklung, Konjunkturentwicklung, Ölpreise, Arbeitslosigkeit etc. Mikroökonomische Faktoren können sein: Unternehmensgröße, Verschuldungsgrad, Konkurrenzverhalten, Kurs/Gewinnverhältnis, Dividendenrendite, Technologieintensität etc. Die Bestim-

---

[44] Vgl. **Sharpe/Alexander** (1990), S. 257.

[45] Dies ist dann der Fall, wenn die erwarteten Renditen sich genau durch einen Faktor - das Marktportfolio - erklären lassen, bzw. alle Faktoren außer dem Faktor für das Marktportfolio null sind. Vgl. **Uhlir/Steiner** (1994), S. 199. Anderer Meinung sind z.B. **Nowak/Wittrock** (1993), S. 30.

[46] Vgl. **Ross** (1976), S. 343.

[47] Vgl. **Süchting** (1989), S. 320.

[48] Vgl. z.B. **Chen** (1983), S. 1397, **Berry/Burmeister/McElroy** (1988), S. 30 und **Chen/Roll/Ross** (1986), S. 383 ff.

mung der genannten Faktoren erfolgt bei empirischen Anwendung der APT zumeist im Rahmen einer auf Plausibilitätsüberlegungen aufbauenden Vorabspezifikation. Statistische Faktorenanalysen, die sich zur Zusammenstellung von Faktorbündeln grundsätzlich eignen, verlieren wegen ihrer mangelnden Interpretierbarkeit in den letzten Jahren zunehmend an Bedeutung.[49]

Es ist darauf hinzuweisen, dass z.B. nicht die Existenz von Inflation als solche einen Risikofaktor darstellt, da die Inflation geschätzt werden kann und somit in den Wertpapierpreisen bereits reflektiert wird. Viel mehr besteht in diesem Fall das Risiko in dem unerwarteten Abweichen der zukünftigen Inflationsrate von der erwarteten Inflationsrate.[50] Für die anderen Risikofaktoren gilt Gleiches.

Ein weiteres Problem stellt die Zeitstabilität dar. Dieses Problem gilt sowohl für die Faktoren als auch für die Faktorsensitivitäten. Es ist vorstellbar, dass sich die Faktoren im Zeitablauf verändern, bzw. sich in ihrer Wichtigkeit für den Renditebildungsprozess verschieben. Bezüglich der zeitlichen Stabilität der Faktorsensitivitäten sei auf die Problematik der Zeitstabilität beim Betafaktor im CAPM verwiesen.

Auch die APT ist inzwischen mehrfach empirischen Tests unterzogen worden.[51] Häufig wird dabei zu klären versucht, ob die APT in Bezug auf die Renditeerklärung dem CAPM überlegen ist. Obwohl dies bisher nicht als eindeutig geklärt gelten kann, gibt es für den US-amerikanischen Kapitalmarkt Hinweise, die für eine Überlegenheit der APT sprechen.[52] In Deutschland sind die Ergebnisse weniger viel versprechend: Sowohl die Faktorbetas als auch die Risikoprämien sind sehr instabil und selten statistisch signifikant von null verschieden.[53] Hinzuweisen ist darauf, dass sich auch in Bezug auf die APT vereinzelt die Meinung vernehmen lässt, dass eine empirische Testbarkeit der Modellaussagen nicht gegeben ist.[54]

1.3.3 Kritische Würdigung der Kapitalmarkttheorie

Die Erkenntnisse der Kapitalmarkttheorie haben, über den wissenschaftlichen Bereich hinaus, eine weite Verbreitung gefunden. Das CAPM und die APT werden beispielsweise zur Ableitung von Kapitalkosten verwendet. Das Prinzip arbitragefreier Märkte leistet wichtige Beiträge zur

---

[49] Vgl. **Steiner/Nowak** (1994), S. 350.
[50] Vgl. **Berry/Burmeister/McElroy** (1988), S. 30 f.
[51] Vgl. **Chen** (1983), S. 1393 ff.
[52] Vgl. **Berry/Burmeister/McElroy** (1988), S. 30.
[53] Vgl. **Nowak** (1994), **Steiner/Nowak** (1994).
[54] Vgl. **Haugen** (1990), S. 266 ff. sowie **Sharpe** (1984), S. 23 und 24.

Preisermittlung derivativer Finanzprodukte.[55] Zudem leistet die Kapitalmarkttheorie bedeutende Beiträge zur Risikobeurteilung von Kapitalanlagen. Darüber hinaus findet die Kapitalmarkttheorie im Bereich der Performance-Messung breite Anwendung. Aus der Praxis des modernen Portfoliomanagements sind die Erkenntnisse der Kapitalmarkttheorie deshalb nicht mehr wegzudenken.[56] Begriffe wie "systematisches Risiko", "Betafaktor", "Faktorsensitivitäten" etc., die ihren Ursprung in der Kapitalmarkttheorie haben, sind längst zu gängigen Ausdrücken der Anlagepraxis geworden.

Dies allein ist jedoch nur ein Indiz für die Qualität der beschriebenen Modelle. Den Beweis seiner Qualität kann ein Modell jedoch nur dadurch erbringen, dass seine Aussagen und Thesen mit den in der Realität zu beobachtenden Fakten möglichst gut übereinstimmen.

Als besonders problematisch zu testen erweisen sich Modelle, die in Erwartungswerten formuliert sind (CAPM, APT). Die ersatzweise Verwendung historischer Daten für derartige Validitätstests ist theoretisch wie praktisch unbefriedigend. Die Notwendigkeit zukünftiger Rendite- und Risikodaten erweist sich als Hauptproblem der praktischen Anwendung kapitalmarkttheoretischer Modelle. Aus diesem Grund muss die oft unkritische Übernahme kapitalmarkttheoretischer Parameter in praktische Anlagemodelle mit Vorsicht gesehen werden. Im Gegensatz zur Portfoliotheorie gibt es hinsichtlich des CAPM und der APT in der Literatur Kontroversen, was aber auch damit zu tun haben mag, dass diese Modelle jünger sind als die Erkenntnisse der Portfoliotheorie und insoweit noch nicht abschließend beurteilt werden können.

Ein Hauptangriffspunkt der Kapitalmarkttheorie stellt folgender Punkt dar: Die Ausklammerung von Transaktionskosten (Gebühren, Courtagen etc.), Steuern, psychologischen Faktoren, Marktineffizienzen (Marktmacht, Time-Lags, Anomalien, Bubbles ...) sowie die Konzentration auf die Größen Rendite und Risiko führt zwar zu ausgeprägter Anschaulichkeit der Modelle, vernachlässigt aber sehr stark reale Gegebenheiten und kann deshalb nicht uneingeschränkt in die Praxis übertragen werden.[57] Zudem wird die Berücksichtigung von Zeithorizonteffekten vernachlässigt.[58]

Die Beschränkung der Modelle der Kapitalmarkttheorie auf Kapitalmärkte als Betrachtungsgegenstand ist im Hinblick auf eine unkritische Anwendung im Rahmen der Asset Allocation ebenfalls problematisch.[59] Denn Asset Allocation betrifft die gesamten Vermögensgegenstände (Assets) eines Anlegers und geht somit über das Spektrum der klassischen Kapitalanlagen deutlich hinaus. Demgegenüber engt die Kapitalmarkttheorie das Betrachtungsfeld i.d.R. auf die

---

[55] Vgl. **Spremann** (1991), S. 487-488.

[56] Vgl. **Steiner/Kölsch** (1989), S. 419.

[57] **Amihud/Mendelson** weisen beispielsweise auf die Bedeutung des Liquiditätsaspektes für die Renditeerklärung hin, vgl. **Amihud/Mendelson** (1991), S. 235 ff.

[58] Vgl. **Zimmermann** (1991), 164-181.

[59] Theoretisch beansprucht die Kapitalmarkttheorie Gültigkeit für alle Anlagearten. Vgl. **Auckenthaler** (1991), S. 141.

Wertpapiermärkte und dabei insbesondere auf die Aktienmärkte ein. Als Grund dafür ist die hohe Markteffizienz zu nennen, die diesen Märkten zugeschrieben wird.[60]

Aus der beschriebenen Kritik an der Kapitalmarkttheorie haben sich neue Forschungsrichtungen der Finanzierungsforschung gebildet. Zu nennen ist beispielsweise die neoinstitutionalistische Finanzierungstheorie.[61] In ihr wird die Beschränkung der Kapitalmarkttheorie auf Rendite/Risiko-Komponenten zugunsten der Berücksichtigung weiterer Merkmale von Finanzierungsentscheidungen aufgehoben.

Des Weiteren wird im Rahmen der sog. 'Coherent Market Hypothesis' versucht, Anlegermentalitäten, die in bestimmten Börsenphasen preisbestimmenden Einfluss erlangen können, neben den rationalen fundamentalen Daten in eine Kapitalmarktbeschreibung einfließen zu lassen.[62]

Darüber hinaus wird mit Hilfe des sog. 'synergetischen Kapitalmarktmodells' der Versuch unternommen, eine dynamische Feinmodellierung des Kapitalmarktgeschehens durch die Spezifikation einer Mehrzahl kursbeeinflussender Variablen zu bewerkstelligen und so zu treffsicheren Marktprognosen zu gelangen.[63]

1.4 Marktmodell

Zentrale Aussagen des Marktmodells:
- Die Wertpapierrenditen hängen ausschließlich von einem Risikofaktor - dem Marktindex - ab.
- Der durch Regressionen gemessene Zusammenhang zwischen den Wertpapierrenditen und ihren Risiken ist empirisch und wird in die Zukunft extrapoliert.

1.4.1 Modelldarstellung

Die Umdeutung des Indexmodells von Sharpe hat zur Entstehung des Marktmodells geführt. Das Marktmodell verfolgt die Zielsetzung, den Vergangenheits-Zusammenhang zwischen der Rendite eines einzelnen Wertpapiers und einem Marktindex zu ermitteln und gegebenenfalls mit Hilfe des gewonnenen Zusammenhangs zukünftige Renditen des Wertpapiers zu schätzen. Insofern ist die Zielsetzung des Marktmodells eine gänzlich andere als die des Indexmodells. Im Indexmodell wurde ein Verfahren zur Aufwandsreduzierung bei der Schätzung von Eingabeparametern zur Bestimmung der Effizienzkurve im Portfolio-Selection-Modell entwickelt.

---

60 Vgl. **Fama** (1970), 383 ff. und **Fama** (1991), S. 1575 ff.
61 Vgl. **Schmidt** (1986), S. 186 ff.
62 Vgl. **Vaga** (1990), S. 36 ff.
63 Vgl. **Loistl** (1994), S. 650 ff. und die dort angegebene Literatur.

Das Marktmodell stellt einen empirischen Ansatz zur Schätzung und Erklärung künftiger bzw. vergangener Aktienrenditen dar. Dies unterscheidet das Marktmodell vom CAPM. Die Schätzung künftiger Renditen einzelner Aktien wird ausschließlich durch das Marktportfolio geleistet. Ein risikoloser Zinssatz wird nicht unterstellt. Dabei beinhaltet das Marktportfolio alle Titel eines Marktes gewichtet mit ihren jeweiligen Anteilen.

Aus dem beobachteten Zusammenhang zwischen der Rendite des einzelnen Wertpapiers mit der Rendite des Marktportfolios wird mittels einer linearen Einfachregression eine Schätzfunktion für künftige Renditen des Einzeltitels ermittelt. Dabei kommt folgender, bereits vom Indexmodell bekannter Funktionstyp zur Anwendung:

$$R_i = a_i + \text{ß}_i \cdot R_m + u_i,$$

oder in Erwartungswerten:

$$E(R_i) = a_i + \text{ß}_i \cdot E(R_m) + E(u_i),$$

mit: a_i = von der Marktrendite unabhängige Wertpapierrendite,
        $\text{ß}_i R_m$ = systematische Wertpapierrendite,
        R_m = Rendite des Marktportfolios,
        R_i = Rendite des Wertpapiers i und
        u_i = Zufallsfehler.

Die Funktion beschreibt eine Gerade, die durch die Punktwolke der beobachteten Renditepaare verläuft, die in Abbildung 1.9 dargestellt ist. Der mit u_i bezeichnete Zufallsfehler kennzeichnet die einzelnen Ausprägungen der Abweichungen der beobachteten Renditepaare von der Regressionsgeraden. Für die zukünftigen Werte von u_i wird erwartet, dass diese null betragen [$E(u_i) = 0$]. Zudem unterstellt das Modell eine Korrelation von null zwischen der Rendite des Marktportfolios und dem Zufallsfehler u_i. Darüber hinaus werden die titelspezifischen Renditen (a_i) als unkorreliert angenommen.

Die Güte der mittels Regression errechneten Geraden wird gemessen mit Hilfe des linearen Bestimmtheitsmaßes (R^2). Je näher der Wert des Bestimmtheitsmaßes an 1 herankommt, desto besser wird die Renditeentwicklung des Einzelwertes durch den Marktindex erklärt. Berechnet wird das Bestimmtheitsmaß als Quotient zwischen der Varianz des Marktindexes und der Varianz der betrachteten Aktie multipliziert mit dem ermittelten quadrierten Betafaktor der Aktie.

$$R^2 = \text{ß}_i^2 \cdot \frac{\sigma_m^2}{\sigma_i^2}$$

Ein R^2-Wert von 0,9 bedeutet, dass 90% der Varianz der Aktienrendite durch die in der Regression ermittelte Marktindexbewegung erklärt wird.

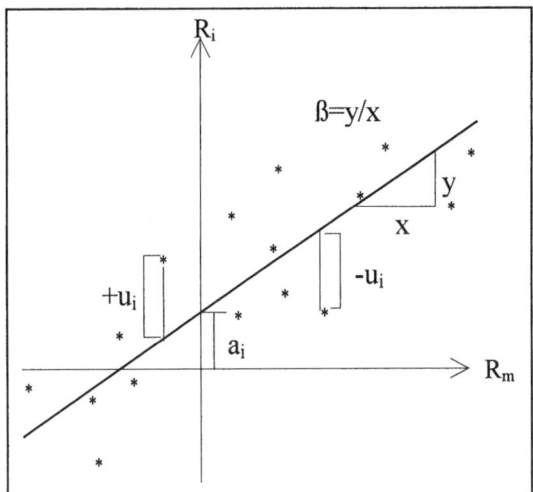

Abbildung 1.9: Regressionsgerade im Marktmodell

Wenn man nun den Beta- und Alphawert (a_i) für ein Wertpapier mit Hilfe der Regressionsfunktion ermittelt hat, so benötigt man nur noch eine Schätzung der zukünftigen Rendite des Marktportfolios, um zu einer Renditeschätzung des Wertpapiers zu gelangen. Dieses Vorgehen unterstellt implizit, dass die mit Vergangenheitsdaten ermittelten Funktionsparameter $ß_i$ und a_i für die Zukunft Gültigkeit besitzen. Mithin ist die Zeitstabilität der Funktionsparameter unabdingbare Vorraussetzung für eine qualitativ zufriedenstellende Renditeschätzung des Marktmodells.[64] Außerdem liefert das Marktmodell eine Möglichkeit zur Aufspaltung des Gesamtrisikos eines Wertpapiers in einen systematischen und einen unsystematischen Teil. Das Gesamtrisiko ergibt sich demgemäß zu

$$\sigma_i^2 = ß_i^2 \cdot \sigma_m^2 + \sigma_{ui}^2.$$

Durch geeignete Umformungen lässt sich sowohl das systematische als auch das unsystematische Risiko isolieren. So ergibt sich für das systematische Risiko

$$ß_i^2 \cdot \sigma_m^2 = \sigma_i^2 - \sigma_{ui}^2.$$

Für das unsystematische Risiko lautet die Formel

$$\sigma_{ui}^2 = \sigma_i^2 - ß_i^2 \cdot \sigma_m^2.$$

Mit Hilfe der dargestellten Risikoformeln lässt sich somit abschätzen, inwieweit ein Wertpapier mit dem Marktrisiko verbunden ist und inwieweit unternehmensspezifische Risiken zum Tragen kommen. Dies lässt Schlüsse auf geeignete Maßnahmen der Risikoreduktion (z.B. Hedging) zu.

---

64 Zur Prognosequalität des ß-Faktors und seiner Zeitstabilität vgl. **Steiner/Bauer** (1992), S. 347 ff.

1.4.2 Modellkritik

Die Verwendung des Marktmodells zur Schätzung zukünftiger Wertpapierrenditen macht nur bei Gültigkeit der Prämisse Sinn, dass die aus historischen Daten gewonnenen Parameter der Regressionsfunktion auch in der Zukunft Gültigkeit haben. Da diese Prämisse nicht als hinreichend erfüllt angesehen werden kann, eignet sich das Marktmodell nur sehr grob zur Schätzung künftiger Wertpapierrenditen. Verantwortlich für die mangelnde Stabilität der im Marktmodell gewonnenen Daten ist unter anderem die sogenannte Heteroskedastizität. Damit ist gemeint, dass die im Modell unterstellten Annahmen bezüglich der Residuen (u_i) nicht erfüllt sind. Viel mehr lässt sich beobachten, dass die Residuen im Zeitablauf sehr unterschiedliche Konstellationen einnehmen und insbesondere keine konstante Varianz aufweisen. Die Lage der Regressionsgeraden bei alternativen Residuenkonstellationen ist in Abbildung 1.10 dargestellt. Bei derartigem Verlauf spricht man von Heteroskedastizität.[65]

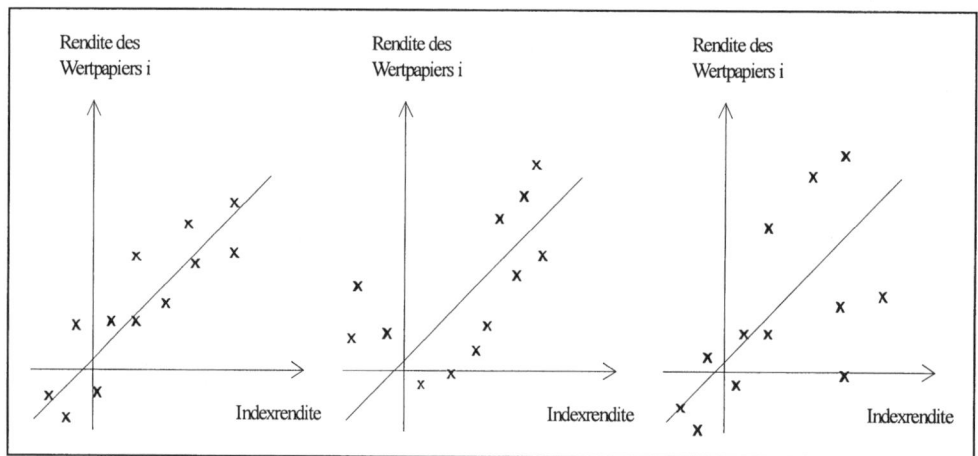

Abbildung 1.10: Heteroskedastizität der Residuen

In der Abbildung ist zu erkennen, dass die Lage der Residuen jeweils stark differiert. Daraus kann sich z.B. eine unterschiedliche Varianz ergeben. Allerdings gibt es inzwischen statistische Verfahren, die unter Berücksichtigung der Heteroskedastizität der Residuen Schätzwerte für die Betafaktoren liefern. Diese Verfahren werden als GARCH-Modelle bezeichnet.[66]

Der Wert des Marktmodells liegt deshalb auch auf einem anderen Gebiet. Seine Gleichung wird

---

[65] Vgl. **Bleymüller/Gehlert/Gülicher** (1992), S. 149 und 158 f.
[66] Vgl. **Bauer** (1991), S. 95. GARCH steht für **G**eneralized **A**uto**R**egressive **C**onditional **H**eteroscedastic.

regelmäßig als Testgleichung des CAPM verwendet.[67] Das Marktmodell liefert durch seine Regressionsfunktion zudem die in der Anlagepraxis verwendeten Betafaktoren.

Wie schon beim CAPM, so wird auch am Marktmodell kritisiert, dass es sich dabei um ein Einfaktormodell handelt. Die alleinige Erklärung von Wertpapierrenditen durch den Faktor Rendite des Marktportfolios erscheint zu eng. Gegenüber dem CAPM besteht der Nachteil, dass sich die zu erwartende Rendite im Marktmodell nicht - wie allgemein angenommen wird - aus einer risikolosen Verzinsung zuzüglich einer Risikoprämie zusammensetzt.[68]

1.5 Kapitalmarkteffizienz

1.5.1 Hypothesendarstellung

Eine wichtige theoretische Frage, die mitunter kontrovers diskutiert wird und weit reichende praktische Implikationen besitzt, ist die nach der Effizienz von Kapitalmärkten.[69] Dabei ist nicht so sehr umstritten, ob Kapitalmärkten grundsätzlich ein Grad an Effizienz zugeschrieben werden kann, sondern der Grad der Effizienz selbst steht zur Diskussion.

Nicht zu verwechseln ist der Begriff der Kapitalmarkteffizienz mit dem Terminus eines vollkommenen Kapitalmarktes. Kapitalmarkteffizienz bezieht sich auf die Informationsverarbeitung an Kapitalmärkten und wird deshalb auch als Informationseffizienz bezeichnet. Um von einem vollkommenen Kapitalmarkt zu sprechen, müssen weitere Eigenschaften, wie z.B. das Nichtvorhandensein von Transaktionskosten und Steuern, vorliegen. Markteffizienz ist mithin ein Bestandteil des vollkommenen Marktes.

Von einem effizienten Kapitalmarkt wird gesprochen, falls die Wertpapierkurse zu jeder Zeit alle verfügbaren Informationen vollständig reflektieren.[70] Der Gedanke der Kapitalmarkteffizienz beruht auf der Überlegung, dass z.B. Aktienkurse die zukünftigen Gewinnerwartungen der jeweiligen Unternehmen reflektieren. Kapitalmarkteffizienz liegt vor, wenn neue Informationen bezüglich der zukünftigen Gewinnerwartungen unverzüglich im Aktienkurs Berücksichtigung finden. Hinsichtlich des Grades der Informationseffizienz lassen sich gemäß Fama drei Abstu-

---

67 Vgl. z.B. **Fama** (1970), S. 403 und **Möller**, (1988), S. 785.
68 Vgl. **Hielscher** (1990), S. 55.
69 Vgl. **Bruns** (1994), S. 5 ff.
70 Vgl. **Fama** (1970), S. 383.

fungen vornehmen: die schwache, die halbstrenge und die strenge Informationseffizienz.[71] Die genannten Abstufungen differieren je nach dem Umfang der reflektierten Informationen.

Inhaltlich besagt die Hypothese der schwachen Informationseffizienz, dass in den Wertpapierkursen alle Informationen über vergangene Kursentwicklungen vollständig berücksichtigt sind. Bei der Hypothese der halbstrengen Informationseffizienz wird die vollständige Berücksichtigung aller öffentlich verfügbaren Informationen in den Wertpapierkursen unterstellt. Als streng informationseffizient gilt ein Markt, falls sämtliche Informationen, folglich auch nichtöffentliche, in den Wertpapierkursen vollständig berücksichtigt sind.

Die jeweils höhere Form von Informationseffizienz schließt die niedrigere(n) Form(en) mit ein, so dass sich der in Abbildung 1.11 dargestellte Zusammenhang zwischen den drei genannten Stufen der Informationseffizienz ergibt.

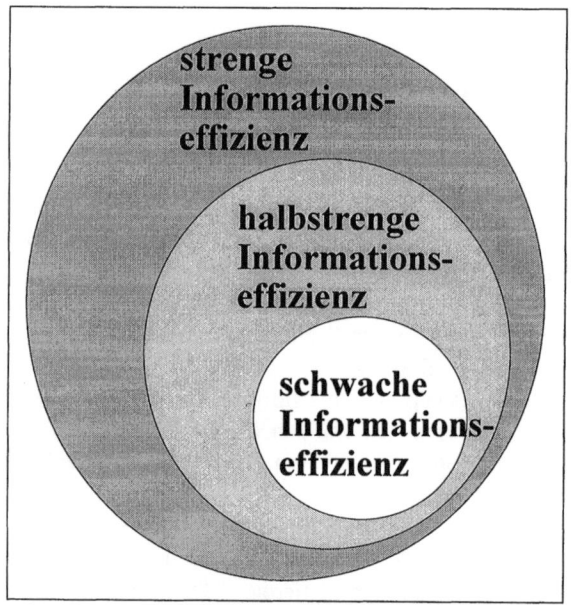

Abbildung 1.11: Beziehung der drei Abstufungen von Informationseffizienz untereinander

---

[71] Vgl. **Fama** (1970), S. 383 ff. In einer neueren Arbeit verwendet Fama abweichende Einteilungskriterien, wobei er sich an der empirischen Literatur orientiert. Dabei wird durch Tests der Prognosefähigkeit von Vergangenheitsrenditen bzw. einfachen Maßzahlen (z.B. Kurs-Gewinn-Verhältnisse) die schwache Form der Kapitalmarkteffizienz überprüft. Ereignisstudien sind nahezu inhaltsgleich mit den Tests der halbstrengen Form und die Tests auf private Informationen entsprechen weitgehend der strengen Form von Informationseffizienz. Vgl. **Fama**, (1991), S. 1575 ff.

1.5.2 Implikationen von Kapitalmarkteffizienz

Aus den einzelnen Abstufungen der Informationseffizienz ergeben sich unterschiedliche Konsequenzen. Sind Kapitalmärkte schwach informationseffizient, so lassen sich durch die Anwendung der Technischen Analyse keine Überrenditen erzielen. Nur die Kenntnis darüber hinausgehender Informationen (fundamentale Informationen), vermag bei schwacher Informationseffizienz eine oberhalb der risikoadäquaten Gleichgewichtsrendite liegende Kapitalverzinsung zu ergeben. Das Kursbild der Vergangenheit (Chart) ist bei einem schwach informationseffizienten Markt längst im Wertpapierkurs berücksichtigt. Jede von Marktteilnehmern vermeintlich erkannte Chartkonstellation wird bereits im Wertpapierkurs reflektiert, da sich ein veränderter Chart unverzüglich auf den Wertpapierkurs ausgewirkt hat. Folglich erbringt die Technische Analyse keinen gewinnbringenden Nutzen mehr. Daraus folgt vereinfachend dargestellt ein Random Walk der Wertpapierkurse, d. h. es besteht keine serielle Korrelation zwischen Wertpapierkursen.[72] Zeitlich aufeinanderfolgende Kurse sind deshalb unabhängig voneinander, und bilden sich gemäß der orthodoxen Form der Random Walk Hypothese nach folgender Gleichung:[73]

$$K_{t+1} = K_t + e_t.$$

Der Term e_t stellt eine normalverteilte Zufallsvariable dar, deren Erwartungswert null beträgt und die von den Kursen der Vergangenheit unabhängig ist. Der künftige Wertpapierkurs (K_{t+1}) ergibt sich als Summe aus dem vorangegangenen Kurs und dem Zufallsterm.

Eine Erweiterung stellt das Martingale-Modell der Random Walk Hypothese dar, denn es verzichtet auf das Vorliegen einer Normalverteilung der Kursveränderungen. Allerdings wird auch hier wie schon bei der orthodoxen Formulierung unterstellt, dass die erwartete Rendite null beträgt. Wird diese unrealistische Prämisse zugunsten einer positiven Gleichgewichtsrendite aufgehoben, so ergibt sich das Submartingale Modell:

$$K_{t+1} = K_t + E(\Delta K_t) + e_t.$$

Dabei bildet sich der zukünftige Wertpapierkurs aus dem aktuellen Kurs zuzüglich des Zufallsterms und einer erwarteten Kursänderung, die einer risikoadäquaten Kapitalverzinsung pro rata temporis entspricht.[74]

Die halbstrenge Informationseffizienz, welche die schwache Informationseffizienz einschließt, geht von der unverzüglichen Berücksichtigung sämtlicher öffentlich verfügbarer Informationen in den Wertpapierkursen aus. Trifft dies zu, so erübrigt sich die fundamentale Auswertung von Informationen, wie z.B. des Jahresabschlusses einer Aktiengesellschaft oder des Informations-

---

[72] Es besteht keine Identität zwischen der schwachen Form der Informationseffizienz und der Random Walk Hypothese, vgl. **Fama** (1970), S. 395.
[73] Vgl. **Perridon/Steiner** (2002), S. 221 f.
[74] Vgl. **Perridon/Steiner** (1999), S. 223.

prospekts bei einer Anleiheemission. Denn sobald eine Information öffentlich wird, findet sie schon Berücksichtigung im Wertpapierkurs. Infolgedessen ist die fundamentale Informationsauswertung nutzlos, denn eine Überrendite lässt sich dadurch nicht erzielen. Lediglich die Kenntnis von Insiderinformationen kann bei halbstreng informationseffizientem Kapitalmarkt zu einer oberhalb der risikoadäquaten Gleichgewichtsrendite liegenden Verzinsung führen. Wenn aber die fundamentale Informationsauswertung nutzlos ist, dann ist nicht einzusehen, warum überhaupt jemand sie betreiben sollte. Betreibt aber niemand mehr eine fundamentale Informationsauswertung, so können die Informationen auch nicht in den Wertpapierkursen berücksichtigt sein. Dieser Zusammenhang wird als Informationsparadoxon bezeichnet.[75] Es bedarf deshalb zwingend der fundamentalen Informationsauswertung, um dem Kapitalmarkt eine halbstrenge Informationseffizienz zubilligen zu können.

Für die Kapitalmarkttheorie besitzt die halbstrenge Informationseffizienz erhebliche Bedeutung, da sie zur Bildung homogener Erwartungen bei den Anlegern beiträgt. Wie bekannt, gehören homogene Erwartungen zu den Basisprämissen in manchen Modellen der Kapitalmarkttheorie (z.B. CAPM und APT). Aktives Wertpapiermanagement kann bei Vorliegen einer halbstrengen Informationseffizienz nur Sinn haben, falls die Manager über Insiderinformationen oder Spezialkenntnisse verfügen, die nicht am Markt bekannt sind.

Die weit reichendsten Folgen besitzt ein streng informationseffizienter Kapitalmarkt. Bei Bestehen einer strengen Informationseffizienz können selbst geheime Insiderinformationen nicht weiter gewinnbringend genutzt werden, da die Wertpapierkurse zu jeder Zeit sämtliche öffentlichen und nichtöffentlichen Informationen vollständig reflektieren. Somit bietet weder die Technische Analyse, noch die Fundamentalanalyse, noch die Kenntnis von Insiderinformationen bei Vorliegen eines streng informationseffizienten Kapitalmarkts eine Möglichkeit zur Erzielung von Überrenditen. Die Rendite, die ein Investor von einer Wertpapieranlage erwarten darf, entspricht bei einem streng informationseffizienten Kapitalmarkt in jedem Fall der Gleichgewichtsrendite gemäß dem Risiko der Anlage. Nur ein passives Management von Kapitalanlagen ist bei strenger Informationseffizienz sinnvoll.

1.5.3 Beurteilung der Kapitalmarkteffizienz

Die These der Kapitalmarkteffizienz ist aufgrund ihrer großen theoretischen und praktischen Bedeutung einer Vielzahl von empirischen Tests unterzogen worden.[76] Dabei wurde i. d. R. anhand von Aktienmärkten zu überprüfen versucht, bis zu welchem Grad die Märkte als effizient angesehen werden können. In der Mehrzahl der Tests wurde die Effizienz des amerikanischen Aktienmarktes geprüft. Die größte Einigkeit besteht dabei in der Feststellung, dass strenge Informationseffizienz auf Wertpapiermärkten nicht vorliegt. Unternehmensübernahmen, Kapitalmaßnah-

---

[75] Vgl. **Möller** (1985), S. 500.

[76] Zu Tests der Informationseffizienz des deutschen Aktienmarktes vgl. **Möller** (1985), S. 500 ff.

men und ähnliche wichtige Informationen führen häufig schon vor ihrer öffentlichen Bekanntgabe zu signifikanten Kursveränderungen. Derartige Beobachtungen sind nicht auf den Aktienmarkt beschränkt. Zudem können bisweilen im Vorfeld von wichtigen Informationsveröffentlichungen hohe Umsätze in den entsprechenden Werten beobachtet werden. Insiderwissen kann infolgedessen gewinnbringend genutzt werden. Einerseits wird argumentiert, dass Investoren nicht auf faire Preise an den Kapitalmärkten vertrauen können, wenn entstehendes Insiderwissen stets ausgenutzt wird. Viel mehr werden die Investoren dann eine höhere Risikoprämie für die Übernahme des unsystematischen Insiderrisikos verlangen. Im schlimmsten Fall bleiben die Investoren dem Markt sogar fern, mit den entsprechenden Folgen für die Marktliquidität. Die Funktion der Börse wäre damit in Frage gestellt. Allerdings kann Insiderwissen nur im Preis abgebildet werden, wenn es veröffentlicht wird oder Insider aktiv am Markt handeln. Hält ein Insider eine Aktie für stark überbewertet, dann müssen uninformierte Käufer einen zu hohen Preis bezahlen und Verkäufer erhalten ein unverdientes Geschenk. Würde der Insider selbst am Markt handeln, wäre der Preis fair, da seine massiven Verkäufe in diesem Fall den Preis nach unten drücken. Natürlich sieht die Öffentlichkeit in diesem Profit einen ungerechtfertigten free lunch. Auswege wären darin zu sehen, entweder strikte ad hoc Veröffentlichungsregeln zu finden oder die Insidergewinne massiv zu besteuern.

Allerdings gibt es begründete Aussicht, dass der Umfang der Ausnutzung von Insiderwissen an den Finanzmärkten abnimmt. Denn mit Inkrafttreten des 2. Finanzmarktförderungsgesetzes am 1. August 1994 steht die Ausnutzung von Insiderwissen auch in Deutschland unter Strafe. Vergehen gegen den neuerdings im Wertpapierhandelsgesetz geregelten Tatbestand des Insiderhandels können seither mit bis zu 5 Jahren Freiheitsstrafe und/oder bis zu 3 Millionen DM Bußgeld geahndet werden.[77] Die bisherigen freiwilligen Compliance Regeln sind damit obsolet geworden. Auch die an manchen Finanzplätzen geltenden Offenlegungspflichten für Wertpapierpakete sowie die Bekanntmachung von Aktientransaktionen seitens der Führungskräfte der jeweiligen Aktiengesellschaften tragen zur Nichtausnutzung von Insiderinformationen bei. Die Verhinderung der Ausnutzung von Insiderinformationen muss das Ziel sein, denn Insiderinformationen wird es immer geben.

Hinsichtlich der Gültigkeit der schwachen Form von Informationseffizienz bestehen z. T. Auffassungsunterschiede. Die Anhänger der Technischen Analyse behaupten, dass eindeutig beobachtbare und wiederkehrende Trends an den Wertpapiermärkten vorliegen. Mit Hilfe der Technischen Analyse soll das Aufspüren trendanzeigender Formationen möglich sein. In der Konsequenz müssen sich durch die Anwendung der Technischen Analyse Überrenditen erzielen lassen.

Die schwache Informationseffizienzhypothese lässt sich empirisch recht gut testen. Kursreihen lassen sich z.B. gut hinsichtlich ihrer seriellen Korrelation überprüfen. Dabei spielt auch die Stärke der Kursbewegungen eine Rolle. Im Gegensatz dazu beobachten sog. Run-Tests lediglich die Tendenz, dass auf eine positive (negative) Rendite eine weitere positive (negative) Rendite folgt. Schließlich lassen sich einfache Chart-Regeln, wie z.B. Filterregeln, leicht anhand empiri-

---

[77] Zu den Maßnahmen der Bekämpfung des Insiderhandels in den USA vgl. **Malkiel** (1990), S. 198 f.

scher Daten überprüfen. Insgesamt kann als Ergebnis der Tests festgehalten werden, dass zwar keine serielle Korrelation von null besteht, jedoch das gewinnbringende Ausnutzen allenfalls nur kurzfristig bestehender Trends bei Berücksichtigung von Transaktionskosten nicht möglich ist. Zu diesem Ergebnis kommt die große Mehrzahl der Untersuchungen in den sechziger und siebziger Jahren.[78] Neuere Tests weisen z.T. abweichende Ergebnisse auf, wobei in diesen Tests zumeist kompliziertere Strategien getestet werden.[79] Das Vorliegen eines reinen Random Walk-Prozesses kann zumindest als unwahrscheinlich gelten.[80]

Hierfür sprechen auch die unter dem Begriff 'Kalenderzeiteffekte' bekannten zeitlichen Renditemuster. Der bekannteste Kalenderzeiteffekt ist der Januar-Effekt. Empirische Studien konnten eine regelmäßige Überperformance besonders von kleinen Unternehmen im Januar verglichen mit anderen Monaten nachweisen. In Abbildung 1.12 ist die Januarrendite am deutschen Aktienmarkt von 1954 - 1997 abgebildet (1954-1995: Aktienindex des Statistischen Bundesamtes, ab 1996: CDAX). Darüber hinaus gibt es weitere Kalenderzeiteffekte, wie z.B. den 'day of the week'-Effekt.[81]

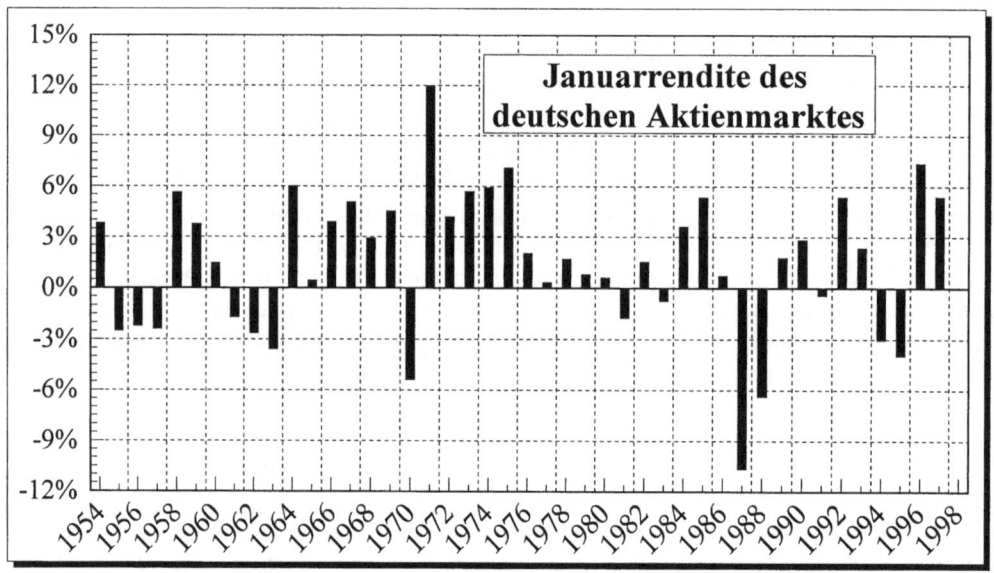

Abbildung 1.12: Januarrenditen des Aktienindex des Statistischen Bundesamtes

---

[78] Vgl. **Fama**, (1970), S. 383 ff.
[79] Vgl. z.B. **Pruitt/White** (1988), S. 55 ff.
[80] Vgl. **Loistl** (1990), S. 67 ff.
[81] Ein Überblick über verschiedene Kalenderzeiteffekte gibt **Reinganum** (1990), S. 39 ff.

Die am heftigsten umstrittene Effizienzhypothese ist die eines halbstreng informationseffizienten Marktes. Im Vergleich zur schwachen Informationseffizienzhypothese ist die halbstrenge Informationshypothese schwieriger zu testen. Denn wenn festgestellt werden soll, ob fundamentale Informationsauswertung Überrenditen erbringt, muss ein Modell zur Ermittlung einer angemessenen Rendite zugrunde gelegt werden. Offenbar werden bei einem derartigen Test zwei verbundene Hypothesen untersucht. Bei empirischen Tests wird i. d. R. das CAPM bzw. das Marktmodell als Renditemodell gewählt. Wenn sich nun aber zeigt, dass sich durch die Auswertung fundamentaler Informationen Überrenditen erzielen lassen, so muss dies nicht notwendigerweise zur Verwerfung einer halbstrengen Informationseffizienz führen. Ursächlich kann nämlich auch die Ermittlung falscher Vorgaberenditen durch das CAPM bzw. das Marktmodell sein. Insofern sind empirische Tests der halbstrengen Informationseffizienz immer auch gleichzeitig Tests des zugrunde liegenden Renditemodells. Da hinsichtlich der empirischen Validität des CAPM inzwischen jedoch erhebliche Zweifel bestehen, ist bei den durchgeführten Effizienztests ebenfalls Zurückhaltung in der Beurteilung angebracht. Im Folgenden wird auf Testergebnisse eingegangen, die zumindest Zweifel an der These einer halbstrengen Informationseffizienz aufkommen lassen.

Seit dem Ende der siebziger, besonders aber in den achtziger Jahren wurden einige Renditezusammenhänge entdeckt, die mit den Aussagen des CAPM nicht vereinbar sind.[82] Der Size-Effekt besagt etwa, dass kleinere Unternehmen (Small-Caps) langfristig eine höhere risikoadjustierte Rendite aufweisen als große Unternehmen.[83] Der 'neglected-firm'-Effekt weist eine bessere Performance für jene Aktien aus, die von den Wertpapieranalysten weniger intensiv verfolgt werden.[84] Außerdem scheinen Aktien mit einem hohen Verhältnis Buchwert/Marktwert des Eigenkapitals ("Value"-Aktien) systematisch höhere Renditen zu erzielen als Aktien, deren Eigenkapitalbuchwert im Verhältnis zum Marktwert gering ist ("Growth"-Aktien).

Die entdeckten Anomalien stehen aber nur dann im Widerspruch zur Hypothese eines halbstreng informationseffizienten Kapitalmarkts, wenn sie auch nach ihrer öffentlichen Bekanntmachung Bestand haben, und sich somit zur künftigen Überrenditeerzielung (nach Transaktionskosten) nutzen lassen. Interessanterweise scheint z.B. der Size-Effekt inzwischen verschwunden zu sein.[85]

Neben den genannten Anomalien bestehen noch weitere empirische Einwände gegen eine halbstrenge Informationseffizienz. Zu denken ist dabei z.B. an die auf den Aktienmärkten zu beobachtenden Volatilitätswerte. Die aus Informationsveröffentlichungen erkennbaren funda-

---

[82] Einen Überblick über Anomalien geben **Jacobs/Levy** (1988), S. 18 ff. und die dort auf S. 20 f. angegebene Literatur. Zu Anomalien auf den deutschen Wertpapiermärkten vgl. **Frantzmann** (1989), S. 66 ff. und **Schnittke** (1988), S. 31 ff.

[83] Vgl. **Banz** (1981), S. 3 ff. Eine jüngere empirische Untersuchung des Kleinfirmeneffektes auf dem deutschen Aktienmarkt findet sich bei **Beiker** (1993), S. 185 ff.

[84] Vgl. **Arbel/Strebel** (1982), S. 201 ff.

[85] Vgl. **Black** (1993), S. 37 und **Kolb** (1992), S. 584.

mentalen Unternehmensdaten unterliegen deutlich geringeren Schwankungen als die Aktienkurse. Die Kurse scheinen demzufolge Dinge zu reflektieren, die über die veröffentlichten Informationen hinausgehen.[86]

Die empirische Beobachtung von DeBondt/Thaler, dass Aktienkurse eine Tendenz aufweisen, zu ihren Durchschnittswerten zurückzukehren, wird als Mean Reversion bezeichnet.[87] Auf eine überdurchschnittliche Rendite folgt demgemäß eine Phase unterdurchschnittlicher Renditen, so dass der langfristige Durchschnitt beibehalten wird. Trifft dies zu, so lassen sich daraus gewinnbringende Handelsstrategien ableiten, die nicht im Einklang mit einem halbstreng informationseffizienten Aktienmarkt stehen.

Schließlich lassen sich an Börsen Überreaktionen beobachten, die in negativen Extremfällen zu Börsencrashs führen. Dies gilt z.B. für den Oktober-Crash 1987, bei dem scheinbar nicht genügend schwerwiegende Informationen vorlagen, die einen solch ausgeprägten Kurssturz hätten rechtfertigen können. Als Erklärung für derartige Überreaktionen werden behavioristische Gründe mitverantwortlich gemacht. Dabei ist zu denken an massenpsychologische Phänomene, wie z.B. den Herdentrieb oder Überreaktionsphänomene. Fundamentale Daten spielen in solchen Situationen nur eine untergeordnete Rolle. Stattdessen dominieren irrationale Kriterien wie Stimmungen (Noise) die Anlageentscheidungen.[88]

Als ein Indiz für Markteffizienz wird häufig angesehen, dass Investmentfonds und andere professionelle Anleger in der Vergangenheit im Durchschnitt keine Überperformance erzielen konnten.[89] Wären die Wertpapiermärkte nicht effizient, so müssten von Anlageprofis bessere Ergebnisse erzielt werden können. An diesem Punkt wird deutlich, dass die gewählte Definition von Markteffizienz mitentscheidend für die Beurteilung derselben ist. Steht die Möglichkeit der Erzielung langfristiger risikoadjustierter Überrenditen im Vordergrund der Betrachtung, dann kommt man eher zu der Annahme eines effizienten Marktes. Legt man stattdessen das Hauptaugenmerk auf die zu beobachtenden Marktbewegungen, so liegt der Schluss näher, dass nicht nur fundamentale Informationen die Preise beeinflussen.

Wenn die professionellen Anleger den Großteil des Marktgeschehens bestimmen, können sie im Durchschnitt nur die Marktrendite erzielen und müssen zusätzlich die Transaktionskosten tragen. Deshalb kann die Frage nicht lauten, wie gut sind die Anlagemanager, sondern höchstens, gibt es gute oder schlechte Manager. Diese Frage ist aber sehr schwer zu überprüfen, da zwischen Glück und Können nur sehr schwer unterschieden werden kann.

Insgesamt bedarf es zur Beurteilung der Kapitalmarkteffizienz deshalb eines sehr differenzierten

---

[86] Vgl. **Shiller** (1989), S. 7 ff.

[87] Vgl. **DeBondt/Thaler** (1989); S. 189 ff.

[88] Vgl. **Bruns** (1994), S. 40 ff. Zu 'Noise' siehe **Black** (1986), S.529 ff.

[89] Vgl. z.B. **Steiner/Wittrock** (1994), S. 593 ff. **Malkiel** (1990), S. 169 ff., **Sharpe** (1992), S. 18, **Zimmermann/Zogg-Wetter** (1992), S. 133 ff. und **Lerbinger** (1984), S. 60 ff.

Vorgehens. Kapitalmärkte weisen keinesfalls einheitliche Effizienzgrade auf. Erforderlich sind Differenzierungen hinsichtlich der verschiedenen Länder, Märkte und Marktsegmente. Der Markt für Penny-Stocks in Vancouver dürfte z.B. bei weitem nicht die Effizienz besitzen, wie etwa das Segment der dreißig Dow Jones Werte an der New York Stock Exchange. Institutionelle und administrative Marktrahmenbedingungen sind maßgebliche Voraussetzungen für eine hohe Kapitalmarkteffizienz. Die neueren Ergebnisse der empirischen Kapitalmarktforschung legen den Schluss nahe, dass Wertpapierpreise nicht ausschließlich auf einer rein rationalen Auswertung fundamentaler Informationen beruhen.[90] Dauerhaft erfolgreiche Strategien konnten trotzdem nicht entwickelt werden.

In jüngster Zeit[91] ragen zwei Kritikrichtungen heraus, die in ihren Argumenten nicht völlig neu sind, die aber in populärwissenschaftlichen Bestsellern durch ihre Prägnanz und ihre empirische Untermauerung die Grundfesten der Effizienzthese erschüttern.

Haugen geht von der These aus, dass sich eindeutig „stupid stocks" und „super stocks" unterscheiden lassen. Durch umfangreiche empirische Untersuchungen auf hohem statistischen Niveau glaubt er nachzuweisen, dass die erwarteten Renditen von Aktien auf zehn wesentliche Faktoren aus den „Familien" Liquidität, relative Unterbewertung, Unternehmensprofitabilität und technische Faktoren prognostiziert werden können. Der Risiko-Rendite Zusammenhang der Theorie weist keinen wesentlichen Einfluss auf die Preisbildung in der Empirie auf und wenn überhaupt, dann gegensätzlich zur theoretischen Annahme. Damit wäre das elegante geschlossene Theoriegebäude der Kapitalmarkttheorie in den Bereich der Fantasie verwiesen. Der vernünftigen Begründung der Effizienzthese von der Tendenz der Ausnützung von Ungleichgewichten und der daraus resultierenden Anpassung der Preise an den fair value entgegnet er mit dem Hinweis auf die Eigendynamik des Verhaltens professioneller Anleger und Investmentmanager. Dies wird auch weiter nachhaltig dafür sorgen, dass gute und schlechte Aktien existieren. Investmentmanager werden zum einen am kurzfristigen Erfolg gemessen und benötigen zusätzlich immer eine nachvollziehbare Story für die möglichen Chancen einer Unternehmung, die im Allgemeinen aber positive wie negative Aussichten überschätzt. Stories produzieren zusätzlich Unsicherheit und damit Risiko für Anleger, das am Markt aber nicht vergütet wird.

Einen anderen Aspekt betont Shiller in seinem Bestseller „Irrational Exuberance". Er legt den Schwerpunkt der Effizienzdiskussion nicht auf einzelne fehlbewertete Aktien, sondern sieht den schwerwiegenden Mangel in der Existenz starker Übertreibungen im Gesamtmarkt, die zu einem Zusammenbruch führen müssen. Da der genaue Zeitpunkt eines solchen Crashs aber nicht vorhersehbar ist, kann diese Information nicht gewinnbringend ausgebeutet werden und kann sich deshalb nicht in den Kursen niederschlagen. Eine solche vollständige Entfernung der Aktienkurse von der Realität der fundamentalen Daten wie Gewinne und Dividenden sieht er für den US Markt seit 1982, die er durch die sehr hohen Kurs/Gewinnverhältnisse untermauert. Als Gründe für irrationalen Überschwang nennt er zwölf strukturelle, kulturelle und psychologische Faktoren. So führt mangelnde Erfahrung mit echten Verlusten, zunehmende Spielsucht und immer

---

[90] Vgl. **Loistl** (1990), S. 68 f.
[91] Vgl. **Haugen** (1999) und **Shiller** (2000).

größere Lust zum Risiko sowie die zunehmende Berichterstattung aber auch geburtenstarke Jahrgänge zu einem immer größeren Engagement in Aktien. Auch Portfolio Insurance Programme erhöhen bei steigenden Aktienkursen automatisch ihren Aktienanteil und treiben so die Preise. Vor allem im Bereich der privaten Altersvorsorge könnte so ein zu hoher Aktienanteil zu fatalen Folgen führen.

Beide Autoren kommen zu dem Ergebnis, dass die moderne Finanzierungstheorie vor allem dadurch besticht, dass sie ein in sich geschlossenes logisch konsistentes Modell für alle Finanzierungsfragen liefert, dessen theoretische Eleganz bemerkenswert ist, dem aber die reale Vorhersagekraft fehlt. Die Ursache hierfür liegt in der mikroökonomischen und mathematischen Ausbildung der Forscher. Die fehlende Ausbildung im Handwerk der Finanzierung, der Rechnungslegung und des Börsenhandels führte dazu, dass wesentliche Einflussfaktoren zugunsten der theoretischen Geschlossenheit der Modelle geopfert wurden. Die Suche nach dem wissenschaftlichen Fortschritt darf aber nicht in den alten Modellfesseln stecken bleiben, für neue Sachverhalte müssen neue Modelle gefunden werden.

Sollten beide Autoren recht behalten, folgen daraus weitreichende Einflüsse auf die Finanzpolitik der Unternehmung, die Shareholder Value Orientierung des Rechnungswesens und für die Grundsätze vernünftiger Anlagepolitik.

> "Asset Allocation is probably the most important task an investor undertakes."[1]

2 Asset Allocation

Die Umsetzung der in der Portfoliotheorie gewonnenen Erkenntnisse wird in der Anlagepraxis als Asset Allocation bezeichnet. Dabei steht die strukturierte Anordnung bzw. Kombination (Allocation) von Kapitalanlagefazilitäten (Assets) im Mittelpunkt der Betrachtung. Ziel der Asset Allocation ist die Erzielung einer angemessenen Portfolioperformance. Durch die Bildung risikoeffizienter Portfolios versucht die Asset Allocation, dieses Ziel zu verwirklichen. Die Frage nach der Angemessenheit von Performance kann beantwortet werden, wenn bekannt ist, welcher Zusammenhang (Trade-Off) zwischen Rendite und Risiko besteht. Um zu verdeutlichen, dass Asset Allocation auf theoretischen Erkenntnissen fußt, wird zunächst der Performancebegriff diskutiert. Im Anschluss daran wird die Technik sowie die Wirkungsweise der Asset Allocation anhand von Beispielen dargestellt. Schließlich werden die maßgeblichen Kritikpunkte und Schwachstellen der Asset Allocation Konzeption diskutiert.

2.1 Performance als Zielgröße der Asset Allocation

Die theoretische Durchdringung der Anlagepraxis hat zu einer Ausweitung der Zielgröße Performance geführt. Früher wurde Performance lediglich als Rendite verstanden. Diese Deutung kann als Performance im engeren Sinne bezeichnet werden. Im Gegensatz zu eindimensionalen traditionellen Anlagemodellen, die sich auf die Bewertung von Kapitalanlagen anhand von Renditevergleichen beschränken, ist unter Performance im weiteren Sinne eine zweidimensionale Maßgröße zur Erfolgsbeurteilung von Kapitalanlagen zu verstehen. Als Komponenten der Performance sind zum einen die Rendite und zum anderen das Risiko von Kapitalanlagen (Assets) zu nennen. Deshalb lässt sich Performance auch als risikoadjustierte Rendite kennzeichnen.[2] Mathematisch kann die so definierte Performance als Überschuss der erzielten Anlagerendite über eine adäquate Vergleichsrendite (Benchmarkrendite) verstanden werden, wobei die sich ergebende Renditedifferenz per Division durch ein geeignetes Risikomaß standardisiert wird.[3] Mit Hilfe der Standardisierung wird für eine Vergleichbarkeit gesorgt:[4]

---

[1] **Sharpe** (1992), S. 31.
[2] Vgl. **Zimmermann** (1991), S. 164.
[3] Vgl. **Zimmermann** (1991), S. 178.
[4] Eine ausführlichere Auseinandersetzung mit dem Performance-Begriff erfolgt im Kapitel 9.

$$\text{Performance} = \frac{\text{Anlagerendite - Benchmarkrendite}}{\text{Risikomaß}}$$

Neben der Rendite und dem Risiko besitzt der Gesichtspunkt der Liquidität einer Kapitalanlage gerade auch in der Anlagepraxis einige Bedeutung. Daher werden diese drei maßgeblichen Komponenten einer Kapitalanlage bisweilen als magisches Dreieck bezeichnet. Weisen zwei alternative Anlageformen gleiche Rendite- und Risikoerwartungen auf, dann sollten Investoren der liquideren Investition c.p. den Vorzug geben. Liquidität ist dabei zu verstehen als Möglichkeit, sich zu fairen Preisen jederzeit von der getätigten Kapitalanlage trennen zu können.

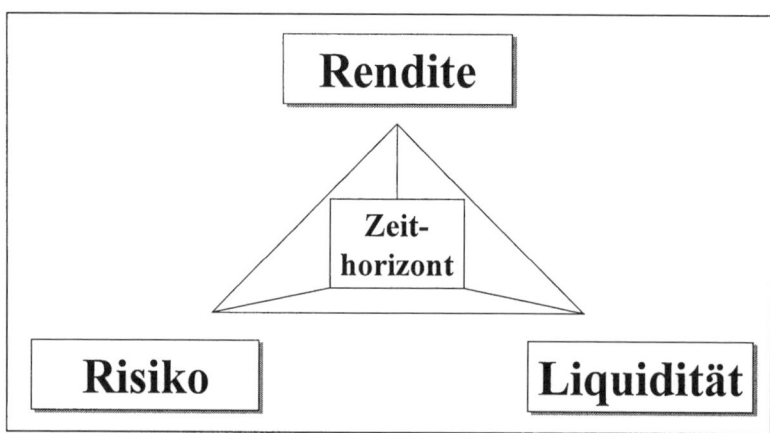

Abbildung 2.1: Magisches Dreieck der Kapitalanlagen

Infolge der anwendungsorientierten Darstellung der Asset Allocation findet der Liquiditätsaspekt im Rahmen der Performancekomponenten Berücksichtigung. Da ihm im Vergleich zu Rendite- und Risikoaspekten von Kapitalanlagen aber nur eine untergeordnete Bedeutung zukommt, wird Liquidität im Weiteren als Nebenbedingung des Asset Allocation Prozesses behandelt.

2.1.1 Rendite

Die Rendite einer Anlage ergibt sich allgemein als Gewinn, bezogen auf das eingesetzte Kapital. Hinsichtlich der Gewinngröße lassen sich Brutto- und Nettowerte unterscheiden. Dementsprechend gibt es Brutto- und Nettorenditen. Für einen Anleger ist regelmäßig die für ihn erzielbare Nettorendite einer Anlage ausschlaggebend. Nettorenditen hängen aber von individuellen Bedingungen, wie Grenzsteuersatz, Abschreibungsmöglichkeiten usw., ab. Da diese Daten für die meisten Anleger zu unterschiedlich und somit nicht allgemein quantifizierbar sind, eignen sich Nettorenditen nicht für die grundsätzliche Renditedarstellung im Rahmen der Performance. Stattdessen wird im Weiteren von Bruttorenditen ausgegangen. Diese ergeben sich allgemein zu:

$$\text{Rendite (in \%)} = \frac{\text{Gewinn}}{\text{Kapitaleinsatz}} \cdot 100$$

Beträgt der Betrachtungshorizont nicht genau ein Jahr, so ergeben sich bei der Berechnung von

Renditen weitere Probleme. Je nach Lage der Annahmen eignet sich die arithmetische Renditeberechnungsmethode besser als die geometrische Renditeberechnungsmethode und umgekehrt. Ein Beispiel verdeutlicht die Unterschiede.

Zeitpunkt	t_0	t_4
Anfangsvermögen	10.000,- EUR	-
Endvermögen	-	15.000,- EUR

Tabelle 2.1: Exemplarische Zahlungsreihe

Die Gesamtrendite in dem Beispiel beträgt 50% und errechnet sich aus der Division des Vermögenszuwachses durch das Anfangskapital. Da der Anlagezeitraum vier Jahre beträgt, stellt sich die Frage, welche jährliche Rendite der Anleger erzielt hat. Die arithmetisch errechnete Durchschnittsrendite beläuft sich auf 12,5% und stellt somit das Ergebnis der Division der Gesamtrendite durch die Anzahl der Anlagejahre dar. Demgegenüber beträgt die geometrische Durchschnittsrendite lediglich ca. 10,7%. Den Wert erhält man, indem die vierte Wurzel aus dem Quotienten 15.000/10.000 gezogen wird. Bei der arithmetischen Methode wird unterstellt, dass der Anleger die Gewinne am Ende jedes Jahres entnimmt. Hingegen wird bei der geometrischen Berechnung keine Gewinnentnahme angenommen, sondern eine Wiederanlage der bisher erwirtschafteten Gewinne unterstellt, sodass sich der Gewinn der Jahre 1 bis 3 weiter bis nach t_4 verzinseszinst. Das gleiche gilt für alle vor dem Endzeitpunkt anfallenden Gewinne. Auf diese Weise entsteht ein Zinseszinseffekt, da die Gewinne der einzelnen Jahre wieder angelegt werden. Formal ergibt sich die Rendite bei Anwendung der arithmetischen Methode zu

$$r = \frac{\frac{\text{Endvermögen} - \text{Anfangsvermögen}}{\text{Anfangsvermögen}}}{n} \cdot 100$$

mit: r = Rendite und
         n = Laufzeit in Jahren.

Unter Einsetzung der Beispieldaten lautet die Formel demzufolge

$$12,5 = \frac{\frac{15.000 - 10.000}{10.000}}{4} \cdot 100.$$

Verglichen damit lautet die Formel für die geometrische Rendite[5]

$$r = \left[\sqrt[n]{\frac{\text{Endvermögen}}{\text{Anfangsvermögen}}} - 1 \right] \cdot 100.$$

---

[5] Falls das Endvermögen unterhalb des Anfangsvermögens liegt, muss die Formel modifiziert werden.

Durch Einsetzen der Beispieldaten errechnet sich anschließend der Renditewert von ca. 10,7%.

$$10,668 = \left[\sqrt[4]{\frac{15.000}{10.000}} - 1 \right] \cdot 100$$

Bei mehrperiodigen Betrachtungszeiträumen werden i.d.R. geometrische Renditen herangezogen, da diese die Wertentwicklung einer Anlage im Zeitablauf besser beschreiben. Geometrische Renditen eignen sich besonders zur Beantwortung des Fragentyps: Welche jährliche Rendite hätte man erzielt, wenn man vor n Jahren in dieses oder jenes Anlageinstrument investiert hätte.

Ein weiteres Problem bei der Berechnung von Renditen ist die zeitliche Vergleichbarkeit. Ein Renditevergleich ist nur sinnvoll, wenn den betrachteten Werten die gleiche Zeitspanne zugrunde liegt. Insbesondere unterjährige Zeiträume erschweren den Renditevergleich. Um dieses Problem zu beseitigen, bedient man sich einer Annualisierung. Die Annualisierung unterjähriger Renditen errechnet sich unter Berücksichtigung von Zinseszinsen mit Hilfe folgender Formeln

$$r_j = ((1+r_t)^t - 1) \cdot 100$$

$$r_t = (\sqrt[t]{r_j + 1} - 1) \cdot 100$$

mit: r_j = Jahresrendite und
r_t = unterjährige Periodenrendite in Prozent.

Für t muss die jeweilige Zeitdauer eingesetzt werden. Im Falle von Wochenrenditen (Tagesrenditen) ist also für t der Wert 52 (365) anzunehmen. Ein Beispiel zeigt die Berechnung einer Jahresrendite auf der Basis von Monatsrenditen:

$$12,68 = [(1 + 0,01)^{12} - 1] \cdot 100$$

Durch Annualisierung ergibt sich bei einer Monatsrendite von 1% folglich eine Jahresrendite von 12,68%.

Im Rahmen von Renditebetrachtungen in Modellen der Kapitalmarkttheorie besitzen stetige Renditen besondere Bedeutung. Diese genügen am ehesten den in einigen Modellen unterstellten Rendite-Verteilungshypothesen. Es hat sich gezeigt, dass stetige Renditen am ehesten als annähernd normalverteilt angesehen werden können. Dies gilt insbesondere für längere Beobachtungszeiträume.[6] Stetige bzw. logarithmierte Renditen erhält man durch die Errechnung logarithmierter Kursverhältnisse. Für stetige Renditen lautet die mathematische Definition:

---

[6] Je länger der Betrachtungszeitraum ist, desto eher entspricht die Verteilung der Renditen der Normalverteilungshypothese. Vgl. **Brealey/Myers** (1996), S. 150.

$$R_{i,t} = \ln(K_{i,t}) - \ln(K_{i,t-1}) \quad = R_{i,t} = \ln\left[\frac{K_{i,t}}{K_{i,t-1}}\right]$$

mit: $R_{i,t}$ = stetige Rendite der Anlage i,
$K_{i,t}$ = Kurs der Anlage i im Zeitpunkt t und
$K_{i,t-1}$ = Kurs der Anlage i im Zeitpunkt t-1.

Unter Verwendung der obigen Beispieldaten ergibt sich für den gesamten Anlagezeitraum die stetige Rendite zu 40,55%. Dies stellt eine deutliche Abweichung gegenüber der oben ermittelten Rendite von 50% dar. Die Abweichung zwischen stetiger und einfacher Rendite wird um so größer, je höher die einfache Rendite liegt.[7] Die Logarithmierung birgt den Vorteil der sich entsprechenden absoluten und relativen Größenveränderung. Ein einfaches Beispiel lässt diesen Effekt anschaulich werden. Wenn der Kurs einer Aktie in einer Woche von 100 auf 110 EUR steigt, so entspricht dies einem Anstieg von 10%. Fällt der Kurs der Aktie in der zweiten Woche wieder von 110 auf 100 EUR zurück, so bedeutet dies einen prozentualen Verlust von 9,09%. Gleiche absolute Kursveränderungen führen folglich zu unterschiedlichen prozentualen Ergebnissen. Berechnet man die Renditen über die Logarithmen der Kurse, dann entspricht der prozentuale Kursanstieg von 100 auf 110 EUR genau dem Kursabschlag von 110 auf 100 EUR. Im Fall des steigenden Kurses ergibt sich ein Wert von 9,53% und im Fall des fallenden Kurses ein Wert von -9,53%. Anhand des Beispiels ist deutlich geworden, dass ein wesentlicher Vorteil logarithmierter Renditen in ihrer Addierbarkeit liegt.

2.1.2 Risiko

Unsicherheit - verstanden als die Möglichkeit des Abweichens von geplanten Größen - ist bei Kapitalanlagen regelmäßig anzutreffen. Deshalb wird Unsicherheit auch als Risiko im Weiteren Sinne angesehen. Es lassen sich zwei Formen von Unsicherheit unterscheiden. Auf der einen Seite die Ungewissheit, die sich einer Quantifizierung verschließt und durch völlige Unkenntnis zukünftiger Umweltlagen auszeichnet. Die zweite Form der Unsicherheit wird als Risiko im engeren Sinne bezeichnet. Im Gegensatz zur Ungewissheit ist es möglich, das Risiko i.e.S. zu messen, da objektive oder zumindest aber subjektive Wahrscheinlichkeiten für das Eintreten verschiedener Umweltlagen angegeben werden können. Der Zusammenhang ist in Abbildung 2.2 dargestellt.[8]

Die oben verwendete Definition von Risiko, im Sinne einer quantifizierbaren Abweichung von geplanten Größen, ist in der Anlagepraxis nicht unumstritten.[9] Risiko wird nämlich - auch im

---

[7] Ein Beispiel dazu findet sich bei **Loistl** (1994), S. 200.
[8] Zur Unsicherheit vgl. **Perridon/Steiner** (2002), S. 98 ff.
[9] Zur Kontroverse um den Risikobegriff und eine adäquate Messung vgl. **Keppler** (1990), S. 610 ff.; **Bauer** (1991), S. 172 ff., sowie **Sortino/van der Meer** (1991), S. 27 f.

täglichen Sprachgebrauch - häufig nur als die Gefahr der negativen Abweichung von geplanten Größen empfunden.[10] Eine positive Abweichung wird hingegen nicht als Bedrohung, sondern viel mehr als Chance für den Anleger angesehen.[11] Um die weitere Darstellung der Asset Allocation anschaulich und modellgestützt zu gestalten, wird der Begriff des Risikos als Abweichen von geplanten Größen in beide Richtungen zugrunde gelegt. Bevor einzelne relevante Risikomaße vorgestellt werden, sind die unterschiedlichen Arten von Risiken zu beschreiben und den verschiedenen Kapitalanlagekategorien zuzuordnen.

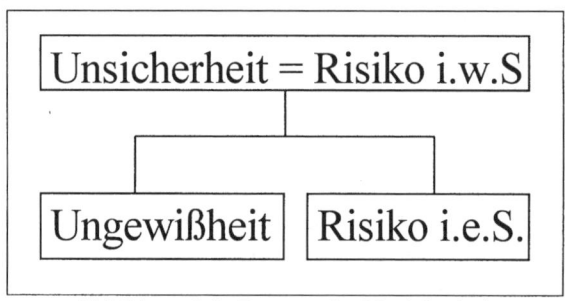

Abbildung 2.2: Formen der Unsicherheit

2.1.2.1 Risikoarten

Wie die Darstellung in Kapitel 1 gezeigt hat, lassen sich gemäß der Kapitalmarkttheorie die zu diskutierenden Risiken unter systematische oder unsystematische Risiken subsumieren. Die Addition von systematischem und unsystematischem Risiko ergibt folglich das Gesamtrisiko einer Kapitalanlage. Es gilt der folgende, bereits aus dem Single-Index-Modell bekannte Zusammenhang:

Gesamtrisiko = systematisches Risiko + unsystematisches Risiko.

2.1.2.1.1 Unsystematische Risiken

Unsystematische Risiken sind einzelwirtschaftliche bzw. titelspezifische Risiken. Es handelt sich um spezielle Risiken, die nicht im Zusammenhang mit übergeordneten Ereignissen stehen. Stattdessen ist die Ursache für ein unsystematisches Risiko bei dem betreffenden Anlageobjekt selbst zu suchen. Folglich wirkt sich ein unsystematisches Risiko nur jeweils auf einen ganz bestimm-

---

[10] Es gibt den Vorschlag, nur die halbe Varianz, also die Semivarianz als Risikomaß zu verwenden, um nur die negative Abweichung vom Mittelwert zu erfassen. Vgl. **Markowitz**, (1959), 188 ff., und **Copeland/Weston** (1988), S. 152 f.

[11] Vgl. **Tilley/Latainer** (1985), S. 32.

ten Emittenten, ein bestimmtes Projekt oder ein bestimmtes Anlageobjekt aus. Charakteristisch für unsystematische Risiken ist insbesondere ihre schwierige Prognostizierbarkeit. Eine weitere Eigenschaft unsystematischer Risiken ist die Möglichkeit ihrer weitgehenden Elimination mit Hilfe von Diversifikation im Rahmen einer Portfoliobildung. Für das unsystematische Risiko gilt gemäß dem Marktmodell folgender Zusammenhang:

$$\text{unsystematisches Risiko} = \text{Gesamtrisiko} - \text{systematisches Risiko}$$

Für verschiedene Kapitalanlagegattungen wird im Folgenden exemplarisch aufgezeigt, welche unsystematischen Risiken auftreten können.

a) Im Anleihebereich ist z.B. an das Bonitätsrisiko zu denken, also die Gefahr der Nichterfüllung von Zahlungsverpflichtungen (Zins, Tilgung) seitens des Schuldners. Ferner kann ein Kündigungsrisiko auftreten, falls der Emittent sich ein vertragliches Recht der vorzeitigen Anleihekündigung gesichert hat. Ein Emittent wird von diesem Recht zu Lasten der Rendite seiner Gläubiger regelmäßig bei starken Zinssenkungen am Kapitalmarkt Gebrauch machen.

b) Unsystematische Risiken im Bereich von Aktienanlagen werden hervorgerufen durch Vorgänge bei den jeweiligen Aktiengesellschaften. Zu denken ist dabei an Risiken wie Streik, Ableben des Vorstandsvorsitzenden, negative Presseberichte über die Gesellschaft, neue Produkte von Konkurrenten, Brandschäden etc.

c) Um die Existenz unsystematischer Risiken ebenfalls bei Sachanlagen zu verdeutlichen, wird exemplarisch der Wohnimmobilienbereich als typischer Markt für Sachanlagen herausgegriffen. Vorstellbar sind hier Risiken bei der Bauerstellung und -renovierung (z.B. das Terminrisiko). Daneben können bei einzelnen Projekten Genehmigungsrisiken und Auflagen seitens der Behörden vorliegen. Auch eine Nichtvermietbarkeit oder nachträglich entdeckte Altlasten können als unsystematische Risiken im Bereich der Wohnimmobilienanlagen angesehen werden.

2.1.2.1.2 Systematische Risiken

Im Unterschied zu den unsystematischen Risiken beruhen systematische Risiken auf marktinhärenten Veränderungen, d.h. nicht nur ein einzelner Titel, ein einzelner Emittent oder ein einzelnes Projekt, sondern die Gesamtheit der jeweiligen Anlagekategorie wird vom systematischen Risiko der betreffenden Anlagekategorie tangiert. Deshalb können systematische Risiken auch nicht durch Diversifikation innerhalb der Anlagekategorie eliminiert werden. Immerhin lassen sich systematische Risiken aber üblicherweise leichter als unsystematische Risiken prognostizieren. Dies liegt an den fundamentalen Ursachen, die für die systematischen Risiken i.d.R. verantwortlich sind. Für das systematische Risiko gilt folgender Zusammenhang:

$$\text{systematisches Risiko} = \text{Gesamtrisiko} - \text{unsystematisches Risiko}$$

Die Verdeutlichung systematischer Risiken erfolgt analog dem Vorgehen bei der Darstellung unsystematischer Risiken durch Beispiele für verschiedene Kapitalanlagegattungen.

a) Bei Anleihen besteht das systematische Risiko in dem Zinsänderungsrisiko. Auftretende Marktzinsänderungen wirken bei Kuponanleihen auf zweifache Weise. Erstens resultiert hieraus eine Veränderung der Wiederanlagebedingungen ausgeschütteter Zinsen. Zweitens determiniert i. d. R. das aktuelle Zinsniveau die Kurse von Kuponanleihen. Eine Erhöhung des Marktzinsniveaus bewirkt ceteris paribus einen Kursverlust bei allen Kuponanleihen, verbessert allerdings die Bedingungen der Wiederanlage zukünftiger Zinszahlungen. Bei internationaler Betrachtung stellt das Währungsrisiko ein weiteres systematisches Risiko im Anleihebereich (aber auch bei anderen Kapitalanlagen) dar.[12]

b) Aktien sind in besonderer Weise vom systematischem Risiko, dem Marktrisiko, betroffen. Es ist charakterisiert durch den Einfluss, den die Veränderung des Gesamtaktienmarktes auf die Entwicklung des einzelnen Aktientitels nimmt. Ereignisse, die auf den Gesamtmarkt Einfluss haben, sind z.B. politische Ereignisse (Unruhen, Wahlen, Revolutionen, Kriege), wirtschaftliche Veränderungen (Steuerreformen, Schaffung von Freihandelszonen, Veränderung der Währungsparitäten), Naturkatastrophen (Erdbeben, Flutkatastrophen, Missernten) etc.

c) Auch der Sachanlagenbereich unterliegt systematischen Risiken. So beeinflussen steuerliche Förderungsmaßnahmen den gesamten Wohnimmobilienbereich. Ebenso ist an bestimmte gesetzliche Maßnahmen zu denken, die für alle Wohnimmobilien gelten, wie beispielsweise Gesetze zur Begrenzung von Mietpreissteigerungen.

2.1.2.2 Risikomaße

Innerhalb der verschiedenen Anlagekategorien haben sich unterschiedliche Risikomaße als zweckmäßig erwiesen. Die meiste Aufmerksamkeit ist bei der Entwicklung von Risikomaßen der Anlagekategorie Aktien zugekommen. Die Mehrzahl der im Folgenden zu beschreibenden Risikomaße findet bevorzugt, aber nicht ausschließlich im Aktienbereich Anwendung. Besonders deutlich kann dies an dem Risikomaß Volatilität gezeigt werden. Die Volatilität kann nämlich bei jeder Anlage zur Risikomessung verwendet werden.

2.1.2.2.1 Volatilität

Risikomaße lassen sich für das Gesamtrisiko, das systematische und das unsystematische Risiko definieren. Üblicherweise wird das Gesamtrisiko einer Anlage durch die Größe Volatilität abgebildet. Die Verwendung der Volatilität als Maß für das Gesamtrisiko ist jedoch nur adäquat, falls das Risiko als positive und negative Abweichung von geplanten Größen definiert wird.

---

[12] Vgl. **Drummen/Zimmermann** (1992), S. 82.

Die Volatilität fußt auf der Berechnung der Standardabweichung, die ihrerseits aus der Varianz berechnet wird. Das Konzept der Messung des Gesamtrisikos von Kapitalanlagen durch die Volatilität besitzt bei Gültigkeit der Normalverteilungshypothese für Renditen besondere Aussagekraft. Gleichwohl kann die Standardabweichung als Streuungsmaß für alle Verteilungen berechnet werden. Die Normalverteilungshypothese stellt eine Basisprämisse portfoliotheoretischer Modelle dar, denn nur diese Verteilung lässt sich durch die zwei Parameter Mittelwert (μ) und Standardabweichung (σ) vollständig beschreiben (vgl. Abbildung 2.3).

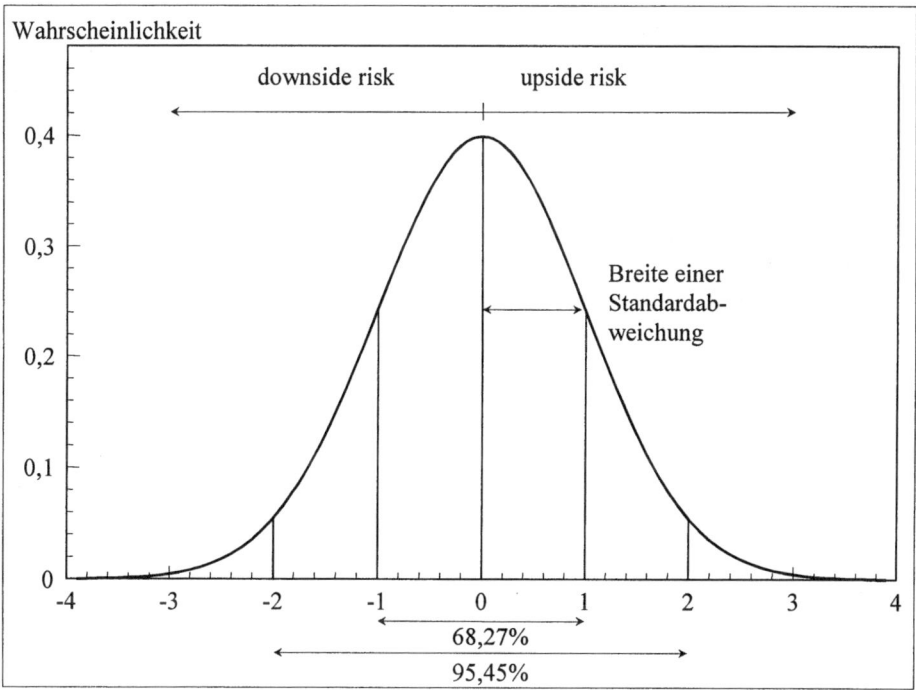

Abbildung 2.3: Dichtefunktion einer Standardnormalverteilung

Mittels der Standardabweichung werden die Schwankungen der Renditen eines Anlagetitels um ihren Mittelwert (in der Abbildung null) gemessen. Die Standardabweichung ist - mathematisch ausgedrückt - die positive Quadratwurzel aus der Varianz. Als Varianz (σ^2) ist die Summe der quadrierten Differenzen zwischen den Renditeausprägungen und deren Mittelwert definiert, geteilt durch die Anzahl der verwendeten Werte. Zur Mittelwertberechnung bedient man sich daher der Formel

$$\mu = \frac{1}{T} \sum_{t=1}^{T} R_t \ .$$

Unter Verwendung des Mittelwertes ergibt sich dann die Varianz zu:

$$\sigma^2 = \frac{1}{T}\sum_{t=1}^{T}(R_t - \mu)^2 .$$

Wird aus einer Stichprobe ein Schätzwert für die Varianz der Grundgesamtheit ermittelt, so ist der Nennern um 1 zu vermindern, um eine erwartungstreue Schätzung zu gewährleisten. Die Korrektur ist besonders dann von Bedeutung, wenn nur wenige Beobachtungswerte vorliegen:

$$\sigma^2 = \frac{1}{n-1}\sum_{i=1}^{n}(R_t - \mu)^2 .$$

Da logarithmierte Vergangenheitsrenditen verglichen mit einfachen Renditen eher als normalverteilt angesehen werden können, wird die Formel der Varianzberechnung häufig entsprechend modifiziert. Der zu verwendende Mittelwert wird anhand der logarithmierten Einzelrenditen errechnet

$$\mu = \frac{1}{T}\sum_{t=1}^{T}\ln(1+R_t) .$$

Anschließend wird unter Verwendung des errechneten Mittelwertes die Varianz berechnet

$$\sigma^2 = \frac{1}{T}\sum_{t=1}^{T}[\ln(1+R_t) - \mu]^2 .$$

Die Standardabweichung ergibt sich, wenn aus der so ermittelten Varianz die Quadratwurzel gezogen wird

$$\sigma = \sqrt{\frac{1}{T}\sum_{t=1}^{T}[\ln(1+R_t) - \mu]^2} .$$

Ähnlich wie bei Renditen bedient man sich auch bei Standardabweichungen der Annualisierung, um eine Vergleichbarkeit zwischen den einzelnen Werten zu gewährleisten. Die annualisierten Standardabweichungen werden als Volatilität bezeichnet. Auf diese Weise werden Tages-, Wochen- und Monatsvolatilitäten in Jahresvolatilitäten transformiert. Die Volatilität ergibt sich, indem die Standardabweichung mit der Quadratwurzel aus der Anzahl der Berechnungszeiträume multipliziert wird. Ist die Standardabweichung aufgrund von täglichen Daten errechnet worden, so müsste eine Multiplikation mit der Wurzel aus 365 erfolgen. Da aber aufgrund von Wochenenden und Feiertagen nur ca. 250 Börsenhandelstage im Jahr vorkommen, wählt man zur Annualisierung diesen Wert. Es konnte nämlich empirisch festgestellt werden, dass der Renditegenerierungsprozess eher den Handelstagen als den Kalendertagen bzw. Zeiträumen folgt.[13]

---

[13] Vgl. **Hill** (1990), S. 156 f., sowie **Müller-Möhl** (1989), S. 103 f.

Folglich stellt t in der unten stehenden Formel nicht den jeweiligen Kalender- sondern den jeweiligen Börsenhandelszeitraum dar.

$$\sigma_{ann.} = \sigma\sqrt{t}$$

Für die Berechnung der Volatilität gelten in Abhängigkeit der Renditezeiträume folgende Zusammenhänge:[14]

bei Tagesrenditen: $\sqrt{250} \cdot \sigma$
bei Wochenrenditen: $\sqrt{52} \cdot \sigma$
bei Monatsrenditen: $\sqrt{12} \cdot \sigma$
bei Quartalsrenditen: $\sqrt{4} \cdot \sigma$

In dem folgenden Beispiel wird anhand der Siemens-Aktie die Volatilitätsberechnung verdeutlicht. Dabei werden folgende Quartalsendkurse zugrunde gelegt.

	Schlusskurs	1 + Rendite	Logarithmierte Rendite
4. Quartal 91	630,-		
1. Quartal 92	680,-	1,0794	0,0764
2. Quartal 92	715,-	1,0515	0,0502
3. Quartal 92	685,-	0,958	-0,0429
4. Quartal 92	650,-	0,949	-0,0525

Tabelle 2.2: Dateninput der Volatilitätsberechnung

Die Anzahl der sich ergebenden Quartalsrenditen beträgt 4. Die Summe der logarithmierten Quartalsrenditen errechnet sich zu: 0,03125. Durch Division der Summe der Quartalsrenditen durch die Anzahl ergibt sich der Mittelwert. Dieser beträgt 0,0078. Anschließend kann durch Einsetzen der Werte in die Volatilitätsformel - unter Einsatz des Korrekturfaktors - die Volatilität der Siemens-Aktie berechnet werden.

$$\sigma_{SIE} = \sqrt{\frac{1}{4-1}\left[(0,0764 - 0,0078)^2 + (0,0502 - 0,0078)^2 + (-0,0429 - 0,0078)^2 + (-0,0525 - 0,0078)^2\right]}$$

$$\sigma_{SIE} = 0,065 = 6,5\%$$

Durch Annualisierung ergibt sich

$$\sigma_{SIE} = 6,5\sqrt{4} \text{ bzw.}$$

$$\sigma_{SIE} = 13\%.$$

Während des Betrachtungszeitraums wies die Siemens-Aktie eine annualisierte historische Volatilität von 13% auf.[15]

---

14 Vgl. **Perridon/Steiner** (2002), S. 336.

15 Die Ermittlung der Volatilität anhand der unlogarithmierten Renditen ergibt Werte von

Zum Treffen von Anlageentscheidungen werden zukunftsorientierte Schätzungen des Risikos einzelner Wertpapiere oder Portfolios benötigt. In der Anlagepraxis sind verschiedene Methoden zur Gewinnung zukünftiger Volatilitäten verbreitet. Erstens können sie aufgrund von Erfahrungswissen subjektiv geschätzt werden. Zweitens lassen sich die Volatilitäten bei Verwendung des Black/Scholes-Modells aus den Marktpreisen von Aktienoptionen berechnen.[16] Diese als implizite Volatilitäten bekannten Werte zeigen an, welche zukünftigen Schwankungen der Markt den einzelnen Titeln aktuell beimisst. Gerade für den deutschen Aktienmarkt stellt sich aber das Problem, dass ein liquider Optionsmarkt nur bei den dreißig z.Z. an der Eurex gehandelten Aktienoptionen besteht.

Eine dritte in der Praxis gebräuchliche Methode verwendet historische Volatilitäten als Prognosewerte. Beispielsweise könnte angenommen werden, dass die während der vergangenen 52 Wochen gemessene Renditevolatilität einen geeigneten Schätzwert für die Volatilität der Folgewoche abgibt. Der Prognosewert ändert sich von Woche zu Woche, weil nach Art einer gleitenden Durchschnittsbildung jeweils die entfernteste Rendite herausgenommen und die aktuelle Rendite hinzugefügt wird. Ähnliche Ansätze existieren in vielfältiger Ausgestaltung.

In jüngster Zeit sind neue Verfahren zur Modellierung der Volatilität und ihrer zeitlichen Veränderung in den Mittelpunkt der Diskussion gerückt. Sie basieren auf der empirischen Beobachtung, dass die Schwankungen von Wertpapierrenditen charakteristische zeitliche Muster aufweisen. Häufig lassen sich ruhige Phasen mit geringen Kursausschlägen ausmachen sowie andererseits Zeiträume, in denen starke Kursbewegungen gehäuft auftreten. Bereits *Mandelbrot* hat bei der Analyse von Warenterminkontrakten festgestellt, dass "large changes tend to be followed by large changes - of either sign - and small changes tend to be followed by small changes"[17]. Dieses Phänomen wird als "Volatility Clustering" bezeichnet.

Ein viel versprechender Ansatz, um dieses Verhalten von Renditeschwankungen formal zu beschreiben, ist das GARCH-Modell[18] von *Bollerslev*.[19] Es beschreibt die Renditevarianz mit Hilfe der in den Vorperioden gültigen Varianzen und den in einem bestimmten Vergangenheitszeitraum realisierten Abweichungen der Renditen von ihrem Erwartungswert:

6,57% bzw. 10,14% (annualisiert).

[16] Eine ausführliche Darstellung der Aktienoptionsbewertung und des Black & Scholes-Modells befindet sich in Kapitel 5.

[17] **Mandelbrot** (1963), S. 418.

[18] GARCH=**G**eneralized **A**utoregressive **C**onditional **H**eteroskedasticity.

[19] Vgl. **Bollerslev** (1986). Das GARCH-Modell ist eine Erweiterung des von *Engle* entwickelten ARCH-Ansatzes, vgl. **Engle** (1982). Zu einer ausführlichen Darstellung der Einsatzmöglichkeiten von ARCH-Modellen in der Finanzwirtschaft vgl. **Bollerslev/Chou/Kroner** (1992).

$$\sigma_{t+1}^2 = a_0 + \sum_{i=1}^{q} a_i \varepsilon_{t-i+1}^2 + \sum_{i=1}^{p} b_i \sigma_{t-i+1}^2$$

mit: ε_t = Abweichung der Rendite in Periode t von ihrem Erwartungswert,
a_0, a_i, b_i = konstante Parameter.

Diese Gleichung bezeichnet man als GARCH(p,q)-Modell, weil p vergangene Werte von σ_t und q frühere Werte von ε_t verwendet werden. Bei vielen Anwendungen hat sich herausgestellt, dass bereits das relativ einfache GARCH(1,1)-Modell zu guten Prognoseergebnissen führt. Es gilt dann:

$$\sigma_{t+1}^2 = a_0 + a_1 \varepsilon_t^2 + b_1 \sigma_t^2 \quad \text{mit } a_0, a_1, a_2 > 0;\ a_1 + a_2 < 1.$$

Die benötigten Parameter a_0, a_1 und b_1 werden mit Hilfe spezieller, relativ komplizierter Verfahren aus historischen Daten geschätzt.

Die Varianz einer Periode setzt sich folglich in der GARCH(1,1)-Spezifizierung aus drei Komponenten additiv zusammen:

- dem Basisniveau a_0,
- einem Zuschlag zum Basisniveau, der um so höher ausfällt, je größer der unerwartete Kursausschlag der Vorperiode war,
- einem Zuschlag, der proportional zur Varianz der Vorperiode ansteigt.

In den beiden letztgenannten Termen kommt die Tendenz des Volatility Clustering zum Ausdruck: Falls in den Vorperioden eine große Renditeunsicherheit bestand, die sich zudem in einer starken Kursbewegung niedergeschlagen hat, so ist das entsprechende Wertpapier auch in der nächsten Periode mit einem hohen Risiko behaftet.

Das mit einem GARCH-Modell beschriebene Verlaufsmuster zeitvariabler Volatilitäten hat eine wichtige Implikation für die Häufigkeitsverteilung von Renditen. In vielen Untersuchungen wurde festgestellt, dass die empirische Häufigkeitsverteilung breitere Enden als eine Normalverteilung hat und stärker um den Mittelwert konzentriert ist. In der Statistik bezeichnet man diese Eigenschaft als Leptokurtosis. Mit GARCH-Modellen lassen sich solche Verläufe nachbilden, wie Abbildung 2.4 beispielhaft zeigt.[20]

---

[20] Dem simulierten GARCH(1,1)-Prozess liegen die Parameterwerte a_0=0,00332, a_1=0,6, b_1=0,3 zugrunde, bei einem Ausgangswert für die Standardabweichung von 15%. Die Werte erheben nicht den Anspruch einer realitätsnahen Festlegung. Sie wurden ausgewählt, um den leptokurtischen Verlauf anschaulich zu zeigen.

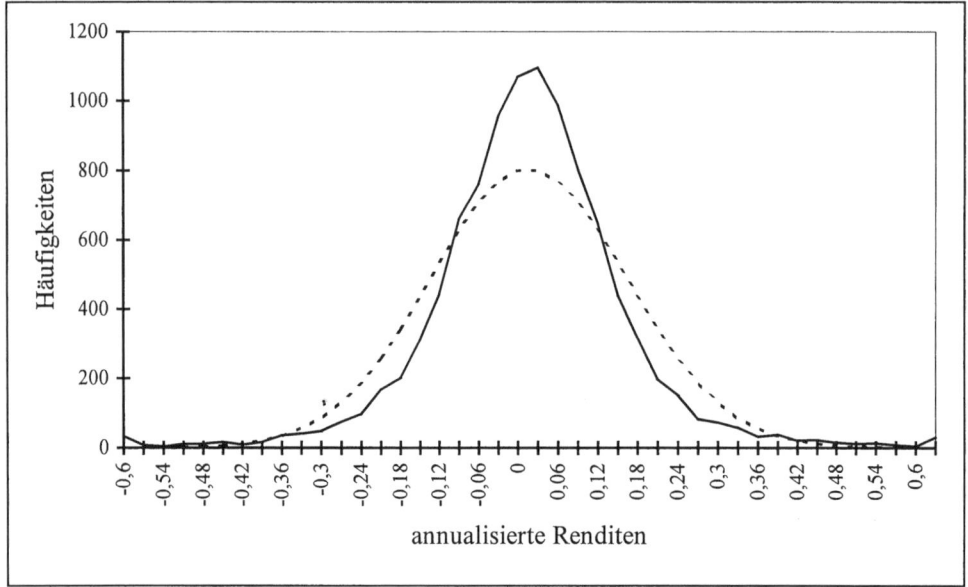

Abbildung 2.4: Normalverteilung und Häufigkeitsverteilung eines simulierten GARCH-Prozesses

Die beiden abgebildeten Verteilungen haben die gleiche Volatilität, d.h. bei der Berechnung der Standardabweichung wird die Wirkung der beim GARCH-Prozess häufigeren geringfügigen Abweichungen vom Mittelwert genau kompensiert durch die größere Zahl extremer Kursbewegungen.

Es ist darauf hinzuweisen, dass bei der Simulation des GARCH-Prozesses die Normalverteilungshypothese in jeder einzelnen Periode als gültig unterstellt wurde. Die Volatilität ist daher auch in diesem Modell ein geeignetes Risikomaß, das zusammen mit der erwarteten Rendite die Wahrscheinlichkeitsverteilung vollständig beschreibt. Da aber dieses Risikomaß nicht konstant ist, sondern in einer bestimmten Weise variiert, sind die Renditen aufeinanderfolgender Perioden zusammengenommen nicht normalverteilt.

2.1.2.2.2 Ausfallwahrscheinlichkeit

Ein Risikomaß, das auf einer Definition von Risiko im eher umgangssprachlichen Sinn fußt als die Volatilität, ist die Ausfallwahrscheinlichkeit (englisch: shortfallrisk). Sie beziffert das Risiko, eine unterhalb der individuellen Mindestrendite (englisch: threshold) liegende Verzinsung zu erzielen. Die Berechnung der Ausfallwahrscheinlichkeit ist von drei Größen abhängig. Zunächst ist die gewünschte Mindestrendite wichtig. Je niedriger diese liegt, desto geringer ist ceteris paribus die Wahrscheinlichkeit, sie zu unterbieten. Außerdem ist der Erwartungswert der betreffenden Rendite von Bedeutung. Im Gegensatz zur Mindestrendite ist der Renditeerwartungswert nicht individuell, sondern möglichst objektiv zu bestimmen. Schließlich muss noch die Schwankung der Renditen um ihren Erwartungswert geschätzt werden. Dies geschieht wie oben dargestellt mit Hilfe der Volatilität. Mit steigender Volatilität nimmt ceteris paribus die Ausfallwahrscheinlichkeit zu. Aus den genannten Größen lässt sich die Formel für die Ausfallwahrscheinlichkeit ermitteln. Sie lautet [21]

$$AFW = N\left(\frac{R_{i,min} - E(R_i)}{\sigma_i}\right)$$

mit: AFW = Ausfallwahrscheinlichkeit,
N(.) = Wert aus der Verteilungsfunktion der Standardnormalverteilung,[22]
$R_{i,min}$ = Mindestrendite,
$E(R_i)$ = erwartete Rendite und
σ_i = Volatilität der Rendite

Anhand von Abbildung 2.5 lässt sich die Ausfallwahrscheinlichkeit interpretieren. Offenbar ist mit der Ausfallwahrscheinlichkeit diejenige Fläche unter der Normalverteilung beschrieben, die links neben der Mindestrendite liegt.

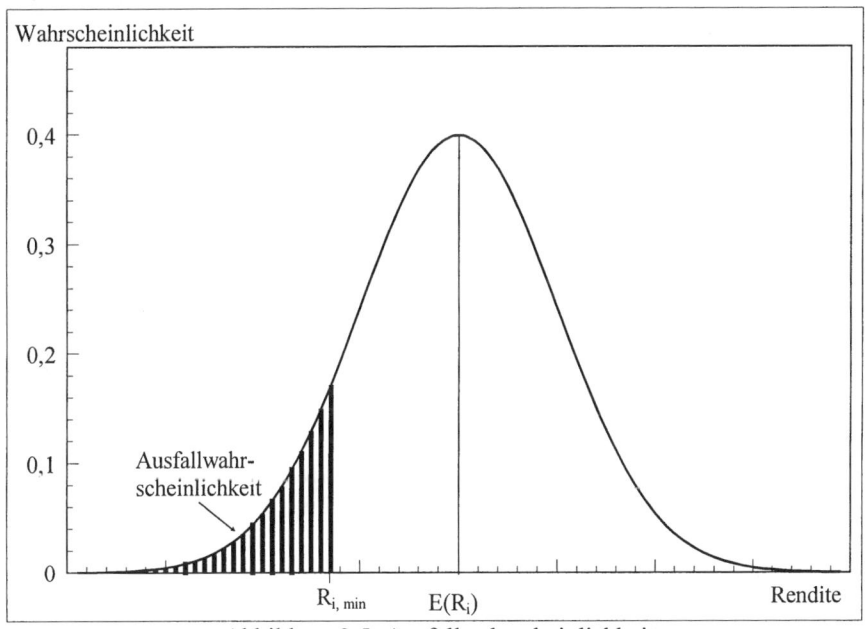

Abbildung 2.5: Ausfallwahrscheinlichkeit

Bei einer erwarteten einjährigen Anlagerendite von 12% (stetig), einer zugehörigen Volatilität

---

21 Vgl. **Leibowitz/Krasker** (1988), S. 40 ff. und **Zimmermann** (1991), S. 171.
22 Eine Tabelle der Standardnormalverteilung befindet sich im Kapitel 5.

von 18% und einer vom Investor individuell festgelegten Mindestrendite von 6% errechnet sich eine Ausfallwahrscheinlichkeit von

$$AFW_i = N\left(\frac{6\% - 12\%}{18\%}\right) = N(-0{,}333) = 36{,}96\%.$$

Mit annähernd 37% Wahrscheinlichkeit muss der Anleger damit rechnen, nach Ablauf eines Jahres ein Anlageergebnis von weniger als 6% zu erzielen. Für einen Investor wäre es außerdem wünschenswert zu wissen, in welcher Höhe die mit ca. 37%iger Wahrscheinlichkeit eintretende Mindestrenditeunterschreitung auftritt. Diese Information liefert die Ausfallwahrscheinlichkeit aber nicht. In der fehlenden Aussage über die Verteilung der Unterrenditen liegt ein Schwachpunkt des Shortfall-Ansatzes.[23]

2.1.2.2.3 Betafaktor

Im Capital Asset Pricing Model und im Marktmodell ist der Betafaktor (ß) das Maß für das mit einer Kapitalanlage übernommene systematische Risiko. Der Betafaktor (ß) verknüpft die Rendite der einzelnen Kapitalanlage mit der Renditeentwicklung des entsprechenden Gesamtmarktes. Insbesondere bei Aktienengagements verdeutlicht der Betafaktor (ß) das Ausmaß der Sensitivität der Rendite eines Einzelwerts in Bezug auf die Renditeänderung eines als repräsentativ anzusehenden Marktindexes[24]. Betawerte größer als Eins indizieren demzufolge eine höheres Risiko als der Gesamtmarkt (bzw. Index), et vice versa. Die Formel für den Betafaktor von Aktien lautet:

$$ß_i = \frac{COV_{i,m}}{\sigma_m^2} = k_{i,m}\frac{\sigma_i}{\sigma_m}$$

Dabei stellt $k_{i,m}$ den Korrelationskoeffizienten zwischen der Aktie und dem Index dar. Die Standardabweichung der Aktie ist mit σ_i bezeichnet und die Standardabweichung des Indexes mit σ_m.

Betafaktoren können auch zur Risikobeurteilung ganzer Portfolios verwendet werden. Durch die Gewichtung der einzelnen Betafaktoren mit den jeweiligen Portfolioanteilen (x_i) errechnet sich das Portfolio Beta ($ß_p$).

$$ß_p = \sum_{i=1}^{n} x_i ß_i \quad \text{mit} \quad \sum_{i=1}^{n} x_i = 1$$

---

[23] Vgl. **Wolter** (1993), S. 330 ff. und **Zenger** (1992), S. 104 ff.
[24] Vgl. Kapitel 1.3.1.1. und 2.1.2.2.3.

Ähnlich wie bei der Volatilitätsbestimmung für einzelne Aktien sind für das Treffen von Anlageentscheidungen unter Zuhilfenahme des Betafaktors ausschließlich Zukunftsdaten relevant. Zur Ermittlung von Betafaktoren bietet sich in Analogie zur Volatilitätsbestimmung das Verfahren der Extrapolation historischer Daten in die Zukunft an. Um die historischen ß-Werte zu errechnen, bedient man sich einer linearen Einfachregression. Dabei ergibt sich der ß-Koeffizient als Steigung einer Gerade, die durch die Rendite des Marktes als unabhängige Variable und die Rendite des Einzelwertes als abhängige Variable beschrieben wird.[25] Ein alternatives Verfahren zur Schätzung des zukünftigen Betafaktors besteht in der Analyse sog. fundamentaler Betas.[26] Aus Gründen der Veranschaulichung wird eine vereinfachte Berechnung des Betafaktors am Beispiel der Siemens-Aktie für den Zweiperiodenfall in Abbildung 2.6 dargestellt.

Wert:	**1.Woche:**	**2.Woche:**	**3.Woche:**
Siemens	600,-	614,40	634,40
DAX-Index	1700	1734	1786

Daraus errechnen sich die Wochenrenditen:

Siemens: $\dfrac{614{,}40 - 600}{600} \cdot 100 = 2{,}4\%$ $\dfrac{634{,}40 - 614{,}40}{614{,}4} \cdot 100 = 3{,}26\%$

DAX-Index $\dfrac{1734 - 1700}{1700} \cdot 100 = 2\%$ $\dfrac{1786 - 1734}{1734} \cdot 100 = 3\%$

$\text{ß}_{SIE} = \dfrac{\text{Veränderung Aktienrendite}}{\text{Veränderung Indexrendite}} = \dfrac{3{,}26 - 2{,}4}{3 - 2} = 0{,}86$

Der errechnete Wert entspricht der Steigung der Regressionsgeraden, gemessen durch den Tangens zwischen Indexrendite und Aktienrendite.

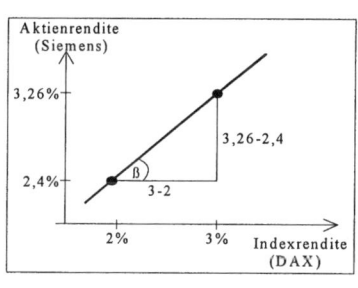

Abbildung 2.6: Vereinfachte Berechnung des Betafaktors

---

[25] Dieses Vorgehen entspricht der Anwendung des Marktmodells. Es wurden verschiedene Ansätze entwickelt, den Betaschätzwert aus dem Marktmodell so zu korrigieren, dass eine bessere Prognose des zukünftigen Betas erreicht wird. Vgl. zu diesen Verfahren z.B. **Elton/Gruber** (1991a), S. 107-123.

[26] Im Rahmen der Aktienanalyse in Kapitel 4 wird näher auf den fundamentalen Betafaktor eingegangen.

Der Betafaktor für die Siemensaktie im betrachteten Zeitraum beträgt ca. 0,86. Bei Unterstellung einer Gültigkeit des ermittelten Betawertes für die Zukunft kann ein Anleger bei einer Erhöhung der Indexrendite um einen Prozentpunkt mit einem Anstieg der Siemensrendite um 0,86 Prozentpunkte rechnen. Natürlich wirkt der Betafaktor auch in der umgekehrten Richtung, d.h. bei fallendem DAX verliert die Siemensaktie unterproportional. Der Kursverlauf der Siemens-Aktie ist in Abbildung 2.7 dem DAX-Verlauf gegenübergestellt.

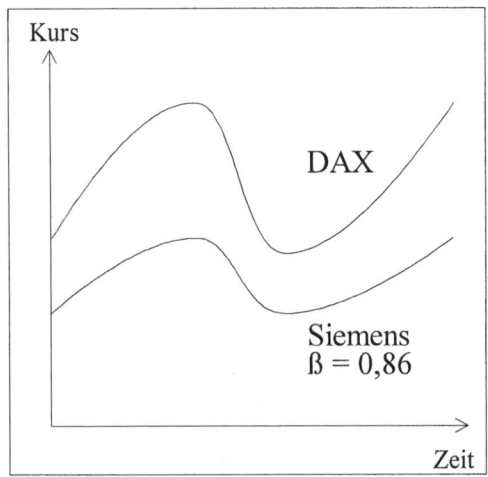

Abbildung 2.7: Siemens-Aktie im Vergleich zum DAX

2.1.2.2.4 Residualvolatilität

Die Residualvarianz ($\sigma_{i,u}^2$) misst den unsystematischen Teil des Gesamtrisikos von Aktienanlagen. Mathematisch entspricht ihre Berechnung der Bildung der Differenz zwischen dem Gesamtrisiko (σ_i^2) und dem systematischen Risiko ($\beta_i^2 \sigma_m^2$). Die Wurzel aus der Residualvarianz wird als Residualvolatilität bezeichnet. Statistisch gesehen misst die Residualvolatilität den Anteil der Renditeschwankungen, der bei einer Regression der untersuchten Aktienrendite über die erklärende Variable (im Marktmodell ist dies die Marktrendite) nicht erklärt werden kann. Hoch ausgeprägte Residualvolatilitätswerte deuten daher auf gewichtige firmenspezifische bzw. titelspezifische Einflüsse hinsichtlich der Rendite des betreffenden Wertpapiers hin et vice versa. Die Formel für die Residualvolatilität gemäß dem Single-Index-Modell lautet[27]

$$\sigma_{i,u} = \sqrt{\sigma_i^2 - \beta_i^2 \sigma_m^2}.$$

Als Dateninput muss folglich die Marktvolatilität (σ_m), die Volatilität der Aktie (σ_i) und der

---

[27] Vgl. **Bauer** (1992), S. 21 ff. und S. 126.

Betafaktor der Aktie (β_i) bekannt sein. Anhand der Allianz-Aktie wird im folgenden Beispiel die Residualvolatilität als Maß für das unsystematische Aktienrisiko dargestellt. Die Daten sind dem Handelsblatt vom 14. Juli 1992 entnommen.

250 Tage-Betafaktor Allianzaktie:	1,0946
250 Tage-Volatilität Allianzaktie:	18,27%
250 Tage-Volatilität DAX Index:	14,61%
250 Tage Korrelation DAX/ALV:	0,8754

Tabelle 2.3: Dateninput für die Residualvolatilität

Durch Einsetzen in die obige Formel für die Residualvarianz ergibt sich der Ausdruck

$$\sigma^2_{ALV,u} = 18,27^2 - 1,0946^2 \cdot 14,61^2 = 78,05.$$

Schließlich ist die Quadratwurzel aus dem Term zu ziehen, so dass sich der Wert der Residualvolatilität zu 8,83% ergibt. Das unsystematische Risiko der Allianz-Aktie beträgt somit 8,83%.

Der gleiche Wert hätte sich für die Residualvolatilität ergeben, wenn eine andere Formel zur Berechnung genutzt worden wäre. Dabei findet die Korrelation zwischen der Aktie und dem Index Verwendung ($k_{DAX/ALV}$).[28] Die Formel bietet den Vorteil eines geringeren Dateninputs, da weder die Marktvolatilität noch der Betafaktor der Aktie bekannt sein muss.

$$\sigma_{ALV,u} = \sqrt{(1 - k^2_{DAX/ALV})\sigma^2_{ALV}}$$
$$= \sqrt{(1 - 0,8754^2)18,27^2}$$

Durch Einsetzen der oben angegebenen Daten ergibt sich auch hier der Wert von 8,83% für die Residualvolatilität der Allianz-Aktie.

Abbildung 2.8 zeigt die Entwicklung der Volatilität der Allianz-Aktie sowie den Anteil der Residualvolatilität für das Jahr 1991 auf. Dabei ist die jeweilige 250 Tage Volatilität vom Monatsende abgetragen.[29]

Anhand der Abbildung wird die zeitliche Instabilität beider Risikomaße deutlich. Auch der Anteil der Residualvolatilität an der Gesamtvolatilität unterliegt Schwankungen. Bei der Betrachtung längerer Zeitreihen erweist sich das Ausmaß der Instabilität der Parameter als tendenziell steigend.[30]

---

[28] Vgl. **Bauer** (1992), S. 37.
[29] Die Volatilitätsdaten sind den jeweiligen Ausgaben des Handelsblatts entnommen.
[30] Vgl. **Bauer** (1992), S. 33.

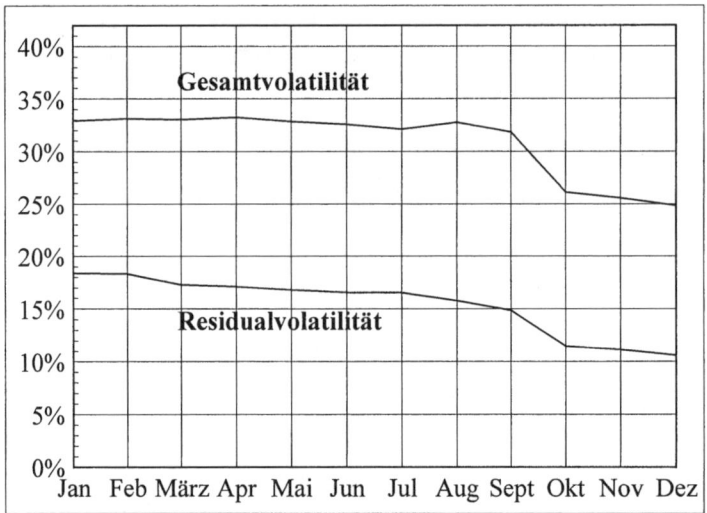

Abbildung 2.8: 250-Tage Volatilität und Residualvolatilität der Allianzaktie im Jahr 1991

2.1.2.2.5 Korrelationskoeffizient

Die statistische Maßgröße Korrelationskoeffizient (k_{im}) misst die Stärke des Zusammenhangs zweier Variablen i und m. Sie ist zur Untersuchung systematischer Risiken nur dann geeignet, wenn der Zusammenhang zwischen Gesamtmarkt- und Einzelwertentwicklung untersucht wird. Der Korrelationskoeffizient (k_{im}) kann dabei Werte zwischen +1 und -1 annehmen. Ein Wert von +1 ist als vollständiger Gleichlauf zweier Größen zu interpretieren. Ein Wert von null bedeutet vollständige Unabhängigkeit der betrachteten Größen. Dementsprechend bewegen sich bei einem Korrelationskoeffizienten von -1 die entsprechenden Werte gegenläufig. Innerhalb einer Kapitalanlagegattung und darüber hinaus auch zwischen Anlagegattungen treten diese Extremwerte höchst selten auf. Statistisch ausgedrückt ist der Korrelationskoeffizient die standardisierte Kovarianz (COV_{im}) zweier Größen. Während die Kovarianz eine absolute Größe darstellt, handelt es sich bei dem Korrelationskoeffizienten (k_{im}) um eine relative Größe. Diese Eigenschaft erleichtert die Interpretierbarkeit der Korrelation. Die Formel für den Korrelationskoeffizienten ergibt sich zu:

$$k_{im} = \frac{COV_{im}}{\sigma_i \cdot \sigma_m}.$$

Von Bedeutung als Risikomaß ist die Korrelation insbesondere bei der Portfoliobildung. Aber auch bei einzelnen Anlageentscheidungen lässt sich der Korrelationskoeffizient nutzen. In diesem Fall ist der Korrelationkoeffizient ähnlich wie der Betafaktor zu verwenden. Erwartet ein Anleger z.B. einen steigenden Gesamtmarkt (Aktienindex), so ist es für ihn zweckmäßig solche Aktien zu kaufen, die hoch mit der Gesamtmarktentwicklung korrelieren. Ein Risiko entsteht immer dann, wenn Titel gewählt werden, bei denen sich die vermutete hohe Korrelation nicht einstellt. In diesem Fall gelingt eine Abbildung der Marktentwicklung durch den ausgewählten Titel nicht.

Der Korrelationskoeffizient wird häufig im Zusammenhang mit Betafaktoren angewandt, da er eine Aussage über die Wirkung von Betafaktoren (ß) trifft. Er macht insoweit eine Aussage über die Güte des Betafaktors, als die Verwendung von Betafaktoren nur bei entsprechend hohen Korrelationswerten sinnvoll ist.[31]

Das folgende Beispiel errechnet den Korrelationskoeffizienten zwischen der Daimler Benz Aktie und dem DAX.

	1.Woche:	2.Woche:	3.Woche:	4.Woche:
Kurse:				
Daimler:	635,--	620,--	665,--	650,--
DAX:	1710	1740	1800	1770
Renditen:				
DAI:		-2,362%	7,258%	-2,256%
DAX:		1,754%	3,448%	-1,667%

Renditemittelwert: DAI = 0,88%   DAX = 1,178%

$$COV_{DAI,DAX} = 1/3 \cdot ((-0,02362 - 0,0088) \cdot (0,01754 - 0,01178)$$
$$+ (0,07258 - 0,0088) \cdot (0,03448 - 0,01178)$$
$$+ (-0,02256 - 0,0088) \cdot (-0,01667 - 0,01178))$$

$$= 0,00071775$$

$\sigma^2_{DAI} = 0,002034 \qquad \sigma_{DAI} = 0,04510$

$\sigma^2_{DAX} = 0,0004526 \qquad \sigma_{DAX} = 0,021275$

$$k_{DAI,DAX} = \frac{0,00071261}{0,04510 \cdot 0,021275} = 0,748$$

Tabelle 2.4: Beispielhafte Berechnung von Korrelationskoeffizienten

Die Korrelation zwischen dem Kurs der Daimler Benz-Aktie und dem DAX beträgt in dem betrachteten Zeitraum 0,732.[32] Der Wert deutet auf einen relativ hohen Gleichlauf zwischen der

---

[31] Vgl. **Schierenbeck** (1991), S. 648.

[32] Die Standardabweichungen des Beispiels sind aus Darstellungsgründen ohne den Korrekturfaktor n - 1 berechnet worden, was bei derartig geringem Datenumfang eigentlich geboten wäre.

Daimler Benz-Aktie und dem DAX hin. Zur Interpretation lässt sich sagen, dass ca. 53% (Quadrat von 0,732) der beobachteten Kursbewegungen durch gemeinsame (Risiko-) Faktoren induziert sind. Abbildung 2.9 stellt die drei besonders interessanten Fälle unterschiedlicher Korrelationskoeffizienten zwischen der Daimler Benz-Aktie und dem DAX dar.

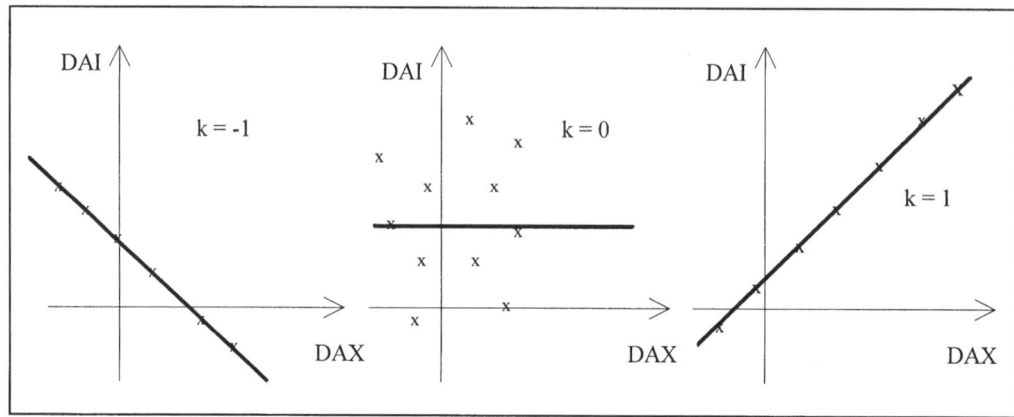

Abbildung 2.9: Unterschiedliche Korrelationskoeffizienten

Im Rahmen der Asset Allocation besitzt der Korrelationskoeffizient eine große Bedeutung, da er tendenziell erkennen lässt, welches Risikominderungspotential bei einer Mischung der betrachteten Größen besteht. Je niedriger der Korrelationskoeffizient zwischen zwei Größen (z.B. zwei Aktien) ist, desto höher ist das zu erwartende Diversifikationspotential.[33]

2.1.2.2.6 Tracking Error

Im Rahmen des passiven Portfoliomanagements wird regelmäßig das Anlageziel verfolgt, die Rendite eines vergleichbaren Portfolios bei etwa gleichem Risiko zu erreichen. Das in Rendite und Risiko nachzubildende Portfolio wird dabei als Benchmarkportfolio bezeichnet. Als Benchmark für individuelle Anlegerportfolios werden - insbesondere im Aktienbereich - häufig Marktindizes verwendet. Wählt man z.B. den DAX als Benchmark, so wird ein Portfolio gebildet, das den Eigenschaften des DAX entspricht. Man spricht deshalb auch von Indextracking.[34] Folglich sollte das zu bildende Portfolio einen ß-Wert von Eins bei gleichzeitig hoher Korrelation in Bezug auf den DAX aufweisen. Der Tracking Error ist demzufolge ein Maß für die Qualität der Benchmarknachbildung.

Gemessen wird der Tracking Error als Standardabweichung der Differenz zwischen Portfolio-

---

[33] Vgl. dazu die Ausführung zur Portfoliotheorie in Kapitel 1.
[34] Vgl. **Loistl** (1992), S. 528.

und Benchmarkrendite.35 Deshalb muss der Tracking Error als Risiko interpretiert werden, die Rendite einer vorgegebenen Benchmark zu verfehlen.36 Um dieses Risiko vollständig auszuschließen, wäre eine exakte Indexnachbildung erforderlich ("Census approach"37). Dies ist aus mehreren Gründen nicht praktikabel, wie am Beispiel von Aktien leicht nachzuvollziehen ist. Erstens können Aktien nur ganzzahlig erworben werden. Die Indexgewichtungen der einzelnen Aktien sind aber nicht ganzzahlig. Zweitens ist die exakte Indexnachbildung durch Kauf sämtlicher im Index enthaltener Titel aus Kostengründen i.d.R. nicht zu empfehlen. Hinzu kommt, dass bei Indizes, die eine Aktiengewichtung nach der Marktkapitalisierung der in ihm enthaltenen Werte vornehmen, sich u.U. täglich die Gewichtungen verschieben, so dass der Anpassungsaufwand im Portfolio sehr groß würde.38

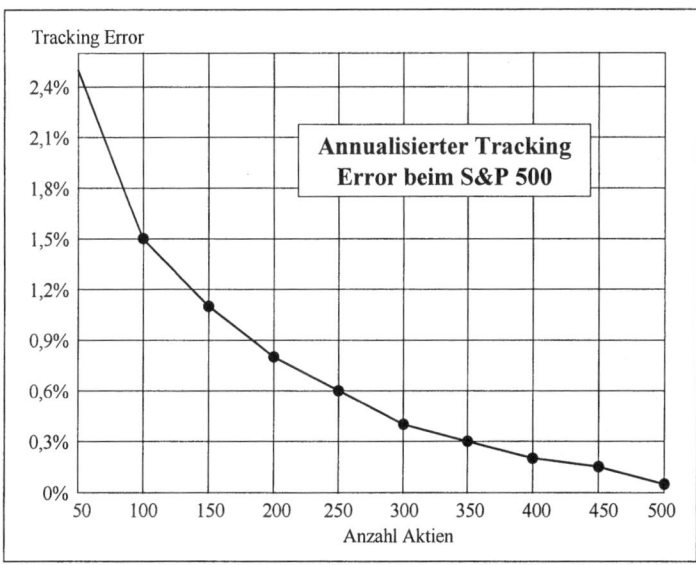

Abbildung 2.10: Tracking Error bei alternativer Portfoliogröße39

Grundsätzlich nimmt der Tracking Error mit sich verringernder Anzahl an Portfoliowerten zu. Der auf ein Jahr bezogene Tracking Error in Abhängigkeit von der Anzahl der ins Portfolio genommenen Werte ist am Beispiel des Standard & Poor's 500 Index in Abbildung 2.10 dargestellt.

Wie aus dem Schaubild ersichtlich ist, nimmt der Tracking Error mit zunehmender Anzahl an

---

35	Vgl. **Haugen** (1990), S. 175.
36	Vgl. **Collins/Fabozzi** (1990), S. 118.
37	**Luskin** (1989), S. 180.
38	Dies gilt z.B. für den Standard & Poor's 500 Index.
39	Vgl. **Collins/Fabozzi** (1990), S. 119. Für den europäischen Aktienmarkt findet sich eine vergleichbare Analyse bei **Kleeberg/Schlenger** (1994), S. 236.

Aktien im Portfolio ab. Allerdings ergibt sich selbst bei einem Portfolioumfang von 500 Werten kein Tracking Error von Null. Ursächlich dafür ist das Fehlen beliebiger Teilbarkeit der einzelnen Aktien.

Für das Portfoliomanagement ist der zukünftige Tracking Error relevant. Auf der Basis statistischer Kennzahlen kann errechnet werden, mit welcher Wahrscheinlichkeit der Tracking Error innerhalb vorgegebener Bandbreiten verläuft. Investoren können einen Korridor bilden, der die maximal tolerierbaren Abweichungen zwischen Portfolio- und Benchmarkwerten anzeigt. Je größer die Abweichungstoleranz ist, desto höher ist die Wahrscheinlichkeit, dass sich die Abweichung innerhalb der Toleranzgrenzen liegt. Bei einer erwarteten Renditedifferenz von null zwischen Portfolio und DAX als Benchmark und einer Standardabweichung dieser Differenz von 1% kann mit einer Sicherheit von 68,27% davon ausgegangen werden, dass die Renditedifferenz in dem eingezeichneten Korridor in Abbildung 2.11 liegt.

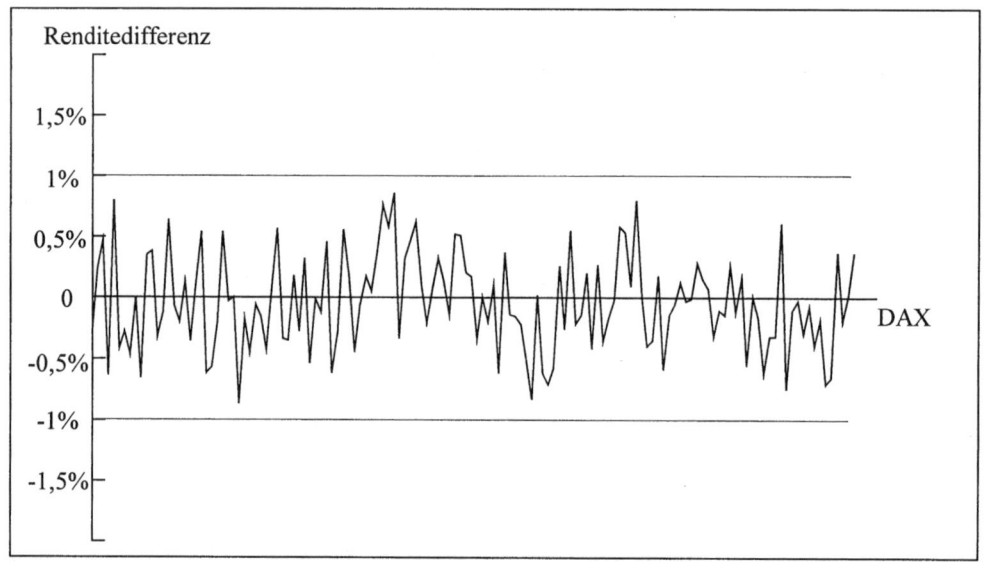

Abbildung 2.11: Renditedifferenz eines Portfolios zum DAX

Die dargestellte Kurve kennzeichnet die Volatilität der Differenz zwischen Portfolio- und DAX-Rendite in Prozent. Man erkennt, dass das gewählte Portfolio den DAX nicht exakt nachbildet. Da eine exakte DAX-Nachbildung aber den Erwerb aller im DAX enthaltener Titel, gewichtet mit ihren jeweiligen Anteilen, bedeuten würde, ist es i.d.R. kostengünstiger, einen geringen Tracking Error in Kauf zu nehmen.[40] Die Indexnachbildung auf der Basis einer Aktienselektion wird auch als Sampling bezeichnet.[41]

---

[40] Angewandte Beispiele zur Ermittlung von Index-Baskets geben **Löderbusch/Bernhardt** (1991), S. 33 und **Kleeberg/Schlenger** (1994), S. 229.

[41] Vgl. **Hielscher** (1991), S.266.

Der Tracking Error ist nicht mit dem Korrelationskoeffizienten zu verwechseln. Es ist denkbar, dass das gebildete Portfolio eine hohe Korrelation zu dem Index aufweist und gleichzeitig einen hohen Tracking Error besitzt und umgekehrt. Dies verdeutlicht, in der die Renditen zweier Portfolios A und B in Abhängigkeit von der Indexrendite dargestellt sind. Portfolio A besitzt einen Tracking Error von Null, da sich erwartete Portfolio- und erwartete Indexrendite stets entsprechen. Gleichzeitig ist die Korrelation zwischen der Portfoliorendite von A und der Indexrendite geringer als bei Portfolio B. Umgekehrt ist zwar die Portfoliorendite von B sehr hoch mit der Indexrendite korreliert, weist aber dennoch einen höheren Tracking Error auf, da eine hohe Indexrendite nicht zu einer Portfoliorendite in gleicher Höhe führt. Der Betafaktor beider Portfolios ist gleich.

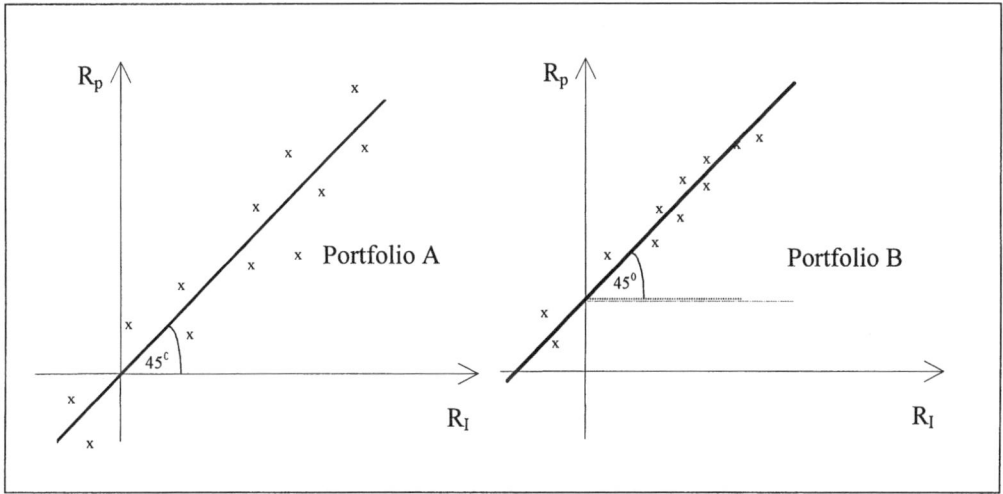

Abbildung 2.12: Unterschied zwischen Korrelation und Tracking Error

2.1.3 Nebenbedingung Liquidität

Liquiditätsaspekte spielen in den Grundmodellen der Portfolio- und Kapitalmarkttheorie keine Rolle.[42] Durch die Einführung entsprechender Modellprämissen gelingt es, den Liquiditätsaspekt aus der Diskussion auszuklammern.[43] Es hat sich aber in der Anlagepraxis gezeigt, dass Liquiditätsgesichtspunkte nicht vernachlässigbar sind.[44]

---

[42] Einen Versuch zur Einbeziehung des Liquiditätsaspekts in das CAPM stellen **Sharpe** und **Alexander** dar. Vgl. **Sharpe/Alexander** (1990), S. 233 ff.

[43] Zu denken ist an die Prämisse des vollkommenen Kapitalmarktes, die unter anderem von unbeschränkten Geldaufnahme- und -anlagemöglichkeiten ausgeht.

[44] Zur Bedeutung des Liquiditätsaspekts als Ziel bei Kapitalanlagen vgl. **Ruda** (1988), S. 214 f. Vgl. auch **Michaud** (1989), S. 34.

Die Liquidität einer Kapitalanlage ist als Möglichkeit für den Anleger zu verstehen, bestehende Anlagen jederzeit zu fairen Preisen verkaufen zu können. Standardisierte Anlageformen, wie beispielsweise marktbreite Aktien oder Anleihen, besitzen durch ihre börsenmäßige Handelbarkeit ein hohes Maß an Liquidität. Demgegenüber sind nicht börsenmäßig gehandelte Anlageformen, wie z.B. Immobilien oder Kunstgegenstände, nicht so rasch liquidierbar. Gleichwohl stellt die Aufnahme nicht börsenmäßig gehandelter Anlageobjekte in ein Anlegerportfolio nicht notwendigerweise einen Verstoß gegen Liquiditätsbedingungen dar, sofern das individuelle Anspruchsniveau des Anlegers in Bezug auf die Mindestliquidität seines Gesamtportfolios gewahrt bleibt.

Es ist allerdings zu beachten, dass Anleger i.d.R. einen zahlungsstromorientierten Performancebegriff besitzen. Dies hat zur Folge, dass nur jene Anlageergebnisse für Anleger relevant sind, die in liquider Form verfügbar sind. In diesem Zusammenhang spricht man auch von "Total-Return-Orientierung". Buchgewinne, die sich nicht realisieren lassen, besitzen für die Anlageziele keine Bedeutung. Maßgeblich ist bei der Liquiditätsbeurteilung die Einschätzung des Gesamtportfolios.

Trotz der Notwendigkeit der Betrachtung des Liquiditätsaspekts kommt diesem nur der Grad einer Nebenbedingung zu. Rendite- und Risikoziele dominieren als Zielvorstellungen des Anlegers, solange sichergestellt ist, dass ausreichende Portfolioliquidität im Sinne einer jederzeitigen Umwandlungmöglichkeit von Kapitalanlagen in Geld gewährleistet ist.

2.1.4 Zeiteffekte der Performance

Die eingangs dieses Kapitels genannten Performance-Komponenten Rendite, Risiko und Liquidität sind in einen Zeitkontext zu stellen, wie dies z.B. im Rahmen der Kursverlaufswiedergabe in Charts üblich ist. Eine dynamische Betrachtung der Performance-Komponenten hat sich der Frage zu stellen, welchen Einfluss die Zeitentwicklung auf die genannten Größen besitzt. dass Zeitaspekte in den portfoliotheoretischen Grundmodellen nur eine untergeordnete Rolle spielen, hängt u.a. mit deren Einperiodigkeit zusammen. Aus anlagepraktischen Erwägungen ergibt sich allerdings eine Notwendigkeit der Klärung wichtiger Fragen, die mit dem Zeithorizont von Anlageentscheidungen zusammenhängen. Von Wichtigkeit ist z.B. die Frage, ob mit einem zunehmenden Anlagehorizont das Anlagerisiko abnimmt. Soll etwa der Aktienanteil eines Portfolios bei einem langfristigen Anlagehorizont (z.B. 10 Jahre) höher sein als bei einem kurzfristigen (z.B. 6 Monate)?[45]

Während für die Renditen und die Liquidität die Frage nach dem Zeithorizont einfach zu beantworten ist, stellt die Risikoentwicklung im Zeitablauf den neuralgischen Punkt dar. Zu welchem Ergebnis man bei der Beantwortung dieser Frage gelangt, hängt mitunter von dem gewählten Risikomaß ab.

---

[45] Vgl. **Kritzman** (1994), S. 14 ff.

Folgt die Renditeentwicklung einem Random Walk, dann sind aufeinanderfolgende Renditen unabhängig voneinander. Die Varianz der Renditen verhält sich in diesem Fall proportional zur Periodenlänge. Für die Volatilität gilt ähnliches, wenn man berücksichtigt, dass zu ihrer Berechnung die Quadratwurzel aus der Zeitperiode gezogen werden muss. Beträgt die Einjahresvolatilität 15%, so beläuft sich offenbar die Zweijahresvolatilität auf 21,21% ($15\% \cdot \sqrt{2}$). Deshalb verhält sich die Volatilität proportional zu der Quadratwurzel aus der Zeit. Das Risiko - gemessen als Volatilität - einer Anlage nimmt mit der Zeit somit zu.[46] Von einer Abnahme des Risikos im Zeitablauf kann daher nicht gesprochen werden. Daraus folgt unter einigen weiteren Prämissen[47], dass der Anteil stark schwankender Anlageformen (z.B. Aktien) nicht vom Anlagehorizont sondern ausschließlich von der Risikoaversion des Investors abhängt.

Wählt ein Investor als Risikomaß die Ausfallwahrscheinlichkeit, dann zeigt sich eine Risikoabnahme im Zeitablauf. Die Wahrscheinlichkeit, eine vom Anleger vorgegebene Mindestrendite zu erzielen, nimmt mit der Länge des Anlagehorizontes zu. Dieser Zusammenhang lässt sich anhand von Abbildung 2.13 gut erkennen. Obwohl allerdings die Ausfallwahrscheinlichkeit im Zeitablauf deutlich sinkt, dauert es ca. 20 Jahre, bis ein Investor mit 95%iger Sicherheit die geforderte Mindestrendite des Beispiels von 4% erzielt.[48] Überdies verhält sich die Ausfallwahrscheinlichkeit sehr sensitiv hinsichtlich Veränderungen der Inputvariablen.[49]

Fraglich ist, ob aus der Tatsache, dass mit der Länge des Anlagehorizonts die Ausfallwahrscheinlichkeit sinkt, ein Vorteil für die langfristige Aktienanlage resultiert. Zu kritisieren ist eine solche Schlussfolgerung vor allem wegen der Art der Risikomessung: Die Ausfallwahrscheinlichkeit allein ist sicherlich kein geeignetes Risikomaß, weil sie die Höhe der möglichen Verluste außer acht lässt. Die Ausprägungen möglicher Ausfälle werden jedoch größer, wenn ein längerer Zeitraum betrachtet wird. Denn während bei risikoloser Anlage das Endvermögen mit zunehmendem Anlagehorizont immer weiter wächst, ist bei risikobehafteten Wertpapieren ein weitgehender oder gar völliger Verlust des eingesetzten Kapitals niemals ganz auszuschließen. Eine Abwägung dieser gegenläufigen Effekte ist nur möglich, wenn Informationen über die Risikoeinstellung eines Investors vorliegen.

---

46 Vgl. **Samuelson** (1963), S. 1 ff.
47 Vgl. **Kritzman** (1994), S. 15; **Samuelson** (1994), S. 17.
48 Zum Zeithorizonteffekt unter der Annahme einer geometrischen Brownschen Bewegung vgl. **Bamberg/Lasch** (1997).
49 Da es sich bei der Normalverteilung um eine stetige Verteilung handelt, müssen zur Berechnung der Ausfallwahrscheinlichkeit stetige Renditewerte verwendet werden.

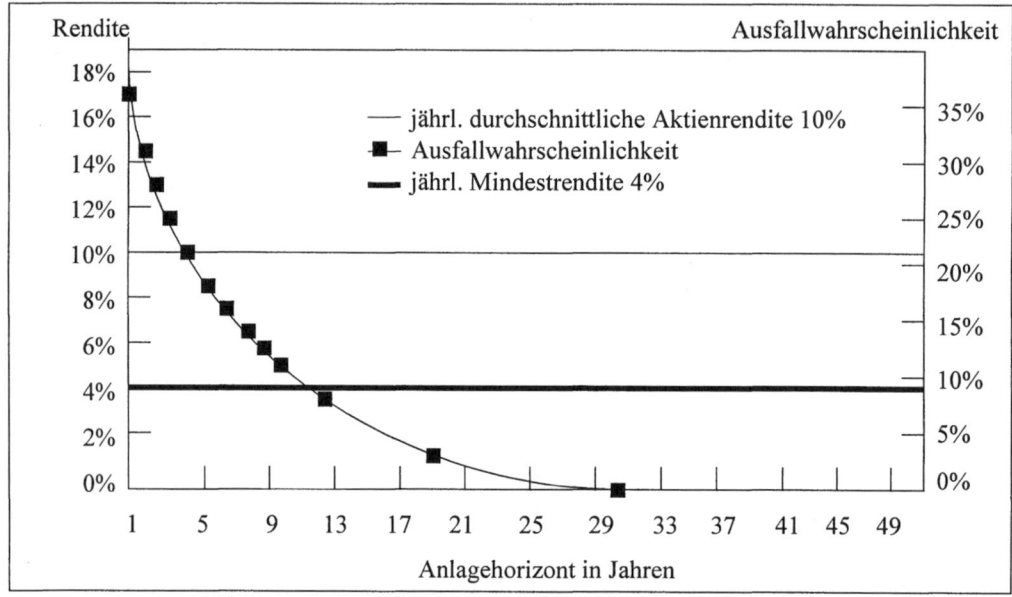

Abbildung 2.13: Zeithorizont und Ausfallwahrscheinlichkeit

Die bisherigen Überlegungen zum Zeiteffekt basierten auf der Prämisse normalverteilter Renditen. Die Verteilungseigenschaften der Renditen eines Portfolios lassen sich durch die Verwendung von Optionen und/oder die Hinzunahme von Zerobonds signifikant verändern. Durch die genannten Maßnahmen gehen z.B. die unterstellten Symmetrieeigenschaften verloren.[50] Hieraus folgt, dass die Anwendung des Risikomaßes Volatilität nicht mehr sachgerecht ist. Zur Verdeutlichung kann man sich eine Anlagestrategie vorstellen, bei der zum Ende des Anlagehorizontes zumindest der Anfangswert wieder erreicht wird. Mit Hilfe des Erwerbs eines Zerobonds kann dieses Ziel problemlos erreicht werden. Bei einem Marktzinsniveau von 7,5% muss der Investor 93,02% seines Portfoliowertes in den Zerobond investieren, um am Laufzeitende 100% sicher zu erhalten.[51] Die restlichen 6,98% des Portfoliowertes können dann in der Anlagegattung mit der höchsten erwarteten Rendite angelegt werden.

Wird dieses Beispiel auf einen Anlagehorizont von 5 (10) Jahren ausgedehnt, dann muss der Investor lediglich 69,65% (48,52%) seines Vermögens in einem fünfjährigen Zerobond anlegen. Der Anteil der Aktien kann entsprechend auf 30,35% (51,48%) zunehmen. In Abbildung 2.14 wird der Zeithorizonteffekt graphisch verdeutlicht. Wie zu erkennen ist, erhöht sich der Aktienanteil mit zunehmendem Anlagehorizont.

Die asymmetrische Renditeverteilung führt offenbar dazu, dass mit zunehmendem Anlagehori-

---

[50] Vgl. **Zenger** (1994), S. 249 ff.
[51] Dieses Vorgehen wird auch als 90:10-Strategie bezeichnet und im Rahmen der Portfolio Insurance-Techniken in Kapitel 6 dargestellt.

zont der Aktienanteil steigen kann, ohne die Zielsetzung eines Mindestportfoliowertes zu verletzen. Gleichzeitig erhöht sich der Erwartungswert des Portfoliowertes im Zeitablauf. Die Empfehlung, bei längerem Anlagehorizont riskanter zu investieren, gilt allerdings auch hier wiederum nur bei der unterstellten Zielsetzung des Investors. Viele rationale Investoren werden jedoch kein starres Mindestendvermögen vorgeben, sondern mögliche Unterschreitungen in Kauf nehmen, wenn sie dafür eine genügend große Entschädigung in Form höherer erwarteter Renditen erhalten.

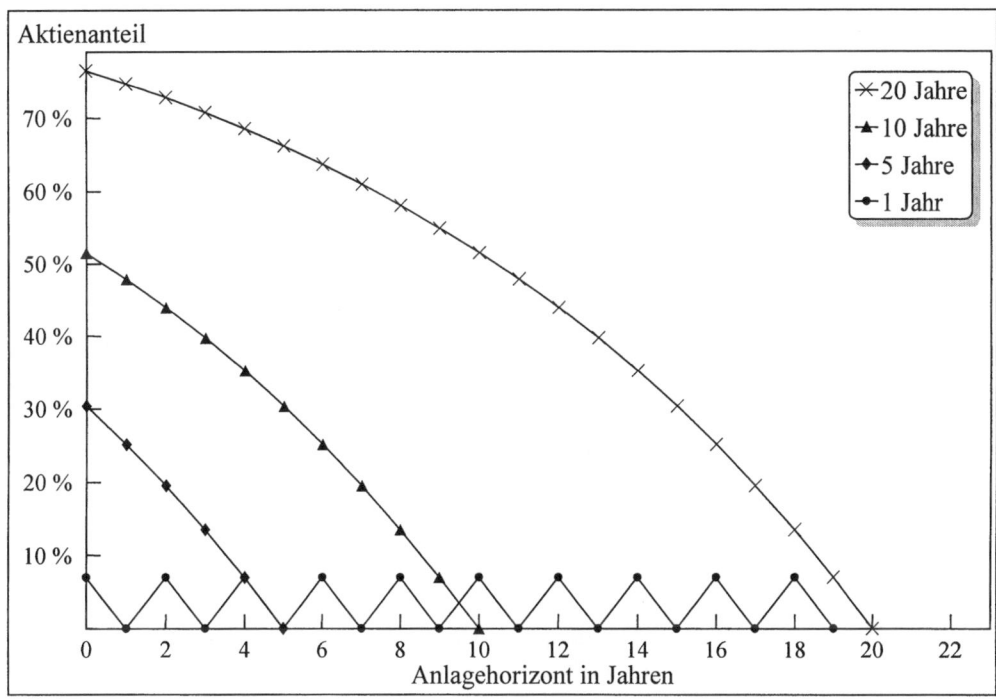

Abbildung 2.14: Zeithorizonteffekt bei Kapitalanlagen

2.2 Die dreistufige Konzeption der Asset Allocation

Das Konzept der Asset Allocation basiert auf dem eingangs dieses Buches dargestellten Portfolio-Selection-Modell von Markowitz. Dieses Modell, dessen Kerngedanke in der Elimination unsystematischer Risiken durch die Diversifizierung von Kapitalanlagen besteht, hat sich als praktikables normatives Modell der Vermögensstrukturierung erwiesen.[52] Deshalb wird der Asset Allocation Prozess in Analogie zum Portfolio-Selection-Modell in drei Stufen untergliedert. Wie aus Abbildung 2.15 erkennbar ist, ist in einem ersten Schritt eine Datengrundlage zu

---

52 Vgl. **Solnik/Noetzlin** (1982), S. 12.

schaffen. Dabei muss zunächst festgelegt werden, welche Anlagearten grundsätzlich zur Verfügung stehen. Zu nennen sind hier beispielsweise Anleihen, Aktien, Immobilien, Fonds, Gold usw.[53]

Auf der Basis der ermittelten und aufbereiteten Daten lassen sich anschließend auf der zweiten Stufe alle möglichen Portfolios berechnen. Dies geschieht unter Verwendung des Optimierungsalgorithmus der quadratischen Programmierung.[54] Von den berechneten Portfolios sind im Weiteren nur diejenigen Portfolios zu betrachten, die risikoeffizient sind. Sämtliche risikoeffizienten Portfolios liegen auf der Portfoliolinie. Nach Durchlaufen der zweiten Stufe sind somit alle gegebenen effizienten Anlagealternativen und deren Rendite/Risiko-Profile bekannt.

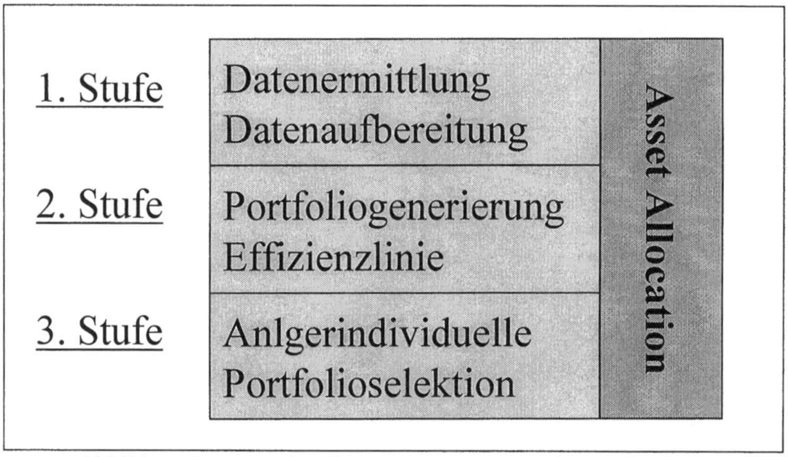

1. Stufe	Datenermittlung Datenaufbereitung	Asset Allocation
2. Stufe	Portfoliogenerierung Effizienzlinie	
3. Stufe	Anlgerindividuelle Portfolioselektion	

Abbildung 2.15: Dreistufige Konzeption der Asset Allocation

Schließlich kann auf der dritten Stufe die anlegerindividuelle Portfolioselektion vorgenommen werden, da Anleger i. d. R. unterschiedliche Risikoneigungen besitzen und somit nicht alle Anleger die gleichen Portfolios halten wollen. Dies steht im Widerspruch zum CAPM, bei dem alle Anleger Anteile an dem gleichen Portfolio - dem Marktportfolio - halten. Im Rahmen des CAPM wird der individuellen Risikoneigung der Anleger durch die Aufteilung der Anlagemittel in eine sichere Anlagemöglichkeit und das Marktportfolio Rechnung getragen.

Dieser dreistufige Prozess der Asset Allocation wird im Folgenden ausführlich dargestellt und anhand von Beispielen verdeutlicht.

---

[53] Im Abschnitt 2.2.2. findet sich ein Überblick über mögliche Anlagegattungen.

[54] Es befinden sich zahlreiche Programmpakete auf dem Markt, die diese Berechnungen leisten, vgl. **Sharpe** (1985), S. 10. Zur Technik der quadratischen Programmierung vgl. **Markowitz** (1956), S. 111 ff.

2.2.1 Schaffung der Datenvoraussetzungen

An die Daten, die auf der zweiten Stufe Eingang in den Optimierungsprozess der Asset Allocation finden, werden hohe Anforderungen gestellt. Der Output der Portfoliooptimierung auf der zweiten Stufe des Asset Allocation Prozesses, also die Lage der Portfoliolinie, hängt maßgeblich von den verwendeten Inputdaten ab.[55] Bei unzureichender Güte der verwendeten Daten werden die Ziele der Asset Allocation regelmäßig verfehlt. Deshalb wird auf der Stufe der Datenermittlung bereits die entscheidende Voraussetzung für den Erfolg der Asset Allocation gelegt. Charakteristisch für die notwendigen Daten ist ihre Zukunftsbezogenheit.

Da der Optimierungsprozess der Asset Allocation auf der Portfoliotheorie von Markowitz fußt, besitzen drei Arten von Daten besondere Bedeutung: Renditen, Volatilitäten bzw. Standardabweichungen und Korrelationskoeffizienten bzw. Kovarianzen. Als Risikomaß für das Gesamtrisiko von Kapitalanlagen wird folglich die Volatilität akzeptiert, obwohl hinsichtlich ihrer Eignung z.T. Einwände aus der Anlagepraxis erhoben werden.[56]

2.2.1.1 Datenprognosen

Zur Berechnung effizienter Portfolios müssen die zukünftigen Renditen aller betrachteten Anlagealternativen, deren Volatilitäten bzw. Standardabweichungen und schließlich die zukünftigen Korrelationen bzw. Kovarianzen der betrachteten Anlagealternativen bekannt sein. Da die benötigten Zukunftsdaten sämtlich unsicher sind, hat eine Prognose bzw. Schätzung der Werte zu erfolgen.

Neben den genannten drei Datenarten müssen noch weitere Werte festgelegt werden, um zu realitätsnahen Ergebnissen auf der zweiten Stufe der Asset Allocation zu gelangen. Dabei handelt es sich beispielsweise um Anlagerestriktionen und Transaktionskosten. Anlagerestriktionen schreiben vor, dass der Anteil bestimmter Anlagearten in einen Portfolio einen a priori festzulegenden Höchstwert nicht übersteigen darf. Derartige Anlagerestriktionen kommen z.B. häufig bei Investmentfonds zum Tragen.[57] Vorstellbar ist auch, dass ein bestimmter Anteil an Barliquidität im Portfolio aus Sicherheitsgründen nicht unterschritten werden soll. Diese Daten sind im Gegensatz zu den oben genannten Daten aber nicht unsicher, so dass ihre Ermittlung keine Schwierigkeiten bereitet. Im Folgenden wird deshalb nur die Gewinnung der unsicheren Daten dargestellt.

Bevor die konkreten Werte der einzelnen Datenarten mittels Prognose bestimmt werden können,

---

55 Vgl. **Sharpe** (1985), S. 75.
56 Zur Diskussion um die Volatilität als Risikomaß vgl. **Keppler** (1990), S. 610 ff. und **Bauer** (1991), S. 172 ff.
57 Siehe § 8 KAGG.

muss Klarheit über den Zeithorizont des Anlegers bestehen. Es leuchtet unmittelbar ein, dass für einen Anlagezeitraum von einem Monat andere Schätzwerte zum Tragen kommen als für einen Zeithorizont von zwei Jahren. Infolgedessen müssen die zu schätzenden Inputdaten dem zugrunde liegenden Zeithorizont angepasst sein.[58]

Hinsichtlich der Prognosemethoden lassen sich drei Gruppen von Verfahren unterscheiden:[59]
1. konjekturale Prognosemethoden,
2. strukturmodellgestützte Prognosemethoden und
3. zeitreihengestützte Prognosemethoden.

Aufgrund der herausragenden Bedeutung der Datenqualität für den Optimierungsprozess der Asset Allocation werden im Folgenden einige Verfahren aus den oben genannten Prognosemethoden erörtert.

2.2.1.1.1 Konjekturale Prognosen

Konjekturale Prognosemethoden machen sich das auf theoretischen Erkenntnissen und/oder praktischen Erfahrungen beruhende Expertenwissen von Fachleuten zunutze. Auf der Basis von Expertenbefragungen werden Prognosen bestimmt. Innerhalb der konjekturalen Prognosemethoden lassen sich mehrere Verfahren unterscheiden. Die Szenariotechnik zählt neben der Delphitechnik und der Cross-Impact-Technik ebenso in diese Gruppe, wie die willkürlich subjektive Schätzung.

Das einfachste konjekturale Prognoseverfahren besteht in der Formulierung willkürlich subjektiver Schätzungen. Die Güte der auf diese Weise gewonnenen Prognosen hängt sehr stark von der Expertise (theoretisches Wissen und Erfahrung) desjenigen ab, der die Schätzungen abgibt. Als Vorteil willkürlich subjektiver Prognosen ist deren geringer Erstellungsaufwand und deren Verfügbarkeit selbst für kurzfristige Zeitperioden zu nennen.

Weite praktische Verbreitung zur Gewinnung von Renditeprognosen besitzt als Verfahren die Szenariotechnik. Szenarien stellen mögliche zukünftige Umweltsituationen dar.[60] Anhand der Analyse ökonomischer Faktoren werden bei Anwendung der Szenario-Technik verschiedene Zukunftsszenarien unterstellt. Diese Szenarien müssen vier Eigenschaften aufweisen. Szenarien müssen hypothetisch, inhaltlich plausibel, logisch konsistent und transparent sein. Im Anschluss daran ist eine Gewichtung der einzelnen Szenarien mit ihren subjektiven Eintrittswahrscheinlichkeiten vorzunehmen. Schließlich erfolgt eine Quantifizierung der Szenarienauswirkungen hinsichtlich der Rendite.

---

[58] Zur Bedeutung des Zeithorizontes vgl. **Zimmermann** (1991), S. 164 ff.
[59] Vgl. **Weber** (1990), S. 119 ff.
[60] Vgl. **von Reibnitz** (1987), S. 15.

Häufig bedient man sich zur Prognose der Zukunft dreier Szenarien: Best-Case-, Medium-Case- und Worst-Case-Szenario. In Abbildung 2.16 ist die Erstellung solcher Szenarien in den Grundzügen beispielhaft dargestellt.[61]

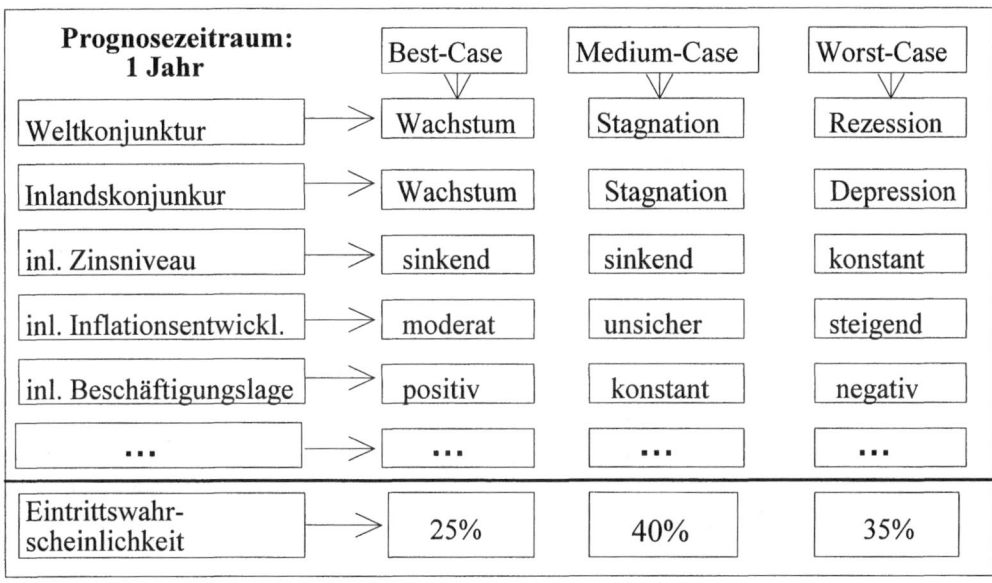

Abbildung 2.16: Wirtschaftsszenarien

Um anschließend zur Prognose der Renditen zu gelangen, werden den Szenarien subjektiv plausible Werte bezüglich der einzelnen Anlagegattungen zugeordnet, so dass bezüglich sämtlicher Anlagegattungen Renditeschätzwerte entnommen werden können. Dieser Prozess ist in Abbildung 2.17 dargestellt.

Mit Hilfe der Szenariotechnik lassen sich auch die Volatilitäten bzw. die Standardabweichungen von Kapitalanlagetiteln prognostizieren. Auf der Basis umfangreicher Szenarien, die eine genügende Anzahl von Renditen umfassen, können die Renditestreuungen berechnet werden. Dies gilt auch für die Korrelationskoeffizienten zwischen den Renditen. Voraussetzung für ein solches Vorgehen ist aber die Verfügbarkeit einer ausreichenden Anzahl von Renditedaten.

Bei der Delphitechnik werden Expertenbefragungen anhand von schriftlichen Fragebögen durchgeführt. Nach der Auswertung der anonymisierten Fragebögen erhalten die Experten Kenntnis von den statistischen Ergebnismittelwerten der durchgeführten Befragung. Anschließend werden die an der Befragung beteiligten Personen - in Kenntnis der Ergebnisse der ersten Befragungsrunde - ein weiteres Mal zum Abgeben ihrer Prognosen gebeten. Wie schon die Szenariotechnik, so eignet sich die Delphitechnik tendenziell eher für Langzeitprognosen.

---

[61] Vgl. **Auckenthaler** (1991), S. 279 ff.

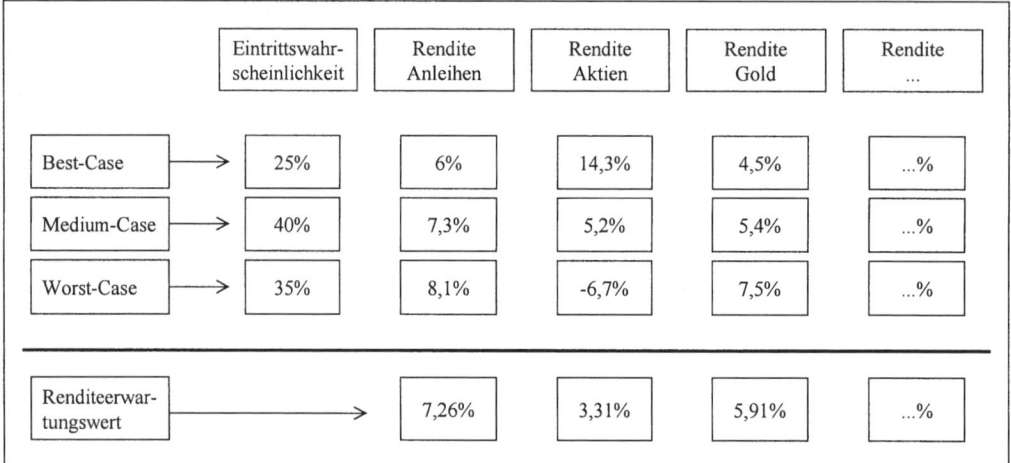

Abbildung 2.17: Ermittlung einer Renditeprognose durch Szenarien

Mit Hilfe der Cross-Impact-Technik wird versucht, die Interdependenzen zwischen prognostizierten Ereignissen abzuschätzen. Weil die Cross-Impact-Technik auf der Szenariotechnik aufbaut, wird sie auch als Matrix-Szenariotechnik bezeichnet. Um die wechselseitigen Abhängigkeiten von Ereignissen bzw. Szenarien hinreichend erfassen zu können, müssen Kenntnisse der Experten hinsichtlich der Systemzusammenhänge verfügbar sein. Als hilfreich kann sich die Cross-Impact-Technik vor allem in der Prognose von Korrelationsdaten erweisen, da die Zusammenhänge verschiedener Ereignisse im Vordergrund der Betrachtung stehen.

Aufgrund ihrer zeitlichen Instabilität bieten sich zur Renditeschätzung konjekturale Prognosemethoden an.[62] Alle größeren Banken und Brokerhäuser geben, basierend auf ihren Primär- oder Sekundärresearchaktivitäten, regelmäßig Schätzungen für die Gewinne bzw. Renditen von Anlagegattungen, Währungen und wichtige Einzeltiteln ab.[63] Mit Hilfe dieser Daten lassen sich die zukünftigen Renditewerte gut schätzen. Die Unsicherheit derartiger Renditeprognosen lässt sich verringern, indem ein Durchschnitt der veröffentlichten Daten gebildet wird. Subjektive Renditeschätzungen beruhen auf der individuellen Einschätzung von Analysten. Diese bilden sich i.d.R. anhand des sogenannten Top-Down-Approach[64] der Investmentanalyse eine Meinung bezüglich der zukünftigen Renditeaussichten der entsprechenden Wertpapiere bzw. der dahinterstehenden Emittenten. Dabei wird versucht, sämtliche ökonomisch relevanten Daten, wie z.B. Weltkonjunktur, Währungsparitäten, Inlandsentwicklung, Branchenentwicklung usw., sukzessive mit in das Kalkül einzubeziehen.

---

[62] Vgl. **Solnik/Noetzlin** (1982), S. 20, sowie **Arnott/Henriksson** (1989), S. 20.

[63] Beim Primärresearch werden eigene Analysen zur Renditeschätzung durchgeführt, während beim Sekundärresearch auf die diesbezüglichen Ausarbeitungen Dritter zurückgegriffen wird.

[64] Siehe dazu die Erläuterungen im Bereich der Aktienanalyse in Kapitel 4.

2.2.1.1.2 Strukturmodellgestützte Prognosen

Eine stärkere formale Ausrichtung als die konjekturalen Prognosemethoden weisen die strukturmodellgestützten Prognosemethoden auf. Als Verfahren sind in diesem Bereich insbesondere Wachstums- und Simulationsmodelle zu nennen.

Wachstumsmodelle dienen häufig zur Prognose ökonomischer Zusammenhänge im realwirtschaftlichen Bereich. Dabei werden unter Zugrundelegung des Analogieprinzips Entwicklungsmuster für ökonomische Vorgänge bestimmt. Mit Hilfe mathematischer Funktionen lassen sich die Kurvenverläufe der erkannten Entwicklungsmuster generieren. Als bekanntes Beispiel für diesen Prognosemodelltyp dienen Lebenszykluskurven und Erfahrungskurven.

Bei Verwendung von Simulationsmodellen zur Datenprognose werden Systemabläufe modelliert. Gelingt es, ein Modell zu entwickeln, das die groben Zusammenhänge eines Systems hinreichend gut beschreibt, dann können zukünftige Systemausprägungen simuliert werden. Wenn z.B. die realwirtschaftlichen Einflussgrößen der Volatilität von Aktienkursen genau bestimmbar und deren Intensitäten quantifizierbar wären, dann ließe sich mit Hilfe eines Simulationsmodells das Risiko von Aktienkursen bei alternativer fundamentaler Datenlage bestimmen.

Insgesamt spielen strukturmodellgestützte Prognosen im Rahmen der Schätzung von Renditen und Risiken bei Kapitalanlageinstrumenten nur eine untergeordnete Rolle. Von größerer Bedeutung sind demgegenüber Extrapolationsverfahren, die im Folgenden diskutiert werden.

2.2.1.1.3 Zeitreihengestützte Prognosen

Die Erkennung von Trends der Vergangenheit und deren anschließende Projektion in die Zukunft unter der Annahme gleichbleibender Kausalität bestimmt das Wesen der zeitreihengestützten Prognose. Man spricht in diesem Zusammenhang von Trendextrapolation. Bei der Extrapolation historischer Daten stellt sich zunächst die Frage, wie lang die historischen Datenreihen sein müssen, um einigermaßen verlässliche Schätzwerte zu gewinnen. Außerdem kommt der Problematik der Festlegung geeigneter Basisjahre einige Bedeutung zu.

Hinsichtlich des Umfangs der vorzunehmenden Projektion lässt sich in einfache und differenzierte Methoden unterscheiden. Als 'Praktikermethode' wird die einperiodige Fortschreibung eines Vergangenheitsdatums bezeichnet.[65] Dies entspricht folgendem mathematischen Vorgehen:

$x_{t+1} = x_t$.

---

[65] Vgl. **Weber** (1990), S. 181.

Ein verfeinertes Vorgehen lässt sich durch den Einbezug von Trendkomponenten erreichen. Dabei wird beispielsweise eine Wachstumsrate in die mathematische Formulierung eingesetzt, oder eine Konstant addiert:

$$x_{t+1} = a + x_t \quad \text{oder} \quad x_{t+1} = bx_t.$$

Bei einer derartigen Prognose wird implizit unterstellt, dass die kausalen Zusammenhänge, die zum Entstehen des Wertes x_t geführt haben, auch in der Zukunft vorliegen. Eine große Gefahr dieser Annahme besteht in eventuell auftretenden Strukturbrüchen, die einen veränderten Ursache/Wirkungs-Zusammenhang zur Folge haben können.

Die 'Praktikermethode' ist gerade im Bereich von Kapitalmarktprognosen weit verbreitet. Renditen erweisen sich in der Praxis jedoch als zeitlich sehr instabil.[66] Eine Extrapolation von Vergangenheitsrenditen in die Zukunft ist deshalb wenig sinnvoll. Die dargestellte Vorgehensweise findet jedoch nicht selten für die Prognose der Volatilitäten bzw. Standardabweichungen von Kapitalanlagen Anwendung.[67] Im Gegensatz zu den Renditen erweisen sich historische Volatilitäten als relativ gute Indikatoren zukünftiger Entwicklungen.[68] Jedenfalls sind historische Volatilitätswerte im Gegensatz zu Renditen im Zeitablauf relativ stabil. Durch eine angemessene Aufbereitung historischer Volatilitäten (z.B. Glättung von Sondereinflüssen) kann ihre Qualität als Schätzer für zukünftige Volatilitätsausprägungen gesteigert werden. Ein ausschließlich auf der Extrapolation beruhendes Vorgehen zur Ermittlung der zukünftigen Volatilität kann durch die Vornahme subjektiver Adjustierungen modifiziert werden, falls Anhaltspunkte für die Notwendigkeit einer Volatilitätsanpassung bestehen. Auf diesem Weg können erwartete fundamentale Wirtschaftsdaten in die Volatilitätsprognose Eingang finden.

Auch die Korrelationskoeffizienten zwischen einzelnen Kapitalanlagegattungen und -instrumenten werden häufig auf der Basis von Extrapolationen bestimmt. Da den Korrelationskoeffizienten bzw. den Kovarianzen im Rahmen des Portfoliomanagements eine entscheidende Bedeutung zukommt, ist ihre zutreffende Prognose für die Zusammenstellung risikoeffizienter Portfolios besonders wichtig. Die Korrelationsdaten erweisen sich dabei als besonders schwer auf subjektive Weise zu schätzen.

Vergleicht man z.B. historische Renditen und Korrelationskoeffizienten hinsichtlich ihrer zeitlichen Stabilität miteinander, so zeigt sich, dass erstere im Zeitablauf stabiler sind. Aus diesem Grund werden für die Prognose von Korrelationskoeffizienten zwischen einzelnen Anlagegattungen und -titeln zumeist historische Werte in die Zukunft extrapoliert.[69] Hinsichtlich der Eignung historischer Korrelationskoeffizienten zur Verwendung als zukünftige Korrelationskoeffizienten

---

[66] Vgl. **Solnik/Noetzlin** (1982), S. 20, sowie **Arnott/Henriksson** (1989), S. 20.
[67] Vgl. **Elton/Gruber** (1991b), S. 126 und **Drayß** (1990), S. 566.
[68] Vgl. **Jorion** (1989), S. 52.
[69] Vgl. **Jorion** (1989), S. 52.

sind bereits zahlreiche empirische Tests durchgeführt worden.[70] Je länger der betrachtete Vergangenheitszeitraum dabei war, desto stabiler waren die Korrelationsdaten.[71]

Angesichts der Problematik der oben dargestellten 'Praktikermethoden' eignen sich differenziertere Projektionsmethoden oft besser zur Datenprognose. Da sie i.d.R. einen längeren Vergangenheitszeitraum betrachten, ist es hier eher möglich, Strukturbrüche zu identifizieren. Als Prognoseverfahren sind hier in erster Linie Regressionsansätze zu nennen. Diese ermöglichen die Abgabe kausaler Prognosen. Weit verbreitet ist die Regressionsmethode z.B. im Rahmen der Prognose zukünftiger Betafaktoren, wie sie im Marktmodell vorgenommen wird.

Bei der linearen Einfachregression, bei der die Größen x und y in einem kausalen Zusammenhang stehen, findet folgender Funktionstyp Verwendung:

$$y = a + bx.$$

Dabei stellt x die erklärende und y die erklärte Variable dar.

Wie Abbildung 2.18 zeigt, beschreibt die Regressionsfunktion eine Gerade, welche die Summe der Abweichungsquadrate der gemessenen Punkte (y_i, x_i) minimiert.

$$f(a, b): \sum_{i=1}^{n}(y_i - (a + bx_i))^2 \to \min$$

Durch partielles Ableiten der Funktion lassen sich die Normalgleichungen bestimmen, aus denen die Konstanten a und b berechnet werden können:

$$a = \frac{\sum y_i \sum x_i^2 - \sum x_i \sum x_i y_i}{n \sum x_i^2 - \left[\sum x_i\right]^2}$$

$$b = \frac{n \sum x_i y_i - \sum x_i \sum y_i}{n \sum x_i^2 - \left[\sum x_i\right]^2}$$

Nachteilig wirkt sich bei linearen Einfachregressionen aus, dass die Größe y nur durch eine Variable (x) erklärt wird. Es ist deshalb oft angebracht, lineare Mehrfachregressionen zur Trendbestimmung einzusetzen. Diese weisen folgenden Funktionstyp auf:[72]

$$y = a + b_1 x_1 + b_2 x_2 + \ldots + b_k x_k.$$

---

[70] Vgl. **Maldonado/Saunders** (1981), S. 54 ff. und die dort angegebene Literatur.
[71] Vgl. **Shaked** (1985), S. 82.
[72] Zu Details vgl. **Bleymüller/Gehlert/Gülicher** (1992), S. 171 ff.

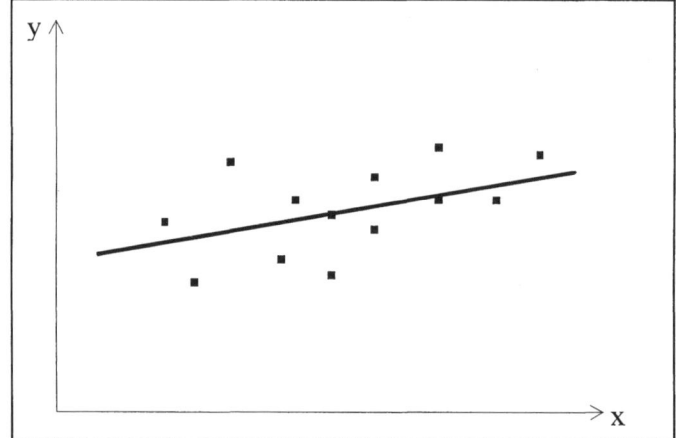
Abbildung 2.18: Darstellung einer linearen Einfachregression

Daneben können auch nichtlineare Zusammenhänge bestimmend für das kausale Verhältnis von Variablen zueinander sein. In diesem Fall könnte eine nichtlineare Regressionsfunktion folgendes Aussehen haben:[73]

$$y = a + b_1 x_1 + b_2 x_2^2 + ... + b_k x_k^k.$$

Bei genügend langen Zeitreihen lassen sich mit Hilfe von Regressionsansätzen auch Strukturbrüche identifizieren. Abbildung 2.19 zeigt sowohl eine nichtlineare Regressionsfunktion als auch einen Strukturbruch.

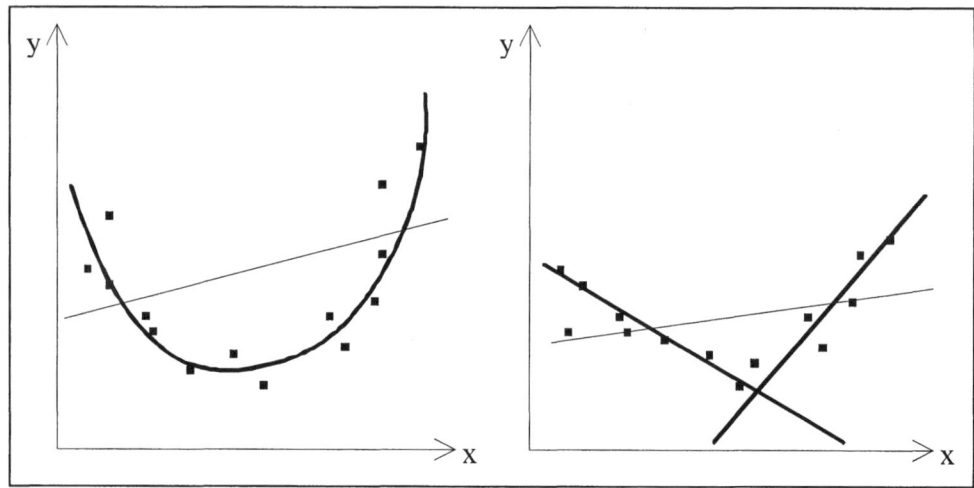
Abbildung 2.19: Alternative Regressionsfunktionen

---

[73] Vgl. **Bleymüller/Gehlert/Gülicher** (1992), S. 175.

Offenbar sind die jeweils als gestrichelte Linien eingezeichneten linearen Einfachregressionen nicht in der Lage, den Zusammenhang zwischen x und y hinreichend genau zu beschreiben. Die Abgabe trendbasierter Prognosen erfordert demzufolge eine korrekte Modellierung der Vergangenheitsentwicklung.

2.2.1.2 Datenaufbereitung

Bevor die Prognosedaten in den Optimierungsprozess eingegeben werden können, muss eine Überprüfung hinsichtlich der Plausibilität der Daten durchgeführt werden. Insbesondere bei extrapolierten Daten muss geprüft werden, inwieweit außergewöhnliche Ereignisse Einfluss auf die Daten der vorliegenden Zeitreihe hatten. Werden z.B. Volatilitätsdaten des Jahres 1987 zur Extrapolation verwendet, so liegen diese aufgrund des in diesem Jahr stattgefundenen Börsencrashs deutlich höher als übliche Volatilitäten. Insofern ist eine Glättung bzw. Bereinigung der Daten um derartige Einflüsse vorzunehmen.

Als Glättungsmethoden bieten sich verschiedene Arten der Durchschnittsbildung an. Neben normalen Durchschnitten ist hierbei an gleitende und mehrfach gleitende Durchschnittslinien zu denken. Hinzu kommen exponentielle Glättungsmethoden.[74] Die genannten Methoden erlauben es, die Auswirkungen sogenannter 'Ausreißer' auf die Datenprognose zu mindern.

Ferner muss dafür Sorge getragen werden, dass sowohl Rendite- als auch Risikodaten den gleichen Zeitbezug aufweisen. Erst nachdem eine sorgfältige Aufbereitung der Daten durchgeführt ist, können diese in den Optimierungsprozess der Asset Allocation eingehen.

2.2.2 Generierung effizienter Portfolios mittels Diversifikation

Wie aus dem Portfolio-Selection-Modell von Markowitz bekannt ist, lassen sich effiziente Portfolios mittels der Technik der Diversifizierung bilden.[75] Im Rahmen der Asset Allocation ergeben sich mehrere Ebenen, auf denen die effizienzsteigernde Wirkung der Diversifikation in Anspruch genommen werden kann. Diese Auffassung entspricht einem Verständnis von Asset Allocation im weiteren Sinne (i.w.S.). Demgegenüber ist unter Asset Allocation im engeren Sinne (i.e.S.) die Diversifikation auf der Ebene von Assetklassen (Anlagegattungen) zu verstehen.[76] Im Folgenden wird der Asset Allocation Prozess i.w.S. dargestellt, da eine Diversifikationsbeschränkung auf Assetklassen die Strukturierung des Vermögens nicht hinreichend effizient gestaltet.[77] Erst durch die Wahrnehmung der Diversifikationsmöglichkeiten auf den

---

74 Vgl. zu den genannten Glättungsmethoden **Weber** (1990), S. 185 ff.
75 Der Effizienzbegriff wird in Abschnitt 1.5 erörtert.
76 Vgl. **Sharpe** (1992), S. 7.
77 Wenn im weiteren der Begriff Asset Allocation verwendet wird, so ist damit stets der Asset

fünf im Folgenden darzustellenden Ebenen, können risikoeffiziente Portfolios generiert werden. Es wird deshalb auch dem Begriff der Allocation gerecht, wenn der gesamte Prozess der Vermögensstrukturierung und Anordnung als Asset Allocation verstanden wird. Innerhalb der fünf in Abbildung 2.20 dargestellten Ebenen lässt sich differenzieren in strategische und taktische Asset Allocation.

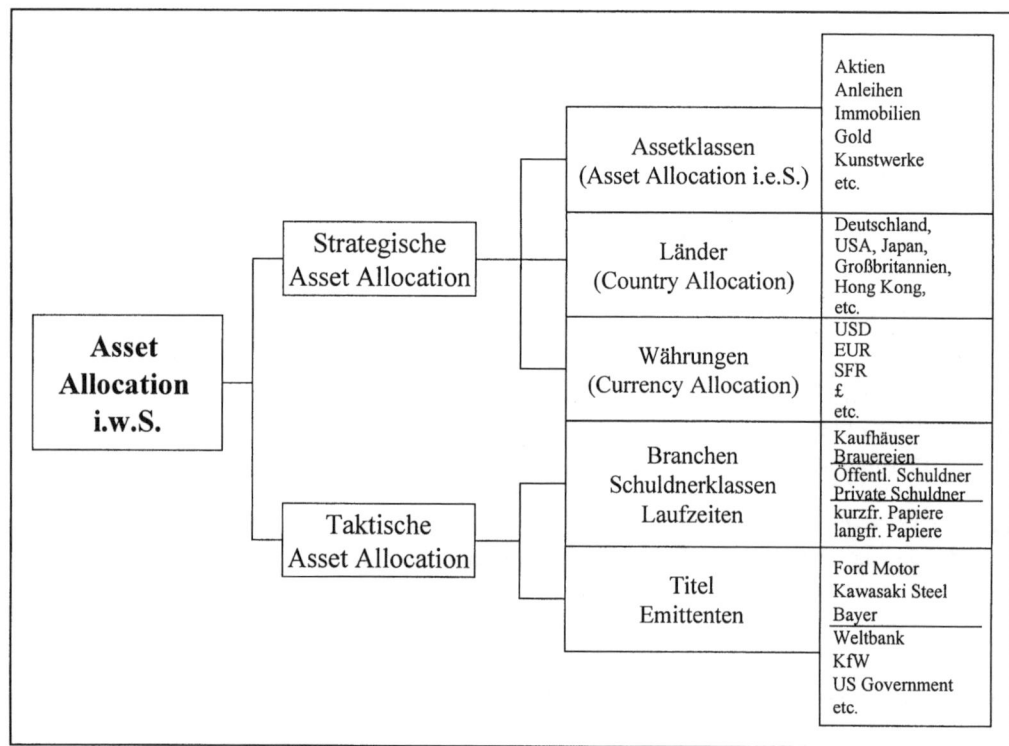

Abbildung 2.20: Diversifikationsebenen der Asset Allocation i.w.S.

2.2.2.1 Strategische Asset Allocation

Diversifikationseffekte können im Rahmen der Asset Allocation, wie aus Abbildung 2.20 erkennbar ist, auf fünf Ebenen realisiert werden. Unabdingbare Voraussetzung für den Erfolg der Diversifikation ist dabei stets, dass die vorhandenen Anlagealternativen "innerhalb einer Ebene" keinen vollständigen Gleichlauf aufweisen. Mithin müssen Korrelationswerte zwischen den einzelnen Anlagealternativen von unter Eins vorliegen. Je geringer die Korrelation zwischen den Anlagealternativen ist, desto größer sind die Effizienzsteigerungen, die mit Hilfe der Diversifikation erzielt werden können.

Allocation Prozess i.w.S. gemeint.

Innerhalb der Graphik werden drei Stufen als strategische Asset Allocation bezeichnet. Üblicherweise meint der Begriff strategisch die weit reichende zeitliche und inhaltliche Bedeutung der unter seinem Namen getroffenen Entscheidungen. Dies gilt auch für den Asset Allocation Prozess. Die Bedeutung der strategischen Asset Allocation für die Portfolioperformance ist wesentlich größer als die Bedeutung der taktischen Asset Allocation. Es lässt sich folglich sagen, dass die Aufteilung von Vermögen auf Assetklassen, Länder und Währungen einen größeren Einfluss auf die Portfolioperformance besitzt als die Selektion einzelner Branchen, Schuldnerklassen und Anlagetitel.[78] Insofern findet die strategische Asset Allocation nicht auf der Ebene einzelner Titel, sondern auf der Ebene ganzer Märkte statt.[79] Nachstehend wird die folgende Reihenfolge der Darstellung der einzelnen Diversifikationsebenen gewählt: Zunächst wird die Assetklassendiversifikation erläutert. Anschließend erfolgt die Darstellung der Länderdiversifikation. Die Währungsdiversifikation schließt die Darlegungen im Bereich der strategischen Asset Allocation ab. Aus dieser Reihenfolge darf nicht auf eine Hierarchie der Ebenen der strategischen Asset Allocation geschlossen werden. Beispielsweise muss die Währungsdiversifikation nicht notwendig nach der Länderdiversifikation stattfinden. Streng genommen müsste eine simultane Allokation der einzelnen Ebenen erfolgen. Allerdings gilt es zu bedenken, dass jede Geldanlage ein Anlageinstrument benötigt. Soll folglich im Rahmen der Währungsdiversifikation in den US-Dollar investiert werden, dann bedarf es einer passenden Anlagemöglichkeit. Der Erwerb von US-Dollar-Noten stellt keine sinnvolle Alternative dar. Stattdessen kommen amerikanische Aktien, Anleihen, Termingelder etc. in Frage.

Für die Länderdiversifikation gelten ähnliche Überlegungen. Deshalb erscheint es sinnvoll, zunächst die Assetklassendiversifikation vorzustellen. Anschließend erfolgt im Rahmen der Länderdiversifikation eine Erweiterung der Assetklassendiversifikation im Sinne einer internationalen Betrachtungsperspektive. Die Einbeziehung und eigenständige Betrachtung der Währungsdiversifikation rundet die Darstellung der strategischen Asset Allocation ab. Anhand von Beispielen werden die Diversifikationseffekte auf den einzelnen Ebenen und ihre Bedeutung für den Gesamtprozess der Asset Allocation jeweils geschildert.

2.2.2.1.1 Assetklassendiversifikation (Asset Allocation i.e.S.)

Für die Performance eines Portfolios spielt die Aufteilung des Vermögens auf verschiedenen Assetklassen bzw. Anlagegattungen eine wesentliche Rolle. Grundsätzlich sind auf dieser Ebene sämtliche Anlagegattungen zu berücksichtigen.[80] Nur durch die Berücksichtigung aller zur Verfügung stehenden Anlagegattungen lassen sich maximale Diversifikationseffekte realisieren, es sei denn, Anlagegattungen sind untereinander vollständig positiv korreliert. Vollständig positive Korrelationswerte zwischen Anlagegattungen sind in der Anlagepraxis so gut wie nicht zu beob-

---

[78] Vgl. **Brinson/Hood/Beebower** (1984), S. 42 f. und **Brinson/Singer/Beebower** (1991), S. 40 ff.

[79] Vgl. **Drummen/Zimmermann** (1992), S. 88.

[80] Vgl. **Auckenthaler** (1991), S. 286.

achten. Abbildung 2.21 zeigt, welche Anlagegattungen grundsätzlich im Rahmen der Assetklassendiversifikation zur Auswahl stehen.

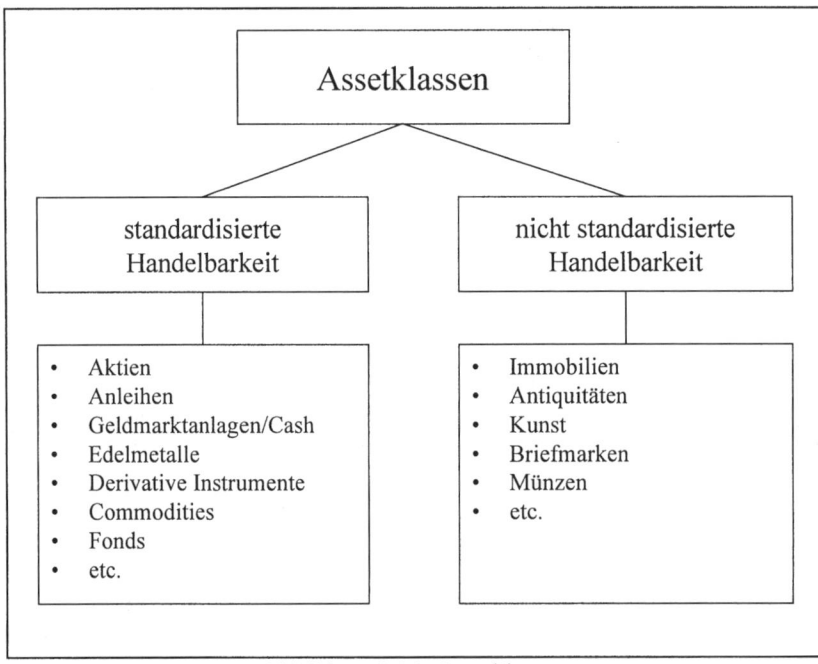

Abbildung 2.21: Assetklassen

Dabei wird unterschieden in Anlagegattungen mit standardisierter Handelbarkeit und solche mit nicht standardisierter Handelbarkeit.[81] Üblicherweise beschränkt sich die Diversifikation in der Praxis auf die standardisiert handelbaren Anlagegattungen, da für diese börsentäglich Marktpreise gestellt werden. Im Zentrum der Assetklassendiversifikation stehen deshalb die Assetklassen Anleihen, Aktien und Geldmarkt- bzw. Cashinstrumente, wie kurzfristige Termingelder und/oder Geldmarktpapiere.[82] Die Aufnahme nicht standardisiert gehandelter Anlagegattungen in Portfolios erfolgt häufig in Form von Fonds. Dies gilt insbesondere für Immobilien- und Rohstoffanlagen.[83]

Die große Bedeutung der Assetklassendiversifikation für den Gesamtprozess der Asset Allocation sei an einem Beispiel verdeutlicht. In Tabelle 2.5 sind die durchschnittlichen Rendite- und Ri-

---

[81] Möglich wäre auch eine Differenzierung in "Tangible-" und "Intangible Assets", vgl. **Ibbotson/Brinson** (1987), S. 221 ff.

[82] Vgl. **Tilley/Latainer** (1985), S. 33.

[83] Zum Immobilienbereich als Anlagegattung vgl. **Miles** (1991), S. 3 ff., sowie **Corcoran** (1991), S. 35 ff. Der Einbezug von Commodities in Portfolios wird z.B. von **Rudolf/ Zimmermann/Zogg-Wetter** (1993), S. 339 ff. dargestellt.

sikodaten des amerikanischen Marktes, bezogen auf ein Jahr, für die Assetklassen Aktien, Anleihen, Geldmarktinstrumente/Cash und Gold für den Zeitraum von 1960 bis 1984 angegeben.[84]

	Rendite	Standardabweichung
Aktien	8,81%	16,89%
Anleihen	5,7%	7,16%
Geldmarktinstrumente	6,49%	3,22%
Gold	9,08%	29,87%

Tabelle 2.5: Rendite/Risiko-Profil verschiedener Assetklassen in den USA im Zeitraum 1960-1984

Es ist von Bedeutung sich bewusst zu sein, dass für das Beispiel die Perspektive eines Anlegers gewählt wurde, dessen Referenzwährung der US-Dollar ist, denn aus der Perspektive einer anderen Referenzwährung verändert sich die Datenlage.[85] Das Risiko der Anlagegattungen wurde als Standardabweichung der beobachteten Renditen gemessen. Um anhand dieser Daten risikoeffiziente Portfolios erzeugen zu können, bedarf es zudem der Kenntnis der Korrelationen zwischen den einzelnen Assetklassen. Die erforderlichen Korrelationswerte finden sich in Tabelle 2.6.[86]

	Aktien	Anleihen	Geldmarktinstr.	Gold
Aktien	1			
Anleihen	0,17	1		
Geldmarktinstr.	-0,08	0,25	1	
Gold	-0,09	-0,28	0,21	1

Tabelle 2.6: Renditekorrelationsmatrix der Assetklassen

Da die Korrelationskoeffizienten der verschiedenen Assetklassen relativ niedrig sind, kann für die Diversifikation ein großes Risikoreduktionspotential erwartet werden. Die Rendite/Risiko-Kombinationen der einzelnen Assetklassen sind graphisch in Abbildung 2.22 dargestellt. Es zeigt sich, dass eine Geldanlage in Gold die höchste Rendite besaß, dafür aber auch das mit Abstand größte Risiko aufwies. Gegenüber einer Aktien- oder Goldanlage erwiesen sich Zinsanlage insgesamt als deutlich weniger riskant. Allerdings lag die Rendite der Zinsanlagen auch signifikant unter der von Aktien- und Goldanlagen.

---

84 Die Daten stammen aus **Ibbotson/Siegel/Love** (1985), S. 17.
85 Da es sich jeweils um Daten des heimischen Währungsgebietes handelt, bleiben Währungsprobleme vorerst ausgeklammert.
86 Vgl. **Ibbotson/Siegel/Love**,(1985), S. 19 f.

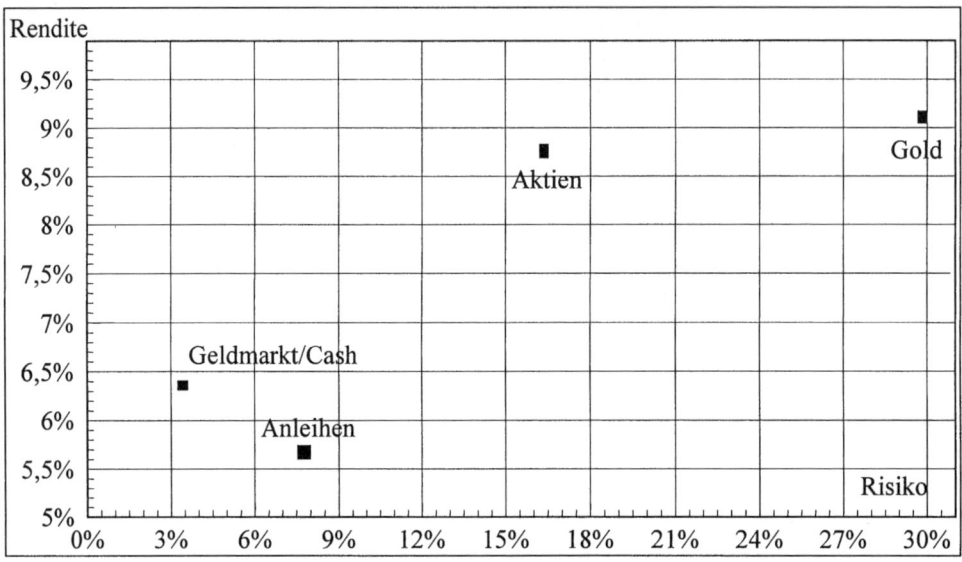

Abbildung 2.22: Rendite/Risiko-Kombinationen alternativer Assetklassen in den USA von 1960-84

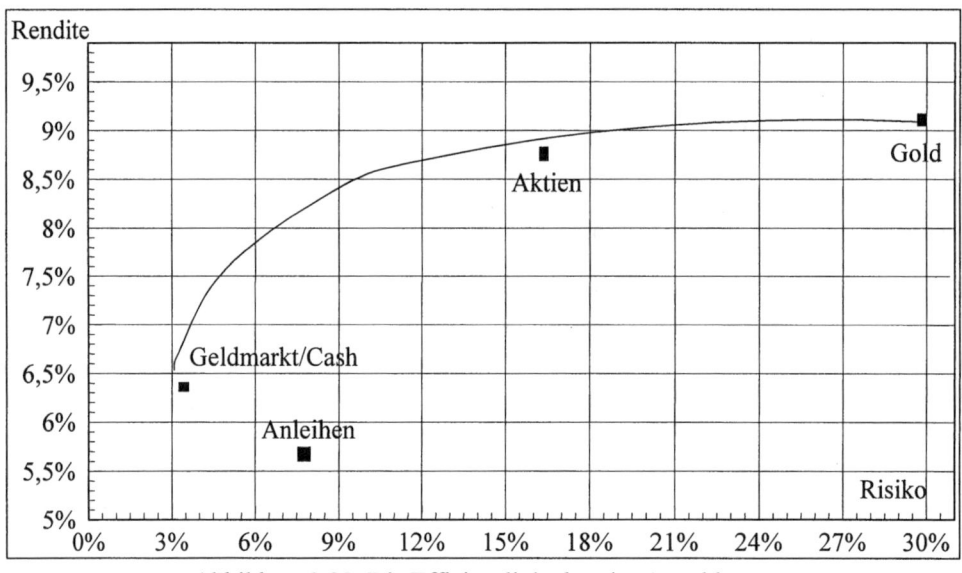

Abbildung 2.23: Die Effizienzlinie der vier Assetklassen

Die Zusammenfassung der betrachteten Assetklassen zu einem Portfolio führt zu einer Effizienzlinie, die alle effizienten Portfoliokombinationen abbildet.[87] Abbildung 2.23 zeigt diese

---

[87] Leerverkäufe wurden ausgeschlossen.

Portfoliolinie, die im englischsprachigen Schrifttum als 'Efficient Frontier' bezeichnet wird. Sämtliche Punkte, die unterhalb der Portfoliolinie liegen, sind ineffizient.

Der Abbildung ist zu entnehmen, dass sowohl die alleinige Geldanlage in Anleihen als auch die alleinige Geldanlage in Aktien als auch die alleinige Anlage in Geldmarktpapieren bzw. Cash in Bezug auf den oben angegebenen Anlagezeitraum nicht effizient war. Denn bei gleicher Rendite war stets ein geringeres Risiko realisierbar. Lediglich ein Punkt der Effizienzlinie ist determiniert. Dabei handelt es sich um den Endpunkt der Effizienzlinie, der durch das Rendite/Risikoprofil derjenigen Assetklasse gekennzeichnet ist, welche die höchste Rendite aufweist. Die risikominimale Kombination der betrachteten Assetklassen stellt den Anfangspunkt der Effizienzlinie dar. Dieser Punkt wird auch als varianz- bzw. risikominimales Portfolio bezeichnet. Die Portfolioanteile der einzelnen Assetklassen bei unterschiedlichen Renditen sind in Tabelle 2.7 exemplarisch dargestellt.

Portfolio-rendite	6%	6,534%	6,827%	7,202%	7,578%	7,953%	8,329%	8,704%	9,08%
Portfolio risiko	4,89%	3,072%	3,438%	4,852%	6,731%	8,782%	10,908%	13,073%	29,87%
X_{aktien}	0%	4,2%	12%	23%	34%	44,9%	55,9%	66,9%	0%
$X_{anleihen}$	62%	6,8%	0%	0%	0%	0%	0%	0%	0%
$X_{geldm./Cash}$	38%	89%	85,8%	70,1%	54,5%	38,8%	23,2%	7,5%	0%
X_{gold}	0%	0%	2,2%	6,9%	11,5%	16,3%	20,9%	25,6%	100%

Tabelle 2.7: Rendite/Risiko-Kombinationen der Effizienzlinie in Abhängigkeit von den Portfolioanteilen

Als Ergebnis ist festzuhalten, dass die Assetklassendiversifikation gegenüber der singulären Anlage in eine Assetklasse zu beträchtlichen Effizienzgewinnen geführt hat. Eine Rendite von ca. 7,6% kann z.B. bei einem Risiko von ca. 6,7% erzielt werden. Verglichen damit konnte bei der Geldanlage in Anleihen eine Rendite von 5,7% bei einem Risiko von gut 7% erzielt werden. Mithin liefert die Assetklassendiversifikation die Möglichkeit von Ertragssteigerungen bei gleichzeitig geringerem Risiko.

2.2.2.1.2 Länderdiversifikation (Country Allocation)

Auf der Ebene der Länderdiversifikation stellt sich die Frage, ob und inwieweit ein Portfolio international diversifiziert sein sollte. Dabei wird im Folgenden davon ausgegangen, dass die Asset Allocation bereits erfolgt ist. Insofern handelt es sich um die Integration der internationalen Diversifikation in den Asset Allocation Prozess. In der Literatur wird die Frage der internationalen Diversifikation häufig unter den Begriffen nationale versus internationale Asset Allocation erörtert.[88] Da die Wertentwicklung der einzelnen Anlagegattungen (Anleihen, Aktien, etc.) in verschiedenen Ländern sehr unterschiedlich verläuft und somit Korrelationen von deutlich unter Eins zu beobachten sind, leuchtet unmittelbar ein, dass ein international diversifiziertes Portfolio effizienter sein muss als ein nationales, sofern positive Renditen erwartet werden.[89]

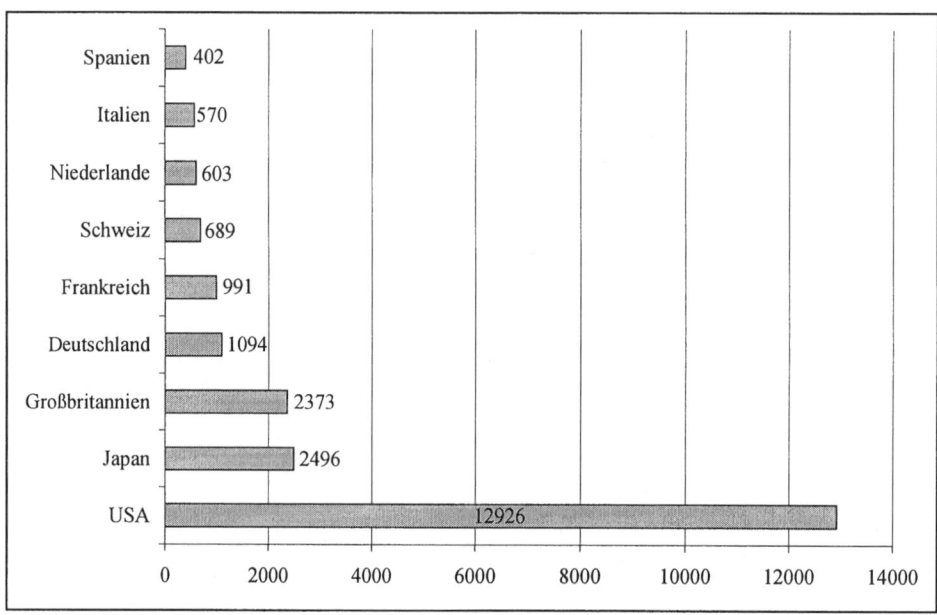

Abbildung 2.24: Börsenkapitalisierung wichtiger Industrienationen in Mrd. USD

Insofern widerspricht es dem eingangs dargestellten Grundgedanken der Asset Allocation im weiteren Sinne, wenn ausschließlich nationale Anlageinstrumente in ein Portfolio einbezogen werden. Denn durch eine Beschränkung auf nationale Anlagemärkte werden Effizienzsteigerungmöglichkeiten verpasst. Ein Blick auf die Größe des deutschen Anlagemarktes und seiner Bedeutung im internationalen Kontext verdeutlicht zusätzlich die Notwendigkeit internationaler Diversifikation. In Abbildung 2.24 sind die Börsenkapitalisierungen der Aktienmärkte wichtiger Anlageländer zum Jahresende 1998 dargestellt.[90]

Insgesamt ist die Bedeutung der deutschen Anlagemärkte im internationalen Vergleich gering. Aus den Daten folgt für deutsche Anleger die "Notwendigkeit" internationaler Diversifikation, denn die Zahlen belegen, dass durch eine Beschränkung auf den deutschen Markt Chancen auf den ausländischen Märkten verpasst werden. Aber selbst bei einem derart breiten Markt wie dem US-amerikanischen hat sich gezeigt, dass eine internationale Portfoliostreuung zu erheblichen

---

[88] Vereinzelt wird auch von Country Allocation gesprochen.
[89] Vgl. **Solnik** (1974), S. 48 ff.
[90] Zu den Daten siehe Deutsches Aktieninstitut (1999), 05-1.

Effizienzvorteilen führt.[91] Die Ursache für diesen Effizienzgewinn ist in den z.T. sehr niedrigen Korrelationen der einzelnen nationalen Anlagemärkte untereinander zu sehen.[92]

Um die Wirkungen der internationalen Länderdiversifikation transparent zu machen, wird das Beispiel aus dem vorangegangenen Punkt ausgeweitet. Der US-amerikanische Investor erhalte nunmehr die Möglichkeit, auch in ausländische Märkte zu investieren. Um das Beispiel nicht zu komplex werden zu lassen, sind die Anlagegattungen über alle anlagerelevanten Länder aggregiert worden.[93] Die aggregierten ausländischen Märkte sind mit dem Zusatz 'For.' für foreign versehen, der die Auslandskomponente indiziert. Es ergibt sich somit folgende Datenmatrix, bei der die jährlichen Durchschnittsrenditen und -risiken (Volatilitäten), gemessen in USD, angegeben sind. Die zugehörigen Korrelationskoeffizienten sind der Tabelle 2.9 zu entnehmen.

	Rendite	Risiko
US-Aktien	8,81%	16,89%
For. Aktien	9,84%	16,07%
US-Anleihen	5,7%	7,16%
For. Anleihen	6,8%	6,88%
US-Geldmarkt/Cash	6,49%	3,22%
For. Geldmarkt/Cash	6%	7,1%
Gold	9,08%	29,87%

Tabelle 2.8: Rendite/Risiko-Übersicht verschiedener Anlageformen in USD

Mittels der Daten lässt sich die Portfoliolinie als Linie aller effizienten Mischungen aus den betrachteten Anlagealternativen berechnen. Es ist zu beachten, dass die Abszissenskala im Gegensatz zur Darstellung des rein nationalen USA-Portfolios ein maximales Risiko von 18% aufweist. Im Gegensatz zum nationalen Anlagefall liegt Gold nicht mehr auf der Effizienzkurve Da kein effizientes Portfolio ein höheres Risiko als 16,07% aufweisen kann, wurde auf die Einzeichnung der Goldposition in der nachstehenden Abbildung verzichtet. Für die Erzielung einer Rendite von gut 9% musste folglich statt ca. 30% im nationalen Fall nur noch ca. 15% Risiko getragen werden. Die einzelnen Daten können der Tabelle entnommen werden.

91	Vgl. **Solnik** (1974), S. 48 ff. und **Jorion** (1989), S. 52.
92	Besonders die Korrelationen zwischen den 'developed' und den 'emerging markets' sind gering. Vgl. **Nielsen** (1992), S. 288.
93	Zu den Daten siehe **Ibbotson/Siegel/Love** (1985), S. 19 f.

	US-Aktien	For.Aktien	US-Anleihen	For.Anleihen	US-Geldm./ Cash	For.Geldm./ Cash	Gold
US-Aktien	1						
For.Aktien	0,67	1					
US-Anleihen	0,17	-0,07	1				
For-Anleihen	0,05	0,28	0,24	1			
US-Geldm./Cash	-0,08	-0,16	0,25	-0,23	1		
For.Geldm./Cash	-0,39	-0,11	-0,19	0,61	0,01	1	
Gold	-0,09	0,04	-0,28	0,06	0,21	0,42	1

Tabelle 2.9: Korrelationsmatrix für die Renditen verschiedener Anlageformen untereinander

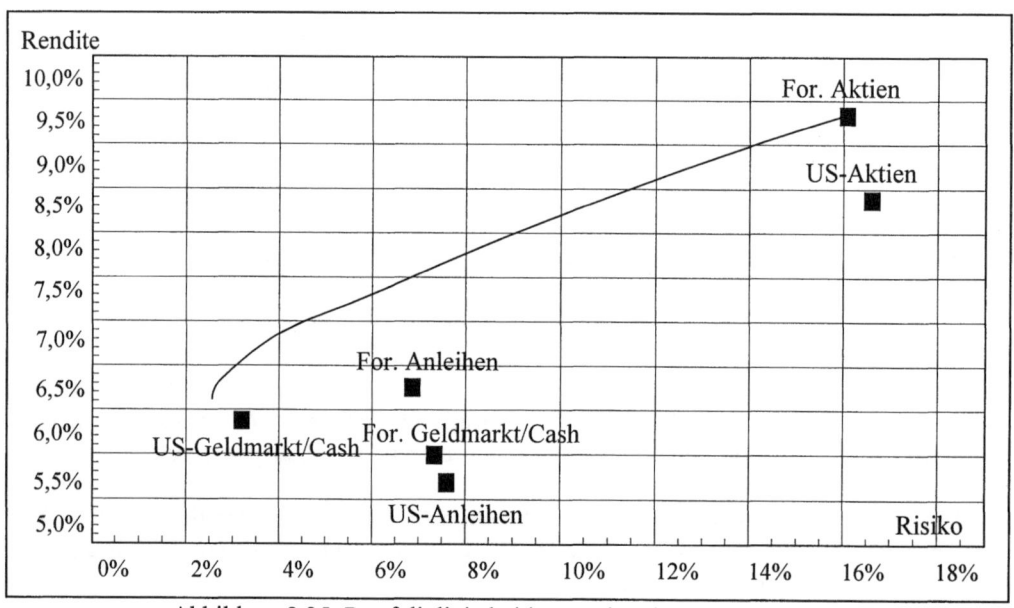

Abbildung 2.25: Portfoliolinie bei internationaler Diversifikation

Um eine Vergleichbarkeit zwischen nationaler und internationaler Asset Allocation zu ermöglichen, gibt Tabelle 2.10 die jeweiligen Portfoliowerte in Abhängigkeit der Portfolioanteile der einzelnen Anlagegattungen wieder.

Das Portfolio mit dem geringsten Risiko (varianzminimales Portfolio) besitzt bei einer Standardabweichung von 2,56% eine Rendite von 6,62%. Im Vergleich dazu, bringt es das national beschränkte USA-Portfolio bei einer Standardabweichung von 3,07% auf eine Rendite von 6,53%. Hier zeigt sich exemplarisch der Effizienzgewinn, der durch die Aufnahme internationaler Anlagewerte in das Portfolio erzielt werden konnte. Interessant ist außerdem, dass Gold zwar in einigen Portfolios vertreten ist, in der Graphik 2.21 aber wegen seines ungünstigen Rendite/Risiko-Profils gar nicht erscheint. Eine Rendite in Höhe der Rendite von Gold kann durch Portfoliobildung demzufolge bei fast halbiertem Risiko erzielt werden.

Rendite:	6,62%	6,83%	7,21%	7,58%	7,96%	8,34%	8,71%	9,09%	9,46%	9,84%
Risiko:	2,56%	2,73%	3,73%	5,12%	6,67%	8,28%	9,94%	11,62%	13,33%	16,07%
$X_{US\text{-}Aktien}$	3,1%	2,2%	2,3%	2,3%	2,4%	2,4%	2,9%	3,4%	3,9%	0,0%
$X_{For.Aktien}$	0,7%	6,8%	16,7%	26,7%	36,6%	46,5%	55,6%	64,8%	73,9%	100%
$X_{US\text{-}Anleihen}$	0,0%	0,0%	0,0%	0,0%	0,0%	0,0%	0,0%	0,0%	0,0%	0,0%
$X_{For.Anleihen}$	18,3%	18,6%	13,9%	9,2%	4,5%	0,0%	0,0%	0,0%	0,0%	0,0%
$X_{US\text{-}Geldm.}$	73,8%	72,3%	64,8%	57,4%	49,9%	42,2%	30,3%	18,4%	6,5%	0,0%
$X_{For.Geldm.}$	4,1%	0,0%	0,0%	0,0%	0,0%	0,0%	0,0%	0,0%	0,0%	0,0%
X_{gold}	0,0%	0,1%	2,3%	4,5%	6,7%	8,9%	11,2%	13,5%	15,8%	0,0%

Tabelle 2.10: Rendite/Risiko-Kombinationen bei alternativen Gewichtungen

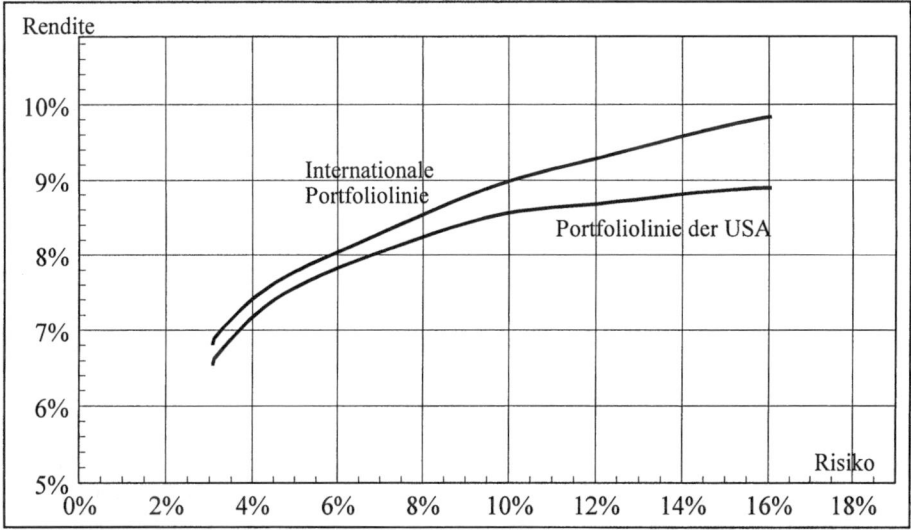

Abbildung 2.26: Vergleich zwischen nationaler und internationaler Diversifikation

Ein graphischer Vergleich des nationalen und des internationalen Portfolios, wie er in der nachstehenden Abbildung vorgenommen worden ist, zeigt, dass die nationale Portfoliolinie unterhalb der internationalen Portfoliolinie liegt.[94] Somit lässt sich zu jedem Punkt auf der nationalen Portfoliolinie ein Punkt auf der internationalen Portfoliolinie finden, der hinsichtlich seines Rendite/ Risikoprofils dominant ist.

Angesichts des offenbaren Nutzens internationaler Diversifikation stellt sich die Frage, warum von den weltweiten Kapitalanlagemöglichkeiten nicht in dem zu erwartenden Umfang Gebrauch gemacht wird und warum häufig eine Selbstbeschränkung seitens der Anleger auf nationale Anlagegattungen zu beobachten ist. Die Antwort auf diese Frage liegt im Bereich vermuteter

---

[94] Aus Darstellungsgründen beschränkt sich der Vergleich auf den Risikobereich von 0 bis 19%.

weiterer Risiken und Hindernisse bei Auslandsanlagen.[95] Insbesondere wird in diesem Zusammenhang die Gefahr eines Währungsrisikos bei ausländischen Anlagen genannt. Die Erörterung der Währungsproblematik bleibt dem nächsten Gliederungspunkt vorbehalten.

2.2.2.1.3 Währungsdiversifikation (Currency Allocation)

Im vorangegangenen Abschnitt wurde die Streuung von Kapitalvermögen im internationalen Kontext behandelt. Dabei wurde ein wichtiges Charakteristikum internationaler Kapitalanlagen nicht explizit betrachtet: das Währungsrisiko. Die Integration der Währungsproblematik in den Gesamtprozess der Asset Allocation ist Aufgabe dieses Abschnitts.

Die Nichtberücksichtigung des Währungsrisikos im Abschnitt der Länderdiversifikation geschah aus zwei Gründen: Zum einen sollte verdeutlicht werden, dass risikomindernde Effekte auftreten, wenn Kapitalvermögen international angelegt werden. Dieser Umstand ist als Folge der z.T. niedrigen Korrelationen zwischen den jeweiligen internationalen Anlagemärkten anzusehen.

Der zweite Grund liegt in der Systematik des Asset Allocation Prozesses begründet, der sich wie dargestellt auf fünf Ebenen vollzieht, so dass die Währungsdiversifikation als eigene Diversifikationsstufe angesehen wird. Denn die Länderdiversifikation muss nicht notwendigerweise mit der Währungsdiversifikation übereinstimmen. Konkret heißt dies, dass ein Anleger, der den EUR als Referenzwährung besitzt, und die Hälfte seines anzulegenden Kapitals in den USA investieren möchte, nicht auch ein 50%es USD Portfolio Exposure eingehen muss.[96] Durch Hedging kann z.B. bewusst ein Währungsrisiko vermieden werden.

Viel mehr sollte die Currency Allocation auf der Basis entsprechender Währungsprognosen vorgenommen werden. Es ist demgemäß über Anlagewährungen und Anlageländer separat zu entscheiden.[97] Nur für Anleger, die kein Währungsmanagement im Bereich ihrer Kapitalanlagen betreiben, entfällt die Currency Allocation als eigenständige Stufe des Asset Allocation Prozesses. In diesem Fall wird die Currency Allocation durch die Country Allocation vorgegeben. Wie zu zeigen sein wird, gehen bei einem Verzicht auf die aktive Currency Allocation Renditechancen verloren.

Bevor die Währungsrisiken internationaler Portfolios untersucht werden, ist hinsichtlich der Begriffe Wechselkurs- und Währungsrisiko Klarheit zu schaffen. Das Wechselkursrisiko bezeichnet die Schwankungen des Austauschverhältnisses zweier Währungen (z.B. EUR zu USD). Wird heute (2002) für den EUR/USD Kurs im Jahr 2004 ein Wert von 1,00 erwartet, so besteht das Wechselkursrisiko in der Gefahr des Abweichens von dem erwarteten Wechselkurs. In

---

[95] Vgl. **Elton/Gruber** (1991b), S. 128.

[96] Mit Exposure ist üblicherweise der relative oder absolute Teil der Anlagesumme gemeint, die dem Risiko der betreffenden Anlage direkt ausgesetzt ist.

[97] Vgl. **Arnott/Henriksson** (1989), S. 20 und **Celebuski/Hill/Kilgannon** (1990), S. 17 f.

Abbildung 2.27 sind die Kurse wichtiger Weltwährungen im Verhältnis zum EUR für den Zeitraum April 1997 bis April 2002 graphisch dargestellt.

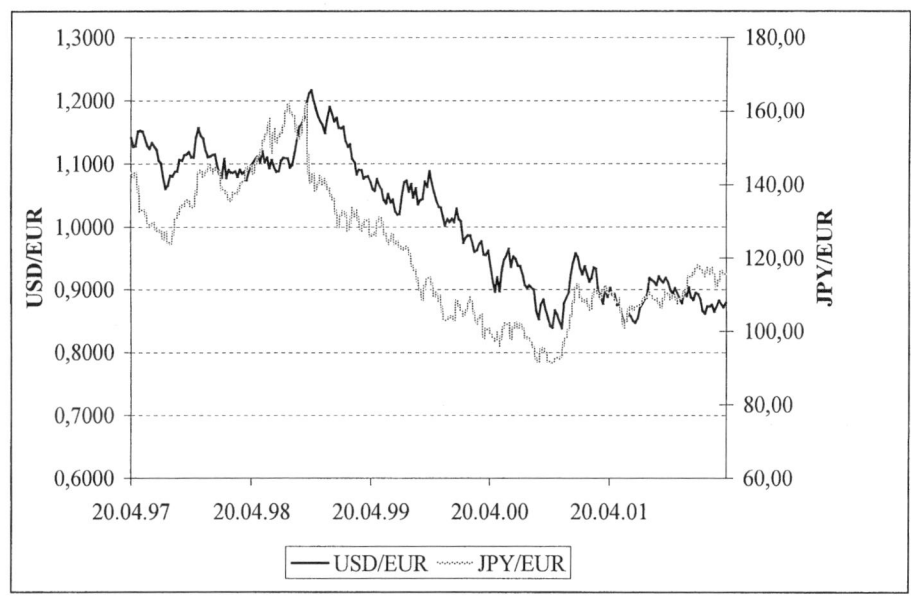

Abbildung 2.27: Kursverlauf wichtiger Währungen gegenüber dem EUR[98]

Verglichen mit dem Wechselkursrisiko ist das Währungsrisiko niedriger. Das Währungsrisiko ist definiert als der Unterschied zwischen der Rendite einer Kapitalanlage in der ausländischen Lokalwährung und der Rendite des gleichen Anlageinstruments in der Referenzwährung des Anlegers (z.B. EUR).[99] An einem Beispiel soll das Währungsrisiko erläutert werden. Ein deutscher Anleger hat am Jahresende 1980 in ein dem Standard and Poor's 500 Index (S&P 500) genau nachgebildetes Portfolio (Indexstand: 135,76) investiert. Am Jahresende 1992 entnimmt er den gesamten angelegten Betrag (Indexstand: 435,71). Der S&P 500 hat in diesem Zeitraum eine durchschnittliche jährliche Rendite (geometrisch) von 10,2% aufgewiesen:[100] Die durchschnittliche jährliche Volatilität des S&P 500 betrug in der gleichen Zeit 11,62%.[101] Somit betrug das Anlagerisiko in ausländischer Lokalwährung (also in USD) 11,62%.

Für den deutschen Anleger sind sowohl die errechnete Rendite von jährlich 10,2% als auch das

---

[98] Daten: Reuters.

[99] Vgl. **Drummen/Zimmermann** (1992), S. 82.

[100] Von Dividenden, Bezugsrechtserlösen und sonstigen Zahlungen sowie Transaktionskosten und Steuern wird abstrahiert.

[101] Die Volatilität wurde aus den logarithmierten Jahresrenditen des S&P 500 unter Berücksichtigung des Korrekturfaktors errechnet.

Anlagerisiko in Lokalwährung von 11,62% nicht entscheidend. Viel bedeutender ist für ihn die Bilanz in seiner damaligen Referenzwährung (DM). Um sein Anlagerisiko zu bestimmen, muss der deutsche Investor die in USD erzielten jährlichen Renditen anhand des DM/USD Austauschverhältnisses in seine Referenzwährung (DM) umrechnen. Die Umrechnung ergibt in diesem Fall eine jährliche Rendite von 8,85% in DM bei einem Risiko von 17,36%. Insgesamt ergibt sich folgende Datenmatrix:

	Rendite	Risiko
S&P in USD	10,20%	11,62%
USD in DM	-1,36%	15,15%
S&P in DM	8,84%	17,2%

Tabelle 2.11: Rendite/Risiko-Übersicht

Die vergleichsweise geringere Rendite in DM ist durch den gefallenen Kurs des USD (Ende 1980: 1,959 DM/USD und Ende 1992: 1,614 DM/USD) verursacht worden. Gegenüber dem Anlagerisiko in Lokalwährung ist zugleich das Anlagerisiko in DM um 5,58 Prozentpunkte oder 48% gestiegen. Genau diese 5,58 Prozentpunkte stellen deshalb das Währungsrisiko für den deutschen Anleger dar. Es wird deutlich, dass das Währungsrisiko in der Differenz zwischen dem Anlagerisiko in inländischer Währung und dem Anlagerisiko in ausländischer Währung liegt. Es ist darauf hinzuweisen, dass der DM/USD Wechselkurs in dem betrachteten Zeitraum ein Risiko von 15,15% aufwies. Daran zeigt sich, dass das Währungsrisiko internationaler Kapitalanlagen i. d. R. wesentlich geringer als die Summe aus Wechselkurs- und Anlagerisiko ist.

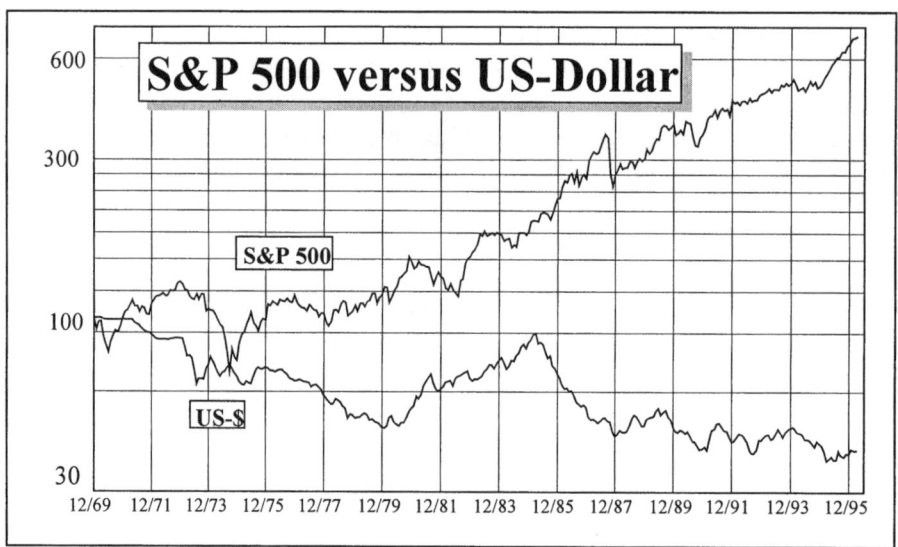

Abbildung 2.28: Verlauf von USD und S&P 500 von 1970 bis 1995

Die Korrelation zwischen Anlagegattung und Währung ist für die Verschiedenheit von Wechselkurs- und Währungsrisiko verantwortlich, denn bei einer Korrelation von unter +1 wird ein Teil des Wechselkursrisikos wegdiversifiziert. Es ist deshalb vorstellbar, dass die Renditeschwankungen in der Referenzwährung geringer sind als in der ausländischen Lokalwährung, da die Währungsschwankungen im Falle einer starken negativen Korrelation zu einer Glättung der Renditeschwankungen führen können. Auf diese Weise kann sogar ein positives Währungsrisiko entstehen.[102]

In Abbildung 2.28 ist sowohl die Entwicklung des USD als auch der Verlauf des S&P 500 seit den 70er Jahren dargestellt. Aus der Graphik wird die Gegenläufigkeit beider Größen erkennbar. Während der S&P 500 recht kontinuierlich angestiegen ist, legte der USD nur bis 1985 zu und verlor anschließend deutlich an Wert. Die Korrelation zwischen den logarithmierten jährlichen Renditen des USD und des S&P 500 in den Jahren 1980 bis 1992 beträgt -0,1954.

Die Rendite einer Kapitalanlage (R) in Fremdwährung setzt sich additiv aus der Rendite des Anlageobjektes (A) und der Währungsrendite (C) zusammen:

$$R = A + C.$$

Für obiges Beispiel gilt:

$$R = 10{,}20\% + (-1{,}36\%) = 8{,}84\%.$$

Das Risiko der Rendite einer Kapitalanlage in Fremdwährung ergibt sich aus der Summe der Varianzen der einzelnen Renditekomponenten zuzüglich der Kovarianzen zwischen der Rendite des Anlageobjekts und der 'Rendite des Wechselkurses'. Anstatt der Kovarianz wird der Zusammenhang zwischen den genannten Renditegrößen mit Hilfe des Korrelationskoeffizienten ($k_{A,C}$) angegeben. Daraus leitet sich für das Anlagerisiko folgender Ausdruck ab:

$$\sigma^2[R] = \sigma^2[A] + \sigma^2[C] + 2k_{A,C} \cdot \sigma[A] \cdot \sigma[C]$$

mit: $\sigma[R]$ = Standardabweichung der Gesamtrendite,
$\sigma[A]$ = Standardabweichung der Anlagerendite in Lokalwährung und
$\sigma[C]$ = Standardabweichung der 'Währungsrendite'.

Durch Einsetzten der Beispieldaten ergibt sich

$$\sigma^2[R] = 11{,}62^2 + 15{,}15^2 + 2(-0{,}1954 \cdot 11{,}62 \cdot 15{,}15) = 295{,}75$$
$$\sigma[R] = 17{,}2\%.$$

Besteht zwischen der Rendite des Anlageobjektes und der Währungsrendite eine Korrelation von genau 1, dann ergibt sich als Volatilität der Gesamtrendite nach Umformungen der Ausdruck:[103]

---

[102] Vgl. **Drummen/Zimmermann** (1992), S. 82 f. und S. 98. Siehe dazu auch Abb. 2.25.
[103] Vgl. **Drummen/Zimmermann** (1992), S. 98.

$$\sigma[R] = \sigma[A] + \sigma[C].$$

Die Volatilität der Auslandsanlage besteht für $k_{A,C} = 1$ aus der Summe von Anlage- und Wechselkursvolatilität. In diesem Fall entsprechen sich Wechselkurs- und Währungsrisiko. Sobald die Korrelation aber unter 1 liegt, kommt es zu Diversifikationseffekten, die dafür sorgen, dass das Währungsrisiko kleiner als das Wechselkursrisiko ist. Den Wert von null erreicht das Währungsrisiko in dem Punkt, in welchem die Wechselkursvolatilität genau dem negativen Term, bestehend aus den Standardabweichungen und dem mit Zwei multipliziertem Korrelationskoeffizienten, entspricht. Hier muss gelten:

$$\sigma^2[C] = -2k_{A,C} \cdot \sigma[A] \cdot \sigma[C].$$

Aus diesem Ausdruck lässt sich schließlich der kritische Korrelationskoeffizient errechnen, bei dessen Vorliegen kein Währungsrisiko mehr besteht:

$$k_{A,C} = -0{,}5 \cdot \frac{\sigma[C]}{\sigma[A]}.$$

Für den kritischen Korrelationskoeffizienten, der sich aus den Beispieldaten berechnen lässt, gilt:

$$k_{A,C} = -0{,}5 \cdot \frac{15{,}15}{11{,}62} = -0{,}6519.$$

Liegt der Korrelationskoeffizient unterhalb des oben errechneten kritischen Wertes, so ergibt sich daraus ein negatives Währungsrisiko, d.h. die Renditeschwankungen des ausländischen Anlageobjektes sind in der Referenzwährung des Anlegers geringer als in der ausländischen Lokalwährung. Anhand der Gleichung des Gesamtrisikos einer Auslandsanlage lässt sich graphisch darstellen, wie sich in Abhängigkeit des Korrelationskoeffizienten zwischen dem ausländischen Anlagemarkt und dem zugehörigen Wechselkurs das Gesamtrisiko und somit auch das Währungsrisiko verändert.[104]

Die horizontale Linie gibt das Risiko des Anlagemarktes in Lokalwährung wieder. In der Graphik wurde der aus dem obigen Beispiel bekannte Wert von 11,62% für den S&P 500 eingezeichnet. Die Kurve gibt das Gesamtrisiko der Auslandsanlage an. Bei vollständiger Korrelation von +1 ergibt sich das Gesamtrisiko als Summe aus Anlage- und Wechselkursrisiko (11,62% + 15,15%). Das Währungsrisiko besteht jeweils in der Differenz zwischen dem Gesamtrisiko und dem Risiko des Anlagemarktes (S&P 500). Wie zu sehen ist, ergibt sich im Fall eines Korrelationskoeffizienten von ca. - 0,6519 ein Währungsrisiko von Null, da das Gesamtrisiko genau dem Anlagerisiko in Lokalwährung (USD) entspricht. Liegen die Korrelationskoeffizienten unterhalb dieses Wertes, so ergibt sich sogar ein negatives Währungsrisiko, da das Gesamtrisiko (in DM) geringer ist als das lokale Anlagerisiko.

---

[104] Vgl. **Drummen/Zimmermann** (1992), S. 83.

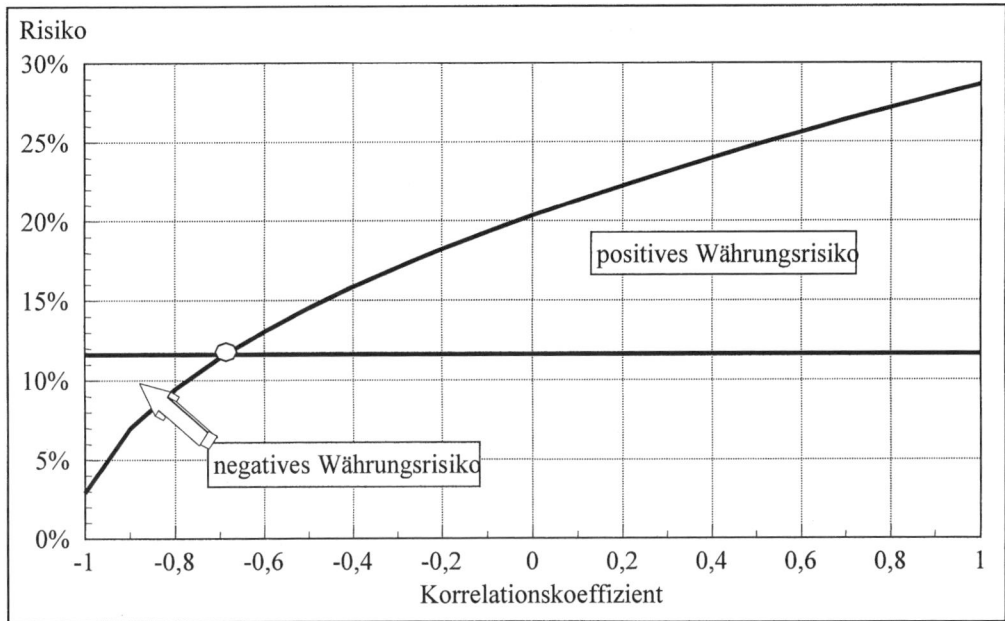

Abbildung 2.29: Risiko von Auslandsanlagen bei alternativen
Korrelationen zwischen Markt- und Wechselkurs

Das bisher Gesagte bezieht sich auf die Kapitalanlage in genau einer anderen Währung. Wie aber die Darstellung des Asset Allocation Prozesses auf der Länderebene gezeigt hat, ist eine Vermögensstreuung auf mehr als ein Land sinnvoll. Eine solche Streuung führt auf den ersten Blick zur Entstehung zusätzlicher Währungsrisiken, da mehr als eine Währung betrachtet werden muss. Tatsächlich gestaltet sich die Bewertung des Währungsrisikos bei Vorliegen internationaler Portfolios komplizierter als bei der singulären Anlage auf nur einem ausländischen Markt, denn die Korrelationen der Wechselkursrenditen untereinander müssen zusätzlich Berücksichtigung finden. Daneben besitzen auch die Korrelationen zwischen Anlagemärkten und Wechselkursen Relevanz. Das Risiko eines internationalen Portfolios besteht insgesamt aus sechs zu schätzenden Komponenten.[105] Der Index n gibt dabei jeweils die Anzahl der benötigten Werte an.[106]

1) n (Anlage-) Marktvolatilitäten bzw. Varianzen
2) n Wechselkursvolatilitäten bzw. Varianzen
3) n(n-1)/2 (Anlage-) Marktkorrelationen bzw. Kovarianzen
4) n(n-1)/2 Korrelationen bzw. Kovarianzen zwischen den Wechselkursen in der Währungseinheit der Referenzwährung

---

[105] Vgl. **Drummen/Zimmermann** (1992), S. 84 f.
[106] Es ist zu bedenken, dass die Korrelationen bzw. Kovarianzen der Punkte 3), 4), 5) und 6) paarweise identisch sind und daher die Anzahl durch 2 dividiert wird.

5) 2n/2 Korrelationen bzw. Kovarianzen zwischen (Anlage-)Märkten und Wechselkursen eines Landes
6) 2n(n-1)/2 Kreuzkorrelationen bzw. Kreuzkovarianzen zwischen (Anlage-) Märkten und Wechselkursen verschiedener Länder

Um die Risikozusammensetzung kenntlich zu machen, wird ein Beispiel gewählt, anhand dessen die einzelnen Risikokomponenten transparent werden. Ein deutscher Anleger will jeweils in ein breit diversifiziertes amerikanisches Aktienportfolio, in ein breit diversifiziertes japanisches Anleihenportfolio und in ein Portfolio aus deutschen Immobilienfonds investieren, um somit ein international diversifiziertes Gesamtportfolio zu halten. Um das Risiko seines Portfolios zu berechnen, benötigt er folgende Daten:

1) Die Volatilität bzw. Varianz des amerikanischen Aktienmarktes, des japanischen Bond-Marktes und des deutschen Immobilienfondsmarktes. Da drei Anlagemärkte betrachtet werden, müssen die drei jeweiligen Marktvolatilitäten prognostiziert werden.

2) Die Volatilität bzw. Varianz des USD gegenüber dem EUR, des japanischen Yen gegenüber dem EUR. Folglich ist auch hier die Kenntnis zweier Volatilitäten bzw. Varianzen erforderlich.

3) Die Korrelationskoeffizienten bzw. Kovarianzen der (Anlage-) Märkte untereinander, d.h. die Korrelation zwischen amerikanischem Aktienmarkt und japanischem Bondmarkt, die Korrelation zwischen amerikanischem Aktienmarkt und dem deutschen Markt für Immobilienfonds und schließlich die Korrelation zwischen dem japanischem Bondmarkt und dem deutschen Markt für Immobilienfonds. Insgesamt werden sechs Korrelationskoeffizienten benötigt, wobei die Korrelationskoeffizienten paarweise identisch sind. Daraus ergibt sich folgende Korrelationsmatrix:

	Amerik. Aktien (AA)	Jap. Anleihen (JA)	Dt. Immobilienfonds (DI)
Amerik. Aktien	1	$k_{JA,AA}$	$k_{DI,AA}$
Jap. Anleihen	$k_{AA,JA}$	1	$k_{DI,JA}$
Dt. Immobilienfonds	$k_{AA,DI}$	$k_{JA,DI}$	1

Tabelle 2.12: Anlage-Markt-Korrelationsmatrix

4) Die Korrelationskoeffizienten bzw. Kovarianzen zwischen den Wechselkursen, ausgedrückt in der Referenzwährung des Anlegers (DM) untereinander. Die zu schätzenden Werte sind paarweise identisch. Es ergibt sich folgende Korrelationsmatrix:

	DM/USD	DM/Yen	DM/DM
DM/USD	1	$k_{DM/Y,DM/\$}$	$k_{DM/DM,DM/\$}$
DM/Yen	$k_{DM/\$,DM/Y}$	1	$k_{DM/DM,DM/Y}$
DM/DM	$k_{DM/\$,DM/DM}$	$k_{DM/Y,DM/DM}$	1

Tabelle 2.13: Wechselkurs-Korrelationsmatrix

5) Die Korrelationskoeffizienten bzw. die Kovarianzen zwischen den nationalen (Anlage-) Märkten und den dazugehörigen nationalen Wechselkursen, ausgedrückt in der Referenzwährung. In dem Beispiel ergeben sich genau sechs zu schätzende Werte, die in der folgenden Ma-

trix abgebildet sind. Die Korrelationswerte sind paarweise identisch, so dass lediglich drei Werte prognostiziert werden müssen.

$k_{AA,DM/\$}$	$k_{DM/\$,AA}$
$k_{JA,DM/Y}$	$k_{DM/Y,JA}$
$k_{DI,DM/DM}$	$k_{DM/DM,DI}$

Tabelle 2.14: Markt-Wechselkurs-Korrelationsmatrix

6) Schließlich die Korrelationskoeffizienten bzw. Kovarianzen zwischen den jeweiligen Anlagemärkten und den Fremdwährungswechselkursen (Kreuzkorrelationen bzw. -kovarianzen). Die benötigten Werte gehen aus Tabelle 2.15 hervor. Insgesamt sind in dem Beispiel zwölf Werte zu betrachten. Da die Korrelationswerte paarweise identisch sind, reduziert sich der Schätzumfang auf sechs Werte.

	Amerikanische Aktien:(AA)	Jap. Anleihen: (JA)	Dt. Immobilienfonds:(DI)	DM/USD	DM/Yen	DM/DM
Amerikanische Aktien(AA):	/	/	/	-	$k_{DM/Y,AA}$	$k_{DM/DM,AA}$
Jap. Anleihen (JA):	/	/	/	$k_{DM/\$,JA}$	-	$k_{DM/DM,JA}$
Dt. Immobilienfonds (DI):	/	/	/	$k_{DM/\$,DI}$	$k_{DM/Y,DI}$	-
DM/USD:	-	$k_{JA,DM/\$}$	$k_{DI,DM/\$}$	/	/	/
DM/Yen:	$k_{AA,DM/Y}$	-	$k_{DI,DM/Y}$	/	/	/
DM/DM:	$k_{AA,DM/DM}$	$k_{JA,DM/DM}$	-	/	/	/

Tabelle 2.15: Kreuzkorrelationsmatrix von Märkten und Fremdwährungswechselkursen

Im Anschluss an die Risikozerlegung eines internationalen Portfolios ist nun zu fragen, ob auch das Währungsrisiko durch internationale Diversifikation zumindest z.T. wegdiversifiziert werden kann. Dazu sieht man sich die sechs verschiedenen Komponenten internationaler Portfolios an, aus denen sich ihr Risiko zusammensetzt. Wechselkursschwankungen tangieren die Risikokomponenten 2, 4, 5 und 6. Die Risikokomponente 2, die Wechselkursvolatilität, lässt sich durch Diversifikation erheblich reduzieren. Durch die Aufteilung des Anlagekapitals auf mehrere Währungen ergibt sich das Portfoliogewicht der einzelnen Wechselkursvolatilitäten zu 1/n, so dass mit steigender Anzahl (n) an Währungen das Portfoliogewicht der Wechselkursvolatilitäten immer geringer wird und somit wegdiversifiziert werden kann.[107] Für die Risikokomponente 5, die Korrelationskoeffizienten bzw. die Kovarianzen zwischen den nationalen Anlagemärkten und den dazugehörigen Wechselkursen, lässt sich ebenfalls zeigen, dass durch Diversifikation eine erhebliche Risikoverringerung bewirkt werden kann. Auch hier wird die Bedeutung der genannten Korrelation geringer, je mehr Währungen in das Portfolio aufgenommen werden, denn es errechnet sich ein Portfoliogewicht von 2(1/n). Mit steigendem n sinkt folglich das Portfoliogewicht dieser Risikokomponente. Die verbleibenden Risikokomponenten 4 und 6 lassen sich auch bei noch so großer Anzahl von Währungen im Portfolio nicht wegdiversifizieren. Deshalb stellen diese beiden Risikokomponenten zusammen mit der Risikokomponente 3, das nicht wegdiversifizierbare Risiko eines internationalen Portfolios dar.[108]

Wie das eingangs des Abschnitts angeführte Beispiel gezeigt hat, besitzen Währungen eigene Renditen. Deshalb bietet sich in Bezug auf die Currency Allocation ein aktives Währungsmanagement an, bei dem aufgrund der zu schätzenden Währungsrenditen Anlagen vorgenommen werden. Grundsätzlich werden Anleger negative Währungsrenditen meiden und an positiven Währungsrenditen partizipieren wollen. Ein Problem ergibt sich dann, wenn in einem Land zwar attraktive Rendite/Risiko-Profile einzelner Kapitalanlagegattungen vermutet werden, andererseits die entsprechende Währung aber einen Wertverlust gegenüber der Referenzwährung erwarten lässt. Im ungünstigsten Fall wird dann die negative Währungsrendite die positive Anlagerendite überkompensieren. Die Gefahr des Eintretens von Währungsverlusten ist insbesondere für Anleger in Hartwährungländern, wie z.B. Deutschland, groß. Um diese Gefahr auszuschließen, bietet sich ein Währungshedging an. Dabei wird durch Termingeschäfte der zukünftige Wechselkurs der betreffenden Währung gegenüber der Referenzwährung fixiert.[109] In welchem Umfang ein Hedging betrieben werden soll, hängt maßgeblich von der Risikoneigung der Investoren ab. Drei Hedgingkategorien bieten sich für die Währungsabsicherung an:[110]

a) Ein Hedging in vollem Umfang (Full Hedging), bei dem der gesamte in ausländischer Währung angelegte Betrag gegenüber Wechselkursschwankungen gesichert wird. Das Verhältnis von zugrundeliegendem Anlagebetrag und gesichertem Betrag (Hedge Ratio) beträgt bei einem Full Hedging 1. Da im Zeitpunkt des Abschlusses des Termingeschäfts nicht bekannt ist, wie groß der aus der Geldanlage zurückfließende Betrag sein wird, kann es zu einem Over-Hedge respektive einem Under-Hedge kommen. Ein Perfect Hedge ist eher unwahrscheinlich.[111]

---

[107] Theoretisch konvergiert das Portfoliogewicht der Wechselkursvolatilität bei steigendem n gegen Null.

[108] Vgl. **Drummen/Zimmermann** (1992), S. 84 f. Im Abschnitt über die Länderdiversifikation sollte klar geworden sein, dass die Volatilitäten der nationalen Anlagemärkte bei genügend großem n ebenfalls wegdiversifiziert werden können.

[109] Termingeschäfte werden ausführlich im 8. Kapitel dieses Buches behandelt.

[110] Vgl. **Celebuski/Hill/Kilgannon** (1990), S. 18 f., **Knight** (1991), S. 130 ff.

[111] Vgl. **Jorion** (1989), S. 50.

b) Ein risikominimales Hedging (Minimum Variance Hedging), bei dem die Korrelationen zwischen Anlagegattungen und Wechselkursen sowie die Volatilitäten der Wechselkurse berücksichtigt werden. Ziel dabei ist es, das Gesamtrisiko der Auslandsanlage zu minimieren, so dass kein separates Management des Währungsrisikos erfolgt. Die optimale Hedge Ratio wird durch die Korrelationen zwischen Anlageobjekt und Wechselkurs determiniert.

c) Ein Downside Hedging, bei dem unter Einsatz von Optionen (z.B. Kauf von Puts) mögliche Wechselkursverluste ausgeschlossen, Wechselkursgewinne aber realisiert werden können.

Mit Hilfe der dargestellten Hedging-Techniken lässt sich ein aktives Währungsmanagement durchführen, das ein von der Länderdiversifikation unabhängiges Fremdwährungsexposure gemäß den unterstellten Rendite- und Risikoprognosen erlaubt.

2.2.2.2 Taktische Asset Allocation

Die in ihrer Bedeutung für die Portfolioperformance gegenüber der taktischen Asset Allocation dominante strategische Asset Allocation wurde in den vorangegangenen Abschnitten dargestellt. Dabei wurde stets von aggregierten Einheiten wie Märkten und Ländern gesprochen. Es wurde stillschweigend davon ausgegangen, dass die betrachteten Märkte in sich risikoeffizient sind. Insofern wurde auf einer Makroebene argumentiert. In der Praxis müssen Investoren jedoch durch Portfoliostrukturierung erst gewährleisten, dass die entsprechenden Märkte auch wirklich annähernd nachgebildet werden. Tatsächlich kann ein Gesamtmarkt in sich sehr heterogen sein. Die taktische Asset Allocation beschäftigt sich deshalb mit der Portfoliostrukturierung auf der Ebene unterhalb von Märkten und Ländern. In diesem Zusammenhang kann man von einer Mikroebene sprechen. Immerhin lassen sich auch im Rahmen der taktischen Asset Allocation durch Diversifikation Effizienzgewinne erzielen. Dabei lässt sich die taktische Asset Allocation, wie aus Abbildung 2.18 bereits hervorgegangen ist, weiter differenzieren in Branchen-, Laufzeit- und Schuldnerklassendiversifikation auf einer ersten, und Titel- bzw. Emittentendiversifikation auf einer zweiten Ebene. Asset Allocation muss als Prozess aufgefasst werden, der von großen zu immer kleineren Betrachtungseinheiten übergeht. Dementsprechend wird im Folgenden zuerst die Branchen-, Laufzeiten- und Schuldnerklassendiversifikation und anschließend die Titel- bzw. Emittentendiversifikation dargestellt und anhand von Beispielen verdeutlicht.

2.2.2.2.1 Branchen-/Schuldnerklassen-/Laufzeitendiversifikation

Innerhalb von Assetklassen lassen sich weitere Kategorien für die einzelnen Anlageinstrumente finden. Eine Kategorisierung ist gerechtfertigt, falls die gefundenen Kategorien in sich homogen, im Vergleich zu anderen Kategorien der gleichen Assetklasse jedoch heterogen sind. Es hat sich gezeigt, dass der Renditeverlauf und das Risikoprofil einzelner Titel innerhalb ihrer jeweiligen Assetklasse (z.B. Aktien, Anleihen, etc.) nicht homogen ist. Bei Aktien ist beispielsweise die unterschiedliche Branchenentwicklung auffällig. Bei Anleihen verhalten sich Papiere mit kurzer Restlaufzeit bisweilen anders als Bonds mit langer oder mittlerer Laufzeit. Zudem lassen sich

Schuldnerklassen anhand der unterschiedlich einzuschätzenden Bonität verschiedener Emittenten bilden.[112] Zu denken ist dabei etwa an Staaten, supranationale Organisationen, Industrieunternehmen, etc. Im Bereich von Immobilienanlagen ist zu denken an regionale und/oder kunden- bzw. mieterorientierte Diversifikation.[113] Für weitere Assetklassen gilt Ähnliches. Demgegenüber weisen die entsprechenden Titel innerhalb der einzelnen Kategorien (Branchen, Laufzeitklassen etc.) einen hohen Gleichlauf auf.

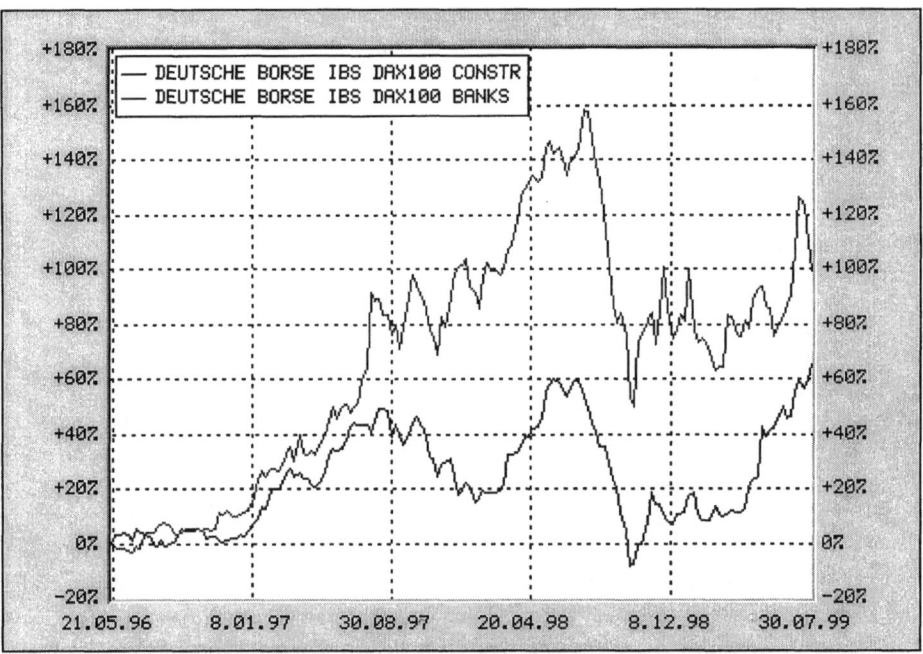

Abbildung 2.30: Aktienkursverläufe verschiedener Wirtschaftsbranchen[114]

Wie bekannt lassen sich durch Diversifikation immer dann Effizienzvorteile erzielen, wenn der Gleichlauf zwischen einzelnen Kategorien, gemessen anhand der Korrelation, gering ist. Demzufolge bietet sich eine Streuung des anzulegenden Kapitals auf verschiedene Branchen bei Aktienanlagen und auf verschiedene Restlaufzeiten bzw. Schuldnerklassen bei festverzinslichen Wertpapieren an. Anhand von Aktienanlagen verdeutlicht Abbildung 2.30 die unterschiedliche Entwicklung einzelner Wirtschaftsbranchen. Dabei ist die Entwicklung der Bank- (obere Linie) und der Baubranche (untere Linie) im Zeitraum von Juni 1996 bis Juli 1999 dargestellt.

---

[112] Ratingagenturen klassifizieren Anleihen bezüglich ihrer Bonität, vgl. **Everling** (1991), S. 608 ff.

[113] Zu den Diversifikationspotentialen und zur Wirkungsweise der Diversifikation im Immobilienbereich vgl. **Grissom/Kuhle/Walther** (1987), S. 66.

[114] Quelle: Dresdner Bank AG.

Die unterschiedliche Kursentwicklung beider Branchen ist deutlich zu erkennen. Um effiziente Portfolios zu generieren, sollte auf der Basis zu schätzender Rendite-, Risiko- und Korrelationsdaten eine Branchenstreuung erfolgen. Für Anleihen gilt Analoges. Eine Diversifikation in Schuldner- und/oder Laufzeitklassen ist angebracht. Abbildung 2.31 gibt einen Überblick über die Diversifikationsmöglichkeiten auf dieser Ebene der Asset Allocation, wobei sich die Darstellung auf Aktien, Anleihen und Immobilien beschränkt.[115]

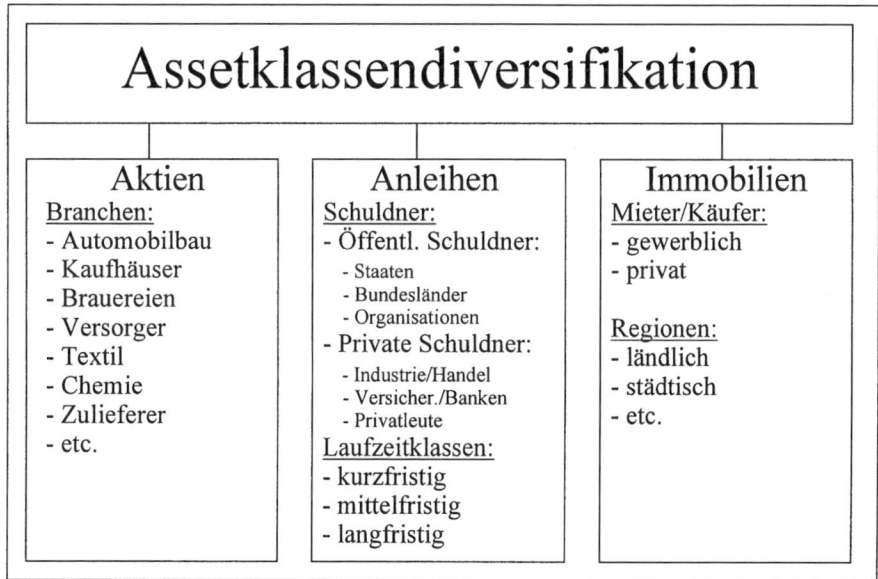

Abbildung 2.31: Diversifikationsebenen innerhalb der Assetklassendiversifikation

2.2.2.2.2 Titeldiversifikation

Um den Diversifikationsprozess der Asset Allocation zu komplettieren, ist schließlich auf der Ebene der Titeldiversifikation das dort anzutreffende Diversifikationspotential und dessen Ausschöpfung zu beschreiben. Wenn der Asset Allocation Prozess die Ebene der Titeldiversifikation erreicht hat, ist bereits über die Aufteilung auf Assetklassen, Länder, Währungen und Branchen- bzw. Laufzeiten- und/oder Schuldnerklassen entschieden. Bei der Titeldiversifikation geht es um die Mischung einzelner Anlagetitel. Es stellt sich die Frage, welche Aktien konkret in das zu bildende Portfolio aufgenommen werden sollen. Im Bereich der Anleihen muss geklärt werden, welche Papiere genau zu einem Anleiheportfolio innerhalb des Gesamtportfolios zusammengefasst werden sollen. Analoges gilt für den Immobilienbereich, wobei dort über die Auswahl

---

[115] Im Aktienbereich hätte noch weiter zwischen zyklischen und nichtzyklischen Werten differenziert werden können. Aus Gründen der Übersichtlichkeit wurde jedoch darauf verzichtet.

konkreter Immobilienobjekte oder aber über die Selektion von entsprechenden Fonds entschieden werden muss.

Anhand eines Zwei-Anlagen-Falls wird zunächst die Methodik der Titeldiversifikation vertieft. Dabei werden alternative Korrelationskoeffizienten zwischen den beiden zu betrachtenden Werten angenommen, so dass die herausragende Bedeutung der Korrelation für den Prozess der Diversifikation offenbar wird.[116]

Es bestehen für einen Investor zwei Anlagemöglichkeiten: Zum einen die Allianz-Aktie und zum anderen die Siemens-Aktie, deren erwartete und zugleich fiktive Rendite/Risiko-Profile in Tabelle 2.16 abgebildet sind.

	$E(R_i)$	σ_i
ALV:	15%	10%
SIE:	10%	5%

Tabelle 2.16: Daten des Zwei-Anlagen-Falls

Das Rendite/Risikoprofil beider Werte ist graphisch in Abbildung 2.32 dargestellt. Die Allianz-Aktie besitzt zwar einen höheren Renditeerwartungswert als Siemens, zugleich ist die Streuung um den Erwartungswert aber deutlich höher, so dass die Allianz-Aktie ein größeres Risiko als die Siemens-Aktie aufweist.

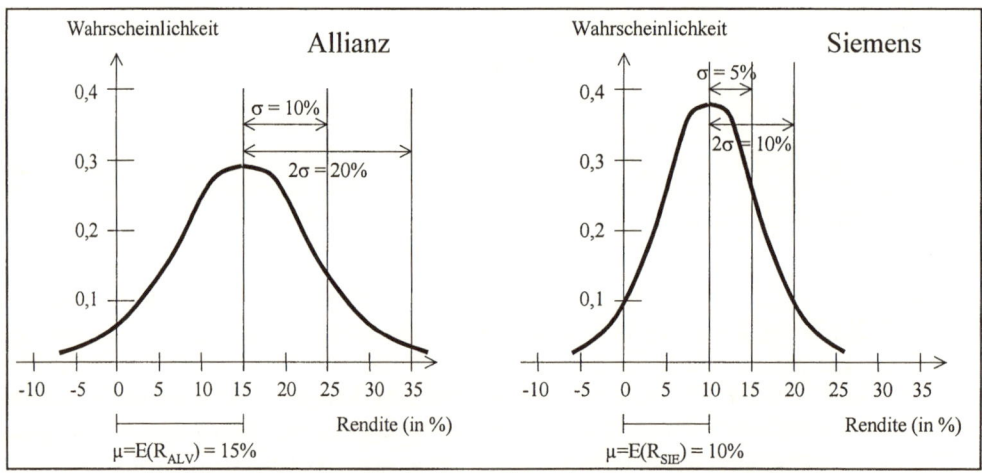

Abbildung 2.32: Graphische Darstellung der Datenausgangssituation

Auf der Basis der gegebenen Daten ist es dem Investor möglich, beide Aktien so zu kombinieren, dass er eine erwartete Portfoliorendite von mindestens 10% und höchstens 15% erzielt.[117] Je

---

[116] Siehe dazu auch die Ausführungen im Kapitel 1.
[117] Leerverkäufe bleiben unbetrachtet.

nach seinen Präferenzen kann der Investor die Portfolioanteile (x_i) wählen. Der neuralgische Punkt der Portfoliobildung liegt auf der Risikoseite, denn ansonsten würden Anleger stets nur die Portfoliogewichtung mit den maximalen Renditeaussichten wählen. Wie aus dem Portfolio-Selection-Modell von Markowitz bekannt ist, ergibt sich unter Verwendung der Korrelation das Portfoliorisiko im Zwei-Anlagen-Fall zu

$$\sigma_p = \sqrt{x_1^2 \sigma_1^2 + x_2^2 \sigma_2^2 + 2k_{12} x_1 x_2 \sigma_1 \sigma_2}.$$

Anhand von vier Fällen unterschiedlicher Korrelationskoeffizienten zwischen Allianz und Siemens werden die jeweils effizienten Kombination beider Werte in einem Portfolio erläutert. Dabei werden Korrelationskoeffizienten von 1, -1, 0 und der als realistisch anzusehende Wert von 0,6 angenommen.

Zunächst sei der Fall vollständig positiver Korrelation erläutert.

Bei einem Korrelationskoeffizienten von 1 zwischen Siemens und Allianz ergibt sich das Portfoliorisiko allgemein als Linearkombination der Einzelrisiken.[118]

$$\sigma_p = x_1 \sigma_1 + x_2 \sigma_2$$

Für das Beispiel ergibt sich

$$\sigma_p = x_1 10 + x_2 5.$$

Somit beträgt das minimale Portfoliorisiko 5% bei einer Rendite von 10%. Das maximale Risiko beträgt 10% bei einer Rendite von 15%. Alle Portfoliokombinationen liegen auf einer Geraden zwischen diesen Extremwerten und sind somit effizient. Graphisch ist die Linie, auf der alle Kombinationen von Siemens- und Allianz-Aktien liegen, in Abbildung 2.33 links oben dargestellt. Eine Reduktion des Portfoliorisikos gelingt durch die Zusammenfassung von Siemens und Allianz zu einem Portfolio bei einem Korrelationskoeffizienten von +1 nicht.

Im Fall eines Korrelationskoeffizienten von -1 errechnet sich das Portfoliorisiko als Differenz der beiden Einzelrisiken. Der Absolutwert der berechneten Differenz stellt das Portfoliorisiko dar, denn ein negatives Gesamtrisiko ist nicht möglich. Bei vollkommen negativer Korrelation verlaufen die Risiken gegenläufig, sodass ein Gesamtrisiko in Höhe von 0 möglich ist. Folglich ergibt sich das Portfoliorisiko zu

$$\sigma_p = |x_1 \sigma_1 - x_2 \sigma_2|.$$

Im Beispiel lautet die Formel dann

$$\sigma_p = |x_1 10 - x_2 5|.$$

---

[118] Vgl. dazu die Ausführungen im Kapitel 1.

Bei geeigneter Wahl der Portfolioanteile muss sich das Portfoliorisiko gemäß der Formel zu null ergeben. Dies ist der Fall, wenn genau ein Drittel des Anlagebetrages in Allianz und der Rest in Siemens investiert wird. Die Rendite einer solchen Kombination beträgt ca. 11,67%. Die graphische Darstellung der Portfoliolinie von Siemens und Allianz bei einer vollkommen negativen Korrelation findet sich als rechtes Bild in der unteren Reihe in Abbildung 2.33. Effizient sind nur die Kombinationen von Allianz und Siemens, die auf der Linie von Punkt P zur Allianz führen.

Sind die erwarteten Renditen von Allianz und Siemens mit $k_{ALV,SIE} = 0$ unkorreliert, dann ergibt sich das Portfoliorisiko gemäß dem folgenden allgemeinen Ausdruck:

$$\sigma_p = \sqrt{x_1^2 \cdot \sigma_i^2 + x_2^2 \cdot \sigma_j^2}$$

Mit den Beispieldaten lautet die Formel:

$$\sigma_p = \sqrt{x_1^2 \cdot 10^2 + x_2^2 \cdot 5^2}$$

Das Risikominimum liegt bei 4,47%. Dafür erhält der Investor einen Renditeerwartungswert von 11%. Bei unkorrelierten Titeln lässt sich offenbar das Portfoliorisiko deutlich reduzieren, wie auch aus dem nach oben gekrümmten Kurvenverlauf des linken unteren Bildes Abbildung 2.33 ersichtlich ist.

Schließlich wird ein Korrelationskoeffizient betrachtet, der in der Praxis durchaus häufig zu beobachten ist. Es zeigt sich, dass auch der Wert von 0,6 Diversifikationspotential bietet. Im rechten Bild der oberen Reihe in Abbildung 2.33 ergibt sich eine nach oben gekrümmte Kurve. Die numerischen Rendite/Risiko-Kombinationen bei alternativen Korrelationskoeffizienten können Tabelle 2.17 entnommen werden.

Anteil ALV	Anteil SIE	Portf. Rendite:	$k_{ALV,SIE} = 1$	$k_{ALV,SIE} = 0,6$	$k_{ALV,SIE} = 0$	$k_{ALV,SIE} = -1$
1	0	15,00%	10,00%	10,00%	10,00%	10,00%
0,9	0,1	14,50%	9,50%	9,31%	9,01%	8,50%
0,8	0,2	14,00%	9,00%	8,64%	8,06%	7,00%
0,7	0,3	13,50%	8,50%	7,99%	7,16%	5,50%
0,6	0,4	13,00%	8,00%	7,38%	6,32%	4,00%
0,5	0,5	12,50%	7,50%	6,80%	5,59%	2,50%
0,4	0,6	12,00%	7,00%	6,28%	5,00%	1,00%
0,3	0,7	11,50%	6,50%	5,82%	4,61%	0,50%
0,2	0,8	11,00%	6,00%	5,44%	4,47%	2,00%
0,1	0,9	10,50%	5,50%	5,16%	4,61%	3,50%
0	1	10,00%	5,00%	5,00%	5,00%	5,00%

Tabelle 2.17: Rendite/Risikokombinationen bei unterschiedlichen Korrelationskoeffizienten

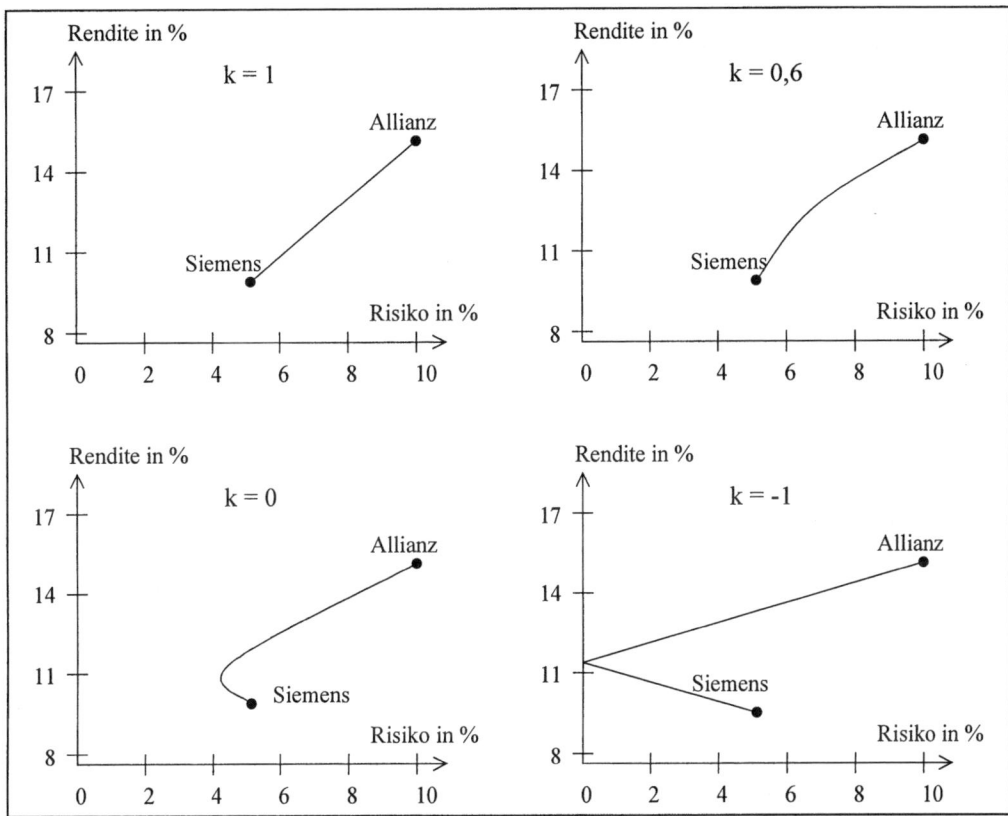

Abbildung 2.33: Portfoliolinien bei alternativen Korrelationskoeffizienten im Zwei-Anlagen-Fall

Gegenüber dem theoretisch lehrreichen Zwei-Anlagen-Fall könnte ein praktisches Vorgehen zur Zusammenstellung eines deutschen Aktienportfolios wie folgt aussehen.

Ein anschauliches praktisches Beispiel für den Nutzen der Diversifikation auf der Titelebene aus dem Aktienbereich liefern die von der Frankfurter Wertpapierbörse täglich veröffentlichten Kennzahlen für den Options- und Futureshandel, die in Tabelle 2.8 abgebildet sind.[119]

Wie der Tabelle zu entnehmen ist, liegt die 250-Tage Volatilität des DAX bis auf drei Ausnahmen unter den Volatilitätswerten der in ihm vertretenen Aktiengesellschaften. Folglich kann die Volatilität eines Portfolios, hier des DAX, nicht der gewichtete Durchschnitt der Einzelvolatilitäten seiner Bestandteile sein.[120] Die durchschnittliche Volatilität der im DAX vertretenen

---

[119] Die Kennzahlen werden börsentäglich sowohl von der Börsen Zeitung als auch vom Handelsblatt abgedruckt. Die verwendeten Daten sind dem Handelsblatt vom 14. Juli 1992 entnommen.

[120] Nur im Spezialfall eines Korrelationskoeffizienten von null gilt dies nicht.

Aktien beträgt 19,69%. Demgegenüber beträgt die tatsächliche DAX-Volatilität im Betrachtungszeitpunkt nur 14,61%. Demgegenüber entspricht die Rendite des DAX der gewichteten Summe der Einzelrenditen seiner Bestandteile.[121] Somit zeigt sich, dass durch die gezielte Aufteilung der Anlagemittel auf mehrere Werte eine spürbare Risikoreduktion ohne Verzicht auf Ertrag möglich ist.

Kürzel	Volatilität (250 Tage)	Korrelation (250 Tage)	Kürzel	Volatilität (250 Tage)	Korrelation (250 Tage)
DAX	14,61%	1,0000	HEN3	17,10%	0,7843
			HFA	17,20%	0,7889
ALV	18,27%	0,8754	KAR	22,35%	0,7952
BAS	13,97%	0,7395	KFH	23,23%	0,7808
BAY	13,33%	0,7620	LIN	18,58%	0,8349
BHW	18,85%	0,8169	LHA	35,58%	0,5740
BMW	19,02%	0,8376	MAN	22,30%	0,8079
BVM	19,24%	0,8340	MMW	24,67%	0,8696
CBK	19,72%	0,8796	PRS	20,70%	0,8310
CON	25,71%	0,5297	RWE	13,70%	0,8313
DAI	15,31%	0,9014	SCH	14,70%	0,6477
DGS	22,11%	0,6500	SIE	14,59%	0,9450
DBC	29,75%	0,6874	THY	20,27%	0,8026
DBK	15,09%	0,9523	VEB	15,05%	0,8828
DRB	16,22%	0,8897	VIA	16,08%	0,7837
MET	23,75%	0,7683	VOW	24,32%	0,8823

Tabelle 2.18: 250-Tage-Volatilität und Korrelation des DAX und der DAX-Werte vom 14. Juli 1992

Schließlich wird ein Beispiel für ein denkbares praktisches Vorgehen bei der Zusammenstellung eines deutschen Aktienportfolios gegeben. Ein Anleger hat sich entschlossen, in die Branchen Automobilzulieferer, Banken, Kaufhäuser, Chemie und Luftfahrt zu investieren. Aufgrund des geschätzten Rendite/Risiko-Profils der in Frage kommenden Aktien hat er sich für folgende fünf Werte entschieden: Continental (CON), Dresdner Bank (DRB), Karstadt (KAR), Schering (SCH) und Lufthansa (LHA). Die für diese Aktien auf Basis der historischen Daten geschätzten Korrelationswerte (250-Tage) sind in Tabelle 2.19 wiedergegeben.[122]

---

[121] Um zu einer Identität der Renditen zu gelangen, muss den Besonderheiten des DAX-Indexes als Performanceindex Rechnung getragen werden.

[122] Die Berechnung der Korrelationskoeffizienten erfolgte mit Hilfe der aus dem Indexmodell von Sharpe (Abschnitt 1.2.2.) bekannten Formel $k_{i,j} = (\beta_i \beta_j \sigma_m^2)/(\sigma_i \sigma_j)$. Sofern die Prämissen des Indexmodells - insbesondere die Unkorreliertheit der Störterme - nicht erfüllt sind, handelt es sich lediglich um eine Näherungsformel.

	CON	DRB	KAR	SCH	LHA
CON	1				
DRB	0,4728	1			
KAR	0,403	0,673	1		
SCH	0,3572	0,5965	0,5085	1	
LHA	0,3438	0,5741	0,4894	0,4334	1

Tabelle 2.19: Korrelationsmatrix ausgewählter deutscher Standardwerte

Die Werte stützen sich auf die für den 16.04.1992 von der Frankfurter Wertpapierbörse veröffentlichten Daten.[123] In unserem Beispiel werden die Daten als Schätzwerte für die Zukunft verwendet. Analoges gilt für die 250-Tage Volatilitäten, die nachstehend aufgeführt sind.

	Volatilität
CON	27,85%
DRB	18,19%
KAR	22,86%
SCH	14,74%
LHA	33,40%

Tabelle 2.20: Ausgewählte Volatilitätswerte

Um aus den genannten Titeln ein Portfolio zusammenzustellen, müssen schließlich noch die Renditeschätzungen vorliegen. Für einen Zeithorizont von einem Jahr werden folgende Renditen geschätzt:

	Erwartete Rendite
CON	12,7%
DRB	8%
KAR	10,5%
SCH	6,2%
LHA	14,4%

Tabelle 2.21: Ausgewählte Renditewerte

Aus den genannten Werten lassen sich auf der Basis des aus der Portfoliotheorie bekannten Optimierungsalgorithmus für den Mehranlagenfall die effizienten Mischungen dieser fünf Aktien ermitteln.[124] Es ergibt sich folgende graphische Portfoliolinie:

---

[123] Entnommen dem Handelsblatt vom 21.04.1992, S. 37.

[124] Für die Errechnung der Portfoliolinie sowie der effizienten Portfolios stehen in der Anlagepraxis Softwarepakete zur Verfügung.

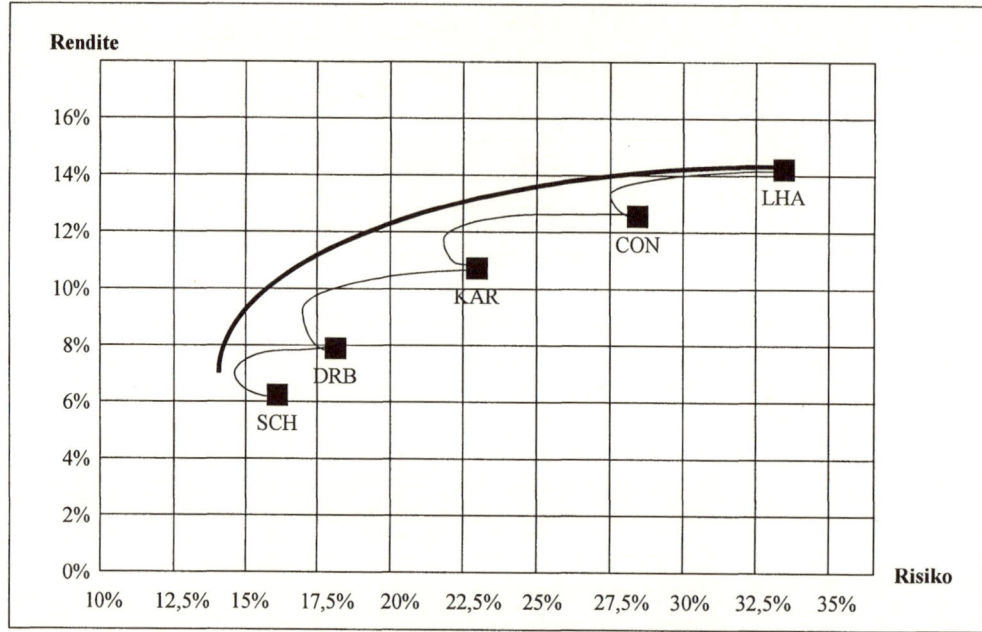

Abbildung 2.34: Portfoliolinie bei fünf deutschen Aktien

Daraus lässt sich der Schluss ziehen, dass auch bei Verwendung tatsächlicher an den Kapitalmärkten beobachtbarer Rendite/Risiko-Profile Effizienzgewinne durch entsprechende Diversifikation erzielt werden können. Mischungen aus mehreren Aktien sind, sofern Korrelationen von unter +1 vorliegen, stets effizienter als beispielsweise Portfolios aus zwei Aktien. Dies ist an den eingezeichneten Portfoliolinien zwischen den einzelnen Titeln im Schaubild erkennbar.

Anstelle der Titeldiversifikation im Aktienbereich hätte auch die Diversifikation in Schuldnerklassen oder Laufzeiten im Anleihebereich gezeigt werden können. Durch geeignete Mischung lassen sich für diesen Anlagebereich ebenfalls effiziente Portfolios generieren, die hinsichtlich ihres Rendite/Risiko-Profils Einzelanlagen überlegen sind. Maßgeblich für den Erfolg dieser Diversifikation ist wiederum die Korrelation zwischen den einzelnen Anlagetiteln.

Den schematischen Diversifikationsmechanismus der Asset Allocation zeigt Abbildung 2.35.

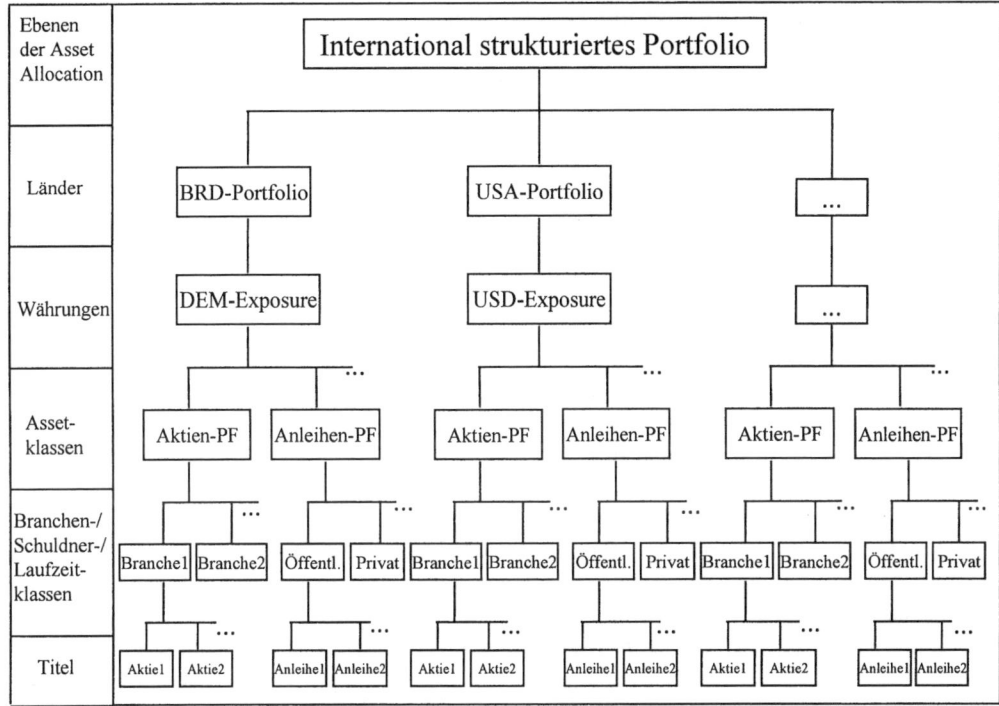

Abbildung 2.35: Diversifikationsmechanismus der Asset Allocation

2.2.3 Anlegerindividuelle Portfolioauswahl

Auf der dritten Stufe des Asset Allocation Prozesses findet schließlich eine Auswahl unter den auf der zweiten Stufe als effizient ermittelten Portfolios statt. Welches Portfolio für einen Anleger optimal ist, d.h. welche Anlagen in dem Portfolio vertreten sein sollten, hängt von den persönlichen Umständen des einzelnen Investors ab. Dabei sind Aspekte zu beachten, wie z.B. die Vermögenssituation, die Einkommenssituation, die steuerliche Situation, die familiäre Situation, etc. Da sich die Ausgangsdaten der einzelnen Investoren i. d. R. erheblich unterscheiden, gibt es nicht das 'Marktportfolio', an dem jeder Anleger Anteile gemäß seiner Risikoneigung hält.

Um zu einer Entscheidung bezüglich der Portfolioauswahl zu gelangen, werden zwei Ansätze betrachtet. Der erste Ansatz ist theoretischer Natur und aggregiert die individuellen Anlegerdaten zu einer Nutzenfunktion, mittels derer das optimale Portfolio für den Anleger gefunden werden kann. Eher praktischer Natur ist der zweite Ansatz, bei dem eine Zuordnung von Anlegern zu bestimmten Risikoklassen erfolgt. Beide Ansätze werden im Folgenden erörtert.

2.2.3.1 Theoretischer Ansatz: Nutzenfunktionen

Effiziente Portfolios wurden auf der zweiten Stufe des Asset Allocation Prozesses anhand der Kriterien 'erwartete Rendite' und 'Risiko' generiert. Unter Ausklammerung weiterer - möglicherweise praktisch relevanter - Entscheidungskriterien benötigen Anleger zur Portfolioauswahl eine Entscheidungsregel, die sowohl die erwarteten Renditen als auch deren Risiko berücksichtigen. Dabei wird von der Annahme ausgegangen, dass Anleger sich rational verhalten und ein risikoscheues Verhalten aufweisen.[125] Da in der Praxis risikoscheue Anleger vorzuliegen scheinen, erweist sich diese Prämisse als realitätsnah.[126]

Als Entscheidungsregel für alternative Rendite/Risiko-Kombinationen wird die individuelle Präferenzfunktion des jeweiligen Anlegers herangezogen. Diese ordnet jeder Anlagealternative, d. h. jeder Kombination von erwarteter Rendite und Risiko, einen Präferenzwert zu. Die Anordnung der Präferenzwerte führt dann zu einer Rangfolge der verfügbaren Alternativen.

Es stellt sich nunmehr die Frage, wie die Präferenzfunktion aufzustellen ist. Theoretische Überlegungen zeigen, dass unter recht plausiblen Bedingungen ein rationaler Investor als Präferenzwert den erwarteten Nutzen einer Anlage einsetzt (Bernoulli-Prinzip). Für die Berechnung des Nutzen-Erwartungswerts wird die Nutzenfunktion benötigt. Sie zeigt, welchen Nutzen eine Person mit den einzelnen, denkbaren Anlageergebnissen, also z.B. einer Rendite von 3 %, verbindet. In Abbildung 2.36 ist beispielhaft eine Nutzenfunktion für einen risikoscheuen Anleger abgebildet.

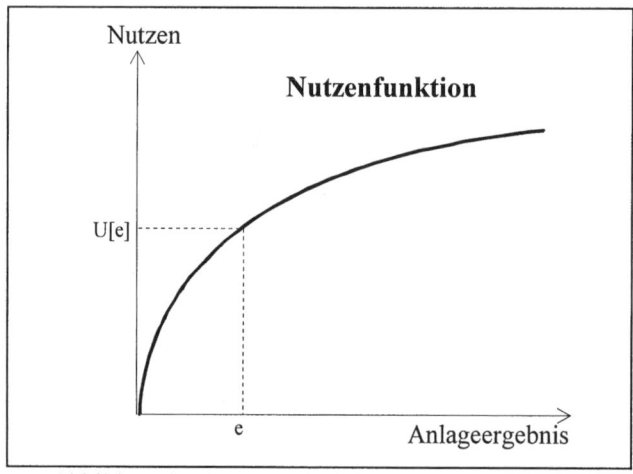

Abbildung 2.36: Nutzenfunktion bei Risikoaversion

---

[125] Vgl. **Markowitz** (1959), S. 205 ff., und **Sharpe** (1970), S. 187 ff.
[126] Vgl. **Auckenthaler** (1991), S. 123, und **Schmidt** (1986), S. 130.

Unter der Annahme einer (von Abbildung 2.36 abweichenden) quadratischen Nutzenfunktion der Form

$$U(R_p) = a \cdot R_p - b \cdot R_p^2$$

ergibt sich folgende Präferenzfunktion:[127]

$$E[U(R_p)] = a \cdot E(R_p) - b \cdot (\sigma_p^2 + E(R_p)^2)$$

mit:
- R_p = Portfoliorendite,
- $U(R_p)$ = Nutzenfunktion,
- $E[U(R_p)]$ = Erwartungswert des Nutzens,
- $E(R_p)$ = Erwartungswert der Portfoliorendite,
- σ_p = Standardabweichung des Renditeerwartungswertes und
- a, b = Konstanten.

Aus der Präferenzfunktion können nunmehr sogenannte Indifferenzkurven abgeleitet werden. Eine Indifferenzkurve gibt die Menge aller $[E(R_i)/\sigma_i]$-Kombinationen an, die den gleichen Nutzenerwartungswert für einen Investor stiften. Wie aus Abbildung 2.37 erkennbar wird, lässt sich durch parametrische Variation der Daten einer quadratischen Nutzenfunktion ein ganzes Bündel von Indifferenzkurven ermitteln. Das Nutzenniveau (U_i) ist dabei um so größer, je höher die einzelnen Indifferenzkurven liegen. In der Abbildung weist die Indifferenzkurve U_1 folglich das höchste Nutzenniveau auf.

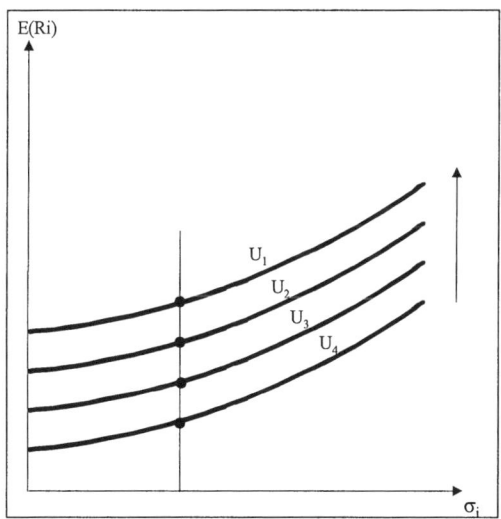

Abbildung 2.37: Bündel von Indifferenzkurven bei Risikoaversion

---

[127] Vgl. **Franke/Hax** (1990), S. 247.

Anhand eines Beispiels wird im Folgenden die mathematische Ermittlung des optimalen Portfolios für einen Anleger bei Bekanntheit seiner Nutzenfunktion vorgeführt. Dazu wird auf die Daten des Zwei-Anlagen-Falls der Portfoliogenerierung im Rahmen der Titeldiversifikation zurückgegriffen ($k_{ALV,SIE} = 0{,}4$). Die Funktion des Portfoliorisikos in Abhängigkeit von dem Portfolioanteil von Allianz lautete:

$$\sigma_p^2(x_{ALV}) = 85 x^2_{ALV} - 10 x_{ALV} + 25.$$

Es ist zweckmäßig, das Portfoliorisiko in Abhängigkeit von der erwarteten Rendite darzustellen. Dazu löst man die Gleichung der erwarteten Rendite nach x_{ALV} auf, um anschließend den neuen Term in die Risikofunktion einzusetzen:

$$E(R_p) = x_{ALV}\,15 + x_{SIE}\,10 \quad \rightarrow \quad x_{AlV} = 0{,}2 E(R_p) - 2.$$

Eingesetzt:

$$\sigma_p^2(E(R_p)) = 85(0{,}2E(R_p) - 2)^2 - 10(0{,}2E(R_p) - 2) + 25.$$

Ausmultipliziert und zusammengefasst:

$$\sigma_p^2(E(R_p)) = 3{,}4 E(R_p)^2 - 70 E(R_p) + 385.$$

Die dargestellte Funktion des Portfoliorisikos in Abhängigkeit von der erwarteten Portfoliorendite beschreibt den Verlauf der Portfoliolinie von Kombinationen aus Allianz und Siemens im Rendite/Risiko-Diagramm. Für den zu betrachtenden Anleger sei folgende Präferenzfunktion angenommen:

$$U\big[E(R_p); \sigma_p\big] = E(R_p) - 0{,}05(\sigma_p^2 + E(R_p)^2).$$

Für den Anleger gilt es, die gegebene Funktion und damit seinen Nutzen bei gegebener Portfoliolinie zu maximieren. Da die obige Präferenzfunktion sowohl von der erwarteten Rendite als auch von deren Risiko abhängt, muss zunächst der eine Parameter durch den anderen ausgedrückt werden, um das Optimum errechnen zu können. Dazu eignet sich die Funktion der Portfoliolinie. Folglich kann der Ausdruck σ_p^2 in der Nutzenfunktion durch die rechte Seite der Gleichung der Portfoliolinie ersetzt werden. Daraus ergibt sich in Abhängigkeit von der erwarteten Rendite folgender Term für die Nutzenfunktion:

$$U[E(R_p)] = E(R_p) - 0{,}05\,[(3{,}4 E(R_p)^2 - 70 E(R_p) + 385) + E(R_p)^2].$$

Ausmultiplizieren und Zusammenfassen erbringt:

$$U[E(R_p)] = 0{,}22 E(R_p)^2 - 4{,}5 E(R_p) - 19{,}25$$

Durch die Bildung der ersten Ableitung und anschließendes gleich 0 Setzen ermittelt man schließlich das Optimum:[128]

$$\frac{\partial U[E(R_p)]}{\partial E(R_p)} = 0{,}44 E(R_p) - 4{,}5 \overset{!}{=} 0$$

$E(R_p) = 10{,}23\%$

Das für den betrachteten Anleger optimale Portfolio weist einen Erwartungswert der Rendite von 10,23% auf. Durch entsprechendes Rückeinsetzen des Wertes lassen sich anschließend das Risiko (4,97%) und die Portfolioanteile (x_{ALV} = 4,6%; x_{SIE} = 95,4%) errechnen. Graphisch stellt die gefundene Lösung genau den Tangentialpunkt von Portfoliolinie und derjenigen Indifferenzkurve dar, die in Abbildung 2.38 wiedergegeben ist und ein Nutzenniveau von 3,76 aufweist.

Unter der Voraussetzung, dass die Nutzenfunktion bekannt ist, lässt sich somit analytisch wie graphisch das individuell optimale Anlegerportfolio finden, wie Abbildung 2.38 verdeutlicht.

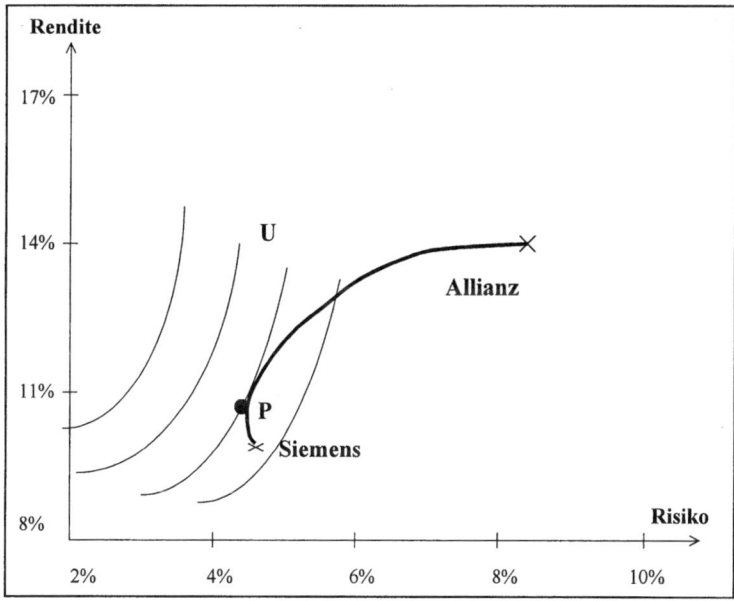

Abbildung 2.38: Graphische Ermittlung des optimalen Portfolios

Im Rahmen des obigen Beispiels wurde von einer quadratischen Nutzenfunktion ausgegangen. Anstatt von quadratischen Nutzenfunktionen können auch lineare und exponentielle Nutzen-

---

[128] Anhand der 2. Ableitung ist zu überprüfen, ob ein Minimum oder ein Maximum vorliegt. Ein Nutzenmaximum liegt vor, falls die 2. Ableitung < 0 ist.

funktionen im Prozess der Nutzenmaximierung Verwendung finden. Allerdings sind die genannten Typen von Nutzenfunktionen nicht frei von Problemen. Beispielsweise besitzen quadratische Nutzenfunktionen ein Maximum, so dass der Nutzen nach der Erreichung dieses Wertes sinkt. Gleichzeitig steigt bei gleichbleibendem Risiko die erwartete Rendite. Aus diesem Grund kann nur der Kurvenbereich bis zum Maximum relevant sein.[129]

2.2.3.2 Praktischer Ansatz: Risikoklassen

Die Ermittlung von Nutzenfunktionen für Anleger gestaltet sich praktisch aus mehreren Gründen sehr schwierig. Investoren fällt es regelmäßig schwer anzugeben, welches Risiko bei welcher erwarteten Rendite für sie akzeptabel ist. Darüber hinaus gestaltet sich die formelmäßige Abbildung der entsprechenden Risikoeinstellung von Investoren sehr aufwendig. Aus diesem Grund wird stattdessen in der Anlagepraxis häufig ein heuristisches Vorgehen zur Einschätzung der Risikoeinstellung der Anleger gewählt. Dabei wird versucht Risikoklassen zu bilden, in welche die Anleger eingeordnet werden können, bzw. eine Typologisierung der Anleger vorzunehmen. Insofern wird - im Gegensatz zur Problemlösung mit Hilfe von Nutzenfunktionen - keine exakte Punktlösung angestrebt, sondern eine Bereichslösung gewählt. Häufig kommen dabei sogenannte Musterportfolios zum Einsatz, anhand derer die Anleger in bestimmte Risikoklassen eingeordnet werden können. Dabei können die Anleger zwischen mehreren exemplarisch zusammengestellten Portfolios auswählen.

Die Auswahlmöglichkeit der Anleger besteht zumeist aus drei bis fünf Portfolios. Diesen Portfolios sind bestimmte Typisierungen zugeordnet. Ein Portfolio kann beispielsweise als spekulativ, ein anderes als konservativ bezeichnet werden usw. Durch die Zuordnung von Anlegern und Portfolios gelingt dann schließlich die Typologisierung der Investoren. Somit kann zumindest ein ungefähres Bild bezüglich der Risikoeinstellung der Investoren gewonnen werden. In Abbildung 2.39 sind beispielhaft zwei Musterportfolios gegenübergestellt.

Das links dargestellte 'konservative' Portfolio ist deutlich risikoärmer als das nebenstehende 'spekulative' Portfolio, da die Gewichtung der Assetklassen tendenziell zugunsten der weniger risikoreichen Anlagegattungen vorgenommen wurde. Zudem ist ein längerer Zeithorizont für das 'konservative' Portfolio veranschlagt worden. Allerdings sind die Korrelationen zwischen den dargestellten Anlagen nicht berücksichtigt. Deshalb ist ein abschließendes Urteil hinsichtlich der Portfoliorisiken nicht möglich. Anhand der dargestellten Portfolios sollten jedoch nur Aufschlüsse über die Risikoeinstellung von Investoren gefunden werden. Mit den gewonnen Erkenntnissen bezüglich der Risikoaversion lassen sich dann gemäß dem oben dargestellten Asset Allocation Prozess anlegerindividuell geeignete Portfolios zusammenstellen.

---

[129] Vgl. **Franke/Hax** (1990), S. 247 f.

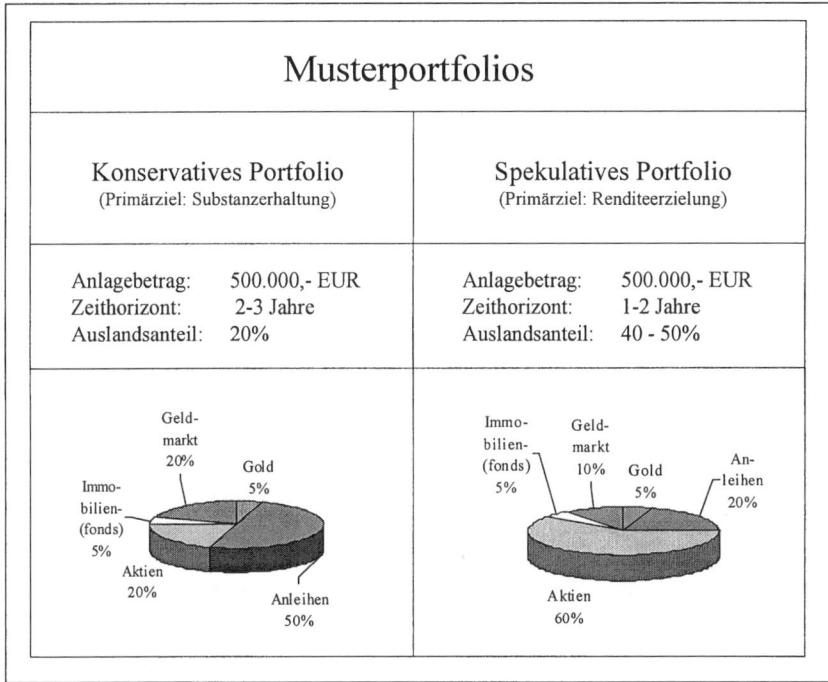

Abbildung 2.39: Zwei exemplarische Musterportfolios

2.3 Implementierungsbeschränkungen der Asset Allocation

Die Ergebnisse des Asset Allocation Prozesses können jeweils nur so gut sein, wie die Güte der verwendeten Inputdaten. Hier zeigt sich das große Problem vieler theoretisch gestützter Anlagemodelle. Zur Bestimmung (zukünftig) effizienter Portfolios bedarf es der Kenntnis zukünftiger Rendite- und Risikodaten. Versuche der Praxis, mit diesem Datenproblem durch die Extrapolation historischer Kennzahlen oder durch subjektive Schätzung umzugehen, können leicht an der Komplexität der realen Kapitalanlage-Welt scheitern. Notwendig zur Schätzung des erforderlichen Dateninputs der Asset Allocation wären omnivariate Simultanerklärungsmodelle.[130]

Hinsichtlich der Inputdaten der Asset Allocation ist ferner auf das Problem der zeitlichen Instabilität der einzelnen Parameter hinzuweisen. Die drei Inputgrößen Rendite, Volatilität und Korrelationen verhalten sich im Zeitablauf unterschiedlich stabil. Während die Korrelationen relativ stabil sind, weisen die Volatilitäten und besonders die Renditen mitunter erhebliche Schwankungen im Zeitablauf auf. Für die Konstruktion ex ante effizienter Portfolios sind die geschätzten Renditen letztlich der neuralgische Punkt, da sich Volatilitäten aus den Optionspreisen berechnen lassen. Fundamentale Korrelationen sind zwar ex ante kaum zu schätzen, ihr Einfluss

---

[130] Ex post ist es hingegen möglich, effiziente Portfolios zu generieren.

auf die Portfoliokomposition ist jedoch geringer als jener der Renditen und ihrer Volatilitäten. Eine Veränderung der Rendite- oder der Volatilitätsschätzung hat c.p. daher größere Portfolioumschichtungen zur Folge als eine Variation der geschätzten Korrelationen.[131]

Dennoch ist ein geplantes und vor allem strukturiertes Vorgehen nicht sinnlos, zumal konsistent geschätzte Daten in aller Regel bessere Ergebnisse erbringen als zufällig erzeugte Werte. Dies ist ein grundsätzliches Problem des dargestellten Asset Allocation Konzeptes. Daneben bestehen auch noch mehrere Detailprobleme, die im Folgenden diskutiert werden.

2.3.1 Depotgrößenproblematik

Die Frage geeigneter Depotgrößen muss aus zwei Blickwinkeln angegangen werden. Zum einen steht die absolute Depotgröße zur Debatte. Damit ist das wertmäßige Portfoliovolumen erfasst. Es ist zu fragen, ab welcher Depotgröße eine vollständige Anwendung der Asset Allocation Konzeption überhaupt in Frage kommt bzw. sinnvoll ist. Zum zweiten ist nach der Anzahl von Anlagetiteln im Portfolio zu fragen. Wie viele Titel sollen Anleger überhaupt erwerben, um gut diversifiziert zu sein, oder anders ausgedrückt: Wann sind die Kosten der Diversifikation größer als deren Nutzen? Beide Fragen hängen eng zusammen, da die Portfoliogröße Rückwirkungen auf die Anzahl der im Portfolio gehaltenen Titel besitzt.

Die wertmäßige Größe eines Portfolios, ab der die umfassende Diversifikation auf allen fünf dargestellten Ebenen der Asset Allocation Sinn macht, ist nicht exakt quantifizierbar. Es ist aber zu bedenken, dass die Anzahl der im Portfolio befindlichen Titel bei derart umfassender Diversifikation nicht ganz gering sein kann. Um aus Gründen der Transaktionskostenersparnis nicht zu kleine Tranchen bei einzelnen Anlagepositionen entstehen zu lassen und gleichzeitig eine genügend breite Streuung zu gewährleisten, ist als Erfahrungswert für das Portfoliovolumen ein Betrag von mindestens einer halben Million EUR zu nennen. Erst ab einer Depotgröße von einer halben Million EUR lassen sich im notwendigen Umfang beispielsweise Optionen zur Absicherung einsetzen. Hinzu kommt, dass der Vorteil liquiderer Marktsegmente (z.B. variabler Handel) häufig erst ab einer Mindestanzahl von Papieren in Anspruch genommen werden kann. Somit erhöht sich mit dem wertmäßigen Depotvolumen auch die Möglichkeit zur rascheren Reaktion auf Veränderungen der Marktbedingungen.[132]

Hinsichtlich des mengenmäßigen Portfolioumfangs können große Differenzen je nach Risikotoleranz der Anleger auftreten. Bei reinen Aktienportfolios kann die Frage, wie viele Titel zu einem Portfolio zusammengefasst werden sollten, als weitgehend geklärt angesehen werden. Theoretisch ist vollständige Diversifikation erreicht, wenn alle überhaupt verfügbaren Aktien in das Portfolio aufgenommen werden. Allein schon aus Kostengründen ist dieses Vorgehen jedoch unrealistisch. Stattdessen hilft eine andere Überlegung weiter. Besteht ein Portfolio z.B. aus 100

---

[131] Vgl. **Bühler/Zimmermann** (1994), S. 212 ff.
[132] Vgl. **Stenzel** (1990), S. 26.

verschiedenen Aktien, so führt die Aufnahme einer weiteren Aktie nur zu einem sehr kleinen Effizienzzuwachs. Demgegenüber ist der Effizienzzuwachs sehr groß, wenn in dem Portfolio bisher nur eine Aktie vorhanden ist. Damit zeigt sich, dass der Grenznutzen der Diversifikation sinkend ist. Der Grenznutzen bezeichnet dabei den Effizienzgewinn, den die Hinzunahme einer weiteren Aktie in das Portfolio bewirkt. Der Risikoverlauf eines Portfolios in Abhängigkeit der in ihm enthaltenen Anzahl an Aktien ist in Abbildung 2.40 dargestellt.

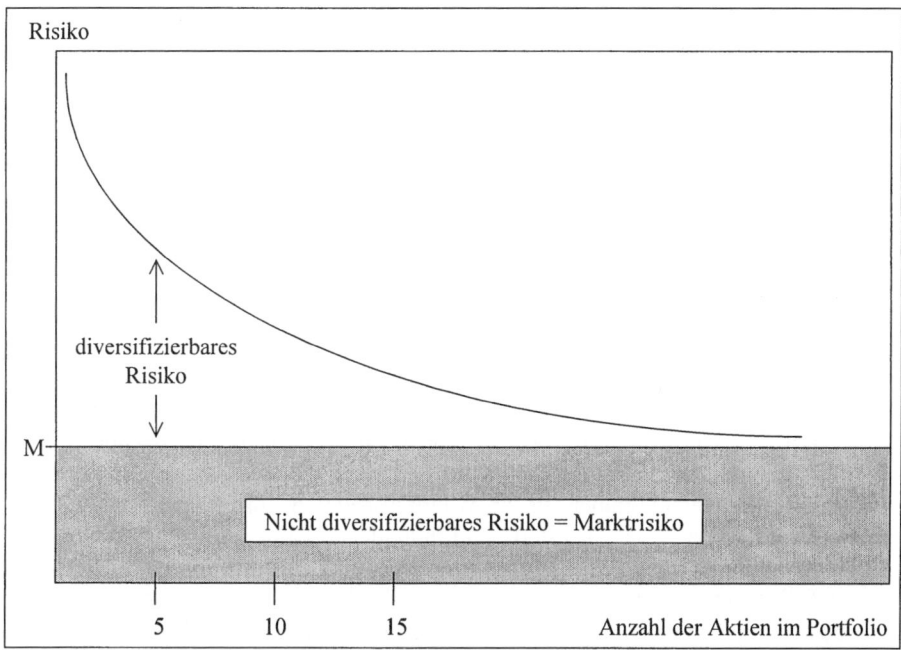

Abbildung 2.40: Risikoreduktionspotential in Abhängigkeit von der Portfoliogröße

Aus der Graphik wird der immer flachere Verlauf der Kurve bei zunehmender Aktienanzahl deutlich. Das Portfoliorisiko nähert sich asymptotisch der Risikohöhe an, die mit dem Punkt M bezeichnet ist. Der Punkt M gibt dabei die Höhe des Marktrisikos bzw. des systematischen Risikos an, das sich nicht durch Diversifikation beseitigen lässt.[133] Die mathematische Begründung für den dargestellten Kurvenverlauf erbringt die Varianzfunktion aus dem Markowitz-Modell, denn mit zunehmender Aktienanzahl verringert sich die Bedeutung der Varianzen der einzelnen Aktien für das Portfolio. Stattdessen dominieren mit steigender Aktienanzahl die Kovarianzen, so dass sich im theoretischen Grenzfall einer unendlichen großen Anzahl von Aktien im Portfolio das Risiko als gewichtete durchschnittliche Kovarianz der einzelnen Titel ergibt.[134]

---

[133] Ein Gesamtrisiko von Null, wie es für den Fall Zwei-Anlagen-Fall bei Aktien gezeigt wurde, lässt sich nur im theoretischen Fall einer Korrelation von -1 erzielen. In der Praxis verbleibt stets ein systematisches Risiko.

[134] Zur mathematischen Darstellung vgl. **Uhlir/Steiner** (1994), S. 163 f.

Der Frage nach der optimalen Anzahl an Aktien in Portfolios ist bereits in mehreren empirischen Untersuchungen nachgegangen worden.[135] Auch in Bezug auf den deutschen Aktienmarkt liegen Untersuchungen vor, die das vorhandene Diversifikationspotential hinsichtlich einer angemessenen Anzahl von Aktien im Portfolio zu quantifizieren versuchen.[136] Die Ergebnisse legen den Schluss nahe, dass bei einem Portfolio von ca. 15 Aktien bereits von einer sehr gut diversifizierten Mischung gesprochen werden kann und eine weitere Hinzunahme von Aktien in das Portfolio unter Kosten-Nutzen-Erwägungen wenig sinnvoll erscheint.[137]

In Bezug auf andere Anlagegattungen wie z.B. Anleihen, liegen demgegenüber kaum Untersuchungen des optimalen Portfolioumfangs vor. Im Allgemeinen kann aber davon ausgegangen werden, dass bei Anlageformen, die weniger volatil sind als Aktien, die Anzahl der zu Diversifikation notwendigen Titel geringer ist als im Aktienbereich. Dies hängt insbesondere damit zusammen, dass unsystematische (diversifizierbare) Risiken bei anderen Anlagegattungen eine geringere Bedeutung besitzen als bei Aktienanlagen.

2.3.2   Währungsproblematik

Als besonderes Problem im Rahmen der Asset Allocation hat sich der Umgang mit dem Währungsrisiko erwiesen. Die Prognose von frei floatenden Wechselkursen ist äußerst schwierig. Deshalb versuchen sich Anleger in der Praxis häufig dieser Problematik durch Währungshedging zu entziehen. Grundsätzlich kommen für ein Währungshedging Währungstermingeschäfte (Forwards), Währungsoptionen (Standardisierte und individuelle Optionen) sowie Währungsfutures in Frage. Hedgeinstrumente sind aber nur für die gängigen Währungen mit hinreichender Marktliquidität verfügbar. Dies lässt eine Kapitalanlage in solchen Ländern, deren Währung nicht mittels liquider Hedgeinstrumente abgesichert werden kann, oft als zu risikoreich erscheinen. Zu denken ist dabei z.B. an die sog. Emerging Marktes (z.B. Thailand, China, Indien, Türkei, Venezuela, Zimbabwe, Taiwan, Mexiko, Süd-Afrika etc). Für Investoren stellt sich damit die Frage, ob auf die Marktchancen in derartigen Ländern in Ermangelung adäquater Hedgeinstrumente für das Währungsrisiko verzichtet werden soll, oder ob andere Möglichkeiten der Währungsrisikobegrenzung denkbar sind.

Drummen/Zimmermann haben bei einer Faktorenanalyse der wichtigsten Anlagewährungen der Welt festgestellt, dass mehrere Währungsblöcke existieren.[138] Sodann kann die Überlegung Platz greifen, dass nicht jede einzelne Währung, sondern nur die Hauptwährung des jeweiligen Währungsblocks gehedget werden sollte. Für die Hauptwährungen besteht eine genügend große Auswahl an marktgängigen Hedgeinstrumenten. Im Zusammenhang mit den Währungsblöcken

---

135   Vgl. **Solnik** (1974), S. 48 ff.
136   Vgl. **Uhlir/Steiner** (1994), S. 166 ff., und **Vogel** (1989), S. 118.
137   Abweichend dazu **Statmann** (1987), S. 353 ff.
138   Vgl. **Drummen/Zimmermann** (1992), S. 94 f.

stehen auch Überlegungen, ganze Währungskörbe zu hedgen bzw. Absicherungsinstrumente auf derartige Körbe einzuführen.

2.3.3 Transaktionskosten- und Steuerproblematik

Ein großes Problem des Asset Allocation Prozesses ist die Vernachlässigung von Transaktionskosten und Steuern.[139] Insbesondere Steuern lassen sich nur sehr grob in das Modell einbinden, da ihre Höhe i. d. R. von dem ex ante nicht bekannten Erfolg der Asset Allocation abhängt. Zudem erweisen sich die steuerlichen Gegebenheiten im Bereich von Kapitalanlagen in den verschiedenen Anlageländern als sehr facettenreich, sodass eine Berücksichtigung aufgrund der Komplexität Schwierigkeiten bereitet. Hinzu kommt die Bedeutung persönlicher Verhältnisse des jeweiligen Investors für die Bemessung von Steuern, die sich gegebenenfalls verändern können.[140]

Die Berücksichtigung von Transaktionskosten im Rahmen der Asset Allocation ist demgegenüber einfacher. Durch die Annahme durchschnittlicher Kostensätze können Gebühren in die Renditeprognosen Eingang finden. Auf diese Weise lassen sich Renditen nach Transaktionskosten ermitteln. Allerdings hängen die Transaktionskosten oft von den Order- und Portfoliovolumina sowie der Marktstellung des Investors ab, sodass kein einheitliches Vorgehen möglich ist.

Bei der Verwendung von Netto anstatt von Bruttorenditen kann es zu Verschiebungen der Portfoliolinie kommen, sofern die Transaktionskosten bei den Anlagetiteln unterschiedliche Höhen besitzen. Dies ist regelmäßig der Fall, besonders wenn die Unterschiedlichkeit der Transaktionskosten im internationalen Kontext berücksichtigt wird.

2.3.4 Inflationsproblematik

Von Bedeutung für die Anleger sind aber nicht nur Renditen nach Transaktionskosten, sondern letztendlich reale Nettorenditen.[141] Eine Anleiheverzinsung von 10% nach Transaktionskosten ist unbefriedigend, wenn gleichzeitig die Inflationsrate 11% beträgt. In der Summe hat der Anleger nämlich in diesem Fall an Kaufkraft verloren. Deshalb ist es sinnvoll, den Asset Allocation Prozess anhand realer (inflationsbereinigter) Inputdaten durchzuführen. Dies erfordert die zu-

---

139 Eine Übersicht über die Gebühren und Steuern im Wertpapierbereich in Deutschland findet sich bei **Harter/Franke/Hogrefe/Seger** (1990), S. 169 ff., S. 293 ff. und S. 378 ff.
140 Insbesondere die Steuersätze, die Spekulationsfristen und die steuerlichen Anrechnungsverfahren differieren von Land zu Land z.T. erheblich.
141 Vgl. **Bodie/Kane/Marcus** (1989), S. 822.

sätzliche Schätzung der in dem Zeithorizont des Investors anzunehmenden Inflationsrate.[142] Die Methodik der Asset Allocation bleibt jedoch durch die Inflationsberücksichtigung unverändert.[143] Gerade bei Investitionsvorhaben in Ländern, die erfahrungsgemäß hohe Inflationsraten aufweisen, ist die Berücksichtigung von Inflationsdaten zur Gewinnung von realen Renditeprognosen geboten. Zumindest sollte in den Wechselkurs- und Renditeprognosen die Wirkung der Inflation berücksichtigt werden.

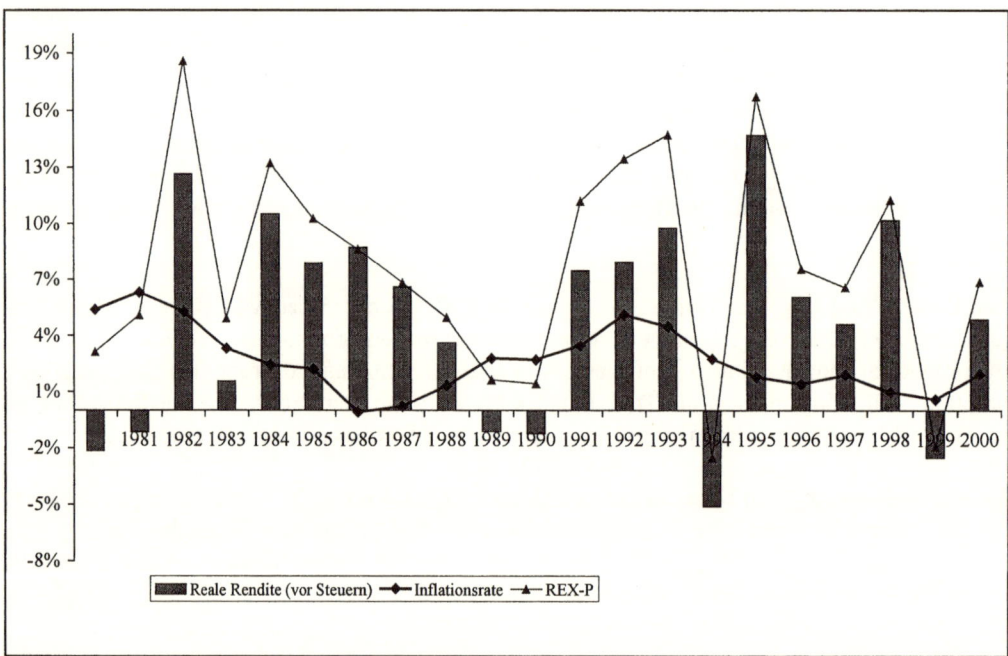

Abbildung 2.41: Nominale versus reale Renditen einer Rentenmarktanlage von 1980-2000[144]

Wie Abbildung 2.41 zeigt, ist auch die Bundesrepublik Deutschland, die als Land mit relativ stabilem Preisniveau bekannt ist, nur ganz selten frei von Inflation gewesen. Die dargestellten Balken kennzeichnen die realen (Vorsteuer-) Renditen einer Anlage in deutschen Rentenwerten. Dabei wurden die nominalen Renditen anhand des synthetischen REX-Performance-Index gemessen. Es handelt sich daher um Brutto-Renditen, denn die Nachbildung des REX-P führt zu Transaktionskosten. Offenbar traten in dem betrachteten Anlagezeitraum auch negative reale Renditen auf, sodass eine Rentenanlage in bestimmten Zeiträumen (z.B. 1980-81) mit einem tatsächlichen Kaufkraftverlust einherging.

---

[142] I.d.R. wird dazu die Preisveränderungsrate der Verbraucherpreise herangezogen.

[143] Eine Darstellung der Portfoliogenerierung unter Berücksichtigung von realen Renditen gibt **Markowitz** (1987), S. 13 ff.

[144] Die Daten des REX-P stammen von der Deutschen Wertpapierbörse AG. Die Inflationsdaten entsprechen den Daten des Statistischen Bundesamts.

2.3.5 Anlagerichtlinienproblematik

Institutionelle Anleger, wie z.B. Fonds oder Versicherungen, sind häufig mit gesetzgeberischen Auflagen konfrontiert, die ihre Handlungsmöglichkeiten in Bezug auf Kapitalanlagen einschränken.[145] Derartige gesetzliche Vorschriften legen regelmäßig die maximale Höhe der Portfolioanteile bestimmter Kapitalanlagegattungen fest. Im Asset Allocation Prozess sind diese Beschränkungen als Nebenbedingungen bei der Generierung effizienter Portfolios zu berücksichtigen. Die unter diesen Nebenbedingungen zusammengestellten Portfolios stehen hinsichtlich der Portfolioeffizienz den ohne Nebenbedingungen erstellten Portfolios z.T. deutlich nach.[146]

2.3.6 Timingproblematik

Das Konzept der Asset Allocation gibt zwar Aufschluss über die sinnvolle Zusammensetzung von Portfolios, es trifft aber keine Aussage über den richtigen Zeitpunkt für Kauf und Verkauf der ausgewählten Assets. Um die geeigneten Kauf- oder Verkaufszeitpunkte der einzelnen Portfoliobestandteile zu bestimmen, bedient man sich in der Anlagepraxis des sogenannten Timings. Mit Timing ist der Versuch umschrieben, bei Kapitalanlagen möglichst niedrige Kauf- und möglichst hohe Verkaufskurse zu erzielen. Timingstrategien gehören deshalb zu den aktiven Anlagestrategien, die stets versuchen, eine bessere Performance zu erreichen als eine vergleichbare Benchmark. Um Anhaltspunkte zur Festlegung des richtigen Timing zu gewinnen, wird in der Anlagepraxis häufig auf die Chartanalyse bzw. die markttechnische Analyse zurückgegriffen. Besonders bei Anlageinstrumenten, die starken Schwankungen ausgesetzt sind, finden Timingstrategien Anwendung. Voraussetzung sind dabei sehr gute Prognosefähigkeiten bezüglich der zukünftigen Trends der betrachteten Anlageinstrumente. Auch die geplante Anlagedauer besitzt im Rahmen des Timings einige Bedeutung. Bei langfristigem Anlagehorizont kommt z.B. Börsenzyklusmodellen eine größere Wichtigkeit zu, als dies bei kurzfristiger Anlagedauer der Fall ist, wo markttechnische Analyseinstrumente dominieren.

Gegenüber der Asset Allocation ist der Performancebeitrag von Timingstrategien eher als gering anzusehen.[147] Trotzdem kommen Anleger nicht umhin, sich bezüglich der Bestimmung geeigneter Kauf- und Verkaufszeitpunkte für die einzelnen Anlagen ihrer Portfolios Gedanken zu machen. Insofern können Timingstrategien die Konzeption der Asset Allocation ergänzen und einen Mangel des Konzeptes beseitigen.

Im Falle nicht gegebener Timing-Fähigkeiten bietet sich eine Strategie des 'cost-averaging' an.

---

145 Siehe § 8 KAGG.
146 Vgl. dazu z.B. **Odier/Solnik/Mivelaz** (1991), S. 33 ff., die anhand der schweizerischen Investment-Regulatorien den Effizienzverlust durch Anlagerichtlinien beschreiben.
147 Vgl. **Brinson/Hood/Beebower** (1984), S. 39 ff. und **Brinson/Singer/Beebower** (1991), S. 40 ff. Abweichender Meinung sind **Vandell/Stevens** (1989), S. 38 ff.

Dabei wird die Position in einem Anlagetitel sukzessive und nicht ad hoc aufgebaut. Die Zerlegung des Wertpapiererwerbs in Tranchen führt dazu, dass ein von der jeweiligen Tagesverfassung unabhängiger Einstandskurs erzielt wird.

2.3.7 Portfoliorevisionsproblematik

Asset Allocation ist kein statisches Konzept. Von dem einmaligen Buy des Portfolios und dem anschließenden Hold kann keine überdurchschnittliche Performance erwartet werden. Im Gegensatz zum Markowitz-Modell bedarf die Asset Allocation der ständigen Überwachung und gegebenenfalls Revision des zugrundeliegenden Portfolios. Drei Gründe kennzeichnen die Notwendigkeit einer dynamischen Auffassung von Asset Allocation:

a) Die ökonomischen Bedingungen, die der Generierung effizienter Portfolios zugrunde gelegt werden, verändern sich im Zeitablauf. Auf sich ändernde ökonomische Bedingungen muss der Investor reagieren. Erweisen sich beispielsweise getroffene Prognosen durch den Eintritt unvorhergesehener Ereignisse als falsch, so ist dem in der Portfoliostrukturierung Rechnung zu tragen. Mittels aktueller Daten muss dann die Optimalität der bestehenden Portfoliostruktur überprüft und erforderlichenfalls den neuen Erwartungen angepasst werden. Die Revision von Inputdaten für den Optimierungsprozess der Asset Allocation kann zu neuen Effizienzlinien führen.

Die Gefahr des Auftretens dieses Problems besteht besonders dort, wo die Inputdaten der Asset Allocation auf der Basis einer täglichen Trendextrapolation erhoben werden. Da sich die solchermaßen ermittelten Daten täglich verändern, ist u.U. auch täglich eine umfangreiche Portfolioumschichtung erforderlich. Aufgrund der damit verbundenen Transaktionskosten sollte eine abweichende Methode der Inputdatenprognose erwogen werden.

b) Die Höhe des in das Portfolio investierten Kapitals ist nicht konstant. Aus Tilgungen, Zinszahlungen, Dividenden, Bezugsrechtserlösen etc. entstehen Rückflüsse, über deren Wiederanlage zu entscheiden ist. Auch Kapitaleinlagen oder -entnahmen führen zu veränderten Portfoliobedingungen. Nur im Gesamtkontext des Portfolios kann über die Wiederanlage von Rückflüssen und Kapitaleinlagen entschieden werden. Insofern wird auch hier eine Portfoliorevision erforderlich.

c) Die Ziele der Anleger können sich im Zeitablauf verändern. Insbesondere kann es zu einer Zu- oder Abnahme der Risikotoleranz der Anleger kommen. Da die Lage des anlegeroptimalen Portfolios aber maßgeblich von dessen Risikotoleranz abhängt, muss im Fall einer Veränderung der Risikotoleranz eine Portfoliorevision durchgeführt werden.

Die beschriebenen Fälle, in denen Portfoliorevisionen erforderlich sind, können einzeln oder zusammen auftreten. Wichtig ist, dass eine Portfoliorevision unter dem Primat der Wirtschaftlichkeit zu erfolgen hat. Da Portfoliorevisionen regelmäßig mit Umschichtungen verbunden sind, entstehen dabei Transaktionskosten. Deshalb ist sicherzustellen, dass der aus einer Portfoliorevision erwachsende Nutzen die damit verbundenen Kosten übersteigt.

2.4 Beurteilung der Asset Allocation Konzeption

Die Konzeption der Asset Allocation ist theoretisch fundiert und in sich konsistent. Größere Probleme tauchen erst bei der praktischen Implementierung auf. Die Kernaussage der Asset Allocation lässt sich wie folgt zusammenfassen: Kapitalanleger sollten gemäß dem beschriebenen Vorgehen der Asset Allocation ein breit diversifiziertes Portfolio halten. Nach Möglichkeit sollten dabei alle fünf dargestellten Ebenen der Asset Allocation genutzt werden, damit eine hohe Diversifikationseffizienz gewährleistet ist. In Abbildung 2.35 ist das Diversifikationskonzept in der Weise dargestellt, dass die Notwendigkeit der Bildung effizienter Portfolios auf jeder der fünf beschriebenen Ebenen und die Aggregation zu einem effizienten Gesamtportfolio erkennbar wird.

Anstatt einer ex ante effizienten Portfoliozusammenstellung werden sich die Investoren in der Praxis oft auf eine naive Diversifikation beschränken müssen, da die exakte Prognose zukünftiger Renditen und deren Risiken nicht möglich ist. Naive Diversifikation lässt sich demgemäß kennzeichnen als Auswahl von Anlagetiteln ohne die genaue "Kenntnis" der zukünftigen Ausprägungen von Rendite und Risiko.[148] Die Zusammenstellung eines in diesem Sinn auf allen fünf Ebenen der Asset Allocation diversifizierten Portfolios lässt immerhin deutliche Effizienzsteigerungen erwarten.[149]

Die größte Problematik der Asset Allocation Konzeption ist das ihr immanente Schätzrisiko. Manche Autoren wenden ein, bei der Asset Allocation handele es sich um einen "estimation-error maximizer(s)".[150] Gleichwohl kann bei behutsamer Interpretation der durch den Asset Allocation Prozess hervorgebrachten Ergebnisse eine gezielte strategisch orientierte Anlagepolitik verfolgt werden.

---

[148] Auch die modellgestützte Diversifikation muss letztlich als naive Diversifikation bezeichnet werden, da eine hinreichend genaue Prognose zukünftiger Rendite und Risikodaten kaum möglich ist.

[149] Zur Effizienz naiver Diversifikation vgl. **Uhlir/Steiner** (1994), S. 162 ff.

[150] **Michaud** (1989), S. 33.

3 Anleihebewertung und -management

In den bisherigen Kapiteln ging es vorrangig um die Strukturierung von Anlagen und das Management von Risiken im Portfoliozusammenhang. Jedes strukturierte Vorgehen einer Portfoliozusammenstellung stößt schließlich auf die Frage, welche einzelnen Titel in das zu bildende Portfolio aufgenommen werden sollen. Eine Antwort auf diese Frage gibt die Wertpapieranalyse. In ihr werden die zur Verfügung stehenden Anlageinstrumente hinsichtlich ihrer Eignung für einen Anleger überprüft. Zu den wichtigsten Anlageinstrumenten im Rahmen eines strukturierten Portfoliomanagements zählen zweifellos festverzinsliche Wertpapiere. Dieser Anlagegattung wird deshalb im Folgenden besondere Aufmerksamkeit zuteil.

3.1 Anleihetypologie

Bevor in die Bewertung von festverzinslichen Wertpapieren eingestiegen werden kann, ist zunächst ein Überblick über die zur Verfügung stehenden Anleihevarianten zu geben. An den nationalen und internationalen Anleihemärkten wird eine Vielzahl unterschiedlich ausgestalteter Anleihen gehandelt. Systematisierungen der bestehenden Anleiheformen sind auf mehrere Weise möglich. Anleihen lassen sich hinsichtlich ihrer Laufzeiten, ihrer Emittenten, ihrer Zinszahlungsmodalitäten, ihrer Bonitäten und weiterer Kategorien systematisieren. Im Rahmen der folgenden Darstellung erfolgt eine grobe Unterscheidung der Anleihen anhand ihrer Zinszahlungen. Es wird in Anleihen mit fester und solche mit variabler Verzinsung unterschieden. Die in den beiden genannten Kategorien am meisten verbreiteten Anleihetypen werden nachfolgend beschrieben.

3.1.1 Anleihen mit fester Verzinsung

Der wertmäßig überwiegende Anteil der international gehandelten Anleihen weist eine feste Verzinsung auf. Anleihen, auf die in regelmäßigen Abständen vom Emittenten ein im voraus fest vereinbarter Zinssatz ausgezahlt wird, tragen den Namen Straight Bonds. Die Zinszahlungen erfolgen dabei i.d.R. jährlich (z.B. in Deutschland) oder halbjährlich (z.B. in den USA). Je nachdem in welcher Währung die Anleihe begeben wird, lassen sich z.B. EUR- oder USD-Anleihen unterscheiden. Anleihen, die in fremder Währung begeben sind, tragen die Bezeichnung Fremdwährungsanleihen. Wird eine EUR-Anleihe von einem Emittenten mit Sitz außerhalb der EWU begeben, so spricht man von einer EUR-Auslandsanleihe. Andernfalls handelt es sich um eine Inlandsanleihe. Schließlich lässt sich eine Differenzierung in Anleihen öffentlicher und privater Schuldner treffen. Öffentliche Schuldner sind z.B. Staaten, Gebietskörperschaften, öffentlich-rechtliche Unternehmen, multinationale Organisationen usw. In den Bereich der privaten

Schuldner fallen im wesentlichen privatwirtschaftlich organisierte Industrie-, Dienstleistungs- und Handelsunternehmen.

Im Gegensatz zu Straight Bonds ist bei Zerobonds keine periodische Zinsauszahlung vorgesehen. Als Zerobonds werden im Englischen Nullkuponanleihen bezeichnet. Zerobonds sind nicht mit einem Kupon ausgestattet, sondern treten entweder als sogenannte Zinssammler oder als echte Zerobonds auf. Die bei der Emission des Zerobonds festgesetzte Verzinsung wird folglich nicht ausgeschüttet, sondern mit Zinseszinsen im Zeitpunkt der Anleihetilgung ausgezahlt. Von einem Zinssammler spricht man, falls der Emissionskurs 100% beträgt und der Rückzahlungskurs im Tilgungszeitpunkt den Emissionskurs übersteigt. Beim echten Zerobond handelt es sich demgegenüber um ein abgezinstes Papier (Diskontpapier), das im Tilgungszeitpunkt zum Kurs von 100% zurückgezahlt wird.

Eine Anleihevariante, bei der Zahlungen in mehr als einer Währung vorkommen, stellen die Doppelwährungsanleihen dar. Ist die Begebungswährung einer Anleihe z.B. EUR und die Rückzahlungswährung USD, so liegt eine Doppelwährungsanleihe vor. In welcher der beiden Währungen die Zinsen gezahlt werden, kann darüber hinaus extra bestimmt werden. Der Kurs von Doppelwährungsanleihen hängt von den Marktzinsen der betreffenden Währungen ab. Jedoch gewinnt der Marktzins der Rückzahlungswährung mit zunehmender Annäherung an den Tilgungstermin immer mehr an Bedeutung.

Unter Optionsanleihen sind Schuldverschreibungen zu verstehen, die den Inhaber berechtigen, junge Aktien oder Anleihen von dem Emittenten zu vorher festgelegten Bedingungen innerhalb eines bestimmten Zeitraums zu beziehen. Die Optionsanleihen bestehen i.d.R. aus der eigentlichen Anleihe und einer bestimmten Anzahl von Optionsscheinen, die im Englischen als 'Warrants' bezeichnet werden. Die Optionsscheine lassen sich von der Anleihe trennen und separat handeln. Deshalb ergeben sich drei mögliche Notierungsformen an der Börse. Zum einen kann die Optionsanleihe "cum" gehandelt werden. In diesem Fall bezieht sich der Kurs auf die komplette Optionsanleihe mit Optionsscheinen. Wird die Optionsanleihe separat bewertet, so ist der Notierung ein "ex" hinzugefügt. Sie notiert dann wie andere festverzinsliche Anleihen. Für den separat gehandelten Optionsschein gibt es schließlich eine eigene Notierung.

Wandelanleihen (Convertible Bonds) gewähren dem Inhaber das Recht, die Anleihen in Aktien des Anleiheemittenten zu tauschen. Im Unterschied zu Optionsanleihen erlöschen mit dem Umtausch die Anleiherechte, so dass die Anleihe nicht weiter fortbesteht. Üblicherweise schreiben Wandelanleihen dem Anleger eine Sperrfrist vor, in der ein Umtausch in Aktien nicht möglich ist. Darüber hinaus wird in den Anleihebedingungen festgelegt, welche Zuzahlung bei einer Wandlung in Aktien vom Anleihebesitzer zu leisten ist. Ferner muss der letztmögliche Wandlungstag und das Wandlungsverhältnis in den Anleihebedingungen bestimmt werden.

Kombi- bzw. Gleitzinsanleihen sind dadurch charakterisiert, dass diese Art von Anleihen mit unterschiedlichen Kupons während der Anleihelaufzeit ausgestattet sind. Bei Kombizinsanleihen werden zwei Nominalzinssätze festgelegt, von denen der erste regelmäßig sehr gering, und der zweite recht hoch ist. In den ersten Jahren der Anleihelaufzeit wird vom Emittenten i.d.R. der niedrige Kupon gezahlt. Auf diese Weise gelingt es, Kursgewinne bei Anleihen zu erzeugen. Da Kursgewinne im Gegensatz zu Zinsentgelten bei Einhaltung der Spekulationsfrist steuerfrei vereinnahmt werden können, findet somit eine Verlagerung der Zinseinkünfte in Kursgewinne statt.

Bei Gleitzinsanleihen, die mitunter auch Step-up- oder Step-down-Anleihen genannt werden, erfährt die nominale Verzinsung entweder einen jährlichen Zuwachs, oder eine jährliche Verringerung, so dass mehrere Zinshöhen zum Einsatz kommen. Das Ziel der Generierung von Kursgewinnen entspricht jenem bei Kombizinsanleihen.

Eine neuere Entwicklung am Kapitalmarkt stellen sogenannte Aktienanleihen dar. Diese Anleihen sind mit einer Verzinsung ausgestattet, die deutlich über dem Kapitalmarktsatz liegt. Dafür wird keine Rückzahlung zum Nominalwert garantiert, sondern der Emittent behält sich das Recht vor, anstelle der Rückzahlung eine bestimmte Anzahl von Aktien zu liefern. Von diesem Recht wird er Gebrauch machen, wenn bei Fälligkeit der Wert dieser Aktien geringer ist als der Nennwert der Anleihe. Aus Sicht des Emittenten stellt dies eine gekaufte Putoption dar mit dem Nennwert der Anleihe als Basispreis und den Aktien als Underlying. Aus Anlegersicht bilden Aktienanleihen eine Kombination aus einem verkauften Put und einer regulären Anleihe. Der Barwert der höheren Zinszahlungen kann als Optionsprämie für den verkauften Put interpretiert werden. Die zwei Komponenten der Aktienanleihe können im Sinne des Financial Engineering getrennt bewertet werden. Die Summe beider Elemente entspricht dem Gesamtwert der Aktienanleihe. Ein Beispiel zu Aktienanleihen findet sich in Abschnitt 3.2.10.5 dieses Kapitels. Zur Bewertung des Put wird auf das entsprechende Kapitel zur Optionsbepreisung verwiesen.

3.1.2 Anleihen mit variabler Verzinsung

In den Bereich der Finanzinnovationen gehören Anleihen mit variabler Verzinsung. Als Ausdruck für Anleihen mit variabler Verzinsung hat sich der Terminus Floating Rate Notes (FRN) oder kurz Floater durchgesetzt. Im Gegensatz zu Festzinsanleihen erfolgt die Zinsfestlegung nicht schon bei der Anleiheemission. Viel mehr wird der zu zahlende Zins von einem Referenzzins abhängig gemacht. Für DM-Anleihen hatten sich mit dem LIBOR (London Interbank Offered Rate) und dem FIBOR (Frankfurt Interbank Offered Rate) zwei Referenzzinssätze etabliert. Der DM-LIBOR und FIBOR stellten die um Extremwerte bereinigten jeweiligen DM-Geldmarktzinsen unter Banken an den Börsenplätzen London und Frankfurt dar. Mit Einführung des Euro zum 1. Januar 1999 wurden die nationalen Referenzzinssätze der EWU-Teilnehmerstaaten, wie z.B. der FIBOR, durch den EURIBOR ersetzt. Beim einheitlichen europäische Referenzzinssatz EURIBOR handelt es sich um einen Durchschnittssatz unter bonitätsmäßig erstklassigen Banken mit Sitz oder Niederlassung im Gebiet der Währungsunion, der börsentäglich ermittelt wird. Dabei werden die jeweils niedrigsten und höchsten 15% der für jede Laufzeit gemeldeten Werte nicht berücksichtigt. Anfängliche Befürchtungen einer bonitätsmäßigen Unterlegenheit der 57 EURIBOR-Referenzbanken gegenüber den LIBOR-Referenzbanken erwiesen sich als unbegründet. Abbildung 3.1 zeigt den Verlauf des Dreimonats-EURIBOR. Der Laufzeitbereich von drei Monaten wurde wegen seiner Bedeutung für Geldmarktgeschäfte herausgegriffen.

Der Dreimonats-Euro-LIBOR und der Dreimomats-EURIBOR verliefen bislang nahezu deckungsgleich. Vergleicht man die relative Entwicklung beider Zinssätze, die in Abbildung 3.2 im

Zeitlauf dargestellt ist, wird deutlich, dass bislang keine signifikanten Renditeaufschläge bzw. -abschläge des einen oder anderen Zinssatzes festzustellen sind.

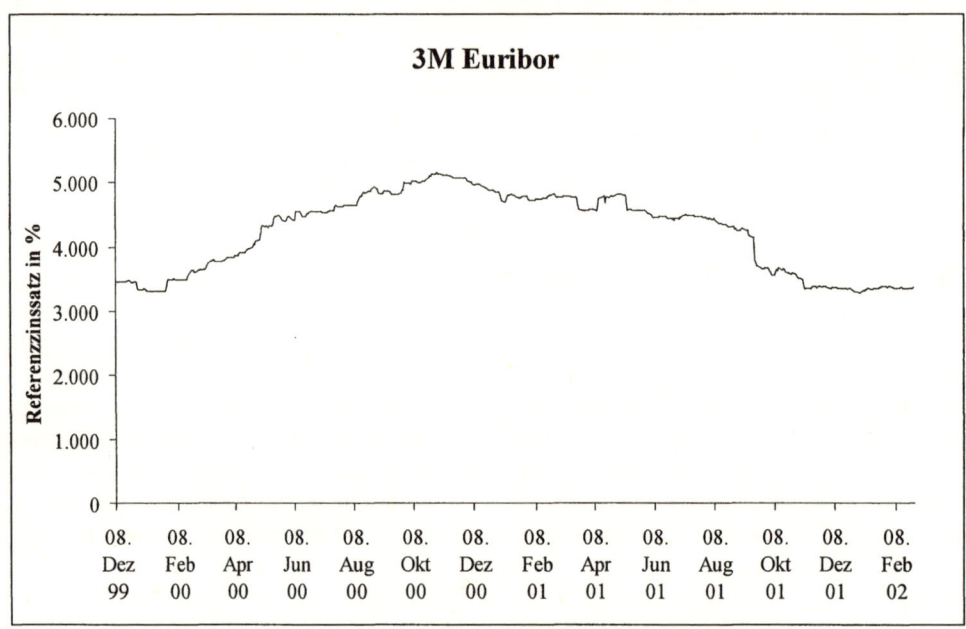

Abbildung 3.1: Entwicklung des Dreimonats-EURIBOR

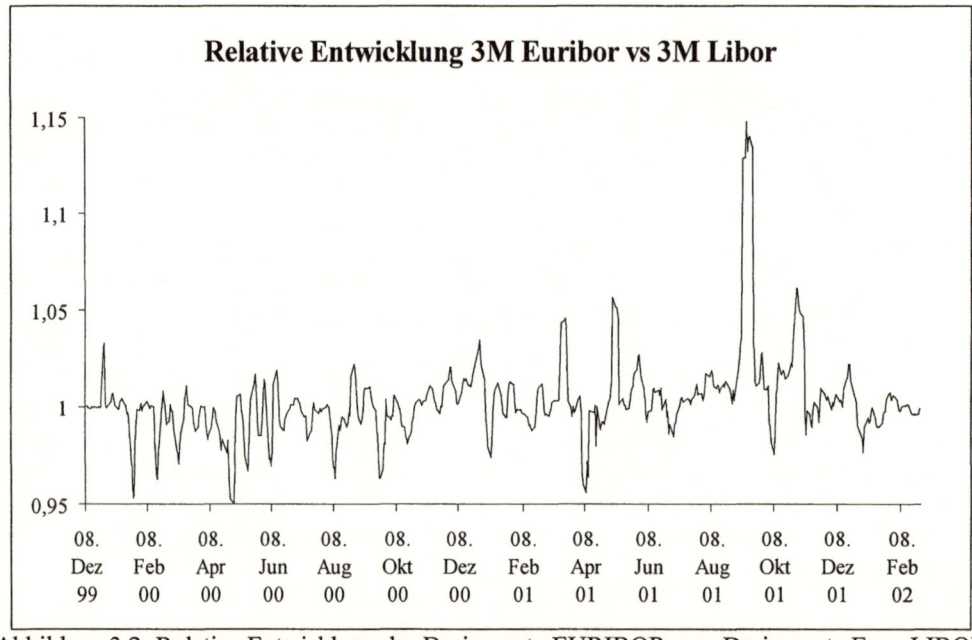

Abbildung 3.2: Relative Entwicklung des Dreimonats-EURIBOR zum Dreimonats-Euro-LIBOR

Eine übliche Zinsfestlegung könnte z.B. lauten, dass auf eine Anleihe der 6-Monats-EURIBOR + 0,75% gezahlt wird. Maßgeblich für die konkrete Zinsfestlegung ist dann der EURIBOR-Satz an einem im voraus bestimmten Tag.

Durch die Begebung (den Erwerb) von Floating Rate Notes lässt sich langfristiges Geld zu kurzfristigen Zinssätzen aufnehmen (anlegen). Angesichts der Variabilität des Zinskupons profitieren Anleger von steigenden Marktzinssätzen während der Anleihelaufzeit, während sie von Zinssenkungen negativ betroffen sind. Ein Kursrisiko aufgrund von Marktzinsänderungen, wie bei Straight Bonds, besteht bei Floatern im Prinzip kaum, da die Verzinsung an den Marktzins gekoppelt ist.

Im Gegensatz zu normalen Floatern liegt den sogenannten SURF-Anleihen[1] ein Kapitalmarktzins, wie etwa der Zins zehnjähriger T-Notes, als Referenzzins zugrunde. Der entsprechende Kapitalmarktzins wird im Zeitpunkt der Zinsfestlegung (z.B. halbjährlich) halbiert und erhält jeweils einen bei der Emission festgelegten Aufschlag, z.B. 1,5% bzw. 150 Basispunkte. Gegenüber den am Geldmarktzins orientierten Floatern bietet diese Konstruktion für Anleger einen Zinsvorteil, falls die kurzfristigen Zinsen deutlich unter den langfristigen Zinssätzen liegen. Folglich besteht das Risiko dieser Finanzinnovation in der Veränderung der Zinsstruktur. SURF-Anleihen werden bisher vorwiegend in den USA, aber auch am Euro-Kapitalmarkt emittiert.[2]

Als zu Beginn der 90er Jahre eine inverse Zinsstruktur vorlag, wurden vermehrt sogenannte Reverse Floater emittiert. Die Bezeichnung Reverse oder Inverser Floater ist so aufzufassen, dass bei steigendem Referenzzins die Verzinsung der Anleihe sinkt und somit eine umgekehrte als die Marktzinsentwicklung für den Anleger eintritt. Sinkende Marktzinsen führen folglich zu einem Ansteigen des Kupons bei Reverse Floatern. Um eine inverse Zinszahlung zu gestalten, wird von einem im voraus bestimmten Zinssatz z.B. der LIBOR abgezogen. Eine mögliche Zinsgestaltung könnte etwa 15% minus 6 Monats-LIBOR lauten. Steigt der LIBOR z.B. von 8% auf 9%, so verringert sich der zu zahlende Zins in dem Beispiel von 7% auf 6%. Reverse Floater, die mit einem besonders großen Hebel ausgestattet sind, sehen beispielsweise Zinszahlungen gemäß der Formel X% minus zweimal LIBOR vor.

Eine nur von privaten Emittenten zu wählende Anleiheform besteht in Gewinnschuldverschreibungen oder Income Bonds. Dabei sind die Zinszahlungen insoweit variabel, als sie an die Gewinnsituation des Emittenten gebunden sind. Zu denken ist z.B. an eine Koppelung des Zinssatzes an die Dividende. Häufig wird ein Teil der Verzinsung als fester Grundzins und der Rest als gewinnabhängiger Zins gezahlt. Besteht kein garantierter Grundzins, dann ergibt sich in Verlustjahren die Gefahr einer Zinslosigkeit mit den entsprechenden Folgen für den Anleihekurs. Das Interesse von Emittenten an der Begebung von Gewinnschuldverschreibungen ist allerdings gering.

---

1 SURF steht für Constant Maturity Treasury **S**tep **U**p **R**ecovery **F**loating Rate Note.
2 Vgl. o. V. (1993), S. 19.

3.2 Anleihebewertung

Für die Anleihebewertung gelten die gleichen Grundsätze wie für die Bewertung aller übrigen Vermögensgüter (Assets). Werden generell die Schwierigkeiten der Bewertung in der Berücksichtigung der Phänomene Mehrperiodigkeit und Risiko gesehen, so lässt sich bei den Anleihen der Problemkreis der Mehrperiodigkeit isolieren und genau untersuchen, da öffentliche Anleihen als nominal risikolos eingestuft werden können. Neben der großen Bedeutung von Anleihen für die Vermögensanlage sind die Bewertungserkenntnisse im Zusammenhang mit Zins- und Renditestrukturen auch wesentliche Bausteine für die Bewertung beliebiger riskanter Titel. Ferner führt der hohe Grad an Substituierbarkeit zu einer besonders fruchtbaren Anwendung von Arbitrageüberlegungen bei Bewertungsfragen. Das Gesetz des einheitlichen Preises oder "Law of one Price" stellt die Grundlage für Arbitrageprozesse dar: Ökonomisch identische Güter müssen den gleichen Preis aufweisen, sonst existiert immer eine Strategie, die ohne Risiko und ohne Kapitaleinsatz zu einem Ertrag führt (Money Machine).

3.2.1 Present Value-Bestimmung

Die Bewertung zukünftiger Zahlungsströme ist das Ziel von Barwertmodellen. Der im Englischen als Present Value (PV) bekannte Barwert stellt den heutigen Wert künftiger Zahlungen einer Zahlungsreihe dar.

Die Frage für einen Investor lautet: Wie viel Geld sind die zukünftigen Rückflüsse einer Anleihe heute wert? Anders gestellt kann die Frage auch lauten: Entspricht der aktuelle Kurs der Anleihe dem Present Value ihrer zukünftigen Rückflüsse?

Den Present Value erhält man, indem die künftigen Zahlungen auf den Betrachtungstag mit Hilfe eines Kalkulationszinses abgezinst werden. Dies geschieht mit Hilfe folgender Formel:

$$PV = \sum_{t=1}^{n} \frac{Z_t}{(1+i)^t}.$$

Dabei bezeichnet Z_t die Zahlungsüberschüsse im Zeitpunkt t und i den verwendeten Kalkulationszinsfuß.

Die Anwendung des Present Value-Konzepts sei an folgendem Beispiel verdeutlicht, bei dem zwei jeweils zweijährige Anleihen verglichen werden und ein Kalkulationszinsfuß von i = 10% unterstellt wird:

	t_1	t_2
Anleihe 1:	+12	+112
Anleihe 2:	+60	+60

Tabelle 3.1: Hypothetische Zahlungsreihen zweier Anleihen

$$PV_1 = \frac{12}{1{,}1} + \frac{112}{1{,}1^2} = 103{,}47 \quad \text{und} \quad PV_2 = \frac{60}{1{,}1} + \frac{60}{1{,}1^2} = 104{,}13$$

Für das Fällen von Anlageentscheidungen ist der Nettovorteil relevant. Diesen ermittelt man mit Hilfe des Net Present Value (NPV) oder Kapitalwert. Durch Subtraktion des aktuellen Anleihekurses vom PV erhält man den zugehörigen NPV. Unterstellt man im obigen Beispiel jeweils einen aktuellen Kurs von 100,-- EUR so lautet der NPV der zweiten Anleihe 4,13 EUR und der NPV der ersten Anleihe 3,47 EUR. Die Anleihe 2 sollte der Anleihe 1 vorgezogen werden, da sie bei gleichem Kurs einen höheren PV aufweist.

Das Vorteilskriterium der NPV-Methode lautet: Immer dann, wenn der NPV positiv ist, ist ein Kauf der Anleihe günstiger, als wenn das zur Verfügung stehende Geld zum Kalkulationszinsfuß angelegt würde. Für die Anwendung des PV-Konzepts in der Realität muss zusätzlich berücksichtigt werden, dass die Restlaufzeiten bei börsengehandelten Anleihen meistens nicht in genau gerundeten Jahren bestehen. Liegen unterjährige Zeitperioden bei zu bewertenden Anleihen vor, dann ist eine entsprechende Anpassung der Zinseszinsrechnung erforderlich. Die Länge eines Jahres wird internationalen Bewertungsmaßstäben gemäß mit 365 Tagen angenommen.

$$PV = \sum_{t=1}^{n} \frac{Z_t}{(1+i)^{t/365}}$$

Mit t wird in der Formel die Anzahl der Tage bezeichnet. Für die folgende Anleihe soll am 01.04.1999 eine Bestimmung des Present Value durchgeführt werden:

Datum	01.04.99	15.06.99	15.06.00	15.06.01	15.06.02	15.06.03
Zahlungsreihe	-107,20 EUR	5,00 EUR	5,00 EUR	5,00 EUR	5,00 EUR	105,00 EUR

Tabelle 3.2: Zahlungsreihe einer Anleihe

Bei einem Kalkulationszins von 3,5% ergibt sich durch Einsetzen der Werte in die PV-Formel der Barwert.

$$PV = \frac{5{,}00}{1{,}035^{75/365}} + \frac{5{,}00}{1{,}035^{441/365}} + \frac{5{,}00}{1{,}035^{806/365}} + \frac{5{,}00}{1{,}035^{1171/365}} + \frac{105{,}00}{1{,}035^{1536/365}} = 109{,}72 \text{ EUR}$$

Offenbar ist die Anleihe unterbewertet, denn der Present Value übersteigt den derzeitigen Anleihekurs. Würden statt jährlicher Auszahlungen halbjährliche Zinszahlungen erfolgen, wie es z.B. in den USA und Großbritannien üblich ist, dann kann eine Bewertung mühelos anhand der dargestellten Formel vorgenommen werden, indem die jeweiligen Zahlungen laufzeitadäquat diskontiert werden.

Die Anwendung des PV-Konzepts bedarf allerdings der Lösung zweier Probleme:

a) Die zukünftigen Zahlungen müssen hinreichend genau bestimmbar sein.

b) Ein adäquater Kalkulationszinssatz muss sich bestimmen lassen.[3]

---

[3] Zur Problematik des Kalkulationszinsfußes vgl. **Perridon/Steiner** (2002), S. 86 ff.

Anleihen sind hinsichtlich a) nahezu ideal für diesen Ansatz geeignet. Die mit ihnen verbundenen Zahlungen sind nach Höhe und Zeitpunkt vertraglich fixiert und bei öffentlichen Anleihen als nominal risikolos zu betrachten. Meist liegt eine Zahlungsreihe vor, die für den Anleger mit einer Auszahlung beginnt und bis zu ihrer Fälligkeit nur noch Einzahlungen aufweist.

Der Kalkulationszinsfuß erweist sich häufig als neuralgischer Punkt im Rahmen der Anwendung des NPV-Kriteriums, da dieser u.U. schwierig zu bestimmen ist und der NPV i.d.R. mit einer hoher Elastizität auf Veränderungen des Kalkulationszinsfußes reagiert, wie Abbildung 3.3 zeigt. In der Abbildung ist der NPV in Abhängigkeit des Kalkulationszinsfußes dargestellt. Mit steigendem Kalkulationszinsfuß verringert sich der NPV, der schließlich negativ wird.

Am Anleihemarkt bieten sich für dieses Problem Lösungsmöglichkeiten, da für beliebige Anleihen genügend identische Substitute vorhanden sind, deren Preise und damit Effektivverzinsungen bekannt sind.

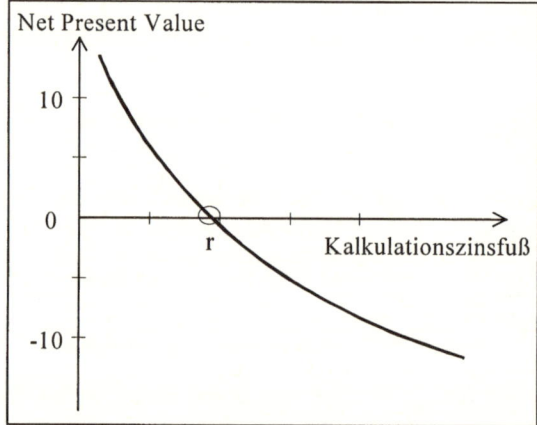

Abbildung 3.3: Funktion des Net Present Value

Ein Bewertungsproblem besteht bei unterschiedlich riskanten Anleihen. Als mögliche Lösung wird die Diskontierung der Erwartungswerte der jeweiligen unsicheren zukünftigen Zahlungen mit den risikoadäquaten Diskontierungssätzen vorgeschlagen, die aus identisch riskanten Anleihen am Markt (siehe Zinsstruktur) oder mit Hilfe von Kapitalmarktmodellen ermittelt werden können. Eine zweite Möglichkeit besteht in der Diskontierung der Sicherheitsäquivalente der zukünftigen unsicheren Zahlungen mit dem jeweiligen Abzinsungsfaktor für nominal risikolose Anlagen.

Von besonderer Bedeutung bei der Bewertung riskanter Anleihen ist vor allem bei Unternehmensanleihen die Optionspreistheorie, da ein Corporate Bond vereinfacht (unter Ausklammerung des Problems der laufenden Zinszahlungen) als eine nominal risikolose Anlage, bewertet mit dem PV, und dem Verkauf eines Put auf das Vermögen des Unternehmens mit dem Rückzahlungswert des Fremdkapitals als Basispreis interpretiert werden kann, so dass gilt:

Wert einer Unternehmensanleihe = Wert einer risikolosen Anleihe - Wert eines Put auf das Vermögen der Unternehmung

Dieser Wert ist um eventuelle Sicherheitsleistungen und Garantien zu korrigieren.

Eine Besonderheit der Bewertung von Kuponanleihen besteht darin, dass sie in Zerobonds zerlegt werden können. Nach dem Wertadditivitätstheorem gilt, dass die Summe der mit einem Kuponbond verbundenen Zerobonds gleich dem Wert des Kuponbonds ist. Für unser Beispiel lässt sich Anleihe 1 in zwei Zerobonds zerlegen, welche den gleichen Nutzen wie Anleihe 1 und damit den gleichen Barwert liefern:

	t_0	t_1	t_2
Zerobond 1:	-10,91	+12	
Zerobond 2:	-92,56		+112
Anleihe 1:	-103,47	+12	+112

Tabelle 3.3: Zerlegung einer Anleihe in Zerobonds

Positive Kapitalwerte sind am Rentenmarkt äußerst selten. Für nominal risikolose öffentliche Anleihen herrschen ein reger Markt und viele Substitutionsmöglichkeiten. Die unterschiedlichen Titel können zudem, wie oben gezeigt, theoretisch alle durch Zerobonds abgebildet werden, so dass bei Kenntnis der Zerobondpreise auch der Preis der Kuponanleihe determiniert ist. Störungen einer solch arbitragefreien Preisbildung sind nur durch Transaktionskosten oder steuerliche Besonderheiten zu erwarten.

Die Anwendung der NPV (bzw. PV)-Methode zum Vergleich betrags- und laufzeitunterschiedlicher Anleihen ist problemlos, solange die Effektivverzinsungen am Anleihemarkt für ökonomisch gleiche Güter gleich sind und Anleger zu nahezu gleichen Bedingungen Geld anlegen und aufnehmen (emittieren) können.

3.2.2 Effektivzinsbestimmung

Das NPV-Kriterium liefert unter der für Anleihen plausiblen Annahme funktionsfähiger Kapitalmärkte eindeutige Entscheidungen über die Vorteilhaftigkeit einer Anleihe im Vergleich zu einer anderen Geldanlage oder für die Beurteilung mehrerer alternativer Anleihen. In der Praxis werden besonders bei der Betrachtung mehrerer alternativer Anleihen Effektivzinsverfahren herangezogen. So finden sich in den meisten Anleihenotierungen in Zeitungen Angaben zur Effektivverzinsung. Effektivzinsverfahren errechnen die Rendite von Anleihen.

Grundsätzlich lässt sich ein Effektivzins für sämtliche Zahlungsreihen ermitteln. Dabei wird auf die Formel zur Ermittlung des PV zurückgegriffen. Genau an der Stelle, wo der NPV null beträgt, liegt der Effektivzins der Zahlungsreihe. Somit stellt der Effektivzins die Verzinsung auf das jeweils noch gebundene Kapital dar. Die Formel für das Effektivzinskriterium, das im betriebswirtschaftlichen Schrifttum auch als interner Zinssatz bekannt ist, lautet:

$$0 = -K_0 + \sum_{t=1}^{n} \frac{Z_t}{(1+r)^t}.$$

In der Formel stellt r den internen Zinssatz, K_0 den Anleihekurs, Z_t die Zahlungen der Zahlungsreihe und t die Laufzeit in Jahren dar. Graphisch entspricht der Effektivzins bzw. der interne Zins mithin dem Schnittpunkt der Funktion des NPV mit der Abszisse. Dieser Zusammenhang ist der obigen Abbildung der NPV-Funktion zu entnehmen.

Die Auflösung der Effektivzinsformel nach r - dem Effektivzins - bereitet in zwei Fällen Schwierigkeiten. Sofern die Zahlungsreihe mehr als einen Vorzeichenwechsel aufweist, kann es zu nicht eindeutigen oder unter Umständen zu keiner Lösung kommen.[4] Die Kurve des Net Present Value besitzt in einem solchen Fall mehrere Nullstellen, so dass keine eindeutige Lösung errechnet werden kann. Allerdings kommt dieser Fall bei Anleihen nicht vor. Zum zweiten ergeben sich aus einer Zahlungsreihe, die mehr als drei Zahlungszeitpunkte besitzt, Berechnungsprobleme, da im Berechnungsprozess Polynome höheren Grades auftauchen. Polynome mit einem Grad größer als vier können aber im Allgemeinen nicht mehr algebraisch, d.h. mit einer Lösungsformel, sondern nur noch über numerische Näherungsverfahren gelöst werden.

Für das um den Anschaffungspreis modifizierte Zahlenbeispiel der Anleihe 1 aus dem vorangegangenen Abschnitt wird nun der Effektivzins errechnet (q = 1 + r):

$$0 = -97 + \frac{12}{q} + \frac{112}{q^2}$$

$$0 = -97q^2 + 12q + 112$$

$$0 = q^2 - 0{,}1237q - 1{,}1546$$

$$q_{1,2} = 0{,}0618 \pm \sqrt{0{,}0618^2 + 1{,}1546}$$

$$q_1 = 1{,}13818 \implies r \approx 13{,}82\%$$

Eine Geldanlage in Anleihe 1 verzinst sich zu ca. 13,82%.

Es wird nun eine Zahlungsreihe mit vier Zeitpunkten gewählt. Da eine einfache mathematische Bestimmung in diesem Fall nicht möglich ist, kann man entweder auf die Interne Zinssatzmethode verzichten oder Approximationen für die Bestimmung des Effektivzinssatzes anwenden.

Nach den Prinzipien der statischen Investitionsrechnung kann der Effektivzins näherungsweise als Durchschnittszins mit Hilfe folgender Formel bestimmt werden:

---

[4] Vgl. **Kilger** (1965), S. 765 ff.

$$i_{eff} = \frac{i_{nom} + \dfrac{Disagio}{RLZ}}{100 - Disagio} \cdot 100$$

mit: i_{nom} = Nominalzins in %,
i_{eff} = Effektivzins in %,
RLZ = Restlaufzeit in Jahren,
Agio/Disagio = Differenz des aktuellen Kurses zum Rückzahlungskurs.

Diese Formel ist gerade für das Anleihegeschäft als zu ungenau zu beurteilen, da der zeitliche Anfall der Zahlungen nur pauschal berücksichtigt wird. Üblich ist deshalb die Ermittlung der Effektivverzinsung im Mehrperiodenfall mit Hilfe der Internen Zinssatzmethode durch lineare Interpolation oder bei Anwendung von Rechnerprogrammen durch Verfahren wie etwa Newton-Raphson.

Die lineare Interpolation greift auf das oben dargestellte NPV-Kriterium zurück. Der Näherungswert für den Effektivzinssatz errechnet sich nach folgender Formel:[5]

$$r_{krit} = i_1 - NPV_{01} \frac{i_2 - i_1}{NPV_{02} - NPV_{01}}$$

Dabei steht r_{krit} für den Effektivzins und NPV_{01} (NPV_{02}) für den Net Present Value der Zahlungsreihe bei Verwendung eines Kalkulationszinsfußes von i_1 (i_2). Die Interpolation erfordert, dass ein NPV positiv und ein NPV negativ ist. Die Zahlungsreihe der betrachteten Anleihe sieht folgendermaßen aus:

	t_0	t_1	t_2	t_3	t_4
Anleihe:	-102,55	+8	+8	+8	+108

Tabelle 3.4: Zahlungsreihe mit vier Perioden

Aus den Daten ergibt sich für 1+i = q die Ausgangsgleichung

$$0 = -102,55 + \frac{8}{q^1} + \frac{8}{q^2} + \frac{8}{q^3} + \frac{108}{q^4}.$$

Die zur NPV-Errechnung einzusetzenden Zinssätze sind durch Probieren auszuwählen.

$$NPV_{01}(i = 0,072) = -102,55 + \frac{8}{1,072} + \frac{8}{1,072^2} + \frac{8}{1,072^3} + \frac{108}{1,072^4} = 0,14758$$

$$NPV_{02}(i = 0,073) = -102,55 + \frac{8}{1,073} + \frac{8}{1,073^2} + \frac{8}{1,073^3} + \frac{108}{1,073^4} = -0,19492$$

---

5 Vgl. **Perridon/Steiner** (2002), S. 65 ff.

$$r_{krit} = 7{,}2 - 0{,}14758 \frac{7{,}3-7{,}2}{-0{,}19492-0{,}14758} = 7{,}243089\%$$

Die betrachtete Anleihe verzinst sich demgemäß mit ca. 7,24%.

Wird die Effektivzinsberechnung mit der einfachen Näherungsformel vorgenommen, dann ergibt sich folgender Zins:

$$i_{eff} = \frac{8 + \frac{-2{,}55}{4}}{100-(-2{,}55)} \cdot 100 = 7{,}1794\%$$

Je kleiner das gewählte Intervall zwischen positivem und negativem NPV ist und je geringer die Krümmung der NPV-Kurve ausfällt, desto genauer ist die gefundene Näherungslösung. Es kann also mit diesen Verfahren eine beliebige Genauigkeit erzielt werden. Taschenrechner und Tabellenkalkulationsprogramme liefern ohne explizite Interpolation beliebig genaue interne Zinssätze bzw. Effektivverzinsungen.

Die Ermittlung des Effektivzinses kann analog zur Vorgehensweise bei der PV-Berechnung auch anhand unterjähriger Perioden vorgenommen werden. Die dabei zu wählenden Abzinsungszeiträume entsprechen dann den jeweiligen Jahresbruchteilen.

Die Effektivzinsberechnung von Kuponanleihen erfordert die Berücksichtigung von Stückzinsen. Anleihezinsen werden nur am Kupontermin gezahlt und fallen somit in voller Höhe dem zu diesem Zeitpunkt im Besitz der Anleihe befindlichen Anleger zu. Hat der Anleger die Anleihe aber selbst erst vor kurzer Zeit erworben, dann bekäme er für die kurze Haltezeit bereits den gesamten Jahreszins und der Vorbesitzer ginge leer aus. Um dieses Problem zu beseitigen, muss der kaufende Anleger dem verkaufenden Anleger den Teil des Zinses (Stückzinsen) abtreten, der auf den zurückliegenden Zeitraum zwischen Kaufdatum und letztem Zinstermin entfällt. Bei der Stückzinsberechnung in Deutschland ging man bislang von standardisierten 30 Tagen pro Monat und 360 Tagen pro Jahr aus. Im Rahmen des Euro-Einführungsgesetzes wurde die Stückzinsberechnung jedoch an europäische Usancen angepasst. Zukünftig gilt für alle Neuemissionen am Kapitalmarkt nach dem 01. Januar 1999 die Methode actual/actual, d.h. die Zinstage werden taggenau ausgezählt. Bei Altemissionen erfolgt die Umstellung nach dem ersten Zinstermin im Jahr 1999. Bei Geldmarktpapieren wie z.B. den sogenannten Bubills wird jedoch weiterhin die Methode actual/360 angewandt, d.h. im Zähler werden die Zinstage exakt ausgezählt und im Nenner wird das Jahr mit 360 Tagen angesetzt. Da bei Floating Rate Notes eine Orientierung an Geldmarktsätzen erfolgt, wurden die Emissionen des Bundes mit variabler Verzinsung konsequenterweise an die Methode actual/360 angepasst.

Anhand des Beispiels aus dem Abschnitt über die PV-Berechnung bei ungeraden Zeitperioden lässt sich die Stückzinsberechnung verdeutlichen. Mit dem Anleihekauf am 01.04.99 erwirbt der Anleger das Anrecht auf die Zinszahlung von 5,00 EUR pro 100,-- EUR Anleihenominalwert am 15.06.1999. Obwohl er die Anleihe nur 75 Tage lang vor dem Zinstermin besitzt, wird an ihn der volle Zins von 5,00 EUR ausgezahlt. Dem Vorbesitzer der Anleihe muss nun sein Zinsanteil vom

Neuerwerber ausbezahlt werden. Folglich stehen dem Vorbesitzer Stückzinsen für 290 Tage zu. Die Stückzinsen (SZ) pro 100,-- EUR Anleihenominalwert belaufen sich in diesem Fall auf:[6]

$$SZ = 5{,}00 \text{ EUR} \cdot \frac{290}{365} \approx 3{,}97 \text{ EUR}$$

Infolge der Stückzinszahlung verändert sich die Zahlungsreihe der Effektivzinsberechnung und somit auch der Effektivzins. Unter Berücksichtigung der Stückzinsen in der Formel des Effektivzinses ergibt sich der Ausdruck:[7]

$$0 = -K_0 - SZ_0 + \sum_{t=1}^{n} \frac{Z_t}{(1+r)^t}.$$

Datum:	01.04.99	15.06.99	15.06.00	15.06.01	15.06.02	15.06.03
Zinsen:		5,00 EUR	5,00 EUR	5,00 EUR	5,00 EUR	105,00 EUR
Kurs:	107,20 EUR					
Stückzinsen:	3,97 EUR					
Zahlungsreihe:	111,17 EUR	5,00 EUR	5,00 EUR	5,00 EUR	5,00 EUR	5,00 EUR

Tabelle 3.5: Modifizierte Zahlungsreihe der Beispielanleihe

$$0 = -107{,}20 - 3{,}97 + \frac{5{,}00}{q^{75/365}} + \frac{5{,}00}{q^{441/365}} + \frac{5{,}00}{q^{806/365}} + \frac{5{,}00}{q^{1171/365}} + \frac{105}{q^{1536/365}}$$

Unter Anwendung der linearen Interpolationstechnik errechnet sich für eine so modifizierte Zahlungsreihe ein Effektivzins von 3,1408%.

Welche Rolle spielt nun der Effektivzins für die Entscheidung? In der Praxis wird meist diejenige Anleihe ausgewählt, die c.p. den höchsten Effektivzins aufweist.[8] Für einzelne Anleihen gilt: Eine Anlage ist immer dann vorteilhaft, wenn deren Effektivzins oberhalb des verwendeten Kalkulationszinses liegt.

Diese Aussagen gelten abgesehen von Ausnahmefällen für Kuponanleihen bei Existenz eines

---

[6] Bei der Berechnung der Stückzinsen wird bereits die Gültigkeit der Methode actual/actual unterstellt.

[7] Diese Berechnungsformel entspricht der Vorgehensweise der Association of International Bond Dealers (AIBD), für die Behandlung unterjähriger Effektivverzinsungen finden sich noch die Methoden nach Moosmüller, Braess/Fangmeyer und nach der Preisangabeverordnung (PAngV).

[8] Der Effektivzins als alleiniges Auswahlkriterium bei Anleihen eignet sich aber nur dann, wenn die Risiken aller betrachteten Anlageobjekte identisch sind. Ein Vorteilsvergleich ist streng genommen nur möglich, wenn alle bis auf eine Variable gleich sind. Vgl. **Loistl** (1992), S. 545.

konstanten Kalkulationszinssatzes oder dem Vergleich von bis auf den Preis identischen Anlagen (dann ist eine Berechnung überflüssig). Aus der Investitionsrechnung sind aber die Mängel der Internen Zinssatzmethode beim Auswahlproblem bekannt. Sobald auf einem Kapitalmarkt laufzeitabhängige Zinssätze existieren (nicht-flache Zinskurve), führt nur das NPV-Kriterium mit Diskontierungssätzen auf der Basis von Effektivverzinsungen von Zerobonds oder daraus abgeleitet die Forward Rates zu rationalen Entscheidungen. Der Anleger ist also gut beraten, dem Kriterium Effektivverzinsung bei unterschiedlichen Kuponanleihen mit Skepsis zu begegnen.

3.2.3 Zinsstrukturkurven

Sowohl bei der Present Value-Bestimmung, als auch im daraus abgeleiteten Effektivzinskriterium wurde bislang mit einem einheitlichen Zinssatz zur Abzinsung aller Zahlungen der Zahlungsreihe gearbeitet. Wie eine Betrachtung der realen Zinssätze schnell klar macht, bestehen für unterschiedliche Laufzeiten auch unterschiedliche Zinssätze. Werden die zu beobachtenden Marktzinsen für einen bestimmten Laufzeitbereich in ein Diagramm eingetragen, so ergibt sich daraus die Zins- bzw. Kupon- oder Renditestrukturkurve (wobei die Begriffe in der Literatur mit unterschiedlichen Inhalten belegt werden).

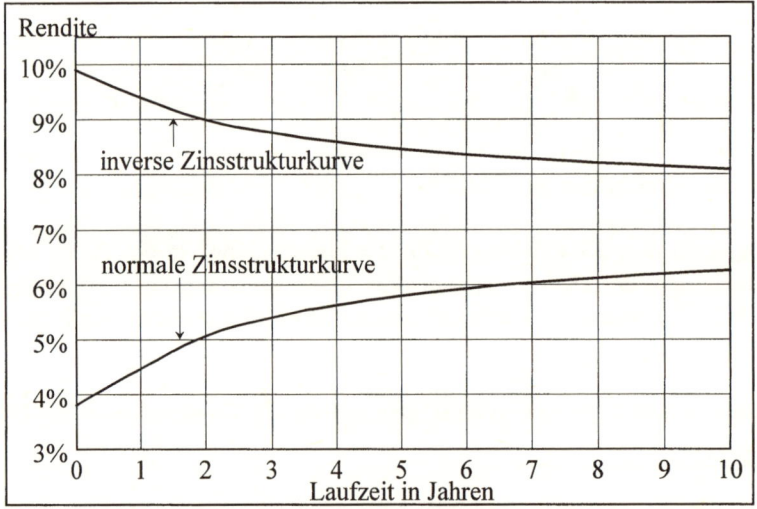

Abbildung 3.4: Alternative Zinsstrukturkurven

Auf der Abszisse wird dabei die Laufzeit und auf der Ordinate die Rendite abgetragen. Der Zusammenhang zwischen der Laufzeit von Anleihen und der Zinsstrukturkurve ist für die Bewertung von Anleihen von einiger Bedeutung. Wie aus Abbildung 3.4 erkennbar ist, sind Zinsstrukturkurven keineswegs zeitstabil. Viel mehr ergeben sich börsentäglich mitunter deutliche Verschiebungen der Zinsstrukturkurve.

Hinsichtlich ihres Verlaufs werden normale, inverse und flache Zinsstrukturkurven unterschieden. Bei normalen Zinsstrukturkurven liegen die kurzfristigen Zinsen unterhalb der langfristigen

Sätze. Mit zunehmender Laufzeit steigt das Zinsniveau an. Inverse Zinsstrukturkurven zeichnen sich hingegen durch einen fallenden Verlauf aus. Dabei nehmen die Zinssätze mit zunehmender Laufzeit ab. Eine flache Zinsstrukturkurve ist schließlich durch ein einheitliches Zinsniveau für alle Laufzeiten gekennzeichnet.

Wichtigstes Detail der Zinsstrukturkurve stellt die Wahl des Zinssatzes auf der Ordinate dar. Zur Auswahl stehen:

- Effektivrenditen von Kuponanleihen,
- Effektivrenditen von Zerobonds und
- Forward Rates.

Da die Zinsstrukturkurve nur Laufzeitunterschiede berücksichtigen soll, wird im Allgemeinen auf nominal risikolose Staatspapiere zurückgegriffen.

Die Effektivrenditen von Kuponanleihen weisen einen gravierenden Mangel bezüglich der Laufzeit auf: Zahlungen erfolgen nicht nur am Laufzeitende, sondern auch zu jedem Kupontermin, weshalb eigentlich eine gemischte Laufzeit vorliegt und die ökonomische Laufzeit umso geringer ist, je höher der jeweilige Kupon ist (siehe auch Duration).

Deshalb ist bei nicht flacher Zinskurve für unterschiedliche Kuponanleihen gleicher Laufzeit eine unterschiedliche Effektivverzinsung zu erwarten. In älteren Darstellungen zur Zinsstruktur wird daher über die Punktewolke dieser Renditen regressiert, was zu einer mittleren aber keineswegs sauberen laufzeitabhängigen Rendite führt.

Für eine theoretisch saubere Lösung bieten sich zwei Auswege an. Zum einen können die Kuponanleihen in der Weise normiert werden, dass die Effektivverzinsungen solcher Anleihen angegeben werden, die bei gegebener Laufzeit und gegebenem Kupon jeweils gerade einen Kurs von 100 aufweisen.

Der zweite und elegantere Weg besteht darin, zu erkennen, dass jede Kuponanleihe eine Kombination aus mehreren Zerobonds darstellt (ein Tatbestand, den man bei den sogenannten Stripped Bonds benutzt). Zerobonds besitzen die nützliche Eigenschaft, aus der Sicht des Käufers nur in einem Zeitpunkt eine Einzahlung zu liefern und weisen deshalb eine eindeutig laufzeitabhängige Verzinsung auf. Aus theoretischer Sicht ist deshalb die Effektivverzinsung von Zerobonds unterschiedlicher Laufzeit eine eindeutige Messlatte für laufzeitabhängige Zinsstrukturen, weshalb sich in der Theorie eingebürgert hat, unter Kassazinssätzen oder Spot Rates immer die Effektivverzinsung von Zerobonds zu verstehen. In einer zweidimensionalen Darstellung der Zinsstrukturkurve ist aus theoretischer Sicht den Effektivverzinsungen von Zerobonds (Spot Rates) der Vorzug zu geben.

Die Kenntnis der Spot Rates erlaubt unter der Annahme der Arbitragefreiheit eine einfache Herleitung der Terminzinssätze (Forward Rates) (welche umständlicher auch aus Effektivverzinsungen solcher Anleihen hergeleitet werden können, die bei gegebener Laufzeit und Kupon jeweils gerade einen Kurs von 100 aufweisen (Siehe Abschnitt 3.2.4.2.)).

Die unter Laufzeitgesichtspunkten idealen Spot Rates weisen in der Praxis Nachteile auf. Am

Kapitalmarkt stehen nicht genügend Zerobonds für beliebige Laufzeiten zur Verfügung. Dies scheint kein Problem zu sein, da ja aus der Fülle der Kuponanleihen beliebige Zerobonds nachgebildet werden können. Das Postulat der Arbitragefreiheit ist aber durch Transaktionskosten und Steuerklienteleffekte nicht lupenrein am Kapitalmarkt verwirklicht. Der Steuerklienteleffekt wird häufig als Kuponeffekt bezeichnet. Er besagt, dass aufgrund der unterschiedlichen Besteuerung von Kursgewinnen und Kuponzahlungen bei Privatanlegern die Vorsteuerrenditen nicht nur laufzeit-, sondern spezifisch kuponabhängig sind. Richtigerweise können mit dem Prinzip der Arbitragefreiheit nur Nachsteuerrenditen betrachtet werden, die aber je nach Steuersatz unterschiedlich aussehen und je nach steuerlicher Belastung auf unterschiedliche Weise synthetische Zerobonds produzieren. Dies dürfte der Grund dafür sein, dass der nachfolgend beschriebene REX keine Spot Rates liefert. Deshalb erfolgt die Ermittlung von Zinsstrukturkurven in der Praxis durch Regressionsanalysen aus Anleiheeffektivverzinsungen.

In Deutschland ist aus der Wirtschaftspresse die Renditestruktur des REX bekannt, die von der Deutsche Börse AG wöchentlich einmal am Freitag veröffentlicht wird (vgl. Tabelle 3.6). Diese Darstellung liefert keine zeitabhängigen Abzinsungsfaktoren, da aber nahezu jede Laufzeit und jeder Kupon einer öffentlichen Anleihe vertreten ist, können mit dieser Darstellung leicht unterbewertete Anleihen festgestellt und zusätzlich Spot und Forward Rates ermittelt werden.

Laufzeit	Kupon		
	6,00%	7,50%	9,0%
1	3,1176	3,1330	3,1363
2	3,6396	3,6550	3,6583
3	4,0438	4,0592	4,0625
4	4,3398	4,3552	4,3586
5	4,5474	4,5628	4,5662
6	4,6888	4,7042	4,7076
7	4,7872	4,8026	4,8060
8	4,8663	4,8817	4,8851
9	4,9499	4,9653	4,9687
10	5,0620	5,0774	5,0808

Tabelle 3.6: Renditestruktur als Grundlage des REX[9]

Der REX ist der Idee nach ein Indikator für die Kursentwicklung von Anleihen, der in EUR ausgewiesen dem Kurs einer Bundesanleihe mit einem Kupon von 7,44% entspricht und stets eine Laufzeit von 5,49 Jahren aufweist. Er wird börsentäglich in fünf Schritten erstellt:

1. Aus den Schlusskursen aller Anleihen, Obligationen und Schatzanweisungen des Bundes, des Fonds "Deutsche Einheit" und der Treuhandanstalt werden die Renditen berechnet.
2. Daraus wird in Abhängigkeit von Laufzeit und Kupon die hier betrachtete Renditestruktur errechnet.
3. Aus der Renditestruktur werden die Renditen der ganzzahligen Laufzeiten abgelesen und in

---

[9] Quelle: Börsenzeitung vom 06.08.1999.

die Kurse der 30 Indexanleihen (idealtypische Anleihen mit ganzzahligen Laufzeiten von 1-10 Jahren und je drei Kupontypen: 6%, 7,5% und 9%) umgerechnet.
4. Jeder der 30 Kurse wird mit seinem Gewicht multipliziert, das aus den Marktstrukturen von drei kompletten Zinszyklen ermittelt wurde.
5. Die Summe der 30 gewichteten Kurse ist der REX- Gesamtindex.

Der Performanceindex REXP berücksichtigt die Reinvestition von Kuponzahlungen dergestalt, dass zu den Kursänderungen des REX täglich der diskontierte durchschnittliche Jahreskupon aller 30 Anleihen reinvestiert wird. REX und REXP weisen als Basis den 30.12.1987 mit einem Wert von 100 auf. Dies erleichtert zugleich den Vergleich mit dem DAX, der auf dasselbe Datum mit 1.000 normiert ist.

Die Deutsche Bundesbank veröffentlicht ebenfalls Zinsstrukturen, aber auf der Basis von Durchschnittsverzinsungen von Kuponanleihen gleicher Laufzeit aber unterschiedlicher Kupons.

Informationsdienste wie Reuters oder Bloomberg bieten Zinsstrukturkurven auf der Basis von Spot Rates oder Forward Rates an. Die Daten werden für kurze Laufzeiten aus Geldmarktdaten und für längere Laufzeiten aus Swapsätzen ermittelt. Swapsätze werden üblicherweise als Effektivverzinsungen von Kuponanleihen mit einem Marktpreis von 100 angegeben, die nach dem Schema in Abschnitt 3.2.4.2 in Forward bzw. Spot Rates transformiert werden können.

Zinsstrukturkurven können auch speziell für bestimmte (sehr homogene) Marktsegmente erstellt werden. Es muss keineswegs zutreffen, dass die Lage der Zinsstrukturkurve etwa bei öffentlichen und bei privaten Anleihen identisch ist.

Es bleibt aber festzuhalten: Theoretisch befriedigende Zinsstrukturkurven sollten aus den Zahlungsströmen von Anleihen ermittelte Spot Rates in Abhängigkeit von der Laufzeit aufweisen. In der wissenschaftlichen Literatur ist man sich deshalb einig, unter Zinsstruktur nur die Laufzeit-Spot Rate-Relation zu verstehen und alle anderen Gebilde aus Laufzeit und Effektivverzinsungen von Kuponanleihen und daraus resultierenden Regressionen als Renditestrukturkurven zu bezeichnen.[10]

Die Frage der richtigen Darstellung und Ermittlung der Zinsstruktur ist durchaus nicht nur von akademischem Interesse. Die aktuelle Zinsstruktur liefert Ausgangspunkte für Diskontierungssätze für alle Investitionsentscheidungen, neben dem Kuponanleihenbereich vor allem für Optionen, Futures und Swaps auf Zinstitel. Ferner lassen sich die impliziten Zinsprognosen für die Zukunft ableiten, Zinsstrukturen überprüfen und nicht zuletzt bestimmt das Zinsniveau die wirtschaftliche Prosperität über das Investitionsverhalten, so dass es opportun ist, die "richtigen" Zinssätze zu kennen.

---

[10] Vgl. **Deppner** (1992), S. 9 ff. und **Röhrs** (1994).

3.2.4 Net Present Value-Bestimmung unter Berücksichtigung von Zinsstrukturkurven

Das oben dargestellte Present Value-Konzept eignet sich, wie gesehen, grundsätzlich zur Bewertung von Anleihen. Die Gegenüberstellung von Marktpreis und Present Value einer Anleihe zeigt eine eventuelle Fehlbewertung an. Bei der Ermittlung des NPV kann im Gegensatz zum Effektivzinsverfahren die Zinsstrukturkurve leicht berücksichtigt werden. Durch die Berücksichtigung der Zinsstrukturkurve im NPV-Modell gelingt eine genauere und realitätsgerechtere Kursbestimmung.

Zinsstrukturkurven liefern die im NPV-Modell zu verwendenden richtigen Kalkulationszinssätze. Die Abzinsung zukünftiger Zahlungen erfolgt dann mit den zinsstrukturkongruenten Zinssätzen. Zur Abzinsung eignen sich i.d.R. keine Durchschnittszinsen, die letztlich einen gleichgewichteten Mix der entsprechenden Zinsstrukturkurve darstellen.[11] Obwohl im nachfolgenden nur nominale Zinssätze vor Steuern betrachtet werden, soll an dieser Stelle darauf hingewiesen werden, dass jede Bewertung auf der Basis versteuerter Zinssätze zu erfolgen hat und die Inflation konsistent berücksichtigt werden muss.

3.2.4.1 Zerobondeffektivverzinsungen (Spot Rates)

Für rationale Entscheidungen benötigt man den Barwert und nicht den internen Zinssatz von Kuponanleihen. Zur Diskontierung ist aber ein Zinssatz nötig: Die internen Zinssätze von Zerobonds (Zerobondeffektivverzinsungen), in der Literatur als Kassazinssätze oder Spot Rates bezeichnet, stellen die Effektivverzinsungen für einmalige Zahlungen zum jeweiligen Zeitpunkt dar und erfüllen damit die Anforderungen der Kapitalwertmethode am besten.

Falls am Kapitalmarkt nicht genügend viele Zerobonds mit unterschiedlichen Laufzeiten existieren, können zwei Wege eingeschlagen werden:

1. Entsprechend der Erkenntnisse der Finanzchemie werden bei dieser Methode synthetische Zerobondpositionen generiert. Dies geschieht durch die Kombination von Geldanlagen und -aufnahmen. Ein Beispiel verdeutlicht das Vorgehen.

   Ein Anleger will in t_0 einen Betrag anlegen, dessen Rückzahlungsbetrag in t_2 genau 100,-- EUR beträgt. Da der Anleger an den Zinsen in t_1 nicht interessiert ist, nimmt er in t_0 einen Kredit auf, dessen Tilgungshöhe zuzüglich Zinsen mit den Habenzinsen in t_1 übereinstimmen. Somit hat der Anleger einen zweijährigen Zerobond generiert.

---

[11] Vgl. **Doerks** (1991), S. 276 f.

	t_0	t_1	t_2
Geldanlage:	-93,4579[12]	+6,5421	+100
Kreditaufnahme:	+6,1718	-6,5421	
Summe:	**-87,2861**	**0**	**+100**

Tabelle 3.7: Zweijähriges Zerobondgeschäft

Teilt man den Zerobondausgangsbetrag durch Hundert, so erhält man den Zerobondabzinsungsfaktor für eine Laufzeit von zwei Jahren. Ein analoges Vorgehen erbringt den Zerobondabzinsungsfaktor für drei Jahre:

	t_0	t_1	t_2	t_3
Geldanlage:	-92,5926[13]	+7,4074	+7,4074	+100
Kreditaufnahme:	+6,9228	-0,4846	-7,4074	
Kreditaufnahme:	+6,5309	-6,9228		
Summe:	**-79,1389**	**0**	**0**	**+100**

Tabelle 3.8: Dreijähriges Zerobondgeschäft

2. Spot Rates ergeben sich direkt aus den Zahlungsreihen von Kuponanleihen. Da jede Kuponanleihe als ein Bündel von Zerobonds interpretierbar ist und nur der Preis des Bündels bekannt ist, benötigt man n linear unabhängige Kuponanleihen, um n Zerobondeffektivverzinsungen zu berechnen. Hierzu ein Beispiel:

	t_0	t_1	t_2	t_3	t_4
A	-100	106			
B	-100	7	107		
C	-100	8	8	108	
D	-100	9	9	9	109

Tabelle 3.9: Anleihezahlungsströme zur Ermittlung von Spot Rates

Die Spot Rate für 1 Jahr s_1 beträgt 6%. Es bleiben drei Gleichungen mit drei Unbekannten, die zu folgenden Spot Rates führen: $s_2 = 7,0353\%$, $s_3 = 8,1091\%$, $s_4 = 9,2439\%$.

Manchmal werden in der Literatur auch die Zerobondabzinsungsfaktoren $(1/(1+s)^n)$ angegeben:

$t_{01} = 0,9434$	$t_{02} = 0,8729$	$t_{03} = 0,7914$	$t_{04} = 0,7021$

---

[12] Die Höhe der Geldanlage ergibt sich durch 100/1,07.
[13] Die Höhe der Geldanlage ergibt sich durch 100/1,08.

Die Verwendung der Zerobondabzinsungsfaktoren im Rahmen der NPV-Ermittlung der Anleihe erfolgt durch Multiplikation der Faktoren mit den Zahlungen der Zahlungsreihe:

Ein 8% Kuponbond mit vierjähriger Laufzeit hat dann folgenden Wert:

$$PV = 8 \cdot 0{,}9434 + 8 \cdot 0{,}8729 + 8 \cdot 0{,}7914 + 108 \cdot 0{,}7021 = 96{,}70.$$

3.2.4.2 Forward Rates

Kennt man die Kassazinssätze (Spot Rates), so sind damit auch implizite Terminzinssätze (Forward Rates) bekannt. Forward Rates geben die Verzinsung an, die heute durch einen Terminkontrakt oder dessen Nachbildung über Kassageschäfte für ein in der Zukunft zu erfüllendes Geschäft zu erzielen ist. Ein Beispiel verdeutlicht das Konzept der Forward Rates.[14]

Man vergleicht zwei Anleger. A legt 100,-- EUR für zwei Jahre zu 7% Zinsen an. B legt den gleichen Betrag zunächst nur für ein Jahr zu 6% an, vereinbart aber mit seiner Bank heute eine einjährige Prolongation in t_1. Angesichts dieses Sachverhalts wird deutlich, dass beide Anleger eine zweijährige Anlage tätigen, wobei B diese Anlage in zwei Zeiträume aufspaltet. Die Forward Rate von t_1 bis t_2 gibt nun an, welchen Zins B mit seiner Bank für das zweite Jahr vereinbaren muss, um das gleiche Anlageresultat wie A zu erzielen.

Es werden wieder folgende Effektivverzinsungen von Kuponanleihen mit einem Kurs von jeweils 100 unterstellt:

$$i_{(t_0 - t_1)} = 6\%; \quad i_{(t_0 - t_2)} = 7\%; \quad i_{(t_0 - t_3)} = 8\%; \quad i_{(t_0 - t_4)} = 9\%$$

Zunächst wird der Frage nachgegangen, wie sich eine Geldanlage von t_1 bis t_2 verzinst. Die Berechnung der Forward Rates aus der Zinsstrukturkurve ist in Tabelle 3.10 dargestellt.

	t_0	t_1	t_2
Geldanlage (2-jährig):	-100	+7	+107
Kredit (1-jährig):	+100	-106	
Summe:	**0**	**-99**	**+107**

Tabelle 3.10: Forward-Geschäfte von t_1 - t_2

$$i_{(t_1 - t_2)} = \frac{107}{99} - 1 = 8{,}08\%$$

Damit beide Alternativen gleichwertig sind, muss für ein einjähriges in t_1 abgeschlossenes Geschäft der Zins von 8,08% gültig sein. Anschließend wird gefragt: Wie verzinst sich eine Geldanlage von t_2 bis t_3?

---

[14] Vgl. **Doerks** (1991), S. 276 f.

	t_0	t_1	t_2	t_3
Geldanlage (3-jährig):	-100	+8	+8	+108
Kredit (2-jährig)	+B	-0,07B	-1,07B	
Kredit (1-jährig)	+A	-1,06A		
Summe:	**0**	**0**	**+8 - 1,07B**	**+108**

Tabelle 3.11: Forward-Geschäfte von t_2-t_3

Aus dem Tableau lassen sich zwei Gleichungen entnehmen, die die Kapitaltranchen A und B determinieren:

Gleichung I: -100 + B + A = 0

Gleichung II: +8 - 0,07B - 1,06A = 0

Nach Auflösung ergibt sich: A = 1,0102

B = 98,9898

$$i_{(t_2 - t_3)} = \frac{108}{1,07 \cdot 98,9898 - 8} - 1 = 10,29\%$$

In analoger Weise lässt sich der Zinssatz für $i_{(t_3 - t_4)}$ berechnen, indem eine weitere Geldanlage hinzugenommen wird. Die Berechnung der Forward Rates kann auch anhand der folgenden allgemeinen Rekursionsformeln erfolgen:

$$i_{(t_1 - t_2)} = \frac{1 + i_{02}}{1 + i_{01} - i_{02}} - 1$$

$$i_{(t_2 - t_3)} = \frac{1 + i_{03}}{(1 + i_{01} - i_{03}) \cdot (1 + i_{12}) - i_{03}} - 1$$

$$i_{(t_3 - t_4)} = \frac{1 + i_{04}}{((1 + i_{01} - i_{04}) \cdot (1 + i_{12}) - i_{04}) \cdot (1 + i_{23}) - i_{04}} - 1$$

$$i_{(t_4 - t_5)} = \frac{1 + i_{05}}{(((1 + i_{01} - i_{05}) \cdot (1 + i_{12}) - i_{05}) \cdot (1 + i_{23}) - i_{05}) \cdot (1 + i_{34}) - i_{05}} - 1$$

$$i_{(t_{n-1} - t_n)} = \frac{1 + i_{0n}}{(\ldots((1 + i_{01} - i_{0n}) \cdot (1 + i_{12}) - i_{0n}) \cdot (1 + i_{23}) - \ldots - i_{0n}) \cdot (1 + i_{n-2, n-1}) - i_{0n}} - 1$$

Die Anwendung der Forward Rates im Rahmen der PV-Ermittlung wird im Folgenden an einem Beispiel demonstriert. Dabei wird zusätzlich der PV errechnet, der sich ergibt, wenn die Effektivzinssätze der jeweiligen Kuponanleihen mit einem Kurs von 100 verwendet werden. Es gelte die obige Zinsstruktur.

Eine endfällige Kuponanleihe mit einer Restlaufzeit von 4 Jahren und einem Kupon von 8% notiert zu 97,-- EUR. Stückzinsen werden aus Vereinfachungsgründen nicht betrachtet.

Aus den vorgegebenen Effektivrenditen der Kuponanleihen lassen sich anhand der Rekursionsformeln folgende Forward Rates errechnen:

$i_{(t_0 - t_1)} = 6\%$

$i_{(t_1 - t_2)} = 8{,}08\%$

$i_{(t_2 - t_3)} = 10{,}29\%$

$i_{(t_3 - t_4)} = 12{,}71\%$

Durch Einsetzen der Forward Rates (FR) als Abzinsungsfaktoren können die Present Value-Werte bestimmt werden:

$$PV_{FR} = \frac{8}{1{,}06} + \frac{8}{1{,}06 \cdot 1{,}0808} + \frac{8}{1{,}06 \cdot 1{,}0808 \cdot 1{,}1029} + \frac{108}{1{,}06 \cdot 1{,}0808 \cdot 1{,}1029 \cdot 1{,}1271} = 96$$

$$PV_{SR} = \frac{8}{1{,}06} + \frac{8}{1{,}07^2} + \frac{8}{1{,}08^3} + \frac{108}{1{,}09^4} = 97{,}40$$

Während unter Verwendung der Forward Rates die Anleihe als überbewertet gilt, kommt man bei Verwendung der Effektivrenditen der Kuponanleihen, fälschlicherweise zum umgekehrten Ergebnis. Denn aufgrund des Durchschnittsprinzips wird die Wiederanlage ausgeschütteter Zinsen falsch erfasst.[15]

Das Wiederanlageproblem ausgeschütteter Zinsen lässt sich umgehen, indem die Zinsstrukturkurve auf der Basis von Spot Rates zur Anwendung kommt, die aus den errechneten Forward Rates ermittelt wird:

$s_1 = 6\%$

$s_2 = \sqrt{1{,}06 \cdot 1{,}0808} - 1 = 7{,}0353\%$

$s_3 = \sqrt[3]{1{,}06 \cdot 1{,}0808 \cdot 1{,}1029} - 1 = 8{,}1091\%$

$s_4 = \sqrt[4]{1{,}06 \cdot 1{,}0808 \cdot 1{,}1029 \cdot 1{,}1271} - 1 = 9{,}2439\%$

oder allgemein: $s_n = \sqrt[n]{(1+s_1) \cdot (1+f_{12}) \cdot (1+f_{23}) \cdot \ldots \cdot (1+f_{n-1,n})} - 1$

Wie die errechneten Zahlen zeigen, liegen die Zinssätze der Zerobondstrukturkurve (Synonym: Nullkuponstrukturkurve) oberhalb der Zinssätze der Zinsstrukturkurve auf der Basis von Effektivverzinsungen von Kuponbonds. Liegt ein normaler Verlauf der Zinsstrukturkurve vor, dann ist dies stets so. Besonders deutlich treten die Differenzen zwischen beiden Kurven hervor, wenn längere Laufzeitbereiche miteinander verglichen werden. Wie der Abbildung 3.5 gut entnehmbar ist, können die Abweichungen zwischen den beiden Zinskurven mit steigender Laufzeit ein

---

15 Vgl. **Doerks** (1991), S. 276 f.

deutliches Ausmaß annehmen und damit bei falscher Anwendung zu gravierenden Fehlern führen.

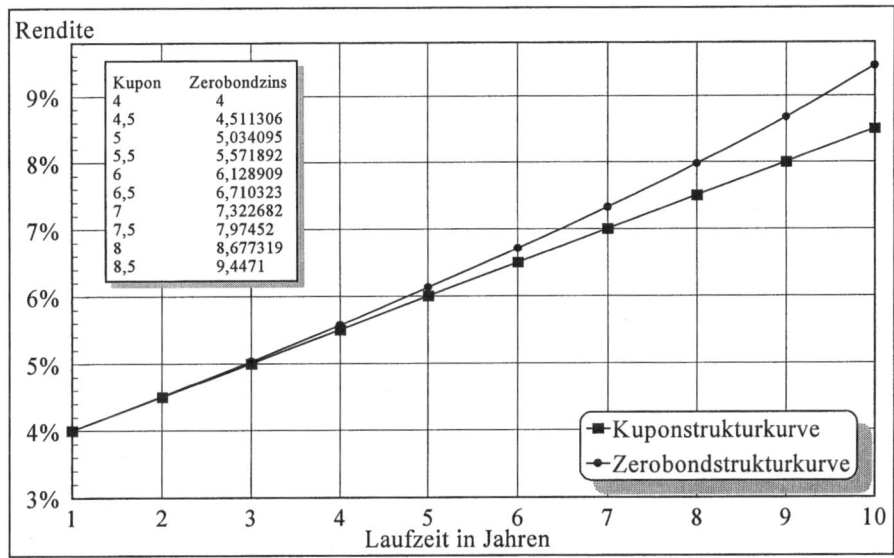

Abbildung 3.5: Kupon- versus Zerobondstrukturkurve bei normaler Zinsstruktur am Kapitalmarkt

Umgekehrt liegen die Zinssätze der Zerobondstrukturkurve regelmäßig unterhalb jener der Zinsstrukturkurve, falls ein inverser Verlauf gegeben ist. Unter Verwendung der Zinssätze aus der Zerobondstrukturkurve liefert auch die Spot Rate-Methode den korrekten Present Value.

$$PV_{SR} = \frac{8}{1,06} + \frac{8}{1,070353^2} + \frac{8}{1,081091^3} + \frac{108}{1,092439^4} = 96,70$$

Wie man sieht, ergibt sich das gleiche Ergebnis wie bei der Verwendung der Forward Rates.

3.2.5 Duration

Als Duration (D) wird eine von Frederick H. Macaulay entwickelte Kennzahl zur Risikobeurteilung von Anleihen bezeichnet.[16] Nach Hicks ist sie ein Maß für das Zinsänderungsrisiko bei festverzinslichen Wertpapieren.[17] Die Duration ist zu verstehen als die durchschnittliche Bindungsdauer (mittlere Selbstliquidierungsperiode) des eingesetzten Kapitals in Jahren. Das Kon-

---

16 Vgl. **Macaulay** (1938), S. 44 ff.
17 Vgl. **Hicks** (1939), S. 12 ff.

zept der Duration empfiehlt Anlegern, die durchschnittliche Bindungsdauer einer Anleihe bzw. eines Anleiheportfolios nach ihren individuellen Anlagehorizonten zu wählen. Nur wenn der individuelle Anlagehorizont mit der Duration übereinstimmt, kann ein vorab angestrebter Endwert unabhängig von eventuellen Marktzinsänderungen realisiert werden.

Zinsänderungsrisiken beziehen sich im engeren Sinn auf das Endwertänderungsrisiko. Damit ist die Gefahr bezeichnet, dass ein bei bestehendem Zinsniveau zu erwartender Endwert einer Anleihe im Tilgungszeitpunkt nicht erzielt wird. Demgegenüber bezeichnet das Zinsänderungsrisiko im weiteren Sinn die Gefahr einer Markt- bzw. Kurswertänderung der Anleihe. Immer wenn der Planungshorizont nicht mit der Anleiherestlaufzeit identisch ist, besitzt das Marktwertänderungsrisiko für Anleger Relevanz. End- und Marktwertänderungsrisiko verhalten sich bei einer Marktzinsänderung gegenläufig, d.h. durch ein sinkendes Marktzinsniveau steigt zwar der Kurs der Anleihe, gleichzeitig sinkt aber der Endwert der Anleihe, da die zufließenden Zinsen nur noch zu geringeren Marktzinsen bis zur Anleihefälligkeit angelegt werden können, et vice versa.

Die Durationsmethode fußt auf mehreren Prämissen.[18] Zunächst wird davon ausgegangen, dass eine flache Zinsstrukturkurve vorliegt. Zum zweiten wird unterstellt, dass bei Zinsänderungen eine Parallelverschiebung der Zinsstrukturkurve abläuft. Drittens müssen Zinsänderungen direkt nach dem Kauf einer Anleihe stattfinden, damit die Duration aussagefähige Ergebnisse liefert.

Das Konzept der Duration macht sich die Gegenläufigkeit der beiden Zinsänderungsrisiken zunutze, indem jener Zeitpunkt berechnet wird, an dem sich die Wirkungen beider Effekte ausgleichen. In Abbildung 3.6 ist die gegenläufige Entwicklung von Kurswert, verstanden als Present Value aller künftigen Zahlungen (PV) und dem Endwert (EW), verstanden als dem Wert, der sich unter Berücksichtigung von wiederangelegten Zinsen einer Anleihe im Tilgungszeitpunkt ergibt, dargestellt.

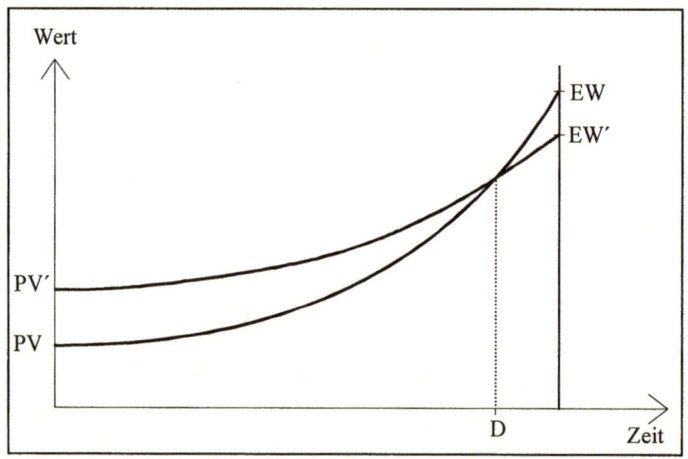

Abbildung 3.6: Schnittpunktlösung der Duration

---

[18] Vgl. **Hawawini** (1987), S. 15.

Die Kurve von PV nach EW charakterisiert den Wertverlauf der betrachteten Anleihe bei einem bestehenden Marktzinsniveau. Fallen die Marktzinsen unmittelbar nach dem Erwerb der Anleihe, so ergibt sich der Kurvenverlauf von PV' nach EW'. Folglich steigt der Kurs der Anleihe auf von PV auf PV' an. Gleichzeitig muss bei dem neuen Marktzinsniveau mit einem von EW auf EW' gesunkenen Endwert gerechnet werden. Im Punkt D kompensieren sich die Wirkungen des gefallenen Marktzinsniveaus genau.

Mathematisch ist die Duration D ein Maß für die Elastizität des Anleihepreises B in Bezug auf Änderungen des Marktzinses i:

$$D = -\frac{dB/B}{di/(1+i)} = -\frac{dB}{di} \cdot \frac{1+i}{B}.$$

Bezeichnet E_t den Zahlungsrückfluss im Zeitpunkt t und n die Restlaufzeit der Anleihe, so berechnet sich der Anleihepreis B nach der PV-Formel

$$B = \sum_{t=1}^{n} E_t \cdot (1+i)^{-t}.$$

Differenziert man nach dem Zinssatz i und setzt das Ergebnis in die Durationsformel ein, so ergibt sich:

$$D = -\frac{dB}{di} \cdot \frac{1+i}{B} = -\left(\sum_{t=1}^{n} E_t \cdot (-t) \cdot (1+i)^{-t-1}\right) \cdot \frac{1+i}{B}$$

$$\Leftrightarrow D = \left(\sum_{t=1}^{n} E_t \cdot t \cdot (1+i)^{-t} \cdot \frac{1}{1+i}\right) \cdot \frac{1+i}{\sum_{t=1}^{n} E_t \cdot (1+i)^{-t}}$$

$$\Leftrightarrow D = \frac{\sum_{t=1}^{n} t \cdot E_t \cdot (1+i)^{-t}}{\sum_{t=1}^{n} E_t \cdot (1+i)^{-t}}.$$

Die Duration ist folglich der Quotient aus der Summe des mit den jeweiligen Zahlungszeitpunkten gewichteten PV der Rückflüsse und der Summe der abgezinsten Rückflüsse der Zahlungen.

Die Immunisierungseigenschaft der Duration kann nun auch formal nachgewiesen werden. Angenommen, ein Investor, der einen Anlagehorizont von T Jahren hat, erwirbt eine Anleihe mit einer Restlaufzeit von n Jahren (n größer oder gleich T). Falls der Marktzinssatz i konstant bleibt, beträgt das Endvermögen V_T^* des Investors am Anlagehorizont:

$$V_T^* = \sum_{t=1}^{n} E_t \cdot (1+i)^{T-t}.$$

Es soll folgendes gezeigt werden: Einmalige Zinsänderungen, die unmittelbar nach Erwerb der Anleihe auftreten, können die Endvermögensposition des Anlegers nicht verschlechtern, sofern der Anlagehorizont T der Duration der Anleihe entspricht. Es wird bei derartigen Zinsverschiebungen mindestens das Vermögen V_T^* erreicht. Insofern handelt es sich um ein Minimumendvermögen.

Die Wirkung einer einmaligen, sofortigen Zinsänderung ausgehend vom gegenwärtigen Zinsniveau i lässt sich mathematisch durch die Ableitung des Endvermögens nach dem Marktzins beschreiben. Es ergibt sich folgende notwendige Bedingung für ein Minimum der Endvermögensfunktion beim Zinssatz i:

$$\left.\frac{dV_T(r)}{dr}\right|_{r=i} = 0 \quad \text{mit} \quad V_T(r) = \sum_{t=1}^{n} E_t \cdot (1+r)^{T-t}.$$

Die Berechnung der Ableitung führt zu:

$$D = -\frac{dB}{di} \cdot \frac{1+i}{B} = -\left(\sum_{t=1}^{n} E_t \cdot (-t) \cdot (1+i)^{-t-1}\right) \cdot \frac{1+i}{B}$$

$$\Leftrightarrow (1+i)^T \cdot \left[\sum_{t=1}^{n} E_t \cdot T \cdot (1+i)^{-t-1} - \sum_{t=1}^{n} E_t \cdot t \cdot (1+i)^{-t-1}\right] = 0$$

$$\Leftrightarrow T = \frac{\sum_{t=1}^{n} t \cdot E_t \cdot (1+i)^{-t}}{\sum_{t=1}^{n} E_t \cdot (1+i)^{-t}}.$$

Die letzte Formel entspricht genau der Berechnungsvorschrift für die Duration. Wie man leicht nachprüfen kann, ist die zweite Ableitung größer null, so dass auch die hinreichende Bedingung für ein Minimum der Endvermögensfunktion erfüllt ist. Wählt also der Investor eine Anleihe oder ein Anleiheportfolio mit einer Duration, die seinem Anlagehorizont entspricht, so ist das Endvermögen gegen Verluste aus einer einmaligen, sofortigen Zinsänderung immunisiert.

Über die Duration lassen sich vier grundlegende Aussagen treffen:[19]

- Die Duration ist umso kleiner, je kürzer die Restlaufzeit ist.

---

[19] Vgl. **Perridon/Steiner** (2002), S. 202.

- Die Duration ist umso kleiner, je höher der Marktzins liegt.
- Die Duration ist umso kleiner, je höher der Anleihekupon ist.
- Die Duration eines Zerobonds entspricht stets seiner Restlaufzeit.

Für eine Anleihe mit zehnjähriger Restlaufzeit bei einem Kupon von 8,5% und einer Marktrendite von 8,5% ergibt sich folgende Duration:

$$D = \frac{1\frac{8,5}{1,085} + 2\frac{8,5}{1,085^2} + 3\frac{8,5}{1,085^3} + 4\frac{8,5}{1,085^4} + 5\frac{8,5}{1,085^5} + 6\frac{8,5}{1,085^6} + 7\frac{8,5}{1,085^7} + 8\frac{8,5}{1,085^8} + 9\frac{8,5}{1,085^9} + 10\frac{108,5}{1,085^{10}}}{\frac{8,5}{1,085} + \frac{8,5}{1,085^2} + \frac{8,5}{1,085^3} + \frac{8,5}{1,085^4} + \frac{8,5}{1,085^5} + \frac{8,5}{1,085^6} + \frac{8,5}{1,085^7} + \frac{8,5}{1,085^8} + \frac{8,5}{1,085^9} + \frac{108,5}{1,085^{10}}}$$

$$D = \frac{711,91}{100,00} = 7,1191$$

Der Nutzen der Duration als Risikomaß liegt in ihrer Interpretation als Sensitivität von Anleihen auf Marktzinsänderungen. Vergleichbar dem Betafaktor bei Aktien gilt die Regel: Je niedriger der Wert der Duration ist, desto geringer ist das Zinsänderungsrisiko.[20] Eine niedrige Duration steht also für einen schnellen Rückfluss des eingesetzten Kapitals. Es ist unmittelbar anschaulich, dass ein schneller Rückfluss des eingesetzten Kapital weniger risikoreich ist als ein langsamer Kapitalrückfluss.

Analog zum Betafaktor bei Aktien lässt sich die Duration auch für ein Anleiheportfolio bestimmen. Dabei wird die Duration der einzelnen im Portfolio enthaltenen Anleihen (D_i) mit ihren Portfolioanteilen (x_i) gewichtet.

$$D_p = \sum_{i=1}^{n} x_i D_i \quad \text{und} \quad \sum_{i=1}^{n} x_i = 1$$

Zur Verdeutlichung wird unterstellt, dass der Anleger neben der oben beschriebenen Anleihe drei weitere festverzinsliche Papiere besitzt. Insgesamt gibt Tabelle 3.12 einen Überblick über die Eigenschaften der vier Anleihen. Das Marktzinsniveau liegt bei 8,5%.

Der Marktwert des Anleiheportfolios im Betrachtungszeitpunkt beträgt 89.161,-- EUR. Entsprechend sind die Portfolioanteile in das Tableau eingetragen worden. Durch die Multiplikation der Portfolioanteile mit den jeweiligen Durationskennzahlen ergibt sich die Portfolioduration.

$$D_p = 0,4486 \cdot 7,1191 + 0,3106 \cdot 5,7098 + 0,1987 \cdot 3,7037 + 0,0421 \cdot 12 = 6,2082$$

---

[20] Vgl. **Hielscher** (1990), S. 51.

i=0,085	Anleihe 1	Anleihe 2	Anleihe 3	Anleihe 4	Summe
Anleihetyp:	Festzins	Festzins	Festzins	Zerobond	
Kupon:	8,5%	7%	5%	6%[21]	
Restlaufzeit:	10 Jahre	7 Jahre	4 Jahre	12 Jahre	
Nominalwert:	40.000,- EUR	30.000,- EUR	20.000,- EUR	10.000,- EUR	100.000,- EUR
Kurs:	100,- EUR	92,32 EUR	88,54 EUR	37,57 EUR	
Marktwert:	40.000,- EUR	27.696,- EUR	17.708,- EUR	3.757,- EUR	89.161,- EUR
Portfolioanteil:	44,86%	31,06%	19,87%	4,21%	
Duration:	7,1191	5,7098	3,7037	12	

Tabelle 3.12: Spezifikationen eines Anleiheportfolios

Soll die Macaulay-Duration zur Abschätzung von Kursveränderungen bei Marktzinsänderungen herangezogen werden, dann lässt sich eine Verbesserung herbeiführen, indem die Duration durch den Term (1+i) dividiert wird. Das Ergebnis dieses Rechenvorgangs bezeichnet man als 'Modified Duration' (MD). Die Modified Duration zeigt die prozentuale Kursveränderung von Anleihen in Abhängigkeit der Veränderung des Marktzinsniveaus an. Mathematisch lautet die Modified Duration:

$$MD = \frac{D}{1+i}.$$

Der auf diese Weise errechnete Wert bezieht sich stets auf den sogenannten 'Dirty Price' von Anleihen. Mit Dirty Price ist der Anleihekurs inklusive Stückzinsen gemeint.[22]

Für die obigen Daten ergibt sich eine Modified Duration von 6,5614.

$$MD = \frac{7,1191}{1,085} = 6,5614\%$$

Bei einer unterstellten Marktzinssenkung um einen Prozentpunkt wird die betrachtete Anleihe folglich um 6,56% im Kurs (Dirty Price) steigen. Der neue Anleihekurs wird anstatt 100,-- EUR somit 106,56 EUR betragen. Zum gleichen Ergebnis gelangt man mit der folgenden Formel. Dabei stellt (Δi) die Marktzinsveränderung dar.

$$\Delta B = - MD \cdot \Delta i$$

$$\Delta B = - 6,5614 \cdot (-0,01) = 0,065614 = 6,5614\%$$

Mit Hilfe der Modified Duration lässt sich neben der prozentualen auch leicht die absolute Preiswirkung von Marktzinsänderungen (Δi) auf Anleihekurse abschätzen. Es wird dabei gefragt, um

---

[21] Die Emissionsrendite beträgt 6%.
[22] Vgl. **Eller** (1991), S. 323.

wie viel EUR sich der Anleihekurs (B) verändert, wenn das Marktzinsniveau sich um einen Basispunkt (0,01%) verschiebt. Folgende Formel kommt zur Anwendung:[23]

$$\Delta K = MD \cdot \frac{K}{10000}$$

$$\Delta K = 6,5614 \cdot \frac{100,-}{10000} = 0,065614 \text{ EUR}$$

Die Kursveränderung der betrachteten Anleihe pro Basispunktänderung beträgt somit 6,56 Cent.

Mit der dargestellten Methodik lässt sich natürlich auch die Wertveränderung von Anleiheportfolios bei Zinssatzänderungen abschätzen. Gleichwohl sollte die Duration und die auf ihr aufbauenden Maße nicht unkritisch angewendet werden, da sie auf einigen speziellen Prämissen fußt. Insbesondere ist die Annahme einer flachen Zinsstrukturkurve problematisch.[24] Flache Zinsstrukturkurven stellen wie oben beschrieben nicht den Regelfall am Anleihemarkt dar. Liegt keine flache Zinsstrukturkurve vor, so ist die Aussagekraft der Duration als Risikomaß bei Anleihen eingeschränkt und nimmt mit der Krümmung der Zinsstrukturkurve weiter ab. Zudem ist das Konzept der Duration statisch. Sich ständig ändernde Marktzinsen müssten auch zu ständigen Anpassungen im Anleihebestand eines Anlegers führen, um die Duration konstant zu halten. Außerdem können Bonitätsrisiken nicht mit Hilfe der Duration erfasst werden. Gleichwohl ermöglicht die Duration bei Abwesenheit extremer Zinsausschläge mit hinreichender Genauigkeit die Erzielung des geplanten Endwertes.

3.2.6 Konvexität

Ausgehend von der Duration einer Anleihe konnte im vergangenen Abschnitt das Kursveränderungspotential bei Marktzinsänderungen bestimmt werden. Dabei wurde auf die Modified Duration zurückgegriffen. Die Kursveränderung aufgrund einer Marktzinsänderung konnte aufgrund der Prämisse errechnet werden, dass zwischen dem Anleihekurs und dem Marktzins ein linearer Zusammenhang besteht. Tatsächlich besteht aber in der Realität zwischen Anleihekursen und Marktzinsen ein nichtlinearer Zusammenhang. Wie in Abbildung 3.7 zu erkennen ist, handelt es sich viel mehr um eine linksgekrümmte Funktion, die deshalb auch als konvex bezeichnet werden kann.

---

23 Vgl. **Eller** (1991), S. 326.
24 Zu den Prämissen und deren Kritik vgl. **Perridon/Steiner** (2002), S. 204.

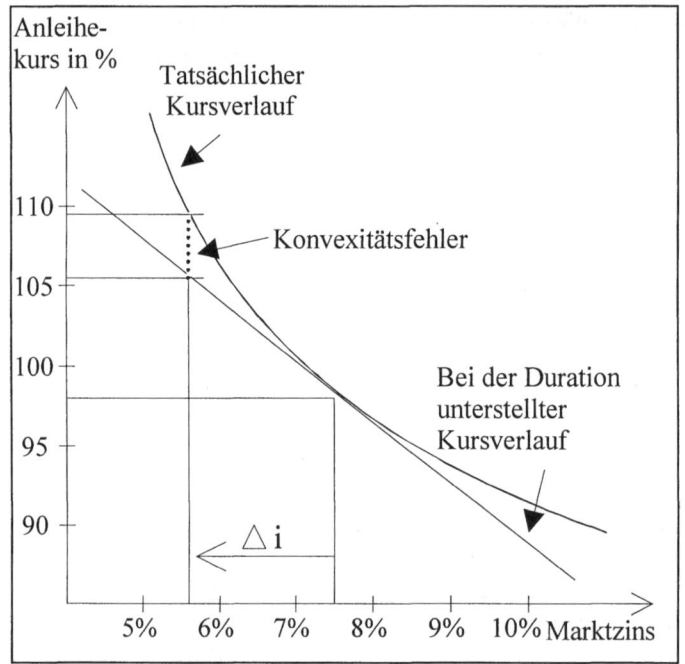

Abbildung 3.7: Zusammenhang zwischen Marktzins und Anleihekurs

Ein Marktzinsrückgang, wie er in der Graphik durch Δi angedeutet ist, führt unter Zugrundelegung der Duration zu einem prognostizierten Marktpreis von ca. 105,50%. In Wirklichkeit erhöht sich der Anleihekurs aber auf ca. 109%. Aus der Graphik ist zudem die Tendenz der Duration zu erkennen, die Wirkung von Marktzinsänderungen auf den Anleihekurs stets zu unterschätzen. Fallen die Zinsen, so steigt der Anleihekurs mehr, als die Duration vermuten lässt. Umgekehrt fällt der Anleihekurs weniger bei Marktzinserhöhungen, als die Duration anzeigt. Um zu genaueren Prognosewerten für die Preisveränderung von Anleihen bei Marktzinsänderungen zu gelangen, wird das Konzept der Konvexität eingesetzt. Insofern lässt sich die Konvexität als Tracking Error der Duration begreifen.[25] Die Konvexität (C) misst die Krümmung der Kurve im Marktzins/Anleihekurs-Diagramm. Zu ihrer Berechnung findet folgende Formel Verwendung:

$$C = \frac{\sum_{t=1}^{n} t(t+1) \cdot E_t \cdot (1+i)^{-t}}{(1+i)^2 \cdot \sum_{t=1}^{n} E_t \cdot (1+i)^{-t}}$$

Im Vergleich zur Durationsformel ist im Zähler lediglich der Term (t+1) hinzugefügt worden. Der aus der Durationsformel bekannte Nenner wird in der Konvexitätsformel mit $(1+i)^2$ mul-

---

[25] Vgl. **Kolb** (1992), S. 245.

tipliziert. Mit den Beispieldaten der Durationsberechnung ergibt sich für die Konvexität der zehnjährigen Anleihe:

$$C = \frac{1(1+1)\frac{8,5}{1,085} + 2(2+1)\frac{8,5}{1,085^2} + 3(3+1)\frac{8,5}{1,085^3} + 4(4+1)\frac{8,5}{1,085^4} + 5(5+1)\frac{8,5}{1,085^5}}{1,085^2(\frac{8,5}{1,085} + \frac{8,5}{1,085^2} + \frac{8,5}{1,085^3} + \frac{8,5}{1,085^4} + \frac{8,5}{1,085^5}}$$

$$\frac{+ 6(6+1)\frac{8,5}{1,085^6} + 7(7+1)\frac{8,5}{1,085^7} + 8(8+1)\frac{8,5}{1,085^8} + 9(9+1)\frac{8,5}{1,085^9} + 10(10+1)\frac{108,5}{1,085^{10}}}{+ \frac{8,5}{1,085^6} + \frac{8,5}{1,085^7} + \frac{8,5}{1,085^8} + \frac{8,5}{1,085^9} + \frac{108,5}{1,085^{10}})}$$

$$C = \frac{6883,2616}{117,7225} = 58,4702$$

Um schließlich die Auswirkung einer größeren Marktzinsänderung abschätzen zu können, wird die Konvexität in die von der Modified Duration bekannten Preisveränderungsgleichungen eingesetzt. Allgemein sieht die prozentuale Preisabschätzung dann wie folgt aus:

$$\frac{\Delta B}{B} = - MD \cdot \Delta i + 0,5 \cdot C \cdot (\Delta i)^2$$

Unter Verwendung der Beispieldaten lässt sich die approximierte prozentuale Preisabweichung errechnen. In unserem Beispiel betrage die Marktzinsveränderung minus 2 Prozentpunkte, d.h. die Marktrendite sinkt von 8,5% auf 6,5%. Daraus ergibt sich die geschätzte prozentuale Preisveränderung ($\Delta B/B$) der betrachteten Anleihe.

$$\frac{\Delta B}{B} = -6,5613(-0,02) + 0,5 \cdot 58,4702(-0,02)^2 = 0,1429 \approx 14,29\%$$

Der Anleihekurs wird demzufolge von 100,-- EUR auf 114,29 EUR steigen. Unter Verwendung der bisherigen Formel zur Abschätzung der Preiswirkungen von Marktzinsänderungen ergab sich ein Wert von 0,1312. In Tabelle 3.13 ist ein Vergleich zwischen den unterschiedlich berechneten Preisabschätzungen dargestellt. Der Tabelle liegt die Frage zugrunde, welche Kursveränderungen eine Marktzinsänderung von 8,5% auf x% verursachen würde.

Es ist deutlich zu erkennen, dass die Ungenauigkeit der Durationsmethode mit zunehmender Größe der Marktzinsänderung zu größeren Fehleinschätzungen führt.[26] Mit Hilfe der Konvexität lässt sich demgegenüber der Marktpreis gut approximieren. Der diesbezügliche Vorteil der Konvexität fällt noch mehr ins Gewicht, je länger die Restlaufzeit der Anleihe ist.

---

26   Die Preisabschätzung auf der Basis der Modified Duration bringt lediglich für Marktzinsänderungen bis zu einem Prozentpunkt brauchbare Ergebnisse. Vgl. **Eller** (1991), S. 323.

Marktzins x%	Anleihekurs (PV)	Durationpreis- schätzung (D)	Konvexitäts- preisschätzung (K)	Differenz K - D
4,5%	131,65 EUR	126,25 EUR	130,92 EUR	4,67 EUR
5,5%	122,61 EUR	119,68 EUR	122,32 EUR	2,64 EUR
6,5%	114,38 EUR	113,12 EUR	114,29 EUR	1,17 EUR
7,5%	106,86 EUR	106,56 EUR	106,85 EUR	0,29 EUR
8,5%	100,-- EUR	100,-- EUR	100,--EUR	0,-- EUR
9,5%	93,72 EUR	93,44 EUR	93,73 EUR	0,29 EUR
10,5%	87,97 EUR	86,88 EUR	88,05 EUR	1,17 EUR
11,5%	82,70 EUR	80,32 EUR	82,95 EUR	2,63 EUR
12,5%	77,85 EUR	73,75 EUR	78,43 EUR	4,68 EUR

Tabelle 3.13: Vergleich zwischen konvexitäts- und durationsinduzierten Preisabschätzungen

Wie die Duration, so kann auch die Konvexität für ganze Portfolios berechnet werden. Sodann können mit ihrer Hilfe die marktzinsinduzierten Wertveränderungen von Portfolios hinreichend genau prognostiziert werden.

3.2.7 Effective Duration

Im Gegensatz zur Duration ermöglicht die Effective Duration (ED) die Berücksichtigung nicht flacher Zinsstrukturkurven.[27] Hierzu werden die einzelnen Zinszahlungen in der Durationsformel nicht mehr mit einem einheitlichen Zinssatz, sondern mit den zugehörigen Kassazinssätzen (Spot Rates) diskontiert.

$$ED = \frac{\sum_{t=1}^{n} t \cdot Z_t \cdot (1+i_{0t})^t}{\sum_{t=1}^{n} Z_t \cdot (1+i_{0t})^t}$$

mit : i_{0t} = Kassazinssatz für den Anlagezeitraum von 0 bis t.

Obwohl die Effective Duration die Realität mit ihren zumeist gekrümmten Zinsstrukturkurven besser abbildet, sind ebenfalls nur Verschiebungen des Zinsniveaus um einen konstanten Faktor möglich.[28] Ein solches Szenario ist jedoch eher unwahrscheinlich. Zinsausschläge fallen in der

---

[27] Vgl. **Bühler/Hies** (1995), S. 112-118.
[28] Vgl. **Elton/Gruber** (1995) S. 560.

Regel am kurzen Ende stärker aus als am langen Zinshorizont.[29] Auch sind Drehungen der Zinsstrukturkurve, bei denen sich die Zinssätze unterschiedlicher Fristigkeit in gegensätzliche Richtungen bewegen, keine Seltenheit. Weiterhin nachteilig ist, dass die Aussagefähigkeit wie bei der Duration mit zunehmenden Zinsänderungen abnimmt. Besonders beim Hedging und beim asset-liability Management von Zinspositionen ist eine differenzierte Betrachtung der Zinsstrukturkurve notwendig, um zufriedenstellende Ergebnisse zu erzielen.[30]

3.2.8 Key Rate Duration

Beim Konzept der Key Rate Duration werden anstelle einer Verschiebung der gesamten Zinsstrukturkurve einzelne Kassazinssätze – so genannte Key Rates – variiert. Für die jeweilige Analyse werden in Abhängigkeit von Anlagehorizont und vergangenen Erfahrungen geeignete Key Rates ausgewählt. Die Veränderung einer Key Rate hat Einfluss auf die umliegende Zinslandschaft. Dieser Effekt nimmt linear ab und verschwindet bei Berührung der nach oben und unten angrenzenden Key Rates. In

Abbildung 3.8 sind beispielhaft Key Rates mit (Rest-) Laufzeiten von einem, fünf, zehn bzw. fünfzehn Jahren abgetragen, die im Ausgangszeitpunkt 5%, 6%, 7% und 7,5 % betragen.

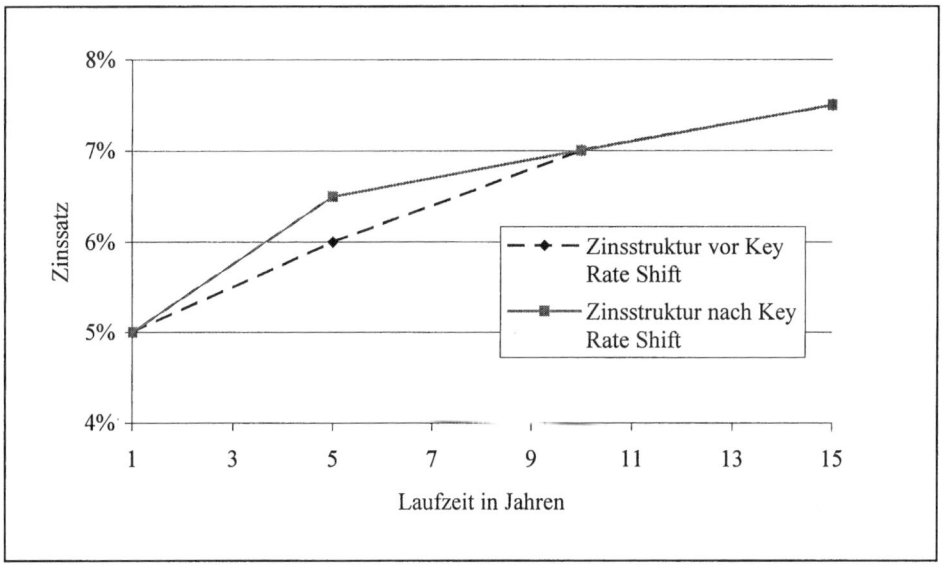

Abbildung 3.8: Zinsstrukturkurve vor und nach Variation der fünfjährigen Key Rate

In dem betrachteten Zinsszenario steigt die Key Rate mit fünfjähriger Laufzeit von 6% auf 6,5%.

---

[29] Vgl. **Elton/Gruber** (1995), S. 561.

[30] Vgl. **Tuckman** (1996), S. 157.

Ausschlaggebend für den Einfluss auf die gesamte Zinslandschaft sind die zeitlichen Intervalle zwischen den Key Rates. Wie in der Abbildung zu erkennen, schlägt die Zinsänderung auf ein breites Laufzeitband durch – betroffen wären Restlaufzeiten von größer einem bis zu zehn Jahren. Die Abstände der Key Rates lassen sich nach subjektivem Ermessen hinsichtlich der Wirkungsweise monetärer Prozesse festlegen; je zeitlich enger sie beieinander liegen, desto lokaler ist der Einfluss.

Mit der Key Rate Duration lassen sich isoliert Zinsentwicklungen am kurzen und/oder langen Ende sowie Drehungen der Zinsstrukturkurve untersuchen. Analog zur Modified Duration ergibt sich die j-te Key Rate Duration als negative prozentuale Preisveränderung des Zinsinstruments bei einer marginalen Variation der j-ten Key Rate.

$$KRD_j = -\frac{dP/P}{di_j} = -\frac{-j \cdot (1+i_{0j})^{j-1} \cdot Z_j}{\sum_{t=1}^{n} Z_t \cdot (1+i_{0t})^t} \qquad (j=1,...,n)$$

Stimmt die Fälligkeit der j-ten Key Rate nicht mit einer Zinszahlung überein und/oder berührt die Zinsänderung mehr als eine Zahlung aus dem Zinsinstrument, so erfasst die Formel nicht – bzw. nur unzureichend – die Auswirkung der Key Rate-Veränderung. Wie Abbildung 3.8 veranschaulicht, ist dies auf den Einfluss auf die benachbarten Zinssätze zurückzuführen. Beispielsweise erfordert die Analyse einer Kuponanleihe mit fünfzehnjähriger Restlaufzeit bei einer Variation der fünfjährigen Key Rate, dass alle Anleihezahlungen im Laufzeitband zwischen zwei und neun Jahren einbezogen werden. Da die Anhebung oder Absenkung der Key Rate die betroffenen Zinssätze nicht parallel verschiebt, ist die Vorgehensweise über die Ableitung unzulässig. Um die Key Rate Duration zu bestimmen, werden ausgehend von einer gegebenen Bewegung der Key Rate die resultierenden Preisänderungen numerisch berechnet.

$$KRD_j = -\frac{\frac{P_j - P}{P}}{\Delta R_j} = -\frac{\Delta P_j/P}{\Delta R_j}$$

Anhand der fünfzehnjährigen Anleihe, die mit einem Kupon von 7% ausgestattet ist, wird das Verfahren beispielhaft bei einem Anstieg der fünfjährigen Key Rate von 6% auf 6,5% demonstriert.

Im Gegensatz zur herkömmlichen Duration werden nicht alle Barwerte der Anleihezahlungen von der Zinsänderung berührt, sondern lediglich die Zahlungen der Jahre zwei bis neun. Je nach dem, wie weit die Key Rates zeitlich auseinanderliegen, verringert oder erweitert sich das Spektrum der relevanten Anleihezahlungen. Die Key Rate Duration ergibt sich nach Einsetzen in obige Formel:

$$KRD_5 = -\frac{\frac{98,14 - 98,69}{98,69}}{0,5\%} = 1,1146$$

Jahr	Zinssatz vor Variation der Key Rate	Barwert der Anleihezahlungen	Zinssatz nach Variation der Key Rate	Barwert der Anleihezahlungen
1	5,00%	6,67	5,000%	6,67
2	5,25%	6,32	5,375%	6,30
3	5,50%	5,96	5,750%	5,92
4	5,75%	5,60	6,125%	5,52
5	6,00%	5,23	6,500%	5,11
6	6,20%	4,88	6,600%	4,77
7	6,40%	4,53	6,700%	4,45
8	6,60%	4,20	6,800%	4,14
9	6,80%	3,87	6,900%	3,84
10	7,00%	3,56	7,000%	3,56
11	7,10%	3,29	7,100%	3,29
12	7,20%	3,04	7,200%	3,04
13	7,30%	2,80	7,300%	2,80
14	7,40%	2,58	7,400%	2,58
15	7,50%	36,16	7,500%	36,16
Summe		98,69		98,14

Tabelle 3.14: Barwerte der Anleihezahlungen vor und nach Variation der fünfjährigen Key Rate

Die entsprechenden Werte bei einer isolierten Anhebung der ein-, zehn- bzw. fünfzehnjährigen *Key Rate* betragen:

$$KRD_1 = -\frac{\frac{98,54 - 98,69}{98,69}}{0,5\%} = 0,3040$$

$$KRD_{10} = -\frac{\frac{97,88 - 98,69}{98,69}}{0,5\%} = 1,6415$$

$$KRD_{15} = -\frac{\frac{95,93 - 98,69}{98,69}}{0,5\%} = 5,5933$$

Das Ansteigen der Key Rate Duration mit zunehmender Restlaufzeit der Key Rate ist auf den längeren Zinsbindungszeitraum zurückzuführen, wobei der Effekt bei der fünfzehnjährigen Key Rate durch die Rückzahlung des Nominalwerts verstärkt wird.[31]

Der Vorteil der Key Rate Duration besteht in der größeren Flexibilität gegenüber anderen Dura-

---

31 Vgl. **Tuckman** (1996), S. 164.

tionsmaßen.[32] Allerdings steigt der Aufwand der einzelnen Berechnungsschritte. Weiterhin gilt, dass zur Anwendung der Key Rate Duration klare Vorstellungen über die zukünftige Zinslandschaft existieren sollten, da sowohl der Abstand der Key Rates, als auch das Ausmaß der Zinsänderungen festgelegt wird.

3.2.9 Steuerliche Bewertungsmaßstäbe

Grundsätzlich ist bei der Betrachtung steuerlicher Aspekte bei Anleihen zu unterscheiden, ob die Wertpapiere im Privat- oder im Betriebsvermögen gehalten werden. An dieser Stelle interessiert aber vornehmlich die Besteuerung von im Privatbesitz befindlichen Anleihen. Die einschlägigen grundsätzlichen Regelungen hierzu finden sich im Einkommensteuergesetz (EStG). Nach § 20 Abs. 7 EStG zählen Zinsen aus Anleihen zu den Einkünften aus Kapitalvermögen. Gemäß dem sog. Zuflussprinzip wird eine Besteuerung von Zinseinkünften in dem Jahr wirksam, in dem die Zinsen dem Anleger gutgeschrieben bzw. ausbezahlt worden sind. Mit Inkrafttreten des Zinsabschlagsteuergesetzes (ZAStG) zum 01.01.1993 bestehen für Zinseinkünfte allerdings Sparerfreibeträge in Höhe von 6.000,-- DM für Ledige und 12.000,-- DM für Verheiratete. Das verabschiedete Steuerentlastungsgesetz 1999/2000/2002 wird entgegen der semantischen Bedeutung für den Anleger weitgehend zu einer höheren Steuerbelastung führen. So wird der bislang geltende Freibetrag ab dem 1. Januar 2000 auf 3.000,-- DM für Ledige und 6.000 DM für Verheiratete halbiert.[33] Die bestehende Werbungskostenpauschale von 100,- DM für Ledige und 200,- DM für Verheiratete bleibt bestehen. Mit Einführung des EUR wurden der Sparerfreibetrag auf 1.550,-/3.100,- EUR sowie die Werbungskostenpauschale auf 51,/102,- EUR aufgerundet. Durch Hinterlegung eines Freistellungsauftrags bei seinem(n) Kreditinstitut(en) kann der Anleger die Durchleitung der Anleihezinsen bis zur Höhe des gesamten Freibetrags bewirken. Wird kein Freistellungsauftrag hinterlegt, dann zieht das Kreditinstitut als Zahlstelle der Zinsen 30% des Zinsertrags ab und überweist diese an das zuständige Finanzamt. In diesem Fall kann sich der Anleger im Rahmen seiner Einkommensteuererklärung die zuviel gezahlten Steuern vom Finanzamt erstatten lassen. Bei Tafelgeschäften, bei denen der Anleger die effektiven Kuponscheine seiner Bank zur Auszahlung vorlegt, beträgt die Höhe der Zinsabschlagsteuer 35%.[34]

---

[32] Vgl. **Elton/Gruber** (1995), S. 563.

[33] Vgl. § 20 Abs. 4 EStG n.F.

[34] Allerdings bestehen steuerbefreite Ausnahmen für bis zu bestimmten Terminen begebene Anleihen der Weltbank (24.09.1992) und der Interamerikanischen Entwicklungsbank (IADB) (04.11.1992).

Anleihe-kupon	Portfoliovolumen Ledige:	Portfoliovolumen Verheiratete:
2,0%	80.050,00	160.100,00
2,5%	64.040,00	128.080,00
3,0%	53.366,67	106.733,33
3,5%	45.742,86	91.485,71
4,0%	40.025,00	80.050,00
4,5%	35.577,78	71.155,56
5,0%	32.020,00	64.040,00
5,5%	29.109,09	58.218,18
6,0%	26.683,33	53.366,67
6,5%	24.630,77	49.261,54
7,0%	22.871,43	45.742,86
7,5%	21.346,67	42.693,33
8,0%	20.012,50	40.025,00
8,5%	18.835,29	37.670,59
9,0%	17.788,89	35.577,78

Tabelle 3.15: Von der Besteuerung freigestellte Portfoliovolumina bei alternativen Zinshöhen

Das oben stehende Tableau gibt einen Überblick über die von der Besteuerung befreiten Portfoliovolumina ab dem Veranlagungszeitraum 2002 bei unterschiedlichen Kuponniveaus. Z.B. werden bei einem Zinssatz von 5% bereits Portfolios ab einer Höhe von 32.020,- EUR (64.040,- EUR bei Verheirateten) von der Besteuerung erfasst.

Schwieriger gestaltet sich die Beurteilung von Kursgewinnen bei Anleihen. Prinzipiell sind Kursgewinne steuerfrei, es sei denn, sie werden innerhalb der Spekulationsfrist realisiert. Die Verlängerung der Spekulationsfrist von 6 auf 12 Monate ab dem Veranlagungszeitraum 1999 ist in § 23 Abs. 1 Nr. 2 EStG n.F. geregelt. In diesem Fall handelt es sich bei den Kursgewinnen um sonstige Einkünfte gemäß § 22 Abs. 2 EStG. Die Spekulationsfrist verlängert sich auch rückwirkend für solche Geschäfte, bei der die alte Frist von 6 Monaten bereits verstrichen ist. Der Begriff des "Spekulationsgeschäftes" wurde durch den Terminus "Private Veräußerungsgeschäfte" ersetzt. Eine materielle Änderung ist mit dieser Begriffsveränderung nicht verbunden.

Verluste aus privaten Veräußerungsgeschäften dürfen nur mit Gewinnen aus privaten Veräußerungsgeschäften verrechnet werden. Eine Verrechnung von Verlusten mit anderen Einkunftsarten ist nach wie vor nicht möglich.[35] Bislang konnten Verluste nur mit Gewinnen aus demselben Kalenderjahr verrechnet werden. In diesem Fall führt das Steuerentlastungsgesetz jedoch zu einer Verbesserung für den privaten Anleger. Mit dem neuen § 23 Abs. 3 S. 7 ist die Verlustverrechnung auch mit Gewinnen aus privaten Veräußerungsgeschäften des Vorjahres oder mit Fol-

---

[35] Vgl. § 23 Abs. 3 S. 4 EStG a.F.

gejahren möglich. Die Freigrenze von 511,99 EUR für Gewinne aus privaten Veräußerungsgeschäften bleibt weiterhin bestehen, d.h. ab einem Gewinn von 512,- EUR ist der volle Betrag zu versteuern.

Werden Stücke einer Wertpapiergattung zu verschiedenen Zeitpunkten gekauft und verkauft unterstellt das Finanzamt nach einer Entscheidung des Bundesfinanzhof das Prinzip First in First out (FiFo). Dabei wird unterstellt, dass die zuerst gekauften Stücke auch zuerst verkauft werden. Mit dieser Entscheidung fällt die Zahl der Wertpapiere, deren Verkauf innerhalb der Spekulationsfrist liegt. Zur Ermittlung des steuerlichen Gewinnes oder Verlustes werden die durchschnittlichen Anschaffungskosten der Stücke zugrunde gelegt, die innerhalb der Spekulationsfrist gekauft wurden. Die Vorgehensweise soll an einem Beispiel verdeutlicht werden. Ein Anleger kauft zu verschiedenen Terminen Stücke oder Nominale einer Wertpapiergattung:

  15.01.1999 500 Stück/Nominale je 54 EUR = 27.000 EUR
  13.02.1999 600 Stück/Nominale je 60 EUR = 36.000 EUR
  30.07.1999 300 Stück/Nominale je 64 EUR = 19.200 EUR

Am 24.01.2000 verkauft der Anleger 800 Stück /Nominale zum Kurs von 59 EUR. Bei der Berechnung des Spekulationsgewinnes oder -verlustes sind nur 300 Stück/Nominale zu berücksichtigen, da für die 500 zuerst gekauften Stücke die Spekulationsfrist bereits überschritten wurde. Es errechnet sich ein durchschnittlicher Anschaffungskurs von 61,33 EUR ((36.000 EUR + 19.200 EUR)/900). Der Verlust aus privaten Veräußerungsgeschäften beträgt demnach 700,-- EUR ((300 · (59,-- EUR – 61,33 EUR)). Diesen steuerlichen Verlust kann der Anleger mit Kursgewinnen aus anderen Veräußerungsgeschäften verrechnen. Fällt im selben Kalenderjahr kein Kursgewinn am, besteht die Möglichkeit der Verrechnung mit Kursgewinnen des vorangegangen Jahres oder der folgenden Jahre.

Aus dem Gesagten wird deutlich, dass Kursgewinne steuerlich grundsätzlich günstiger gestellt sind als Zinserträge. Für Privatanleger ist es deshalb i.d.R. aus steuerlichen Gründen vorteilhafter, Kursgewinne zu erzielen, anstatt Zinserträge zu vereinnahmen.

Da die Emittenten festverzinslicher Wertpapiere sich dieser Konstellation durchaus bewusst sind, gibt es Tendenzen Anleiheinstrumente zu kreieren, bei denen die Entstehung eines Kursgewinns im Vordergrund steht. Zu denken ist hier z.B. an Kombizinsanleihen, die weiter unten analysiert werden.

Mit seinem Schreiben vom 29. März 1993 hat der Bundesminister der Finanzen allerdings verfügt, dass nur solche Kursgewinne steuerfrei bleiben, die nicht als Gegenleistung für die Überlassung von Kapital zu klassifizieren sind.[36] Folglich kommt es für die steuerliche Beurteilung von Kursgewinnen darauf an, ob bei der Emission von Anlagepapieren eine sichere Rendite für den Fall des Einlösens zum Tilgungszeitpunkt versprochen wird.

Eine weitere Möglichkeit Kursgewinne zu generieren, besteht z.B. in der Festsetzung eines möglichst großen Emissionsdisagios bei Anleihen. Mit Disagio wird der Betrag bezeichnet, um den

---

36 Siehe BStBl. I 1993 IV B 4, S. 343.

der Emissionskurs einer Anleihe unter ihrem Rückzahlungskurs liegt. Entsprechend ist mit Agio der Ausgabeaufschlag gemeint. Eine Anleihe, die zu 90,-- EUR emittiert wird, weist demzufolge bei einem üblichen Tilgungskurs von 100,-- EUR ein steuerfreies Emissionsdisagio von 10,-- EUR auf. Besonders bei Optionsanleihen wurde in der Vergangenheit reger Gebrauch von der Festsetzung eines hohen Emissionsdisagios gemacht. Inzwischen hat aber der Bundesminister der Finanzen mit seinem Schreiben vom 24.11.1986 eine sog. Disagiostaffel erlassen, die die steuerfreie Höhe des Disagios in Abhängigkeit von der Restlaufzeit festlegt.[37] Seither gelten die in Tabelle 3.16 wiedergegebenen Emissionsabgelte als steuerfrei:

Laufzeit:	Steuerfreies Disagio:
bis unter 2 Jahre	1%
2 Jahre bis unter 4 Jahre	2%
4 Jahre bis unter 6 Jahre	3%
6 Jahre bis unter 8 Jahre	4%
8 Jahre bis unter 10 Jahre	5%
ab 10 Jahre	6%

Tabelle 3.16: Disagiostaffel bei Emissionen

Werden Anleihen dennoch mit größeren Emissionsabgelten ausgestattet, so erfolgt eine Besteuerung des Disagios gemäß der Zerobondbesteuerung, die im folgenden Abschnitt beschrieben wird.

3.2.10 Bewertung spezieller Anleiheformen

3.2.10.1 Zerobonds

Anstatt einer jährlichen Auszahlung von Zinsen kommt es bei Zerobonds oder Nullkuponanleihen zur Zuschreibung des Zinsbetrages zum Kurs. Die Rendite und der Endwert von Zerobonds im Tilgungszeitpunkt steht bei Zerobonds bereits zum Emissionszeitpunkt fest. Als Endwert wird bei echten Zerobonds jeweils der Kurs von 100,-- EUR pro 100,-- EUR Nominalwert festgelegt, während bei Zinssammlern der Endwert im Tilgungszeitpunkt oberhalb des Emissionskurses von 100,-- EUR liegt. Werden zum Emissionskurs gekaufte Zerobonds bis zum Tilgungszeitpunkt gehalten, dann besteht unter Vernachlässigung des Bonitätsrisikos für die Anleger Sicherheit hinsichtlich der erzielbaren Rendite und des Endwerts.

Während der Laufzeit wird die Kursentwicklung der Zerobonds von der Marktzinsentwicklung determiniert. Im Vergleich zu Kuponanleihen weisen Zerobondnotierungen z.T. deutlich höhere Kursschwankungen auf. Zurückzuführen sind die höheren Kursausschläge auf die fehlenden Wiederanlagemöglichkeiten ausgeschütteter Zinsen zum Marktzinssatz. Weil die Wiederanlage

---

[37] Siehe BStBl. 1986 IV B 4, S. 539 f.

bei Zerobonds stets imaginär in Höhe der Emissionsrendite erfolgt, sind zwei Effekte denkbar. Entweder, der Marktzins fällt unter die Emissionsrendite. Dann kommt es zu einem deutlichen Kursanstieg des Zerobonds da der Zerobond eine Wiederanlage der Zinsen in Höhe der Emissionsrendite verspricht, die in diesem Fall über der Marktrendite liegt. Um diesen Vorteil auszugleichen, wird der Kurs des Zerobonds stark steigen. Aus diesem Argument beziehen Zerobonds einen großen Teil ihrer Attraktivität, denn mit dem Erwerb von Zerobonds gelingt eine ausgeprägte Partizipation an Marktzinssenkungen.

Steigt der Marktzins hingegen über die Emissionsrendite, dann bieten Kuponanleihen die Möglichkeit zur Wiederanlage ausgeschütteter Zinsen zu über der Emissionsrendite liegenden Sätzen. Beim Zerobond geschieht die Wiederanlage demgegenüber nur in Höhe der unter der Marktrendite liegenden Emissionsrendite. Diesen Nachteil gleicht der Zerobond durch einen niedrigeren Kurs aus, so dass auch der Zerobond eine Effektivverzinsung in Höhe der Marktrendite aufweist.

Da bei Zerobonds keinerlei Zahlungen vor den Tilgungsterminen auftreten, entspricht ihre Duration stets ihrer Restlaufzeit. Somit liegt die Duration bei Zerobonds immer höher als bei vergleichbaren Kuponanleihen mit identischer Laufzeit. Die höhere Duration bestätigt deshalb das erhöhte Zinsänderungsrisiko bei Zerobonds.

Zur Bestimmung des richtigen Kurses von Zerobonds eignet sich wiederum die Present Value-Methode. Um den Present Value (PV) bei Zerobonds zu errechnen, muss der Tilgungskurs ($K_{Tilg.}$) einfach auf den Betrachtungszeitpunkt mit dem Marktzins (i) diskontiert werden. Folgende Formel ist für die Berechnung geeignet:

$$PV = \frac{K_{Tilg.}}{(1+i)^{RLZ}}$$

In der Formel entspricht RLZ der Restlaufzeit des Zerobonds. Die Emissionsrendite (r) eines Zerobonds errechnet sich folgendermaßen:

$$r = \sqrt[Laufzeit]{\frac{K_{Tilg.}}{K_{Emiss.}}} - 1.$$

Der typische Kursverlauf eines Zerobonds ist in Abbildung 3.9 dargestellt. Dabei wurden Annahmen über die Entwicklung des Marktzinsniveaus während der Zerobondlaufzeit getroffen. Basis der Kursberechnungen ist die folgende Datenlage:

Emissionsdatum:	01.01.1986
Tilgungsdatum:	31.12.2000
Emissionsrendite (r):	8,3574%
Emissionskurs ($K_{Emiss.}$):	30,-- DM
Tilgungskurs ($K_{Tilg.}$):	100,-- DM
Laufzeit:	15 Jahre

Der obere Kursverlauf ergibt sich, falls der Marktzins am 01.01.1987 auf 5% fällt. Beim unteren

Kursverlauf wird ein Zinssprung auf 12% unterstellt. Der mittlere Kursverlauf entspricht einem über die gesamten Laufzeit konstanten Marktzinsniveau.

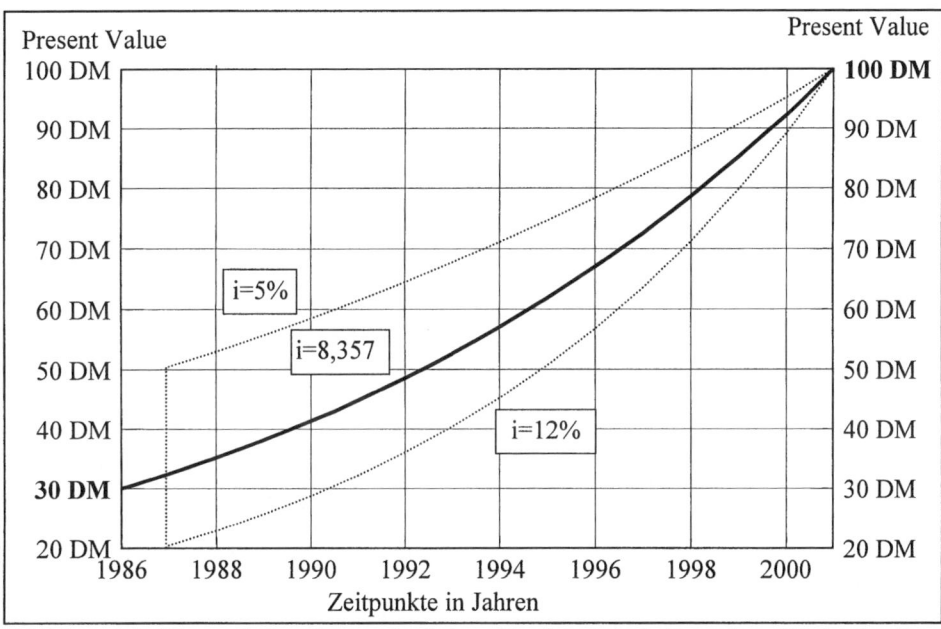

Abbildung 3.9: Theoretischer Kursverlauf eines Zerobonds bei alternativen Marktzinssätzen

Da bei Zerobonds keine Zinszahlungen erfolgen, ist der Gedanke zunächst naheliegend, dass die ausschließlich aus Kursgewinnen bestehenden Erträge für Privatanleger steuerfrei zu vereinnahmen sind, sofern sie nicht innerhalb der Spekulationsfrist von zwölf Monaten angefallen sind.[38] Tatsächlich können zwei Fälle unterschieden werden. Falls Zerobonds über die gesamte Laufzeit gehalten werden, so wird die Differenz zwischen Emissions- und Tilgungskurs als Zinsertrag qualifiziert. Im Zeitpunkt des Zuflusses des Tilgungsbetrags beim Anleger fällt demzufolge die Steuer für den gesamten Zinsertrag an.

Komplizierter stellt sich die Lage dar, wenn die Zerobonds während der Laufzeit veräußert werden. In diesem Fall ist eine Aufteilung des Ertrags in eine Zins- und eine Kursgewinnkomponente vorgesehen.[39] Der Besteuerung unterliegt die Differenz zwischen rechnerischem Anschaffungs- und Veräußerungskurs. Die Berechnung der beiden Kurse erfolgt mittels eines Aufzinsungsfaktors (F).[40]

---

[38] Befinden sich Zerobonds im Besitz von Unternehmen, dann stellen die Kursgewinne regelmäßig jährlich zu versteuernde Einkünfte aus Gewerbebetrieb dar.

[39] Siehe das Schreiben des Bundesministers der Finanzen vom 24.01.1985 IV B 4, S. 77 ff.

[40] Vgl. **Perridon/Steiner** (2002), S. 412.

$$F = (1+r)^n \cdot \left(\frac{r \cdot 100 \cdot T}{360 \cdot 100} + 1 \right)$$

mit: r = Emissionsrendite,
n = ganze Jahre und
T = Anzahl der Tage des Anlagezeitraums, soweit er über n Jahre hinausgeht.

Wird der oben beschriebene Zerobond beispielsweise am 01.03.1988 im Nominalwert von 10.000,-- DM zu 35,-- DM pro 100,-- DM Nominalwert gekauft und am 11.09.1991 zu 48,-- DM verkauft, so resultiert daraus folgender Aufzinsungsfaktor:

$$F_{Kauf} = (1+0{,}083574)^2 \cdot \left(\frac{0{,}083574 \cdot 100 \cdot 60}{360 \cdot 100} + 1 \right) = 1{,}1904871$$

Der steuerlich relevante rechnerische Kaufkurs für den 01.03.1988 liegt dann bei 35,71 DM (Emissionskurs · F_{Kauf}).

$$F_{Verkauf} = (1+0{,}083574)^5 \cdot \left(\frac{0{,}083574 \cdot 100 \cdot 250}{360 \cdot 100} + 1 \right) = 1{,}5804964$$

Der steuerlich relevante rechnerische Verkaufskurs für den 11.09.1991 liegt bei 47,41 DM (Emissionskurs · $F_{Verkauf}$).

Mithin beträgt die im Zuflusszeitpunkt 11.09.1991 zu versteuernde Differenz 1.170,-- DM. Demgegenüber beträgt die aus den tatsächlichen Marktkursen resultierende Differenz 1.300,-- DM, so dass ein steuerfreier Kursgewinn von 130,-- DM erzielt werden konnte. Da der zu versteuernde Zinsertrag unabhängig von den Marktpreisen des Zerobonds ermittelt wird, kann bei ungünstiger Konstellation eine Besteuerung nicht erzielter Gewinne stattfinden. Für Anleger ist es deshalb aus steuerlichen Gründen günstig, beim Kauf von Zerobonds Ausschau nach solchen Papieren zu halten, die unterhalb ihres steuerlichen rechnerischen Kurses liegen. Ansonsten macht der Erwerb von Zerobonds besonders für jene Anleger Sinn, die in späteren Jahren einen niedrigeren Grenzeinkommensteuersatz haben. Eine Verlagerung der Zinserträge in diese Zeit führt somit zu einem Steuerspareffekt.

Bei Zerobonds kommt der Bonitätsprüfung des Emittenten eine größere Bedeutung als bei Straight Bonds zu, denn die aufgelaufenen Zinszahlungen müssen erst am Ende der Anleihelaufzeit auf einen Schlag bezahlt werden, was zu sehr umfangreichen finanziellen Belastungen des Emittenten führen kann. Angesichts der recht langen Laufzeiten bei Zerobonds fällt eine Bonitätsprognose für einen derart weit in der Zukunft liegenden Zeitpunkt sehr schwer. Aus diesem Grund sollten nur Emittenten mit erstklassigem Rating für den Kauf von Zerobonds seitens der Anleger in Betracht gezogen werden. Es ist allerdings anzumerken, dass das Tilgungsrisiko nur jene Anleger trifft, die im Tilgungszeitpunkt Inhaber der Zerobonds sind. Gleichwohl ist das Kursrisiko im Fall des Bekanntwerdens von Zahlungsschwierigkeiten des Emittenten sehr ausgeprägt.

Eine Marktverbreitung bei gleichzeitiger Bonitätsverbesserung konnte in den USA durch die

Kreation synthetischer Zerobonds herbeigeführt werden. Synthetische Zerobonds lassen sich auf der Basis von Kuponanleihen erzeugen. Hierbei werden die Kuponscheine von der Anleihe getrennt und separat als Zerobonds gehandelt. Jeder Zinsschein ist dann ein Zerobond. Auf diese Weise entstehen viele verschiedene Zerobondtranchen. Den Vorgang der Trennung von Tilgungs- und Zinsanspruch bezeichnet man als 'Kupon Stripping'. In den USA sind gestrippte Zerobonds z.B. unter den Tiernamen CATS (Certificates of Accrual on Treasury Securities), TIGR's (Treasury Investment Growth Receipt) und LION's (Lehman Investment Opportunity Notes) bekannt geworden.[41] Zum Anleihe-Stripping werden stets Staatsanleihen verwendet. Somit ergeben sich synthetische Zerobonds mit erstklassiger Schuldner-Bonität.[42] Aufgrund des großen Erfolgs, den die Brokerhäuser mit dem Kupon Stripping hatten, sah sich auch das amerikanische Schatzamt zur Ausgabe eigener gestrippter Instrumente mit dem Namen STRIPS (Separate Trading of Registered Interest and Principal Securities) genötigt.[43] Seit Juli 1997 können auch in Deutschland Bundesanleihen gestrippt werden. Im Kursteil der Wirtschaftspresse finden sich daher zu bestimmten Bundesanleihen zwei Kurse. Eine Anleihe mit dem Zusatz "ex" bezieht sich auf den reinen Nennwert der Anleihe ohne Kupons und entspricht damit einem Zerobond.

3.2.10.2 Reverse Floating Rate Notes

Bei Reverse Floating Rate Notes (kurz: Reverse Floater) handelt es sich um variabel verzinsliche Anleihen, deren Kupons sich allgemein nach der Formel [fester Prozentsatz minus y mal Geldmarktzins] bemessen und an ex ante festgelegten Berechnungstagen errechnet werden. Ein sinkender Geldmarktzins führt daher zu einem Kuponanstieg der zugehörigen Zahlungsperiode. Anders als bei normalen Floatern weichen die Kurse von Reverse Floatern mitunter erheblich von 100% ab. Wie sich nämlich zeigen lässt, hängt der Kurs von Reverse Floatern keineswegs nur von der Entwicklung der kurzfristigen Geldmarktzinsen ab. Anhand von Tabelle 3.17 ist zu sehen, dass sich ein Reverse Floater durch die Kombination von vier Einzelgeschäften nachbilden lässt. Dabei werden zwei Festzinsanleihen erworben. Die Hälfte des Investitionsbetrages wird mit Hilfe eines Kredites finanziert, der eine variable Verzinsung in Höhe des Geldmarktsatzes (z.B. 6-Monats-Euro-LIBOR) aufweist. Die Hinzunahme eines Long Cap ist erforderlich, weil die jährliche Zinszahlung aus dem Reverse Floater laut Vertragsbedingungen in der Regel nicht negativ werden kann. Der Kaufpreis des Cap wird jedoch im Beispiel der Tabelle 3.17 gering ausfallen, weil der LIBOR extrem stark ansteigen müsste, damit der Term 2x - LIBOR unter null fällt. Eine solche Zinsentwicklung erscheint äußerst unwahrscheinlich.

Mit A_0 ist in dem Beispiel das Auszahlungsvolumen der Anleihe bezeichnet und x stellt die fixe Kuponzahlung der Anleihe dar. Offenbar hängt der Wert des Reverse Floaters maßgeblich von dem Kurs der Festzinsanleihen ab. Deren Kurs ist, unter Vernachlässigung von Bonitätsaspekten, eine Funktion der Laufzeit und Renditestruktur am Kapitalmarkt. Steigende Renditen am Kapi-

---

41   Die Namen wurden von den Brokerhäusern kreiert, die mit diesen Instrumenten handeln.
42   Vgl. **Steuer** (1985), S. 11 ff.
43   Vgl. **Sharpe/Alexander** (1990), S. 331.

talmarkt führen bei den zwei Anleihe-Tranchen c.p. zu sinkenden Kursen et vice versa. Der Marktwert der Anleihen unterliegt mithin Schwankungen, die vom Renditeniveau des Kapitalmarktes abhängen. Für den Kurs des Reverse Floaters folgt, dass dieser ebenfalls von der Renditeentwicklung am Kapitalmarkt abhängt. Neben dem aktuellen und künftigen Geldmarktsatz spielen die Kapitalmarktzinsen für die Bewertung des Reverse Floaters eine bedeutende Rolle.

	t_0	t_1	$t_{...}$	t_n
- Kauf Anleihe	$-A_0$	$+x$	$+x$	$+100+x$
- Kauf Anleihe	$-A_0$	$+x$	$+x$	$+100+x$
+ Kreditaufnahme	$+100$	- LIBOR	- LIBOR	-100 - LIBOR
+ Kauf eines Cap	$-C$	Max(0;LIBOR-2x)	Max(0;LIBOR-2x)	Max(0;LIBOR-2x)
= Reverse Floater	$-2A_0$ $+100-C$	Max(0;2x-LIBOR)	Max(0;2x-LIBOR)	$+100+$Max(0;2x-LIBOR)

Tabelle 3.17: Konstruktion eines Reverse Floaters

Hinsichtlich der Bedeutung der Geldmarktzinssätze für die Bepreisung von Reverse Floatern ist darauf hinzuweisen, dass die künftig zu erwartenden Zinszahlungen aus dem Reverse Floater bewertungsrelevant sind. Da diese aber variabel sind, müssen sie für Bewertungszwecke geschätzt werden. Mit Hilfe der Forward Rates lassen sich aus der im Bewertungszeitpunkt gegebenen Zinsstrukturkurve die Terminzinssätze der Zukunft bestimmen. Je nach Lage und Steilheit der Zinsstrukturkurve liegen die Terminzinssätze oberhalb (bei normaler Zinsstrukturkurve) oder unterhalb (bei inverser Zinsstrukturkurve) der aktuellen Zinssätze. Das Niveau der Terminzinssätze und damit der Wert des Reverse Floaters wird offenbar durch die Zinsen am Kapitalmarkt determiniert.

3.2.10.3 Optionsanleihen

Die von deutschen Unternehmen begebenen Optionsanleihen beziehen sich i.d.R. auf Aktien. Vom Optionstyp her handelt es sich dabei üblicherweise um amerikanische Optionen, d.h. die der Anleihe beigefügten Optionsscheine sind jederzeit während der Optionslaufzeit in Aktien umtauschbar. Um eine Optionsanleihe "cum" bewerten zu können, müssen die beiden Bestandteile - der Optionsschein und die Anleihe - separat bepreist werden. Die Summe der beiden Einzelwerte ergibt dann unter Berücksichtigung der Anzahl der Optionsscheine pro Anleihestückelung den Wert der Optionsanleihe "cum". Von großer Wichtigkeit für die Bewertung von Optionsanleihen ist die Kenntnis folgender Vertragsbedingungen: Anleihekupon, Anleihelaufzeit, Marktzins, Bezugskurs der Aktien, Börsenkurs der Aktien, Optionsfrist und Optionsverhältnis (meistens 1:1).

Der Anleiheteil lässt sich mit dem Present Value-Ansatz leicht bewerten. Da Optionsanleihen in der Vergangenheit häufig mit sehr niedrigen Kupons ausgestattet waren, notieren diese Anleihen "ex" meist deutlich unter ihrem Rückzahlungskurs.

Bei der Optionsscheinbewertung spielt die Optionspreistheorie eine entscheidende Rolle. Zunächst ist aber die Wertuntergrenze des Optionsscheins zu bestimmen. Diese ergibt sich als die mit dem Bezugsverhältnis multiplizierte Differenz von Aktienkurs und Bezugskurs. Da negative Preise für Optionsscheine nicht möglich sind, liegt die Wertuntergrenze des Optionsscheins entweder bei Null, oder im Fall eines über dem Bezugspreis liegenden Aktienkurses bei ihrem inneren Wert. Der Marktpreis des Optionsscheins wird in den meisten Fällen allerdings höher sein, da mit dem Optionsschein die Chance verbunden ist, an künftigen Aktienkurssteigerungen zu partizipieren. Die Chance der Wertsteigerung drückt sich in dem Zeitwert des Optionsscheins aus, den Anleger zu zahlen bereit sind. Eine Bewertung von Optionsscheinen mit Hilfe des Black & Scholes-Modells vermag einen Anhaltspunkt bezüglich der Höhe des Zeitwertes zu liefern.[44]

Ein besonderes Problem tritt bei Optionsanleihen im Hinblick auf Verwässerungseffekte durch weitere Kapitalmaßnahmen des Unternehmens auf. Abhängig davon, ob den Inhabern der Optionsanleihe Bezugsrechte an Kapitalerhöhungen zustehen, ergeben sich Bewertungsveränderungen. Anpassungen an Kapitalveränderungen lassen sich auf drei verschiedene Arten vornehmen. Am einfachsten kann es sein, wenn den Optionsscheininhabern ein betragsmäßig gleiches Bezugsrecht eingeräumt wird, wie den Aktionären. Eine Anpassung kann auch durch die Veränderung des Optionsverhältnisses bewirkt werden. Dabei bekommt der Optionsscheininhaber nach der Kapitalerhöhung mehr Aktien pro Optionsschein als vor der Kapitalerhöhung. Schließlich lässt sich durch eine entsprechende Verringerung des Bezugskurses eine Benachteiligung der Optionsscheininhaber vermeiden.

3.2.10.4 Wandelanleihen

Wandelanleihen erfreuen sich in Deutschland einer geringeren Verbreitung als Optionsanleihen. Dies wird anhand des geringen Marktvolumens deutlich, das der Markt für Wandelanleihen in Deutschland aufweist. Hinsichtlich ihrer Bewertung weichen Wandelanleihen von Optionsanleihen ab. Da Wandelanleihen ein Recht zum Umtausch der Anleihe in Aktien verbriefen, bestehen die Wandelanleihen nach einem erfolgten Umtausch nicht weiter fort. Deshalb lassen sich das Umtausch- und das Anleiherecht nicht voneinander trennen. Für die Bewertung von Wandelanleihen ist die Kenntnis der Anleihebedingungen und dabei insbesondere des Wandlungsverhältnisses, der Zuzahlungshöhe bei Wandlung und die Wandlungsfrist von Wichtigkeit. Bei am Markt gehandelten Wandelanleihen lässt sich häufig beobachten, dass die Zuzahlungshöhe bei Umwandlung nach Zeiträumen gestaffelt ist. Im Allgemeinen steigt die Höhe der Zuzahlungen mit zunehmendem zeitlichen Abstand zur Emission an. Diese Anleihegestaltung wirkt auf eine frühzeitige Umwandlung der Anleihen in Aktien hin.

Als Obligation kann die Wandelanleihe mit Hilfe der Present Value-Methode bewertet werden. Der dabei errechnete Wert stellt regelmäßig die Wertuntergrenze von Wandelanleihen dar. Das Umtauschrecht besitzt einen eigenständigen Wert, der insbesondere von dem aktuellen Börsenkurs der Aktien abhängt. Je höher der Aktienkurs liegt, desto wertvoller ist c.p. das Umtauschrecht. Aus diesem Grund schwanken die Kurse von Wandelanleihen an der Börse annähernd parallel zu den entsprechenden Aktienkursen, sofern das Umtauschrecht nicht tief aus dem Geld

---

[44] Die Bewertung von Optionsscheinen erfolgt ausführlich im Kapitel 7.

liegt. Der Kurs der Wandelanleihen muss mindestens dem Kurs der zu beziehenden Aktien abzüglich Zuzahlungen entsprechen. Dieser Wert $K_{Umt,t}$, der durch den sofortigen Umtausch der Anleihe realisiert werden könnte, beträgt:

$$K_{Umt,t} = \frac{a(K_{A,t} - Z_t)}{w}$$

mit: (Beispieldaten)
$K_{A,t}$ = Aktienkurs (80,-- EUR)
Z_t = Zuzahlung pro Aktie (10,-- EUR)
w = Anzahl der Wandelanleihen (2)
a = Anzahl der Aktien, die für w Wandelanleihen bezogen werden können (Bezugsverhältnis = w/a) (3)

$$K_{Umt,t} = \frac{3(680 - 600)}{2} = 120,- \text{ EUR}$$

Der auf diese Weise errechnete Wert stellt eine zweite Wertuntergrenze dar, so dass sich der Marktpreis von Wandelanleihen stets auf dem Niveau des höheren der beiden einzelnen Werte befinden sollte. Liegt folglich der Wert des Umtauschrechts niedriger als der Present Value der Anleihe, dann müsste der Kurs dem PV entsprechen. Liegt aber der Wert des Umtauschrechts höher als der PV, dann stellt er den Mindestkurs der Wandelanleihe dar. Am Markt gehandelte Wandelanleihen weisen allerdings oft höhere Kurse auf bzw. die Emissionsrenditen von Wandelanleihen liegen gewöhnlich unter den Marktrenditen. Daraus kann gefolgert werden, dass die Anleger dem Umtauschrecht einen höheren Wert beimessen. Tatsächlich lässt sich mittels der Argumentation der Optionspreistheorie ein höherer als der Mindestpreis bei Wandelanleihen begründen, denn dem verbrieften Umtauschrecht kann demzufolge eine Zeitprämie zugestanden werden. Mithin ist eine Bewertung von Wandelanleihen im Rahmen des Black & Scholes-Modells möglich.[45]

Hinsichtlich des Verwässerungseffekts durch Kapitalmaßnahmen gelten bei Wandelanleihen die gleichen Bewertungsüberlegungen, wie sie schon bei Optionsanleihen geäußert worden sind.

3.2.10.5 Aktienanleihen

Bei Aktienanleihen handelt es sich in der Regel um auf den Inhaber lautende Teilschuldverschreibungen oder um Schuldscheindarlehen. Im Gegensatz zur klassischen Wandelanleihe liegt bei diesem Finanzprodukt das Wahlrecht die Schuld am Laufzeitende durch Rückzahlung des Nominalbetrages oder durch Andienung von vorab festgelegten Aktien zu tilgen beim Emittenten. Aus diesem Grund werden Aktienanleihen auch als Reverse Convertible Bonds bezeichnet (Wandelanleihe: Convertible Bond). Zentrale Ausstattungsmerkmale dieser Reverse Convertible

---

[45] Vgl. **Beilner/Mathes** (1990a), S. 146 ff. und **Beilner/Mathes** (1990b), S. 278 ff.

Bonds sind die Höhe des Nennwertes und des Zinskupons der Anleihe, die Spezifikation der Aktien (auf welche sich das Tilgungswahlrecht bezieht) nach Art[46] und Menge[47] und die Laufzeit der Aktienanleihe.

Die Wertpapiere werden mit einem deutlich über dem Marktzinsniveau liegenden Kupon emittiert. Der Grund hierfür ist in der Konstruktion des Finanzproduktes zu suchen. In Tabelle 3.18 wird der Zahlungsstrom von Aktienanleihen in ihrer Grundform allgemein dargestellt, mit N als Nominalwert der Anleihe, Kupon als Höhe der konstanten Kuponzahlung, K_t als Kurs am Laufzeitende und A als Anzahl der andienbaren Aktien. Am Laufzeitende wird also die Schuld zum Nominalbetrag oder in Aktien getilgt, je nachdem, welche Variante für den Emittenten günstiger ist.

Emission	...	...	Laufzeitende	
- N	+ Kupon	+ Kupon	+ Kupon	, stets
			+ N	, wenn $A \cdot K_t > N$
			+ $A \cdot K_t$	, wenn $A \cdot K_t < N$

Tabelle 3.18: Zahlungsstrom einer Aktienanleihe

Dieses Auszahlungsprofil am Laufzeitende kann noch umgeformt werden:

$$\text{Kupon} + \min(N; A \cdot K_t) = \text{Kupon} + N + \min(0; A \cdot K_t - N) =$$
$$\text{Kupon} + N - \max(0; N - A \cdot K_t) = \text{Kupon} + N - A \cdot \max\left(0; \frac{N}{A} - K_t\right)$$

Aus dieser Umformung geht hervor, dass die Auszahlung am Laufzeitende neben der Kuponzahlung und der Zahlung des Nennbetrages eine Optionskomponente enthält. Dabei handelt es sich in diesem Fall um eine Anzahl A an Put-Optionen in Stillhalterposition (negatives Vorzeichen der Maximum-Funktion) mit Basispreis B = N/A und Underlyingkurs K_t (vgl. Grundlagen der Optionsbewertung, Abschnitt 5.2.1). Der Käufer einer Aktienanleihe geht also eine Short-Position in Aktien-Optionen ein, wofür er vom Emittenten einen Anleihekupon erhält, der neben den marktüblichen Anleihezinsen auch noch die Optionsprämie beinhaltet.

Neben Aktienanleihen die in ihrer Zusammensetzung eine sogenannte plain-vanilla Option aufweisen, werden am Markt auch Anleihen mit mehreren bzw. mit exotischen Optionen als Bau-

---

[46] Dieses sogenannte Underlying der Aktienanleihe kann auch durch einen Index (genauer durch ein Indexzertifikat) repräsentiert werden.
[47] Die Menge der anzudienenden Aktien wird als Schutz des Anlegers vor Kapitalmaßnahmen des Unternehmens gegebenenfalls angepasst.

steinen angeboten. Anstatt der herkömmlichen Optionsrechte, finden oftmals Knock-In- bzw. Knock-Out-Optionen als Komponenten verwendung (vgl. Abschnitt 7.5.1). Hier wir also das Optionsrecht des Emittenten durch das Unterschreiten bzw. das Überschreiten einer Kursschwelle aktiviert bzw. deaktiviert. Eine weitere Variante normaler Aktienanleihen garantiert eine Mindestrückzahlung am Laufzeitende. Dies wird durch einbringen einer zusätzlichen Long-Put-Position in das Finanzbündel erreicht. Der Basispreis dieser Option wird dann je nach Höhe der festgesetzten Garantiezahlung mehr oder weniger weit unterhalb des Basispreises der Short-Put-Position liegen.

Die Bewertung einer normalen Aktienanleihe soll nun anhand eines fiktiven Beispiels verdeutlicht werden:

- Nennwert: 5.000,- EUR,
- Kupon: 15 %,
- Laufzeit: 01.04.2002 bis 01.04.2003,
- Tilgung: Der Emittent ist berechtigt, am Ende der Laufzeit den Nominalbetrag von 5000,- EUR zu tilgen oder 100 VW-Aktien zu liefern.

Das Zahlungsprofil der Aktienanleihe in Abhängigkeit vom Kurs der VW-Aktien zum 01.04.2003 hat die in Abbildung 3.10 dargestellte Form.

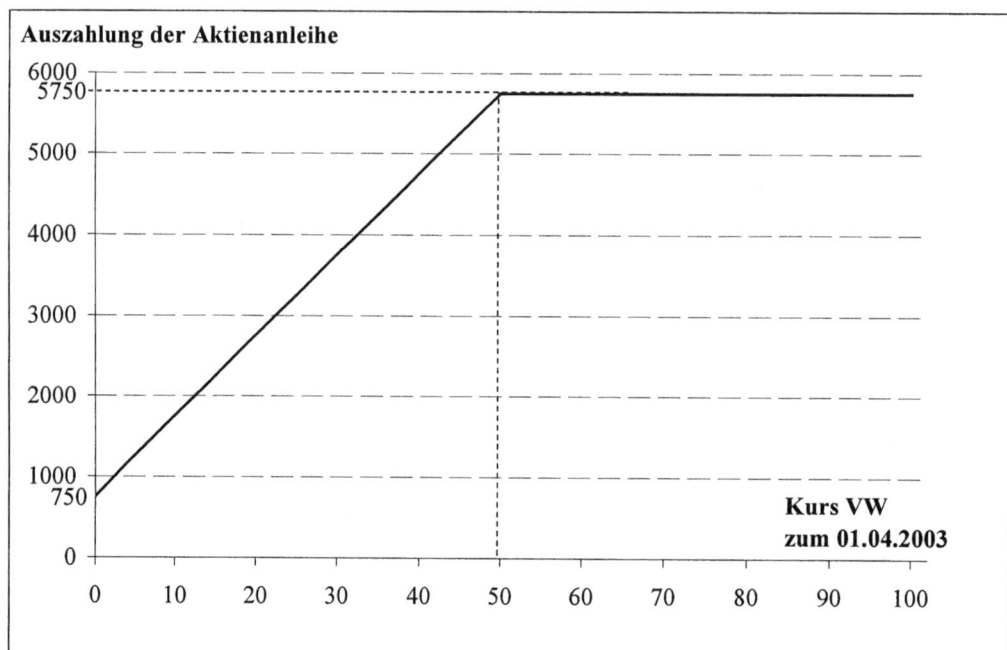

Abbildung 3.10: Zahlungsprofil einer Aktienanleihe

Die maximale Auszahlung hat eine Höhe von 5.750,- EUR und setzt sich aus dem Tilgungsbetrag von 5.000,- EUR und der Kuponzahlung von 750,- EUR zusammen. Sie wird erreicht, wenn die VW-Aktien zum 01.04.2003 auf oder über der Schwelle von 50,- EUR notieren. Die Untergrenze der Auszahlung wird durch die Kuponhöhe bestimmt. Sollten die anzudienenden Aktien im Fälligkeitszeitpunkt einen Wert von null bzw. von nahezu null aufweisen, bleibt dem Anleger nur noch der Zinsertrag aus der Anleihe in Höhe von 750,- EUR. Zwischen diesen Extremwerten variiert die Auszahlung mit dem Wert des Aktienpaketes.

Zur Bewertung der Aktienanleihe im Emissionszeitpunkt werden nun die einzelnen Bausteine untersucht. Aus der Summe der Werte der Anleihe und der Option in Stillhalterposition ergibt sich schließlich der faire Preis der Aktienanleihe. Um Gegenwartswerte für diese Komponenten angeben zu können, müssen noch einige bewertungsrelevante Größen ermittelt und Annahmen getroffen werden:

- aktueller Kurs der VW-Aktie: 48,- EUR,
- einjähriger risikoloser Zinssatz (diskret): 3,0 % (stetiger Zinssatz: 2,956 %),
- Volatilität der Renditen der VW-Aktie: 30%,
- Bonitätsrisiken werden ausgeschlossen.

Zunächst wird der Wert der einjährigen Anleihe mit 15-prozentigem Kupon bei der vorgegebenen einjährigen Spot Rate ermittelt:

$$\frac{750 + 5000}{1,03} = 5582,52 \ [EUR].$$

Nun wird der Wert der Optionskomponente bestimmt. Das Zahlungsprofil am Ende der Laufzeit (01.04.2003) hat, ohne Berücksichtigung des Kupons in Höhe von 750,- [EUR], die Form: $-100 \cdot \max(0; 5000/100 - K_{01.04.2003})$. Dies entspricht dem Profil von 100 (plain-vanilla) Verkaufsoptionen in Stillhalterposition auf VW-Aktien mit einem Basispreis von 50 [EUR]. Da der Kurs der VW-Aktien $K_{01.04.2003}$ im Emissionszeitpunkt (01.04.2002) unbekannt ist, muss an dieser Stelle ein Optionspreismodell, welches einen bestimmten Kursprozess unterstellt, zur Bewertung der Short-Put Position verwendet werden. Nach der Black/Scholes Formel (vgl. Abschnitt 5.2.3) ergibt sich damit ein Wert der Optionskomponente von

$$-100 \cdot 6,0316 = -603,16 \ [EUR].$$

Der Gesamtwert der Aktienanleihe beträgt also

$$5.582,52 - 603,16 = 4.979,36 \ [EUR].$$

Unter den getroffenen Annahmen wäre der "faire" Ausgabepreis der Aktienanleihe 4979,15 EUR, da das dahinter stehende Finanzpaket genau diesen Wert aufweist.

3.2.10.6 Kombizins- bzw. Gleitzinsanleihen

Bei der Bewertung von Kombizins- bzw. Gleitzinsanleihen stehen zwei Bewertungskriterien im

Vordergrund. Zum einen interessiert die Rendite dieser Anleiheform im Vergleich zu herkömmlichen Anleihen, und zum zweiten kommt dem Risikoaspekt in Form des Zinsänderungsrisikos Interesse zu. Hinsichtlich der Rendite von Kombi- und Gleitzinsanleihen ist in Vor- und Nachsteuerrendite zu differenzieren. Eine derartige Differenzierung bietet sich an, da die genannte Anleiheform ihre Attraktivität aus der Steuerfreiheit von Kursgewinnen bezogen hat.[48] Inzwischen hat der Bundesminister der Finanzen mit Schreiben vom 29. März 1993 verfügt, dass bei Kombizins- und Gleitzinsanleihen die zeitanteilige Emissionsrendite zu versteuern ist.[49] Damit entfällt die steuerliche Attraktivität dieses Anleihetypus.

Unter Zuhilfenahme des Present Value-Verfahrens lässt sich der angemessene Kurs von Kombi- bzw. Gleitzinsanleihen in Abhängigkeit von ihrer Restlaufzeit bestimmen. Dazu wird exemplarisch als Kombizinsanleihe die 92er Anleihe der ALLBANK und als Gleitzinsanleihe die 92er Anleihe von Trinkaus & Burkhardt (TuB) betrachtet. Die genannten Anleihen weisen folgende Zahlungsreihen auf.

	1992	1993	1994	1995	1996	1997	1998	1999	2000	2001	2002
ALLBANK (01.06.92-01.06.02):	-94,5	2,75	2,75	2,75	2,75	2,75	2,75	2,75	2,75	30	130
TuB (25.03.92-25.03.02):	-100	1,5	1,75	2,25	3	4	6	10	15,5	21,5	128

Tabelle 3.19: Zahlungen der Beispielanleihen

Für die ALLBANK-Anleihe können nun unter Verwendung eines Kalkulationszinsfußes von 8,23% (Umlaufrendite im Emissionszeitpunkt) die unten stehenden Present Value-Werte der einzelnen Zeitpunkte errechnet werden.[50]

	1992	1993	1994	1995	1996	1997	1998	1999	2000	2001	2002
ALLBANK:	89,34	93,94	98,92	104,31	110,15	116,46	123,30	130,69	138,70	120,11	100,00

Tabelle 3.20: Theoretische Kursentwicklung der ALLBANK-Kombizinsanleihe

Die gleiche Vorgehensweise ergibt bei der TuB-Anleihe folgende Daten:

	1992	1993	1994	1995	1996	1997	1998	1999	2000	2001	2002
TuB:	95,84	102,23	108,89	115,6	122,12	128,17	132,72	133,64	129,14	118,27	100,00

Tabelle 3.21: Theoretische Kursentwicklung der TuB-Gleitzinsanleihe

Die in Abbildung 3.11 vorgenommene graphische Darstellung verdeutlicht die wahrscheinliche Kursbewegung der Anleihen. Im Verlauf der Anleihelaufzeit kommt es jeweils zu deutlichen Kursgewinnen, die erst spät wieder abgebaut werden. Bei dem ALLBANK-Papier ergibt sich ein prozentualer Kursgewinn von 46,8% wenn man den Höchstkurs von 138,70 im Jahr 2000 auf den Emissionskurs von 94,50 DM im Jahr 1992 bezieht.

---

[48] Vgl. **Wagner/Wangler** (1992), S. 2405 ff.
[49] Siehe BStBl. I 1993 IV B 4, S. 343.
[50] Vereinfachend wird dabei von einer flachen Zinsstrukturkurve mit einem einheitlichen Zinssatz von 8,23% ausgegangen.

Angesichts der im obigen Tableau ablesbaren Emissionskurse scheinen beide Anleihen überbewertet zu sein. Ermittelt wird nun die Emissionsrendite, die mit dem Kauf der Papiere verbunden war. Dabei gilt es, die folgenden Gleichungen jeweils nach dem Effektivzins (q = 1 + r) aufzulösen:

$$0 = -94,5 + \frac{2,75}{q} + \frac{2,75}{q^2} + \frac{2,75}{q^3} + \frac{2,75}{q^4} + \frac{2,75}{q^5} + \frac{2,75}{q^6} + \frac{2,75}{q^7} + \frac{2,75}{q^8} + \frac{30}{q^9} + \frac{130}{q^{10}}$$

$$0 = -100 + \frac{1,5}{q} + \frac{1,75}{q^2} + \frac{2,25}{q^3} + \frac{3}{q^4} + \frac{4}{q^5} + \frac{6}{q^6} + \frac{10}{q^7} + \frac{15,5}{q^8} + \frac{21,5}{q^9} + \frac{128}{q^{10}}$$

Für die ALLBANK ergibt sich daraus eine Rendite von 7,5425% und für die TuB-Anleihe von 7,7048. Offenbar liegen die Renditen deutlich unter der oben angegebenen Umlaufrendite. Anleger, die die hier vorgestellten Anleihen erwerben, nehmen folglich eine geringere Rendite in Kauf. Im Gegenzug dafür konnten sie angesichts der voraussichtlichen Kursentwicklung der Anleihen bei einem rechtzeitigen Anleiheverkauf mit steuerfreien Kursgewinnen rechnen. Der vor Steuern bestehende Renditenachteil hätte sich unter der Voraussetzung der Steuerfreiheit von Kursgewinnnen bei Kombi- und Gleitzinsanleihen in einen Nachsteuerrenditevorteil gewandelt. Da es gemäß dem oben angegebenen Schreiben des Bundesministers der Finanzen zu einer Versteuerung gemäß der Emissionsrendite kommt, sollten sich die Renditen dieser Anleihekonstruktionen den Marktrenditen vergleichbarer Anleihen angleichen.

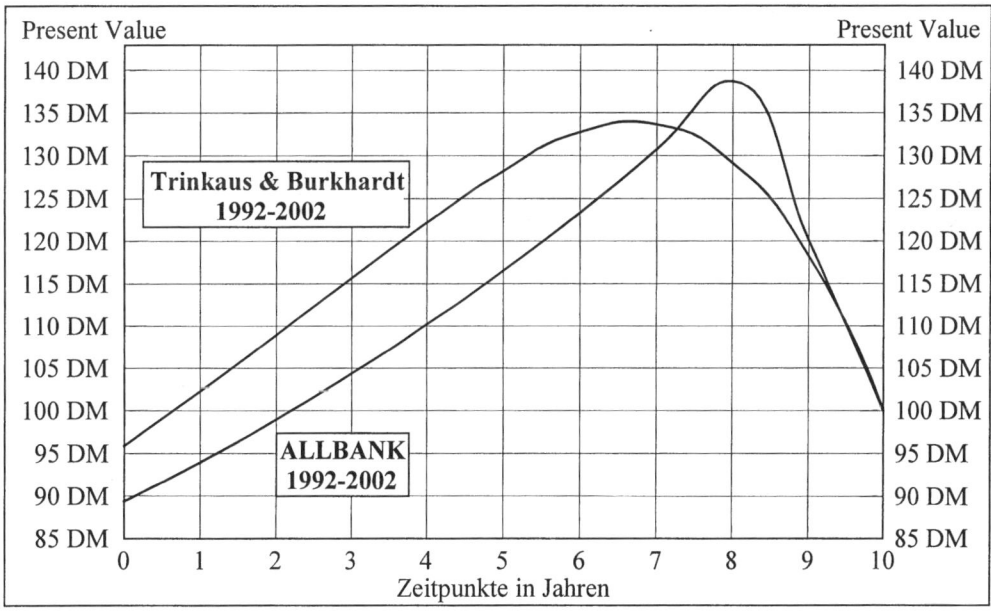

Abbildung 3.11: Theoretischer Kursverlauf der Beispielanleihen in Abhängigkeit der Zeitpunkte

Hinsichtlich des Zinsänderungsrisikos bietet sich ein Vergleich der Kombi- bzw. Gleitzinsanleihen mit Anleihen an, die einen gleichbleibenden Kupon in Höhe der Emissionsrendite zahlen. Da die hohen Zinszahlungen bei Kombi- und Gleitzinsanleihen tendenziell nach hinten geschoben werden, liegt die Duration höher als bei Anleihen mit gleichmäßiger Kuponhöhe. Die Duration der ALLBANK-Anleihe beträgt 8,7984, während ein laufzeitgleiches Papier mit einem Kupon in Höhe der Emissionsrendite von 7,54% eine Duration von 7,3 aufweist. Für die Berechnung wurde ein Marktzins von 8,23% unterstellt. Auf eine Zinssenkung von einem Prozentpunkt reagiert die ALLBANK-Anleihe gemäß der Konvexitätsmethode mit einem relativen Kursanstieg von 8,52%. Das Vergleichspapier verbessert sich demgegenüber lediglich um 7,05%. Vergleichbare Ergebnisse erbringt auch die TuB-Anleihe. Infolge dieser Resultate sind Kombi- bzw. Gleitzinsanleihen hinsichtlich ihres Zinsänderungsrisikos im Vergleich zu Straight Bonds als risikoreicher einzuschätzen.[51]

3.2.11 Rating

Mit Hilfe der Duration und der Konvexität lässt sich das Marktrisiko in Form des Zinsänderungsrisikos bei Anleihen beurteilen. Bekanntlich treten aber auch bei Anleihen unsystematische Risiken zu Tage. Das wichtigste Risiko dieser Art stellt das Bonitätsrisiko dar. Die Beurteilung von Anleihebonitäten und derjenigen ihrer Emittenten durch die Vergabe komprimierter Noten steht im Vordergrund des Anleihe-Ratings.[52] Konkret wird die Fähigkeit des Emittenten bewertet, seinen Zins- und Tilgungsleistungen fristgerecht und vollständig nachzukommen. Das Verfahren der Notenermittlung berücksichtigt sowohl qualitative als auch quantitative Kriterien. Als qualitativer Aspekt wird beispielsweise die Managementqualität des emittierenden Unternehmens geprüft, während quantitative Kriterien in Form von Kennzahlen wie z.B. dem Cash Flow in die Bonitätsbenotung eingehen.

Ratings lassen sich in interne bzw. externe Bonitätsbeurteilungen einteilen. Während die Marktteilnehmer bei ersteren für eigene Zwecke eine Bonitätseinschätzung vornehmen, werden externe Ratings von spezialisierten Einheiten erstellt. Die Bonitätseinschätzungen werden veröffentlicht und sind kostenlos zugänglich. Innerhalb der Ratings lassen sich zwei Kategorien unterscheiden: Bonitätsbeurteilungen werden entweder von den betroffenen Unternehmen in Auftrag gegeben, oder Rating-Institute nehmen unaufgefordert eine Einschätzung der Finanz- und Ertragslage vor. Die daraus resultierenden Implikationen sind nicht zu unterschätzen. Beauftragte Ratings bedienen sich zusätzlich interner Informationen und werden im Gegensatz zu unbeauftragten Bonitätsbeurteilungen von den Unternehmen bezahlt.[53] Entsprechend findet eine intensivere Auswertung der internen und externen Unternehmensdaten statt. Bonitätsbeurteilungen ohne Mandat müssen sich auf die frei zugänglichen Unternehmensdaten beschränken und werden in der Regel weniger Personalkapazität binden. Handelt es sich um unbeauftragte Ratings, so ist eher eine (zu) pessimistische Sichtweise seitens der Rating-Agenturen zu erwarten. Einerseits setzt dies einen Anreiz für die Unternehmen, ein kostenpflichtiges Rating in Auftrag zu geben, andererseits sinkt das Risiko einer Fehleinschätzung des Insolvenzrisikos. Je schlechter die Bonitätseinstufung ausfällt,

---

51 Vgl. **Bühler/Ayasse** (1993), S. 91.
52 Vgl. **Steiner** (1992), S. 509.
53 Vgl. **Müller** (1996), S. 330.

desto eher befindet sich die Rating-Agentur auf der sicheren Seite. Ein Rating, das sich ex-post betrachtet als zu optimistisch erweist, wirkt sich negativ auf die wahrgenommene Qualität aus. Oftmals entscheiden sich die betroffenen Unternehmen, für zukünftige Perioden ein Mandat zu erteilen; sie erhoffen sich davon eine Heraufstufung ihrer Kreditwürdigkeit.[54]

Ausschlaggebend für die Güte eines Ratings sind der Erhebungsaufwand und die fachliche Expertise der Agentur. Während der (potentielle) Investor lediglich das Ergebnis des Rating-Prozesses in Form der Bonitätseinstufung heranziehen kann, ist das Zustandekommen für ihn nur unzureichend nachvollziehbar.[55] Hier weichen die Agenturen sowie deren Produktkategorien beträchtlich voneinander ab.[56] Je nach dem, welchen Preis die Unternehmen bereit sind zu zahlen, erstreckt sich die Bonitätsbeurteilung von einer einfachen Bilanzanalyse bis hin zu detaillierten Untersuchungen interner Unternehmensabläufe, die auch die Managementqualitäten umfassen. Es ist leicht einzusehen, dass die jeweiligen Extremformen abgesehen von der Ausprägung einer eindimensionalen Bonitätseinstufung nicht viel gemein haben. Die Anleger müssen weiterhin berücksichtigen, dass die Rating-Kategorien ordinal skaliert sind. Die Ausfallwahrscheinlichkeit steigt mit abnehmender Bonitätseinstufung nicht linear, sondern progressiv.[57]

Ein mögliches Problem gerade bei kleineren Rating-Instituten ist die Wahrung der Unabhängigkeit vom Auftraggeber. So ist bei negativen Bonitätsbeurteilungen ein Mandatsentzug in der Folgeperiode nicht auszuschließen. Unternehmen, die sich in ihrem Rating-Urteil nicht risikoadäquat abgebildet fühlen, werden sich an konkurrierende Anbieter wenden oder auf jegliche Beurteilung in folgenden Perioden verzichten. Der Druck, den die Unternehmen ausüben können, nimmt mit zunehmendem Klienten-Stamm und höherer Reputation der Rating-Agenturen ab.[58] Auch die bei Mehrfach-Ratings auftretenden Divergenzen in den Bonitätseinstufungen verschiedener Agenturen – in der Realität durchaus keine Seltenheit – erschweren die Entscheidungsfindung der Investoren.[59] Zurückführen lässt sich dies unter anderem auf differierende Datengrundlagen und unterschiedliche Auffassungen über den aktuellen Zustand und die zukünftige Entwicklung des Unternehmens. Auch ist die Prognosegüte der Rating-Institute nicht homogen. Der Markt wird die Bonitätseinstufungen in Abhängigkeit von vergangenen Erfahrungen und allgemeiner Marktakzeptanz in die Preisbildung mit einfließen lassen. Gegen externe Bonitätseinstufungen wird auch eingewandt, dass eine Änderungen der Ratings zum Teil erst vorgenommen wird, wenn die marktliche Preisentwicklung diesen Prozess bereits vorweggenommen hat.[60] In diesem Fall geht von Bonitätsbeurteilungen keine Signalwirkung aus, sondern

---

54 Vgl. **Leffers** (1996), S. 356.
55 Vgl. **Steiner** (1992), S. 514.
56 Vgl. **Heinke/Steiner** (2000a), S. 4.
57 Vgl. **Heinke/Steiner** (2000b), S. 14
58 Vgl. **Everling** (1996), S. 8 ff.
59 Vgl. **Steiner** (1992), S. 514.
60 Zu einer Diskussion dieser Problematik vgl. **Heinke/Steiner** (2000b), S. 147 ff; **Steiner** (1992), S. 515.

es werden mit zeitlicher Verzögerung lediglich die realen Gegebenheiten abgebildet. Entsprechend ist die regelmäßige Aktualisierung an geänderte Umweltbedingungen ein entscheidender Faktor für die Verlässlichkeit von Ratings.[61]

3.2.11.1 Entwicklungen am deutschen Finanzmarkt

Externe Bonitätsbeurteilungen bilden am US-amerikanischen Kapitalmarkt bereits seit langem eine wichtige Entscheidungsgrundlage für Investoren; die Entwicklung in Europa steckt dagegen noch in den Anfängen.[62] So sind zwar erste kleinere Rating-Institute in Deutschland entstanden, und internationale Anbieter bauen ihre Repräsentanzen aus, doch ist der Anteil extern bewerteter Unternehmen gering. Ein Grund hierfür ist die traditionell enge Bindung zwischen Banken und Unternehmen in Deutschland. Die direkte Finanzierung am Kapitalmarkt spielt bei weitem noch nicht eine so herausragende Rolle wie am US-amerikanischen Kapitalmarkt.[63] Allerdings haben bereits Weichenstellungen stattgefunden, die ein starkes Ansteigen des Verbriefungsvolumens in Deutschland erwarten lassen. Speziell Großunternehmen können neben der klassischen Anleiheemission mit innovativen Finanzprodukten wie z.B. Asset Backed Securities (ABS) oder Commercial Paper-Programmen (CPP) ihre Finanzierungskosten reduzieren.[64] Aber auch ertragsstarke Mittelstandsunternehmen werden sich verstärkt direkt an den Kapitalmarkt wenden. Eine der Voraussetzungen für eine erfolgreiche Refinanzierung ist die Vertrauensbildung bei potentiellen Investoren. Im Unterschied zu einer kreditgewährenden Bank hat der einzelne Anleger selten die Kapazitäten, um potentielle Schuldner hinsichtlich ihrer Bonität zu beurteilen. Stellen Unternehmen von sich aus Informationen zur Verfügung, wirft dies beim Anleger die Frage nach der Objektivität bzw. Zuverlässigkeit auf. Eine spezialisierte externe Einheit kann hier Abhilfe leisten. Sie beurteilt die Fähigkeit des Schuldners, seinen Verpflichtungen in voller Höhe und fristgerecht nachzukommen.[65] Rating-Institute sorgen für zusätzliche Transparenz, übernehmen aber nicht die klassischen Bankaufgaben der Risiko-, Fristen- und Losgrößentransformation. Die Erhebung und Auswertung schuldnerspezifischer Daten kommt neben Investoren am Primär- bzw. Sekundärmarkt auch Banken zugute; ihnen eröffnet sich eine zusätzliche Quelle zur Bonitätseinschätzung. Letztendlich profitieren die Unternehmen im täglichen Geschäftsprozess von einem vorteilhaften Rating. Das Rating kann neben der Bewertung eines Emittenten auch die Beurteilung einer bestimmten Emission zum Ziel haben. Nachfolgend wird dargestellt, inwieweit der Rating-Prozess den Anlegerschutz fördert, in die Kreditvergabe eingebunden werden kann und sich seitens der Unternehmen als Marketing-Instrument einsetzen lässt.

---

61 Vgl. **Randow** (1996), S. 547.
62 Vgl. **Heinke/Steiner** (2000b), S. 143.
63 Vgl. **Heinke/Steiner** (2000a), S. 2.
64 Vgl. **Schmidt** (1996), S. 255 ff; **Steiner** (1992), S. 509.
65 Vgl. **Heinke/Steiner** (2000b), S. 138.

3.2.11.2 Der Markt für Rating-Agenturen

Neben vielen kleinen regionalen Rating-Agenturen haben sich einige weltweit agierende Institute etabliert. Zwei amerikanische Ratingagenturen dominieren derzeit den internationalen Markt. Zum einen handelt es sich dabei um Moody's Investors Service (Moody's) und zum anderen um Standard & Poor's (S&P). Daneben gibt es aber noch eine Vielzahl mittelgroßer und kleiner Ratingagenturen. Die von den beiden oben genannten Ratingagenturen verwendete Symbolik zur Bonitätseinschätzung von langfristigen Anleihen ist der Tabelle 3.22 zu entnehmen.[66]

Bonitätsbewertung	Rating-Symbol:	
	Moody's	S&P
Sehr gute Anleihen: Beste Qualität, geringstes Ausfallrisiko. Hohe Qualität, aber etwas größeres Risiko als die Spitzengruppe	Aaa Aa1 Aa2 Aa3	AAA AA+ AA AA-
Gute Anleihen: Gute Qualität, viele gute Investmentattribute, aber auch Elemente, die sich bei veränderter Wirtschaftsentwicklung negativ auswirken können. Mittlere Qualität, aber mangelnder Schutz gegen die Einflüsse sich verändernder Wirtschaftsentwicklung.	A1 A2 A3 Baa1 Baa2 Baa3	A+ A A- BBB+ BBB BBB-
Spekulative Qualität: Spekulative Anlage, nur mäßige Deckung für Zins- und Tilgungsleistungen. Sehr spekulativ, generell fehlende Charakteristika eines wünschenswerten Investments, langfristige Zinszahlungserwartung gering	Ba1 Ba2 Ba3 B1 B2 B3	BB+ BB BB- B+ B B-
Junk Bonds: Niedrigste Qualität, geringster Anlegerschutz. In Zahlungsverzug oder indirekte Gefahr des Verzugs.	Caa Ca C	CCC CC C

Tabelle 3.22: Aussage, Inhalt und Rangfolge bei Ratingsymbolen

Bei Anleihen, die die höchste Ratingnote aufweisen, spricht man von Triple A Papieren. Bis hin zu den Noten Baa3 bei Moody's und BBB- bei S&P wird den Anleihen eine Investmentqualität (Investment Grade) bescheinigt. Alle darunter liegenden Benotungen deuten auf die Spekulativität (Speculativ Grade) der mit diesen Symbolen versehenen Anleihen hin.

Durch die dargestellten Rating-Symbole erhalten Anleger wichtige Hinweise bezüglich des Bo-

---

[66] Eine tiefergehende Erläuterung der Symbolik findet sich bei **Everling** (1991), S. 35 ff.

nitätsrisikos der von ihnen ins Auge gefassten Anleihen. Gerade auf sehr stark deregulierten Anleihemärkten, die keiner Zugangsbeschränkung oder Emittentenprüfung unterliegen, erweist sich das Anleihe-Rating als sehr hilfreich. Dies gilt auch für die Bundesrepublik Deutschland, nachdem die staatliche Emissionsgenehmigung für Anleihen seit Anfang 1991 entfallen ist. Die Vielzahl von Anleihen und die mitunter komplizierten Anleihekonstruktionen machen dem Anleger die Einschätzung der Bonität ohne die Zuhilfenahme von Ratings nahezu unmöglich.

Für kurzfristige festverzinsliche Wertpapiere, wie etwa Commercial Paper, die überwiegend dem Geldmarkt zuzurechnen sind, bestehen eigenständige Ratingsymbole.

Commercial Paper-Rating Symbole **Standard & Poor's**		Rating-Symbole für kurzfristige Verbindlichkeiten (bis 1 Jahr) **Moody's**	
A-1	Sehr starke Zahlungskraft	**Prime-1**	Sehr starke Zahlungskraft
A-2	Gute Zahlungskraft	**Prime-2**	Gute Zahlungskraft
A-3	Befriedigende Zahlungskraft	**Prime-3**	Noch akzeptable Zahlungskraft
B	Ausreichende Zahlungskraft	**Not Prime**	Nicht Prime fähig, spekulativ
C	Zweifelhafte Zahlungskraft		
D	Zahlungsunfähigkeit		

Tabelle 3.23: Ratingsymbole bei Geldmarktpapieren[67]

Allerdings weist die dargestellte Vorgehensweise des Anleiheratings auch Schwächen auf. Die Ratingsymbole geben z.B. nur eine ordinale Reihenfolge an, so dass eine Quantifizierung der Symbol-Abstufungen nicht möglich ist. Wünschenswert wäre eine kardinale Bewertung, bei der die Bonitätsunterschiede verschiedener Anleihen z.B. in Renditestellen ausgedrückt werden.

Äußerst problematisch ist das z.T. sehr späte Anpassen von Ratings an sich verändernde wirtschaftliche Verhältnisse des Emittenten. Es ist Anlegern nicht damit geholfen, dass eine Anleihe im Rating heruntergesetzt wird, nachdem die Börse diese Bonitätsverschlechterung längst mit niedrigeren Kursen quittiert hat. Auch die z.T. deutlich abweichenden Urteile einzelner Ratingagenturen in Bezug auf bestimmte Anleihen stellen für den Anleger kaum eine Hilfe dar.[68]

Die historischen Ausfallraten von S&P's belegen die Prognosegüte der Agentur (siehe Tabelle 3.24). Die Ausfälle nehmen sowohl mit zunehmender Restlaufzeit innerhalb einer Klasse zu als auch mit sinkender Bonität.

Zwar steigen die Werte monoton an, allerdings ergibt sich kein linearer Zusammenhang sondern die Ausfallraten steigen progressiv an. Gerade in den unteren Bonitätsklassen stellt sich angesichts der beträchtlichen Divergenzen zwischen den Bonitätsklassen die Frage nach der Aussagekraft der Ratings. Als Entscheidungsgrundlage sind sie nur noch von begrenztem Nutzen für die Investoren.

---

[67] Vgl. **Steiner** (1992), S. 510.
[68] Zur Kritik am Rating vgl. **Steiner** (1992), S. 514 f.

RATING	JAHR 1	JAHR 2	JAHR 3	JAHR 4	JAHR 5	JAHR 7	JAHR 10	JAHR 15
AAA	0,00	0,00	0,03	0,07	0,10	0,27	0,52	0,52
AA	0,01	0,03	0,08	0,16	0,26	0,51	0,83	1,31
A	0,05	0,14	0,24	0,40	0,57	0,93	1,58	2,32
BBB	0,26	0,62	0,99	1,57	2,16	3,30	4,66	6,64
BB	1,22	3,49	6,14	8,50	10,59	14,10	17,40	19,52
B	5,96	12,68	18,25	22,28	25,06	29,09	32,61	35,76
CCC	24,72	33,06	38,40	42,60	46,87	49,62	52,22	54,38

Tabelle 3.24: Kumulative Ausfallraten von S&P's in % für den Zeitraum 1981 bis 2001[69]

Alternativ bietet KMV ein auf der Optionspreistheorie basierendes Rating-System an, bei dem die Bonitätsbeurteilung direkt aus Kapitalmarktdaten abgeleitet wird. Anhand aufbereiteter Börsenkurse wird die Ausfallwahrscheinlichkeit abgeleitet und in ein Bonitätsurteil überführt. Befürworter führen an, dass im Gegensatz zu den klassischen Rating-Agenturen Verschlechterungen der Bonität frühzeitig erkannt werden und nicht erst nachdem der Markt bereits reagiert hat. Ebenfalls komme es seltener zu Übertreibungen bei der Aktualisierung der Rating-Einstufung.

3.2.11.3 Abbau von Kapitalmarktfriktionen

Unter Anlegerschutz wird im Weiteren die Wahrung der Interessen privater bzw. institutioneller Anleger verstanden, die ihre Mittel direkt am Kapitalmarkt anlegen und auf die Zwischenschaltung einer Bank zur Risikotransformation verzichten. Die Notwendigkeit externer Bonitätsbeurteilungen resultiert aus den Friktionen an den Kapitalmärkten. An einem vollkommenen Markt verfügen alle Individuen über die selben Informationen, deren Auswertung mit keinerlei Opportunitätskosten verbunden ist. Erst die Existenz von Friktionen eröffnet den Rating-Agenturen ein Betätigungsfeld. Aus Anlegersicht erfüllen Bonitätsbeurteilungsinstitute zwei Aufgaben: Zum einen führt die Konzentration der Informationsbeschaffung und -auswertung auf wenige spezialisierte Einheiten zu Kostenvorteilen.[70] Das Rating-Urteil ersetzt die individuelle Bonitätseinschätzung der einzelnen Anleger. Je heterogener die Investorengruppe ist, die beispielsweise in eine Unternehmensanleihe investiert, desto größer die daraus resultierende Kostendegression. Andererseits ist von externen Ratings auch ein Qualitätszuwachs aus Anlegersicht zu erwarten: Rating-Institute beschäftigen entsprechend ausgebildete Mitarbeiter und haben die Möglichkeit, auf Erfahrungen aus der Vergangenheit zurückzugreifen. Besonders vor dem Hintergrund des Ansteigens der weltweiten Kapitalströme gewinnen externe Ratings zunehmend an Bedeutung.[71]

---

[69] Quelle: **Standard&Poor's** (2001), S. 8.
[70] Vgl. **Randow** (1996), S. 548.
[71] Vgl. **Schnabel** (1996), S. 307 ff.; **Everling** (1996), S. 10.

3.2.11.4 Ratings als Grundlage für Investitionsentscheidungen

Bestimmten Anlegergruppen erleichtern externe Ratings die Investition in börsengehandelte Unternehmensanleihen. Während die Zeichnung von Schuldnerpapieren weltbekannter Großunternehmen aus Anlegersicht unproblematisch ist, ergeben sich bei der Investition in Schuldverschreibungen mittelständischer Unternehmen größere Schwierigkeiten. Die Marktteilnehmer besitzen nur unzureichende Kenntnisse über Geschäftsmodell, finanzielle Situation und Aussichten, um die Risikoprämie verlässlich einschätzen zu können. Bonitätseinstufungen anerkannter Rating-Institute schaffen hier Abhilfe. Anhand einer einzigen Ausprägung ist der (potentielle) Anleger in der Lage, die bestehenden Informationsasymmetrien beträchtlich abzubauen und sich mit minimalem Aufwand ein Bild über die Bonität des Unternehmens zu verschaffen. Bonitätsbeurteilungen schützen die Investoren zwar nicht vor möglichen Insolvenzfällen, doch unterstützen sie sie bei der Einschätzung der Ausfallwahrscheinlichkeit.[72] Zusätzlich fördern sie die Transparenz an den Finanzmärkten; das verschafft den Investoren einen schnellen Überblick über die gehandelten Schuldnerpapiere sowie über die Klassifizierung der verschiedenen Titel. Rating als Anlegerschutzinstrument ist also in dem Sinne zu verstehen, dass die Anleger Entscheidungen auf der Basis ausreichender und zuverlässiger Informationen treffen können bzw. das Abwägen von Alternativen erleichtert wird. Anhand von Bonitätseinstufungen lässt sich feststellen, ob beispielsweise der Preis einer Unternehmensanleihe gerechtfertigt ist bzw. ob die Risikoprämie den Marktverhältnissen entspricht. Ist dies nicht der Fall, werden an einem funktionierenden Markt Arbitragegeschäfte einsetzen, bis die entstandenen Fehlbewertungen korrigiert sind.

3.2.11.5 Ratings als Stabilisierendes Element der Gesamtwirtschaft

Der von Ratings ausgehende positive Effekt auf den Anlegerschutz hat stabilisierende Wirkung auf das gesamte Finanzsystem. Falls externe Bonitätsbeurteilungen die Risiken adäquat abbilden, sind die Anleger auf kommende Zahlungsausfälle vorbereitet. Im Gegensatz dazu könnten unerwartete Ausfälle das generelle Vertrauen in den Markt für Unternehmensanleihen erschüttern. Dann muss unabhängig von der tatsächlichen Ertragslage der Unternehmen mit einem pauschalen Mittelabzug bzw. einer sinkenden Aufnahmefähigkeit neuer Anleihen gerechnet werden. Dieser Effekt ist möglicherweise der Auslöser für weitere Insolvenzen, die weniger auf das operative Geschäft als vielmehr auf kurzfristige Liquiditätsengpässe zurückzuführen sind. Als praktisches Beispiel mögen die Unternehmen der „New Economy" dienen. Für diese Wirtschaftseinheiten ist es besonders schwierig, neue Liquidität zu beschaffen. Dabei ist nicht davon auszugehen, dass sämtliche Geschäftsideen undurchführbar oder nur mit dauerhaften Verlusten realisierbar sind. Die Unternehmen teilen das gemeinsame Los, keinerlei Vertrauen mehr bei den Anlegern zu genießen und werden pauschal diskriminiert. „Ungerechtfertigte" Zusammenbrüche schwächen die gesamte Volkswirtschaft und senken indirekt den Anlegerschutz.

---

[72] Vgl. **Behrenwaldt** (1996), S. 295.

Wir halten fest: Konsistente Ratings fördern eine „faire" Preisbildung am Markt, bewahren den Anleger vor Fehlentscheidungen und unterstützen die Funktionsweise des Kapitalmarkts.

3.2.11.6 Externe Ratings zur Unterstützung des Kreditvergabeprozesses

3.2.11.6.1 Steigerung der Transparenz

Bei der Kreditvergabe ist in aller Regel der Informationsstand zwischen Kreditnehmer und Kreditgeber asymmetrisch verteilt.[73] Der Kreditsuchende besitzt umfangreichere Kenntnisse über seine aktuelle Kreditwürdigkeit und kann zudem zukünftige Entwicklungen besser abschätzen. Um seinen Informationsbedarf zu decken, ist das Kreditinstitut neben der Analyse des relevanten Marktsegments bei der Auswertung spezifischer Daten zum großen Teil auf die Angaben des Unternehmens angewiesen. Aber selbst die zur Verfügung gestellten Informationen überwinden die Asymmetrie oft nur unzureichend: Zum Einen begründet sich dies auf der Unmöglichkeit, sämtliche relevanten Unternehmensdaten zeitnah zur Verfügung zu stellen und auszuwerten, andererseits besteht die Gefahr, dass der Kreditnehmer die kommunizierten Informationen selektiv auswählt oder diese gezielt manipuliert. Natürlich sind auch Rating-Agenturen mit der Problematik asymmetrisch verteilter Informationen konfrontiert, allerdings sind sie besser in der Lage, dieses Gefälle abzubauen. Externe Bonitätsbeurteilungsinstitute untersuchen die Rating-Objekte intensiver, was das Zurückhalten oder die Verschleierung von Informationen tendenziell erschwert. Weiterhin reduzieren die Erfahrung und das Expertenwissen der Rating-Institute die Gefahr, dass die Schuldner die Kreditwürdigkeitsprüfung bewusst manipulieren. Unternehmen, deren Planungen eine längerfristige Perspektive zugrunde liegt, werden kein gesteigertes Interesse an einer zu guten Bonitätseinstufung haben. So werden Bonitätsbeurteilungsinstitute frühere Fehleinschätzungen, die auf fehlende oder bewusst beeinflusste Angaben zurückzuführen sind, bei ihren Folge-Ratings berücksichtigen. Der kurzfristige Vorteil wird dann mit einem dauerhaften Nachteil erkauft. Ähnliches könnte auch für die Beziehung zwischen Kunde und Bank gelten; im Unterschied zu einer öffentlichen Bonitätseinstufung können Sanktionen in späteren Perioden durch den Wechsel der Bankverbindung unter Umständen jedoch vermieden werden.

3.2.11.6.2 Unterstützendes Element im Kreditvergabeprozess

Die Kreditwürdigkeitsprüfung durch eine spezialisierte Institution bringt im Rahmen des Kreditvergabeprozesses mehrere Vorteile mit sich. Kreditinstitute können über die Ratingeinstufung eine Vorauswahl der in Frage kommenden Kreditnehmer treffen. Das bietet sich besonders an, wenn aufgrund der aktuellen Portfoliostruktur oder Eigenkapitalrestriktionen nur Kredite an Unternehmen bestimmter Bonitätsklassen ausgereicht werden.[74] Institutionelle Investoren unter-

---

[73] Vgl. **Schmidt** (1996), S. 268.
[74] Vgl. **Heinke/Steiner** (2000b), S. 139.

liegen oftmals gesetzlichen Auflagen, nach denen sie nur in Anleihen bestimmter Bonitätsklassen investieren dürfen.[75] Das ausgestellte Rating dient dann als K.O.-Kriterium, ob ein Unternehmen hinsichtlich eines Kreditengagements geprüft werden soll. Externe Ratings spezialisierter Agenturen gewähren aufgrund ihres Know-How ein hohes Qualitätsniveau, weswegen sich eine aktive Einbindung in den Kreditvergabeprozess anbietet.[76] Sie können aber auch lediglich als flankierendes Element bei der Bonitätsbeurteilung durch die kreditgebende Bank eingesetzt werden, um die Kreditentscheidung einer marktlichen Kontrolle bzw. Überwachung zu unterziehen.[77] Ratings stellen eine zusätzliche kostenlose Informationsquelle dar, die von einer unabhängigen Instanz erstellt wurde. Die stärkere Objektivierung reduziert die Gefahr der persönlichen Einflussnahme seitens des Unternehmens auf die Kreditwürdigkeitsprüfung. Ratings stellen weiterhin ein Absicherungsinstrument gegen Vorwürfe hinsichtlich der Kreditvergabepraxis dar. Kommt es im Zuge von Bankenkrisen zu gerichtlichen Auseinandersetzungen wegen fahrlässigen Verhaltens des Management, senken externe Ratings die Verdachtsmomente. Externe Ratings lassen sich auch im direkten Kundenverkehr einsetzen. Allgemein wird davon ausgegangen, dass die Aufspreizung der Kreditzinsen zwischen bonitätsmäßig guten und schlechten Kreditnehmern in der Zukunft noch zunehmen wird. Gerade Unternehmen, die höhere Aufschläge gegenüber dem risikolosen Zins entrichten müssen, fühlen sich vom Kreditgeber benachteiligt. Mit dem externen Rating ist den Kreditinstituten ein Instrument an die Hand gegeben, das die Festlegung der Konditionen auf eine objektive Basis stellt und sich auch entsprechend an den Kunden kommunizieren lässt.

3.2.11.6.3 Überwindung der Moral Hazard-Problematik

Die Problematik der asymmetrischen Informationsverteilung beschränkt sich nicht auf den Prozess der Kreditvergabe. Während der Kreditlaufzeit haben die Gläubiger nur unzureichende Einflussmöglichkeiten auf den Schuldner. So ist eine Steuerung der Geschäftstätigkeit im Sinne des Gläubigers nicht gewährleistet. In der Realität treten in oft Konstellationen auf, in denen die Interessen der Eigen- und Fremdkapitalgeber divergieren. Das Ausnutzen von Verhaltensspielräumen seitens der Anteilseigner zu Lasten der Kreditgeber wird als Moral Hazard bezeichnet. Die Eigenkapitalgeber initiieren neue Investitionsprojekte, die das Auszahlungsprofil und das Risiko der Unternehmung zu ihrem Vorteil verändern. Mit steigender Unsicherheit über die tatsächliche Unternehmenssituation und die zukünftigen Perspektiven erhöht sich die Prämie, die der Kreditnehmer auf den risikolosen Zins zu entrichten hat. Der Markt ist nur bei einer entsprechenden Kompensation bereit, zusätzliche Risiken zu übernehmen. Auch hier können Ratings aus Gläubigersicht einen positiven Beitrag liefern. Das Einfließen sogenannter soft facts wie beispielsweise Qualität und Integrität des Managements beinhaltet automatisch eine Analyse der Moral Hazard-Problematik.

---

[75] Vgl. **Everling** (1996), S. 12.
[76] Vgl. **Müller** (1996), S. 338 ff.
[77] Vgl. **Heinke/Steiner** (2000b), S. 140.

Gegen externe Bonitätsbeurteilungen wird eingewandt, dass diese mit hohen Kosten verbunden sind und sich damit auch die Refinanzierung der Unternehmen verteuert. Da öffentliche Ratings den Aufwand verringern, den die Kreditgeber in die Bonitätsprüfung der Unternehmen investieren müssen, ist ein Anstieg der Kreditkosten im Falle von Mehrbankenbeziehungen nicht zwingend. Bei größeren Unternehmen, die sich zum Teil direkt an den Kapitalmarkt wenden, reduzieren externe Ratings die Kreditüberwachungskosten auf gesamtwirtschaftlicher Ebene.

3.2.11.6.4 Kreditvergabe und Basel II

Mit der Umsetzung der Neuen Basler Eigenkapitalvereinbarung wird die Bedeutung externer Ratings aus Sicht der Kreditinstitute weiter zunehmen. Im Gegensatz zu den bisherigen Regelungen orientiert sich die Eigenkapitalunterlegung zukünftig stärker an der Bonität des Schuldners. Die Kreditinstitute haben die Wahl zwischen dem auf externen Ratings basierenden Standardansatz und den internen Ansätzen, die auf institutsinternen Bonitätsbeurteilungen des Kreditnehmers aufbauen. Voraussetzung für die Verwendung externer Ratings ist ihre Anerkennung durch die Aufsichtsbehörden.

Die Eigenkapitalunterlegung von Krediten sowohl im Standardansatz als auch in den internen Verfahren ergibt sich als Produkt aus Risikogewicht und Anrechnungsfaktor. Wurden bisher an Unternehmen ausgereichte Gelder pauschal mit einem Risikogewicht von 100% versehen, so ergeben sich als Folge des Rating-Urteils Werte zwischen 20% und 150%. Entsprechend werden die Refinanzierungskosten ausgereichter Kredite im Gegensatz zu den bisherigen Regelungen stärker divergieren. Die ebenfalls anerkennungsbedürftigen internen Systeme nehmen eine noch stärkere Differenzierung der Risikogewichte vor.[78] Zwar scheint auf den ersten Blick kein unmittelbarer Einfluss von externen Ratings auf die aufsichtsrechtliche Behandlung auszugehen, aber die Aufsichtsinstanzen werden bei größeren Divergenzen zwischen internen und externen Bonitätseinstufungen wahrscheinlich intervenieren. Unabhängig vom eingesetzten Verfahren ist zu erwarten, dass die Umsetzung der Basler Eigenkapitalvereinbarung mit einer Ausweitung der credit spreads im Kreditgewerbe einhergehen wird.

3.2.12 Quantitative Verfahren zur Bonitätsprüfung

Im Rahmen der Bonitätsprüfung verschafft man sich Informationen über die Fähigkeit eines Schuldners, seinen künftigen Zins- und Tilgungsverpflichtungen nachzukommen. Im Idealfall umfasst die Bonitätsprüfung sowohl die Untersuchung qualitativer Informationen wie z.B. Branchenzugehörigkeit, Marktsituation, Betriebsklima und personelle Situation (Management und Mitarbeiter) als auch die Auswertung quantitativer Daten, die in erster Linie dem Jahresabschluss

---

[78] Vgl. **Steiner/Starbatty** (2001), S. 418.

zu entnehmen sind.[79] Gerade bei einer größeren Zahl zu prüfender Unternehmen erweist sich die qualitative Seite jedoch als problematisch, da die Daten schwer messbar sind und der Erfassungsaufwand sehr hoch ausfällt. Das Ergebnis der Auswertung hängt somit oft von den betriebswirtschaftlichen Kenntnissen und der Erfahrung des jeweiligen Sachbearbeiters ab und ist damit äußerst subjektiv.

Eindeutige und objektiv nachvollziehbare Handlungsempfehlungen lassen sich dagegen mit den quantitativen Verfahren ableiten. Hier stellt man historische Bilanzen bereits insolvent gewordener Unternehmen den Jahresabschlüssen vergleichbarer gesunder Unternehmen gegenüber und sucht auf empirischer Basis nach den Kennzahlen, die sich bei den beiden Gruppen am deutlichsten unterscheiden. Sind die Ergebnisse zeitstabil, lassen sich auch für zukünftige Prüfungen relativ zuverlässige Klassifizierungen erwarten.

Ein Verfahren, das zur Trennung lediglich eine Kennzahl verwendet, ist die univariate Diskriminanzanalyse. Als der Begründer dieser sog. dichotomen Klassifizierung gilt Beaver[80]; die erste deutschsprachige Untersuchung stammt von Weibel.[81]

Zur Verdeutlichung des Verfahrens zeigt Abbildung 3.12 für beide Gruppen die Häufigkeitsverteilung einer Kennzahl k sowie den auch mit cut-off-point bezeichneten Trennwert T_k. In diesem Fall sind die Kennzahlenwerte normalverteilt und für insolvente Unternehmen kleiner als für solvente; es könnte sich also z.B. um die Eigenkapitalquote handeln. Ein Unternehmen i, dessen Ausprägung k_i der Kennzahl k unterhalb von T_k liegt, wird als insolvenzgefährdet eingestuft, ein Unternehmen mit $k_i > T_k$ dagegen als kreditwürdig. Für Unternehmen mit $k_i = T_k$ ist keine Aussage möglich.

Bei der Klassifikationen sind zwei mögliche Fehlbeurteilungen zu unterscheiden: Der Alpha-Fehler (Fehler erster Art) misst die Wahrscheinlichkeit, mit einem insolvenzgefährdeten Kunden einen Vertrag abzuschließen. Eine Fehlklassifikation dieser Art kann zu Ausfallkosten führen; im schlimmsten Fall kommt es sogar zum Totalverlust. Wird dagegen ein kreditwürdiger Kunde fälschlicherweise abgewiesen, spricht man vom Beta-Fehler (Fehler zweiter Art). Diese Fehlentscheidung ist ebenso unerwünscht, da es zu entgangenen Erträgen aus dem nicht durchgeführten Geschäft kommt und zusätzlich weitere Konsequenzen wie z.B. die Verärgerung eines guten Kunden und dessen Abwanderung zur Konkurrenz zu befürchten sind.

Bei der Erstellung eines Bonitätsprüfungssystems ist die Zielsetzung die Minimierung einer Kombination der jeweiligen Fehlerarten. Naheliegend ist zunächst die Minimierung des Gesamtfehlers, also der Summe beider Fehlerarten. Da die Konsequenzen der beiden Fehlentscheidungen nicht vergleichbar sind, erhält man jedoch sinnvollere Ergebnisse, wenn man die durch

---

[79] Vgl. **Steiner** (1994), S. 414 ff.
[80] Vgl. **Beaver** (1966).
[81] Vgl. **Weibel** (1973).

die jeweilige Fehlklassifikation entstehenden Kosten berücksichtigt.[82] Um verschiedene Bonitätsprüfungssysteme vergleichen zu können, minimieren einige Autoren den Beta-Fehler unter Konstanthaltung des Alpha-Fehlers auf einem vorgegebenem Niveau.[83]

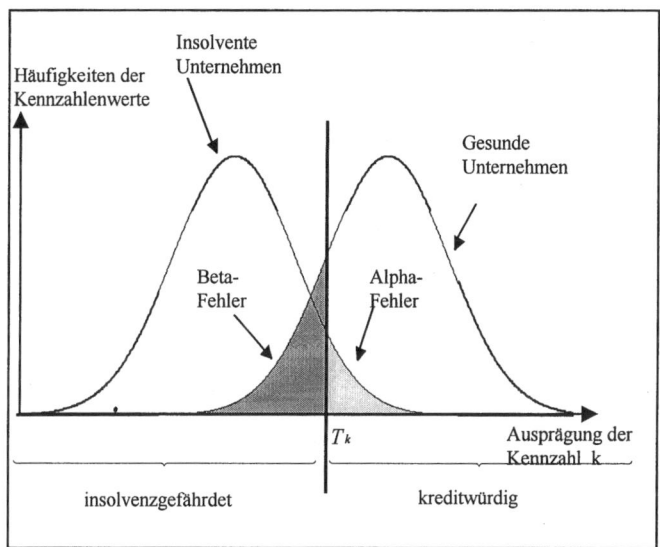

Abbildung 3.12: Univariate Diskriminanzanalyse

Im Unterschied zur univariaten Methode berücksichtigt die multivariate Diskriminanzanalyse (MDA) mehrere Einflussfaktoren und ihre gegenseitigen Wechselwirkungen. Dies ist besonders dann entscheidend, wenn zwei verschiedene Kennzahlen bei univariater Betrachtung widersprüchliche Klassifizierungen ergeben. Bei der MDA werden die verwendeten Kennzahlen zu dem sog. Diskriminanzwert verdichtet, mit dem dann analog der univariaten Methode verfahren wird. Unter den Methoden der MDA unterscheidet man verteilungsfreie[84] und verteilungsabhängige Verfahren, bei den letzteren je nach der Art der Kombination der Kennzahlenwerte die quadratische[85] und die lineare Diskriminanzanalyse.[86] Durch eine geschickte Bildung der Kennzahlen ist darauf zu achten, bilanzpolitische Maßnahmen zu bereinigen, da Unternehmen aus naheliegenden Gründen gute oder schlechte Situationen zu verschleiern versuchen.

Abbildung 3.13 zeigt exemplarisch das Ergebnis einer linearen Diskriminanzanalyse, die auf der

---

[82] Vgl. **Feidicker** (1992), S. 197 ff.
[83] Vgl. z.B. **Krause** (1993), S. 124, **Hüls** (1995), S. 210, **Baetge/Kruse/Uthoff** (1996), S. 276.
[84] Vgl. **Pytlik** (1994), S. 105 ff., **Hüls** (1995), S. 253 ff.
[85] Vgl. z.B. **Sinkey** (1973), **Altman/Loris** (1976), **Mühlbayer**(1986).
[86] Vgl. z.B. **Altman** (1968), **Beermann** (1976), **Weinrich** (1978), **Gebhardt** (1980), **Niehaus** (1987), **Feidicker** (1992), **Hüls** (1995).

Basis zweier Kennzahlen erstellt wurde. Die Kennzahlenkombinationen der insolventen Unternehmen sind durch schwarze Kästchen dargestellt; die Kreise stehen für die vergleichbaren gesunden Unternehmen. Befindet sich ein zu klassifizierendes Unternehmen auf der linken Seite der Trenngeraden g, lautet das Urteil "insolvenzgefährdet", ansonsten wird das Unternehmen als "kreditwürdig" eingestuft.

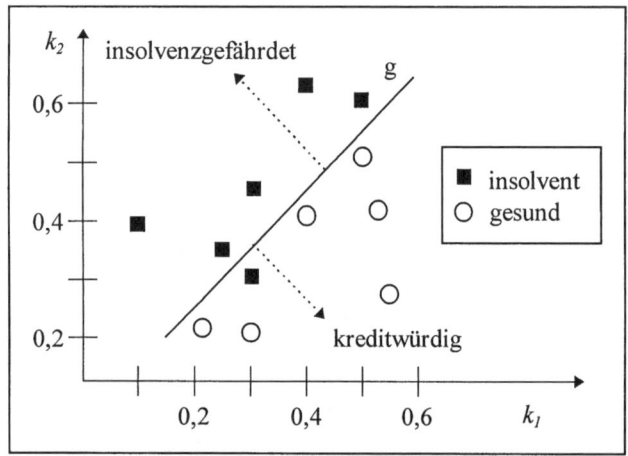

Abbildung 3.13: Ergebnis einer linearen Diskriminanzanalyse auf der Basis zweier Kennzahlen

Eine Darstellung und kritische Beurteilung der Diskriminanzanalyse als Instrument der Insolvenzprognose findet sich bei Steiner.[87] Ein Verfahren, das in jüngster Zeit zunehmend bessere Resultate auf dem Gebiet der Bonitätsprüfung erbrachte, ist das Instrument der Künstlichen Neuronalen Netze (KNN).[88] Dieses Instrument der künstlichen Intelligenz wurde erstmals 1990 von Odom/Sharda[89] für die Kreditwürdigkeitsprüfung verwendet. Inzwischen sind zahlreiche weitere Studien veröffentlicht worden[90], die teilweise besser klassifizierten als eine gleichzeitig durchgeführte MDA. Einen ausführlichen Überblick ausgewählter Studien geben Hilbert/Dittmar.[91]

Durch ihre Lernfähigkeit, Fehlertoleranz und Mustererkennungsfähigkeit eignen sich KNN vor allem für Aufgabenstellungen, in denen komplexe und nicht-lineare Zusammenhänge vorliegen, wie es bei der Bonitätsprüfung der Fall ist.

---

[87] Vgl. **Steiner** (1980), S. 175 ff.

[88] Vgl. Abschnit 4.4.4.2.

[89] Vgl. **Odom/Sharda** (1990).

[90] Vgl. z.B. **Erxleben et al.** (1992), **Rehkugler/Poddig** (1992a), **Krause** (1993), **Baetge et al.** (1994), **Altman et al.** (1994), **Kerling/Poddig** (1994), **Baetge/Jerschensky** (1996), **Baetge et al.** (1996), **Uthoff** (1997).

[91] Vgl. **Dittmar/Hilbert** (1998).

Wie bei den diskriminanzanalytischen Verfahren bildet man zwei Gruppen insolventer bzw. gesunder Unternehmen und sucht nach trennfähigen Kennzahlenkombinationen. Dazu legt man die Kennzahlenwerte an der Eingabeschicht an und teilt dem KNN für jeden Trainingsdatensatz mit, ob es sich um ein insolventes oder gesundes Unternehmen handelt. Dies geschieht durch Kodierung der Ausgabeneuronen, welche z.B. Werte {0;1} für {solvent, insolvent} oder vorgegebene Bonitätsklassen für eine feinere Abstufung annehmen können. In der Trainingsphase passt das Netz nun die Gewichte so lange an, bis die vorgegebene Klassifizierung annäherungsweise abgebildet wird. Abbildung 3.14 zeigt einen typischen Aufbau eines solchen Netzes (links) sowie als Ergebnis die Trennlinie, die nun im Gegensatz zur linearen Diskriminanzanalyse keine Gerade mehr darstellt (rechts).

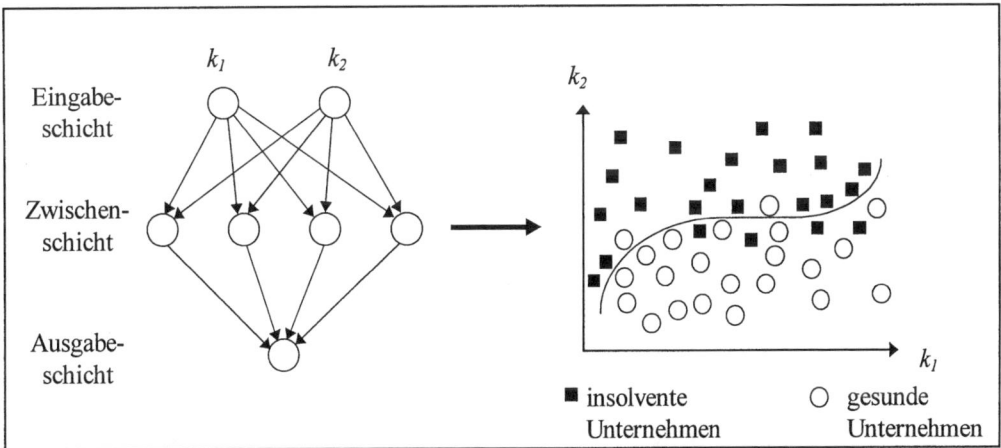

Abbildung 3.14: Künstliches Neuronales Netz zur Bonitätsprüfung

Beim Training des Neuronalen Netzes ist u.a. auf das sog. Overlearning zu achten. Trainiert man das Netz zu lange, verliert es seine Generalisierungsfähigkeit, d.h. es passt seine Gewichte nicht nur an die "echten" Strukturen an, sondern übernimmt auch die nicht-repräsentativen Scheinzusammenhänge der Trainingsdaten. Die Konsequenz des Overlearning zeigt Abbildung 3.15: Anstatt die beiden Klassen auf sinnvolle Weise zu trennen (Abbildung 3.14), windet sich die Trennlinie auch um die Ausreißer und macht jegliche ökonomische Interpretation unmöglich.

Um das Overlearning einzuschränken, ist eine Dreiteilung der Untersuchungsstichprobe zu empfehlen: Während des Lernverfahrens auf der Trainingsmenge wird in regelmäßigen Abständen auf der sog. Testmenge der Klassifizierungsfehler gemessen. Steigt dieser an, ist der Einsatz des Overlearning zu vermuten und das Training abzubrechen. Um verschiedene, fertig trainierte Netze untereinander vergleichen zu können und um eine Gegenüberstellung zu alternativen Verfahren zu ermöglichen, ist mit der sog. Validierungsstichprobe eine dritte Teilmenge nötig, um den "Ernstfall" unbekannter Daten zu simulieren.[92]

---

[92] Für eine ausführlichere Beschreibung des Overlearnings und weiterer zu beachtender Probleme vgl. **Hilbert/Dittmar** (1997).

Ein weiterer Kritikpunkt Neuronaler Netze ist ihre mangelnde Erklärungsfähigkeit. Durch die hochgradige Vernetzung der Neuronen hat der Anwender keine Möglichkeit, die Bedeutung der einzelnen Gewichte zu interpretieren. Daher muss er sich durch eine geschickte Netzkonstruktion eine Art Erklärungskomponente erstellen. Dies lässt sich beispielsweise durch das von Baetge et al. trainierte Netz (vgl. Abbildung 3.16) realisieren.[93]

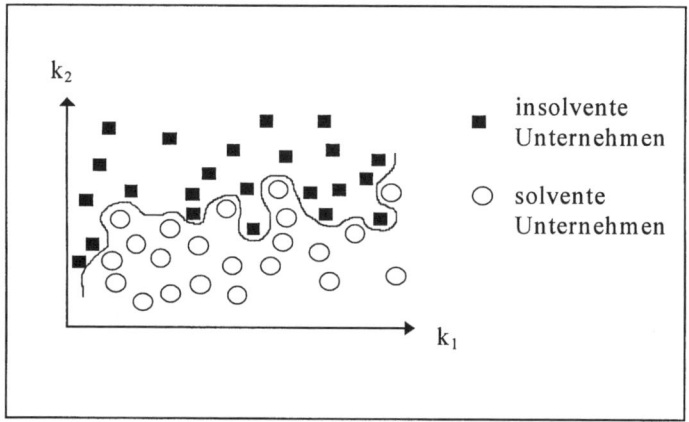

Abbildung 3.15: Overlearning bei der Bonitätsprüfung[94]

Im Vorfeld des Trainings wurden die Kennzahlen mittels einer Clusteranalyse verschiedenen Informationsbereichen des Jahresabschlusses zugeordnet. Mit dieser Aufteilung bezwecken die Autoren, neben dem Gesamtergebnis des Ausgabeneurons auch Beurteilungen bezüglich der einzelnen Informationsbereiche wie z.B. der Kapitalstruktur oder Liquidität des Unternehmens zu erhalten. Durch verschiedene sog. Ausdünnungsverfahren eliminierten die Autoren in der Trainingsphase sukzessive die Kennzahlen, die den geringsten Trennbeitrag erbrachten und erhielten somit schließlich ein Neuronales Netz, das mit zehn Kennzahlen auskam. Um verschiedene Verfahren vergleichen zu können, normierten die Autoren den Alpha-Fehler auf 8,7%. Das Neuronale Netz erzielte dabei auf der zuvor nicht verwendeten Validierungsmenge einen Beta-Fehler von 41,0% und zeigte sich somit der Diskriminanzanalyse überlegen.[95]

---

[93] Vgl. **Baetge et al.** (1994), S. 339.
[94] Vgl. **Krause** (1993), S. 127.
[95] Mit dem gleichen Datenmaterial wurde zuvor mit der multivariaten Diskriminanzanalyse ein Beta-Fehler von 44,5% erzielt, vgl. **Krause** (1993), S. 211.

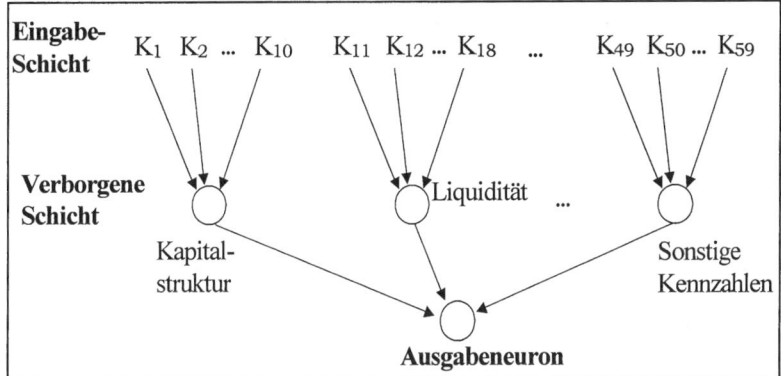

Abbildung 3.16: Das KNN von Baetge et al.

3.3 Anleihemanagement

Im Vordergrund des Anleihemanagements steht die Bildung von Anleiheportfolios. Wie bereits im Kapitel über die Asset Allocation ausführlich dargelegt wurde, verbindet sich mit der Portfoliobildung eine Risikoreduktion bei gleichzeitiger Aufrechterhaltung bzw. Erhöhung der Renditeerwartungen. Einen wesentlichen Faktor im Rahmen von Anleiheportfolios stellte die Frage der Internationalisierung des Portfolios dar. Anleger müssen sich fragen, ob sie ein auf nationale Titel beschränktes, oder ein internationales Anleiheportfolio aufbauen wollen. Im Zusammenhang mit international ausgerichteten Portfolios ist stets das Währungsrisiko zu berücksichtigen, das einen erheblichen Risikofaktor ausmacht. Durch Hedging-Strategien lässt sich allerdings das Währungsrisiko gezielt ausschalten bzw. verringern.

Die Bildung von Anleiheportfolios sollte einer im vorhinein festgelegten Strategie folgen. Es lassen sich drei Strategievarianten unterscheiden. Wie aus Abbildung 3.17 hervorgeht, gibt es aktive, semiaktive und passive Anlagestrategien im Anleihebereich.

Zielsetzung der aktiven Anleihestrategien ist die Erzielung über dem Marktdurchschnitt liegender Renditen. Zur Erreichung dieses Zieles können zwei unterschiedliche Wege beschritten werden. Zum einen kann die Portfoliobildung auf der Basis von geschätzten Zinsentwicklungen durchgeführt werden, so dass nur solche Anleihen ins Portfolio genommen werden, die besonders von Zinssenkungen auf dem betrachteten Markt profitieren sollten. Prognoseorientierte Strategien eignen sich vornehmlich für Anleger, die aufgrund ihres überdurchschnittlichen Informationsstands in der Lage sind, mehrheitlich zuverlässige Prognosen über die Richtung, den Zeitpunkt und den Umfang von Zinsveränderungen abzugeben. Somit können prognoseorientierte Anleihestrategien entweder Anleiheselektion in den Vordergrund stellen, Anleihetiming betonen, oder gleichzeitig Selektion und Timing betreiben. Wird vornehmlich Anleiheselektion betrieben, dann steht die prognosebasierte Auswahl von Laufzeiten und Emittenten im Mittelpunkt. Beim Anleihetiming geht es primär um die zeitlich korrekte Einschätzung maßgeblicher Veränderungen der Zinsstrukturkurve. Im Rahmen der Anleiheauswahl kommt insbesondere der Konvexität eine wichtige Rolle zu. Es erweist sich für aktive Anleihestrategien bei der Erwartung sinkender Marktzinsen als günstig, Anleihen mit einer hohen Konvexität ins Portfolio aufzunehmen. Die Berücksichtigung der Zinsstrukturkurve sowie der prognoseorientierte Aufbau einer Anlagestrategie mit Anleihen wird besonders im Rahmen des sog. "Total Return Managements" betrieben.[96]

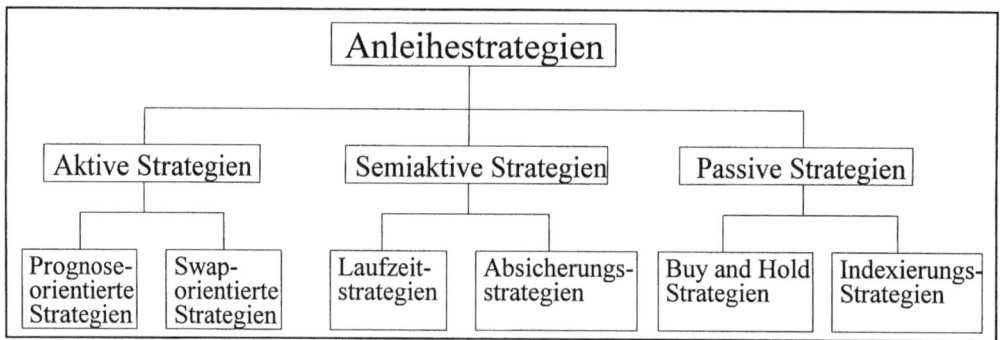

Abbildung 3.17: Strategievarianten bei Anleiheportfolios[97]

Als zweite Möglichkeit der aktiven Strategien sind die swaporientierten Strategien zu nennen, bei denen gegenseitig vermutete komparative Schuldnervorteile in der Weise ausgenutzt werden, dass durch Tauschoperation bei den vereinnahmten Zinszahlungen jeweils die günstigeren Renditen erwirtschaftet werden können. In diesem Zusammenhang spricht man von Asset Swaps.[98] Als aktive Strategien sind auch Arbitragestrategien einzustufen, bei denen kurzzeitig auftretende Fehlbewertungen zwischen einzelnen Märkten oder Marktsegmenten gewinnbringend ausgenutzt werden.

Semiaktive Anleihestrategien stützen sich weniger stark auf Prognosen bezüglich der zukünftigen Zinsentwicklung als aktive Strategien. Viel mehr besteht die Zielsetzung semiaktiver Anleihestrategien in der Haltung eines gut diversifizierten Anleiheportfolios. Es lassen sich Laufzeit- und Immunisierungsstrategien unterscheiden.

Bei Laufzeitstrategien werden Anleihen mit unterschiedlichen Fälligkeitsterminen gemäß einem prozentualen Verteilungssatz kombiniert. Mithin besteht bei Laufzeitstrategien die Möglichkeit, von restlaufzeitinduzierten unterschiedlichen Zinsreagibilitäten der im Portfolio kombinierten Anleihen zu profitieren.[99] Als konkrete Laufzeitstrategien sind die Leiter- und die Hantelstrategie zu nennen. Im Rahmen einer Leiterstrategie werden die Anlagemittel i.d.R. gleichmäßig auf alle verfügbaren Laufzeitbereiche aufgeteilt. Durch Tilgungs- und Zinszahlungen entstehende Rückflüsse werden jeweils gemäß dem ursprünglichen Verteilungsschlüssel wieder angelegt. Hingegen kommt es bei der Hantelstrategie zur Splittung des Anlagebetrags auf Anleihen mit

---

[96] Vgl. **Eller/Karl** (1994), S. 245 ff.
[97] Vgl. **Holzer** (1990), S. 43.
[98] Siehe zum Themenbereich Swaps die Darstellung bei **Perridon/Steiner** (2002), S. 315 ff.
[99] Vgl. **Holzer** (1990), S. 64.

kurzer und Anleihen mit langer Restlaufzeit. Der mittlere Laufzeitbereich wird nicht betrachtet. Erfolgt eine Aufteilung zu gleichen Teilen, dann spricht man von einer gleichmäßigen Hantel.

Die Immunisierungsstrategien zählen zu den semiaktiven Strategien, weil eine bewusste Auswahl der Anleihen im Sinne einer durationsoptimierten Portfoliogestaltung durchgeführt wird. Mit Hilfe von Immunisierungsstrategien wird das Ziel verfolgt, einen im Anlagezeitpunkt bereits feststehenden Portfolioendwert zu erreichen. Zu diesem Zweck müssen Planungshorizont und Duration deckungsgleich sein. Folglich sind die Anleihen in dem Anleiheportfolio derart zu kombinieren, dass die gewichtete Summe der einzelnen Anleihedurationen die gewünschte Portfolioduration ergibt.

Auch im Bereich der Immunisierungsstrategien sind alternative Strategiemöglichkeiten gegeben. Neben den schon oben dargestellten Leiter- und Hantelstrategien kann auch eine sogenannte Bulletstrategie Anwendung finden.[100] Im Rahmen der Leiterstrategie werden die Anlagemittel wiederum auf mehrere Anleihen aller Laufzeitklassen aufgeteilt. Die Portfolioduration muss dabei dem Anlagehorizont entsprechen. Bei der Hantelstrategie erfolgt wiederum eine Aufteilung der Anlagemittel in Anleihen mit langer und mit kurzer Restlaufzeit. Die Aufteilung hat so zu erfolgen, dass die Portfolioduration und der Planungshorizont deckungsgleich sind. Schließlich ordnet die Bulletstrategie die ins Portfolio aufzunehmenden Anleihen so an, dass Anleihen mit geringfügig höheren Durationen und solche mit geringfügig niedrigeren Durationen als der Planungshorizont kombiniert werden. Das Ziel der genannten Strategien besteht jeweils in der Erreichung einer größtmöglichen Übereinstimmung zwischen geplanten und tatsächlichen Portfolioendwerten.

Das den Immunisierungsstrategien zugrunde liegende Ziel einer Deckungsgleichheit von tatsächlichem und geplantem Portfolioendwert lässt sich durch die Durationsidentität nicht allein bewerkstelligen. Hinsichtlich der diesbezüglichen Güte der Immunisierungsstrategien sind empirische Untersuchungen durchgeführt worden, die z.T. zu unterschiedlichen Ergebnissen kommen. Maßgeblichen Einfluss auf die Zielrealisation besitzt die Dimension der Veränderung der Zinsstrukturkurve im Zeitablauf. Für Strategiesimulationen sollte deshalb stets die Lage der Zinsstrukturkurve und ihre mögliche Veränderung einbezogen werden.[101]

Basierend auf der Hypothese effizienter Bondmärkte lassen sich schließlich passive Anleihestrategien implementieren. Passive Anleihestrategien zielen auf die Vereinnahmung einer dem Marktdurchschnitt entsprechenden Rendite. Dabei kann zum einen eine Mischung aus Anleihen im Sinne eines Buy and Hold-Konzepts gekauft und bis zum Verfalltag gehalten werden. Alternativ lassen sich Indexierungsstrategien durchführen, die sich durch die Duplizierung des vom Anleger ins Auge gefassten Anleihemarktes auszeichnen. Es wird versucht, die Rendite- und Risikoabweichung des Anleiheportfolios von seiner Benchmark zu minimieren.

Mit zunehmender Internationalisierung des Portfolios gestaltet sich die Indexierung schwieriger.

---

[100] Vgl. **Bühler** (1991), S. 33 ff.
[101] Vgl. **Dattatreya/Fabozzi** (1990), S. 187.

Nicht zuletzt ist dieser Umstand dem bestehenden Währungsrisiko zuzuschreiben. Anhand des Tracking Errors lassen sich die Ergebnisse der Indexierungsstrategie überpüfen.

Ein Vorteil passiver Anleihestrategien besteht in den vergleichsweise geringen Kosten, die bei der Strategieimplementierung auftreten. Aufwendiges Research sowie zahlreiche Portfolioumschichtungen entfallen gänzlich. Für passive Anleihestrategien, bei denen die Restlaufzeit der im Portfolio befindlichen Anleihen dem Planungshorizont entspricht, hat sich der Ausdruck Maturitystrategie eingebürgert.[102]

---

[102] Vgl. **Holzer** (1990), S. 63.

4 Aktienbewertung und -management

4.1 Aktienarten und -marktsegmente

Bei Aktien handelt es sich um Teilhaberpapiere, die dem Eigentümer ein wirtschaftliches und rechtliches Eigentum an der entsprechenden Aktiengesellschaft verbriefen. Die Ausgestaltung von Aktien ist nicht immer einheitlich. Obwohl der gesellschaftsvertragliche Teil in den meisten Ländern umfassend vom Gesetzgeber geregelt ist (in Deutschland durch das Aktiengesetz), bestehen Wahlmöglichkeiten hinsichtlich des konkreten Umfangs an Rechten, die mit dem Besitz der Aktien verbunden sind. Unterschiede ergeben sich bezüglich des Umfangs der Aktionärsrechte, bezüglich der Übertragungsmöglichkeiten der Aktien und hinsichtlich der Kapitalzerlegungsmethode.

An der Börse werden entweder Stamm- oder Vorzugsaktien gehandelt. Stammaktien verbriefen dem Inhaber das Recht auf die Teilnahme an der Hauptversammlung der Gesellschaft, auf die Stimmrechtsausübung, und auf die Dividende. Im Gegensatz dazu beinhalten Vorzugsaktien einen Vorzug gegenüber den Stammaktien. Hierbei ist zwischen einem absoluten Vorzug und solchen Vorzügen zu unterscheiden, die gleichzeitig einen Nachteil beinhalten. Besteht ein absoluter Vorzug, dann besitzen die Vorzugsaktien gegenüber den Stammaktien ein zusätzliches Privileg. Gewöhnlich wird der Vorteil der Vorzugsaktie aber von einem Nachteil begleitet. In den überwiegenden Fällen der Praxis verbriefen Vorzugsaktien einen Dividendenvorteil gegenüber den Stammaktien. Dafür steht den Vorzugsaktionären i.d.R. kein Stimmrecht zu. Bei stimmrechtslosen Vorzugsaktien lebt das Stimmrecht allerdings wieder auf, falls ein oder mehrere Jahre lang keine Dividende gezahlt wurde. Erst mit Begleichung der Rückstände entfällt das Stimmrecht wieder.[1] Aus diesem Grund eignen sich Vorzugsaktien häufig für Kleinaktionäre, die aufgrund ihres geringen Kapitalanteils ohnehin kaum Interesse an der Stimmrechtsausübung haben. Hinzu kommt, dass Vorzugsaktien üblicherweise niedriger notieren als Stammaktien und somit einen geringeren Kapitaleinsatz bei gleichzeitig höherer Dividendenrendite erfordern.[2] Nicht zuletzt induziert durch das internationale Herausbilden gemeinsamer Kapitalmarktstandards ist jüngst eine Trend zu erkennen, die Kategorie der Vorzugsaktien zugunsten von Stammaktien in ihrer Bedeutung zurückzudrängen.

Hinsichtlich der Übertragungsmöglichkeiten von Aktien sind in Deutschland Inhaber- und Namensaktien zu unterscheiden. Die gängige Form in Deutschland stellen Inhaberaktien dar, deren

---

[1] Siehe § 140 (2) AktG.
[2] Eine detaillierte Analyse der Kursunterschiede von Stamm- und Vorzugsaktien findet sich bei **Doerks** (1992), S. 22 ff.

Übertragung durch Einigung und Übergabe an der Börse erfolgt. Demgegenüber erfolgt bei Namensaktien die Übertragung an einen neuen Inhaber durch Indossament, also einer schriftliche Übertragungserklärung, und Übergabe. Zudem wird der neue Inhaber in das Aktienbuch der Gesellschaft eingetragen. Auf diese Weise entstand bislang ein größerer Aufwand, der die Handelbarkeit der Namensaktien erheblich beeinträchtigte. Durch die Einführung vollelektronischer Aktienregister wurde dieser Nachteil der Namensaktie jedoch beseitigt. Damit sind Namensaktien bezüglich ihrer Fungibilität mit Inhaberaktien vergleichbar.[3] Der Vorteil von Namensaktien für den Emittenten liegt in der Möglichkeit der Direktansprache seiner Aktionäre im Rahmen der Investor Relation. Daneben sind größere Veränderungen im Aktionärskreis für die Gesellschaft erkennbar. Von den DAX-Unternehmen beschlossen Deutsche Bank, Deutsche Telekom, Dresdner Bank, Mannesmann und Siemens die Umstellung der Aktien ihrer Gesellschaft auf Namensaktien. Zusätzlich zu den bereits bestehenden Namensaktien der Allianz, Münchner Rück und Lufthansa (alle vinkuliert) befinden sich somit zukünftig acht Namensaktien im DAX. Eine Unterart von Namensaktien stellen vinkulierte Namensaktien dar. Dabei muss die Gesellschaft bei jeder Aktienübertragung ihre Einwilligung geben. Auf diese Weise können missliebige Aktionäre aus dem Aktionärskreis ferngehalten werden.

Zwischen Inhaber- und Namensaktien besteht zudem ein Unterschied hinsichtlich der Einzahlungspflicht. Während Inhaberaktien stets voll eingezahlt sein müssen, liegt die Mindesteinzahlungsquote bei Namensaktien lediglich bei 25%. Da die Aktionäre namentlich bekannt sind, kann bei auftretendem Liquiditätsbedarf die Resteinzahlung beschlossen werden.

Das dritte Unterscheidungsmerkmal betrifft die Zerlegung des Kapitals. Hier gilt es, zwischen nennwerttragenden und nennwertlosen Aktien zu unterscheiden. Nennwertaktien lauten auf einen festen Geldbetrag. Die Anzahl der Aktien einer Gesellschaft lässt sich durch Division des Grundkapitals durch den Nennbetrag einer Aktie bestimmen. Echte nennwertlose Aktien verkörpern einen bestimmten Anteil am Vermögen der Gesellschaft, ohne dass ein bestimmtes Grundkapital festgelegt wird (Stück- oder Quotenaktien). Eine fixierte Rechengröße, die nur bei Kapitalmaßnahmen der Gesellschaft verändert wird, existiert bei Quotenaktien nicht. Der Vermögensanteil schwankt mit der Anzahl emittierter Aktien. In Deutschland war bislang ausschließlich die Ausgabe von Nennwertaktien möglich. Der Nennwert musste seit dem Inkrafttreten des Aktiengesetzes von 1965 mindestens 50,-- DM betragen. Mit Inkrafttreten des 2. Finanzmarktförderungsgesetz wurde der Mindestnennwert auf 5,-- DM gesenkt. Mit Wirkung zum 01.01.1999 wurde durch das Gesetz zur Einführung des Euro ein Mindestnennbetrag von 1,-- EUR festgelegt.[4] Während einer Übergangsfrist konnten die bisherigen auf DM lautenden Nennbeträge beibehalten werden. Spätestens jedoch bis zum 01.01.2002 mussten börsennotierte Gesellschaften die Nennbeträge ihrer Aktien auf volle Euro-Beträge umgestellt haben. Seit Inkrafttreten des Gesetzes über die Zulassung von Stückaktien können neben Nennbetragsaktien auch sogenannte unechte nennwertlose Aktien ausgegeben werden.[5] Im Gegensatz zu echten nennwertlosen Stückaktien verkörpert eine Stückaktie in Deutschland nach wie vor einen Anteil am betragsmäßig festgelegten Grundkapital der Gesellschaft. Der Anteil am Grundkapital lässt

---

[3] Vgl. **Noack** (1999), S. 2.
[4] Vgl. § 8 Abs. 2 AktG.
[5] Vgl. § 8 Abs. 1 AktG.

sich durch Division des Grundkapitals durch die Anzahl der ausgegebenen Aktien ermitteln. Bei Stückaktien muss der rechnerische Anteil am Grundkapital mindestens 1,-- EUR betragen.[6] Während bei nennwerttragenden Aktien ein höherer Aktiennennbetrag auf glatte Euro lauten muss, ist bei nennwertlosen Aktien jeder Betrag möglich, der den rechnerischen Mindestnennbetrag übersteigt. In anderen Ländern (z.B. den USA) handelt es sich bei der Mehrzahl der Aktien um echte nennwertlose Aktien.

Eine Funktion kommt dem Nennwert vornehmlich als bilanzielle Rechengröße zu. Ein kausaler Zusammenhang von Nennwert und Aktienkurs besteht nicht.

Gewöhnlich gewähren Aktien ihrem Inhaber Rechte, die auf die gesamte Gesellschaft bezogen sind. Seit einigen Jahren werden jedoch an amerikanischen Börsen sog. Tracking Stocks (Geschäftsbereichsaktien) gehandelt. Sie ermöglichen es, die Beteiligung eines Gesellschafters in wirtschaftlicher Hinsicht (insbesondere bezüglich der Gewinnbeteiligung) nicht mit dem Gesamtunternehmen zu verknüpfen, sondern mit einem spezifisch abgegrenzten Teil (z.B. einem Geschäftsbereich oder einem Beteiligungsunternehmen) davon. Derzeit wird die Übertragbarkeit des Tracking Stock Konzepts auf deutsche Gesellschaftsformen diskutiert.[7]

Im Rahmen der Wertpapieranlage sind lediglich börsennotierte Aktiengesellschaften von Interesse. Die entsprechenden Anteilspapiere werden an Wertpapierbörsen, von denen es in Deutschland derzeit noch acht gibt, gehandelt. Der Handel mit Aktien kann auf mehrfache Weise unterteilt werden. Möglich ist z.B. eine Unterscheidung in nationale und internationale Aktienmärkte. Im Rahmen der Beschreibung wichtiger Aktienmarktsegmente wollen wir uns auf die grundlegenden Merkmale der deutschen Sekundärmärkte für Aktien beschränken. Dabei stehen der Kassa- bzw. Parkett-Börsenhandel sowie der inzwischen ebenso bedeutend gewordene elektronische Handel in deutschen Aktien im Vordergrund.

Der Kassa-Börsenhandel in Deutschland ist in vier Marktsegmente eingeteilt. Abgestuft nach den gesetzlichen Anforderungen an das Mindestkapital, die Aktienstreuung und Publizität der Unternehmen, unterscheidet man den amtlichen Handel, den geregelten Markt, den Freiverkehr und den 1997 eingerichteten Neuen Markt. Beim Qualitätssegment SMAX handelt es sich um kein eigenständiges Handelssegment, da die SMAX-Unternehmen unverändert in ihrem Zulassungssegment notiert und gehandelt werden. Abbildung 4.1 zeigt die bestehenden Marktsegmente in Deutschland im Überblick.

Die strengsten Anforderungen hinsichtlich der Größe, der Streuung und der Publizität werden an jene Aktiengesellschaften gestellt, deren Anteilspapiere im amtlichen Handel notiert sind. Für eine Zulassung zum amtlichen Handel müssen u.a. folgende Bedingungen erfüllt sein:
- Das zuzulassende Unternehmen muss mindestens für die vorangegangenen drei Jahre die Jahresabschlüsse vorgelegt haben.
- Der Kurswert des neu eingeführten Aktienkapitals muss mindestens 1,25 Mio. EUR betragen.

---

6 Vgl. § 9 Abs. 1 AktG.

7 Vgl. **Natusch, I.** (1995), **Perridon/Steiner** (2002), S. 380 ff.

- Zur Sicherstellung einer ausreichenden Marktgängigkeit sollten sich mindestens 25 % der zuzulassenden Aktien im Streubesitz befinden.
- Es ist ein Börsenzulassungsprospekt zu erstellen, an den die Prospekthaftung (§§ 45ff. BörsG) für unrichtige und unvollständige Angaben geknüpft ist.[8]

Weitere Voraussetzungen können dem Börsengesetz (BörsG), der Börsenzulassungsverordnung und den jeweiligen Börsenordnungen entnommen werden.

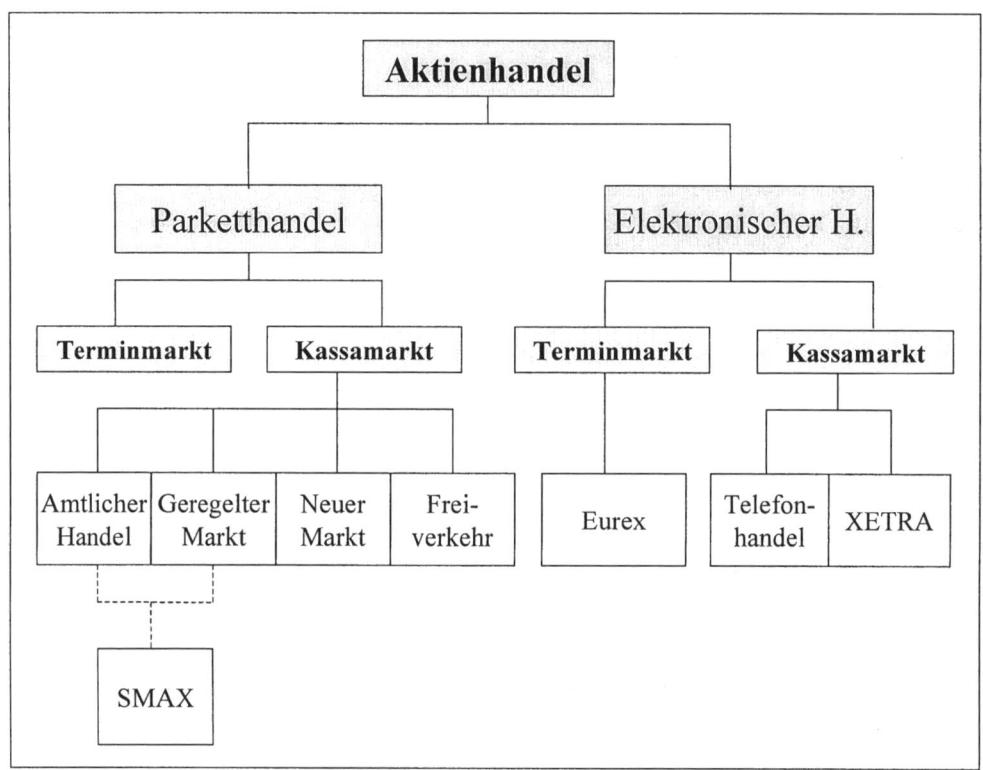

Abbildung 4.1: Marktsegmente des Aktienhandels in Deutschland

Innerhalb des Börsenhandels wird unterschieden zwischen dem amtlichen Kassakurs und der variablen Notierung. Unter variabler Notierung ist die zeitlich fortlaufende Preisfeststellung während der Börsenzeit zu verstehen. Bislang betrug die Mindestgröße eines Auftrags im variablen Handel 100 Stück bei Aktien mit einem Nennwert von 5,-- DM bzw. 50 Stück bei Aktien mit einem Nennwert von 50,-- DM oder ein Vielfaches davon. Als erste Börse senkte im Dezember 1997 die Stuttgarter Börse die Mindestschlussgröße für den variablen Handel auf eine Aktie. Ab dem 1. Juli 1999 ermöglicht auch die Frankfurter Wertpapierbörse als umsatzstärkste Börse in Deutschland den variablen Handel im Präsenzhandel unabhängig von der Auftragsgröße. Die Aufnahme einer variablen Notierung macht nur für solche Papiere Sinn, in denen ein

---

[8] Vgl. **Deutsche Börse AG** (2001).

reger Handel stattfindet. Besonders für die im amtlichen Handel notierten Aktien ist diese Bedingung erfüllt. Durch die Absenkung des Nennwertes in den letzten Jahren hat sich jedoch eine Verbreiterung des variablen Handels auch in anderen Marktsegmenten ergeben.

Neben den variabel gehandelten Werten werden alle anderen an der Börse notierten Aktien, die nicht variabel gehandelt werden, zum Kassakurs abgerechnet, unabhängig von der Größe des Auftrags. Der Kassakurs wird vom Kursmakler börsentäglich einmal ermittelt und entspricht dem Kurs, zu dem entsprechend der vorliegenden Kauf- und Verkaufsaufträge die meisten Aktien gehandelt werden können.

Geringere Anforderungen hinsichtlich des Mindestkapitals, der Aktienstreuung und der Publizität gelten für im geregelten Markt notierte Aktien. Das Emissionsvolumen bei erstmaliger Zulassung beträgt hier nur 250.000 EUR, Streubesitzvorschriften bestehen keine. Auch die Informationsanforderungen, die für eine Zulassung zum amtlichen Handel durch die Vorlage des Börsenzulassungsprospektes abgedeckt werden, sind beim geregelten Markt geringer und werden durch einen Unternehmensbericht sowie fakultative Zwischenberichte erfüllt. Kleinere, und neu an die Börse kommende Gesellschaften, wählen häufig den geregelten Markt als Einstiegsmarktsegment aus. Ein Wechsel des Marktsegmentes ist möglich. Für viele Aktien im geregelten Markt wird nur einmal täglich der Kurs bestimmt.

Eine Sonderstellung hinsichtlich der Publizitätsanforderungen nimmt der Neue Markt ein. Er wurde auf Grundlage der EU-Wertpapierdienstleistungsrichtlinie als Qualitätssegment des Aktienhandels im Frühjahr 1997 eingerichtet. Die Schaffung des Neuen Marktes entsprang dem Wunsch, jungen Wachstumsunternehmen einen Zugang zur Börse und damit zu Eigenkapital zu verschaffen. Da es sich bei dieser Art von Unternehmen nicht selten um Technologiewerte handelt und die Standards für den Handel mit solchen Aktien in den USA gesetzt worden sind, wurde für das Segment des Neuen Marktes unter anderem festgelegt, dass die hier notierten Titel einen Jahresabschluss auf der Basis der International Accounting Standards (IAS) oder der US GAAP (General Accepted Accounting Principles) sowie regelmäßige Quartalsberichte vorlegen müssen. Darüber hinaus sind für eine Zulassung am Neuen Markt u.a. folgende Bedingungen zu erfüllen:

- Die Zulassung der Aktien zum Geregelten Markt der Frankfurter Wertpapierbörse muss erfolgt sein. Mit Stellung des Antrags auf Zulassung der Aktien zum Neuen Markt verzichtet der Antragsteller auf die Aufnahme der Notierung im Geregelten Markt.
- Das Unternehmen muss seit mindestens einem Jahr und sollte seit mindestens drei Jahren bestehen.
- Der Kurswert der Emission muss mindestens 5 Mio. EUR betragen. Der Gesamtnennwert darf 250.000 EUR nicht unterschreiten und es müssen mindestens 100.000 Stück Aktien ausgegeben werden.
- Zur Sicherstellung einer ausreichenden Marktgängigkeit muss sich 20 % des Grundkapitals (25 % sollte sich) im Streubesitz befinden.

Im Rahmen des Zulassungsverfahrens ist ein Emissionsprospekt zu erstellen, der der Prospekthaftung (§§ 77, 45ff. BörsG) unterliegt. Der Prospekt hat u.a. Angaben zu Geschäftsführungs- und Aufsichtsorganen, zur Vermögens-, Finanz- und Ertragslage sowie Geschäftsaussichten und Risikofaktoren zu enthalten.

Zudem müssen sich die sogenannten Altaktionäre, d.h. solche Aktionäre, die bereits vor dem IPO am Neuen Markt beteiligt waren, dazu verpflichten, einen bestimmten Anteil (derzeit 90%) ihrer Aktien nicht zu verkaufen (sogenannte Marktschutzklausel). Mit Einführung von Xetra Release 3.0 im Oktober 1998 können im elektronischen Handel der Frankfurter Wertpapierbörse sämtliche Auftragsgrößen für Titel des Neuen Markt variabel gehandelt werden. Ab 1. März 2001 müssen Wertpapiergeschäfte vom Unternehmen selbst sowie von Organmitgliedern angezeigt werden. Von Aktionärsschützern wird hierbei kritsiert, dass die Meldung erst nach Durchführung der Transaktion erfolgen muss.

Bei nicht fristgerechter Berichterstattung (Jahresabschlüsse, Quartalsberichte, kursrelevante Informationen und meldepflichtige Wertpapiergeschäfte) kann die Deutsche Börse AG zudem Sanktionen gegen das Unternehmen in Form von Geldstrafen verhängen.

Im Juli 2001 verschärfte die Deutsche Börse AG das Regelwerk des Neuen Marktes durch Ausschlusskriterien. So werden zukünftig Unternehmen vom Neuen Markt ausgeschlossen, wenn der Börsenkurs einer Aktie unter einem Euro und die Marktkapitalisierung unter 20 Mio. EUR fallen. Beide Kriterien müssen an 30 aufeinanderfolgenden Börsentagen erfüllt sein. Zudem werden Titel von Gesellschaften ausgeschlossen, bei denen das Insolvenzverfahren eröffnet bzw. mangels Masse abgelehnt wurde. Der Ausschluss eines Unternehmens vom Neuen Markt bedeutet nicht den Verlust der Zulassung zum Börsenhandel, d.h. ein Handel der Aktien im Freiverkehr oder im Geregelten Markt (nach Antragstellung mit einem zugelassenen Kreditinstitut) ist weiterhin möglich.

Eine Besonderheit des Neuen Marktes sind die sog. Betreuer (Designated Sponsors), die u.a. die Marktpflege der Aktien der Emittenten übernehmen. Damit soll die Liquidität der gehandelten Werte sichergestellt und die Transparenz am Markt erhöht werden. Die Betreuer stellen als Intermediäre verbindliche Geld- und Briefkurse, zu denen sie bereit sind zu kaufen bzw. zu verkaufen. Dadurch sorgen sie für einen Marktausgleich und ermöglichen es den Investoren, die betreuten Werte einfacher zu erwerben oder abzustoßen. Neben der Liquiditätsunterstützung wird von den Betreuern einmal im Jahr eine Researchstudie über das betreute Unternehmen erstellt. Damit helfen sie den Emittenten, sich gegenüber den Anlegern angemessen zu präsentieren. Darüber hinaus unterstützen sie den Absatz der Aktien des betreuten Unternehmens, indem sie potentielle Investoren im In- und Ausland gezielt ansprechen. Die Vergütung für seine Aktivitäten wird zwischen Betreuer und Emittent frei ausgehandelt und enthält meist eine leistungsabhängige Komponente. Außerdem erhält der Betreuer von der Deutsche Börse AG leistungsbezogene Sonderzahlungen und muss nur eine reduzierte Courtage an die Skontroführer zahlen.

Aufgrund der bisherigen überwiegend positiven Erfahrungen, die mit dem Konzept des Neuen Markt gewonnen wurden, entschloss sich die Deutsche Börse AG, ein Qualitätssegment für Nebenwerte zu schaffen. Aufgrund der Fokussierung institutioneller Anleger auf die 30 DAX Werte und einige wenige Aktien der zweiten Reihe sowie Unternehmen des Neuen Markt werden sogenannte Nebenwerte wenig beachtet. Analysten beschäftigen sich weitgehend mit den liquiden Standardwerten. Dies verstärkte die Spirale aus geringer Transparenz und unzureichender Liquidität. Bei den Anforderungen, die für ein Listing im neuen Qualitätssegment SMAX gestellt werden, erfolgte eine Orientierung an denen des Neuen Markt. Durch eine transparente Informationspolitik soll letztlich die Liquidität gesteigert werden. Da die Unternehmen des SMAX weiterhin in ihren bisherigen Zulassungssegmenten Amtlicher Handel und Geregelter

Markt notiert und gehandelt werden, ist der SMAX nicht als eigenständiges Marktsegment einzustufen. Im Gegensatz zu Unternehmen des Neuen Markt sollen im SMAX überwiegend etablierte Unternehmen aus mittelständischen Branchen gelistet werden. Folgende Standards sind für Unternehmen des SMAX zu erfüllen:[9]

- Der Freefloat darf 20% nicht unterschreiten und sollte mindestens 25% betragen.
- Um die Liquidität des Wertes sicherzustellen, muss das Unternehmen ein Kreditinstitut oder ein Finanzdienstleistungsunternehmen als Designated Sponsor in Xetra beauftragen. Der Designated Sponsor stellt im Xetra-Orderbuch verbindliche Geld-Brief-Spannen.
- Die Veröffentlichung von Quartalsberichten spätestens zwei Monate nach Abschluss der Berichtsperiode ist obligatorisch. Die Rechnungslegung kann derzeit noch nach HGB oder IAS bzw. US-GAAP erfolgen. Ab dem Jahr 2002 ist eine Bilanzierung nach internationalen Rechnungslegungsvorschriften zwingend vorgesehen. Daneben muss der Anteilsbesitz von Vorstand und Aufsichtsrat offengelegt werden.
- Die Emittenten müssen den Übernahmekodex anerkennen.
- Einmal jährlich ist eine Informationsveranstaltung für Analysten durchzuführen.

Zum Start des SMAX betrug die Teilnehmerzahl bereits 91. Insbesondere für Neuemissionen setzt der SMAX Maßstäbe hinsichtlich der Publizität. Eine Emission in das Marktsegment Amtlicher Handel oder Geregelter Markt ohne eine gleichzeitige Aufnahme in den SMAX dürfte zukünftig am Markt nur unzureichende Akzeptanz finden.

Die geringsten Anforderungen hinsichtlich der Publizität werden an jene Gesellschaften gestellt, die ihre Aktien im Freiverkehr listen lassen. Im Gegensatz zu den öffentlich-rechtlich ausgestalteten Marktsegmenten Amtlicher Handel und Geregelter Markt ist der Freiverkehr privatrechtlich organisiert. In großer Zahl werden im Freiverkehr neben den ca. 200 deutschen Titeln Aktien ausländischer Unternehmen gehandelt. Auch hier wird - angesichts der oftmals geringen Handelsvolumina - häufig nur einmal pro Tag der Kurs festgesetzt, zu dem die Aufträge abgewickelt werden. Das Listing im Freiverkehr ist für ein Unternehmen ein vergleichsweise gebührengünstiger Weg, an der Börse gehandelt zu werden.[10] Aufgrund der geringen Publizitätstätigkeit durch die Unternehmen des Freiverkehrs werden diese Unternehmen von den Investoren zumeist wenig beachtet. In jüngster Zeit versuchen insbesondere die Regionalbörsen Qualitätssegmente innerhalb des Freiverkehrs zu etablieren. Am weitesten fortgeschritten ist hierbei die Bayerische Börse in München durch Schaffung des sogenannten Prädikatsmarkt München. Sämtliche Qualitätssegmente sind privatrechtlich organisiert und im bestehenden Freiverkehr der jeweiligen Börse angesiedelt. Für ein Listing im jeweiligen Segment sind Publizitätsanforderungen zu erfüllen, die sich an denen des Neuen Markt oder SMAX orientieren. Ziel ist es, insbesondere den Kapitalmarkt für solche Unternehmen zu erschließen, für die aufgrund ihrer geringen Größe eine Aufnahme in höheres Segment (noch) nicht in Frage kommt.

Neben dem beschriebenen Parketthandel findet zusätzlich ein elektronischer Handel statt. Bis zum 27.11.1997 war dies im sog. IBIS-Handel (Inter Banken Informations System) möglich. Der elektronische Handel ist nicht an ein Börsenparkett gebunden, sondern ist als computeri-

---

[9] Vgl. **Deutsche Börse AG** (1999c).
[10] Für eine ausführliche empirische Analyse der Marktsegmente vgl. **Beiker** (1993), S. 185.

sierter Bildschirmhandel unter den einzelnen Banken und Brokern organisiert. Angesichts der hohen Mindestabschlussmengen (Mindestauftragsvolumen bei aktiv gehandelten Aktien 500 Stück, ansonsten 1.000 Stück, Anleihen 1 Mio. DM Nennwert) im IBIS-Handel war das System lediglich für Großanleger eine Alternative zum Parketthandel. Ein großer Vorteil gegenüber dem Präsenzhandel an der Börse bestand in den ausgedehnten Handelszeiten (8.30 Uhr bis 17.00 Uhr), so dass bereits vor Präsenzbörsenbeginn und auch nach Präsenzbörsenschluss gehandelt werden konnte. Zuletzt wurden über IBIS bis zu 40 % der täglichen Wertpapierumsätze in deutschen Titeln abgewickelt.

Die Einführung der elektronischen Handelsplattform Xetra (= **EX**change **E**lectronic **Tra**ding) erfolgt in vier Schritten. Zunächst wurde durch Release 1 am 10. Juni 1997 ein Client-/Server-System und eine neue grafische Benutzeroberfläche geschaffen. Mit Einführung von Release 2 am 28.11.1997 startet der eigentliche elektronische Handel. Zunächst waren die wichtigsten 109 Aktientitel, die DAX- und MDAX-Werte plus deren Vorzugsaktien, auf Xetra handelbar. Mit Einführung von Release 3 im Oktober 1998 wurden sämtliche an der Frankfurter Wertpapierbörse notierten Aktien auf Xetra handelbar. Auch Privatanleger können seitdem über ihre Bank Aktien über Xetra handeln. Ab dem Jahr 2000 sollen mit Release 4 sämtliche an der Frankfurter Wertpapierbörse notierten Wertpapiere elektronisch handelbar sein.

Die Zulassung zum Xetra-Handel wird bei Erfüllung bestimmter Voraussetzungen von der Frankfurter Wertpapierbörse oder einer anderen deutschen Börse vergeben. Die Voraussetzungen sind z.B. der gewerbsmäßige Handel mit Wertpapieren, Führung eines Kontos bei einer Landeszentralbank und beim Deutschen Kassenverein (DKV) bzw. die Beauftragung eines Kontoinhabers mit der Geschäftsabwicklung sowie Voraussetzungen technischer Art für den Anschluss an das Xetra-System.

Es können sämtliche Ordergrößen in Xetra gehandelt werden. Für den Handel in Xetra sind die Handelsformen Auktion und fortlaufender Handel möglich. Je nach Ausgestaltung des Handelssegments findet ein Handel nur in der Handelsform Auktion oder in Kombination von Auktion und fortlaufendem Handel statt. Liquide Titel werden sowohl mittels Auktionen als auch fortlaufend gehandelt. Bei den wenig liquiden Titel ist zwischen solchen zu unterscheiden, für die mehrere Auktionen am Tag durchgeführt werden, und solchen mit nur einer einzigen Auktion.

Eine Auktion ist grundsätzlich in drei Phasen unterteilt. In der **Aufrufphase** können die Marktteilnehmer Aufträge einstellen bzw. bestehende Orders ändern oder löschen. Bei untertägigen Auktionen werden die Orders aus dem fortlaufenden Handel übernommen. Existiert für den Wert ein Designated Sponsor, stellt dieser in der Aufrufphase einen indikativen Geld- und Briefkurs (Quote). Nach einer Mindestdauer, die je nach Liquidität des Titels variiert, hat die Aufrufphase ein zufälliges Ende, um Kursbeeinflussungen zu vermeiden. In der anschließenden **Preisermittlungsphase** wird der Kurs nach dem Meistausführungsprinzip ermittelt, d.h. es wird der Kurs bestimmt, zu dem bei den vorliegenden Kauf- und Verkaufsaufträgen die meisten Aktien gehandelt werden. Um Teilausführungen zu vermeiden, gilt eine Preis- und Zeitpriorität. Dies bedeutet, dass Kauforders mit einem höheren Limit Vorrang vor solchen mit einem niedrigeren und umgekehrt Verkaufsorder mit einem niedrigeren Limit Priorität vor Orders mit einem höheren Limit haben. Für Orders mit gleichem Limit haben die Orders Vorrang, die zeitlich früher ins Orderbuch eingestellt wurden. Durch dieses Vorgehen wird maximal eine zum Auktionspreis limitierte oder unlimitierte Order teilausgeführt. Besteht zum ausgeführten Kurs ein Überhang, kommt es zur **Marktausgleichsphase**. In der Marktausgleichsphase können Marktteilnehmer den angebotenen Überhang durch sogenannte Accept Surplus Orders zum ermittelten Auktionspreis ausgleichen. Die Berücksichtigung dieser Orders erfolgt nach der Zeitpriorität. Findet für den Titel ein fortlaufender Handel statt, werden alle nicht ausgeführten Orders aus der Auktion übernommen.

Im fortlaufenden Handel liegt ein offenes Handelsbuch vor. Es werden sämtliche Limite und die kumulierten Ordervolumina je Limit angezeigt. Anders als in der Auktion wird der Kurs nicht nach dem Meistausführungsprinzip bestimmt. Trifft eine neue Order ein, wird diese sofort auf Ausführbarkeit überprüft. Ebenso wie bei der Auktion erfolgt auch im fortlaufenden Handel die Ausführung nach der Preis/Zeitpriorität. Nach Zusammenführung zweier Orders erhalten beide Kontrahenten eine sofortige Ausführungsbestätigung. Der zeitliche Ablauf des Xetra-Handels für die verschiedenen Handelssegmente ist in Abbildung 4.2 dargestellt. Im Vorhandel können Marktteilnehmer Aufträge in das System eingeben oder bestehende Aufträge ändern oder löschen, ohne dass ein Handel stattfindet. Die Handelsformen in der **Haupthandelsphase** sind vom Handelssegment des Titels abhängig. Nach Beendigung der Haupthandelsphase besteht in der **Nachhandelsphase** die Möglichkeit, nicht ausgeführte Aufträge zu ändern oder zu löschen. Daneben können bereits Orders für den darauffolgenden Handelstag eingegeben werden.

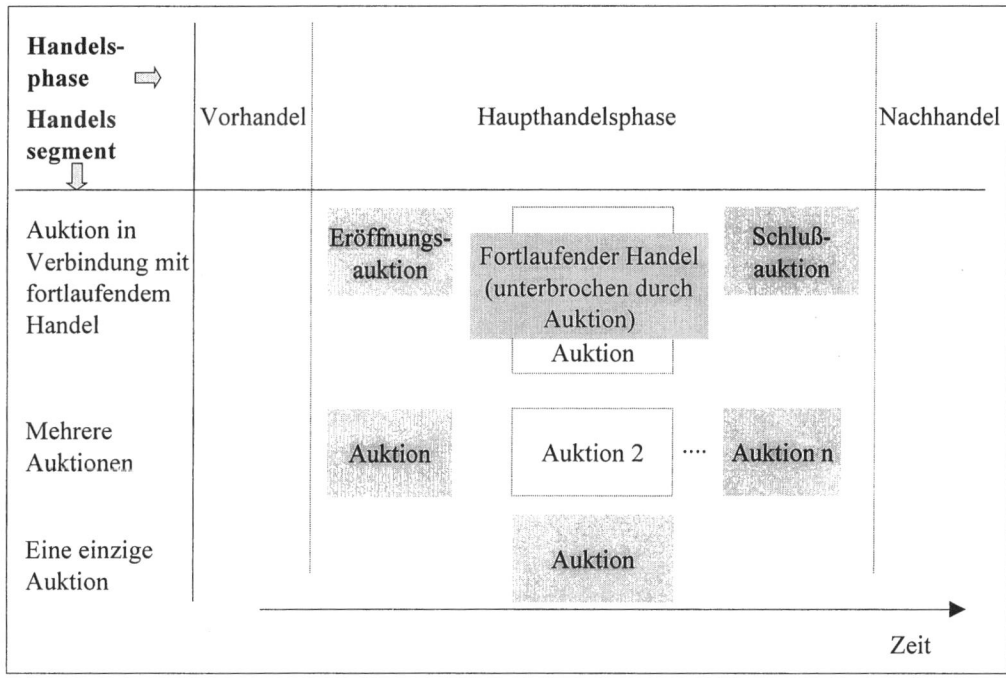

Abbildung 4.2: Ablauf des Xetra-Handels[11]

Um die Preiskontinuität zu sichern, sind sogenannte Volatilitätsunterbrechungen bei starken

---

[11] In Anlehnung an **Deutsche Börse AG** (1998), S. 16.

Preisschwankungen vorgesehen. So wird der Handel unterbrochen, wenn der indikative Ausführungspreis außerhalb bestimmter Korridore um zwei Referenzpreise liegt. Als Referenzpreis dient zum einen der Preis, der letztmalig am selben Tag in einer Auktion oder im fortlaufenden Handel ermittelt wurde (Referenzpreis 1), und zum anderen der Preis, der letztmalig in einer Auktion desselben Tages oder am Vortag ermittelt wurde (Referenzpreis 2). Der Preiskorridor definiert eine maximale prozentuale Abweichung vom Referenzpreis. Dabei wurde der Korridor um den Referenzpreis 1 (dynamischer Preiskorridor) enger eingestellt als um den Referenzpreis 2 (statischer Preiskorridor). Liegt der indikative Preis während einer Auktion außerhalb eines oder beider Preiskorridore, führt dies zu einer Verlängerung der Auktion, um den Marktteilnehmern die Eingabe weiterer Aufträge oder die Änderung bestehender Orders zu ermöglichen. Nach Ablauf der Verlängerungszeit ergibt sich der Kurs entsprechend den vorliegenden Orders nach dem Meistausführungsprinzip. Liegt der potentielle Ausführungspreis während des fortlaufenden Handels außerhalb des dynamischen und/oder statischen Preiskorridors, wird der fortlaufende Handel unterbrochen und eine Auktion eingeleitet, in die ausschließlich die zum fortlaufenden Handel vorgesehenen Orders berücksichtigt werden. In der Aufrufphase können neue Orders und Quotes eingegeben werden. Ein nach der Preisausgleichphase verbleibender Überhang wird in die nächste Handelsform übernommen.

Seit der Einführung von Release 3 können sämtliche Aktien außer den DAX-Werten durch sogenannte Designated Sponsors betreut werden. Aufgabe der Designated Sponsor ist es, verbindliche Geld- und Briefkurse (Quotes) zu stellen und dadurch für höhere Liquidität zu sorgen.[12] Zugelassen werden können alle zum Xetra-Handel zugelassenen Kreditinstitute und Wertpapierhandelshäuser. Der Designated Sponsor ist verpflichtet, bestimmte Qualitätsanforderungen der Deutsche Börse AG zu erfüllen. So wurden bestimmte Handelsparameter festgelegt, die mindestens zu erfüllen sind. Bei den Vorgaben wird zwischen vier Wertpapiergruppen unterschieden: MDAX1 (liquidesten 30 MDAX-Werte), MDAX2 (restlichen 40 MDAX-Titel), Neuer Markt und Sonstige. Bei den einzelnen Quotes darf die Spanne zwischen Geld- und Briefkurs einen bestimmten Spread, der von der Wertpapiergruppe abhängt, nicht überschreiten. Zudem wurden bestimmte Mindestvolumina je Quote festgelegt. Bei den Reaktionsparametern ist zwischen dem fortlaufenden Handel (FH) und der Auktion (A) zu unterscheiden. Auf eine Anfrage im fortlaufenden Handel (Quote Request) hin muss der Designated Sponsor innerhalb von 120 Sekunden einen verbindlichen Quote einstellen. Kommt es zu keinem Matching, muss der Quote mindestens für 60 Sekunden im Orderbuch eingestellt bleiben. Die Handelsparameter für die einzelnen Gruppen sind in Tabelle 4.1 zusammengefasst. Bei Auktionen muss der Quote innerhalb von 60 Sekunden nach Beginn der Aufrufphase eingestellt werden. Der Designated Sponsor ist nicht verpflichtet, für sämtliche Anfragen und in sämtlichen Auktionen Quotes zu stellen. Allerdings besteht die Verpflichtung, einen bestimmten Anteil der Quote Requests, gemessen über einen Monat, zu beantworten. Daneben muss ein Designated Sponsor an einem bestimmten Prozentsatz aller Auktionen teilnehmen. Bei Nichterfüllung der Mindestanforderungen kann dem Designated Sponsor der Betreuerstatus entzogen werden. Die einzelnen Handelsparameter sind in Tabelle 4.1 zusammengefasst.

---

[12] Vgl. zu Einzelheiten **Deutsche Börse AG** (1999d).

Wertpapiergruppe	MDAX1	MDAX2	Sonstige Aktien			
Minimales Quotierungsvolumen (in EUR)	30.000	20.000	10.000			
Maximaler Spread	2,5%	4,0%	Preis	< 1,00 EUR	[1,00EUR, 5,00EUR⟩	≥ 5,00 EUR
			Spread	0,10 EUR	10%	5%
Maximale Antwortzeit FH	120 Sekunden					
Maximale Antwortzeit A	60 Sekunden nach der Aufrufzeit					
Minimale Quoteneinstelldauer FK	60 Sekunden					
Minimale Antwortquote FH	65%					
Minimale Antwortquote in allen Auktionen	80% (90% bei Eröffnungsauktionen)					

Tabelle 4.1: Handelsparameter für Designated Sponsors in Xetra

Schließlich besteht neben dem Präsenz- und dem Computerhandel noch ein Telefonhandel in Deutschland. Seine Bedeutung ist allerdings gering. Häufig werden in diesem unregulierten Marktsegment sehr kleine Unternehmen gehandelt, die allenfalls regionale Bedeutung besitzen. Die Publizitätsanforderungen sind äußerst gering. Der Handel vollzieht sich telefonisch und wird i.d.R. über Freimakler, Broker und Banken abgewickelt.

4.2 Aktien- und Volatilitätsindizes

4.2.1 DAX

Der im In- und Ausland bekannteste deutsche Aktienindex ist der DAX (= **D**eutscher **A**ktieninde**X**), der die 30 größten und umsatzstärksten deutschen Aktienwerte, die sog. „blue chips", umfasst. Im DAX werden ca. 60% des gesamten Grundkapitals der inländischen börsennotierten Gesellschaften bzw. ca. 80% des gesamten Börsenumsatzes repräsentiert. Für die Aufnahme potentieller Werte in den DAX sind folgende Kriterien zu erfüllen:

1. Notierung seit mindestens einem Jahr im amtlichen Handel der Frankfurter Wertpapierbörse. In begründeten Einzelfällen kann von dieser Frist abgewichen werden.
2. Festbesitzanteil kleiner als 85%.
3. Kapitalbeteiligung an anderer Indexgesellschaft nicht größer als 75%.

Weitere Kriterien, die im Vergleich mit anderen Kandidaten herangezogen werden, sind Umsatzstärke, Börsenkapitalisierung sowie Branchenrepräsentativität der deutschen Volkswirtschaft.[13]

---

[13] Vgl. **Deutsche Börse** (1999), S. 6.

Mit dem Verkettungstermin Juni 2002 wird die Indexberechnung auf die Free-Float-Gewichtung umgestellt. Daneben werden verschiedene Gattungen eines Unternehmens getrennt betrachtet, wobei nur die liquidere Gattung in den Index aufgenommen wird. Als Festbesitz, die nicht dem Free-Float zugerechnet werden, gelten Anteile, die mindestens 5% der Aktiengattung ausmachen, wobei Vermögensverwalter, Fonds und Investmentgesellschaften ausgeklammert werden.[14] Damit passt sich die Deutsche Börse bei der Berechnung ihrer Indizes den internationalen Gepflogenheiten an, nur den Streubesitz bei der Indexberechnung zu berücksichtigen. Der DAX spiegelt zukünftig also weniger die volkswirtschaftliche Bedeutung der enthaltenen Unternehmen als vielmehr die Bedeutung der Unternehmen am Kapitalmarkt wider. Zu den Unternehmen, die aufgrund der Streubesitzregelung an Gewicht verlieren, gehören insbesondere die Deutsche Telekom aufgrund ihres hohen Staatsanteils sowie die Finanzunternehmen wegen ihrer gegenseitigen kapitalmäßigen Verflechtungen. Die Streubesitzregelung gilt zukünftig für alle Indizes der Deutschen Börse.

Nachstehend findet sich eine Übersicht über die im DAX enthaltenen Werte mit ihren aktuellen Indexgewichtungen:

Gesellschaft	Gewicht	Gesellschaft	Gewicht	Gesellschaft	Gewicht
Adidas-Salomon	0.47%	Dt.Telekom	9.30%	Metro St	1.73%
Allianz NA vink	9.94%	E.ON	5.36%	MLP St	0.80%
BASF	3.63%	Epcos NA	0.47%	Muench. Rück v. NA	7.09%
Bayer	3.89%	FMC StA	0.83%	Preussag	0.90%
BMW St	4.11%	Henkel VA	1.37%	RWE St	3.21%
Commerzbank	1.54%	Hypo-Vereinsbank	2.72%	SAP	7.14%
Dt. Bank NA	6.02%	Infineon Tech. NA	2.33%	Schering	1.78%
DaimlerChr. NA	7.19%	Lufthansa NA vink	0.93%	Siemens NA	8.81%
Degussa	0.99%	Linde	0.90%	ThyssenKrupp	1.25%
Dt. Post NA	1.25%	MAN St	0.61%	Volkswagen St	3.44%

Tabelle 4.2: DAX-Gesellschaften und ihre Gewichtung[15]

Mathematisch handelt es sich beim DAX um einen Performanceindex, d.h. sämtliche Erträge aus Dividendenzahlungen und Bezugsrechtsgewährungen werden im Indexportfolio fiktiv reinvestiert. Die Indexberechnung erfolgt gemäß der Formel von Laspeyres, bei der sich durch die starre Gewichtung mit dem Basisgrundkapital reine Preisänderungen des Index besonders einfach verdeutlichen lassen:

---

[14] Vgl. **Deutsche Börse AG** (2002), S. 10.

[15] Quelle: **Deutsche Börse**, Stand: März 2002.

$$\text{Index}_t = K_T * \frac{\sum_{i=1}^{n}\left(P_{it} * Q_{iT} * C_{it}\right)}{\sum_{i=1}^{n}\left(P_{i0} * Q_{i0}\right)} * \text{Basis}$$

mit:
- C_{it} = Korrekturfaktor der Gesellschaft i im Zeitpunkt t
- K_T = (Indexspezifischer) Verkettungsfaktor, gültig ab Verkettungszeitpunkt T
- n = Anzahl der Aktienwerte im Index
- P_{i0} = Kurs der Aktie i im Basiszeitpunkt
- P_{it} = Kurs der Aktie i im Zeitpunkt t
- Q_{i0} = Anzahl der Aktien der Gesellschaft i am Basisdatum
- Q_{iT} = Anzahl der Aktien der Gesellschaft i im Zeitpunkt T der letzten regelmäßigen Verkettung
- t = Berechnungszeitpunkt.

Zur Indexermittlung werden die Bardividenden, d.h. die ausgeschütteten Gewinne nach Abzug der Körperschaftsteuer und vor Kapitalertragsteuer herangezogen (vgl. zur Dividendenbesteuerung Abschnitt 4.3). Beim bisherigen köperschaftsteuerlichen Anrechnungsverfahren entsprach die so ermittelte Performance einem Anleger, der einem persönlichen Einkommensteuersatz von 30% unterlag. Mit Einführung des Halbeinkünfteverfahrens unterliegen Dividenden einer gemilderten Doppelbesteuerung auf Unternehmens- und Anteilseignerebene. Da auch zukünftig zur Performancekorrektur die Bardividende herangezogen wird, ist die so ermittelte Performance des DAX nur für einen Anleger erreichbar, der einem persönlichen Einkommensteuersatz von 0% unterliegt bzw. dessen Freibeträge nicht vollständig ausgeschöpft sind. Auch bei identischer DAX-Nachbildung entspricht also zukünftig für breite Anlegerschichten die erzielte Nachsteuer-Performance nicht der DAX-Performance.

Als Basis für den DAX wurde der 30.12.1987 mit einem Stand von 1.000 Indexpunkten festgelegt. Da der DAX mit dem Index der Börsenzeitung verkettet wurde, existieren historische Indexzahlen für vergangene Zeiträume bis zurück ins Jahr 1959.

Die Gewichtung eines Aktienwertes im DAX wird regelmäßig, im Rahmen der jährlichen Verkettung, angepasst. Bei der Verkettung, die am dritten Freitag im September stattfindet, erfolgt auch eine Überprüfung der Repräsentativität des Indexportfolios. Gegebenenfalls wird die DAX-Zusammensetzung geändert. Die Verkettung vollzieht sich in drei Schritten:

1. Am Verkettungstag wird zunächst der Indexstand nach obiger Formel mit den bis dahin gültigen Gewichtungen und Korrekturfaktoren berechnet.
2. Es wird ein Zwischenwert mit der am Verkettungstag gültigen Anzahl der Aktien gebildet:

$$\text{Zwischenwert} = \frac{\sum_{i=1}^{n}\left(P_{it} * Q_{iT+1}\right)}{\sum_{i=1}^{n}\left(P_{i0} * Q_{i0}\right)} * \text{Basis}.$$

3. Der neue Verkettungsfaktor K_{T+1} wird durch Quotientenbildung aus Indexstand und Zwischenwert ermittelt:

$$K_{T+1} = \frac{\text{Index}_t}{\text{Zwischenwert}}.$$

Nach der Verkettung wird der Indexstand mit dem neuen Verkettungsfaktor berechnet. Sollten zum Verkettungszeitpunkt Kapitalveränderungen und/oder Dividendenzahlungen stattfinden, so werden diese über den Korrekturfaktor erfasst.

Der Austausch von Indexwerten erfolgt beim DAX nach der sog. „35/35 Regel". Diese besagt, dass ein börsennotiertes Unternehmen dann in den Index aufgenommen werden kann, wenn sein Rang sowohl beim Umsatz als auch bei der Marktkapitalisierung kleiner als 35 ist. Andererseits kann eine Gesellschaft dann aus dem Index herausgenommen werden, wenn ihr Rang bei Umsatz und/oder Marktkapitalisierung größer als 35 ist.[16] Darüber hinaus entscheiden auch einige weniger quantitative Kriterien (Branchenzugehörigkeit, Informationspolitik u.ä.) über eine Aufnahme in den bzw. den Verbleib im Index. Zuletzt wurden die Aktien von KarstadtQuelle durch Deutsche Post ersetzt sowie die der Dresdner Bank durch MLP. Der durch die Fusion der Veba mit der Viag zu E.On frei werdende Platz wurde durch Infineon besetzt.

Aufgrund seines hohen Bekanntheitsgrades wird der DAX außer als beliebtes „Börsenbarometer" oft als Referenzpunkt bei der Bewertung von Aktienportfolios herangezogen und dient darüber hinaus manchmal bei empirischen Untersuchungen zu den Modellen der Portfolio- und Kapitalmarkttheorie als Stellvertreter für das Marktportfolio.

Die Eigenschaften des DAX als Performanceindex prädestinieren ihn als Underlying für Termingeschäfte. Viele Produkte an der Eurex sind inzwischen eng mit dem DAX verwoben: Es existieren Indexoptionen und Indexfutures unterschiedlichster Laufzeiten, bei denen der DAX als Underlying fungiert, sowie Optionen auf den DAX-Future. Der Optionskontrakt auf den DAX ist eines der umsatzstärksten Produkte an der Eurex und gehört weltweit zu den meistgehandelten Indexoptionen. Dies verdeutlicht die herausragende Stellung des DAX im Bereich der Aktienindizes. Zusätzlich erfolgt täglich die Ermittlung eines DAX Kursindex, bei dem im Gegensatz zum Performanceindex eine Wiederanlage der gezahlten Dividenden und sonstiger Boni unterbleibt.

4.2.2 MDAX

Der MDAX - das M steht für „midcap" - umfasst die Aktienwerte der „zweiten Reihe". Es sind die 70 Werte, die größen- und umsatzmäßig unmittelbar auf die 30 DAX-Titel folgen. Der

---

[16] Vgl. **Deutsche Börse** (1999a), S. 27.

MDAX ist sowohl als Performanceindex als auch als Kursindex konzipiert und wird börsentäglich zu jeder Minute auf Basis der Notierungen der Frankfurter Präsenzbörse errechnet. Die Streubesitzregelung des DAX gilt analog für den MDAX.

Analog zum DAX wird auch der MDAX mittels der Laspeyres-Formel mit dem 30.12.1987 als Basisdatum und der Basis 1.000 Punkte errechnet. Die Aufnahmekriterien für den MDAX entsprechen in abgemilderter Form denen beim DAX. Die Zusammensetzung des Indexportfolios für den MDAX wird halbjährlich jeweils im März und im September angepasst. Im Rahmen dieser Verkettungstermine findet gegebenenfalls ein Austausch von Indexwerten statt. Beim MDAX gilt dabei die sog. „110/110 Regel" bzgl. Umsatz- und Kapitalisierungsrang. Die Verkettung vollzieht sich nach der gleichen Vorgehensweise wie beim DAX. Neben den regelmäßigen können auch außerordentliche Anpassungen beim Vorliegen besonderer Ereignisse, z.B. Neuemissionen, Fusionen oder Insolvenzen, erfolgen.

Der MDAX stellt einen Indikator für die Kursentwicklung der mittelgroßen Aktiengesellschaften („midcaps") dar. Seit seiner Einführung ist der Bekanntheitsgrad der im MDAX enthaltenen Werte sprunghaft gestiegen, was sich in steigenden Umsätzen dieser Aktien niedergeschlagen hat.

4.2.3 DAX 100

Der DAX 100 stellt die Summe aus DAX und MDAX dar, d.h. in ihm sind sowohl die 30 DAX-Werte als auch die 70 MDAX-Werte enthalten. Entsprechend erfolgt die Berechnung des jeweiligen Indexstands nach den gleichen Grundsätzen wie bei DAX und MDAX. Auch hier ist als Basisdatum der 30.12.1987, allerdings mit einer Basis von 500 Punkten, festgelegt worden.

Verkettung und Austausch von Indexwerten folgen den gleichen Regeln wie beim MDAX (Anwendung der „110/110 Regel" halbjährlich jeweils in März und September).

Der DAX 100 wird nach Branchen in 10 separate Subindizes eingeteilt: Automobil und Verkehr, Bau, Chemie und Pharma, Elektro, Banken, Maschinenbau, Versorger, Eisen und Stahl, Versicherungen sowie Handel und Konsum. Der DAX 100 stellt einen liquiden und hochkapitalisierten Index dar, der gegenüber dem DAX durch seine Breite einen höheren Risikodiversifikationsgrad besitzt. Daher wird er von vielen institutionellen Investoren, aber insbesondere von Portfoliomanagern, gerne als Benchmark eingesetzt.

4.2.4 SMAX-All-Share-Index und SDAX

Zeitgleich zum Start des SMAX am 26. April 1999 erfolgte die Einführung des SMAX-All-Share-Index. Der SMAX-All-Share-Index umfasst sämtliche Werte des Börsensegments SMAX. Zum 21.06. wurde der SDAX, der die 100 größten SMAX-Werte enthält erstmals berechnet und veröffentlicht. Bei der Berechnung des SMAX-All-Share-Index und des SDAX werden die gleichen Grundsätze wie beim DAX oder MDAX angewendet. Beide Indizes werden sowohl als

Performance- als auch als Kursindizes berechnet. Als Basis wurden 1.000 Punkte zum 30.12.1987 gewählt. Beim Austausch der Werte findet die vom MDAX bekannte „110/110-Regel" Anwendung. Die Überprüfung der Zusammensetzung sowie die Indexgewichte erfolgt vierteljährlich. Im August 2001 gab die Deutsche Börse AG eine Verkleinerung des SDAX mit Wirkung zum 24.06.2002 auf 50 Werte bekannt.

4.2.5 Neuer Markt und Neuer Markt Blue Chip Index

Beim Neuer Markt Index (NEMAX), der seit dem 16. Januar 1998 berechnet wird, handelt es sich um einen Subindex des EURO.NM All Share Index. Der EURO.NM umfasst die europäischen Börsensegmente Le Nouveau Marché in Paris, Neuer Markt in Frankfurt, NMAX in Amsterdam und EURO.NM Belgium in Brüssel, die speziell für Aktien wachstumsstarker Unternehmen konzipiert wurden. Im April 2002 waren am Neuen Markt 306 Unternehmen gelistet. Durch die EURO.NM-Indizes wird die Performance-Messung in diesen Märkten ermöglicht. Die vier Ländersubindizes beinhalten die Aktien der an den jeweiligen Märkten gelisteten Titel, und der EURO.NM All Share Index umfasst sämtliche Werte der einzelnen Subindizes.[17]

Die Basis der Indizes wurde auf 1.000 Punkte am 30. Dezember 1997 normiert. Sowohl der EURO.NM All Share Index als auch die einzelnen Subindizes werden als Kurs- und als Performanceindex nach der Laspeyres´-Formel ermittelt. Neuemissionen werden einen Tag nach dem ersten Handelstag im Index berücksichtigt.

Nach wie vor stellt der NEMAX den dominierenden Subindex innerhalb der Indexfamilie dar. Aufgrund der deutlichen Unterschiede der einzelnen Titel hinsichtlich Börsenkapitalisierung und gehandeltem Volumen führte die Deutsche Börse zum 1. Juli 1999 den Neuer Markt Blue Chip Index ein (NEMAX 50), der die fünfzig größten Unternehmen des Neuen Marktes berücksichtigt. Analog zu den anderen Indizes der Deutschen Börse, bei denen die Anzahl der darin enthaltenen Titel festgelegt ist, wurde als Auswahlkriterium Marktkapitalisierung und Börsenumsatz gewählt. Voraussetzung für die Aufnahme ist, dass der Titel nach der 60/60-Regel zu den 60 größten Werten gehört. Die Normierung erfolgt auf den 30.12.1997 zu 1.000 Punkten. Der Blue Chip Index zielt auf institutionelle Anleger, wie z.B. Fondsgesellschaften, die mit ihren Portfolios Indizes nachbilden. Daneben dient der Index als Benchmark zur Beurteilung des Anlageerfolgs.

4.2.6 CDAX

Der CDAX (= Composite-DAX) umfasst alle Werte der Börsensegmente Amtlicher Handel, Geregelter Markt und des Neuer Markt an der Frankfurter Wertpapierbörse. Da sich die Anzahl der Aktien, die diese Anforderungen erfüllen, laufend ändert, muss die Indexzusammenstellung zum jeweils nächstmöglichen Zeitpunkt angepasst werden. Aufgrund der Vielzahl von Neuemis-

---

17 **Deutsche Börse** (1999b), S. 4.

sionen insbesondere am Neuen Markt ist die Anzahl der CDAX-Werte stark angestiegen. Per 18.04.2002 waren im CDAX 709 Werte enthalten.

Der CDAX wird in 16 Branchenindizes untergliedert: Automobil, Bau, Beteiligung, Brauerei, Chemie, Eisen- und Stahl, Elektro, Hypothekenbanken, Konsum, Kreditbanken, Maschinenbau, Papier, Textil, Verkehr, Versicherung und Versorgung. Die aufgeführten Branchenindizes werden einmal täglich nach Schluss der Präsenzbörse sowohl als Performance- als auch als Kursindex veröffentlicht.

Wie die anderen Indizes der DAX-Familie wird auch der CDAX nach der Laspeyres-Formel mit dem Basisdatum 30.12.1987 gebildet. Der Basisstand ist auf 100 Punkte normiert.

Abbildung 4.3 gibt einen Überblick über die „Index-Familie" der Deutsche Börse AG:

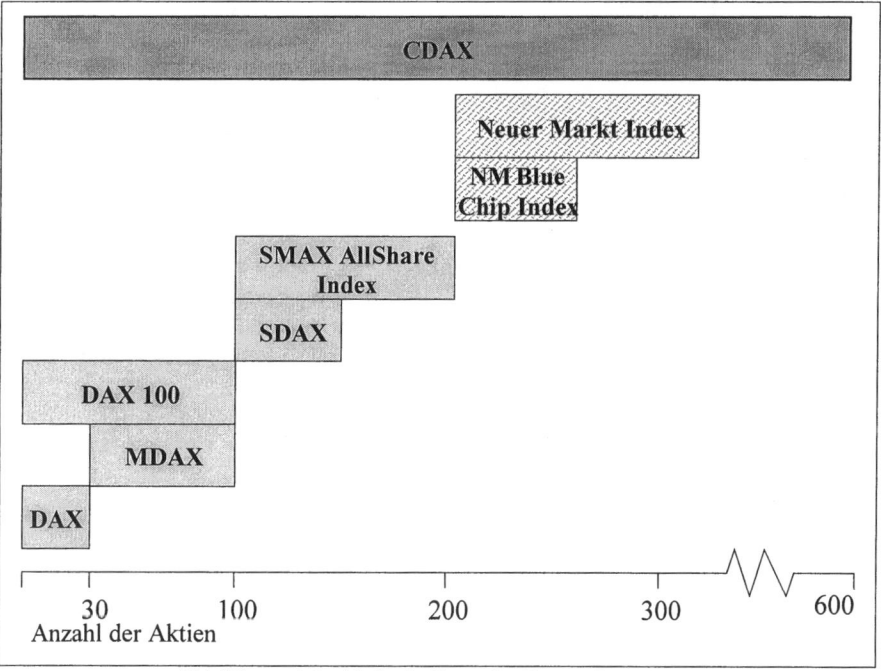

Abbildung 4.3: Aktienindizes der Deutschen Börse

Tabelle 4.3 fasst die wichtigsten Charakteristika der verschiedenen Aktienindizes der Deutsche Börse AG zusammen.

Index	Zahl der Werte	Branchen-indizes	Basis	Basis-datum	Index-stand[18]	Rendite[19]
DAX	30	-	1.000	30.12.87	5.300,23	12.36%
CDAX	z.Z. 790	16	100	30.12.87	431.49	10.76%
MDAX	70	-	1.000	30.12.87	4.512,60	11.10%
DAX 100	100	10	500	30.12.87	2.601,24	12.22%
SMAX All Share Index	z.Z. 102	-	100	30.12.87	227,81	5.92%
SDAX	100	-	1.000	30.12.87	2.448,86	6.46%
NEMAX	306	-	1.000	30.12.97	957,82	-1.00%
NEMAX 50	50	-	1.000	30.12.97	940,66	-1.41%

Tabelle 4.3: Zusammenfassung der Indizes[20]

4.2.7 Volatilitätsindizes

Seit dem 5. Dezember 1994 wird von der Deutschen Börse ein Volatilitätsindex des Deutschen Aktienindex DAX, der sog. VDAX, veröffentlicht. Der VDAX wird einmal täglich nach folgender Vorgehensweise ermittelt: Die DAX-Optionen an der Eurex werden derzeit mit acht Fälligkeiten gehandelt. Zu jedem dieser acht Verfallszeitpunkte wird aus vier at-the-money Optionen jeweils ein Subindex berechnet, der die implizite Volatilität, d.h. die am Terminmarkt erwartete Preisschwankung des DAX, ausdrückt. Die implizite Volatilität wird dabei mit Hilfe eines iterativen Näherungsverfahrens aus dem Optionspreismodell von Black berechnet. Die Restlaufzeiten der Subindizes entsprechen denen der jeweiligen Optionen auf den DAX. Aus den beiden Subindizes, deren Restlaufzeit 45 Tage umschließen, wird durch lineare Interpolation der VDAX so ermittelt, dass er die implizite Volatilität des DAX grundsätzlich für eine feste Restlaufzeit von 45 Tagen widerspiegelt.

Abbildung 4.4 zeigt den Verlauf des VDAX im Zeitraum zwischen August 1994 und August 1998. Auffallend ist dabei, dass nach einem eher moderaten Anstieg bis Mai 1997 im zweiten Halbjahr 1997 eine Verdoppelung des VDAX-Stands auf fast 45% eingetreten ist. Die Kursausschläge während der sogenannten Asienkrise in der zweiten Jahreshälfte 1998 führten zu Spitzenwerten von 55%.

---

[18] Die Indexstände des SDAX und Neuer Markt Blue Chip Index werden erstmals zum 21.06.1999 und 01.07.1999 ermittelt.
[19] Durchschnittliche Jahresrenditen.
[20] Sämtliche Angaben befinden sich auf dem Stand vom 18.04.2002.

Abbildung 4.4: Entwicklung des VDAX[21]

Mit Hilfe des VDAX lässt sich die erwartete Schwankungsbreite des DAX abschätzen. Dem Black-Modell liegt die in der Optionspreistheorie übliche Annahme zugrunde, dass der Kurs des Basistitels, hier also der DAX-Kurs, einer geometrischen Brownschen Bewegung gehorcht:

$$\frac{dDAX}{DAX} = \mu dt + \sigma dz$$

mit: μ = Erwartete Momentanrendite p.a.,
s = Standardabweichung der Momentanrendite p.a.,
dz = Wiener Prozess, d. h. $dz = \varepsilon\sqrt{dt}$, wobei ε eine standardnormalverteilte Zufallsvariable bezeichnet.

Daraus folgt, dass der logarithmierte DAX-Stand in einem späteren Zeitpunkt T normalverteilt ist:[22]

$$\ln DAX_T \sim \Phi\left[\ln DAX_0 + \left(\frac{\mu - \sigma^2}{2}\right) * T; \sigma * \sqrt{T}\right]$$

mit: Φ[m; s] = Normalverteilung mit Erwartungswert m und Standardabweichung s,

---

21 Quelle: Dresdner Bank AG.
22 Vgl. **Hull** (1997), S. 228 f.

DAX$_0$ = Aktueller DAX-Stand.

Aufgrund der Eigenschaften der Lognormalverteilung berechnet sich der Erwartungswert des DAX-Stands in Zeitpunkt T nach:

$$E(DAX_T) = DAX_0 * e^{\mu t}.$$

Aus diesen Formeln lassen sich für σ = VDAX der Erwartungswert und die erwartete Schwankungsbreite des DAX in 45 Tagen berechnen. Da der VDAX-Stand und die Rendite des DAX üblicherweise in Prozent pro Jahr angegeben werden, müssen diese Größen auf den Zeitraum von 45 Tagen transformiert werden. Dies geschieht durch Verwendung des Korrekturfaktors $T = 45/365$. Dem Beispiel liegen folgende Daten zugrunde:

VDAX-Stand:	25 %
DAX-Stand:	3.900 Punkte
DAX-Rendite[23]:	11 % p.a.

Tabelle 4.4: Berechnung der erwarteten Schwankungsbreite des DAX

Für die Wahrscheinlichkeitsverteilung des logarithmierten DAX-Stands in 45 Tagen gilt somit:

$$\ln DAX_{45} \sim \Phi\left[\ln 3.900 + \left(0{,}11 - \frac{0{,}25^2}{2}\right)\left(\frac{45}{365}\right); 0{,}25 * \sqrt{\frac{45}{365}}\right]$$
$$\sim \Phi[8{,}27844; 0{,}08778].$$

Aus dieser Verteilungsannahme und den Eigenschaften der Lognormalverteilung lassen sich der Erwartungswert für den DAX-Stand in 45 Tagen berechnen:

$$E(DAX_{45}) = 3.900 * e^{0{,}11 * \frac{45}{365}}$$
$$= 3.953{,}25.$$

Für die Schwankungsbreite des logarithmierten DAX-Stands errechnet sich damit unter Anwendung eines Konfidenzniveaus von 66,67 % (Ein-Sigma-Bereich) das Intervall [8,19066; 8,36622]. Setzt man die logarithmierten Größen in Punktwerte um, so erhält man als Schwankungsbreite das Intervall [3.607,10; 4.299,36] Punkte. An diesem Ergebnis bemerkenswert ist, dass der Erwartungswert des DAX-Stands von 3.953,25 Punkten nicht exakt in der Mitte dieses Intervalls liegt, da die DAX-Kurse der nicht-symmetrischen Lognormalverteilung folgen.

Seit Juli 1997 werden von der DTB neben dem VDAX noch acht weitere Volatilitätsindizes veröffentlicht. Diese orientieren sich an den acht Laufzeiten der DAX-Optionen von 1, 2, 3, 6, 9,

---

[23] Die unterstellte Rendite von 11% p.a. entspricht in etwa der historischen Durchschnittsrendite des DAX. Vgl. z.B. **Stehle et al.** (1996).

12, 18 und 24 Monaten, d.h. die Laufzeiten der Indizes entsprechen denen der dazugehörigen DAX-Optionen.

4.3 Dividendenbesteuerung

Im Rahmen der Steuerreform 2000 kam es zu einer grundlegenden Reform der Dividendenbesteuerung in Deutschland. Der Körperschaftsteuersatz beträgt zukünftig einheitlich 25% für einbehaltene und ausgeschüttete Gewinne. Bislang unterlagen einbehaltene Gewinne einem Körperschaftsteuersatz von 40% und ausgeschüttete Gewinne einem Satz von 30%. Wurde durch das bislang geltende körperschaftsteuerliche Anrechnungsverfahren die Besteuerung ausgeschütteter Gewinne weitgehend auf die individuelle Ebene des Anlegers verlagert, sieht die geltende Regelung eine Definitivkörperschaftsteuer auf Unternehmensebene vor. Um die daraus resultierende Doppelbesteuerung auf Ebene der Anteilseigner abzumildern, ist im so genannten Halbeinkünfteverfahren nur eine hälftige Anrechnung der mit Körperschaftsteuer belasteten Dividenden bei der Ermittlung der Bemessungsgrundlage der Einkommensteuer vorgesehen. Im Vergleich zum bisherigen körperschaftsteuerlichen Anrechnungsverfahren führt das aktuelle Verfahren insbesondere zu einer stärkeren Belastung von Anlegern, die einem niedrigen Grenzsteuersatz bei der Einkommensteuer unterliegen, während Anleger mit hohen Einkommensteuersätzen entlastet werden. Allerdings verdoppelt sich durch das Halbeinkünfteverfahren der so genannte Sparerfreibetrag nach § 20 Abs. 4 EStG in Höhe von 1.550 EUR für Dividendenerträge. Zukünftig können vom Anleger also 3.100 EUR Dividendenerträge steuerfrei (nach Abzug der Körperschaftsteuer auf Unternehmensebene) vereinnahmt werden.

Im Folgenden soll die Wirkung der bisherigen und der aktuellen Dividendenbesteuerung an einem Beispiel demonstriert werden. Die Beispiel AG erwirtschaftet einen Gewinn von 120.000 EUR in den Jahren 2000 und 2001. In beiden Jahren wird der Gewinn vollständig an die Anteilseigner ausgeschüttet werden. Da das Anrechnungsverfahren letztmalig für ausgeschüttete Gewinne des Jahres 2000 anzuwenden ist, ist für die Ausschüttung des Jahres 2001 das Halbeinkünfteverfahren anzuwenden.[24] Es sei darauf hingewiesen, dass der Gewinn des Jahres 2000 (2001) beim Anleger im Jahr 2001 (2002) zu einer Belastung mit Einkommensteuer führt. Für das Beispiel wurde unterstellt, dass die Anleger einheitlich dem für die Jahre 2001/2002 geltenden Spitzensteuersatz von 48,5% unterliegen.

In Tabelle 4.5 ist die Wirkungsweise der unterschiedlichen Besteuerung nach dem Anrechnungs- und Halbeinkünfteverfahren dargestellt. Nach wie vor stellt die Kapitalertragsteuer nur eine Vorauszahlung der Einkommensteuer dar und wird auf diese angerechnet. Für Dividendenerträge wurde der Kapitalertragsteuersatz von 25% auf 20% gesenkt. Liegt der depotführenden Bank des Anlegers ein Freistellungsauftrag vor, dessen Volumen noch nicht ausgeschöpft ist, wird auf den Abzug der Kapitalertragsteuer verzichtet. In der Beispielsrechnung wurde auf den Einbezug des Sparerfreibetrages sowie des Solidaritätszuschlages verzichtet. Bei einem Grenzsteuersatz

---

[24] Bei vom Kalenderjahr abweichendem Geschäftsjahr ist das Halbeinkünfteverfahren erstmals für die ausgeschütteten Gewinne des Geschäftsjahres 2000/2001 anzuwenden.

von 48,5%, der dem Spitzensteuersatz entspricht, erhalten die Anleger eine endgültige Nettodividende von 51.500,00 EUR vor und 56.812,50 EUR nach Einführung des Halbeinkünfteverfahrens. Aus dem Beispiel wird ersichtlich, dass im Rahmen des Halbeinkünfteverfahrens, die Körperschaftsteuer auf ausgeschüttete Gewinne ohne Belang war, da die Besteuerung auf die Ebene des Investors verlagert wurde. Die von Kapitalgesellschaften angegebene Dividende entspricht der Bardividende pro Aktie.

	Anrechnungsverfahren (2000)	Halbeinkünfteverfahren (2001)
Gewinn vor Ertragsteuern	120.000,00 EUR	120.000,00 EUR
./. Gewerbeertragsteuer (Hebesatz 400%)	./. 20.000,00 EUR	./. 20.000,00 EUR
./. Körperschaftsteuer	./. 30.000,00 EUR	./.25.000,00 EUR
Ausschüttung (Bardividende)	70.000,00 EUR	75.000,00 EUR
./. Kapitalertragsteuer	./. 17.500,00 EUR	./. 15.000,00 EUR
Vorläufige Nettodividende	52.500,00 EUR	60.000,00 EUR
+ KSt-Gutschrift	+ 30.000,00 EUR	
+ Kapitalertragsteuer	+17.500,00 EUR	15.000,00 EUR
Bemessungsgrundlage der Einkommensteuer	100.000,00 EUR	37.500,00 EUR
./. Einkommensteuer (48,5%)	./. 48.500,00 EUR	./. 18.187,50 EUR
Endgültige Nettodividende	51.500,00 EUR	56.812,50 EUR

Tabelle 4.5: Beispiel zur Dividendenbesteuerung

Unter den Annahmen des Beispiels führt das Halbeinkünfteverfahren zu einer Entlastung der Anleger. Es soll nun gezeigt werden, bei welchem Grenzsteuersatz ein Anleger bezüglich der bisherigen und der aktuellen Regelung gleich gestellt ist.

Bei einem Gewinn vor Körperschaftsteuer und nach Gewerbesteuer (E) ergibt sich beim Halbeinkünfteverfahren die gesamte Steuerlast S durch:

$$S = E(0{,}25 + 0{,}5(1-0{,}25) \cdot s)$$

mit: s = Einkommensteuersatz.

Beim Vergleich mit dem bisherigen Anrechnungsverfahren, das zu einer Steuerbelastung in Höhe von $E \cdot s$ führte, ergibt sich der Grenzsteuersatz s' aus:

$$E(0{,}25 + 0{,}5(1-0{,}25) \cdot s) = E \cdot s'$$
$$s' = 0{,}40.$$

Daran wird deutlich, dass Anleger die einem geringeren Differenzsteuersatz als 40% unterliegen im Vergleich zur bisherigen Regelung steuerlich schlechter gestellt sind. Insbesondere solche

Anleger, die Dividenden im Rahmen des Sparerfreibetrages steuerfrei (nach Gewerbeertragsteuer) vereinnahmen konnten, unterliegen jetzt einer Steuerbelastung von 25%, die aus der Definitivkörperschaftsteuer resultiert.

4.4 Einzelwertorientierte Aktienanalyse

Die Bewertung und Selektion von Aktien bzw. Aktienmärkten stellt einen neuralgischen Punkt im gesamten Wertpapiermanagement dar. Während theoretisch nur solche Bewertungsmethoden Relevanz besitzen, die einen expliziten Portfoliobezug aufweisen, werden nachfolgend aus Gründen der Praxisrelevanz schwerpunktmäßig die gängigen klassischen Bewertungskonzepte dargestellt. Das Schwergewicht der Erörterungen wird deshalb auf der fundamentalen, z.T. aber auch auf der technischen Analyse liegen. Dem Portfoliogedanken wird insbesondere im Rahmen der quantitativen Analyse Rechnung getragen. Hinzu kommen neuere Ansätze der Aktienbewertung und -prognose, die z.T. in ihrer Entwicklung noch nicht abgeschlossen sind und deren praktischer Nutzen noch nicht abschließend beurteilt werden kann. Zu denken ist in diesem Zusammenhang etwa an Bubbles, neuronale Netze und chaostheoretische Modelle.

4.4.1 Random Walk-Hypothese

Die Random Walk-Hypothese ist eng verwandt mit der These effizienter Kapitalmärkte. Es wird in diesem Rahmen davon ausgegangen, dass Aktienkurse um ihren fundamental gerechtfertigten Wert schwanken. Liegt Markteffizienz im strengen Sinn vor, dann entsprechen die Kurse stets ihren inneren Werten. Kursveränderungen ergeben sich lediglich im Fall von neuen kursrelevanten Informationen. Neue Informationen können zu einer Steigerung oder Verringerung des inneren Wertes führen. Somit sind es allein künftige Informationen, die Einfluss auf die Aktienkurse besitzen. Zukünftige Informationen sind definitionsgemäß unbekannt und deshalb nicht vorhersehbar. Wäre eine zukünftige Information bereits heute bekannt, so würde sie den Namen Information unberechtigterweise tragen, denn charakteristisch für die so definierten Informationen ist ihr Neuigkeitswert. Wenn nun aber allein zukünftige Informationen Einfluss auf die Aktienkurse besitzen, dann kann keine Kursprognose getroffen werden, da unklar ist, ob die zukünftigen Informationen positiv oder negativ auf die Kurse wirken werden. Aufgrund dieser Argumentation lässt sich nunmehr behaupten, dass die Aktienkurse einem Zufallspfad (Random Walk) folgen. Die weit reichende Implikation der Random Walk-Hypothese besagt folglich, dass Wertpapieranalyse in Form von technischer und fundamentaler Analyse keinen messbaren Nutzen für den einzelnen Anleger erbringt.

Ein Random Walk der Aktienkurse kann auch statistisch ausgedrückt werden. Dann lautet die Aussage, dass keine serielle Korrelation zwischen Wertpapierkursen besteht. Zeitlich aufeinanderfolgende Kurse sind unabhängig voneinander. In einer Formel ausgedrückt, ergibt sich der künftige Aktienkurs gemäß der orthodoxen Form der Random Walk-Hypothese als derzeitiger Aktienkurs zuzüglich einer Zufallsvariablen:

$$K_{t+1} = K_t + e_t.$$

Der Term e_t ist eine normalverteilte Zufallsvariable mit einem Erwartungswert von null, die von den Kursen der Vergangenheit unabhängig ist.

Das Martingale-Modell, eine erweiterte Variante der Random Walk Hypothese, verzichtet auf die Annahme einer Normalverteilung der Kursveränderungen. Zudem wird die Prämisse stochastisch unabhängiger Kursveränderungen durch die weniger restriktive Annahme der zeitlichen Unkorreliertheit der Kursbewegungen ersetzt.

Nimmt man realistischerweise an, dass sich das eingesetzte Kapital im Zeitablauf systematisch gemäß seinem Risiko verzinst, so ergibt sich das Submartingale-Modell der Random Walk-Hypothese. Seine mathematische Form lautet:

$$K_{t+1} = K_t + E(\Delta K) + e_t.$$

Dabei bildet sich der zukünftige Wertpapierkurs aus dem gegenwärtigen Aktienkurs zuzüglich des Zufallsterms und einer erwarteten risikoadäquaten Kursänderung. Eine derartige Modellierung erscheint realitätsgerechter, denn bei sehr langfristiger Betrachtung weisen Aktien einen empirisch beobachtbaren stetigen Aufwärtstrend auf. Verantwortlich für diesen aufwärtsgerichteten Langfristtrend, der auch als Basistrend bezeichnet wird, dürfte neben dem technischen Fortschritt auch die Inflationsentwicklung sein.

Die Gültigkeit der Random Walk-Hypothese ist umstritten. Inzwischen sind zahlreiche Tests unternommen worden, um eine Veri- bzw. Falsifizierung der Random Walk-Hypothese herbeizuführen. Eindeutige Ergebnisse konnten dabei nicht erzielt werden, da schon die mathematische Thesenformulierung sehr unterschiedlich ausfiel. Eines der Hauptargumente gegen die Validität der Random Walk-Hypothese hat Shiller in die Diskussion eingebracht. Er macht darauf aufmerksam, dass die Schwankungen der Aktienkurse, gemessen an ihrer Volatilität, wesentlich größer sind, als die zugleich bekannt gewordenen fundamentalen Informationen dies rechtfertigen würden („excess volatility").[25]

Die Implikation der Random Walk-Hypothese, der zufolge sich fundamentale und technische Analyse für Anleger nicht lohnt, sieht sich außerdem einem Informationsparadoxon gegenüber. Wenn nämlich niemand Fundamentalanalyse betreibt, werden sich die Aktienkurse kaum in Richtung ihrer inneren Werte bewegen. Dann aber sind die Aktienmärkte nicht mehr effizient und die Basisprämisse der Random Walk-Hypothese ist ungültig. Deshalb ist zumindest Fundamentalanalyse erforderlich, um überhaupt sinnvollerweise einen Random Walk von Aktienkursen behaupten zu können.

4.4.2 Fundamentalanalyse

Unter den verschiedenen Konzeptionen der Aktienanalyse stellt die Fundamentalanalyse die in der Kapitalanlagepraxis am weitesten verbreitetste dar. Die Basishypothese der fundamentalen

---

[25] Vgl. **Shiller** (1989), S. 291 ff. und S. 421 ff. sowie **Bruns** (1994), S. 59 ff.

Wertpapieranalyse geht davon aus, dass der Kurs einer Aktie um seinen inneren Wert schwankt. Daraus ergibt sich als Ziel der Fundamentalanalyse die Suche nach dem inneren Wert von Aktien. Ein theoretisch richtiges und zugleich in der Praxis relevantes Verfahren zur Bestimmung des inneren Wertes von Aktien - und anderen Anlageformen - stellt das aus der Investitions- und Finanzierungstheorie hinlänglich bekannte Barwertkonzept dar. Der Barwert, der hier als Present Value (PV) bezeichnet wird, stellt die Summe aller auf den Betrachtungszeitpunkt abgezinsten zukünftigen Zahlungen dar, die mit einer Aktienanlage verbunden sind. Sollte der Börsenkurs einer Aktie unter ihrem inneren Wert liegen, so gilt die Aktie als unterbewertet und sollte aufgrund dieses Entscheidungskriteriums gekauft werden, et vice versa. Die Verwendung des Present Value-Konzeptes zur Aktienkursbestimmung folgt der in der Praxis gängigen Kursbestimmung bei Anleihen. Innerhalb der Investitionstheorie stellt das Present Value-Konzept das dominante Bewertungsmodell dar. Im Gegensatz zur Anleihebewertung tritt bei der Aktienbewertung mittels des Present Value-Ansatzes das Problem der Unsicherheit zukünftiger Zahlungen (bzw. Gewinne) und deren Zeitpunkte auf. Die Dauer des Bestehens einer Aktiengesellschaft ist beispielsweise verglichen mit der Laufzeit von Anleihen ungewiss.

Die Fundamentalanalyse bezieht bei der Ermittlung des inneren Wertes von Aktien alle als relevant angesehenen fundamentalen Daten mit ein. Aus diesem Grund umfasst der Analyserahmen der Fundamentalanalyse auch die Betrachtung der gesamtwirtschaftlichen und der branchen- bzw. länderspezifischen Lage, die für die konkrete Beurteilung einer einzelnen Aktie Bedeutung haben kann. Zudem ist den Anhängern der fundamentalen Analyse nicht entgangen, dass letztlich Angebot und Nachfrage und damit die Finanzströme die Aktienkurse bestimmen. Angebot und Nachfrage richten sich unter anderem auch nach dem vorhandenen Geldvermögen bzw. der Liquidität der Anleger, oder nach der Attraktivität alternativer Anlagen wie z.B. Anleihen und Termingeld. Aus diesem Grund macht es Sinn, Daten zu analysieren, die nicht ausschließlich unmittelbar mit der zu beurteilenden Aktie in Zusammenhang stehen. Überdies muss bedacht werden, dass Unternehmen und Aktie sich nicht immer synchron zueinander entwickeln. Wenn dies auch längerfristig der Fall sein mag, so kann es dennoch kurz- bis mittelfristig zu erheblichen Bewertungsdifferenzen kommen. In Abbildung 4.5 ist ein Grobüberblick über die Einteilung der fundamentalen Analyse dargestellt.

Besondere Bedeutung kommen im Rahmen der fundamentalen Aktienanalyse den Investor Relations zu. Investor Relations umfassen die langfristige, strategisch angelegte direkte und indirekte Kommunikation eines börsennotierten Unternehmens mit seinen potentiellen und aktuellen Eigenkapitalgebern sowie deren Beratern.[26] Als Ziel der Investor Relations kann die Stabilisierung und Annäherung des Börsenkurses an den fundamental gerechtfertigten Unternehmenswert angesehen werden.[27] Grundsätzlich lassen sich die Instrumente der Investor Relations nach den Kriterien persönlich/unpersönlich sowie Pflicht- und freiwillige Maßnahmen unterteilen. Als Pflichtmaßnahmen sind die Veröffentlichung von Geschäfts- und Zwischenberichten, die Ad-hoc-Publizität und die Hauptversammlung zu nennen. Die Hauptversammlung kann dabei den persönlichen Instrumenten zugeordnet werden, während die Erstgenannten als unpersönliche Maßnahmen einzustufen sind. Als freiwillige, unpersönliche Maßnahmen sind u.a. Aktionärs-

---

26 Vgl. **Allendorf** (1996), S. 6 ff. sowie **Perridon/Steiner** (2002), S. 537.
27 Vgl. **Steiner/Hesselmann** (2001), S. 101 ff.

briefe und Unternehmensbroschüren aufzuführen. Als sehr bedeutsam werden solche Instrumente eingestuft, die den freiwilligen, persönlichen Maßnahmen zuzuordnen sind, wie Roadshows, One-on-One Meetings und Analystenkonferenzen. Die Informationen, die dem Anleger im Rahmen der Investor Relations gegeben werden, dienen als Grundlage der fundamentalen Aktienanalyse. Insbesondere bei der Einzeltitelanalyse dienen die Unternehmensinformationen als wichtige Grundlage für die Schätzung der erwarteten Fundamentaldaten (vgl. Abschnitt 4.4.2). Durch das Internet ist es zwischenzeitlich auch dem interessierten Privatanleger möglich, einen Informationsstand zu erlangen, der bislang den Analysten vorbehalten war.

Als Methodik der Fundamentalanalyse lassen sich der Top-Down-Ansatz und der Bottom-Up-Ansatz unterscheiden. Im Rahmen des Top-Down-Verfahrens wird sukzessiv von höheren zu niedrigeren Betrachtungsebenen übergegangen. Wird dieses Vorgehen praktiziert, so ist es sinnvoll zunächst die bedeutenden makroökonomischen Wirtschaftsdaten zu analysieren, bevor einzelwirtschaftliche bzw. Unternehmensanalysen angestellt werden. Der Top-Down-Ansatz fußt auf der empirisch/statistisch belegten Prämisse, dass die wichtigste einzelne Einflusskomponente für Aktienkurse die Entwicklung des Gesamtmarktes darstellt. Daher wird im Rahmen des Top-Down-Ansatzes versucht, zunächst Gesamtmarktaussagen abzuleiten. Dies hat zur Folge, dass der Top-Down-Ansatz eine deutliche Orientierung an makroökonomischen und politischen, mithin aggregierten Parametern aufweist.

Das beschriebene Vorgehen im Rahmen der Top-Down-Analyse steht weitgehend im Einklang mit der Kapitalmarkttheorie, die ihrerseits am Konzept des Marktportfolios orientiert ist. Da Aktien mit dauerhaft negativen Betafaktoren in der Kapitalmarktpraxis kaum existieren, erscheint es aus Sicht der Kapitalmarkttheorie wenig sinnvoll, eine als attraktiv anzusehende einzelne Aktie zu kaufen, falls für den Gesamtmarkt eine negative Renditeerwartung besteht.

In der Aktienanlagepraxis ist die Grundprämisse des Top-Down-Ansatzes jedoch nicht unumstritten. Während die letztlich triviale Erkenntnis, dass nämlich der Gesamtmarkt für eine einzelne dem Markt zugehörige Aktie bedeutsamer ist als die Entwicklung einer einzelnen Aktie für den Gesamtmarkt, außer Zweifel steht, so wird übersehen, dass diese Betrachtung von ungleichen Voraussetzungen ausgeht. Zur Bestimmung der Gesamtmarktentwicklung könnte es durchaus zweckmäßiger sein, alle einzelnen Aktien zu analysieren und anschließend das Aggregat zu bilden, um eine Prognose über den Kursverlauf des Gesamtmarktes abzuleiten. Genau diese Perspektive wählt der Bottom-Up-Ansatz, indem er seinen Fokus auf die rigorose fundamentale Analyse einzelner Aktien legt. Anschließend wird durch die Aggregation der Einzeltitelprognosen eine Gesamtmarktprognose hergeleitet. Insofern lassen sich mit Hilfe des Bottom-Up-Ansatzes durchaus auch Gesamtmarkt- bzw.Indexprognosen treffen.

Angesichts der vorgetragenen Argumente hat es sich in der Assetmanagementpraxis etabliert, beide Betrachtungsweisen zusammenzuführen. Während nämlich ein ausschließlich Top-Down-orientiertes Vorgehen mit dem Risiko behaftet ist, kursrelevante Aspekte einzelner Aktiengesellschaften, die in der Aggregation auch bestimmend für die Gesamtmarktentwicklung sein können, außer Acht zu lassen, tendiert die Bottom-Up-Pespektive zur Vernachlässigung makroökonomischer und damit ebenfalls potentiell kursrelevanter Sachverhalte. Gleichwohl erfordert die tägliche Praxis im Assetmanagement eine Schwerpunktlegung zwischen den beiden Grundansätzen. Hierbei sind Fragen der Kapazität und des Investmenthorizontes zu berücksichtigen. Denn die gründliche fundamentale Bottom-Up-Analyse aller Aktien eines Anlageuniversums erfordert eine größere Analysekapazität als dies der Top-Down-Ansatz anhand relativ weniger Makrovariablen tut. Ferner tendiert die fundamentale Bottom-Up-Analyse in Richtung längerer Investmenthorizonte, da sie auf der Prämisse aufbaut, dass der Markt mittel- bis längerfristig den fairen ökonomischen Preis auf der Basis des inneren Wertes für Aktien bezahlt, kurzfristig jedoch vom aktuellen allgemeinen Informationsfluss abhängt. An den genannten Argumenten wird erkennbar, dass die Entscheidung von Marktteilnehmern für eines der beschriebenen Konzepte mitunter von Kostenüberlegungen getragen wird. Denn die gründliche Bottom-Up-Analyse ist angesichts größerer Analyseuniversen (z.B. 500 relevante Einzelaktien in Europa gegenüber ca. 15 relevanten Ländern in der Top-Down-Analyse) wesentlich personalintensiver.

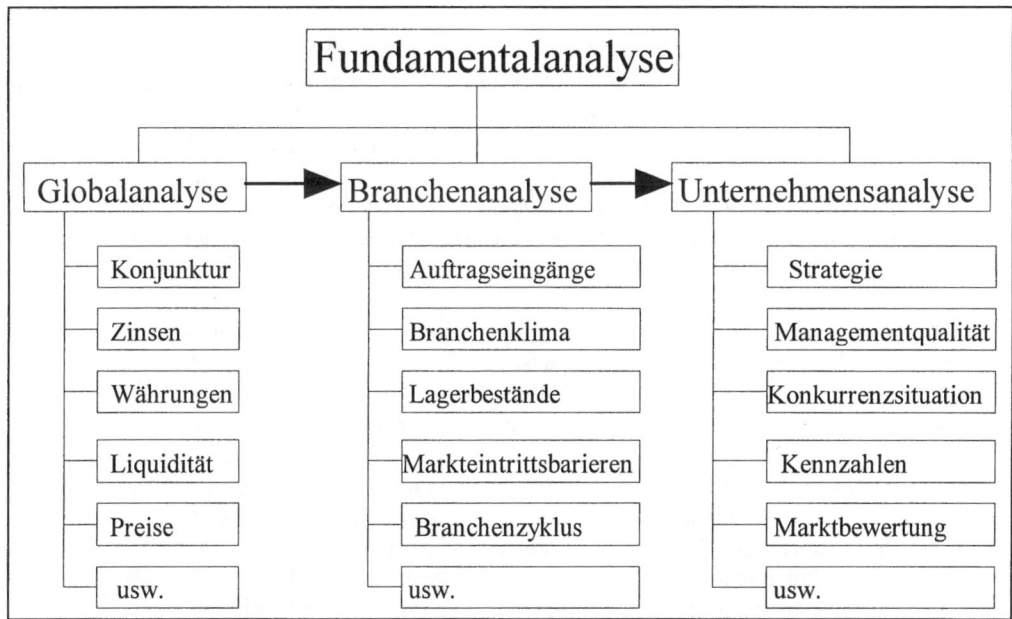

Abbildung 4.5: Unterteilung der Fundamentalanalyse bei Aktien

Einzelne Schritte einer integrierten Gesamtanalyse, die sowohl auf Makro- wie auch auf Mikrodaten beruht, werden im Weiteren beschrieben.

4.4.2.1 Globalanalyse

Große Anlagegruppen an der Börse, wie z.B. Banken, unterhalten jeweils eigene volkswirtschaftliche Abteilungen. Primäre Aufgabe der volkswirtschaftlichen Abteilungen ist die Analyse und Einschätzung der internationalen und nationalen Wirtschaftslage. Dabei steht das Ziel im Vordergrund, qualitativ hochwertige Rahmendaten für Detailprognosen bereitzustellen. Ausgehend von den internationalen Daten wird deren Wirkung auf das jeweils betrachtete Land - hier Deutschland - projeziert. Im internationalen Kontext kommt der Betrachtung der Größen Konjunkturverlauf, Zinsentwicklung, Wechselkursverlauf und schließlich der Börsenentwicklung in anderen Ländern selbst besondere Bedeutung zu. Es ist unmittelbar einsichtig, dass z.B. ein lebhafter Konjunkturverlauf in den USA positive Impulse für die exportintensive deutsche Industrie besitzt, da eine steigende Importnachfrage in den USA i.d.R. auch in Deutschland zu Aufträgen führt. Umgekehrt kann sich die deutsche Wirtschaft nicht international rezessiven Wirtschaftstendenzen entziehen. Dies schlägt bis zu den einzelnen Aktiengesellschaften durch, so dass erkennbar wird, warum eine gesamtwirtschaftliche Lagebeurteilung im Rahmen der Fundamentalanalyse bedeutsam ist. Nicht unwichtig ist auch die Preisentwicklung bei Rohstoffen, wobei insbesondere der Ölpreis hinsichtlich seiner Wichtigkeit noch vor den Industriemetallen herausragt. Aber nicht nur Energie, sondern auch weiter zu verarbeitende Rohstoffe können durch ihre Preisentwicklung Einfluss auf die wirtschaftliche Entwicklung besitzen. Gerade für ein rohstoffarmes Land wie Deutschland spielen Rohstoffpreise deshalb eine wichtige Rolle.

Die genannten Größen hängen z.T. recht stark zusammen und spiegeln sich über kurz oder lang in den Wechselkursen wieder. Neben den Kaufkraftparitäten findet vor allem die unterschiedliche Zins-, aber auch die Konjunkturentwicklung in den einzelnen Ländern ihren Niederschlag in den Wechselkursen.[28] Bewegungen bei den Wechselkursen sind für Unternehmen, die Güter und/oder Dienstleistungen exportieren bzw. importieren, unmittelbar mit einer Veränderung der relativen Wettbewerbsposition verbunden. Deshalb sind Kursanalysen und -prognosen für die Einschätzung der Zukunftsaussichten außenhandelsorientierter bzw. international operierender Aktiengesellschaften von großem Interesse.

Die Entwicklung des US-Dollars als wichtigste Fremdwährung aus DM-Perspektive und die DAX-Entwicklung sind in Abbildung 4.6 wiedergegeben. Ein direkter Zusammenhang zwischen US-Dollar und DAX ist der Graphik nicht entnehmbar. Allerdings ist zu beachten, dass sich eine Dollarkursveränderung sehr unterschiedlich auf die einzelnen im DAX enthaltenen Gesellschaften auswirkt.[29] Während z.B. Automobil- und Maschinenbauwerte aufgrund eines relativ hohen Exportanteils in den Dollarraum tendenziell von einem steigenden Dollar profitieren sollten, leidet z.B. der Kaufhausbereich unter Dollarkurserhöhungen, da die Beschaffungspreise der in Dollar fakturierten Handelswaren steigen. Unternehmensinterne Hedgingmaßnahmen bzw. Finanzierungsmaßnahmen in Fremdwährung können das Bild jedoch vollständig verändern, so dass auch in Bezug auf den Einfluss von Währungskursentwicklungen auf die Unternehmensgewinne unternehmensspezifische Analysen unerlässlich sind. Untersucht man nämlich die Wechselkurselastizitäten und -sensitivitäten auf der Ebene einzelner Aktien, so ergeben sich nicht selten kontraintuitive Resultate.[30] Hieran wird die Notwendigkeit einer gründlichen fundamentalen Analyse im Rahmen der Gesamtanalyse von Aktien bzw. Aktienmärkten anschaulich.

---

[28] Zur Bedeutung der Kaufkraft- und der Zinssatzparitäten für die Wechselkursentwicklung vgl. **Fastrich/Hepp** (1991), S. 49 ff.

[29] Vgl. **Zwirner** (1992), S. 29.

[30] Verwiesen sei z.B. auf die Höchst AG, die seit der mit Fremdkapital in US-Dollar finanzierten Übernahme von MMD unter einem steigenden US-Dollar leidet. Des Weiteren können unternehmensinterne Hedgingmaßnahmen den vermuteten Währungseinfluss in sein Gegenteil verkehren.

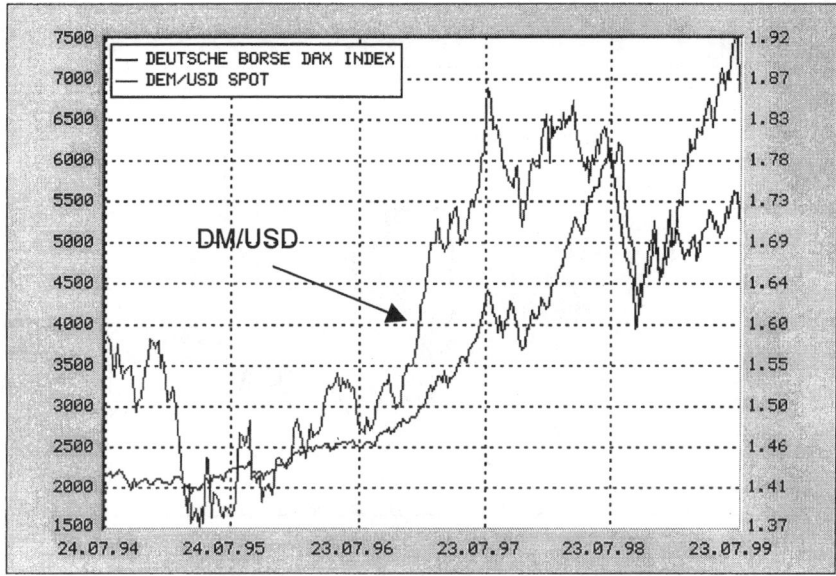

Abbildung 4.6: Verlauf von DAX und USD[31]

Auch die Aktienmarktentwicklung in anderen Ländern besitzt Einfluss auf die deutsche Börse. Angesichts der Verzahnung der internationalen Kapitalströme und der empirisch zu beobachtenden relativ hohen Kursreagibilität des deutschen Aktienmarktes darf es als unwahrscheinlich angesehen werden, dass sich die deutsche Börse gewichtigen internationalen Börsentrends dauerhaft entziehen kann. Dies gilt besonders in Zeiten abwärtsgerichteter Marktbewegungen. Eine Begründung dafür besteht möglicherweise in den vergleichsweise kurzen Erfüllungsfristen von zwei Tagen an der deutschen Börse, sowie an dem relativ hohen Anteil ausländischer Anleger. Da international inzwischen eine Tendenz zu verkürzten Erfüllungszeiten erkennbar ist (in Richtung t+3 als Standard), sollte dieser Aspekt in seiner Bedeutung jedoch abnehmen.[32]

Mindestens ebenso wichtig wie die internationale wirtschaftliche Lage ist für die Aktienmarktentwicklung stets die binnenwirtschaftliche Situation. Große Bedeutung besitzen für die binnenwirtschaftliche Perspektive die Größen Zinsentwicklung, Konjunkturentwicklung, Entwicklung der Lebenshaltungskosten und besonders die Geldmengenentwicklung. Zwischen den genannten Größen bestehen starke gegenseitige Verflechtungen.

---

[31] Quelle: **Dresdner Bank AG**.

[32] In Westeuropa weisen insbesondere Frankreich (Monatsultimo), Österreich (2 Montag nach dem Handelstag), Italien (5 Tage) und Großbritannien (5 Tage) noch längere Erfüllungszeiten auf.

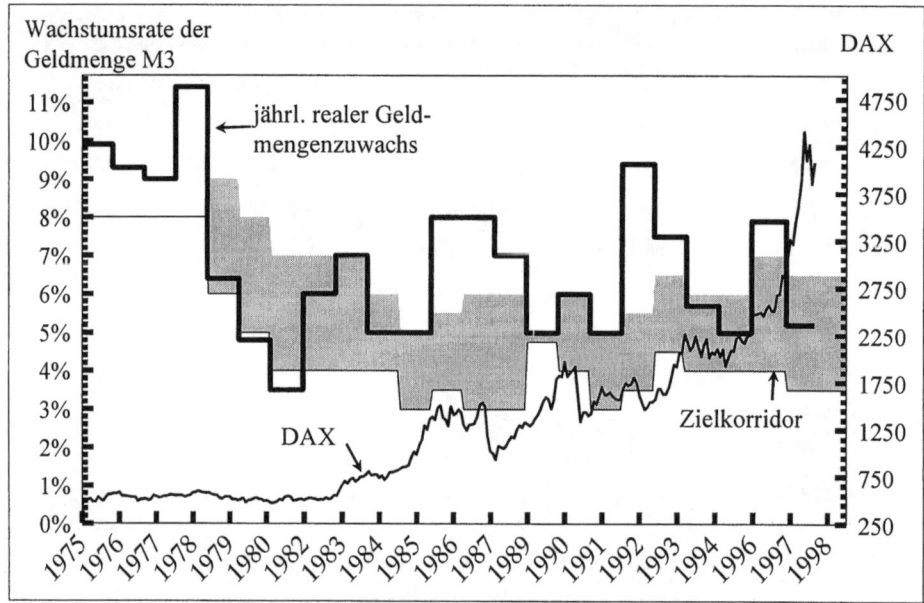

Abbildung 4.7: Geldmengenentwicklung in Deutschland[33]

Gerade der Geldmengenentwicklung wird erhebliche Börsenrelevanz beigemessen.[34] Im Wirtschaftskreislauf befindliches Geld sucht Anlagemöglichkeiten. Vornehmlich in konjunkturell schwachen Zeiten, in denen oft von Seiten der Notenbanken versucht wird, mit Hilfe einer expansiven Geldpolitik die Konjunkturlage zu verbessern, profitieren Aktienkurse von der reichlich vorhandenen Liquidität.[35] Die Entwicklung der Geldmenge in Deutschland ist in Abbildung 4.7 dargestellt. Dabei stellt die graue Fläche den jeweils für das Jahr von der Deutschen Bundesbank vorgegebene Zielkorridor des Geldmengenwachstums dar.

Offenbar sind die anvisierten Zielkorridore mehrfach zu gering angesetzt gewesen, um das tatsächliche Geldmengenwachstum beinhalten zu können. Ein Vergleich zwischen Geldmengenwachstum und DAX-Entwicklung deutet nicht auf Parallelität hin. Es muss allerdings bedacht werden, dass das Geldmengenwachstum häufig als vorlaufender (leading) Indikator anzusehen ist und deshalb einen zeitlichen Vorsprung vor den Aktienkursen aufweist.[36]

---

[33] Bis 1988 beziehen sich die Werte auf die Zentralbankgeldmenge, während sie ab diesem Zeitpunkt M3 widerspiegeln (M3 = Bargeldumlauf + Sichteinlagen + Termingelder unter 4 Jahren + Spareinlagen mit dreimonatiger Kündigungsfrist). Ein Zielkorridor wird von der Bundesbank seit 1979 festgelegt. Vorher galt ein fester Zielwert.

[34] Vgl. **Schweizer** (1986), S. 13 ff. Dies drückt sich z.B. in dem Terminus "Liquiditätshausse" aus.

[35] Vgl. **Perridon/Steiner** (2002), S. 236 ff.

[36] Vgl. **Perridon/Steiner** (2002), S. 237 f.

Ebenso wie die Geldmengenentwicklung spielt die Konjunkturentwicklung für die Börse eine tragende Rolle.[37] Im Unterschied zur Geldmengenentwicklung handelt es sich bei der Konjunkturentwicklung aber um einen nachlaufenden (lagging) Indikator. Deshalb kommt es selbst in rezessiven konjunkturellen Zeiten häufig zu markant positiven Börsenbewegungen. Die Entwicklung der Konjunktur, dargestellt anhand des Bruttosozialprodukts, ist zusammen mit dem DAX in Abbildung 4.8 dargestellt.

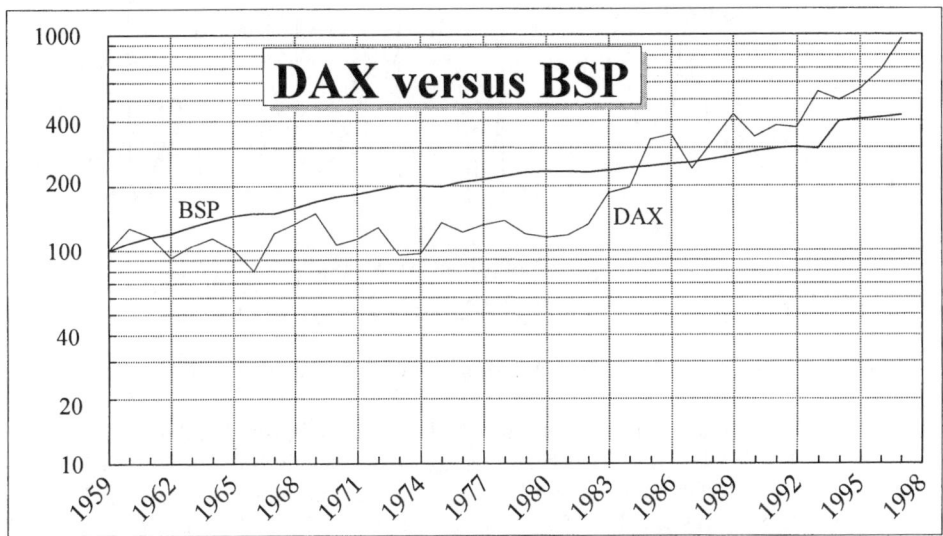

Abbildung 4.8: Vergleich des BSP/BIP mit dem DAX[38]

Natürlich sind Geldmenge und Konjunktur nicht allein für das Kursverhalten der Börse verantwortlich. Monokausale Ansätze sind regelmäßig nicht in der Lage, die Börsenentwicklung hinreichend genau zu erklären und vor allem zu prognostizieren. Letztlich ist es die gebündelte Vielzahl makro- und mikroökonomischer Indikatoren, die sich in den Aktienkursen niederschlägt. Als besonders wichtig wird die Zinsentwicklung angesehen, da festverzinsliche Anlagen die am ehesten gewählte Alternative (Opportunität) zu Aktienengagements darstellen. Aktienanlagen werden folglich c.p. attraktiver, je niedriger die Zinsen am Kapitalmarkt sind. Den Zusammenhang zwischen Zins- und Aktienverlauf zeigt Abbildung 4.9 Als Indikator für die Zinsentwicklung wurde die Umlaufrendite öffentlicher Anleihen gewählt, die von der Deutschen Bundesbank errechnet wird.

Der umgekehrt proportionale Verlauf von Zins- und Aktienmarktentwicklung zeigt sich zumindest von 1979 bis Mitte 1987 recht eindeutig. In den nächsten Jahren stimmte der postulierte Zusammenhang dann nicht mehr so deutlich. Zu berücksichtigen ist allerdings die unterschiedli-

---

37 Vgl. **Schmidt/May**, (1993), S. 76.
38 Die Daten des BSP sind bis einschließlich 1993 dem Statistischen Jahrbuch des Statistischen Bundesamtes aus dem Jahr 1992 S. 655 entnommen. Die Daten der folgenden Jahre beziehen sich auf das BIP und stammen von Datastream.

che Kurswirkung von Zinsveränderungen auf die verschiedenen im DAX enthaltenen Aktien.[39]

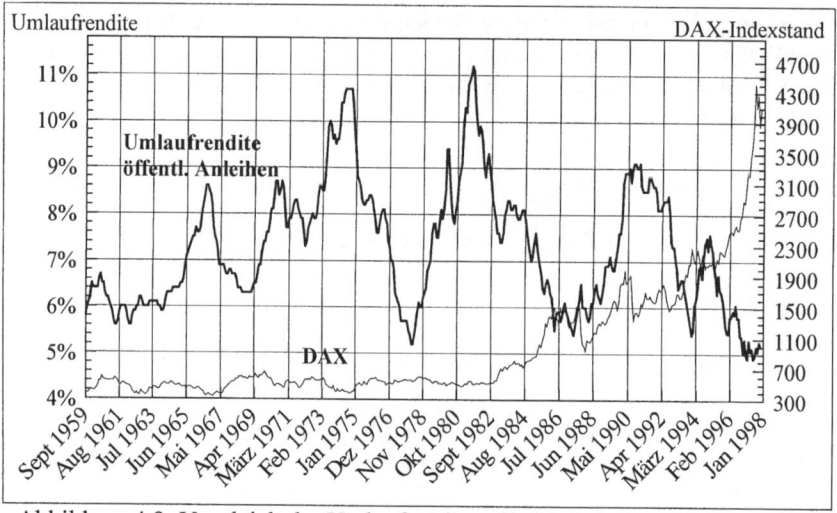

Abbildung 4.9: Vergleich der Umlaufrendite öffentl. Anleihen mit dem DAX

Zusätzlich traten in dem dargestellten Zeitraum auch einige Makrosonderfaktoren zu Tage, wie z.B. der Oktober-Crash 1987, die Wiedervereinigung Deutschlands und der Golfkrieg. Daran ist zu erkennen, dass Sonderfaktoren stets zu Überlagerungen führen können. Auch politische Ereignisse können Börsenrelevanz besitzen. Wie der rechte Teil der Abbildung (ab Juli 1988) zeigt, kommt es mitunter sogar zu parallelen Verläufen von DAX und Umlaufrendite. Seit dem letzten Renditehoch im Januar 1991 verlaufen beide Werte allerdings wieder umgekehrt proportional.

4.4.2.2 Branchenanalyse

Eine weitere aggregierte Betrachtungsebene wird mit der Branchenanalyse betreten. Im Mittelpunkt der Branchenanalyse steht die Begutachtung der wirtschaftlichen Perspektive der einzelnen an der Börse vertretenen Wirtschaftsbranchen. Eine Branchenanalyse kann national, wie auch international angelegt sein. Ob eine nationale oder eine internationale Branchenanalyse sinnvoll ist, hängt von der Kurssensitivität des Branchenfaktors und des nationalen Marktfaktors ab.[40] Falls die Aktien einer Wirtschaftsbranche stärker auf internationale Branchenveränderungen als auf Bewegungen des nationalen Heimataktienmarktes reagieren, sollte eine branchenorientierte Aktienanalyse stattfinden. Falls der Kurseinfluss des heimischen Aktienmarktes größer als der internationale Brancheneinfluss ist, sollte innerhalb des Top-Down-Prozesses zunächst die wirtschaftliche Situation des Landes und anschließend jene der Branche analysiert

---

[39] Vgl. **Zwirner** (1992), S. B12.
[40] Vgl. **Solnik** (1991), S. 129.

werden.[41] Tendenziell lässt sich sagen, dass der Ländereinfluss zu Lasten des Brancheneinflusses fallend ist.[42] In der Assetmanagementpraxis sind zudem deutliche Tendenzen erkennbar, branchenweite Analysen verstärkt zu forcieren. Insbesondere die Einführung des Euro führte zu einer stärkeren Ausrichtung Anleger auf Branchen innerhalb der Euro-Zone. Diese Tendenz ist auch an der wachsenden Bedeutung europäischer Aktienindizes abzulesen.[43] Allerdings weisen neuere Untersuchungen darauf hin, dass in Europa der Ländereinfluss nach wie vor gegenüber dem Brancheneinfluss dominiert.[44]

Automobil	Elektro	Verkehr	Eisen und Stahl
Bau	Brauerei	Maschinenbau	Textil
Chemie	Hypothekenbanken	Papier	Versicherung
Beteiligung	Kreditbanken	Versorgung	Konsum

Tabelle 4.6: Mögliche Brancheneinteilung des deutschen Aktienindex[45]

Der Sinn der Branchenanalyse ergibt sich aus dem heterogenen Konjunkturverlauf einzelner Branchen. Es gilt somit im Rahmen der Branchenanalyse zu eruieren, welche Branchen in Zukunft die besten Entwicklungsmöglichkeiten besitzen. Insbesondere wird in der Assetmanagementpraxis die Suche nach sog. Wachstumsbranchen durchgeführt. Eine mögliche Brancheneinteilung an der deutschen Börse ist in Tabelle 4.6 abgebildet.

Um herauszufinden, welche Branchen zukünftig attraktiv erscheinen, behilft man sich auch im Rahmen der Branchenanalyse vielfach eines Blicks in die Vergangenheit. Daraus lassen sich mitunter Hinweise auf das Kurspotential von Branchen ableiten. Beispielsweise lässt sich erkennen, dass zyklische Branchen, wie z.B. die Stahlindustrie, in der Vergangenheit besonders unter konjunkturellen Verschlechterungen gelitten haben. Es zeigt sich z.B. auch, dass Nahrungsmittelhersteller relativ insensitiv gegenüber Konjunktureintrübungen sind. Derlei Verlaufsschemata können in Zukunftsprognosen Berücksichtigung finden, zumal bei der Verwendung quantitativer Prognosetechniken. Vor dem Hintergrund eines gesamtwirtschaftlichen Szenarios lässt sich auf diese Weise eine Branchenselektion durchführen.

Zudem können die wirtschaftlichen Rahmenbedingungen für einzelnen Branchen sehr unterschiedlich ausfallen. Gesetzgeberische, steuerliche und sonstige administrative Eingriffe be-

---

[41] Untersuchungen zufolge besitzt der Landesfaktor in Europa überwiegend den größten Kurseinfluss auf die jeweiligen Aktienmärkte, d.h. die Kurse sind höher mit den anderen Aktien des gleichen Landes korreliert als mit internationalen Aktien der gleichen Branche. In Deutschland ist demgegenüber der Branchenfaktor die wichtigste messbare Kurseinflusskomponente. Vgl. **Drummen**, Aktienportfolios, S. 50 ff., **Drummen et al.** (1992), S. 204 ff. und **Solnik** (1991), S. 135 f.
[42] Vgl. **Neisse** (1992), S. B9.
[43] Vgl. **o.V.** (1999), S. 1.
[44] Vgl. **Rouwenhorst** (1999).
[45] Die Brancheneinteilung entspricht der Brancheneinteilung beim CDAX.

treffen die einzelnen Branchen nicht gleichmäßig. Beispielsweise werden einige Branchen von gesetzlichen Auflagen zum Umweltschutz betroffen (z.B. Rauchgasentschwefelungsanlagen TA Luft, Elektronikschrottverordnung). Auch steuerliche Eingriffe (z.B. Mineralölsteuererhöhung, steuerliche Eigenheimförderung) oder administrative Verordnungen (Ladenöffnungszeiten) tangieren jeweils nur bestimmte Branchen. Hier zeigt sich die potentielle Wichtigkeit einer Abschätzung von administrativen Ereignissen auf die Kursentwicklung von Branchen.

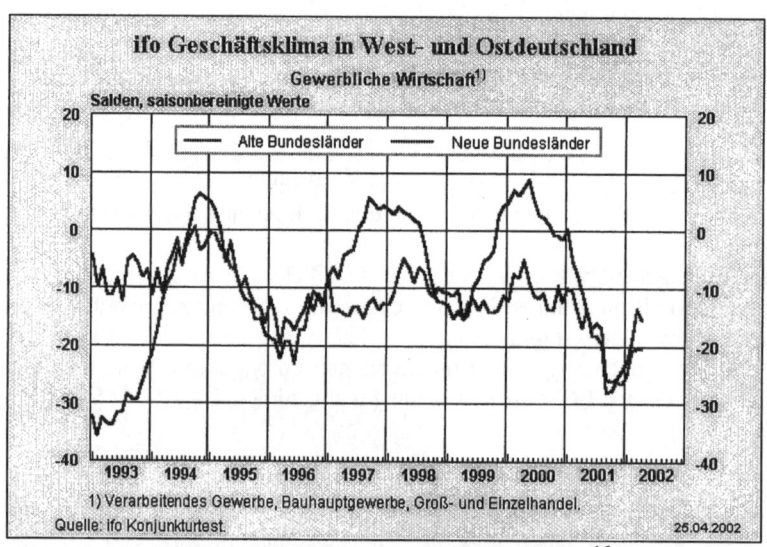

Abbildung 4.10: Ifo-Geschäftsklimaindex[46]

Einen vielbeachteten Frühindikator für die konjunkturelle Entwicklung in Deutschland stellt der ifo-Geschäftsklimaindex dar. Der Index wird monatlich durch die Befragung von über 7.000 Unternehmen ermittelt. In die Indexberechung geht sowohl die Einstufung der aktuellen Lage als auch die Erwartungen für die nächsten sechs Monate durch die befragten Unternehmen ein. Als Antworten bestehen dabei die Möglichkeiten gut/befriedigend/schlecht für die aktuelle Lage sowie besser/gleich/schlechter für die zukünftigen Erwartungen. Bei der Indexberechnung wird der prozentuale Saldo zwischen solchen Unternehmen ermittelt, welche die Lage/die Aussichten als gut/besser und solchen die die Lage/die Aussichten als schlecht/schlechter einstufen. Unternehmen die die Lage/die Aussichten als befriedigend/gleich einstufen werden in der Indexberechnung als neutral eingestuft. Bei der endgültigen Indexberechnung gehen die Werte bzgl. der aktuellen Lage und den Aussichten mit der gleichen Gewichtung ein. Als Extremwerte kommen dabei die Werte –100 (alle Befragten erwarten eine Verschlechterung) und 100 (alle Befragten erwarten eine Verbesserung) in Frage. Ein Wert von 0 bedeutet, dass sich die Zahl der Unternehmen, die die Lage/die Aussichten als schlecht/schlechter beurteilen und solchen, die die Lage als gut einstufen bzw. eine Verbesserung erwarten, gerade ausgleichen. In Abbildung 4.10 ist die Entwicklung des ifo-Geschäftsklimaindex im Zeitablauf dargestellt.

---

[46] Quelle: **Ifo Institut für Wirtschaftsforschung e.V.**

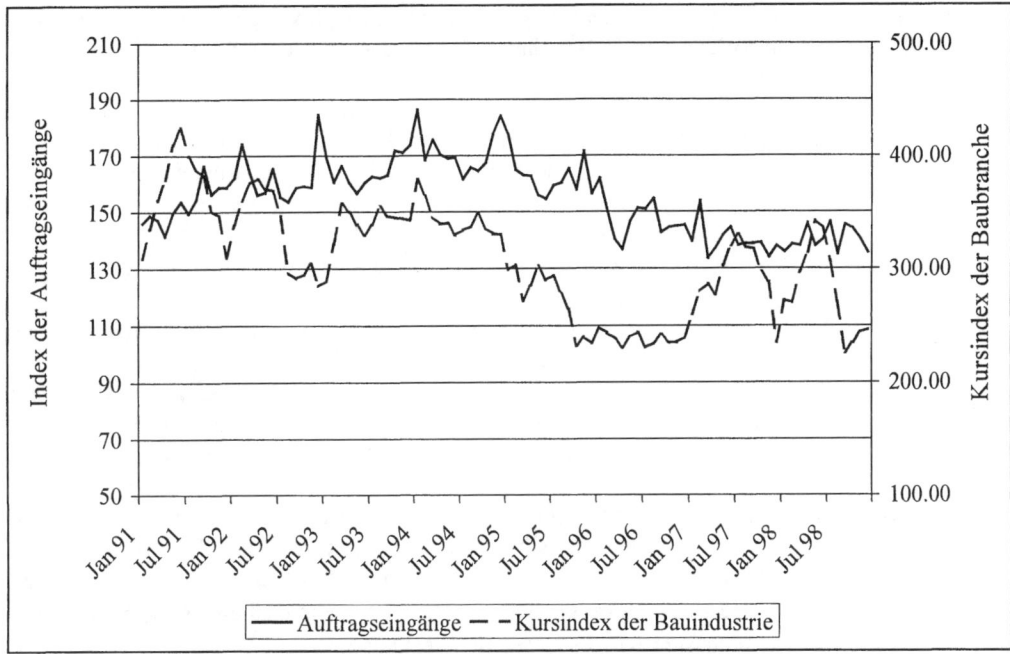

Abbildung 4.11: Auftragseingänge im Bauhauptgewerbe
und Kursindex der Bauindustrie[47]

Ferner kommt der Auftragslage in den einzelnen Branchen große Bedeutung zu. Anhand der Auftragslage lassen sich Prognosen über die künftige Branchenentwicklung erstellen. In eine ähnliche Kategorie fallen die durchschnittlichen Lagerbestände innerhalb einer Branche. Beide Größen, Auftragslage und Lagerbestände, geben ein Bild von der Nachfrageentwicklung der jeweiligen Branche. Exemplarisch für die Branchenentwicklung ist in Abbildung 4.11 der Index der Auftragseingänge im Bauhauptgewerbe dargestellt. Die gestrichelte Linie entspricht dem Kursverlauf des Branchenindexes der Bauindustrie, der von der Deutschen Bundesbank errechnet wird.

4.4.2.3 Unternehmensanalyse

Die moderne Finanzierungstheorie versteht Unternehmen nicht als Wirtschaftseinheiten mit eigenen Interessen und Zielen, sondern sieht in ihnen primär eine Einkommensquelle für die Eigentümer.[48] Nachdem diese Sichtweise in der finanzwirtschaftlichen Literatur seit langem

---

[47] Die Werte sind den statistischen Beiheften des Monatsberichts der Deutschen Bundesbank entnommen.

[48] Vgl. Wagner (1994), S. 477. Der folgende Abschnitt beruht teilweise auf **Steiner/Wallmeier** (1999).

vorherrscht,[49] findet sie inzwischen auch in der Unternehmenspraxis größere Akzeptanz. Entscheidend hat dazu eine Welle von Unternehmensübernahmen in den USA beigetragen, die in den achtziger Jahren deutlich gemacht hat, dass ein organisierter Kapitalmarkt und ein funktionierender „Markt für Unternehmenskontrolle" wirksamen Druck auf die Unternehmensleitungen ausüben, im Interesse der Eigenkapitalgeber zu handeln. Das Ziel sollte darin bestehen, unter Einhaltung der gesetzlichen Vorschriften und aller vertraglichen Vereinbarungen den Marktwert des Eigenkapitals zu maximieren.[50] Ein systematisches „Wertsteigerungsmanagement", auch als „Shareholder Value-Ansatz" bezeichnet, haben nicht zuletzt Beratungsgesellschaften eingefordert und vorangetrieben. Letztlich beruft sich das Shareholder Value-Konzept auf das allgemeine marktwirtschaftliche Prinzip:[51] Den Kapitaleignern solle nicht verwehrt werden, im Rahmen der Rechtsordnung eigenverantwortlich und frei mit ihrem Vermögen zu wirtschaften. Dazu gehört die Möglichkeit, Manager als Treuhänder einzusetzen und zu fordern, dass sie alle Entscheidungen im Sinne der Eigentümer treffen. Der Shareholder Value-Ansatz vertraut darauf, dass unter Wettbewerbsbedingungen die „unsichtbare Hand" des Marktes das knappe Kapital in die viel versprechendsten Verwendungen lenkt und dadurch das Gemeinwohl fördert.

Der Wert der Einkommensquelle „Unternehmung" hängt davon ab, welcher Einkommensstrom dem Bewertenden zufließt. Entscheidend sind dafür die künftigen, aus der operativen Geschäftstätigkeit erzielten Überschüsse, deren Vorteilhaftigkeit an einer laufzeit- und risikoadäquaten Alternativinvestition gemessen wird.[52] Die Unternehmensbewertung beruht damit auf dem gleichen Instrumentarium wie die Investitionsrechnung.[53]

Die Bewertung anhand leistungsinduzierter Zahlungsströme dient nach dem Shareholder Value-Ansatz zum einen zur Bestimmung von Grenzpreisen für potentielle Käufer und Verkäufer eines Unternehmens, und soll zum anderen auch intern zur strategischen Steuerung und Kontrolle von Geschäftsbereichen und größeren Projekten eingesetzt werden.[54] Während diesbezüglich früher wegen der mit dem Ansatz verbundenen Prognoseprobleme eine kritische Haltung überwog, werden in einflussreichen neueren Arbeiten die Möglichkeiten, strategische Entscheidungen mit quantitativen Barwertkalkülen zu unterlegen, optimistischer beurteilt.[55]

Unternehmensanalysen weisen stets sowohl qualitative als auch quantitative Elemente auf. Die qualitative Analyse reicht von der Abschätzung der Befähigung des Managements über die Analyse der Organisationsstruktur bis hin zur Analyse der angebotenen Produkte und Dienstlei-

---

49 Vgl. z.B. **Modigliani/Miller** (1959), S. 655-669; S. 411-433 und **Fama/Miller** (1972).

50 Zu den Bedingungen, unter denen alle Kapitalgeber das Ziel der Marktwertmaximierung befürworten, vgl. **Breuer** (1997), S. 222-226.

51 Vgl. ausführlich zum Shareholder Value aus betriebswirtschaftlicher Sicht: **Busse von Colbe** (1997), S. 271-290.

52 Bereits **Myers** (1974), S. 7: „It is widely accepted that the accept/reject decision for investment projects ought to be evaluated on a „DCF", or discounted cash flow, basis."

53 Vgl. z.B. **Wagner** (1994), S. 478.

54 Vgl. **Busse von Colbe** (1997), S. 274.

55 Vgl. **Rappaport** (1999); **Copeland/Koller/Murrin** (1994); **Stewart** (1991).

stungen. In die gleiche Beurteilungskategorie fallen das Unternehmensimage, die Wettbewerbsposition, die Bilanzrelationen, die Steuersituation sowie die Unternehmenseffizienz, die ihrerseits auf Kosten- und Produktivitätsvergleichen basiert. Im Weiteren werden solche Kriterien nicht ausdrücklich betrachtet. Es wird viel mehr davon ausgegangen, dass es gelingt, derartige Merkmale zu quantifizieren und in erwartete Überschüsse zu übertragen.

Die bewertungsrelevanten Überschüsse können unterschiedlich definiert werden (vgl. Abbildung 4.12). Sowohl Dividenden als auch Gewinne und Cash Flows kommen als Grundlage für die Barwertermittlung in Betracht. Bereits 1961 haben Modigliani/Miller gezeigt, dass sich diese drei Ansätze unter bestimmten Annahmen nicht widersprechen, sondern – richtig angewendet – zum gleichen Ergebnis führen.[56] Auf alle drei Verfahren wird im Folgenden eingegangen. Besonderes Gewicht erhalten dabei die Cash Flow-basierten Ansätze, weil sie ausgehend von den USA die größte praktische Bedeutung erlangt haben.

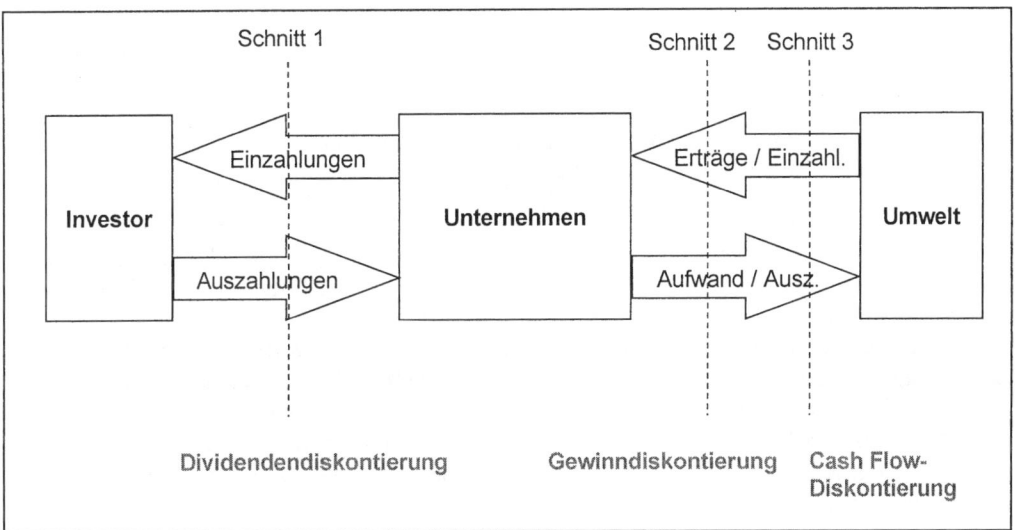

Abbildung 4.12: Abgrenzungen möglicher wertbestimmender Überschussgrößen

4.4.2.3.1 Dividenden- und Gewinndiskontierung

Es liegt nahe, bei der Wertermittlung auf die erwarteten Dividenden abzustellen, weil sich der Unternehmenswert aus der Sicht der Anteilseigner aus den Zahlungen ableitet, die ihnen in späteren Jahren zufließen. Die Dividendendiskontierung setzt das Prinzip, die Unternehmung als Einkommensquelle zu verstehen, konsequent um. Als Einkommen gelten nur die Geldbeträge, die vom Unternehmen in den unmittelbaren Verfügungsbereich der Gesellschafter gelangen. Die Bewertung auf der Grundlage der Dividenden bedeutet nicht zwangsläufig, dass die Ausschüttungspolitik den Unternehmenswert beeinflusst. Ein Unternehmen mit geringer Ausschüttungs-

---

56 Vgl. **Miller/Modigliani** (1961).

quote wird die einbehaltenen Mittel verzinslich anlegen, so dass später höhere Dividendenzahlungen möglich sind. Bei einer hohen Einbehaltungsrate werden dadurch Dividenden in spätere Perioden verlagert. Darin wird ein wesentlicher Nachteil des Dividendendiskontierungsmodells gesehen. Wenn nur in einem relativ kurzen Zeitraum von etwa 5 Jahren eine Detailplanung möglich ist, in dieser Zeit aber voraussichtlich alle Gewinne einbehalten werden, nimmt der Restwert am Detailplanungshorizont den gesamten Unternehmenswert auf. Dies ist aus der Sicht des Bewertenden in der Regel nicht erwünscht.

Daher wird vorgeschlagen, nicht ausgeschüttete Dividenden, sondern erwirtschaftete Gewinne zu verwenden.[57] Allerdings muss bei der Verwendung von Gewinnen eine Doppelzählung insoweit vermieden werden, als Gewinnbestandteile, die als Verzinsung bereits thesaurierter Gewinne angesehen werden müssen, nicht berücksichtigt werden dürfen.[58] Aus der Berechnungsformel wird ersichtlich, dass die Summe aller zukünftigen Gewinne in die Berechnung einfließt.

$$PV_0 = \sum_{t=0}^{\infty} \frac{G_t}{(1+i)^t}$$

mit: PV_0 = heutiger Present Value (innerer Wert) der Aktie
G_t = zu extrapolierender Gewinn und
i = risikoangepasster Zinssatz.

In die gleiche Modellkategorie fallen auch die sog. Discounted Cash Flow Modelle. Diese sind stärker an Zahlungsstromgrößen orientiert, da sie im Zähler nur Zahlungsstromgrößen verwenden. Mit Blick auf die obige Formel stellt sich sodann das Problem der Festlegung einer angemessenen Betrachtungsperiode. Ferner stellt die Bestimmung des Kalkulationszinsfußes i und der Gewinnhöhe der Zukunft ein Problem dar. Hinsichtlich des Kalkulationszinsfußes muss bedacht werden, dass die Gewinne der Zukunft unsicher sind und von einer Vielzahl von Variablen beeinflusst werden. Als Kalkulationszinsfuß bietet sich deshalb ein risikoadjustierter Zins an, der z.B. mit Hilfe des CAPM ermittelt werden kann.[59] Demzufolge setzt sich der Kalkulationszinsfuß aus der Rendite einer sicheren Anlagemöglichkeit zuzüglich eines der betrachteten Aktie angemessenen Risikozuschlags zusammen.

Hinsichtlich der Gewinnprognose werden in der quantitativ/statistischen Anlagepraxis auf der Basis angenommener Wachstumsraten häufig Vergangenheitswerte in die Zukunft extrapoliert. Dem Qualitätsanspruch einer rigorosen Fundamentalanalyse wird dieses Vorgehen jedoch nicht gerecht. Ein fundamental orientiertes Vorgehen kommt daher an der subjektiven Schätzung der zukünftigen Gewinnreihe auf der Basis aller erkennbaren Daten nicht vorbei.

---

[57] Vgl. **Loistl** (1992), S. 206.
[58] Vgl. **Uhlir/Steiner** (1994), S. 107 f.
[59] Eine ausführliche Darstellung des CAPM befindet sich in Kapitel 1.

Da zeitlich weiter entfernt liegende Gewinne schwieriger zu schätzen sind als zeitlich nahe Daten, lässt sich mit Hilfe einer prognostizierten Wachstumsrate der Gewinne (g) folgender Ausdruck für den inneren Wert einer Aktie finden:

$$PV_0 = \sum_{t=0}^{n} \frac{G_0(1+g)^t}{(1+i)^t}.$$

Die Symbole entsprechen ansonsten der obigen Formel. Bei Annahme eines unendlich langen Wachstumsprozesses lässt sich die Formel vereinfachen:

$$PV_0 = \frac{G_1}{i-g}.$$

Zu sinnvollen Ergebnissen führt die Formel allerdings nur, wenn der Kalkulationszinsfuß größer als die Wachstumsrate des Gewinns ist. Die Kursbestimmung unter Verwendung des Dividenden-Diskontierungsmodells sei beispielhaft an der Bayer Aktie dargestellt. Ein Analyst erwarte einen Gewinn pro Aktie von 2,50 EUR für das nächste Jahr. Ferner rechnet er mit Wachstumsraten des Gewinns von jährlich 4%. Als Diskontierungszinsfuß legt er 11% zugrunde, wobei der risikolose Zinssatz mit 6% angenommen wird. Der Diskontierungszinsfuß entspricht seiner Meinung nach der risikoangepassten Verzinsung, die nach dem CAPM von der Bayer AG erwartet werden kann. Seine Zinsberechnung erfolgt auf folgende Weise:

$$i_{BAY} = R_f + [E(R_{DAX}) - R_f] \cdot \beta_{BAY}$$

mit: i_{BAY} = risikoangepasster Zinssatz der Bayer-Aktie,
R_f = risikoloser Zinssatz (Geldmarktzinssatz) = 6%,
$E(R_{DAX})$ = erwartete Rendite des DAX = 10% und
β_{BAY} = systematisches Risiko (Betafaktor) der Bayer-Aktie = 1,25.

$$i_{BAY} = 0,06 + [0,1 - 0,06] \cdot 1,25 = 0,11.$$

Aus den Daten ergibt sich folgender Kurswert der Bayer Aktie:

$$PV_{BAY} = \frac{2,50}{0,11 - 0,04} = 35,71.$$

Die dargestellte Formel erweist sich als äußerst sensitiv gegenüber Veränderungen des Kalkulationszinsfußes und der Gewinnwachstumsrate. Eine Verringerung des angenommenen Gewinnwachstums um einen Prozentpunkt führt zu einer Kursverminderung um 4,46 EUR. Daraus wird erkennbar, dass die exakte Bestimmung des inneren Wertes in der Praxis aufgrund der Datenunsicherheit und -variabilität nicht möglich ist. Der errechnete Wert kann deshalb allenfalls als grober Schätzwert angesehen werden.

Auch der zukünftige Gewinn ist durch Analysten kaum einheitlich zu schätzen, da den Schätzungen regelmäßig unterschiedliche Annahmen bezüglich zukünftiger Ereignisse zugrunde liegen. Formell werden Gewinnermittlungen bzw. Schätzungen in Deutschland zumeist anhand des

DVFA/SG-Schemas durchgeführt.[60] Kerngedanke des Schemas ist die Bereinigung der Jahresabschlüsse bei Aktiengesellschaften um wesentliche unternehmensspezifische Sondereinflüsse. Das Ziel des DVFA/SG-Schemas besteht in der Vergleichbarmachung der Ergebnisse verschiedener Aktiengesellschaften sowie der Herstellung intertemporaler Vergleichbarkeit. Auch Verwässerungseffekte, wie sie durch die Ausübung von Optionsscheinen oder die Wandlung von Wandelanleihen auftreten können, werden mit Hilfe des DVFA/SG-Schemas bereinigt. In den letzten Jahren spielt die internationale Vergleichbarkeit von Jahresabschlüssen eine zunehmende Rolle in der Aktienanalysepraxis. Die im Kapitalmarktbereich inzwischen weit vorangeschrittene Globalisierung führt zu einer größeren Akzeptanz internationaler Bilanzierungsstandards (z.B. IAS oder US-GAAP). Auch börsennotierte deutsche Unternehmen richten sich vermehrt nach diesen Standards, zumal sie für ein Aktienlistung an bestimmten Börsen z.T. erforderlich sind. Mit Inkrafttreten des Kapitalaufnahmeerleichterungsgesetzes (KapAEG) zum 1. Mai 1998 besteht für börsennotierte Unternehmen die Möglichkeit, einen befreienden Konzernabschluss nach international anerkannten Rechnungslegungsgrundsätzen zu erstellen.[61] Bislang waren Unternehmen, die einen Konzernabschluss ausschließlich nach IAS oder US-GAAP aufstellten, gezwungen, einen zweiten HGB-konformen Abschluss zu erstellen. Allerdings bestand die Möglichkeit der Erstellung eines sogenannten dualen Abschlusses, der den Versuch darstellt, durch Nutzung der Gestaltungsmöglichkeiten des HGB beiden Normensystemen gerecht zu werden.

1. Jahresüberschuss/-fehlbetrag
2. Bereinigung um Ingangsetzungsaufwendungen
3. Bereinigungspositionen im Anlagevermögen
4. Bereinigungspositionen im Umlaufvermögen
5. Bereinigungspositionen bei den Passiva
6. Bereinigung von Fremdwährungs- und sonstigen Einflüssen
7. Summe der zu berücksichtigenden Korrekturen
8. Ergebnis nach DVFA/SG (Gesamtunternehmen)
9. Ergebnis nach DVFA/SG ohne Anteile Dritter
10. Adjustiertes Ergebnis nach DVFA/SG je Aktie ohne Anteile Dritter
11. Ergebnis nach DVFA/SG je Aktie "voll verwässert"
12. Adjustiertes Ergebnis je Aktie im Falle von Kapitalmaßnahmen

Abbildung 4.13: Ermittlungsschritte des DVFA/SG-Schemas[62]

Die DFVA/SG trug dieser Entwicklung Rechnung, und überarbeitete die Empfehlungen zur Ermittlung des DFVA-Ergebnisses grundlegend.[63] Ziel ist es, eine größtmögliche Vergleichbar-

---

[60] DVFA steht für **D**eutsche **V**ereinigung für **F**inanzanalyse und **A**nlageberatung e.V. und SG für Schmalenbach-Gesellschaft, Deutsche Gesellschaft für Betriebswirtschaft e.V.

[61] Vgl. § 292a Abs. 2 Nr. 2 HGB.

[62] Siehe **DVFA/SG** (1996), S. 37 ff.

[63] Vgl. **Gemeinsame Arbeitsgruppe der DFVA und Schmalenbach-Gesellschaft** (1998), S. 2537.

keit der Ergebnisse je Aktie unabhängig von den angewandten Rechnungslegungssystemen herzustellen. Die DFVA/SG orientierte sich hierbei stärker an den internationalen Vorschriften. Insbesondere ist eine stärkere Berücksichtigung latenter Steuern und eine Anpassung der Behandlung des Geschäfts- und Firmenwertes vorgesehen. Bislang wurden Abschreibungen auf den Geschäfts- und Firmenwert - sofern ein Ansatz erfolgte - bei den Bereinigungen dem Ergebnis wieder zugerechnet. Nach neuer Regelung wird die Abschreibungsdauer internationalen Normen angepasst (5 bis 20 Jahre). Sollte kein Ansatz des Geschäfts- oder Firmenwertes erfolgen, ist eine Bereinigung über einen Zeitraum von 10 Jahren vorzunehmen. In Abbildung 4.13 sind die groben Schritte der Ergebnisermittlung nach DVFA/SG wiedergegeben.

4.4.2.3.2 Discounted Cash Flow (DCF)-Verfahren

4.4.2.3.2.1 Systematisierung, Annahmen und Cash Flow-Ermittlung

Die verschiedenen Varianten der Discounted Cash Flow-Methode basieren auf dem aus der Investitionsrechnung bekannten Barwertkonzept.[64] Dieses wird auf das Unternehmen als Ganzes angewendet, indem die künftigen, aus der normalen und außerordentlichen Geschäftstätigkeit erzielbaren Einzahlungsüberschüsse (Cash Flows) auf den Bewertungszeitpunkt diskontiert werden. Die DCF-Methoden dienen dazu, den fundamentalen Wert eines Unternehmens aus Investorensicht zu bestimmen und auf verschiedene Geschäftsbereiche aufzuschlüsseln. Die Vorteilhaftigkeit eines Investitionsprojekts wird daran gemessen, ob und in welchem Ausmaß sich die Summe der diskontierten Cash Flows erhöht. Daher kann die DCF-Methode auch als Instrument einer wertorientierten Unternehmensführung verstanden werden.

Die DCF-Methode lässt sich nach der Definition der Cash Flows und der rechnerischen Erfassung der Steuervorteile der Fremdfinanzierung („Tax Shields") in drei Varianten unterteilen: den Weighted Average Cost of Capital (WACC)-, Adjusted Present Value- und Equity-Ansatz (vgl. Abbildung 4.14). Der WACC-Ansatz ermittelt den Gesamtunternehmenswert durch Diskontierung derjenigen Cash Flows, die Eigen- und Fremdkapitalgebern insgesamt zufließen, mit einem gewogenen durchschnittlichen Kapitalkostensatz. In diesen werden die Steuervorteile der Fremdfinanzierung eingerechnet. Die APV-Methode geht vom (fiktiven) Wert eines unverschuldeten Unternehmens aus und fügt diesem etwaige finanzierungsbedingte Wertbeiträge hinzu. Bei beiden Verfahren ist vom Gesamtunternehmenswert der Marktwert des Fremdkapitals abzuziehen, um zum Marktwert des Eigenkapitals („Shareholder Value") zu gelangen. Der Equity-Ansatz nimmt von Anfang an die Perspektive der Eigenkapitalgeber ein. Er ermittelt den Shareholder Value auf direktem Weg durch Diskontierung der den Anteilseignern zufließenden Cash Flows mit dem risikoadäquaten Eigenkapitalkostensatz.

Für das theoretische Verständnis und die praktische Anwendung der Verfahren ist die Frage wichtig, unter welchen Voraussetzungen sie angewendet werden dürfen und wie sie im Detail auszugestalten sind. Die Antwort hängt wesentlich von der Finanzierungspolitik des zu bewer-

---

[64] Einen Überblick geben z.B. **Steiner/Tebroke** (1998).

tenden Unternehmens ab. Meist werden vereinfachend zwei idealtypische Finanzierungsstrategien unterschieden: Die Unternehmensleitung legt entweder die **in Marktwerten gemessene** Kapitalstruktur oder den Fremdkapitalbestand für die zukünftigen Perioden fest. Da die weitere Unternehmensentwicklung regelmäßig unsicher ist, können nicht beide Größen – Kapitalstrukturen und Fremdkapitalbestände – gleichzeitig fixiert werden.

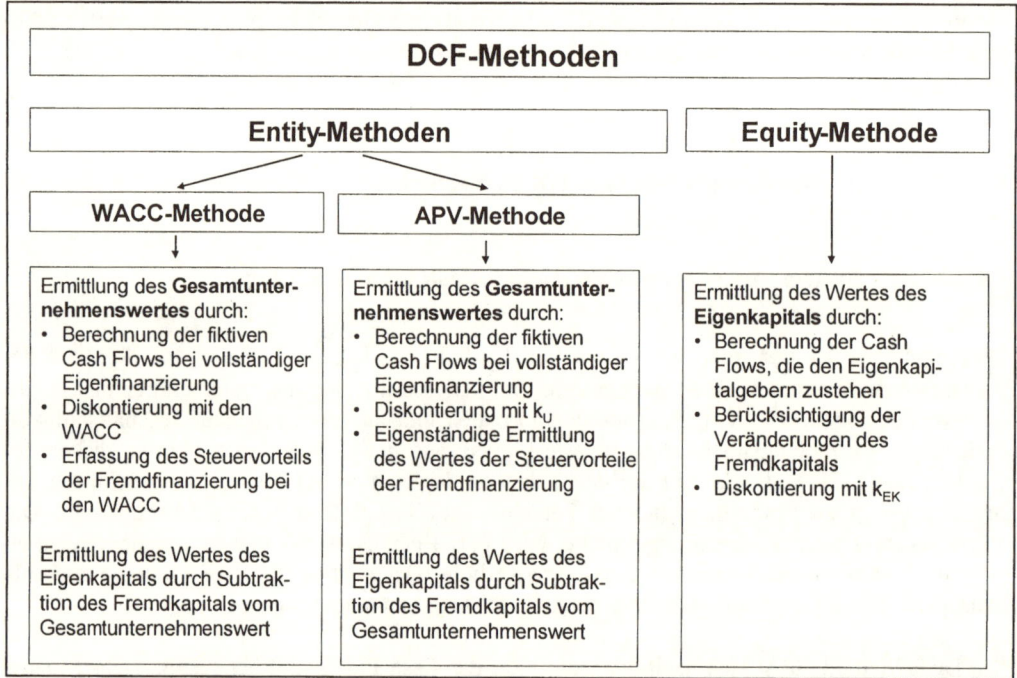

Abbildung 4.14: Systematisierung der Discounted Cash Flow-Verfahren

Die **Vorgabe der Kapitalstruktur** impliziert eine fortlaufende Anpassung des Kreditbestands an den Unternehmenswert. Realisiert das Unternehmen erfolgreiche, wertsteigernde Investitionsprojekte, so wird neues Fremdkapital aufgenommen; reduziert sich hingegen der Unternehmenswert, so werden Kredite getilgt, um einen Anstieg des Verschuldungsrisikos zu verhindern. Der Fremdkapitalbestand wird also nicht der Höhe nach, sondern flexibel in Abhängigkeit vom Unternehmenswert geplant und realisiert. Daher spricht man von einer unternehmens- oder ertragswertabhängigen Fremdfinanzierung. In der Praxis ist eine solche Politik nicht in Reinform anzutreffen. Sie wird aber oft als akzeptable Annäherung angesehen, wenn ein Unternehmen langfristig eine bestimmte Zielkapitalstruktur anstrebt.

Die **Vorgabe der Fremdkapitalbestände** bedeutet eine starre Planung der Fremdfinanzierung. Die Unternehmensleitung hält demnach an dem einmal aufgestellten Plan für die Nettokreditaufnahme unabhängig von der Wertentwicklung des Unternehmens fest (autonome Fremdfinanzierung). Somit variiert der Verschuldungsgrad, wenn sich der Unternehmenswert ändert. Diese Prämisse lässt sich am ehesten bei Projekten mit begrenzter Laufzeit rechtfertigen. Auf längere Sicht hingegen erscheint die Vorstellung eines von der Unternehmensentwicklung vollkommen losgelösten Fremdkapitalbestands sehr unrealistisch.

Die Unternehmensbewertung baut auf weiteren vereinfachenden Annahmen auf, um eine sinnvolle Komplexitätsreduktion zu erreichen. Im Folgenden wird ein etwaiges Insolvenzrisiko des Unternehmens nicht beachtet. In Bezug auf das Steuersystem soll hier zunächst unterstellt werden, dass lediglich eine Gewinnsteuer mit einem konstanten Steuersatz unabhängig von der Gewinnverwendung erhoben wird. Fremdkapitalzinsen mindern die Bemessungsgrundlage der Steuer. Alle anderen Steuerarten, insbesondere die Einkommensteuer, werden ausgeklammert. Der Bewertende plant die Cash Flows nach einem Zweiphasenmodell. In der ersten Phase, dem Detailplanungszeitraum, werden die Cash Flows für jede Periode einzeln geschätzt; danach bleiben sie dauerhaft konstant.

Die Bewertung baut auf den erwarteten freien Cash Flows auf. Darunter werden intern erwirtschaftete Einzahlungsüberschüsse verstanden, die für Zinszahlungen, Kredittilgungen und Ausschüttungen an die Anteilseigner zur Verfügung stehen. Investitionszahlungen werden bei der Ermittlung der freien Cash Flows abgezogen. Die Finanzierungsstruktur wird zunächst ausgeblendet, das heißt die Abzugsfähigkeit der Fremdkapitalzinsen von der Bemessungsgrundlage der Gewinnsteuer wird vernachlässigt. Die freien Cash Flows werden somit unter der **Fiktion einer vollständigen Eigenfinanzierung** des zu bewertenden Unternehmens berechnet. Der so definierte freie Cash Flow der Periode t wird im Folgenden mit CF_t bezeichnet.

Die Detailplanung der freien Cash Flows kann von der Grundstruktur einer Kapitalflussrechnung ausgehen.[65] Nach einer an internationalen Standards orientierten Empfehlung des Hauptfachausschusses der Wirtschaftsprüfer gliedert sich eine Kapitalflussrechnung grob in die Bereiche

1. Mittelzufluss/-abfluss aus der laufenden Geschäftstätigkeit,
2. Mittelzufluss/-abfluss aus der Investitionstätigkeit,
3. Mittelzufluss/-abfluss aus der Finanzierungstätigkeit.[66]

Die Summe dieser Positionen entspricht der Änderung des Finanzmittelbestands in der betrachteten Periode. Der freie Cash Flow setzt sich prinzipiell aus den ersten beiden Positionen zusammen. Allerdings sind diese so zu modifizieren, dass sich ein Zahlungssaldo **vor Zinsen** und **ohne Berücksichtigung der Steuervorteile der Fremdfinanzierung** ergibt. Als Vereinfachung wird häufig eine indirekte Ermittlung der freien Cash Flows ausgehend vom operativen Ergebnis nach dem Schema in Tabelle 4.7 vorgeschlagen.[67]

---

[65] Vgl. ausführlich **Coenenberg/Schultze** (1998).
[66] Vgl. **Hauptfachausschuss der Wirtschaftsprüfer** (1995).
[67] Vgl. z.B. **Copeland/Koller/Murrin** (1994); **Ballwieser** (1993), S. 164.

(1)		operatives Ergebnis vor Zinsen und Steuern
(2)	–	Steuern auf das operative Ergebnis vor Zinsen
(3)	+	Abschreibungen
(4)	+	Erhöhung (- Minderung) der Pensionsrückstellungen
(5)	–	Investitionen in das Anlagevermögen
(6)	–	Erhöhung (+ Minderung) des Working Capital
(7)	**=**	**Freier Cash Flow**

Tabelle 4.7: Ermittlung der freien Cash Flows

Ein Hauptproblem der Unternehmensbewertung besteht darin, die Unsicherheit und die Mehrperiodigkeit der Zahlungswirkungen zu erfassen. Das Investitionsrisiko kann entweder durch einen Abschlag von den erwarteten Cash Flows oder durch einen Zuschlag zum Diskontierungssatz berücksichtigt werden (vgl. Abbildung 4.15). Im ersten Fall wird ein sicherer Geldbetrag (Sicherheitsäquivalent) ermittelt, der dem Investor subjektiv den gleichen Nutzen stiftet wie der unsichere Cash Flow aus dem Unternehmen. Das Sicherheitsäquivalent wird mit dem risikolosen Zinssatz auf den Bewertungszeitpunkt diskontiert. Im zweiten Fall wird in den Kalkulationszinssatz ein Risikozuschlag eingerechnet, der die höhere Renditeforderung der Kapitalgeber zum Ausdruck bringt. Die Discounted Cash Flow-Verfahren sehen diesen Weg vor und ermitteln in der Regel den Risikozuschlag mit Hilfe des CAPM.[68]

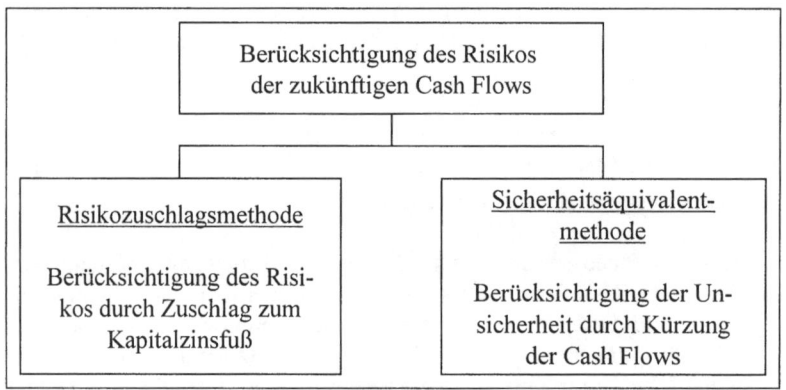

Abbildung 4.15: Methoden zur Berücksichtigung der Unsicherheit in der Unternehmensbewertung

Fast immer wird in der Literatur und in der Praxis von einem gleichbleibenden leistungswirtschaftlichen Risiko ausgegangen. Dadurch können die freien Cash Flows über alle Perioden mit einem konstanten Kalkulationszinssatz diskontiert werden, wenn man von der Fiktion einer vollständigen Eigenfinanzierung ausgeht und dadurch die Wirkungen der Fremdfinanzierung ausklammert. Bei der Bewertung eines verschuldeten Unternehmens schlägt sich im Risikozuschlag neben dem leistungswirtschaftlichen auch das finanzwirtschaftliche (Verschuldungs-)

---

[68] Zu den Vor- und Nachteilen der Verwendung des CAPM vgl. **Ballwieser** (1998), S. 83.

Risiko nieder. Dies erfordert unter Umständen trotz des konstanten operativen Risikos die Verwendung periodenspezifischer Diskontierungssätze.

4.4.2.3.2.2 WACC-Methode bei unternehmenswertabhängiger Finanzierung

Es sei zunächst angenommen, dass der Verschuldungsgrad als Quotient aus den Marktwerten von Fremd- und Eigenkapital konstant auf dem Niveau V gehalten wird. Bei diesem Verschuldungsgrad beträgt der Eigenkapitalkostensatz k_{EK}, der (risikolose) Fremdkapitalzinssatz i. Die steuerliche Abzugsfähigkeit der Fremdkapitalzinsen wird im WACC-Ansatz bei der Ermittlung der freien Cash Flows vernachlässigt. Es werden insoweit mehr Steuern abgezogen, als das Unternehmen faktisch zu zahlen hat. Als Ausgleich dürfen nur diejenigen Fremdkapitalkosten in Rechnung gestellt werden, die dem Unternehmen nach Berücksichtigung der Steuervorteile der Fremdfinanzierung per Saldo entstehen. Relevant ist daher der modifizierte Kostensatz $i(1-s_U)$ mit s_U als Gewinnsteuersatz. Die mit den Kapitalanteilen gewichtete mittlere Renditeforderung (Weighted Average Cost of Capital) beträgt somit nach der sogenannten Lehrbuchformel:

$$WACC = \frac{EK}{GK}k_{EK} + \frac{FK}{GK}i(1-s_U) = \frac{1}{1+V}k_{EK} + \frac{V}{1+V}i(1-s_U)$$

wobei: EK = Marktwert des Eigenkapitals,
           FK = Marktwert des Fremdkapitals,
           GK = Marktwert des Gesamtkapitals = Gesamtunternehmenswert,
           V   = Verschuldungsgrad in Marktwerten (FK / EK).

Eine Investition ist vorteilhaft, wenn die Summe der mit den WACC diskontierten zusätzlich generierten Cash Flows den anfänglichen Investitionsbetrag übersteigt. Der Unternehmenswert lässt sich als Investitionsbetrag interpretieren, den Investoren maximal aufbringen würden, um den Anspruch auf die späteren freien Cash Flows zu erwerben. Daher berechnet sich der Unternehmensgesamtwert U_0 nach der Formel

$$U_0 = \lim_{n \to \infty} \sum_{t=1}^{n} \frac{E(CF_t)}{(1+WACC)^t}$$

mit: CF_t = als freier Cash Flow der Periode t vor Zinsen und nach Steuern und
      $E(.)$ = Erwartungswert einer Zufallsvariablen.

Im Zweiphasenmodell beträgt der Restwert im Zeitpunkt T gemäß der Barwertformel für eine ewige Rente:

$$\frac{E(CF_{T+1})}{WACC}.$$

Somit lässt sich der Unternehmenswert schreiben als

$$U_0 = \sum_{t=1}^{T} \frac{E(CF_t)}{(1+WACC)^t} + \frac{E(CF_{T+1})}{WACC(1+WACC)^T}.$$

Der Unternehmensgesamtwert entspricht also dem Barwert der zukünftigen Cash Flows bei Verwendung der durchschnittlichen, um den Steuervorteil der Fremdfinanzierung bereinigten Kapitalkosten als Diskontierungssatz. Der in den Cash Flows nicht berücksichtigte Steuervorteil wird indirekt durch eine Reduzierung des Kapitalkostensatzes erfasst. Der Marktwert von Vermögensteilen, deren Zahlungen nicht in den Cash Flows enthalten sind, ist separat anzusetzen. Zum Shareholder Value gelangt man durch Abzug des Marktwerts des Fremdkapitals vom Unternehmensgesamtwert:

$$EK_0 = U_0 - FK_0.$$

Die Bewertungsformel des WACC-Ansatzes ist direkt anwendbar, weil sie auf der rechten Gleichungsseite nur Größen beinhaltet, die unter den getroffenen Annahmen bekannt sind. Die einzelnen Summanden geben den Beitrag der periodenbezogenen Cash Flows zum Unternehmensgesamtwert wieder. Der Anwender kann ohne weiteres erkennen, wie der Unternehmensgesamtwert reagiert, wenn ein erwarteter Cash Flow wegfällt oder sich der Erwartungswert erhöht. Dies erleichtert den Einsatz des Verfahrens zur dezentralen Steuerung von Unternehmensbereichen. Vorausgesetzt wird dabei allerdings, dass die angenommenen Verschuldungsgrade tatsächlich realisiert werden. Einzelne Projekte können nur dann mit den WACC für das Gesamtunternehmen beurteilt werden, wenn ihr Risiko dem durchschnittlichen Unternehmensrisiko entspricht und die Entscheidung für das Projekt den Verschuldungsgrad des Unternehmens nicht verändert.[69]

Der WACC-Ansatz ist nicht auf den Fall einer konstanten Kapitalstruktur beschränkt. Er kann auch problemlos eingesetzt werden, wenn die Verschuldungsgrade sich in deterministischer Weise verändern. Entscheidend ist nur, dass Abweichungen vom unterstellten Entwicklungspfad des Verschuldungsgrads ausgeschlossen werden. In diesem Fall ist für jede Periode (t bis t+1) mit Hilfe des dann gültigen Verschuldungsgrads ein spezifischer Kostensatz $WACC_t$ zu bestimmen. Dabei ist zu berücksichtigen, dass auch die Eigenkapitalkosten mit dem Verschuldungsgrad variieren. Die modifizierte Bewertungsformel lautet:[70]

$$U_0 = \sum_{t=1}^{T} \frac{E(CF_t)}{\prod_{j=0}^{t-1}(1+WACC_j)} + \frac{E(CF_{T+1})}{WACC_T \prod_{j=0}^{T-1}(1+WACC_j)}.$$

Die Anwendung des WACC-Ansatzes soll an einem **Beispiel** erläutert werden. Dafür seien folgende Daten für die zu bewertende Muster AG angenommen:

---

[69] Vgl. **Brealey/Myers** (1996), S. 518.
[70] Vgl. zur Begründung genauer **Löffler** (1999).

- risikoloser Zinssatz: 6% (= Fremdkapitalzinssatz)
- erwartete Rendite des Marktportfolios: 10%
- Eigenkapitalbeta von 1,4 bei einem Verschuldungsgrad (FK/EK) von 3:1
- Für die Eigenkapitalkosten gelte das Capital Asset Pricing Model (CAPM).
- Der Steuersatz beträgt 20%.
- Rückstellungen sind vernachlässigbar.

Die Unternehmensleitung rechnet in den nächsten drei Jahren mit folgender Ergebnis- und Cash Flow-Entwicklung:

Angaben in EUR	t=1	t=2	t=3
Betriebsergebnis vor Zinsen und Steuern	220.000	200.000	170.000
- Steuern bei vollständiger Eigenfinanzierung	44.000	40.000	34.000
+ Abschreibungen	120.000	135.000	150.000
- Investitionen in das Sachanlagevermögen	150.000	160.000	150.000
- Erhöhung des Working Capital	5.000	3.000	0
= freier Cash Flow vor Zinsen und nach Steuern	141.000	132.000	136.000

Tabelle 4.8: Freie Cash Flows der Muster AG

In den Folgejahren soll den Planungen zufolge der freie Cash Flow konstant auf dem Niveau der dritten Periode verharren.

Der Verschuldungsgrad der Muster AG wird konstant auf dem Niveau 3:1 gehalten. Auch im Bewertungszeitpunkt wird der Fremdkapitalbestand so gesteuert, dass dieser Verschuldungsgrad zutrifft.

Bewertung:

Der durchschnittliche Kapitalkostensatz unter Berücksichtigung der steuerlichen Abzugsfähigkeit der Fremdkapitalzinsen beträgt:

$$WACC = 0{,}25 k_{EK} + 0{,}75(1-0{,}2)\cdot 0{,}06\,.$$

Nach der CAPM-Bewertungsgleichung gilt für den Eigenkapitalkostensatz:

$$k_{EK} = 0{,}06 + (0{,}1 - 0{,}06)\cdot 1{,}4 = 0{,}116 = 11{,}6\%$$

und somit:

$$WACC = 6{,}5\%.$$

Durch Diskontierung der freien Cash Flows erhält man den Unternehmensgesamtwert der Muster AG nach dem WACC-Ansatz:

$$U_0 = \frac{141.000}{1{,}065} + \frac{132.000}{1{,}065^2} + \frac{136.000}{0{,}065}\cdot\frac{1}{1{,}065^2} = 2.093.476 \text{ EUR}.$$

Der Shareholder Value entspricht annahmegemäß einem Viertel dieses Betrags, also EK=523.369 EUR; das Fremdkapital beläuft sich auf 1.570.107 EUR.

4.4.2.3.2.3 APV-Ansatz bei autonomer Fremdfinanzierung

Der Begriff „Adjusted Present Value" wurde von Myers in die Literatur eingeführt: „The term adjusted present value is used because ... the project's direct contribution to the objective is "adjusted for" the project's side effects on other investment and financing options."[71] Der APV-Ansatz geht also vom fiktiven Wert eines unverschuldeten Unternehmens aus und modifiziert ihn schrittweise um Finanzierungs- und Steuereffekte.

In der hier betrachteten Modellwelt muss zum Wert des unverschuldeten Unternehmens der Barwert der fremdfinanzierungsbedingten Steuervorteile addiert werden. Der Wert der Steuervorteile hängt vom intertemporalen Finanzierungsverhalten des Unternehmens ab. Im Falle einer autonomen Fremdfinanzierung sind die späteren Fremdkapitalbestände fixiert und damit – bei Vernachlässigung des Insolvenzrisikos – auch die realisierbaren Steuervorteile bekannt. Ihren Barwert erhält man durch Diskontierung mit dem risikolosen Zinssatz i. Bei einer ertragswertabhängigen Finanzierung dagegen überträgt sich die Unsicherheit über die Kredithöhe auf die Steuervorteile. Daher ist der Wert der Steuervorteile weniger leicht zu berechnen. Im Folgenden wird der APV-Ansatz nur für die autonome Fremdfinanzierung formuliert. Dabei soll angenommen werden, dass die erwarteten Cash Flows und die Fremdkapitalbestände nach dem Detailplanungszeitraum konstant bleiben.

Bezeichnet k_u die Eigenkapitalkosten für das fiktiv unverschuldete Unternehmen, so lautet die Bewertungsformel des APV-Ansatzes:

$$U_0 = \underbrace{\sum_{t=1}^{T} \frac{E(CF_t)}{(1+k_u)^t} + \frac{E(CF_{T+1})}{k_u(1+k_u)^T}}_{\text{Wert des unverschuldeten Unternehmens}} + \underbrace{\sum_{t=1}^{T} \frac{s_U i FK_{t-1}}{(1+i)^t} + \frac{s_U FK_T}{(1+i)^T}}_{\text{Barwert der Steuervorteile der Fremdfinanzierung}}$$

Für ein verschuldetes Unternehmen lässt sich der Kapitalkostensatz k_u nicht direkt beobachten oder messen, weil es sich um ein fiktives, gedankliches Konstrukt handelt. Der Anwender ist darauf angewiesen, diesen Satz aus den Eigen- und Fremdkapitalkosten k_{EK} und k_{FK} herzuleiten. Hierfür existieren unter diversen Annahmenkonstellationen verschiedene Anpassungsformeln.[72] Am bekanntesten ist die Modigliani/Miller-Anpassung

$$k_{EK} = k_u + (k_u - i)(1 - s_U)V_0 \Leftrightarrow k_u = \frac{k_{EK} + i(1 - s_U)V_0}{1 + (1 - s_U)V_0}$$

---

[71] **Myers** (1974), S. 4.
[72] Einen Überblick gibt **Wallmeier** (1999).

mit: V_0 = Verschuldungsgrad in t=0,

die allerdings nur in einem sehr speziellen Fall gilt:[73] Erstens muss die Höhe des Fremdkapitals unabhängig von der Entwicklung des Unternehmenswerts konstant bleiben, zweitens wird entsprechend dem Rentenmodell ein gleich hoher Erwartungswert aller späteren Cash Flows unterstellt.

Beispiel für die Anwendung des APV-Ansatzes:

Für die Autonom AG gelten folgende Daten:

- erwartete freie Cash Flows vor Zinsen und nach Steuern (alle Angaben in EUR): $E(CF_1) = 200$, $E(CF_2) = 300$, $E(CF_t) = 350$ für $t \geq 3$
- Fremdkapitalbestände, die autonom, d.h. unabhängig von der Unternehmensentwicklung, geplant und realisiert werden: $FK_0 = 1200$, $FK_1 = 1500$, $FK_t = 1700$ für $t \geq 2$
- geschätzte Kapitalkosten eines gleichartigen, unverschuldeten Unternehmens: 9% (konstant)
- (risikoloser) Fremdkapitalzinssatz: 4%
- Steuersatz: 40%.

Lösung:

Der Wert des (fiktiv) unverschuldeten Unternehmens beträgt:

$$\frac{200}{1,09} + \frac{300}{1,09^2} + \frac{350}{0,09 \cdot 1,09^2} = 3709,19 \text{ EUR}.$$

Der Barwert der Steuervorteile der Fremdfinanzierung beläuft sich auf:

$$\frac{0,4 \cdot 0,04 \cdot 1200}{1,04} + \frac{0,4 \cdot 0,04 \cdot 1500}{1,04^2} + \frac{0,4 \cdot 0,04 \cdot 1700}{0,04 \cdot 1,04^2} = 669,35 \text{ EUR}.$$

Der Gesamtunternehmenswert und der Shareholder Value betragen somit

$$U_0 = 3709,19 + 669,35 = 4378,54 \text{ EUR und}$$

$$EK_0 = 4378,54 - FK_0 = 4378,54 - 1200 = 3178,54 \text{ EUR}.$$

---

[73] Vgl. **Brealey/Myers** (1996), S. 535. **Modigliani/Miller** (1963) argumentieren im Rahmen des Rentenmodells und betonen, die Steuervorteile bildeten in ihrer Analyse einen „sure stream".

4.4.2.3.2.4 Equity-Methode

Die bisher beschriebenen Verfahren ermitteln zunächst den Wert des Gesamtunternehmens. Hiervon wird anschließend der Wert des Fremdkapitals im Bewertungszeitpunkt abgezogen, um zum Wert des Eigenkapitals zu gelangen. Demgegenüber bestimmt der Equity-Ansatz den Shareholder Value durch Diskontierung der freien Cash Flows aus Anteilseignersicht mit den Eigenkapitalkosten. Er weist insofern große Ähnlichkeit zu dem vom Institut der Wirtschaftsprüfer empfohlenen Ertragswertverfahren auf.[74]

In der Equity-Methode sind freie Cash Flows **nach Abzug von Fremdkapitalzinsen** anzusetzen. Außerdem ist die **erwartete Veränderung des Fremdkapitalbestands** einzubeziehen, so dass eine Neukreditaufnahme den Cash Flow erhöht, eine Kredittilgung dagegen den freien Cash Flow mindert.

Bei **unternehmenswertabhängiger Finanzierung** mit konstantem Verschuldungsgrad ergibt sich die Bewertungsformel

$$EK_0 = \sum_{t=1}^{T} \frac{E(CF_t) - iE(FK_{t-1})(1-s_U) + E(\Delta \Delta_t)}{(1+k_{EK})^t} + \frac{E(CF_{T+1}) - iE(FK_T)(1-s_U)}{k_{EK}(1+k_{EK})^T}$$

mit: $\Delta FK_t = FK_t - FK_{t-1}$.

Die Formel verdeutlicht ein Problem der Equity-Methode: Nicht alle Variablen auf der rechten Gleichungsseite sind exogen vorgegeben. Der erwartete Fremdkapitalbestand im Zeitpunkt t kann erst bestimmt werden, wenn der erwartete, auf den gleichen Zeitpunkt bezogene Unternehmenswert bekannt ist. Denn durch den konstanten Verschuldungsgrad sind beide Größen fest miteinander verknüpft. Für die Wertermittlung wird somit eine Größe benötigt, die erst vorliegt, wenn das Bewertungsproblem schon gelöst ist (vgl. Abbildung 4.16). Diese Zirkularität kann durch ein stufenweises Vorgehen beseitigt werden, indem zunächst der erwartete Unternehmenswert am Ende des Detailplanungszeitraums bestimmt wird, mit Hilfe dieses Betrags der Unternehmenswert am Ende der vorherigen Periode usw., bis sich schließlich im letzten Schritt der gegenwärtige Marktwert des Eigenkapitals berechnen lässt („Roll-back-Verfahren"). Dieses Verfahren führt zwar zum gleichen Ergebnis wie die oben beschriebene WACC-Methode, ist aber umständlicher und rechentechnisch aufwendiger.

Das gleiche Problem tritt bei **autonomer Fremdfinanzierung** auf. Jetzt können zwar die freien Cash Flows problemlos bestimmt werden, weil die Fremdkapitalbestände exogen vorgegeben sind, dafür müssen aber die Eigenkapitalkosten periodisch an den erwarteten Verschuldungsgrad angepasst werden. Der Verschuldungsgrad jedoch hängt bei autonomer Fremdfinanzierung vom Unternehmenswert ab, der gerade bestimmt werden soll. Auch hier ergibt sich eine Zirkularität. Darin liegt ein Nachteil gegenüber der in diesem Fall einfacheren APV-Methode.

---

[74] Vgl. zu den Besonderheiten des Ertragswertverfahrens **WP-Handbuch** (1998), S. 79 ff.

Zusammengefasst spricht wenig für die Anwendung des Equity-Ansatzes, weil bei beiden hier betrachteten Finanzierungsstrategien andere Ansätze leichter und auf direktem Weg zum Ziel führen.[75]

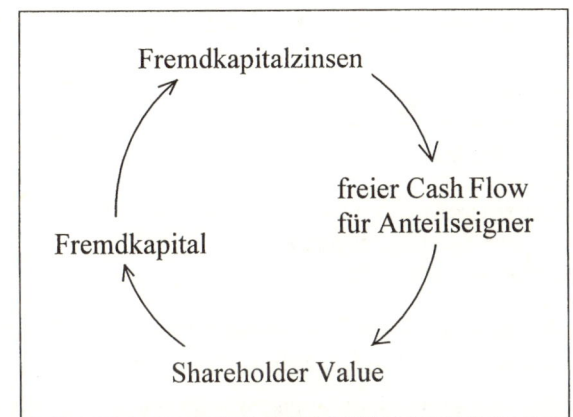

Abbildung 4.16: Zirkularitätsproblem des Equity-Ansatzes
bei unternehmenswertabhängiger Finanzierung

4.4.2.3.2.5 Zur Berücksichtigung von Steuern in der Unternehmensbewertung

In Deutschland entsprechen die Gewerbeertragsteuer und nach Abschaffung des Anrechnungsverfahrens auch die Körperschaftsteuer dem Konzept der oben unterstellten Gewinnsteuer. Als Besonderheit ist zu berücksichtigen, dass bei der Gewerbeertragsteuer Zinsen auf Dauerschulden nur zur Hälfte von der steuerlichen Bemessungsgrundlage abgezogen werden dürfen. Durch den teilweisen (Gewerbeertragsteuer) oder vollständigen (Körperschaftsteuer) Abzug der Fremdkapitalzinsen von der steuerlichen Bemessungsgrundlage begünstigen die Ertragsteuern die Fremd- gegenüber der Eigenfinanzierung.

Diesem Vorteil der Fremdfinanzierung steht aber ein Nachteil auf der Ebene der persönlichen Besteuerung der Kapitalgeber gegenüber. Nach dem Halbeinkünfteverfahren unterliegen Ausschüttungen an die Anteilseigner der Einkommensteuer nur zur Hälfte, während Gläubiger die vereinnahmten Zinserträge voll versteuern müssen.[76] Aus diesem Grund muss die Einkommensteuer in die Bewertung einbezogen werden. Dies setzt explizite Annahmen über die Ausschüttungspolitik voraus und erfordert die Festlegung des relevanten Steuersatzes der Anleger.[77] Je

---

75 Vgl. **Inselbag/Kaufold** (1997), S. 122.
76 Dies gilt, soweit Freibeträge erschöpft sind. Zur Besteuerung von Dividenden nach dem Halbeinkünfteverfahren sie bereits oben Abschnitt 4.3, S. 225.
77 Das Institut der Wirtschaftsprüfer hat vorgeschlagen, von einem Einkommensteuersatz von 35% auszugehen.

höher der Einkommensteuersatz der Anteilseigner ausfällt, um so geringer ist per Saldo der Steuervorteil der Fremdfinanzierung.

Im Folgenden sei die Vollausschüttung der freien Cash Flows nach Steuern angenommen. Der aus den oben skizzierten Effekten insgesamt resultierende Steuervorteil der Fremd- gegenüber der Eigenfinanzierung kann in einem Steuersatz s^* zusammengefasst werden, der sich wie folgt berechnet:[78]

$$s^* = \frac{(1-s_p) - (1-0{,}5s_G)(1-s_K)(1-0{,}5s_p)}{1-s_p},$$

mit: s_p = Einkommensteuersatz,
s_G = effektiver Gewerbeertragsteuersatz,
s_K = Körperschaftsteuersatz (25%).

Abbildung 4.17 stellt den Satz s^* unter Verwendung von s_G = 16,67% in Abhängigkeit vom relevanten Einkommensteuersatz der Kapitalgeber dar. Im Falle $s_p = 40\%$ ergibt sich exakt der gleiche steuerliche Vorteil der Fremdfinanzierung wie im alten Steuersystem, in dem nur die Gewerbeertragsteuer berücksichtigt wurde ($s^* = 0{,}5 \cdot 16{,}67\%$).

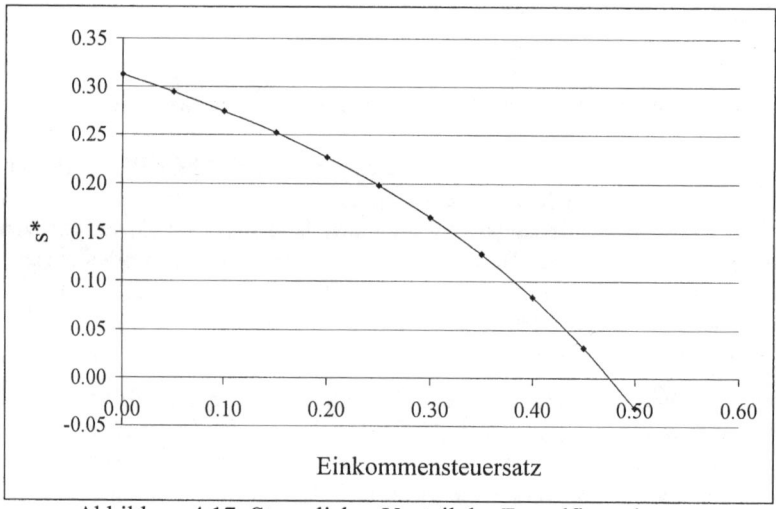

Abbildung 4.17: Steuerlicher Vorteil der Fremdfinanzierung

---

[78] Vgl. **Dinstuhl** (2002), S. 83, dessen Parameter G_L^{HEV} dem Satz s^* genau entspricht. Vernachlässigt wird an dieser Stelle ein Tilgungseffekt, der die Auswirkung einer Rückführung oder Aufnahme von Fremdkapital auf die Ausschüttungshöhe und damit auf die Einkommensteuerlast der Anteilseigner erfasst. Vgl. dazu **Schüler** (2000) und **Dinstuhl** (2002), S. 83.

Die bekannten Kapitalkostenbeziehungen aus dem einfachen Gewinnsteuersystem lassen sich unter Verwendung des komprimierten Satzes für den Steuervorteil der Fremdfinanzierung auf das deutsche Steuersystem übertragen. Dafür müssen lediglich alle Steuersätze nach persönlichen Steuern formuliert werden. So erhält man z.B. die WACC-Formel:

$$WACC = k_{EK}^* \cdot \frac{EK}{GK} + i^*(1-s^*) \cdot \frac{FK}{GK}.$$

Dabei bezeichnen $k_{EK}^* = k_{EK}(1-0{,}5s_p)$ und $i^* = i(1-s_p)$ den Eigen- bzw. Fremdkapitalkostensatz nach persönlichen Steuern. Diese Darstellungsweise der WACC hat den Vorteil, dass die aus dem Grundmodell bekannte Struktur erhalten bleibt. Nach Einsetzen von s^* ergibt sich äquivalent:

$$WACC = k_{EK}(1-0{,}5s_p)\frac{EK}{GK} + i(1-0{,}5s_G)(1-s_K)(1-0{,}5s_p)\frac{FK}{GK}.$$

Die Bewertungsformeln für die verschiedenen Varianten der Discounted Cash Flow-Methode können unter Verwendung des Satzes s^* in Analogie zum System einer einfachen Gewinnsteuer aufgestellt werden.[79]

4.4.2.3.3 EVA-Konzept

Das Konzept des Economic Value Added (EVA), das von der Beratungsgesellschaft Stern Stewart & Co. vermarktet wird, beruht auf dem sogenannten Residualgewinn, der als Gewinngröße abzüglich von Kapitalkosten auf das zur Gewinnerzielung benötigte Kapital definiert ist.[80] Dieser Abzug bringt zum Ausdruck, dass nur Wert für die Eigentümer des Unternehmens geschaffen wird, wenn die Investitionen eine höhere Rendite als die Opportunität erbringen.[81] Primär soll der Economic Value Added unternehmensintern zur Performance-Messung des Managements und damit einhergehend unternehmensextern zur Beurteilung der Wertsteigerung einer Periode herangezogen werden. Seit einigen Jahren werden auch in Deutschland verstärkt Kennzahlen, die auf dem Residualgewinn basieren, zur Unternehmenssteuerung eingesetzt.[82] In der Unternehmenspraxis finden häufig die Begriffe Wertbeitrag oder Geschäftswertbeitrag Verwendung, die konzeptionell mit dem EVA vergleichbar sind.

Dem EVA-Ansatz liegt die Erkenntnis zugrunde, dass die einzelnen Cash Flows aufgrund fehlender Periodisierung isoliert betrachtet keine Aussage über den Periodenerfolg zulassen. Auch

---

[79] Vgl. ausführlich **Dinstuhl** (2002).
[80] Vgl. **Rappaport** (1999), S. 144.
[81] Vgl. **Pfaff/Bärtl** (1999), S. 85-115.
[82] Es handelt sich unter anderem um Altana, MG Technologies, RWE, Siemens und Thyssen. Quelle: Geschäftsberichte der genannten Gesellschaften.

der Jahresüberschuss ist zur Beurteilung der Performance eines Jahres nur bedingt geeignet, da der Opportunitätsgedanke und die Finanzierungsstruktur unberücksichtigt bleiben. Aus theoretischer Sicht ist der korrekte Unternehmenserfolg einer Periode durch den Vergleich des Unternehmenswertes zu Beginn und zum Ende einer Periode unter Berücksichtigung von Ausschüttungen und Kapitalmaßnahmen zu ermitteln. Aufgrund einer leichteren Manipulierbarkeit dieser in der Literatur als ökonomischer Gewinn bezeichneten Größe gegenüber einer periodisierten Gewinngröße scheidet dieser Wert zumindest zur internen Erfolgsermittlung weitgehend aus.[83]

Zur Berechnung der einzelnen EVA dient der Nach-Steuer-Betriebsgewinn (Net Operating Profit after Taxes = NOPAT) als Basisgröße. Vergleichbar der Ermittlung der Free Cash Flows bei Anwendung des WACC-Ansatzes wird eine fiktive Ergebnisgröße ermittelt, die sich bei vollständiger Eigenfinanzierung ergeben würde. Fasst man die Zeilen (3) bis (6) des Cash Flow-Schemas in Tabelle 4.7 (S. 248) als „Nettoinvestitionen" zusammen, so entspricht der NOPAT dem Free Cash Flow zuzüglich den Nettoinvestitionen. Der NOPAT entspricht damit dem Betriebsergebnis vor Zinsen und Steuern abzüglich einer fiktiven Steuerbelastung bei vollständiger Eigenfinanzierung. Ausgehend vom Jahresüberschuss ist die Ermittlung der NOPAT möglich, indem in einem ersten Schritt zum ausgewiesenen Jahresüberschuss die Zinsaufwendungen und die Unternehmenssteuer addiert werden.[84] Der so ermittelte Wert entspricht dem operativen Ergebnis vor Zinsen und Steuern und ist anschließend fiktiv mit dem relevanten Steuersatz zu belasten. Werden die Daten der Muster AG aus dem Abschnitt zur WACC-Methode herangezogen, ergeben sich folgende Werte:

Angaben in EUR	t=1	t=2	t=3
Betriebsergebnis vor Zinsen und Steuern	220.000	200.000	170.000
Steuern bei vollständiger Eigenfinanzierung	44.000	40.000	34.000
NOPAT	176.000	160.000	136.000

Tabelle 4.9: Berechnung der NOPAT der Muster AG

Um zur Ermittlung der Perioden-EVA zu gelangen, sind von der Ergebnisgröße NOPAT die Kapitalkosten auf das zu Beginn der Periode gebundene Kapital (KB_{t-1}) in Abzug zu bringen. Als gebundenes Kapital werden die Finanzierungsmittel definiert, die zur Erzielung des Betriebsergebnisses benötigt werden. Die Kapitalbindung zu Beginn jeder Periode $t \geq 1$ kann als Kapitalbindung zum Bewertungszeitpunkt $t = 0$ zuzüglich der Summe der Nettoinvestitionen bis zum Jahr $t - 1$ ausgedrückt werden:

$$KB_{t-1} = KB_0 + \sum_{t=1}^{t-1} NI_t \ .$$

Für die Muster AG ergibt sich folgende Kapitalbindung:

---

[83] Vgl. zum Konzept des ökonomischen Gewinns **Coenenberg** (1997), S. 781-786.

[84] Es wird unterstellt, dass der Jahresüberschuss dem operativen Ergebnis nach Abzug von Unternehmenssteuern entspricht.

	t=0	t=1	t=2	t=3
Kapitalbindung	1.670.000	1.705.000	1.733.000	1.733.000

Tabelle 4.10: Kapitalbindung der Muster AG

Da die NOPAT eine fiktive Ergebnisgröße bei vollständiger Eigenfinanzierung darstellen, ist der Steuereffekt der Fremdfinanzierung bei der Ermittlung der Kapitalkosten zu berücksichtigen. Es sind daher die bereits im entsprechenden Absatz dargestellten WACC heranzuziehen. Bereits an dieser Stelle wird deutlich, dass beim EVA-Ansatz die gleichen Finanzierungsprämissen wie beim WACC-Ansatz unterstellt werden. Aus diesem Grund wird auf das Bewertungsbeispiel zur WACC-Methode zurückgegriffen, das auf der Annahme einer unternehmenswertabhängigen Finanzierung basiert.

Mit den erläuterten Basisgrößen NOPAT, Kapitalbindung und WACC lässt sich der EVA formal darstellen durch:

$$EVA_t = NOPAT_t - WACC \cdot KB_{t-1}.$$

Diese in der Literatur auch als Capital Charge-Formel[85] bezeichnete Berechnungsweise des Economic Value Added, die dem Residualgewinn entspricht, lässt sich durch Umformung in die sogenannte Value Spread-Form überführen. Die Value Spread-Form definiert den EVA als Überrendite auf das investierte Kapital:

$$EVA_t = (r_t - WACC) \cdot KB_{t-1}.$$

Die Investitionsrendite r_t errechnet sich, indem der Nach-Steuer-Betriebsgewinn auf das eingesetzte Kapital zu Beginn der Periode bezogen wird:

$$r_t = \frac{NOPAT_t}{KB_{t-1}}.$$

Für das Beispiel ergeben sich folgende EVA:

	t=0	t=1	t=2	t=3
Kapitalbindung	1.670.000	1.705.000	1.733.000	1.733.000
NOPAT		176.000	160.000	136.000
Zinsen (6,5% auf gebundene Kapital)		108.550	110.825	112.645
Investitionsrendite		10,54%	9,38%	7,85%
EVA		67.450	49.175	23.355

Tabelle 4.11: Bestimmung der EVA der Muster AG

Aus theoretischer Sicht eignet sich der EVA nicht uneingeschränkt zur Erfolgsermittlung, da die Gewinnermittlung weiterhin auf dem Konzept der Geldkapitalerhaltung mit der Konsequenz

---

[85] Vgl. **Hostettler** (1997), S. 45.

einer buchhalterischen Abgrenzung beruht.[86] Durch eine Reihe von Bereinigungen abweichend von den Rechnungslegungsvorschriften soll die Aussagekraft der Bilanzdaten und des Periodenerfolgs verbessert werden. Insbesondere empfehlen Stern Stewart & Co., Forschungs- und Entwicklungskosten bei der Ermittlung des gebundenen Kapitals einzubeziehen und über eine bestimmte Nutzungsdauer abzuschreiben.[87] Die in der Literatur am häufigsten genannten Bereinigungen können hinsichtlich ihrer Auswirkungen auf die zur EVA-Berechnung eingesetzten Größen, Höhe des gebundenen Kapitals (KB) und Nach-Steuer-Betriebsgewinn, gemäß Tabelle 4.12 systematisiert werden.

Auswirkung auf:	$\rightarrow$	NOPAT	
		ja	nein
KB	ja	• Aktivierung F&E Aufwendungen • Bereinigung a.o. Positionen (im Jahr der Entstehung) • Korrektur Firmenwertabschreibungen (bei Aktivierung und Abschreibung)	• Korrektur Firmenwert (bei neutraler Verrechnung mit Eigenkapital) • Bereinigung a.o. Positionen (in den Folgejahren) • Erfassung des nichtbilanzierten Goodwill bei Anwendung der Pooling of Interests-Methode
	nein	• Eliminierung des Steuervorteils der Fremdfinanzierung	

Tabelle 4.12: Systematisierung der Bereinigungen von NOPAT und KB

Unter korrekter finanzmathematischer Berücksichtigung von Zinseffekten führt eine Bewertung von periodisierten Zahlungsströmen zu einem unveränderten Bewertungsergebnis.[88] Das EVA-Konzept, das auf periodisierten Zahlungen beruht, lässt sich daher in den WACC-Ansatz überführen. Der Unternehmenswert errechnet sich anhand der Kapitalbindung zum Zeitpunkt t=0 zuzüglich der Barwerte der zukünftigen EVA:

$$U_0 = KB_0 + \lim_{n \to \infty} \sum_{t=1}^{n} \frac{E(NOPAT_t) - WACC \cdot KB_{t-1}}{(1+WACC)^t}.$$

Im bereits oben verwendeten Zwei-Phasen-Modell ergibt sich folgender Ausdruck.

---

[86] Vgl. **Günther** (1997), S. 237.
[87] Vgl. **Stewart** (1990), S. 54.
[88] Vgl. **Lücke** (1955), S. 310-324.

$$U_0 = KB_0 + \sum_{t=1}^{T} \frac{E(NOPAT_t) - WACC \cdot KB_{t-1}}{(1+WACC)^t} + \frac{1}{(1+WACC)^T} \frac{NOPAT_{T+1} - KB_T \cdot WACC}{WACC}$$

$$= KB_0 + \sum_{t=1}^{T} \frac{E(NOPAT_t) - WACC \cdot KB_{t-1}}{(1+WACC)^t} + \frac{1}{(1+WACC)^T} \left(\frac{NOPAT_{T+1}}{WACC} - KB_T \right)$$

$$= KB_0 + \sum_{t=1}^{T} \frac{EVA_t}{(1+WACC)^t} + \frac{1}{(1+WACC)^T} \cdot \frac{EVA_{T+1}}{WACC}.$$

Werden die Werte des Beispiels in obige Bewertungsformel eingesetzt, errechnet sich der Unternehmenswert zu:

$$U_0 = 1.670.000 + \frac{67.450}{(1{,}065)} + \frac{49.175}{(1{,}065)^2} + \frac{1}{(1{,}065)^2} \cdot \frac{23.355}{0{,}065} = 2.093.476 \text{ EUR}.$$

Der Vorteil dieser Darstellung liegt in der Aufspaltung des Unternehmenswertes in das gebundene Kapital und einen derivativen Firmenwert. In der Literatur zum Economic Value Added wird der im Marktwert des Unternehmens enthaltene Goodwill auch als Market Value Added (MVA) bezeichnet.[89] Es gilt folgender Zusammenhang:

$$MVA_0 = EK + FK - KB_0 = \lim_{n \to \infty} \sum_{t=1}^{n} \frac{EVA_t}{(1+WACC)^t}$$

mit: EK = Eigenkapital zu Marktwerten (Shareholder Value),
       FK = Fremdkapital zu Marktwerten.

Die Summe der Barwerte der zukünftigen EVA entspricht der Differenz zwischen Unternehmenswert und Kapitalbindung. In Abbildung 4.18 ist der Zusammenhang zwischen den einzelnen Größen am Beispiel der Muster AG dargestellt.

---

[89] Vgl. **Stewart** (1991), S. 180.

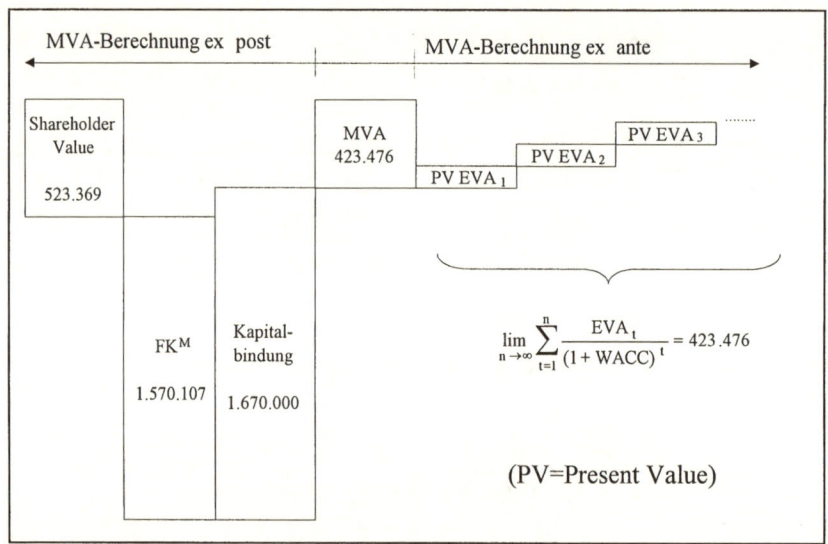

Abbildung 4.18: Zusammenhang zwischen EVA, MVA und Unternehmenswert am Beispiel der Muster AG

Korrespondierend mit der Periodenerfolgsermittlung unterliegt die Bestimmung des eingesetzten Kapitals jedoch einer buchhalterischen Abgrenzung und den damit verbundenen Schwächen. Eine Veränderung des eingesetzten Kapitals zum Bewertungszeitpunkt führt jedoch zu keiner Veränderung des errechneten Unternehmenswertes. Dies soll an einem Beispiel demonstriert werden. Es wird vom bisherigen Bewertungsbeispiel ausgegangen. Die Kapitalbindung wird jedoch in den bewertungsrelevanten Jahren um 300.000 EUR nach oben korrigiert, da annahmegemäß im Geschäftsjahr t=0 ein außerordentlicher Verlust anfiel, der nach dem EVA-Konzept zu bereinigen ist. In Tabelle 4.13 ist die Abfolge der veränderten EVA dargestellt.

	t=0	t=1	t=2	t=3
Bilanzielle Kapitalbindung	1.670.000	1.705.000	1.733.000	1.733.000
Korrekturposition zur KB	300.000	300.000	300.000	300.000
Kapitalbindung	1.970.000	2.005.000	2.033.000	2.033.000
Betriebsgewinn vor Zinsen, nach Steuern		176.000	160.000	136.000
- Zinsen (6,5%) auf gebundenes Kapital		128.050	130.325	132.145
EVA		47.950	29.675	3.855

Tabelle 4.13: Korrigierte EVA- Berechnung der Muster AG

Werden die korrigierten Werte in die Bewertungsformel eingesetzt, ergibt sich ein unveränderter Unternehmenswert von 2.093.476 EUR. Dieser lässt sich in den MVA in Höhe von 123.476 EUR und die Kapitalbindung in Höhe von 1.970.000 EUR aufspalten. Es zeigt sich, dass die einzelnen EVA und damit die Aufteilung des Unternehmenswertes stark abhängig von den durchgeführten Bereinigungen sind. Dadurch wird auch die Aussagekraft einzelner Perioden-EVA zur Performance-Messung eingeschränkt.

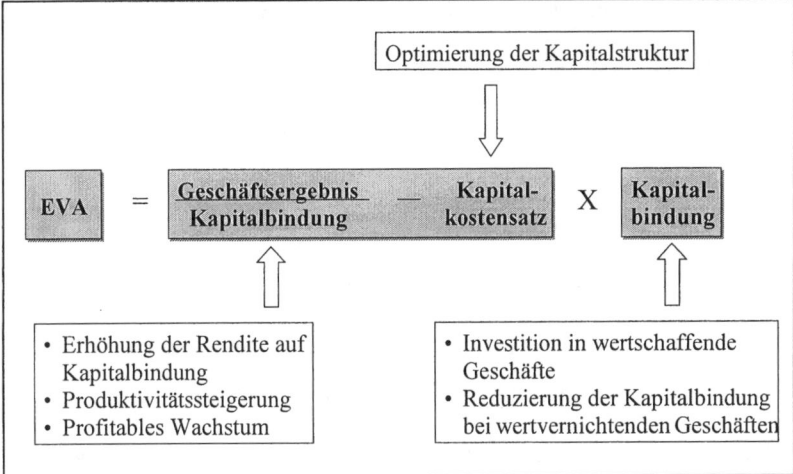

Abbildung 4.19: Stellgrößen zur Verbesserung des Residualgewinns[90]

Dennoch liefert das Konzept des Economic Value Added aufgrund der leichten Verständlichkeit Ansatzpunkte zur Verbesserung des Shareholder Value. Anhand der in Abbildung 4.19 aufgeführten Stellgrößen lassen sich Ansatzpunkte zur Verbesserung des Residualgewinns bzw. des EVA erkennen. Die Vorziehenswürdigkeit bei der Unternehmensbewertung gegenüber den Discounted Cash Flow-Verfahren steht gleichwohl weiterhin in Frage.

4.4.2.3.4 Bewertung anhand von geschätzten Gewinnen

Im Rahmen von Unternehmensanalysen werden von Finanzanalysten die Ergebnisse des laufenden und der folgenden Geschäftsjahre geschätzt.[91] Anhand der geschätzen Ergebnisse pro Aktie lässt sich der fundamentale Wert einer Aktie bestimmen. Vergleichbar dem EVA-Ansatz, der eine Umformung des WACC-Ansatzes darstellt, erfolgt eine Bewertung anhand von Residualgewinnen unter Einbezug der Kapitalbasis. Da hierbei Nettogewinngrößen herangezogen werden, ist als Zinsfuß der Eigenkapitalkostensatz k_{Ek} sowie bei der Kapitalbasis das buchhalterische Eigenkapital heranzuziehen.

Der Bewertungsansatz basiert auf einer Umformung des bekannten Dividendendiskontierungsmodells:

$$PV_0 = \sum_{t=0}^{\infty} \frac{E(D_t)}{(1+k_{EK})^t}$$

---

[90] Quelle: In Anlehnung an Geschäftsbericht 1998 der **Siemens AG**, S. 49.

[91] So ermittelt **I/B/E/S** Konsensusschätzungen, die sich aus dem Mittelwert der Schätzungen verschiedener Analystenhäuser ergeben.

mit: $E(D_t)$ = Erwartete Nettodividende der Periode t.

Entgegen dem üblichen Dividendenbegriff umfasst die hier verwendete Größe sämtliche Zahlungsströme zwischen Anteilseignern und Unternehmen, d.h. zusätzlich zu Gewinnausschüttungen werden auch Aktienrückkäufe und Zahlungen der Anteilseigner bei Kapitalerhöhungen berücksichtigt.

Zur Herleitung des Bewertungsmodells wird folgender Zusammenhang genutzt:

$$BW_t = BW_{t-1} + E_t - D_t$$

wobei: BW_t = Eigenkapital pro Aktie (Buchwert) zum Zeitpunkt t,

E_t = Ergebnis/Jahresüberschuss pro Aktie der Peride t-1 bis t.

Das bilanzielle Eigenkapital der Periode t muss sich also durch das Eigenkapital der Vorperiode zuzüglich des Jahresüberschusses erklären lassen. Dabei sind die Zahlungen zwischen Eigenkapitalgebern und Unternehmen zu bereinigen.[92] Aufgelöst nach der Dividende und eingesetzt in obige Bewertungsgleichung, ergibt sich folgender Ausdruck:

$$PV_0 = BW_0 + \sum_{t=1}^{\infty} \frac{E(E_t) - k_{EK} \cdot BW_{t-1}}{(1 + k_{EK})^t}.$$

Der Unternehmenswert pro Aktie entspricht damit dem Eigenkapital pro Aktie und dem Barwert der zukünftigen Residualgewinne, wobei der Residualgewinn als Ergebnis pro Aktie abzüglich der Eigenkapitalkosten definiert ist. Zusätzlich zu den Ergebnissen pro Aktie ist der Erwartungswert der Ausschüttungsquote zu bestimmen, damit der Buchwert pro Aktie ab der Periode t=1 ermittelt werden kann.

An einem Beispiel soll die grundsätzliche Vorgehensweise verdeutlicht werden. Für die Beispiel AG werden folgende Ergebnisse pro Aktie prognostiziert.

Angaben in EUR	t=1	t=2	t=3
Gewinn pro Aktie	3,00	3,20	3,50

Tabelle 4.14: Erwartete Gewinne pro Aktie der Beispiel AG

Das bilanzielle Eigenkapital pro Aktie betrage 20,00 EUR. Zusätzlich gehen die Analysten von einer gleichbleibenden Ausschüttungsquote von 50% aus. Die Eigenkapitalkosten der Beispiel AG liegen bei 10%. Damit lassen sich folgende Residualgewinne ermitteln:

---

[92] Die Ergebnisdefininition entspricht damit dem in der US-amrikanischen Rechnungslegung verwendeten Begriff des *comprehensive income*. Die ausgewiesenen Ergebnisse sind um das sogenannte *other comprehensive income* zu bereinigen, welches ergebnisneutrale Eigenkapitalveränderungen umfasst.

	t=0	t=1	t=2	t=3
Ergebnis/Aktie		3,00	3,20	3,50
Dividende		1,50	1,60	1,75
EK/Aktie	20,00	21,50	23,10	24,85
Zinsen		2,00	2,15	2,31
Resdiualgewinn		1,00	1,05	1,19

Tabelle 4.15: Bestimmung der Residualgewinne der Beispiel AG

Bei einem konstanten Residualgewinn ab der Periode t=3 ergibt sich der Wert pro Aktie zu:

$$PV_0 = 20,00 + \frac{1,00}{1,10} + \frac{1,05}{1,10^2} + \frac{1}{1,10^2} \cdot \frac{1,19}{0,10} = 31,61 \text{ EUR}.$$

Vergleicht man das dargestellte Bewertungsverfahren mit dem EVA-Ansatz, wird deutlich, dass die grundsätzliche Vorgehensweise beider Verfahren identisch ist. Die Verfahren lassen sich dadurch unterscheiden, dass der EVA-Ansatz auf einem Gesamtbewertungsverfahren basiert während sich der Residualeinkommensansatz aus der Equity-Methode herleiten lässt. Bei korrekter Anwendung führen beide Verfahren zu einem identischen Unternehmenswert, d.h. die Barwerte der Residualgewinne entsprechen dem so genannten MVA.[93] Aufgrund der Konzeption ergeben sich jedoch die gleichen Probleme wie bei Anwendung der Equity-Methode (vgl. Abschnitt 4.4.2.3.2.4).

4.4.2.3.5 CFROI

Das von der Boston Consulting Group vertretene Konzept des Cash-Flow-Return-on-Investment (CFROI) zielt darauf ab, den Erfolg operativer Geschäftsbereiche fortlaufend zu kontrollieren.[94] Der CFROI ist der interne Zinsfuß eines nach bestimmten Modalitäten aufgestellten Cash Flow-Profils. Diese Rendite soll eine bessere Erfolgsbeurteilung ermöglichen als herkömmliche Rentabilitätsmaße wie die Umsatz-, Eigen- und Gesamtkapitalrentabilität. Gegen die Umsatzrentabilität ist einzuwenden, dass sie das eingesetzte Kapital – die relevante Bezugsgröße – nicht berücksichtigt. Die Eigenkapitalrentabilität wird durch den Leverage-Effekt in ihrer Vergleichbarkeit beeinträchtigt. Ein Nachteil der Gesamtkapitalrentabilität wird darin gesehen, dass sie von der gewählten Abschreibungsmethode und der Altersstruktur der Anlagen abhängt.

---

[93] Außer im Falle der vollständigen Eigenfinanzierung unterscheidet sich jedoch die Höhe von Residualgewinn und EVA in den einzelnen Perioden.

[94] Vgl. **Lewis/Lehmann** (1992).

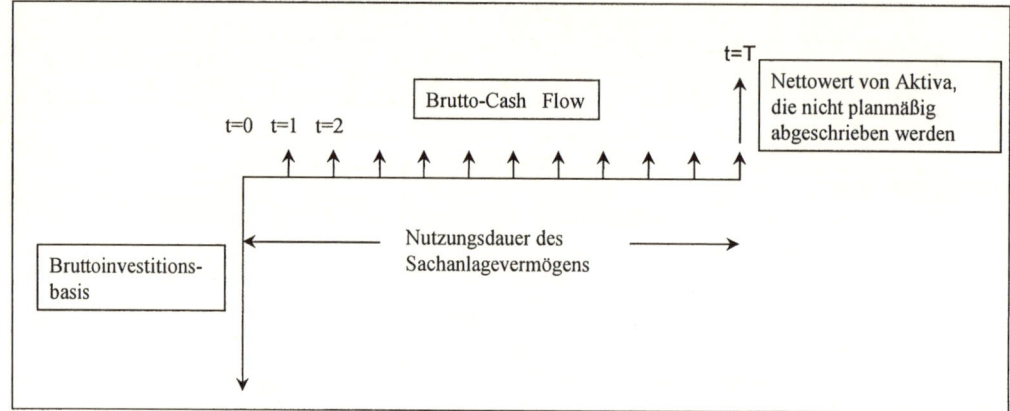

Abbildung 4.20: Zahlungsprofil als Grundlage des CFROI[95]

Diese Mängel sollen mit dem CFROI behoben werden, indem ein Geschäftsbereich als ein einziges Investitionsprojekt behandelt wird, das während der Nutzungsdauer der Aktiva konstante Zahlungsüberschüsse abwirft. Als Investitionssumme werden die auf den Bewertungszeitpunkt inflationierten historischen Anschaffungskosten des Sachanlagevermögens zuzüglich des Buchwerts des Umlaufvermögens abzüglich nicht verzinslichen Fremdkapitals verstanden („Bruttoinvestitionsbasis"). Der einzusetzende Cash Flow ist ein Zahlungsüberschuss vor Zinsen und nach Steuern. Nach dem Konzept des CFROI wird jeweils der Cash Flow des letzten Jahres verwendet, anstatt die Abfolge der späteren Cash Flows zu prognostizieren. Am Ende der Nutzungsdauer des Sachanlagevermögens wird der Vermögenswert von Aktiva, die nicht abgeschrieben werden, als Zufluss berücksichtigt. Daraus ergibt sich das in Abbildung 4.20 gezeigte Zahlungsprofil.

Der interne Zinssatz dieser Zahlungsreihe ist derjenige Zins CFROI, bei dem der Barwert der Cash Flows der anfänglichen Investitionssumme entspricht:

$$-I_0 + \sum_{t=1}^{T} \frac{CF}{(1+CFROI)^t} + \frac{L_T}{(1+CFROI)^T} = 0$$

mit I_0 = Bruttoinvestitionsbasis,
 CF = jährlicher Cash Flow während der Nutzungsdauer,
 T = Nutzungsdauer,
 L_T = Nettowert nicht abschreibbarer Aktiva.

Der CFROI entspricht somit der Rentabilität einer fiktiven Investition: Die benötigten Vermögensgegenstände werden im Bewertungszeitpunkt für einen Preis in Höhe der Bruttoinvestitionsbasis beschafft und ermöglichen während der Nutzungsdauer konstante Einzahlungsüberschüsse. Gerade in diesem gedanklichen Konstrukt einer Neuinvestition und in der in vielen

---

[95] Quelle: **Lewis/Lehmann** (1992), S. 9.

Fällen sehr unrealistischen Annahme gleichbleibender Cash Flows bestehen Hauptkritikpunkte an dem Verfahren. Zudem beeinflusst die angenommene Nutzungsdauer das Ergebnis. Es kann sich dabei nur um eine durchschnittliche Nutzungsdauer handeln, deren Festlegung Ermessensspielräume offen lässt.

Vorteilhaft wirkt sich aus, dass der CFROI sich nicht wie die Gesamtkapitalrentabilität bei konstantem Einzahlungsüberschuss mit zunehmender Abnutzung der Anlagen und dadurch sinkender Kapitalbasis erhöht. Dennoch ist festzuhalten, dass auch diese Rentabilitätskennzahl auf sehr restriktiven Annahmen beruht, deren Plausibilität im Einzelfall kritisch zu prüfen ist.

4.4.2.3.6 Multiplikatorverfahren und einfache Bewertungskennzahlen

Aufgrund der Schwierigkeiten, die sich bei der Ermittlung des inneren Wertes von Aktien ergeben, haben sich in der Anlagepraxis leichter handhabbare fundamentale Bewertungskonzepte durchgesetzt. Im Folgenden werden ausgewählte Bewertungsmaßstäbe dargestellt. Es muss jedoch betont werden, dass eine gehaltvolle Aktienanalyse letztlich die Gesamtschau aller potentiell kursrelevanten Unternehmensparameter umfasst.

a) Insbesondere das auf dem Dividenden-Diskontierungsmodell aufbauende Kurs/Gewinn-Verhältnis (KGV) besitzt große Praxisrelevanz, da es einen - wenn auch eindimensionalen und damit zu groben - Vergleich mehrerer Aktien zulässt. Bei dem KGV-Konzept, dass im Englischen Price Earnings Ratio (PER) heißt, wird der Quotient aus dem Kurs einer Aktie und dem dazugehörigen geschätzten Zukunftsgewinn pro Aktie gebildet, und mit dem Durchschnitts-KGV der Branche oder des Gesamtmarktes verglichen. Liegt das KGV niedriger, so gilt die Aktie als unterbewertet und sollte daher gekauft werden, et vice versa.[96] Zusätzlich bietet es sich an, das KGV im historischen Vergleich zu betrachten. Wie sich gezeigt hat, wird manchen Aktiengesellschaften ein höheres KGV zugebilligt als anderen Unternehmen der gleichen Branche. Dies hängt möglicherweise mit den zukünftigen Gewinnerwartungen zusammen. Es gilt für das KGV folgender Formelausdruck:

$$KGV = \frac{Kurs}{Gewinn\ pro\ Aktie}.$$

Das KGV zeigt, wie oft der Gewinn in dem Kurs enthalten ist. Daher stammt die Bezeichnung ‚Multiplikatormethode': Um aus einem bekannten Branchen-KGV den Kurs einer Aktie abzuleiten, multipliziert man das als angemessen erachtete KGV mit dem Gewinn pro Aktie:

$$Kurs = KGV_{Branche} \cdot Gewinn\ pro\ Aktie.$$

Die Betrachtung des KGV einer Aktie kann nur ein Element der Unternehmensanalyse sein. Eine relative Unterbewertung im Vergleich zu Konkurrenzunternehmen durch alleinigen Ver-

---

[96] Vgl. **Beiker** (1993), S. 25 ff.

gleich des KGV ist aus zwei Gründen abzulehnen. Zum einen im findet ein höherer Verschuldungsgrad Ausdruck im KGV und zum anderen ist die zukünftige Gewinnentwicklung zu berücksichtigen.

Um einen profunden Eindruck von einer Aktie zu gewinnen, müssen weitere Aspekte berücksichtigt werden. Insbesondere müssen weitere Maßstäbe zur Messung der Ertragskraft und -dynamik von Unternehmen herangezogen werden. Denn die Maßgröße „Gewinn pro Aktie" ist erheblich steuerbar und durch Sondereffekte oftmals verzerrt. Daher haben sich in den letzten Jahren neben dem bilanziellen Gewinn pro Aktie und dem korrigierten Gewinn pro Aktie (z.B. DVFA/SG) weitere Ertragskennziffern wie z.B. EBIT- und EBITDA-Zahlen in der Aktienanalyse etabliert. Die internationale Vergleichbarkeit von Unternehmen wird durch derlei Kennzahlen sehr erleichtert, zumal Zinssätze, Bilanzierungsregeln, Steuern und insbesondere Abschreibungsnormen in den einzelnen Ländern oftmals erheblich differieren.

EBIT (Earnings Before Interest and Taxes) und EBITDA (Earnings Before Interest, Taxes, Depreciation and Amortisation) -Kennzahlen beschreiben die operative Ertragskraft von Unternehmen. Um gleichartige Geschäfte auf der operativen, d.h. nicht bilanziellen, steuerlichen und finanziellen Ebene, vergleichbar zu machen kann es sinnvoll sein, die letztgenannten Einflussgrößen herauszurechnen. Hierzu dienen EBIT- und EBITDA-Kennzahlen.

b) Große Bedeutung erfahren in den letzten Jahren jedoch nicht nur operative Gewinnkennziffern sondern besonders auch am Cash Flow orientierte Kennzahlen wie z.B. das Kurs/Cash Flow-Verhältnis (KCV), zumal sich in der Assetmanagementpraxis die Einsicht zunehmend durchsetzt, dass aus Aktionärssicht letztendlich die verwendbaren Zahlungsströme das Ziel jedweder Unternehmenstätigkeit sind. Entsprechend lassen sich für alle Unternehmen Kurs/Cash Flow-Verhältnisse bilden, die wiederum branchenintern und branchenübergreifend vergleichbar sind. Formelmäßig entsprechen sich deshalb KCV und KGV nahezu.

$$KCV = \frac{Kurs}{Cash\ Flow\ pro\ Aktie}.$$

$$Kurs = KCV_{Branche} \cdot Cash\ Flow\ pro\ Aktie.$$

Der Cash Flow stellt den Umsatzüberschuss eines Unternehmens dar, jener Zahlungssaldo also, um den die Einnahmen die Ausgaben übersteigen.[97] Obwohl die Bestimmung des Cash Flows anhand von veröffentlichten Jahresabschlüssen ähnlich wie die korrekte Gewinnermittlung Schwierigkeiten bereitet, ergibt sich eine brauchbare Abschätzung anhand folgender rudimentärer Cash Flow Ermittlungsformel:

---

[97] Zum Cash Flow vgl. **Perridon/Steiner** (2002), S. 562 ff.

```
    Jahresüberschuss
    + Abschreibungen
    + Erhöhung der langfristigen Rückstellungen
    _____
    = Cash Flow
```

Tabelle 4.16: Einfaches Cash Flow-Ermittlungsschema

Große Bedeutung in der Aktienanalyse besitzt insbesondere der sog. Free Cash Flow, da nur dieser den Aktionären zur Verwendung zusteht. Der Cash Flow ist schwerer manipulierbar als der Gewinn (z.B. Jahresüberschuss), da die Größen Rückstellungen und Abschreibungen im Rahmen der Bilanzpolitik von Unternehmen regelmäßig zur zielgerichteten Steuerung des Jahresüberschusses eingesetzt werden. Da der Cash Flow die Wirkungen dieser Art von Bilanzpolitik rückgängig macht, erweist er sich als aussagekräftiger als der Jahresüberschuss. Allerdings ist die Errechnung des Cash Flow aus veröffentlichten Jahresabschlussdaten häufig problematisch. Der Cash Flow wird in dieser Anwendung, obschon er eine finanzwirtschaftliche Größe ist, durchaus als Indikator für die Ertragskraft eines Unternehmens gedeutet. Wie beim KGV gilt ein niedriges KCV bei einer Aktie als günstig bewertet, et vice versa. Die Anwendung des KCV erscheint aufgrund der besseren Aussagekraft des Cash Flow gegenüber dem Gewinn sowohl beim Zeit- als auch beim Unternehmensvergleich oftmals sinnvoller.

Von großer Wichtigkeit für die Einschätzung einer Aktie ist neben der Höhe der künftigen Ertragskraft vor allem auch deren Wachstumsrate bzw. Dynamik. Die Einschätzung der langfristigen Wachstumsmöglichkeiten stehen dabei im Vordergrund von Modellen zur Erfassung des Gewinnmomentums. Ein steigendes Gewinn-Momentum, bezogen auf das prozentuale Gewinnwachstum, bedeutet eine jährliche Erhöhung der prozentualen Zuwachsraten im Gewinn. Ein neutrales Momentum signalisiert unveränderte Wachstumsraten, während ein fallendes Momentum eine Abschwächung des Gewinnwachstums anzeigt. In seiner relativen Form lässt sich das Momentum wie folgt mathematisch ausdrücken:

$$\text{Momentum} = \frac{\text{Gewinnwachstum dieser Periode}}{\text{Gewinnwachstum der Vorperiode}}$$

$$M_t = \frac{\Delta G_t}{\Delta G_{t-1}}.$$

Aktien mit einem hohen Gewinn-Momentum werden an der Börse oftmals als Wachstumsaktien bezeichnet. Wachstumsaktien wird vom Aktienmarkt üblicherweise eine deutlich höhere Bewertung z.B. in Form eine höheren KGV zugebilligt als anderen Aktien. Allerdings zeigt sich in der Anlagepraxis häufig ein Trend zum durchschnittlichen Gewinnwachstum. Deshalb nähern sich üblicherweise die Gewinnzuwachsraten im Laufe der Zeit dem langfristigen Durchschnitt an. Diese Beobachtung steht vielfach mit dem Lebenszyklus von Produkten in Zusammenhang. Neben Wachstumsaktien gibt es eine Kategorie von Substanzwertaktien, die sich i.d.R. durch überdurchschnittlich reife Geschäftsbereiche auszeichnen, was im Vergleich zu Wachstumsaktien oftmals zu hohen Cash Flows, hohen Dividenden und niedrigen KGV's führt. Letztlich ist die Zuordnung von Aktien zu einer der Kategorien nicht trennscharf vorzunehmen.

d) Zu den gängigen Kennzahlen im Bereich der Aktienanalyse zählt auch die **Dividendenren-**

dite. Als Dividendenrendite wird das Verhältnis von ausgeschütteter Dividende zum Aktienkurs bezeichnet. Es lässt sich unterscheiden in eine Dividendenrendite vor und nach Berücksichtigung persönlicher Einkommensteuer. Im Rahmen der Steuerreform 2000 wurde das körperschaftsteuerliche Anrechnungsverfahren, das bislang gewährleistete, dass ausgeschüttete Gewinne mit dem individuellen Einkommensteuersatz des Dividendenempfängers besteuert wurden, abgeschafft. Durch die Einführung einer Definitivkörperschaftsteuer, kommt es im Falle einer Dividendenausschüttung zu einer Doppelbesteuerung des Gewinnes auf Unternehmens- und (privater) Anteilseignerebene. Um diese Doppelbesteuerung abzumildern, sind **Dividenden** bei der Ermittlung der Bemessungsgrundlage der Einkommensteuer nur zur Hälfte anzurechnen (sogenanntes Halbeinkünfteverfahren).

Zahlt ein Unternehmen 12,-- EUR Bardividende, und liegt der Aktienkurs bei 285,-- EUR, so ergibt sich daraus eine Dividendenrendite von 4,21%.

$$\frac{12,-}{285,-} \approx 4,21\% .$$

Unterstellt man, dass der Differenzsteuersatz der Einkommensteuer des Empfängers bei 40% liegt und vorhandene Freibeträge sowie der Solidaritätszuschlag unberücksichtigt bleiben, ergibt sich folgende Nettodividende:

$$12,00 \text{ EUR} - 12,00 \text{ EUR} \cdot 0,5 \cdot 0,4 = 9,60 \text{ EUR} .$$

Die endgültige Nettodividendenrendite beträgt:

$$\frac{9,60}{285,-} \approx 3,368\% .$$

Es ist darauf hinzuweisen, dass bei Ermittlung der Steuerbelastung auf Anteilseignerebene die exakte Steuerfunktion heranzuziehen ist und nur im Falle des Erreichens der oberen Progressionszone mit einem einheitlichen Steuersatz, d.h. in diesem Falle mit dem Spitzensteuersatz, gerechnet werden kann.

Als Aktienselektionskriterium ist die Dividendenrendite problematisch, da stark thesaurierende Gesellschaften eine geringere Dividendenrendite aufweisen als ausschüttungsfreudige Unternehmen. Oft sind es aber gerade wachstumsstarke Gesellschaften, die geringe Dividendenrenditen aufweisen.[98] Aus Aktionärssicht ist die Ausschüttungsentscheidung eine Frage der Opportunitäten. Hat ein Unternehmen renditestarke geschäftlich Investitionsmöglichkeiten, so bietet sich die Einbehaltung und Reinvestition von Gewinnen oftmals an et vice versa. Bei gesicherten zukünftigen Dividenden können hohe Dividendenrenditen andererseits vermeintlich einen gewissen Schutz gegen Kursverluste bieten. Es muss aber bedacht werden, dass letztlich das Hauptmotiv einer Aktienanlage in der Erzielung von Kursgewinnen liegt. Von Aktienkäufen, die allein aufgrund hoher Dividendenrenditen vorgenommen werden, ist deshalb abzuraten, wie

---

[98] Vgl. **Uhlir/Steiner** (1994), S. 113.

ohnehin eindimensional motivierte Anlageprognosen der Komplexität der Aktienanlage i.d.R. nicht gerecht werden. Des Weiteren kann in den letzten Jahren, ausgehend vom amerikanischen Aktienmarkt, eine Tendenz festgestellt werden, den im Unternehmen erzielten Cash Flow für Aktienrückkäufe anstatt für Ausschüttungen zu verwenden. Dies ist nicht nur flexibler, sondern zumeist auch aus steuerlicher Sicht interessanter und wird zudem dem Umstand gerecht, dass Unternehmen zunehmend über eine international verstreute Anlegerschaft verfügt. Außerdem kann so die Anzahl der im Umlauf befindlichen Aktien zielgenauer vom Unternehmen reguliert werden und ggf. Verwässerungen, die z.B. durch die Ausübung von Mitarbeiteroptionen entstehen, entgegengewirkt werden.

Die bisher erörterten Konzeptionen zur Aktienbeurteilung basieren mehrheitlich auf dem Gewinn in seinen verschiedenen Messformen als entscheidendem Bewertungsfaktor. Daneben gibt es aber auch substanzwertorientierte Betrachtungsmöglichkeiten. Unter dem Substanzwert wird jener Wert verstanden, der sich ergibt, falls das Vermögen der Aktiengesellschaft einzeln verkauft wird (Zerschlagungswert, Sum of the Parts). In diesem Zusammenhang wird auch vom Liquidations- oder Reproduktionswert gesprochen. Als Zahl ist der Substanzwert zu ermitteln, indem der Buchwert des Eigenkapitals und die stillen Reserven addiert werden. Die Bestimmung der Höhe der stillen Reserven erweist sich dabei als neuralgischer Punkt.[99] Von Bedeutung ist der Substanzwert i.d.R. nur bei Unternehmensübernahmen oder bei Insolvenz des Unternehmens. Das liquidierbare Vermögen stellt dabei jeweils die Bewertungsuntergrenze dar. Die Bedeutung von Substanzwertkennzahlen kann von Branche zu Branche erheblich differieren. So ist es z.B. unmittelbar einleuchtend, dass bei der Bewertung von Ölaktien die Lebensdauer der gesicherten Ölreserven eine hohe Bedeutung besitzt, während bei reinen Dienstleistungsunternehmen die Substanz oftmals vernachlässigbar ist.

Seit einigen Jahren findet die Kennzahl Buchwert/Marktwert-Verhältnis erhöhte Aufmerksamkeit.[100] Ein niedriges Buchwert/Marktwert-Verhältnis gilt dabei als Zeichen für geringe Aktienrenditeerwartungen (Growth Stocks). Umgekehrt lassen jene Aktien, bei denen der Buchwert im Verhältnis zum Marktwert sehr hoch ist, höhere Renditen erwarten (Value Stocks).

Der Buchwert einer Aktie lässt sich aus der Unternehmensbilanz entnehmen. Er entspricht dem in der Bilanz ausgewiesenen Eigenkapital eines Unternehmens. Der Marktwert einer Aktiengesellschaft ergibt sich aus der Multiplikation der Anzahl aller emittierten Aktien mit dem Börsenkurs. Um die Anzahl der ausgegebenen Aktien zu bestimmen, muss das Grundkapital einer Aktiengesellschaft durch den Nennwert der Aktien dividiert werden.

$$\text{Buchwert} = \text{bilanzielles Eigenkapital}$$

$$\text{Anzahl der Aktien} = \frac{\text{Grundkapital}}{\text{Nennwert der Aktien}}$$

$$\text{Marktwert} = \text{Börsenkurs} \cdot \text{Anzahl der Aktien}.$$

Aus den Daten lässt sich der Buchwert pro Aktie errechnen, indem das in der Bilanz ausgewie-

---

[99] Vgl. **Welcker/Thomas** (1981), S. 83 ff.
[100] Vgl. **Fama/French** (1992), S. 451.

sene Eigenkapital durch die Anzahl der ausgegebenen Aktien geteilt wird. Wird schließlich der Buchwert pro Aktie durch den Aktienkurs (Marktwert pro Aktie) dividiert, so erhält man das Buchwert/Marktwert-Verhältnis. Durch die Bildung des Reziprokwertes erhält man schließlich das Kurs/Buchwert-Verhältnis (KBV). Es gilt dabei die Regel: Je höher das KBV ist, desto teurer und unattraktiver ist die betreffende Aktie.[101]

Alle dargestellten Konzepte zur Beurteilung einzelner Aktien sind jeweils Partialansätze. Tatsächlich determiniert eine Mehrzahl von interdependenten Faktoren die einzelnen Aktienkurse. Deshalb ist es stets notwendig, einen Überblick über die Gesamtheit relevanter Beurteilungsgrößen zu besitzen. Wie aus den dargestellten Konzeptionen klar geworden ist, gibt die fundamentale Aktienanalyse wertvolle Einblicke in die Beurteilung der Preiswürdigkeit von Aktien. Wenn auch die Aktienselektion anhand der fundamentalen Aktienanalyse durchführbar ist, so besteht immerhin noch Unklarheit über den richtigen Zeitpunkt des Aktienerwerbs oder -verkaufs. Ansätze zur Lösung des Timing-Problems liefert die technische Aktienanalyse.

4.4.3 Technische Analyse

Ziel der technischen Analyse ist die rechtzeitige Erkennung von Aktienkursverlaufsmustern, von denen angenommen wird, dass sie sich in der Zukunft wiederholen. Die Anwendung der technischen Analyse ist keineswegs auf den Aktienbereich beschränkt. Viel mehr lassen sich jedwede Finanzanlagen (Anleihen, Futures, Rohstoffe usw.), deren Kursverläufe aufgezeichnet werden, mehr oder minder sinnvoll anhand der technischen Analyse beurteilen. dass die Darstellung der technischen Analyse im Kapitel der Aktienanalyse untergebracht ist, liegt an ihrer weiten Verbreitung und vergleichsweise großen Bedeutung innerhalb dieser Anlageart. Besonders gute Voraussetzungen für die Anwendung der technischen Analyse bieten nämlich Anlagegattungen, die sich durch stark schwankende Kurse auszeichnen. Diese Voraussetzung ist bei Aktien hinlänglich gegeben.

4.4.3.1 Darstellungsformen der technischen Analyse

Bevor die Beschreibung der einzelnen Verfahren, Indikatoren und Formationen der technischen Analyse erfolgt, wird ihr Analysegegenstand, der in Charts besteht, kurz dargestellt. Charts sind Kursbilder der Vergangenheit, die im wesentlichen den Kursverlauf eines Wertpapiers über einen ausgewählten Zeitabschnitt darstellen. Je nach der Länge des abgetragenen Zeitabschnitts lassen sich Langfrist-, Mittelfrist- und Kurzfristcharts unterscheiden. Aber nicht nur bezüglich des dargestellten Zeitraums, sondern auch hinsichtlich der Darstellungstechnik differieren Charts. Im Folgenden werden die drei gängigsten Arten von Chartdarstellungen erläutert.

---

[101] Vgl. **Fama/French** (1992), S. 451.

4.4.3.1.1 Liniencharts

Liniendiagramme zählen aufgrund ihrer einfachen Handhabbarkeit zu den in Deutschland weit verbreiteten Chartbildern. Indem die Schlusskurse der aufeinander folgenden Börsentage durch eine Linie verbunden werden, entsteht der Linienchart. Üblicherweise werden in Liniencharts auch die täglichen Umsätze des betrachteten Wertes eingetragen. Die Abszisse dient dabei als Zeitachse, während auf der Ordinate der Börsenkurs und gegebenenfalls die Umsätze als vertikale Balken abgetragen werden. Ein Linienchart der Bayer AG ist in Abbildung 4.21 abgebildet.

Aus dem Chart wird die Kurs- und Umsatzentwicklung der Bayer-Aktie in dem dargestellten Zeitintervall gut ablesbar. Wie an der einheitlichen Kästchengröße des Rasters zu erkennen ist, weist die Ordinate des Charts eine metrische Skalierung auf. Dies entspricht dem üblichen Vorgehen in den angelsächsischen Ländern.[102] In Kontinentaleuropa sind demgegenüber logarithmische Skalierungen der Regelfall. Anhand logarithmischer Maßstäbe werden relative Veränderungen der Kurse optisch gleich dargestellt. Somit ist die absolute Kurshöhe unwichtig für die graphische Darstellung, was zu einer besseren Vergleichbarkeit bzw. Beurteilungsfähigkeit führt.

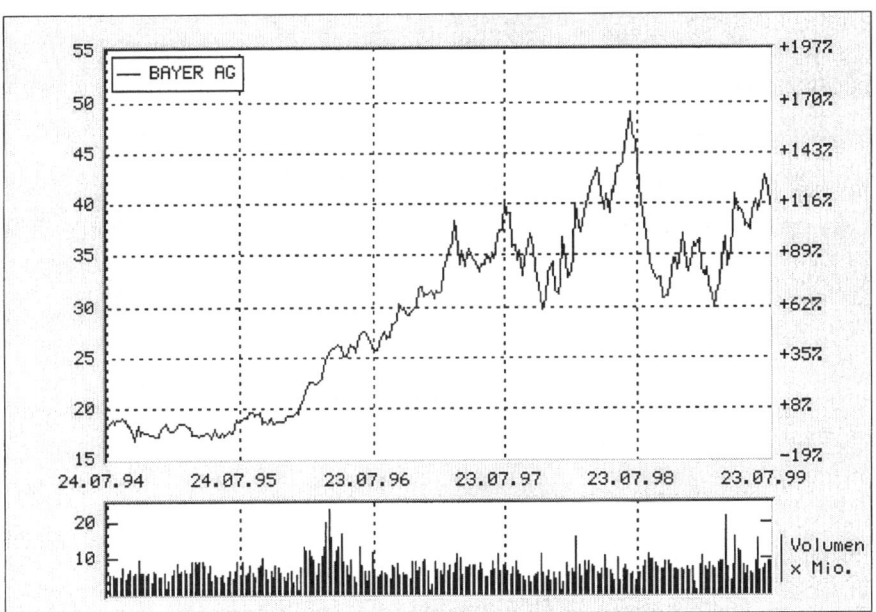

Abbildung 4.21: Linienchart der Bayer AG[103]

Kursbewegungen innerhalb eines Börsentages können bei Liniencharts nicht betrachtet werden. Für die Einschätzung einer Aktie kann es aber hilfreich sein, Hinweise auf die Marktstruktur

---

[102] Vgl. **DVFA** (1991), S. 7.
[103] Quelle: **Dresdner Bank AG**.

während eines Börsentages zu erhalten. Balkencharts sind geeignet, diese zusätzlichen Informationen zu liefern. Wie zu erkennen ist, geben Liniencharts einen graphischen Eindruck über die Kursentwicklung einer Aktie in der Vergangenheit.

4.4.3.1.2 Balkencharts

Die gebräuchlichste Darstellungsform von Charts besteht in Balkendiagrammen. Im Unterschied zu Liniencharts geben Balkencharts neben den börsentäglichen Schlusskursen auch die täglichen Höchst- und Tiefstände des betrachteten Wertes in Form eines vertikalen Balkens mit an. Das obere Ende des Balkens symbolisiert den Tageshöchstkurs, während das untere Ende des Balkens den Tagestiefstkurs markiert. Bei variabel gehandelten Aktien ist eine solche Darstellung sinnvoll, da in diesem Marktsegment börsentäglich mehrere Kurse festgestellt werden. Im Fall der Verwendung anderer Zeiträume (Wochen, Monate, Jahre) bieten sich Balkencharts auch für Aktien an, bei denen täglich nur ein Kurs fixiert wird. Der jeweilige Schlusskurs ist durch den horizontalen Strich rechts des Balkens gekennzeichnet. Bei einigen Charts wird auch der Eröffnungskurs eingezeichnet. Dies geschieht durch einen Querstrich, der links an dem Balken angebracht wird.

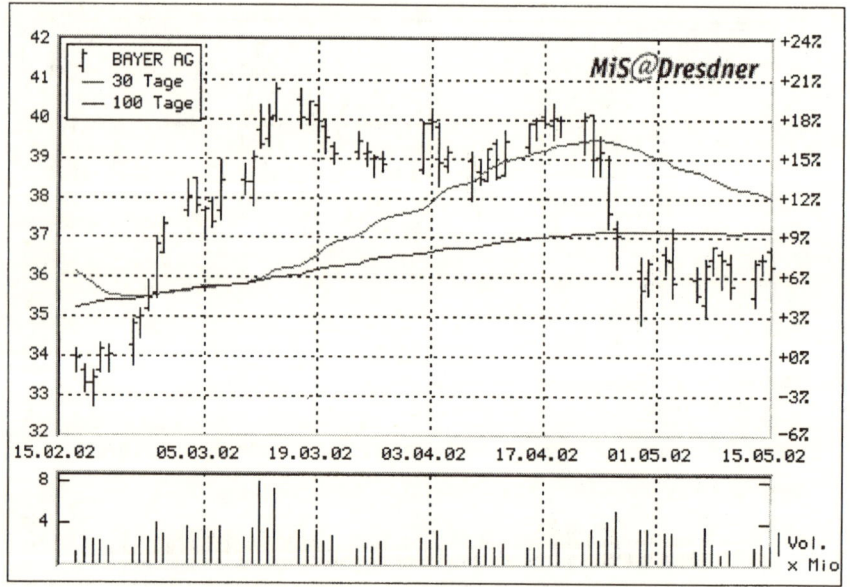

Abbildung 4.22: Balkenchart der Bayer-Aktie[104]

In Abbildung 4.22 ist ein Balkenchart der Bayer-Aktie dargestellt. Neben dem Verlauf der Kurs- und Umsatzentwicklung ist deutlich zu erkennen, wie groß die Kursschwankungen der Aktie innerhalb mancher Tage waren. Dies lässt Rückschlüsse auf die Marktstruktur zu, etwa im Hin-

---

[104] Quelle: **Dresdner Bank AG**.

blick auf den Grad der vorherrschenden Unsicherheit, so dass gegenüber den Liniencharts ein Informationsvorteil resultiert.

Werden auf der Abszisse andere Zeiteinteilungen verwendet, wie z.B. Jahre, dann geben die Balken Auskunft über die Entwicklung innerhalb dieser Zeiträume. Folglich zeigen die Balken in diesem Fall die Jahreshöchst- und -tiefststände sowie die Jahresschlusskurse an.

4.4.3.1.3 Point & Figure-Charts

Point & Figure-Charts genießen nicht so sehr in Europa, dafür aber um so mehr in den USA eine große Beliebtheit. Sie gelten als die älteste Form der Chartdarstellung.[105] Im Gegensatz zu Linien- und Balkencharts sind sie auf den ersten Blick schwieriger zu deuten. Bei Point & Figure-Charts gibt es keine Zeitachse, da dem reinen Kursverlauf an sich die höchste Aufmerksamkeit gewidmet wird.[106] Lediglich die Jahreszahlen werden manchmal auf der horizontalen Achse der Übersichtlichkeit halber abgetragen. Ein Point & Figure-Chart der Schering-Aktie ist in Abbildung 4.23 dargestellt. Der Chart deckt die ersten 7 Monate des Jahres 1993 ab.

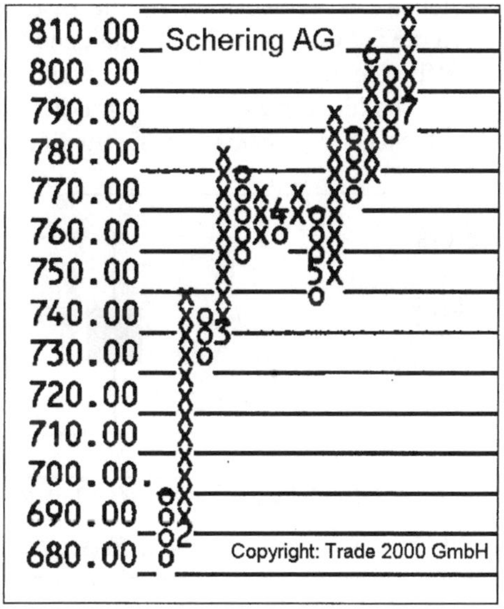

Abbildung 4.23: Point & Figure-Chart

Die in dem Chart zu erkennenden x-Zeichen indizieren eine Aufwärtsbewegung, während ein Kreis für eine Abwärtsbewegung steht. Ziffern werden für die ersten neun Monate eingetragen, so dass eine 3 z.B. für den Monat März steht. Die verbleibenden drei Monate werden mit den jeweiligen Anfangsbuchstaben gekennzeichnet. Sobald die erste Eintragung eines neuen Monats

---

[105] Vgl. **DVFA** (1991), S. 11.
[106] Vgl. zu P&F-Charts **Welcker** (1991), S. 31 ff.

fällig ist, wird zunächst die Ziffer oder der Anfangsbuchstabe des Monats eingetragen. Die Symbole werden aber nur in den Chart eingetragen, falls die Kursbewegung ein bestimmtes Ausmaß erreicht. Dieses Ausmaß ist auf die Höhe eines Kästchens genormt. Auf diese Weise sollen geringfügige Zufallsschwankungen unbetrachtet bleiben. Sobald sich die Richtung der Kursbewegung ändert, wird eine neue Spalte angefangen. Von einer Richtungsänderung wird ausgegangen, sobald der Kurs sich um einen vorher festzulegenden Betrag in die neue Richtung bewegt.

Angesichts des Verzichts auf die Abbildung unwichtiger Kursbewegungen soll es mit Hilfe von P&F-Charts eher möglich sein, klare Kurstrends zu identifizieren. Zudem gelten P&F-Charts als leichter zu konstruieren und als übersichtlicher, da sie sehr lange Zeiträume kompakt darstellen können.[107]

4.4.3.1.4 Candlestick-Charts

Candlestick-Charts stellen wie die Balkendiagramme den Höchst- und Tiefststand sowie den Schlusskurs eines Finanztitels dar, enthalten aber darüber hinaus noch den Eröffnungskurs. Ihr Name leitet sich aus der speziellen Darstellungsform ab, die an das Bild einer Kerze erinnert. Die Höhe der Kerze wird durch die Differenz von Schlusskurs und Eröffnungskurs bestimmt. Ist die Differenz positiv (Aufwärtsbewegung), wird die Kerze weiß, anderenfalls (Abwärtsbewegung) schwarz gezeichnet (vgl. Abbildung 4.24). Der Höchstkurs wird durch eine obere vertikale Linie kenntlich gemacht (Docht), der Tiefstkurs analog durch eine untere Linie (Lunte).

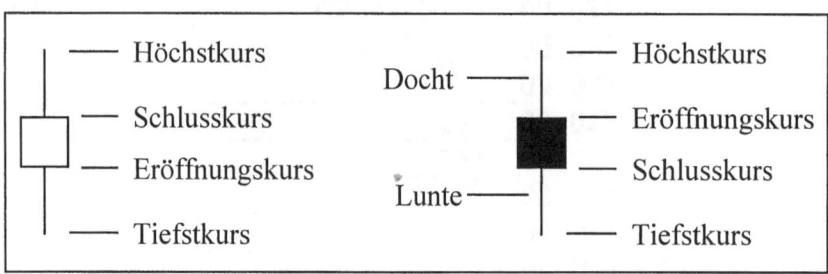

Abbildung 4.24: Grundelemente eines Candlestick-Charts

Die Anhänger der Candlestick-Charts haben ein sehr differenziertes Analyseinstrumentarium entwickelt, mit dem beginnende Aufwärts- oder Abwärtstrends erkannt werden sollen. Insofern kann von einer echten Charttechnik gesprochen werden. Sieht man von den vielen Details der Technik ab, wird ein Kaufsignal angenommen, wenn eine fallende Abfolge schwarzer Kerzen in eine Aufwärtsbewegung weißer Kerzen übergeht. Umgekehrt soll das Ende eines Aufwärtstrends durch fallende schwarze Kerzen angezeigt werden, die auf einen steigenden Verlauf weißer Kerzen folgen (vgl. beispielhaft Abbildung 4.25).

---

[107] Vgl. **Perridon/Steiner** (2002), S. 240 f.

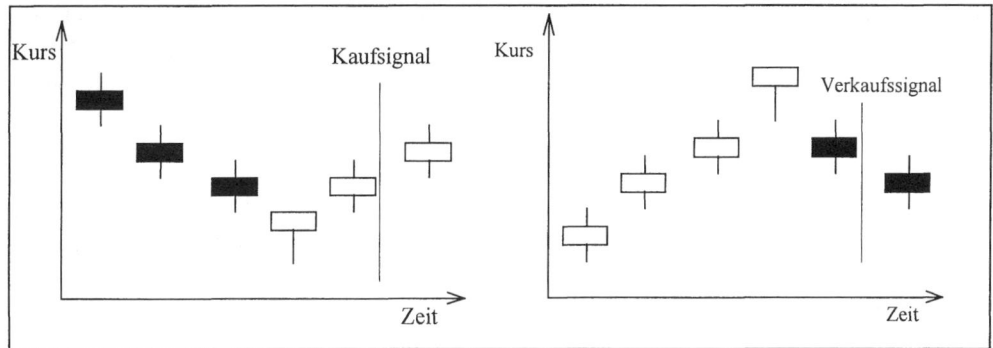

Abbildung 4.25: Kauf- und Verkaufssignale nach der Candlestick-Technik (Beispiele)

4.4.3.2 Gesamtmarktanalyse

Ähnlich dem Vorgehen bei der fundamentalen Aktienanalyse lässt sich auch im Rahmen der technischen Analyse ein Top-Down-Approach durchführen. Üblicherweise wird dazu eine Unterteilung der technischen Analyse in Gesamtmarkt- und Einzelwertanalyse getroffen. Die Unterschiede zwischen Gesamtmarkt- und Einzelwertanalyse liegen neben dem Betrachtungsobjekt auch in der methodischen Vorgehensweise. Einige charttechnische Methoden sind nur bei der Gesamtmarktanalyse anwendbar. Für die Einzelwertanalyse gilt das gleiche. Andererseits kann eine Vielzahl von charttechnischen Analysemethoden sowohl hier, wie auch dort eingesetzt werden. Deshalb werden im Folgenden jene Methoden dargestellt, die sich besonders gut zur Gesamtmarktanalyse eignen bzw. regelmäßig zur Gesamtmarktanalyse eingesetzt werden.

4.4.3.2.1 Die Dow Theorie

Die Chartanalyse findet ihren eigentlichen Ursprung in der nach dem Begründer des Wall Street Journal benannten Dow Theorie. Charles H. Dow wollte durch die Entwicklung von Aktienindizes die wirtschaftliche Entwicklung veranschaulichen. Anhand des von ihm und Edward C. Jones entwickelten Dow Jones Index, meinte Dow wiederkehrende Kursbewegungen zu erkennen. Diese wiederkehrenden Kursbewegungen werden als Trends bezeichnet, die gemäß der Dow Theorie drei Ausprägungen annehmen können. Dow beschreibt seine Erkenntnis wie folgt: "The market is always to be considered as having three movements, all going at the same time. The first is the narrow movement from day to day. The second is the short swing, running from two weeks to a month or more; the third is the main movement, covering at least four years in its duration."[108] Die benannten drei Trends werden inzwischen als 'Major-, Secondary- und Tertiär-Trend' bezeichnet. In ihrer klassischen Form bezieht sich die Dow Theorie auf den Dow Jones

---

[108] Vgl. **Hamilton, W.P.**, The Stock Market Barometer, New York 1960, S. 30, zitiert bei **Cohen et al.** (1987), S. 282.

Index.[109] Daraus wird die Gesamtmarktorientierung der Dow Theorie erkennbar. Das Anwendungsziel der Dow Theorie besteht in der frühzeitigen Erkennung von Primär- und Sekundärtrends und insbesondere in der Aufspürung von Trendumkehrungen. Tertiärtrends sind demgegenüber zufällige Schwankungen, die nicht gewinnbringend genutzt werden können.[110]

Der Primärtrend darf nicht mit dem sog. Basistrend verwechselt werden. Unter dem Basistrend versteht man den langfristigen Wachstumspfad einer Kursbewegung.[111] Das Wort "langfristig" ist dabei als Zeitraum zu klassifizieren, der nicht unter 50 Jahren liegt. Beim Dow Jones Index erstreckt sich der Basistrend inzwischen auf ca. 90 Jahre. Ursächlich für diesen aufwärtsgerichteten Basistrend dürfte neben der Inflationsentwicklung insbesondere auch der technische Fortschritt sein.[112]

Demgegenüber kann der Primärtrend als Hausse- oder Baissephase bzw. als Bull- oder Bearmarket gekennzeichnet werden. Innerhalb solcher Hausse- und Baissephasen kommt es gemäß der Dow Theorie zu überlagernden Sekundärtrends. Als neuralgischer Punkt ist das Erkennen von Trendumkehrungen anzusehen. Es stellt sich deshalb die Frage, wann ein Baissetrend in einen Haussetrend übergeht. Ein Wechsel vom Abwärts- zum Aufwärtstrend liegt gemäß der Dow Theorie vor, wenn ein neuer Tiefpunkt höher liegt als ein alter Tiefpunkt und der sich anschließende Hochpunkt über dem vorangegangenen Hochpunkt liegt. In umgekehrter Weise ergibt sich ein Wechsel vom Aufwärts- zum Abwärtstrend. Die folgende Graphik veranschaulicht die beiden Möglichkeiten einer Trendumkehr.

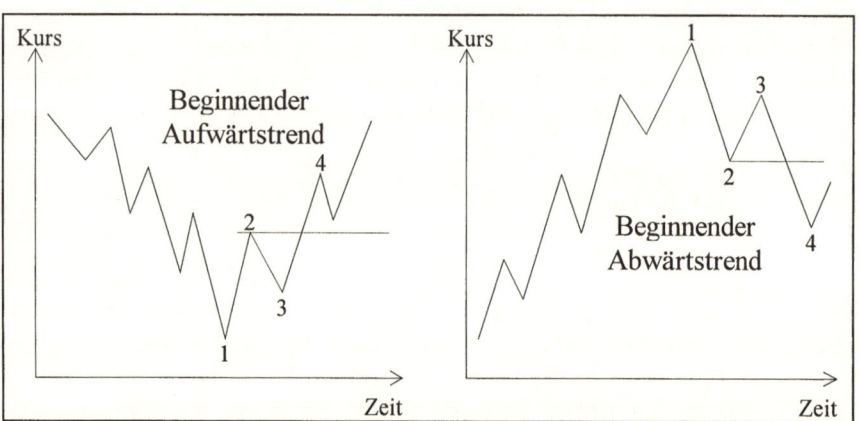

Abbildung 4.26: Trendumkehrformationen der Dow Theorie

---

[109] Der Dow Jones Index besteht aus drei Teilindizes, dem Industie-, dem Transport- und dem Versorgungswerteindex.

[110] Aus diesem Grund werden bei P&F-Charts geringfügige Kursveränderungen gar nicht erst eingezeichnet.

[111] Eine Berücksichtigung des Basistrends findet z.B. in der submartingalen Form der Random Walk Hypothese statt. Siehe dazu den Abschnitt über die Random Walk-Hypothese.

[112] Vgl. **Perridon/Steiner** (2002), S. 244.

In dem linken Diagramm findet ein Trendwechsel von Baisse zu Hausse statt, denn Punkt 3 liegt über Punkt 1 und Punkt 4 über Punkt 2. Mit dem Erreichen der gestrichelten Linie ist die Trendumkehr vollzogen. Der im rechten Diagramm dargestellte beginnende Abwärtstrend kann ebenfalls mit dem Erreichen der gestrichelten Linie als vollzogen angesehen werden.

Obwohl die klassische Dow Theorie die Gesamtmarktentwicklung im Visier hat, ist eine Übertragung auf die Kursverläufe einzelner Aktien leicht möglich. Anleger, die aufgrund der Dow Theorie Anlageentscheidungen treffen wollen, müssen sich allerdings darüber im klaren sein, dass die Prämisse von sich im Zeitablauf wiederholenden Kursverläufen erfüllt sein muss. Mit der Dow Theorie ist auch die Gefahr verbunden, signifikante Gewinne zu verpassen, weil die eine Trendumkehr bestätigenden Signale recht spät in einem Börsenzyklus liegen können.

4.4.3.2.2 Advance-Decline-Linie

Im Gegensatz zur Dow Theorie knüpft die Advance-Decline-Linie (ADL) nicht an einen Kursindex an. Gedacht ist die ADL als komplementäre Ergänzung der Trendaussagen eines Kursindex. Aktienindizes können z.B. auch dann noch steigen, wenn die Mehrzahl der in ihnen enthaltenen Werte bereits fallen. Dies ist möglich, falls einige im Index hoch gewichtete Aktien noch im Steigen begriffen sind und somit das Fallen der Mehrzahl der Aktien kompensieren. Mit Hilfe der ADL erhält der Analyst einen mengenmäßigen Eindruck von der Marktentwicklung, während der Aktienindex einen wertmäßigen Eindruck vermittelt.[113] Der ADL wird von Anhängern der technischen Analyse eine sehr hohe Bedeutung eingeräumt.[114] Nicht zuletzt können anhand der ADL Aussagen über die Breite einer Kursbewegung abgeleitet werden. Die Nachhaltigkeit einer Kursbewegung wird um so größer angesehen, je breiter diese Bewegung fundiert ist. Es ist durchaus vorstellbar, dass ein Index (wertmäßige Erfassung) steigt, obwohl die Mehrzahl der Indexwerte fällt (mengenmäßige Erfassung).

Zur Konstruktion der ADL wird die Anzahl der im Vergleich zum vorangegangenen Börsentag gestiegenen und gefallenen Aktien verwendet. Der erste Wert der Linie kann frei gewählt werden. Durch die Subtraktion der Anzahl im Kurs gefallener Aktien von der Anzahl im Kurs gestiegener Aktien erhält man den zweiten Wert. Allerdings muss die sich ergebende Differenz zu dem Vortagswert addiert, oder von diesem subtrahiert werden. Durch die Bildung der kumulierten Differenz wird die Zeitreihe schließlich fortgeschrieben.[115]

Das Vorgehen zur Ermittlung der ADL sei beispielhaft am DAX 100 dargestellt. Das Ausgangsniveau sei mit 100 angesetzt. Am ersten Tag der Berechnung sind 45 der 100 im Index vertretenen Aktien gestiegen, während 30 Titel gefallen sind (25 Aktien wiesen keine Kursveränderung auf). Durch Subtraktion ergibt sich der Wert von +15, der zu dem Ausgangswert von

---

[113] Zur Advance-Decline-Linie vgl. **Lerbinger** (1986), S. 140 f.
[114] Vgl. **Gayed** (1990), S. 307.
[115] Im angelsächsischen Schrifttum wird z.T. synonym auch der Ausdruck 'Breadth of the Market' verwendet, vgl. **Cohen et al.** (1987), S. 255 ff.

100 addiert werden muss. Daraus ergibt sich der ADL-Wert von +115. Am nächsten Tag steigen 37 und fallen 43 Aktien im Kurs. Die Differenz von -6 wird mit der Vortagswert von +115 kumuliert, so dass der ADL-Wert +107 beträgt. Am darauf folgenden Tag steigen 41 und fallen 38 Aktien. Der ADL-Wert erhöht sich um die Differenz von +3 auf +110. Die Ergebnisse für einen Zeitraum von zwei Wochen sind in Tabelle 4.17 dargestellt.

Die Beobachtung der ADL geschieht parallel zur Beobachtung des Index. Entwickeln sich beide Werte parallel, so ist die ADL stets als Bestätigung des durch den Index angezeigten Trends zu deuten. Weichen hingegen Index- und ADL-Entwicklung voneinander ab, so kommt den Aussagen der ADL besondere Bedeutung zu. Dabei sind zwei Fälle zu unterscheiden: Entweder der Index steigt, während die ADL fällt, dann ist mit einem zukünftigen Fall des Gesamtmarktes zu rechnen. Oder die ADL steigt, derweil der Index zurückgeht, dann deutet diese Konstellation auf ein bevorstehendes Ansteigen des Gesamtmarktes hin.

	Gestiegen	Gefallen	Unverändert	Differenz	ADL Wert
Basis:					100
1. Tag	45	30	25	15	115
2. Tag	37	43	20	-6	109
3. Tag	41	38	21	3	112
4. Tag	44	29	27	15	127
5. Tag	36	54	10	-18	109
6. Tag	38	38	24	0	109
7. Tag	46	35	19	11	120
8. Tag	39	43	18	-4	116
9. Tag	42	38	20	4	120
10 Tag	47	33	20	14	134

Tabelle 4.17: Berechnung der Advance-Decline-Linie

4.4.3.2.3 Unterstützungs- und Widerstandslinien

Aufgrund ihrer einfachen Handhabung sind Unterstützungs- und Widerstandslinien bei Chartanalysen häufig anzutreffen. Eine Unterstützungslinie liegt vor, wenn sich in einer Abwärtsbewegung eine Kursniveau herauskristallisiert, das trotz mehrerer Versuche offenbar nicht nach unten durchbrochen werden kann. Umgekehrt wird von einer Widerstandslinie gesprochen, falls die Überwindung eines bestimmten Kursniveaus innerhalb eines Aufwärtstrends trotz mehrfacher Anläufe nicht gelingen will. Die zusätzliche Betrachtung der jeweiligen Umsätze ist sinnvoll, da hieraus Aussage über das Marktverhalten bei den entsprechenden Preispunkten abzuleiten sind. Beide genannten Linienarten sind der Abbildung 4.27 zu entnehmen.

Die Diagnose von Widerstands- und Unterstützungslinien ist gemäß den Anhängern der technischen Analyse aus zweierlei Gründen bedeutsam. Erstens, weil sie Hinweise bezüglich des Kurspotentials nach unten (Unterstützungslinien) und nach oben (Widerstandslinien) liefern können. Zum zweiten, weil Widerstandslinien nach einem signifikanten Durchbrechen der Linie sich als künftige Unterstützungslinien erweisen können. Für Unterstützungslinien gilt, dass aus diesen Widerstandslinien werden können, falls die Unterstützungslinie signifikant durchbrochen wird. Für das Bestehen von Widerstands- und Unterstützungslinien werden von Chartisten psychologische Gründe ins Feld geführt.[116] Insbesondere können an der entsprechenden Preispunkten Kauf- bzw. Verkaufslimite der Marktteilnehmer liegen.

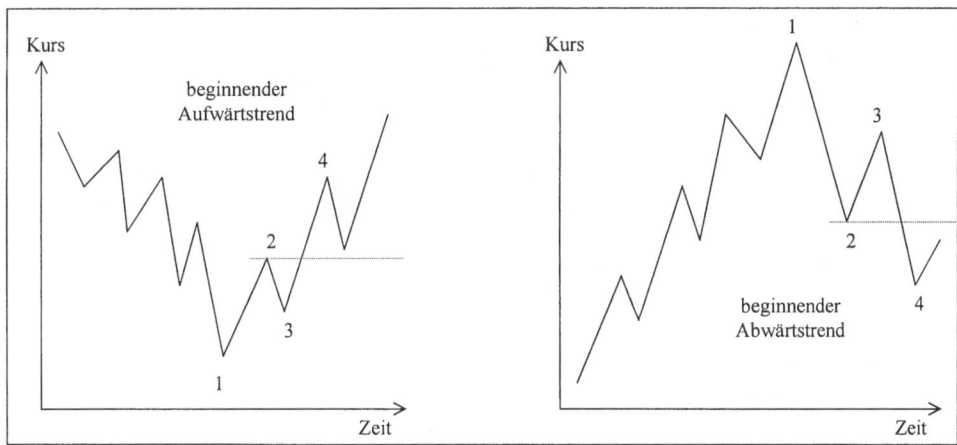

Abbildung 4.27: Widerstands- und Unterstützungslinien

Würden alle Marktteilnehmer an die Existenz von Widerstands- und Unterstützungslinien glauben, dann wäre das Konzept ad absurdum geführt. Denn sollte z.B. der Bayer Aktie eine Widerstandslinie bei 40,-- EUR zugemessen werden können, dann würde kein Anleger die Aktie für 39,-- EUR kaufen wollen, da die Gewinnmöglichkeit im Vergleich zum Verlustrisiko zu gering ist. Folglich läge die Widerstandslinie schon bei 38,-- EUR. Wenn die Widerstandslinie aber schon bei 38,-- EUR erreicht ist, wird kein Anleger bereit sein, auch nur 37,-- EUR für die Aktie zu bezahlen. Entsprechend ließe sich das Beispiel fortführen.[117]

Darüber hinaus leidet das Konzept der Unterstützungs- und Widerstandslinien an klarer zeitlicher und intensitätsmäßiger Bestimmtheit. Es besteht deshalb die Gefahr einer willkürlichen Anwendung.[118]

4.4.3.2.4 Elliot-Wellen-Theorie

Die Grundidee der Elliot-Wellen-Theorie besteht in dem Glauben an empirisch beobachtbare wiederkehrende Verlaufsmuster des Aktienmarktes.[119] Ralph Nelson Elliot glaubte an einen

---

[116] Vgl. dazu im einzelnen **Welcker** (1991), S. 107 ff. und **Perridon/Steiner** (2002), S. 254 f.
[117] Vgl. **Bodie et al.** (1989), S. 347.
[118] Vgl. **Stöttner** (1989), S. 209.
[119] Vgl. zur Elliot-Wellen-Theorie **Frost/Prechter** (1989), S. 23 ff.

naturgesetzlichen Verlauf von Aktienkursen, der einem wellenartigen Schema folgt. Dieser Theorie zufolge besteht ein Zyklus aus acht Wellen. Fünf dieser Wellen werden als Impulswellen, drei als Korrekturwellen bezeichnet. Die Impulswellen setzen sich ihrerseits aus fünf Wellen zusammen, von denen in einem Haussezyklus drei aufwärts und zwei abwärts gerichtet sind. Demgegenüber bestehen die Korrekturwellen lediglich aus drei Wellen.

Das Grundmuster einer solchen Wellenbewegung in einem Haussezyklus ist in Abbildung 4.28 dargestellt. Beim Baissezyklus verläuft das Wellenschema im Prinzip analog, allerdings sind die Impulswellen abwärts und die Korrekturwellen aufwärts gerichtet.

Die Impulswellen werden üblicherweise mit Ziffern und die Korrekturwellen mit Buchstaben bezeichnet. Der dargestellte Aufwärtszyklus kann seinerseits als Teil einer größeren Aufwärtswelle gedeutet werden. In dieser Interpretation werden durch den aufgezeigten Zyklus die ersten zwei Wellen des größeren Zyklus dargestellt. Auf diese Weise entsteht ein Basismuster, das jeder Aktienbewegung zugrunde liegt. Jede einzelne Welle besteht mithin selbst aus dem Grundmuster der Wellenbewegung.

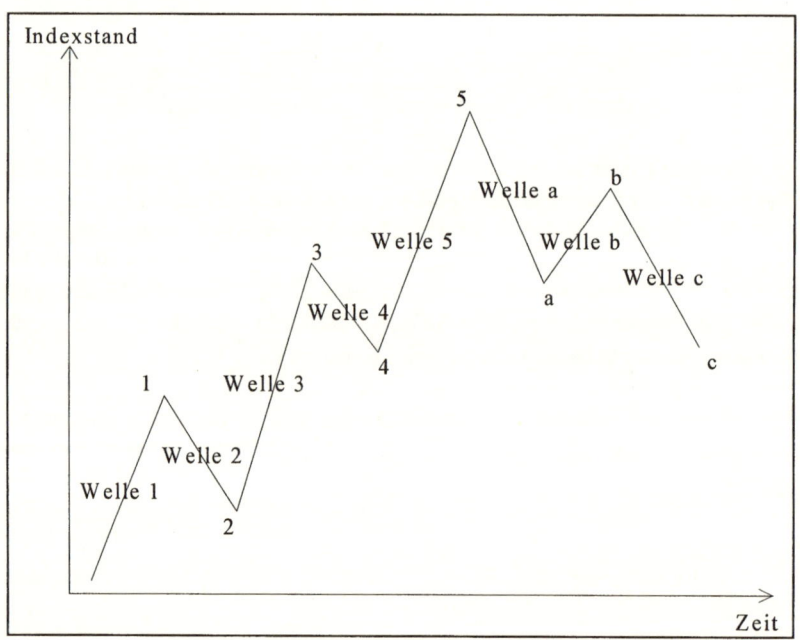

Abbildung 4.28: Prinzip der Elliot-Wellen-Theorie am Beispiel eines Haussezyklus

Die Elliot-Wellen-Theorie erinnert an die Dow Theorie, obwohl beide Theorien nicht zu verwechseln sind. Denn die Dow Theorie besitzt drei zeitlich und intensitätsmäßig klar abgegrenzte Trends, während die Elliot-Wellen-Theorie von acht Wellen ausgeht. Zeitliche Eingrenzungen bestehen dabei nicht.

Von entscheidender Bedeutung für die Anlagestrategie ist die Erkennung des Stadiums, in welchem sich der Gesamtzyklus des Marktes momentan befindet. Gelingt es einem Anleger anhand der Elliot-Wellen herauszufinden, in welcher großen Bewegung sich der Markt befindet, so lässt sich entsprechend disponieren. Problematisch ist jedoch das Erkennen der Formationen, denn die richtige Abzählung der Wellen ist nicht zweifelsfrei möglich. Angesichts der möglichen vielschichtigen Überlagerungen von Wellen kann es zur Verwirrung über die Wellen kommen.

4.4.3.2.5 Gleitende Durchschnittslinien

Um besser zwischen echten Trends und nur zufälligen Schwankungen unterscheiden zu können, verwendet die technische Analyse gleitende Durchschnittslinien. Diese werden als arithmetisches Mittel aus einer bestimmten Anzahl von Kursen der Vergangenheit berechnet. Der letzte Wert der Durchschnittslinie wird in den Chart so eingezeichnet, dass er mit dem aktuellsten in die Berechnung eingeflossenen Kurs zeitlich übereinstimmt. Die 200-Tage-Linie errechnet z.B. den durchschnittlichen Indexwert der letzten 200 Tage. Aufgrund seiner Berechnung als arithmetischer Mittelwert reagiert der gleitende Durchschnitt je nach Länge der Betrachtungsperiode langsam oder schnell auf Marktänderungen. Je größer die Anzahl der zur Mittelwertberechnung herangezogenen Kurse ist, desto langsamer reagiert der gleitende Durchschnitt auf Trendveränderungen. Bei Langfristcharts wird deshalb regelmäßig mit der 200-Tage-Linie gearbeitet, während Kurzfristcharts oft die 30-Tage-Linie verwenden. Eine objektive Bestimmung der richtigen Anzahl von Kursen zur Berechnung des gleitenden Durchschnitts ist nicht möglich.

In der Chartanalyse sind gleitende Durchschnitte leicht handhabbar, da sie die Eigenschaft besitzen, bei steigendem Kursverlauf unterhalb und bei fallendem Kursverlauf oberhalb der Kurslinie zu verlaufen. Kommt es zu einem Trendwechsel, so müssen sich beide Linien notwendigerweise schneiden.[120]

Als Handlungsregel kommt die Methode der gleitenden Durchschnittslinie zur Anwendung, falls sich der Marktindex und der gleitende Durchschnitt schneiden. Dabei treten zwei Möglichkeiten auf. Entweder der Markt durchschneidet den gleitenden Durchschnitt von unten nach oben, oder aber von oben nach unten. Der Vorgang des Überschneidens muss dabei signifikant sein, d.h. die Unter- oder Überschreitung des gleitenden Durchschnitts muss ein prozentuales Mindestniveau aufweisen. In diesem Fall stellt ein Durchstoßen des gleitenden Durchschnitts von oben nach unten ein Verkaufssignal dar, während ein Durchstoßen von unten nach oben ein Kaufsignal bedeutet. Lerbinger macht sogar die Einschränkung, dass die genannten Regeln nur bei Vorliegen einer nahezu horizontalen Durchschnittslinie ausgeführt werden sollten.[121]

---

[120] Vgl. **Welcker** (1991), S. 48.
[121] Vgl. **Lerbinger** (1986), S. 142 ff.

Ein Problem besteht bei den gleitenden Durchschnitten in der verzögerten Reaktionszeit gegenüber Indexänderungen. Abhängig von der Intensität der Indexänderungen und der Anzahl der für die Durchschnittsberechnung verwendeten Kurse, kann eine Indikation der Trendumkehr durch den gleitenden Durchschnitt einige Zeit dauern. Somit verpasst der Anleger im Fall einer Aufwärtsbewegung möglicherweise eine großen Teil des Zyklus. In einer Abwärtsbewegung kommt das Ausstiegssignal recht spät, so dass längst beträchtliche Verlust angefallen sein können. Des Weiteren erweist sich die Methode bei hoher Volatilität und gleichzeitig sich ständig umkehrender Marktrichtung als untauglich. Eine derartige Kursentwicklung wird im anglo-amerikanischen Sprachraum als Whipsaw-Effekt bezeichnet. Wie bei einer Schrotsäge erfolgt abwechselnd eine Bewegung in die eine und dann wieder in die andere Richtung.

Ferner ist die Anzahl der einbezogenen Börsentage willkürlich. Es lässt sich theoretisch nicht begründen, warum z.B. der 200-Tage-Durchschnitt von besonderer Bedeutung sein soll.

4.4.3.2.6 Momentum

In der Betrachtung des Momentums besteht für Chartanhänger die Chance der rechtzeitigen Erkennung einer Trendumkehr. Das Momentum misst die Kraft eines Kurszyklus, indem die Zuwachsraten der Kurse betrachtet werden. Typischerweise sind die Zuwachsraten in Kurszyklen gerade am Anfang sehr hoch, während am Ende der Bewegung nur noch bescheidene Zuwächse erzielt werden können. Von einem positiven Momentum wird gesprochen, solange überhaupt ein Kurszuwachs besteht. Bei zurückgehenden Kursen wird hingegen von einem negativen Momentum gesprochen. Das Momentum selber wird in einen Chart eingetragen, der als Abszisse wie üblich die Zeitachse und als Ordinate die Wertskala besitzt. Die Wertskala nimmt Werte oberhalb und unterhalb von null an. Ein Momentum von null bedeutet, dass keine Kursänderung stattgefunden hat. Der Verlauf eines Momentum-Charts ist in Abbildung 4.29 am Beispiel des DAX exemplarisch dargestellt.

Zwei unterschiedliche Arten der Berechnung des Momentums sind möglich.[122] Zum einen lässt sich das Momentum als absoluter Wert durch die Bildung der Kursdifferenz zwischen dem letzten und dem vorangegangenen Kurs bestimmen. Der zeitliche Abstand zwischen den Kursen kann stündlich, täglich, wöchentlich usw. liegen. Somit lautet die Berechnungsformel für das Momentum (M_t):

$$M_t = K_t - K_{t-1}.$$

Anhand dieser Formel wurde das obige DAX-Momentum errechnet. Alternativ lässt sich das Momentum als relative Kursveränderung darstellen. Dann ergibt sich:

$$M_t = \frac{K_t}{K_{t-1}} - 1.$$

---

[122] Vgl. **Loistl** (1992), S. 122.

Von Bedeutung ist das Momentum aufgrund seiner Eigenschaft als sehr frühzeitiger Trendindikator. Denn bei einem positiven Momentum ergibt sich bereits eine fallende Momentumkurve, bevor der Wendepunkt der Kurslinie erreicht ist. Folgende Chartregel liegt der Momentumanalyse zugrunde: Je geringer der Kurszuwachs im Zeitablauf ist, desto näher (zeitlich) liegt das Maximum einer Aufwärtsbewegung. Ist das Maximum eines Kurszyklus überschritten, dann rückt die Trendumkehr immer näher. Analoges gilt für einen Abwärtszyklus.

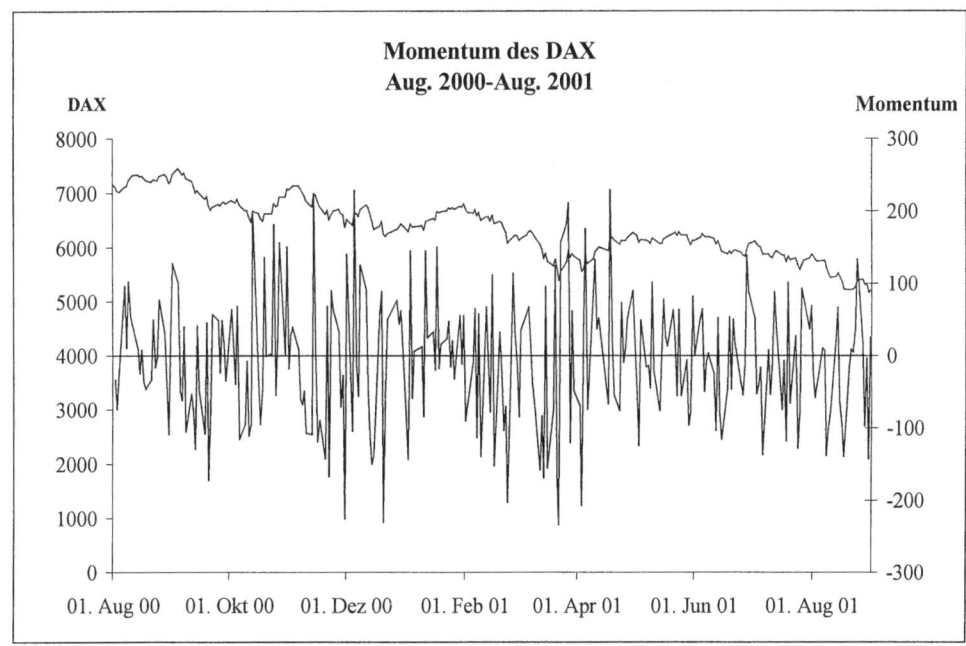

Abbildung 4.29: Momentumdarstellung beim DAX

Solange sich das Momentum im positiven Bereich befindet, liegen noch absolute Kursgewinne vor. Die fallende positive Momentumkurve weist jedoch auf ein Ende der Aufwärtsbewegung hin. Sobald die Momentumkurve die Nulllinie durchbricht, hat sich die Trendumkehr vollzogen. Umgekehrt fängt eine im negativen Bereich befindliche Momentumkurve bereits an zu steigen, wenn die Intensität der Kursverluste nachlässt. Die Abszisse wird geschnitten, sobald eine Aufwärtsbewegung der Kurse einsetzt.

Als ausschließlicher Indikator der Marktentwicklung ist das Momentum nicht geeignet. Beispielsweise vernachlässigt das Momentum die Existenz etwaiger Unterstützungs- und Widerstandslinien. Ferner können Verzerrungen durch unbereinigte extreme Kursausschläge auftreten.[123] Ein Glättung des nicht normierten Wertebereichs könnte hier Abhilfe schaffen.

---

[123] Vgl. **Loistl** (1992), S. 123.

4.4.3.2.7 Trendlinien und -kanäle

Trendlinien sind alternativ zu gleitenden Durchschnitten und Widerstands- bzw. Unterstützungslinien ein weiteres Instrument zur Diagnose des vorherrschenden Kurstrends. Untere Trendlinien entstehen, indem ein Kurstief mit einem höherliegenden Kurstief verbunden wird. Bei oberen Trendlinien werden zwei Hochpunkte verbunden. Verlaufen die obere und die untere Trendlinie parallel, was bei Kursbewegungen, die nach unten und oben ungefähr den gleichen Ausschlag besitzen, der Fall ist, so spricht man von einem Trendkanal. Schneidet die Kurskurve eine Trendlinie so wird dies als Chartsignal gedeutet. Wird eine untere Trendlinie durchbrochen, dann kann mit einem weiteren Abwärtstrend gerechnet werden. Wird hingegen eine obere Trendlinie durchbrochen, so deutet dies auf ein weiteres Ansteigen der Kurse hin.[124] In Abbildung 4.30 ist ein Trendkanal beim S&P500 Index eingezeichnet.

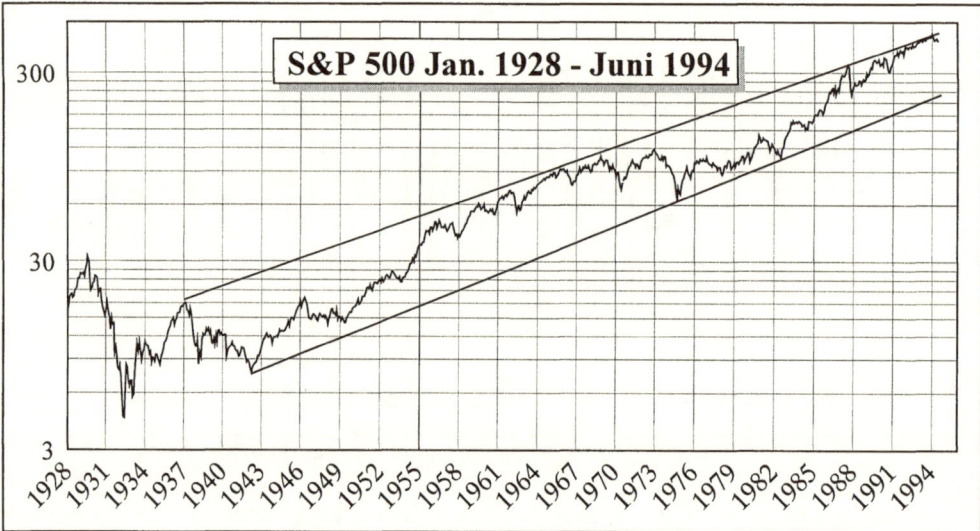

Abbildung 4.30: S&P 500 Langfrist-Indexchart des S&P 500 mit eingezeichnetem Trendkanal

Wie der Graphik zu entnehmen ist, befindet sich der S&P 500 in einem sehr langfristigen aufwärtsgerichteten Trendkanal. Angesichts der Breite des eingezeichneten Trendkanals ist der Chart zum Abgeben von Kaufempfehlungen allerdings ungeeignet. Denn der vertikale Abstand der einzelnen Trendlinien ist prozentual gesehen dermaßen groß, dass stärkere Verluste drohen, falls ein falscher Einstiegszeitpunkt gewählt wird.

Der besondere Nutzen von Trendlinien und -kanälen liegt in der frühzeitigen Erkennung derselben. Sobald der Anleger merkt, dass sich ein Kurs in einem Trendkanal befindet, kann er daraus Handlungen ableiten. Nach der Identifizierung eines Trendkanals ergibt sich die Möglichkeit, jeweils zu kaufen (verkaufen), wenn der Kurs an der unteren (oberen) Trendlinie liegt.

---

[124] Vgl. **Gayed** (1990), S. 79 f.

4.4.3.2.8 Sonstige Chartindikatoren

Neben den dargestellten Analyseinstrumenten der technischen Analyse existiert noch eine Vielzahl weiterer Konzepte. Hier werden lediglich die Put-Call-Ratio, der Oszillator, die Stochastik und der Odd-Lot-Indikator kurz dargestellt.

a) Die Put-Call-Ratio misst das Verhältnis von gehandelten Puts zu gehandelten Calls am Terminmarkt. Wird pro Call mehr als ein Put gehandelt, so liegt die Put-Call-Ratio oberhalb von eins. Verwendung findet die Put-Call-Ratio als Indikator für die Stimmung des Marktes und wird deswegen auch als Sentiment-Indikator bezeichnet. Eine hohe Put-Call-Ratio ist ein Zeichen für vorhandenen Pessimismus im Markt. Allerdings dient die Put-Call-Ratio als sogenannter Kontra-Indikator, d.h. eine pessimistische Stimmung wird positiv gedeutet. Umgekehrt verheißt eine niedrige Put-Call-Ratio Optimismus, der entsprechend als Verkaufssignal gedeutet werden soll. Allerdings stellt sich bei der Put-Call-Ratio das Problem, dass Optionen nicht nur aus spekulativen Gründen gehandelt werden. Viel mehr spielen Absicherungs- und Arbitragegründe ebenfalls eine wichtige Rolle. Zur Messung der Stimmungslage eignen sich daher nur jene Optionen, die aus Spekulationsgründen gehandelt werden.

b) Oszillatoren sind ihrem Erscheinungsbild nach mit Momentumkurven vergleichbar und dienen als Indikator für die Marktdynamik. Inhaltlich bildet sich ein Oszillator als Differenz aus zwei gleitenden Durchschnitten.[125] Durch die Verwendung von Durchschnittslinien können kurzfristige Trends eliminiert werden, so dass ein unverzerrtes Bild entsteht. Dabei wird der eine gleitende Durchschnitt aus nur wenigen Kursen (ca. 3-10) gebildet, während der andere gleitende Durchschnitt aus einer größeren Anzahl von Kursen (K_i) gebildet wird. Angesichts der geringeren Glättung reagiert der gleitende Durchschnitt niedrigerer Ordnung schneller auf Kursveränderungen. Die Berechnung eines kurzfristigen Oszillators (Short-Range-Oscillator SRO) könnte etwa folgendes Aussehen besitzen:[126]

$$SRO = \frac{1}{5} \sum_{i=t-4}^{t} K_i - \frac{1}{38} \sum_{i=t-37}^{t} K_i \quad \text{für } t = 38...T \text{ (Zeitraum)}.$$

Dabei beschreibt die erste Summe den kurzfristigen gleitenden Durchschnitt, während die zweite Summe den längeren gleitenden Durchschnitt darstellt. In dem Beispiel ist die Differenz zwischen dem 5-Tage-Durchschnitt und dem 38-Tage-Durchschnitt gewählt worden. Der Oszillator kann Werte unter und über null annehmen. Über null liegt der Wert, falls der kürzere gleitende Durchschnitt größer ist als der längere. Generell lässt sich sagen, dass ein oberhalb der Zeitachse liegender Oszillator einen unterhalb der Trendlinie liegenden Kurs signalisiert und umgekehrt. Chartsignale gehen von Oszillatoren immer dann aus, wenn die Abszisse geschnitten wird, denn in diesem Fall signalisiert der Oszillator eine Trendumkehr.

---

[125] Vgl. **Loistl** (1992), S. 126 ff.

[126] Vgl. **DVFA** (1991), S. 21.

c) Als spezieller Oszillator kann die Stochastik angesehen werden, die ebenfalls als ein Maß für die Marktdynamik eingesetzt wird. Allerdings reagiert die Stochastik sehr kurzfristig auf Marktänderungen. Der Stochastik liegt die Überlegung zugrunde, dass in Aufwärtstrends die Schlusskurse zu ihren Höchstkursen tendieren, während in Abwärtstrends die Schlusskurse zu ihren Tiefstkursen tendieren. Die Stochastik setzt sich aus zwei Linien, der %K-Linie und der %D-Linie, zusammen. Zur Berechnung der %K-Linie werden für ein kurzes Zeitintervall (z.B. 10 Tage) der letzte (L), der höchste (H) und der tiefste (T) Kurs verwendet.

$$\%K = 100 \ \frac{L-T}{H-T}.$$

Die %D-Linie wird als geglätteter Durchschnitt der %K-Linie berechnet und erweist sich deshalb als weniger reagibel gegenüber Kursbewegungen. Je nach Wahl des Zeitraums (z.B. zehn Tage) kann auf die Kursreagibilität der %D-Linie Einfluss genommen werden.[127]

Die errechneten Prozentwerte erlauben eine auf Erfahrungswerten basierende Festsetzung von Überkauft- und Überverkauftbereichen. Als Chartregel gilt, dass ein Schnittpunkt von %K-Linie und %D-Linie im Overbought-Bereich ein Verkaufssignal darstellt. Im Oversold-Bereich hingegen indiziert der Schnittpunkt ein Kaufsignal.

d) Zu den Kontra-Indikatoren zählt neben der Put-Call-Ratio auch der Odd-Lot-Indikator.[128] Unter einem Odd-Lot versteht man eine Anzahl gehandelter Aktien, die nicht den im variablen Handel anzutreffenden Standardisierungen entspricht. Ein Round-Lot beträgt in Deutschland 50 Aktien oder ein Vielfaches davon. Kleinanleger kaufen aufgrund des erforderlichen Kapitaleinsatzes häufig geringere Mengen als 50 Aktien. Mit Hilfe des Odd-Lot-Indikators wird gemessen, wie die Kleinanleger bezüglich des Marktes oder einzelner Aktien eingestellt sind. Da es sich um einen Kontra-Indikator handelt, lautet die Empfehlung der Chartisten, jeweils das Gegenteil dessen zu tun, was die Kleinanleger unternehmen. In Deutschland ist die Methode allerdings nicht anwendbar, da angesichts der Abrechnung kleinerer Orders zu Kassakursen beim Kursmakler keine Erfassung der Kauf- und Verkaufszahlen möglich ist.

4.4.3.3 Einzelwertanalyse

Die Methoden der technischen Analyse eignen sich zumeist sowohl für eine Gesamtmarkt- als auch für eine Einzelwertanalyse. Gleitende Durchschnitte, Momentumkurven, Trendlinien, Unterstützungslinien usw. erfreuen sich beispielsweise auch im Bereich der Einzelwertanalyse einer breiten Anwendung. Auf die nochmalige Darstellung kann hier deshalb verzichtet werden. Stattdessen werden unter der Überschrift "Einzelwertanalyse" solche Charttechniken diskutiert, die sich speziell für die Auswahl bzw. das Timing bei einzelnen Aktien eignen.

---

[127] Vgl. **DVFA** (1991), S. 27.
[128] Vgl. dazu ausführlich **Cohen et al.** (1987), S. 270 ff.

4.4.3.3.1 Relative Stärke

a) Die relative Stärke einer Aktie wird i.d.R. im Vergleich zum Gesamtmarkt gemessen.[129] Alternativ lässt sich die relative Stärke auch gegenüber einer Branche oder anderen Aktien bestimmen. Schließlich ist es auch denkbar, die relative Stärke von Branchen untereinander oder im Vergleich zum Gesamtmarkt zu untersuchen. Hinter dem Konzept der relativen Stärke steht die Frage, ob eine Aktie im Zeitablauf verhältnismäßig besser oder schlechter abschneidet als der Vergleichsmarkt. Chartanalysten werten eine ausgeprägte relative Stärke (Schwäche) von Aktien positiv (negativ) und leiten daraus Kaufsignale (Verkaufsignale) ab. Dies gilt allerdings nur, falls der allgemeine Markttrend bekannt ist. In diesem Fall versprechen Aktien mit ausgeprägter relativer Stärke einen überdurchschnittlichen Kurszuwachs in Aufwärtsbewegungen. Normiert man die Kursbewegung des Gesamtmarktes z.B. auf 100, dann gibt ein Wert der relativen Stärke von 103,75 an, dass die Aktie in dem Betrachtungszeitraum sich besser entwickelt hat als der Gesamtmarkt. Wird ein weiteres Ansteigen des Marktes erwartet, dann sollte diese Aktie gekauft werden.

b) Ein alternatives Konzept der relativen Stärke geht auf J. Welles Wilder Jr. zurück. Dabei steht nicht der Vergleich einer einzelnen Aktie mit dem Gesamtmarkt oder der Branche im Vordergrund. Es handelt sich viel mehr um ein Momentumkonzept, das jedoch eine bessere Interpretierbarkeit als das Momentum aufweist. Im Vergleich zu den Aussagen der Momentumkurve bietet der Ansatz zwei Verbesserungen.[130] Zum einen wird das Problem der ungeglätteten Kursausschläge beim Momentum durch die Verwendung einer größeren Anzahl an Kursen beseitigt. Zum zweiten führt Wilder eine Normierung des Wertebereichs durch, in dem der relative Stärke Index liegt. Auf diese Weise lassen sich die Werte der relativen Stärke bei verschiedenen Unternehmen vergleichen, was beim Momentum nicht möglich ist. Als Folge davon lässt sich der neutrale Wertebereich eines relative Stärke Index (RSI) besser objektivieren. Zur Berechnung des Index der relativen Stärke wird folgende Formel verwendet:

$$RSI = \frac{\text{Summierte Kursgewinne der letzten n Tage}}{\text{Summierte Kursgewinne der letzten n Tage} + \text{summierte Kursverluste der letzten n Tage}}$$

Hinsichtlich der in der Berechnungsformel vorkommenden Anzahl an Tagen herrscht keine Einheitlichkeit vor. Der gängigste Wert dürfte bei 14 Börsentagen liegen. Davon abweichende Zeiträume sind aber nicht unüblich. Die anhand der Formel errechneten Werte liegen zwischen 0 und 1. Sie können auch als Prozentwerte aufgefasst werden. Abbildung 4.31 zeigt die relative Stärke des DAX.

Für den Chartanalysten kommt es auf die Deutung des RSI-Wertes an. Werte zwischen 30 und 70 Prozent werden weithin als neutral angesehen, während darüber liegende (darunter liegende) Werte als Kaufsignal (Verkaufsignal) aufgefasst werden. Für die letztgenannten Wertebereiche haben sich die Begriffe Oversold- und Overboughtbereiche durchgesetzt.

---

[129] Vgl. **Welcker/Thomas** (1981), S. 99.

[130] Vgl. **Loistl** (1992), S. 124 f.

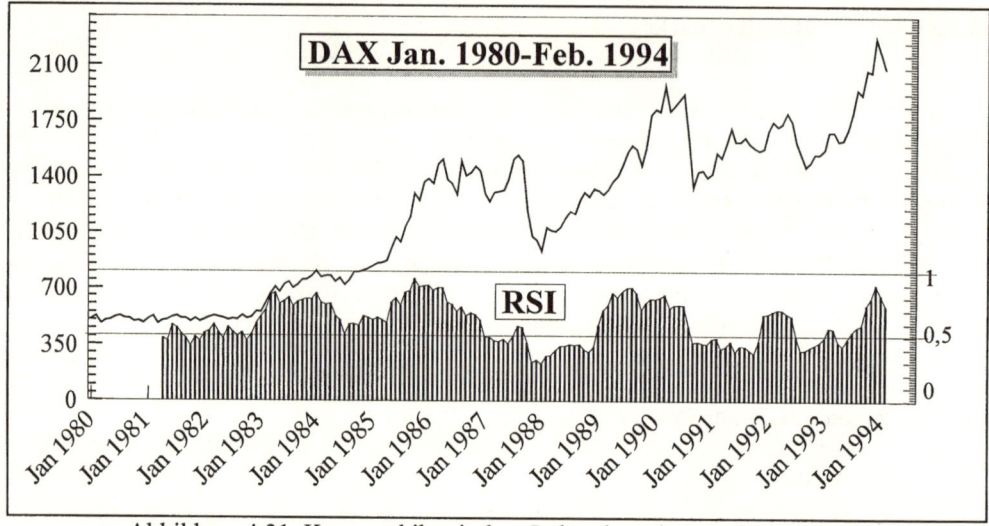

Abbildung 4.31: Kursgraphik mit dem Index der relativen Stärke (RSI)

4.4.3.3.2 Filterregeln

Die Anwendung von Filterregeln sieht vor, Aktien immer dann zu kaufen (verkaufen), nachdem sie einen bestimmten Prozentsatz an Wert gegenüber ihrem letzten Tiefpunkt (Hochpunkt) gewonnen (verloren) haben. Folglich fußt das Filter-Konzept auf der Hypothese, dass Trendwenden vollzogen sind, sobald sich der Kurs um einen signifikanten Prozentsatz in eine Richtung bewegt. Problematisch ist die Festlegung der Filterhöhe. Ein in der Anlagepraxis nicht selten anzutreffender Filtersatz dürfte bei ca. 5% liegen. Letztlich ist die Festlegung des Filtersatzes willkürlich.[131] Weitere Schwierigkeiten können auftreten, falls der Kurs einen Whipsaw-Effekt aufweist. In diesem Fall zeigt der Kursverlauf starke Ausschläge nach unten und nach oben, wobei jedoch beide Bewegungen alternierend vorkommen. Es kommt dann zu häufigen Chartsignalen, die in rascher Folge ihre Richtung ändern. Das Problem hängt mit der Verwendung von ungeglätteten Kursen zusammen. Deshalb gilt es zu erwägen, die Filtertechnik möglicherweise in Bezug auf gleitende Durchschnitte anzuwenden, z.B. auf den 20-Tage Durchschnitt.

Ihrem Wesen nach ähneln die Filterregeln der Stop-Loss- bzw. Start-Buy-Technik, da auch hier nach dem Erreichen eines bestimmten Kursniveaus ein Verkauf- bzw. Kaufsignal gegeben wird.

---

[131] Vgl. **Stöttner** (1989), S. 18.

4.4.3.3.3 Chart-Formationen

Innerhalb der Chartanalyse erfreuen sich sogenannte Formationen gewisser Verbreitung. Mit Formationen sind Kursbilder gemeint, die in ihrer Form einem Gegenstand aus dem täglichen Leben ähneln. Es wird ein Kausalzusammenhang zwischen der erkannten Formation und der daraus folgenden Kursentwicklung unterstellt. Unterschieden werden Formationen in Trendumkehr- und Trendbestätigungsformationen. Zu den Trendumkehrformationen zählen die M- bzw. W-Formation, die Untertassenformation, die Formation der umgekehrten Untertasse, die Kopf-Schulter-Formation und die V-Formation. Eine graphische Darstellung der genannten Formationen findet sich in Abbildung 4.32.

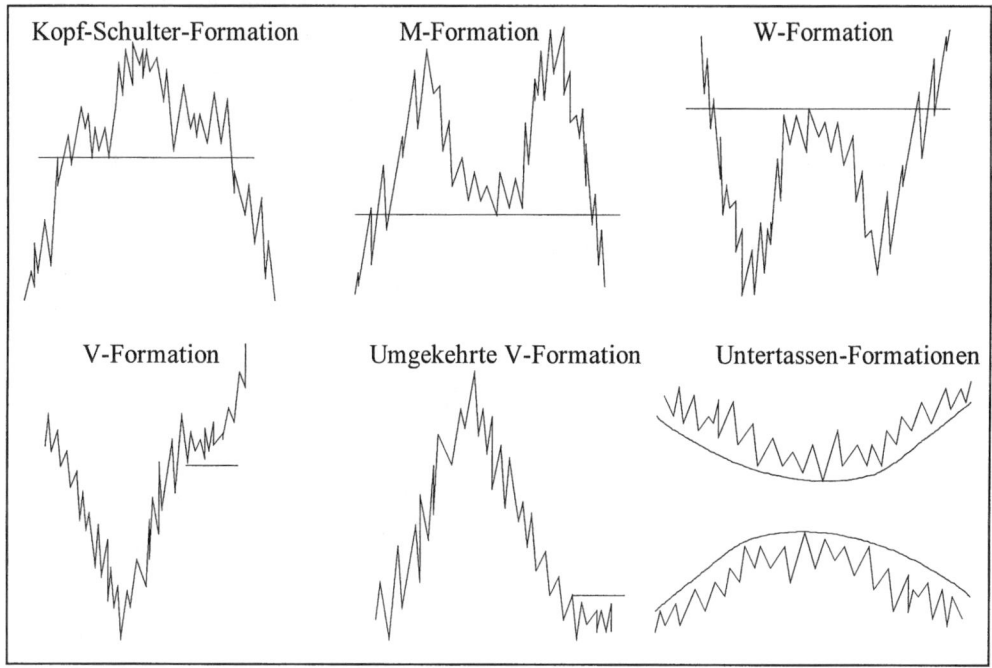

Abbildung 4.32: Schematische Darstellung von Trendumkehrformationen

a) M- bzw. W-Formation

Als Trendumkehrformationen sind die M- bzw. W-Formationen auch unter dem Namen Doppelhoch- bzw. Doppeltiefformation bekannt. Die M-Formation signalisiert einen Wechsel vom Aufwärts- zum Abwärtstrend. Es erfolgt zunächst ein Kursanstieg, auf den ein geringerer Kursabstieg folgt. Anschließend steigt der Kurs wieder, wobei idealerweise der Höchstkurs des vorangegangenen Anstiegs nicht überschritten wird. Fällt der Kurs dann unter die eingezeichnete Basislinie, so ist das Verkaufssignal vollendet. Wie für die meisten Formationen ist auch für die M- bzw. W-Formation die Umsatzentwicklung von einiger Bedeutung. Im Idealfall liegen die Umsätze während der Ausbildung der linken Spitze höher als bei der Ausbildung der rechten Spitze. Erst beim Durchbruch der Basislinie sollten die Umsätze wieder anziehen. Der Zeitraum zwischen den beiden Hochpunkten sollte mindestens einen Monat betragen.

Für die W-Formation gilt hinsichtlich der Umsätze und des Zeitraums die gleiche Konstellation. Bezüglich der Kursentwicklung entspricht die W-Formation einem umgedrehten M. Deshalb handelt es sich bei der W-Formation um einen Indikator, der eine Trendwende von einem Abwärts- zu einem Aufwärtstrend signalisiert.

b) Kopf-Schulter-Formation
Bei der Kopf-Schulter-Formation ist in dem betrachteten Chart eine symmetrische Figur zu erkennen, die einem Kopf mit zwei Schultern gleicht. Durch die Kopf-Schulter-Formation wird ein bevorstehender Abwärtstrend angezeigt. Werden die Tiefpunkte der Schultern durch eine Linie verbunden, so wird diese Linie Nackenlinie genannt. Ein Durchbrechen der Nackenlinie gibt das Verkaufssignal. Hinsichtlich der Umsatzentwicklung sollte die Formation von höheren Umsätzen auf der linken als auf der rechten Schulter begleitet sein. Lediglich beim Durchbruch der Nackenlinie sollten steigende Umsätze zu verzeichnen sein. Dies entspricht der angelsächsischen Chartweisheit "volume goes with the trend"[132]. Auch eine umgekehrte Kopf-Schulter-Formation ist denkbar. Sie deutet einen beginnenden Aufwärtstrend an. Deshalb sollten die Umsätze im Verlauf der Bildung dieser Formation zunehmen und bei dem Durchbruch der Nackenlinie hoch sein. Ein Kaufsignal erfolgt, sobald die Nackenlinie nach oben durchbrochen wird.

c) V-Formation
Liegt eine V-Formation vor, so schlägt ein vergleichsweise steiler Abwärtstrend in einen entsprechend starken Aufwärtstrend um. Im Gegensatz zu den oben genannten Formationen kommt es nicht zu zwischenzeitlichen Konsolidierungen. Der Abwärtstrend gleicht einem sogenannten wash-out , d.h. ein regelrechter Kurseinbruch findet statt. Der sich anschließende Kursaufschwung endet zunächst in einer Plattform, die sich aus einer Seitwärtsbewegung zusammensetzt. Eine Beendigung der Plattformbildung durch Kursausbruch nach oben bedeutet das Kaufsignal. Das Verlassen der Plattform sollte von anziehenden Umsätzen begleitet sein. Ebenso kann eine umgekehrte V-Formation auftreten. Diese ist als Verkaufssignal zu verstehen. Im Rahmen einer umgekehrten V-Formation kommt es zunächst zu einem starken Kursanstieg, dem ein nicht minder starker Kursverfall folgt. Im Anschluss an den Kursverfall bildet sich wieder eine Plattform, deren Verlassen nach unten das Verkaufssignal aussendet. Steigende Umsätze bei dem Ausbruch nach unten gelten als Bestätigung des Verkaufssignals.

d) Untertassenformation
Verwandt mit der V-Formation ist die Untertassenformation. Die Intensität der Kursbewegung differiert allerdings erheblich. Bei einer Untertasse geht ein abflauender Abwärtstrend allmählich in einen Aufwärtstrend über. Die Umsätze lassen mehr und mehr nach und beginnen erst wieder mit dem sich andeutenden Aufwärtstrend zu steigen. Zum Teil bildet sich auch analog zur V-Formation eine kleine Plattform, deren Verlassen nach oben als Kaufsignal zu bewerten ist. Die umgekehrte Untertasse stellt ein Verkaufssignal dar. Ein in seiner Dynamik nachlassender Kursaufschwung geht bei zunächst abnehmenden Umsätzen allmählich in einen Abschwung über. Der Ausbruch nach unten sollte durch anziehende Umsätze begleitet sein.

Zu den Trendbestätigungsformationen zählen mehrere Dreiecksformationen, Rechtecksformatio-

---

[132] **Welcker** (1991), S. 61.

nen, Keilformationen und Flaggen- bzw. Wimpelformationen. Allen Formationen ist gemeinsam, dass die bisherige Kursentwicklung durch einen Konsolidierungsprozess unterbrochen wird. Der Konsolidierungsprozess stellt eine Erholungs- und Korrekturphase zu hektischen und erratischen Ausschlägen dar. Gleichsam kann eine Konsolidierungsphase als das Kraftsammeln für eine Fortsetzung der begonnenen Entwicklung gedeutet werden. Die genannten trendbestätigenden Formationen, die alle Konsolidierungsformationen sind, werden in Abbildung 4.33 dargestellt.

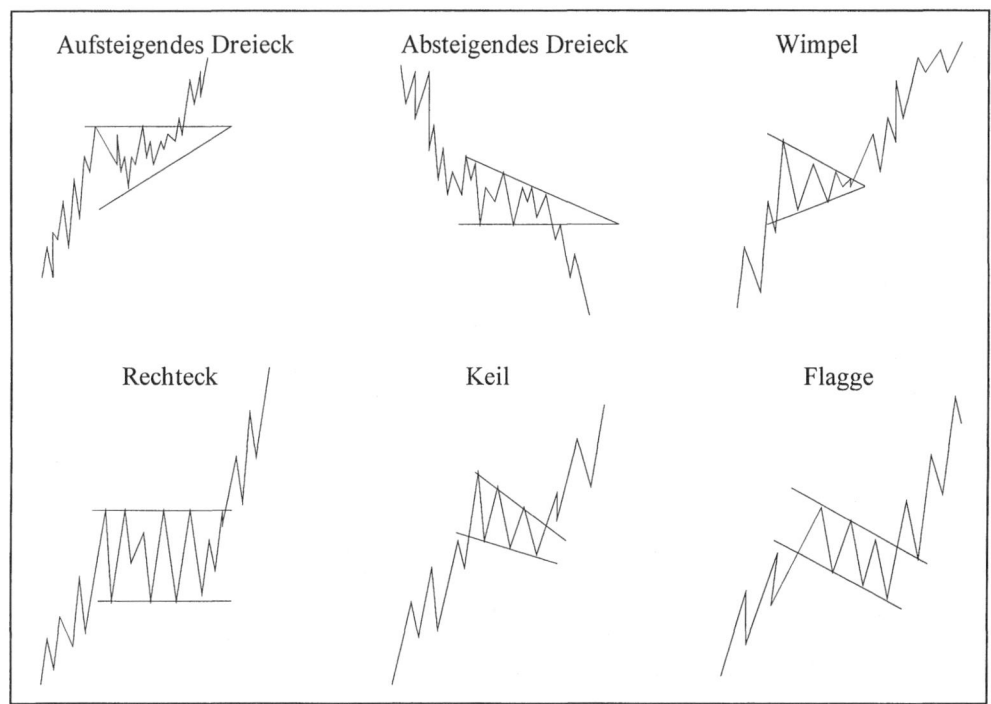

Abbildung 4.33: Schematische Darstellung von Trendbestätigungsformationen

a) Aufsteigendes und absteigendes Dreieck

Charakteristisch für aufsteigende Dreiecke ist die horizontale obere Linie, die von einer steigenden unteren Linie im Endpunkt berührt wird. In einem aufsteigenden Dreieck werden die Kursbewegungen immer geringer. Nach Vollendung von ca. zwei Dritteln der Formation sollte der Ausbruch nach oben erfolgen. Parallel sollten dabei hohe Umsätze zu beobachten sein.

Umgekehrt stellt sich der Sachverhalt bei absteigenden Dreiecken dar. Ein absteigendes Dreieck ist eine Konsolidierungsformation innerhalb eines Abwärtstrends. Die untere Linie verläuft waagerecht, während die obere Linie nach unten geneigt ist. Auch hier sollte der Kursausbruch nach unten nach einer Formationsvollendung zu zwei Dritteln erfolgen. Anziehende Umsätze während des Kursausbruchs werden als bestätigendes Signal gewertet.

Der Vollständigkeit halber sei noch erwähnt, dass neben den genannten auch noch gleichschenklige symmetrische und offene Dreiecke vorkommen können. Bei gleichschenklig symmetrischen Dreiecken ist die obere Linie nach unten und die untere Linie nach oben geneigt. Ein offenes Dreieck besitzt auf der linken Seite den Berührungspunkt der beiden Schenkel und nimmt deshalb die Gestalt eines Trichters an.

b) Wimpel und Flagge
Nach einem kurzfristigen, starken Kursanstieg bildet sich häufig eine Konsolidierungsformation aus, die entweder als Wimpel oder Flagge bezeichnet wird. Ergibt sich ein Wimpel, dann verengen sich die Kursausschläge innerhalb eines gleichschenklig geneigten Dreiecks. Bildet sich statt dessen ein Parallelogramm, so spricht man von einer Flagge. Dabei ist die Flagge regelmäßig nach unten geneigt. Gleiches gilt auch für den Wimpel. Der Kursanstieg, der vor der Formationsbildung liegt, hinterlässt beim Chartbetrachter den optischen Eindruck eines Masts. Aus diesem Grund ereignet sich der Kursanstieg recht zügig und nimmt selten mehr als fünf Tage in Anspruch. Der Zeitraum der Formationsausbildung selber dauert kaum länger als einen Monat. Der jeweilige Kursausbruch nach oben sollte zur Bestätigung des Kaufsignals von steigenden Umsätzen begleitet sein.

c) Rechteck
Werden die Hochpunkte und die Tiefpunkte einer Seitwärtsbewegung nach vorangegangenem Kursaufschwung jeweils mit waagerechten Linien verbunden, so entsteht ein Rechteck. Die Schwankungen der Kurse innerhalb des Rechtecks sind gleichbleibend, während die Umsätze sich verringern. Nach Beendigung der ca. einen Monat andauernden Rechtecksformation bricht der Kurs i.d.R. nach oben aus. Dieser Ausbruch sollte von steigenden Umsätzen begleitet werden. In einem solchen Fall gilt der Ausbruch nach oben als Kaufsignal.

d) Keil
Im Unterschied zur Rechtecksformation ist die Keilformation entweder nach oben oder nach unten gerichtet. Die beiden Linien verlaufen nicht parallel, sondern verengen sich, je weiter man auf der Zeitachse nach rechts geht. Im Fall eines Abwärtskeils scheint die vorangegangene Aufwärtsbewegung sich umzudrehen. Allerdings nehmen die Umsätze recht stark ab. Schließlich bricht der Kurs unter deutlicher Zunahme der Umsatztätigkeit aus der Keilformation nach oben aus. Sodann liegt ein Kaufsignal vor. Beim Aufwärtskeil scheint die vorangegangene Abwärtsbewegung von einem Aufwärtstrend abgelöst zu werden. Jedoch vollzieht sich diese Kursentwicklung bei sinkenden Umsätzen. Letzthin erfolgt doch eine Bestätigung des ursprünglichen Abwärtstrends, da ein Kursausbruch nach unten erfolgt. Während des Kursausbruchs steigen die Umsätze markant an.

Besonders beim Treffen von Timing-Entscheidungen kommt der technischen Analyse erhebliche praktische Bedeutung zu. Dies begründet den Einsatz der technischen Analyse als komplementäres Hilfsmittel im Rahmen des Portfoliomanagements. Insofern ist die technische Analyse kurzfristig ausgerichtet. Erst wenn aus einem Chart ein Kauf- bzw. Verkaufsignal erkennbar ist, sollte entsprechend gehandelt werden. Insofern akzeptiert die Technische Analyse bewusst, eine Kursbewegung nicht in vollem Umfang erkennen zu können, da sie grundsätzlich erst bei der Bestätigung von Trends und Mustern zu Handlungsempfehlungen kommt.

Die Methoden der technischen Analyse und die daraus abgeleiteten Indikatoren dürfen nicht singulär angewendet werden. Es kann vorkommen, dass einzelne Indikatoren sich widersprechen. Deshalb sollten Anlageentscheidungen ausschließlich auf der Basis mehrerer eindeutig fundierter Signale getroffen werden. Von Anlageentscheidungen, die ausschließlich auf charttechnischen Erwägungen beruhen, ist eher Abstand zu nehmen. Viel mehr ist der komplementäre Charakter der Chartanalyse zu betonen.

Die Nützlichkeit der technischen Analyse ist umstritten. Wissenschaftlich ist nicht nachzuweisen, dass die Anwendung der technischen Analyse zu dauerhaften Überrenditen führt. Aus diesem Grund ist die technische Analyse aus dem Bereich der Wissenschaft erheblicher Kritik ausgesetzt. Malkiel spricht z.B. von Luftschlössern, während Ross/Westerfield/Jaffe von optischen Illusionen in Bezug auf die technische Analyse sprechen.[133] Kritisiert wird vor allem die angebliche Willkür und Unbestimmtheit (hinsichtlich Ausmaß und Zeitraum) der meisten Chartregeln.[134]

Zwar ist es mehr als zweifelhaft, dass künftige Kurse ausschließlich aus den Kursen der Vergangenheit zu erklären sind. Ihre Bedeutung erhält die technische Analyse aber aus einem anderen Grund. Da sich viele Marktteilnehmer der technischen Analyse bedienen, kann es zu Situationen kommen, die einer sich selbst erfüllenden Prophezeiung gleichen. Darum sollten sich Anleger der Wirkung bestimmter Kurskonstellationen auf die Marktpsychologie bewusst sein und diese in ihr Kalkül miteinbeziehen.

4.4.4 Neuere Bewertungsansätze

Die Methoden der bisher vorgestellten klassischen Ansätze der Aktienanalyse können die an den Börsen zu beobachtenden Aktienkurse nur z.T. erklären. Aus diesem Manko erwächst die Motivation zur Entwicklung weiterer Analyseinstrumente. Drei derartige Konzeptionen, die sämtlich noch nicht ausgereift sind, werden im Folgenden kurz vorgestellt.

4.4.4.1 Bubbles

Seit Anfang der achtziger Jahre wird in der Literatur diskutiert, welche Ursache den bisweilen hohen Volatilitäten am Aktienmarkt zugeschrieben werden kann. In diesem Zusammenhang wird verstärkt von Bubbles gesprochen. Unter Bubbles sind fundamental nicht begründbare Kursabweichungen bei Aktien zu verstehen, die zumeist aus psychodynamisch motivierten sich selbst erfüllenden Erwartungen herrühren. Die beobachtbaren Aktienkurse entsprechen dann nicht den ungefähren inneren Werten der Aktien.[135] Als bedeutsame Einflussfaktoren für die Entstehung von Bubbles lassen sich als psychodynamische Vorgänge die Phänomene 'Herdentrieb', 'Market Overreaction', 'Positive Feedback' und 'Fads' nennen.[136]

---

133   Vgl. **Malkiel** (1990), S. 131 und **Ross et al.** (1990), S. 348.
134   Vgl. **Stöttner** (1989), S. 13.
135   Vgl. **Bruns** (1994), S. 21 ff. und **Gruber** (1988), S. 16 ff.
136   Vgl. **Bruns** (1994), S. 93 ff. und die dort angegebene weiterführende Literatur.

Der Umstand, dass psychodynamische Aspekte durch die Diskussion um Bubbles in das Blickfeld der Aktienanalyse gelangt, weist implizit auf bestehende Defizite der traditionellen Aktienanalyseverfahren hin. Gerade psychodynamische Faktoren blieben bisher in der Fundamentalanalyse, aber auch in der technischen Analyse weitgehend unbetrachtet. Andererseits ist die Bedeutung der Psychologie im Wertpapiergeschäft unter Theoretikern und Praktikern unbestritten. Auch die Modelle der Kapitalmarkttheorie können Bubbles nicht erklären. Viel mehr zeigt sich in den Bubbles, dass Anleger im Zeitablauf unterschiedliche Risikoaversionen besitzen können. Dies führt zu zeitlich instabilen Risikoprämien, die mit Hilfe der Modelle der Kapitalmarkttheorie aufgrund ihres i.d.R. statischen Charakters bislang nicht vollständig erfassbar sind.[137]

Für die Aktienanalyse leitet sich aus dem Gesagten die Frage ab, wie Bubbles aufzuspüren und gegebenenfalls für Anlageentscheidungen zu verwenden sind. Hierzu gibt es in der Anlagepraxis Ansätze, die mit Hilfe von Indikatoren das Stimmungsbild der Investoren an den Märkten zu erfassen suchen.[138] Die Kenntnis von Bubbles besitzt besonders für Timing-Entscheidungen hohe Relevanz.

Das Manko der Bubbles-Theorie liegt in ihrer bislang kaum zugänglichen Operationalisierbarkeit. Stimmungen und Einstellungen lassen sich deutlich weniger gut messen als KGV-Ziffern oder Dividendenrenditen. Zudem sind Haltungen wie Euphorie oder Panik multifaktoriell begründet und zeitlich starken Veränderungen ausgesetzt. Auf aggregierter Marktebene gleichen sich derartige irrationale Handlungsweisen zudem vielfach aus.[139]

4.4.4.2 Neuronale Netze

Die Verwendung von Computersystemen gehört im Bereich der Aktienanalyse zur gängigen Praxis. Dabei übernehmen Computer i.d.R. analytische Aufgaben. Computer werten Datenbestände aus, führen Berechnungen durch und unterstützen den Analysten bei seiner Arbeit in vielfältiger Weise. Die Stärken der Computer im Vergleich zum Analysten liegen im Bereich der Rechengeschwindigkeit und Speicherkapazität. Dem gegenüber steht der gravierende Nachteil des Computers im Vergleich zum Menschen, komplexe Zusammenhänge nur unzureichend auswerten und verknüpfen (synthetisieren) zu können.[140] Dies ist z.B. daran zu sehen, dass Menschen sich durch die ihnen mitgegebene Lernfähigkeit neuen Situationen anpassen können. Gerade diese Lernfähigkeit, die häufig auf Erfahrungen fußt, fehlt konventionellen Computersystemen gänzlich.

---

[137] Einen Ansatz zur Erklärung zeitlich unterschiedlicher Risikoprämien liefert die 'Coherent Market Hypothesis'. Hierbei werden unter Berücksichtigung von Fundamentaldaten sowie Anlegerstimmungen Wahrscheinlichkeitsverteilungen für Renditen bestimmt. Vgl. **Vaga** (1990), S. 36 ff. und **Wittkemper** (1994), S. 202 ff.

[138] So z.B. das SMART-Modell von Trinkaus Capital Management.

[139] Vgl. **Cochrane** (1991), S. 483.

[140] Vgl. **Loistl** (1992), S. 35 f.

Die Entwicklung neuronaler Netze soll Computer befähigen, sich entsprechend dem menschlichen Gehirn intelligent in Bezug auf Veränderungen von Umweltbedingungen zu verhalten. Neuronale Netze fallen in das Gebiet der künstlichen Intelligenz. Als biologisches Vorbild für neuronale Netze im Computerbereich dient das menschliche Gehirn. Dieses besteht aus ca. 100 Milliarden Nervenzellen (Neuronen), die durch sog. Synapsen miteinander verbunden sind. Das künstliche Neuron ist die mathematische Nachbildung des biologischen Zellkerns. Die Aufgabe jedes Neurons besteht darin, die Informationen seiner vorgelagerten Nachbarn zu empfangen, zu verarbeiten und das Ergebnis an seine Nachfolger weiterzugeben. Damit können Neuronen auch als kleine, individuelle Entscheidungsmodelle interpretiert werden.[141]

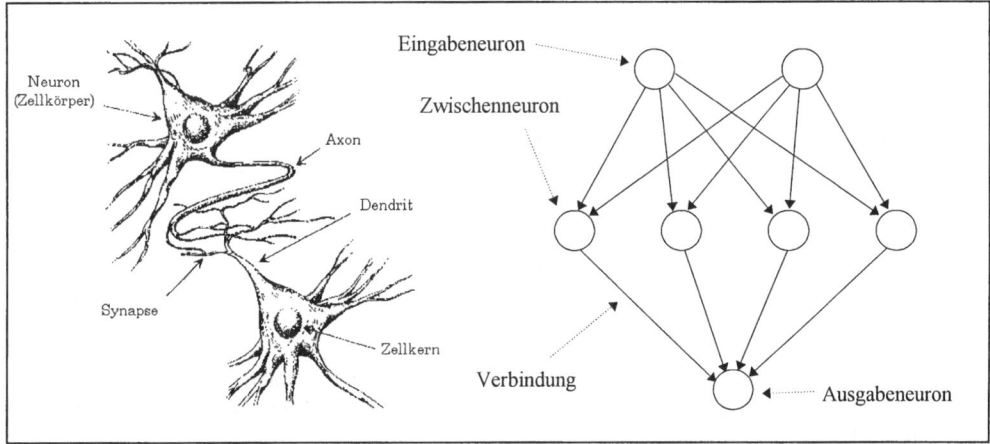

Abbildung 4.34: Biologisches[142] (links) und künstliches (rechts) neuronales Netz

Zu Beginn des Informationsflusses werden die Inputdaten an den Eingabeneuronen angelegt. Die Informationsverarbeitung innerhalb der nachfolgenden Neuronen lässt sich Abbildung 4.35 entnehmen. Zunächst werden die Ausgabewerte der vorgelagerten Neuronen mit der Ausbreitungsregel zum sog. Nettoeingangssignal verarbeitet. In der Regel wird hier die gewichtete Summe verwendet; es sind jedoch auch andere Ausbreitungsfunktionen denkbar.[143]

Im zweiten Schritt erzeugt die Aktivierungsfunktion aus dem Eingangssignal den sog. Aktivierungszustand des Neurons. Dieser kann diskrete Werte wie z.B. das Paar {0;1} für die Zustände „inaktiv" bzw. „aktiv" annehmen, oder auf einem stetigen Zulässigkeitsbereich wie z.B. dem Intervall [0;1] definiert sein. Auch für die Aktivierungsfunktion sind mehrere Varianten denkbar (vgl. Abbildung 4.36).

---

[141] Vgl. **Rehkugler** (1995), S. 383.
[142] Vgl. **Nauck et al.** (1994), S. 13.
[143] Vgl. **Wittkemper** (1994), S. 12.

Die Schwellwertfunktionen haben eine schalterartige Wirkung, da sie ab einem gegebenen Schwellwert einen anderen Funktionswert liefern. Diese „harte" Umschaltung und der Nachteil der Unstetigkeit an der Stelle des Schwellwertes lässt sich mit der Rampenfunktion verhindern: Wie das biologische Vorbild erhöht diese die Aktivität proportional zum Eingangssignal, bis der Sättigungszustand erreicht wird. Ein häufig verwendeter Funktionstyp ist die Familie der sog. Sigmoidfunktionen. Durch ihren S-förmigen Verlauf haben diese Funktionen neben der „weichen" Umschaltung zusätzlich den Vorteil der Differenzierbarkeit auf dem gesamten Definitionsbereich.[144]

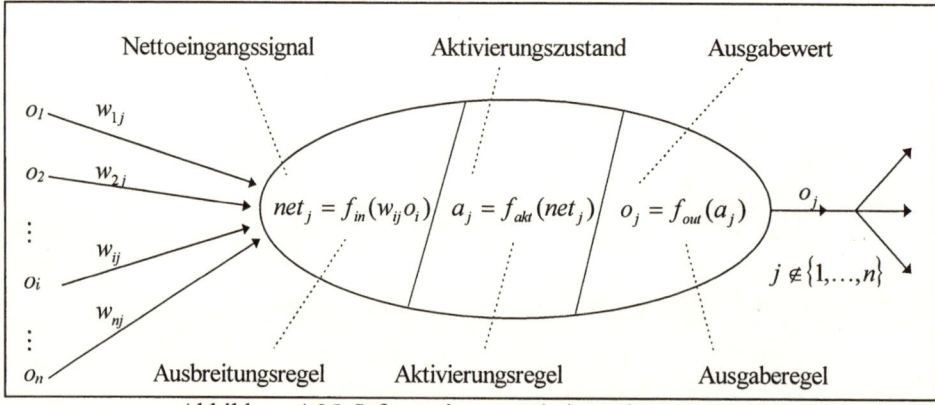

Abbildung 4.35: Informationsverarbeitung im Neuron u_j

Der Aktivierungszustand wird schließlich mit der Ausgaberegel in den Ausgabewert des Neurons überführt. Oftmals findet man hier die Identitätsfunktion, d.h. der Aktivierungszustand wird ohne weitere Modifikation ausgegeben.

Ein neuronales Netz besteht aus einer Vielzahl solcher Verarbeitungseinheiten. Die Stärke der Verbindung zwischen zwei Neuronen u_i und u_j wird durch das Gewicht w_{ij} ausgedrückt. Ein positiver Wert steht dabei für eine erregende Verbindung, da der Output des vorgelagerten Neurons zu einer Aktivitätserhöhung des Nachfolgers führt. Entsprechend verkörpern negative Gewichte hemmende Verbindungen. Nach dem biologischen Vorbild bezeichnet man die Verbindungen auch mit excitatorisch bzw. inhibitorisch.[145]

---

[144] Vgl. **Füser** (1995), S. 26 ff., **Zell** (1994), S. 89 ff. und **Zimmermann** (1994), S.4 ff.
[145] Vgl. **Lohrbach** (1994), S. 11.

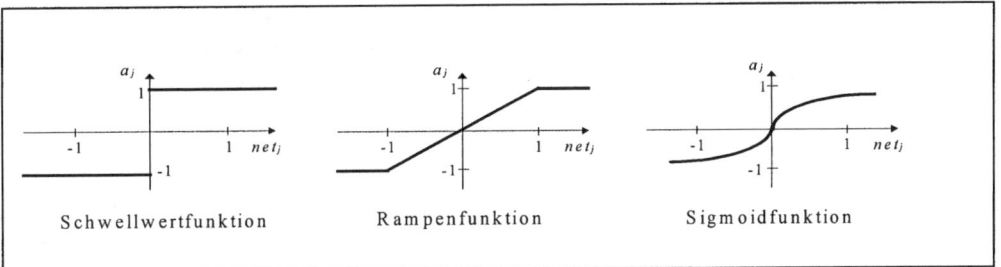

Abbildung 4.36: Typische Aktivierungsfunktionen

Die Menge der Neuronen lässt sich in verschiedene disjunkte Teilmengen, die sog. Schichten aufspalten. Jede Schicht repräsentiert dabei einen Funktionsblock gleichartiger, parallel zueinander angeordneter Neuronen. Nach den reinen Dateninputeinheiten in der Eingabeschicht liegen üblicherweise mehrere sog. verborgene Schichten von Zwischenneuronen. Am Ende der Kette befindet sich die Ausgabeschicht mit einer oder mehreren Outputneuronen. Werden die Eingänge einer Schicht wie in Abbildung 4.37 (links) ausschließlich von den Ausgängen der vorgelagerten Schicht gespeist, so spricht man von einem Feedforward-Netz. Sind dagegen Rückkopplungen zugelassen, d.h. später angeordnete Neuronen geben ihre Ausgabewerte an vorgelagerte Neuronen zurück, so handelt es sich um ein Feedback- oder auch rekurrentes Netz (Abbildung 4.37 rechts).[146] Diese Konstruktion ist beispielsweise bei Aktienkursprognosen sinnvoll, da der ermittelte Wert eine Eingabegröße für die nächste Periode oder einen anderen zu schätzenden Wertpapierkurs darstellen kann. Die Anordnung und Vernetzung der einzelnen Verarbeitungseinheiten bezeichnet man als die Topologie des Netzes.

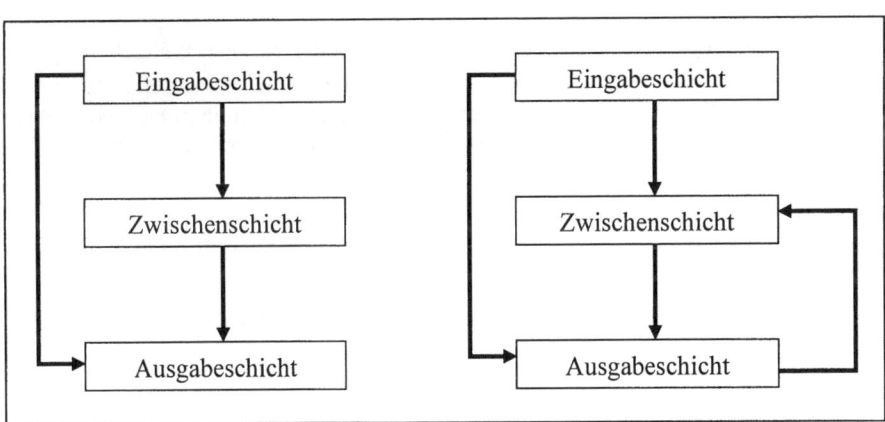

Abbildung 4.37: Feedforward-Netz (links) und Feedback-Netz (rechts)

Vergleicht man ein neuronales Netz mit dem menschlichen Gehirn, so kann man die aktuellen Aktivierungszustände als das Kurzzeitgedächtnis interpretieren, da diese die Ist-Zustände bezogen auf den aktuell zu prüfenden Fall enthalten. Dagegen entsprechen die Verbindungen und ihre Gewichte dem menschlichen Langzeitgedächtnis, da hier die (dauerhaften) Zusammenhänge

---

146 Vgl. **Zimmermann** (1994), S. 28 ff.

gespeichert sind.[147] Die Vermittlung dieses „Langzeitwissens" geschieht in der Trainingsphase, während der das neuronale Netz die vorliegenden Beispieldaten untersucht und mit einer vorgegebenen Lernregel die Gewichte bestmöglich anpasst. Dabei sind verschiedene Arten des Lernens zu unterscheiden.[148]

- Beim überwachten Lernen erhält das Netz neben den Eingabedaten auch die zu erzielenden Ausgabewerte mit der Aufgabenstellung, durch Veränderung der Gewichte diese Sollwerte bestmöglich zu approximieren.
- Beim bestärkenden Lernen gibt der Lehrer dem Netz nur die Information, ob die erzielten Ausgabewerte plausibel sind. Diese Methode ist dann einzusetzen, wenn der genaue Output nicht bekannt ist und lediglich eine Vermutung über die Korrektheit der Ergebnisse abgegeben werden kann.
- Beim unüberwachten Lernen liegen vor der Analyse keine Informationen bzgl. der Datenstruktur und damit auch keine Soll-Ausgabewerte vor. Hier ist das Netz also auf sich alleine gestellt und muss selbständig die Strukturen entdecken.

Auch wenn sich die verschiedenen Lernregeln hinsichtlich obiger Merkmale stark unterscheiden, verfügen sie über folgende wichtige Gemeinsamkeiten:

- Zur Verarbeitung der Lernregeln werden ausschließlich lokale Informationen benötigt. Es erfolgt also lediglich Zugriff auf benachbarte Neuronen und die Gewichte der angelegten Verbindungen.
- Die Lernregeln können ohne globale Ablaufsteuerung bearbeitet werden.

Mit diesen Eigenschaften kann das Training der einzelnen Neuronen weitgehend parallel erfolgen, was bei entsprechender Hardware zu großen Geschwindigkeitsvorteilen führt.[149] Durch ihre hochgradige Parallelverarbeitung und Lernfähigkeit bieten sich neuronale Netze besonders für Problemstellungen an, die für konventionelle Methoden zu komplex erscheinen. Dies ist insbesondere der Fall, wenn für das vorliegende Problem[150]

- der Zusammenhang zwischen den gewünschten Merkmalsausprägungen und den unabhängigen Variablen unbekannt ist,
- keine effiziente Lösungsmethode bekannt ist oder sich eine Lösung nicht mit vertretbarem Aufwand erreichen lässt,
- unvollständige oder fehlerhafte Daten vorliegen und/oder
- ein nicht-linearer Zusammenhang vermutet wird.

---

[147] Vgl. **Wittkemper** (1994), S. 20.
[148] Vgl. **Rojas** (1996), S. 78.
[149] Vgl. **Köhle** (1990), S. 84.
[150] Vgl. **Corsten/May** (1996), S. 1.

Der Aufbau der einzelnen Neuronen, die verwendete Netztopologie und das eingesetzte Lernverfahren charakterisieren zusammen den Typ eines neuronalen Netzes. Inzwischen unterscheidet man 20 bis 30 verschiedene Netztypen[151]; der bekannteste Vertreter ist das Multi-Layer-Perceptron, das mit dem sog. Backpropagation-Algorithmus trainiert wird. Dieses überwachte Lernverfahren minimiert durch iterative Anpassung der Verbindungsgewichte die Abweichung zwischen vorgegebenem Soll- und ermittelten Ist-Ausgabewerten der Ausgabeneuronen.[152]

Durch Hinzufügen weiterer Verbindungen, Neuronen oder ganzer Schichten und durch längeres Training lässt sich ein neuronales Netz so lange verbessern, bis im günstigsten Fall eine hundertprozentige Abbildung der Trainingsdaten erreicht wird. Doch genau diese Eigenschaft stellt eines der Kernprobleme der Trainingsphase dar. Reale Daten sind grundsätzlich mit gewissen Störtermen, dem sog. Rauschen, behaftet. Dieses resultiert z.B. aus zufälligen Schwankungen, Messfehlern oder anderen Ungenauigkeiten. Wählt man nun eine zu komplexe Netzarchitektur, erkennt das Netz nicht nur die tatsächlichen, „echten" Strukturen, sondern merkt sich darüber hinaus auch die nicht-repräsentativen Scheinzusammenhänge der Trainingsdaten. Dieses Phänomen wird mit Overlearning bezeichnet.[153]

Daher ist eine wichtige zu fordernde Eigenschaft eines neuronalen Netzes die Generalisierungsfähigkeit. Darunter ist die Fähigkeit zu verstehen, an den Trainingsdaten die relevanten Zusammenhänge herauszufiltern und damit auch bei unbekannten Daten ähnlich gute Ergebnisse zu erzielen. Hat das Netz diese Generalisierungsfähigkeit verloren, so kann es im Extremfall passieren, dass das Netz die Strukturen der Trainingsdaten perfekt reproduziert und später bei der Untersuchung neuer, ihm unbekannter Daten, völlig versagt.

Das Phänomen des Overlearning lässt sich leicht veranschaulichen, indem man während des Trainings die Leistung des neuronalen Netzes an der Trainingsmenge und gleichzeitig an einer zweiten, dem Netz unbekannten, Testmenge, misst. Trägt man ein zu minimierendes Fehlermaß in Abhängigkeit von der Trainingsdauer ab, so lässt sich der typische Funktionsverlauf aus Abbildung 4.38 beobachten. Zunächst sinken beide Funktionswerte. Doch während sich das Fehlermaß auf der Trainingsmenge kontinuierlich verringert, nähert sich der Funktionswert der Testdaten seinem globalen Minimum, um dann wieder zu steigen. Da das Ziel die Minimierung des Fehlermaßes auf unbekannten Daten ist, sollte man das Training dann abbrechen, wenn das globale Minimum auf den Testdaten erreicht wird. In Abbildung 4.38 ist dies der Zeitpunkt t^*.[154]

Hinsichtlich der Einsatzmöglichkeiten neuronaler Netze bietet das Wertpapiergeschäft vielfälti-

---

151 Eine Übersicht der verschiedenen Netztypen befindet sich bei **Rehkugler/Kerling** (1995), S. 314.
152 Eine ausführliche Beschreibung des Verfahrens findet sich z.B. bei **Bishop** (1995), S. 140 ff., **Rojas** (1996), S.161 ff. und **Zell** (1994), S. 105 ff.
153 Für ein Beispiel für das Overlearning vgl. Abschnitt 3.2.10.
154 Vgl. **Zimmermann** (1994), S. 58 ff. und **Füser** (1995), S.73 ff.

ge Anknüpfungspunkte.[155] Verwendung finden neuronale Netze z.B. bei Aktienkurs- bzw. Aktienrenditeprognosen[156], bei der Portfolio-Optimierung[157], bei Unternehmensklassifikationen[158] und bei Zinsprognosen.[159] In den genannten Bereichen wurde mit beachtlichem Erfolg der Einsatz neuronaler Netze getestet. Allerdings stehen derartige Entwicklungen erst am Anfang. Bestimmte Probleme neuronaler Netze sind bisher nicht befriedigend gelöst. Ändern sich z.B. die Verlaufsmuster und Einflussfaktoren am Aktienmarkt, dann sind neuronale Netze überfordert. Strukturbrüche treten in der Realität immer wieder auf, so dass nur bei zeitstabilen Mustern ein guter Erfolg zu erwarten ist. Zudem führt die Black-Box-Eigenschaft neuronaler Netze häufig zu Analyseergebnissen, die fundamental nicht nachvollziehbar sind und damit auch etwaigen Kunden kaum plausibel gemacht werden können.

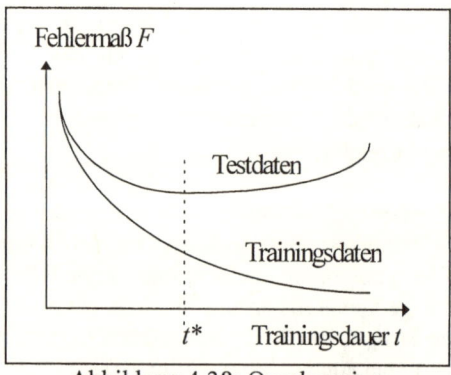

Abbildung 4.38: Overlearning

Vollständig zu ersetzen ist der Aktienanalyst und der Portfoliomanager durch die Entwicklung neuronaler Netze nicht. Denn die dazu notwendige genaue Kopie der menschlichen Entscheidungsfindung lässt sich auf Computern nicht implementieren. Insofern müssen neuronale Netze, sobald diese in ausgereifter Form zur Verfügung stehen, als Ergänzung des herkömmlichen Instrumentariums der Aktienanalyse angesehen werden.

4.4.4.3 Chaostheorie

Die Chaostheorie ist eine junge wissenschaftliche Disziplin, deren naturwissenschaftlicher Ursprung im Bereich der Wettererforschung liegt. Innerhalb dieser Disziplin wird versucht, wenn-

---

[155] Vgl. **Steiner/Wittkemper** (1993a).

[156] Vgl. **Wittkemper** (1994), S. 147 ff., **Rehkugler/Poddig** (1990), S. 14 ff., **Rehkugler/Poddig** (1992b), S. 413 ff., **Steiner/Wittkemper** (1993a), S. 443 ff., **Steiner/Wittkemper** (1993b) und **Steiner/Wittkemper** (1994).

[157] Vgl. **Steiner/Wittkemper** (1997).

[158] Vgl. Abschnitt 3.2.12.

[159] Vgl. **Wild** (1991), S. 257 und **Poddig** (1994).

dann-Regeln aufzustellen, mit denen aus der aktuellen Wetterbeobachtung auf das Wetter von morgen geschlossen werden kann. Mithin gleicht dies der Suche nach Kausalität bzw. nach Ursache-Wirkungs-Zusammenhängen in Systemen. Hinsichtlich der Kausalität lässt sich in schwache und starke Kausalitäten differenzieren. Die schwache Kausalität besagt, dass gleiche Ursachen gleiche Wirkungen haben. Demgegenüber besitzen bei starker Kausalität ähnliche Ursachen ähnliche Wirkungen.[160] Ist eine solche Kausalität bzw. ein solcher Determinismus erkannt, so lässt sich dieser im Normalfall zu Prognosezwecken nutzen.

Chaotische Systeme, wie z.B. das Wetter, zeichnen sich aber dadurch aus, dass keine starke Kausalität erkennbar ist. Stattdessen sind zwei Eigenschaften besonders prägend für chaotische Systeme:

1) Die Selbstähnlichkeit von Prozessen. Mit Selbstähnlichkeit ist bei optischer Betrachtung chaotischer Prozesse der Eindruck gemeint, dass sich bestimmte Verlaufsmuster immer wiederholen. Bei jeder Ausschnittvergrößerung scheint das Grundschema des Gesamtprozesses wieder angelegt zu sein.
2) Der sogenannte Schmetterlingseffekt. Dieser besagt, dass ein gesamter Prozess äußerst sensitiv auf infinitesimale Veränderungen der Ausgangsbedingung reagiert. Die Namensgebung ist wiederum der Wettererforschung entlehnt, wo der Flügelschlag eines Schmetterlings unter Umständen einen Hurrikan auslösen kann.[161]

Inzwischen gibt es Ansätze, Erkenntnisse der Chaostheorie in den Bereich Wirtschaft zu übertragen.[162] Auch im Bereich der Aktienanalyse können chaostheoretische Gedanken fruchtbar angewendet werden.[163] Die Diskussion um den Nutzen von fundamentaler und technischer Analyse vermag z.B. durch die Ausbreitung der Chaostheorie auf den Bereich der Ökonomie neue Impulse zu erhalten. Denn innerhalb der Chaostheorie wird die Frage gestellt, ob zu beobachtende Prozesse (z.B. Zeitreihen von Aktienkursen) deterministisch oder stochastisch sind. Die oben genannte Eigenschaft der Selbstähnlichkeit chaotischer Prozesse könnte der Chartanalyse möglicherweise wissenschaftlichen Rückhalt bieten.[164]

Konkret lässt sich z.B. fragen, ob in der Zeitreihe des Kursverlaufs des DAX ein Determinismus zu erkennen ist, oder ob sich ein reiner Zufallsverlauf ergibt. Hier zeigt sich der Anknüpfungspunkt an die Random Walk-Theorie, die die Kursverläufe von Aktien einem Zufallsprozess folgen sieht. Die Chaostheorie lässt die Analyse von Zeitreihen zur Überprüfung von Random Walk-Prozessen in einem neuen Licht erscheinen. Zeitreihen, die mit den Methoden der herkömmlichen fortgeschrittenen Statistik (z.B. Spektral- und Autokorrelationsanalyse) als stocha-

---

[160] Vgl. **Loistl/Betz** (1993), S. 6 ff.
[161] Vgl. **Ginter** (1991), S. 61.
[162] Vgl. z.B. **Frank/Stengos** (1988), S. 103 ff.
[163] Vgl. z.B. die Katastrophentheorie bei **Kiehling** (1992), S. 148 f. Siehe hierzu auch die Darstellungen bei **Bruns** (1994), S. 53 ff.
[164] Vgl. **Kiehling** (1992), S. 150.

stisch befunden wurden, könnten einem deterministischen Chaos folgen.[165] Hinsichtlich der Prognosemöglichkeiten zukünftiger Kurse ist es ein bedeutsamer Unterschied, ob ein Prozess zufällig, oder deterministisch ist.[166] Hinter dem Begriff deterministisches Chaos steht die Anschauung, dass ein Prozess, der scheinbar zufällig verläuft, in Wirklichkeit einem Determinismus folgt.[167]

Das große Problem der Chaostheorie ist die komplizierte mathematische Formulierung chaotischer Prozesse. Da es sich bei chaotischen Prozessen stets um nichtlineare Vorgänge handelt, treten entsprechende mathematische Hürden auf. Die Komplexität chaotischer Prozesse und ihre Sensitivität in Bezug auf geringfügige Veränderungen der Umweltbedingungen macht eine genaue prognostische Anwendung letztlich unmöglich. Die eingangs des Abschnitts beschriebene Wettererforschung zeigt recht deutlich, dass eine exakte Prognose chaotischer Systeme Utopie bleiben muss. Aus den genannten Gründen liegt der Wert der Chaostheorie eher in ihrer Erklärungs- als in ihrer Prognosekraft.

4.5 Portfolioorientierte Aktienanalyse

Die portfolioorientierte Aktienanalyse geht davon aus, dass die Wertentwicklungen von Aktienkursen in bestimmter Weise zusammenhängen. Dies gilt in erster Linie für die Aktienkurse bzw. -renditen. Die singuläre Beurteilung einzelner Aktien vernachlässigt diesen Zusammenhang gänzlich. Wenn aber ein Zusammenhang zwischen den Wertentwicklungen der Aktien besteht, dann kann eine Nichtbeachtung der vorliegenden Renditeinterdependenzen zu Falschbewertungen führen. Deshalb ist im Sinne einer portfolioorientierten Aktienanalyse die Berücksichtigung der Zusammenhänge zwischen den Aktien zwingend.

4.5.1 Quantitative Analyse

Als quantitative Analyse wird zumeist jener Zweig der Wertpapieranalyse bezeichnet, der sich mit den aus der Kapitalmarkttheorie bekannten Rendite- und Risikogrößen beschäftigt. Die Rendite und das Risiko von Wertpapieranlagen nehmen innerhalb der Kapitalmarkttheorie bekanntermaßen eine zentrale Stellung ein. Folglich steht im Rahmen der quantitativen Analyse die Beschreibung dieser beiden Größen im Vordergrund. Insbesondere der Zusammenhang zwischen der Rendite und dem Risiko von Aktienanlagen wird von der Kapitalmarkttheorie zu be-

---

[165] Vgl. **Brock/Sayers** (1988), S. 71 und **Frank/Stengos** (1988), S. 104.

[166] Eine chaostheoretische Analyse kurzfristiger Devisenkursfluktuationen findet sich bei **Natusch, D.** (1995).

[167] Vgl. **Brock/Sayers**, (1988), S. 71, **Frank/Stengos** (1988), S. 103 und **Ginter** (1991), S. 58.

antworten versucht. Zur Eruierung der gesuchten Kennzahlen wird in der quantitativen Analyse intensiver Gebrauch von statistischen Messgrößen gemacht. Als maßgebende Größen der quantitativen Analyse sind zu nennen:

Rendite	→ Prozentuale Gesamtverzinsung des eingesetzten Kapitals
α-Faktor	→ nicht marktabhängiger Teil der Gesamtrendite
Varianz	→ Streuungsmaß zur Beschreibung der Schwankung von Aktienkursen bzw. deren Renditen um ihren Mittelwert
Standardabweichung	→ Wurzel aus der Varianz, die die gleiche Dimension wie die Rendite aufweist
Volatilität	→ I.d.R. auf logarithmierte Renditen bezogene annualisierte Standardabweichung (in %)
Residualvolatilität	→ Unsystematischer (titelspezifischer) Teil des Gesamtrisikos bei Aktien
Betafaktor	→ Maß für das systematische Aktienrisiko
Kovarianz	→ Absolutes Maß zur Beurteilung des Gleichlaufs von Aktien
Korrelation	→ Auf den Wertebereich -1 bis 1 standardisiertes Maß zur Beurteilung des Gleichlaufs bei Aktien
Tracking Error	→ Abweichungsmaß für die Differenz zwischen Portfolio- und Benchmarkrendite

Ein Vorgehen im Rahmen der quantitativen Analyse besteht in der Bestimmung der genannten Kennzahlen durch die Extrapolation von Vergangenheitswerten. Anhand der auf diese Weise gewonnenen Daten erfolgt anschließend eine Schätzung der künftigen Ausprägungen der Kennzahlen. Alternativ lassen sich die zu bestimmenden Daten auch auf dem Weg der fundamentalen Schätzung gewinnen. Dazu müssen die kausalen Zusammenhänge und Ursachen der Kennzahlen bekannt sein.

Mit Hilfe der quantitativen Analyse werden somit Prognosen hinsichtlich der zukünftigen Rendite- und Risikodaten der jeweils betrachteten Wertpapiere erstellt. Die so generierten Prognosen dienen zur Zusammenstellung von sog. effizienten bzw. optimierten Aktienportfolios. Allerdings muss bedacht werden, dass eine Portfolioeffizienz bzw. -optimalität stets nur ex post zu berechnen ist. Zukünftige Effizienz ist nur bei Eintreffen aller Prognosen gegeben, was auf den echten Engpass der gesamten Aktienmanagements hinweist. Im Rahmen der quantitativen Analyse werden einzelne Aktien im Hinblick auf ihren Beitrag zur Portfoliorendite und zum Portfoliorisiko ausgewählt. Insbesondere dem Gleichlaufmaß Kovarianz bzw. Korrelation kommt dabei große Bedeutung zu.[168] Daran lässt sich die Portfolioorientierung der quantitativen Analyse ablesen. Denn erst die Betrachtung der Interdependenzen der Aktien untereinander führt zu einer geeigneten Aktienauswahl im Hinblick auf ein wohlstrukturiertes Portfolio.

4.5.2 Anwendung von Einfaktormodellen

4.5.2.1 Marktmodell

Die Renditen von Aktien werden im Marktmodell über genau einen Faktor - das Marktportfolio - erklärt. Innerhalb der Aktienanalyse findet das Marktmodell aufgrund seiner einfachen Handhabung und Anschaulichkeit breite Anwendung. Mit Hilfe der Vorgehensweise des Marktmodells sollen jene Aktien aufgespürt werden, die in der Vergangenheit einen hohen Alphafaktor besaßen. Der Alphafaktor entspricht dem Teil der Aktienrendite, der von der Marktrendite unabhängig ist. Unter der Prämisse, dass die historische Renditeentwicklung charakteristisch für die Zukunft ist, gelten bei gleichen Betafaktoren Aktien mit höheren Alphawerten als attraktivere Investition. Allerdings ist die letztgenannte Prämisse anzuzweifeln. Insofern erweist sich die fundamentale Prognose von Alpha- und Betafaktoren als Alternative zu rein extrapolativen Verfahren.

Das Marktmodell besitzt in seiner ex post Form folgende mathematische Gestalt:[169]

$$R_i = \alpha_i + \beta_i R_m.$$

Aus der Formel des Marktmodells lässt sich der Alphafaktor isolieren:

$$\alpha_i = R_i - \beta_i R_m.$$

Der Alphafaktor einer Aktie entspricht somit der Differenz zwischen der Gesamtrendite einer Aktie und der systematischen Rendite. Die Ermittlung der Alphafaktoren auf historischer Grundlage erfolgt mit Hilfe von Renditedaten der Vergangenheit auf der Basis von linearen Regressionen. Abbildung 4.39 stellt drei alternative Verläufe von Regressionsgeraden dar, die sich nur hinsichtlich des Alphafaktors unterscheiden.

Wie zu erkennen ist, besitzt Aktie 1 einen positiven Alphafaktor, während Aktie 3 einen negativen Alphafaktor aufweist. Der Alphafaktor von Aktie 2 beträgt Null. Somit ist die Rendite der Aktie 2 ausschließlich von der Entwicklung des Marktindex abhängig. Da alle drei Aktien den

---

[168] Vgl. **Steiner/Beiker/Bauer** (1993), S. 99 ff.
[169] Vgl. dazu die Ausführungen im Kapitel 1.

gleichen Betafaktor[170] aufweisen (die Steigung aller drei Geraden ist identisch), ist ein Investment in Aktie 1 bei Unterstellung von zeitkonstanten Alphafaktoren am vorteilhaftesten. Denn bei einer Rendite des Aktienindex von 0% erzielt die Aktie 1 immerhin noch eine Rendite von ca. 4%.

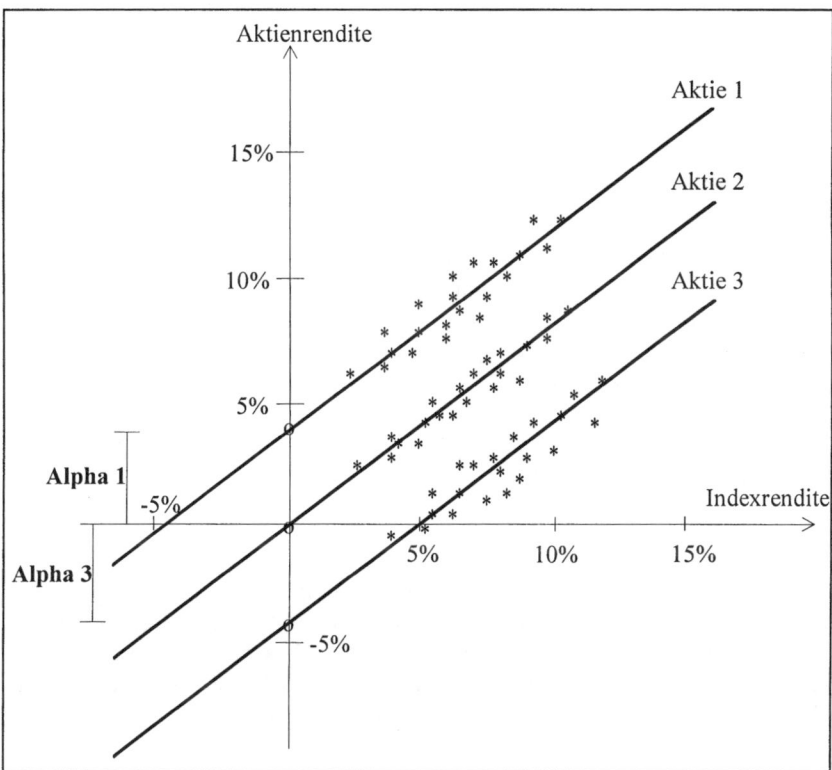

Abbildung 4.39: Alternative Alphafaktoren bei Aktien

Das Marktmodell ist zudem gut zur Aufteilung des Gesamtrisikos von Aktien in einen systematischen und einen unsystematischen Teil geeignet. Ein Blick auf die Regressionsgleichung verdeutlicht diesen Zusammenhang:

$R_i = \alpha_i + \beta_i R_m + \varepsilon_i$

mit: α_i = unsystematische Rendite der i-ten Aktie,
$\beta_i R_m$ = systematische Aktienrendite,
R_m = Rendite des Marktportfolios,
R_i = Rendite der i-ten Aktie und

---

[170] Der Betafaktor entspricht nicht dem Betafaktor aus dem CAPM, liefert aber unter bestimmten Bedingungen einen unverzerrten Schätzwert für das CAPM-Beta.

ε_i = Zufallsfehler.

Aus der Formel lässt sich das Aktienrisiko ableiten:[171]

$$\sigma_i^2 = \beta_i^2 \sigma_m^2 + \sigma_{\varepsilon i}^2.$$

Durch geeignete Umformungen lässt sich sowohl das systematische als auch das unsystematische Risiko isolieren. So ergibt sich für das systematische Risiko bzw. das Marktrisiko:

$$\beta_i^2 \sigma_m^2 = \sigma_i^2 - \sigma_{\varepsilon i}^2.$$

Für das unsystematische Risiko bzw. das Residualrisiko lautet die Formel:

$$\sigma_{\varepsilon i}^2 = \sigma_i^2 - \beta_i^2 \sigma_m^2.$$

Ein Blick auf die mit Hilfe des Marktmodells zu ermittelnden Kennzahlen macht deutlich, dass im Rahmen der quantitativen Analyse ein breites Einsatzgebiet des Marktmodells liegt. Denn auf der Basis des Marktmodells lassen sich der Betafaktor, der Alphafaktor, das Gesamt- und das Residualrisiko bestimmen.

4.5.2.2 CAPM

Das CAPM findet innerhalb der Wertpapieranalyse neben dem Marktmodell ebenfalls breite Anwendung. Die zentrale Aussage des CAPM besteht in der Lösung der Frage, welches Risiko für Aktien relevant ist, falls diese Teil eines Portfolios sind. Als theoretisch richtiges Risikomaß bietet das CAPM den Betafaktor an. Im Unterschied zum Marktmodell wird im CAPM der Betafaktor nicht empirisch, sondern analytisch bestimmt. Er ergibt sich gemäß dem folgenden mathematischen Ausdruck:

$$\beta_i = \frac{COV_{i,m}}{\sigma_m^2} = k_{i,m} \frac{\sigma_i}{\sigma_m}.$$

Bei der Anwendung des CAPM in der Anlagepraxis ist es das vorrangige Ziel, unterbewertete Aktien zu finden. Somit findet das CAPM als Prognosemodell Verwendung. Die Unterbewertung ergibt sich dabei im Verhältnis zum risikoangepassten erwarteten Aktienkurs. Wie bekannt lautet die Formel für die Wertpapierlinie:

$$E(R_i) = R_f + [E(R_m) - R_f] \cdot \beta_i$$

mit: $E(R_i)$ = erwartete Aktienrendite,
$E(R_m)$ = erwartete Rendite des Marktportfolios,
R_f = risikolose Verzinsung und

---

[171] Vgl. dazu ausführlich **Uhlir/Steiner** (1994), S. 170 ff.

β_i = systematisches Risiko der Aktie.

Im Unterschied zum Marktmodell entspricht die zu erwartende Rendite von Aktien dem risikolosen Zinssatz zuzüglich eines Risikoaufschlages, der von der Höhe des jeweiligen Risikos abhängig ist. Als Marktportfolio, das theoretisch alle risikobehafteten Kapitalanlagen umfasst, wird aus praktischen Erwägungen i.d.R. ein Marktindex gewählt, wie etwa der DAX.[172] Auch die Bestimmung des risikolosen Zinssatzes ist relativ unkompliziert. Denkbar erscheint die Verwendung eines laufzeitadäquaten Geldmarktzinses, wie z.B. den EURIBOR.

In die Graphik einer Wertpapierlinie, die auf einem Marktindex als Substitut für das echte Marktportfolio fußt, lassen sich die in dem Index vertretenen Aktien einzeichnen. Dies ist exemplarisch anhand des DAX und einiger der in ihm vertretenen Aktien in Abbildung 4.40 geschehen.

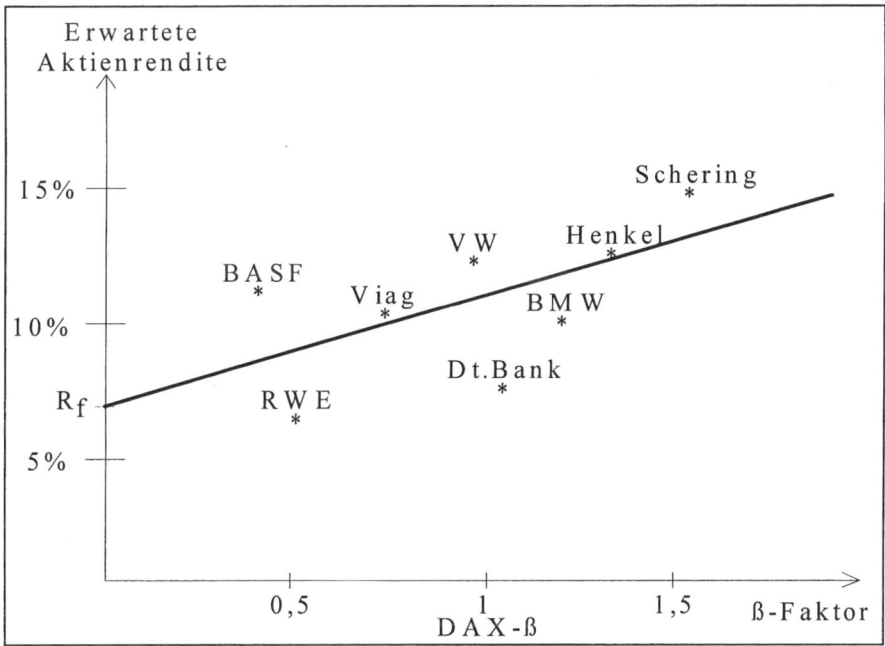

Abbildung 4.40: Wertpapierlinie am Beispiel des deutschen Aktienmarktes

Alle oberhalb der auf der Basis des DAX erstellten Wertpapierlinie liegenden Aktien haben gemessen am CAPM eine zu hohe Rendite, folglich einen zu niedrigen Kurs, so dass sie als unterbewertet gelten. Umgekehrt sind die unterhalb der Wertpapierlinie liegenden Aktien überbewertet. Auf effizienten Märkten werden derartige Falschbewertungen durch Arbitrageprozesse

---

[172] Zur Problematik der Bestimmung eines geeigneten Marktindexes zur Abbildung des Marktportfolios vgl. **Steiner/Kleeberg** (1991), S. 171 ff.

ausgeglichen. Das CAPM hilft bei der Aufspürung vorkommender Fehlbewertungen.[173] Folglich lohnt sich in dem graphischen Beispielfall z.B. der Kauf der Schering Aktie, während z.B. die Deutsche Bank Aktie verkauft werden sollte.

Einen wesentlichen Beitrag vermag das CAPM im Rahmen der Wertpapieranalyse zur Bestimmung des "richtigen" Kalkulationszinsfußes zu leisten. Von Bedeutung ist der Kalkulationszinsfuß z.B. bei Dividenden-Diskontierungsmodellen, die den inneren Wert von Aktien zu bestimmen suchen. Der angemessene erwartete Zinssatz [E(q)] unter Berücksichtigung des Risikos ergibt sich gemäß dem CAPM zu:

$$E(q) = 1 + R_f + \left[E(R_m) - R_f\right] \cdot \beta_i$$

Ein auf diese Weise ermittelter Zinssatz kann bei der Berechnung von Barwerten Verwendung finden. Um einen zukünftigen Kurs auf den heutigen Zeitpunkt abzuzinsen, lässt sich die Present-Value-Formel (PV) folgendermaßen verwenden:

$$PV_{i,0} = \frac{K_{i,1}}{1 + R_f + \left[E(R_m) - R_f\right] \cdot \beta_i}.$$

Unter Berücksichtigung der Aussagen des CAPM ist eine vertiefende Analyse des systematischen Aktienrisikos in Form des Betafaktors möglich. Eine solche Risikoanalyse ist nützlich, da sie Einblicke hinsichtlich der fundamentalen Ursachen des systematischen Risikos zu liefern vermag. Wie sich zeigen lässt, ist eine Aufspaltung des Betafaktors in das Geschäftsrisiko und das Finanzierungsrisiko eines Unternehmens möglich. Das Geschäftsrisiko (Business Risk) besteht in der Gefahr einer mangelhaften Rentabilität unternehmerischer Betätigung, während das Finanzierungsrisiko (Financial Risk) durch die Höhe der Verschuldung des Unternehmens gegeben ist.

Durch die Prognose von fundamentalen Unternehmensdaten lassen sich genauere Schätzungen des künftigen Betafaktors anstellen. Denn wenn die Ursachen für die Aktienrisiken bekannt sind, lassen sich präzisere Prognosen hinsichtlich der Risikohöhe abgeben. Es konnte z.B. statistisch nachgewiesen werden, dass die Veränderlichkeit des Jahresüberschusses von Aktiengesellschaften eine recht große Bedeutung für deren Betafaktoren besitzt.[174] Dies ist nur ein Beispiel, wie mit Hilfe des CAPM die Erkennung fundamentaler Aktienrisiken verbessert werden kann.

4.5.3 Anwendung von Mehrfaktorenmodellen

Innerhalb der Aktienbewertung spielen inzwischen Mehrfaktorenmodelle insbesondere bei der Analyse von Aktienrisiken eine bedeutende Rolle.[175] Anstatt nur zwischen systematischem und

---

[173] Vgl. **Solnik** (1991), S. 152. In dem theoretischen Modellrahmen des CAPM sind Fehlbewertungen definitionsgemäß ausgeschlossen, vgl. Kapitel 1.

[174] Vgl. **Steiner/Bauer** (1992), S. 349 f., und **Steiner/Beiker/Bauer** (1993), S. 99 ff.

[175] Vgl. **Sharpe** (1992), S. 7.

unsystematischem Risiko zu unterscheiden, wird mit Hilfe von Mehrfaktorenmodellen versucht, das systematische Risiko weiter in seine einzelnen Bestandteile zu zerlegen. Dieser Vorgang wird auch als Dekomposition bezeichnet. Dabei gilt es herauszufinden, aus welchen einzelnen Risikokomponenten das Gesamtrisiko von Aktien besteht. Mehrfaktorenmodelle sind in der Lage, einen größeren Anteil des Gesamtrisikos von Aktien zu erklären als Einfaktormodelle.

Derartige Risikoanalysen werden i.d.R. von spezialisierten Beratungsgesellschaften, Brokerhäusern und Banken für die internationalen Kapitalmärkte und auch für den deutschen Aktienmarkt durchgeführt. Das Beratungsunternehmen BARRA arbeitet beispielsweise bei seinem Risikomodell des deutschen Aktienmarktes mit 10 Risikofaktoren, die sich ihrerseits aus einzelnen Risikodeskriptoren zusammensetzen.[176] Als Risikofaktoren treten in dem Modell z.B. die Unternehmensgröße, der Verschuldungsgrad, die Exportabhängigkeit, die Arbeitsintensität, der Unternehmensgewinn usw. auf. Zusätzlich werden die einzelnen Aktiengesellschaften in 17 verschiedene Branchen unterschieden. Insgesamt enthält das Modell somit 27 Faktoren. Mit Hilfe einer multiplen Regression wird die Rendite des deutschen Aktienmarktes auf die 27 Faktoren aufgeschlüsselt.[177] Damit ist zumindest ex post bekannt, welcher Faktor welche Rendite liefert. Um nun einzelne Aktien entsprechend bewerten zu können, müssen die Sensitivitäten der Aktie bezüglich der extrahierten Faktoren bekannt sein. Schließlich lassen sich bei Bekanntheit der Faktoren und der zugehörigen Faktorsensitivitäten der einzelnen Aktien Anlageentscheidungen auf der Basis von Prognosen bezüglich der zukünftigen Faktorausprägungen treffen. Zumindest ist ein Überblick über die Risikostruktur der einzelnen Aktien möglich. Man kann z.B. sehen, dass VW besonders sensibel auf Veränderungen des Risikofaktors Verschuldungsgrad reagiert.

Mit Hilfe von Mehrfaktorenmodellen kann zudem nach den Korrelationen der einzelnen Faktoren untereinander gesucht werden, d.h. welche Korrelation besteht z.B. zwischen der Rendite der Automobilbranche und der Rendite des Faktors Verschuldungsgrad. Entsprechend lassen sich Portfolios bilden, die hinsichtlich ihres Exposures bezüglich der meisten Risikofaktoren neutral sind, jedoch nur bei einem oder mehreren ausgewählten Faktoren ein Exposure besitzen. Derartige Portfolios werden auch als Faktorenportfolios, Tiltportfolios oder Mimicking Portfolios bezeichnet.[178] Der Appeal einer solchen Portfoliogestaltung mittels Faktorenmodellen liegt in der Haltung eines wohldiversifizierten Portfolios und einer gleichzeitigen spezifischen Ausrichtung auf prognosebasiertes Portfoliomanagement.

Ein praktisches Vorgehen könnte z.B. darin bestehen, ein dem DAX entsprechendes Portfolio zusammenzustellen, das lediglich hinsichtlich seiner Sensitivität bezüglich des Risikofaktors Unternehmensgröße von den Eigenschaften des DAX abweicht.[179] Besitzt ein Anleger z.B. die Erwartung, dass kleine Unternehmen in der kommenden Anlageperiode eine bessere Rendite aufweisen werden als große Unternehmen, so bietet sich die Zusammenstellung eines Portfolios

---

[176] Vgl. **Nielsen** (1992b), S. 228.
[177] Vgl. **Kleeberg** (1992), S. 475.
[178] Vgl. **Grinold** (1992), S. 37.
[179] Vgl. **Grinold** (1992), S. 37.

an, das nur hinsichtlich des Risikofaktors Unternehmensgröße von den Eigenschaften des DAX abweicht. Bei Eintritt der Erwartungen wird die Portfoliorendite oberhalb der DAX-Rendite liegen.

Gültigkeit kann ein solches Vorgehen allerdings nur für sich in Anspruch nehmen, falls die beobachteten und gemessenen Risikostrukturen der Vergangenheit auch für den zukünftigen Anlagezeitraum Bestand haben.[180]

4.6 Aktienmanagement

4.6.1 Aktives Management

Dem aktiven Aktienmanagement liegt die Zielsetzung zugrunde, eine bessere Performance als ein adäquater Vergleichsmaßstab zu erzielen. Angesichts der Verwendung des Begriffs Performance ist bei Zugrundelegung eines kapitalmarkttheoretischen Rahmens impliziert, dass die risikoadjustierte Rendite des aktiv zu managenden Portfolios größer sein soll als die risikoadjustierte Vergleichsrendite der Benchmark. Es geht beim aktiven Management folglich zumeist nicht allein um die Erzielung einer höheren Rendite als bei dem Vergleichsmaßstab.[181] Um Anlagemanagement wirksam und praxistauglich kontrollieren und beurteilen zu können, muss die Benchmark hinreichend genau spezifiziert werden. Die Güte der Benchmarkfestlegung erweist sich dabei allzu oft als neuralgischer Punkt. Häufig werden für Aktienportfolios Aktienindizes als Vergleichsmaßstab herangezogen, die nur ungenau den Zielsetzungen des Sponsors entsprechen. Für ein international ausgerichtetes Aktienportfolio ergeben sich zusätzliche Anforderungen, da weitere Komponenten, wie z.B. der Währungsaspekt, bedacht werden müssen. Grundsätzlich sollte eine Benchmark nach Sharpe vier Gesichtspunkten genügen: Erstens sollte ein Benchmarkportfolio eine reale Alternative darstellen, zweitens sehr gut diversifiziert und somit schwer zu schlagen sein, drittens zu geringen Kosten erwerbbar sein und viertens vor dem Treffen von Anlageentscheidungen bekannt sein.[182]

Aktives Management im Aktienbereich wendet im wesentlichen drei Managementtechniken an. Zum einen die Aktienselektion, die auch Stock Picking genannt wird. Eine erfolgreiche Aktienselektion erfordert überdurchschnittliche Prognosefähigkeiten hinsichtlich der Aktienentwicklung. Überdurchschnittliche Prognosen erfordern ihrerseits Informations- bzw. Interpretationsvorsprünge gegenüber anderen Anlegern.[183] Gleiches gilt für das Timing von Anlageent-

---

[180] Zu den Problemen der dargestellten Vorgehensweise vgl. **Beiker** (1993), S. 85 ff.
[181] Siehe dazu die Ausführungen im Kapitel über die Performance-Messung.
[182] Vgl. **Sharpe** (1992), S. 16.
[183] Vgl. **Admati et al.** (1986), S. 715.

scheidungen. Wie ein Blick auf Kurscharts unmittelbar verdeutlicht, lässt sich mit annähernd jeder Aktie Geld verdienen. Es muss lediglich der richtige Ein- und Ausstiegszeitpunkt gefunden werden, was ex post betrachtet einfach ist. In diesem Zusammenhang lässt sich von zeitlicher Diversifikation sprechen.

Schließlich zählt die Branchenrotation zu den aktiven Managementtechniken, wobei auch hier eine überdurchschnittliche Prognosequalität des Anlegers erforderlich ist, um Überrenditen zu erzielen.

Eine quantitative Methode der Aktienselektion besteht im sog. Stock Screening.[184] Es handelt sich beim Screening um die Anwendung von quantitativen Punktbewertungsverfahren im Aktienbereich. Beim Aktien-Screening werden die Aktien eines ausgewählten Universums anhand wichtig erscheinender Merkmale (KGV, Dividendenrendite, Gewinnwachstum usw.) bewertet. Durch die Gewichtung aller festgelegten Qualitätsmerkmale erhält jede Aktie eine Gesamtpunktzahl. Falls diese Gesamtpunktzahl einen vom Investor vorher festzulegenden Wert erreicht, wird dies auf dem Screen mit einem Vermerk gekennzeichnet. Jene Aktien, die eine solche Kennzeichnung besitzen, werden schließlich gekauft.

Ein alternativer Weg um zu versuchen, eine Benchmark zu schlagen, besteht in der Konstruktion von sog. Tilted Funds.[185] Zunächst wird im Rahmen der Tilted Funds-Strategie die Benchmark genau nachgebildet, so dass ein passives Management angewendet wird. Als aktive Managementkomponente wird im zweiten Schritt eine Übergewichtung von bestimmten Werten in dem Portfolio vorgenommen. Wie daraus zu erkennen ist, liegen Tilted Funds an der Schnittstelle zwischen aktivem und passivem Management.[186] Durch die Übergewichtung bestimmter Werte bekommt das Portfolio eine schiefe Lage (engl. tilt). Die Übergewichtung basiert auf der Erwartung, dass die übergewichteten Werte eine bessere Performance aufweisen werden als die Benchmark. Übergewichten lassen sich z.B. Branchen, Unternehmensgrößen, Wachstumswerte usw. Ein Investor, der ein DAX-Portfolio zu halten wünscht und darüber hinaus der Auffassung ist, dass sich Finanzwerte in dem nächsten halben Jahr besser entwickeln werden als der DAX, wird folglich ein Indexportfolio konstruieren, das hinsichtlich des Portfolioanteils der Finanzwerte übergewichtet ist. Die Implementierung von Tilted Funds fußt gedanklich auf den APT-gestützten Mehrfaktorenmodellen, deren Anwendung im Folgenden erörtert wird.

Durch die Prognose einer Faktorausprägung oder zumindest ihrer Richtung lässt sich ein Index outperformen. Dies geschieht, indem ein Portfolio konstruiert wird, das nur bezüglich des zu prognostizierenden Faktors ein Exposure aufweist. Die Sensitivitäten der anderen Faktoren können durch eine adäquate Kombination von einzelnen Aktien neutralisiert werden. Auf diese Weise erwirtschaftet das Portfolio eine Rendite, die ausschließlich von dem zu prognostizierenden Faktor abhängt. Dies sei an einem Beispiel erläutert.[187]

---

[184] Vgl. **Cohen et al.** (1987), S. 614 ff.
[185] Vgl. **Luskin** (1989), S. 182.
[186] Vgl. **Cohen et al.** (1987), S. 596.
[187] Vgl. **Berry et al.** (1988), S. 29 und 40.

Für die USA konnte in einem der vielen empirischen Tests z.B. ermittelt werden, dass folgende fünf Faktoren maßgeblich für die erwarteten Aktienrenditen sind:[188]

a) Veränderungen des Risikoprämienspreads von Staats- und Unternehmensanleihen
b) Änderungen der Renditestrukturkurve bei Anleihen
c) Unerwartete Änderungen der Inflationsdaten
d) Änderungen der Gewinnwachstumsrate in der Gesamtwirtschaft
e) Residualrisiko (Rendite des Index, die nicht durch die Faktoren a) bis d) erklärt wird).

Ein deutscher Investor geht davon aus, dass die gleichen Faktoren auch für den deutschen Aktienmarkt, gemessen anhand des DAX, Gültigkeit besitzen. Außerdem erwartet der Investor, dass die Inflationsrate im nächsten Quartal unerwartet niedrig ausfallen wird. Deshalb will er eine Portfoliostrategie implementieren, die im Fall des Eintritts seiner Erwartung profitiert. Dazu stellt er ein Portfolio aus Aktien zusammen, die bezüglich ihrer Faktorsensitivitäten der Faktoren a,b,d und e den Sensitivitäten des DAX entsprechen. Aus diesem zusammengestellten Portfolio wählt er schließlich jene Aktien aus, die in Bezug auf den Risikofaktor c die höchsten Sensitivitäten aufweisen und gleichzeitig als Portfolio ein gesamtes Marktrisiko von 1,0 besitzen. Bei Eintritt seiner Erwartung bezüglich einer unerwartet niedrigen Inflation im nächsten Quartal wird das zusammengestellte Portfolio auf jeden Fall besser abschneiden als der DAX. Denn nur in Bezug auf den Risikofaktor Inflation weicht das Portfolio vom DAX ab.

Anhand des Beispiels ist klar geworden, dass es mit Hilfe einer adäquaten Risikozerlegung, wie sie in Mehrfaktorenmodellen praktiziert wird, möglich ist, auf einzelne fundamentale Ereignisse bzw. Erwartungen zu spekulieren, ohne damit unsystematische Risiken in Kauf nehmen zu müssen. Somit wird eine gezielte aktive Aktienanlagestrategie auf Basis eines Mehrfaktorenmodells möglich. Darüber hinaus kann zugleich mittels einer Short Position im DAX-Future das gesamte DAX Exposure egalisiert werden. Damit wird die dargestellte Anlagestrategie von der Entwicklung des DAX unabhängig. Der Erfolg hängt ausschließlich von der Güte der gestellten Prognose des ausgewählten Risikofaktors ab.

4.6.2 Passives Management

Der Grundgedanke des passiven Managements von Aktienportfolios besteht in der Annahme von hinreichend effizienten Aktienmärkten. Auf effizienten Märkten lassen sich definitionsgemäß keine dauerhaften Überrenditen (risikoadjustiert) erzielen. Der Versuch, Überrenditen mit Hilfe von aktivem Portfoliomanagement zu erzielen, ist regelmäßig mit Transaktionskosten verbunden. Bei Zutreffen der Annahme hinreichend effizienter Aktienmärkte stellt sich die Verauslagung von unnötigen Transaktionskosten durch Portfolioumschichtungen als Geldverschwendung dar. Zudem kann auf die Finanzierung von Aktienresearch bei Verwendung einer passiven Managementstrategie gänzlich verzichtet werden, was nicht selten zur Verfolgung passiver Managementstrategien führt.

---

[188] Eine Übersicht über die durchgeführten Tests geben **Nowak/Wittrock** (1993), S. 69 ff.

Statt dessen lässt sich bei Markteffizienz lediglich eine risikoangepasste Portfoliorendite erzielen. Folglich muss es das Ziel des passiven Managements sein, das nicht vom Markt vergütete unsystematische Risiko durch Diversifikation weitgehend auszuschließen. Ein perfekter Ausschluss des unsystematischen Risikos gelingt theoretisch nur, falls das aus der Kapitalmarkttheorie bekannte Marktportfolio gehalten wird.[189]

In der praktischen Umsetzung erschöpft sich passives Wertpapiermanagement in der weitgehenden Kopie der vom Anleger auszuwählenden Benchmark. Wählt der Investor den DAX als Benchmark, so ist die Performance des DAX die Zielmarke für das Anlegerportfolio. Die Nachbildung (Tracking) des DAX erfolgt mittels eines Indexportfolios. Es ergeben sich zwei Möglichkeiten zur Konstruktion des Indexportfolios. Erstens kann ein "Census Approach" gewählt werden, bei dem jede Aktie des Benchmarkindexes auch in das Indexportfolio entsprechend ihrem Indexanteil genommen wird. Zum zweiten lässt sich ein "Sampling Approach" anwenden, bei dem nur ein Teil der im Benchmarkindex vertretenen Aktien in das Portfolio genommen wird. Zugleich wird dieser Submix von Aktien derart zusammengestellt, dass er die Performance des Benchmarkindexes so gut wie möglich abbildet.[190] Mithin sollte der Tracking Error minimiert werden. Zum Teil wird im Rahmen des passiven Managements auf die Verwendung gängiger Marktindizes als Benchmarkindizes verzichtet. Statt dessen werden spezielle Indizes gemäß den Bedürfnissen der Anleger kreiert.[191] Im Bereich des passiven Portfoliomanagements bietet sich das Instrument der Wertpapierleihe zur Erzielung zusätzlicher Einnahmen an. Den performanceverringernden Transaktionskosten stehen durch die Verleihung der im Portfolio befindlichen Wertpapiere renditesteigernde Einnahmen gegenüber, die zu einer Angleichung von Benchmark- und Portfolioperformance führen.

Zu den passiven Aktienanlagestrategien kann auch die Konstruktion von Beta-Fonds gezählt werden.[192] Der Portfoliokonstruktion liegt die Vorgabe eines gewünschten Betafaktors in Bezug auf eine vom Anleger bestimmte Benchmark zugrunde. Auf der Basis des vorgegebenen Betafaktors wird ein diversifiziertes Portfolio konstruiert, das nur von der Entwicklung der Benchmark abhängt. Mit Hilfe von Beta-Fonds kann die Benchmark zwar in der Rendite übertroffen werden, da aber auch das Risiko (Betafaktor) höher ist, muss sich risikoadjustiert die gleiche Performance ergeben. Aus diesem Grund fällt die Konstruktion von Beta-Fonds in die Kategorie der passiven Anlagestrategien.

Wird als Portfolio-Betafaktor z.B. der Wert 1,2 gewählt, so sollte sich das zusammengestellte Portfolio stärker als die Benchmark bewegen. Eine Rendite der Benchmark von 10% p.a müsste zu einer Portfoliorendite des Beta-Fonds von 12% p.a. führen. Umgekehrt müsste auch im Fall einer negativen Rendite der Benchmark eine niedrigere Beta-Fondsrendite resultieren. Dem

---

[189] Für die Probleme in der praktischen Anwendung vgl. **Beiker** (1993), S. 92 ff.

[190] Vgl. **Luskin** (1989), S. 180 f. Illustrative Beispiele für das Vorgehen bei der Konstruktion von Indexportfolios liefern **Kleeberg/Schlenger** (1994), S. 229 ff. und **Möckel** (1992), S. B12.

[191] Vgl. **Braun** (1990), S. 528 ff.

[192] Vgl. **Lerbinger** (1984a), S. 293 f.

Konzept der Beta-Fonds liegt das Theoriegebäude des CAPM als Fundament zugrunde. Insofern ist es auch anfällig gegenüber der Kritik, die gegen das CAPM vorgebracht wird. Für die praktische Implementation von Beta-Fonds liegt die Hauptschwierigkeit in der Schätzung der zukünftigen Betafaktoren. Die Verwendung extrapolierter historischer Betawerte hat sich dabei als unbefriedigend erwiesen.[193] Statt dessen verspricht die Prognose von Betafaktoren auf Basis fundamentaler Unternehmensdaten bessere Erfolgschancen.[194]

---

[193] Vgl. **Kleeberg** (1992), S. 475.
[194] Vgl. **Steiner/Beiker/Bauer** (1993), S. 99 ff., **Kleeberg** (1992), S. 475 f.

5 Optionspreistheorie

5.1 Optionstypologie

Optionen zählen zur Gruppe der Termingeschäfte. Bei Termingeschäften wird zum Zeitpunkt des Vertragsabschlusses festgelegt, zu welchen Bedingungen der Vertrag an einem in der Zukunft liegenden Zeitpunkt erfüllt werden muss. Termingeschäfte lassen sich differenzieren in bedingte und unbedingte Termingeschäfte. Bei bedingten Termingeschäften kann ein Vertragspartner am Erfüllungstag wählen, ob er das Geschäft erfüllen will oder nicht. Demgegenüber sind unbedingte Termingeschäfte für die beteiligten Vertragspartner bindend, so dass beide Seiten ihre vertraglichen Pflichten erfüllen müssen.

Optionen gehören in den Bereich der bedingten Termingeschäfte, da einem Partner das Recht zusteht, für die Ausübung oder den Verfall der Option zu optieren.[1] Der Vertragspartner, der dieses Optionsrecht besitzt, ist jeweils der Käufer einer Option. Der Verkäufer einer Option muss sich demgegenüber der Entscheidung des Optionskäufers fügen, und wird deshalb auch Stillhalter genannt. Hinsichtlich der inhaltlichen Vertragsgestaltung lassen sich standardisierte und nichtstandardisierte Optionen unterscheiden. Standardisierte Optionen besitzen einheitliche Kontraktspezifikationen wie z.B. Laufzeiten, Kontraktgröße, Basispreise usw. Die Standardisierung von Optionen führt zu börsenmäßiger Handelbarkeit. Demgegenüber sind sogenannte OTC-Optionen (over the counter) jeweils individuell auf die Bedürfnisse der Vertragspartner abgestimmt.

Die Bedeutung der Optionspreistheorie geht weit über die Bepreisung von Optionen hinaus. Alle bedingten Ansprüche (contingent claims) können mit Hilfe der Optionspreistheorie bewertet werden.[2] Optionsähnlichen Charakter besitzen viele Geschäfte, so dass eine Übertragung und Anwendung der Optionspreistheorie auch hier in Frage kommt. Zu denken ist beispielsweise an Sachversicherungen, bei denen der Versicherungsnehmer (Optionsinhaber) gegen Zahlung einer Versicherungsprämie (Optionspreis) das Recht hat, bei Eintritt eines bestimmten Falles (z.B. Autodiebstahl), von der Versicherung (Stillhalter) die Zahlung der Versicherungssumme (Basispreis) zu verlangen. Auch das Eigenkapital von Unternehmen kann als Option auf den Kauf des gesamten Unternehmensvermögens aufgefasst werden.[3] Die Nutzung der Erkenntnisse der Opti-

---

[1] Vgl. **Perridon/Steiner** (2002), S. 324 ff.
[2] Vgl. **Kruschwitz/Schöbel** (1984), S. 68.
[3] Vgl. **Perridon/Steiner** (2002), S. 517 ff.

onspreistheorie wird z.B. im Rahmen des Kapitels über Portfolio Insurance beispielhaft deutlich.

Prinzipiell lassen sich zwei Grundformen von Optionen unterscheiden. Zum einen die Kaufoption (Call), die das Recht beinhaltet, einen bestimmten Gegenstand (Waren, Wertpapiere, etc.) zu einem in der Zukunft liegenden Zeitraum bzw. Zeitpunkt und zu einem bei Vertragsabschluss festgelegten Preis (Basispreis) zu beziehen. Für dieses Optionsrecht muss der Optionskäufer zum Zeitpunkt des Vertragsabschlusses einen Preis bezahlen, die Optionsprämie. Im Weiteren wird die Betrachtung zunächst auf Aktienoptionen beschränkt.[4] Eine Verkaufsoption (Put) berechtigt den Käufer des Puts zum Verkauf einer Aktie zu einem in der Zukunft liegenden Zeitraum bzw. Zeitpunkt zum Basispreis. Dabei wird in Abhängigkeit vom Zeitpunkt der Optionsausübung zwischen europäischen und amerikanischen Optionen unterschieden. Europäische Optionen können nur zu einem bestimmten Zeitpunkt ausgeübt werden, nämlich am Laufzeitende. Amerikanische Optionen können demgegenüber während der gesamten Laufzeit ausgeübt werden.[5]

In Bezug auf die beiden Optionsgrundformen Call und Put lassen sich vier Positionen unterscheiden, die von Anlegern eingenommen werden können. Im Fall des Kaufs einer Option spricht man von einer Long-Position und im Fall eines Optionsverkaufs von einer Short-Position. Die vier möglichen Optionspositionen sind in der Abbildung 5.1 dargestellt.

Position / Optionsart	Käufer	Verkäufer
Call	**Call Long** - zahlt Optionsprämie - besitzt Kaufrecht	**Call Short** - erhält Optionsprämie - Stillhalter in Wertpapieren
Put	**Put Long** - zahlt Optionsprämie - besitzt Verkaufsrecht	**Put Short** - erhält Optionsprämie - Stillhalter in Geld

Abbildung 5.1: Grundpositionen bei Optionen

Der Verkäufer von Optionen wird, wie oben erwähnt, auch als Stillhalter bezeichnet. Von einem Stillhalter in Wertpapieren spricht man, wenn eine Kaufoption verkauft worden ist. In diesem Fall ist der Optionsverkäufer dem Optionsrechtinhaber gegenüber verpflichtet, am Ausübungszeitpunkt die Wertpapiere zu liefern, sofern der Optionsinhaber dies wünscht. Bei einer verkauften Put-Option muss der Stillhalter damit rechnen, vom Optionsinhaber die Wertpapiere am

---

[4] Die Darstellung von Optionen auf andere Underlyings wie Devisen, Anleihen usw. findet sich am Ende dieses Kapitels.

[5] Zur Vervollständigung der Optionstypen sei ergänzt, dass es auch sogenannte asiatische Optionen gibt. Asiatische Optionen sind während einer bestimmten Frist innerhalb der gesamten Optionslaufzeit oder am Verfallszeitpunkt auszuüben.

Verfallzeitpunkt angedient zu bekommen. Weil dafür Geld bereitgehalten werden muss, spricht man bei einem Verkäufer eines Pult vom Stillhalter in Geld.

Im Folgenden ist zu erörtern, welche Gewinn- bzw. Verlustmöglichkeiten mit den vier dargestellten Options-Positionen verbunden sind. Zur Darstellung bedient man sich sogenannter Hockeystick Diagramme, die den Erfolg eines Optionsgeschäfts in Abhängigkeit vom Aktienkurs bei Fälligkeit der Option darstellen. Die vier Optionspositionen sind in Abbildung 5.2 auf der nächsten Seite graphisch dargestellt.

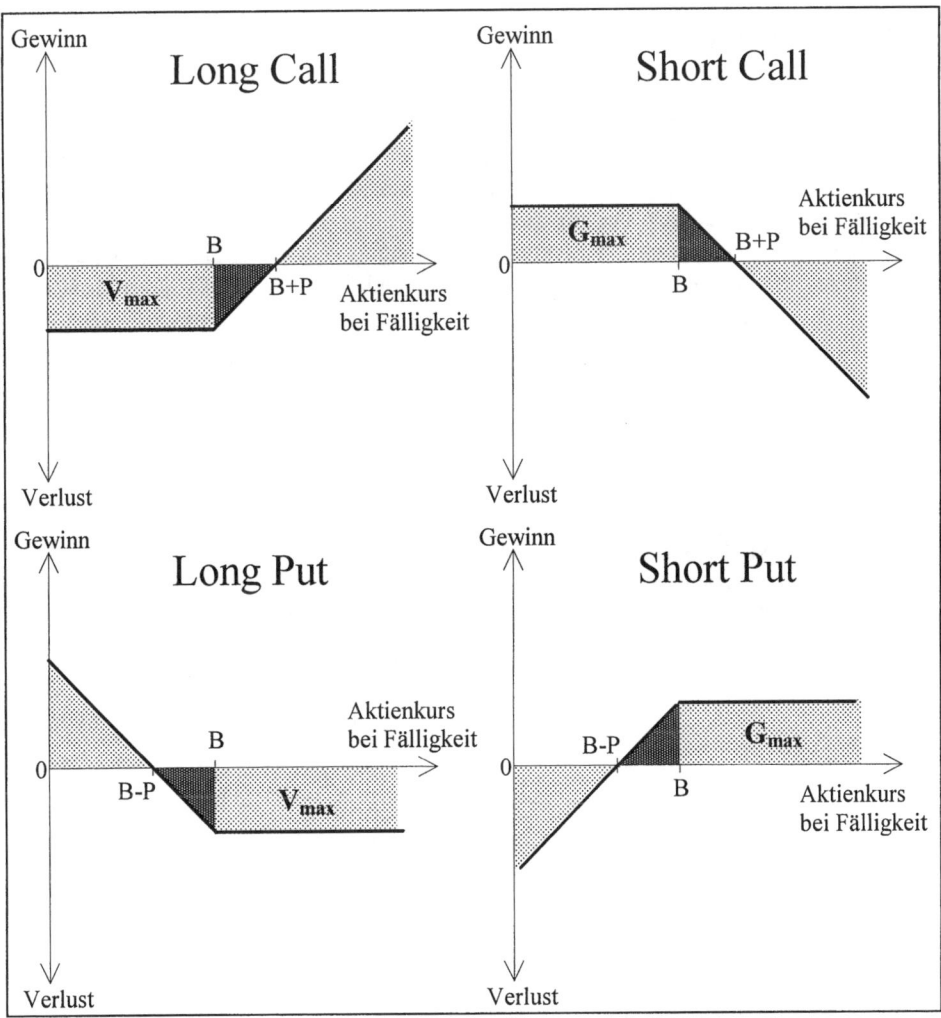

Abbildung 5.2: Gewinn- und Verlustdiagramme bei Aktienoptionen

Aus der Darstellung wird erkennbar, dass der Käufer einer Option stets nur einen auf die Optionsprämie (P) beschränkten maximalen Verlust (V_{max}) befürchten muss.[6] Der Stillhalter sieht sich im Gegensatz dazu immer mit einer unbegrenzten Verlustmöglichkeit konfrontiert. Hinsichtlich der Gewinnmöglichkeiten stellt sich die Situation spiegelbildlich dar. Während der Optionskäufer stets unbegrenzte Gewinnmöglichkeiten besitzt, vereinnahmt der Stillhalter im für ihn besten Fall (G_{max}) lediglich die Optionsprämie.[7] Der Break-Even Punkt (B+P bzw. B-P) ist immer dort erreicht, wo der Basispreis (B) abzüglich bzw. zuzüglich der Optionsprämie genau dem Aktienkurs bei Fälligkeit entspricht.

5.2 Aktienoptionsbewertung

Inzwischen gibt es zahlreiche Modellansätze zur Bewertung von Optionen. Größere praktische Bedeutung haben allerdings nur Gleichgewichtsmodelle erlangt, die Kursverlaufshypothesen bezüglich der ihnen zugrundeliegenden Instrumente unterstellen. Innerhalb der Gleichgewichtsmodelle dominiert hinsichtlich der praktischen Anwendungshäufigkeit die Gruppe der vollständigen Gleichgewichtsmodelle. Besonders zwei Modelle nehmen in dieser Gruppe einen exponierten Platz ein. Zum einen das 1973 von Black und Scholes entwickelte und nach ihnen benannte Black & Scholes-Modell (B&S-Modell).[8] Zum anderen das von Cox, Ross und Rubinstein 1979 entwickelte Binomialmodell.[9] Die Einordnung der genannten Modelle in den theoretischen Bezugsrahmen der Optionspreismodelle ist in Abbildung 5.3 wiedergegeben.

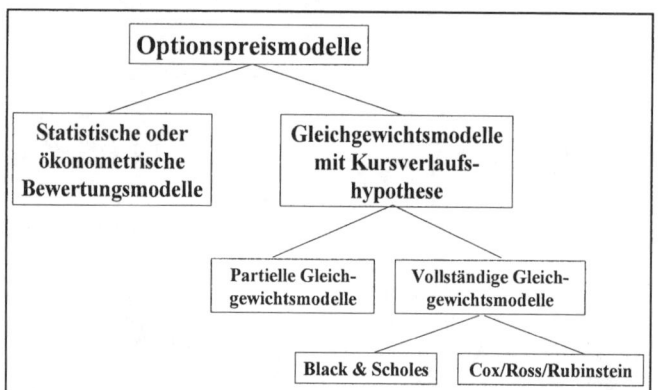

Abbildung 5.3: Klassifizierung von Optionspreismodellen[10]

---

[6] Transaktionskosten sind dabei unberücksichtigt geblieben.

[7] Beim Put Short ist der Verlust insofern begrenzt, als der Wert der Aktie nicht unter null fallen kann. Für den Long Put gilt dies analog. Deshalb ist das Bild der Spiegelbildlichkeit theoretisch nicht ganz zutreffend.

[8] Vgl. **Black/Scholes** (1973), S. 637 ff.

[9] Vgl. **Cox/Ross/Rubinstein** (1979), S. 229 ff.

[10] Vgl. **Perridon/Steiner** (2002), S. 331.

Bevor das Binomial- und das Black & Scholes-Modell dargestellt werden, sind einige allgemeine Charakteristika von Aktienoptionen zu beschreiben. Zunächst sollen dabei europäische Optionen betrachtet werden. Auf den Unterschied zwischen europäischen und amerikanischen Optionen wird später im Rahmen der Bewertung durch Optionspreismodelle noch ausführlich eingegangen.

5.2.1 Grundlagen der Optionsbewertung

Der Wert einer europäischen Option am Verfalltag hängt vom Basispreis B und vom Kurs der zugrundeliegenden Aktie K_t an diesem Tag ab. Für einen Call C_t lautet der Wert

$$C_t(B; K_t) = \max(K_t - B; 0).$$

Liegt der Aktienkurs am Verfalltag über dem Basispreis, so besteht der Wert des Calls genau in der Differenz zwischen den beiden Größen, die beim Call innerer Wert genannt wird. Liegt der Aktienkurs unterhalb des Basispreises, so wird der Besitzer die Option verfallen lassen und es ergibt sich der Wert von Null.

Der Wert eines Puts am Verfalltag lautet demgemäß

$$P_t(B; K_t) = \max(B - K_t; 0).$$

Nur wenn der Aktienkurs unterhalb des Basispreises liegt, lohnt sich die Ausübung des Puts. Andernfalls verfällt der Put und nimmt somit den Wert null an. Der innere Wert eines Puts ergibt sich folglich aus der Differenz von Basispreis minus Aktienkurs. Abbildung 5.4 verdeutlicht diesen Zusammenhang.

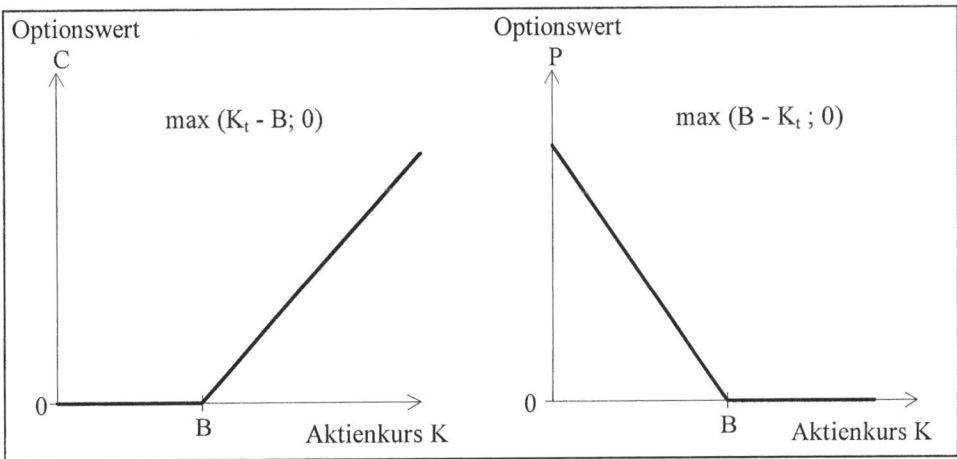

Abbildung 5.4: Innerer Wert bei Call und Put am Verfalltag

Wie der Abbildung zu entnehmen ist, entspricht der Wert einer Option am Verfalltag ihrem inneren Wert. Erst bei Aktienkursen oberhalb von B besitzt der Call einen Ausübungswert. Während der Laufzeit der Option kommt noch eine zweite Wertkomponente hinzu. Diese wird als Zeitwert bezeichnet und ist als Preis für die Chance zu verstehen, dass die der Option zugrundeliegende Aktie sich innerhalb der bestehenden Optionsrestlaufzeit in die vom Anleger gewünschte Richtung entwickelt. Je länger die Restlaufzeit der Option ist, desto größer ist naturgemäß die Chance der gewünschten Wertentwicklung. Deshalb ist bei Optionen mit langer Restlaufzeit der Zeitwert relativ hoch. Gegen Ende der Optionslaufzeit beschleunigt sich die Abnahme des Zeitwerts, wie aus Abbildung 5.5 ersichtlich wird.

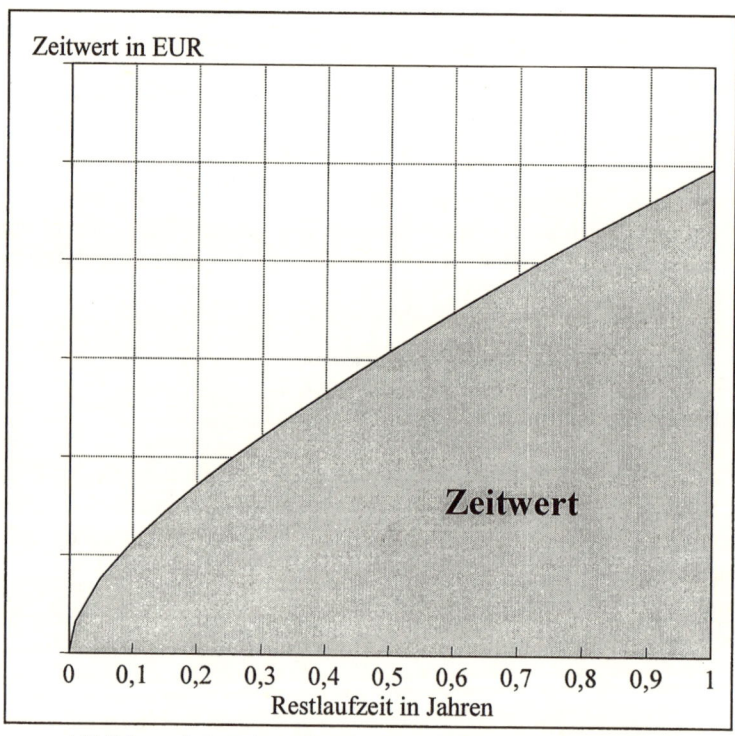

Abbildung 5.5: Zeitwertkurve einer Option in Abhängigkeit von der Restlaufzeit

Die Wertuntergrenze einer Option besteht am Verfalltag aus dem inneren Wert der Option. Während der Laufzeit des Calls muss berücksichtigt werden, dass der Basispreis erst am Verfalltag gezahlt werden muss. Liegt der Ausübungstag aber in der Zukunft, so ist das für den Basispreis bereitgehaltene Geld zwischenzeitlich zum risikolosen Zinssatz R_f anzulegen. Deshalb besteht die Wertuntergrenze der Kaufoption während der Optionslaufzeit in der Differenz zwischen dem Aktienkurs und dem Barwert des Basispreises.

Wertuntergrenze Call = $\max(K_t - B(1 + R_f)^{-t}; 0)$

Auch die Wertobergrenze eines Calls ist determiniert. Die Wertobergrenze entspricht bei einem Call dem Wert der zugrundeliegenden Aktie, denn das Recht die Aktie in Zukunft zu erwerben, kann nie teurer sein als die Aktie selbst. Der maximale Wert, den ein Call annehmen kann, entspricht folglich gerade dem Aktienkurs. Bei einem Basispreis von null zeigt sich, dass der Wert des Calls genau in Höhe des Aktienkurses liegt. Deshalb besteht für den Call-Besitzer gegenüber dem Besitz der Aktie kein Vorteil. Somit kann der Call nicht mehr kosten als die Aktie selbst.

Die Wertuntergrenze des Puts besteht aus dem Barwert des Basispreises minus dem Aktienkurs.

$$\text{Wertuntergrenze Put} = \max(B(1 + R_f)^{-t} - K_t; 0)$$

Die Wertobergrenze einer Verkaufsoption ist der jeweilige Barwert des Basispreises, denn der Gewinn eines Put wird maximal, wenn der Aktienkurs auf null fällt. Die genannten theoretischen Wertgrenzen europäischer Calls und Puts sind in der unten stehenden Graphik abgebildet.

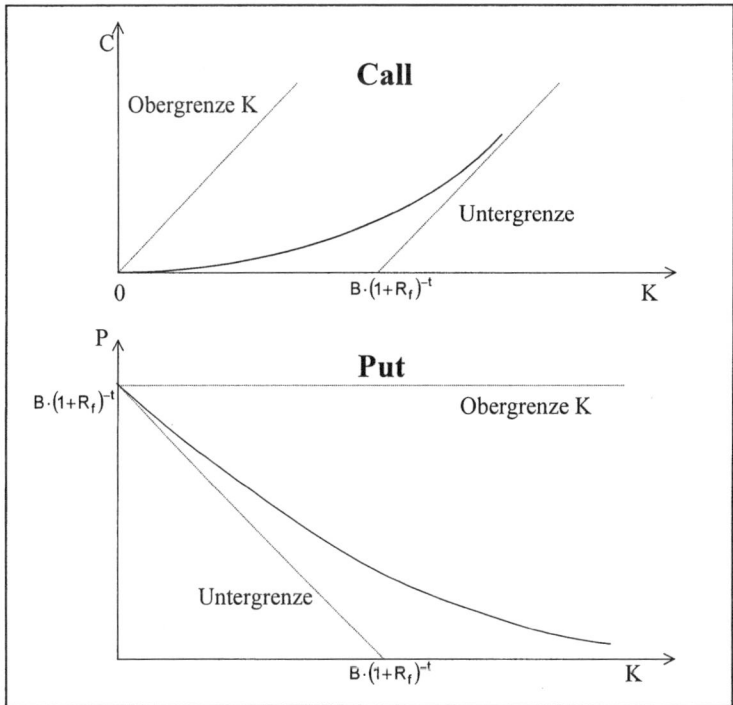

Abbildung 5.6: Optionen innerhalb ihrer theoretischen Wertgrenzen

Die Frage der Bestimmung des tatsächlichen Optionswerts während der Optionslaufzeit versuchen Optionspreismodelle zu beantworten. Im Rahmen dieses Kapitels werden sowohl das Binomial- als auch das Black & Scholes-Modell erläutert. Da anhand des Binomialmodells das Grundprinzip der Optionsbewertung gut erkennbar ist, wird seine Darstellung dem B&S-Modell vorangestellt.

5.2.2 Das Binomialmodell

Während die Bestimmung der Wertgrenzen von Optionen keines komplizierten Modells bedurfte, bleibt die Wertbestimmung einer Option innerhalb ihrer Laufzeit den Optionspreismodellen vorbehalten. Das Binomialmodell unterstellt bestimmte Voraussetzungen, von deren Vorliegen die Güte der ermittelten Optionspreise u.a. abhängen. Im einzelnen wird dabei angenommen, dass ein vollkommener Kapitalmarkt vorliegt. Transaktionskosten, Einschussleistungen und Steuern werden nicht berücksichtigt. Zudem fallen während der Optionslaufzeit weder Dividenden- noch Bezugsrechtszahlungen an. Neben einem über die gesamte Optionslaufzeit konstanten risikolosen Zinssatz besteht auch die Möglichkeit uneingeschränkter Leerverkäufe. Schließlich wird im Binomialmodell ein diskreter Aktienhandel unterstellt, d.h. Aktienkurse werden nicht kontinuierlich, sondern nur zu bestimmten Zeitpunkten festgestellt.

5.2.2.1 Bewertung von Kaufoptionen (Calls)

Unter den genannten Voraussetzungen ist eine Unterscheidung zwischen europäischen und amerikanischen Calls nicht erforderlich. Zwar beinhaltet die Option amerikanischen Typs das zusätzliche Recht der vorzeitigen Ausübung, jedoch besitzt dieses Recht keinen Wert. Eine Optionsausübung kommt nur in Frage, wenn der innere Wert der betreffenden Option oberhalb des Marktpreises liegt. Der innere Wert eines Call entspricht jedoch - wie gesehen - gerade seiner Wertuntergrenze. Ein vorzeitiges Ausüben der Kaufoption ist folglich nicht sinnvoll. Deshalb entsprechen sich die Werte europäischer und amerikanischer Optionen. Somit bedarf es zur Call-Bewertung unter den genannten Prämissen keiner Differenzierung nach Optionstypen.

5.2.2.1.1 Der Einperiodenfall

Der Einperiodenfall zur Bewertung von Kaufoptionen mit Hilfe des Binomialmodells umfasst zwei Zeitpunkte. Der Zeitpunkt t_0 stellt dabei jenen Zeitpunkt dar, an dem die Option bewertet wird. Mit t_1 ist dann der Verfallszeitpunkt gekennzeichnet. In t_1 unterstellt das Binomialmodell genau zwei verschiedene Ausprägungen von Aktienkursen. Diese Zweiwertigkeit erklärt den Namen des Modells. Die Prämisse der Zweiwertigkeit erscheint weniger unrealistisch, wenn man sich die Zeitspanne von t_0 nach t_1 sehr klein vorstellt. Abbildung 5.7 zeigt sowohl anhand allgemeiner Symbole als auch anhand von konkreten Zahlen eine mögliche Ausprägung von Aktienkursverläufen bei zwei Zeitpunkten.[11]

Mit K sind die Kurse der Aktien bezeichnet. P steht für die Wahrscheinlichkeit, mit der der jeweilige Kurs eintritt. Der mit Buchstaben bezeichnete Index gibt die Richtung und Intensität (u = up, d = down) der Kursbewegung an, und der in Ziffern ausgedrückte Index bezeichnet die

---

[11] Vgl. **Cox/Ross/Rubinstein** (1979), S. 232 f.

jeweiligen Zeitpunkte. Daher können u und d als Auf- bzw. Abwärtsfaktoren bezeichnet werden.

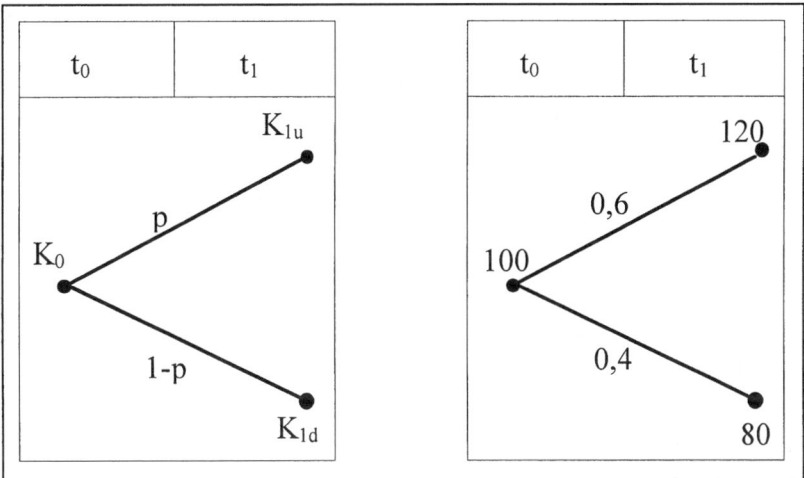

Abbildung 5.7: Zustandsbäume des Binomialmodells bei zwei Zeitpunkten

Da gemäß der oben genannten Prämissen eine risikolose Geldaufnahme- bzw. Geldanlagemöglichkeit zum Zinssatz R_f besteht (z.B. ein Zerobond erstklassiger Bonität mit der Restlaufzeit von t_0 bis t_1), wird erkennbar, dass sich ein risikoloses Portfolio genau zu R_f verzinsen muss. Nun lässt sich zeigen, dass ein Portfolio, bestehend aus geschriebenen (verkauften) Kaufoptionen (Calls), gekauften Aktien und einem zu R_f aufgenommenen Kredit einen Anfangs- und einen Endwert von null aufweist. Da die Endwerte der Aktien und des Kredits in jedem der zwei betrachteten Zukunftslagen bekannt sind, lässt sich daraus der Wert des Calls berechnen. Diese Methode der Bewertung von Optionen wird 'pricing by duplication' genannt. Es wird folglich ein Arbitrageportfolio gebildet, welches die gleiche Zahlungstruktur aufweist, wie der zu bewertende Call. Gemäß dem 'law of one price' müssen gleiche Zahlungsströme auch gleich bewertet werden. Somit ist der Call-Preis determiniert. In allgemeinen Symbolen ausgedrückt besitzt das Arbitrageportfolio für Calls folgendes Aussehen:

	t_0	t_1-	t_1+
Verkauf von n Calls:	$+nC_0$	$-nC_{1d}$	$-nC_{1u}$
Kauf einer Aktie:	$-K_0$	$+K_{1d}$	$+K_{1u}$
Kreditaufnahme:	$+L_0$	$-L_1$	$-L_1$
Portfoliowert:	**0**	**0**	**0**

Tabelle 5.1: Duplikationsportfolio

Die Symbole bedeuten:

t_0 = Ausgangszeitpunkt,
t_1- = Verfalltag bei gesunkenem Aktienkurs,
t_1+ = Verfalltag bei gestiegenem Aktienkurs,
C_0 = Wert des Calls in t_0,

C_{1u} = Wert des Calls am Verfalltag bei gestiegenem (upward) Aktienkurs,
C_{1d} = Wert des Calls am Verfalltag bei gesunkenem (downward) Aktienkurs,
B = Basispreis der Option,
K_0 = Aktienkurs in t_0
K_{1u} = Aktienkurs am Verfalltag bei gestiegenem (upward) Niveau[12],
K_{1d} = Aktienkurs am Verfalltag bei gesunkenem (downward) Niveau,
L_0 = Barwert des Kredits in t_0,
L_1 = Tilgungswert des Kredits in t_1 einschließlich der Zinsen,
R_f = risikoloser Zinssatz und
n = Anzahl der zu verkaufenden Calls.

Da zu jeder Zeit der Portfoliogesamtwert (Spaltensumme) null beträgt und somit kein Kapitaleinsatz zur Haltung dieses Portfolios erforderlich ist, wird von einem sich selbst finanzierenden Portfolio gesprochen. Alle drei dargestellten Umweltzustände (t_0, t_1-, t_1+) lassen sich durch die folgenden Gleichungen beschreiben:

I: $0 = nC_0 - K_0 + L_0$ (Gleichung für t_0)
II: $0 = -nC_{1d} + K_{1d} - L_1$ (Gleichung für t_1-)
III: $0 = -nC_{1u} + K_{1u} - L_1$ (Gleichung für t_1+)

Die gesuchte Zielgröße, der Call-Preis in t_0, tritt in Gleichung I auf. Durch Umformung ergibt sich

Ia: $C_0 = \frac{1}{n}(K_0 - L_0)$.

Der Tilgungswert des Kredits ergibt sich nun durch Aufzinsung des Auszahlungsbetrags in t_0, denn der Kredit ist gemäß den obigen Prämissen risikolos.

IV: $L_1 = (1 + R_f)^t L_0$

Wird L_1 in den Gleichungen II und III isoliert, dann ergibt sich der Tilgungswert des Kredits.

$L_1 = K_{1u} - nC_{1u} = K_{1d} - nC_{1d}$

In t_0 ist der Wert des Kredits für die Bestimmung des Callpreises relevant. Der gerade hergeleitete Ausdruck wird deshalb in Gleichung IV eingesetzt.

$$L_0 = \frac{K_{1u} - n \cdot C_{1u}}{(1 + R_f)^t}$$

oder

---

[12] Die Erhöhungs- bzw. Verringerungsfaktoren u und d müssen sich in ihrer Höhe nicht entsprechen.

$$L_0 = \frac{K_{1d} - n \cdot C_{1d}}{(1 + R_f)^t}$$

Für die konkrete Berechnung des Calls ist die Kenntnis der Anzahl (n) der zu verkaufenden Calls unerlässlich. Der Wert von n lässt sich den Gleichungen II und III entnehmen:

$$-nC_{1u} + K_{1u} - L_1 = -nC_{1d} + K_{1d} - L_1$$
$$\rightarrow n(C_{1u} - C_{1d}) = K_{1u} - K_{1d}$$
$$\rightarrow n = \frac{K_{1u} - K_{1d}}{C_{1u} - C_{1d}}$$

Die Anzahl der zu verkaufenden Calls, die auch als Hedge Ratio bezeichnet wird, entspricht folglich dem Verhältnis der maximalen Kursdifferenz der Aktienkurse einerseits und der Optionswerte andererseits am Verfalltag. Zur Begründung bedient man sich folgender Überlegung: Die Bandbreite der Aktienkurse in t_1 ist genau die Differenz der beiden Kursausprägungen K_{1u} - K_{1d}. Die Bandbreite der möglichen Callpreise in t_1 liegt bei Max(0; K_{1u} - B). Offenbar ist die Bandbreite des Calls geringer als jene der Aktie, denn der Verlust der Option ist begrenzt. Nachdem der Aktienkurs unter den Basispreis gefallen ist, verbleibt nämlich der innere Wert der Option bei Null. Damit aber der Gewinn des einen Instruments den Verlust des anderen Instruments genau ausgleicht, müssen mehr Optionen als Aktien ge- bzw. verkauft werden.

Der Kehrwert von n wird als Call-Delta bezeichnet. Dieses gibt an, wie viele Aktien im Arbitrageportfolio pro verkauftem Call gekauft werden müssen:

$$\delta = \frac{1}{n}.$$

Um nun den Call-Preis zu bestimmen, müssen die ermittelten Terme in die Gleichung Ia eingesetzt werden. Dadurch ergibt sich:

$$C_0 = \delta \left(K_0 - \frac{K_{1d} - nC_{1d}}{(1+R_f)^t} \right) \text{ oder } C_0 = \delta \left(K_0 - \frac{K_{1u} - nC_{1u}}{(1+R_f)^t} \right).$$

Damit ist die allgemeine Formel für die Berechnung des Callpreises im Einperiodenfall des Binomialmodells bestimmt. Zur Veranschaulichung der Formel wird ein numerisches Beispiel gewählt.[13] Es werden folgende Ausgangsdaten angenommen:

t_0-t_1 = neun Monate
K_0 = 100,- EUR
B = 100,- EUR
u = 0,2
d = -0,2

---

[13] Vgl. **Cox/Rubinstein** (1985), S. 166 f.

K_{1u} = 120,- EUR
K_{1d} = 80,- EUR
C_{1u} = 20,- EUR
C_{1d} = 0,- EUR
R_f = 8% für neun Monate.

Zunächst ist die Anzahl der zu verkaufenden Calls zu bestimmen. Die Differenz der Maximalausprägungen am Verfalltag ergibt:

$$n = \frac{120 - 80}{20 - 0} = 2.$$

Um ein Arbitrageportfolio zu konstruieren, müssen bei der gegebenen Datenkonstellation zwei Calls pro Aktie verkauft werden. Das folgende Tableau zeigt die Zahlungen des Call-Verkaufs.

t_0: 100,- EUR	t_1-: 80,- EUR	t_1+: 120,- EUR
Verkauf von 2 Calls	Verfall der Calls	Ausübung der Calls: $2(K_n - B)$ $\rightarrow 2(120 - 100) = 40,-$ EUR
+ $2C_0$ EUR	Summe: 0,- EUR	Summe: -40,- EUR

Tabelle 5.2: Zahlungsreihe eines Call-Verkaufs

Die Duplizierung der Zahlungsstruktur des Call-Verkaufs erfolgt mit Hilfe des Kaufs der Aktie und einer Kreditaufnahme, welche die kongruente Zahlungsstruktur in t_1 generiert.

t_0: 100,- EUR	t_1-: 80,- EUR	t_1+: 120,- EUR
Kauf der Aktie: -100,- EUR	Verkauf der Aktie: 80,- EUR	Verkauf der Aktie: 120,- EUR
Kreditaufnahme: 80/(1+0,08) = +74,07 EUR	Kredittilgung: -80,- EUR	Kredittilgung: -80,- EUR
Summe: -25,93 EUR	Summe: 0,- EUR	Summe: +40,- EUR

Tabelle 5.3: Duplizierung eines Call-Verkaufs

Wie den beiden Tableaus zu entnehmen ist, sind die Endwerte der jeweiligen Anlagen in der Summe in beiden Fällen Null. In einem arbitragefreien Markt muss dann auch der Anfangswert des Gesamtportfolios null betragen. Dies ist genau dann der Fall, wenn die Summe aus Call-Verkauf, Aktienkauf und Kreditaufnahme null ergibt. In dem Beispiel errechnet sich somit der Wert des Calls zu:

$$2C_0 - 100 + 74,07 = 0.$$

Daraus folgt: $C_0 = 12,96$ EUR.

Durch Einsetzen der Werte in die oben abgeleitete Formel erhält man

$$C_0 = 0,5\left(100 - \frac{120 - 2 \cdot 20}{1,08}\right) = 12,96.$$

Somit entsprechen sich die Ergebnisse. Bei einem Call-Preis von 12,96 EUR kann kein Arbitragegewinn erzielt werden.

Anstatt des Verkaufs von Calls hätte auch der Kauf von Calls bei gleichzeitigem Leerverkauf der entsprechenden Aktien und einer Geldanlage des Überschusses zu R_f zu dem gleichen Bewertungsergebnis geführt. Da aber aufgrund der relativ geringen Marktliquidität der Leerverkauf von Aktien in Deutschland schwieriger ist als der Verkauf von Calls an der EUREX, wurde diese Variante der Darstellung gewählt.

Würde der tatsächliche Marktpreis des Calls nicht 12,96 EUR, sondern z.B. 14,- EUR betragen, dann könnte ein risikoloser Gewinn von 2,07 EUR erzielt werden, indem zwei Calls zu je 14,- EUR verkauft würden. Gleichzeitig würden die Call-Auszahlungen in t_1 durch ein Hedge-Portfolio mit umgekehrtem Vorzeichen dupliziert.[14] Das Hedge-Portfolio besteht dabei aus dem Kauf der dem Call zugrundeliegenden Aktie (Basiswert) und einer Geldaufnahme zu R_f. Dieser Fall wird anhand des folgenden Tableaus betrachtet.

t_0: 100,- EUR	t_1-: 80,- EUR	t_1+: 120,- EUR
Verkauf von 2 Calls: +28,- EUR	Verfall der Calls: 0,- EUR	Ausübung der Calls: -40 EUR
Kauf der Aktie: -100,- EUR	Verkauf der Aktie: 80,- EUR	Verkauf der Aktie: 120,- EUR
Kreditaufnahme: 80/(1+0,08) = +74,07 EUR	Kredittilgung: -80,- EUR	Kredittilgung: -80,- EUR
Summe: 2,07 EUR	**Summe: 0,- EUR**	**Summe: 0,- EUR**

Tabelle 5.4: Numerisches Duplikationsportfolio

Bei Vorliegen einer derartigen Datensituation würden solange Calls verkauft, bis der Callpreis wieder dem arbitragefreien Gleichgewichtspreis von 12,96 EUR entspricht. Läge der Callpreis bei 10,- EUR, so würden Calls gekauft, bis der Preis sein Gleichgewicht wieder erreicht hätte. Die notwendigen Transaktionen gehen aus dem folgenden Tableau hervor.

t_0: 100,- EUR	t_1-: 80,- EUR	t_1+: 120,- EUR
Kauf von 2 Calls: -20,- EUR	Verfall der Calls: 0,- EUR	Ausübung der Calls: +40 EUR
Leerverkauf der Aktie: +100,- EUR	Kauf der Aktie: -80,- EUR	Kauf der Aktie: -120,- EUR
Geldanlage: 80/(1+0,08) = -74,07 EUR	Auflösung der Geldanlage: +80,- EUR	Auflösung der Geldanlage: +80,- EUR
Summe: 5,93 EUR	**Summe: 0,- EUR**	**Summe: 0,- EUR**

Tabelle 5.5: Arbitragemöglichkeiten im Duplikationsportfolio

Damit ist das Grundprinzip der Optionsbewertung im Binomialmodell beschrieben. Dabei ist aufgefallen, dass die Eintrittswahrscheinlichkeiten der jeweiligen Kursentwicklungen p und 1-p

---

[14] Die Begriffe Hedge-Portfolio und Arbitrageportfolio werden hier synonym verwendet.

bei der Preisbildung keine Rolle gespielt haben. Lediglich das Ausmaß der Aktienkurse in t_1 ist zur Optionspreisbestimmung notwendig. Anhand des Prinzips eines risikolosen Arbitrageportfolios lassen sich somit Callpreise bestimmen.

5.2.2.1.2 Der Mehrperiodenfall

Die Ausweitung des Einperiodenfalls auf mehrere Perioden erfolgt, indem auf jeden Zustand (K_t) stets zwei weitere Zustände folgen und somit der binomiale Charakter der Verteilung beibehalten wird. Wie aus Abbildung 5.8 zu erkennen ist, ergeben sich die Kurse der hinteren zeitlichen Stufen aus der Multiplikation der Aktienkurse der jeweils vorgelagerten Stufen mit den Kursveränderungsfaktoren (1 + u und 1 + d). Aus diesem Grund wird von einem multiplikativen Binomialprozess gesprochen. Für die Aktienkurse bei vier Zeitpunkten ergibt sich dann:

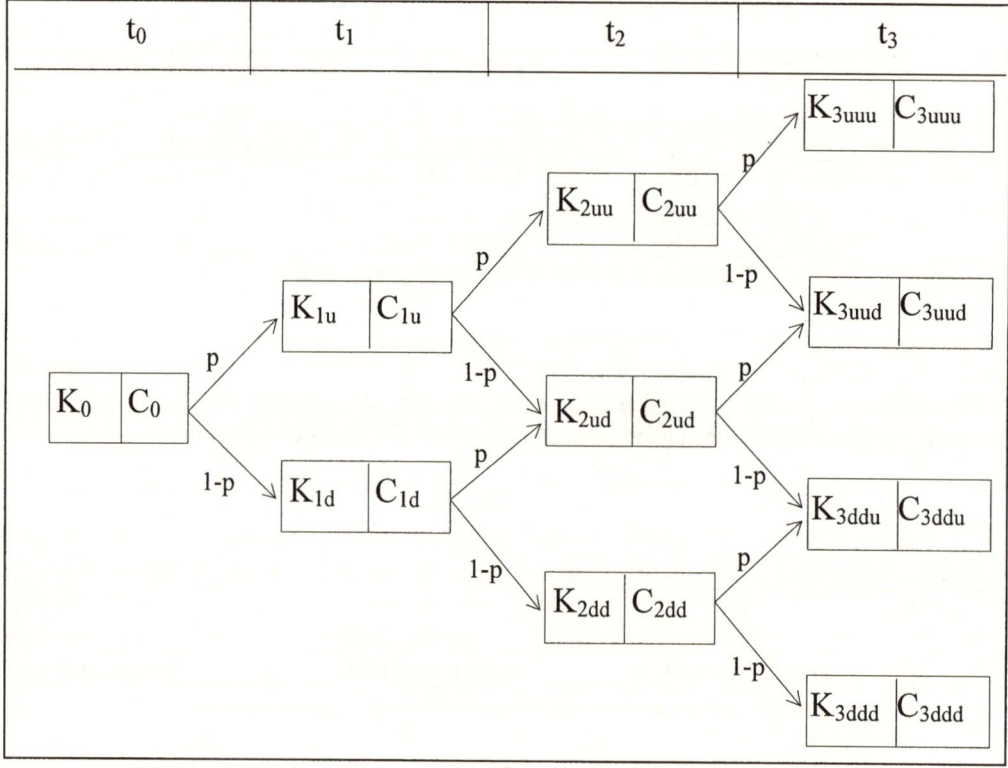

Abbildung 5.8: Aktienkurs- und Callpreisentwicklung bei drei Perioden[15]

Zur Bestimmung der zugehörigen Optionswerte ist ein retrogrades Vorgehen erforderlich. Beim

---

[15] Vgl. **Cox/Ross/Rubinstein** (1979), S. 236.

Vorliegen von K_{2uu} muss demzufolge anhand der aus dem Einperiodenfall bekannten Technik der entsprechende Optionswert (C_{2uu}) - ausgehend vom Verfalltag t_3, bei dem der Wert des Calls bekannt ist - für diesen Zustand ermittelt werden. Um auf der nächst niedrigeren Stufe (K_{1u}) die Optionsbewertung vornehmen zu können, müssen die Optionswerte C_{2uu} und C_{2ud} bekannt sein. Der dann ermittelte Callwert (C_{1u}) bildet gemeinsam mit C_{1d} die Grundlage für die Berechnung des Callwerts (C_0) am Anfangszeitpunkt t_0.

Anhand eines numerischen Beispiels wird das Vorgehen zur Callpreisermittlung im Mehrperiodenfall anschaulich. Dabei wird davon ausgegangen, dass der in Abbildung 5.9 wiedergegebene Aktienkursverlauf vorliegt. Als Basispreis des Calls sei erneut 100,- EUR angenommen. Die Zeiträume (t_0-t_1, t_1-t_2, t_2-t_3) entsprechen jeweils einem Vierteljahr, so dass es sich insgesamt um eine neunmonatige Kaufoption handelt. Der risikolose Zinssatz R_f sei 8% für neun Monate.

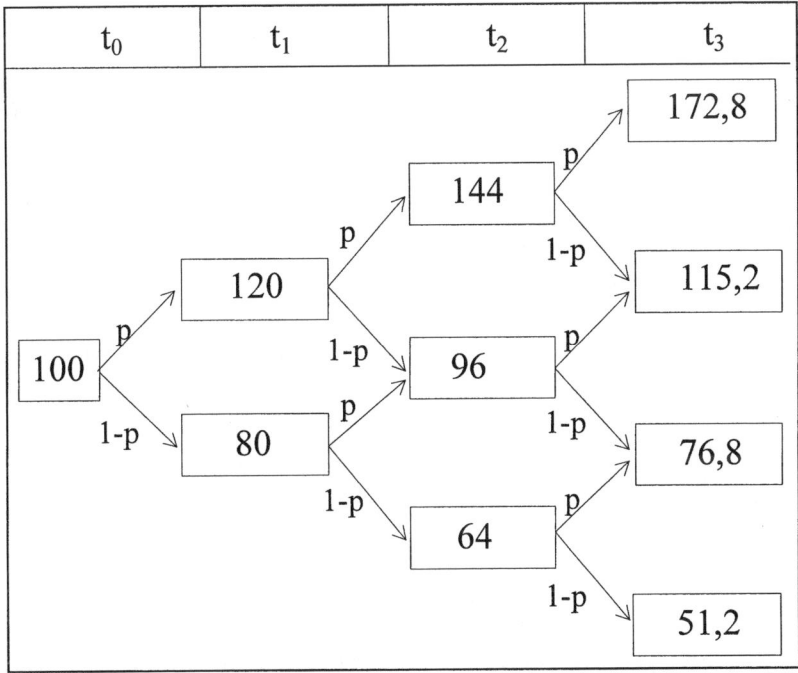

Abbildung 5.9: Hypothetische Aktienkursentwicklung im Drei-Periodenfall

Bevor der Wert des Calls im Zeitpunkt t_2 bei dem Aktienkurs von 144,- EUR mittels der aus dem Einperiodenfall bekannten Formel errechnet werden kann, muss zunächst die Anzahl der zu verkaufenden Calls bzw. der Delta-Wert bestimmt werden. Dazu werden die Differenzen der möglichen Aktienkurse und der möglichen Callwerte am Verfalltag ins Verhältnis gesetzt.

$$n = \frac{172{,}8 - 115{,}2}{72{,}8 - 15{,}2} = 1$$

Das Delta (δ) als Kehrwert der Anzahl (n) zu verkaufender Calls im Arbitrageportfolio ergibt in diesem Fall ebenfalls Eins. Da unabhängig vom Aktienverlauf beide Optionen in t_3 einen höheren inneren Wert als null besitzen, gleichen sich die Verluste der Option genau mit den Gewinnen der Aktie aus und umgekehrt. Der Callwert (C_{2uu}) in t_2 bei einem Aktienkurs von 144,- EUR ergibt sich dann gemäß der Formel aus dem Einperiodenfall zu:

$$C_{2uu} = 1\left(144 - \frac{172,8 - 1 \cdot 72,8}{1,08^{0,333}}\right) = 46,53.$$

Dabei ist im Zinssatz berücksichtigt worden, dass der Zeitraum zwischen t_2 und t_3 ein Tertial betrug. Um nun eine weitere Stufe zurückgehen zu können, bzw. C_{1u} berechnen zu können, muss auch C_{2ud} bekannt sein. Die Anzahl zu verkaufender Calls beträgt:

$$n = \frac{115,2 - 76,8}{15,2 - 0} = 2,53.$$

Damit beläuft sich das Delta auf ca. 0,4. Durch Einsetzen der Werte in die Formel aus dem Einperiodenfall erhält man:

$$C_{2ud} = 0,4\left(96 - \frac{115,2 - 2,53 \cdot 15,2}{1,08^{0,333}}\right) = 8,48.$$

Mit Hilfe von C_{2uu} und C_{2ud} kann nun die Berechnung von C_{1u} erfolgen. Dabei werden die bereits errechneten Callwerte der zeitlich hinteren Stufen verwendet. Folgende Werte ergeben sich:

$$n = \frac{144 - 96}{46,53 - 8,48} = 1,26,$$

$$\delta = 0,79,$$

$$C_{1u} = 0,79\left(120 - \frac{144 - 1,26 \cdot 46,53}{1,08^{0,333}}\right) = 29,08.$$

Sind sowohl C_{1u} wie auch C_{1d} bekannt, so kann schließlich in einem letzten Schritt der ursprünglich gesuchte Wert von C_0 errechnet werden. Wie gesehen beträgt C_{1u} 29,08 EUR. Der Wert von C_{1d} beläuft sich auf 4,75 EUR. Daraus errechnet sich für C_0 der folgende Wert:

$$n = \frac{120 - 80}{29,08 - 4,75} = 1,64,$$

$$\delta = 0,61,$$

$$C_0 = 0,61\left(100 - \frac{120 - 1,64 \cdot 29,08}{1,08^{0,333}}\right) = 18,01.$$

Das Ergebnis der durchgeführten Call-Bewertung ist in dem Zustandsbaum der Abbildung 5.10 wiedergegeben.

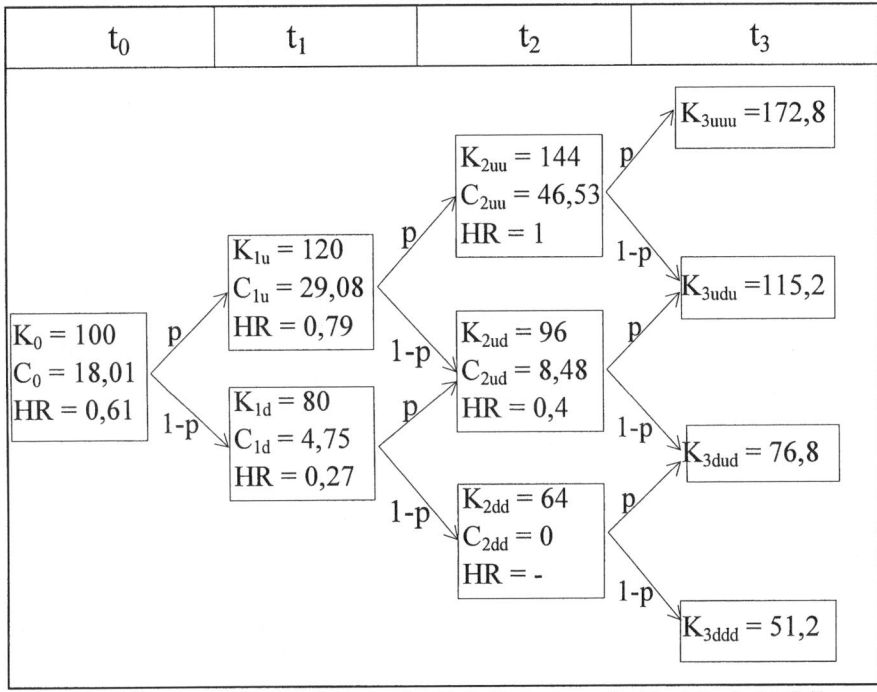

Abbildung 5.10: Zustandsbaum der Call-Bewertung im Drei-Periodenfall

Der Zustandsbaum lässt erkennen, dass sich der Wert von Delta in jedem Zustand ändert. Dies hat eine ständige Anpassung der Anzahl an Calls bzw. Aktien im Arbitrageportfolio zur Folge.

Um nun den Call-Wert im n-Periodenfall berechnen zu können, bedarf es der Anwendung einer Berechnungsformel, da die rekursive Optionspreisberechnung bei zunehmender Periodenanzahl sehr aufwendig wird. Wie bereits bekannt ist, kann ein Portfolio gebildet werden, das in t_1 einen vom Aktienkursverlauf unabhängigen Wert besitzt. Da dieser Wert sicher ist, ergibt er sich durch Aufzinsung des Ausgangsportfolios in t_0 mit dem risikolosen Zinssatz. Folgende Konstellation beschreibt diesen Fall:

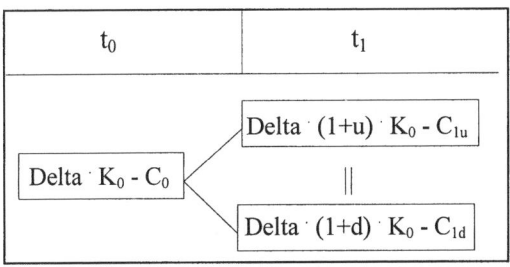

Tabelle 5.6: Aufzinsungsmechanismus

Da die beiden Werte in t_1 identisch sind, lassen sich die Werte jeweils durch Aufzinsung des Ausgangsportfolios mit R_f errechnen. Dann ergibt sich:

$$(1 + R_f) \cdot (\delta \cdot K_0 - C_0) = \delta \cdot (1 + u) \cdot K_0 - C_{1u} = \delta \cdot (1 + d) \cdot K_0 - C_{1d}$$

mit: $\quad C_{1u} = \text{Max}(0; (1 + u) \cdot K_0 - B)$
$\quad\quad\; C_{1d} = \text{Max}(0; (1 + d) \cdot K_0 - B),$

sowie:

$$\delta = \frac{C_{1u} - C_{1d}}{K_{1u} - K_{1d}} = \frac{C_{1u} - C_{1d}}{(u - d)K_0}.$$

Der Term des Delta-Wertes wird anschließend in die folgende Gleichung eingesetzt:

$$(1 + R_f) \cdot (\delta \cdot K_0 - C_0) = \delta \cdot (1 + u) \cdot K_0 - C_{1u}.$$

Auflösen nach C_0 und einfache Umformungen ergeben dann folgenden Ausdruck:

$$C_0 = \frac{\frac{R_f - d}{u - d} C_{1u} + \frac{u - R_f}{u - d} C_{1d}}{1 + R_f}.$$

Durch Substitution erhält man schließlich:

$$C_0 = \frac{x}{1 + R_f} \cdot C_{1u} + \frac{1 - x}{1 + R_f} \cdot C_{1d}$$

mit: $\quad \frac{u - R_f}{u - d} = 1 - x$

$\quad\quad\; \frac{R_f - d}{u - d} = x.$

Mit zunehmender Anzahl an Perioden steigt die Anzahl der möglichen inneren Optionswerte am Verfalltag. Allgemein ergibt sich für den inneren Wert eines Calls nach n Perioden:

$$C_t = \text{Max}[0; (1 + u)^j \cdot (1 + d)^{n-j} \cdot K_0 - B].$$

Im Beispielfall von drei Perioden (n=3) ergeben sich genau vier innere Werte in t_3, nämlich:

$C_3 = \text{Max}(0; 1{,}2^0 \cdot 0{,}8^{3-0} \cdot 100 - 100) = 0$ EUR,
$C_3 = \text{Max}(0; 1{,}2^1 \cdot 0{,}8^{3-1} \cdot 100 - 100) = 0$ EUR,
$C_3 = \text{Max}(0; 1{,}2^2 \cdot 0{,}8^{3-2} \cdot 100 - 100) = 15{,}2$ EUR,
$C_3 = \text{Max}(0; 1{,}2^3 \cdot 0{,}8^{3-3} \cdot 100 - 100) = 72{,}8$ EUR.

Auch die Anzahl der Pfade, die zu den inneren Optionswerten führen, steigt mit der Periodenanzahl. Wie gesehen, gibt es im Einperiodenfall lediglich zwei Pfade. Bei zwei Perioden sind es schon vier und bei drei Perioden acht Pfade. Dies ist damit zu erklären, dass z.B. der innere Wert von $C_3 = 15{,}2$ EUR auf dreierlei Weise erreicht werden kann. Die Kursverlaufsreihenfolge ist durch die Symbole u und d angegeben. Die Pfade und, udu, duu führen beispielsweise alle zum gleichen Ergebnis.

Die Anzahl der Pfade ergibt sich allgemein durch den Ausdruck

$$\sum_{j=0}^{n} \frac{n!}{(n-j)! \cdot j!} = \sum_{j=0}^{n} \binom{n}{j}.$$

Die Formel des Binomialmodells im n-Periodenfall rechnet nun alle denkbaren Pfade des jeweiligen Zustandsbaums durch, so dass folgender Gesamtausdruck entsteht[16]

$$C_0 = \frac{\sum_{j=0}^{n} \left(\frac{n!}{(n-j)! \cdot j!} \cdot x^j (1-x)^{n-j} \cdot \text{Max}\left[0; (1+u)^j \cdot (1+d)^{n-j} \cdot K_0 - B\right] \right)}{1 + R_f}.$$

Eine Vereinfachung der Formel kann insoweit erfolgen, als nur jene Zustände im Zeitpunkt t_i betrachtet werden müssen, bei denen der innere Wert der Option oberhalb von null liegt. Dies ist immer dann der Fall, wenn gilt:

$$(1+u)^a \cdot (1+d)^{n-a} \cdot K_0 - B > 0.$$

Die Zahl a gibt die Anzahl der Stufen des Binomialmodells an, auf denen eine Aufwärtsbewegung eintritt. Die angegebene Ungleichung ist für alle Werte a größer oder gleich a* erfüllt, wobei

$$a^* = \text{INT}\left(\frac{\ln\left(\frac{B}{K_0(1+d)^n}\right)}{\ln\left(\frac{1+u}{1+d}\right)} + 1 \right).$$

Somit läuft j in der Summenformel nicht von null bis n, sondern lediglich von a* bis n. Damit sind alle Fälle abgedeckt, bei denen ein positiver Optionswert am Verfalltag besteht. Mit den Beispieldaten ergibt sich a zu:

---

[16] **Cox/Ross/Rubinstein** (1979), S. 238.

$$\frac{\ln\left(\frac{100}{100 \cdot 0{,}8^3}\right)}{\ln\left(\frac{1{,}2}{0{,}8}\right)} = 1{,}651$$

$$a^* = \text{INT}(1 + 1{,}651) = 2.$$

Anhand der bekannten Daten wird die Anwendung der Bewertungsformel verdeutlicht.

R_f = 8% p. a., so dass der Periodenzins im Dreiperiodenfall bei 2,6% liegt
u = 0,2
d = -0,2
K_0 = 100,- EUR
B = 100,- EUR

Damit ergibt sich:

$$x = \frac{0{,}026 - (-0{,}2)}{0{,}2 - (-0{,}2)} = 0{,}565$$

1 - x = 0,435.

Für j = 0 ergibt sich:

$$\frac{3!}{0! \cdot 3!} \cdot 0{,}565^0 \cdot 0{,}435^3 \cdot \text{Max}[0;\ 100 \cdot 1{,}2^0 \cdot 0{,}8^3 - 100] = 0.$$

Für j = 1 ergibt sich:

$$\frac{3!}{1! \cdot 2!} \cdot 0{,}565^1 \cdot 0{,}435^2 \cdot \text{Max}[0; 100 \cdot 1{,}2^1 \cdot 0{,}8^2 - 100] = 0.$$

Für j = 2 ergibt sich:

$$\frac{3!}{2! \cdot 1!} \cdot 0{,}565^2 \cdot 0{,}435^1 \cdot \text{Max}[0;\ 100 \cdot 1{,}2^2 \cdot 0{,}8^1 - 100] = 6{,}33.$$

Für j = 3 ergibt sich:

$$\frac{3!}{3! \cdot 0!} \cdot 0{,}565^3 \cdot 0{,}435^0 \cdot \text{Max}[0;\ 100 \cdot 1{,}2^3 \cdot 0{,}8^0 - 100] = 13{,}13.$$

Der Call-Wert ergibt sich schließlich durch Abzinsung der Summe der erhaltenen Werte:

$$C_0 = \frac{0 + 0 + 6{,}33 + 13{,}13}{1{,}08} = 18{,}01.$$

Lediglich zwei Endzustände in t_3 besitzen einen positiven inneren Wert. Deshalb beträgt der Wert von a in diesem Beispiel Zwei.

Durch Ausmultiplizieren der Optionspreisformel kann schließlich die endgültige Fassung der Optionspreisformel des Binomialmodells errechnet werden. Diese lautet[17]

$$C_0 = K_0 \cdot \theta(a,n,y) - B \cdot (1 + R_f)^{-t} \cdot \theta(a,n,x).$$

In der Formel stellen die Ausdrücke $\theta(a,n,y)$ und $\theta(a,n,x)$ jeweils die Werte der Binomialverteilung dar. Es ist darauf hinzuweisen, dass y dem Ausdruck $\frac{x(1+u)}{1+R_f}$ entspricht. Für die Beispieldaten ergibt sich

$$y = 0{,}565 \cdot \frac{1 + 0{,}2}{1 + 0{,}026} = 0{,}6608$$

$\rightarrow 1-y = 0{,}3392$

$$\theta(2;3;0{,}565) = \frac{3!}{2! \cdot 1!} \cdot 0{,}565^2 \cdot 0{,}435^1 + \frac{3!}{3! \cdot 0!} \cdot 0{,}565^3 \cdot 0{,}435^0 = 0{,}5969$$

$$\theta(2;3;0{,}6608) = \frac{3!}{2! \cdot 1!} \cdot 0{,}6608^2 \cdot 0{,}3392^1 + \frac{3!}{3! \cdot 0!} \cdot 0{,}6608^3 \cdot 0{,}39925^0 = 0{,}7329.$$

Durch Einsetzen der Werte der Binomialverteilung ergibt sich schließlich der gesuchte Callwert:

$$C_0 = 100 \cdot 0{,}7329 - 100 \cdot 1{,}08^{-1} \cdot 0{,}5969 = 18{,}02 \text{ EUR}.$$

Somit ist es gelungen, Kaufoptionen ohne die Kenntnis der Eintrittswahrscheinlichkeiten für bestimmte Kursverläufe zu bewerten. Der Arbitragemechanismus hat zu einer präferenzfreien Optionsbewertung geführt.

5.2.2.2 Bewertung von Verkaufsoptionen (Puts)

5.2.2.2.1 Europäischer Put

5.2.2.2.1.1 Der Einperiodenfall

Die Bewertung europäischer Puts geschieht analog zur Bewertung der Calls. Der einzige Unterschied besteht darin, dass statt der verkauften Calls nun gekaufte Puts verwendet werden. Selbstverständlich lässt sich die Bewertung auch anhand von verkauften Puts durchführen. Da im Fall des Puts eine Auszahlung des Putpreises in t_0 erfolgt, muss im Gegensatz zum Call-Fall bei sonst gleichen Bedingungen die Kreditaufnahme höher sein. Wenn aber das Arbitrageportfolio

---

17   Vgl. **Cox/Ross/Rubinstein** (1979), S. 239.

des Puts nicht dem des Calls entspricht, können die Preise für Put und Call auch nicht gleich sein. In dem folgenden Tableau sind die notwendigen Transaktionen zur Bildung des Arbitrageportfolios in allgemeinen Symbolen dargestellt. Der Putpreis ist mit P bezeichnet, ansonsten gelten die bereits bekannten Symbole.

	t_0	t_1-	t_1+
Kauf von n Puts:	$-nP_0$	$+nP_{1d}$	$+nP_{1u}$
Kauf einer Aktie:	$-K_0$	$+K_{1d}$	$+K_{1u}$
Kreditaufnahme:	$+L_0$	$-L_1$	$-L_1$
Portfoliowert:	**0**	**0**	**0**

Tabelle 5.7: Duplikationsportfolio beim Put

I: $0 = -nP_0 - K_0 + L_0$ (Gleichung für t_0)
II: $0 = +nP_{1d} + K_{1d} - L_1$ (Gleichung für t_1-)
III: $0 = +nP_{1u} + K_{1u} - L_1$ (Gleichung für t_1+)

Die gesuchte Zielgröße, der Putpreis in t_0, kommt in Gleichung I vor. Durch Umformung ergibt sich

Ia: $P_0 = -1/n \cdot (K_0 - L_0)$.

Da der Kredit als risikolos angenommen wird, ergibt sich der Tilgungswert des Kredits wieder durch Aufzinsung des Auszahlungsbetrags in t_0 zu

IV: $L_1 = (1 + R_f)^t \cdot L_0$.

Der Tilgungswert des Kredits ergibt sich aus Gleichung II und III indem L_1 jeweils isoliert wird

$L_1 = K_{1u} + nP_{1u} = K_{1d} + nP_{1d}$.

Da für die Bestimmung des Putpreises der Wert des Kredits in t_0 relevant ist, wird der gerade gefundene Ausdruck in Gleichung IV eingesetzt:

$L_0 = (K_{1u} + nP_{1u})/(1 + R_f)^t$

oder

$L_0 = (K_{1d} + nP_{1d})/(1 + R_f)^t$

An diesem Ausdruck wird ersichtlich, dass eine höhere Kreditaufnahme als im Call-Fall notwendig ist, da der Kauf des Puts in t_0 finanziert werden muss.

Für die konkrete Berechnung des Put-Werts ist die Kenntnis der Anzahl (n) der zu kaufenden Puts bzw. die Kenntnis des Delta-Wertes notwendig. Der Wert von n lässt sich den Gleichungen II und III entnehmen:

$nP_{1u} + K_{1u} - L_1 = nP_{1d} + K_{1d} - L_1$

$$\rightarrow n(P_{1d} - P_{1u}) = K_{1u} - K_{1d}$$
$$\rightarrow n = \frac{K_{1u} - K_{1d}}{P_{1d} - P_{1u}}.$$

Die Anzahl der zu kaufenden Puts entspricht folglich dem Verhältnis der maximalen Kursdifferenzen der Aktienkurse einerseits und der Optionswerte andererseits am Verfalltag. Den Kehrwert von n bildet wieder Delta (δ):

$$\delta = \frac{1}{n}.$$

Zur Putpreis-Bestimmung müssen die ermittelten Terme in die Gleichung Ia eingesetzt werden. Dadurch ergibt sich:

$$P_0 = \delta \cdot \left(\frac{K_{1u} + nP_{1u}}{(1+R_f)^t} - K_0 \right)$$

oder

$$P_0 = \delta \cdot \left(\frac{K_{1d} + nP_{1d}}{(1+R_f)^t} - K_0 \right).$$

Damit ist die allgemeine Formel für die Berechnung des Putpreises im Einperiodenfall bestimmt. Zur Darstellung der Anwendung und Überprüfung der Formel wird auf die Beispieldaten der Call-Bewertung zurückgegriffen:

$t_0 - t_1$ = Neun Monate
K_0 = 100,- EUR
B = 100,- EUR
K_{1u} = 120,- EUR
K_{1d} = 80,- EUR
P_{1u} = 0,- EUR
P_{1d} = 20,- EUR
R_f = 8% für neun Monate.

Zunächst ist die Bestimmung der Anzahl der zu kaufenden Puts vorzunehmen:

$$n = \frac{120 - 80}{20 - 0} = 2$$

$$\delta = 0,5.$$

Zur Konstruktion eines Arbitrageportfolios müssen pro Aktie zwei Puts gekauft werden. Im unten stehenden Tableau sind die Zahlungen des Put-Kaufs wiedergegeben.

t_0: 100,- EUR	t_1-: 80,- EUR	t_1+: 120,- EUR
Kauf von 2 Puts	Ausübung der Puts: $2(B - K_{1d})$ $\rightarrow 2(100 - 80) = 40$,- EUR	Verfall der Puts
$-2P_0$ EUR	Summe: +40,- EUR	Summe: 0,- EUR

Tabelle 5.8: Zahlungsreihe eines Put-Kaufs

Die Duplizierung der Zahlungsstruktur des Put-Kaufs erfolgt durch den Kauf der Aktie und eine Kreditaufnahme in Höhe der Kauffinanzierung. Somit liegt auch bei der Put-Duplizierung die Selbstfinanzierungseigenschaft des gefundenen Portfolios vor.

t_0: 100,- EUR	t_1-: 80,- EUR	t_1+: 120,- EUR
Kauf der Aktie: -100,- EUR	Verkauf der Aktie: 80,- EUR	Verkauf der Aktie: 120,- EUR
Kreditaufnahme: 120/(1+0,08) = +111,11 EUR	Kredittilgung: -120,- EUR	Kredittilgung: -120,- EUR
Summe: 11,11 EUR	**Summe: -40,- EUR**	**Summe: 0,- EUR**

Tabelle 5.9: Duplikation des Put-Kaufs

Aus den Tableaus lässt sich die Bewertungsgleichung für den Put entnehmen:

$-2P_0 - 100 + 111{,}11 = 0.$

Daraus folgt: $P_0 = 5{,}56$ EUR.

Zum Vergleich dazu ergibt ein Einsetzen der Beispieldaten in die ermittelte Formel:

$$P_0 = 0{,}5 \cdot \left(\frac{120 + 2 \cdot 0}{1{,}08} - 100 \right) = 5{,}56.$$

Als Ergebnis bleibt festzuhalten, dass bei einem Put-Preis von 5,56 kein Arbitragegewinn erzielt werden kann.

5.2.2.2.1.2 Der Mehrperiodenfall

Im Mehrperiodenfall bedient man sich analog dem Vorgehen bei der Call-Bewertung auch beim Put eines retrograden Verfahrens. Zunächst werden die am weitesten hinten liegenden Puts bewertet. Die so errechneten Putpreise dienen dann zur Bewertung der Puts auf zeitlich vorgelagerten Stufen. Auf jeder Stufe, die in Abbildung 5.11 als Zustandsknoten symbolisiert sind, ist das aus dem Einperiodenfall bekannte Bewertungsverfahren anzuwenden.

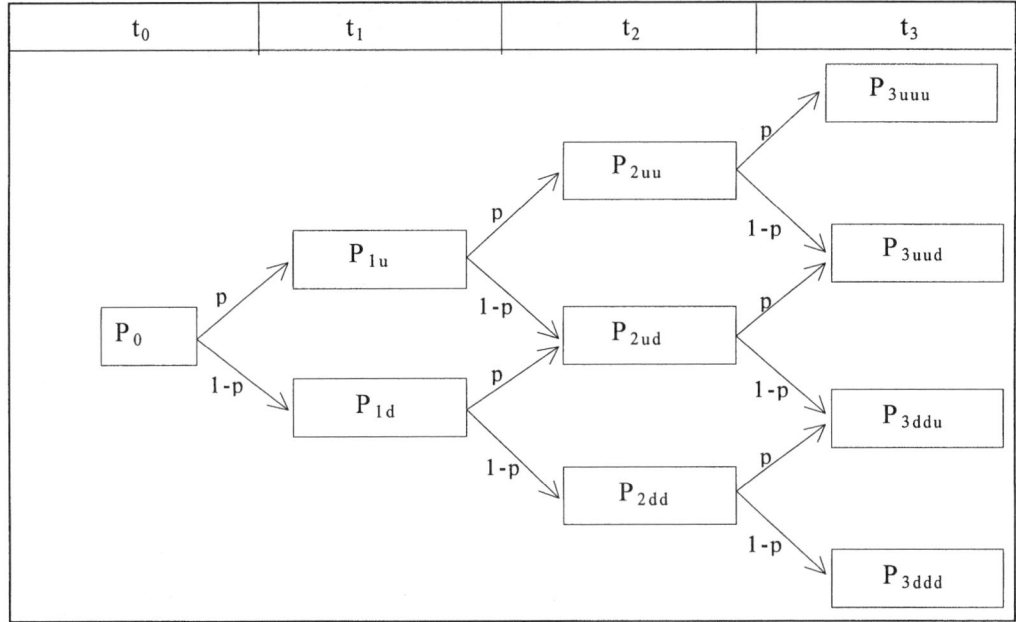

Abbildung 5.11: Putpreise im Drei-Periodenfall

Auch bei der Put-Bewertung wird auf die Daten des Mehrperiodenfalls der Call-Bewertung zurückgegriffen. Mithin wird wieder folgender Aktienkursverlauf unterstellt:

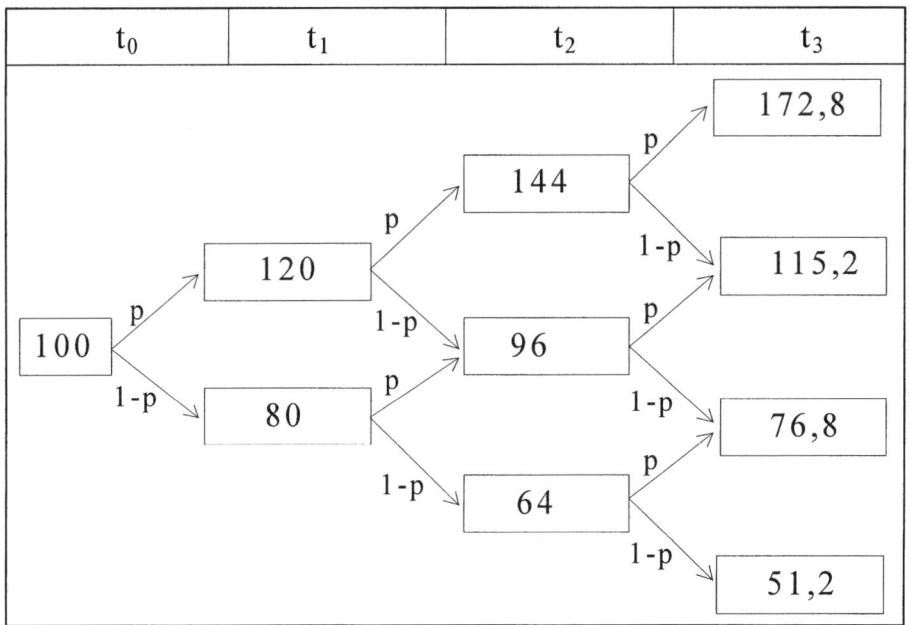

Abbildung 5.12: Hypothetischer Aktienkursverlauf im Drei-Periodenfall

Zunächst werden die Putpreise in t_2 bestimmt. P_{2uu} muss null sein, da der Put in t_3 unabhängig vom Aktienkursverlauf keinen inneren Wert besitzt und somit wertlos ist. Anders sieht der Fall bei P_{2ud} aus. Hier sind die folgenden Berechnungen anzustellen:

$$n = \frac{115{,}2 - 76{,}8}{23{,}2 - 0} = 1{,}66$$

$$\delta = 0{,}6$$

$$P_{2ud} = 0{,}6 \cdot \left(\frac{115{,}2 + 1{,}66 \cdot 0}{1{,}08^{0{,}333}} - 96 \right) = 9{,}77.$$

Für P_{2dd} ergibt sich:

$$n = \frac{76{,}8 - 51{,}2}{48{,}6 - 23{,}2} = 1 = 1$$

$$\delta = 1$$

$$P_{2dd} = 1 \cdot \left(\frac{76{,}8 + 1 \cdot 23{,}2}{1{,}08^{0{,}333}} - 64 \right) = 33{,}47.$$

Aus P_{2ud} und P_{2dd} lässt sich P_{1d} errechnen.

$$n = \frac{96 - 64}{33{,}47 - 9{,}77} = 1{,}35$$

$$\delta = 0{,}74$$

$$P_{1d} = 0{,}74 \cdot \left(\frac{96 + 1{,}35 \cdot 9{,}77}{1{,}08^{0{,}333}} - 80 \right) = 19{,}55.$$

Der vorletzte zu berechnende Wert ist P_{1u}. Dieser ergibt sich zu

$$n = \frac{1{,}44 - 96}{9{,}77 - 0} = 4{,}91$$

$$\delta = 0{,}2$$

$$P_{1u} = 0{,}2 \cdot \left(\frac{144 + 4{,}91 \cdot 0}{1{,}08^{0{,}333}} - 120 \right) = 4{,}07.$$

Schließlich kann mittels P_{1d} und P_{1u} der ursprünglich gesuchte Put-Wert in t_0 (P_0) errechnet werden:

$$n = \frac{120 - 80}{19{,}55 - 4{,}07} = 2{,}58$$

$\delta = 0{,}39$

$$P_0 = 0{,}39 \cdot \left(\frac{120 + 2{,}58 \cdot 4{,}07}{1{,}08^{0{,}333}} - 100 \right) = 10{,}60.$$

Damit ist der Put-Preis in t_0 bestimmt. Aus Abbildung 5.13 gehen alle relevanten Ergebnisse hervor.

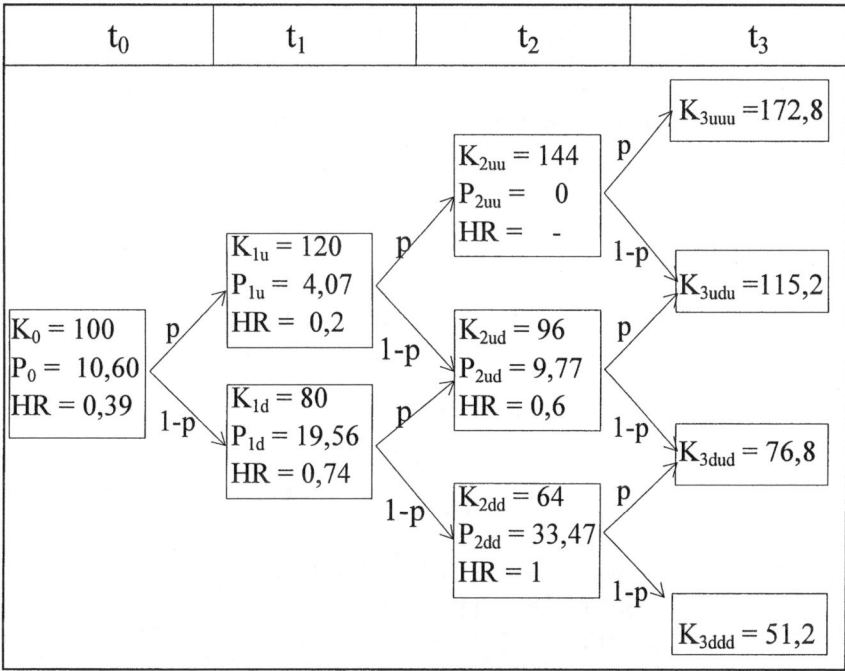

Abbildung 5.13: Zustandsbaum der Put-Bewertung im Drei-Periodenfall

5.2.2.2.2 Amerikanischer Put

Für amerikanische Puts müssen eigenständige Überlegungen angestellt werden, da im Gegensatz zum Call das zusätzliche Recht der vorzeitigen Ausübung zu bewerten ist. Da bei Calls das Recht der vorzeitigen Ausübbarkeit zu keiner Werterhöhung führt, liegt auch bei Puts eine ähnliche Vermutung nahe. Das dem nicht so ist, zeigt eine einfache Extremwertüberlegung. Sinkt der Aktienkurs auf Null, bei einem Basispreis oberhalb von Null, dann ist in diesem Augenblick der maximale Wert des Puts gegeben, da negative Aktienkurse nicht möglich sind.[18] Der Put-Wert beträgt dann B-K. Da K null ist, entspricht der Optionswert genau dem Basispreis B. Für den Optionsinhaber kann sich ab diesem Zeitpunkt nur noch eine ungünstige (steigende) Aktienkurs-

---

[18] Vgl. **Franke/Hax** (1990), S. 305.

entwicklung ergeben, die zu einer Verringerung des Put-Wertes führt. Selbst wenn der Aktienkurs bis zum Verfalltag bei null verbleibt, erleidet der Put-Besitzer einen Opportunitätsverlust im Fall einer Nichtausübung, da er in Höhe des Basispreises eine Zinsanlage bis zum Verfalltag hätte tätigen können. Deshalb ist eine vorzeitige Ausübung in diesem Fall sinnvoll. Daraus ergibt sich ein zusätzlicher Wert des amerikanischen gegenüber dem europäischen Put. Damit ist klar geworden, dass der amerikanische Put niemals weniger wert sein kann als der europäische.

Wie die Extremwertüberlegung gezeigt hat, besitzt das Recht der vorzeitigen Ausübung nur bei Vorliegen bestimmter Kurskonstellationen einen Wert. Wie zu zeigen sein wird, können auch Kurskonstellationen bestehen, in denen das vorzeitige Ausübungsrecht nicht werterhöhend ist. Es ist deshalb der Frage nachzugehen, ab wann das Recht der vorzeitigen Ausübung den Wert des Puts erhöht. Aufschlüsse darüber sind aus Abbildung 5.14 erhältlich.

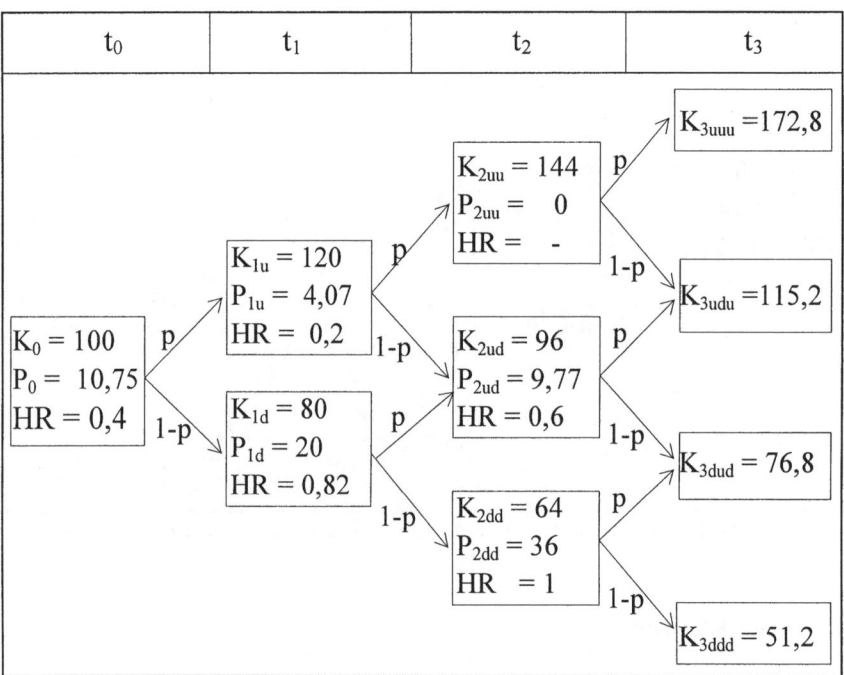

Abbildung 5.14: Zustandsbaum der Put-Bewertung bei amerikanischen Optionen im Drei-Periodenfall

In t_2 bestehen drei Zustände von Aktienkursen. Am Beispiel von K_{2dd} lässt sich die Preisdivergenz zwischen amerikanischem und europäischem Put erkennen. Während der europäische Put (P_{2dd}) 33,47 EUR wert ist, beträgt der innere Wert der Verkaufsoption 36,- EUR (B - K_{2dd}). Eine Ausübung wäre demnach sinnvoll. Die amerikanische Option muss folglich mit dem jeweils höheren Preis bewertet werden. Da aber die Differenz zwischen dem minimalen und dem maximalen Putpreis Einfluss auf den Delta-Wert besitzt, unterscheiden sich auch die Arbitrageportfolios der jeweiligen Optionen. Somit kommt es bei der iterativen Rückrechnung zu divergierenden Put-Werten.

Die Methodik der Optionspreisberechnung entspricht jedoch genau der Methodik bei europäischen Puts. Im Fall, dass der innere Wert eines Puts nicht größer als der Wert des entsprechenden europäischen Puts ist, besteht zwischen amerikanischem und europäischen Put theoretisch kein Preisunterschied, da die vorzeitige Ausübung nicht lohnt. Dies lässt sich dem unten dargestellten Zustandsbaum für die Daten des Beispielfalls bei amerikanischen Puts entnehmen. Die Werte des amerikanischen Puts divergieren lediglich dort von den Werten seines europäischen Pendants, wo der innere Wert des Puts oberhalb des Putpreises liegt. In dem Zustandsbaum ist dies nur zweimal der Fall, nämlich bei P_{1d} und P_{2dd}.

5.2.2.3 Die Put-Call-Parität

Die Preise von Calls und Puts auf ein und dieselbe Aktie bei gleichen Bedingungen stehen in einem bestimmten Verhältnis zueinander. Dabei müssen als Voraussetzung die Optionslaufzeit und der Basispreis identisch sein. Dieses Preisverhältnis wird als Put-Call-Parität bezeichnet. Gültigkeit besitzt die Put-Call-Parität lediglich bei europäischen Optionen, da amerikanische Puts - wie gesehen - im Gegensatz zu amerikanischen Calls einige besondere Bewertungsüberlegungen erfordern. Zur Ableitung des Preisverhältnisses von Calls und Puts kommt wiederum das Arbitrageprinzip zur Anwendung. Folgende Transaktionen finden statt:

	t_0	t_1-	t_1+
Verkauf eines Calls:	$+C_0$	0	$-(K_{1u}-B)$
Kauf einer Aktie:	$-K_0$	$+K_{1d}$	$+K_{1u}$
Kauf eines Puts:	$-P_0$	$+B-K_{1d}$	0
Kreditaufnahme:	$+\dfrac{B}{(1+R_f)^t}$	$-B$	$-B$
Portfoliowert:	$C_0-K_0-P_0+\dfrac{B}{(1+R_f)^t}$	0	0

Tabelle 5.10: Put-Call-Parität

Da offenbar die zukünftigen Rückflüsse in Höhe des Basiswertes unabhängig vom Aktienkursverlauf anfallen, ist das Arbitrageportfolio risikolos und muss sich zu $1+R_f$ verzinsen. Diese Preisbeziehung kann ausgenutzt werden, indem der Putpreis isoliert wird. Somit bedarf es keiner eigenständigen Bewertung des Put, wenn der Callpreis bekannt ist. Die Put-Call-Parität lautet demgemäss:

$$C_0 - K_0 - P_0 + \frac{B}{(1+R_f)^t} = 0$$

$$\rightarrow C_0 - P_0 = K_0 - \frac{B}{(1+R_f)^t}$$

$$\rightarrow P_0 = C_0 + \frac{B}{(1+R_f)^t} - K_0$$

$\rightarrow$ Putpreis = Callpreis + Barwert des Basispreises - Aktienkurs in t_0.

Die erhaltene Formel kann wie folgt interpretiert werden: Der Unterschied zwischen den Barwerten von Call und Put entspricht genau der Differenz zwischen dem Aktienkurs in t_0 und dem Barwert des Basispreises.[19]

Setzt man die bekannten Beispieldaten aus dem Drei-Periodenfall in die Paritätsformel ein, so ergibt sich

$$18{,}01 - \frac{100}{1{,}08} - 100 = 10{,}60 \text{ EUR.}$$

Somit vereinfacht sich die Bewertung des Puts bei Bekanntheit des Call-Wertes erheblich. Natürlich gilt auch im Fall der Bekanntheit des Put-Wertes, dass daraus über die Put-Call-Parität der zugehörige Call-Preis errechnet werden kann.

5.2.3 Das Black & Scholes-Modell

Die beim Black & Scholes-Modell unterstellten Annahmen sind weitgehend mit denen des Binomialmodells identisch. Dies betrifft das Vorliegen eines vollkommenen Kapitalmarktes, die uneingeschränkte Möglichkeit von Leerverkäufen, das Bestehen und Bekanntsein einer während der Optionslaufzeit konstanten risikolosen Geldanlage- und Geldaufnahmemöglichkeit sowie den Ausschluss von Dividenden, Bezugsrechtserlösen und sonstigen Zahlungen an die Aktieninhaber während der Optionslaufzeit. Darüber hinaus werden nur europäische Optionen betrachtet. Hinsichtlich der erwarteten zukünftigen Aktienkursverläufe spielen die Kurserhöhungs- und -verringerungsfaktoren (u und d) keine Rolle mehr.[20]

Stattdessen wird bezüglich der Aktienkurse unterstellt, dass diese einem stetigen Random Walk (geometrische Brown´sche Bewegung) mit einer während der Optionslaufzeit konstanten Varianz folgen. Somit liegt die Prämisse einer Normalverteilung vor. Wie gezeigt werden kann, lassen sich die Erhöhungs- und Verringerungsfaktoren aus dem Binomialmodell in die Verteilungsannahmen des B&S-Modells überführen, da gilt:[21]

$$u = e^{\sigma \cdot \sqrt{\frac{t}{n}}} - 1$$

und

$$d = e^{-\sigma \cdot \sqrt{\frac{t}{n}}} - 1.$$

---

[19] Vgl. **Spremann** (1991) S. 556.
[20] Vgl. **Cox/Rubinstein** (1985), S. 268.
[21] Vgl. **Cox/Ross/Rubinstein** (1979), S. 254 ff.

Mit Hilfe dieser Transformationsbeziehungen lassen sich kontinuierliche in diskrete Variablen überführen, wobei besonders an die annualisierte Volatilität zu denken ist. Hier liegt auch der entscheidende Unterschied der Prämissen. Das B&S-Modell geht von einem kontinuierlichen Aktienhandel, also von infinitesimal kleinen Zeiteinheiten zwischen zwei aufeinanderfolgenden Aktienkursen aus. Der Unterschied zwischen einem kontinuierlichen und einem diskreten Aktienkursverlauf manifestiert sich in der im Modell gewählten Verzinsung. Während im Binomialmodell die Barwertberechnung mit Hilfe des Ausdrucks $(1+R_f)^{-t}$ erfolgt, wird dem kontinuierlichen Handel in Form des Abzinsungsausdrucks $e^{-R_f t}$ Rechnung getragen.

Die Preisfindung des B&S-Modells fußt ebenfalls auf dem Gedanken eines risikolosen Arbitrageportfolios. Bei der Unterstellung eines kontinuierlichen Handels macht dies eine ständige Anpassung des Arbitrageportfolios notwendig. Die Herleitung der Bewertungsgleichung für Calls und Puts ist anspruchsvoll, da fundierte Kenntnisse in der stochastischen Differentialrechnung erforderlich sind. Diesbezüglich sei auf das Originalwerk von Black/Scholes verwiesen.[22] Daher werden im Folgenden lediglich die Grundgedanken der Modellherleitung dargestellt.[23]

5.2.3.1 Bewertung von Kaufoptionen (Calls)

Ein Arbitrageportfolio aus verkauften Calls und einer gekauften Aktie besitzt einen fixierten zukünftigen Wert und ist somit risikolos. Die Anzahl der zu verkaufenden Calls pro gekaufter Aktie wird durch den Ausdruck (1/δ) festgelegt. Damit ergibt sich ein Portfoliowert (V) von

$$V = K + \frac{1}{\delta}C.$$

Eine Wertänderung des Arbitrageportfolios wird anhand des totalen Differentials ermittelt:

$$dV = dK + \frac{1}{\delta}dC.$$

Dem Random Walk Verlauf der Aktienkurse im Zeitablauf entsprechend, wird die Aktienkursrendite als geometrische Brownsche Bewegung dargestellt:

$$\frac{dK}{K} = \mu \cdot dt + \sigma \cdot dz.$$

---

[22] Vgl. **Black/Scholes** (1973), S. 637 ff.
[23] Vgl. dazu auch **Copeland/Weston** (1988), S. 296 ff.

Dabei steht μ für die momentane erwartete Aktienrendite, dt für eine infinitesimal kleine Zeiteinheit, σ für die momentane Volatilität der Aktienrendite und der Ausdruck dz beschreibt einen Wiener-Prozess.[24]

Black und Scholes machen sich den Umstand zunutze, dass die Veränderungen des Optionspreises von den Veränderungen des Aktienkurses abhängen und finden für die Wertänderungen des Calls folgende Differentialgleichung:

$$dC = \frac{\partial C}{\partial K} dK + \frac{\partial C}{\partial t} dt + \frac{\partial^2 C}{2 \cdot \partial K^2} \sigma^2 K^2 \cdot dt.$$

Die Wertänderung des Calls hängt dabei lediglich von einer stochastischen Größe ab, nämlich dem Aktienkursverlauf. Nun lässt sich dC in die Formel für den Wert des Arbitrageportfolios einsetzen, so dass gilt:

$$dV = dK + \frac{1}{\delta}\left(\frac{\partial C}{\partial K} dK + \frac{\partial C}{\partial t} dt + \frac{\partial^2 C}{2 \cdot \partial K^2} \cdot \sigma^2 K^2 \cdot dt\right).$$

Gelingt es, durch kontinuierliche Portfolioanpassung den risikolosen Charakter zu erhalten, so muss sich das Arbitrageportfolio zu R_f verzinsen. Mithin muss gelten

$$\frac{dV}{V} = (1 + R_f) \cdot dt.$$

Diese Beziehung trifft zu, wenn die Wertveränderungen der verkauften Calls genau den Wertveränderungen der Aktie entsprechen. Deshalb gilt

$$\frac{1}{\delta} = \frac{-1}{\frac{\partial C}{\partial K}}.$$

Durch Einsetzen der beiden letztgenannten Beziehungen in die Gleichung der Wertveränderung des Arbitrageportfolios erhält man nach einigen Umformungen den Ausdruck

$$\frac{\partial C}{\partial t} = (1 + R_f) \cdot C - (1 + R_f) \cdot K \cdot \frac{\partial C}{\partial K} - \frac{\partial^2 C}{2 \cdot \partial K^2} \cdot \sigma^2 K^2.$$

Wie obige Gleichung zeigt, konnte der Einfluss des stochastischen Aktienkursverlaufs (dK) eliminiert werden. In einem letzten Schritt formen Black und Scholes den so ermittelten Ausdruck in die Wärmeaustauschgleichung der Physik um. Es ergibt sich schließlich folgende Lösung:

---

[24] Siehe zum Verlauf von Wiener-Prozessen **Loistl** (1994), S. 145 ff.

$$C = K \cdot N(d_1) - B \cdot e^{-R_f \cdot t} \cdot N(d_2)$$

$$d_1 = \frac{\ln \frac{K}{B} + (R_f + 0{,}5 \cdot \sigma^2) \cdot t}{\sigma \sqrt{t}}$$

$$d_2 = \frac{\ln \frac{K}{B} + (R_f - 0{,}5 \cdot \sigma^2) \cdot t}{\sigma \sqrt{t}}$$

$$d_2 = d_1 - \sigma \sqrt{t}$$

mit:
- C = Callpreis,
- K = Aktienkurs,
- B = Basispreis,
- R_f = risikoloser Zinssatz p. a. (als stetige Verzinsung),
- e = Euler'sche Zahl = 2,718281828,
- $N(d_i)$ = Flächeninhalt unter der Dichtefunktion der Standard-Normalverteilung,
- σ = Erwartete Volatilität des Aktienkurses p. a. und
- t = Restlaufzeit des Calls in Jahren.

Die B&S-Formel gewährleistet, dass für Optionen, die am Geld sind, d.h. bei denen sich Basispreis und Aktienkurs ungefähr entsprechen, die höchsten Zeitprämien zustande kommen. Ferner ist durch die Formel sichergestellt, dass die Bewertungsfunktion oberhalb der theoretischen Bewertungsuntergrenze verläuft. Der graphische Verlauf der Bewertungsfunktion des Calls ist in Abbildung 5.15 dargelegt.

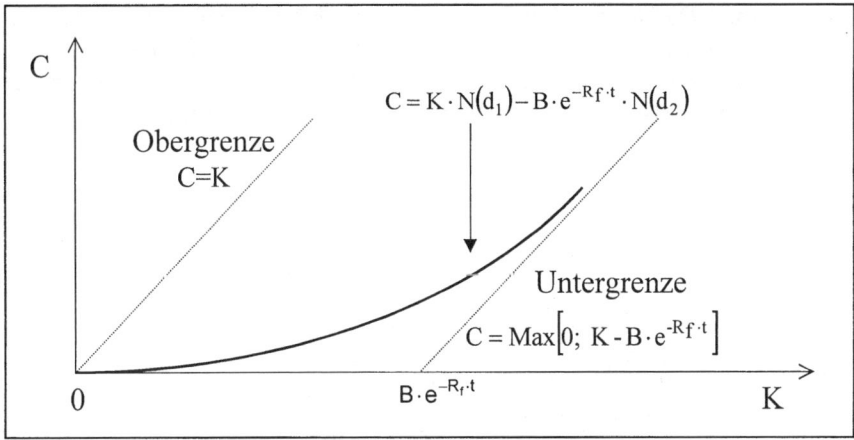

Abbildung 5.15: Black & Scholes-Bewertungsfunktion für Calls

Die B&S-Formel kann so interpretiert werden, dass grundsätzlich der Wert eines Call der Differenz zwischen dem Aktienkurs und dem Barwert des Ausübungspreises entspricht. Allerdings werden beide Komponenten mit $N(d_i)$ gewichtet. $N(d_1)$ ist zu interpretieren als die Menge der zu kaufenden Aktien pro Call im Arbitrageportfolio. Demgegenüber kann $N(d_2)$ interpretiert werden als Wahrscheinlichkeit, dass der Call am Ende der Laufzeit einen inneren Wert größer als null besitzt und somit ausgeübt wird.[25]

Die Handhabung der B&S-Formel wird anhand eines numerischen Beispiels demonstriert. Dabei kommen die bereits vom Binomialmodell bekannten Daten in leicht variierter Form zur Anwendung, so dass von folgender Datenkonstellation ausgegangen wird:

K = 100,- EUR
B = 100,- EUR
t = 0,75 (neun Monate)
σ = 0,2 p. a.
R_f = 8% p. a. (stetige Verzinsung).

Zunächst müssen die Werte von d_i berechnet werden:

$$d_1 = \frac{\ln\frac{100}{100} + (0,08 + 0,5 \cdot 0,2^2) \cdot 0,75}{0,2\sqrt{0,75}} = 0,433$$

$$d_2 = \frac{\ln\frac{100}{100} + (0,08 - 0,5 \cdot 0,2^2) \cdot 0,75}{0,2\sqrt{0,75}} = 0,2596.$$

Anschließend sind die den errechneten d_i-Werten zugehörigen Werte der Standardnormalverteilung aus den entsprechenden Tabellenwerken zu entnehmen. Das nachfolgende Tableau beinhaltet die Werte der Verteilungsfunktion der Standardnormalverteilung bei d_i-Werten mit zwei Nachkommastellen.[26] Die Werte entsprechen dabei dem Flächeninhalt der Standardnormalverteilung, wie sie in der Abbildung 5.16 dargestellt ist. Die Graphik auf der rechten Seite veranschaulicht den Funktionswert von d_i bei der Dichtefunktion der Standardnormalverteilung. Aus dem Tableau ergibt sich N(0,43) zu 0,6664 und N(0,26) zu 0,6026. Durch Einsetzen in die B&S-Preisformel lässt sich dann der Wert des Calls errechnen:

C = 100·0,6664 - 100·2,71828$^{-0,08·0,75}$·0,6026 = 9,89 EUR.

d	0	1	2	3	4	5	6	7	8	9
0,0	0,5000	0,5040	0,5080	0,5120	0,5160	0,5199	0,5239	0,5279	0,5319	0,5359
0,1	0,5398	0,5438	0,5478	0,5517	0,5557	0,5596	0,5636	0,5675	0,5714	0,5753
0,2	0,5793	0,5832	0,5871	0,5910	0,5948	0,5987	0,6026	0,6064	0,6103	0,6141
0,3	0,6179	0,6217	0,6255	0,6293	0,6331	0,6368	0,6406	0,6443	0,6480	0,6517
0,4	0,6554	0,6591	0,6628	0,6664	0,6700	0,6736	0,6772	0,6808	0,6844	0,6879

---

[25] Vgl. **Copeland/Weston** (1988), S. 276.

[26] Das auf der darauffolgenden Seite abgebildete Tableau der Wahrscheinlichkeitsdichtefunktion gewinnt im Rahmen der Sensitivitätskennzahlen zusätzliche Bedeutung.

d	0	1	2	3	4	5	6	7	8	9
0,5	0,6915	0,6950	0,6985	0,7019	0,7054	0,7088	0,7123	0,7157	0,7190	0,7224
0,6	0,7257	0,7291	0,7324	0,7357	0,7389	0,7422	0,7454	0,7486	0,7517	0,7549
0,7	0,7580	0,7611	0,7642	0,7673	0,7703	0,7734	0,7764	0,7793	0,7823	0,7852
0,8	0,7881	0,7910	0,7939	0,7967	0,7995	0,8023	0,8051	0,8078	0,8106	0,8133
0,9	0,8159	0,8186	0,8212	0,8238	0,8264	0,8289	0,8315	0,8340	0,8365	0,8389
1,0	0,8413	0,8438	0,8461	0,8485	0,8508	0,8531	0,8554	0,8577	0,8599	0,8621
1,1	0,8643	0,8665	0,8686	0,8708	0,8729	0,8749	0,8770	0,8790	0,8810	0,8830
1,2	0,8849	0,8869	0,8888	0,8907	0,8925	0,8944	0,8962	0,8980	0,8997	0,9015
1,3	0,9032	0,9049	0,9066	0,9082	0,9099	0,9115	0,9131	0,9147	0,9162	0,9177
1,4	0,9192	0,9207	0,9222	0,9236	0,9251	0,9265	0,9279	0,9292	0,9306	0,9319
1,5	0,9332	0,9345	0,9357	0,9370	0,9382	0,9394	0,9406	0,9418	0,9429	0,9441
1,6	0,9452	0,9463	0,9474	0,9484	0,9495	0,9505	0,9515	0,9525	0,9535	0,9545
1,7	0,9554	0,9564	0,9573	0,9582	0,9591	0,9599	0,9608	0,9616	0,9625	0,9633
1,8	0,9641	0,9649	0,9656	0,9664	0,9671	0,9678	0,9686	0,9693	0,9699	0,9706
1,9	0,9713	0,9719	0,9726	0,9732	0,9738	0,9744	0,9750	0,9756	0,9761	0,9767
2,0	0,9772	0,9778	0,9783	0,9788	0,9793	0,9798	0,9803	0,9808	0,9812	0,9817
2,1	0,9821	0,9826	0,9830	0,9834	0,9838	0,9842	0,9846	0,9850	0,9854	0,9857
2,2	0,9861	0,9864	0,9868	0,9871	0,9875	0,9878	0,9881	0,9884	0,9887	0,9890
2,3	0,9893	0,9896	0,9898	0,9901	0,9904	0,9906	0,9909	0,9911	0,9913	0,9916
2,4	0,9918	0,9920	0,9922	0,9925	0,9927	0,9929	0,9931	0,9932	0,9934	0,9936
2,5	0,9938	0,9940	0,9941	0,9943	0,9945	0,9946	0,9948	0,9949	0,9951	0,9952
2,6	0,9953	0,9955	0,9956	0,9957	0,9959	0,9960	0,9961	0,9962	0,9963	0,9964
2,7	0,9965	0,9966	0,9967	0,9968	0,9969	0,9970	0,9971	0,9972	0,9973	0,9974
2,8	0,9974	0,9975	0,9976	0,9977	0,9977	0,9978	0,9979	0,9979	0,9980	0,9981
2,9	0,9981	0,9982	0,9982	0,9983	0,9984	0,9984	0,9985	0,9985	0,9986	0,9986
3,0	0,9987	0,9987	0,9987	0,9988	0,9988	0,9989	0,9989	0,9989	0,9990	0,9990
3,1	0,9990	0,9991	0,9991	0,9991	0,9992	0,9992	0,9992	0,9992	0,9993	0,9993
3,2	0,9993	0,9993	0,9994	0,9994	0,9994	0,9994	0,9994	0,9995	0,9995	0,9995
3,3	0,9995	0,9995	0,9995	0,9996	0,9996	0,9996	0,9996	0,9996	0,9996	0,9997
3,4	0,9997	0,9997	0,9997	0,9997	0,9997	0,9997	0,9997	0,9997	0,9997	0,9998
3,5	0,9998	0,9998	0,9998	0,9998	0,9998	0,9998	0,9998	0,9998	0,9998	0,9998
3,6	0,9998	0,9998	0,9999	0,9999	0,9999	0,9999	0,9999	0,9999	0,9999	0,9999
3,7	0,9999	0,9999	0,9999	0,9999	0,9999	0,9999	0,9999	0,9999	0,9999	0,9999
3,8	0,9999	0,9999	0,9999	0,9999	0,9999	0,9999	0,9999	0,9999	0,9999	0,9999
3,9	1,0000	1,0000	1,0000	1,0000	1,0000	1,0000	1,0000	1,0000	1,0000	1,0000

Tabelle 5.11: Flächeninhalte der Standardnormalverteilung bei alternativen d_i-Werten

d	0	1	2	3	4	5	6	7	8	9
0,0	0,3989	0,3989	0,3989	0,3988	0,3986	0,3984	0,3982	0,3980	0,3977	0,3973
0,1	0,3970	0,3965	0,3961	0,3956	0,3951	0,3945	0,3939	0,3932	0,3925	0,3918
0,2	0,3910	0,3902	0,3894	0,3885	0,3876	0,3867	0,3857	0,3847	0,3836	0,3825
0,3	0,3814	0,3802	0,3790	0,3778	0,3765	0,3752	0,3739	0,3725	0,3712	0,3697
0,4	0,3683	0,3668	0,3653	0,3637	0,3621	0,3605	0,3589	0,3572	0,3555	0,3538
0,5	0,3521	0,3503	0,3485	0,3467	0,3448	0,3429	0,3410	0,3391	0,3372	0,3352
0,6	0,3332	0,3312	0,3292	0,3271	0,3251	0,3230	0,3209	0,3187	0,3166	0,3144
0,7	0,3123	0,3101	0,3079	0,3056	0,3034	0,3011	0,2989	0,2966	0,2943	0,2920
0,8	0,2897	0,2874	0,2850	0,2827	0,2803	0,2780	0,2756	0,2732	0,2709	0,2685
0,9	0,2661	0,2637	0,2613	0,2589	0,2565	0,2541	0,2516	0,2492	0,2468	0,2444
1,0	0,2420	0,2396	0,2371	0,2347	0,2323	0,2299	0,2275	0,2251	0,2227	0,2203
1,1	0,2179	0,2155	0,2131	0,2107	0,2083	0,2059	0,2036	0,2012	0,1989	0,1965
1,2	0,1942	0,1919	0,1895	0,1872	0,1849	0,1827	0,1804	0,1781	0,1759	0,1736
1,3	0,1714	0,1692	0,1669	0,1647	0,1626	0,1604	0,1582	0,1561	0,1540	0,1518
1,4	0,1497	0,1476	0,1456	0,1435	0,1415	0,1394	0,1374	0,1354	0,1334	0,1315
1,5	0,1295	0,1276	0,1257	0,1238	0,1219	0,1200	0,1182	0,1163	0,1145	0,1127
1,6	0,1109	0,1092	0,1074	0,1057	0,1040	0,1023	0,1006	0,0989	0,0973	0,0957
1,7	0,0941	0,0925	0,0909	0,0893	0,0878	0,0863	0,0848	0,0833	0,0818	0,0804
1,8	0,0790	0,0775	0,0761	0,0748	0,0734	0,0721	0,0707	0,0694	0,0681	0,0669
1,9	0,0656	0,0644	0,0632	0,0620	0,0608	0,0596	0,0584	0,0573	0,0562	0,0551
2,0	0,0540	0,0529	0,0519	0,0508	0,0498	0,0488	0,0478	0,0468	0,0459	0,0449
2,1	0,0440	0,0431	0,0422	0,0413	0,0404	0,0396	0,0387	0,0379	0,0371	0,0363
2,2	0,0355	0,0347	0,0339	0,0332	0,0325	0,0317	0,0310	0,0303	0,0297	0,0290
2,3	0,0283	0,0277	0,0271	0,0264	0,0258	0,0252	0,0246	0,0241	0,0235	0,0229
2,4	0,0224	0,0219	0,0213	0,0208	0,0203	0,0198	0,0194	0,0189	0,0184	0,0180
2,5	0,0175	0,0171	0,0167	0,0163	0,0158	0,0155	0,0151	0,0147	0,0143	0,0139
2,6	0,0136	0,0132	0,0129	0,0126	0,0122	0,0119	0,0116	0,0113	0,0110	0,0107
2,7	0,0104	0,0101	0,0099	0,0096	0,0093	0,0091	0,0088	0,0086	0,0084	0,0081
2,8	0,0079	0,0077	0,0075	0,0073	0,0071	0,0069	0,0067	0,0065	0,0063	0,0061
2,9	0,0060	0,0058	0,0056	0,0055	0,0053	0,0051	0,0050	0,0048	0,0047	0,0046
3,0	0,0044	0,0043	0,0042	0,0040	0,0039	0,0038	0,0037	0,0036	0,0035	0,0034
3,1	0,0033	0,0032	0,0031	0,0030	0,0029	0,0028	0,0027	0,0026	0,0025	0,0025
3,2	0,0024	0,0023	0,0022	0,0022	0,0021	0,0020	0,0020	0,0019	0,0018	0,0018
3,3	0,0017	0,0017	0,0016	0,0016	0,0015	0,0015	0,0014	0,0014	0,0013	0,0013
3,4	0,0012	0,0012	0,0012	0,0011	0,0011	0,0010	0,0010	0,0010	0,0009	0,0009
3,5	0,0009	0,0008	0,0008	0,0008	0,0008	0,0007	0,0007	0,0007	0,0007	0,0006
3,6	0,0006	0,0006	0,0006	0,0005	0,0005	0,0005	0,0005	0,0005	0,0005	0,0004
3,7	0,0004	0,0004	0,0004	0,0004	0,0004	0,0004	0,0003	0,0003	0,0003	0,0003
3,8	0,0003	0,0003	0,0003	0,0003	0,0003	0,0002	0,0002	0,0002	0,0002	0,0002
3,9	0,0002	0,0002	0,0002	0,0002	0,0002	0,0002	0,0002	0,0002	0,0001	0,0001

Tabelle 5.12: Funktionswerte der Standardnormalverteilung bei alternativen d_i-Werten

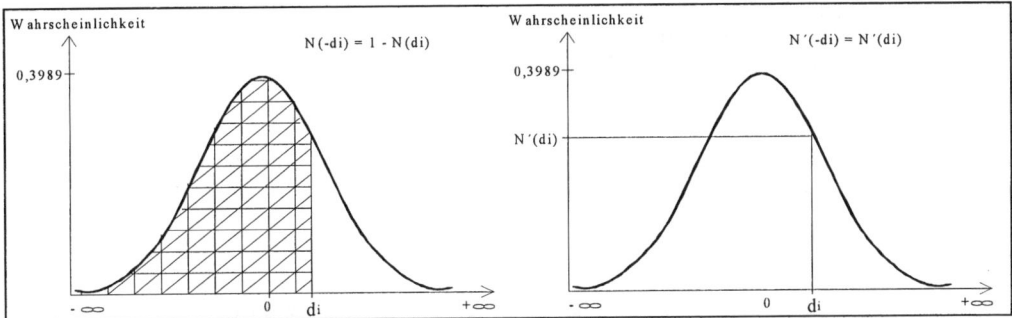

Abbildung 5.16: Flächen- und Funktionswert der Standardnormalverteilung bei d_i

5.2.3.2 Bewertung von Verkaufsoptionen (Puts)

Entsprechend der Call-Bewertung kann auch zur Put-Bewertung ein kontinuierlich angepasstes Arbitrageportfolio gebildet werden. Dann ergibt sich in formaler Analogie zum Vorgehen bei der Call-Bewertung folgende Differentialgleichung:

$$\frac{\partial P}{\partial t} = (1+R_f) \cdot P - (1+R_f) \cdot K \cdot \frac{\partial P}{\partial K} - \frac{\partial^2 P}{2\partial K^2} \cdot \sigma^2 K^2.$$

Durch Berücksichtigung des Verhältnisses der Anzahl von gekauften Puts zu gekauften Aktien im Arbitrageportfolio, sowie der Risikofreiheit des Arbitrageportfolios, erhält man die Formel für den Wert europäischer Puts:

$$P = B \cdot e^{-R_f \cdot t} \cdot N(-d_2) - K \cdot N(-d_1)$$

$$d_1 = \frac{\ln \frac{K}{B} + (R_f + 0{,}5 \cdot \sigma^2) \cdot t}{\sigma \sqrt{t}}$$

$$d_2 = \frac{\ln \frac{K}{B} + (R_f - 0{,}5 \cdot \sigma^2) \cdot t}{\sigma \sqrt{t}}$$

$$d_2 = d_1 - \sigma \sqrt{t}.$$

Die Variablen entsprechen jenen aus der Call-Bewertung. Wie die Formel gehandhabt werden muss, zeigt das folgende Anwendungsbeispiel: Ausgehend von den Beispieldaten im Call-Fall werden zunächst die d_i-Werte errechnet:

$$d_1 = \frac{\ln \frac{100}{100} + (0{,}08 + 0{,}5 \cdot 0{,}2^2) \cdot 0{,}75}{0{,}2 \sqrt{0{,}75}} = 0{,}433$$

$$d_2 = \frac{\ln\frac{100}{100} + (0{,}08 - 0{,}5 \cdot 0{,}2^2) \cdot 0{,}75}{0{,}2\sqrt{0{,}75}} = 0{,}259.$$

Daraus ergibt sich N($-d_1$) zu 0,3336 und N($-d_2$) zu 0,3974. Durch Einsetzen in die B&S-Preisformel lässt sich dann der Wert des Puts errechnen:

$$P = 100 \cdot 2{,}71828^{-0{,}08 \cdot 0{,}75} \cdot 0{,}3974 - 100 \cdot 0{,}3336 = 4{,}07 \text{ EUR.}$$

Durch die Verwendung der Put-Call-Parität lässt sich ebenfalls der Wert des Puts bei Bekanntheit des Callpreises errechnen. Dies kann durch die Bildung eines entsprechenden Arbitrageportfolios gezeigt werden.[27] Im Gegensatz zum Binomialmodell muss die Barwertbildung des Basispreises im Rahmen des B&S-Modells durch die Verwendung einer kontinuierlichen Abzinsungsrate erfolgen. Für den Putpreis ergibt sich deshalb allgemein:

$$P = C + B \cdot e^{-R_f \cdot t} - K.$$

Unter Verwendung der Beispieldaten ergibt sich dann:

$$P = 9{,}89 + 100 \cdot 2{,}71828^{-0{,}08 \cdot 0{,}75} - 100 = 4{,}07 \text{ EUR.}$$

5.2.3.3 Modellerweiterung durch Dividendenberücksichtigung

Um das B&S-Modell von Schwachstellen zu bereinigen, sind seit der Modellpublikation 1973 viele Anregungen in der Literatur diskutiert worden. Am wichtigsten erscheint dabei die Berücksichtigung von Dividenden im Modell.[28] Die bisherige Bewertung von Optionen ging davon aus, dass auf die der Option zugrundeliegende Aktie keine Dividende ausgeschüttet wird bzw. es sich um eine dividendengeschützte Option handelt. Tatsächlich zahlen aber die meisten Aktiengesellschaften ihren Aktionären eine Dividende. Es entspricht damit einer Annäherung des B&S-Modells an die Realität, wenn die Ausschüttung von Dividenden bei der Optionspreisfindung berücksichtigt wird. Da Dividendenausschüttungen unterschiedliche Wirkungen auf Optionen europäischen und amerikanischen Typs besitzen, wird bei der Erörterung eine entsprechende Differenzierung vorgenommen.

---

[27] Bezüglich des Vorgehens sei auf die Analogie zur Ermittlung der Put-Call-Parität im Binomialmodell hingewiesen.

[28] Zur Berücksichtigung von Transaktionskosten im Black & Scholes-Modell vgl. **Leland** (1985), S. 1283 ff.

5.2.3.3.1 Dividendenberücksichtigung bei europäischen Optionen

Da Kaufoptionsbesitzer keine Dividende erhalten, besitzen sie gegenüber den Aktionären einen Nachteil. Dies gilt zumindest für europäische Optionen, denn die Dividendenausschüttung macht sich in Form eines Kursabschlags negativ beim für die Optionsbewertung wichtigen Aktienkurs bemerkbar. Andererseits profitieren Puts von niedrigeren Aktienkursen, so dass hier eine Wertsteigerung durch die Dividendenausschüttung zu erwarten ist. Es sind zwei Fälle zu unterscheiden, die unterschiedliche Konsequenzen für die Optionsbewertung besitzen.

Zum einen kann eine Option dividendengeschützt sein. Der Dividendenschutz kann z.B. unter Vernachlässigung steuerlicher Gegebenheiten darin bestehen, dass der Basispreis bei einer Dividendenausschüttung um die Höhe der Dividende verringert wird. Eine perfekt geschützte Option birgt keinen Nachteil gegenüber einer Option auf eine dividendenlose Aktie und kann deshalb problemlos anhand der B&S-Formel für Optionen auf dividendenlose Aktien bewertet werden. Dabei ist der Dividendenschutz im Aktienpreis und im Basispreis der Option bei der Bewertung zu berücksichtigen. Die Rechtfertigung für die Berücksichtigung des neuen Aktienkurses sowie des neuen Basispreises liegt in der nicht gegebenen stochastischen Entwicklung der Dividendenzahlung, die in dem Aktienkurs enthalten ist. Ein Beispiel verdeutlicht die Vorgehensweise. Es sei angenommen, am Verfalltag werde eine Dividende (D) von 4,- EUR ausgeschüttet. Ansonsten gelten die bekannten Beispieldaten. Dann ergibt sich für den in der B&S-Formel zu verwendenden Aktienkurs:

$$K^{neu} = K^{alt} - D \cdot e^{-R_f t_d}.$$

Der neue Basispreis lautet:

$$B^{neu} = B^{alt} - D.$$

Somit beträgt K^{neu} 96,20 EUR und B^{neu} 96,- EUR. Durch Einsetzen in die B&S-Formel ergibt sich ein Callpreis von 9,61 EUR. Die Verwendung der Put-Call-Parität führt zu einem Putpreis von 4,03 EUR. Gegenüber dem dividendenlosen Fall haben sich die Optionspreise somit verändert.

Im zweiten Fall liegt eine ungeschützte Option vor. Hier muss überlegt werden, wie der durch die Dividendenzahlungen entstehende Nachteil im Callpreis berücksichtigt werden muss. Für den Put ist der entsprechende Preisvorteil zu bestimmen. Zwei Methoden zur Bewertung des ungeschützten europäischen Calls werden anschließend behandelt.

Zunächst sei - durchaus realitätsnah - unterstellt, zukünftige Dividendenzahlungen, die innerhalb der Optionslaufzeit liegen, seien hinsichtlich ihrer Höhe und ihrer Zahlungszeitpunkte bekannt. In diesem Fall kann der Barwert der sicheren Dividenden durch Abzinsung gebildet werden. Dieser wird anschließend vom Aktienkurs abgezogen, so dass der Nachteil der ungeschützten Kaufoption bezüglich der Dividende behoben ist. Als neuer Aktienkurs für die Bewertung des Calls ergibt sich

$$K_0^{neu} = K_0^{alt} - \sum_{i=1}^{n} D_i(1+R_f)^{-T_i}.$$

Dabei steht D_i für die Dividendenzahlungen und T_i für die Zahlungszeitpunkte der Dividenden. Auch nach dem Ende der Optionslaufzeit können Dividendenzahlungen erfolgen. Diese Zahlungen sind in der Formel mitberücksichtigt. Andererseits besitzt der vormalige Call-Inhaber nach dem Verfalltag die Aktie mit den damit einhergehenden Dividendenrechten. Eine adäquate Berücksichtigung kann erfolgen, indem vom Basispreis der Option die Barwerte jener Dividendenzahlungen abgezogen werden, die erst nach dem Verfalldatum ausgezahlt werden. Daher ergibt sich für den neuen Basispreis[29]

$$B^{neu} = B^{alt} - \sum_{i=k+1}^{n} D_i(1+R_f)^{-T_i+t}.$$

Durch den Index i = k+1 kommt zum Ausdruck, dass nur jene Dividendenzahlungen betrachtet werden, die nach dem Verfallzeitpunkt (t) anfallen; k stellt die Anzahl der Dividendenzahlungen vor dem Verfalltag dar.

Anhand der bekannten Beispieldaten wird der neue Callpreis gesucht. Ergänzend sei angenommen, dass Dividendenzahlungen in Höhe von jeweils 4,- EUR in 6 und in 12 Monaten anfallen. Dies führt zu folgenden Werten:

K_0^{neu} = 100 - 4(1+ln(1+0,07))$^{-0,5}$ - 4(1+ln(1+0,07))$^{-1}$ = 92,38
B^{neu} = 100 - 4(1+ln(1+0,07))$^{-0,25}$ = 96,06.

Wie den Formeln zu entnehmen ist, wurde für R_f die stetige Verzinsung [ln(1+R_f)] verwendet. Dies entspricht einem Vorgehen, das dem Modell und seinen Prämissen eher gerecht wird. Durch Einsetzen von K_0^{neu} und B^{neu} in die B&S-Formel ergibt sich damit für den ungeschützten Call der Wert von 6,83 EUR. Mit Hilfe der Put-Call-Parität lässt sich leicht auch der Putpreis bestimmen:

$P = 6,83 + 96,06 \cdot e^{-0,06766 \cdot 0,75} - 92,38 = 5,86$ EUR.

Wie erwartet ergibt sich eine Callpreisminderung und eine Putpreiserhöhung der ungeschützten gegenüber der dividendengeschützten Option.

Eine andere Lösung des Dividendenproblems unter Verwendung des Modellrahmens von Black/Scholes hat Merton vorgeschlagen.[30] Anstatt von Dividendenzahlungen zu bestimmten Zeitpunkten auszugehen, nimmt sein Modell eine stetige Dividendenausschüttung an. Die Höhe der Ausschüttungen ist dabei multiplikativ an die Höhe des Aktienkurses gekoppelt. Im Weiteren

---

[29]   Vgl. **Uhlir/Steiner** (1994), S. 248.
[30]   Vgl. **Merton** (1976), S. 141 ff.

sei der Multiplikator mit m bezeichnet. Dann ergibt sich die Dividende in jedem Zeitpunkt T zu:

$$D_T = m \cdot K_T.$$

Daraus ergibt sich eine Dividendenrendite von:

$$m = \frac{D_t}{K_t}$$

Da Merton von einer stetigen (kontinuierlichen) Dividendenrendite m ausgeht, muss m durch folgenden Ausdruck ersetzt werden:

$$m_s = \ln(1+m).$$

Anschließend ergibt sich die modifizierte B&S-Formel für den Fall eines stetigen Dividendenstroms:

$$C = e^{-m_s \cdot t} \cdot K \cdot N(d_1) - B \cdot e^{-R_f \cdot t} \cdot N(d_2)$$

$$d_1 = \frac{\ln\frac{K}{B} + (R_f - m_s + 0{,}5 \cdot \sigma^2) \cdot t}{\sigma\sqrt{t}}$$

$$d_2 = \frac{\ln\frac{K}{B} + (R_f - m_s - 0{,}5 \cdot \sigma^2) \cdot t}{\sigma\sqrt{t}}.$$

Wie ein Vergleich mit der herkömmlichen B&S-Formel zeigt, liegt der wesentliche Unterschied in der Behandlung des Aktienkurses. Bei der Dividendenberücksichtigung im Fall kontinuierlicher Dividenden wird der im Modell zugrunde gelegte Aktienkurs um den Dividendeneinfluss durch Abzinsung bereinigt.

Bevor die beiden dargestellten Verfahren der Dividendenberücksichtigung verglichen werden, erfolgt wiederum ein Zahlenbeispiel. In Abänderung der bisherigen Beispieldaten sei nun folgende Datenkonstellation angenommen:

R_f = 7% p. a.
m_s (Dividendenrendite) = 8% p. a. (1,943% pro Quartal, → 5,942% in 0,75 Jahren)
t = 0,75
σ = 0,2 p. a.
B = 100,- EUR
K_0 = 100,- EUR.

Damit ergibt sich für den zu verwendenden Aktienkurs:

$$K = 100 \cdot 2{,}718281^{-0{,}08 \cdot 0{,}75} = 94{,}18$$

$$d_1 = \frac{\ln\frac{94,18}{100} + (0,06785 - 0,05942 + 0,5 \cdot 0,2^2) \cdot 0,75}{0,2\sqrt{0,75}} = -0,2239$$

$$d_2 = \frac{\ln\frac{94,18}{100} + (0,06785 - 0,05942 - 0,5 \cdot 0,2^2) \cdot 0,75}{0,2\sqrt{0,75}} = -0,3971.$$

Für die entsprechenden Werte der Standardnormalverteilung findet man N(-0,224) = 0,4114 und N(-0,397) = 0,3457. Eingesetzt ergibt dies einen Callpreis:

$$C = 94,18 \cdot 0,4114 - 100 \cdot e^{-0,06765 \cdot 0,75} \cdot 0,3457 = 5,88 \text{ EUR}.$$

Die Nutzung der Put-Call-Parität führt zu dem entsprechenden Putpreis:

$$P = 5,88 + 100 \cdot e^{-0,06765 \cdot 0,75} - 94,18 = 6,75 \text{ EUR}.$$

Beide dargestellten Verfahren ergeben bei der Lösung der Dividendenproblematik unterschiedliche Optionswerte. Hinsichtlich des Vergleichs beider Verfahren bleibt anzumerken, dass die Unterstellung von Dividendenzahlungen zu bestimmten Zeitpunkten eher den Gegebenheiten in der Realität entspricht. Dies gilt insbesondere für deutsche Verhältnisse, da hier die Dividenden im Gegensatz z.B. zu den USA nur einmal jährlich gezahlt werden. Die Verknüpfung des Dividendensatzes mit dem jeweiligen Aktienkurs ist demgegenüber in der Realität kaum anzutreffen.

5.2.3.3.2 Dividendenberücksichtigung bei amerikanischen Optionen

An den internationalen Optionsmärkten werden überwiegend Aktienoptionen amerikanischen Typs gehandelt, so z.B. auch an der Eurex. Deshalb ist die Erörterung der Dividendenproblematik in diesem Bereich besonders wichtig. Bei amerikanischen Optionen sind Ausschüttungen zusätzlich bedeutsam, weil dadurch die Bewertung im Vergleich zu europäischen Optionen erschwert wird. Auch im Fall amerikanischer Optionen wird zwischen dividendengeschützten und -ungeschützten Option unterschieden.

Bei dem dividendengeschützten amerikanischen Call entfällt der Vorteil der vorzeitigen Ausübbarkeit gegenüber dem europäischen Call, da bei einer vorzeitigen Ausübung auf den Zeitwert verzichtet würde. Die Bewertung entspricht beim geschützten amerikanischen Call somit der Bewertung des europäischen Calls. Mithin ist die Dividendenberücksichtigung im Optionspreis gemäß der im vorangegangenen Abschnitt dargestellten Methodik durchzuführen.

Anders sieht es im Fall ungeschützter amerikanischer Calls aus. Wird während der Optionslaufzeit eine Dividende ausgeschüttet, so ist eine Optionsausübung dann vorteilhaft, wenn der innere Wert des Calls kurz vor der Ausschüttung größer ist als der Marktpreis des nichtausgeübten Calls kurz nach der Ausschüttung. Nachdem der Dividendenabschlag erfolgt ist, besitzt der amerikanische Call theoretisch den gleichen Wert wie ein europäischer Call, denn bei einer vorzeitigen Call-Ausübung geht der Zeitwert verloren. Deshalb ist zunächst zu klären, ob das

Recht der vorzeitigen Ausübung einen Wert besitzt. Gesucht wird daher jener kritische Aktienkurs (Killing Price), bei dem eine vorzeitige Ausübung wertmäßig genau der Alternative Halten des Calls entspricht. Unter Einbeziehung dieses kritischen Aktienkurses in die Call-Bewertung erhält man die Formel der Optionsbewertung nach Geske, Roll und Whaley.[31]

Gültigkeit beansprucht das Modell nur unter der Prämisse einer einmaligen bekannten Ausschüttung während der Optionslaufzeit. Da die Herleitung der Formel sehr komplex ist, werden an dieser Stelle nur die Formel und ihre wichtigsten Variablen wiedergegeben.[32]

$$C = K_0 \cdot [N_1(d_1) - N_2(a_1, d_1; -\sqrt{\frac{t_d}{t}})] - B \cdot e^{-R_f t} \cdot [e^{R_f \cdot (t - t_d)} \cdot N_1(d_2) + N_2(a_2, -d_2; -\sqrt{\frac{t_d}{t}})] + D \cdot e^{-R_f t_d} \cdot N_1(d_2)$$

mit:
$$a_1 = \frac{\ln\frac{K_0}{B} + (R_f + 0{,}5 \cdot \sigma^2) \cdot t}{\sigma\sqrt{t}}$$

$$a_2 = a_1 - \sigma \cdot \sqrt{t}$$

$$d_1 = \frac{\ln\frac{K_0}{K_{krit}} + (R_f + 0{,}5 \cdot \sigma^2) \cdot t_d}{\sigma\sqrt{t_d}}$$

$$d_2 = d_1 - \sigma \cdot \sqrt{t_d}.$$

Die Symbole stehen für:

D	= Dividendenausschüttung
K_0	= Dividendenbereinigter Aktienkurs = $K_0^{cum} - D(1 + R_f)^{-t_d}$
K_{krit}	= Aktienkurs, bei dem das vorzeitige Ausüben und das Halten der Option bis zum Verfalltag gleichwertig ist. Lösung der Gleichung $C_{t_d}(K_{krit}, B, t - t_d, R_f, \sigma)$
	= $K_{krit} + D - B$
t_d	= Zeitraum bis zur Dividendenzahlung
t	= Optionslaufzeit
$N_1(d_i)$	= Funktionswert der Standardnormalverteilung an der Stelle d_i
$N_2(a_i, d_i; r)$ =	Funktionswert der Verteilungsfunktion einer bivariaten Normalverteilung mit

---

[31] Vgl. **Geske** (1979), S. 376 ff., **Roll** (1977), S. 251 ff., **Whaley** (1981), S. 207 ff.

[32] Zur Herleitung und Erklärung der Formel vgl. **Uhlir/Steiner** (1994), S. 258 ff.

$$r = \sqrt{\frac{t_d}{t}} \text{ als Korrelationskoeffizient.}$$

Die Ermittlung der Werte der bivariaten Normalverteilung erweist sich als neuralgischer Punkt, da z.T. aufwendige Berechnungen zu ihrer Gewinnung erforderlich sind.[33]

5.2.3.4 Sensitivitätskennzahlen des Black & Scholes-Modells

Fünf Variablen determinieren die Optionspreise im B&S-Modell. Dies sind die Aktienkursvolatilität, die Restlaufzeit der Option, der Aktienkurs im Bewertungszeitpunkt, das Niveau des als risikolos anzusehenden Zinssatzes und schließlich die Höhe des Basispreises. Bezüglich dieser Variablen lassen sich Sensitivitätskennzahlen bilden, die anzeigen, wie stark der Optionspreis bei Konstanz aller anderen Variablen auf Veränderungen der betrachteten Variablen reagiert. Als Bezeichnung für diese Sensitivitätskennzahlen hat sich der Begriff "griechische Variablen" durchgesetzt, da jeder Kennzahl ein Buchstabe des griechischen Alphabetes zugeordnet wird. Die Darstellung der griechischen Variablen erfolgt in alphabetischer Reihenfolge, die nicht unbedingt der Bedeutungsreihenfolge entspricht.

Sämtliche Graphiken, die im Folgenden zur Verdeutlichung der Sensitivitätskennzahlen eingesetzt werden, beziehen sich auf die folgenden Beispieldaten:

t = neun Monate = 0,75 Jahre
σ = 20% p. a.
R_f = 7,25% p. a.[34]
B = 100,- EUR.

5.2.3.4.1 Delta

Die Sensitivität des Optionspreises bezüglich einer Veränderung des Aktienkurses wird durch den Delta-Wert ausgedrückt. Der numerische Wert ergibt sich als Quotient der zugrundeliegenden Aktien- und Optionspreisveränderungen. Für Kaufoptionen gilt

$$\text{Delta (C)} = \frac{\partial C}{\partial K} = N(d_1).$$

Der Delta-Wert gibt an, wie viele Aktien benötigt werden, um die Preisveränderung der Option genau zu neutralisieren. Das Delta bei Calls liegt stets zwischen null und Eins. Der Wertebereich

---

[33] Vgl. **Uhlir/Steiner** (1994), S. 314 ff., sowie **Haugen** (1990), S. 474 f.
[34] In den Berechnungen wird der logarithmierte Zinssatz verwendet.

des Put-Deltas liegt zwischen minus Eins und Null. Seine Berechnung geschieht mit Hilfe des Ausdrucks

$$\text{Delta (P)} = \frac{\partial P}{\partial K} = N(d_1) - 1.$$

Im B&S-Modell erhält man den Delta-Wert durch die Bildung der ersten Ableitung nach dem Aktienkurs, so dass sich in diesem Fall Delta (C) als $N(d_1)$ und Delta (P) als $N(d_1) - 1$ ergibt. Graphische Darstellungen von Delta-Werten finden sich in den nachfolgenden Abbildungen. Bei einem Delta-Wert von ca. 0,5 beim Call bzw. ca. -0,5 beim Put entsprechen sich Basispreis und Aktienkurs ungefähr. In diesem Fall spricht man von Optionen, die am Geld bzw. 'at-the-money' notieren.

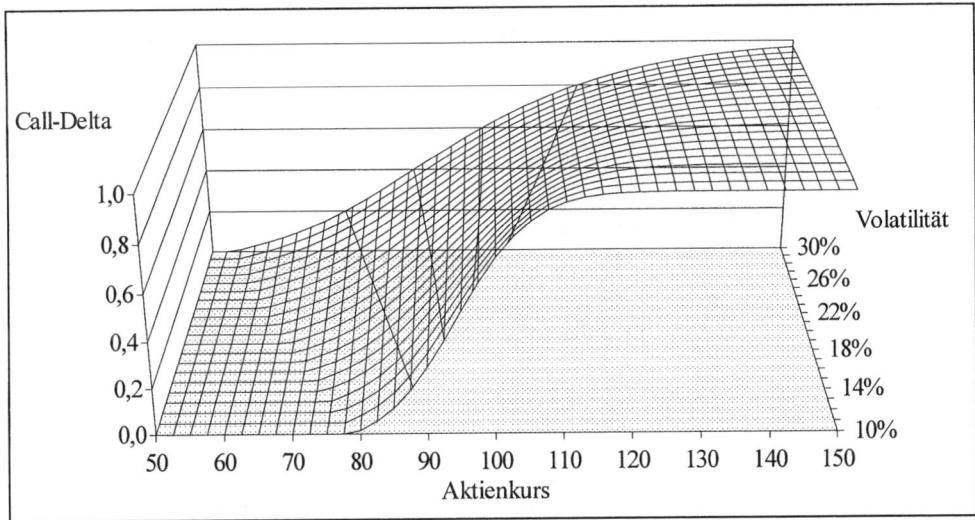

Abbildung 5.17: Call-Delta in Abhängigkeit des Aktienkurses und seiner Volatilität

Wie den Graphiken zu entnehmen ist, ändern sich die Delta-Werte bei at-the-money-Optionen am schnellsten. Bei deep-in-the-money-Calls liegen die Delta-Werte nahe an Eins, während sie bei deep-out-of-the-money-Calls nahe null liegen.[35] Das Optionsdelta hängt keineswegs nur vom Aktienkurs ab. Auch die anderen Inputvariablen des B&S-Modells nehmen Einfluss auf den Verlauf der Delta-Kurve. In Abbildung 5.17 ist zunächst der Delta-Verlauf eines Calls bei alternativen Volatilitäten des Aktienkurses dargestellt. Es zeigt sich, dass die Sensitivität des Callpreises gerade bei at-the-money notierenden Optionen besonders groß ist.

Ein ähnliches Bild ergibt sich für den Wert des Put-Deltas. Allerdings sind die Delta-Werte hier negativ. Die Sensitivität des Optionspreises in Bezug auf Veränderungen des Aktienkurses ist wiederum bei at-the-money notierenden Puts am größten. Hinsichtlich des Einflusses der Volati-

---

35 Vgl. **Cox/Rubinstein** (1985), S. 222.

lität auf den Delta-Wert lässt sich der Abbildung entnehmen, dass eine ansteigende Volatilität der Aktie c. p. zu einer Glättung der Delta-Kurve führt. Da der Einfluss der Volatilität auf den Optionspreis beträchtlich ist, lässt sich diese Entwicklung gut nachvollziehen. Mit einer ansteigenden Volatilität nimmt deren Bedeutung für den Optionspreis im Vergleich zum Aktienkurs zu.

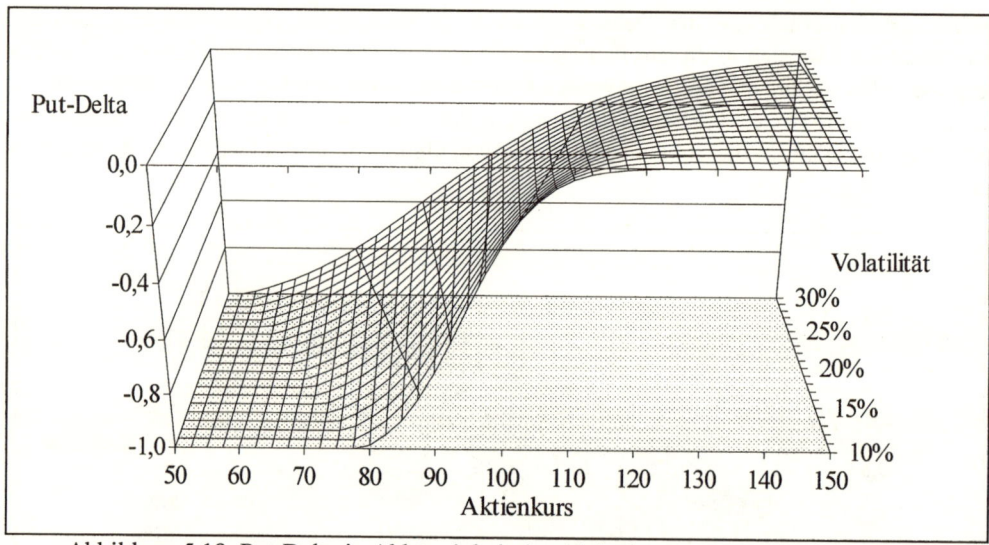

Abbildung 5.18: Put-Delta in Abhängigkeit des Aktienkurses und dessen Volatilität

5.2.3.4.2 Gamma

Der Gamma-Wert von Optionen gibt die Sensitivität des Options-Deltas bezüglich der Aktienkursveränderungen an. Schon aus der graphischen Darstellung des Delta-Wertes ist klar geworden, dass eine hohe Delta-Elastizität im Bereich von am Geld liegenden Optionen besteht. Mathematisch drückt das Gamma das Verhältnis zwischen der Veränderung des Options-Deltas und der Veränderung des Aktienkurses aus. Da der Gamma-Wert für Calls und Puts identisch ist, ergibt sich

$$\text{Gamma (C)} = \text{Gamma (P)} = \frac{\partial \text{Delta(C)}}{\partial K} = \frac{\partial \text{Delta(P)}}{\partial K}.$$

Für das Options-Gamma des B&S-Modells gilt folgende Überlegung: Da Gamma die Veränderung des Options-Deltas beschreibt, muss es sich um die zweite Ableitung der B&S-Funktion nach dem Aktienkurs handeln. Insofern kann Gamma auch als Delta-Wert des Options-Deltas interpretiert werden.³⁶ Der entsprechende mathematische Ausdruck im Rahmen des B&S-Modells lautet

$$\text{Gamma}(C) = \text{Gamma}(P) = \frac{N'(d_1)}{K\sigma\sqrt{t}}.$$

$N'(d_1)$ stellt dabei den Funktionswert und nicht den Flächeninhalt der Standardnormalverteilungsdichte an der Stelle d_1 dar.

In Abbildung 5.19 ist die Funktion des Options-Gammas in Abhängigkeit des Aktienkurses und der Optionsrestlaufzeit graphisch dargestellt. Die Veränderungen des Delta-Wertes sind gemäß der Graphik dort am größten, wo der Basispreis dem Aktienkurs ungefähr entspricht bzw. leicht unterhalb dieses Bereichs. Ferner nimmt der Gamma-Wert bei einer abnehmenden Restlaufzeit deutlich zu.

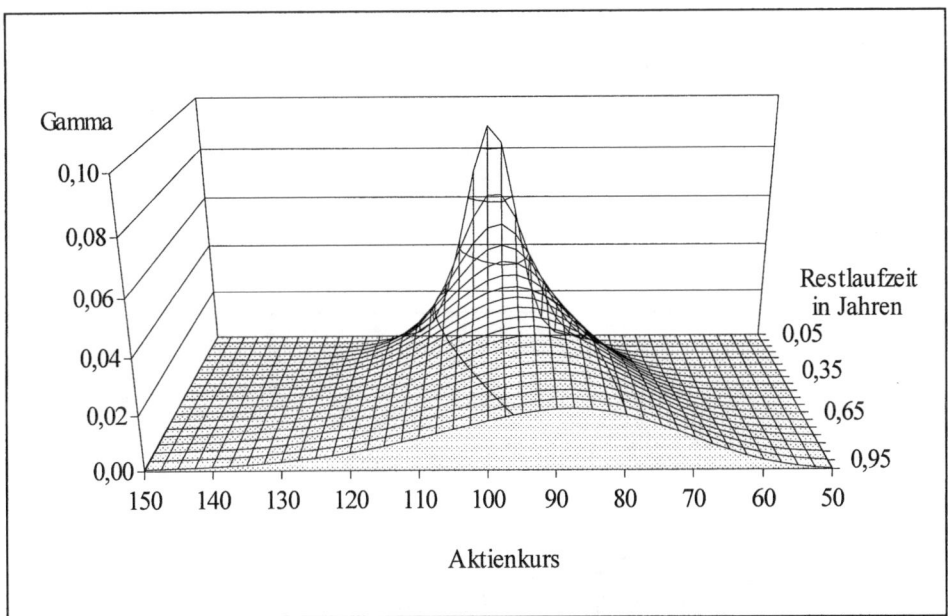

Abbildung 5.19: Options-Gamma in Abhängigkeit des Aktienkurses und der Restlaufzeit

Die Bedeutung des Options-Gammas liegt im Einsatz bei Hedgingstrategien. Bei am Geld liegenden Optionen bedarf es des sog. Gamma-Hedgings, um eine genügende Absicherungsqualität zu gewährleisten.³⁷

---

36 Vgl. **Lingner** (1991), S. 111.
37 In Kapitel 8 wird die Technik des Gamma-Hedgings beispielhaft beschrieben.

5.2.3.4.3 Omega

Das Options-Omega ist als Maß für die Elastizität des Optionspreises in Bezug auf Veränderungen des Aktienkurses bekannt. Mitunter wird für Omega auch der Begriff Leverage-Faktor oder Hebel verwendet. Inhaltlich stellt Omega das prozentuale Wertänderungsverhältnis zwischen Option und Aktie dar. Die mathematische Berechnung erfolgt, indem die prozentuale Veränderung des Optionspreises zu der prozentualen Veränderung des Aktienkurses ins Verhältnis gesetzt wird. Für das Call-Omega gilt

$$\text{Omega (C)} = \frac{\partial C/C}{\partial K/K}.$$

Das Put-Omega lautet

$$\text{Omega (P)} = \frac{\partial P/P}{\partial K/K}.$$

Gemäß der Schreibweise des B&S-Modells kann unter Verwendung des Options-Deltas für das Omega der Kaufoption geschrieben werden

$$\text{Omega (C)} = N(d_1) \cdot \frac{K}{C}.$$

Das Put-Omega lautet

$$\text{Omega (P)} = (N(d_1) - 1) \cdot \frac{K}{P}.$$

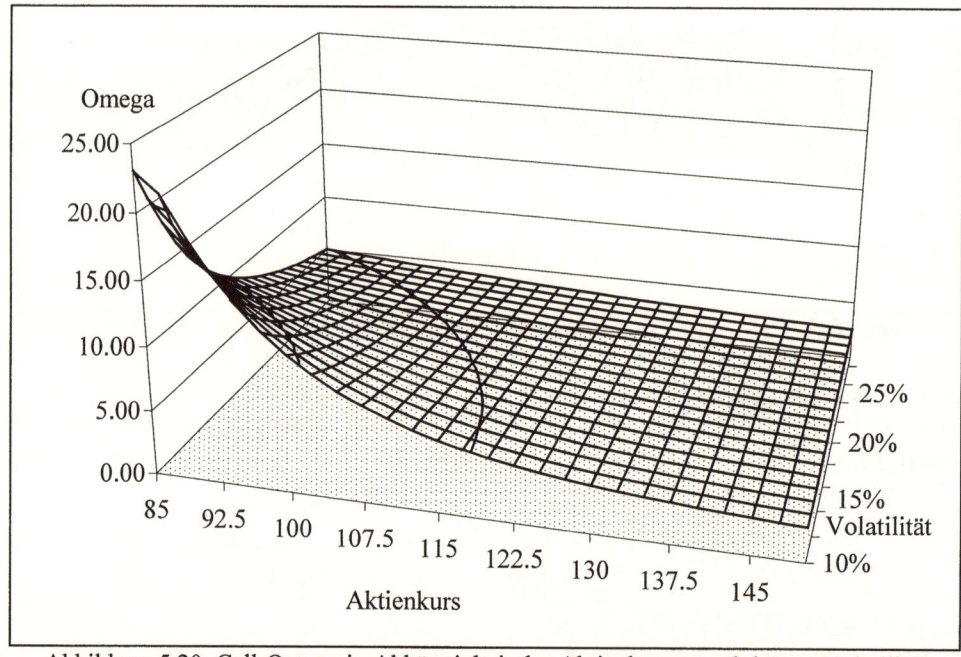

Abbildung 5.20: Call-Omega in Abhängigkeit des Aktienkurses und dessen Volatilität

Wie aus Abbildung 5.20 ersichtlich wird, ist das Call-Omega um so höher, je niedriger der innere Wert der Option ist. Beim Call-Omega lässt sich hinsichtlich des Einflusses der Volatilität feststellen, dass ein Ansteigen der Aktienvolatilität c.p. zu einer Verringerung des Omega-Wertes führt et vice versa.

Das Put-Omega zeichnet sich durch einen spiegelbildlichen Verlauf zum Call-Omega aus. Folglich besitzen Optionen, die weit aus dem Geld liegen, die größten Omega-Werte und somit den größten Hebel. Steigt die Aktienvolatilität an, so verringert sich c. p. auch das Put-Omega.

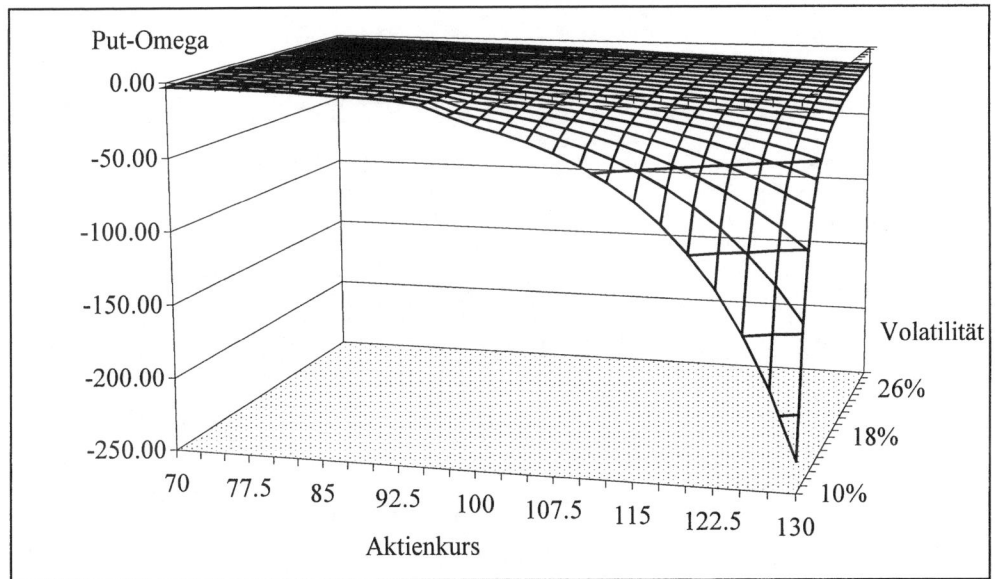

Abbildung 5.21: Put-Omega in Abhängigkeit des Aktienkurses und dessen Volatilität

5.2.3.4.4 Rho

Das Options-Rho drückt die Sensitivität des Optionspreises in Bezug auf Veränderungen des risikolosen Zinssatzes aus. Mathematisch wird das Options-Rho aus dem Verhältnis der Veränderung der Option zur Veränderung des risikolosen Zinssatzes dargestellt. Für das Rho eines Calls bedeutet dies

$$\text{Rho (C)} = \frac{\partial C}{\partial R_f}.$$

Der Wert von Rho (C) ist stets größer oder gleich Null. Beim Put-Rho ist dies umgekehrt.

$$\text{Rho (P)} = \frac{\partial P}{\partial R_f}$$

Innerhalb des B&S-Modells ist Rho anhand der partiellen Ableitung der Bewertungsformel nach dem risikolosen Zinssatz R_f zu ermitteln. Es ergeben sich die Ausdrücke

$$\text{Rho (C)} = t \cdot B \cdot e^{-R_f \cdot t} \cdot N(d_2)$$

und

$$\text{Rho (P)} = -t \cdot B \cdot e^{-R_f \cdot t} \cdot N(-d_2).$$

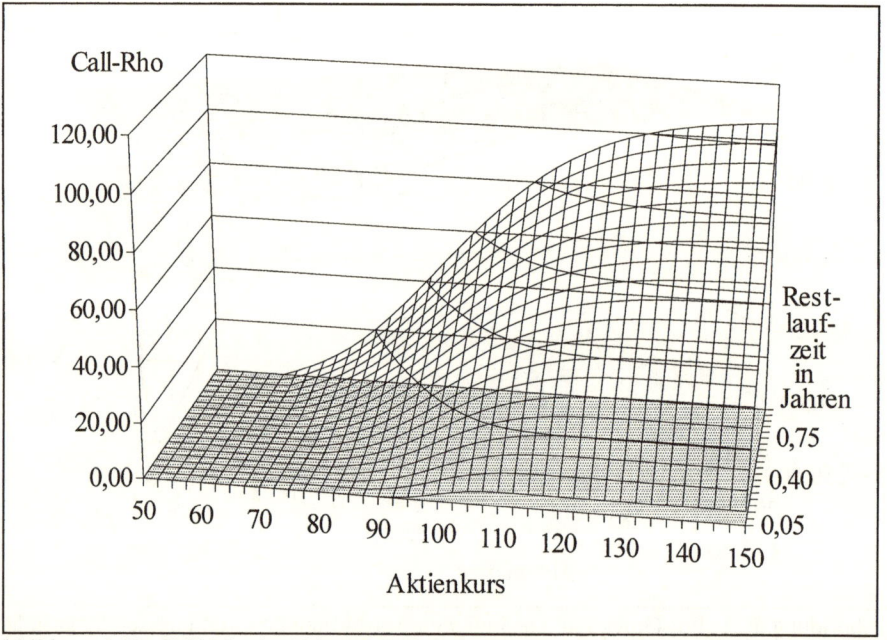

Abbildung 5.22: Call-Rho in Abhängigkeit des Aktienkurses und der Optionsrestlaufzeit

Die Bedeutung des risikolosen Zinssatzes für den Optionswert nimmt mit zunehmender Restlaufzeit immer mehr zu. Zunehmend ist die Bedeutung des Rho auch bei steigenden Aktienkursen, da dann die Kapitalbindung im risikolosen Arbitrageportfolio anwächst und die Zinskomponente an Bedeutung gewinnt. Folglich ist bei Optionen, die im Geld liegen (in-the-money), der Rho-Wert größer als bei Optionen, die aus dem Geld liegen (out-of-the-money). In den Abbildung 5.22 ist der Rho-Wert eines Calls in Abhängigkeit des Aktienkurses und der Restlaufzeit der Option dargestellt. Sehr elastisch reagiert der Callpreis bei am Geld liegenden Optionen. Bei langen Restlaufzeiten besitzen Veränderungen des risikolosen Zinssatzes durchaus deutliche Auswirkungen auf den Optionspreis.

Ein vergleichbares Bild zeigt sich für das Put-Rho. Auch hier reagiert der Putpreis bei am Geld liegenden Puts am elastischsten. Bei weit im Geld liegenden Puts führt ein Zinsanstieg zu den höchsten Verringerungen des Optionspreises.

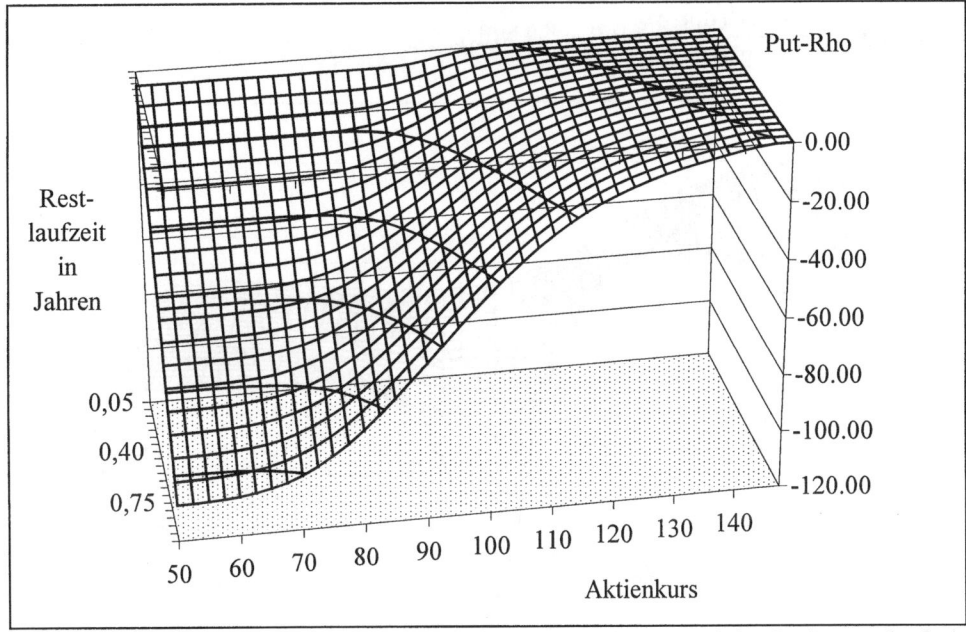

Abbildung 5.23: Put-Rho in Abhängigkeit des Aktienkurses und der Optionsrestlaufzeit

5.2.3.4.5 Theta

Der Theta-Wert einer Option misst die Sensitivität des Optionspreises bezüglich der Veränderung der Optionsrestlaufzeit. Damit kann das Options-Theta als Maß für den Zeitwertverfall von Optionen angesehen werden. Für das Call-Theta ergibt sich der mathematische Ausdruck[38]

$$\text{Theta (C)} = -\frac{\partial C}{\partial t}.$$

Das Put-Theta lautet

$$\text{Theta (P)} = -\frac{\partial P}{\partial t}.$$

In der Terminologie des B&S-Modells stellt das Options-Theta die mit -1 multiplizierte, partielle Ableitung der Optionspreisformel nach der Restlaufzeit dar. Beim Call lautet der Theta-Wert dann

---

[38] Da die Ableitung einen positiven Wert erbringt, wird ein Minuszeichen davor gesetzt, denn die Restlaufzeit einer Option kann nicht ansteigen, sondern nur geringer werden.

$$\text{Theta (C)} = \frac{-K \cdot N'(d_1) \cdot \sigma}{2\sqrt{t}} - B \cdot R_f \cdot e^{-R_f t} \cdot N(d_2).$$

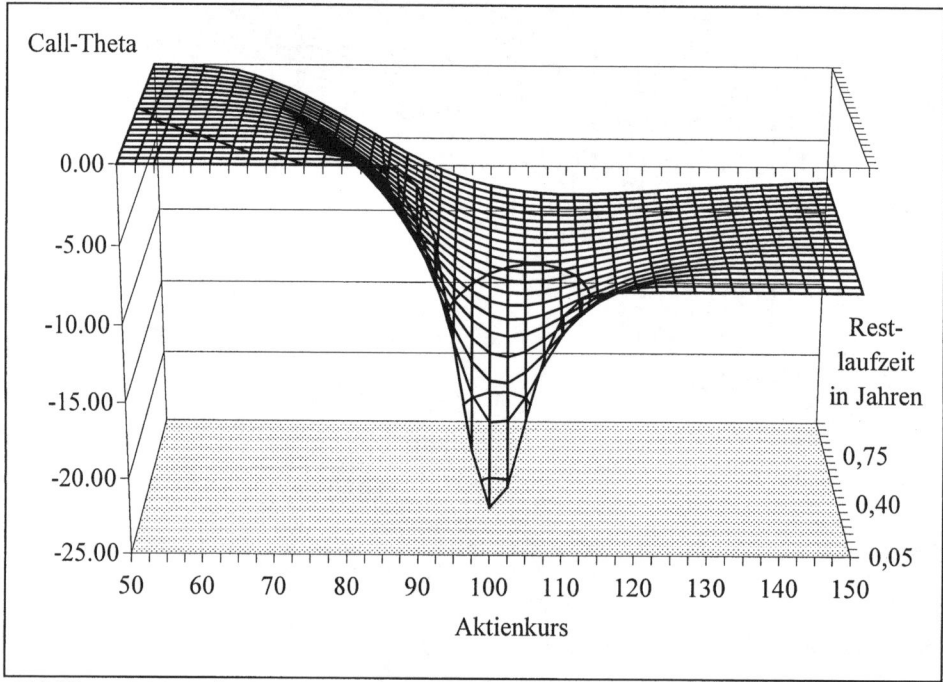

Abbildung 5.24: Call-Theta in Abhängigkeit des Aktienkurses und der Optionsrestlaufzeit

Analog dazu ergibt sich das Put-Theta zu:

$$\text{Theta (P)} = \frac{-K \cdot N'(d_1) \cdot \sigma}{2\sqrt{t}} + B \cdot R_f \cdot e^{-R_f \cdot t} \cdot N(-d_2).$$

Wie bereits bekannt, nimmt der Zeitwertverfall bei Annäherung an den Ausübungszeitpunkt stark zu. Ohne dass sich die sonstigen Daten der Option ändern, verliert eine Option deshalb gegen Ende der Laufzeit stärker an Wert als vorher, was stets die Stillhalter von Optionen begünstigt. In Graphik 5.24 ist der Verlauf des Call-Thetas bei alternativen Aktienkursen und Optionsrestlaufzeiten dargestellt.

Wie zu erkennen ist, wirkt sich die Restlaufzeitverringerung bei aus dem Geld notierenden Calls nur gering aus. Bei entsprechend langer Restlaufzeit sind die Preiseinflüsse einer abnehmenden Restlaufzeit zunächst klein.

Auf den ersten Blick ungewöhnlich ist der Verlauf des Put-Thetas, denn es liegt, wie anhand von Abbildung 5.25 deutlich wird, bei deep-in-the-money notierenden Puts oberhalb von Null. Folglich gewinnen weit im Geld liegende Puts bei einer Restlaufzeitverkürzung an Wert. Erstaunlich ist dies aber nicht, da europäische Puts, die deep-in-the-money notieren, während ihrer Laufzeit unterhalb ihres inneren Wertes liegen. Immer wenn der Putpreis während der Optionslaufzeit niedriger als die Differenz zwischen Basiskurs und Aktienkurs liegt, ist der Theta-Wert des Puts positiv.

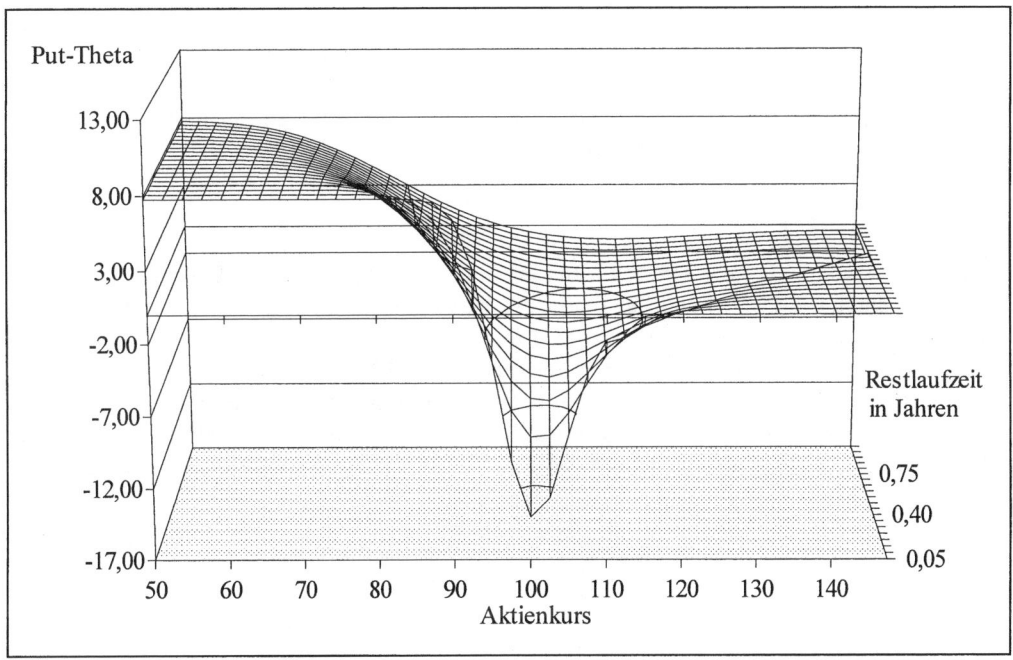

Abbildung 5.25: Put-Theta in Abhängigkeit des Aktienkurses und der Optionsrestlaufzeit

Für amerikanische Puts gilt dies nicht, da sie aufgrund der jederzeitigen Ausübbarkeit während der Optionslaufzeit stets oberhalb ihres inneren Wertes notieren müssen. Der Theta-Wert amerikanische Optionen ist daher stets negativ.

5.2.3.4.6 Vega

Den größten Einfluss auf den Optionspreis besitzt neben dem Kurs des Underlyings - zumindest bei am Geld liegenden Optionen - die Volatilität. Anhand des Options-Vegas wird die Sensitivität des Optionspreises hinsichtlich einer Veränderung der Volatilität gemessen. Somit gibt Vega die Veränderungen des Optionspreises in Abhängigkeit infinitesimal kleiner Volatilitätsveränderungen an. Letztere wirken sich gleichartig auf Kauf- und Putoptionen aus. Eine steigende Volatilität führt c. p. zu steigenden Optionspreisen und umgekehrt. Für das Call-Vega kann geschrieben werden

$$\text{Vega (C)} = \frac{\partial C}{\partial \sigma}.$$

Der Ausdruck beim Put-Vega lautet:

$$\text{Vega (P)} = \frac{\partial P}{\partial \sigma}.$$

Innerhalb des Modellrahmens des B&S-Modells führt die Bildung der partiellen Ableitung der Optionspreisformel nach der Volatilität zur Bestimmung des Options-Vegas. Da Call- und Put-Vega identisch sind - eine steigende Volatilität daher sowohl den Call- als auch den Put-Wert erhöht - berechnet sich Vega nach der Formel

$$\text{Vega(C)} = \text{Vega(P)} = K \cdot \sqrt{t} \cdot N'(d_1).$$

Die größten Werte nimmt das Options-Vega bei at-the-money notierenden Optionen an. Zudem lassen sich durch die Darstellung des Options-Vegas bei unterschiedlichen Restlaufzeiten Einblicke in den Zusammenhang von Restlaufzeit und Volatilität gewinnen. Mit einer Verringerung der Optionsrestlaufzeit geht ein Bedeutungsverlust der Volatilität für die Optionspreise einher. Insoweit steht dieser Effekt in umgekehrt proportionalem Verhältnis zur Bedeutung des Options-Thetas, das mit abnehmender Restlaufzeit an Bedeutung für den Optionspreis zunimmt. In der unten stehenden Graphik ist das Options-Vega in Abhängigkeit des Aktienkurses und der Restlaufzeit der Option dargestellt.

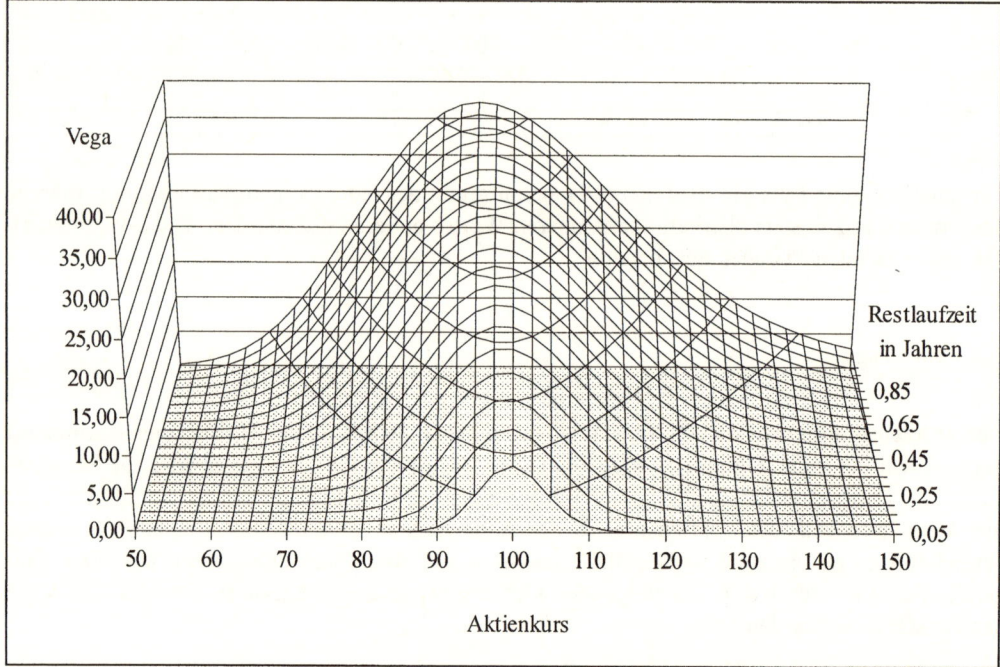

Abbildung 5.26: Vega in Abhängigkeit vom Aktienkurs und der Restlaufzeit der Option

Es ist deutlich zu erkennen, dass Vega bei Optionen mit langer Restlaufzeit zumindest im Bereich am Geld notierender Kontrakte einen wichtigen Preiseinfluss aufweist.

Die numerischen Ergebnisse der in den Graphiken dargestellten Sensitivitätskennzahlen sind in Tabelle 5.13 zusammengefasst. Aus ihnen wird erkennbar, welche der griechischen Variablen in Abhängigkeit des Aktienkurses die größte Bedeutung für die Optionspreise besitzt.

Kurs K	Call C	Put P	Delta C	Delta P	Gamm C+Pa	Rho C	Rho P	Theta C	Theta P	Vega C+P	Omega C	Omega P
70	0.22	25.11	0.048	-0.952	0.008	2.33	-68.84	-1.017	5.624	6.001	14.831	-2.655
75	0.59	20.47	0.102	-0.898	0.014	5.29	-65.88	-2.033	4.608	11.550	13.033	-3.291
80	1.29	16.18	0.184	-0.816	0.019	10.10	-61.07	-3.403	3.238	18.457	11.438	-4.034
85	2.47	12.36	0.292	-0.708	0.023	16.74	-54.43	-4.931	1.711	25.264	10.030	-4.872
90	4.23	9.12	0.413	-0.587	0.025	24.74	-46.43	-6.356	0.285	30.360	8.796	-5.790
95	6.61	6.50	0.537	-0.463	0.024	33.32	-37.84	-7.467	-0.826	32.679	7.722	-6.768
100	9.59	4.47	0.652	-0.348	0.021	41.68	-29.48	-8.160	-1.518	32.023	6.797	-7.788
105	13.10	2.98	0.749	-0.251	0.018	49.16	-22.00	-8.449	-1.808	28.957	6.005	-8.835
110	17.04	1.93	0.826	-0.174	0.013	55.39	-15.77	-8.427	-1.786	24.433	5.333	-9.896
115	21.33	1.21	0.884	-0.116	0.010	60.27	-10.89	-8.214	-1.573	19.419	4.768	-10.961
120	25.86	0.74	0.925	-0.075	0.007	63.89	-7.27	-7.916	-1.275	14.652	4.294	-12.023
125	30.56	0.45	0.953	-0.047	0.005	66.45	-4.71	-7.611	-0.969	10.567	3.899	-13.076
130	35.38	0.26	0.972	-0.028	0.003	68.20	-2.97	-7.341	-0.700	7.325	3.570	-14.117

Tabelle 5.13: Sensitivitätskennzahlen bei Optionen

Bei der sich anschließenden Interpretation der Sensitivitätskennzahlen wird stets auf den Aktienkurs von 100,- EUR Bezug genommen. Der zugehörige Call ist gemäß der B&S-Formel theoretisch 9,59 EUR wert. dass der Put mit einem theoretischen Wert von 4,47 EUR deutlich billiger ist, wird vor dem Hintergrund der Put-Call Parität verständlich.

Der Delta-Wert des Calls von 0,652 entspricht der bei diesem Aktienkurs notwendigen Hedge-Ratio von 1,53, die für die Duplikation des Calls Verwendung findet. Pro verkauftem Call müssen demgemäß 0,652 Aktien gekauft werden. Zudem sagt der Delta-Wert aus, dass eine Aktienkurssteigerung um 1,- EUR eine Optionspreissteigerung um ca. 0,652 EUR bewirken wird. Die Bildung eines Arbitrageportfolios mit Hilfe von Puts erfordert den Verkauf von 0,348 Aktien pro Put, wie aus dem Put-Delta erkennbar ist. Eine Aktienkurserhöhung um 1,- EUR induziert gemäß dem Put-Delta eine Putpreisreduktion von ca. 0,348 EUR.

Der Gamma-Wert von 0,021 beschreibt die Änderung des Delta-Wertes bei Aktienkursveränderungen. Ein Aktienkursanstieg um 1,- EUR führt folglich zu einem Callpreisanstieg von ca. 0,65 EUR und einem Deltaanstieg auf 0,021. Im Fall des Puts führt das Gamma bei einem Aktienkursanstieg zu einer entsprechenden Deltaverringerung.

Das Call-Rho von 41,68 indiziert eine Preiszunahme von ca. 41,7 Cent bei einem Zinsaufschlag von einem Prozentpunkt (von 7,25% auf 8,25%). Der Putpreis wird bei einem Zinszuwachs von einem Prozentpunkt hingegen um ca. 29,5 Cent an Wert verlieren.

Eine Verkürzung der Optionsrestlaufzeit um einen Tag führt gemäß dem Call-Theta zu einem

Wertverlust des Calls von ca. 0,022 EUR.[39] Der Wertverlust beim Put bemisst sich auf 0,004 EUR. Bei dem Options-Vega von 32,02 reagiert der Optionspreis bei einer Volatilitätszunahme von einem Prozentpunkt (d. h. von 20% auf 21%) mit einer Preisbewegung von ca. 0,32 EUR. Eine Volatilitätszunahme führt c. p. stets zu einem Optionspreisanstieg. Dies gilt sowohl für den Call als auch für den Put, da das Vega für beide Optionen identisch ist.

Schließlich gibt das Call-Omega von 6,8 an, dass eine einprozentige Aktienkurssteigerung zu einer 6,8 prozentigen Callpreissteigerung führen wird. Der Put wird bei einer einprozentigen Aktienkurssteigerung einen 7,8 prozentigen Wertverlust aufweisen.

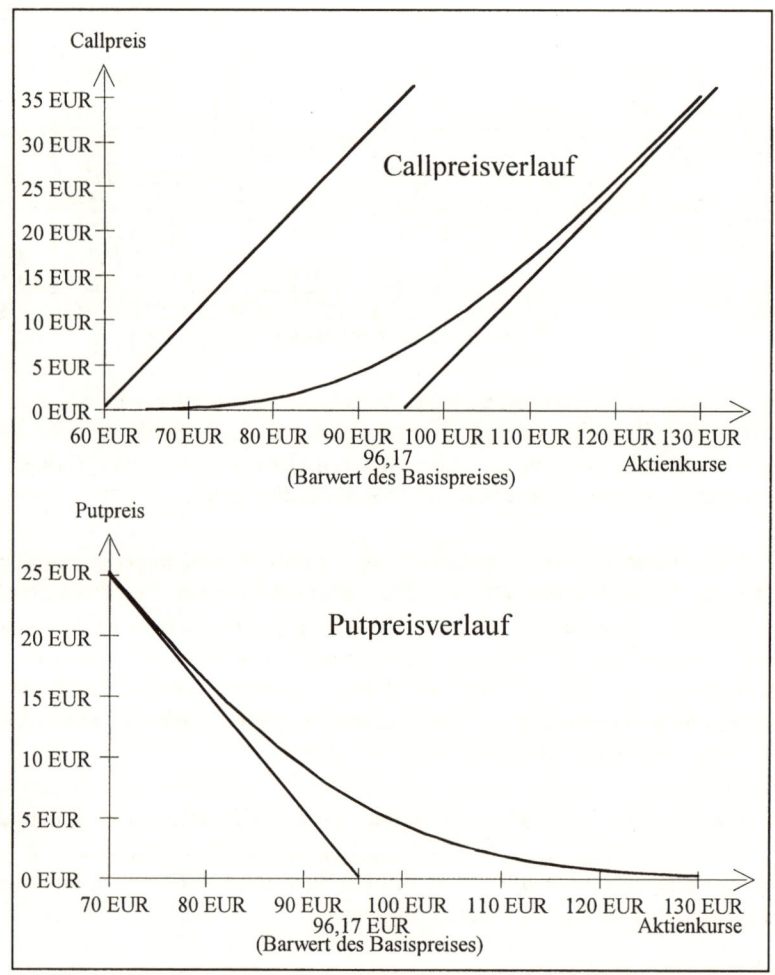

Abbildung 5.27: Put- und Callpreisverlauf in Abhängigkeit des Aktienkurses

---

39 Diesen Theta-Wert erhält man, indem der Tableauwert durch 365 dividiert wird.

Die gefundenen Werte für den Call- und den Putpreis lassen sich schließlich in Abhängigkeit des jeweiligen Aktienkurses darstellen, wie dies in Abbildung 5.27 geschehen ist. Es wird erkennbar, dass die nach Black & Scholes bewerteten Optionen zwischen ihren theoretischen Wertgrenzen verlaufen. Außerdem zeigt sich, dass der Zeitwert bei at-the-money notierenden Optionen am höchsten liegt.

5.2.3.5   Inputdatenbestimmung

Das B&S-Modell erfordert zur Optionspreisbestimmung die Kenntnis von fünf Eingabeparametern. Die Ermittlung dieser Eingabeparameter gestaltet sich unterschiedlich schwierig.[40] Keine Probleme wirft die Bestimmung des Basispreises und des aktuellen Aktienkurses auf. Problematischer gestaltet sich aber die Festlegung der Optionsrestlaufzeit. Zwar lässt sich der Zeitraum zwischen dem Erwerb oder Verkauf der Option und ihrem Verfalltag taggenau bestimmen, jedoch findet nicht an jedem Tag ein Börsenhandel statt. Deshalb besteht an diesen Tagen keine Möglichkeit zur Kursveränderung der Aktien. Genau genommen müssen Wochenenden und Feiertage bei der Restlaufzeitbestimmung eliminiert werden.

Nicht weniger problematisch ist die Ermittlung eines als adäquat anzusehenden Zinssatzes. Zunächst muss ein Zinssatz gefunden werden, der annähernd den Modellanforderungen der Risikolosigkeit entspricht. In den USA wird i.d.R. die Verzinsung von T-Bills zur Optionspreisberechnung herangezogen. In Ermangelung eines entsprechenden Zinsinstrumentes in Deutschland, dürften hierzulande eher Geldmarktsätze unter Banken Verwendung finden. Zudem muss der Zinssatz laufzeitkongruent sein, d.h. er muss der Periode der Optionsrestlaufzeit angepasst sein. Nur bei einer horizontalen Zinsstrukturkurve, die nicht dem Regelfall der Anlagerealität entspricht, erübrigt sich die laufzeitkongruente Zinssatzfestlegung. Eine besondere Schwierigkeit ist noch in der mangelnden zeitlichen Konstanz der zu verwendenden Zinssätze zu sehen. Andererseits ist die Bedeutung des Zinssatzes für die Preisfindung bei Optionen gegenüber anderen Eingabeparametern relativ gering.[41]

Die größten Probleme wirft allerdings die Ermittlung von geeigneten Volatilitätswerten auf. Weil die Volatiltät einen großen Einfluss auf die Optionspreise besitzt, wie an dem Options-Vega erkennbar ist, wiegt diese Datenbestimmungsproblematik besonders schwer. Die Verfahren zur Bestimmung der Volatilität wurden bereits im Abschnitt über die Volatilität dargestellt. Daher wird an dieser Stelle auf eine Erläuterung verzichtet.

---

[40]   Vgl. **Uhlir/Sièvi** (1990), S. 396 ff.
[41]   Vgl. **Chance** (1989), S. 134 f.

5.2.4 Übergang des Binomialmodells in das Black & Scholes-Modell

Bei zunehmender Periodenanzahl nähern sich die Optionswerte, die mittels des Binomialmodells errechnet werden, den Werten des B&S-Modells immer mehr an. Der Grund ist, dass die Binomialverteilung bei steigender Periodenanzahl gegen die Normalverteilung konvergiert.[42] Insofern stellt das B&S-Modell einen Grenzfall des Binomialmodells dar. Geht die Anzahl der Perioden im Binomialmodell gegen unendlich, so führt dies zu einem stetigen Modell, das dem B&S-Ansatz genau entspricht.

Ein Parameterset, das die Konvergenz der binomialen Verteilung der logarithmierten Aktienkurse gegen die Normalverteilung entsprechend dem B&S-Modell gewährleistet, ist von Cox/Ross/Rubinstein (1979) vorgeschlagen worden. Danach berechnen sich die Kurssprungfaktoren gemäß:

$$u = e^{\sigma\sqrt{\Delta t}} \quad \text{und} \quad d = 1/u = e^{-\sigma\sqrt{\Delta t}},$$

wobei Δt die Dauer eines Zeitschritts als Anteil eines Jahres angibt.

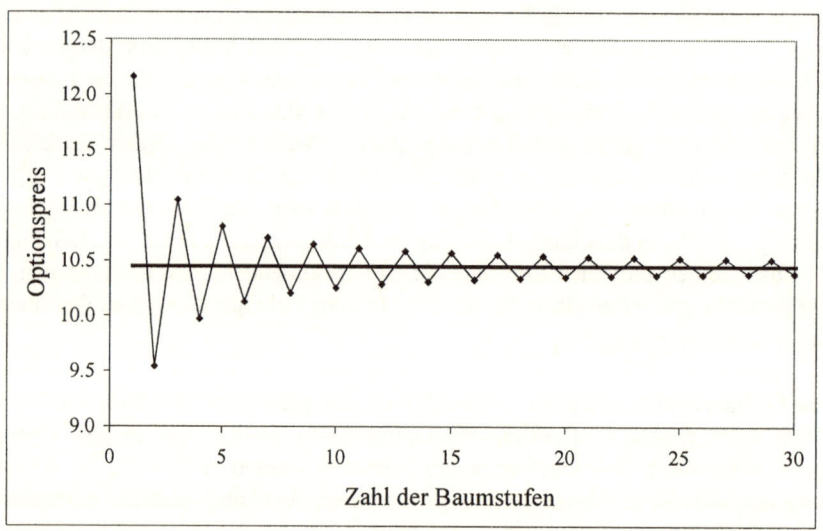

Abbildung 5.28: Konvergenz von Binomial- und Black & Scholes-Callpreisen

Mit dieser Spezifikation wird in Abbildung 5.28 die Annäherung des Binomialmodells an das B&S-Modell für folgende Beispieloption (Call) grafisch dargestellt: aktueller Aktienkurs = 100, Basispreis = 100, Restlaufzeit = 1 Jahr, risikoloser Zinssatz = 5%, Volatilität = 20%. Der B&S-Preis beträgt 10,45 EUR. Die Grafik zeigt schon bei weniger als 30 Perioden des Binomialmodells eine gute Approximation des B&S-Preises.

---

[42] Vgl. **Loistl** (1992), S. 352.

Insgesamt besteht ein gewichtiger Vorzug des Binomialmodells in seiner Flexibilität. Das Modell ermöglicht die näherungsweise Bewertung der meisten gängigen Optionen unter unterschiedlichen Kursverlaufsannahmen. Es kann oft auch dann eingesetzt werden, wenn keine analytische Bewertungsformel existiert (z.B. amerikanische Puts). In manchen Fällen, wie z.B. den Barrier-Optionen, ist allerdings eine sehr feine Periodenzerlegung erforderlich, um eine ausreichende Bewertungsgenauigkeit zu gewährleisten.

5.2.5 Empirische Überprüfung des Black & Scholes-Modells: Der Smile-Effekt

Das Black & Scholes-Modell ist inzwischen zahlreichen empirischen Tests bezüglich der Übereinstimmung von Markt- und Modellpreisen unterzogen worden. Dabei ergab sich, dass die am Optionsmarkt vorherrschenden Preisstrukturen zu einem großen Teil durch das B&S-Modell erklärt werden können. Es wurden aber auch ökonomisch relevante und statistisch signifikante Abweichungen von den Vorhersagen des Modells gefunden. Um die Diskrepanzen zu verdeutlichen, wird der Marktpreis in der Regel als *implizite Volatilität* gedrückt. Man erhält die implizite Volatilität durch Invertieren der B&S-Formel: Gesucht wird jener Wert, der für den Parameter σ im B&S-Modell eingesetzt werden muss, um einen beobachteten, bekannten Marktpreis zu erhalten. Bei Gültigkeit des B&S-Modells entspricht die implizite Volatilität der wahren Volatilität der Rendite des Basispapiers. Deshalb müssen in diesem Modellrahmen die impliziten Volatilitäten aller Optionen auf das gleiche Underlying unabhängig von den Ausübungspreisen übereinstimmen. Unterscheiden sich hingegen die impliziten Volatilitäten nach der Höhe des Basispreises, ist dies ein Beleg dafür, dass das B&S-Modell die Preisbildung in der Realität nicht vollständig erklärt.

Bei Währungsoptionen ist häufig eine um so höhere implizite Volatilität festzustellen, je weiter sich die Optionen im Geld oder aus dem Geld befinden. Die grafische Darstellung dieser Struktur gab dem Phänomen den Namen „Smile" oder „Smile-Effekt" (s. Abbildung 5.29). Für Aktienindexoptionen ist ein asymmetrischer Verlauf typisch, wonach Optionen mit einem niedrigen Basispreis (Puts aus dem Geld und Calls im Geld) eine deutlich höhere implizite Volatilität besitzen als Optionen mit einem hohen Basispreis (Calls aus dem Geld und Puts im Geld). Dieser Verlauf wird als „Skew" bezeichnet. Ein typisches Beispiel für den Skew zeigt Abbildung 5.30. Darin sind die impliziten Volatilitäten für alle Handelsabschlüsse abgetragen, die an der Eurex am 23.10.2001 in DAX-Optionen mit einer Restlaufzeit von 59 Tagen zustande kamen.[43] Auf der Abszisse steht der Basispreis im Verhältnis zum jeweiligen Indexstand in der Minute des Handelsabschlusses. Out-of-the-money Puts sind demnach in der Abbildung im linken Bereich, out-of-the-money Calls im rechten Bereich angesiedelt.

---

[43] Vgl. zu Details der Berechnungsweise **Hafner/Wallmeier** (2001).

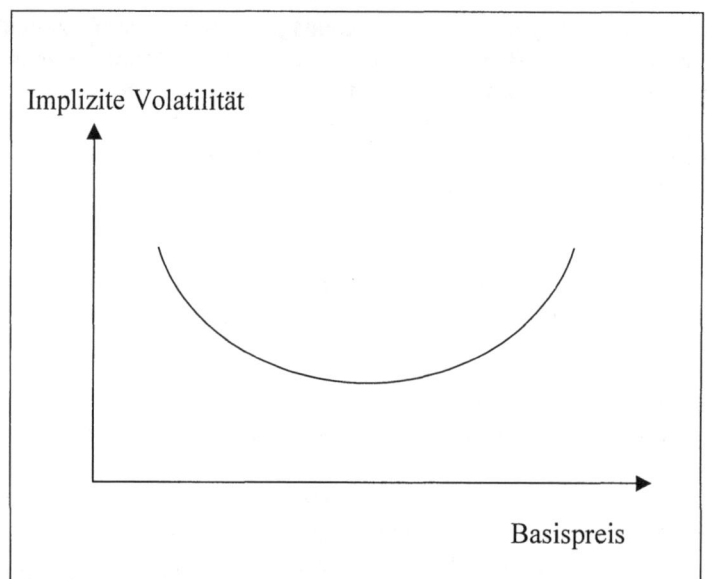

Abbildung 5.29: „Smile" von Optionspreisen

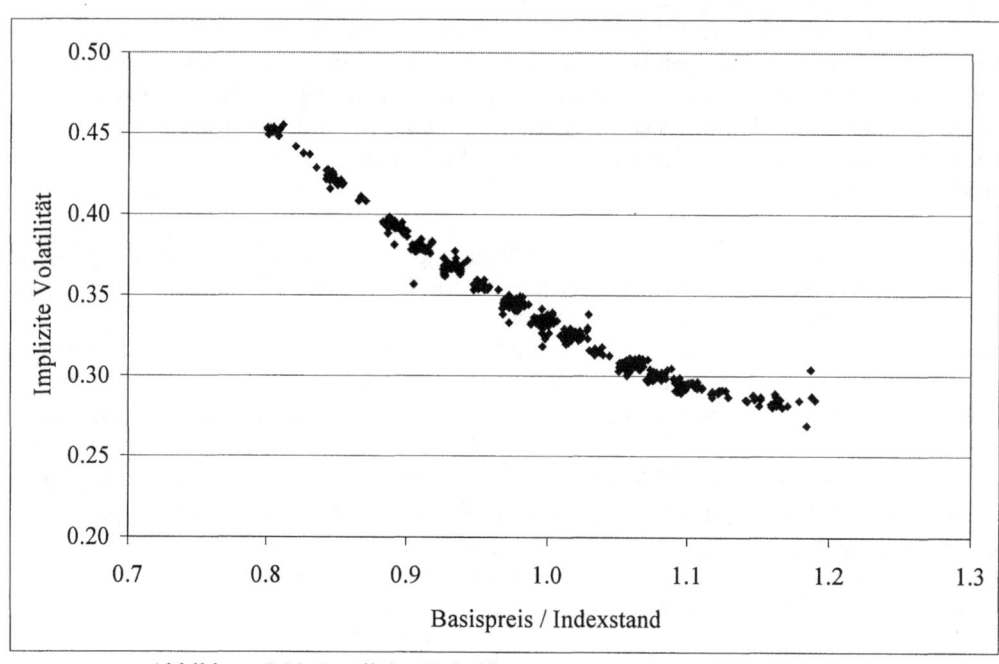

Abbildung 5.30: Implizite Volatilitäten von DAX-Optionen mit einer Restlaufzeit von 59 Tagen am 23.10.2001

Die Existenz des Smile oder Skew zeigt eine Verletzung der Annahmen des B&S-Modells an. Daher kommen zur Erklärung des Phänomens grundsätzlich Marktunvollkommenheiten oder ein andersartiger Prozess für den Kurs des Basispapiers in Frage.

Insbesondere die im B&S-Modell getroffene Annahme einer im Zeitablauf konstanten Volatilität gilt als wenig realistisch. Zur Beschreibung der zeitlichen Veränderungen der Volatilität werden in zunehmendem Maße GARCH-Modelle eingesetzt.[44] Sie beruhen auf der Prämisse, dass die Wahrscheinlichkeitsverteilung der Renditen sich ständig in bestimmter Weise an die aktuelle Marktlage anpasst. GARCH-Modelle sind zumindest prinzipiell in der Lage, zwei wichtige Beobachtungen an Aktienmärkten zu beschreiben: das Phänomen des „Volatility Clustering" und die leptokurtische Häufigkeitsverteilung von Aktienrenditen. Daher wurde versucht, diese Modelle in die Optionsbepreisung einzubeziehen.

Die Optionsbewertung mit stochastischer Volatilität kann sich nicht allein auf das Postulat der Arbitragefreiheit stützen, weil der unterstellte Renditeprozess die Bildung perfekter Hedge-Portfolios nicht zulässt. Aus diesem Grund entfällt die Möglichkeit einer präferenzfreien Bewertung. Durch die Notwendigkeit, spezielle Annahmen über die Risikopräferenzen der Anleger zu treffen, muss zwangsläufig ein entscheidender Vorzug des Modells von Black und Scholes aufgegeben werden.

Modellrechnungen zeigen, dass stochastische Veränderungen der Volatilität grundsätzlich einen Smile oder Skew der Optionspreise hervorrufen können. Welcher Verlauf der impliziten Volatilitäten sich einstellt, hängt von der Höhe der Korrelation zwischen dem Aktienkurs und der Volatilität ab. Sind beide Variablen unkorreliert, ergibt sich eine symmetrische Smile-Struktur, wie sie vorwiegend bei Währungsoptionen beobachtet wird. Ein negativer Korrelationskoeffizient führt dagegen zu einem asymmetrischen Profil, das dem Skew von Aktienindexoptionen ähnelt.

Neben einer veränderlichen Volatilität kann auch die Möglichkeit von Kurssprüngen zur Ausbildung eines Skew beitragen. Für die Relevanz dieses Erklärungsansatzes spricht, dass der Skew am Markt für Aktienindexoptionen in den USA erst in Folge des Börsencrash 1987 prägnant hervorgetreten ist.

Eine weitere Erklärung für den Skew stellt auf Marktunvollkommenheiten wie Transaktionskosten und mangelnde Marktliquidität ab. Sie behindern den Arbitragemechanismus, auf dem das B&S-Modell beruht, so dass kein eindeutiger arbitragefreier Optionspreis mehr existiert. Dies hat zur Folge, dass Optionsrisiken nicht ohne weiteres durch Handel im zugrunde liegenden Basispapier beseitigt werden können. Optionshändler werden vor diesem Hintergrund bestrebt sein, ein ausgewogenes Handelsbuch zu halten, in dem Kauf- und Verkaufspositionen sich ungefähr ausgleichen. Ist dies nicht möglich, weil die Mehrzahl der Kunden Optionen zu *kaufen* wünscht, werden die Händler für die betreffenden Optionen einen höheren Preis verlangen. Dieser Fall tritt in der Praxis oft bei aus dem Geld befindlichen Puts auf, die als Absicherungsinstrument begehrt sind, aber ohne einen Preisaufschlag keine Verkäufer finden.

---

44 Vgl. zu GARCH-Modellen bereits Abschnitt 2.1.2.2.1.

Insgesamt zeigt der Smile bzw. Skew, dass die Optionsbewertung neben den im B&S-Modell erfassten Parametern weiteren Einflüssen unterliegt, zu denen sowohl Marktfriktionen als auch Kurssprünge und stochastische Veränderungen der Volatilität zählen. Welches Gewicht diesen Einflüssen zukommt und in welcher Weise sie zusammenwirken, ist nicht eindeutig geklärt.

5.3 Devisenoptionsbewertung

Breite Anwendung in der Bewertung von Devisenoptionen hat das Modell von Garman/Kohlhagen gefunden. Im wesentlichen haben Garman und Kohlhagen dabei das präferenzfreie Black & Scholes-Modell für Aktienoptionen auf die Besonderheiten der Devisenoptionen übertragen.[45] Als Unterschied zwischen Devisen- und Aktienkursen kann dabei angesehen werden, dass auf Devisen eine Verzinsung gezahlt wird. Die Verzinsung erfolgt nicht wie bei Aktien als punktuelle Dividende, sondern als stetige Rendite, die sich implizit in den Devisenterminkursen ausdrückt. Insofern erinnert das Modell an die Vorgehensweise der Dividendenberücksichtigung im Rahmen der Aktienoptionsbewertung bei Merton.[46] Es ergeben sich für Calls und Puts die folgenden Formeln:

$$C = D \cdot e^{-R_a \cdot t} \cdot N(d_1) - B \cdot e^{-R_i \cdot t} \cdot N(d_2)$$

$$P = D \cdot e^{-R_a \cdot t} \cdot [N(d_1) - 1] - B \cdot e^{-R_i \cdot t} \cdot [N(d_2) - 1] =$$
$$= B \cdot e^{-R_i \cdot t} \cdot N(-d_2) - D \cdot e^{-R_a \cdot t} \cdot N(-d_1)$$

mit: $$d_1 = \frac{\ln \frac{D}{B} + (R_i - R_a + 0{,}5 \cdot \sigma^2) \cdot t}{\sigma \sqrt{t}}$$

$$d_2 = d_1 - \sigma \sqrt{t} \ .$$

Die Symbole bedeuten:

C = Callpreis,
P = Putpreis,
D = Devisenkassakurs,
B = Basispreis der Währung,
R_i = inländischer Zinssatz p.a.,
R_a = ausländischer Zinssatz p.a.,
e = Eulersche Zahl = 2,718281828,
$N(d_i)$ = Flächeninhalt unter der Dichtefunktion der Standardnormalverteilung,

---

[45] Vgl. **Garman/Kohlhagen** (1983), S. 231 ff.
[46] Vgl. **Chance** (1989), S. 481 f.

σ = Erwartete Volatilität des Devisenkassakurses p.a. und
t = Restlaufzeit des Calls in Jahren.

Genau wie die Black & Scholes-Formel gilt die Garman/Kohlhagen Formel für europäische Optionen. Amerikanische Devisenoptionen können deshalb u.U. höhere Werte aufweisen. Hinsichtlich der Prämissen sind die gleichen Einschränkungen zu machen wie beim Black & Scholes-Modell. Insofern kann an dieser Stelle auf eine gesonderte Darstellung verzichtet werden. Besonders problematisch ist die Prämisse eines normalverteilten zukünftigen Devisenkurses, da sich Währungen nicht vollkommen eigendynamisch verhalten. Die Zinsparitäten besitzen z.B. einen maßgeblichen Einfluss auf die Währungsentwicklung. Auch Veränderungen der Kaufkraftparitäten haben Einfluss auf die Devisenkursentwicklung.

Schwierig zu ermitteln ist auch bei Anwendung des Garman/Kohlhagen-Modells die zukünftige Volatilität des Devisenkurses. Wie aus dem Black & Scholes-Modell bekannt ist, kommt der Volatilität i.d.R. die größte Bedeutung als Inputvariable zu. Anhand der partiellen Ableitungen der Optionspreisformeln lassen sich die Sensitivitäten der einzelnen Inputvariablen in Bezug auf den Optionspreis ermitteln.[47]

Die Anwendung der Garman/Kohlhagen-Formel wird anhand eines Beispiels demonstriert. Ein Anleger möchte den theoretischen Wert einer halbjährigen Kaufoption auf den US-Dollar berechnen. Gegeben sind folgende Daten:

D = 1,10 EUR
B = 1,05 EUR
R_{EUR} = 3,0%
R_{USD} = 5,0%
$\sigma_{EUR/USD}$ = 12,5%
t = 0,5.

Aus den Daten werden zunächst die Inputwerte der Standardnormalverteilung errechnet.

$$d_1 = \frac{\ln\frac{1,10}{1,05} + (0,030 - 0,050 - 0,5 \cdot 0,125^2) \cdot 0,5}{0,125\sqrt{0,5}} = 0,3690 \rightarrow N(0,3690) = 0,6440$$

$$d_2 = d_1 - 0,125\sqrt{0,5} = 0,2806 \rightarrow N(0,2806) = 0,6105$$

Anschließend sind die aus der Tabelle der Standardnormalverteilung (Verteilungsfunktion) entnommenen Werte in die Funktion des Optionspreises einzusetzen.

$$C = 1,10 \cdot 2,71828^{-0,050 \cdot 0,5} \cdot 0,6440 - 1,05 \cdot 2,71828^{-0,030 \cdot 0,5} \cdot 0,6105 = 0,06 \text{ EUR}.$$

---

[47] Vgl. **Garman/Kohlhagen** (1983), S. 234.

Die zu bewertende Devisenoption besitzt einen theoretischen Call-Optionswert von 0,06 EUR pro US-Dollar. Für den Put ergibt sich:

$$P = 1{,}10 \cdot 2{,}71828^{-0{,}050 \cdot 0{,}5} \cdot [0{,}6440 - 1] - 1{,}05 \cdot 2{,}71828^{-0{,}030 \cdot 0{,}5} \cdot [0{,}6105 - 1] = 0{,}02 \text{ EUR}.$$

Ein Put mit den gleichen Ausgangsdaten weist also einen theoretischen Wert von 0,02 EUR pro Dollar auf.

5.4 Bewertung von zinsabhängigen Optionen

Lange Zeit wurden zinsabhängige Optionen (d.h. vor allem Optionen auf Anleihen und Zins-Futures, aber auch auf Swaps) lediglich mit dem Standardmodell der Optionspreistheorie, dem Black & Scholes-Ansatz bewertet. Die dabei zugrundeliegenden Modellprämissen lassen sich aber nicht problemlos auf Zinsoptionen übertragen. Im Vordergrund der Kritik steht dabei vor allem die Annahme eines Random-Walks mit zeitunabhängiger, konstanter Volatilität im Black & Scholes-Modell, was bei Anleihen im Allgemeinen nicht beobachtet werden kann. Bevor aber Details in der Modellierung besprochen werden, sollen zuerst einige grundsätzliche Überlegungen zu festverzinslichen Wertpapieren[48] angestellt werden.

Unabhängig von grundsätzlichen Ungenauigkeiten bei der Modellierung zukünftiger Kursverläufe wird der Kurs einer Anleihe nämlich generell durch andere Einflussfaktoren bestimmt als der Kurs einer Aktie:

Bei Aktien sind die zukünftigen Auszahlungen in Form von Dividenden, Gratisaktien, etc. unsicher, so dass bei der fundamentalen Bewertung von Aktien neben den (risikoadäquaten) Diskontierungsfaktoren für die Auszahlungen vor allem eine Analyse und Prognose der Unternehmensgewinne im Vordergrund steht. Dabei spielen sehr viele, zum Teil noch unbekannte Faktoren eine Rolle, so dass beim Aktienkursverlauf die Annahme eines Random-Walk-Prozesses (eventuell mit Drift) ohne explizite Modellierung der Unsicherheitsfaktoren zweckmäßig ist.

Anleihekurse werden dagegen allein durch die aktuelle Zinsstruktur determiniert, nach der die zukünftigen, fixen Auszahlungen abdiskontiert werden.[49] Prinzipiell wird daher der Kurs einer Anleihe oder eines Zinsfutures weniger stark schwanken als der einer Aktie und kann somit genauer modelliert werden, da ja nur noch ein Unsicherheitsfaktor beteiligt ist. Ein weiterer Grund für die entscheidende Bedeutung der Zinsstrukturkurve auf den Kursverlauf von Anleihen liegt in

---

[48] Anleihen mit variabler Verzinsung kommen in Deutschland als Underlying nicht vor.

[49] Die Existenz eines Bonitätsrisikos, d.h. die Möglichkeit, dass Zinsen oder Tilgungen nicht oder verspätet bezahlt werden, dürfte bei den überwiegend als Underlying verwendeten Staatsanleihen - zumindest in den westlichen Industrieländern - nicht bestehen und wird deshalb bei der Modellierung von Anleihekursen nicht berücksichtigt.

der begrenzten Laufzeit von Anleihen. Bei Aktien ist der Einfluss der ersten Diskontierungsfaktoren auf den Gesamtwert relativ gering, da wegen der nicht endenden Laufzeit ein „ewiger" Zahlungsstrom erfolgt. Daher wird bei der Bewertung von Aktien meistens ein einheitlicher, risikoadäquater Zinssatz für alle Laufzeiten als gute Annäherung verwendet. Bei der Modellierung des Kursverlaufs einer Anleihe muss dagegen in viel stärkerem Ausmaß die tatsächliche Zinsstrukturkurve berücksichtigt werden, da die Anleihe ja nur wenige Auszahlungszeitpunkte besitzt.

Bei der Zinsstrukturkurve handelt es sich aber nicht um eine einzelne Variable, sondern um eine ganze (unendlich dimensionale) Funktion.[50] Da sich diese Funktion aber nicht durch einen oder zwei Parameter beschreiben lässt (wie z.B. eine Normalverteilung), muss eine diskrete Annäherung erfolgen: Dazu werden die Zinssätze für bestimmte Laufzeiten ermittelt und für die anderen Laufzeiten linear interpoliert. Als übliche Laufzeiten werden dazu Jahres-, Halbjahres- oder Monatsperioden verwendet. Beim REX erhält man auf diese Weise ein dreidimensionales „Zinsgebirge" (mit der Laufzeit in halbjähriger und der Kuponhöhe in halbprozentiger Unterteilung als unabhängigen Variablen). Somit kann das unendlich dimensionale Problem schon auf wenige Dimensionen reduziert werden, nämlich auf die n-periodigen Zinssätze. Diese Zinssätze können jetzt aber prinzipiell unabhängig voneinander innerhalb einer gewissen Bandbreite schwanken und müssten somit auch einzeln modelliert werden. Damit steht man aber vor einem höherdimensionalen und damit noch immer schwer lösbaren Problem. Insgesamt stellt sich für die Praxis somit die Frage, ob eine einfache Modellierung mit nur einem Zinssatz dem Problem gerecht wird oder ob man mit einer mehrdimensionalen Struktur zwar eine genauere Beschreibung des Sachverhalts erzielt, dafür aber eventuell keine Lösung erhält. Verwendet man im Modell nur einen Zinssatz, muss dieser problemadäquat ausgewählt werden zwischen kurz- und langfristigen Zinssätzen, Spot Rates und Forward Rates, bzw. der Zinsermittlung aus Zerobonds oder Kupon-Anleihen.

Die Möglichkeiten, zusätzliche Informationen in ein Zinsmodell einzubauen, sind damit aber noch nicht erschöpft. Anders als beim Aktienkursverlauf kann die zeitliche Entwicklung von Zinsen innerhalb gewisser Grenzen prognostiziert werden: Während für eine Prognose des kurzfristigen Zinsverlaufs weder in der Theorie noch in der Praxis zuverlässige Modelle existieren, können längerfristig durchaus empirisch gesicherte und verlässliche Aussagen über die Zinsentwicklung gemacht werden:

- Die den Anleihekursen zugrundeliegenden Zinssätze folgen langjährigen Zyklen, die einer globalen wirtschaftlichen Dynamik gehorchen. Damit können langfristige Zinsen (in gewissem Rahmen) aus gesamtwirtschaftlichen Überlegungen abgeleitet werden, die kurzfristige Entwicklung folgt dagegen eher zufällig.
- Zinssätze nähern sich im Laufe der Zeit ihrem langfristigen Durchschnittsniveau an (mean reversion). Bei aktuell hohen Zinsen kann somit eher mit sinkenden Zinssätzen, bei niedrigen Zinsen dagegen mit einem positiven Drift gerechnet werden.
- Aus dem Phänomen der mean reversion folgt zusätzlich, dass die Volatilität der Zinssätze

---

50 Vgl. dazu auch die Ausführungen in Kapitel 3.2.3.

eine inverse Funktion der Zeit ist. So besitzen z.B. 10-jährige Zinssätze eine kleinere Volatilität als 5-jährige und diese wiederum eine geringere als 1-jährige. Dabei spielt es keine Rolle, ob Forward Rates oder Spot Rates betrachtet werden. Bei der Modellierung des Kursverlaufs von Anleihen bewirkt die mean reversion somit eine Störung der linearen Beziehung zwischen Duration und Volatilität einer Anleihe.

5.4.1 Optionen auf Anleihen

Zusätzlich zu den oben skizzierten Problemen mit der Zinsstrukturkurve als eigentlichem Underlying lässt sich der innere Wert von Optionen auf Anleihen auch aus anleihespezifischen Gründen schwieriger ermitteln als der von Optionen auf Aktien.[51] Die auftretenden Schwierigkeiten resultieren dabei paradoxerweise vor allem aus der stärkeren Determinierung des Anleihekurses: Anleihen haben eine jeweils begrenzte und bekannte (Rest-)Laufzeit im Vergleich zur (theoretisch) unendlich langen Laufzeit einer Aktie. Zudem besitzen Anleihen einen festen Rückzahlungskurs am Laufzeitende, während zukünftige Aktienkurse nicht fixiert werden können. Damit wird die zu modellierende Unsicherheit zwar geringer. Während man aber bei der Beschreibung des Aktienkursverlaufs wegen des geringeren Wissens nach dem zentralen Grenzwertsatz von einer eindimensionalen Brownschen Bewegung ausgehen kann, die mathematisch durch einen Wiener Prozess formalisiert wird, muss die Beschreibung von Anleihekursen konkrete Bedingungen erfüllen, die wesentlich komplizierter zu realisieren sind. Als Lohn für die Anstrengungen erhält man dann aber Modelle, die eine erheblich genauere Kursverlaufsprognose erlauben als bei Aktien.

In Abbildung 5.31 sind zwei potentielle Kursverläufe einer Anleihe aufgezeichnet, einmal im Falle eines Zinsanstiegs und einmal bei sinkenden Zinsen. Weiterhin sind die Kursbegrenzungen und die im Betrachtungszeitpunkt bekannten Daten in die Graphik eingetragen.

Für die Theorie der Optionsbewertung ergeben also folgende grundlegenden Unterschiede in der Modellierung des Anleihekursverlaufs:

- Der Anleihekurs folgt keinem Random-Walk, sondern einer Brownschen Brücke[52], da der Anleihekurs am Rücknahmetag aufgrund von Arbitrageüberlegungen immer dem Rückzahlungskurs (+ Zinszahlung bei Kupon-Anleihen) entsprechen muss.
- Eine im Zeitablauf konstante Volatilität kann nur noch im ersten Teil des Kursverlaufs angenommen werden; d.h. wenn die Laufzeit der Option wesentlich kürzer ist als die Restlaufzeit der Anleihe. Ab einem bestimmten Zeitpunkt wirkt sich der determinierte Rücknahmekurs stärker auf die Kursnotierung aus und reduziert damit auch die Volatilität kontinuierlich bis auf 0% am Rücknahmetag.

---

[51] Vgl. **Bühler** (1988a), S. 853 ff.

[52] Eine Brownschen Brücke ist definiert als ein beschränkter Wiener Prozess (Brownsche Bewegung), der am Ende des Modellierungszeitraums einen festen Wert annimmt.

- Um bei Aktien einen fundamental fairen Kurs zu ermitteln, muss ein zukünftiges Gewinnwachstum prognostiziert werden. Je nach Höhe der Gewinnschätzungen kann der Aktienkurs theoretisch unbegrenzt steigen. Anleihen besitzen dagegen eine theoretische Kursobergrenze. Diese wird erreicht, falls der Marktzins in allen Laufzeiten den Wert null annimmt. Dann besteht der Kurswert der Anleihe aus der Summe der noch zu zahlenden Zinsen und des Tilgungsbetrages.

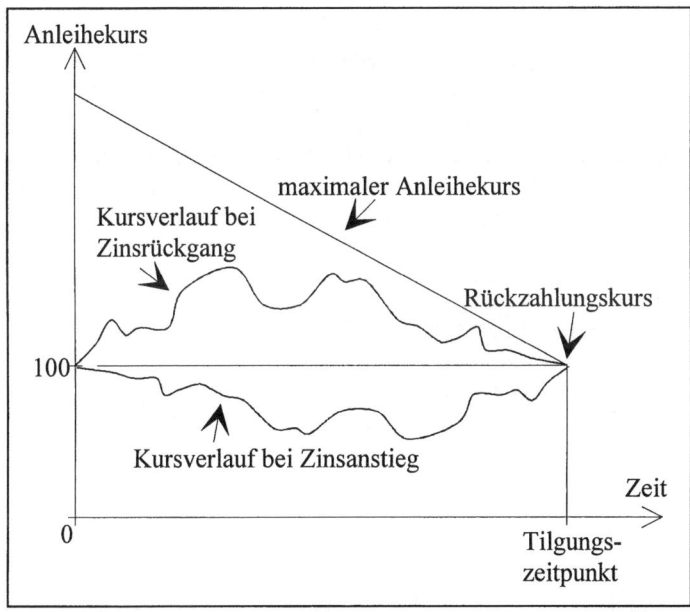

Abbildung 5.31: Potentielle Kursverläufe einer Anleihe [53]

Abbildung 5.32 zeigt die zeitliche Entwicklung der Volatilität einer Aktie und eines Bonds. Während die Standardabweichung bei Aktienkursen kontinuierlich mit dem Faktor $\sqrt{t}$ zunimmt, steigt bei Anleihen die Volatilität zuerst stärker an, um dann unter dem Einfluss des festen Rücknahmekurses bei Fälligkeit kontinuierlich auf den Wert 0 zu sinken.

Über den potentiellen Kursverlauf einer Anleihe ist somit mehr bekannt als über den einer Aktie. Die Schwierigkeiten bei der Umsetzung in ein Zinsoptionsmodell bestehen nun darin, die recht allgemeinen Prämissen zum Kursverlauf von Aktien, Devisen, etc. in den bisherigen Modellen zu einem detaillierteren Anleihemodell zu präzisieren. Dabei ergeben sich folgende praktische Besonderheiten:

- Das gravierendste Problem bei der Bewertung von Anleiheoptionen stellt die Abhängigkeit des Anleihekurses von der **gesamten** Zinsstrukturkurve dar. Natürlich beziehen sich die Optionen nur auf den Kurs einer Anleihe. Dieser wird aber allein durch die zugrundeliegende

---

[53] Quelle: **Bühler** (1991), S. 2.

mehrdimensionale Zinsstrukturkurve bestimmt, die die (normalerweise) unterschiedlichen Zinssätze für die verschiedenen Laufzeiten enthält.
- Anders als bei Optionen auf Aktien kann die Entwicklung des kurzfristigen, risikolosen Zinssatzes nicht unabhängig von der Kursentwicklung des Underlyings modelliert werden, da ja die Zinsstrukturkurve auch den kurzfristigen Zinssatz enthält und so gewissermaßen das Underlying selbst darstellt.
- Auch die Festlegung eines im Zeitablauf konstanten risikolosen Zinssatzes wie bei der Bewertung von Aktienoptionen ist als fragwürdig anzusehen. Denn bei einem konstanten R_f während der Optionslaufzeit und schwankenden Anleihekursen können u.U. negative implizite Terminzinssätze entstehen. Die jeweiligen Renditen können sich also nicht unabhängig voneinander entwickeln.
- Die Zinszahlungen müssen ebenfalls unterschiedlich behandelt werden. Denn anders als z.B. bei Dividendenzahlungen auf Aktien erfolgt bei Anleihen meist eine Stückzinsberechnung, die auf eine Zahlung der Anleihezinsen pro rata temporis hinausläuft.

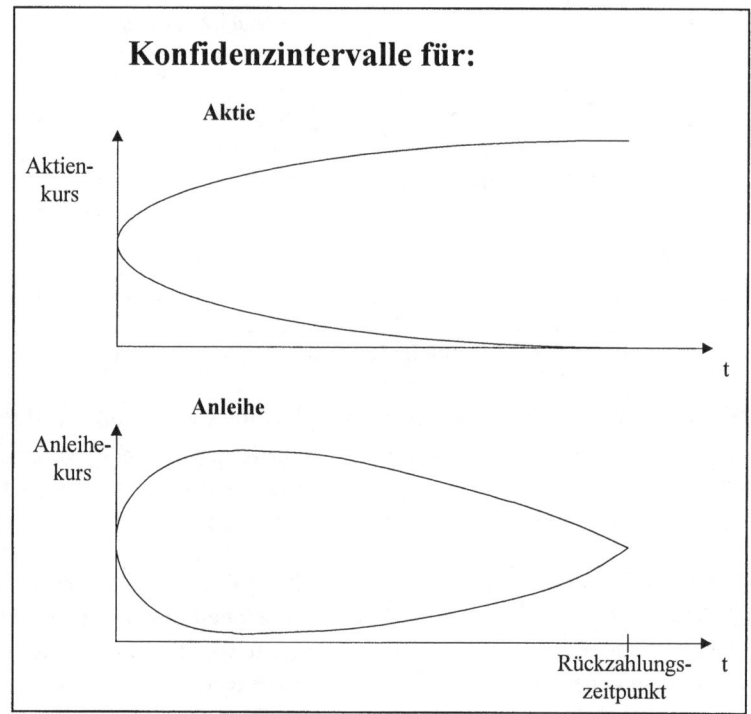

Abbildung 5.32: Volatilität bei Aktien und Anleihen im Zeitablauf [54]

Aus den genannten Unterschieden zwischen Aktien- und Anleihekursverläufen wird deutlich, dass eine unmodifizierte Übertragung der aus der Aktienoptionsbewertung bekannten Modelle

---

[54] Quelle: **RISK/FINEX** (1992), S.112.

auf Anleiheoptionen nur sehr vage Näherungswerte ergibt. Ein allgemein anerkanntes Modell, das eine theoretisch einwandfreie Bewertung von Anleiheoptionen erlaubt und alle angesprochenen Merkmale berücksichtigt, liegt bisher jedoch noch nicht vor.

5.4.1.1 Klassifizierung der Anleiheoptionsmodelle

Deshalb sollen im Weiteren die momentan existierenden Modelle katalogisiert und die wichtigsten kurz vorgestellt werden. Alle Modelle gehören dabei zur Klasse der vollständigen Gleichgewichtsmodelle. Während in der theoretischen Diskussion die Modelle von Ho/Lee (1986), Hull/White (1993) und Heath/Jarrow/Morton (1990) favorisiert werden, hat sich in der Praxis überwiegend das nicht so genaue, aber dafür einfacher zu handhabende Black-Modell durchgesetzt. Einen hervorragenden Überblick über Optionen im Allgemeinen, ihren Einsatz und ihre Bewertung, aber auch einen ausführlichen Vergleich der Prämissen und der Herleitung verschiedener Zinsoptionsmodelle findet man in Hull (1993). Eine eher plakative Einführung in die Welt der Optionen bietet RISK/FINEX (1992), wo in Form kurzer Artikel jeweils bestimmte Problembereiche abgearbeitet werden.

Wie schon bei den Aktienoptionsmodellen können die Ansätze bei der Bewertung von Anleiheoptionen **nach ihrer Vorgehensweise** unterschieden werden: Modelle auf der Grundlage von Black & Scholes (1973) stellen mathematische Beziehungen auf (z.B. stochastische Differentialgleichungen), die in einem zweiten Schritt gelöst werden und zu einer geschlossenen Bewertungsformel führen. Um eine geschlossene Form zu erreichen, muss jedoch meistens von einer einfachen Basisgleichung oder sehr restriktiven Prämissen ausgegangen werden. So gehen z.B. Garman/Kohlhagen (1983) von einem konstanten kurzfristigen Zinssatz, einer konstanten Volatilität im Kursverlauf des Underlyings und starken Vereinfachungen bzgl. der Marktstruktur aus. Auch Ball/Torous (1983) brauchen eine konstante Volatilität und einen perfekten Kapitalmarkt, um eine geschlossene Bewertungsformel abzuleiten. Meistens wird bei dieser Art der Modellierung von einem kontinuierlichen Kursverlauf ausgegangen.

Den weitaus größeren Teil innerhalb der Anleiheoptionsmodelle nehmen die sogenannten numerischen Modelle ein. Hierbei wird ebenfalls im ersten Schritt eine mathematische Beschreibung des Kursverlaufs des Underlyings, sowie der Arbitrage- oder Marktgleichgewichtsbedingungen hergeleitet, um dann zu Aussagen über den Fair Value des Derivats zu kommen. Der große Unterschied besteht allerdings darin, dass diese Modelle entweder in der Grundkonzeption schon diskret entworfen werden oder zur numerischen Auswertung diskretisiert werden. Diese kann dann in Form von Binomial- und Trinomialbäumen[55], endlichen Differenzengleichungen oder Monte-Carlo-Simulationen[56] erfolgen. Damit sind sie meist in ihren Prämissen genauer, verlieren

---

[55] Vgl. **Cox/Ross/Rubinstein** (1979) oder **Black/Derman/Toy** (1990) zur Verwendung von Binomialbäumen und die Herleitung einer Optionsbewertung in **Hull/White** (1993) über Trinomialbäume.

[56] **Boyle** (1977) gibt eine Einführung in die Anwendung von Monte-Carlo-Simulationen bei der

aber bei der numerischen Evaluierung des Optionswertes an Präzision. Zudem muss bei einigen Modellen auch eine sehr lange Rechenzeit in Kauf genommen werde.[57]

Weiterhin lassen sich Anleiheoptionsmodelle nach folgenden Kriterien unterscheiden:

Bewertung eines Optionstyps
- europäischer Call
- europäischer Put
- amerikanischer Call
- amerikanischer Put

Beschreibung des Underlyings
- zinsorientiert
- kursorientiert

Modellierung des Anleihe-Kursverlaufs (als stochastischer Prozess)
- Veränderung der Volatilität im Zeitablauf
- Berücksichtigung eines Drifts bei der Zinsentwicklung
- Berücksichtigung des Mean-reversion-Effektes

Modellierung des Marktgleichgewichts über
- die Zinsstruktur
- die Non-Arbitrage-Bedingung

Berücksichtigung von Auszahlungen der Anleihe
- sofortige Verrechnung der Stückzinsen
- einmaliger Abschlag bei Kupon-Einlösung

Bevor nun in den nächsten Abschnitten konkrete Modelle vorgestellt werden, soll noch kurz darauf hingewiesen werden, dass die Modelle für spezielle Optionstypen und Marktsituationen entwickelt wurden. Daher ist eine Übertragbarkeit nicht immer gewährleistet. Meistens können aber durch kleine Modifikationen, wie sie in Kap. 5.2.3.2. und 5.2.3.3. für das Black & Scholes-Modell beschrieben wurden, auch Puts, Kupon-Anleihen und amerikanische Optionen bewertet werden, sofern dies nicht ausdrücklich für das spezielle Modell verneint wird.

Modellierung von Kursverläufen.

[57] In **Heath/Jarrow/Morton** (1990) wird ein freier Binomialbaum (nonrecombining tree) verwendet, d.h. eine Aufwärts-Bewegung gefolgt von einer Abwärtsbewegung im Baum führt nicht zum gleichen Ergebnis wie eine Abwärts- gefolgt von einer Aufwärtsbewegung. Damit wächst der Rechen- und Speicherbedarf exponentiell in der Anzahl der Knoten, da nach n Schritten 2^n Knoten berechnet werden müssen im Gegensatz zu nur n+1 Knoten bei verbindenden Binomialbäumen (recombining trees).

Bildet ein Zerobond das Underlying eines Zinscalls amerikanischen Typs, so kann der Call sogar vollständig wie eine europäische Option bewertet werden. Da während der Laufzeit keine Auszahlungen erfolgen, wird die Option wegen des immer positiven Zeitwertes nie vorher ausgeübt. Damit entspricht der Wert des amerikanischen Calls immer dem des europäischen Typs.

5.4.1.2 Der Garman/Kohlhagen-Ansatz für Anleiheoptionen

Eine relativ einfache Möglichkeit zur Bewertung von Anleiheoptionen besteht in der Verwendung der Garman/Kohlhagen-Formel. Anstelle der Zinssätze für die inländische und die ausländische Währung werden der während der Optionslaufzeit konstante risikolose Zinssatz und die Rendite der Anleihe in das Modell eingesetzt. Ohne weitere Modifikationen kommt man auf diese Weise zu Näherungswerten für die gesuchten Optionspreise. Der leichten Anwendbarkeit stehen indes schwerwiegende Einschränkungen bezüglich der Modelltauglichkeit entgegen, denn es werden einige der einleitend genannten Probleme nicht gelöst. So handelt es sich bei der Garman/Kohlhagen-Formel um eine Preisformel für europäische Optionen. Da die an den Börsen gehandelten Anleiheoptionen i.d.R. amerikanischen Typs sind, und Anleihen während der Laufzeit Stückzinszahlungen vorsehen, kann eine vorzeitige Ausübung der Option durchaus vorteilhaft sein.

Unbeachtet bleibt zudem die laufzeitabhängige Volatilität des Anleihekurses. Dieser Effekt kann allenfalls bei Anleihen mit einer sehr langen Restlaufzeit vernachlässigt werden, wobei gleichzeitig die Optionsfrist sehr kurz sein sollte.[58] Außerdem besteht bei Verwendung des Garman/Kohlhagen-Modells die Gefahr des Auftretens negativer impliziter Terminzinssätze.

Die Optionspreisbestimmung anhand des Garman/Kohlhagen-Modells erfolgt gemäß den folgenden Formeln:

$$C = A \cdot e^{-R_A \cdot t} \cdot N(d_1) - B \cdot e^{-R_f \cdot t} \cdot N(d_2)$$

$$\text{mit:} \quad d_1 = \frac{\ln \frac{A}{B} + (R_f - R_A + 0{,}5 \cdot \sigma^2) \cdot t}{\sigma \sqrt{t}}$$

$$d_2 = d_1 - \sigma \sqrt{t}$$

mit:
C = Callpreis,
A = Anleihekurs,
B = Basispreis der Anleihe,
R_f = Risikoloser Zinssatz p.a. (entsprechend der Optionslaufzeit),

---

[58] Vgl. **Loistl** (1992), S. 395.

R_A = Anleiherendite p.a.,
e = Eulersche Zahl = 2,718281828,
$N(d_i)$ = Flächeninhalt der kumulierten Dichtefunktion der Standardnormalverteilung,
σ = Erwartete Volatilität des Anleihekurses p.a. und
t = Restlaufzeit des Calls in Jahren.

Wie die Garman/Kohlhagen-Formel angewendet werden kann, zeigt das unten stehende Beispiel. Gegeben sind folgenden Daten:

A = 98,57 EUR
B = 98,50 EUR
R_f = 6%
R_A = 7,5%.
σ = 5%
t = 0,5.

Als erstes werden die Inputwerte der Standardnormalverteilung errechnet.

$$d_1 = \frac{\ln\frac{98,57}{98,5} + (0,06 - 0,075 + 0,5 \cdot 0,05^2) \cdot 0,5}{0,05\sqrt{0,5}} = -0,1744 \rightarrow N(-0,1744) = 0,4308$$

$$d_2 = d_1 + 0,05\sqrt{0,5} = -0,2097 \qquad\qquad \rightarrow N(-0,2097) = 0,4169$$

Anschließend sind die aus der Tabelle der Standardnormalverteilung (Verteilungsfunktion) entnommenen Werte in die Funktion des Optionspreises einzusetzen.

$$C = 98,57 \cdot 2,71828^{-0,075 \cdot 0,5} \cdot 0,4308 - 98,5 \cdot 2,71828^{-0,06 \cdot 0,5} \cdot 0,4169 = 1,0448 \text{ EUR}$$

Die zu bewertende Anleiheoption besitzt einen theoretischen Optionswert nach Garman/Kohlhagen von 1,04 EUR. Angesichts der genannten Einschränkungen des Garman/Kohlhagen-Ansatzes für Anleiheoptionen kann dieser Wert allerdings nur als grober Nährungswert angesehen werden.

5.4.1.3 Modelle mit Binomial- oder Trinomialbäumen

Die bereits in Kapitel 5.2.2. vorgestellten Binomialbäume bilden die Grundlage fast aller anspruchsvollen Modelle, die zinsabhängige Derivate bepreisen, z.B. Calls, Puts, Caps, Floors und Swaptions. Gerade bei der exakten Modellierung der Zinsstrukturkurve gibt es zur Zeit keine Alternative zu diesen Modellen. Die bekanntesten Ansätze stammen dabei von Ho/Lee (1986), Black/Derman/Toy (1990) und Heath/Jarrow/Morton (1990).

Prinzipiell können Zinsbäume mit verschiedenen Zinsarten und zu verschiedenen Zwecken konstruiert werden, wobei sich alle Zinskurven ineinander überführen lassen. Üblicherweise geht man in Deutschland von einer Kupon-Zinsstruktur aus, die z.B. durch den REX börsentäglich aktuell verfügbar ist. Durch das „Bootstrapping"-Verfahren können daraus die Zerobond-Zinssätze errechnet werden. Diese Spot Rates mit Laufzeiten von 1 bis 10 Jahren bilden die Grundlage jeder Zins-Modellierung. Für manche Modelle muss dann aus der Spot Rate-Zinsstruktur noch die dazugehörige Forward-Zinsstruktur abgeleitet werden. Folgende Tabelle vergleicht die drei Zinsstrukturkurven bei vorgegebenen Kupon-Zinsen.

Jahr	Kupon - Zinsstruktur	Zero - Zinsstruktur	Forward - Zinsstruktur
1	3,5 %	3,500 %	3,500 %
2	4,0 %	4,010 %	4,523 %
3	4,5 %	4,531 %	5,581 %

Tabelle 5.14: Beispiel einer Zinsstruktur

Eigentlich müsste - wie bei der Einführung der Binomialbäume zur Aktienoptionsbewertung - eine Wahrscheinlichkeit für einen Zinsanstieg bzw. -abfall angegeben werden. Der Arbitrage-gedanke macht allerdings bei der Berechnung die explizite Kenntnis der Wahrscheinlichkeiten überflüssig. Vergleichbar dem Vorgehen bei Aktien kann ebenfalls ein risikoloses Hedge-Portfolio aus Zinsoptionen und dem Underlying (hier: den Anleihen) gebildet werden.

Ausgehend von den Zinssätzen aus der obigen Tabelle kann nun unter der Annahme einer konstanten Volatilität von 10% für alle Laufzeiten ein charakteristischer Zinsbaum für eine 5,25%ige Anleihe mit 3 Jahren Restlaufzeit erstellt werden. Über den Knoten steht der Wert der Anleihe, rechts davon die 1-jährige Forward Rate im entsprechenden Jahr.

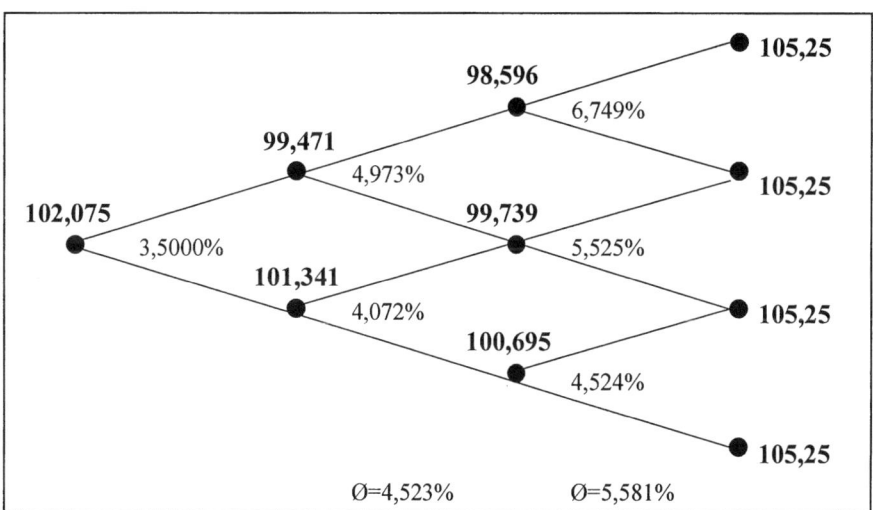

Abbildung 5.33: Binomialbaum für die Zinsstrukturkurve aus Tabelle 5.14

Um die in Abbildung 5.33 dargestellten Werte zu erhalten, empfiehlt sich folgendes Vorgehen:

1. Berechnung der Forward Rates im Jahr 1 aus dem Gleichungssystem:

$r_d \cdot e^{2\sigma} = r_u$
$(r_d + r_u)/2 = FW_1$
=> $r_d = 2 \cdot 4{,}523\ \% \ /\ (1+ e^{0{,}2}) = 4{,}072\ \%$.

2. Berechnung der Forward Rates im Jahr 2 aus dem Gleichungssystem:
   $r_{dd} \cdot e^{2\sigma} = r_{du}$
   $r_{du} \cdot e^{2\sigma} = r_{uu}$
   $(r_{dd} + 2 \cdot r_{du} + r_{uu})/4 = FW_2$
   => $r_{dd} = 4 \cdot FW2\ /\ (1+ 2 \cdot e^{2\sigma} + e^{4\sigma}) = 4{,}524\ \%$.

3. Eintragung der Forward Rates und des Rücknahmebetrags der Anleihe im Jahr 3 in den Binomialbaum.

4. Ermitteln der Anleihekurse von rechts nach links durch Abdiskontieren der Kurse in t+1 mit der einjährigen Forward rate aus t. Dabei muss jeweils der Kupon in Höhe von 5,25 EUR berücksichtigt werden.

Aus dem obigen Zinsbaum kann dann der Wert einer Option abgeleitet werden. Für den Fall eines europäischen Calls auf die obige 5,25%-Anleihe mit Basispreis 94 EUR und zweijähriger Laufzeit ergeben sich durch stückweise Rückwärtsberechnung die Werte in Abbildung 5.34. Da in jedem Jahr der Kupon bedient wird, muss man bei der Bewertung des Calls vom jeweils um die Kuponzahlungen reduzierten Anleihekurs ausgehen. In unserem Fall ist es einfacher, mit einem Basispreis von 99,25 EUR zu rechnen und den obigen Baum zu verwenden.

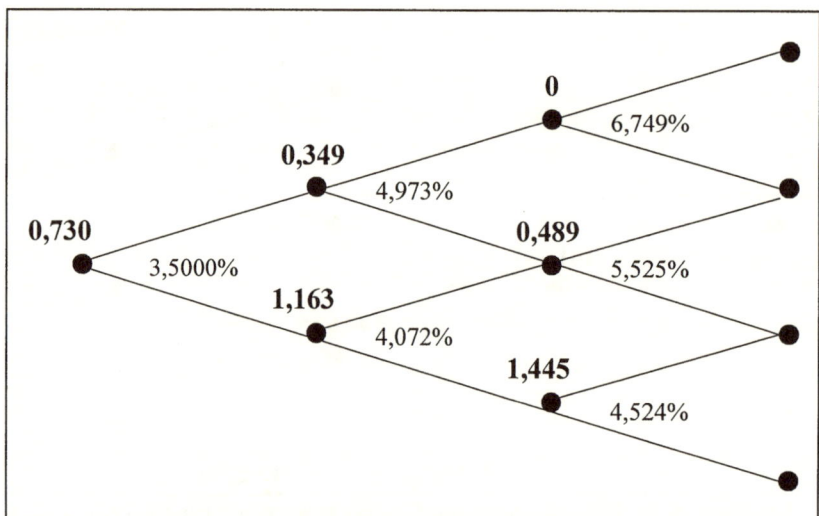

Abbildung 5.34: Binomialbaum für die Call-Bewertung auf einen Zerobond aus Tabelle 5.14

Im Jahr 2 erhält man die Werte 98,596 / 99,739 und 100,695 (93,338 / 94,482 und 95,439). Nur in den beiden unteren Fällen besitzt der Call einen positiven Wert und wird ausgeübt. Somit erhält man im Jahr 2 die möglichen Call-Werte 0,489 und 1,445. Diese werden nun auf das Jahr 1 mit den beiden möglichen Zinssätzen diskontiert.

$$C_{1u} = \frac{0,5 \cdot (C_{2uu} + C_{2du})}{1 + FW_{1u}} = \frac{0,5 \cdot (0 + 0,489)}{1,04973} = 0,233$$

$$C_{1d} = \frac{0,5 \cdot (C_{2du} + C_{2dd})}{1 + FW_{1d}} = \frac{0,5 \cdot (0,489 + 1,445)}{1,04072} = 0,929$$

Entsprechend ergibt sich dann der aktuelle Call-Preis durch Abdiskontierung mit der aktuellen einjährigen Forward rate (=Spot rate) von 3,5% zu 0,561. Der Call wäre heute also 56 Cent wert. Durch die explizite Bestimmung aller möglichen Preise der Option in der Zukunft können mit dieser Methode auch Puts oder amerikanische Optionen bewertet werden. Auch besondere Situationen während der Laufzeit können problemlos modelliert werden.

Problematisch für diese Art der Bewertung ist lediglich der rechentechnische Aufwand, wenn man die Zinsstruktur (z.B. mit Monatszinssätzen) genauer modellieren will oder wenn die Option im Vergleich zur Anleihe eine relativ geringe Laufzeit besitzt. Dann muss nämlich der ganze Bewertungsbaum entwickelt werden, obwohl man nur einige wenige Knoten benötigt.

Das im Beispiel beschriebene Vorgehen geht im Prinzip auf Ho und Lee (1986) zurück. Sie entwickelten als erste ein Modell, das die Zerobond-Kurve in Form eines Binomialbaumes abbildete. Jeder Knoten im Ho/Lee-Modell repräsentiert die abdiskontierten Preise der Anleihe. Der Baum wird dabei als recombining tree konstruiert. Alle Zinssätze besitzen die gleiche Volatilität im Zeitablauf und Veränderungen im Zinssatz sind normalverteilt. Darauf aufbauend, verwenden Hull und White (1993) keine Binomial-, sondern Trinomialbäume[59], um die Zinsstrukturkurve noch genauer zu modellieren. Durch dieses Verfahren können sie die ganze Zero-Kurve, ihre aktuellen Volatilitäten und die Volatilitäten der Forward Rates in ihr Modell einbauen. Veränderungen in den Forward Rates werden als normalverteilt angenommen.

Auch Black, Derman und Toy (1990) modellieren ihren Zinsbaum in ähnlicher Weise. Sie setzen die gesamte Zerobond-Kurve mit den zugehörigen Volatilitäten als gegeben voraus und modellieren Änderungen in den Forward Rates als lognormal verteilt. Bei der Berechnung der Zinskurve der einjährigen Forward Rates geben sie jedoch keine Lösungsgleichungen an, mit denen die richtigen Forward Rates auf den Knoten hergeleitet werden können.

Insgesamt bieten Binomial- und Trinomialbäume vielfältige Möglichkeiten zur individuellen Modellierung von Zinsbäumen und Anleihekursen, so dass fast jede Zinsstruktur damit erfasst

---

[59] Bei einem Trinomialbaum gibt es pro Knoten drei zukünftige Umweltzustände. Prinzipiell sind beliebige Verbindungen möglich. Um aber die Vorteile von recombining trees nutzen zu können, wird meist zusätzlich zur Auf- und Abwärtsbewegung nur noch eine einfache Seitwärtsbewegung eingefügt; d.h. der Umweltzustand in t+1 entspricht dem in t.

werden kann. Bis es gelingt, eine geschlossene Bewertungsformel durch ein überzeugendes Modell herzuleiten, dürften die Baummodelle der viel versprechendste Ansatz zur Bewertung von Zinsoptionen bleiben.

5.4.1.4 Das Ball/Torous-Modell

Abschließend soll ein Modell vorgestellt werden, das zwar in seinen Annahmen leicht inkonsistent ist[60], aber doch einen interessanten Ansatz zur Bewertung von Anleiheoptionen aufzeigt. Ball und Torous (1983) beschreiben das Kursverhalten der zugrundeliegenden Anleihe nicht als Wiener Prozess wie Black & Scholes, sondern als Brownsche Brücke. Gehorcht ein stochastischer Prozess einer Brownschen Brücke, so bewegt sich die Zeitreihe gemäß einer Brownschen Bewegung, erreicht allerdings an einem bestimmten zukünftigen Zeitpunkt einen vorgegebenen Wert. Durch ähnliche Annahmen und Gleichgewichtsbeziehungen im Markt wie bei Black & Scholes kommen Black/Torous zu folgender geschlossener Bewertungsformel für Calls und Puts auf Zerobonds:[61]

$$C = e^{-R_\tau \cdot \tau} \cdot N(d_1) - B \cdot e^{-R_t \cdot t} \cdot N(d_2)$$

$$P = B \cdot e^{-R_t \cdot t} \cdot N(-d_2) - e^{-R_\tau \cdot \tau} \cdot N(-d_1)$$

mit: $\quad d_1 = \dfrac{\ln \dfrac{ZB_\tau}{B} - \ln(ZB_t) + 0{,}5 \cdot \sigma^2 \cdot t}{\sigma \sqrt{t}}$

$$d_2 = d_1 - \sigma \sqrt{t}.$$

mit:
C = Callpreis,
P = Putpreis,
ZB_T = Kurs eines Zerobonds mit Restlaufzeit T,
B = Basispreis eines Zerobonds,
R_T = Risikoloser, T-jähriger Zinssatz p.a.,

---

[60] Die Bewertung von Optionen findet in einer Modellumgebung statt, die zwar notwendig für die Abwesenheit von Arbitrage ist, aber Arbitragemöglichkeiten nicht vollständig ausschließt. Vgl. dazu **Heath/Jarrow/Morton** (1992), S. 89.

[61] In der Originalarbeit leiten die Autoren folgende Beziehung für Calls und Puts auf Zerobonds her:

$C = ZB_\tau \cdot N(d_1) - ZB_t \cdot B \cdot N(d_2)$

$P = -ZB_\tau \cdot N(-d_1) + ZB_t \cdot B \cdot N(-d_2)$.

Über die Beziehung $ZB_T = 1/e^{R_t \cdot T} = e^{-R_T \cdot T}$ ergibt sich dann die obige Formel.

e	=	Euler'sche Zahl = 2,718281828,
$N(d_i)$	=	Flächeninhalt der kumulierten Dichtefunktion der Standardnormalverteilung,
σ_T	=	Erwartete Volatilität des Zerobond-Kurses mit Restlaufzeit T p.a.,
σ^2	=	$\sigma_\tau^2 + \sigma_t^2 - 2\rho\sigma_\tau\sigma_t$;
		die Volatilität des Zerobonds setzt sich zusammen aus den erwarteten Volatilitäten, σ_t und σ_τ und einem unantizipierten Term ρ, der durch den Korrelationskoeffizienten zwischen den stochastischen Teilen der Zerobond-Renditen mit Laufzeit t und τ definiert ist,
t	=	Restlaufzeit des Calls in Jahren und
τ	=	Restlaufzeit des Zerobonds in Jahren.

Das einzige Problem in der obigen Herleitung besteht also darin, die Volatilität σ richtig zu schätzen. Dies gelingt Ball/Torous jedoch durch den Einsatz vergangener Kurse von Zerobonds mit den entsprechenden Laufzeiten.

Insgesamt betrachtet steckt in diesem Modell schon recht viel Mathematik. Auch die Schätzung der Volatilität ist alles andere als trivial.[62] Diesen Preis muss man aber wohl bezahlen, um genauere Bewertungsformeln für Anleihen zu erhalten. Leider deckt auch dieses Modell nicht alle Eigenheiten der Bepreisung von Optionen auf Anleihen ab. Prinzipiell gilt das Ball/Torous-Modell nur für Optionen auf Zerobonds, nicht jedoch auf Kupon-Anleihen. Dies zeigt sich auch besonders in der ursprünglichen Bewertungsformel, in der nur Zerobond-Kurse, aber keine Zinssätze oder Renditen von Anleihen vorkommen. Im Artikel werden auch nur europäische Optionen betrachtet. Bei den zugrundeliegenden Zerobonds würde aber eine vorzeitige Ausübung keinen Sinn machen, da ja während der Laufzeit keine Zinszahlungen anfallen. Das Basiswissen um die langfristige Zinsentwicklung findet ebenso wenig Eingang in das Modell wie die aktuelle Zinsstrukturkurve.

5.4.2 Optionen auf Zinsfutures

An der Eurex Deutschland werden zur Zeit vier verschiedene Optionen auf Zinsfutures gehandelt: Optionen auf Euro Bund Futurekontrakte haben die Entwicklung langfristiger Zinsen im Blick, Euro Bobl und Euro Schatz Futurekontrakte decken das Zinsänderungsrisiko im mittelfristigen und Euribor Futures im kurzfristigen Bereich ab.

---

[62] Bei einer Definition als Brownsche Brücke wird der zugrundeliegende Prozess ja gerade so modelliert, dass die Zeitreihe am Ende mit Wahrscheinlichkeit 1 den Wert 0 annimmt. Somit ergibt sich (aus der Definition als Wiener Prozess), dass die Varianzen in jedem Zeitpunkt zwar gleich groß sind, dass sich die Kovarianzen aber im Zeitablauf ändern. Für zwei Zeitpunkte t_1 und t_2 erhält man bei einer standardisierten Brownschen Brücke mit Startpunkt 0 und Endpunkt 1 eine Kovarianz von $t_1(1-t_2)$ für $0 \leq t_1 \leq t_2 \leq 1$ (vgl. **Ball/Torous** (1983), S. 524 ff.). Damit ist eine Brownsche Brücke kein stationärer Prozess.

Optionen auf Futurekontrakte differieren von solchen auf Anleihen. Als bedeutendste Abweichung ist dabei das Abrechnungssystem bei Zinsoptionen an der Eurex zu sehen, da die gehandelten Optionen nach dem Future-Style-Verfahren abgerechnet werden.[63] Die Optionsprämie ist damit erst bei Verfall bzw. Ausübung vollständig zu bezahlen. Dies führt in der Konsequenz zum täglichen Gewinn- und Verlustausgleich aus der Optionsposition. Weiterhin fällt auch die bei Anleihen beobachtete Laufzeitabhängigkeit des Kurses fort: Da Futures keinen festen Rücknahmepreis besitzen und der Kurs sich immer auf Anleihen mit einer im vornherein festgelegten Restlaufzeit bezieht, erhält man für Futures einen eher aktienähnlichen Kursverlauf.

Es stellt sich deshalb die Frage, wie derartige Future-Optionen am besten zu bewerten sind. Durch den aktienähnlichen Verlauf des Underlyings dominieren hier Ansätze, die das Black & Scholes-Modell als Grundlage für weitere Anpassungen verwenden. Black entwickelte ein Modell, das allgemein auf Futures und Indexe angepasst ist. Bühler schlägt in diesem Zusammenhang eine Modifikation vor, die gute Näherungswerte für die in Deutschland dominierenden Optionen auf den Bund bzw. Bobl Future liefert.[64]

5.4.2.1 Das Black-Modell

Black (1976)[65] entwickelte sein Modell ursprünglich zur Bepreisung von Optionen auf Gütermärkten, die in ihrer Struktur von Aktienmärkten abweichen. Prinzipiell lässt sich seine Modifikation des Black & Scholes-Modells aber auf alle Future-basierten Optionen (DAX-Future, Bund- und Bobl-Future, Waren-Futures) anwenden, wenn die Geschäfte nicht nach dem Future-Style-Verfahren abgerechnet werden.

Bei Verwendung ähnlicher Prämissen wie bei der Aktienoptionsbewertung ergeben sich bei Black folgende theoretischen Call- und Put-Preise[66]:

$$C = e^{-R_f \cdot t} \left(F \cdot N(d_1) - B \cdot N(d_2) \right)$$

$$P = e^{-R_f \cdot t} \left(B \cdot N(-d_2) - F \cdot N(-d_1) \right)$$

---

[63] Vgl. Kapitel 8.

[64] Vgl. **Bühler** (1991), S. 2 ff. und 22 f., korrigiert in DTB-Dialog 1/1992, S.16.

[65] Mit geringen Modifikationen kann das Black-Modell auch auf die Bepreisung von Anleiheoptionen angewandt werden, indem man sogenannte „Forward Bond Prices" ermittelt. Vgl. dazu **Black** (1976), S. 178, oder **Hull** (1993), S. 381.

[66] Die Formel für den Put wurde **Hull** (1989) entnommen.

mit: $\quad d_1 = \dfrac{\ln\dfrac{F}{B} + 0{,}5 \cdot \sigma^2 \cdot t}{\sigma\sqrt{t}}$

$d_2 = d_1 - \sigma\sqrt{t}$

mit:
- C = Callpreis,
- P = Putpreis,
- F = Futurekurs,
- B = Basispreis des Futures,
- R_f = Risikoloser Zinssatz p.a. (entsprechend der Optionslaufzeit),
- $N(d_i)$ = Flächeninhalt unter der Dichtefunktion der Standardnormalverteilung,
- σ = Erwartete Volatilität des Futurekurses p.a. und
- t = Optionslaufzeit.

5.4.2.2 Der modifizierte Black & Scholes-Ansatz für Euro Bund Future-Optionen

In Deutschland werden allerdings alle Optionen auf Zinsfutures im Future-Style-Verfahren abgerechnet. Somit fällt anfangs keine Prämie beim Kauf einer Option an. Bei Verwendung ähnlicher Prämissen wie bei der Aktienoptionsbewertung gelangt Bühler dann zu einer leicht veränderten Formel für den Wert eines Calls auf den Euro Bund Future:

$C = F \cdot N(d_1) - B \cdot N(d_2)$

mit: $\quad d_1 = \dfrac{\ln\dfrac{F}{B} + 0{,}5 \cdot \sigma^2 \cdot t}{\sigma\sqrt{t}}$

$d_2 = d_1 - \sigma\sqrt{t}$

mit:
- C = Callpreis,
- F = Futurekurs,
- B = Basispreis des Futures,
- $N(d_i)$ = Flächeninhalt unter der Dichtefunktion der Standardnormalverteilung,
- σ = Erwartete Volatilität des Futurekurses p.a. und
- t = Optionslaufzeit.

Bei Betrachtung der Formel fällt das Fehlen eines Abzinsungsfaktors in Form des risikolosen Zinssatzes auf. Weil bei den Eurex Future-Optionen zunächst keine Optionsprämie fällig wird, bedarf es keiner Kapitalbindung im Duplikationsportfolio. Deshalb entfällt der Zinssatz in der Formel. Außerdem zeigt Bühler, dass aufgrund des Future-Style-Abrechnungsverfahrens eine vorzeitige Ausübung der Option nicht optimal sein kann.[67] Dies gilt sowohl für Puts als auch für Calls. Deshalb kann die dargestellte Formel problemlos zur Bewertung von Euro Bund Future- und Euro Bobl Future-Optionen herangezogen werden. Aus den Werten für die Calls lassen sich mit Hilfe der Put-Call-Parität die Putwerte errechnen. Somit ergibt sich folgender Ausdruck für einen Put (P):

$$P = C + B - F.$$

Zur Verdeutlichung dient das folgende Beispiel mit den unten angeführten Daten:
F = 92,90 EUR
B = 93,00 EUR
σ = 4%
t = 0,5.

Daraus errechnet man die Inputwerte der Standardnormalverteilung.

$$d_1 = \frac{\ln \frac{92,90}{93,00}}{0,04 \cdot \sqrt{0,5}} = -0,038 \rightarrow N(-0,038) = 0,4848$$

$$d_2 = d_1 - 0,04 \sqrt{0,5} = -0,0663 \rightarrow N(-0,0663) = 0,4736$$

Durch Einsetzen in die Optionspreisformel ergibt sich:

$$C = 92,90 \cdot 0,4848 - 93,00 \cdot 0,4736 = 0,9931$$
$$P = 0,9931 + 93,00 - 92,90 = 1,0931.$$

Somit beträgt der Wert einer Kaufoption bei den gegebenen Daten 0,99 EUR. Der entsprechende Put ist 1,09 EUR wert. In einfacher Weise lassen sich auch die zugehörigen Sensitivitätskennzahlen Delta, Gamma, Theta und Vega bestimmen. Die Inputdatenbestimmung erweist sich nur bei der erwarteten Volatilität als problematisch. Da aber die berechneten Optionspreise sehr sensitiv in Bezug auf Veränderungen der Volatilität (siehe Vega) reagieren, hat eine sehr akkurate Volatilitätsbestimmung zu erfolgen.

Werden die dargestellten modifizierten Black & Scholes-Formeln für die Bestimmung von Nährungswerten bei Future-Optionen an der Eurex verwendet, so sollte man sich der fundamentalen Prämissen bewusst sein, die beiden Modell zugrunde liegen. Es wird z.B. eine Normalverteilung der Futurekurse angenommen. Zudem rechnet die Black & Scholes-Formel mit einer im Zeitablauf konstanten Volatilität. Dies mag beim Bund Future gerechtfertigt sein, da das Underlying (letztlich die zu liefernde Anleihe mit 8,5-10,5 jähriger Laufzeit) eine sehr lange Laufzeit besitzt und die liquiden Optionsrestlaufzeiten sehr kurz sind. Ob für Bobl Futures diese Prämisse auch vertretbar ist, darf eher bezweifelt werden. Vollkommen vernachlässigt werden Zahlungsvorgänge, die aus der täglichen Abrechnung der Optionsposition resultieren. In praxi besitzen diese

---

[67] Vgl. **Bühler** (1991), S. 3 f.

Zahlungen einen Zinseffekt, so dass eine Vernachlässigung nur dann gerechtfertigt werden kann, wenn sich die Futurekurse nicht zu stark in eine Richtung bewegen. Anderenfalls können die Zahlungen einen Umfang annehmen, der optionspreisbestimmende Ausmaße erreicht. Auch Marginverpflichtungen wurden außer acht gelassen.

Insgesamt zeigt sich, dass beide Modifikationen der Black & Scholes-Formel stark vereinfachende Modelle zur Bestimmung des Preises von Future-Optionen darstellen. Wünschenswert wäre ein Modellrahmen, der arbitragefreie Duplikationsportfolios unter vollständiger Berücksichtigung der bestehenden Zinsstrukturkurve generiert.[68] Gleichwohl können die mit Hilfe modifizierter Black & Scholes-Ansätze erhaltenen Werte als gute und praxistaugliche Näherungswerte für die Optionspreisbestimmung bei Future-Optionen an der Eurex angesehen werden.[69]

---

[68] Vgl. **Ho/Lee** (1986), S. 1011 ff.
[69] Vgl. **Bühler** (1991), S. 22 f.

6 Portfolio Insurance

Im Kapitel über die Grundlagen des Wertpapiermanagements ist die Unterscheidung von systematischem und unsystematischem Risiko dargelegt worden. Die Ausschaltung des unsystematischen Risikos mittels Diversifikation war Gegenstand des Kapitels über die Asset Allocation. Zur Beseitigung des systematischen Risikos in Form rückläufiger Gesamtmarktentwicklungen bedient man sich der Portfolio Insurance Konzepte. Dabei wird u.a. auf Erkenntnisse der Optionspreistheorie zurückgegriffen, die im vorangegangenen Kapitel erörtert worden sind.

Ursprünglich begannen Versicherungsgesellschaften 1956 in England damit, Versicherungspolicen gegen ungünstige Kapitalmarktentwicklungen anzubieten.[1] Seit Anfang der achtziger Jahre wird Portfolio Insurance besonders in den USA in stark wachsendem Umfang betrieben. Die Anwendung von Portfolio Insurance Konzepten fand ihren umfangmäßigen Höhepunkt im Jahr 1987, bevor sich im Oktober 1987 der weltweite Börsencrash ereignete. Schätzungen gehen davon aus, dass allein in den USA bis zum Jahr 1987 Portfolios im Wert von ca. 50-100 Milliarden Dollar unter Verwendung von Portfolio Insurance Strategien gemanagt wurden.[2] Seither sind Portfolio Insurance Strategien verstärkt in die Kritik geraten, weil ihnen zumindest eine destabilisierende Wirkung auf den Aktienmarkt, wenn nicht gar Kausalität für den Börsencrash 1987, zugeschrieben wurde.[3] Mit zunehmender zeitlicher Distanz zu den Crash-Ereignissen ist die Kritik an der Portfolio Insurance einer nüchterneren Analyse gewichen. Dabei zeigt sich, dass Portfolio Insurance Konzepte ein interessantes Instrument im Rahmen der Gesamtanlagekonzeption für Portfolios darstellen, da sie einen wirksamen Schutz vor systematischen Kapitalmarktrisiken bieten können. Diesem Aspekt wird im Folgenden durch eine Darstellung der einzelnen Methoden der Portfolio Insurance Rechnung getragen.

6.1 Grundkonzept der Portfolio Insurance

Aus dem Begriff Porfolio Insurance geht zunächst hervor, dass ganze Portfolios anstatt von Einzelwerten im Zentrum der Betrachtung stehen. Zum zweiten impliziert der Terminus Insurance die Versicherung gegen einen als ungünstig angesehenen Fall. Das Ziel dieses Konzeptes besteht in der Partizipation an steigenden Marktbewegungen (upside participation) bei gleichzeitiger Verlustbegrenzung im Fall sinkender Wertpapierkurse (downside protection). Diese Zielsetzung lässt sich sowohl in absoluten Wertgrößen als auch durch Renditegrößen ausdrücken. Zur Errei-

---

[1] Vgl. **Benninga/Blume** (1985), S. 1341.
[2] Vgl. **Ferguson** (1989), S. 43.
[3] Vgl. **Stulz** (1988), S. 15.

chung dieses Vorhabens können mehrere Methoden angewendet werden. Bevor im Einzelnen eine Erörterung derartiger Methoden erfolgt, ist es zweckmäßig, sich das Gewinn- und Verlustprofil eines nicht abgesicherten Portfolio anzusehen. Zu diesem Zweck ist in Abbildung 6.1 das Wertverlaufsdiagramm eines Aktienportfolios in Abhängigkeit von der Marktentwicklung dargestellt.

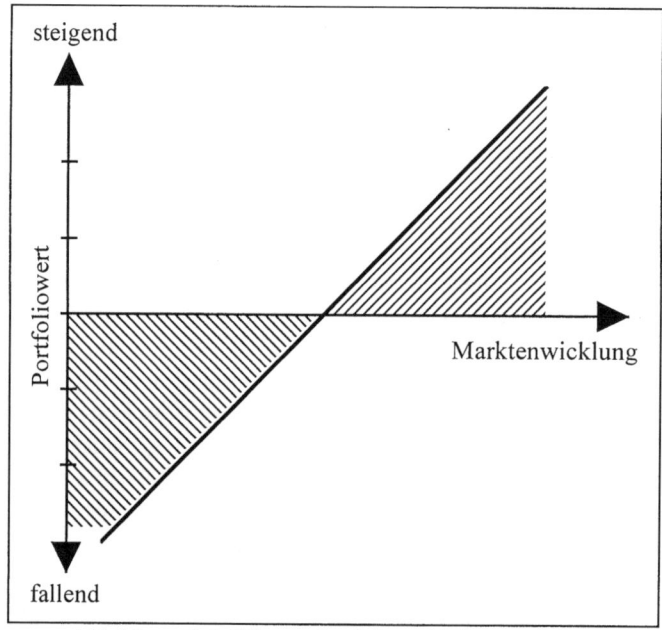

Abbildung 6.1: Wertverlauf eines Aktienportfolios

Wie in Abbildung 6.1 erkennbar ist, führt eine steigende Aktienmarktentwicklung zu einer proportionalen Werterhöhung des Portfolios. Bei sinkendem Aktienmarktverlauf nimmt das Portfolio in voller Höhe an den Aktienmarktverlusten teil. Folglich besteht ein linearer Zusammenhang zwischen der Portfolio- und der Marktentwicklung.

Wie bekannt, lässt sich die Renditeverteilung des Aktienmarktes grob durch eine Normalverteilung approximieren.[4] Normalverteilungen weisen die gleiche Wahrscheinlichkeit für eine Abweichen der Beobachtungswerte vom Mittelwert nach oben und nach unten auf und werden deshalb als symmetrisch bezeichnet. Um bei Vorliegen einer symmetrischen Renditeverteilung eine günstige Performance zu erzielen, sind gute prognostische Fähigkeiten hinsichtlich der zukünftigen Marktentwicklung notwendig. Durch hinreichend gute Zukunftsprognosen kann eine Verlustteilhabe im Fall einer sinkenden Gesamtmarkttendenz durch rechtzeitigen Positionsverkauf bzw. -absicherung umgangen werden. Da derartige Prognosen zumindest auf effizienten Märkten

---

[4] Dies gilt besonders bei Verwendung wöchentlicher und monatlicher Renditen. Vgl. **Zimmermann** (1991), S. 169.

i.d.R. schwer zu treffen sind, bieten sich die Methoden der Portfolio Insurance zur Absicherung gegen unerwünschte Marktentwicklungen an. Denn die Portfolio Insurance basiert auf dem Gedanken einer asymmetrischen Renditeverteilung, wie sie in Abbildung 6.2 dargestellt ist.[5]

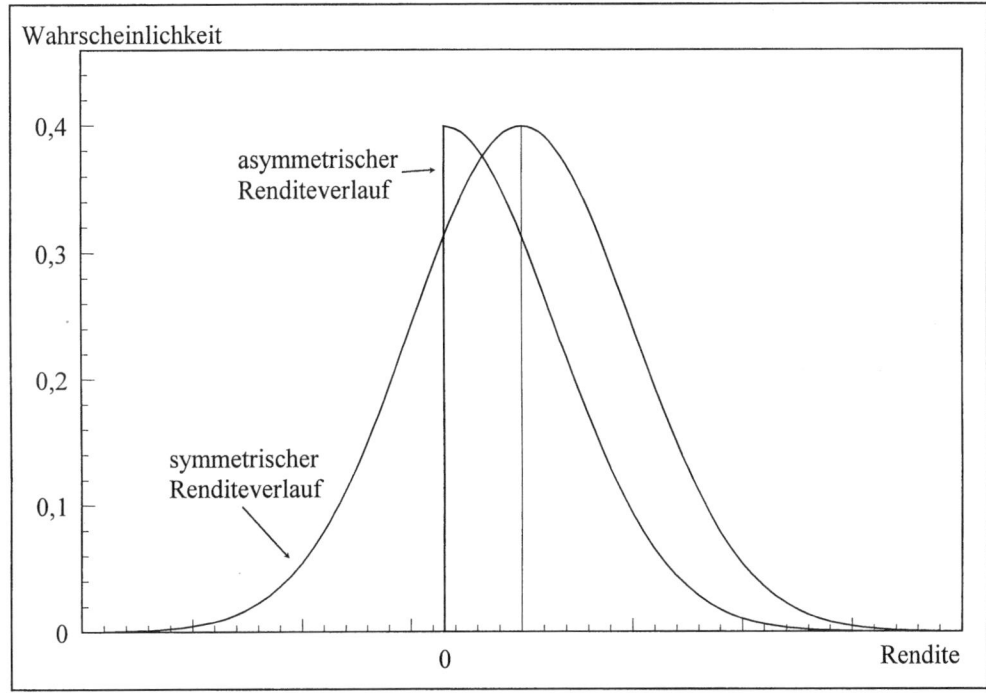

Abbildung 6.2: Symmetrische vs. asymmetrische Renditeverteilung

Wie in der Graphik zu erkennen ist, liegt die Verteilungsuntergrenze im dargestellten Fall der asymmetrischen Renditeverteilung bei Null, während bei der symmetrischen Verteilung eine negative Rendite möglich ist. Andererseits reichen die unter der asymmetrischen Verteilung möglichen positiven Renditen nicht an die maximal möglichen Renditen der Normalverteilung heran. Dies gilt zumindest für Portfolio Insurance Strategien, die auf der Verwendung von Optionen basieren.

Durch die Implementierung der Portfolio Insurance erhält die eingangs gezeigte lineare Wertverlaufskurve des Porfolios einen anderen Verlauf, da bei fallendem Markt keine proportionale Verlustteilnahme erfolgt.

Hinsichtlich der zu betrachtenden Portfolios lassen sich solche mit Zinsrisiken und solche mit Preisrisiken unterscheiden. Bei Portfolios mit Zinsrisiken ist an Anleiheportfolios zu denken, die

---

[5] Vgl. **Clarke/Arnott** (1987), S. 38.

in erster Linie dem Zinsänderungsrisiko ausgesetzt sind.[6] Preisrisiken in Form von Marktpreisänderungen dominieren i.d.R. bei Aktien- und Optionsscheinportfolios.[7] Gemäß der relativ großen Bedeutung von Portfolio Insurance Strategien bei Aktienportfolios bildet die Darstellung dieser Konzepte den Schwerpunkt der folgenden Ausführungen.

6.2 Portfolio Insurance Strategien für Aktienportfolios

Der bedeutendste Anwendungsbereich für Portfolio Insurance Techniken liegt bei Aktienportfolios, denn die Gefahr unerwünschter Marktentwicklungen ist bei Aktien besonders ausgeprägt. Um ein Aktienportfolio gegen negative Marktentwicklungen abzusichern, können verschiedene Methoden gewählt werden. Im Folgenden werden - wie in Abbildung 6.3 ersichtlich - fünf alternative Absicherungsstrategien vorgestellt. Dabei wird zwischen statischen und dynamischen Strategien unterschieden. Statische Strategien behalten die im Ausgangszeitpunkt gewählten Portfolioaufteilungen bei, bzw. verändern die Portfoliozusammensetzung nur einmal während des Planungszeitraums. Zu Umschichtungen während des Planungszeitraums kommt es deshalb i.d.R. nicht.[8] Charakteristisch für dynamische Strategien sind hingegen die fortdauernden Portfoliostrukturanpassungen im Zeitablauf, sofern Marktänderungen diese induzieren.

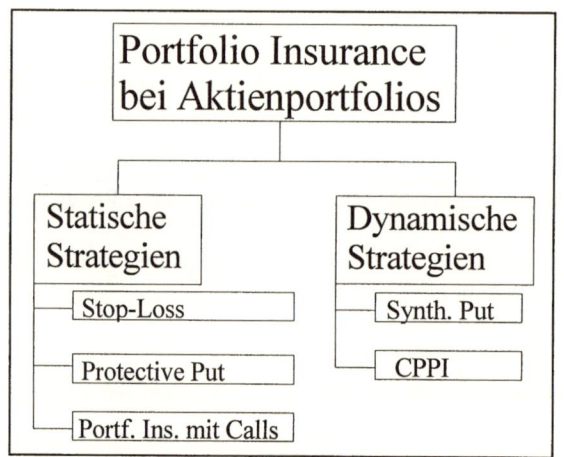

Abbildung 6.3: Klassifizierung von Portfolio Insurance Strategien für Aktienportfolios

---

[6] Vgl. **Bühler** (1993), S. 73.

[7] Die Implementierung einer Portfolio Insurance Strategie für Optionsscheinportfolios zeigt **Zwirner** (1992), S. B5 f.

[8] Lediglich bei Optionspositionen, deren Laufzeit kürzer als der Planungshorizont ist, erfolgt eine Laufzeitanpassung durch ein "roll over" in einen adäquaten Verfalltermin.

6.2.1 Statische Strategien

6.2.1.1 Stop-Loss Strategie

Die einfachste, und wohl auch am meisten verbreitetste Portfolio Insurance Strategie, besteht in der Anwendung von Stop-Loss Regeln. Im Ausgangszeitpunkt der Planung wird das anzulegende Vermögen vollständig in Aktien investiert. Erreichen die Aktienkurse (K) eine vorher festgelegte Preisuntergrenze, so werden die entsprechenden Aktienpositionen verkauft. Der Verkaufserlös wird in eine risikolose Anlage investiert. Damit gelingt es, einen Mindestportfoliowert zum Ende des Planungshorizonts, der auch als Floor (F) bezeichnet wird, zu erhalten. Um einen Portfoliomindestwert in Höhe des Floor am Ende des Planungshorizonts zu besitzen, muss die Regel gelten: Die risikobehaftete Position (Aktien) muss verkauft werden, sobald $K_t = F(1+R_f)^{-t}$ gilt. Fällt der Kurs eines Indexportfolios im Zeitpunkt t auf den Barwert des Floor in diesem Zeitpunkt, so ist das Portfolio zu veräußern und der Erlös risikolos anzulegen. Das folgende Beispiel verdeutlicht diese Vorgehensweise.

Ein Anleger kauft am 01. Januar 200X ein DAX-Portfolio im Wert von 100.000,-- EUR. Am Ende des Jahres soll das Portfolio auf keinen Fall weniger als 90.000,-- EUR wert sein. Der konstante risikolose Zins während der Laufzeit betrage 7%. Transaktionkosten werden vernachlässigt. Es sei angenommen, der Barwert des Floor und das Kursniveau des DAX entsprechen sich am 31.03.200X genau. Der Wert des DAX-Portfolios muss zu diesem Zeitpunkt genau 85.546,98 EUR betragen. Deshalb wird das DAX-Portfolio an diesem Tag verkauft und der Betrag zu sieben Prozent Zins bis zum Jahresende angelegt. Am 31.12.200X erhält man dann

$$85.546{,}98 \cdot 1{,}07^{0{,}75} = 90.000{,}- \text{ EUR}.\,^9$$

Werden anstatt eines indexähnlichen Portfolios einzelne Aktien gehalten, so muss für jede Aktie separat ein Stop-Loss-Kurs festgelegt werden, der den Gesamtportfolioerfordernissen entspricht.

Die statische Stop-Loss Strategie ist zur Realisierung der Ziele von Portfolio Insurance Konzeptionen geeignet. Benninga konnte in einem empirischen Test mittels einer Stopp-Loss Strategie gute Ergebnisse im Vergleich zu anderen Portfolio Insurance Strategien nachweisen.[10] Probleme können bei größeren Kurssprüngen auftreten, wie sie bei Börsen-Crashs typisch sind, da dann ein nicht zielkonformes Unterschreiten des festgelegten Floors folgen. Der neuralgische Punkt der dargestellten Stop-Loss Strategie liegt in ihrem statischen Charakter, der die Gefahr einer sogenannten Pfadabhängigkeit birgt. Von Pfadabhängigkeit wird gesprochen, wenn die Wertentwicklung des Portfolios von der Preisentwicklung des zugrunde liegenden Instruments wäh-

---

[9] Ein ausführliches Beispiel für die Anwendung der Stop-Loss Strategie bei quartalsmäßiger Strategieüberprüfung findet sich bei **Rubinstein** (1985), S. 44 f.

[10] Vgl. **Benninga** (1990), S. 23 f.

rend des Betrachtungszeitraums abhängt. Weist der Aktienmarkt nach dem Erreichen der Stop-Loss Marke eine Aufwärtsentwicklung auf, so nimmt das Portfolio nicht daran teil. Aufgrund dieses Mangels schlagen Bird et al. eine modifizierte Stop-Loss Strategie vor, die dynamischen Charakter besitzt und eine Teilhabe an Kursgewinnen nach dem Unterschreiten von Stop-Loss Marken ermöglicht.[11]

6.2.1.2 Protective Put

Als Basismöglickkeit der Implementierung einer Portfolio Insurance Strategie ist die Verwendung von Puts zur Portfolioabsicherung gegen mögliche Kursverluste anzusehen. Diese als Protective Put bezeichnete Strategie führt zu einem bereits im Anlagezeitpunkt bekannten Portfolio-Mindestwert. Dieser besteht in Höhe des Basispreises abzüglich des Optionspreises und der mit dem Put-Kauf verbundenen Transaktionskosten. Im Fall eines am Verfalltag unter dem Basispreis liegenden Portfoliowerts wird der Put-Kontrakt ausgeübt. Die Implikationen einer solchen Strategie sind graphisch in Abbildung 6.4 dargestellt. Dabei gibt eine von links unten nach rechts oben gezogene Schraffierung jeweils einen Gewinnbereich an. Bei einer von rechts unten nach links oben gezogenen Schraffierung liegt ein Verlustbereich vor.

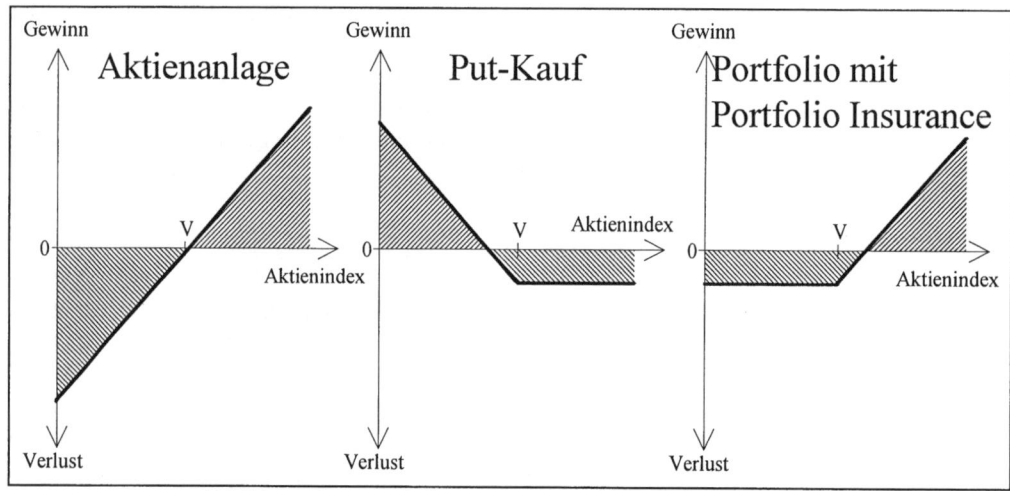

Abbildung 6.4: Portfolio Insurance mit einem Protective Put

Durch die Kombination von Portfolio und Put ergibt sich das Gewinn- und Verlustdiagramm ganz rechts. Der mit V bezeichnete Punkt entspricht dem Einstiegskurs der Aktienanlage und dem Basispreis des Puts. Bei negativer Marktentwicklung ist der Verlust dieser Kombinationsstrategie auf die Höhe der gezahlten Put-Prämie und Transaktionskosten begrenzt. Das Portfolio ist somit keinem darüber hinausgehenden downside risk ausgesetzt. Bei steigendem Aktienmarkt

---

[11] Vgl. **Bird et al.** (1988), S. 35.

nimmt das abgesicherte Portfolio an der Aufwärtsentwicklung teil. Die Performance des abgesicherten Portfolios liegt jedoch um den Betrag der Optionsprämie und der Transaktionskosten unterhalb der Performance des nicht abgesicherten Portfolios.

Grundsätzlich bestehen zwei Alternativen bezüglich der Portfolio Insurance mit Puts. Zum einen können Index-Puts erworben werden, die von der Gesamtmarktentwicklung (Index) abhängen. Ein solcher Fall ist in der obigen Graphik dargestellt. Diese Absicherungsvariante ist nur sinnvoll, wenn das gehaltene Portfolio in seiner Zusammensetzung und Gewichtung ungefähr dem Index entspricht, auf den sich der Put bezieht. Liegt keine entsprechende Übereinstimmung von Index und Portfolio vor, dann kann ein Tracking Error entstehen.

Zum anderen kann der Kauf von Puts für jede einzelne im Portfolio gehaltene Aktie betrachtet werden. Diese Strategie kann u.U. zu erheblichen Unterschieden in der Portfolioperformance im Vergleich zur Strategie mit Index-Puts führen.[12] Denn ein Portfolio aus Optionen weist nicht den Eigenschaften eines Aktienportfolios auf. Voraussetzung für den Einsatz dieses Konzeptes ist das Vorhandensein von Optionen auf die im Portfolio gehaltenen Aktien. Zudem erfordert der Kauf einzelner Aktienputs mehr Zeitaufwand und höhere Transaktionskosten. Da Indizes aufgrund ihres Diversifikationsgrades weniger schwanken als Aktien, sind Indexoptionen i.d.R. kostengünstiger als Optionen auf einzelne Aktien.

Beiden Strategien gemeinsam ist das Laufzeitproblem. Der Planungshorizont für das zu managende Portfolio ist i.d.R. länger als die Laufzeit von Index- bzw. Aktienoptionen. Um das Portfolio dauerhaft gegen unerwünschte Marktentwicklungen abzusichern, müssen nach dem Auslaufen der alten Optionen neue Kontrakte erworben werden. Dieser Vorgang wird als "Rolling Hedge" bezeichnet, da die entsprechenden Optionen bei Verfall in die nächste Optionsposition hinübergerollt (roll over) werden.

Anhand eines Beispiels wird im Folgenden die Implementierung einer Portfolio Insurance Strategie mit Protective Puts veranschaulicht.[13] Dabei wird von einem Porfolio im Wert von 100.000,-- EUR am 01.01.200x ausgegangen, das in seiner Zusammensetzung und Gewichtung dem DAX entspricht. Das Porfolio-Beta besitzt folglich den Wert Eins. Der Planungszeitraum beträgt sechs Monate. Es werden zwei verschiedene Kursentwicklungen des DAX unterstellt, wobei der DAX-Stand zu Beginn mit 5.000 Punkten angenommen wird. Von Transaktionskosten wird abstrahiert. Im Fall des Planungshorizonts von sechs Monaten wird ein sechsmonatiger DAX-Put mit Basispreis 5.000 gekauft. Im Fall eines Planungshorizonts länger als 2 Jahre müsste ein Rolling Hedge durchgeführt werden.

Die Anzahl der zu kaufenden Puts ergibt sich allgemein zu:

---

[12] Vgl. **Zurack** (1989), S. 108 ff.
[13] Vgl. dazu auch das Beispiel bei **Beilner** (1989), S. 418.

$$\frac{\text{Portfoliowert}}{\text{Indexstand}} \cdot \text{Portfoliobeta}$$

Daraus folgt für die Beispieldaten: $\frac{100.000}{5000} \cdot 1 = 20$

Es müssten demgemäß 20 Put-Optionen gekauft werden. Da sich jeder Kontrakt an der Eurex auf das 5-fache des DAX bezieht, ist der Kauf von 4 Put-Kontrakten erforderlich. Es sei angenommen, dass der Putpreis 250,-- EUR beträgt (Kontraktpreis also 1.250,-- EUR). Folgendes Tableau gibt die anfallenden Zahlungsströme wieder:

	1. Jan. 200x	1. Juli 200x
DAX	5.000	5.500
Ausgangsbetrag	100.000,00 EUR	
Kauf von 20 Puts zu je 250,00 EUR	-5.000,00 EUR	
Portfolioanlage	95.000,00 EUR	104.500,00 EUR
Endergebnis		104.500,00 EUR

Tabelle 6.1: Protective Put bei sechsmonatigem Planungshorizont und steigendem DAX

Aus den Daten errechnet sich eine Gesamtrendite von 4,50% auf den Ausgangsbetrag von 100.000,- EUR. Ohne Portfolio Insurance hätte die Rendite 10,00% betragen. Bei fallendem DAX ergeben sich folgende Werte:

	1. Jan. 200x	1. Juli 200x
DAX	5.000	4.500
Ausgangsbetrag	100.000,00 EUR	
Kauf von 20 Puts zu je 250,00 EUR	-5.000,00 EUR	
Putausübung		10.000,00 EUR[14]
Portfolioanlage	95.000,00 EUR	85.500,00 EUR
Endergebnis		95.500,00 EUR

Tabelle 6.2: Protective Put bei sechsmonatigem Planungshorizont und fallendem DAX

Die Rendite des abgesicherten Portfolios beträgt in diesem Fall minus 4,50%. Bei Verzicht auf Portfolio Insurance hätte die Rendite minus 10,00% betragen. Neue Entwicklungen hin zu Optionen mit längeren Laufzeiten machen es möglich, Portfolio-Insurance Strategien mit Laufzeiten länger als 6 Monaten ohne Rolling Hedge durchzuführen. So sind an der Eurex DAX-Optionen mit einer Laufzeit bis 24 Monaten handelbar. Portfolio Insurance Strategien, die über diesen Zeitraum hinausgehen, machen ein Rolling Hedge erforderlich.

---

[14] $4 \cdot (5000 - 4500) \cdot 5 = 10.000,-- $ EUR.

	6-Monate	
DAX-Entwicklung:	DAX +	DAX -
Mit Portfolio Insurance:	10,00%	-4,50%
Ohne Portfolio Insurance:	4,50%	-10,00%

Tabelle 6.3: Portfoliorendite mit und ohne Protective Puts

Insgesamt ist dem Ergebnistableau zu entnehmen, dass durch eine Portfolio Insurance Strategie mit Protective Puts eine wirksame downside protection bei gleichzeitiger upside participation gewährleistet ist.

Ein Vorteil einer Portfolio Insurance Strategie mit Protective Puts liegt in der im Planungszeitpunkt gegebenen Bekanntheit der Transaktionskosten. Damit ist auch der Portfoliomindestwert im Planungszeitpunkt genau bekannt. Dies gilt allerdings nur, wenn kein Rolling Hedge durchgeführt werden muss. Denn in diesem Fall hängen die Transaktionskosten, und somit das Absicherungsergebnis, von der Entwicklung des Aktienmarktes ab. Ansonsten bedarf die Strategie keiner Revision während der Laufzeit.[15]

Hinsichtlich des Absicherungsumfanges können verschiedene Abstufungen je nach Risikotoleranz des Anlegers vorgenommen werden. Im einfachsten Fall des Protective Put ist ein Full Coverage vorgesehen, d.h. der gesamte Portfoliowert wird durch einen Put-Kauf abgesichert. Zudem kann durch die Wahl des Basispreises im Fall der Absicherung mit Index-Puts eine den individuellen Vorstellungen gemäße Portfoliowertuntergrenze festgelegt werden.

Dennoch ist die Protective Put Strategie nicht problemlos. Die an Optionsmärkten gehandelten Optionen eignen sich oft nicht uneingeschränkt zur Verwendung im Rahmen einer Portfolio Insurance Strategie. Mehrere Gründe sprechen gegen ihre Verwendung:[16] Zunächst entsprechen die Optionslaufzeiten häufig nicht dem Planungshorizont einer Portfolio Insurance Strategie. Zum zweiten handelt es sich bei gehandelten Optionen i. d. R. um amerikanische Optionen, die i.A. teurer sind als die benötigten europäischen Optionen. Drittens bestehen an manchen Optionsbörsen Positionslimite, so dass keine volumenkongruente Absicherung gewährleistet ist.[17] Schließlich führt die Kontraktstandardisierung zu Basispreisen, die oft nicht den gewünschten Werten entsprechen.

6.2.1.3 Portfolio Insurance mit Calls

Auch unter Verwendung von Kaufoptionen lässt sich Portfolio Insurance betreiben. Dazu werden Long Calls mit Festzinsanlagen kombiniert. Im Ergebnis lässt sich daraus das gleiche Gewinn-

---

[15] Vgl. **Leland** (1988), S. 81.
[16] Vgl. **O'Brien** (1988), S. 40 f.
[17] Vgl. **Gastineau** (1988), S. 308.

/Verlustdiagramm konstruieren, wie beim Protective Put.[18] Werden als Festzinsanlage z.B. Zerobonds mit einer dem Planungszeitraum entsprechenden Restlaufzeit gewählt, so bildet der Tilgungsbetrag der Zerobonds am Ende des Planungszeitraums den Portfoliomindestwert. Die Möglichkeit, an zwischenzeitlich gestiegenen Aktienkursen zu partizipieren, wird gleichzeitig durch den Erwerb von Calls gewährleistet. Dabei können sowohl Aktienindex-Calls als auch Calls auf einzelne Aktien erworben werden. Sollte der Planungshorizont des Portfolios länger sein als die maximale Laufzeit der Calls, so muss ein Rolling Hedge durchgeführt werden. Die Vorgehensweise entspricht derjenigen beim Protective Put. In Abbildung 6.5 sind die zugehörigen Wertverlaufslinien der einzelnen Transaktionen dargestellt.

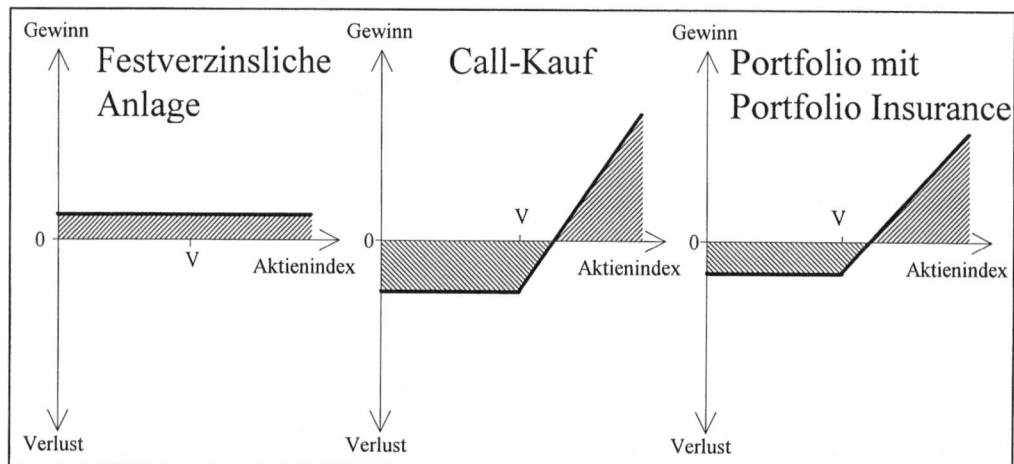

Abbildung 6.5: Portfolio Insurance mit Calls und einer Festzinsanlage

Bei einem Ausgangsbetrag von 500.000,-- EUR, einem Zinssatz von 8% und einem Planungshorizont von neun Monaten, müssen unter Vernachlässigung von Transaktionskosten genau 471.956,73 EUR in einen Zerobond investiert werden, um einen Portfolioendwert von 500.000,-- EUR in neun Monaten zu gewährleisten. Der Restbetrag von 28.043,27 EUR wird in Index-Calls mit neunmonatiger Restlaufzeit angelegt. Im ungünstigsten Fall verfallen die Calls in neun Monaten, wenn der Aktienindex nicht oberhalb des Basispreises liegt. Es verbleibt somit der Portfoliowert von 500.000,-- EUR. Im günstigeren Fall übersteigt der Aktienindex im Verfallzeitpunkt den Basispreis, so dass die Calls ausgeübt werden und den Portfolioendwert über 500.000,-- EUR anheben. Um c.p. einen größeren Gewinn als bei einer reinen Festzinsanlage von 500.000,-- EUR zu erzielen, muss der Gewinn aus der Optionsposition mindestens 29.709,57 EUR[19] erreichen.

Die dargestellte Strategie ist auch unter der Bezeichnung 90/10-Strategie bekannt.[20] Damit ist

---

[18] Vgl. **O'Brien** (1988), S. 42 und **Leland** (1980), S. 583 f.

[19] $28.043{,}27 \cdot 1{,}08^{0{,}75}$

[20] Vgl. **Zurack** (1989), S. 112.

die Portfolioaufteilung zu 90% auf die risikolose Anlage (Festzinsanlage) und zu 10% auf die risikobehaftete Anlage (Calls) gemeint.[21] Das Aufteilungsverhältnis von 90 zu 10 Prozent muss nicht genau eingehalten werden, sondern kann gemäß den individuellen Vorstellungen des Investors festgelegt werden. Der im Ausgangszeitpunkt in die Festzinsanlage (FA) zu investierende Betrag ergibt sich aus dem Barwert des Floors ($FA_t = F(1+R_f)^{-t}$).

Die mit den Kontraktspezifikationen zusammenhängenden Probleme, die bereits beim Protective Put dargestellt wurden, treffen in gleicher Weise auch für die Portfolio Insurance Strategie mit Calls zu.

6.2.2 Dynamische Strategien

6.2.2.1 Synthetischer Put

Um eine auf Optionen basierende Portfolio Insurance Strategie implementieren zu können, die nicht die mit gehandelten Optionen auftretenden Probleme aufweist, wird ein synthetischer Put konstruiert, der die gewünschten Kontraktspezifikationen aufweist. Dazu bedient man sich der Grundprinzipien der theoretischen Optionsbewertung. Aus der Optionspreistheorie ist bekannt, dass sich europäische Puts durch eine verkaufte Aktienposition, kombiniert mit einer risikolosen Zinsanlage, duplizieren lassen.[22] Zur Generierung des synthetischen Puts wird deshalb ermittelt, wie viele Aktien verkauft werden müssen, und welcher Betrag in die risikolose Anlage investiert werden muss. Um dies bestimmen zu können, müssen die geforderten Eigenschaften des zu replizierenden Puts bekannt sein. Der betragsmäßige Umfang, in dem Aktien verkauft und risikolose Zinsanlagen getätigt werden müssen, hängt gemäß dem Black & Scholes-Modell von fünf Parametern ab: Dem aktuellen Aktienkurs (K_t), dem Basispreis, der Volatilität, der Laufzeit und dem risikolosen Zinssatz. Aus diesen Daten lässt sich der Deltawert des Puts errechnen. Das Put-Delta $N(d_1)$ gibt die Anzahl der Aktien pro Verkaufsoption im Hedgeportfolio an. Einzig der Basispreis (B) bedarf einer vorherigen iterativen mathematischen Bestimmung, da er von dem Wert des Puts (P_0) selbst abhängt. Denn die Höhe des Basispreises muss so gewählt werden, dass im Fall einer Putausübung im Verfallzeitpunkt der gewünschte Floor (F) erhalten bleibt. Alle anderen Inputvariablen der Black & Scholes-Formel werden als gegeben vorausgesetzt. Der zu verwendende Basispreis (B) lautet allgemein:

$$B = \frac{F}{V_0} \cdot (K_0 + P_0(B)).$$

Mit V_0 ist der Portfolioanfangswert bezeichnet. Der Quotient F/V_0 kann als prozentualer Floor

---

[21] Vgl. **Tilley/Latainer** (1985), S. 33 f.
[22] Vgl. **Rubinstein/Leland** (1981), S. 63 ff.

angesehen werden. Da der synthetische Put finanziert werden muss, liegt der Basispreis oberhalb des Floor. Sodann können die zur Delta-Bestimmung notwendigen d_i-Werte berechnet werden. Allgemein lässt sich der Aktienanteil am synthetischen Put zu

$$w_{ASP} = -N(d_1) \cdot K_t$$

mit: $d_1 = -\dfrac{\ln\dfrac{B}{K} - (R_f + 0{,}5 \cdot \sigma^2) \cdot t}{\sigma \cdot \sqrt{t}}$ bestimmen.[23]

Der Anteil der risikolosen Anlage (w_B) am synthetischen Put, und somit auch am Gesamtportfolio, ergibt sich zu:

$$w_B = P_t + N(d_1) \cdot K_t.$$

Dabei stellt P_t den nach Black/Scholes ermittelten Putpreis im Zeitpunkt t dar.

Um nun die Wertverlaufslinie eines mittels Protective Puts abgesicherten Aktienportfolios zu erzeugen, bedarf es einer Addition des synthetischen Puts zu der bestehenden Aktienposition. Deshalb muss noch der Anteil der Aktienposition am Gesamtportfolio bestimmt werden. Dieser ergibt sich zu:

$$w_A = [1 - N(d_1)] \cdot K_t.$$

Im Ergebnis erhält man ein Portfolio, das aus Aktien und einer risikolosen Anlage besteht. In Abhängigkeit vom Aktienmarktverlauf muss die Allokation von Aktien und Festzinsposition ständig den Marktveränderungen, gemessen an der Deltawertänderung, angepasst werden. Wegen des obigen Zusammenhangs handelt es sich bei der Konstruktion eines synthetischen Puts um eine dynamische Strategie.

Anhand eines numerisches Beispiel soll die Errechnung der notwendigen Daten verdeutlicht werden. Dabei wird unterstellt, dass der Portfoliomindestwert in neun Monaten 90% des Anfangswerts betragen soll. Bei einem neunmonatigen Planungshorizont, einer Aktienvolatilität von 20%, einem aktuellen Aktienkursniveau von 100,-- EUR und einer (stetigen) risikolosen Verzinsung von 6,77% lässt sich daraus iterativ der zugehörige Basispreis von 91,785 EUR berechnen. Wird dieser in die Black/Scholes-Formel eingesetzt, so nimmt $N(d_1)$ den Wert 0,1909 an. Der zugehörige Putpreis gemäß Black/Scholes beträgt 1,982 EUR. Daran anschließend lassen sich die Portfolioanteile der Aktien (w_A) und der risikolosen Anleihen (w_B) im Ausgangsportfolio bestimmen:

$$w_A = [1 - 0{,}1909] \cdot 100 = 80{,}91\%$$
$$w_B = 1{,}98 + 0{,}1909 \cdot 100 = 21{,}07\%.$$

---

[23] Vgl. **Benninga/Blume** (1985), S. 1342.

Da das Ergebnis in der Summe größer als 100% ist, ist schließlich noch zu berücksichtigen, dass der synthetische Put aus dem ursprünglichen Portfoliobetrag V_0 finanziert werden muss. Deshalb steht V_0 nicht vollständig zur Aktienanlage bereit. Jener Teil von V_0, der angelegt werden kann, ergibt sich als Exposure (E).

$$E = \frac{K_0}{K_0 + P_0(B)}.$$

Die Multiplikation der errechneten Anteile mit dem Exposure erbringt dann die richtige Lösung.

$$E = \frac{100}{100 + 1,982} \cdot 80,91 = 79,33\% \text{ ist der Anteil der Aktienposition.}$$

$$E = \frac{100}{100 + 1,982} \cdot 21,07 = 20,66\% \text{ ist der Anteil der risikolosen Anlage.}$$

Der Aktienanteil (w_A) im Portfolio kann in Anlehnung an die Black & Scholes-Formel für europäische Puts auch anhand folgender allgemeiner Formel berechnet werden:[24]

$$w_A = \frac{(1 - N(d_1)) \cdot K_0}{(1 - N(d_1)) \cdot K_0 + B \cdot e^{-R_f \cdot t} \cdot N(d_2)}$$

mit: $d_1 = \dfrac{\ln \dfrac{B}{K} - (R_f + 0,5 \cdot \sigma^2) \cdot t}{\sigma \cdot \sqrt{t}}$

$d_2 = d_1 + \sigma\sqrt{t}.$

Durch Anwendung der Formel errechnet sich das gleiche Ergebnis, wie aus der obigen Berechnung:

$$w_A = \frac{(1 - 0,1909) \cdot 100}{(1 - 0,1909) \cdot 100 + 91,785 \cdot 2,7182818^{-0,07 \cdot 0,75} \cdot 0,242} = 0,7933$$

$w_B = 1 - w_A = 0,2066.$

Bei einem anzulegenden Vermögen von 500.000,- EUR werden somit zunächst 396.650,- EUR in Aktien und 103.350,- EUR in risikolose Festzinsanlagen investiert. Es sei nun angenommen, das Aktienniveau sei drei Monate später (t=0,5) von 100,- EUR auf 95,- EUR gesunken. Das Portfolio hat dann an Wert verloren, denn die Verluste auf der Aktienseite übersteigen die Zinseinnahmen. Daraus ergeben sich notwendige Portfolioumschichtungen, denn aus dem Black & Scholes-Modell ist bekannt, dass jede Kursänderung eine Anpassung des Hedge Portfolios erforderlich macht. Aus Gründen der Anschaulichkeit wurde hier eine Zeitdifferenz zwischen den

---

24 Zur Ableitung der Formel vgl. **Loistl** (1992), S. 409 ff.

Portfolioanpassungen von drei Monaten gewählt, obwohl theoretisch eine kontinuierliche Anpassung erforderlich ist. Der neue Aktienanteil im Portfolio beträgt jetzt:

$$w_A = \frac{(1-0,29)\cdot 95}{(1-0,29)\cdot 95 + 91,785\cdot 2,7182818^{-0,07\cdot 0,5}\cdot 0,3402} = 0,6911.$$

Der Anteil der risikolosen Festzinsanlage am Portfolio steigt auf 30,89%. Die errechneten Anteilswerte beziehen sich jeweils auf den Portfoliowert im Umschichtungszeitpunkt.

Drei Monate später sei das Aktienkursniveau auf 90,- EUR gefallen. Folglich müssen weitere Aktienbestände zu Gunsten der Festzinsanlage verkauft werden. Als neuer Aktienanteil errechnet sich:

$$w_A = \frac{(1-0,5091)\cdot 90}{(1-0,5091)\cdot 90 + 91,785\cdot 2,7182818^{-0,07\cdot 0,25}\cdot 0,5308} = 0,4799.$$

Der Festzinsanteil steigt auf 52,01%.

Schließlich betrage das Kursniveau einen Tag vor dem Verfalltag immer noch 90,-- EUR. Daraus ergibt sich folgender Aktienanteil:

$$w_A = \frac{(1-0,9681)\cdot 90}{(1-0,9681)\cdot 90 + 91,785\cdot 2,7182818^{-0,07\cdot 0,00274}\cdot 0,9688} = 0,0313$$

Der Festzinsanteil ist somit auf 96,87% gestiegen.

An dem Beispiel werden zwei Charakteristika eines synthetischen Put deutlich. Zum einen kommt es im Zeitverlauf zu prozyklischen Portfolioanpassungen, d.h. bei steigendem Aktienkursniveau erhöht sich der Aktienanteil im Portfolio, et vice versa.

Die häufigen Portfolioumschichtungen verursachen Transaktionskosten. Auch die in der Realität anzutreffende Verwendung von Futures-Instrumenten zur Portfolioadjustierung kann dieses Problem bei synthetischen Puts lediglich mildern. Eine weitergehende Verbesserung wird durch die modellarische Berücksichtigung von Transaktionskosten bei der Putpreisbestimmung erreicht.[25] Für diesen Zweck muss die im Black & Scholes-Modell verwendete Volatilität durch die von Leland entwickelte Volatilität ersetzt werden.[26] Dabei werden Transaktionskosten als pauschaler Satz für An- und Verkauf (roundtrip) des Portfolios bzw. der Portfoliobestandteile angesetzt. Für die dermaßen modifizierte Leland-Volatilität (σ_L) findet sich folgender mathematischer Ausdruck:

---

[25]   Vgl. **Aschinger** (1993), S. 6 ff.
[26]   Vgl. **Leland** (1985), S. 1289.

$$\sigma_L = \sigma \cdot \sqrt{1 + \sqrt{\frac{2}{\pi}} \cdot \frac{k}{\sigma \cdot \sqrt{\Delta t}}}.$$

In der Formel stellt k den prozentualen Transaktionskostensatz (z. B. 2,5%) dar. Mit Δt wird das Zeitintervall der Portfoliorevisionen bezeichnet. Bei einem Planungszeitraum von einem Vierteljahr beläuft sich der Wert von Δt bei börsentäglicher Portfolioanpassung auf ca. 70 Tage.

Zum anderen besteht das Portfolio am Ende des Planungszeitraums entweder nur aus Aktien oder ausschließlich aus der risikolosen Anlageform. Das Portfolio setzt sich ausschließlich aus Aktien zusammen, falls der Portfoliowert oberhalb des Floors liegt. Liegt der Portfoliowert jedoch unterhalb des Floors, so besteht das Portfolio vollständig aus Anleihen. Daraus ergibt sich für den Investor das Problem, nach Ablauf des Planungshorizonts eine Neustrukturierung des Portfolios vornehmen zu müssen.[27] Dies führt bei unveränderter Risikotoleranz des Investors zu größeren Umschichtungen, die den Anfall von Transaktionskosten zur Folge haben. Hier zeigt sich das Problem der Zeitabhängigkeit bei optionsbasierten Portfolio Insurance Strategien. Zur Implementation bedarf es deshalb der genauen Kenntnis des Planungshorizonts.[28] Bedeutsam ist die Bekanntheit des Planungshorizonts für die Bestimmung der Optionsparameter. Die mit dem Black & Scholes-Modell zusammenhängenden Probleme treten ebenfalls im Rahmen der Portfolio Insurance Strategien auf. Dabei erweist sich besonders die korrekte Schätzung der Volatilität als Störgröße für den Erfolg von Portfolio Insurance Strategien.[29]

6.2.2.2 Constant-Proportion Portfolio Insurance (CPPI)

Zu den dynamischen Portfolio Insurance Strategien zählt auch die CPPI-Strategie.[30] Durch Portfolioumschichtungen zwischen Aktien und einer risikolosen festverzinslichen Anlage wird versucht, einen Portfoliomindestwert bei gleichzeitiger Wahrnehmung von Kursgewinnchancen zu garantieren. Im Unterschied zur Erzeugung synthetischer Puts kommt dabei die Optionspreistheorie nicht zur Anwendung, da kein Put repliziert werden muss.

Im Anlagezeitpunkt t_0 muss zunächst über die Aufteilung des Portfolios in Aktien und in den risikolosen Teil entschieden werden. Der Portfoliobetrag, der in die Aktien investiert werden soll, wird als Exposure (E) bezeichnet. Zur Ermittlung des Exposures bedarf es der Kenntnis des zur Verfügung stehenden Gesamtanlagebetrages (V) und des als Portfoliomindestwert angesehenen Floors (F). Der Floor darf zu keinem Zeitpunkt des Planungszeitraums unterschritten werden.

---

27 Vgl. **Estep/Kritzman** (1988), S. 40.
28 Vgl. **Holzer** (1990), S. 85 f.
29 Vgl. **Zhu/Kavee** (1988), S. 51 f.
30 Vgl. **Black/Jones** (1987), S. 48 ff., sowie **Black/Jones** (1988), S. 33 ff.

Schließlich muss ein Multiplikator (m) bestimmt werden, der den individuellen Risikoeinstellungen des Anlegers Rechnung trägt und Aussagen über die Höhe des Exposures zulässt. Der Multiplikator muss größer als Eins sein. Je höher der Multiplikator ist, desto risikofreudiger ist der Investor. Der Kehrwert des Multiplikators gibt an, bis zu welchem Prozentsatz die Aktienposition an Wert verlieren darf, bevor eine Portfolioanpassung unbedingt erforderlich wird, um den Floor nicht zu unterschreiten.[31]

Die Differenz zwischen dem Gesamtanlagebetrag und dem Floor ergibt das Cushion. Der in Aktien investierte Teil des Portfoliobetrags - das Exposure - entspricht dem Cushion multipliziert mit dem Multiplikator. Schließlich ist noch ein Limit festzulegen, dass den prozentualen Maximalanteil der Aktien am Portfolio während der Laufzeit festlegt. Liegt dieses Limit oberhalb von 100%, dann bedeutet dies bei stark gestiegenem Aktienmarkt eine kreditfinanzierte Anlage über den Gesamtportfoliowert hinaus. Mithin gelten folgende Beziehungen:

Cushion = Gesamtanlagebetrag - Floor → $C = V_0 - F$

Exposure = Multiplikator · Cushion → $E = m \cdot C$

Die Vorgehensweise der CPPI-Strategie sei an einem Beispiel verdeutlicht. Ein Betrag im Wert von 500.000,- EUR soll zu Jahresbeginn investiert werden. Der Investor wünscht eine Portfoliountergrenze von 350.000,- EUR nicht zu unterschreiten (Floor = 350.000,- EUR). Somit beträgt das Cushion 150.000,- EUR. Etwaige Portfolioumschichtungen finden jeweils am Monatsende statt. Gemäß seiner individuellen Risikoeinstellung wählt der Investor einen Multiplikator von 1,5. Der in Aktien zu investierende Portfoliobetrag beläuft sich damit auf 225.000,- EUR (1,5·150.000,- EUR). Der Restbetrag von 275.000,- EUR wird in eine sichere Festzinsanlage investiert. Somit werden 45% der Anlagesumme in Aktien und 55% in Festzinsanlagen investiert. In dem gewählten Beispiel darf die Aktienposition 66,67% (1/1,5) verlieren, um noch genau den Mindestdepotwert von 350.000,- zu sichern.

Es wird angenommen, der Aktienmarkt sei bis Ende Januar um 10% gestiegen. Dann ergibt sich unter Vernachlässigung der Festgeldzinsen der Gesamtwert des Portfolios zu 522.500,- EUR. Das neue Cushion beträgt damit 172.500,- EUR. Daraus lässt sich das neue Exposure von 258.750,- errechnen (1,5·172.500,- EUR). Um bei einem Aktienbetrag von 258.750,- zu einer Gesamtsumme von 522.500,- EUR zu kommen, müssen Festzinsanlagen in Höhe von 11.250,- EUR aufgelöst und in Aktien investiert werden. Die Portfolioaufteilung besteht Anfang Februar dann in 258.750,- EUR Aktien und 263.750,- EUR Festzinsanlagen. Derartige Portfolioumschichtungen lassen sich in der Realität mit Hilfe von Futures am kostengünstigsten durchführen. Allerdings ist bei der Verwendung von Futures ein Basisrisiko zu tragen. Der Aktienanteil kann durch den Kauf von Aktienindex-Futures vergrößert werden. Zur Verringerung der Zinsposition lassen sich Zins-Futures einsetzen.

Wäre der Aktienmarkt bis Ende Januar um 10% gesunken, so hätte sich ein Portfoliogesamtwert

---

[31]   Vgl. **Perold/Sharpe** (1988), S. 23.

von 477.500,- EUR ergeben, bei einem Wert der Aktienposition von 202.500,- EUR. Damit hätte das neue Cushion lediglich 127.500,- EUR betragen. Das Exposure wäre dann auf 191.250,- EUR gefallen. Folglich hätte die Aktienposition um 11.250,- EUR zu Gunsten der Festzinsanlage abgebaut werden müssen, so dass Anfang Februar die Portfolioaufteilung in einer Aktienposition von 191.250,- EUR und einer Festzinsposition von 286.250,- EUR bestanden hätte.

An dem Beispiel ist die prozyklische Vorgehensweise der CPPI-Strategie deutlich geworden. Ein steigender Aktienmarkt führt zu einer Erhöhung des Aktienanteils im Portfolio zu Lasten des Festzinsanteils. Sinkende Aktienkurse führen zu einer Verringerung des Aktienanteils im Portfolio. Das unten stehende Tableau gibt die Zusammensetzung des Portfolios bei alternativen Aktienkursniveaus an.

Im Vergleich dazu ist die Wertentwicklung eines Portfolios abgebildet, das eine Kaufen und Halten Strategie (Buy and Hold) verfolgt. Dabei wird von einem Anfangsportfoliowert von 500.000,- EUR ausgegangen, der im Ausgangszeitpunkt (Aktienindex = 100) zu 55% in eine Festzinsanlage und zu 45% in Aktien investiert ist. Bei der Buy and Hold Strategie verändert sich der Wert der Festzinsanlage während der Laufzeit nicht.

Aktienindex:	Buy and Hold:	CPPI:	Aktienanteil:	Festzinsanteil:
60	410.000,- EUR	417.829,25 EUR	101.743,87 EUR	316.085,38 EUR
70	432.500,- EUR	436.328,13 EUR	129.492.19 EUR	306.835,94 EUR
80	455.000,- EUR	456.250,00 EUR	159.375,00 EUR	296.875,00 EUR
90	477.500,- EUR	477.500,00 EUR	191.250,00 EUR	286.250,00 EUR
100	500.000,- EUR	500.000,00 EUR	225.000,00 EUR	275.000,00 EUR
110	522.500,- EUR	522.500,00 EUR	258.750,00 EUR	263.750,00 EUR
120	545.000,- EUR	546.022,73 EUR	294.034,00 EUR	251.988,63 EUR
130	567.500,- EUR	570.525,57 EUR	330.788,36 EUR	239.737,21 EUR
140	590.000,- EUR	595.970,83 EUR	368.956,24 EUR	227.914,59 EUR
150	612.500,- EUR	622.324,85 EUR	408.487,27 EUR	213.837,58 EUR

Tabelle 6.4: Ergebnisvergleich zwischen CPPI und Buy and Hold Strategie

Durch einen graphischen Vergleich mit der Buy and Hold Strategie, die einen linearen Kurvenverlauf aufweist, zeigt sich, dass eine CPPI-Strategie zu einem konvexen Kurvenverlauf führt.[32]

Wie aus der Graphik zu erkennen ist, bietet die CPPI-Strategie bei einem fallenden Markt gegenüber der Buy and Hold Strategie den Vorteil der Verlustabfederung, und somit eine gute downside protection. Auch bei steigendem Aktienmarkt liegt die Performance der CPPI-Strategie oberhalb der Performance der Buy and Hold Strategie, da der Aktienanteil mit steigendem Markt ständig zunimmt. Letztlich kann die Buy and Hold Strategie als Spezialfall der CPPI angesehen werden. Denn bei einem Multiplikator von Eins (m = 1) und einem Floor in Höhe des originär in

---

[32] Vgl. **Reilly** (1989), S. 1013.

der risikolosen Anlage investierten Betrags ergibt sich der lineare Verlauf einer Buy and Hold Strategie.[33]

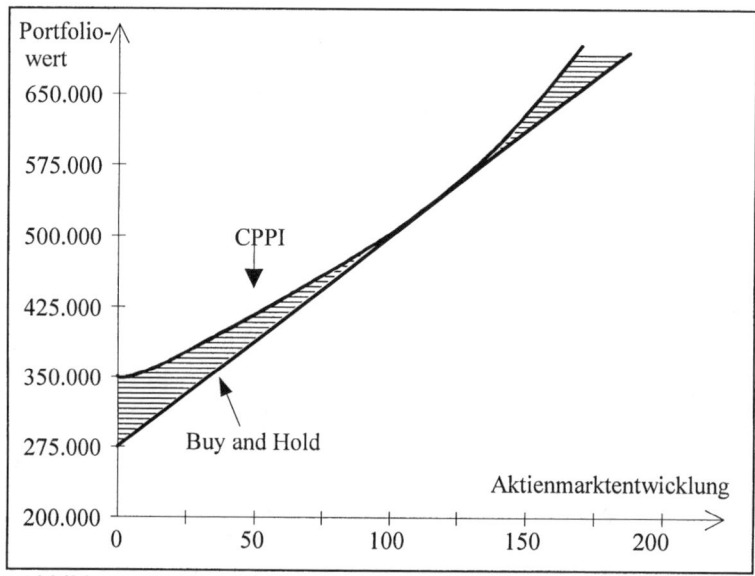

Abbildung 6.6: Vergleich zwischen CPPI und Buy and Hold Strategie

Attraktiv ist die CPPI-Strategie vor allem durch ihre Flexibilität und einfache Handhabbarkeit. Aufwendige mathematische Berechnungen oder Kenntnisse der Optionspreistheorie sind zur Implementierung der CPPI-Strategie nicht erforderlich.[34] Stattdessen entscheidet die Risikoneigung des Anlegers über den für die Errechnung des Exposures wichtigen Multiplikator.

Ein Problem besteht bei der CPPI-Strategie vor allem in den Transaktionskosten, die mit jeder Portfolioumschichtung verbunden sind. Vor allem bei hoher Aktienmarktvolatilität ohne klaren Auf-oder Abwärtstrend ist dieses Problem sehr ausgeprägt. Deshalb ist es aus Praktikabilitätsgründen zweckmäßig, ein Toleranzniveau festzulegen, bis zu dessen Höhe keine Umschichtungen erfolgen sollen. Eine solche Höhe könnte z. B. in Kursveränderungen von $\pm 5\%$ liegen. Ein weiteres Problem im Vergleich zu anderen Portfolio Insurance Strategien ist in der Festlegung des Floors zu sehen. Um eine wirksame upside participation zu gewährleisten, muss der Investor bei einer normalen Multiplikatorhöhe einen relativ niedrigen Floor akzeptieren.[35] Ferner handelt es sich auch bei der CPPI-Strategie um ein pfadabhängiges Vorgehen.

---

[33] Vgl. **Perold/Sharpe** (1988), S. 22.
[34] Vgl. **Black/Jones** (1987), S. 51.
[35] Vgl. **Zhu/Kavee** (1988), S. 49.

Um die Performance der CPPI-Strategie zu verbessern, schlagen Estep/Kritzman die Kopplung des Portfoliofloors an den Portfoliowert während der Laufzeit vor.[36] Durch die Anpassung des Floors bei gestiegenem Aktienmarkt soll eine effizientere Absicherung von bereits erzielten Kursgewinnen ermöglicht werden.

6.3 Portfolio Insurance Strategien für Anleiheportfolios

Auch Anleiheportfolios können mittels Portfolio Insurance Strategien eine downside protection erhalten.[37] Dabei steht die Absicherung gegen marktzinsinduzierte Kursverluste im Vordergrund. Die im Anleihebereich anzuwendenden Methoden entsprechen weitgehend den aus dem Aktienbereich bekannten Konzeptionen. Auf Optionen basierende Absicherungsstrategien sind folglich von großer Bedeutung. Hierbei lässt sich wiederum in Strategien mit gehandelten und mit synthetischen Optionen differenzieren. Die gehandelten Zinsoptionen erweisen sich insofern als problematisch, als die spezifischen Kontraktspezifikationen häufig nicht zu dem gehaltenen Anleiheportfolio passen. Insbesondere stellen die i.d.R. zu kurzen Laufzeiten dabei ein Haupthindernis dar.

Analog zum Vorgehen bei Aktienportfolios lässt sich dieses Problem durch die Duplikation von europäischen Zinsputs umgehen. Um die gewünschten Optionscharakteristika zu erhalten, werden die Beziehungen zwischen Termingeldern, Anleihen und Optionen ausgenutzt. Konkret bedeutet dies, dass Anleihen auf Termin verkauft werden, und die Erlöse des Anleiheverkaufs in eine risikolose Festgeldanlage mit gleicher Laufzeit angelegt werden.[38] Die Differenz der beiden Geschäfte im Ausgangszeitpunkt stellt die Put-Prämie dar.

Zur Verdeutlichung der Vorgehensweise wird ein Beispiel gewählt: Ein Investor, der ein Anleiheportfolio besitzt, möchte sich vor möglichen Zinssteigerungen durch den Kauf von Puts absichern. Unter Vernachlässigung von Transaktionskosten und Stückzinsen verkauft der Anleger eine 9% Anleihe zum Kurs von 107,-- leer.[39] In sechs Monaten (Planungshorizont) wird ein Kurs der Anleihe von 103,-- EUR oder von 111,-- EUR erwartet. In Höhe des Barwerts von 111,-- EUR tätigt der Anleger gleichzeitig eine Termineinlage zum risikolosen Zinssatz von 6%. Daraus ergeben sich die unten dargestellten Zahlungsverläufe:[40]

---

36   Vgl. **Estep/Kritzman** (1988), S. 38 ff.
37   Vgl. **Black/Jones** (1987), S. 48.
38   Vgl. **Perridon/Steiner** (2002), S. 207 ff.
39   Ein Berechnungsbeispiel mit Stückzinsen findet sich bei **Bühler** (1993), S. 75.
40   Vgl. auch das Beispiel bei **Perridon/Steiner** (2002), S. 209.

	t_0	t_1	t_1
Anleihekurs:	107,-- EUR	103,-- EUR	111,-- EUR
Anleihe-Leerverkauf:	+107,-- EUR	-103,-- EUR	-111,-- EUR
Termineinlage:	-107,81 EUR	+111,-- EUR	+111,-- EUR
Put:	**-0,81 EUR**	**+8,-- EUR**	**0,-- EUR**

Tabelle 6.5: Replizierung eines synthetischen Zins-Puts

Der errechnete Putpreis von 81 Pfennig muss für zwei Puts gelten, denn die Ausübung eines Puts erbringt nicht 8,-- EUR, sondern nur 4,-- (107,-- EUR - 103,-- EUR). Somit ist es gelungen, einen synthetischen Zinsput zu konstruieren. Als problematisch erweist sich die Bestimmung des Umfangs leer zu verkaufender Anleihen, da dieser von den Kursbewegungen der Anleihen abhängt. In Analogie zur Bestimmung synthetischer Puts bei Aktienportfolios kann dazu der Optionsdeltawert herangezogen werden. Der Deltawert einer Zinsoption ist aus Optionsbewertungsmodellen für Zinsoptionen erhältlich.

Zur praktischen Durchführung der beschriebenen Strategie eignen sich Futures-Geschäfte, denn der Leerverkauf von Anleihen setzt einen funktionierenden Markt voraus. Die Verwendung von Zinsfutures stellt zudem eine kostengünstige Alternative zum Anleihe-Leerverkauf dar.

6.4 Beurteilung des Portfolio Insurance Konzeptes

Während das unsystematische Risiko bei Kapitalanlagen durch Diversifikation beseitigt werden kann, bieten Portfolio Insurance Strategien die Möglichkeit zum Handling des systematischen Risikos. Gemäß den Erkenntnissen der Kapitalmarkttheorie wird nur die Übernahme des systematischen Risikos langfristig mit höheren Renditen belohnt. Kann die Implementierung von Portfolio Insurance Konzepten also die vollständige Teilhabe an hohen Renditen bei gleichzeitigem Verlustausschluss ermöglichen?

Wie empirische Studien zeigen, ist die vorgenommene Risikoreduktion durch Portfolio Inurance Konzepte nicht zum Nulltarif zu haben.[41] In Zeiten fallender Märkte erzielen derartig abgesicherte Portfolios Anlageergebnisse, die oberhalb der Marktperformance liegen. Demgegenüber erwirtschaften sie bei steigender Gesamtmarktentwicklung eine niedrigere Performance. Deshalb besteht der Hauptteil der Kosten von Portfolio Insurance Strategien in Opportunitätskosten. Hinzu kommen zudem noch die mit der jeweiligen Strategie verbundenen Transaktionskosten. Somit lässt sich festhalten, dass im Gegensatz zur Asset Allocation bei Portfolio Insurance Konzepten kein "something for nothing" vorliegt.[42] Portfolio Insurance hat ihren Preis, da die Vermeidung des systematischen Risikos zu einer verringerten Renditeerwartung führt. Zudem muss

---

[41] Vgl. **Clarke/Arnott** (1987), S.39, **Garcia/Gould** (1987), S. 50 und **Rendleman/McEnally** (1987), S. 27 ff.

[42] **Clarke/Arnott** (1987), S.39.

das so vermiedene Risiko von einem anderen Marktteilnehmer übernommen werden, denn das Marktrisiko lässt sich nicht aus der Welt schaffen. In dem Umfang, in dem Portfolio Insurance betrieben wird, müssen sich auch Anleger finden, die die jeweiligen Gegenpositionen einnehmen.[43]

Bedeutung besitzen Portfolio Insurance Strategien hauptsächlich bei Aktienportfolios. Allerdings hat sich die stürmische Ausbreitung dieser Konzeptionen nach dem Oktober Crash 1987 nicht fortgesetzt. Portfolio Insurance Strategien, die bei Kursveränderungen Portfolioumschichtungen vorsehen, bergen in Crash-Situationen die Gefahr, ihre Ziele zu verfehlen. Gerade in solchen Situationen ist die Portfolio Insurance aber von besonderer Bedeutung. Durch den Börsen-Crash im Oktober 1987 sind speziell die Probleme der Portfolio Insurance Strategie mit synthetischen Puts offenkundig geworden. Dies hat z.T. zu einer Rückbesinnung auf Strategien mit gehandelten Optionen geführt.[44] Diese weisen ihrerseits erhebliche Verwendungseinschränkungen auf, welche mit ihrer Kontraktstandardisierung in Zusammenhang stehen.

Die prozyklische Vorgehensweise der dynamischen Portfolio Insurance Strategien erinnert an die Anwendung der Technischen Analyse zur Bestimmung von Anlagestrategien und widerspricht dem bekannten Börsenprinzip: Sell high - buy low. Deshalb bezeichnen Hill/Jones konvexe Anlagestrategien als "momentum strategies" im Gegensatz zu "value strategies".[45] Erstere wirken trendverstärkend, während letztere sich in Richtung Marktgleichgewicht bewegen. Um der trendverstärkenden Wirkung entgegenzuwirken, bzw. die Wirkung in Crash-Situationen zu mildern, schlägt Leland ein sog. "Sunshine Trading" vor.[46] Da Portfolio Insurance Strategien nicht auf neue Informationen, sondern lediglich auf neue Preise an den Börsen reagieren, kann durch Offenlegung der Transaktionen von 'Porfolio Insurern' ein Impetus zum Herdentrieb verhindert werden. Die durch Portfolio Insurance induzierten Marktveränderungen bieten anderen Marktteilnehmern dann keinen Anlass zu fundamental begründeten Anschlusstransaktionen.

Die Bedeutung von Portfolio Insurance Strategien für Anleihe-Portfolios ist geringer als bei Aktien. Dies ist mit der geringeren Schwankungsbreite der Anleihekurse im Vergleich zu Aktienkursen erklärlich. Zur Implementierung von Portfolio Insurance bei Anleihe-Portfolios eignen sich vornehmlich optionsbasierte Absicherungsstrategien. Die Generierung synthetischer Puts ist auch bei Anleihe-Portfolios möglich.

Die praktische Strategieimplementation geschieht i.d.R. mittels Futures, da diese sich als kostengünstig erwiesen haben.[47] Zudem weisen Futures i.a. eine höhere Liquidität als Optionen auf. Die Verwendung von Futures bietet sich besonders für dynamische Portfolio Insurance Strategi-

---

43 Vgl. **Leland** (1980), S. 581.
44 Vgl. **Rubinstein** (1988), S. 38 und 46.
45 **Hill/Jones** (1988), S. 29.
46 Vgl. **Leland** (1988), S. 86 ff.
47 Vgl. **Garcia/Gould** (1987), S. 51.

en an, die u.U. zahlreiche Transaktionen während des Planungshorizonts erfordern. Allerdings ist mit der Verwendung von Futures stets die Übernahme eines Basisrisikos verbunden. Außerdem gelten hinsichtlich der Kontraktspezifikationen ähnliche Einschränkungen, wie bei gehandelten Optionen.

7 Bewertung von Optionsscheinen und sonstigen Anlageinstrumenten

7.1 Optionsscheine

In Deutschland stellen Optionsscheine ein sehr beliebtes Anlageinstrument dar. Gerade auch private Kleinanleger nutzen den Optionsscheinmarkt recht intensiv. Ähnlich wie andere Anlagekategorien auch, erfordern Optionsscheinengagements eine vorherige Analyse und eine darauf aufbauende Prognose der Marktsituation. Da es sich bei Optionsscheinen um derivative Instrumente handelt, bedarf es einer fundierten Analyse derjenigen originären Anlageinstrumente, die den Optionsscheinen zugrunde liegen.[1] Infolgedessen sollten sich Anleger anhand der gängigen Praktiken der Fundamental- und Chartanalyse ein Bild über die mittels der Optionsscheine gehandelten Instrumente machen. Erst im zweiten Schritt ist die spezifische Analyse und Auswahl der ins Auge gefassten Optionsscheine sinnvoll. Ähnliche Überlegungen gelten auch hinsichtlich der Anlagestrategie, die mit einem Optionsscheinengagement verbunden sein sollte. Gerade das Timing von Optionsscheinanlagen setzt eine Einschätzung der originären Anlageinstrumente und deren Marktentwicklung voraus.

Optionsscheine sind eng verwandt mit Optionen. Sie räumen dem Optionsscheininhaber das Recht ein, die zugrunde liegende Sache (z.B. Aktien) in einer bestimmten Frist oder zu einem festgelegten Zeitpunkt, gegen Zuzahlung eines zum Zeitpunkt der Emission feststehenden Betrags zu beziehen. Im Gegensatz zu Optionen handelt es sich bei Optionsscheinen um Wertpapiere, die eine Verbriefung des oben dargestellten Rechts beinhalten. Üblicherweise liegen die Optionsfristen der Optionsscheine deutlich oberhalb der Optionsfristen bei terminbörslich gehandelten Optionen. Aus diesem Umstand beziehen Optionsscheine einen maßgeblichen Anteil ihrer Attraktivität.

Darüber hinaus beziehen Optionsscheine ihre Attraktivität für Kleinanleger aus der, verglichen mit Optionen am Terminmarkt, niedrigeren Gebührenbelastung. Außerdem können individuell festgelegte Stückzahlen von Optionsscheinen gekauft werden, die mitunter recht niedrig liegen.[2] Zudem ist der Einsatz von Optionsscheinen im Rahmen einer aus der Portfolio Insurance be-

---

[1] Vgl. **Weger** (1985), S. 180.
[2] An der Eurex umfasst ein Optionskontrakt i.d.R. 100 Optionen, so dass eine Standardisierung gegeben ist.

kannten 90:10 Strategie möglich.³ Ein weiterer Vorteil von Optionsscheinen liegt in der breiten Palette von 'Underlyings'. Mit Underlying ist dasjenige Anlageinstrument gemeint, welches durch die Ausübung des Optionsscheins bezogen werden kann. Grundsätzlich kommen als Underlyings jedwede Anlageinstrumente in Frage.⁴ Am häufigsten werden neben Aktien inzwischen Währungen, Zinsen und Aktienindizes mit Hilfe von Optionsscheinen veroptioniert. Die gängigsten Formen von Optionsscheinen und ihre Bewertung werden im Folgenden erörtert.

7.1.1 Aktienoptionsscheine

Traditionellerweise werden Optionsscheine im Rahmen von Optionsanleihen begeben. Aktienoptionsscheine sind Wertpapiere, die ihrem Inhaber das Recht verbriefen, zu einem in den Optionsscheinbedingungen festgelegten Zeitraum bzw. -punkt den Optionsschein gegen Zahlung eines fixierten Geldbetrages in eine bestimmte Anzahl von Aktien des Emittenten der Optionsanleihe umzutauschen. Je nachdem, ob eine Ausübungsfrist oder ein Ausübungszeitpunkt festgelegt ist, spricht man von Optionsscheinen amerikanischen bzw. europäischen Typs.

Seit Ende der achtziger Jahre werden verstärkt sogenannte 'Covered Warrants' an der Börse emittiert.⁵ Die Bezeichnung Covered Warrants steht für 'gedeckte Optionsscheine'. Im Unterschied zu traditionellen Optionsscheinen sind Emittent und veroptioniertes Unternehmen bei Covered Warrants nicht identisch. Stattdessen begeben Banken und Brokerhäuser gedeckte Optionsscheine auf Eigenbestände (Deckungsbestand) an fremden Aktien. Zum Teil fungieren Banken und Brokerhäuser auch im Auftrag Dritter. Der wichtigste Unterschied zwischen Optionsscheinen, die aus der Begebung von Optionsanleihen resultieren, und gedeckten Optionsscheinen besteht in der unterschiedlichen Folge bei der Umwandlung. Denn die im Rahmen einer Optionsanleihe begebenen Optionsscheine führen bei Ausübung zu einer Erhöhung des Grundkapitals der emittierenden Unternehmung. Die Optionsscheininhaber bekommen für ihre Optionsscheine folglich neue Aktien. Dies führt zu einem Verwässerungseffekt. Bei der Ausübung von gedeckten Optionsscheinen bleibt die Zahl der Aktien hingegen gleich. Lediglich bereits im Umlauf befindliche Aktien wechseln den Besitzer.

Das Umtauschverhältnis liegt bei gedeckten Optionsscheinen meistens deutlich höher als bei Optionsscheinen, die aus einer Optionsanleihenbegebung stammen. Für den Bezug einer Aktie benötigt man folglich mehrere gedeckte Optionsscheine, was zu den optisch niedrigen Preisen für Covered Warrants führt.⁶ Andererseits weisen Covered Warrants im Allgemeinen kürzere Laufzeiten als traditionelle Optionsscheine auf. Im Rahmen der Bewertung können traditionelle und gedeckte Optionsscheine anhand des gleichen Instrumentariums beurteilt werden.

---

3   Siehe die Ausführungen im Kapitel 6.
4   Vgl. **Demuth** (1990), S. 16.
5   Vgl. **Klein** (1991), S. 283 ff.
6   Vgl. **Doll/Neuroth** (1991), S. 71.

7.1.1.1 Kennzahlenorientierte Bewertung

Hinsichtlich der Bewertung von Aktienoptionsscheinen spielen Kennzahlen eine wichtige Rolle. Insbesondere sind die Kennzahlen Aufgeld, Hebel, innerer Wert und Zeitwert von großer Bedeutung. Diese Kennzahlen werden i.d.R. auf einzelne Optionsscheine bezogen. Es lassen sich aber auch für den gesamten deutschen Optionsscheinmarkt Durchschnittswerte dieser Kennzahlen errechnen. Als Barometer, das die Gesamtmarktentwicklung der Optionsscheine in Deutschland misst, hat sich der TUBOS-Index etabliert.[7]

Der Börsenkurs eines Optionsscheins liegt i.d.R. oberhalb seines inneren Wertes (IW). Dieser ergibt sich, indem vom Börsenkurs der Aktie (K) der Bezugskurs des Optionsscheins (B) abgezogen wird und das Ergebnis mit dem Bezugsverhältnis (v) multipliziert wird.

$$IW = (K - B) \cdot v$$

Für die Berechnung des inneren Wertes und der weiteren Kennzahlen sei als Beispiel ein Optionsschein der (fiktiven) DH AG verwendet. Es wird von folgenden Daten ausgegangen:

Aktueller Aktienkurs:	511,-- EUR
Optionsscheinkurs:	240,-- EUR
Bezugskurs pro Aktie:	330,-- EUR
Bezugsverhältnis:	1:1
Restlaufzeit in Jahren:	2,69
Erwartete Volatilität der DH-Aktie:	15%
Risikoloser Zinssatz:	7,5%
Optionstyp:	amerikanisch

Tabelle 7.1: Ausgangsdaten des DH AG Optionsscheins

Das Bezugsverhältnis ist so zu deuten, dass mit einem Optionsschein eine Aktie der DH AG bezogen werden kann. Bei Bezug ist pro Aktie der Betrag von 330,-- EUR zu zahlen. Aus den Daten lässt sich der innere Wert eines DH-Optionsscheins errechnen:

$$IW_{DH} = (511 - 330) \cdot \frac{1}{1} = 181,- \text{ EUR}.$$

Jeder DH-Optionsschein besitzt im Betrachtungszeitpunkt einen inneren Wert von 181,- EUR. Damit liegt der Börsenkurs des Optionsscheins mit 240,-- EUR deutlich oberhalb seines inneren Wertes. Die Differenz zwischen innerem Wert (IW) und Optionsscheinkurs (OS) wird als Zeitwert (ZW) des Optionsscheins bezeichnet.

---

[7] Die Bezeichnung TUBOS-Index steht für **T**rinkaus **u**nd **B**urkhardt **O**ptionsschein Index.

$$ZW = OS - IW$$

Beim DH-Optionsschein beträgt der Zeitwert pro Optionsschein demzufolge 59,-- EUR. Der theoretische Wertverlauf eines Call-Optionsscheins ist in Abbildung 7.1 dargestellt.

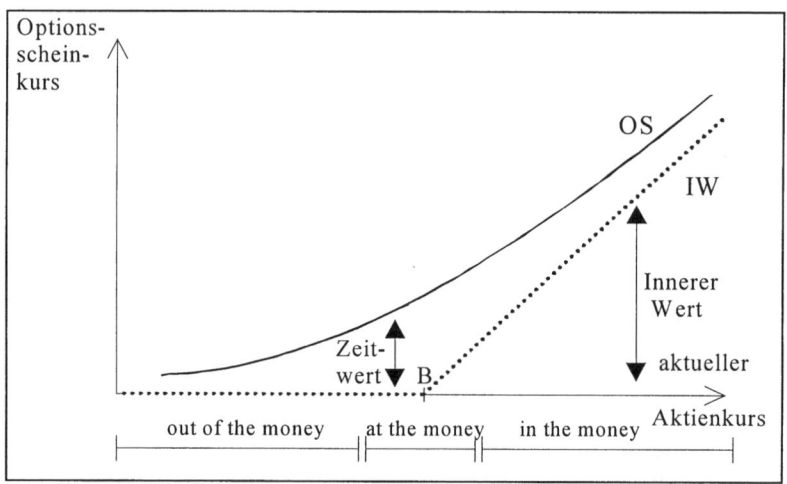

Abbildung 7.1: Optionsscheinwert in Abhängigkeit vom Aktienkurs

Der tatsächliche Optionsscheinwert wird durch die dick eingezeichnete Kurve symbolisiert. Der innere Optionsscheinwert entspricht der gestrichelten Linie. Erst oberhalb des mit B gekennzeichneten Basispreises liegt ein positiver innerer Wert vor. In der Differenz zwischen tatsächlichem und innerem Wert liegt jeweils der Zeitwert des Optionsscheins. Ihren höchsten Zeitwert nehmen Optionsscheine im Bereich von at-the-money liegenden Underlyingkursen an. Je weiter sich der Aktienkurs out-of-the money oder in-the-money befindet, desto mehr nähert sich der Zeitwert dem Wert null bzw. der Kurve des inneren Wertes an.

Eine weitere Eigenschaft des Zeitwertes besteht darin, dass dieser sich mit abnehmender Optionslaufzeit kontinuierlich verkleinert. Der Zeitwertverfall wird dabei umso größer, je näher der Verfallzeitpunkt des Optionsscheins rückt. Ein typischer Verlauf der Zeitwertkurve ist Abbildung 7.2 dargestellt.

Als traditionelle Kennzahl innerhalb der Optionsscheinbewertung hat sich die Prämie bzw. das Aufgeld bewährt. Im Allgemeinen drückt die Prämie (P) in einem absoluten Wert aus, um welchen Betrag der Aktienerwerb über die Optionsscheinausübung von dem direkten Aktienerwerb an der Börse abweicht. Die in Prozent ausgedrückte Abweichung wird dann als Auf- bzw. Abgeld bezeichnet. Für die Prämienberechnung wird folgende Formel verwendet:

$$P = \frac{1}{v} \cdot OS + B - K$$

$$P_{DH} = \frac{1}{1} \cdot 240 + 330 - 511 = 59,\text{- EUR}.$$

Der DH-Optionsschein weist somit eine Prämie von 59,-- EUR auf. Die Prämienhöhe entspricht offenbar genau dem Zeitwert. Dies ist immer dann der Fall, wenn der innere Wert größer oder genau gleich null ist.

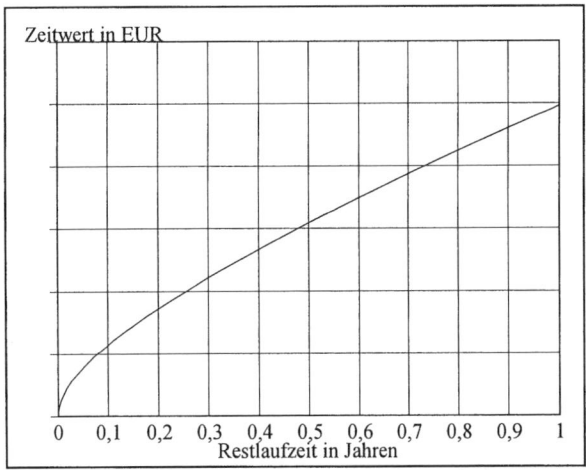

Abbildung 7.2: Zeitwert bei Optionsscheinen
in Abhängigkeit von der Restlaufzeit

Aus der Prämie lässt sich problemlos das Aufgeld (A) ermitteln. Das Aufgeld ist zur Beurteilung und vor allem zum Vergleich verschiedener Optionsscheine geeigneter als die Prämie, da die absolute Kurshöhe für die Beurteilung keine Rolle spielt.

$$A = \frac{P}{K}$$

$$A_{DH} = \frac{59}{511} \approx 0{,}1155 = 11{,}55\%$$

Für den DH-Optionsschein erhält man ein Aufgeld von 11,55%. Der Erwerb einer Aktie der DH AG ist über den Weg des Optionsscheinkaufs demgemäß 11,55% teurer als der direkte Aktienerwerb an der Börse. Je höher das Aufgeld liegt, desto unattraktiver ist der Optionsschein, et vice versa. Es kann an der Börse vereinzelt beobachtet werden, dass Optionsscheine sogar ein Abgeld aufweisen.

Da sich das oben errechnete Aufgeld jedoch auf die gesamte Laufzeit des Optionsscheins bezieht, ist ein Aufgeldvergleich verschiedener Optionsscheine aufgrund der unterschiedlichen Restlaufzeiten problematisch. Durch eine Annualisierung lassen sich geeignetere Vergleichswerte bestimmen. Dabei wird das Aufgeld durch die Restlaufzeit (t) des Optionsscheins in Jahren geteilt.

$$A_{p.a.} = \frac{A}{t}$$

Für den DH-Optionsschein, der eine Restlaufzeit von 2,69 Jahren aufweist, ergibt sich:

$$A_{p.a.,DH} = \frac{11,55\%}{2,69} \approx 4,29\%.$$

Es ließe sich nun fragen, warum Anleger überhaupt den verglichen mit der Aktie teureren Weg des Aktienerwerbs über den vorherigen Optionsscheinkauf gehen. Abgesehen davon, dass der Aktienerwerb nicht notwendigerweise das Ziel einer Optionsscheinkaufstrategie ist, spielt insbesondere der niedrige Kapitaleinsatz, der mit Optionsscheinen verbunden ist, eine Rolle. Er sorgt dafür, dass die prozentualen Veränderungsraten des Optionsscheinkurses deutlich oberhalb der Aktienkursveränderungsraten liegen. Erwartet ein Anleger einen steigenden Kurs der DH-Aktie, so besitzt er mit dem Optionsscheinkauf die Chance auf überproportionale prozentuale Gewinne.

Dem niedrigeren Kapitaleinsatz wird mit der Kennzahl des Hebels Rechnung getragen. In seiner einfachsten Form errechnet sich der Hebel (H_1) als Quotient aus dem Aktienkurs und dem durch das Bezugsverhältnis dividierten Optionsscheinkurs. Der Hebel wird mitunter auch als Leverage-Faktor oder als Elastizität bezeichnet:

$$H_1 = \frac{K}{OS/v}.$$

$$H_{1,DH} = \frac{511}{240/1} \approx 2,13$$

In einer verbesserten Form lässt sich der Hebel als das Verhältnis von Optionsscheinkurs- zu Aktienkursrendite beschreiben:

$$H_2 = \frac{r_{OS}}{r_K}.$$

Da die Renditen aber erst ex post festgestellt werden können, wird zur Prognose regelmäßig die obige Formel für den Hebel angewendet. Für den Hebel ergibt sich folgende Deutung: Je höher der Hebel ist, desto spekulativer ist der betrachtete Optionsschein. Ein hoher Hebel spricht somit für große Chancen und Risiken des entsprechenden Optionsscheins.

7.1.1.2 Optionspreistheoretische Bewertung

Seit einigen Jahren wird vermehrt die Optionspreistheorie zur Bestimmung des Wertes von Optionsscheinen herangezogen. Aus der Mehrzahl an entwickelten Modellen hat sich das Black/Scholes-Modell als Preisbestimmungsmodell weitgehend in der Praxis durchgesetzt. Die auf der Basis der Black/Scholes-Formel errechneten Optionsscheinpreise werden als theoretischer Fair Value bezeichnet. Durch den Vergleich des fairen Wertes mit dem tatsächlichen Optionsscheinkurs lassen sich prozentuale Abweichungen zwischen beiden Werten bestimmen.

Demzufolge gelten Optionsscheine als unterbewertet, deren tatsächliche Kurse unterhalb ihres Fair Value liegen. Je nach Höhe der Differenz lassen sich aus den Abweichungen Kaufs- bzw. Verkaufsempfehlungen ableiten.

Wie aus dem Kapitel über die Optionspreistheorie bereits bekannt ist, besitzt die Black/Scholes-Formel folgendes Aussehen:

$$OS^{Call} = K \cdot N(d_1) - B \cdot e^{-R_f \cdot t} \cdot N(d_2)$$

mit: $d_1 = \dfrac{\ln \dfrac{K}{B} + (R_f + 0{,}5 \cdot \sigma^2)t}{\sigma \sqrt{t}}$ und $d_2 = d_1 - \sigma \sqrt{t}$.

Die bisher nicht genannten Variablen bedeuten:

OS^{Call} = Kurs des Kauf-Optionsscheins,
OS^{Put} = Kurs des Put-Optionsscheins,
R_f = risikoloser Zinssatz p.a.,
e = Eulersche Zahl = 2,718281828,
$N(d_i)$ = Flächeninhalt unter der Verteilungsdichtefunktion der Standard-Normalverteilung,
σ = Erwartete Volatilität des Aktienkurses p.a. und
t = Restlaufzeit des Optionsscheins in Jahren.

Sollen Put-Optionsscheine, die in Form von Covered Warrants begebbar sind, bewertet werden, so findet folgende Formel Verwendung:

$$OS^{Put} = B \cdot e^{-R_f \cdot t} \cdot N(d_2) - K \cdot N(d_1)$$

mit: $d_1 = \dfrac{\ln \dfrac{B}{K} - (R_f + 0{,}5 \cdot \sigma^2)t}{\sigma \sqrt{t}}$ und $d_2 = d_1 + \sigma \sqrt{t}$.

Durch einfaches Einsetzen lässt sich sodann für die Beispieldaten des DH-Optionsscheins der Fair Value errechnen:

$$d_{1,DH} = \dfrac{\ln \dfrac{511}{330} + (0{,}075 + 0{,}5 \cdot 0{,}15^2) \cdot 2{,}69}{0{,}15 \sqrt{2{,}69}} = 2{,}7205 \quad \rightarrow N(d_{1,DH}) = 0{,}9967$$

$$d_{2,DH} = 2{,}7205 - 0{,}15 \sqrt{2{,}69} = 2{,}4745 \quad \rightarrow N(d_{2,DH}) = 0{,}9933$$

$$OS_{DH}^{Call} = 511 \cdot 0{,}9967 - 330 \cdot 2{,}71828^{-0{,}075 \cdot 2{,}69} \cdot 0{,}9933 = 241{,}42.$$

Gemäß der Black/Scholes-Formel wird dem DH-Optionsschein folglich ein theoretischer Wert von 241,43 EUR zugeschrieben. Verglichen mit dem Börsenkurs von 240,- EUR zeigt sich eine nahezu identische Bewertung des DH-Optionsscheins. In Prozent ausgedrückt beträgt die Unterbewertung ca. 0,59%.

Als neuralgische Größe innerhalb der Eingabeparameter des Black/Scholes-Modells ist die Volatilität anzusehen. Von allen Inputwerten ist die Bedeutung der Volatilität am größten. Deshalb muss der Volatilität besondere Sorgfalt bei ihrer Festlegung gegeben werden. Weicht der theoretische Optionsscheinkurs stark vom Börsenkurs ab, so erweist es sich als zweckmäßig, die in dem Börsenkurs des Optionsscheins zum Ausdruck kommende implizite Volatilität zu errechnen. Die implizite Volatilität sagt aus, welche Schwankung der Markt der zugrunde liegenden Aktie aktuell zumisst. Mit Hilfe einer numerischen Iteration gelangt man zu der impliziten Volatilität. Angesichts der nahezu vollständigen Identität der Kurse in unserem Beispiel kann hier auf die Errechnung der impliziten Volatilität verzichtet werden.

Auf der Basis des Black/Scholes-Modells ist die Quantifizierung weiterer aussagefähiger Kennzahlen zur Optionsscheinbeurteilung möglich. Zu nennen sind das Optionsschein-Delta, das Optionsschein-Gamma, das Optionsschein-Rho, das Optionsschein-Theta, das Optionsschein-Vega und das Optionsschein-Omega.[8] Als Elastizitätsmaße zeigen die genannten Größen die Preisveränderung des Optionsscheins an, die sich bei einer Veränderung der jeweiligen Inputgröße ergibt.

Das Optionsschein-Delta gibt die absolute Veränderung des theoretischen Optionsscheinkurses für den Fall an, dass sich der zugrunde liegende Aktienkurs um eine Einheit verändert. Die Aussage des Optionsschein-Gammas besteht in der Elastizität des Optionsschein-Deltas bezüglich eine Aktienkursänderung um eine Einheit. Wie stark der theoretische Optionsscheinkurs steigt, wenn der im Modell verwendete Zinssatz um einen Prozentpunkt steigt, zeigt das Optionsschein-Rho an. Die Veränderung des Fair Value bei einer Verkürzung der Restlaufzeit um einen Tag wird durch das Optionsschein-Theta angegeben.

Mit Hilfe des Optionsschein-Vegas lässt sich der theoretische Optionsscheinkurszuwachs bei einer Volatilitätserhöhung des Aktienkurses um einen Prozentpunkt abschätzen.

Schließlich eignet sich das Optionsschein-Omega als Hebel (Leverage), der angibt, um wie viel Prozent der Optionsschein bei einem einprozentigen Aktienkursanstieg steigt.

Die Verwendung der Black/Scholes-Formel zur Berechnung theoretischer Optionsscheinkurse sollte vor dem Hintergrund der Kenntnis der Modellprämissen erfolgen. Denn bezüglich der Modellwelt und der Praxis bestehen einige Unterschiede. Dividenden bleiben in der zur Fair Value Berechnung verwendeten Black/Scholes-Formel gänzlich unbetrachtet. Werden dagegen auf die Aktien der DH AG zwischenzeitlich Dividenden gezahlt, so mindern diese den theoretischen Wert des Optionsscheins. Darüber hinaus ist die Black/Scholes-Formel für die Bepreisung europäischer Optionen konzipiert. Bei den in Deutschland gehandelten Aktienoptionsscheinen

---

[8] Die genannten Größen sind im Kapitel über die Optionspreistheorie ausführlich beschrieben.

handelt es sich üblicherweise aber um Optionen amerikanischen Typs. Auch die Prämisse einer Normalverteilung der Renditen, die es erst ermöglicht, die Volatilität als Risikomaß zu verwenden, ist nicht unumstritten.[9]

Angesichts dieser Kritikpunkte können die Fair Value-Werte keinesfalls als 'richtige' Optionsscheinkurse angesehen werden, sondern sie dienen als ungefähre Richtwerte. Die konkreten Optionsscheinpreise bilden sich stets auf der Basis von Angebot und Nachfrage an der Börse.[10] Im Rahmen dieser Preisbestimmung kann das Black/Scholes-Modell Hilfestellungen bei der Preisbeurteilung liefern. Kurseinflussfaktoren wie Stimmungen oder Liquidität werden jedoch nicht abgedeckt. Gerade bei Covered Warrants erweisen sich die Märkte nicht selten als nahezu illiquide, so dass auch dem Gesichtspunkt der Marktliquidität Rechnung getragen werden sollte. Es ist deshalb ratsam, stets eine vollständige Optionsscheinanalyse durchführen, bevor Entscheidungen getroffen werden. Eine Auswahl aufgrund einer einzigen Kennzahl oder auf der Basis des Fair Value, kann zur Nichtbeachtung anderer wesentlicher Kurseinflussfaktoren führen.

7.1.2 Währungsoptionsscheine

Stark angewachsen ist in den letzten Jahren das Segment der Währungs- bzw. Devisenoptionsscheine. Mit Hilfe von Währungsoptionsscheinen können Anleger schon mit kleinen Anlagebeträgen auf die Entwicklung des Wechselkurses ausgewählter Währungen spekulieren. Auch zur Absicherung bestehender Fremdwährungspositionen sind Währungsoptionsscheine geeignet.

Die mit Abstand größte Zahl von Devisenoptionsscheinen bezieht sich auf das Wechselkursverhältnis von EUR zu US-Dollar. Zum einen ist dies mit der dominanten Position der US-Währung im Welthandel erklärlich, woraus sich ein hohes Absicherungsbedürfnis in US-Dollar ergibt. Zum anderen weist der US-Dollar relativ hohe Kursschwankungen auf. Erst die Kursschwankungen machen den US-Dollar als Spekulationswährung attraktiv. Zwar können Währungsoptionsscheine auch in Verbindung mit Währungsoptionsanleihen begeben werde, praktische Bedeutung besitzen allerdings nur die sogenannten 'naked Warrants', die ohne Anleihe emittiert werden.

Ein Call-Währungsoptionsschein verbrieft das Recht, einen festgelegten Fremdwährungsbetrag zu einem bestimmten Basispreis innerhalb eines festgelegten Zeitraums vom Emittenten kaufen zu dürfen. Handelt es sich um einen Put-Währungsoptionsschein, dann besteht ein Verkaufsrecht. Die ganz überwiegende Mehrzahl der Währungsoptionsscheine ist amerikanischen Typs.[11] Das Laufzeitspektrum erstreckt sich von ca. 9 Monaten bis zu maximal 5 Jahren, wobei die ge-

---

9 Eine detaillierte Kritik am Black/Scholes-Modell findet sich im Kapitel über die Optionspreistheorie.
10 Vgl. **König** (1991), S. 28.
11 Vgl. **Savelberg** (1992), S. 37.

bräuchlichste Laufzeit bei einem Jahr liegt. Angesichts ihrer, verglichen mit terminbörslich gehandelten Devisenoptionen, langen Laufzeiten, besitzen Währungsoptionsscheine eine große spekulative Attraktivität. Oft sehen die Optionsscheinbedingungen einen Barausgleich anstatt einer physischen Devisenanlieferung vor. Dabei wird dem Anleger die sich ergebende Differenz zwischen Ausübungspreis und Basispreis gutgeschrieben. Hinsichtlich ihrer Verbriefung greifen Emittenten aus Kostengründen in aller Regel auf Globalurkunden zurück, so dass einzelne Optionsscheine nicht auslieferbar sind.

7.1.2.1 Kennzahlenorientierte Bewertung

Analog dem Vorgehen im Bereich der Aktienoptionsscheine lassen sich Währungsoptionsscheine anhand von Kennzahlen beurteilen. Zunächst bietet sich dabei die Bestimmung des inneren Wertes und des Zeitwertes an. Das praktische Prozedere sei am Beispiel eines US-Dollar Call-Optionsscheins mit den folgenden Daten erläutert (BSP-Optionsschein):

Aktueller USD-Kurs:	1,1430 EUR
Optionsscheinkurs:	3,98 EUR
Bezugskurs pro USD:	1,15 EUR
Bezugsverhältnis:	1:100 USD
Restlaufzeit in Jahren:	1
Jahresvolatilität des USD:	8,5%
USD-Zinssatz:für 1 Jahr:	2,8%
EUR-Zinssatz:für 1 Jahr:	3,8%

Tabelle 7.2: Ausgangsdaten des BSP US-Dollar-Optionsscheins

Ein Optionsschein berechtigt während der Optionsfrist zum Bezug von 100,-- USD zu einem Kurs von 115 EUR, so dass ein einzelner US-Dollar 1,15 EUR kostet. Aus den Daten lässt sich der innere Wert bestimmen:

$$IW_{CB} = (1{,}143 - 1{,}15) \cdot 100 = -0{,}70 \text{ EUR}.$$

Da der innere Wert nicht negativ werden kann, besitzt der betrachtete Währungsoptionsschein einen inneren Wert von Null. Denn im Fall eines unter dem Basispreis liegenden USD-Kurses wird kein Anleger den Optionsschein ausüben, so dass kein Verlust auftritt. Der gesamte Optionsscheinkurs von 3,98 EUR ist dementsprechend als Zeitwert zu interpretieren, d.h. am Markt werden 3,98 EUR pro Optionsschein für die Chance bezahlt, dass der Dollar steigt. Anleger, die den Optionsschein bis zum Ende der Laufzeit behalten wollen, gehen implizit davon aus, dass der Kurs des US-Dollars am Laufzeitende oberhalb von 1,15 + 0,0398 = 1,1898 EUR liegen wird.

Für den Währungsoptionsschein lässt sich der einfache Hebel (Leverage) berechnen, der als Schätzer für die prozentuale Wertentwicklungschance herangezogen werden kann.

$$H_{CB} = \frac{1,1430 \cdot 100}{3,98} \approx 28,72$$

Gemäß dem berechneten Hebel wird der Optionsschein die Kursbewegungen des US-Dollarkurse mit 28,72 facher Stärke begleiten. Typischerweise besitzen Währungsoptionsscheine sehr große Hebel. Offenbar ist der Kapitaleinsatz bei Währungsoptionsscheinen, verglichen mit anderen Optionsscheinformen, besonders gering. In den großen Hebeln kann auch eine Kompensation dafür gesehen werden, dass die Underlyings bei Währungsoptionsscheinen nicht so stark schwanken wie andere Underlyings (z.B. Aktien). Eine genauere Abschätzung des Hebel gelingt, indem die relativen Preisveränderungen des Optionsscheins und des Wechselkurses ins Verhältnis gesetzt werden. Dieses Vorgehen ist aber wiederum nur ex post möglich.

Die Prämien- und Aufgeldberechnung erfolgt ähnlich wie bei Aktienoptionsscheinen. Für den BSP-Währungscall errechnet sich eine Prämie von 4,68 EUR und ein Aufgeld von 4,09%:

$$P_{CB} = 3,98 + (1,15 - 1,143) \cdot 100 = 4,68 \text{ EUR}$$

$$A_{CB} = \frac{4,68}{1,1430 \cdot 100} \approx 4,09\%.$$

Neben den genannten Kennzahlen ist beim Kauf von Währungsoptionsscheinen stets auch auf eine ausreichend lange Restlaufzeit zu achten, da sich der Zeitwertverlust mit abnehmender Restlaufzeit beschleunigt. Besonderes Augenmerk ist zusätzlich auf die Marktliquidität bzw. -gängigkeit der Scheine zu legen. Zu beachten sind dabei das Marktsegment, in dem ein Schein gehandelt wird, das Emissionsvolumen und der Emittent selber. Die Marktliquidität besitzt einen Preiseinfluss, da illiquide Währungsoptionsscheine häufig nur mit einem entsprechenden Kursabschlag verkauft werden können. Es ist in diesem Zusammenhang wichtig zu wissen, ob der Emittent eine Marktpflege betreibt oder die Scheine sich selbst überlässt. Grundsätzlich gilt, dass Währungsoptionsscheine, die im amtlichen Handel oder im geregelten Markt gehandelt werden, über eine höhere Liquidität verfügen als im Freiverkehr gehandelte Scheine.

7.1.2.2 Optionspreistheoretische Bewertung

Auch die Beurteilung von Devisenoptionen und Währungsoptionsscheinen erfolgt mittlerweile auf der Basis von Optionspreismodellen. Als gängiges Modell hat sich dabei das Garman/Kohlhagen-Modell erwiesen, dessen Ansatz eine speziell auf die Verhältnisse von Devisenoptionen zugeschnittene Modifikation des Black/Scholes-Modells darstellt.[12] Der Fair Value für Calls und Puts errechnet sich anhand der folgenden allgemeinen Formeln:

$$OS^{Call} = D \cdot e^{-R_a \cdot t} \cdot N(d_2) - B \cdot e^{-R_i \cdot t} \cdot N(d_1)$$

---

[12] Vgl. die Darstellungen im Kapitel über die Optionspreistheorie.

$$OS^{Put} = D \cdot e^{-R_a \cdot t} \cdot [N(d_2) - 1] - B \cdot e^{-R_i \cdot t} \cdot [N(d_1) - 1]$$

mit: $d_1 = \dfrac{\ln \dfrac{D}{B} + (R_i - R_a - 0,5 \cdot \sigma^2) \cdot t}{\sigma \sqrt{t}}$ und $d_2 = d_1 + \sigma \sqrt{t}$.

Die Symbole bedeuten:

OS^{Call}	=	Callpreis,
OS^{Put}	=	Putpreis,
D	=	Devisenkurs,
B	=	Basispreis der Währung,
R_i	=	inländischer Zinssatz p.a.,
R_a	=	ausländischer Zinssatz p.a.,
e	=	Eulersche Zahl = 2,718281828,
$N(d_i)$	=	Flächeninhalt unter der Verteilungsdichtefunktion der Standard-Normalverteilung,
σ	=	Erwartete Volatilität des Devisenkurses p.a. und
t	=	Restlaufzeit des Optionsscheins in Jahren.

Mittels einfachen Einsetzens lässt sich für die Beispieldaten des CB-Währungsoptionsscheins der Fair Value errechnen:

$$d_{1,CB} = \dfrac{\ln \dfrac{1,143}{1,15} + (0,038 - 0,028 - 0,5 \cdot 0,085^2) 1}{0,085\sqrt{1}} = 0,003317$$

$$d_{2,CB} = 0,088317 + 0,085\sqrt{1} = 0,088317$$

$$OS_{CB}^{Call} = 0,0398.$$

Multipliziert mit der Dollaranzahl pro Optionsschein ergibt sich daraus ein Fair Value von 3,98 EUR je BSP-Währungsoptionsschein, der in unserem Beispielfall genau dem tatsächlichen Kurs des Optionsscheins entspricht. Die größte Bedeutung im Rahmen der Fair Value Bestimmung kommt als Inputvariable der Volatilität zu. Denn die Volatilität muss entgegen den anderen Eingabegrößen prognostiziert werden. Um sich ein Bild über die vom Markt geschätzte Volatilität zu machen, sollte in der Regel die implizite Volatilität bestimmt werden. Dies geschieht durch ein als Iteration bezeichnetes Probierverfahren, da sich die Optionspreisformel nicht nach der Volatilität auflösen lässt. Im Fall des BSP-Optionsscheins entspricht die implizite Volatilität dem angenommenen Wert von 8,5%, weil der auf dieser Grundlage berechnete Fair Value exakt mit dem Kurswert übereinstimmt.

Die implizite Volatilität kann eigenständig als Kennzahl zur Auswahl unter mehreren Währungsoptionsscheinen verwendet werden. Ihr Vorteil besteht in der Unabhängigkeit von absoluten Werten. Mit Hilfe der impliziten Volatilität gelingt es, verschiedene Währungsoptionsscheine in eine optionspreistheoretisch fundierte Reihenfolge zu bringen. Dabei gilt, dass diejenigen Währungsoptionsscheine, welche die geringste implizite Volatilität aufweisen, am attraktivsten sind.[13]

Auf der Basis des Garman/Kohlhagen-Modells lassen sich in Analogie zum Vorgehen des Black/Scholes-Modells weitere Kennzahlen von Währungsoptionsscheinen bestimmen. Insbesondere die adäquate Einschätzung des effektiven Hebels ist unter Verwendung des Deltawertes möglich. Delta (δ) ist die erste Ableitung der Optionspreisformel nach dem Devisenkurs und gibt an, wie stark sich der Optionsscheinwert verändert, falls der Devisenkurs um eine Einheit variiert.

$$\delta^{Call} = e^{-R_a \cdot t} \cdot N(d_2)$$

$$\delta^{Put} = \left[e^{-R_a \cdot t} \cdot N(d_2) \right] - 1$$

Im Beispiel beträgt der Deltawert 0,4875, d.h. bei einem Kursanstieg des USD um einen Pfennig erhöht sich der Fair Value des BSP-Optionsscheins um 0,4875 EUR.[14] Um daraus den Hebel zu bestimmen, muss das Optionsschein-Omega (Ω) berechnet werden.

$$\Omega^{Call} = e^{-R_a \cdot t} \cdot N(d_2) \cdot \frac{D}{OS^{Call}}$$

$$\Omega^{Put} = \left[\left[e^{-R_a \cdot t} \cdot N(d_2) \right] - 1 \right] \cdot \frac{D}{OS^{Put}}$$

Anhand der obigen Formel lässt sich für den BSP-Währungsoptionsschein ein Hebel von 14,00 errechnen:

$$\Omega^{Call} = 0,4875 \cdot \frac{1,1430 \cdot 100}{3,98} = 14,00.$$

Verglichen mit dem oben berechneten einfachen Hebel von 28,72 reduziert sich der Hebel recht deutlich. Der über das Optionsschein-Omega berechnete Hebel kann als realistischer gelten, denn der Optionsscheinkurs macht die Bewegung des Devisenkurses lediglich im Umfang des Deltawertes mit.

---

[13] Vgl. **Linkwitz** (1991), S. 454 f.
[14] Es ist zu bedenken, dass sich ein Optionsschein auf 100,-- USD bezieht.

7.1.3 Indexoptionsscheine

Hinter den Währungsoptionsscheinen nehmen Indexoptionsscheine in Deutschland inzwischen den zweiten Rang bezüglich ihres Begebungsvolumens ein. Angesichts der vom Anleger selbst zu wählenden Stückelung kann ein Engagement in Indexoptionsscheinen schon mit kleinen Beträgen erfolgen. Das Spezifikum von Indexoptionsscheinen besteht in ihrem Underlying. Indexoptionsscheine verbriefen in Form von Sammelurkunden das Recht auf die Zahlung des Differenzbetrages zwischen dem Indexstand im Ausübungszeitpunkt und dem bei der Emission festgelegten Basisindexstand. Indexoptionsscheine beziehen sich in der Praxis durchweg auf Aktienindizes. Als Aktienindex kommen Gesamtmarkt- sowie Branchenindizes in Frage. Da Aktienindizes im Gegensatz zu Aktien oder Währungen nicht physisch lieferbar sind, sehen Indexoptionsscheine stets ein Cash Settlement in Form der Zahlung des Differenzbetrages vor. Die begebenen Indexoptionsscheine sind überwiegend amerikanischen Typs, so dass eine Ausübung jederzeit während der Laufzeit möglich ist. Von den Emittenten wird ein Laufzeitbereich von ca. einem Jahr favorisiert. Da im Gegensatz zu terminbörslich gehandelten Indexoptionen keine Standardisierung erfolgt, sind auch abweichende und insbesondere längere Laufzeiten denkbar. Um eine optische Verbilligung der Indexoptionsscheine herbeizuführen, ist es nicht unüblich, Bruchteile, wie etwa Zehntel oder Hundertstel des Indexstandes, der Differenzzahlung zugrunde zu legen.[15]

Die Begebung von Indexoptionsscheinen erfolgt zumeist in zwei Tranchen, wobei eine Tranche aus Kauf- und die andere Tranche aus Verkaufoptionsscheinen besteht. Dieses Vorgehen ermöglicht dem Optionsscheinemittenten eine Ausschaltung des Kursrisikos, da sich die beiden Tranchen in ihrer Wertentwicklung genau ausgleichen, sofern identische Basispreise gewählt werden. Es verbleibt lediglich das Plazierungsrisiko beim Emittenten.

In Deutschland wird für die meisten Indexoptionsscheine der DAX oder der Dow Jones Euro Stoxx 50 als Underlying gewählt. Indexoptionsscheine auf ausländische Aktienindizes, wie etwa den Standard & Poors 500, den Financial Times 100 oder den Nikkei-Index, sind ebenfalls weit verbreitet.[16] Die Wahl des Index ist insofern wichtig, als nicht nur die Zusammensetzung und damit die Wertentwicklung differiert, sondern auch die Berechnungsmethoden voneinander abweichen.[17] Von den genannten Indizes ist nur der DAX ein Performanceindex, d.h. zwischenzeitlich anfallende Dividendenzahlungen der im DAX enthaltenen Werte werden wieder angelegt und vermindern somit den Indexstand nicht. Reine Kursindizes verlieren demgegenüber bei Dividendenausschüttungen an Wert. Beim Erwerb von Indexoptionsscheinen sollte dieser Umstand berücksichtigt werden.

---

[15] Vgl. **Klein** (1991), S. 75 f.
[16] Ein Überblick über die wichtigsten Aktienindizes in der Welt findet sich bei **Janßen/ Rudolph** (1992), S. 36 ff.
[17] Vgl. **Bleymüller** (1966).

Für Anleger, die auf steigende Marktindizes setzen wollen, bieten sich Index-Calls an, während Index-Puts für solche Anleger interessant sind, die mit sinkenden Aktienkursen rechnen. Werden Indexoptionsscheine zur Absicherung eingesetzt, dann wird mit Hilfe der Indexoptionsscheine eine Gegenposition zu schon bestehenden oder noch aufzubauenden Aktienpositionen eingegangen. Es können auch Stillhalteroptionsscheine erworben werden, wodurch Anleger von dem sich verringernden Zeitwert profitieren.

Hinsichtlich der Bewertung von Indexoptionsscheinen kann auf das Vorgehen im Bereich der Aktienoptionsscheine verwiesen werden. Folglich lassen sich auch bei Indexoptionsscheinen die Kennzahlen innerer Wert, Zeitwert, Hebel, Aufgeld und jährliches Aufgeld errechen. Auch die Bewertung anhand von Optionspreismodellen geschieht bei Indexoptionsscheinen analog zur Aktienoptionsscheinbewertung. Aufgrund des sich nicht stellenden Dividendenproblems bei Optionsscheinen auf Performanceindizes erhöht sich unter Umständen sogar die Realitätsnähe des Black/Scholes-Ansatzes.[18]

7.1.4 Zinsoptionsscheine

Seit Ende der achtziger Jahre sind auch die Zinssätze verstärkt als Underlyings für Optionsscheine ins Blickfeld geraten. Hinter den Währungs- und Indexoptionsscheinen, aber noch vor den Covered Warrants auf Aktien, weisen Zinsoptionsscheine inzwischen das drittgrößte Emissionsvolumen in Deutschland auf.[19] Zinsoptionsscheine ermöglichen es Anlegern, schon mit geringen Anlagebeträgen auf die Zinsentwicklung an diversen Märkten in verschiedenen Ländern zu spekulieren oder Positionsabsicherungen vorzunehmen.

Zinsoptionsscheine beziehen sich auf Anleihen oder Geldmarktzinssätze. Es können sowohl nationale als auch internationale Zinsinstrumente als Underlying gewählt werden. Als Geldmarktzinssätze finden der EURIBOR und der LIBOR Verwendung, wobei sowohl die 3-, als auch die 6-Monatswerte gewählt werden. Im Anleihebereich werden vorwiegend Staatsanleihen als Underlying gewählt. Am deutschen Zinsoptionsscheinmarkt existieren zur Zeit Scheine auf deutsche, amerikanische, englische, französische und italienische Staatsanleihen. Bundesanleihen, Bundesobligationen und Emissionen der Treuhand-Anstalt werden zumeist als deutsches Underlying verwendet.

Obwohl bei Anleihen eine physische Lieferung im Fall der Optionsscheinausübung möglich ist, sehen Zinsoptionsscheine regelmäßig einen Differenzausgleich vor. Besteht das Underlying eines Zinsoptionsscheins in einer Anleihe, dann dient, analog zur Vorgehensweise bei Optionsscheinen auf Aktien, ein bestimmter Anleihekurs als Basispreis. Der Optionsscheininhaber erwirbt durch den Optionsscheinkauf das Recht auf Zahlung des Differenzbetrages zwischen dem Anleihekurs im Ausübungszeitpunkt und dem festgelegten Basispreis. In den überwiegenden Fällen handelt es

---

[18] Allerdings ist der Unterschied zwischen Preis- und Performanceindex zu bedenken.

[19] Siehe CITIBANK Optionsschein Nachrichten vom April 1993.

sich bei Zinsoptionsscheinen um Optionen amerikanischen Typs, so dass eine jederzeitige Ausübung während der Optionsscheinlaufzeit möglich ist. Die Laufzeiten bei der Emission betragen i.d.R. zwischen einem und zwei Jahren.

Wählt der Emittent als Underlying einen Geldmarktzinssatz, wie etwa der 6-Monats-EURIBOR, so wird ein bestimmtes Zinsniveau als Basispreis festgesetzt. Der Optionsscheininhaber besitzt in diesem Fall das Recht auf die Zahlung der Differenz zwischen dem aktuellen Zinssatz im Ausübungszeitpunkt und dem Basiszinsniveau. Die Differenzzahlung könnte pro Optionsschein z.B. auf 100,-- EUR·(9% - 6-Monats-EURIBOR) lauten. Im Fall von Kaufoptionsscheinen spekulieren Anleger auf die positive Differenz zwischen Anleihekurs und Basispreis bzw. aktuellem Geldmarktsatz und Basiszinsniveau. Umgekehrt wird mit Verkaufsoptionsscheinen auf negative Differenzen spekuliert. Sofern nicht andere als Spekulationsmotive zum Kauf von Zinsoptionsscheinen führen, liegt Calls die Erwartung sinkender Zinsen und damit steigender Anleihekurse zugrunde. Puts eignen sich demgegenüber zur Spekulation auf steigende Zinsen.

Zinsoptionsscheine lassen sich auch zu Hedgingzwecken einsetzen. Bestehende Anleiheportfolios können beispielsweise durch den Erwerb einer adäquaten Anzahl von Put-Zinsoptionsscheinen abgesichert werden.

In der unten stehenden Tabelle sind die Daten eines als Beispiel verwendeten Zinsoptionsscheins (Call) angegeben, der den weiteren Berechnungen zugrunde liegen soll. Als Underlying bezieht sich der Zinsoptionsschein auf eine 7,125%-ige Bundesanleihe mit zehnjähriger Restlaufzeit.

Aktueller Kurs 7,125% Bundesanleihe:	103,28
Optionsscheinkurs:	1,90 EUR
Basispreis der Anleihe:	103,-- EUR
Bezugsverhältnis:	1:1
Restlaufzeit in Jahren:	0,903

Tabelle 7.3: Ausgangsdaten des Zinsoptionsscheins

Ein Zinsoptionsschein berechtigt seinen Inhaber demgemäß während der gesamten Laufzeit, vom Emittenten die Kursdifferenz zwischen dem aktuellen Kurs der Bundesanleihe und des Basispreises zu verlangen. Aus den Daten lassen sich die bekannten traditionellen Kennzahlen errechnen.

Innerer Wert: $103,28 - 103 = 0,28$ EUR   Zeitwert: $1,90 - 0,28 = 1,62$ EUR

Hebel: $\frac{103,28}{1,90} = 54,36$ Aufgeld: $\frac{1,90 + 103 - 103,28}{103,28} = 1,57\%$

Auffällig an den Kennzahlen ist einerseits der große Hebel und andererseits das niedrige Aufgeld des Beispiel-Zinscalls. Angesichts der im Vergleich zu Aktien zumeist geringeren Schwankungen von Anleihekursen ist es nachvollziehbar, dass i.d.R. nur solche Zinsoptionsscheine attraktiv erscheinen, die einen großen Hebel aufweisen und somit schon auf geringe Kursbewegungen stark reagieren bzw. ein hohes Delta aufweisen. Umgekehrt sind Anleger aufgrund der relativ geringen Volatilität der Anleihekurse nicht bereit, hohe Aufgelder bei Zinsoptionsscheinen zu akzeptieren. Für die Wertentwicklung von Zinsoptionsscheinen gelten die in Tabelle 7.4 dargestellten Zusammenhänge.

Durch die Anwendung von Modellen zur Bewertung von Anleiheoptionen lassen sich auch theoretische Kurswerte für Zinsoptionsscheine errechnen, worauf an dieser Stelle aber verzichtet wird.[20]

Eine Zunahme	löst c. p. folgende Kursreaktion aus:	
	Zins-Call	Zins-Put
des Bezugskurses	⇩	⇧
des aktuellen Anleihekurses	⇧	⇩
des Anleihekupons	⇩	⇧
der Geldmarktzinsen	⇧	⇩
der Restlaufzeit und	⇧	⇧
der Volatilität	⇧	⇧

Tabelle 7.4: Einflussfaktoren auf Zinsoptionsscheine

Wie schon bei den zuvor genannten Arten von Optionsscheinen so ist auch bei Zinsoptionsscheinen die Betrachtung des Emittenten und des Marktsegments wichtiger Bestandteil einer Analyse. Denn auch Zinsoptionsscheine sehen sich mit der Gefahr einer geringen Marktliquidität konfrontiert, die preisbeeinflussend sein kann. Darüber hinaus muss bedacht werden, dass die Underlyings bei Zinsoptionsscheinen sehr unterschiedlich sind. Kurz- und langfristige Zinssätze verhalten sich keineswegs immer gleichartig, wie aus der Erörterung der Zinsstrukturkurve im Kapitel über Anleihen deutlich geworden ist. Deshalb kann das Kursverhalten von Zinsoptionsscheinen auf Geldmarktzinsen erheblich vom Kursverhalten von Zinsoptionsscheinen auf Kapitalmarktzinsen abweichen.

7.1.5 Sonstige Optionsscheine

Die Innovationsdynamik an den Kapitalmärkten hat gerade auch im Optionsscheinbereich in den letzten Jahren zu vielen neuen Produktvarianten geführt. Neben den beschriebenen Optionsscheinformen, die sich im Wesentlichen hinsichtlich ihrer Underlyings unterscheiden, existieren noch weitere Formen von Optionsscheinen. Aufgrund ihrer Ausstattungsmerkmale werden sie vielfach als exotische Optionen bezeichnet. Die z.T. sehr eigenwillig anmutenden Konstruktionen rechtfertigen diese Produktbezeichnung. Der Umfang der verbrieften Rechte weicht von dem Rechteumfang bei herkömmlichen Optionsscheinen mitunter erheblich ab. Damit wird es dem Investor ermöglicht, seine individuellen Markterwartungen über spezifische Chance-

---

20 Siehe dazu die Darstellungen der Bepreisung von Zins- bzw. Anleiheoptionen im Kapitel über die Optionspreistheorie.

Risiko-Profile umzusetzen. Der Kreativität, mit der Emissionshäuser innovative Produkte hervorbringen, scheinen dabei keine Grenzen gesetzt. Gerade von kleineren Emissionshäusern werden solche Innovationen als Marketing-Instrument benutzt, um ihre Kompetenz in diesem Bereich unter Beweis zu stellen. Dieser enorme Variationsreichtum macht eine vollständige Systematisierung kaum möglich. Erschwerend kommt hinzu, dass die meisten exotischen Optionen auf dem internationalen OTC-Markt gehandelt werden und damit aufgrund der individuellen Gestaltungsmöglichkeit außerbörslicher Geschäfte keine einheitliche Namensgebung für äquivalente Vertragsformen existiert. Grundsätzlich lassen sich die Optionsvarianten jedoch nach **Pfadunabhängigkeit** und **Pfadabhängigkeit** unterscheiden. Unter der Pfadunabhängigkeit einer Option versteht man die Eigenschaft, dass ihr Auszahlungsbetrag ausschließlich vom Kursniveau des Underlyings zum Fälligkeitszeitpunkt abhängt. Ein Vertreter dieser Kategorie ist auch der Standard-Optionsschein europäischen Typs. Die komplementäre Gruppe der pfadabhängigen Verträge ist zudem von der Kursentwicklung des Underlyings während der Vertragslaufzeit abhängig. Dazu gehört auch der Standard-Optionsschein in der amerikanischen Version. Eine zusätzliche Klassifizierung kann anhand der Anzahl der zugrundeliegenden Basisobjekte vorgenommen werden. Die Übersicht in Tabelle 7.5 fasst verschiedene bekannte Vertreter jeder Kategorie zusammen, welche im Folgenden auch kurz erläutert werden.

	Pfadunabhängige Warrants	Pfadabhängige Warrants
Warrants auf einen Basiswert	Capped-Warrants Power-Warrants Range-Warrants	You-Choose-Warrants Look-Back-Warrants Barrier-Warrants
Warrants auf mehrere Basiswerte	Best-of-Two-Warrants Worst-of-Two-Warrants Spread-Warrants Outperformance-Warrants Basket-Warrants	Mischformen

Tabelle 7.5: Übersicht exotischer Optionen

7.1.5.1 Pfadunabhängige Warrants

a) Capped-Warrants

Im Rahmen der Begebung von Capped-Warrants werden üblicherweise Aktienindizes als Underlying gewählt. Andere Underlyings, wie z.B. Währungen oder Aktien, sind aber denkbar. Charakteristisch für Capped-Call-Warrants ist die bei Emission festgelegte maximale Gewinnhöhe. Überschreitet beispielsweise der zugrunde liegende Aktienindex die festgelegte Obergrenze (engl. Cap), so nimmt der Optionsschein an den oberhalb der Grenzmarke liegenden Gewinnen nicht teil. Capped-Warrants eignen sich damit speziell für Anleger, die eher von einer verhaltenen Kursbewegung ausgehen.

Häufig begeben Emittenten zeitgleich Put- und Call-Tranchen. Auch die Capped-Put-Warrants, gelegentlich auch als Floor-Warrants bezeichnet, sind dabei mit einer Grenzmarke ausgestattet, bei deren Unterschreiten dem Put-Inhaber lediglich die festgelegte maximale Differenz gezahlt wird. Die i.d.R. 2 - 5 Jahre laufenden Capped-Warrants werden meistens als europäische Optionen kreiert.[21]

Ihren besonderen Reiz beziehen Capped-Warrants aus dem Umstand, dass der gleichzeitige Erwerb von Call- und Put-Tranche zu einem sicheren Endwert im Verfallzeitpunkt führt. Dabei muss der Basispreis des einen Optionsscheins gerade der festgelegten Wertober- bzw. Wertuntergrenze des jeweils anderen Scheins entsprechen. Die gewöhnlich bei Optionsscheinen auftretenden Kursrisiken sind damit ausgeschlossen. Insofern ist der Vergleich mit einem Zerobond angebracht.[22] Für diesen Fall hat der Bundesminister der Finanzen inzwischen verfügt, dass die sicheren Kursgewinne wirtschaftlich als Zins zu interpretieren sind und somit der Versteuerung unterliegen.[23]

b) Power-Warrants

Power-Optionsscheine wurden erstmals 1995 von Trinkaus & Burkhardt emittiert und haben sich seitdem insbesondere im Devisenbereich zu einem festen Segment etabliert. Im Gegensatz zum Standard-Optionsschein bezahlen sie bei Fälligkeit den quadrierten inneren Wert des ansonsten identischen Vertrags aus. Ähnlich wie bei Capped-Warrants ist auch hier der Auszahlungsbetrag in der Regel auf eine bestimmte Gewinnhöhe begrenzt.

Aufgrund der maximalen Gewinnhöhe reagieren Power-Warrants bei längerer Optionslaufzeit nur mäßig auf Kursänderungen im Underlying. Ihr spekulativer Charakter kommt erst bei Laufzeitende zum Vorschein. Hier ist die Sensitivität des Optionsscheins in dem Kursintervall zwischen Basispreis und der festgelegten Obergrenze besonders hoch.

c) Range-Warrants

Der Terminus Range-Warrant, auch Korridor-Optionsschein genannt, steht als Sammelbegriff für mehrere Vertragsvariationen, die in der Regel auf Devisen oder Indizes begeben werden. Allgemein führen diese Spezifikationen zu einer Auszahlung, sofern sich der Kurs des Underlyings innerhalb einer Kursunter- und Kursobergrenze, also einer Bandbreite (engl. Range) bewegt. Der Anleger partizipiert somit von einer anhaltenden Seitwärtsbewegung im Markt.

Bei einem Single-Range-Warrant wird an jedem Tag, an dem das Underlying innerhalb einer vorgegebenen Range notiert, ein fixer Betrag gutgeschrieben. Üblicherweise werden die Gutschriften kumuliert und am Ende der Vertragslaufzeit vom Emittenten ausbezahlt.

Ein Dual-Range-Warrant besitzt dieselben Vertragsspezifikationen wie die Single-Range-Variante, mit der zusätzlichen Eigenschaft, dass an jedem Tag, an dem das Underlying außerhalb der vorgegebenen Range notiert, ein Betrag in gleicher Höhe das Auszahlungskonto belastet. Der Optionsschein ist damit billiger zu erwerben als sein Pendant, stellt allerdings die riskantere

---

21 Vgl. **Klein** (1991), S. 78.
22 Vgl. **Janßen/Rudolph** (1992), S. 127.
23 Siehe BStBl. 1993 IV B 4, S. 343.

Anlageform dar. Weiterhin existieren noch sogenannte Multi-Korridor-Warrants, die auf mehreren ineinander verschachtelten Bandbreiten basieren.[24]

7.1.5.2 Pfadabhängige Warrants

a) You-Choose-Warrants

Als Underlying für You-Choose-Warrants werden i.d.R. Aktienindizes verwendet. Die Besonderheit der You-Choose-Warrants besteht in der zeitlich befristeten Wahlmöglichkeit des Optionsscheininhabers, ob es sich vom Charakter her um einen Call- oder einen Put-Optionsschein handeln soll. Eine solche Spezifizierung profitiert von zunehmenden Kursschwankungen des Underlyings oder sogar von einer möglichen Trendänderung und ähnelt damit der Charakteristik einer Spread-Option. Die einmalige Wahlmöglichkeit hat dabei keinen Einfluss auf die weiteren Ausstattungsmerkmale des Optionsscheins, der im Anschluss an die Wahlfrist als normaler Standard-Optionsschein eingestuft werden kann. Insbesondere der Basispreis und die Optionsfrist bleiben von der Wahl unberührt.

Während die konventionelle Variante von identischen Basispreisen für den noch zu wählenden Call- oder Put-Optionsschein ausgeht, wird beim Complex-Chooser-Warrant diese Restriktion aufgehoben und auch unterschiedliche Basispreise zugelassen.

b) Look-Back-Warrants

Look-Back-Warrants räumen ihren Inhabern das Recht ein, den während der gesamten Optionslaufzeit günstigsten Kurs als Basispreis zu wählen. Es kann auch eine engere Frist für den zu wählenden Kurs festgelegt werden. Bei einem Call-Look-Back-Warrant wird der Anleger den niedrigsten Kurs wählen, während bei einem Put-Look-Back-Warrant der höchste Kurs präferiert wird. Diese Konstruktion hat den Vorteil, dass der Optionsschein nie aus dem Geld notiert, was jedoch mit einer höheren Prämie bezahlt werden muss. Look-Back-Warrants werden üblicherweise als europäische Optionen konzipiert. Als Underlyings sind wiederum Aktienindizes die beliebtesten Instrumente.

Eine geringfügige Abweichung zu sogenannten Market-Timing-Warrants besteht dahin gehend, dass bei letztgenannten nicht der günstigste Basispreis der Optionslaufzeit gewählt werden kann, sondern dass unter Basispreisen gewählt werden kann, die an bei der Emission festgelegten Zeitpunkten während der Optionsscheinlaufzeit Gültigkeit haben.

c) Barrier-Warrants

Die auch unter dem Namen Grenzwert- oder Schwellenoptionen bekannten Barrier-Warrants lassen sich grundsätzlich danach unterscheiden, ob nach Erreichen einer vorgegebenen Kursschranke die Rechte eines Standard-Optionsscheins aktiviert (Knock-In-Warrant) oder eliminiert

---

[24] Vgl. **Beike/Potthoff** (2000), S. 126 ff.

(Knock-Out-Warrant) werden. Je nachdem, ob die festgelegte Schranke oberhalb oder unterhalb des aktuellem Underlyingkurses notiert, differenziert man weiterhin zischen Up- bzw. Down-Versionen. Zusammen mit dem Optionsscheingrundtypus Call oder Put erhält man durch Kombination der verschiedenen Ausprägungen acht Arten von Barrier-Warrants.[25]

Bei Down-And-In-Calls (-Puts) lebt der Call-Optionsschein (Put-Optionsschein) erst auf, sobald das Underlying einen bestimmten vorher festgelegten Wert unterschreitet. Umgekehrt erlischt im Fall von Down-And-Out-Calls (-Puts) der Call-Optionsschein (Put-Optionsschein), sobald die festgelegte Untergrenze unterschritten wird.[26] Analoge Positionen gelten im Falle einer Kursschranke oberhalb dem aktuellen Underlyingkurs für die Up-Varianten. Die Basispreise und die Ausübungsfristen liegen bei der Emission fest.

Infolge der zusätzlichen restriktiven Rechte notiert ein Barrier-Optionsschein stets günstiger als der entsprechende Standardoptionsschein. Durch den geringeren Kapitaleinsatz kann der Investor eine deutlich höhere Performance erzielen.

Die Optionsscheine können zusätzlich mit Money-Back-Elementen ausgestattet sein. Dabei wird dem Käufer ein festgelegter Geldbetrag, eine sogenannte Rebate, zurückerstattet, sofern das Optionsrecht bei der Knock-Out-Variante vorzeitig erlischt oder bei der Knock-In-Variante während der Laufzeit nicht aktiviert wurde. Ein Beispiel hierfür sind sogenannte Mini-Premium-Warrants.

7.1.5.3 Warrants auf mehrere Basiswerte

a) Best-of-Two- und Worst-of-Two-Warrants

Im Gegensatz zu den vorherigen Optionsscheinen wird hier auf zwei Basiswerte Bezug genommen. Als Underlying kommt dabei primär der Aktienbereich in Frage. Ein Best-of-Two-Call-Optionsschein berechtigt zum Erhalt der Aktie mit der höheren prozentualen Veränderung gegenüber dem Bezugskurs. Entsprechend setzt die Put-Variante auf die höhere negative Veränderung. Ein Worst-of-Two-Warrant bezieht sich dagegen bei Fälligkeit auf das Underlying mit der kleineren prozentualen Veränderung gegenüber dem Bezugskurs. Die Optionsscheine unterliegen dabei den Restriktionen einer europäischen Option und gehören somit zur Gattung der pfadunabhängigen Optionen.

Best-of-Two-Warrants notieren stets über dem Preis der beiden Einzeloptionen, da sich der Investor damit den besseren der beiden Titel sichert. Analog dazu ist der Optionspreis des Worst-of-Two-Warrants dementsprechend geringer. Der Anleger profitiert hier allerdings nur bei einer positiven Entwicklung beider Basiswerte.

---

25 Vgl. **Steinbrenner** (2000), S. 306 ff.
26 Vgl. **Cox/Rubinstein** (1985), S. 408 f.

b) Spread- und Outperformance-Warrants

Beide Optionsverträge beziehen sich auf zwei Basiswerte. Während beim Spread-Warrant der absolute Unterschied in der Entwicklung der Basiswerte zur Ermittlung des Optionswertes herangezogen wird, ist beim Outperformance-Optionsschein der relative Unterschied, d. h. die prozentuale Besserentwicklung des einen über den anderen Basiswert, entscheidend. Der Anleger partizipiert damit in jedem Fall an der unterschiedlichen Entwicklung beider Underlyings. Je nachdem, ob der Warrant dabei als Call oder Put emittiert wird, profitiert er von einer Ausweitung bzw. Reduktion der Kursdifferenz.

c) Basket-Warrants

Basket-Optionsscheine beziehen sich auf ein Portfolio, bestehend aus einer Mischung von Basiswerten, wobei es sich i.d.R. um Aktien handelt. Die Zusammensetzung eines solchen Korbs (engl. Basket) ist zumeist themen-, branchen- oder länderspezifisch ausgerichtet. Der Basket-Warrant notiert dabei stets billiger als die Summe der entsprechenden einzelnen Optionsscheine. Eine positive Entwicklung tritt allerdings nur ein, falls sich im gesamten Basket ein einheitlicher Trend abzeichnet. Jedoch besteht bei Basket-Optionsscheinen ein gewisser Diversifikationseffekt, da der Anleger dem Risiko einzelner Underlyings nicht so stark ausgesetzt ist. Gerade dieser Effekt erschwert jedoch die Bewertung solcher Basket-Warrants, da die Beziehungen der Einzelrisiken untereinander, ausgedrückt durch die entsprechenden Korrelationen, mit zu berücksichtigen sind.

7.2 Sonstige Anlageinstrumente

7.2.1 Genussscheine

Bei Genussscheinen handelt es sich um hybride Anlageinstrumente, die eine Zwischenstellung zwischen Aktien und Anleihen einnehmen.[27] In der Schweiz sind Genussscheine auch unter dem Namen Partizipationsscheine bekannt. Hinsichtlich der Ausstattung von Genussscheinen besteht eine große Flexibilität, da keine gesetzlichen Vorschriften diesbezüglich existieren. Ob Genussscheine eher als aktienähnlich einzustufen sind, oder eher als anleiheähnlich, hängt maßgeblich von der konkreten Ausgestaltung der Emissionsbedingungen ab. Genussscheine besitzen Eigenkapitalcharakter, falls die Genussscheininhaber eine Verlustbeteiligung besitzen, an den stillen Reserven und am Liquidationserlös des Unternehmens beteiligt sind. Hinzu kommt eine zeitlich unbefristete Kapitalüberlassung. Allerdings müssen nicht alle der genannten Kriterien gleichzeitig erfüllt sein, um einen Genussschein dem Eigenkapital zurechnen zu können. Die Beteiligung am Liquidationserlös ist beispielsweise bei sämtlichen deutschen Genussscheinen ausgeschlossen. Dennoch gibt es am Markt Genussscheine, die nach Maßgabe ihrer Vertragsausgestaltung als Eigenkapital qualifiziert werden müssen.

---

[27] Einen guten Überblick über Genussscheine und den deutschen Genussscheinmarkt gibt die

Genussscheine sind in keinem Fall mit den üblichen Mitgliedschaftsrechten bei Unternehmen ausgestattet. Deshalb besitzen Genussscheine kein Stimmrecht und berechtigen auch nicht zur Teilnahme an der Haupt- oder Gesellschafterversammlung.

Die meisten in Deutschland gehandelten Genussscheine sind allerdings als Fremdkapital zu qualifizieren und stehen somit als Anlageinstrument den Anleihen näher.[28] Denn eine Beteiligung der Genussscheininhaber an den stillen Reserven und am Liquidationserlös des Unternehmens wird regelmäßig ausgeschlossen. Zwar sind unbefristete Laufzeiten bei Genussscheinen keine Ausnahme, jedoch räumen sich die Emittenten jeweils Kündigungsrechte ein. Bisweilen steht auch den Genussscheininhabern ein Kündigungsrecht zu.

Im Unterschied zu Anleihen ist die Verzinsung von Genussscheinen an die Gewinnsituation des Emittenten gebunden. Allerdings sind Genussscheine häufig mit einer jährlich garantierten Mindestverzinsung ausgestattet. Ansonsten kann die Verzinsung von der Dividendenhöhe oder einer vorher festzulegenden Kapitalrendite des Unternehmens abhängig gemacht werden.

Im Gegensatz zu Anleihen werden bei Genussscheinen keine Stückzinsen gezahlt. Der Genussscheinbesitzer, der im Ausschüttungszeitpunkt im Besitz des Genussscheins ist, bekommt die gesamte Ausschüttung. Deshalb sammeln Genussscheine die Stückzinsen pro rata temporis während des Jahres an. Genussscheine notieren somit inklusive ihrer Ausschüttungen. Diese Art der Notierung wird als 'Flat-Notierung' bezeichnet. Es können sich durch die Flat-Notierung steuerliche Vorteile gegenüber Anleihen ergeben, da die Stückzinsen als Kursgewinne anfallen. Aus Gründen der Steuerlastminimierung bietet sich deshalb ein Genussscheinerwerb im Anschluss an die Ausschüttung an. Durch rechtzeitigen Verkauf vor der nächsten Ausschüttung lassen sich die angesammelten Stückzinsen als Kursgewinne steuerfrei vereinnahmen.[29] Die Ausschüttung erfolgt bei Genussscheinen i.d.R. nicht nach dem Geschäftsjahr, sondern nach der Hauptversammlung oder der Verwaltungsratssitzung, die den Gewinn und die Dividende feststellt.

Stark in Anspruch genommen wird das Instrument der Genussscheine von Bankhäusern als Emittenten. Industrieunternehmen bilden eher die Ausnahme. Die Attraktivität des Genussscheininstruments für Banken erklärt sich durch die Anerkennung von Genussscheinkapital als Eigenkapital. (sog. Ergänzungskapital). Auch steuerliche Motive machen die Emission von Genussscheinen als Alternative zur Aktienemission für Emittenten attraktiv. Da das Genussscheinkapital i.d.R. als Fremdkapital ausgestaltet ist, können die Ausschüttungen als Betriebsausgaben vom zu versteuernden Gewinn abgezogen werden. Auch im Hinblick auf die Gewerbe- und Vermögensteuer ergeben sich Vorteile.

Commerzbank. Siehe **Commerzbank** (Hrsg.) (1993), S. 3 ff.

[28] Die Commerzbank stuft 83,8% der am Markt befindlichen Emissionen als rentenähnlich ein. Vgl. **Commerzbank** (Hrsg.) (1993), S. 7.

[29] Vgl. **o.V.** (1993), S. 17.

Insgesamt führt der Genussscheinmarkt in Deutschland eher ein Schattendasein. Nur in wenigen großen Emissionen findet ein Handel mit zufriedenstellender Marktliquidität statt.

Die einheitliche Bewertung von Genussscheinen wird durch die sehr unterschiedliche Vertragsgestaltung erschwert. Deshalb muss je nach Genussschein eine genaue Analyse der Genussscheinbedingungen erfolgen. Auf dieser Basis sind dann die zukünftigen Zahlungsströme zu bestimmen bzw. zu schätzen, die sich aus dem Genussschein ergeben. Im Anschluss daran lassen sich mit Hilfe von Present Value Bestimmungen Marktwerte für Genussscheine ableiten. Nützliche Bewertungshinweise vermag auch die Optionspreistheorie zu geben, da hinsichtlich der zukünftigen Zahlungsströme Unsicherheit besteht. Besonders bei Emissionen, die eine Verlustbeteiligung vorsehen, erweist sich die Bewertung als kompliziert. Da Genussscheine je nach vertraglicher Ausgestaltung sowohl aktienähnliche als auch anleiheähnliche Bestandteile enthalten, kann auch mit Hilfe der Duplizierungsmethodik eine Bewertung herbeigeführt werden.[30]

Bei der Beurteilung von Genussscheinen darf nicht außer acht gelassen werden, dass hinsichtlich des Bonitätsrisikos des Emittenten größere Vorsicht geboten ist als bei Anleihen. Ursächlich dafür ist die nachrangige Stellung der Genussscheine gegenüber Anleihen. Auch sollte die Marktenge der meisten Genussscheine mit ins Kalkül gezogen werden. Schließlich können Kündigungen seitens des Emittenten für den Anleger zu ungeplanten Situationen führen. Da die Genussscheinbedingungen sehr unterschiedliche Kündigungsfristen vorsehen, erfordert auch dieser Aspekt eine genaue Vertragskenntnis.

7.2.1.1 Wandelgenussscheine

Wandelgenussscheine erfreuen sich in den letzten Jahren gerade bei Banken als Emittenten immer größerer Beliebtheit. Um die Attraktivität, und damit den Absatz von Genussscheinen an Anleger zu erleichtern, statten Banken seit einigen Jahren ihre Genussscheinemissionen häufig mit Wandel- bzw. Optionsrechten aus. Durch die Beifügung derartiger Zusatzrechte steigt die Attraktivität der Genussscheine. Dies scheint notwendig zu sein, da Anleger das Anlageinstrument Genussschein aufgrund seiner geringen Standardisierung offenbar als unattraktiv einschätzen. Allein der Informationsaufwand wirkt auf viele Anleger abschreckend.

Hinsichtlich der Genussscheinausstattung ergeben sich keine prinzipiellen Unterschiede zu den oben dargestellten Ausgestaltungsmerkmalen. Mithin stehen die Wandelgenussscheine in ihrer Nachrangigkeit hinter den Anleihen und vor den Aktien. Es handelt sich überwiegend um Gläubigerpapiere. Eine Teilnahme am Unternehmensverlust kann in Form der Nennwertsenkung erfolgen, wobei Wiederauffüllungsansprüche die Regel sind. Die Ausschüttungen sind häufig an die Dividende geknüpft, jedoch sind Mindestverzinsungen üblich. Nur im Fall eines nicht zur Ausschüttungszahlung ausreichenden Gewinns kommt eine Ausschüttungsminderung in Frage.

---

[30] Vgl. **Kanders** (1991), S. 59 ff.

Die jeweils zeitlich befristeten Wandelgenussscheine besitzen durch das Wandlungsrecht einen spekulativen Anreiz. Das Wandlungsrecht entspricht von seiner Ausgestaltung her dem Wandlungsrecht bei Wandelanleihen. Der Inhaber von Wandelgenussscheinen hat somit innerhalb einer bei Emission festgelegten Frist das Recht, seine Wandelgenussscheine in einem bestimmten Verhältnis gegen die Zahlung des Wandlungspreises in Aktien der Emittentin umzutauschen. Nach erfolgtem Umtausch besitzt der Anleger junge Aktien und die damit verbundenen Teilhaberrechte.

Der Genussscheinteil des Wandelgenussscheins kann mit Hilfe der Present Value Methode bewertet werden. Da hinsichtlich der zukünftigen Zahlungen Unsicherheit besteht, sollte eine dementsprechende Abzinsungsrate gewählt werden. Der dabei errechnete Present Value stellt die Wertuntergrenze des Wandelgenussscheins dar. Das Umtauschrecht besitzt einen eigenständigen Wert, der von dem aktuellen Börsenkurs der Aktien abhängt. Je höher der Aktienkurs liegt, desto wertvoller ist c.p. das Wandlungsrecht. Für das Wandlungsrecht lässt sich ein rechnerischer oder innerer Wert gemäß dem folgenden Ausdruck bestimmen:

$$K_{WR,t} = \frac{a(K_{A,t} - Z_t)}{w}$$

mit: $K_{WR,t}$ = Wert des Wandlungsrechts,
a = Anzahl der Aktien,
$K_{A,t}$ = aktueller Aktienkurs,
Z_t = Zuzahlung bei Wandlung,
w = Anzahl der Wandelgenussscheine.

Der Marktpreis von Wandelgenussscheinen wird theoretisch dem höheren der beiden Werte entsprechen. Liegt die Wandlungsfrist allerdings weit in der Zukunft, dann dominiert zunächst der Present Value des Wandelgenussscheins seinen Marktwert. Im Unterschied zu Wandelanleihen weisen Wandelgenussscheine ein größeres Risiko auf, das sich aus der Nachrangigkeit und der Ausschüttungsgestaltung ergibt. Im Rahmen der Present Value-Berechnung ist diesem Risiko in Form des Kalkulationszinses Rechnung zu tragen. Da das Wandlungsrecht eine Option darstellt, kann auch die Optionspreistheorie zur Bewertung eingesetzt werden. Auf diese Weise lässt sich ein Zeitwert für das Umtauschrecht quantifizieren.[31]

Eine Gefahr für den Wert des Umtauschrechts besteht für Inhaber der Wandelgenussscheine in zwischenzeitlich stattfindenden Kapitalerhöhungen des Emittenten. Deshalb ist darauf zu achten, dass die Wandelgenussscheine mit ausreichendem Verwässerungsschutz ausgestattet sind.

7.2.1.2 Optionsgenussscheine

Die gleichen Gründe, die zur Begebung von Wandelgenussscheinen geführt haben, nämlich die

---

[31] Vgl. **Beilner/Mathes** (1990a), S. 146 ff., **Beilner/Mathes** (1990b), S. 278 ff.

Attraktivitätserhöhung des Anlageinstruments Genussschein, sind auch ausschlaggebend für die Emission von Optionsgenussscheinen. Waren Wandelgenussscheine verwandt mit Wandelanleihen, so sind Optionsgenussscheine verwandt mit Optionsanleihen. Denn Optionsgenussscheine lassen sich wie Optionsanleihen in zwei separat handelbare Teile trennen. Zum einen der Genussscheinteil, der je nach konkreter Ausgestaltung wie andere Genussscheine zu bewerten ist. Zum anderen die Optionsscheine, die nach ihrer Trennung von den Genussscheinen wie ganz gewöhnliche Optionsscheine an der Börse gehandelt werden. Somit gelten für die Optionsscheine, die sich jeweils auf Aktien des Optionsgenussscheinemittenten beziehen, die gleichen Aussagen hinsichtlich ihrer Bewertung, wie sie eingangs des Abschnitts über Aktienoptionsscheine getroffen worden sind.

Durch die Möglichkeit zur Trennung ergeben sich für Optionsgenussscheine drei Notierungen. Die Optionsgenussscheine werden komplett notiert, der Genussscheinteil wird separat notiert und der Optionsschein wird separat notiert. Nach der Emission ergibt sich für Anleger bei Optionsgenussscheinen folglich kein Unterschied zu anderen Genussscheinen. Beide Teile der Emission sind separat zu bewerten und besitzen auch im Paket keinen höheren Wert als die Summe der beiden Teile.

7.2.2 Indexanleihen

Zu den Finanzinnovationen der letzten Jahre zählen auch Indexanleihen, die im angelsächsischen Sprachgebrauch als Index-Linked-Notes bezeichnet werden. Unter Index-Linked-Notes werden Anleihen verstanden, deren Verzinsung an einen Index geknüpft ist. Als Indizes kommen in besonderem Maße Aktienindizes zum Einsatz.[32] Einheitliche Konstruktionsmerkmale bestehen bei den am Markt befindlichen Anleihen allerdings nicht. Deshalb werden zwei verschiedene Kreationen von Indexanleihen exemplarisch vorgestellt.

Eine Verknüpfung von Anleiherendite und Indexstand ist z.B. in der Weise möglich, dass die Anleiherendite mit jedem Indexpunkt angehoben wird, der sich in einem bestimmten Kursbereich bewegt. Beispielhaft für eine solche Konstruktion waren die sog. MEGA-Zertifikate der Deutschen Bank, die sich auf den DAX bezogen. Dabei waren die beiden angebotenen Anleihen mit einer garantierten Mindestverzinsung in vergleichsweise geringer Höhe ausgestattet. Die Zinsen wurden nicht während der Laufzeit, sondern im Tilgungszeitpunkt ausbezahlt, so dass es sich insoweit um einen Zerobond handelte. Der garantierte Zins wurde bezahlt, falls der DAX im Tilgungszeitpunkt unter einem bestimmten Stand, hier 1.575 Punkten, lag. Bei einem darüber liegenden DAX-Stand wurde die Anleiherendite gemäß einer Formel aufgestockt. Diese Renditeaufstockung beschränkte sich auf den Indexbereich von 1.575 bis 2.500. Ab einem bestimmten Indexstand, hier 2.500 DAX Punkte, wurde folglich eine fixe Maximalrendite gezahlt. Im Schaubild stellt sich der Renditeverlauf dann folgendermaßen dar:

---

[32] Es gibt auch Indexanleihen, die z.B. an die Inflationsrate gekoppelt sind, Vgl. **Bodie** (1990), S. 48 ff.

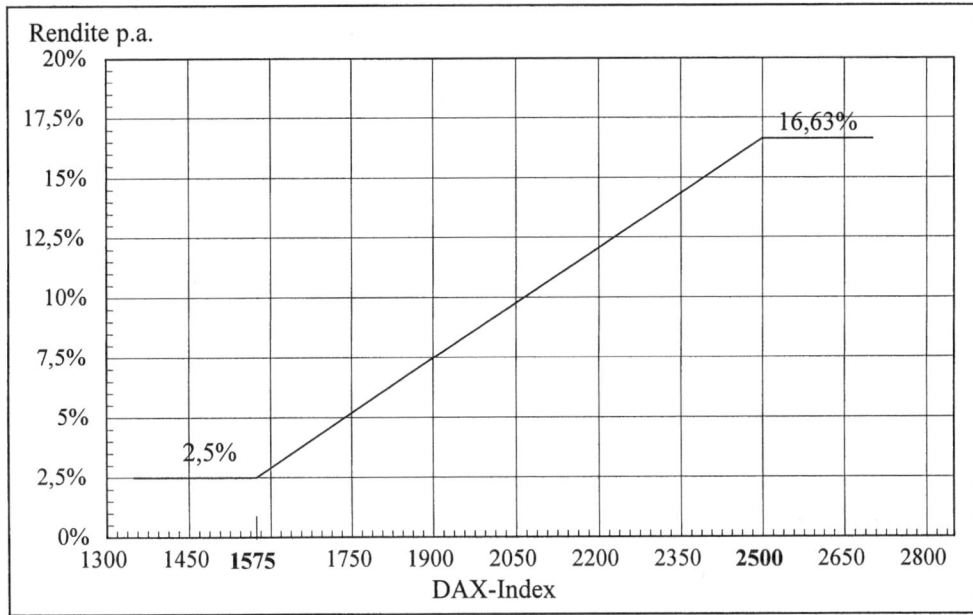

Abbildung 7.3: Renditeverlauf des MEGA-Zertifikats in Abhängigkeit des DAX

Der Wertverlauf ist offenbar maßgeblich von dem Indexverlauf des DAX abhängig. Deshalb eignete sich diese Anleihekonstruktion nur für Anleger, die auf einen stark steigenden DAX spekulieren wollten und sich der Gefahr einer geringen Rendite bewusst waren.

Index-Linked-Notes sind ein gutes Beispiel für zusammengesetzte Anlageformen (Composite Assets). Denn durch die Aufspaltung (Stripping bzw. Unbundling) des Instruments in seine Einzelbestandteile zeigt sich, dass Composite Assets aus mehreren einzelnen Anlagebausteinen zusammengesetzt sind. Der Vorgang des Verknüpfens bzw. Zusammensetzens verschiedener Instrumente zu einer neuen Anlageform wird als 'Bundling' bezeichnet.[33]

Für die Bewertung von Index-Linked-Notes ist die Kenntnis der Zerlegbarkeit des Instruments bedeutsam. Denn durch die Bewertung der einzelnen Anleihe-Komponenten und anschließende Addition lassen sich theoretische Marktwerte bestimmen. Dies gilt auch für die MEGA-Zertifikate. Ein MEGA-Zertifikat ließ sich nämlich zerlegen in einen Zerobond, eine DAX-Kaufoption mit Basis 1.575 und eine verkaufte DAX-Kaufoption mit Basis 2.500. Alle drei Komponenten lassen sich einfach bewerten, so dass der Marktwert des MEGA-Zertifikats leicht gefunden werden konnte. Zur Zerobondbewertung eignet sich der Present Value-Ansatz und mit Hilfe der Black/Scholes-Formel können die Optionspreise ermittelt werden.

---

[33] Vgl. **Perridon/Steiner** (2002), S. 211 ff.

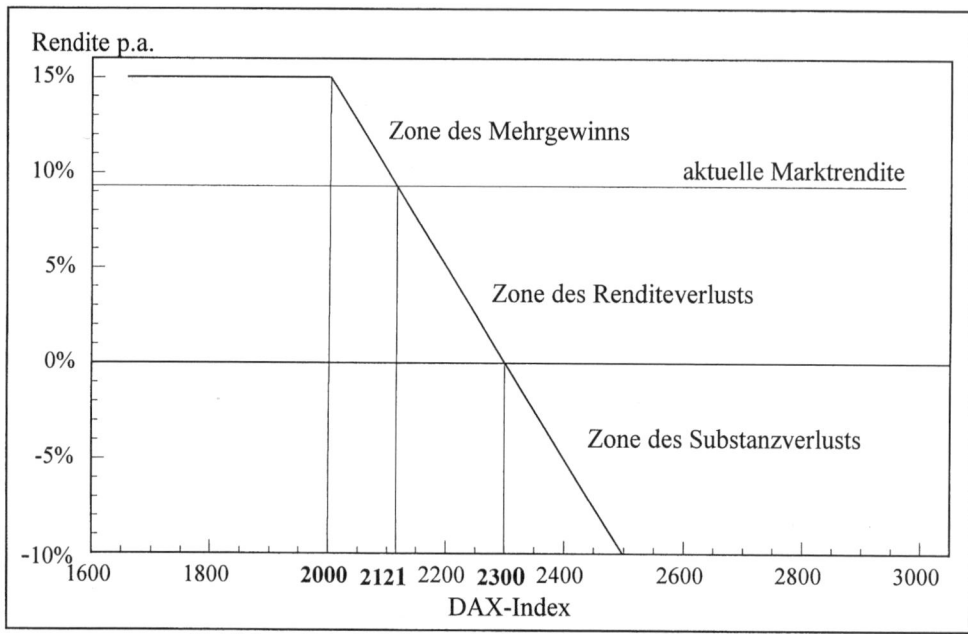

Abbildung 7.4: Anleiherendite in Abhängigkeit vom DAX

Eine andere Kreation von Index-Linked Notes bot z.B. die WestLB an.[34] Bei diesen als Hochzinsanleihen bezeichneten Instrumenten war die Anleiherendite in der Weise mit dem DAX verknüpft, dass die Rückzahlung der Anleihen an das DAX-Niveau gekoppelt war. In Abbildung 7.4 ist die Konstruktion graphisch dargestellt.

Das Risiko einer fallenden Rendite wurde dem Anleger durch eine deutlich oberhalb der aktuellen Marktrendite liegenden Verzinsung vergütet. Erst ab einem DAX-Stand von 2.000 sank die Rendite unter 15%. Die Rückzahlung erfolgte entweder zum Nennwert oder nach der Formel 6.000 - 2·DAX. Da der Nominalwert 2.000,- DM betrug, würde die Emittentin von ihrem Wahlrecht bei einem DAX-Stand oberhalb von 2.000 Punken Gebrauch machen und den Rückzahlungbetrag gemäß der Formel bestimmen. Somit ergaben sich für den Anleger drei unterschiedliche Kursbereiche. Lag der DAX im Rückzahlungszeitpunkt nicht höher als bei 2.000 Punkten, dann kam der Anleger in den Genuss einer jährlichen Rendite von 15%. Dies bedeutete einen Mehrgewinn gegenüber der aktuellen Marktrendite. Je nach Höhe der aktuellen Marktrendite lag oberhalb von 2.000 DAX-Punkten ein Bereich, in dem die Rendite zwar nicht mehr 15% betrug, aber immer noch höher als die Marktrendite war. Bei einer Marktrendite von z.B. 9,2% ergab sich ein kritischer DAX-Stand von 2.121 Punkten. Ab diesem Punkt trat ein Renditeverlust gegenüber der Marktrendite ein. Bei einem DAX-Stand von 2.300 Punkten sank die Rendite auf null und oberhalb von 2.300 Punkten ergab sich ein Substanzverlust für den Anleger.

---

34   Vgl. **Narat** (1992), S. 14.

Durch die Anleihezerlegung wird klar, dass es sich bei der WestLB-Konstruktion um ein aus drei Elementen bestehendes Anlageinstrument handelte: einer Anleihe mit einem Kupon von 15%, eine verkaufte DAX-Kaufoption mit Basis 2.000 und eine gekaufte DAX-Kaufoption mit Basispreis 3.000. Die genannten Elemente lassen sich wiederum separat bewerten. Eine Bestimmung des theoretischen Marktwertes eines solchen Instruments ist deshalb problemlos möglich.

Wie die dargestellten Beispiele gezeigt haben, überwiegt das spekulative Element bei Indexanleihen. Aus diesem Grund erfolgte die Darstellung nicht im Kapitel über Anleihen. Angesichts ihres spekulativen Charakters sollten Anleger vor dem Erwerb von Indexanleihen einige weitere Beurteilungsaspekte bedenken.

Bei Indexanleihen kommt der Wahl des Index eine große Bedeutung zu, da z.B. Performanceindizes durch die wiederangelegten Ausschüttungen keinem dividendeninduzierten Kursverlust ausgesetzt sind. Nicht zu vernachlässigen sind auch steuerliche Gesichtspunkte. Hohe Zinskupons, die deutlich oberhalb des Marktzinsniveaus liegen, führen zur schnelleren Ausschöpfung von Freibeträgen. Außerdem ist stets zu überlegen, ob die einzelnen Instrumente nicht günstiger separat erworben werden können, anstatt als Paket gekauft zu werden. Ferner unterliegen die über der Kapitalrückzahlung bzw. der Mindestverzinsung liegenden Erträge gemäß dem Schreiben des Bundesministers der Finanzen vom 29. März 1993 in vollem Umfang der Besteuerung.[35]

7.2.3 Caps, Floors und Collars

Unter Caps, Floors und Collars versteht man eigenständig handelbare Zinssatzbegrenzungsvereinbarungen, die sich im Rahmen variabel verzinslicher Anlagen und Kredite einsetzen lassen. Die Vereinbarung einer Zinsobergrenze erfolgt mittels Caps. In Frage kommen Caps in erster Linie für Kreditnehmer, die eine variable Verzinsung abgeschlossen haben und sich gegenüber einem Zinsanstieg oberhalb eines bestimmten Niveaus absichern wollen. Durch den Cap wird ein Zinsniveau festgelegt, ab deren Überschreiten der Cap-Verkäufer dem Cap-Inhaber die Zinsdifferenz vergütet. Als Gegenleistung erhält der Cap-Verkäufer für die Risikoübernahme eine Prämie. Interpretiert man das durch den Cap festgelegte maximale Zinsniveau als Basispreis, und den Preis des Cap als Optionsprämie, dann zeigt sich, dass es sich bei Caps wirtschaftlich um Optionen handelt. Bei mehrjährigen Laufzeiten der Caps handelt es sich folglich um ein Bündel von Call-Optionen auf einen Referenzzins. Bewertet werden derartige Cap-Optionsscheine, indem die Summe der aus den einzelnen Call-Optionen erwarteten Cash-Flows auf den Betrachtungszeitpunkt diskontiert wird. Zur Bestimmung der zukünftigen Cash-Flows aus den Optionen ist eine Einschätzung der aktuellen und der zukünftigen Referenzzinshöhen erforderlich.

Aus Anlegersicht bedeutsamer als Caps sind Floors, die im Rahmen von Floating Rate Notes dem Anleger einen Mindestzins sichern. Durch einen Floor wird die Zinsuntergrenze festgelegt. Fällt der Referenzzins der variabel verzinslichen Anlage unter das im Floor vereinbarte Niveau, dann hat der Floor-Verkäufer dem Floor-Inhaber die Differenz zwischen dem Refe-

---

35 Siehe BStBl. 1993 IV B 4, S. 343.

renzzinsniveau (z.B. EURIBOR) und dem Floor, bezogen auf den festgelegten Betrag, zu bezahlen. Dafür erhält der Floor-Verkäufer bei Vertragsabschluss eine Prämie, die wiederum als Optionsprämie gedeutet werden kann. Einige am Markt notierte Floating Rate Notes sind mit integrierten Floors ausgestattet.[36]

In Form von Zinsdifferenz- oder Zinsausgleichzertifikaten können Floors auch an der Börse erworben werden. Dabei handelt es sich um Optionsscheine, die dem Anleger gegen Zahlung des Zertifikatspreises das Recht einräumen, den Differenzbetrag zwischen dem festgesetzten Zinsniveau und dem Referenzzins an den jeweiligen Berechnungstagen zu verlangen. Beispielsweise könnte der Differenzbetrag pro Optionsschein gemäß folgender Formel festgestellt werden:

$$\text{Differenzbetrag} = 100{,}\text{-- EUR} \cdot (8\% - \text{6-Monats EURIBOR})$$

Bei einem 6-Monats EURIBOR-Satz von 7% ergäbe sich ein rechnerischer Wert der Zinsdifferenz von 1,-- EUR. Da regelmäßig halbjährliche Zinszahlungen vereinbart werden beläuft sich der Zahlungsanspruch des Anlegers am Zahlungstag in sechs Monaten auf 0,50 EUR. Hieraus errechnet sich ein Barwert dieser Zahlung von 0,48 EUR ($0{,}5/1{,}07^{0{,}5}$).

Regelmäßig werden Zinsausgleichszertifikate mit mehrjährigen Laufzeiten ausgestattet. In diesem Fall ist die Konstruktion von Zinsausgleichszertifikaten als Bündel mehrerer Put-Optionen auf den Referenzzins einzustufen. Die Bewertung ergibt sich daher als Summe der aus den einzelnen Optionen erwarteten und auf den Betrachtungszeitpunkt abgezinsten Zahlungsansprüche. Da es sich wirtschaftlich um Optionen handelt, dürfte der Marktwert der Zinsausgleichszertifikate jedoch i.d.R. höher liegen. Maßgeblich für den Optionsscheinwert ist die Laufzeit, die erwartete Volatilität des Referenzzinsniveaus, die aktuelle und zukünftige Höhe des Referenzzinssatzes und die Höhe der Zinsuntergrenze.

Der Erwerb eines Floors ist für Anleger dann sinnvoll, wenn mit einem Absinken des Renditeniveaus gerechnet werden muss. Dies ist regelmäßig in Hochzinsphasen der Fall. Da außer in Form von Zinsdifferenzzertifikaten weder Caps noch Floors börsenmäßig gehandelt werden, lassen sich individuelle Laufzeiten, Zinssätze und Volumina vereinbaren. Somit sind auch sehr langfristige Zinssicherungsvereinbarungen möglich.

Der Vollständigkeit halber seien noch Collars genannt, die sich durch eine Kombination von gekauftem Cap und verkauftem Floor auszeichnen. Collars legen somit einen Zinsbereich fest, innerhalb dessen die zu leistenden Zinszahlungen schwanken können. Es besteht sowohl ein Minimal- als auch ein Maximalzins. In erster Linie eignen sich Collars für Kreditnehmer, die die Prämie für den Cap verbilligen wollen.

---

[36] Vgl. **Perridon/Steiner** (2002), S. 342.

7.2.4 Index-Partizipations-Scheine

Index-Partizipations-Scheine ermöglichen es Anlegern, sich direkt in einem Aktienindex zu engagieren. Begeben werden Index-Partizipations von Banken und Brokerhäusern. Zum Teil werden dabei abweichende Namen verwendet wie Participation Units oder Index-Zertifikate. Die Laufzeit dieser Instrumente ist i.d.R. mehrjährig. Im Gegensatz zu Indexoptionsscheinen nehmen Participations sowohl an steigenden als auch an fallenden Aktienindexentwicklungen teil.[37] Insofern besteht eine Ähnlichkeit zu Aktienindexfutures. Da beim Erwerb von Participations jedoch stets die volle Summe fällig wird und keine Standardisierung vorliegt, treten auch in Bezug auf Index-Futures deutliche Unterschiede auf.

Mit dem Kauf eines Index-Participation-Scheins erwirbt der Käufer gegen sofortige Zahlung in Höhe des Index, oder eines Bruchteils davon, das Recht, an einem bestimmten Zeitpunkt in der Zukunft eine Zahlung in Höhe des dann vorherrschenden Indexstandes, oder des jeweiligen Bruchteils davon, zu erhalten. Um die einzelnen Participations-Scheine nicht zu teuer werden zu lassen, ist es üblich, z.B. ein Zehntel des DAX als Basis zu vereinbaren.[38]

Hinsichtlich ihres Chance/Risiko-Profils ist festzustellen, dass Participations keinen Hebeleffekt aufweisen, sondern sich in ihrer Kursentwicklung parallel zum jeweiligen Aktienindex verhalten.[39] Insofern eigenen sich Index-Participations als Spekulationsinstrumente auf einen steigenden Aktienindex. Auch im Rahmen des passiven Portfoliomanagements, bei dem eine kostengünstige Indexnachbildung geplant ist, können Index-Participations eingesetzt werden. Allerdings sollten sich die Index-Participations auf einen Performance-Index wie etwa den DAX beziehen, damit durch das Indexengagement kein gravierender Dividendennachteil gegenüber der direkten Aktienanlage erwächst.

---

[37] Es lassen sich allerdings auch Mindestrückzahlungen vereinbaren.
[38] Siehe z.B. die Dresdner DAX Participations von 1990-1995.
[39] Vgl. **Klein** (1991), S. 79.

8 Termingeschäfte

Im Unterschied zu Kassageschäften fallen bei Termingeschäften Vertragsabschluss und Vertragserfüllung zeitlich auseinander. In Deutschland beträgt der Erfüllungszeitraum bei Kassageschäften (z.B. Aktien, Anleihen,...) zwei Tage. Bei Termingeschäften, die auch als Forwardgeschäfte bezeichnet werden, wird der in der Zukunft liegende Zeitpunkt der Lieferung und Bezahlung individuell festgelegt. Je nachdem, ob einer der Vertragspartner ein Wahlrecht bezüglich der Vertragserfüllung hat oder nicht, kann zwischen unbedingten (festen) und bedingten Termingeschäften unterschieden werden. Wird zudem noch eine Differenzierung in standardisierte und nichtstandardisierte Termingeschäfte vorgenommen, so lassen sich drei verschiedene Geschäftsarten abgrenzen. Es ergeben sich die in Abbildung 8.1 dargestellten Unterscheidungen.

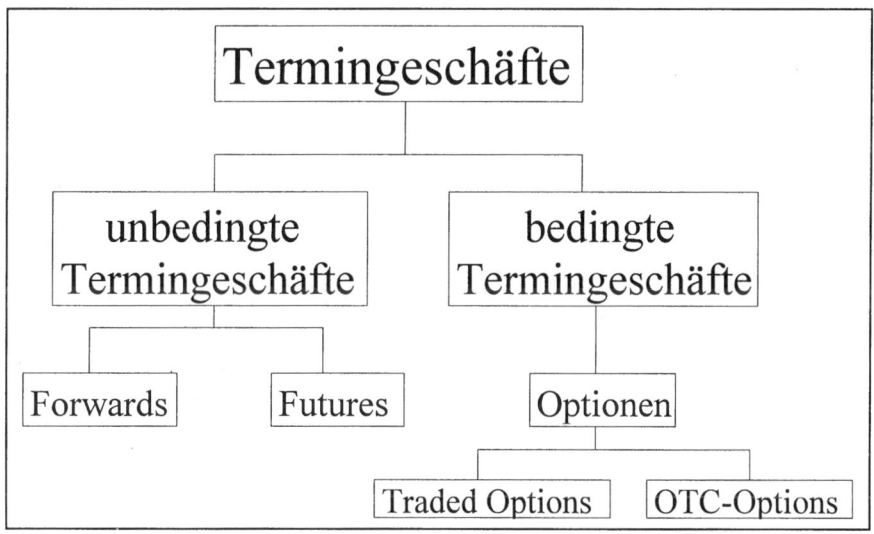

Abbildung 8.1: Systematisierung von Termingeschäften

a) Forwards

Forwards sind individuell vereinbarte unbedingte Termingeschäfte, bei denen die physische Erfüllung des Geschäfts i.d.R. erwünscht ist. Da Forwards individuell ausgestaltet sind, kann kein Börsenhandel darin stattfinden. Insofern ergeben sich Probleme bei der Auflösung des Vertrages, denn dazu bedarf es der Zustimmung des jeweiligen Vertragspartners. Hinzu kommt ein Erfüllungsrisiko, das jeder der Vertragspartner trägt.

b) Futures
Auch Futures gehören zu den unbedingten Termingeschäften, die eine Verpflichtung zur Erfüllung des Vertrages im Erfüllungszeitpunkt beinhalten. Im Gegensatz zu Forwards handelt es sich bei Futures aber um standardisierte Verträge, die aus diesem Grund börsenmäßig handelbar sind. Futures haben die vertragliche Vereinbarung zum Inhalt, eine bestimmte Anzahl eines bestimmten Finanzinstrumentes zu einem im voraus festgelegten Preis an einem späteren standardisierten Fälligkeitstag zu liefern bzw. abzunehmen.[1] Futures-Geschäfte können problemlos jederzeit glattgestellt werden und sind nicht mit einem Erfüllungsrisiko verbunden. Zudem unterscheiden sich Futures von Forwards durch das Auftreten von Zahlungen bei Futures während der Laufzeit. Diese Zahlungen beruhen auf den täglichen Preisveränderungen. Durch den sofortigen Gewinn- und Verlustausgleich wird eine Akkumulation von Gewinnen oder Verlusten am Laufzeitende verhindert. Einer genauen Beschreibung von Futures ist der unten stehende Abschnitt gewidmet.

c) Optionen
Bei Optionen handelt es sich um bedingte Termingeschäfte, die dem Käufer (Verkäufer) der Option das Recht (die Pflicht) gewähren (auferlegen), im Zeitpunkt bzw. Zeitraum der Vertragserfüllung den zugrunde liegenden Gegenstand (Underlying) zu den bei Vertragsabschluss festgelegten Konditionen zu kaufen oder zu verkaufen. Sind diese Optionsverträge standardisiert, so können sie börsenmäßig gehandelt werden. In diesem Fall tragen sie die Bezeichnung 'Traded Options'. Liegt keine Standardisierung vor, dann handelt es sich um sog. OTC-Optionen, die individuell ausgestaltet sind.[2] Es findet aufgrund der fehlenden Standardisierung der OTC-Optionen kein börsenmäßiger Handel statt. Zu Optionen wird weiter unten noch ausführlich Stellung genommen.

Die Eurex (**Eur**opean **Ex**change Organization) ging im September 1998 aus dem Zusammenschluss der DTB (Deutsche Terminbörse) und der Schweizer SOFFEX (Swiss Options and Financial Futures Exchange) hervor. Eurex heißt auch das entsprechende Handels- und Abwicklungssystem. Über ein gemeinsames Handelssystem und Clearinghaus (Eurex Clearing AG) haben die Teilnehmer Zugriff auf alle Produkte, die bislang getrennt an der DTB und der SOFFEX gehandelt wurden. Die Mitglieder der ehemaligen DTB haben damit Zugriff auf die Produkte der ehemaligen SOFFEX et vice versa. Durch die Nutzung eines einzigen Clearinghauses, das als Gegenpartei bei jedem Geschäft auftritt, verringern sich durch mögliche Verrechnung von Positionen die Sicherheitsleistungen, die die Marktteilnehmer erbringen müssen.

In Abbildung 8.2 sind die Umsätze der wichtigsten internationalen Terminbörsen im Jahr 2000 dargestellt. Nachdem die Eurex im Jahr 1998 mit 248 Millionen Kontrakten (Futures und Optionen) weltweit bereits den zweiten Rang belegte, erreichte sie im Frühjahr 1999 erstmals die Spitzenposition vor der Chicago Board of Trade (CBOT).[3] Im Jahr 2000 konnte sich die Eurex als

---

[1] Vgl. **Steiner/Meyer** (1993), S. 725.
[2] OTC steht für **O**ver **T**he **C**ounter.
[3] Vgl. o.V. (1999), S. 4.

weltweit führende Terminbörse behaupten. An der Eurex werden nur Financial Futures und Optionen gehandelt. Daher liegt das Schwergewicht der folgenden Erörterungen auf diesen Instrumenten. Eine weitere Einschränkung ist erforderlich, denn an der Eurex werden ausschließlich Finanztermingeschäfte betrieben. Warentermingeschäfte, die den eigentlichen Ursprung der Termingeschäfte darstellen, können an der Eurex nicht durchgeführt werden. Mit Gründung der Warenterminbörse Hannover (WTB) und Aufnahme des Handels im April 1998 wurden Warentermingeschäfte erstmalig an einer deutschen Börse möglich. An der WTB ist inzwischen der Handel mit Futures auf Schlachtschweine, Weizen, Kartoffeln und Altpapier möglich.

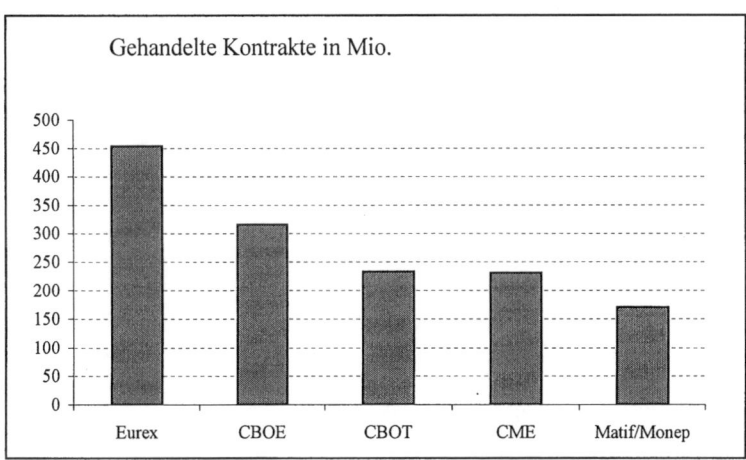

Abbildung 8.2: Umsätze an internationalen Terminbörsen 2000[4]

Den Schwerpunkt der folgenden Abschnitte bildet die Beschreibung der an der Eurex Deutschland zur Verfügung stehenden Kontrakte und der mit diesen verbundenen Handelsmöglichkeiten. In die Darstellung der Futures ist auch die Preisfindung integriert. Im Gegensatz dazu wurde die Preisermittlung für Optionen bereits im Kapitel über die Optionspreistheorie behandelt. Dies hing mit der gebotenen Ausführlichkeit und Anschaulichkeit bei der Optionsbepreisung zusammen. Deshalb beschränkt sich der Optionsteil in diesem Kapitel im Wesentlichen auf die Darstellung der Handelsmöglichkeiten von Optionen an der Eurex.

8.1 Futures

Die Idee vom Handel mit standardisierten Verträgen bezüglich des Kaufs und Verkaufs von landwirtschaftlichen Gütern hat mit der Gründung des Chicago Board of Trade (CBOT) 1848 ihren Ursprung genommen. Die Farmer des mittleren Westens der USA konnten durch den Handel von Futures ihre noch nicht geernteten Produkte zu einem im voraus fest kalkulierbaren Preis verkaufen.

---

[4] Quelle: Deutsche Börse AG.

Im Jahr 1975 wurde mit der Einführung eines Futures auf Mortgaged-Backed Securities der erste Future an der CBOT eingeführt, dem kein Warengeschäft zugrunde liegt. Neben der CBOT sind die CBOE (Chicago Board Options Exchange) und die CME (Chicago Mercantile Exchange) als weitere bedeutende Terminbörsen, die in Chicago ihren Sitz haben, zu nennen. Im Unterschied zu früher dominieren heute die Finanztermingeschäfte das Geschehen an den Terminmärkten.

Mit der Gründung der DTB bietet sich auch in Deutschland die Möglichkeit, Futures auf deutsche Zins- und Indexinstrumente zu handeln. Nachstehend werden die an der DTB-Nachfolgeorganisation Eurex, handelbaren Futures dargestellt. Vorher werden die Grundlagen des Futurehandels an der Eurex erläutert.

8.1.1 Grundlagen des Futurehandels

8.1.1.1 Clearing

Damit beim Handel mit Futures für keinen Marktteilnehmer Erfüllungsrisiken entstehen, tritt die Clearingstelle (Clearinghouse) der Eurex, die Eurex Clearing AG, als Vertragspartner in jedes Geschäft ein. Auf diese Weise ist ein Bonitätsrisiko des Vertragspartners von vornherein ausgeschlossen. Mit Clearing ist die gesamte Durchführung eines Eurex-Geschäfts gemeint. Als Einzelmaßnahmen des Clearing sind dabei die Verrechnung, die Abwicklung und die Besicherung von Eurex-Geschäften zu nennen. Ein Geschäft an der Eurex dürfen lediglich Börsenteilnehmer durchführen, die zur Abwicklung von Eurex-Geschäften berechtigt sind. Als Voraussetzung einer derartigen Berechtigung muss der Börsenteilnehmer entweder General-Clearing-Mitglied oder Direkt-Clearing-Mitglied sein. Beide Arten der Clearing-Mitgliedschaft unterscheiden sich hinsichtlich der an sie gestellten Kapitalanforderungen. Ein General-Clearing-Mitglied muss wesentlich höhere Kapitalanforderungen erfüllen als ein Direkt-Clearing-Mitglied. Im Gegenzug besteht für ein General-Clearing-Mitglied die Möglichkeit zum Abschluss von eigenen Eurex-Geschäften sowie solchen mit eigenen Kunden und mit Börsenteilnehmern ohne Clearing-Berechtigung. Direkt-Clearing-Mitglieder sind auf die Abwicklung eigener Geschäfte und die ihrer Kunden (mit Clearing-Lizenz) beschränkt. Alle anderen Börsenteilnehmer bedürfen zur Teilnahme am Eurex-Handel der Dienste eines General-Clearing-Mitglieds.

Zum Zweck der Besicherung bestehender Kontraktverpflichtungen muss jedes Clearing-Mitglied börsentäglich Sicherheiten hinterlegen. Die Höhe der Sicherheiten, die für jedes bei einem Clearing-Mitglied geführte Konto festzulegen sind, werden von der Eurex festgesetzt. Als Sicherheiten kommen Wertpapiere oder Geld in Frage. Die zu leistenden Sicherheiten werden als Margins bezeichnet. Welche Formen von Margins es gibt, und welche Aufgabe ihnen zufällt, wird im nächsten Abschnitt erläutert.

8.1.1.2 Marginsystem

Um ein Erfüllungsrisiko an der Eurex auszuschließen, werden von den Clearing-Mitgliedern Einschüsse (Margins) entsprechend ihrer eingegangenen Positionen erhoben.[5] Die Clearing-Mitglieder haben in zumindest gleicher Höhe Einschüsse von ihren Kunden zu fordern. An der Eurex bedient man sich bei der Marginberechnung des Netto-Prinzips. Dieses Prinzip schreibt vor, dass lediglich riskante Nettopositionen einer Serie mit Sicherheiten zu hinterlegen sind. Heben sich die Risiken aus mehreren abgeschlossenen Geschäften auf, so bedarf es keiner Sicherheitsleistung, denn ein effektives Erfüllungsrisiko besteht nicht. Die Berechnung des zu leistenden Einschusses bei Eingang einer Position erfolgt mit Hilfe des 'Risk Based Margining' Systems.

Kennzeichnend für dieses System ist die Verknüpfung der Sicherheitsanforderung mit dem konkreten Glattstellungsrisiko der bestehenden Position. Als Indikator für das Risiko einer Position bedient sich die Eurex der historischen Volatilität des jeweiligen Basiswertes. Mittels der historischen Volatilität wird die ungünstigste Marktentwicklung des Basiswertes für den nächsten Tag unterstellt und auf dieser Basis die notwendige Sicherheitsleistung bestimmt. Damit lässt sich erklären, warum z.B. der DAX® Future einen höheren Ersteinschuss erfordert als der Euro Bund Future. Die Zusammenfassung von bestehenden Positionen zu Nettopositionen wird an dem folgenden Beispiel veranschaulicht.

Ein General-Clearing-Mitglied kauft für den Kunden A 10 Euro Bund Futurekontrakte mit der Laufzeit Sept. 1999. Außerdem verkauft das gleiche General-Clearing-Mitglied für den Kunden B 15 Euro Bund Futurekontrakte mit derselben Laufzeit. Die Clearingstelle der EUREX bestimmt im Rahmen der täglichen Positionsüberprüfung eines jeden Clearing-Mitglieds die offenen Nettopositionen. Für das betrachtete Clearing-Mitglied besteht eine Nettoposition von 5 Short Bund-Futurekontrakte mit der Laufzeit Sept. 1999. Nur für diese 5 Kontrakte muss der Einschuss geleistet werden, da sich die anderen 10 Kontrakte in ihrem Einzelrisiko ausgleichen.

Ähnlich wird auch bei sog. Spread-Positionen verfahren, bei denen keine vollständige, aber doch eine weitgehende Risikokompensation erfolgt. So werden Gewinne und Verluste von Terminkontrakten, die derselben Margin-Klasse angehören, gegeneinander verrechnet (Cross Margining). Ein Long Euro Bund Future mit Verfall Juni wird zum großen Teil z.B. von einem Short Euro Bund Future mit dem darauf folgenden Verfalltermin September kompensiert. Für derartige Spread-Positionen muss nur ein verringerter Marginsatz gezahlt werden. Dieser wird als Spread Margin bezeichnet. Underlyings verschiedener Margin-Klassen, die hinsichtlich ihrer Risikostruktur verwandt sind, werden zu Margin-Klassen zusammengefasst. Z.B. sind die Margin-Klassen Bund und Bobl innerhalb einer Margin-Gruppe. Auch innerhalb einer Margin-Klasse ist ein Ausgleich möglich, der zu einem verringerten Marginsatz führt.

---

[5] Vgl. **Steiner/Wittrock** (1993), S. 686 ff.

Da von der Eurex täglich die bestehenden Positionen hinsichtlich ihrer Sicherheitserfordernisse durchgerechnet werden, kommt es zu einem täglichen Gewinn- und Verlustausgleich (Daily Settlement). Im Rahmen dieses Daily Settlements kommt das 'marking to market'-Prinzip zur Anwendung. Daraus folgt die tägliche Gutschrift oder Belastung marktinduzierter Veränderungen der erforderlichen Sicherheitshinterlegungen bei den Clearing-Mitgliedern. Durch die tägliche Gutschrift oder Belastung wird ein Akkumulationseffekt von Gewinnen und Verlusten vermieden. Zudem kann die Eurex sofort feststellen, ob für eine Position keine Sicherheiten mehr hinterlegt werden bzw. ein Kunde zahlungsunfähig ist. In einem solchen Fall wird die Position unverzüglich durch die Eurex glattgestellt.

Hinsichtlich der Einschüsse müssen grundsätzlich drei Formen unterschieden werden.[6]

a) Initial Margin
Die Initial Margin fällt im Zeitpunkt der Positionseröffnung an. Dieser Ersteinschuss wird in seiner Höhe von der Terminbörse festgesetzt. An der Eurex wird der Ersteinschuss nach dem Risk Based Margining System ermittelt und Additional Margin genannt. Es ist denkbar, dass die General-Clearing-Mitglieder (in der Mehrzahl Banken und Wertpapierhandelshäuser) ihren Kunden höhere Initial Margins abverlangen. Dies hängt maßgeblich von der Bonität des Kunden ab. Die Höhe der Initial Margin beträgt regelmäßig nur wenige Prozent des Kontraktwerts und bewegt sich meistens zwischen 0,5 und 10%. An diesen geringen Prozentsätzen wird erkennbar, wie groß die Hebelwirkung bei Termingeschäften ist. Es ist darauf hinzuweisen, dass seitens der Terminbörse jederzeit eine Änderung der Margin-Erfordernisse beschlossen werden kann. Dies ist in der Vergangenheit auch bereits geschehen, falls allzu große Kursschwankungen des Basiswerts auftraten.

b) Variation Margin
Die täglich auftretenden Preisveränderungen der Kontrakte werden dem Kunden als Variation Margin entweder gutgeschrieben oder abgebucht. Dies geschieht mit Hilfe der marking to market-Methode. Durch den täglichen Gewinn- und Verlustausgleich wird ein Ansammeln von Glattstellungsgewinnen bzw. –verlusten vermieden. Der Kunde kann über die auf seinem Marginkonto gutgeschriebenen Beträge frei verfügen. Natürlich muss er bei Abbuchungen auch stets seinen Verpflichtungen nachkommen. Ansonsten wird seine Position von der Terminbörse automatisch glattgestellt.

c) Maintenance Margin
Mit der Maintenance Margin wird die Untergrenze festgelegt, ab deren Unterschreiten eine Wiederauffüllung des Margin-Kontos verpflichtend ist. Sobald die Maintenance Margin unterschritten ist, muss ein Nachschuss i.d.R. bis zur Wiedererreichung der Initial Margin geleistet werden. Aufgrund des täglichen Gewinn- und Verlustausgleiches besteht an der Eurex keine Maintenance Margin.

---

[6] Vgl. zur grundsätzlichen Marginberechnung das Beispiel bei **Perridon/Steiner** (2002), S. 312 f.

8.1.1.3 Glattstellung und Open Interest

Bei der weit überwiegenden Mehrzahl von Financial Futurekontrakten wird eine physische Lieferung des Kontraktgegenstands nicht gewünscht. Stattdessen zielen die Akteure auf die Vereinnahmung der Differenz zwischen dem Futurekurs bei Positionseröffnung und dem späteren Futurekurs. Aus diesem Grund werden Futuregeschäfte häufig auch als Differenzgeschäfte bezeichnet. Um der Verpflichtung zur Lieferung oder Abnahme des Basiswertes zu entgehen, muss die betreffende Position glattgestellt werden. Dies geschieht durch den rechtzeitigen Eingang der Gegenposition (Reverse Trade). Wer z.B. einen Euro Bobl Futurekontrakt mit Laufzeit Dezember 2002 gekauft hat, kann sich durch den Verkauf eines Euro Bobl Futurekontrakts mit derselben Laufzeit glattstellen. Es ist dabei auf eine Kongruenz zwischen der Anzahl der ge- und verkauften Futures und die Identität der Kontrakte zu achten.

Auf diese Weise lassen sich geschlossene und offene Positionen unterscheiden. Die Anzahl der offenen Positionen in einem Kontrakt wird durch den Indikator Open Interest gemessen. Ein hohes Open Interest deutet auf eine hohe Marktliquidität hin. Es lässt sich beobachten, dass gegen Ende der Laufzeit eines Futurekontrakts das Open Interest deutlich zurückgeht, da die meisten Akteure ihre Positionen glattstellen, um einer physischen Lieferung bzw. Andienung zu entgehen.

8.1.1.4 Auftragsarten

Hinsichtlich der an der Eurex verfügbaren Auftragsarten für Futurekontrakte sind vier Varianten zu unterscheiden. Möglich sind preislich unlimitierte Aufträge, limitierte Aufträge, kombinierte Aufträge und Stop-Aufträge. Bei unlimitierten Aufträgen handelt es sich um Billigst- bzw. Bestens-Aufträge, die zum gültigen Marktpreis ausgeführt werden. Limitierte Aufträge sind demgegenüber mit einem Preislimit für den zu kaufenden oder zu verkaufenden Futurekontrakt versehen. Erst bei Erreichen dieses vom Kunden vorgegebenen Preislimits kommt es zu einer Ausführung (Matching) der Order. Für unlimitierte Aufträge gilt entweder eine Gültigkeitsbestimmung oder die Order ist nur tagesgültig. Liegt eine Gültigkeitsbestimmung vor, so muss es sich um einen Good-till-cancelled- (GTC-) oder einen Good-till-date- (GTD-) Auftrag handeln. Beim GTC-Auftrag bleibt die Order bis auf Widerruf des Kunden bestehen. Soll eine Order nur bis zu einem bestimmten Datum gültig sein, dann wird eine GTD-Order verwendet. Ein Zurückziehen der Order vor Erreichen des GTD-Datums ist möglich. Auch für limitierte Aufträge besteht die Möglichkeit einer GTC- und GTD-Order. Hinzu kommt, dass limitierte Orders mit einer Ausführungsbeschränkung versehen werden können. Als Ausführungsbeschränkung kommt eine Immediate-or-cancel- oder eine Fill-or-kill-Order in Frage. Immediate-or-cancel-Aufträge sehen die sofortige Auftragsausführung so weit wie möglich vor. Somit kann es sein, dass nur ein Teil eines Gesamtauftrags ausgeführt wird. Der andere, nicht ausgeführte Teil wird gelöscht. Bei Fill-or-kill-Aufträgen kommt es entweder zur sofortigen Gesamtausführung oder der Auftrag wird gelöscht. Bei kombinierten Aufträgen handelt es sich um zwei zur gleichen Zeit eingegebene Einzelaufträge über Kauf und Verkauf derselben Anzahl von Kontrakten desselben Produktes, die sich hinsichtlich der Fälligkeit unterscheiden (Time Spread). Bei kombinierten Aufträgen ist die Angabe einer Preisspanne zwischen dem Kauf- und Verkaufspreis der Einzelaufträge verbindlich vorgesehen. Kombinierte Aufträge werden so ausgeführt, dass beide Teile des Gesamtauftrags in gleichem Umfang ausgeführt werden. Schließlich können Stop-Aufträge in das Eurex-System eingegeben werden. Die Stop-Marke bezieht sich dabei auf eine Preisangabe. Erst wenn die vom Kunden gewünschte Preisangabe erreicht ist, kommt es zur Auftragsausübung als Bestens- oder Billigst-Order.

Bei der Auftragseingabe ist zusätzlich noch zu vermerken, ob es sich um eine Positionseröffnung oder um eine Positionsglattstellung handelt. Dies ist wichtig für die Errechnung der notwendigen Sicherheitserfordernisse für offene Positionen.

8.1.1.5 Fair Value

Future-Preise entwickeln sich nicht eigendynamisch. Vielmehr hängen sie vom Kursverlauf der ihnen zugrunde liegenden Basistitel ab. Der Zusammenhang zwischen einem Future und dem ihm äquivalenten Kassatitel erlaubt eine theoretische Bestimmung des Future-Kurses. Dieser theoretisch richtige Wert des Futures wird auch als sein 'Fair Value' bezeichnet. Es muss aber bereits an dieser Stelle darauf hingewiesen werden, dass der Fair Value in einem Preisintervall liegt, welches von den Transaktionskosten und der steuerlichen Situation des jeweiligen Investors abhängt, für den der Fair Value berechnet werden soll. Erträge aus der Wertpapierleihe können ebenfalls in die Berechnung des Fair Value einfließen.

Charakteristisch für Futures ist, dass ihr Kurs im Verfallszeitpunkt genau dem Preis des zugehörigen Kassainstruments entspricht. Während der Laufzeit können hingegen Preisabweichungen auftreten. Da unter Vernachlässigung von Marginzahlungen beim Futurekauf während der Laufzeit keinerlei Auszahlungen entstehen, erscheint der Futurekauf gegenüber dem direkten Basistitelerwerb vorteilhaft. Der direkte Basistitelkauf führt nämlich zum sofortigen Abfluss von Barmitteln. Zur Finanzierung des Basistitelkaufs müssen entweder eigene Mittel eingesetzt, oder ein Kredit aufgenommen werden. In beiden Fällen entstehen Finanzierungskosten. Beim Kreditkauf muss der Kreditzins gezahlt werden, und beim Kauf mit Eigenkapital fallen Opportunitätskosten an, denn das für den Erwerb des Basistitels verwendete Eigenkapital kann nicht mehr alternativ angelegt werden.[7]

Der direkte Kauf des Kassatitels weist aber auch Vorteile in Form von Erträgen gegenüber dem Futureerwerb auf. Bei Zinsfutures ist an Stückzinsen zu denken, während bei Aktienindexfutures Dividendenzahlungen und Bezugsrechtserlöse ins Kalkül zu ziehen sind. Unter Berücksichtigung der genannten Größen ergibt sich der Kurs eines Futures gemäß der allgemeinen Beziehung

| Future-Kurs = Kassapreis + Finanzierungskosten - Finanzierungserträge |

---

[7] Vgl. **Steiner/Wittrock** (1993), S. 708 f.

Allgemein ergibt sich also:
Futurekurs =   Kassakurs des Underlying + Zinskosten für das Halten der Kassaposition, die durch den Kauf des Futures erspart werden ./. Erträge aus der Kassaposition, die auf den Future nicht entfallen.

Für Zinsfutures bedeutet dies grundsätzlich:
Futurekurs =   Kassakurs des Underlying + Zinskosten, die für das Halten der Kassaposition entstehen (Annahme der Finanzierung für die Futurelaufzeit und damit Zinsen am kurzen Ende der Zinsstrukturkurve) ./. Zinserträge aus der Kassaposition, die dem Future nicht zugute kommen (Zinserträge des Underlyings, bei Anleihefutures somit Zinsen am längeren Ende der Zinsstrukturkurve).

Für Aktienindexfutures ergibt sich grundsätzlich:
Futurekurs =   Kassakurs des Underlying (Index) + Zinskosten für das Halten des Indexdepots (kurzfristiger Zinssatz entsprechend der Futurelaufzeit) ./. Erträge aus dem Verleihen des Kassaindexdepots ./. Dividendenzahlungen und Zinsen auf wiederangelegte Dividendenzahlungen, soweit es sich nicht um einen Performanceindex wie z.B. den DAX® handelt, bei dem Reinvestition der Dividenden im Index unterstellt wird.

Die Differenz zwischen den Finanzierungskosten und -erträgen wird als Nettofinanzierungskosten oder als Cost of Carry bezeichnet. Somit lässt sich der Future-Kurs auch wie folgt darstellen:

$$\boxed{\text{Future-Kurs} = \text{Kassapreis} + \text{Cost of Carry}}$$

Bei Gültigkeit des obigen Preiszusammenhangs zwischen dem Future und dem Kassatitel ist Arbitrage unmöglich. Gleichheit zwischen dem Future-Kurs und dem Kassapreis besteht während der Laufzeit demzufolge nur, wenn die Finanzierungskosten genau den Finanzierungserträgen entsprechen. Es ist allerdings darauf hinzuweisen, dass sich der richtige Future-Kurs nicht als Punkt-, sondern als Intervallösung ergibt. Da für verschiedene Investoren unterschiedlich hohe Transaktionkosten, Steuersätze und ggf. Möglichkeiten zur Verleihung von Wertpapieren bestehen, errechnet sich aus Sicht dieser Investoren ein jeweils anderer fairer Future-Kurs.

Als maßgeblich für die Kursabweichung von Future und Kassatitel erweisen sich somit die Cost of Carry. Diese setzen sich in Abhängigkeit von dem zugrunde liegenden Underlying aus unterschiedlichen Komponenten zusammen.

a) Zinsfutures
Bei Zinsfutures sind die Zinszahlungen bedeutsam, die auf das gehaltene Kassainstrument gezahlt werden. Um die Cost of Carry bei Zinsfutures zu bestimmen, sind zunächst die Erträge der Kassaposition zu ermitteln:

$$E_{Kassa}^{Zins} = K_T - K_t + SZ$$

mit: E_{Kassa}^{Zins} = Ertrag der Kassatransaktion,
K_t = angepasster Kurs der am billigsten zu liefernden Anleihe im Betrachtungszeitpunkt,
K_T = angepasster Kurs der am billigsten zu liefernden Anleihe im Verfallszeitpunkt,
SZ = Stückzinsen der am billigsten zu liefernden Anleihe.

Demgegenüber wird der Ertrag aus der Futureposition folgendermaßen errechnet:

$$E_{Fut}^{Zins} = F_T - F_t + r \cdot K_t$$

mit: E_{Fut}^{Zins} = Ertrag des Futures,
F_t = Future-Kurs im Betrachtungszeitpunkt,
F_T = Future-Kurs im Verfallszeitpunkt,
K_t = angepasster Kurs der am günstigsten in den Future zu liefernden Anleihe (CtD-Anleihe),
r = laufzeitangepasste Verzinsungsrate und
$r \cdot K_t$ = Zinskosten (Opportunitätskosten), die durch das Halten des Futures eingespart werden.

Aufgrund von Arbitrageüberlegungen müssen die jeweiligen Erträge identisch sein. Deshalb können die Positionen gleichgesetzt werden:

$$F_T - F_t + r \cdot K_t = K_T - K_t + SZ$$

Da sich definitionsgemäß im Verfallszeitpunkt Future- und Kassakurs entsprechen, heben sich die Ausdrücke F_T und K_T gegenseitig auf. Somit verbleibt folgender Ausdruck:

$F_t = K_t + rK_t - SZ$ für den Fair Value bzw.

$F_t - K_t = r \cdot K_t - SZ$

Basis = Cost of Carry

Die linke Seite der Gleichung entspricht dem Preisunterschied zwischen Future-Kurs und Basistitelpreis. Diese Differenz wird als Basis bezeichnet. Es gilt demzufolge der nachstehende Zusammenhang:

Basis = Future-Kurs - Kassakurs

Auf der rechten Seite der Gleichung finden sich die Cost of Carry.[8] Allerdings ist häufig, insbesondere international, auch die umgekehrte Definition

> Basis = Kassapreis - Futurepreis

anzutreffen. Dies führt jedoch wegen des Minuszeichens vor den Cost of Carry häufig zu sprachlichen Missverständnissen. So spricht man von einer negativen Basis, wenn der Futurekurs über dem Kassakurs liegt und die Verstärkung einer negativen Basis wie auch die Abschwächung einer positiven Basis ist meist mit dem Steigen des Futurekurses verbunden.

Bei Verwendung dieser Basisdefinition würde gelten:

(Gross-) Basis = ./. Cost of Carry = ./. Finanzierungskosten + Erträge
Gross-Basis   = Kurs der Kassamarktanleihe -(Futurepreis · Konversionsfaktor der Kassamarktanleihe)
                = Kassakurs der Cheapest-to-Deliver-Anleihe - (Futurepreis · Konversionsfaktor der Cheapest-to-Deliver-Anleihe)

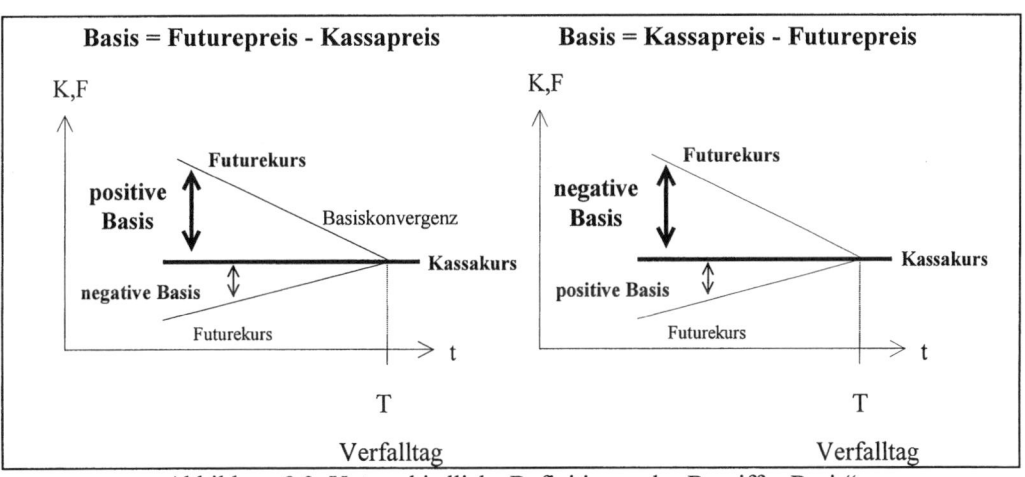

Abbildung 8.3: Unterschiedliche Definitionen des Begriffs „Basis"

Unter einem **Basis-Trade** wird der zwischen zwei Marktteilnehmern vereinbarte Austausch von Kassamarktanleihen und der entsprechenden Anzahl von Futurekontrakten verstanden. Der „**Kauf der Basis**" durch einen Marktteilnehmer bedeutet in diesem Zusammenhang den Kauf der Kassamarktanleihe und den Verkauf des Futures, während sich der „**Verkauf der Basis**" als Verkauf (Leerverkauf) der Kassamarktanleihe und gleichzeitiger Kauf des Futures darstellt. Aufgelöst werden die Positionen wieder durch Rücktausch, d.h. Vollzug des jeweiligen Gegen-

---

[8] Im Abschnitt über den Euro Bund Future findet sich ein Berechnungsbeispiel für die Cost of Carry.

geschäfts, durch die zwei beteiligten Marktteilnehmer. Basis-Trades dienen der Arbitrage zwischen Future- und Kassamarkt, der Ausnutzung von Wertschwankungen der Basis und der vorübergehenden Umschichtung von Risikopositionen. Seit Juli 1995 bietet die LIFFE in London eine Basis Trading Facility an, die den simultanen Austausch von Kassa- und Futuremarktinstrumenten unterstützt.

Die Cost of Carry können sowohl als absoluter Betrag als auch durch einen prozentualen Kostensatz per anno ausgedrückt werden.[9]

Mit **absoluten Cost of Carry pro 100 = CoC** ergibt sich der Futurepreis wie folgt:

$$F = \frac{1}{KF} \cdot K + CoC$$

wobei:

$$CoC = \frac{1}{KF}\left[(K+SZ) \cdot \left(i_{FK} \cdot \frac{T}{365}\right) - \left(i_{CtD} \cdot N_{CtD} \cdot \frac{T}{365}\right)\right]$$

mit: CoC = absolute Cost of Carry pro 100
 KF = Konversionsfaktor, der die jeweilige Anleihe mit dem Zinsinstrument, das dem Future zugrunde liegt, renditemäßig vergleichbar macht (Konversionsfaktor der CtD-Anleihe)
 K = Kurs der am günstigsten in den Future zu liefernden Anleihe = Kurs der CtD-Anleihe
 SZ = Stückzinsen pro 100
 i_{FK} = kurzfristiger Refinanzierungssatz
 i_{CtD} = Nominalzins der CtD-Anleihe
 N_{CtD} = Nominalwert der CtD-Anleihe 100
 T = Restlaufzeit des Futures in Tagen

Unter Verwendung des **prozentualen Satzes per anno der Cost of Carry = CC % p. a.** ergibt sich:

$$F = \frac{1}{KF} \cdot K\left(1 + CC \cdot \frac{T}{365}\right)$$

mit: CC = Cost of Carry Satz in % per anno:

---

[9] Vgl. auch **Meyer** (1994), S. 70 ff.

$$CC = \frac{\frac{1}{KF}[(K+SZ) \cdot i_{FK} - i_{CtD} \cdot N_{CtD}]}{\frac{1}{KF} \cdot K} = \frac{(K+SZ) \cdot i_{FK} - i_{CtD} \cdot N_{CtD}}{K}$$

eingesetzt ergibt sich:

$$F = \frac{1}{KF} \cdot \left[K + (K+SZ) \cdot i_{FK} \cdot \frac{T}{365} - i_{CtD} \cdot N_{CtD} \cdot \frac{T}{365} \right]$$

$$= \underbrace{\frac{1}{KF} \cdot K}_{} + \underbrace{\frac{1}{KF} \cdot (K+SZ) \cdot i_{FK} \cdot \frac{T}{365}}_{} - \underbrace{\frac{1}{KF} \cdot i_{CtD} \cdot N_{CtD} \cdot \frac{T}{365}}_{}$$

= angepasster Kurs CtD-Anleihe + Finanzierungskosten − Finanzierungserträge

Beispiel der Berechnung des Futurepreises mit absoluten und prozentualen Cost of Carry:

Angaben zur CtD-Kassamarktanleihe:
K_{CtD} = 96,- Kurs der CtD-Kassamarktanleihe;
i_{CtD} = 8% (0,08) Nominalzins der CtD-Kassamarktanleihe; letzter Zinszahlungstermin der Kassamarktanleihe 60 Tage vor Berechnung des Futurepreises; Restlaufzeit der CtD-Kassamarktanleihe 9 Jahre.

Angaben zum Future:
T = 30 Tage Restlaufzeit bis Verfall;
i_{FK} = 5% (0,05) Kurzfristiger Refinanzierungssatz.

Lösung:
Konversionsfaktor der CtD-Kassamarktanleihe: 1,13603
Aufgelaufene Stückzinsen der Kassamarktanleihe seit der letzten Zinszahlung vor 60 Tagen:

$$SZ_{100} = 60 \cdot 0,08 \cdot \frac{100}{365} = 1,3151$$

Preisberechnung mit absoluten Cost of Carry:

$$\begin{aligned}
CoC &= \frac{1}{1,13603} \cdot \left[(96,0 + 1,3151) \cdot \left(0,05 \cdot \frac{30}{365}\right) - \left(0,08 \cdot 100 \cdot \frac{30}{365}\right) \right] \\
&= 0,8803 \cdot [(97,3151 \cdot 0,0041) - 0,6575] \\
&= -0,228
\end{aligned}$$

$$F = \frac{1}{1{,}13603} \cdot 96{,}0 - 0{,}228$$

$$= 84{,}28$$

Preisberechnung mit prozentualen Cost of Carry per anno:

$$CC = \frac{97{,}3151 \cdot 0{,}05 - 0{,}08 \cdot 100}{96}$$

$$= -3{,}2648 \; \% \; p.\,a.$$

$$F = \frac{1}{1{,}13603} \cdot 96{,}0 \cdot \left(1 - 0{,}032648 \cdot \frac{30}{365}\right)$$

$$= 84{,}28$$

Folgendes Beispiel soll die Grundüberlegungen noch einmal verbal verdeutlichen: Ein Anleger erhält in sechs Monaten 500.000,-- EUR, die er in lang laufende Bundesanleihen investieren möchte. Da er das derzeitige Renditeniveau für attraktiv hält und mit Kursanstiegen rechnet, erwägt er einen sechsmonatigen Kredit aufzunehmen, um damit heute die Anleihen zu kaufen. Alternativ könnte er auch fünf sechsmonatige Euro Bund Futurekontrakte erwerben, die ihm eine Teilhabe an Kurssteigerungen sichern, zugleich aber nur einen geringen Kapitaleinsatz in Höhe der Margin erfordern. Der Anleger muss sich nun fragen, welche Alternative für ihn die günstigere ist.

Anhand nachstehender Überlegung wird das Bepreisungsprinzip deutlich: Wäre eine der Alternativen der anderen überlegen, so könnte Arbitrage betrieben werden. Folglich muss es ein Preisverhältnis zwischen beiden Alternativen geben, das für eine Gleichwertigkeit sorgt. In dem betrachteten Fall kommt es darauf an, zu wissen, ob die Zinsen für den sechsmonatigen Kredit unter oder über der Rendite der langfristigen Bundesanleihen liegen. Bei geringeren Zinsen des Kredits muss der Euro Bund Future unterhalb der vergleichbaren Kassa-Notiz liegen. Denn der Vorteil, den der sofortige kreditfinanzierte Kauf der Anleihen besitzt, wird durch den Preisabschlag des Futures gegenüber dem Kassapreis genau aufgewogen. Der konkrete Vorteil des kreditfinanzierten Anleihekaufs hätte in der Vereinnahmung höherer Anleihezinsen bei Auszahlung niedrigerer Kreditzinsen bestanden. In diesem Fall sind die Cost of Carry in der Definition der Basis = Futurekurs - Kassakurs folglich negativ. Es entsteht ein Nettoertrag aus dem Halten der Kassaposition bei regulärer Zinsstrukturkurve. Umgekehrt sieht es bei einer inversen Zinsstruktur aus, bei der die kurzfristigen Zinsen oberhalb der langfristigen Zinsen liegen. Liegt eine inverse Zinsstruktur vor, dann besitzt der Euro Bund Futurepreis einen Aufschlag gegenüber der Kassanotierung. Die Cost of Carry sind in diesem Fall positiv. Es treten Nettofinanzierungskosten beim Halten der Kassaposition auf, wenn eine inverse Zinsstrukturkurve vorliegt.

b) Aktienindexfutures

Im Rahmen der Bepreisung von Aktienindexfutures gilt ein analoges Vorgehen. Anstelle von Stückzinsen fallen hier möglicherweise Dividendenzahlungen auf das gehaltene Aktienportfolio an. Da die Dividendenzahlungen bis zum Verfalltag des Futures wieder angelegt werden können, müssen auch diese Erträge berücksichtigt werden. Ob überhaupt Dividenden für die Future-Preisbestimmung eine Rolle spielen, hängt davon ab, ob sich der Future auf einen Kurs- oder einen Performanceindex bezieht.[10] Unter Berücksichtigung von Dividendenzahlungen ergibt sich folgender Ertrag einer Aktienindexfutureposition:

$$E_{Fut}^{Aktien} = F_T - F_t + r \cdot K_t$$

mit: E_{Fut}^{Aktien} = Ertrag des Aktienindexfutures,
F_t = Kurs des Aktienindexfutures im Betrachtungszeitpunkt,
F_T = Kurs des Aktienindexfutures im Verfallszeitpunkt,
K_t = aktueller Wert des gehaltenen Aktienindex und
r = laufzeitangepasste Verzinsungsrate.

Für das gehaltene Aktienportfolio fallen folgende Erträge an:

$$E_{Kassa}^{Aktien} = K_T - K_t + D.$$

oder exakt mit Berücksichtigung der Wiederanlage der Dividenden

$$E_{Kassa}^{Aktien} = K_T - K_t + D + r^A \cdot D$$

mit: D = Dividendenzahlungen und
$r^A \cdot D$ = Zinsen auf wiederangelegte Dividendenzahlungen.

Durch Gleichsetzung der Erträge können die Cost of Carry und die Basis bestimmt werden.

$F_t - K_t = r \cdot K_t - D$
bzw.
$F_t - K_t = r \cdot K_t - D - r^A \cdot D$
Basis = Cost of Carry.

Die Cost of Carry können wiederum als prozentualer Kostensatz p.a. zu $CC = i_{FK} - d$ bestimmt werden.[11] Dabei stellt i_{FK} den kurzfristigen Refinanzierungszinssatz und d den Dividendensatz auf die Kassaposition dar. Voraussetzung für dieses Vorgehen ist allerdings die Bekanntheit der Dividenden zum Bewertungszeitpunkt. Unter Verwendung des Kostensatzes der Cost of Carry errechnet sich der Fair Value des Aktienindexfutures zu:

$$F_t = K_t \cdot (1 + CC \cdot \frac{T}{365})$$

---

[10] Vgl. **Steiner/Meyer** (1993), S. 731 f. Die Besonderheiten der DAX-Future-Bepreisung sind im Abschnitt über den DAX-Future dargestellt.

[11] Vgl. **Steiner/Meyer** (1993), S. 732.

Durch die Inanspruchnahme der Wertpapierleihe lässt sich für den Inhaber des Aktienportfolios neben den Dividenden ein zusätzlicher Ertrag erzielen. Dies geschieht, indem die im Portfolio befindlichen Aktien gegen Zahlung einer Prämie für die Restlaufzeit des Futures verliehen werden. Unter Berücksichtigung der Erträge aus der Wertpapierleihe erhält man einen modifizierten CoC-Satz in % p.a.:

$$CC = i_{FK} - d - i_w$$

mit: d = Dividendensatz in % p.a.
i_w = vereinnahmte Prämie aus der Wertpapierleihe in % p.a.

Der Fair Value bei Aktienindexfutures ist folglich um so niedriger, je größer die Erträge des gehaltenen Aktienportfolios sind. Für einen Performanceindex wie den DAX® gilt:

$$F_t = K_t \cdot (1 + i_{FK} \cdot \frac{T}{365})$$

bzw.

$$F_t = K_t \cdot (1 + (i_{FK} - i_w) \cdot \frac{T}{365}).$$

8.1.1.6 Basis und Basisrisiko

Die auftretende Differenz zwischen Future- und Kassapreis wird als Basis bezeichnet. Als Formel für die Basis ergibt sich:

Basis = Futurepreis - Kassapreis

Bei Aktienindexfutures ist die Basis in aller Regel positiv, da die Finanzierungskosten des Aktienportfolios zumeist höher liegen als die Dividendenerträge. Der Verlauf der Basis im Zeitablauf ist am Beispiel des DAX® in Abbildung 8.4 wiedergegeben.

Man erkennt, wie sich die Preise von DAX® und DAX® Future mit geringer werdender Restlaufzeit des Futures angleichen. Wie zu sehen ist, liegt beim DAX® Future eine positive Basis vor. Die Differenz zwischen beiden Preisen wird immer kleiner, bis beide Werte schließlich im Verfallszeitpunkt übereinstimmen. Diese Eigenschaft von Futures wird als Basiskonvergenz oder als Basiseffekt bezeichnet.[12]

---

[12] Eigentlich müsste der Futurepreis gegen den Kassapreis konvergieren, da dieser den Marktpreis für das Underlying (Aktien, Anleihen) darstellt. Kritiker der Terminmärkte be-

Die Basis lässt sich in zwei Teile aufspalten; zum einen in die Carry-Basis und zum anderen in die Value-Basis. Der Carry-Basis kommt - wie oben erläutert - für die rechnerische Bestimmung des Preisunterschieds zwischen Futurekurs und Kassakurs eine tragende Rolle zu, da sie mathematisch als Nettofinanzierungskosten bestimmbar ist. Die Value-Basis beinhaltet demgegenüber nichtquantifizierbare Faktoren, die für die Höhe der Basis wichtig sein können. Zu denken ist dabei z.B. an Erwartungen der Marktteilnehmer, Liquiditätsbedingungen, Stimmungen (Noise[13]) und dergleichen mehr. Gerade in hektischen Börsenzeiten können die Faktoren der Wertbasis einen großen Preiseinfluss auf den Future ausüben.

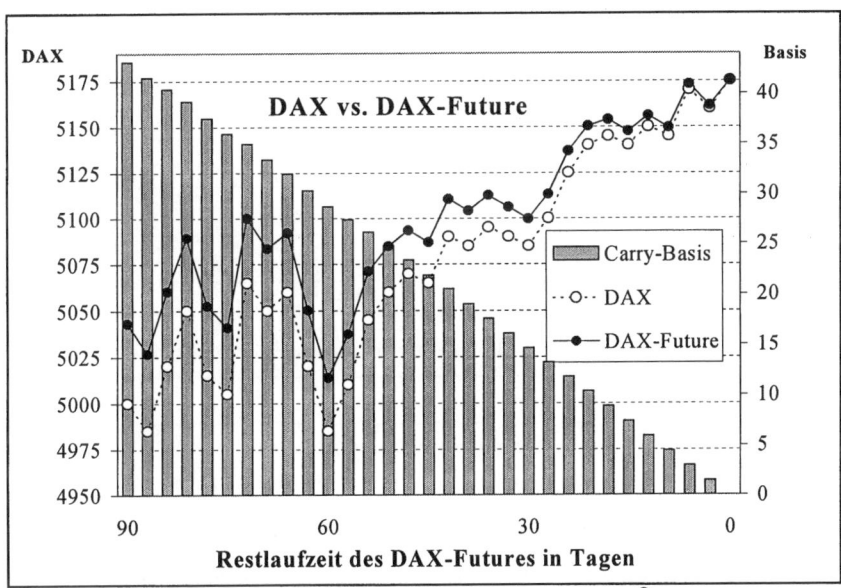

Abbildung 8.4: Entwicklung der Basis beim DAX® Future

Für die Akteure auf den Futuremärkten ergibt sich aus der schwer zu bestimmenden Value-Basis ein Basisrisiko. Es besteht in einer nicht vorhergesehenen Detailentwicklung der Basis während der Kontraktlaufzeit. Es lässt sich auch sagen, dass das Basisrisiko in der Nichtgegebenheit vollständiger Korrelation zwischen Kassa- und Futurenotiz liegt. Wenn aber die meisten Geschäfte vor dem Verfalltag glattgestellt werden, dann ist die Basis zum Zeitpunkt der Glattstellung nicht Null. Weicht in diesem Zeitpunkt die Basis stark von ihrem theoretischen Fair Value ab, so kann daraus für den Investor ein Verlust resultieren.

---

haupten demgegenüber, dass häufig der Kassapreis gegen den Futurepreis konvergiert und mittlerweile die Bedeutung der Futures so groß ist, dass der Terminmarkt den Kassamarkt dominiert. Bildlich wird häufig davon gesprochen, dass der 'Schwanz mit dem Hund wackelt'. Vgl. **Gastineau** (1990), S. 131 ff. Die Auswirkungen des DAX-Futures auf die Volatilität des DAX untersuchen **Bruns/Meyer** (1994), S. 647 ff.

[13] Siehe hierzu **Bruns** (1994), S. 99 ff.

Hinsichtlich der Basis sind bei Zinsfutures eigenständige Überlegungen anzustellen, denn die Lage der Zinsstrukturkurve spielt für die Höhe der Cost of Carry eine maßgebliche Rolle. Je nachdem, ob eine normale oder eine inverse Zinsstrukturkurve vorliegt, kann die Basis negativ oder positiv sein. Abbildung 8.5 zeigt die Cost of Carry bei alternativem Verlauf der Zinsstrukturkurve.

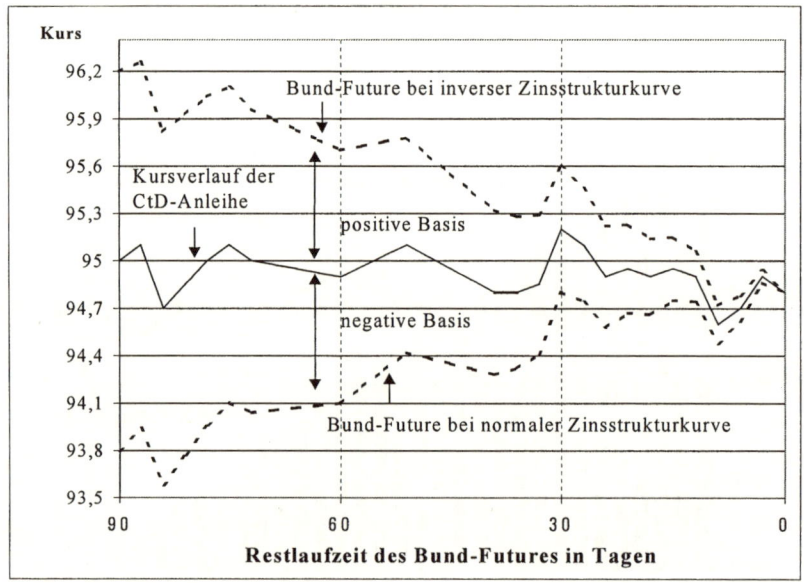

Abbildung 8.5: Basisentwicklung bei alternativem Verlauf der Zinsstrukturkurve

Aus der Abbildung wird die Konvergenz der Basis deutlich erkennbar. Je geringer die Restlaufzeit wird, desto mehr gleicht sich der Future-Kurs dem Anleihekurs an. Im Fall eines inversen Verlaufs der Zinsstrukturkurve treten Nettofinanzierungskosten für die Kassaposition auf, die beim Future durch einen höheren Kurs gegenüber dem direkten Erwerb des Kassainstruments ausgeglichen werden. Umgekehrt entsteht im Fall einer normalen Zinsstrukturkurve eine negative Basis, da der Future den Nachteil von Nettohalteerträgen mit einem Abschlag auf die Kassaposition egalisiert.

8.1.2 Zinsfutures an der Eurex

Die Produktpalette der Zinsfutures an der Eurex umfasst zur Zeit sieben verschiedene Werte. Nach der Laufzeit der Basiswerte geordnet, handelt es sich dabei um den Euro Buxl, den Euro Bund, den Euro Bobl und den Euro Schatz Future sowie den Ein- und Dreimonats-Euribor Future. Daneben besteht mit dem CONF Future ein Produkt, dem langlaufende Anleihen der Schweizerischen Eidgenossenschaft zugrunde liegen.

8.1.2.1 Euro Bund Futures

Der Bund Futurekontrakt wurde am 23. November 1990 an der DTB eingeführt, nachdem er bereits seit mehreren Jahren an der LIFFE in London gehandelt wurde.[14] Die Anzahl der insgesamt gehandelten Kontrakte stieg von 2,3 Millionen im Jahr 1991 über 12,5 Mio. (1995) auf etwa 89,9 Mio. in 1998. Damit ist der Euro Bund Future[15] der umsatzstärkste Future an der Eurex. Nachdem die LIFFE auch nach Einführung des Bund Futurehandels an der DTB in diesem Bereich ihre Marktführerschaft über Jahre hinweg behaupten konnte, gelang es der Eurex, in 1998 den Marktanteil von anfänglich ca. 50% auf nahezu 100% des gehandelten Volumens zu steigern.[16]

Ein Euro Bund Futurekontrakt verpflichtet den Käufer zum Bezug des Basiswertes in einem standardisierten Zukunftszeitpunkt zu einem bei Geschäftsabschluss festgelegten Preis. Wie oben dargestellt, kann sich der Kontraktinhaber dieser Verpflichtung durch rechtzeitige Glattstellung der Position entziehen, was er i.d.R. auch tun wird. Die genauen Kontraktspezifikationen des Euro Bund Futures sind in Tabelle 8.1 wiedergegeben.

Basiswert:	Idealtypische fiktive Bundesanleihe
Nominalwert:	100.000,-- EUR
Zins:	6%
Laufzeitbereich der lieferbaren Anleihen:	8,5 – 10,5 Jahre
Lieferbare Papiere:	Bundesanleihen
Notierung:	In Prozent vom Nominalwert; auf zwei Dezimalstellen
Tick-Größe und -Wert:	0,01 bzw. 10,-- EUR
Maximale Laufzeit:	9 Monate
Liefermonate:	März, Juni, September, Dezember
Liefertag:	10. Kalendertag des Liefermonats
Letzter Handelstag:	Zweiter Börsentag vor dem Liefertag
Margin:	Risk Based Margin

Tabelle 8.1: Kontraktspezifikationen beim Euro Bund Future

Um die Frage nach den Nettofinanzierungskosten beim Bund-Futureerwerb beantworten zu können, muss die Struktur der Zinssätze am Geld- und Kapitalmarkt bekannt sein. Als Regel lässt sich festhalten, dass eine normale Zinsstruktur zu einem unter dem Kassapreis liegenden Bund-Futurepreis führen wird, da die mittels der Anleihe erzielten Zinserträge die ersparten Finanzierungskosten übersteigen. Umgekehrt wird bei einer inversen Zinsstruktur der Bund-Future stets

---

[14] LIFFE = London International Financial Futures Exchange.
[15] Der Begriff Euro Bund Future wurde von der Eurex gewählt, um eine Abgrenzung vom BUND-Future vorzunehmen, dem ein Kontraktvolumen von 250.000 DM zugrunde lag.
[16] **Gruppe Deutsche Börse** (1999), S. 31.

oberhalb des äquivalenten Kassainstruments notieren, da die ersparten Finanzierungskosten die Zinserträge aus dem Halten des Kassatitels übertreffen. Anhand eines Beispiels soll die Preisfindung des Euro Bund Futures erläutert werden.

Der Kurs einer 6%igen Bundesanleihe mit jährlicher Zinszahlung am 12. Juli betrage 91,50%. Die taggenau bestimmte Restlaufzeit des zu bewertenden Euro Bund Futures beläuft sich auf 65 Tage. Es wird von einem Geldmarktzins von 8,5% für eine Laufzeit von 65 Tagen ausgegangen. Würde die Anleihe im erforderlichen Nominalwert von 100.000,-- EUR heute gekauft, so müssten dafür zunächst 3.156,16 EUR Stückzinsen (bei angenommenen 192 Stückzinstagen) bezahlt werden.[17] Die Errechnung der Stückzinsen (SZ) an der Eurex erfolgt grundsätzlich mittels folgender Formel:

$$SZ = \frac{\text{Tage} \cdot \text{Nominalzins} \cdot 100.000 \text{ EUR}}{\text{Tage pro Jahr}}.$$

Für die Beispieldaten ergibt sich:

$$SZ = \frac{192 \cdot 0,06 \cdot 100.000 \text{ EUR}}{365} = 3.156,16 \text{ EUR}.$$

Bei der Stückzinsberechnung werden sowohl die Monate als auch das Jahr taggenau bestimmt.

Insgesamt müsste 94.656,16 EUR (91.500,-- EUR + 3.156,16 EUR) unter Vernachlässigung von Transaktionskosten investiert werden. Um diesen Betrag 65 Tage lang zu finanzieren, sind bei einem Geldmarktsatz von 8,5% genau 1.432,81 EUR erforderlich (94.656,16 EUR·0,085·65/365). Diese Finanzierungskosten in Höhe von 1.432,81 EUR werden durch den Futurekauf erspart. Ausgedrückt als Preisvorteil des Futures pro 100,-- EUR Nominalwert ergibt sich daraus 1,43 EUR. Nun müssen die in Form der Stückzinsen anfallenden Erträge der Kassaposition gegenübergestellt werden. Dazu müssen die Stückzinsen errechnet werden, die während der 65-tägigen Futurelaufzeit dem Besitzer der Kassaposition zufließen. Es ergibt sich:

SZ = 100.000,-- EUR·0,06·65/365 = 1.068,49 EUR.

Pro 100,-- EUR Anleihenominalwert errechnet sich daraus der Wert von 1,07 EUR, der als Vorteil der Kassaposition gegenüber der Futureposition angesehen werden muss. Die Summe der jeweiligen Positionen ergibt schließlich die Cost of Carry und beträgt im Beispiel 0,36 EUR (1,43 -1,07). Da der Vorteil des Futures größer als jener der Kassaposition ist, muss der Future einen um 36 Cent höheren Preis besitzen als der Kassawert. Bei einem Euro Bund Futurepreis von 91,86 besteht somit Indifferenz zwischen dem Basiswert und dem Future. Bei allen anderen

---

[17] Ab dem 1. Juni 1999 können Bundesanleihen, Bundesobligationen und Bundesschatzanweisungen grundsätzlich zu jedem beliebigen Nennbetrag ge- und verkauft werden. Damit ist es möglich, ursprünglich auf DM lautende Emissionen des Bundes, die vor dem 01.1.1999 begeben wurden, im Nennwert in Höhe von 100.000,-- EUR zu handeln.

Futurepreisen wäre Arbitrage möglich, die den Futurepreis wieder in sein Gleichgewicht bringt.[18] Aus dem Ergebnis wird deutlich, dass im obigen Beispiel von einer inversen Zinsstruktur ausgegangen wurde.

Wie den Kontraktspezifikationen zu entnehmen ist, beläuft sich der Tick-Wert auf 10,-- EUR, d.h. bei einer Preisveränderung des Euro Bund Futures um einen Basispunkt (0,01%), wird der bestehenden Position 10,-- EUR gutgeschrieben oder abgebucht. Der Tick-Wert ergibt sich gemäß der folgenden Formel:

$$\text{Tick-Wert} = \frac{0{,}01}{100} \cdot 100.000 \text{ EUR} = 10\text{,-- EUR}.$$

Verändert sich der Euro Bund Future beispielsweise von 91,86 auf 91,94, so wird einem Investor, der einen Futurekontrakt gekauft hat, 10,-- EUR · 8 = 80,-- EUR gutgeschrieben. Dem Verkäufer des Euro Bund Futurekontraktes wird dieser Betrag auf dem Marginkonto belastet. Wäre der Preis von 91,86 auf 91,45 gefallen, dann hätte für den Käufer eine Kontobelastung von 410,-- EUR stattgefunden.

Sollte sich ein Investor für die physische Kontrakterfüllung beim Euro Bund Future entscheiden, so sind einige Punkte zu beachten. Wichtig ist zunächst der Schlussabrechnungspreis, der am letzten Handelstag des Euro Bund Futures von der Eurex festgestellt wird. Dieser wird als Exchange Delivery Settlement Price (EDSP) bezeichnet. Um zu errechnen, welchen Preis ein Futurekäufer für die zu beziehende Anleihe zu bezahlen hat, muss folgende Formel angewendet werden:

Rechnungsbetrag = (EDSP·Preisfaktor·1.000,-- EUR) + Stückzinsen.

Besondere Bedeutung kommt dabei dem Preis- bzw. Konversionsfaktor zu. Nur die wenigsten am Markt gehandelten und zugleich lieferbaren Bundesanleihen entsprechen in ihrer Ausgestaltung exakt dem Basiswert, der den jeweiligen Zinsfutures an der Eurex zugrunde gelegt wurde. So existiert derzeit keine Bundesanleihe mit einem Kupon von 6% und einer Restlaufzeit zwischen 8,5 und 10,5 Jahren. Deshalb muss zunächst ermittelt werden, welche am Markt gehandelte Bundesanleihe mit den beschriebenen Anforderungen am günstigsten zu liefern ist. Diese Anleihe wird als Cheapest-to-Deliver (CtD)-Anleihe bezeichnet. Von der Eurex werden vor jedem Verfalltermin Listen mit allen lieferbaren Anleihen veröffentlicht.

Die Preis- bzw. Konversionsfaktoren geben den Kurs der betreffenden Anleihe für den Fall an, dass ein Renditeniveau von 6% am Kapitalmarkt vorliegt. Insofern verfolgen diese Faktoren das Ziel, die verschiedenen lieferbaren Anleihen vergleichbar zu machen. Inhaltlich fußen die Preis- bzw. Konversionsfaktoren auf dem Barwertansatz.

Mit der im März 1999 emittierten 4% Bundesanleihe mit Laufzeit bis zum 04.07.2009 befindet

---

[18] Marginerfordernisse und Transaktionskosten sind dabei unberücksichtigt geblieben.

sich eine lieferbare Anleihe im Umlauf, deren erster Zinslauf von einem Jahr abweicht. Damit ist diese Anleihe mit einem unregelmäßigen ersten Kupon ausgestattet. Die Höhe der ersten Zinszahlung ergibt sich durch die taggenau ermittelte Laufzeit des ersten Zinslaufs vom 26.03.1999 bis zum 04.07.2000 (466 Tage) und dem Zinssatz von 4%. Die bislang angewandte Formel zur Bestimmung des Konversionsfaktors führt in diesem Fall zu einem fehlerhaften Ergebnis, da darin die implizite Annahme gleicher Zinszahlungen während der gesamten Laufzeit der Anleihe enthalten ist. Erstmalig zum Verfalltermin Dezember 1999 kommt daher die im Folgenden dargestellte Formel zur Anwendung, die sowohl regelmäßige als auch unregelmäßige erste Zinsläufe berücksichtigt. Da ab dem 01. Januar 1999 eine Umstellung der Stückzinsberechnung für neu emittierte Bundesanleihen und Bundesobligationen auf taggenaue Bestimmung der Monats und Jahreswerte (actual/actual) erfolgte, wurde diese Änderung bei der Bestimmung des Preisfaktors berücksichtigt. Im Gegensatz zur bisherigen Praxis wird der Zeitraum zwischen dem Verfall des Futures und der nächsten Zinszahlung taggenau berücksichtigt.

Die Formel zur Berechnung der Konversionsfaktoren (KF) unter Berücksichtigung von Zinseszinsen lautet wie folgt.[19]

$$KF = \frac{1}{1,06^f} \left[\frac{c}{100} \cdot \frac{\delta_i}{act_2} + \frac{c}{6} \left(1,06 - \frac{1}{1,06^n} \right) + \frac{1}{1,06^n} \right] - \frac{c}{100} \cdot \left(\frac{\delta_i}{act_2} - \frac{\delta_e}{act_1} \right).$$

mit: KF = Preis- oder Konversionsfaktor,
 f = Zeitraum (als Bruchteil eines Jahres) vom Liefertag der Anleihe bis zum nächsten Kupontermin,
 δ_i = Abweichung des aktuellen (ersten) Zinslaufs vom Jahreszeitraum (in Tagen),
 δ_e = Zeitraum zwischen dem nächsten Kupontermin und dem Liefertag abzüglich 1 Jahr,
 act_1, act_2 = Jahreszeitraum (taggenau) zur Berechnung der Stückzinsen,
 c = Nominalzinssatz der Anleihe und
 n = volle Jahre bis zur Fälligkeit der Anleihe.

Obige Formel lässt sich durch folgende Überlegungen herleiten:

1) Berechnung des Barwertes sämtlicher Kuponzahlungen bezogen auf den Zeitpunkt der nächsten Kuponzahlung:

---

[19] Es ist darauf hinzuweisen, dass bei dieser Art der Berechnung eine flache Zinsstrukturkurve unterstellt wird und es aufgrund dieser Prämisse zu Bewertungsproblemen kommen kann.

$$c \cdot \left(1 + \frac{\delta_i}{act_2}\right) + c \cdot RBF_{i,n} + \frac{100}{q^n} = c \cdot \left(1 + \frac{\delta_i}{act_2}\right) + c \cdot \frac{1,06^n - 1}{1,06^n \cdot 0,06} + \frac{100}{1,06^n} =$$

$$= c\left(1 + \frac{\delta_i}{act_2} + \frac{1}{0,06} - \frac{1}{1,06^n \cdot 0,06}\right) + \frac{100}{1,06^n} = \frac{c \cdot \delta_i}{act_2} + \frac{c}{0,06}\left(1,06 - \frac{1}{1,06^n}\right) + \frac{100}{1,06^n}.$$

Dabei stellt der Term $c \cdot \left(1 + \frac{\delta_i}{act_2}\right)$ die taggenau ermittelte Zinszahlung zum nächsten Zinstermin dar, wobei die Abweichung eines ersten unregelmäßigen Zinslaufs durch $\frac{\delta_i}{act_2}$ berücksichtigt wird. Liegt kein erster unregelmäßiger Zinslauf vor bzw. ist die erste unregelmäßige Zinszahlung bereits erfolgt, vereinfacht sich der Term $c \cdot \left(1 + \frac{\delta_i}{act_2}\right)$ zu c.

2) Abzinsung auf den Liefertag und Abzug von Stückzinsen:

$$\frac{1}{1,06^f}\left[\frac{c \cdot \delta_i}{act_2} + \frac{c}{0,06}\left(1,06 - \frac{1}{1,06^n}\right) + \frac{100}{1,06^n}\right] - c \cdot \left(\frac{\delta_i}{act_2} - \frac{\delta_e}{act_1}\right).$$

Der Term $c \cdot \left(\frac{\delta_i}{act_2} - \frac{\delta_e}{act_1}\right)$ stellt dabei die taggenau ermittelten Stückzinsen (actual/actual) dar.

3) Division durch 100, um den Preis je 1 EUR Nominalwert der standardisierten Anleihe zu erhalten:

$$KF = \frac{1}{1,06^f}\left[\frac{c}{100} \cdot \frac{\delta_i}{act_2} + \frac{c}{6}\left(1,06 - \frac{1}{1,06^n}\right) + \frac{1}{1,06^n}\right] - \frac{c}{100} \cdot \left(\frac{\delta_i}{act_2} - \frac{\delta_e}{act_1}\right).$$

Bei der Bestimmung des Rechnungsbetrages bei Lieferung der CtD-Anleihe wird der Konversionsfaktor auf sechs Stellen genau bestimmt.

Die Vorgehensweise soll an einem Beispiel für den Verfalltermin **März 2002** verdeutlicht werden. Verglichen wird die 5,25% Bundesanleihe mit Laufzeit vom 18.10.2000 bis 04.01.2011 und die 5,00% Anleihe mit Laufzeit vom 23.05.2001 bis zum 04.07.2011. Beide Anleihen weisen einen ersten unregelmäßigen Zinstermin auf, bei der 5,25% Anleihe ist dies für den Bewertungszeitpunkt März 2002 jedoch nicht mehr von Relevanz. Es sollen die jeweiligen Preisfaktoren für den Liefertermin März 2002 bestimmt werden.

In Tabelle 8.2 sind die Ausgangsdaten und die zur Berechnung der Konversionsfaktoren benötigten Parameter zusammengefasst.

Anleihe	**5,25% Bund fällig 04.01.2011**	**5,00% Bund fällig 04.07.2011**
c	5,25	5,00
n	8 Jahre	9 Jahre
DD (Liefertermin)	11.03.2002	11.03.2002
Aktueller Zinslauf bei Lieferung	04.01.2002 – 04.01.2003 (365 Tage)	25.05.2001 – 04.07.2002 (405 Tage)
LCD (bzw. Beginn des Zinslaufs) vor Lieferung	04.01.2002	25.05.2001
NCD (nach Lieferung)	04.01.2003	04.07.2002
NCD1y	04.01.2002	04.07.2001
NCD2y	04.01.2001	04.07.2000
δ_e	-66 Tage	-250 Tage
act_1	365 Tage (Zeitraum zwischen NCD und NCD1y, da $\delta_e < 0$)	365 Tage (Zeitraum zwischen NCD und NCD1y, da $\delta_e < 0$)
δ_i	0 Tage	40 Tage
act_2	365 Tage	365 Tage
$f = 1 + \dfrac{\delta_e}{act_1}$	$f = 1 + \dfrac{-66}{365} = 0{,}819178$	$f = 1 + \dfrac{-250}{365} = 0{,}315068$

Tabelle 8.2: Parameter zur Bestimmung des Konversionsfaktors

Zunächst sind folgende Größen zu ermitteln:

DD = Delivery Date (Liefertag der Anleihe),
LCD = Last Coupon Date (Letzter Kupontermin vor dem Liefertag bzw. dem Beginn des Zinslaufs),
NCD = Next Coupon Date (Nächster auf den Liefertag folgender Zinstermin),
NCD1y = 1 Jahr vor dem NCD,
NCD2y = 2 Jahre vor dem NCD.

Daraus errechnen sich die in obiger Formel verwendeten Parameter:

δ_e = NCD1y - DD,
act_1 = NCD – NCD1y, falls $\delta_e < 0$
 NCD1y – NCD2y, falls $\delta_e \geq 0$,
δ_i = NCD1y – LCD,
act_2 = NCD – NCD1y, falls $\delta_i < 0$,
 NCD1y – NCD2y, falls $\delta_i \geq 0$,
f = $1 + \dfrac{\delta_e}{act_1}$.

Werden die Werte für die 5,00% Anleihe in die aktualisierte Formel zur Bestimmung des Konversionsfaktors eingesetzt, ergibt sich folgender Ausdruck:

$$KF = \frac{1}{1{,}06^{0{,}315068}} \left[\frac{5{,}00}{100} \cdot \frac{40}{365} + \frac{5{,}00}{6} \left(1{,}06 - \frac{1}{1{,}06^9} \right) + \frac{1}{1{,}06^9} \right] - \frac{5{,}00}{100} \cdot \left(\frac{40}{365} - \frac{(-250)}{365} \right)$$
$$= 0{,}929773.$$

Für die 5,25% Anleihe beträgt der Konversionsfaktor 0,949545. Die aktualisierten Formel berücksichtigt eine taggenaue Ermittlung der Stückzinsen. Durch den Parameter δ_i wird zusätzlich ein Zinslauf berücksichtigt, der von einem Jahr abweicht. Im Beispiel der 5,00% Anleihe werden die Zinsen für 40 Tage in die Bewertung einbezogen, die der erste Zinslauf den Zeitraum von einem Jahr übersteigt. Für den Fall, dass der erste Zinslauf den Zeitraum eines Jahres unterschreitet, ergibt sich ein negativer Wert für δ_i. Für Anleihen mit einem regelmäßigem ersten Zinslauf bzw. für Anleihen mit unregelmäßigem ersten Zinslauf, bei denen die erste Zinszahlung bereits erfolgte, ergibt sich für δ_i ein Wert von 0, da der LCD- und der NCD1y-Wert zusammenfallen. In diesem Fall kann der Konversionsfaktor auch anhand der vereinfachten Form ermittelt werden:

$$KF = \frac{1}{1{,}06^f} \left[\frac{c}{6} \left(1{,}06 - \frac{1}{1{,}06^n} \right) + \frac{1}{1{,}06^n} \right] + \frac{c}{100} \cdot \frac{\delta_e}{act_1}.$$

Um die am günstigsten zu liefernde Anleihe zu finden, muss der Investor den Kassa-Verkaufserlös der zur Verfügung stehenden Anleihen dem jeweiligen Verkaufserlös bei Lieferung in den Bund-Futurekontrakt gegenüberstellen. Jene Anleihe, die den höchsten Vorteil bei einer Lieferung bietet, ist die CtD-Anleihe. Der Futurekurs wird sich an der CtD-Anleihe orientieren, damit keine Arbitragemöglichkeiten auftreten. Ein Vergleich zweier lieferbarer Anleihen hinsichtlich ihrer Vorzugswürdigkeit bei Lieferung ist in Tabelle 8.3 dargestellt.[20]

Als Resultat kann festgehalten werden, dass die 5,25%ige Bundesanleihe günstiger zu liefern ist. Aus der Lieferung resultiert ein Vorteil von 217,64 EUR gegenüber einem Verkauf der Anleihe am Kassamarkt.

Unter Verwendung der Daten der oben als CtD-Anleihe ermittelten 5,25%tigen Bundesanleihe lässt sich der Rechnungsbetrag (RB) bei physischer Lieferung im Kontraktverfallszeitpunkt bestimmen:

CtD-Anleihe: 5,25% Kupon,
ESDP = 106,28
KF   = 0,949545

---

[20] Für den Verfalltermin März 2002 stand eine weitere lieferbare Anleihe zur Verfügung, auf deren Darstellung jedoch verzichtet wird.

SZ = 949,32 EUR

RB = (106,28·0,949545·1.000,-- EUR) + 949,32 = 101.866,96 EUR

Anleihe:	5,25% Bund fällig 04.01.2011	5,00% Bund fällig 04.07.2011
Zinszahlungstermin	04.01.	04.07.
Euro Bund Future-Settlementkurs am 10.03.2002	106,28	106,28
Anleihekurs:	100,70	98,88
Preisfaktor:	0,949545	0,929773
Stückzinsen:	949,32 EUR (66 Tage, act/act)	3.972,60 EUR (290 Tage, actual/actual)
Erlös bei Verkauf der Anleihe am Kassamarkt:	(100,70 · 1.000 EUR) + 949,32 EUR = 101.649,32 EUR	(98,88·1.000 EUR) + 3.972,60 EUR = 102.852,60 EUR
Erlös bei Lieferung der Anleihe in den Euro-BUND März 02 Kontrakt:	106,28 · 0,949545 · 1.000 EUR + 949,32 EUR = 101.866,96 EUR	106,28 · 0,929773· 1.000 EUR+ 3.972,60 EUR =102.788,88 EUR
Vor- bzw. Nachteil bei Lieferung:	+ 217,64 EUR	- 63,73 EUR

Tabelle 8.3: Beispiel für eine Cheapest-to-Deliver Anleiheselektion

Der Inhaber der Long Position hat dem Liefernden folglich 101.866,96 EUR gutzuschreiben. Im Gegenzug erhält er die oben bezeichnete Anleihe, die vom Liefernden ausgewählt wurde.

8.1.2.2 Euro Bobl Futures

Mit der Einführung eines Zinsfutures auf mittelfristige Schuldverschreibungen des Bundes hat die DTB ein eigenes Produkt entwickelt, das nicht schon vorher an der LIFFE gehandelt wurde. Der mittelfristige Zinsfuture trägt an der EUREX den Namen Euro Bobl Future. Handelsbeginn für den Bobl Kontrakt war der 4. Oktober 1991. Seit dem 21. Januar 1993 bietet auch die LIFFE einen Zinsfuture auf mittelfristige Schuldverschreibungen des Bundes an.

Hinsichtlich der Kontraktspezifikationen ist der Euro Bobl Future eng an den Euro Bund Future angelehnt. Außer bzgl. der Laufzeit der lieferbaren Anleihen sowie bzgl. der Schuldverschreibungskategorie selbst sind die Kontrakte nahezu gleich. Allerdings differieren die beiden Kontrakte noch hinsichtlich der bei Positionseröffnung zu zahlenden Additional Margin. Die Einzelheiten des Euro Bobl Futurekontrakts sind in Tabelle 8.4 abgebildet.

Basiswert:	Idealtypische fiktive Bundesschuldverscheibung
Nominalwert:	100.000,-- EUR
Zins:	6%
Laufzeitbereich der lieferbaren Anleihen:	4,5-5,5 Jahre
Lieferbare Papiere:	Bundesobligationen und Bundesanleihen (Mindestemissionsvolumen 2 Mrd. EUR)
Notierung:	In Prozent vom Nominalwert; auf zwei Dezimalstellen
Tick-Größe und -Wert:	0,01 bzw. 10,-- EUR
Maximale Laufzeit:	9 Monate
Liefermonate:	März, Juni, September, Dezember
Liefertag:	10. Kalendertag des Liefermonats
Letzter Handelstag:	Zweiter Börsentag vor dem Liefertag
Margin:	Risk Based Margin

Tabelle 8.4: Kontraktspezifikationen beim Euro Bobl Future

Da sich Euro Bobl und Euro Bund Future weitgehend ähneln, gelten für beide auch gleiche Bewertungsüberlegungen. Insofern bedarf es an dieser Stelle keiner Erläuterung der Bewertung des Euro Bobl Futures. Bezüglich der Basisbestimmung, des täglichen Gewinn- und Verlustausgleichs sowie des Rechnungsbetrages bei Lieferung sei auf die Darstellung beim Euro Bund Future verwiesen.

Entscheidet sich der Inhaber einer Short Position im Euro Bobl Future für die physische Lieferung der Schuldverschreibungen, so wird er das für ihn am günstigsten zu liefernde Papier aussuchen. Um die CtD-Schuldverschreibung zu finden, müssen die zugehörigen Preis- bzw. Konversionsfaktoren berechnet werden. Ebenfalls erstmalig für den Verfalltermin Dezember 1999 erfolgt die Ermittlung des Konversionsfaktors nach der aktualisierten Formel, die ungerade erste Zinsläufe und eine taggenaue Ermittlung der Stückzinsen berücksichtigt. Eine Darstellung findet sich bei den Ausführungen zum Euro Bund Future.

8.1.2.3 Euro Buxl Futures

Von März 1994 bis Juni 1995 wurden an der DTB unter dem Namen Buxl-Futures Zinsterminkontrakte auf Bundesanleihen mit einer Restlaufzeit von 15 bis 30 Jahren gehandelt. Der Handel wurde wieder eingestellt, da das Handelsvolumen nicht den Erwartungen der DTB entsprach. Ursache für die geringe Marktbreite war insbesondere die Anzahl der lieferbaren Anleihen. So standen während des gesamten Zeitraums lediglich zwei Bundesanleihen mit einer Restlaufzeit größer 15 Jahre zur physischen Kontrakterfüllung zur Verfügung.

Zum 2. Oktober 1998 führte die Eurex erneut einen Future auf langlaufende Bundesanleihen ein. Dem Euro Buxl Future wurde als Basiswert eine fiktive Schuldverschreibung der Bundesrepublik Deutschland mit 20- bis 30,5-jähriger Laufzeit zugrunde gelegt.

Vergleichbar dem Treasury-Bond-Future in den USA ist es mit Hilfe des Euro Buxl Futures möglich, den langen Laufzeitbereich der EUR-Zinsstrukturkurve gegen Zinsänderungsrisiken zu sichern. Darüber hinaus bieten sich auch Trading- und Arbitragemöglichkeiten zwischen den einzelnen Zinsfutures an.[21] Die Kontraktspezifikationen können Tabelle 8.5 entnommen werden.

Basiswert:	Idealtypische fiktive Bundesschuldverschreibung
Nominalwert:	100.000,-- EUR
Zins:	6%
Laufzeitbereich der lieferbaren Anleihen:	20-30,5 Jahre
Lieferbare Papiere:	Bundesanleihen
Notierung:	In Prozent vom Nominalwert; auf zwei Dezimalstellen
Tick-Größe und -Wert:	0,01 bzw. 10,-- EUR
Maximale Laufzeit:	9 Monate
Liefermonate:	März, Juni, September, Dezember
Liefertag:	10. Kalendertag des Liefermonats
Letzter Handelstag:	Zweiter Börsentag vor dem Liefertag
Margin:	Risk Based Margin

Tabelle 8.5: Kontraktspezifikationen beim Euro Buxl Future

Ähnlich der Vorgehensweise beim Euro Bund und Euro Bobl Future lassen sich für den Euro Buxl Future Konversionsfaktoren zur Bestimmung der CtD-Anleihe berechnen. Ab dem Liefertermin Dezember 1999 legt die Eurex die aktualisierte Formel zur Berechnung des Preisfaktors zugrunde, die sowohl eine taggenaue Berechnung der Stückzinsen als auch unregelmäßige erste Zinsläufe berücksichtigt. Hierzu sei auf die Darstellung beim Euro Bund Future verwiesen.

8.1.2.4 Euribor Futures

Am 18.09.1998 wurden der Einmonats- und Dreimonats Euribor Future an der Eurex eingeführt.[22] Zeitgleich erfolgte die Aufnahme des Handels mit Dreimonats Libor Futures. Die Euro-Produkte ersetzten die Einmonats- und Dreimonats-Euromark-Futures, durch die bislang das untere Ende der Zinsstrukturkurve abgedeckt wurde. Den Euribor Futures liegt der neugeschaffene kontinentaleuropäische Referenzzinssatz Euribor (Euro Interbank Offered Rate) zugrunde. Beim Euribor handelt es sich um einen Durchschnittsgeldmarktzinssatz für Ein- bis Zwölfmonatsgelder unter repräsentativen Banken erster Bonität mit Sitz oder Niederlassung in Staaten der EWU. Durch den Euribor wurden die bislang ermittelten nationalen Referenzzinssätze wie z.B. der FIBOR (Franfurt Interbank Offered Rate) im DM-Bereich ersetzt. Der Euribor konkurriert

---

[21] Siehe hierzu die Darstellungen denkbarer Trading- und Arbitragestrategien im Bereich des Euro Bund Futures.

[22] Die zugrundeliegenden EURIBOR-Sätze wurden erstmals zu Beginn des Jahres 1999 ermittelt. Daher wurde der Januar 1999 als erster Verfallmonat festgelegt.

gegen den Euro-LIBOR (London Interbank Offered Rate), der auf ähnliche Weise unter Referenzbanken am Finanzplatz London ermittelt wird. Beide Geldmarktsätze verlaufen annähernd kongruent zueinander. Neben dem Euro werden LIBOR-Sätze für weitere wichtige Währungen ermittelt. Während sich der DM-FIBOR letztlich nicht gegen den DM-LIBOR durchsetzen konnte, gelang es, den Euribor von Beginn an als Benchmark im Euro-Bereich zu etablieren. So wurde der im März 1994 eingeführte FIBOR-Future im Januar 1997 durch den Dreimonats-Euromark-Future, dem der DM-LIBOR als Referenzzinssatz zugrunde lag, ersetzt. Dagegen konnte der Dreimonats Euribor Future ein deutlich höheres Handelsvolumen im Vergleich zum Dreimonats-LIBOR-Future auf sich ziehen, mit der Folge, dass die Eurex im Januar 1999 die Einstellung des Handels mit Dreimonats-LIBOR-Futures bekannt gab. Während einer Übergangszeit wurden Euro-LIBOR-, Euromark- und Euribor Futures gehandelt. Mit dem Auslaufen der Laufzeit bzw. der Glattstellung der offenen Positionen wurde der Handel mit Euro-LIBOR- und Euromark Futures jedoch eingestellt. Den Euribor Futures liegt eine fiktive Euro-Interbankanleihe mit einer Laufzeit von einem Monat beim Einmonats-Future bzw. drei Monaten beim Dreimonats-Future zugrunde.

Im Unterschied zu den Eurex-Futures auf längerlaufende Basisinstrumente ergeben sich bei den Euribor Futures einige Besonderheiten. Zunächst fällt die unterschiedliche Notierung auf, die wie bei allen Futures auf Geldmarktzinssätze aus 100 minus Zinssatz gebildet wird. Liegt der 3-Monats Euribor z.B. bei 3%, so wird der Euribor Future in der Nähe von 97,00 liegen. Der genaue Preis hängt von den Cost of Carry ab, welche die Basis determinieren. Auch hier gilt, dass der Futurepreis oberhalb von 97,00 liegen muss, falls die Zinsstrukturkurve invers ist et vice versa.

Abweichend von den anderen Eurex-Zinsfutures ist neben der maximalen Laufzeit von 36 Monaten für den Dreimonats Euribor Future auch der Kontraktwert, der 3 bzw. 1 Mio. EUR beträgt und der Tick-Wert in Höhe von 12,50 EUR. Der Wert eines Tick wird z.B. beim Dreimonats Euribor Future wie folgt ermittelt:

$$\text{Tick-Wert} = \frac{0{,}005}{100} \cdot \frac{90 \text{ Tage}}{360 \text{ Tage}} \cdot 1.000.000 \text{ EUR} = 12{,}50 \text{ EUR}.$$

Eine weitere Abweichung ist bezüglich der Kontraktlieferung zu konstatieren. Da ein Geldmarktzins im Gegensatz zu festverzinslichen Wertpapieren nicht physisch lieferbar ist, wird im Verfallszeitpunkt der Euribor Futures ein Barausgleich (Cash Settlement) vorgenommen. Mithin ergibt sich der auszugleichende Betrag als Preisveränderung des Futures multipliziert mit dem Tick-Wert.

Dreimonats Euribor Futures werden sowohl an der Eurex als auch an der LIFFE in London gehandelt. Durch die Einführung der Euribor Futures gelang es der Eurex, ihren Marktanteil am Geldmarktsegment signifikant zu erhöhen.

Die Kontraktspezifikationen der Euribor Futures können der folgenden Tabelle entnommen werden:

	Einmonats Euribor Future	**Dreimonats Euribor Future**
Basiswert:	Zinssatz für Einmonats-Termingelder in EUR	Zinssatz für Dreimonats-Termingelder in EUR
Kontraktwert:	3.000.000 EUR	1.000.000 EUR
Settlement:	Barausgleich	Barausgleich
Notierung:	100 minus gehandelter Zinssatz	100 minus gehandelter Zinssatz
Tick-Größe und Wert:	0,005 Prozent bzw. 12,50 EUR	0,005 Prozent bzw. 12,50 EUR
Maximale Laufzeit:	6 Monate	36 Monate
Verfallmonate:	Die folgenden 6 Monate	Die folgenden 3 Monate sowie die nächsten 11 Quartalsmonate
Letzter Handelstag:	2 Börsentage vor dem 3. Mittwoch des Erfüllungsmonats	2 Börsentage vor dem 3. Mittwoch des Erfüllungsmonats
Schlussabrechnungspreis:	Euribor für Einmonats-Eurotermingelder am letzten Handelstag	Euribor für Dreimonats-Eurotermingelder am letzten Handelstag
Margin:	Risk Based Margining	Risk Based Margining

Tabelle 8.6: Kontraktspezifikationen Euribor Futures

Die Euribor Futures eignen sich zur direkten Spekulation, können aber auch zum Hedging von OTC-Zinsterminkontrakten eingesetzt werden. Darüber hinaus bestehen Arbitragemöglichkeiten bei entsprechenden Fehlbewertungen. Zur Bewertung der Euribor Futures lassen sich Forward-Sätze heranziehen, die aus den Geldmarktkassasätzen abgeleitet werden können.

8.1.2.5 Euro Schatz Futures

Mit Handelsbeginn am 7. März 1997 wurde die Produktpalette der DTB um den Schatz Future erweitert. Mit einem Laufzeitbereich von 1¾ bis 2¼ Jahren ergänzt er das Laufzeitsegment zwischen den kurzfristigen Geldmarktfutures (Euribor Futures) und den langfristigen Kapitalmarktfutures (Buxl, Bund und Bobl Futures). Damit sind jetzt sämtliche Laufzeiten der Euro-Zinsstrukturkurve zwischen einem Monat und 10,5 Jahren sowie zwischen 20 und 30,5 Jahren handelbar.

Die Kontraktspezifikationen des Euro Schatz Futures entsprechen weitestgehend denen von Euro Bobl, Euro Bund und Euro Buxl Future. Lediglich beim Laufzeitbereich und bei der Art der Schuldverschreibungen bestehen Differenzen. Zu den lieferbaren Papieren zählen neben den neuen zweijährigen Schatzanweisungen, die die Bundesregierung seit September 1996 vierteljährlich ausgibt, Bundesobligationen und Bundesanleihen mit einer Restlaufzeit zwischen 1¾ und 2¼ Jahren. Der folgenden Tabelle können die Kontraktspezifikationen des Schatz Futures im einzelnen entnommen werden.

Basiswert:	Fiktive kurzfristige Schuldverschreibung des Bundes oder der Treuhandanstalt
Kontraktwert:	100.000 EUR
Zins:	6%
Laufzeitbereich der lieferbaren Anleihen:	1,75 - 2,25 Jahre
Lieferbare Papiere:	Bundesanleihen, Bundesobligationen, Bundesschatzanweisungen
Notierung:	In Prozent vom Nominalwert; auf zwei Dezimalstellen
Tick-Größe und -Wert:	0,01 bzw. 10,-- EUR
Maximale Laufzeit:	9 Monate
Liefermonate:	März, Juni, September, Dezember
Liefertag:	10. Kalendertag des Liefermonats
Letzter Handelstag:	Zwei Börsentage vor dem Liefertag
Verfalltag:	Börsentag nach dem letzten Handelstag
Margin:	Risk Based Margin

Tabelle 8.7: Kontraktspezifikationen beim Euro Schatz Future

Analog zu Euro Bund Futures findet beim Euro Schatz Future bei Fälligkeit eine physische Erfüllung der offenen Positionen statt. Die benötigten CtD-Schuldverschreibungen lassen sich mittels Preis- bzw. Konversionsfaktoren bestimmen. Hierzu und hinsichtlich der Bewertung sowie Basisbestimmung sei auf die Ausführungen zum Euro Bund Future verwiesen.

8.1.2.6 CONF Future

Mit dem Terminhandel auf langlaufende Anleihen der schweizerischen Eidgenossenschaft (CONF) hat die SOFFEX am 29. Mai 1990 begonnen. Die Anleihenfutures sind hinsichtlich ihrer Konstruktion den Anleihenfutures an der Eurex Deutschland vergleichbar. Es handelt sich um einen Future auf eine synthetische langlaufende Staatsanleihe mit einem Kupon von 6% p.a. Im Unterschied zum Euro Bund Future zeichnet sich der CONF-Future durch einen Nominalwert von lediglich 100.000,-- CHF. aus. Da die Tick-Größe wie beim Euro Bund Future 0,01% des Nominalwertes beträgt, beläuft sich der Wert eines Ticks auf 10,-- CHF. Hinsichtlich der in den CONF-Future lieferbaren Anleihen bestehen insofern Unterschiede zum Euro Bund Future, als Anleihen mit einer Restlaufzeit von 8 - 13 Jahren in den Kontrakt geliefert werden können. In Tabelle 8.8 sind die Kontraktspezifikationen zusammengefasst.

Die verfügbaren Liefermonate entsprechen dem von der Eurex Deutschland bekannten Zyklus aus den Monaten März, Juni, September und Dezember. Zu jeder Zeit werden die nächsten drei Monate dieses Zyklus gehandelt. Die maximale Laufzeit der Futures beträgt damit 9 Monate. Wie beim Euro Bund Future ist auch beim CONF-Future eine physische Lieferung der Anleihen beim Kontraktverfall vorgesehen. Hinsichtlich der Einsatzmöglichkeiten des CONF-Futures im Rahmen anlagestrategischer und taktischer Überlegungen ergeben sich im Vergleich zu anderen Zinsfutures der Eurex keine Abweichungen.

Basiswert:	Idealtypische fiktive Anleihe der Schweizerischen Eidgenossenschaft
Nominalwert:	100.000,-- CHF
Zins:	6%
Laufzeitbereich der lieferbaren Anleihen:	8 – 13 Jahre
Lieferbare Papiere:	Anleihen der Schweizerischen Eigenossenschaft mit einem Mindestemissionsvolumen von 500 Mio. CHF
Notierung:	In Prozent vom Nominalwert; auf zwei Dezimalstellen
Tick-Größe und -Wert:	0,01 bzw. 10,-- CHF
Maximale Laufzeit:	9 Monate
Liefermonate:	März, Juni, September, Dezember
Liefertag:	10. Kalendertag des Liefermonats
Letzter Handelstag:	Zweiter Börsentag vor dem Liefertag
Margin:	Risk Based Margin

Tabelle 8.8: Kontraktspezifikationen CONF-Future

8.1.3 Aktienindex-Futures

Als erster Aktienindex-Future der früheren DTB ist inzwischen der DAX® Future an der Eurex etabliert. Neben dem DAX® Future werden derzeit Futures auf folgende Indizes gehandelt (Stand: März 2002): NEMAX®, Dow Jones STOXX^{SM} 50, Dow Jones Euro STOXX^{SM} 50, Dow Jones Global Titans 50 Index, SMI sowie auf bestimmte Subindizes. Der DAX® Future wurde am 23. November 1990 zeitgleich mit dem Bund Future erstmalig gehandelt und stellt nach wie vor den umsatzstärksten Index-Future dar.

Da bei Index Futures eine physische Lieferung des Underlyings ausscheidet, ist bei sämtlichen Aktienindex Futures der Eurex ein Barausgleich vorgesehen. Eine Übersicht über die verschiedenen Kontraktvolumina und Tick-Größen der an der Eurex handelbaren Aktienindex Futures bietet Tabelle 8.9. Hinsichtlich der handelbaren Laufzeiten und der Abwicklung unterscheiden sich die Produkte nicht. Bei den zugrunde liegenden Underlyings ist jeweils zu beachten, ob es sich um einen Performance- oder Kursindex handelt. Die Ausführungen bezüglich des DAX® Futures sowie des Dow Jones STOXX^{SM} 50 Futures können daher unter Berücksichtigung der abweichenden Kontraktvolumina auf die anderen Aktienindex Futures übertragen werden.

Basiswert	Kontraktvolumen/ Indexpunkt	Tick-Größe (Tick-Wert)
DAX®	25,-- EUR	0,5 (12,50 EUR)
NEMAX® 50	1,-- EUR	1,00 (1,00 EUR)
Dow Jones Global Titans 50 Index	100,-- EUR	0,10 (10,-- EUR)
Dow Jones STOXX^{SM} 50	10,-- EUR	1,00 (10,-- EUR)
Dow Jones Euro STOXX^{SM} 50	10,-- EUR	1,00 (10,-- EUR)
Dow Jones STOXX^{SM} 600 Sector Indices: - Banks - Healthcare - Technology - Telecommunication	50,-- EUR	0,10 (5,-- EUR)
SMI®	10,-- CHF	1,00 (10,-- CHF)
HEX25^{TM}	10,-- EUR	0,10 (1,-- EUR)

Tabelle 8.9: Übersicht Aktienindex-Produkte der EUREX

8.1.3.1 DAX® Futures

Dem DAX® Future liegt als Basiswert der 1987 ins Leben gerufene und extra für den Terminhandel konstruierte Deutsche Aktienindex DAX® zugrunde.[23] Die Besonderheit des DAX® besteht in seiner Konstruktion als Performanceindex. Ausgeschüttete Bardividenden sowie Kapitalmaßnahmen führen beim DAX® nicht zu einem Kursrückgang, sondern werden fiktiv wieder angelegt.[24] Mithin misst der DAX® die Wertentwicklung der in ihm enthaltenen 30 Werte inklusive ihrer Dividendenausschüttungen und Kapitalveränderungen. Diese Eigenschaft erweist sich als bedeutsam im Rahmen der Bepreisung des DAX® Futures, dessen einzelne Kontraktmerkmale in Tabelle 8.10 dargestellt sind.

Der Preis des DAX® Futures ergibt sich durch die Addition von DAX® und Cost of Carry. Im Allgemeinen bestimmen sich die Cost of Carry bei Aktienindex-Futures als Finanzierungskosten des Indexportfolios abzüglich der auf die im Indexportfolio enthaltenen Werte gezahlten Dividenden. Da aber der DAX® ein Performanceindex ist, können die Dividenden bei der Berech-

---

23 Eine ausführliche Darstellung des DAX-Index liefern **Janßen/Rudolph** (1992), S. 5 ff.
24 Kapitalveränderungen werden auch bei reinen Preisindizes berücksichtigt.

nung des richtigen DAX® Futurepreises vernachlässigt werden. Deshalb besteht der theoretisch richtige Wert des DAX® Futures in der Erhöhung des Kassawerts um die laufzeitadäquaten Finanzierungskosten eines dem DAX® entsprechenden Indexportfolios. Allerdings zeigt sich in der Realität, dass der richtige DAX® Future eher in einem Kursintervall liegt (Fair Range), als dass er ein fester Kurs (Fair Value) ist. Zu begründen ist dies vorwiegend mit den unterschiedlichen steuerlichen Rahmenbedingungen, denen sich die verschiedenen Marktteilnehmer ausgesetzt sehen. Unterschiedlich hohe Transaktionskosten, die u.a. von der Größe und Marktmacht des Investors abhängen, besitzen ebenfalls Auswirkungen auf den theoretischen Future-Preis.

Basiswert:	DAX
Kontraktvolumen:	DAX mal 25,-- EUR
Settlement:	Barausgleich, basierend auf dem Schlussabrechnungspreis
Notierung:	In Punkten, auf eine Dezimalstelle
Tick-Größe und -Wert:	0,5 Punkte bzw. 12,50 EUR
Maximale Laufzeit:	9 Monate
Verfallmonate:	März, Juni, September, Dezember
Letzter Handelstag:	Dritter Freitag des Verfallmonats
Margin:	Risk Based Margin

Tabelle 8.10: Kontraktspezifikationen beim DAX® Future

Zudem besteht die Basis beim DAX® Future nicht ausschließlich aus den Cost of Carry, sondern außerdem aus der Wertbasis. Diese ist abhängig von Stimmungen, Angebots- und Nachfrageverhältnissen, der Marktliquidität und einigen anderen Faktoren mehr. Im Zeitablauf konvergiert die Basis auch beim DAX® Future gegen Null. Anhand eines Beispiels sei die Bepreisung des DAX Futures verdeutlicht.

Der Stand des DAX® sei 5.200,00. Für Dreimonatsgeld werden am Geldmarkt zur Zeit 3,0% Zinsen bezahlt. Um ein dem DAX® entsprechendes Portfolio zu kaufen, müssen unter Vernachlässigung von Transaktionskosten 130.000,-- EUR (5.200·25) aufgebracht werden. Daraus ergeben sich Finanzierungskosten von 975,-- EUR (130.000·0,03·3/12). Der Kauf des DAX® Futures ist also um 975,-- EUR günstiger als die Nachbildung des Portfolios.[25] Damit Arbitrage nicht lohnend ist, muss dann der DAX® Futurekurs um 39 Punkte (975/25) über dem DAX liegen. Folglich weist der DAX® Future eine positive Basis auf. Dazu sei verwiesen auf die graphische Darstellung der DAX-Basis in Abbildung 8.4 dieses Kapitels.

Dass der DAX® Future stets oberhalb des DAX® notiert, ist intuitiv einleuchtend, wenn man bedenkt, dass die gleichen Gewinn- und Verlustmöglichkeiten bei beiden Positionen bestehen, gleichzeitig der DAX® Future aber einen wesentlich geringeren Kapitaleinsatz erfordert. Dieser Kapitaleinsatz ist auf die sich verzinsenden Sicherheitsleistungen beschränkt.

---

25 Zur Nachbildung eines DAX-Portfolios vgl. **Löderbusch/Bernhardt** (1991), S. 33 und **Möckel** (1992), S. B12. Siehe auch den Abschnitt über den Tracking Error in Kapitel 2.

Die kleinste Preisveränderung beim DAX® Future liegt bei 0,5. Bezieht man diesen Wert auf den Kontraktwert von 25,-- EUR pro Indexpunkt, so ergibt sich der minimale Tick-Wert von 12,50 EUR. Eine DAX® Futureveränderung von 10 ganzen Punkten entspricht somit 20 Ticks und bedeutet eine Preisveränderung von 250,-- EUR. Im Rahmen des täglichen Gewinn- und Verlustausgleichs wird diese Preisveränderung dem Kunden entweder gutgeschrieben oder belastet. Der sich ergebende Betrag lässt sich allgemein wie folgt errechnen:

Wertveränderung = Tick-Differenz · Tick-Wert · Kontraktanzahl.

Wird der DAX® Future bis zum Kontraktverfall gehalten, so ist ein Barausgleich vorgesehen. Eine physische Andienung des Indexportfolios ist nicht möglich, da eine exakte Indexnachbildung aufgrund der fehlenden Teilbarkeit einzelner Aktien nicht durchführbar ist.

Im Vergleich zum Aufbau einer alternativen Kassaposition weist der DAX® Future geringere Transaktionskosten auf. Zugleich verfügt der DAX® Future aufgrund seiner geringen Kapitalbindung (Initial Margin z.Z. 8.500 EUR) über einen großen Hebel (Leverage). Für Steuerausländer bietet er einen Dividendeneffekt, der den Kontrakt zusätzlich für diese Klientel attraktiv macht. Der Steuereffekt besteht in der Vereinnahmung der Bardividenden, die im DAX® wiederangelegt werden.

8.1.3.2 Dow Jones STOXX^{SM} 50 und Dow Jones Euro STOXX^{SM} 50 Futures

Zu Beginn des Jahres 1998 wurde der wachsenden internationalen Orientierung der Anleger durch die Einführung der neuen europäischen Aktienindexfamilie Dow Jones STOXX^{SM} Rechnung getragen. Die Indizes werden von einem Gemeinschaftsunternehmen der Deutsche Börse AG, Dow Jones and Company, SBF-Bourse de Paris und Swiss Exchange SWX entwickelt und vermarktet. Zum 22.06.1998 wurden Futures auf die beiden Blue-Chip-Indizes - Dow Jones STOXX^{SM} 50 und Dow Jones Euro STOXX^{SM} 50 - an der Eurex eingeführt. Der Dow Jones STOXX^{SM} 50 deckt den gesamten europäischen Raum ab, während der Dow Jones Euro STOXX^{SM} 50 nur solche Gesellschaften beinhaltet, deren Sitz in EWU-Teilnehmerstaaten liegt. Die jeweils 50 im Index enthaltenen Werte sollen die verschiedenen Branchen, in denen die Gesellschaften tätig sind, repräsentativ abdecken und zugleich einen möglichst hohen Anteil an der gesamten Marktkapitalisierung abdecken. Beide Indizes werden sowohl als Preis- als auch als Performanceindex berechnet. Anders als beim DAX® Future wird dem Dow Jones STOXX^{SM} 50 bzw. dem Dow Jones EURO STOXX^{SM} 50 jedoch der jeweilige Preisindex als Underlying zugrunde gelegt. Die einzelnen Kontraktmerkmale sind in Tabelle Tabelle 8.11 zusammengefasst.

Da dem Dow Jones STOXX^{SM} 50 bzw. dem Dow Jones EURO STOXX^{SM} 50 Future der jeweilige Preisindex zugrunde gelegt ist, sind bei der Berechnung der Cost of Carry die Dividendenzahlungen zu berücksichtigen. Beim Dow Jones STOXX 50 und beim Dow Jones EURO STOXX^{SM} 50 ergeben sich die Cost of Carry als Finanzierungskosten des Indexportfolios abzüglich der erhaltenen Dividenden. Tendenziell wird der Preis daher näher beim entsprechenden Preis des Underlyings liegen als dies beim DAX® Future der Fall ist.

Basiswert:	Dow Jones STOXX 50/Dow Jones EURO STOXX 50
Kontraktvolumen:	10,-- EURO pro Indexpunkt
Settlement:	Barausgleich, basierend auf dem Schlussabrechnungspreis
Notierung:	In Punkten, auf eine Dezimalstelle
Tick-Größe und -Wert:	1,0 Punkte bzw. 10,-- EUR
Maximale Laufzeit:	9 Monate
Verfallmonate:	März, Juni, September, Dezember
Letzter Handelstag:	Dritter Freitag des Verfallmonats
Margin:	Risk Based Margin

Tabelle 8.11: Kontraktspezifikationen beim Dow Jones STOXX^{SM} 50 und Dow Jones EURO STOXX^{SM} 50 Future

Es wird von einem Stand des Dow Jones STOXX^{SM} 50 von 3.500,00 ausgegangen. Der Zinssatz für Neunmonatsgeld liegt bei 3,3%. Die erwartete Dividendenrendite der im Dow Jones STOXX^{SM} 50 enthaltenen Unternehmen liegt bei 2% p.a.. Vereinfachend wird angenommen, dass die Dividenden gleichmäßig über das Jahr verteilt gezahlt werden.[26] Zinseszinseffekte, Marginerfordernisse sowie Erträge aus einer möglichen Wertpapierleihe werden vernachlässigt. Um ein dem Index entsprechendes Portfolio nachzubilden, muss ein Anleger 35.000,-- EUR investieren. Als Finanzierungskosten des Indexportfolios ergeben sich 866,25 EUR (35.000 · 0,033 · 9/12). An Dividendenzahlungen kann der Investor 525,-- EUR (35.000 · 0,02 · 9/12) vereinnahmen. Als Nettofinanzierungskosten errechnen sich somit 341,25 EUR. Der Fair Value des Futures liegt daher um 34 Punkte über dem Indexstand. Formal ergibt sich der Kurs des Dow Jones STOXX^{SM} 50 Future mit Restlaufzeit 9 Monate durch:

$$F_t = 3.500 \cdot \left[1 + (0{,}033 - 0{,}020) \cdot \frac{270}{360}\right] = 3.534.$$

Die kleinste Preisänderung beim Dow Jones STOXX^{SM} 50 bzw. Dow Jones EURO STOXX^{SM} 50 Future beträgt 1 Punkt. Da sich der Kontraktwert auf 10,-- EUR pro Indexpunkt bezieht, entspricht die minimale Preisänderung dem Wert von 10,-- EUR. Geht ein Anleger eine Short-Position in einen Dow Jones STOXX^{SM} 50 Future ein und der Kurs des Future steigt um 50 Punkte, werden dem Marginkonto des Anlegers im Rahmen des täglichen Gewinn- und Verlustausgleichs 500 EUR belastet.

Ebenso wie beim DAX® und ist bei Halten des Dow Jones STOXX^{SM} 50 bzw. Dow Jones EURO STOXX^{SM} 50 bis zur Fälligkeit ein Barausgleich vorgesehen.

---

[26] Diese Annahme dürfte zu keinen größeren Unschärfen führen, da die Zeitpunkte der Dividendenzahlungen der Unternehmen des Dow Jones STOXX 50 nicht im selben Ausmaß auf einen Monat wie die der DAX Unternehmen konzentriert sind.

8.1.3.3 SMI-Futures

Den Handel in SMI-Futures hat die SOFFEX am 09. November 1990 aufgenommen. SMI-Futures erlauben es Investoren, aus Trading-, Hedging- oder Arbitragegründen Terminpositionen auf den bekannten Swiss Market Index (SMI) einzugehen. Der SMI bildet in seiner aktuellen Fassung die Kursentwicklung der wichtigsten schweizerischen Aktien ab. Die Anzahl der im Index enthaltenen Werte wurde auf maximal 25 beschränkt. Im Gegensatz zum DAX® handelt es sich beim SMI nicht um einen Performance-, sondern um einen reinen Preisindex. Dividendenerträge werden daher nicht wieder (fiktiv) im Index angelegt. Zudem ist der SMI mit der ausstehenden Börsenkapitalisierung und nicht mit dem Grundkapital gewichtet. Das Pendant zum DAX® besteht deshalb eher im Swiss Performance Index (SPI).

Neben dieser Unterschiedlichkeit des Underlyings sind weitere Abweichungen zwischen SMI- und DAX® Future feststellbar. Als Kontraktgröße ist beim SMI-Future ein Wert von 10 CHF pro Indexpunkt festgelegt. Da die Tick-Größe 1,0 Indexpunkte beträgt, entspricht der Wert dieser kleinsten Preisveränderung 10,-- CHF. Mit Bildung der Eurex wurden die Verfallmonate jedoch den Usancen der DTB angepasst. So sind als Verfallmonate die nächsten drei Monate des Zyklus März, Juni, September und Dezember verfügbar. Aus dieser Festlegung ergibt sich eine maximale SMI-Futurelaufzeit von 9 Monaten. Wie beim DAX® Future ist eine physische Lieferung bei Kontraktverfall nicht möglich. Stattdessen kommt es in diesem Fall zum Barausgleich. Preis- und Positionslimite bestehen beim SMI-Future nicht. Die genauen Kontraktspezifikationen sind in Tabelle 8.12 zusammengefasst.

Basiswert:	Swiss Market Index (SMI)
Kontraktvolumen:	10,-- CHF pro Indexpunkt
Settlement:	Barausgleich, basierend auf dem Schlussabrechnungspreis
Notierung:	In Punkten, ohne Dezimalstelle
Tick-Größe und -Wert:	1 Punkt, entsprechend 10,-- CHF
Maximale Laufzeit:	9 Monate
Verfallmonate:	März, Juni, September, Dezember
Letzter Handelstag:	Dritter Freitag des Verfallmonats
Margin:	Risk Based Margin

Tabelle 8.12: Kontraktspezifikationen beim SMI-Future

Hinsichtlich der Bestimmung des theoretischen Wertes für den SMI-Future ist darauf hinzuweisen, dass bei reinen Preisindizes die Dividendenzahlungen bei der Bestimmung der Cost of Carry berücksichtigt werden müssen. Da die Dividenden dem Halter des Kassaportfolios zufließen, schmälern sie die Cost of Carry. Daher müssen die Dividendenerträge von den Finanzierungskosten für das Kassaportfolio abgezogen werden. Als Formel für die Berechnung des theoretisch richtigen SMI-Future-Preises resultiert dann der Ausdruck

SMI-Future = SMI + Finanzierungskosten - Dividendenerträge.

Wird zudem von dem Instrument der Wertpapierleihe Gebrauch gemacht, dann reduzieren sich die Cost of Carry auch um die Erträge aus der Verleihung der im Kassaportfolio befindlichen

Aktien. Auch für den SMI-Future-Preis gilt, dass dieser, in Abhängigkeit von der steuerlichen Situation und den Transaktionskostengegebenheiten des Investors, in einer Preis-Range liegt und somit keine Punktlösung darstellt.

8.1.4 VOLAX-Futures

Als weltweit erste Börse führte die DTB zu Beginn des Jahres 1998 einen Future auf die implizite Volatilität einer Indexoption ein. Dieses innovative Produktkonzept, das sich zur Absicherung hoher Volatilitäten eignete, wurde vom Markt jedoch als zu kompliziert empfunden, mit der Folge, dass der Handel mit diesem Produkt wieder eingestellt wurde. Der sog. VOLAX-Future hatte als Underlying die implizite Volatilität der vier at-the-money DAX® Optionen mit dreimonatiger Restlaufzeit, d.h. den Volatilitätsindex, der bei Verfall des Futures eine Restlaufzeit von drei Monaten besitzt. Bei Fälligkeit erfolgte das Settlement in Form eines Barausgleichs. Der Kontraktwert berechnete sich aus der Volatilität in Prozentpunkten multipliziert mit 100,-- DM.

Der folgenden Tabelle können die Kontraktspezifikationen des VOLAX-Futures im einzelnen entnommen werden.

Basiswert:	Implizite Drei-Monats-Volatilität der at-the-money DAX-Option
Kontraktwert:	100,-- DM pro Prozentpunkt der Volatilität
Notierung:	In Punkten mit zwei Nachkommastellen
Tick-Größe und -Wert:	0,01 bzw. DM 1,--
Maximale Laufzeit:	9 Monate
Schlussabrechnung:	Barausgleich (Cash Settlement)
Verfallmonate:	Die jeweils drei folgenden Monate aus dem Zyklus März, Juni, September, Dezember
Letzter Handelstag:	Dritter Freitag des Verfallmonats
Erfüllungstag:	Börsentag nach dem letzten Handelstag
Abrechnungspreis:	Mittelwert der während der Börsenzeit ermittelten Drei-Monats-VDAX
Margin:	Risk Based Margin

Tabelle 8.13: Kontraktspezifikationen beim VOLAX-Future

Aus den VDAX-Subindizes für die nächsten vier Quartalsmonate aus dem Zyklus März, Juni, September, und Dezember sowie den zugehörigen Restlaufzeiten lassen sich die Fair Values der drei Laufzeiten des VOLAX-Futures bestimmen. Der Terminkurs der impliziten Volatilität, d.h. der Fair Value des Volatilitätsfutures, errechnet sich nach folgender Formel:

$$\sigma_F = \sqrt{\frac{\sigma_2^2 * (T_2 - T_0) - \sigma_1^2 * (T_1 - T_0)}{T_2 - T_1}}$$

mit: σ_F = Terminvolatilität,
σ_1^2 = Quadrierte implizite Volatilität der Option mit Verfalltag T_1,
σ_2^2 = Quadrierte implizite Volatilität der Option mit Verfalltag T_2,
T_0 = Betrachtungszeitpunkt,
T_1 = Verfalldatum der ersten Option und des ersten Volatilitätsindex,
T_2 = Verfalldatum der zweiten Option und des zweiten Volatilitätsindex.

Ein Beispiel verdeutlicht die Vorgehensweise bei der Berechnung des Fair Value des VOLAX-Future:

Ausgangspunkt sind eine Halbjahresvolatilität von 18% und eine Vierteljahresvolatilität von 20%. Für einen VOLAX-Futurekontrakt mit dreimonatiger Laufzeit ergibt sich mit obiger Formel folgender Fair Value:

$$\sigma_F = \sqrt{\frac{0{,}18^2 * (0{,}5 - 0) - 0{,}20^2 * (0{,}5 - 0{,}25)}{0{,}5 - 0{,}25}} =$$
$$= 15{,}748 \%$$

Da der Kontraktwert bei 100,-- DM pro Prozentpunkt der Volatilität liegt, ergibt sich der Fair Value von 1.574,80 DM für einen Futurekontrakt.

Volatilitätsfutures können wie andere Futures zum Hedging eingesetzt werden. Da die Futurekontrakte durch bestimmte Portfoliokombinationen nachgebildet werden können, bestanden Möglichkeiten für Arbitragegeschäfte zwischen den VOLAX-Futures und den Optionen auf den DAX®. Darüber hinaus ermöglichte der VOLAX-Future einen aktiven Volatilitätshandel. Durch die VOLAX-Futures war der Investor in der Lage, Optionen mit attraktiven impliziten Volatilitäten zu identifizieren und danach zu handeln. So sollten z.B. Optionen mit zu hoher impliziter Volatilität verkauft werden. Dadurch entsteht aber ein Delta-Risiko im Underlying, das der Anleger absichern muss. Der Einsatz der Volatilitätsfutures erleichterte derartige Strategien.

8.1.5 Anwendungsmöglichkeiten von Futures

Futures werden aus verschiedenen Gründen von Investoren eingesetzt. Zu den Motiven des Futureeinsatzes zählen Absicherungsgründe ebenso wie Spekulations- und Arbitrageüberlegungen. Deshalb werden im Folgenden die gängigen Praktiken innerhalb der drei genannten Motivüberlegungen dargestellt. Dabei wird zwischen den an der Eurex gehandelten Zinsfuturekontrakten und dem DAX® Future unterschieden.

8.1.5.1 Hedging

Unter Hedging mit Futures wird die Absicherung einer bestehenden oder noch aufzubauenden Position gegen unerwünschte Marktentwicklungen durch ein Eingehen einer adäquaten Gegenposition mit Substitutionscharakter verstanden. Dabei besteht das Ziel, die marktinduzierten Gewinne der einen Position durch die marktinduzierten Verluste der anderen Position zu kompensieren.[27]

8.1.5.1.1 Hedging mit Zinsfutures

Das am meisten verbreitete Motiv zur Verwendung von Zinsfutures ist das Hedgingmotiv. Besitzer von Zinsanlagen wollen sich gegen das Zinsänderungsrisiko absichern. Investoren, die in der Zukunft eine Zinsanlage tätigen wollen, versuchen sich das aktuelle Zinsniveau zu sichern. Die Absicherung bestehender Portfoliopositionen mittels Zinsfutures wird mit einem Short Hedge durchgeführt. Beim Short Hedge wird die Kassaposition gehalten und der Zinsfuture verkauft. Das Pendant des Short Hedges ist der Long Hedge. Im Rahmen eines Long Hedges wird der Zinsfuture gekauft.

Die grundsätzliche Wirkungsweise von Hedgingtransaktionen ist in Abbildung 8.6 am Beispiel eines Short Hedges dargestellt. Aus der Graphik wird deutlich, dass sich Kassa- und Futureposition spiegelbildlich zueinander verhalten. Steigende Anleihekurse führen c.p. zu Verlusten beim Future. Diese Verluste sollen beim Hedging genau ausgeglichen werden.

Kommt es zu einem exakten Ausgleich zwischen Kassa- und Futureposition, so besteht die aggregierte Gesamtposition in der Abszisse und nimmt unabhängig von der Markt- bzw. Zinsentwicklung den Wert null an. Da aber in der Realität sich Kassa- und Futurepreise durch die Basis unterscheiden, kommt es i.d.R. nicht zu einer exakten Kompensation. Diesem Umstand ist durch die Einzeichnung eines schraffierten Bereiches in der Abbildung 8.6 Rechnung getragen worden. Unter Berücksichtigung der Basis muss ein Investor davon ausgehen, dass seine Gesamtposition in etwa einen Gewinn oder Verlust aufweist, der in dem eingezeichneten Bereich liegt.

Gelingt es dem Investor, eine vollkommene Kompensation zu erzielen, dann spricht man von einem Perfect Hedge. Bei Vorliegen eines Perfect Hedge besitzen die Kassa- und die Futureposition eine Korrelation von Eins. Ein Perfect Hedge wird in der Realität aber nur sehr selten erzielt werden können, da derartige Korrelationen so gut wie nicht existent sind. Dies hat drei Gründe, die mit der mangelnden Kongruenz zwischen Futurekontrakt und Kassaposition zusammenhängen.

Zum einen differiert die Laufzeit des abzusichernden Kassainstruments i.d.R. von der Laufzeit

---

[27] Vgl. **Berger** (1990), S. 28.

des dem Futurekontrakt zugrunde liegenden Instruments. Zum zweiten stimmt das Absicherungsvolumen zumeist nicht genau mit dem Kontraktvolumen des Futures überein, so dass u.U. ein Ganzzahligkeitsproblem auftritt. Schließlich sind für manche Kassa-Anlagetitel keine adäquaten Zinsfutures vorhanden. Dies gilt z.B. für Bankschuldverschreibungen oder für Auslandsanleihen.

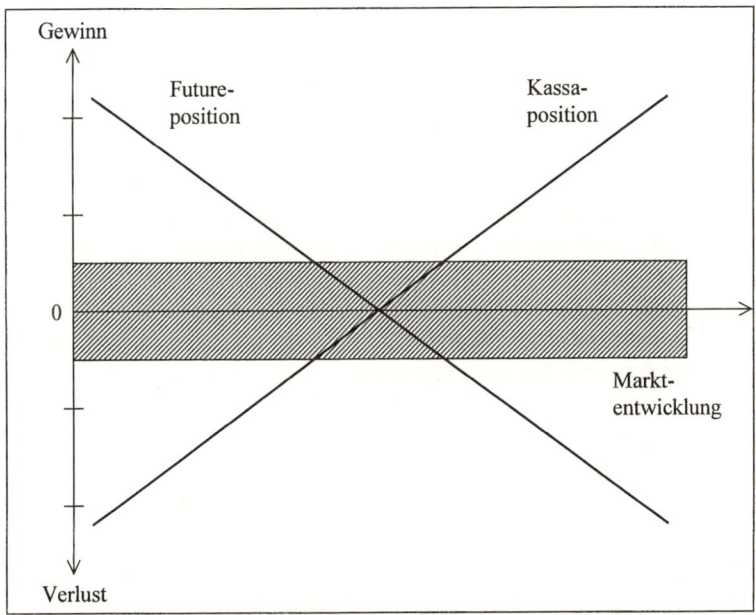

Abbildung 8.6: Prinzip des Hedging dargestellt als Short Hedge

Die genannten Gründe machen deutlich, dass ein Perfect Hedge kaum realisierbar ist. Stattdessen spricht man von einem Cross Hedge.[28] Für einen Cross Hedge ist das Zutreffen von mindestens einem der drei dargelegten Gründe charakteristisch. Streng genommen liegt ein Cross Hedge nur im dritten oben beschriebenen Fall vor. Deshalb ist ein Cross Hedge nicht das Gegenteil von einem Perfect Hedge. Um aber eher resultatsorientiert zu definieren, kann von einem Cross Hedge immer dann gesprochen werden, falls keine vollkommene Kompensation zwischen Kassa- und Futuregeschäft besteht.

Bei Hedging Operationen kommt der Frage nach der Bestimmung der optimalen Anzahl von Futurekontrakten eine herausragende Rolle zu. Die Bezeichnung für das Verhältnis von Kassaposition zur Futureposition bzw. die sich daraus ergebende Kontraktanzahl lautet Hedge Ratio (HR). Der Absicherungserfolg wird maßgeblich durch die Hedge Ratio determiniert. Fünf unterschiedliche Methoden bieten sich zur Bestimmung der richtigen Hedge Ratio an.[29]

---

28 Vgl. **Loistl** (1992), S. 493.
29 Vgl. **Steiner/Meyer** (1993), S. 735 ff.

a) Nominalwertmethode

Bei der Nominalwertmethode werden lediglich die Nominalwerte der Kassaposition und der Futureposition ins Verhältnis gesetzt.

$$HR = \frac{\text{Nominalwert Kassaposition}}{\text{Nominalwert Futureposition}}$$

Auf diese Weise entsteht eine 1:1 Absicherung. Eine Berücksichtigung unterschiedlicher Preissensitivitäten auf Zinsänderungen erfolgt nicht. Deshalb ist die Nominalwertmethode für Absicherungen in der Praxis meistens ungeeignet.

b) Konversionsfaktormethode

Um die Entwicklung der Kassaposition mit der Entwicklung des dem Future zugrunde liegenden Instruments vergleichbar zu machen, werden bekanntermaßen Preis- bzw. Konversionsfaktoren (KF) verwendet. Da Anleihen mit niedrigem Kupon c.p. größere Kursveränderungen bei Marktzinsänderungen aufweisen als Anleihen mit hohem Kupon, wird diese Preisempfindlichkeit durch den Konversionsfaktor ausgeglichen. Dieser Ausgleich sorgt für ein annähernd gleiches Preisverhalten. Es ergibt sich folgende Hedge Ratio:

$$HR = \frac{\text{Nominalwert Kassaposition}}{\text{Nominalwert Futureposition}} \cdot \text{KF Kassaposition}.$$

c) Basispunktwertmethode

Eine Verbesserung der Konversionsfaktormethode versucht die Basispunktwertmethode zu erreichen, indem zusätzlich die absoluten Preisänderungen des Kassainstruments und der CtD-Anleihe bei einer Zinsänderung um einen Basispunkt (BP = 0,01) berücksichtigt werden.

$$HR = \frac{\text{Nominalwert Kassapos.}}{\text{Nominalwert Futurepos.}} \cdot \frac{\text{Wertänd. Kassaposition pro BP}}{\text{Wertänd. CtD - Anleihe pro BP}} \cdot \text{KF CtD-Anleihe}$$

Problematisch kann die Basispunktwertmethode allerdings bei größeren Zinsbewegungen werden. Dies kann das Absicherungsergebnis beeinträchtigen. Außerdem können Zinsbewegungen bei verschiedenen Laufzeiten unterschiedlich stark ausfallen. Insofern bleibt auch hier der Verlauf der Zinsstrukturkurve unberücksichtigt.

d) Durationsmethode

Die bisher dargestellten Methoden zur Bestimmung der Hedge Ratio, die mit dem Konversionsfaktor arbeiten, weisen alle die mit dem Konversionsfaktor verbundene Gefahr einer Nichtberücksichtigung der aktuellen Zinsstrukturkurve auf. Das Konzept der Preis- bzw. Konversionsfaktoren unterstellt eine flache Zinsstrukturkurve. Liegt aber einer flache Zinsstruktur nicht vor, dann kann es zu Ungenauigkeiten in der Bestimmung der Hedge Ratio kommen. Ein bekanntes Instrument zur Ermittlung der Preissensitivität von Anleihen ist die Macaulay-Duration. Besitzen zwei Positionen die gleiche Duration, so weisen sie c.p. auch die gleichen Empfindlichkeiten gegenüber Marktzinsänderungen auf. Da die Duration auf der Basis von Kurs- anstatt von Nominalwerten errechnet wird, ergibt sich ein weiterer Unterschied zu den vorgenannten Methoden.

$$HR = \frac{\text{Kurswert Kassaposition}}{\text{Kurswert CtD-Position}} \cdot \frac{\text{Duration Kassaposition}}{\text{Duration CtD-Anleihe}} \cdot \text{KF CtD-Anleihe}$$

e) Regressionsfaktormethode

Wie sich die abzusichernde Kassaposition und der gehandelte Future tatsächlich zueinander verhalten haben, lässt sich anhand des Regressionskoeffizienten ablesen. Geht man von einer Gültigkeit des beobachteten Regressionskoeffizienten für die zukünftige Absicherungsperiode aus, so lässt sich mittels des Regressionskoeffizienten die Hedge Ratio bestimmen.

$$HR = \frac{\text{Nominalwert Kassapos.}}{\text{Nominalwert Futurepos.}} \cdot \frac{\text{Wertänderung Kassapos. pro BP}}{\text{Wertänderung Futurepos. pro BP}} \cdot \text{Regressionskoeffizient}$$

Die große Gefahr liegt bei der Regressionsfaktormethode in eventuell auftretenden Strukturbrüchen zwischen Regressionskoeffizienten für vergangene Zeiträume und solchen für die Zukunft.

Schließlich soll die Vorgehensweise beim Hedging mit Zinsfutures an einem Beispiel verdeutlicht werden. Dazu wird sowohl ein Short Hedge als auch ein Long Hedge durchgeführt. Transaktionskosten und Margins bleiben aus Gründen der Anschaulichkeit unberücksichtigt. Zunächst wird beim Short Hedge von folgender Datenlage ausgegangen: Ein Investor besitzt am 10. Februar 1999 Bundesanleihen im Nominalwert von 2 Mio. EUR. Es handelt sich dabei um die am 4. Januar 2008 fällige Bundesanleihe mit einem Kupon von 5,250%. Da der Investor mit Zinssteigerungen im nächsten Quartal rechnet, will er seine Position mit Hilfe von verkauften Juni 1999 Euro Bund Futurekontrakten absichern. Der Euro Bund Future notiert bei 115,53. Zunächst muss die Hedge Ratio bestimmt werden. Als Methode zur Bestimmung der Hedge Ratio wählt der Anleger die Konversionsfaktormethode aus. Für die gegebenen Daten ergibt sich

$$HR = \frac{2.000.000 \text{ EUR}}{100.000 \text{ EUR}} \cdot 0,94923 = 18,985.$$

Mithin müssen von dem Investor neunzehn Bund-Futurekontrakte verkauft werden. Es ergeben sich daraus folgende Transaktionen:

Datum:	Kassawert:	Futuretransaktionen:
10. Februar 1999:	Halten der bestehenden Anleiheposition. Anleihekurs: 110,82 Nominalwert: 2.000.000,-- EUR Marktwert: 2.216.400,-- EUR	Verkauf von 19 Juni 99 Euro Bund Future Kontrakten. Futurekurs: 115,53 Nominalwert: 1.900.000,-- EUR Marktwert: 2.195.070,-- EUR
09. Juni 1999:	Zinsprognose ist eingetreten. Anleihekurs: 109,82 Marktwert: 2.196.400,-- EUR	Kauf von 19 März 99 Euro Bund Future Kontrakten. Futurekurs: 114,70 Marktwert: 2.179.300,-- EUR
Resultat:	Marktwertverlust: -20.000,-- EUR	Futuregewinn: +15.770,-- EUR

Tabelle 8.14: Beispiel eines Short Hedge mit Euro Bund Futurekontrakten

Die durchgeführte Hedging-Transaktion hat einen Nettverlust von 4.230,-- EUR erbracht. Folglich liegt kein Perfect Hedge vor.

Der nun folgende Long Hedge wird mit Dreimonats Euribor Futurekontrakten betrieben, die an der Eurex seit September 1998 gehandelt werden. Ein Investor möchte ein bestehendes Aktienpaket aufgrund des Ablaufs der Zwölfmonatsfrist im Mai 1999 verkaufen. Er rechnet mit einem Erlös in Höhe von 5 Mio. EUR. Den Erlös gedenkt der Anleger im Mai 1999 als Termingeld mit dreimonatiger Laufzeit wieder anzulegen. Da der Investor den derzeitigen Termingeldsatz im Februar 1999 für attraktiv hält, will er sich diesen Satz durch einen Long Hedge mit Euribor Futurekontrakten an der Eurex sichern. Zunächst ist wiederum die Hedge Ratio zu bestimmen. Die Hedge Ratio soll mit Hilfe der Regressionsfaktormethode errechnet werden. Als Regressionskoeffizient konnte aus den Daten der letzten 6 Monate ein Wert von 0,9483 ermittelt werden. Für den Wert der Hedge Ratio findet sich somit der folgende Wert:

$$HR = \frac{5.000.000 \text{ EUR}}{1.000.000 \text{ EUR}} \cdot \frac{12,50}{12,50} \cdot 0,9483 = 4,7415.$$

Hätte die Anlagedauer des Termingeldes 6 Monate betragen, dann hätte die Veränderung der Kassaposition pro Basispunkt 25,-- EUR anstatt 12,50 EUR betragen. Die Anzahl der benötigten Kontrakte hätte sich dadurch verdoppelt. Im unten abgebildeten Tableau sind die einzelnen Transaktionen wiedergegeben.

Datum:	Kassatransaktionen:	Futuretransaktionen:
10. Februar 1999:	Halten der bestehenden Aktienposition. Termingeldzins: 3,15% Aktienwert: 5.000.000,-- EUR	Kauf von 5 Juni Dreimonats Euribor Futurekontrakten. Futurekurs: 97,07 Nominalwert: 5.000.000,-- EUR Marktwert: 4.853.500,-- EUR
02. Mai 1999:	Auflösung der Aktienposition und dreimonatige Termingeldanlage. Termingeldzins: 2,50%	Verkauf von 5 Juni Dreimonats Euribor Futurekontrakten. Futurekurs: 97,40 Marktwert: 4.870.000,-- EUR
Resultat:	Opportunitätsverlust: -8.125,-- EUR	Futuregewinn: +16.500,-- EUR

Tabelle 8.15: Beispiel eines Long Hedge mit Dreimonats Euribor Futures

Im Ergebnis hat der Anleger einen Nettohedgingerfolg von 8.375,-- EUR erzielt. Die deutliche Abweichung von null hängt sowohl mit der Ganzzahligkeit der Kontrakte als auch mit der Abweichung der Marktpreise des Futures von den theoretischen Preisen ab. Die Entwicklung der Basis ist für das Ergebnis des Hedging deshalb sehr bedeutsam. Wären die Zinserwartungen des Investors nicht eingetroffen, so hätte sich ebenfalls ein Cross Hedge ergeben. In diesem Fall wäre ein negatives Hedgingergebnis zu verzeichnen gewesen.

8.1.5.1.2 Hedging mit DAX® Futures

Beim Hedging mit DAX® Futures steht die Absicherung eines bestehenden oder zukünftigen Aktienportfolios gegen unerwünschte Aktienmarktentwicklungen im Vordergrund. Wie bereits erläutert, lassen sich unsystematische Risiken einzelner Aktien durch Portfoliobildung verringern. Das systematische Risiko in Form des Gesamtmarktrisikos bleibt aber bestehen. Um das Gesamtmarktrisiko zu hedgen, eignet sich der DAX® Future. Eine solche Art des Hedging wird als Short Hedge bezeichnet. Damit ist ausgedrückt, dass ein Futurekontrakt verkauft wird. Hedging kann aber auch in umgekehrter Richtung stattfinden. Plant ein Investor ein Aktienengagement in der Zukunft, weil er z.B. erst in Zukunft die notwendigen Finanzmittel besitzt, so kann durch den Kauf von DAX® Futures das heutige Kursniveau gesichert werden. Diese Art des Hedging wird als Long Hedge bezeichnet.

Die Wirkungsweise eines Short Hedges wird an einem Beispiel dargestellt.

Ein dem DAX® vergleichbares Portfolio besitzt am 8. März 1999 einen Wert von 718.303,50 EUR. Das entspricht einem DAX-Stand von 4.788,69. Der DAX® Future mit Fälligkeit 18. Juni 1999 notiert zur gleichen Zeit bei 4.810. Der Investor erwartet einen sinkenden DAX® und verkauft 6 DAX® Futurekontrakte mit Fälligkeit Juni 1999. Die Anzahl der zu verkaufenden Kontrakte wird ermittelt durch folgenden Ausdruck:[30]

$$\text{Kontraktanzahl} = \frac{\text{Portfoliowert}}{\text{Indexstand} \cdot 25}.$$

Ein solchermaßen durchgeführter Hedge führt zur Kompensation der Gewinne der einen mit den Verlusten der anderen Position. Die einzige Gefahr dieser Transaktion besteht in dem Basisrisiko. Während der Futurelaufzeit muss nicht unbedingt eine genaue Kompensation bestehen, da Kassa- und Futurekurs keinen vollkommenen Gleichlauf aufweisen.

Realistischer als im dargestellten Fall ist die Annahme, dass Anleger kein genau dem DAX® entsprechendes Portfolio halten. Vielmehr dürften die individuellen Anlegerportfolios andere Portfoliogewichtungen, wenn nicht gar andere Titel aufweisen. Somit tritt das Problem einer nicht genauen Deckung zwischen abzusicherndem Portfolio und zur Sicherung verwendetem Futurekontrakt auf. Um dieser Gefahr zu entgehen, muss die zum Hedging notwendige Kontraktanzahl den Portfolioerfordernissen angepasst werden. Dies geschieht mit dem Betafaktor des Portfolios. Folgendes Beispiel verdeutlicht das Vorgehen:

Ein Anleger besitzt ein aus sechs Aktien bestehendes Portfolio. Für das Portfolio ist zunächst der gewichtete Durchschnitt der einzelnen geschätzten zukünftigen Betafaktoren zu ermitteln.

---

30 In der amerikanischen Literatur wird an Stelle des Indexstandes häufig der Futurepreis in der Formel verwendet.

Titel:	Anzahl:	Kurs:	Positionswert:	Portfolio-anteil:	Beta-faktor:	anteiliges Beta:
Siemens	2.500	58,40 EUR	146.000,00	20,77%	0,8900	0,1849
Lufthansa	5.000	19,70 EUR	98.500,00	14,01%	1,0800	0,1513
Bayer	2.500	32,55 EUR	81.375,00	11,58%	0,7400	0,0857
Dt. Telekom	3.000	40,20 EUR	120.600,00	17,16%	1,1100	0,1905
Commerzbank	3.500	25,15 EUR	88.025,00	12,52%	1,0100	0,1265
Schering	1.500	112,50 EUR	168.375,00	23,96%	0,6400	0,1533
Summe:	-	-	**702.875,00**	**100%**		**0,8922**

Tabelle 8.16: Ermittlung eines Portfolio-Betafaktors

Die Anzahl der benötigten DAX® Futures zum Hedging des bestehenden Portfolios berechnet sich allgemein wie folgt:

$$\text{Kontraktanzahl} = \frac{\text{Portfoliowert}}{\text{Indexstand} \cdot 25} \cdot \text{Portfolio-Betafaktor}.$$

Für die Beispieldaten ergibt sich: $\text{Kontraktanzahl} = \frac{702.875}{4.788,69 \cdot 25} \cdot 0,8922 = 5,2382$.

Unter Inkaufnahme des Overhedges werden sechs DAX® Futurekontrakte zur Absicherung des Portfolios verkauft. Die nicht ganzzahlige Kontraktanzahl wirft das Problem der Hedge-Effizienz auf. Grundsätzlich bestimmt sich die Hedge-Effizienz als Verhältnis des Gewinns (Verlusts) der Futureposition zum Verlust (Gewinn) der Kassaposition. Werden, wie im dargestellten Fall, mehr DAX® Futures verkauft als tatsächlich benötigt, so übersteigen die Futureveränderungen i.d.R. jene der Kassaposition.

Schließlich sei auf das Basisrisiko bei Hedgingoperationen mit dem DAX® Future hingewiesen. Besitzt ein Investor einen vom Verfalltermin des DAX® Futures abweichenden Planungshorizont, so ist er auf die Glattstellung seiner Future-Position während der Kontraktlaufzeit angewiesen. Im Zeitpunkt der Glattstellung kann der DAX® Futurepreis aber von dem theoretisch richtigen Wert abweichen. Bei einem Short Hedge führt eine Preisabweichung des DAX® Futures nach oben zu einem Verlust, da der Rückkauf der originär verkauften Kontrakte sich relativ teurer gestaltet als zunächst geplant. Allerdings kann der DAX® Future auch unterhalb seines fairen Werts liegen, so dass der Rückkauf sich relativ günstiger als erwartet gestaltet. Analoge Überlegungen gelten beim Long Hedge.

8.1.5.2 Arbitrage

Mit Hilfe von Arbitragetransaktionen wird versucht, risikolos Gewinne (Free Lunch) durch die Ausnutzung von Preisunterschieden an verschiedenen Märkten zur selben Zeit zu erzielen. Im Financial Futures Bereich bietet sich Arbitrage zwischen dem Kassa- und dem Terminmarkt an, falls die auftretenden Preisunterschiede unangemessen groß sind. Somit führen Arbitrageprozesse zur Wiederherstellung von Gleichgewichtsverhältnissen auf den Märkten. In der Realität sind den Möglichkeiten zur Arbitrage einige Grenzen gesetzt. Vor allem die damit verbundenen Transaktionskosten lassen Arbitrage lediglich für gewisse Gruppen institutioneller Marktteilnehmer lukrativ erscheinen. Auch die notwendigen Marktvolumina sind i.d.R. bei Privatanlegern nicht groß genug, um Arbitragetransaktionen durchzuführen.

8.1.5.2.1   Arbitrage mit Euro Buxl, Euro Bund und Euro Bobl Futures

Bei Zinsfutures auf längerlaufende Basisinstrumente besteht jeweils die Möglichkeit der physischen Andienung lieferbarer Anleihen im Verfallszeitpunkt des Futures. Üblicherweise wird der Inhaber einer Short Position im Future das Papier liefern, welches am günstigsten für ihn zu liefern ist. Zwar gibt es zu jedem Kontraktverfall eine Vielzahl von lieferbaren Anleihen, jedoch ist nur eine davon die CtD-Anleihe. Am Kurs dieser CtD-Anleihe orientiert sich der Wert des Futures. Der Preisunterschied (Basis) zwischen der CtD-Anleihe und dem Futurekurs ist abhängig vom Verlauf der Zinsstrukturkurve. Werden der Kassapreis der Anleihe und der Futurekurs mit Hilfe von Konversionsfaktoren gleichnamig gemacht, so bestimmt sich die Basis als Differenz zwischen Kassapreis abzüglich dem mit dem zugehörigen Konversionsfaktor multiplizierten Futurepreis. Entspricht die tatsächliche am Markt beobachtbare Basis nicht ihrem theoretisch richtigen Wert, so ist Arbitrage möglich. Bei einer Überbewertung des Futures im Vergleich zur CtD-Anleihe bietet sich eine sogenannte Cash and Carry Arbitrage an. Dabei wird der Future verkauft und die Kassa Anleihe gekauft. Ist umgekehrt der Future unterbewertet, dann kann eine Reverse Cash and Carry Arbitrage betrieben werden. Diese sieht den Kauf des Futures bei gleichzeitigem Verkauf der Kassaposition vor.

Am Beispiel des Euro Bund Futures soll eine Cash and Carry Arbitrage demonstriert werden. Für den Euro Buxl und Euro Bobl Future gilt ein analoges Vorgehen. Am 10. Februar 1999 notiere der März 99 Kontrakt des Euro Bund Futures bei 116,65. Die CtD-Anleihe sei die 5,250% Bundesanleihe mit Verfalltermin 04.01.2008. Am Geldmarkt herrschte ein Zinsniveau von 3,10%. Der Kurs der Anleihe betrage am 10. Februar 110,82. Als Preisfaktor findet sich zu dieser Anleihe der Wert von 0,94950. Folgende Basis ergibt sich daraus:

$$\text{Basis} = 116{,}65 \cdot 0{,}94950 - 110{,}82 = -0{,}0608 \,.$$

Die theoretisch richtige Basis bestimmt sich nach den Cost of Carry und besitzt folgenden Wert:

Cost of Carry = Finanzierungskosten (FK) - Stückzinsen (SZ)

$$\text{SZ} = 100.000{,}\text{- EUR} \cdot 0{,}0525 \cdot 28/365 = 402{,}74 \text{ EUR} \quad \rightarrow \quad \frac{402{,}74}{1.000} = 0{,}4027 \text{ EUR}$$

$$\text{FK} = 110.820{,}\text{-EUR} + 532{,}19 \text{ EUR}[31] = 111.352{,}19 \text{ EUR}$$

---

[31]   Die Stückzinsen ergeben sich aus dem Zinslauf vom 04.01.1999 bis zum 10.02.1999.

$$\rightarrow 111.352,19 \text{ EUR} \cdot 0,031 \cdot 28/365 = 264,80 \text{ EUR} \qquad \rightarrow \frac{264,80}{1.000} = 0,2648 \text{ EUR}$$

Basis = 0,2648 - 0,4027 = - 0,1379 EUR

Somit müsste der richtige Kurs des Euro Bund Futures bei 116,57 liegen. Der Arbitrageur wird deshalb zeitgleich den überbewerteten Future verkaufen und den Kassawert kaufen. Die Anschaffungskosten für die Kassaanleihe betragen unter Vernachlässigung von Transaktionskosten 111.352,19 EUR. Um diese Anschaffungskosten bis zur Fälligkeit des Bund-Futures zu finanzieren, ergibt sich ein Zinsaufwand von 264,80 EUR. Dieser Zinsaufwand muss zu den Anschaffungskosten hinzuaddiert werden. Somit entsteht ein Gesamtwert der Kassa-Transaktion von 111.616,99 EUR.

Um das Ergebnis der Arbitrage festzustellen, wird schließlich der Abrechnungspreis des März 99 Kontrakts bestimmt. Es wird eine unveränderter Futurekurs unterstellt.

$$\text{Abrechnungspreis} = 116,65\% \cdot 0,94950 \cdot 100.000 \text{ EUR} + \frac{0,0525 \cdot 100.000,\text{- EUR} \cdot 65 \text{ Tage}}{365 \text{ Tage}}$$

$$= 111.694,11 \text{ EUR}$$

Die Differenz der beiden Beträge ist das Arbitrageergebnis. Sein Wert ist 77,12 EUR. Der gleiche Betrag hätte sich ergeben, wenn die Differenz der tatsächlichen und der theoretischen Basis mit dem Tick-Wert multipliziert worden wäre [(-0,0608-(-0,1379))·10·100]. Allerdings sind Marginerfordernisse und Transaktionskosten in dem Beispiel nicht berücksichtigt worden.

Wenn der tatsächliche Euro Bund Futurekurs unterhalb seines theoretischen Wertes notiert hätte, dann hätte die Cash and Carry Arbitrage einen Verlust eingebracht. Zur Gewinnerzielung hätte dann eine Reverse Cash and Carry Arbitrage betrieben werden müssen. Dabei wäre der März 99 Kontrakt gekauft und zugleich am Kassamarkt die CtD-Anleihe verkauft worden.

Ob Arbitragemöglichkeiten bestehen, wird üblicherweise in der Praxis anhand der Implied Repo Rate (IRR) überprüft. Diese gibt an, welcher implizite Zinssatz bei einer Arbitragetransaktion zu erzielen ist. Liegt dieser implizite Zinssatz oberhalb des relevanten Geldmarktsatzes, so lohnt sich Arbitrage. Jene andienungsfähige Anleihe, die die höchste Implied Repo Rate aufweist, ist stets die CtD-Anleihe. Somit lässt sich mit Hilfe der Implied Repo Rate auch die CtD-Anleihe bestimmen. Die allgemeine Bestimmungsformel lautet:

$$\text{IRR} = \frac{\text{Future Abrechnungspreis - Kapitaleinsatz}}{\text{Kapitaleinsatz}} \cdot \frac{\text{Tage im Jahr}}{\text{Laufzeit in Tagen}} \cdot 100.$$

Durch Einsetzen der Daten aus dem vorangegangenen Beispiel erhält man:

$$\text{IRR} = \frac{111.694,11 \text{ EUR} - 111.352,19 \text{ EUR}}{111.352,19 \text{ EUR}} \cdot \frac{365}{28} \cdot 100 = 4,003\%.$$

Auch das EUR-Ergebnis lässt sich unter Verwendung der IRR bestimmen, indem die Differenz zwischen IRR und Geldmarktsatz mit dem zu finanzierenden Betrag und der Laufzeit der Finanzierung multipliziert wird. Für die Beispieldaten ergibt sich:[32]

$$\text{Arbitrageergebnis} = (0{,}04003 - 0{,}031) \cdot 111.352{,}19 \cdot \frac{28}{365} = 77{,}13 \text{ EUR}.$$

8.1.5.2.2 Arbitrage mit Euribor Futures

Da bei Euribor Futures eine physische Lieferung nicht möglich ist, scheidet eine Cash and Carry Arbitrage sowie die Reverse Cash and Carry Arbitrage hier aus. Stattdessen ergibt sich die Möglichkeit zur Future-Forward Arbitrage. Dabei wird eine Fehlbepreisung des Euribor Futures anhand von Kredit- bzw. Anlagetransaktionen (Forwards) arbitriert. Ziel der Future-Forward Arbitrage ist die synthetische Konstruktion einer festverzinslichen Anlagemöglichkeit bzw. Kreditaufnahme, die in ihrer Spezifikation genau den Eigenschaften des Underlying entspricht. Gelingt es, eine solche synthetische Anlage- bzw. Kreditmöglichkeit zu schaffen, dann muss diese c.p. den gleichen Preis besitzen, wie der Future. Stimmen die Preise nicht überein, so lassen sich Arbitragegewinne erzielen. Falls der Futurekontrakt eine Verzinsung oberhalb der Verzinsung des synthetischen Papiers besitzt, wird mit einer Long Position im Future gearbeitet. Im umgekehrten Fall wird der Future verkauft und gleichzeitig das synthetische Wertpapier gekauft.

Um die Vorgehensweise im Rahmen der Future-Forward Arbitrage nachvollziehen zu können, müssen zunächst Überlegungen bezüglich der synthetischen Konstruktion einer Anlage- bzw. Kreditmöglichkeit angestellt werden. Herausragende Bedeutung kommt hierbei der Zinsstrukturkurve zu. Bei Kenntnis der Zinsstrukturkurve lassen sich im Betrachtungszeitpunkt Zinssätze für zukünftige Geschäfte (Forwards) berechnen. Anschaulich wird dies anhand der obigen Abbildung.

Im oberen Teil der Abbildung 8.7 wird der Fall eines zu geringen Futurekurses dargestellt. Deshalb wird der Euribor Future gekauft. Um während der Zeitspanne zwischen dem Futurekauf und seinem Verfall kein Forward Exposure zu besitzen, gleichen sich der aufgenommene Kredit und die damit getätigte Anlage genau aus. Sobald der Future ausläuft, wird die Anlage zurückgezahlt. Die neue Anlage wird zu den Konditionen des Future-Geschäfts durchgeführt, so dass zu jeder Zeit Anlage- und Kreditvolumen genau ausgeglichen sind. Zwar kann sich der Zins im Verfallszeitpunkt des Futures verändert haben, jedoch wiegt die Differenz des Futuresgeschäfts die Differenz in den dann vorherrschenden Anlagebedingungen genau auf. Deshalb kann im Verfallszeitpunkt des Futures eine Geldanlage zum dann geltenden Zins getätigt werden, die unter Berücksichtigung der Future-Transaktion eine Rendite in Höhe der Future Verzinsung beim Kauf aufweist. Welche Transaktionen im einzelnen vorzunehmen sind, falls der Kurs des Euribor Futures verglichen mit einem synthetischen Wertpapier zu hoch ist, zeigt der untere Teil von Abbildung 8.7.

---

[32] Die geringfügigen Abweichungen sind auf Rundungsfehler zurückzuführen.

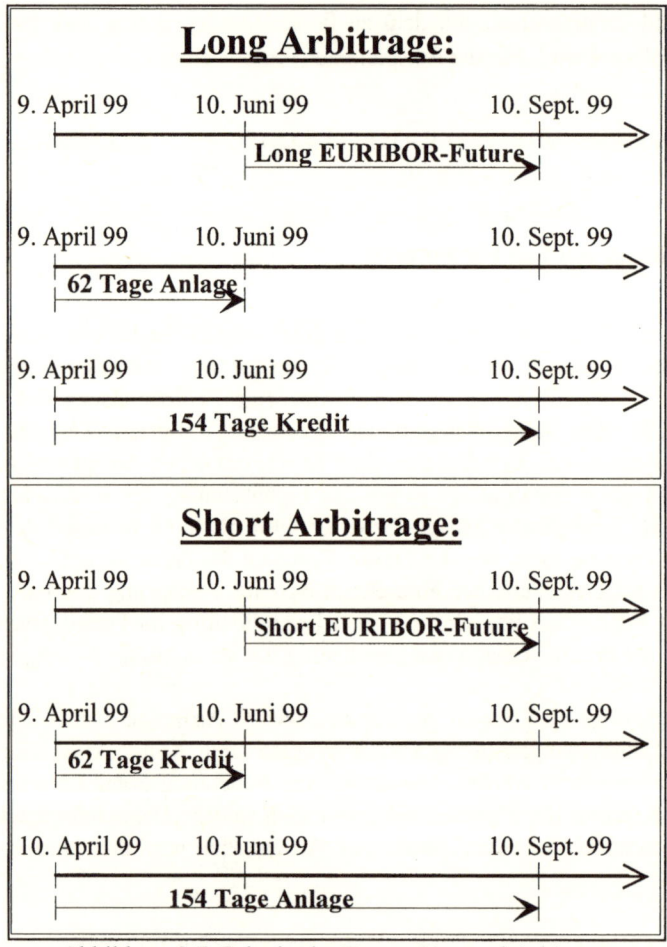

Abbildung 8.7: Prinzip der Future-Forward Arbitrage

Mittels folgender Daten wird das Vorgehen bei einer Unterbepreisung des Euribor Futures verdeutlicht:

    Preis des Euribor Futures mit Verfallsdatum 10. Juni 99 am 09. April 1999:   97,30
    Zinssatz für 62 Tage am 09. April 1999:   2,55% p.a.
    Zinssatz für 154 Tage am 09. April 1999:   2,60% p.a.

Der Kurs des Euribor Futures indiziert einen Zinssatz von 2,70%. Somit ist der Futurekäufer fiktiv berechtigt, ab dem 10. Juni 1999 eine dreimonatige Einlage in Höhe von einer Million EUR pro Kontrakt zu 2,70% zu tätigen. Dem muss aus zwei Gründen zunächst die implizite Verzinsung der Forward Transaktion gegenübergestellt werden. Zum ersten ist zu prüfen, ob Arbitrage überhaupt lohnend ist. Zum zweiten ist anhand des impliziten Zinses zu erkennen, ob der Futurekurs zu hoch oder zu niedrig ist. Von der Klärung dieser Frage hängt ab, ob Long oder Short Arbitrage betrieben werden muss.

Zur Ermittlung des impliziten Zinssatzes für einen Zeitraum vom 10. Juni 1999 bis zum 10. September 1999 werden die bereits bekannten Zinssätze herangezogen. Ob eine Geldanlage 154 Tage oder zunächst 62 und dann 92 Tage getätigt wird ist gleichgültig, denn das Endergebnis muss das gleiche sein. Bei Bekanntheit der Verzinsung für zwei der genannten Geschäfte ist schließlich auch die Verzinsung des dritten Geschäfts determiniert. Aus den oben angegebenen Zinssätzen lässt sich deshalb die Verzinsung errechnen, die eine 90-tägige Anlage haben muss, wenn sie vom 10. Juni bis zum 10. September läuft. Da die angegebenen Zinsperioden unterschiedlich lang sind, müssen sie zunächst durch Umrechnung auf ein Jahr vergleichbar gemacht werden. Für die beiden Zinssätze (i_t) gilt[33]:

$$i_{62} = \frac{0{,}0255 \cdot 62}{365} + 1 = 1{,}0043315$$

$$i_{154} = \frac{0{,}0260 \cdot 154}{365} + 1 = 1{,}0109699.$$

Um den impliziten Zinssatz (r_t) für die in 62 Tagen beginnende 92 Tage-Periode zu bekommen, werden die erhaltenen Zinssätze ins Verhältnis gesetzt. Es ergibt sich für den impliziten 92 Tage Zins:

$$r_{92} = \left(\frac{1{,}0109699}{1{,}0043315} - 1\right) \cdot \frac{365}{92} = 2{,}62235\%.$$

Offenbar liegt die implizite Verzinsung des synthetischen Geschäfts unterhalb der durch den Euribor angezeigten Verzinsung für EUR Einlagen von 2,70%. Daraus kann gefolgert werden, dass der Futurekurs zu niedrig ist. Bei einem Futurekurs von 97,38 liegt der arbitragefreie Wert. Um von der Fehlbepreisung zu profitieren, werden folgende Arbitragetransaktionen durchgeführt:

9. April 1999:
- Kauf eines Euribor Futurekontrakts (Nominal 1 Million EUR) zu 97,30.
    → Zahlung: 0,-- EUR
- Kreditaufnahme von 1.000.000,-- EUR für 154 Tage (Tilgung 10. Sept. 99) zu 2,60%.
    → Zahlung: +1.000.000,-- EUR
- Geldanlage von 1.000.000,-- EUR für 62 Tage (Auflösung 10. Juni 99) zu 2,55%.
    → Zahlung: -1.000.000,-- EUR

10. Juni 1999:
- Auflösung der 62-tägigen Geldanlage.
    → Zahlung: +1.000.000,-- EUR
- Vereinnahmung der Zinserträge aus der 62-tägigen Geldanlage.

---

[33] Bei der Berechnung der Zinszahlungen wird die Anwendung der Zinsmethode actual/actual unterstellt.

→ Zahlung: +4.331,51 EUR
- Futureverfall und 92-tägige Geldanlage von 1.000.000,-- EUR zum Zinssatz 2,70%.[34]
→ Zahlung: -1.000.000,-- EUR

10. September 1999:
- Auflösung der 92-tägigen Geldanlage.
  → Zahlung: +1.000.000,-- EUR
- Vereinnahmung der Zinserträge aus der 92-tägigen Geldanlage.
  → Zahlung: +6.805,48 EUR
- Tilgung des 152-tägigen Kredits.

→ Zahlung: -1.000.000,-- EUR
- Zinsaufwand für den 154-tägigen Kredit.
  → Zahlung: -10.969,86 EUR

Aus den Transaktionen ergibt sich ein positiver Saldo von 167,13 EUR. Hinzu kommt noch ein Zinsertrag auf die am 10. Juni erhaltenen Zinserträge. Geht man von einem Zinsniveau von 2,622% am 10. Juni aus, dann beträgt der Zinsertrag 28,63 EUR, so dass ein Gesamtarbitrageergebnis von 195,76 EUR erzielt wird. Der Wert entspricht, abgesehen von Rundungsdifferenzen, im übrigen der Differenz zwischen Futurekurs und dem impliziten Zinssatz, bezogen auf den Nominalwert von 1.000.000,- EUR $((0,0270 - 0,0262235) \cdot \frac{92}{365} \cdot 1.000.000,\text{- EUR})$.

Hinsichtlich der praktischen Durchführung der dargestellten Arbitragestrategie sind einige einschränkende Bemerkungen zu machen. Auf die Berücksichtigung von Transaktionskosten sowie Gebühren und Margins wurde gänzlich verzichtet. Tatsächlich kann aber eine Future-Forward Arbitrage ein Risiko besitzen, falls z.B. Nachschüsse in größerer Höhe fällig werden. Dies führt dann zu einem Nettokapitaleinsatz. Ferner wurde auch auf eine Differenzierung von Soll- und Habenzinsen verzichtet. Steuerliche Gegebenheiten blieben ebenfalls vernachlässigt.

8.1.5.2.3 Arbitrage mit DAX® Futures

Die Kurse von DAX® und DAX® Future unterscheiden sich durch die Cost of Carry. Der als Basis bezeichnete Preisunterschied wird maßgeblich determiniert durch das gegebene Zinsniveau. Somit ist auch der Aufschlag des DAX® Futures gegenüber dem Indexstand vom aktuell geltenden Zinsniveau abhängig. Selbst wenn der theoretisch richtige DAX® Futurekurs nicht in einem Punkt, sondern in einem Intervall liegt, kann jeder Investor den für seine individuellen

---

[34] Zwar sieht der Euribor Future-Kontrakt ein Cash Settlement vor; dennoch kann die Geldanlage zum ursprünglichen Futurezins von 2,70% durchgeführt werden. Die Veränderungen des Zinsniveaus werden nämlich genau durch den Differenzausgleich bei Futureverfall kompensiert.

Gegebenheiten richtigen DAX® Futurekurs errechnen. Es können zwei Fälle von Preisabweichungen auftreten. Zum einen kann der Kurs des DAX Future oberhalb seines korrekten Werts liegen. In diesem Fall bietet sich die Future-Forward Arbitrage an, bei der DAX® Futures verkauft werden und gleichzeitig ein DAX-Portfolio am Kassamarkt erworben wird.

Zum anderen befindet sich der DAX® Futurekurs unterhalb seines theoretisch richtigen Wertes, so dass Arbitrage erneut möglich ist. In diesem Fall wird eine Reverse Cash and Carry Arbitrage betrieben. Diese sieht den Kauf des DAX® Futures bei gleichzeitigem Leerverkauf eines DAX-Portfolios vor. Für beide dargestellten Fälle ist klar, dass Transaktionskosten anfallen. Deshalb müssen die auftretenden Preisunterschiede zwischen DAX® und DAX® Future groß genug sein, um nach Transaktionskosten einen risikolosen Gewinn zu erzielen.

Die praktische Durchführung der genannten Transaktionen stößt auf Probleme, da exakte DAX-Portfolios schwer zu konstruieren sind. Um dieser Schwierigkeit zu begegnen, bedient man sich sogenannter Index-Baskets. Diese bestehen nur aus wenigen hochliquiden DAX-Werten, die den DAX® in ihrer Zusammenstellung sehr gut nachzubilden vermögen.[35] Derartige Index-Baskets werden dann als Gegengeschäft zu der jeweiligen Terminmarkttransaktion gehandelt. Leerverkäufe von DAX-Portfolios können mit Hilfe der Wertpapierleihe durchgeführt werden.

Das Vorgehen im Rahmen der Cash and Carry Arbitrage sei an folgendem Beispiel verdeutlicht. Am 18. März 1999 weist der DAX® einen Schlussstand von 5.013,62 auf. Der DAX® Future mit Verfall 18. Juni 1999 notiere zur gleichen Zeit mit 5.065,00. Sein theoretisch richtiger Wert betrage bei einem angenommenen Dreimonatszins von 3,0% 5.051,53. Ein Investor erkennt den überhöhten DAX® Futurekurs und führt zeitgleich folgende zwei Transaktionen durch: Verkauf des DAX® Futures und Kauf des DAX-Indexportfolios. Das nachstehende Tableau gibt unter Vernachlässigung von Marginzahlungen und Transaktionskosten einen Überblick über die Erfolgssituation der Gesamttransaktion bei zwei alternativen DAX-Entwicklungen in drei Monaten:

18. Juni 1999 (Verfalltermin)	DAX = 5.300	DAX = 4.800
DAX Future:	5.300,00	4.800,00
Kassaerfolg:	+7.159,50 EUR	-5.340,50 EUR
Futureerfolg:	-5.875,-- EUR	+6.625,-- EUR
Zinsaufwand:[36]	-947,78 EUR	-947,78 EUR
Gesamterfolg:	+336,72 EUR	+336,72 EUR

Tabelle 8.17: Cash and Carry Arbitrage mit DAX® Futures

Aus dem Tableau wird erkennbar, dass Arbitragegewinne unabhängig von der Kursentwicklung des DAX® anfallen. Eben deshalb ist Arbitrage stets risikolos, da durch das entsprechende Gegengeschäft kein Exposure entsteht. Das zugehörige Tableau für eine Reverse Cash and Carry

---

[35] Vgl. **Löderbusch/Bernhardt** (1991), S. 33.
[36] 3,0% Zinsen für 92 Tage auf 125.340,50 EUR (5.013,62 · 25 EUR).

Arbitrage findet sich in Tabelle 8.18. Die Datenlage wird dabei insofern modifiziert, als der DAX® Future am 18. März 1999 nicht bei 5.065 sondern bei 5.035 Punkten notiert. Folglich wird eine Long Position im DAX® Future und eine Short Position im Index aufgebaut.

18. Juni 1999 (Verfalltermin)	DAX = 5.300	DAX = 4.800
DAX Future:	5.300	4.800
Kassaerfolg:	-7.159,50 EUR	+5.340,50 EUR
Futureerfolg:	+6.625,-- EUR	-5.875,-- EUR
Zinsertrag:	+947,78 EUR	+947,78 EUR
Gesamterfolg:	+413,28 EUR	+413,28 EUR

Tabelle 8.18: Reverse Cash and Carry Arbitrage

Auch in diesem Fall ergibt sich ein vom DAX-Verlauf unabhängiger Arbitragegewinn. Um Arbitragemöglichkeiten aufzuspüren, bedarf es nicht notwendigerweise der Berechnung etwaiger Kurskonstellationen. Unter Einsatz der Implied Repo Rate können Arbitragemöglichkeiten schnell gefunden werden. Die Implied Repo Rate (IRR) ermittelt die Rendite einer Cash and Carry Arbitragetransaktion in Bezug auf den der Transaktion zugrunde liegenden Kapitaleinsatz. Im Rahmen der DAX-Arbitrage ergibt sich die Formel für die Implied Repo Rate durch folgenden Ausdruck:

$$IRR = \frac{Basis}{Kapitaleinsatz} \cdot \frac{Tage\ im\ Jahr}{Laufzeit\ in\ Tagen} \cdot 100.$$

Unter Verwendung der Daten aus dem Beispiel für die Cash and Carry Arbitrage lässt sich die Implied Repo Rate bestimmen. Dabei beträgt die Basis 51,5 Indexpunkte, die multipliziert mit dem Kontraktwert von 25,-- EUR pro Indexpunkt einen Absolutwert der Basis von 1.287,50 EUR erbringen.

$$IRR = \frac{1.287,50\ EUR}{125.340,05\ EUR} \cdot \frac{365}{92} \cdot 100 = 4{,}075\%$$

Mittels der Durchführung der Cash and Carry Arbitrage lässt sich ein annualisierter Zins von 4,075% erzielen. Da dieser implizite Zins höher als der im Beispiel angenommene Zinssatz von 3,0% ist, lohnt sich die Arbitrage.

Die Regel für die Vorteilhaftigkeit bei Arbitrage lautet: Ist die Implied Repo Rate größer als der Fremdfinanzierungszinssatz, dann kann Cash and Carry Arbitrage gewinnbringend durchgeführt werden. Liegt die IRR unterhalb des Fremdfinanzierungszinssatzes, dann lohnt sich Cash und Carry Arbitrage nicht. Möglicherweise kann in diesem Fall Reverse Cash and Carry Arbitrage gewinnbringend betrieben werden.

8.1.5.3 Trading

Trading-Strategien werden in Erwartung bestimmter Markt- bzw. Kursentwicklungen angewendet. Dem Trading von Positionen liegen deshalb i.d.R. spekulative Motive zugrunde. Charakteristisch ist dabei, dass Trader offene Positionen einnehmen und somit ein Risiko bewusst tragen. Hinzu kommt, dass die Futurekontrakte eine relativ kurze Laufzeit haben. Die Kontraktliquidität ist häufig nur in den kurzen Fälligkeiten zufriedenstellend. Deshalb sind auf Futurekontrakten basierende Tradingstrategien stets kurzfristiger Natur.

8.1.5.3.1 Trading mit Zinsfutures

Die einfachste Art, mit Hilfe von Zinsfutures zu spekulieren, ist der singuläre Kauf oder Verkauf. Derartigen Transaktionen sollten verlässliche Zins- bzw. Kursprognosen zugrunde liegen. Im Vergleich zu entsprechenden Kassatransaktionen kann durch die Verwendung von Futures eine wesentlich höhere Rendite erzielt werden. Natürlich ist auch das Verlustrisiko deutlich höher. Dies liegt an der Hebelwirkung, die durch den Einsatz von Futures auftritt. Das mit Hilfe des Futures zu bewegende Nominalvolumen übersteigt bei einem gegebenen Kapitalstock das mögliche Kassavolumen bei weitem.

Als kompliziertere Tradingstrategien können Spreadstrategien angesehen werden. Zu unterscheiden ist beim Spreadtrading in Geschäfte innerhalb eines Futurekontrakts und mit mehreren verschiedenen Futures. Während bei Spreads in nur einem Futurekontrakt von Intra-Spreads gesprochen wird, handelt es sich bei Verwendung verschiedener Kontrakte um Inter-Spreads. Das Wesen des Intra-Spreads besteht in dem Ziel, relative Preisbewegungen innerhalb des betrachteten Kontrakts auszunutzen. Dazu werden Positionen mit unterschiedlichen Fälligkeiten in einem Futurekontrakt aufgebaut. Z.B. wird der Euro Bund Future mit Verfallszeitpunkt Juni 1999 gekauft und gleichzeitig der Euro Bund Future mit Verfalltermin September verkauft.

Das Ausnutzen von Veränderungen der Zinsstrukturkurve oder der Bonität von verschiedenen Marktsegmenten steht im Vordergrund bei Inter-Spreads. Sollen die unterschiedlichen Preisbewegungen verschiedener Marktsegmente gewinnbringend ausgenutzt werden, oder auf Verschiebungen der Zinsstrukturkurve spekuliert werden, so müssen verschiedene Futurekontrakte oder auch Futurepositionen mit Kassapositionen kombiniert werden.

Da Spreads keine offenen Positionen darstellen, sind sie deutlich risikoärmer als singuläre Tradingstrategien. Allerdings besteht im Gegensatz zu Arbitragestrategien sehr wohl ein Risiko, falls nämlich die zugrunde liegenden Erwartungen bezüglich der Zins- bzw. Kursentwicklungen nicht eintreten.

In dem folgenden Beispiel wird gezeigt, wie ein Trader von dem Spread im Euro Bobl Future profitieren kann. Es gilt das unten stehende Preistableau für Euro Bobl Futures. Der Trader erwartet, dass sich der Spread zwischen den beiden Kontrakten mit Verfalltermin März 1999 und Juni 1999 kurzfristig auf sein theoretisch angemessenes Niveau erhöhen wird. Er geht somit von einer Erhöhung des Spreads in der näheren Zukunft aus. Zu diesem Zweck kauft der Investor den Kontrakt mit dem früheren (nearby) Verfalltermin und verkauft gleichzeitig den Kontrakt mit dem späteren (deferred) Verfalltermin.

Bobl Future	theoretischer Preis:	Marktpreis:
Verfall März 99:	108,92	108,97
Verfall Juni 99:	108,80	108,81
Spread:	12 Basispunkte	16 Basispunkte

Tabelle 8.19: Preistableau für Euro Bobl Futurekontrakte

Tritt die Prognose des sich vergrößernden Spreads ein, so kann der Investor einen Gewinn in Höhe von 4 Basispunkten pro Kontrakt erzielen. Ein Verlustrisiko besteht für den Fall, dass die Erwartungen hinsichtlich der Spread-Entwicklung nicht eintreten. Von der Richtung der Marktentwicklung ist die dargestellte Strategie unabhängig.

Auf Verschiebungen innerhalb der Zinsstrukturkurve kann mittels verschiedener Kontrakte spekuliert werden. Da die Laufzeiten der Underlyings z.B. bei Euro Bund Futures und Euro Bobl Futures unterschiedlich sind, wird es zu unterschiedlichen Kursentwicklungen kommen, falls sich bei Zinsänderungen die Zinsstrukturkurve nicht parallel verschiebt. Ein Anleger, der mit stagnierenden langfristigen Kapitalmarktzinsen rechnet, gleichzeitig aber von deutlich höheren Sätzen im mittelfristigen Laufzeitbereich ausgeht, kann eine Inter-Spread-Transaktion mit Bund und Bobl Futures durchführen. Dazu betrachtet er zunächst den aktuellen Spread zwischen den Kontrakten:

	Preis am 28. Mai 1999	Preiserwartung für den 12. Juni 1999
Bund Future Dez. 99:	112,65	112,65
Bobl Future Juni 99:	108,43	107,90
Spread:	422 Basispunkte	475 Basispunkte

Tabelle 8.20: Preistableau für Bund und Bobl Future

Offenbar geht der Anleger von einem sich vergrößernden Spread während des angegebenen Zeitraums aus. Den Zahlen liegt die Erwartung einer kurzfristig recht deutlich steigenden Zinsstrukturkurve im mittleren Laufzeitbereich zugrunde. Um von dieser Erwartung zu profitieren, kauft der Investor am 28. Juni 1999 den Euro Bund Futurekontrakt und verkauft zugleich den Bobl Futurekontrakt. Geht die Prognose bezüglich der Verschiebung der Zinsstrukturkurve in Erfüllung, so lassen sich 53 Basispunkte pro Kontrakt als Gewinn vereinnahmen.

Selbstverständlich kann auch der Euribor Futurekontrakt in einen Inter-Spread einbezogen werden. Geht ein Anleger z.B. von Zinssteigerungen am kurzen Ende und zugleich von sinkenden Zinsen am langen Ende aus, so bietet sich der Kauf des Euro Bund Futures bei gleichzeitigem Verkauf des Euribor Futures an.

Steht die Ausnutzung einer unterschiedlichen Kursentwicklung bei verschiedenen Marktsegmenten im Vordergrund, so wird eine Kassaposition mit einer Futureposition kombiniert. Rechnet ein Investor beispielsweise kurzfristig mit einer sich verringernden Renditedifferenz zwischen Staatsanleihen eines anderen EWU-Teilnehmerlandes und Bundesanleihen, so kann er eine Position in den entsprechenden Auslandsanleihen aufbauen und gleichzeitig Euro Bund Futures veräußern. Bei Eintritt seiner Prognose werden entweder die Auslandsanleihen relativ zum Euro Bund Future im Kurs zulegen, die Euro Bund Futures relativ zu den Auslandsanleihen an Wert verlieren oder die Auslandsanleihen werden steigen während die Euro Bund Futures verlieren.

8.1.5.3.2 Trading mit DAX® Futures

Beim Trading mit DAX® Futures können die Termininstrumente entweder singulär oder aber auch in Verbindung mit einem bestehenden Portfolio gehandelt werden. Im Fall einer singulären Spekulation mit Hilfe von DAX® Futures kann somit auf fallende oder steigende Aktienkurse gesetzt werden. Erwartet ein Investor einen fallenden DAX®, so wird er den DAX® Future verkaufen. Umgekehrt wird er bei positiver Erwartungshaltung für den DAX® eine Long Position im DAX® Future eingehen. Der große Vorteil des Einsatzes von DAX® Futures anstelle des physischen Kaufs eines Indexportfolios liegt in dem geringen Kapitaleinsatz. Da dieser auf die Margin beschränkt ist, ergibt sich ein sehr großer Hebel, der seinerseits hohe prozentuale Renditen ermöglicht. Kauft ein Investor z.B. 5 DAX® Futures zu 5.092 und verkauft sie 64 Tage später für 5134 so ergibt sich daraus ein absoluter Gewinn von 5.250,-- EUR (84 Ticks · 12,50 EUR Tick-Wert · 5 Kontrakte). Bei einer zur Zeit gültigen Initial Margin von 8.500,-- EUR pro Kontrakt müsste ein Gesamteinschuss von 42.500,-- EUR geleistet werden. Bezogen auf diesen Kapitaleinsatz ergibt sich eine Rendite von 12,35% in 64 Tagen. Der DAX® ist in dieser Zeit lediglich um ca. 3,10% angestiegen.

Verfügt ein Investor bereits über ein Aktienportfolio, so kann er mit Hilfe des DAX® Future den Betafaktor seines Portfolios seinen Erwartungen anpassen. Unterstellt man einen Betafaktor des bestehenden Aktienportfolios von 0,85 und soll das Portfoliobeta auf 1,2 angehoben werden, so kann dies durch die Hinzunahme von DAX® Futures in das Portfolio erreicht werden. Ausgehend von einem Portfoliowert von 1.200.000,-- EUR soll für diesen Fall die notwendige Anzahl von Kontrakten bestimmt werden. Dazu ist die Kenntnis des aktuellen DAX-Standes erforderlich. Es wird hier ein Indexstand von 5.135,50 Punkten angenommen. Die Kontraktanzahl bestimmt sich allgemein gemäß der Formel:

$$\text{Kontraktanzahl} = \frac{\text{Portfoliowert}}{\text{Indexstand} \cdot 25} \cdot (\text{Soll Betafaktor - Ist Betafaktor}).$$

Mit den Beispielzahlen ergibt sich:

$$\text{Kontraktanzahl} = \frac{1.200.000,-- \text{ EUR}}{5.135,50 \cdot 25 \text{ EUR}} \cdot (1,2 - 0,85) = 3,2713.$$

Demgemäß müssen zur Erhöhung des Portfoliobetas drei DAX® Futurekontrakt gekauft werden.

Soll das Beta durch den Kauf von Aktien mit einem hohen Betafaktor bewirkt werden sollen, so würden wesentlich höhere Transaktionskosten anfallen.

In der Kombination von DAX® Futures und von als unterbewertet angesehenen Aktien ergibt sich eine weitere Tradingmöglichkeit. Dieser Strategie liegt die Erwartung zugrunde, dass die ausgewählte Aktie sich besser entwickelt als der Gesamtmarkt. Sodann wird die unterbewertete Aktie gekauft und eine entsprechende Anzahl DAX® Futures verkauft. Damit ist der Investor gegen einen Gesamtmarktverlust abgesichert. Zugleich partizipiert er an einem Abbau der Unterbewertung der Aktie. Die Anzahl zu verkaufender Kontrakte hängt entscheidend von dem Betafaktor der ausgewählten Aktie ab. Allgemein gilt:

$$\text{Kontraktanzahl} = \frac{\text{Gegenwert der Aktie}}{\text{Indexstand} \cdot 25} \cdot \text{Betafaktor der Aktie}.$$

Eine besondere Form des Trading besteht in der Ausnutzung von Preisungleichgewichten innerhalb des Terminmarkts. Treten Preisungleichgewichte bei den DAX® Futures mit unterschiedlichen Fälligkeiten auf, so lassen sich durch Spreadstrategien bei Eintritt der unterstellten Erwartungen Gewinne erwirtschaften. Charakteristisch ist dabei die Unabhängigkeit der Gewinne von der Marktrichtung. Durch den gleichzeitigen Kauf und Verkauf von DAX-Kontrakten mit verschiedenen Verfallterminen kann ein Gewinn erzielt werden, falls der Spread zwischen den jeweiligen Futurekursen in Zukunft sinken wird. Mit dem Spread wird der Preisunterschied zwischen den beiden Kontrakten mit unterschiedlicher Fälligkeit bezeichnet. Folgendes Beispiel dient zur Veranschaulichung:

Der aktuelle DAX-Stand betrage am 28. Mai 1999 5.070,98 Punkte. Am Geldmarkt herrscht ein gleichmäßiger Zinssatz für alle Laufzeiten bis zu einem Jahr von 2,5%. Bezüglich der DAX® Futures mit Fälligkeit September 1999 und Dezember 1999 liegen nachstehende Preisinformationen vor:

DAX Future	theoretischer Preis:	Marktpreis:
Fälligkeit Sept. 99:	5.117,04	5.112,00
Fälligkeit Dez. 99:	5.155,07	5.159,00
Spread:	38,0 Punkte	47,0 Punkte

Tabelle 8.21: Preisspreads bei DAX® Futures

Der Investor geht von der Erwartung aus, dass der Spread sich verringern wird. Zu diesem Zweck kauft er 10 Kontrakte des unterbewerteten September-Kontrakts und verkauft 10 Kontrakte des überbewerteten Dezember Kontrakts. Um das Ergebnis der vorgenommenen Transaktionen beurteilen zu können, wird die Preissituation nach vier Wochen bei alternativer DAX® Entwicklung betrachtet.

	DAX = 5.182	DAX = 4.859
DAX Future Sept. 99 :	5.216,11	4.890,99
DAX Future Dez. 99:	5.254,98	4.927,43
Spread:	39 Punkte	36,5 Punkte
Erfolg der Sept. Long-Kontrakte:	+26.000,-- EUR	-55.250,-- EUR
Erfolg der Juni Short-Kontrakte:	-24.000,-- EUR	+57.875,-- EUR
Gesamterfolg:	2.000,-- EUR	2.625,-- EUR

Tabelle 8.22: Erfolg einer Spreadstrategie mit DAX® Futures

Der Gesamterfolg lässt sich auch direkt errechnen durch:

(Spread Positionseröffnung − Spread Positionsglattstellung) · Kontraktwert · Kontraktanzahl.

Da sich der Spread wieder seinem theoretisch richtigen Niveau angenähert hat, entsteht unabhängig von der DAX-Entwicklung ein Gewinn. Eine Gefahr für die Spreadstrategie liegt in dem Basisrisiko. Entwickelt sich die Basis nicht gemäß den Erwartungen, so kann es zu einer Vergrößerung des Spreads kommen. Dies hat Verluste für die Spreadstrategie zur Folge. Geht der Investor von einem sich vergrößernden Spread in der Zukunft aus, so wird er die umgekehrten Transaktionen durchführen.

Neben der dargestellten Spreadstrategie können auch weitere Spreadstrategien angewendet werden. Beim Butterfly Spread werden zwei einfache Spreads kombiniert. Dies geschieht z.B. durch den Kauf des März-Kontrakts, den gleichzeitigen Verkauf von zwei überbewerteten Juni-Kontrakten und dem gleichzeitigen Kauf des September-Kontrakts.

8.1.6 Futures an der LIFFE

Seit ihrer Gründung im Jahr 1982 hat sich die London International Financial Futures and Options Exchange (LIFFE) zu einer der weltweit führenden Terminbörsen entwickelt. Bis zur Zusammenführung der DTB und der Schweizer SOFFEX zur Eurex nahm die LIFFE in Europa den ersten und weltweit den zweiten Rang unter den Terminbörsen ein. Zwischen der Eurex und der LIFFE bestehen hinsichtlich des Börsensystems und der Handelsorganisation wichtige Unterschiede. Die LIFFE präferierte lange Zeit den Präsenzhandel. Ein im November 1989 eingeführtes Computerhandelssystem APT („Automated Pit Trading System") hatte anfangs primär die Aufgabe, die verfügbare Börsenhandelszeit für Futures-Kontrakte auszuweiten. Inzwischen hat sich LIFFE zu einer sogenannten Hybrid-Börse entwickelt. Der Handel findet gleichzeitig auf dem Parkett („open outcry trading") und auf einer elektronischen Handelsplattform statt. Einige wichtige Produkte im Futurebereich wie z.B. der Terminkontrakt auf japanische oder italienische Staatsanleihen werden ausschließlich mittels APT gehandelt. Im November 1998 erfolgte die Einführung der neuen elektronischen Handelsplattform LIFFE CONNECT™. Mit Release 1.0 wurden erstmals auch Aktienoptionen elektronisch handelbar. Durch Einführung von Release 2.1. bis zum August 1999 ist es möglich, sämtliche Financial Futures elektronisch zu handeln. Nach einer Übergangsphase bei bestimmten Futures, die bisher elektronisch mittels APT und auf dem Parkett gehandelt werden, erfolgt der Handel von Financial Futures in Zukunft nur noch auf elektronischem Wege.

Auch mit Einführung von LIFFE CONNECT™ wurde das System der Doppelauktion beibehalten. Im Gegensatz zur Eurex wird auf ein Market-Maker-System verzichtet, das dadurch gekennzeichnet ist, dass Börsenteilnehmer für bestimmte ihnen zugeteilte Werte verbindliche Geld- und Briefkurse stellen. Die Konkurrenz der Händler untereinander soll gewährleisten, dass faire Kurse zustande kommen. LIFFE CONNECT™ ermöglicht Börsenteilnehmern mittels eines anonymen und zentralen Orderbuches den Einblick in bestehende Aufträge und Markttiefe. Neben einfachen limitierten und unlimitierten Aufträgen sind bei der Auftragserteilung folgende Zusätze möglich:

Good till cancelled: Dieser Auftrag verbleibt bis zur Ausführung oder Streichung durch den Marktteilnehmer im zentralen Orderbuch. Vergleichbar mit einem Good-till-Date-Auftrag an der Eurex erlischt der Auftrag bei Angabe einer Gültigkeitsangabe automatisch bei Erreichen der Datumsgrenze.

Immediate and cancel (IC): IC-Aufträgen sehen eine sofortige Auftragsausführung vor. Kommt es zu einer Teilausführung wird der verbleibende Teilauftrag gelöscht.

Complete volume (CV): Beim CV-Auftrag handelt es sich um einen limitierten Auftrag, der nur bei ausreichendem Volumen auf der Gegenseite ausgeführt wird, d.h. eine Teilausführung wird hierbei ausgeschlossen.

Minimum volume (MV): MV-Order sehen die Angabe eines Mindestvolumens vor, das bei Teilausführung nicht unterschritten werden kann. Kommt es zu einer teilweisen Ausführung, wird der verbleibende Teil weiterhin im Orderbuch geführt und wie ein normaler Auftrag behandelt.

Kombinierte Aufträge (Strategy Orders): Neben Kauf- und Verkaufsaufträgen über eine bestimmte Anzahl eines einzelnen Kontraktes sind an der LIFFE bestimmte ausdrücklich anerkannte kombinierte Strategien handelbar. Kombinierte Aufträge sehen den gleichzeitigen Kauf und Verkauf unterschiedlicher Kontrakte vor. Die einzelnen Kontrakte können sich hinsichtlich der Laufzeit und/oder des zugrundeliegenden Underlyings unterscheiden. Der Vorteil gegenüber der Eingabe der einzelnen Aufträge liegt in der Planungssicherheit, da sämtliche Teilaufträge nur in gleichem Umfang ausgeführt werden.

Die Aufgaben der Clearingstelle und die Berechnung der Einschusspflichten sind an der Eurex und der LIFFE ähnlich geregelt.

Die LIFFE zeichnet sich durch ein im internationalen Vergleich sehr breit gefächertes Produktangebot aus. In Tabelle 8.23 sind die derzeit an der LIFFE handelbaren Futures dargestellt.

Im kurzfristigen Zinsbereich werden Futures-Kontrakte auf dreimonatige Euro-Geldmarktgeschäfte in den Währungen Euro, Pfund Sterling und Yen gehandelt. Als Referenzzinssatz dient die Verzinsung, die für Einlagen in der jeweiligen Währung am Interbankenmarkt in London gewährt wird.[37] Für die Währungen Euro und Yen sind zusätzlich Futures auf die mit dem entsprechenden LIBOR-Satz konkurrierenden Referenzzinssätze Euribor und TIBOR (Tokyo Inter Bank Offered Rate) handelbar.

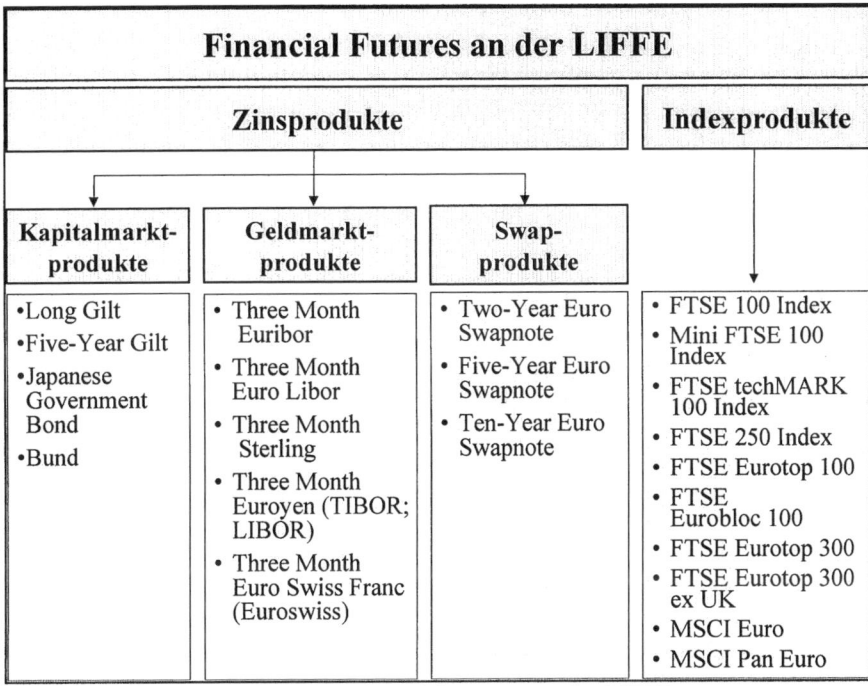

Tabelle 8.23: Financial Futures an der LIFFE

Den Bereich langfristiger Zinsen decken vier verschiedene Anleihen-Futures ab, darunter auch der Bund-Future, der lange Zeit das umsatzstärkste Produkt an der LIFFE darstellte. In der zweiten Jahreshälfte 1998 gelang es der Eurex jedoch, nahezu das gesamte Volumen im Bund-Future auf sich zu ziehen. Die Kontraktspezifikationen sind mit denen des Bund Futures bzw. des Euro Bund Futures an der Eurex identisch.

Schließlich gehört ein umfangreiches Angebot verschiedener Futures auf europäische Aktienindizes zum Produktspektrum der LIFFE. Als Underlyings fungieren zum einen Indizes, die von der FTSE International publiziert werden, zu deren Gesellschaftern die Financial Times und die London Stock Exchange zählen. Daneben dienen zwei Aktienindizes für europäische Werte, die von MSCI (Morgan Stanley Capital International Inc.) ermittelt und vermarktet werden, als Underlying.

---

37   Die Zinssätze werden von der British Bankers' Association erhoben („British Bankers' Association Interest Settlement Rates").

Britische Aktien werden durch die beiden Indizes FTSE 100 und FTSE 250 abgedeckt. Ihre Kennzeichnung weist darauf hin, dass die 100 größten Titel der London Stock Exchange bzw. die darauf folgenden 250 Aktien mit mittlerer Kapitalisierung in den jeweiligen Index einbezogen werden. Primär für Privatanleger wurde der Mini FTSE 100 Index Future geschaffen. Im Gegensatz zur FTSE 100 Future beträgt das Kontraktvolumen nur 2,0 GBP pro Indexpunkt, d.h. ein Fünftel des Wertes beim FTSE 100 Future.

Zur Absicherung von Portfolios, die europäische Aktien enthalten, eignen sich die Futures auf die FTSE Eurotop Indizes. Im FTSE Eurotop 100 und FTSE Eurotop 300 sind die 100 bzw. 300 größten europäischen Titel enthalten. Beim FTSE Eurotop 300 ex UK werden britische Werte ausgeschlossen. Der FTSE Eurobloc beinhaltet nur solche Aktiengesellschaften, deren Sitz in einem Teilnehmerland der EWU liegt. Daneben dienen der MSCI Euro und der MSCI Pan Euro als Underlying. Vergleichbar den FTSE- oder den STOXX-Indizes wird durch den MSCI Pan Euro der gesamte europäische Aktienmarkt abgedeckt, während im MSCI Euro nur Werte aus dem EWU-Raum enthalten sind. Allerdings wird für den MSCI Euro und MSCI Pan Euro keine bestimmte Anzahl von Werten festgelegt, die im jeweiligen Index enthalten sind. Vielmehr soll ein Großteil der gesamten Börsenkapitalisierung der jeweiligen Länder abgedeckt werden. Wenig liquide Werte werden dabei ausgeschlossen.

Dem Anleger, der ein bestehendes Aktienportfolio aus europäischen Werten absichern möchte, steht somit eine Vielzahl von unterschiedlichen Index-Futures zur Verfügung. Dabei ist der Future auszuwählen, dessen Underlying der Zusammensetzung des Portfolios am nächsten kommt.

Sämtliche Indizes sind kapitalgewichtet. Es handelt sich um Indizes, bei denen keine Bereinigung um gezahlte Dividenden erfolgt. Die Eigenschaft als reine Preisindizes hat für die Bewertung der entsprechenden Futures insofern Konsequenzen, als die vom DAX® bekannte Formel zur Bestimmung des theoretischen Wertes (Fair Value bzw. Fair Range) um den Einfluss der Dividendenzahlungen ergänzt werden muss:

$$\text{FTSE -Future} = \text{FTSE} + \text{Finanzierungskosten} - \text{Dividendenerträge}.$$

Die Cost of Carry bestehen demnach aus den Finanzierungskosten des Indexportfolios abzüglich der Dividenden, die auf dieses Indexportfolio gezahlt werden.

Im Oktober 1998 führte die LIFFE weltweit als erste Terminbörse Futures auf Zinsen am Swapmarkt ein. Den aktuell handelbaren Futures liegen die fixen Zahlungsströme eines fiktiven Zinsswapgeschäfts bei Einführung des Futures zugrunde. Bei den zugrundeliegenden Zinsswaps handelt es sich um Vereinbarungen zwischen zwei Parteien, eine fixe Zinszahlung auf einen Kapitalbetrag gegen eine variable Zinszahlung auszutauschen. Der Kapitalbetrag wird dabei nicht ausgetauscht. Für die variable Seite hat sich im Euro-Bereich der Euribor als Referenzzinssatz durchgesetzt, auf der fixen Seite wird ein Festzins festgesetzt. Dabei lässt sich der Barwert der jeweiligen Zahlungsreihe durch Diskontierung mit den Spot Rates ermitteln. Die Zahlungsströme der variablen Seite lassen sich durch die Herleitung von Forward Rates antizipieren. Zur Berechnung der Spot und Forward Rates wird auf die Ausführungen zu Zinsstrukturkurven verwiesen. Die ISDA (International Swaps and Derivatives Association) veröffentlicht börsentäglich die Euro-Zinsswapsätze im Laufzeitbereich von ein bis zehn Jahren. Ähnlich der Ermittlung des

Euribor oder LIBOR melden bestimmte Referenzbanken die Sätze der von ihnen durchgeführten Swapgeschäfte, woraus die ISDA Durchschnittssätze für die einzelnen Laufzeiten unter Nichtberücksichtigung der jeweils höchsten und niedrigsten Sätze bildet. Aufgrund der Bonität der am Swapgeschäft beteiligten Partner ist die Zinsstrukturkurve, die aus Swapsätzen gebildet wird, mit der Zinsstrukturkurve für (erstklassige) Industrieanleihen vergleichbar.

Die von der LIFFE angebotenen Euro Swapnotes beziehen sich auf die fixen Zinszahlungen eines Zinsswap mit zwei, fünf- bzw. zehnjähriger Laufzeit einschließlich des zugrundeliegenden Kapitalbetrags. Dabei wird ein fiktiver Festzins von 6,0% zugrundegelegt. Das Underlying ist daher mit einer fiktiven 6,0% Anleihe mit entsprechender Laufzeit zu vergleichen. Als Verfallmonate dienen jeweils die nächsten beiden Monate aus dem Zyklus März, Juni, September und Dezember. Der Future bezieht sich auf eine Kapitalbetrag von 100.000,-- EUR. Die Notierung bezieht sich auf einen Nominalwert von 100,-- EUR mit einem Tick von 0,01. Damit beträgt der minimale Tick-Wert 10,-- EUR (0,01 · 100.000/100). In Tabelle 8.24 sind die Kontraktspezifikationen des Swapnote-Futures zusammengefasst.

Basiswert:	Fixe Zahlungsströme einschließlich des zugrunde liegenden Kapitalbetrages eines Euro-Zinsswaps
Nominalwert:	100.000,-- EUR
Fiktiver Festzins:	6,0%
Laufzeitbereich des Underlyings:	2 Jahre (2-Jahres-Kontrakt)
	5 Jahre (5-Jahres-Kontrakt)
	10 Jahre (10-Jahres-Kontrakt)
Notierung:	In 100,-- EUR
Tick-Größe und -Wert:	0,01 bzw. 10,-- EUR
Maximale Laufzeit:	6 Monate
Liefermonate:	März, Juni, September, Dezember
Liefertag:	Dritter Mittwoch des Liefermonats
Letzter Handelstag:	Zweiter Börsentag vor dem Liefertag
Margin:	Risk Based Margin

Tabelle 8.24: Kontraktspezifikationen Swapnote-Futures

Vergleichbar zu anderen Futures erfolgt ein täglicher Gewinn und Verlustausgleich. Da bei Fälligkeit des Futures eine physische Lieferung ausscheidet, ist ein Barausgleich vorgesehen. Der sogenannte Final Settlement Price (EDSP) wird von der LIFFE ermittelt, indem die zugrunde liegenden Zahlungsströme mit den Spot Rates, die sich aus den aktuellen Swapsätzen bei Fälligkeit ergeben, diskontiert werden.

Aufgrund der wesentlich stärkeren Korrelation der Swapsätze und der Zinssätze für Industrieanleihen eignet sich der Swapnote-Future wesentlich besser zur Absicherung von Industrieanleihenportfolios als Staatsanleihenfutures. Wird ein bestehendes Portfolio aus Euro-Industrieanleihen durch eine Short-Position in den Euro Bund Future gehegt, besteht die Gefahr, dass sich der Zinsspread zwischen Bundesanleihen und Industrieanleihen verändert und damit das gewünschte Resultat verfehlt wird. Als Alternative zur Absicherung durch den Swapnote-Future bietet sich das direkte Eingehen einer entsprechenden Swapposition an. Hierzu ist jedoch anzumerken, dass der Swapmarkt nur vergleichsweise wenigen Adressen zugänglich ist. Zudem liegen die Mindestvolumina einzelner Swaptransaktion deutlich über den Kontraktvolumina der Swapnote-Futures. Damit können bereits relativ kleine Industrieanleihenportfolios bzw. einzelne Industrieanleihepositionen durch die Instrumente der LIFFE abgesichert werden.

Als weitere Anwendungsmöglichkeiten von Swapnote-Futures sind Tradingstrategien wie z.B. Spreadstrategien zu nennen. Geht ein Anleger von einer Erhöhung des Spread zwischen den Swapsätzen und den Zinsen auf Staatsanleihen im Laufzeitbereich von fünf Jahren aus, wird er Bund Futures kaufen und eine entsprechende Anzahl von Futures verkaufen.

Neben den Financial Futures werden an der LIFFE auch Warentermingeschäfte angeboten. Auf die Darstellung dieser Instrumente wird verzichtet.

8.2 Optionen

Optionen zählen neben Futures zu den erfolgreichsten Finanzinnovationen der drei vergangenen Dekaden. Besonders Optionen und Futures auf Finanzprodukte konnten in dieser Zeit ein rasantes Wachstum verzeichnen, dessen Ende noch nicht abzusehen ist. Dies hängt auch mit der gestiegenen Anzahl von Terminbörsen zusammen, die inzwischen den Handel mit Finanzderivaten aufgenommen haben. Der Ausgangspunkt des Handels mit standardisierten Aktienoptionen fällt zusammen mit der Gründung der Chicago Board Options Exchange (CBOE). Am 26. April 1973 wurde in Chicago der Handel in Call-Optionen auf 16 Aktien aufgenommen. Ausgehend von Chicago sind inzwischen in vielen Ländern mit großem Erfolg Terminbörsen gegründet worden.

Zu den neu hinzugekommenen Terminbörsen gehört auch die Eurex, deren Vorläufer, die DTB, am 26. Januar 1990 mit dem Handel von Aktienoptionen auf deutsche Standardwerte begonnen hat. Inzwischen werden an der Eurex mehrere Arten von Optionsgeschäften mit Erfolg durchgeführt. Dieser Abschnitt stellt die an der Eurex Deutschland zur Verfügung stehenden Optionskontrakte dar und beschreibt ihre Anwendungsmöglichkeiten. Das Schwergewicht liegt dabei auf den Aktienoptionen.

8.2.1 Grundlagen des Optionshandels

Um größtmögliche Sicherheit beim Optionshandel zu gewährleisten, steht auch bei Optionsgeschäften an der Eurex die Clearingstelle zwischen den einzelnen Vertragspartnern. Als Vertragspartner kommen nur Clearing-Mitglieder in Frage. Insoweit ergeben sich zum Futurehandel keine Unterschiede.

Die Marginerrechnung erfolgt bei Eurex-Optionen wie bei den Futurekontrakten gemäß dem Risk Based Margining System. Es müssen nur Sicherheitsleistungen für offene Optionspositionen hinterlegt werden. Dies entspricht dem an der Eurex vorherrschenden Nettoprinzip. Der Käufer (Long Position) einer Option entledigt sich seiner Verpflichtungen durch die Zahlung der Optionsprämie. Infolgedessen besteht für Long Positionen keine Marginerfordernis. Stillhalter (Short Position) müssen jedoch mit einer späteren Inanspruchnahme rechnen. Deshalb muss die zu erbringende Sicherheitsleistung stets ausreichen, um eventuell auftretende Verluste aus der Optionsposition auszugleichen. Gemäß der Volatilität des zugrunde liegenden Basiswertes legt die Eurex ein Marginintervall fest, dessen Grenzen für die Bestimmung der Margin maßgebend sind. Auf die Besonderheiten der Marginbestimmung bei Optionen auf Futurekontrakte wird in den entsprechenden Abschnitten eingegangen.

Hinsichtlich der an der Eurex verfügbaren Auftragsarten sind bei dem Optionshandel drei Varianten zu unterscheiden. Möglich sind preislich unlimitierte, limitierte und kombinierte Aufträge. Dazu sei auf die Darstellung im Bereich der Futures verwiesen.

8.2.2 Aktienoptionen an der Eurex

Neben den Optionen auf deutsche und schweizerische Aktien sind zwischenzeitlich auch Optionen auf die liquiden Titel des Neuen Marktes sowie auf niederländische, italienische, finnische, französische und US-amerikanische Basistitel handelbar. Mit Einführung der Low Exercise Options ist es für den Anleger möglich, Leerverkäufe synthetisch nachzubilden. Die Ausführungen bezüglich der Optionen auf deutsche Aktien sind abgesehen von abweichenden Laufzeiten auf die anderen Optionen übertragbar.

8.2.2.1 Aktienoptionen auf Deutsche Aktien

Die Verbreitung von Optionen und Optionsscheinen und ihre Bedeutung im Rahmen des Wertpapiermanagements sind seit Mitte der achtziger Jahre stark angestiegen. Seit der Handelsaufnahme an der DTB am 26.01.1990 bietet auch der Finanzplatz Deutschland eine liquide Möglichkeit zum Handel mit standardisierten Aktienoptionen. Inzwischen hat sich die Eurex mit 103,0 Mio. gehandelten Kontrakten in 1998 zur umsatzstärksten Aktienoptionsbörse in Europa entwickelt (vgl. Abbildung 8.2).

Die an der Eurex gehandelten Aktienoptionen werden in drei Laufzeitklassen eingeteilt: Die maximalen Laufzeiten betragen 12 Monate (Gruppe A), 24 Monate (Gruppe B) oder 60 Monate (Gruppe C). Die langfristigen Optionen dürften insbesondere für institutionelle Anleger (Vermögensverwalter, Fondsmanager u.ä.) aber auch für eher langfristig orientierte Privatanleger interessant sein. Insbesondere aufgrund der Verlängerung der Spekulationsfrist durch das Steuerentlastungsgesetz 1999/2000/2002 auf ein Jahr sind Optionen mit (Rest-)Laufzeiten länger als ein Jahr für den Privatanleger von Bedeutung. Die Anwendungsmöglichkeiten der langfristigen Optionen entsprechen weitestgehend denen der kurzlaufenden Optionen, wobei die mehr spekulativen Einsatzmotive gegenüber der Absicherung gegen Risiken eher in den Hintergrund rücken. Im Rahmen der Finanzchemie sind die langfristigen Optionen gut zur Nachbildung von längerfristigen Termingeschäften geeignet.

Derzeit sind an der Eurex Deutschland Optionen auf die 30 im DAX® vertretenen Aktien handelbar. Zwischenzeitlich wurden an der DTB auch Optionen auf weitere umsatzstarke Titel des MDAX® angeboten. Der Handel mit diesen Optionen wurde jedoch bis auf die Optionen auf die Aktien der Karstadt Quelle AG wieder eingestellt, da die Umsätze zu gering waren. Die Anzahl der Titel auf die langfristigen Optionen mit 60 Monaten Laufzeit beträgt derzeit acht. In Tabelle 8.25 sind die 30 Basiswerte (Stand: März 2002) mit den maximalen Laufzeiten der jeweiligen Optionen in Monaten wiedergegeben.

Basiswert	Max. Laufzeit	Kontraktgröße in Stück	Basiswert	Max. Laufzeit	Kontraktgröße in Stück	Basiswert	Max. Laufzeit	Kontraktgröße in Stück
Adidas-S.	12	100	Dt. Telekom	60	100	Metro	12	100
Allianz	60	50	Dt. Post	12	100	Münchner R.	24	50
BASF	24	100	E.On	24	100	Preussag	12	100
Bayer	60	100	Epcos	12	100	RWE St.	12	100
Hypo-Vbk.	24	100	FMC	12	100	SAP Vz.	60	100
BMW	12	100	Henkel Vz.	12	100	Schering	12	100
Commerzbank	24	100	Infineon	60	100	Siemens	60	100
DaimlerChr.	60	100	Linde	12	100	Thyssen Krupp	12	100
Degussa	12	100	Lufthansa	24	100	Epcos	12	100
Dt. Bank	60	100	MAN St.	12	100	VW St.	24	100

Tabelle 8.25: Aktienoptionen auf deutsche Basistitel an der Eurex

Die an der Eurex gehandelten Aktienoptionen weisen bestimmte Kontraktspezifikationen auf. Ein Optionskontrakt bezieht sich in der Regel auf 100 Aktien des zugrunde liegenden Basiswertes. Ausnahmen sind die Münchner Rückversicherung und die Allianz, deren Kontraktgröße 50 Aktien beträgt. Gehandelt werden an der Eurex jeweils die Optionskontrakte, nicht einzelne Optionen. Die von der Eurex veröffentlichen Kurse beziehen sich jedoch auf eine Option. Hinsichtlich der Basispreise (Strike Price) bestehen standardisierte Klassen, die vom Nennwert und Kurs des Basiswertes abhängig sind. Innerhalb der einzelnen Klassen wurden feste Ausübungspreisabstände festgelegt. In Tabelle 8.26 sind die einzelnen Klassen und die zugehörigen Ausübungspreisabstände aufgeführt. Für Kontrake mit anfänglichen Laufzeiten ab 18 Monaten verdoppeln sich die Ausübungspreisabstände.

Wird ein neuer Verfallmonat eingeführt, so werden zunächst drei verschiedene Basispreise angeboten. Dabei liegt ein Basispreis in-the-money, ein weiterer Basispreis at-the-money und schließlich der dritte Basispreis out-of-the-money. Ein aktueller Kurswert des Underlyings von 40,50 EUR würde somit Optionen mit den drei Basispreisen 38, 40 und 42 induzieren. Die Einführung neuer Basispreise geschieht immer dann, wenn der Xetra-Schlusskurs des Basiswertes an zwei aufeinander folgenden Börsentagen den arithmetischen Mittelwert der beiden höchsten (niedrigsten) Basispreise überschreitet (unterschreitet). Allerdings wird von der Einführung neuer Basispreise Abstand genommen, falls die betrachtete Optionsserie in weniger als fünf Tagen ausläuft.

Ausübungspreis	Ausübungs-preisabstände
bis 5,00 EUR	0,20 EUR
5,50 EUR bis 10,00 EUR	0,50 EUR
11,00 EUR bis 20,00 EUR	1,00 EUR
22,00 EUR bis 50,00 EUR	2,00 EUR
52,50 EUR bis 100,00 EUR[38]	2,50 EUR
55,00 EUR bis 200,00 EUR	5,00 EUR
über 200,00 EUR	20,00 EUR

Tabelle 8.26: Basispreise an der Eurex

Da die Eurex-Aktienoptionen jederzeit ausgeübt werden können, handelt es sich um Optionen amerikanischen Typs. Jeweils der dritte Freitag im Verfallmonat ist der letzte Handelstag der Optionen. An diesem Tag kann auch letztmalig für eine Optionsausübung optiert werden. Ist der dritte Freitag im Verfallmonat kein Börsentag, so ist der davor liegende Börsentag der letzte Handels- und Ausübungstag.

Am zweiten Börsentag nach der Ausübung wird das Geschäft erfüllt. Dieses sog. Settlement besteht in der Lieferung bzw. Andienung der Aktien bei gleichzeitiger Bezahlung oder Vereinnahmung des Basispreises. Mit Einführung der Girosammelverwahrung für vinkulierte Namensaktien ist auch bei Optionen auf Allianz und Münchener Rückversicherung eine Lieferung dieser Aktien vorgesehen. In der Vergangenheit wurde bei diesen Werten ein Barausgleich (Cash Settlement) durchgeführt.

Für die Laufzeiten von maximal 12 Monaten (Optionen auf Basistitel der Gruppe A) werden sechs Verfalltermine gehandelt. Es sind dies jeweils die drei auf den Betrachtungszeitpunkt folgenden Monate, sowie die drei darauf folgenden Quartalsmonate.

Als Quartalsmonate sind die Monate März, Juni, September und Dezember festgelegt. Dem obigen Tableau ist zu entnehmen, zu welchem Zeitpunkt im Kalenderjahr welche Verfallmonate an der Eurex gehandelt werden. Der schraffierte Bereich kennzeichnet Verfalltermine die im darauffolgenden Jahr liegen. Für die Optionen mit einer maximalen Laufzeit von 24 Monaten bestehen nach 18 und 24 Monaten noch zwei weitere Verfallmonate. Für die Optionen mit einer maximalen Laufzeit von 60 Monaten kommen zuätzlich noch die Verfalltermine nach 30, 36, 48 und 60 Monaten hinzu.

---

[38] Nur für den ersten und zweiten Verfallmonat in Optionen mit Ausübungspreis at-the-money.

Die kleinste Preisveränderung beträgt 0,01 EUR und wird als Tick bezeichnet. Zahlbar ist die Optionsprämie jeweils an dem auf den Optionskauf folgenden Tag. Die Zahlung muss bis zum Handelsbeginn erfolgt sein.

Vom Börsentag nach dem letzten Handelstag	Bis zum letzten Handelstag	In dieser Periode erhältliche Verfallmonate										
Dez	Jan	Jan	Feb	Mrz			Jun			Sep		Dez
Jan	Feb	Jan	Feb	Mrz	Apr		Jun			Sep		Dez
Feb	März		Feb	Mrz	Ap	Mai	Jun			Sep		Dez
März	April			Mrz	Apr	Mai	Jun			Sep		Dez
April	Mai			Mrz		Mai	Jun	Jul		Sep		Dez
Mai	Juni			Mrz			Jun	Jul	Aug	Sep		Dez
Juni	Juli			Mrz			Jun	Jul	Aug	Sep		Dez
Juli	Aug			Mrz			Jun		Aug	Sep	Okt	Dez
Aug	Sep			Mrz			Jun			Sep	Okt	Nov	Dez
Sep	Okt			Mrz			Jun			Sep	Okt	Nov	Dez
Okt	Nov	Jan		Mrz			Jun			Sep		Nov	Dez
Nov	Dez	Jan	Feb	Mrz			Jun			Sep			Dez

Tabelle 8.27: Verfallmonate an der Eurex

Kapitalmaßnahmen betreffend der Basiswerte werden unterschiedlich behandelt. Dividenden und weitere Barausschüttungen erfahren keine Berücksichtigung im Basispreis. Demgegenüber werden Bezugsrechte bei den Basispreisen durch Abzug berücksichtigt. Gleichzeitig erfolgt eine Erhöhung des Kontraktumfangs, so dass schließlich der originäre Kontraktwert erhalten bleibt. Analog wird bei Kapitalherabsetzungen und Kapitalerhöhungen aus Gesellschaftsmitteln vorgegangen, so dass auch hier der originäre Kontraktwert unverändert bleibt. Da aber durch die Erhöhung des Kontraktumfangs u.U. ungerade Aktienanteile entstehen, müssen diese bei Ausübung der Option durch Barausgleich beglichen werden. Wird den Aktionären z.B. im Rahmen einer Fusion der Umtausch von Aktien in neue Aktien angeboten, treten die neuen Aktien anstelle der bisherigen Aktien. Weicht das Umtauschverhältnis von 1:1 ab oder erfolgt zusätzlich ein Barausgleich, werden die Kontraktgröße und die Ausübungspreise entsprechend angepasst. Erfolgt anstelle eines Umtausches der Altaktien ein Barausgleich, ein Ausgleich über andere Wertpapiere als Aktien oder sonstige Rechte, so endet die Laufzeit der Optionen, sobald der zugrunde liegende Wert nicht mehr zum Börsenhandel zugelassen ist. An die Stelle der Lieferung der Aktie treten in diesem Fall die sonstigen Rechte.

8.2.2.2 Aktienoptionen auf Schweizerische Aktien

Zur Zeit werden an der Eurex Optionskontrakte auf 24 schweizerische Basiswerte gehandelt. Am

19.05.1988, dem Tag der Optionshandelsaufnahme an der SOFFEX, wurden zunächst Roche Holding, Schweizerische Bankgesellschaft und Schweizerischer Bankverein gehandelt. Diese, und die bis heute hinzugekommenen Werte, bieten die Gewähr eines hinreichend breiten und damit liquiden Kassamarktes. In Tabelle 8.28 sind die derzeitigen Basiswerte und deren Spezifikationen dargestellt.

Basiswert	Aktientyp	Symbol	Kontraktgröße	max. Laufzeit
Adecco	Namensaktie	ADEN	100	12
ABB	Namensaktie	ABB2	100	24
Ciba	Namensaktie	CIBN	10	24
Clariant	Namensaktie	CLN	100	24
Givaudan	Inhaberaktie	GIVN	10	12
Credit Suisse	Namensaktie	CSGN	100	24
Holcim	Inhaberaktie	HOL	10	12
Julius Bär	Inhaberaktie	BAER	10	12
Kudelski	Inhaberaktie	KUD	100	12
Lonza Group	Inaberaktie	LONN	10	24
Nestlé	Namensaktie	NESN	100	24
Novartis	Namensaktie	NOVN	100	24
Rentenanstalt	Inhaberaktie	RA	100	12
Richemont	Inhaberaktie+PS	CFR	100	12
Roche Holding	Genussschein	ROG	100	24
Serono	Inhaberaktie	SEO	10	12
Schweiz. Rück.	Namensaktie	RUKN	100	24
Sulzer	Namensaktie	SUN	10	12
Syngenta	Namensaktie	SYNN	10	12
Swisscom	Namensaktie	SCMN	10	24
Swatch Group	Namensaktie	UHRN	100	12
UBS	Namensaktie	UBSN	100	24
Unaxis	Inhaberaktie	UNAX	10	12
Zurich Financial	Inhaberaktie	ZURN	10	24

Tabelle 8.28: Basiswerte an der Eurex Zürich

Die Kontraktgröße beträgt i.d.R. 100 Aktien, bei Titeln deren absoluter Kurs sehr hoch ist, wurde der Kontraktwert auf 10 Stück reduziert. (vgl. Tabelle 8.28). Die Handelsusancen sind mit den Optionen auf deutsche Aktien an der Eurex identisch. Folglich handelt es sich bei den Aktienoptionskontrakten um amerikanische Optionen, die bei Kontraktverfall physisch angeliefert werden können.

Für Basistitel der Gruppe A, welche die weniger liquiden Werte umfasst, stehen die drei nächsten aufeinander folgenden Monate und die drei darauf folgenden Monate aus dem Zyklus März, Juni, September und Dezember zur Verfügung. Die maximale Laufzeit der Optionen auf Titel aus Gruppe A beträgt somit 12 Monate. Bei liquiden Werten der Gruppe B stehen als Verfalltermine die drei nächsten aufeinander folgenden Monate, die nächsten drei darauf folgende Quartalsmonate sowie die beiden darauf folgende Monate des Zyklus Juni und September zur Verfügung. Die maximale Laufzeit dieser Optionen beträgt somit 24 Monate. Der Gruppe C mit maximaler Laufzeit von 60 Monaten sind derzeit keine Basistitel zugeordnet.

Zu jedem Verfalltermin werden mindestens 3 verschiedene Ausübungspreise angeboten. Deren Preisabstufungen hängen von der absoluten Höhe des zugehörigen Aktienkurses und der Laufzeit der Option ab und sind in Tabelle 8.29 wiedergegeben. Die mit einem * gekennzeichneten Ausübungspreise beziehen sich ausschließlich auf Verfalltermine innerhalb der nächsten 6 Kalendermonate im at-the-money Bereich. Für Laufzeiten ab 18 Monaten verdoppeln sich die angegebenen Preisabstände der Ausübungspreise.

Ausübungspreise in CHF	Ausübungspreisabstände
0 - 5,00	0,20
5,50 - 10,00	0,50
11,00 - 20,00	1,00
22,00 - 50,00	2,00
52,50 - 100,00*	2,50
55,00 - 200,00	5,00
210,00 - 400,00*	10,00
220,00 – 400,00	20,00
425,00 – 1.000,00*	25,00
450,00 – 1.000,00	50,00
1.050,00 – 2.000,00*	50,00
1.100,00 – 2.000,00	100,00
2.100,00 – 5.000,00*	100,00
2.200,00 – 5.000,00	200,00
über 5.000,00*	200,00
über 5.000,00	400,00

Tabelle 8.29: Basispreisabstufungen an der Eurex Zürich

8.2.2.3 Low Exercise Price Options

Seit dem 21.05.1991 bietet die SOFFEX eine spezielle Aktienoptionsvariante an. Es handelt sich dabei um sog. Low Exercise Price Options (kurz: LEPOs), die über einen besonders niedrigen und zugleich standardisierten Basispreis verfügen. Zwischenzeitlich sind LEPOs auf sämtliche Basistitel verfügbar, für die auch reguläre Optionen an der Eurex handelbar sind. Die maximale Laufzeit beträgt neun Monate. Der Basispreis liegt für schweizerische Aktien bei 1,00 CHF und für sämtliche anderen Titel bei 1,00 EUR. Gedacht sind die LEPOs als eigenständiger Sekundärmarkt für Aktien. Aufgrund des vernachlässigbaren Basispreises bewegen sich die LEPO-Kontrakte wie ihre Underlyings. So kann durch den Verkauf von Low Exercise Price Calls ein Leerverkauf von Aktien nachgebildet werden.

8.2.2.4 Tradingstrategien

In den folgenden Abschnitten werden gängige Optionsstrategien dargestellt. Dabei geht es in erster Linie um die mit der jeweiligen Optionsposition verbundenen Zahlungsverlaufscharakteristika. Mit Hilfe von Graphiken werden die aus den Optionspositionen resultierenden Zahlungsverläufe im Verfallszeitpunkt in Abhängigkeit vom Kurs des Basiswertes dargestellt. Auf diese Weise lässt sich das jeweilige Chance/Risiko-Profil gut erkennen. Dick ausgezogene Linien stellen jeweils die Wertverlaufslinie der Gesamtoptionsposition dar. Die dünnen, nicht durchgängig gezeichneten Linien symbolisieren den Verlauf der einzelnen Optionen. Unterschiedliche Schraffierungen deuten jeweils auf Gewinn- bzw. Verlustbereiche hin. Dabei stellt eine von links unten nach rechts oben linierte Schraffierung einen Gewinnbereich dar. Ein Verlustbereich ist durch eine von rechts unten nach links oben linierte Schraffierung erkenntlich. Bei karierten Schraffierungen befindet sich die Position jeweils in einer Teilerfolgszone. An Punkten werden nur Basispreise in die Abbildungen aufgenommen. Ein Break-Even-Punkt ergibt sich jeweils als Schnittpunkt der dick ausgezogenen Linie mit der Abszisse. Es ist darauf hinzuweisen, dass im Fall einer Strategieumsetzung in der Realität weitere Gesichtspunkte berücksichtigt werden müssen. Dazu zählen insbesondere Marginverpflichtungen, Steuern, Transaktionskosten u.ä.

Hinsichtlich der Gesamtheit der zu betrachtenden Optionsstrategien bietet sich zunächst eine Unterteilung in singuläre und kombinierte Strategien an. Erstere zeichnen sich durch ein isoliertes Geschäft aus, bei dem nur eine Option ge- oder verkauft wird. Letztere hingegen sind jeweils aus mehreren Optionen zusammengesetzt.

Inhaltlich stehen bei der Besprechung der einzelnen Strategien folgende Gesichtspunkte im Vordergrund. Welche Erwartungen liegen der jeweiligen Strategie zugrunde, wie lässt sich die Strategie erzeugen bzw. welche Kombinationen erbringen die gewählte Position? Ferner werden die synthetischen Konstruktionsmöglichkeiten dargestellt. Die mit der jeweiligen Strategie verbundenen Gewinn- und Verlustmöglichkeiten sollen erläutert werden. Schließlich wird nach dem Zeit- und dem Volatilitätseffekt gefragt, der bei der jeweiligen Strategie auftritt. Beim Zeiteffekt steht die Frage im Vordergrund, wie eine Restlaufzeitverkürzung auf den Wert der Optionsposition wirkt. Die Fragestellung beim Volatilitätseffekt beschäftigt sich mit der Auswirkung einer Volatilitätszunahme auf den Wert der Optionsposition.

8.2.2.4.1 Singuläre Handelsstrategien

8.2.2.4.1.1 Long Call

Die Optionsstrategie Long Call sieht den singulären Kauf einer Kaufoption vor. Einem Long Call liegt immer eine positive bis stark positive Markterwartung zugrunde. Mit Hilfe von Calls lässt sich auf steigende Aktienkurse spekulieren. Je nach Ausmaß der erwarteten Kurssteigerung des Basiswertes während der Optionslaufzeit können die Basispreise variiert werden. Ein hoher Basispreis (out-of-the-money) bietet sich bei der Erwartung starker Kurssteigerungen an, da dort der Hebel am größten ist. Das Verlustrisiko ist auf den Betrag der gezahlten Optionsprämie begrenzt, während die Gewinnmöglichkeiten eines Long Call unlimitiert sind. Allerdings besteht bei einer Long Call Strategie die Gefahr eines sinkenden Zeitwertes. Eine out-of-the-money befindliche Option wird bis zum Verfalltag ihren gesamten Zeitwert verlieren, falls nicht der Kurs des Basiswertes zwischenzeitlich steigt. Dem negativen Zeitwerteffekt steht aber ein positiver Volatilitätseffekt gegenüber. Eine zunehmende Volatilität des Basiswertes erhöht c.p. den Wert der Optionsposition. In dem Hockeystick-Diagramm auf der linken Seite der

Abbildung 8.8 ist die Zahlungsstruktur einer Long Call Strategie abgetragen. Man erkennt drei unterschiedliche Zonen. Die von rechts unten nach links oben gezogene Schraffierung deutet dabei den möglichen Verlust der Strategie an. Die karierte Schraffierung beschreibt jeweils eine Zone verminderten Verlusts bzw. verminderten Gewinns. Bei der Long Call Strategie liegt die Optionsposition in dieser Teilverlustzone, solange sich der Kurs des Basiswertes zwischen dem Basispreis A und dem Break-Even-Punkt befindet. Der Break-Even-Punkt, also jener kritische Punkt, bei dem die betrachtete Position weder Gewinn noch Verlust aufweist, liegt im Schnittpunkt von Abszisse und Wertverlaufsgerade und ist nicht mit einem Buchstaben bezeichnet. Liegt der Aktienkurs über dem Break-Even-Punkt, so befindet sich die Optionsposition im Gewinn.

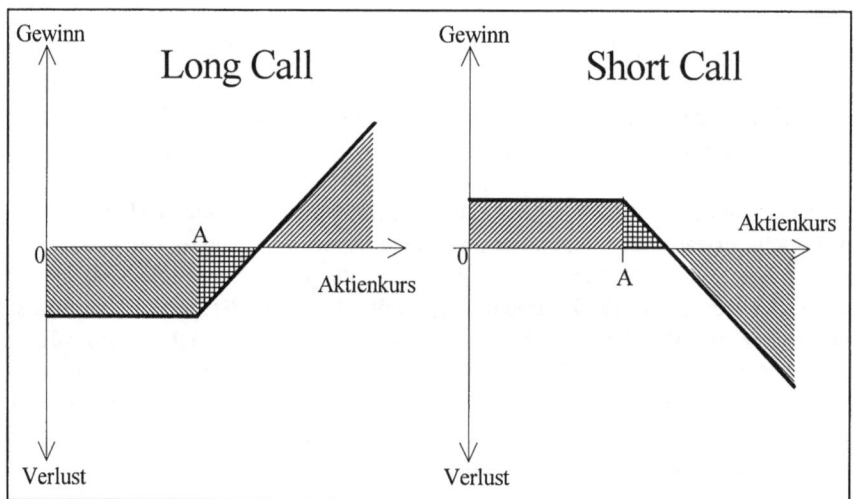

Abbildung 8.8: Long und Short Call

Die Long Call-Strategie eignet sich sowohl zu spekulativen Zwecken als auch für alternative Anwendungen. Zu denken ist dabei z.B. an Diversifikationsmöglichkeiten oder die Fixierung eines Einstiegskurses. Ferner kann eine Hebelerhöhung im Portfolio erfolgen oder der Kapitaleinsatz einer bestehenden Aktienposition verringert werden.

Abschließend sei erwähnt, dass ein Long Call auch synthetisch gebildet werden kann, indem nämlich der Basiswert und gleichzeitig ein Put darauf gekauft wird.

8.2.2.4.1.2 Short Call

Wird eine Kaufoption verkauft, dann spricht man von einem Short Call. Das Zahlungsverlaufsdiagramm verhält sich spiegelbildlich zur Long Call Strategie, wenn die Abszisse als Spiegelachse verwendet wird. Wie in dem rechten Diagramm von Abbildung 8.8 zu erkennen ist, bestehen wiederum drei verschiedene Zonen. Der maximale Gewinn ist auf die vereinnahmte Optionsprämie beschränkt. Steigt der Aktienkurs über den Wert des Basispreises, so gerät die Position in den Bereich eines verminderten Gewinns. Ab Erreichen des Break-Even-Punktes, der wiederum im Schnittpunkt von Abszisse und Wertverlaufslinie liegt, befindet sich die Optionsposition im Verlust. Die Verlustmöglichkeiten beim Short Call sind praktisch unbegrenzt. Die Anwendung der Short Call Strategie empfiehlt sich bei einer stagnierenden bis leicht sinkenden Kurserwartung. Je nach Ausprägung der Markterwartung ist der Basispreis festzulegen. Der Basispreis kann um so niedriger festgelegt werden, je deutlicher der zu erwartende Kursverlust ist. Dem Verkäufer kommt der Zeiteffekt zugute, denn die vereinnahmte Prämie beinhaltet neben dem inneren Wert der Option auch deren Zeitwert. Dieser wird sich mit zunehmender Verringerung der Restlaufzeit abbauen. Demgegenüber steigert eine anziehende Volatilität des Underlying die Gefahr einer Call-Ausübung. Insofern kann von einem negativen Volatilitätseffekt der Short Call Strategie gesprochen werden.

Neben spekulativen Gründen eignet sich die Short Call Strategie auch für andere Zwecke. Besonders häufig wird die Short Call Strategie angewendet von Investoren, die bereits über eine entsprechende Aktienposition verfügen.[39] Durch das Schreiben (Verkaufen) von Calls auf die im Portfolio befindlichen Aktien soll die Portfoliorendite aufgebessert werden. Es lässt sich auch argumentieren, dass durch die Vereinnahmung der Optionsprämie der Einstandspreis der im Portfolio befindlichen Aktien verringert werden kann. Alternativ lässt sich die Short Call Strategie als Verankerung eines Verkaufslimits verstehen. Übersteigt der Aktienkurs den festgelegten Basiswert, dann ist mit einer Optionsausübung zu rechnen. Damit hat der Stillhalter sein Verkaufslimit erreicht und zudem noch eine Prämie erzielt.

Synthetisch kann die Short Call Strategie betrieben werden, indem die entsprechende Aktie leerverkauft wird und zusätzlich ein Put darauf geschrieben wird. Wie der Leerverkauf von Aktien mittels der Eurex erfolgt, wird im Abschnitt über die Konstruktion synthetischer Futures erläutert.

8.2.2.4.1.3 Long Put

Bei der Erwartung fallender bis stark fallender Aktienkurse bietet sich die Long Put Strategie an. Deshalb handelt es sich beim Long Put um eine Baisse Strategie. Aus dem linken Diagramm in Abbildung 8.9 ist der Wertverlauf der Strategie ersichtlich. Die Gewinnmöglichkeit beim Long Put ist praktisch unbegrenzt. Allerdings ist zu beachten, dass der Kurs des Basiswertes nicht

---

[39] Vgl. **Welcker/Kloy/Schindler** (1992), S. 73.

niedriger als null sein kann. Die Festlegung des Basispreises A erfolgt in Anlehnung an die Kurserwartung des Basiswertes. Je stärker das erwartete Absinken des Kurses ist, desto niedriger kann der Basispreis liegen. Mit einem niedrigen Basispreis ist ein entsprechend geringer Optionspreis verbunden. Folglich führt ein sehr niedriger Basispreis zu einem großen Hebel, der eine hohe prozentuale Partizipation an sinkenden Kursen erwarten lässt.

Häufig erfolgt ein Put-Kauf nicht aus spekulativen Gründen, sondern aus einem Absicherungsmotiv heraus. Bestehende Aktienpositionen lassen sich durch einen Long Put gegen Kursverluste absichern. Dabei kann durch Variation des Basispreises den Portfolioanforderungen des Investors entsprochen werden. Bedeutsam ist auch die mit einem Long Put verbundene Absicht, bestehende Aktiengewinne, die innerhalb der Zwölf-Monats-Frist angefallen sind, auf diese Weise abzusichern, um die Gewinne nach Ablauf der Zwölf-Monats-Frist steuerfrei realisieren zu können.

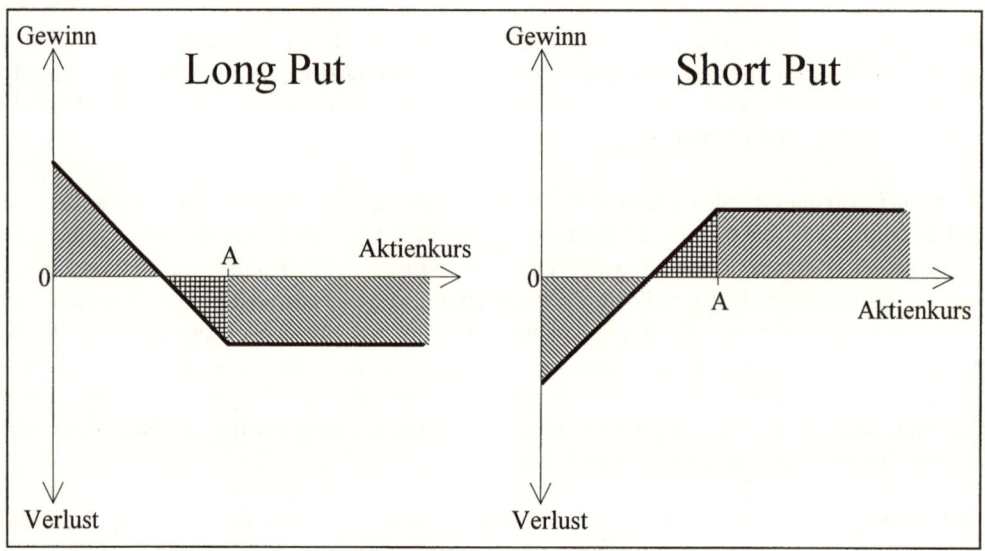

Abbildung 8.9: Long und Short Put

Als gekaufte Option unterliegt der Long Put einem negativen Zeiteffekt, da sich die Zeitprämie mit abnehmender Restlaufzeit verringert. Dies führt zu einer geringeren Ausübungschance des Put. Umgekehrt erhöht eine steigende Volatilität des Aktienkurses den Wert des Put.

Synthetisch lässt sich ein Long Put durch einen Leerverkauf des Basiswertes bei gleichzeitigem Kauf eines Calls auf den Basiswert konstruieren.

8.2.2.4.1.4 Short Put

In Abbildung 8.9 ist deutlich geworden, dass ein Short Put das spiegelbildliche Pendant zum Long Put darstellt. Dem Put-Verkauf liegt die Erwartung eines leicht steigenden Kurses des

Basiswertes zugrunde. Zwar zählt der Short Put deshalb zur Gruppe der Hausse-Strategien, von einer aggressiven Hausse-Strategie kann aber keineswegs gesprochen werden. Das Gewinnpotential ist beim Short Put auf die vereinnahmte Prämie beschränkt. An Kurssteigerungen der Aktie wird nicht partizipiert. Allerdings ist das Verlustpotential nur insofern begrenzt, als der Kurs des Basiswertes nicht unter null fallen kann. Fallende Kurse bewirken aber ein Abgleiten der Short Put Position in den Verlustbereich. Bei einem unterhalb des Basispreises A liegenden Kurs befindet sich die Position zunächst in der karierten Teilgewinnzone. Ab dem Schnittpunkt der Wertverlaufslinie mit der Abszisse beginnt die Verlustzone.

Die Short Put Strategie findet vornehmlich aus Gründen der Renditesteigerung Anwendung. Durch die Einnahme der Putprämie lässt sich bei entsprechender Markterwartung die Rendite einer bestehenden Position erhöhen. Zudem eignet sich die Short Put Strategie zur Substitution eines Kauflimits. Durch die Wahl des Basispreises wird das Limit determiniert, da bei einem Unterschreiten des Limits mit einer Aktienandienung gerechnet werden muss. Wird das Limit nicht erreicht, so verbleibt dem Put Verkäufer zumindest die Optionsprämie, die seinen Einstiegskurs verringert.

Wie bei jeder Stillhalterstrategie ergibt sich beim Short Put ein positiver Zeiteffekt, da mit sich verringernder Restlaufzeit der Zeitwert der Option sinkt. Diese Zeitwertverringerung trägt der Optionskäufer. Bezüglich des Volatilitätseffekts ergibt sich ein umgekehrtes Bild, da eine zunehmende Volatilität zu einem höheren Putwert führt, der zu Lasten des Putverkäufers geht. Je mehr die Volatilität steigt, desto wahrscheinlicher wird es, dass der geschriebene Put ins Geld kommt. Somit wird auch die Putausübung mit steigender Volatilität wahrscheinlicher.

Durch einen Aktienkauf bei gleichzeitigem Verkauf eines entsprechenden Calls lässt sich die Short Put Position nachbilden.

Zusammenfassend weisen die vier dargestellten Grundstrategien die in Tabelle 8.30 wiedergegebenen Charakteristika auf.

Optionsstrategie:	Strategietyp:	Kurserwartung für Basiswert:	Volatilitätseffekt:	Zeiteffekt:	Gewinnpotential:	Verlustpotential:
Long Call:	Directional	↑ stark steigend	positiv	negativ	unlimitiert	limitiert
Short Call:	Directional	↘ leicht fallend	negativ	positiv	limitiert	unlimitiert
Long Put:	Directional	↓ stark fallend	positiv	negativ	unlimitiert	limitiert
Short Put:	Directional	↗ leicht steigend	negativ	positiv	limitiert	unlimitiert

Tabelle 8.30: Optionscharakteristika der singulären Handelsstrategien

8.2.2.4.2 Kombinierte Tradingstrategien

An der Eurex besteht die Möglichkeit zur Ausführung von kombinierten Optionsstrategien. Von kombinierten Strategien wird gesprochen, falls Calls oder Puts ge- oder verkauft werden und gleichzeitig Calls und Puts auf dieselbe Aktie ge- oder verkauft werden. Solche kombinierten

Optionsstrategien sind standardisiert und können als Strategien in das Handelssystem der Eurex eingegeben werden. Der große Vorteil einer derartigen kombinierten Ausführung liegt in der Ausführungssicherheit. Es besteht somit nicht die Gefahr, dass ein Teil des Auftrags nicht oder erst später ausgeführt wird. Als mögliche Kombinationspositionen kommen bestimmte Spreads, Straddles, Strangles, Conversions und Reversals in Frage.[40] Im Folgenden werden zahlreiche Kombinationsstrategien dargestellt, die nicht ausnahmslos als Kombinationsmöglichkeit in das Eurex-System eingegeben werden können.[41] In diesem Fall empfiehlt sich zur Konstruktion der gewünschten Position eine separate Durchführung der notwendigen Einzeltransaktionen.

8.2.2.4.2.1 Synthetische Futures

Durch die Kombination von Optionen lassen sich Futurepositionen auf Aktien und den DAX® bilden. Derartige Futurepositionen erfüllen eine wichtige Aufgabe im Finanzmarktsystem. Da in Deutschland das Instrument der Wertpapierleihe in Bezug auf institutionelle und rechtliche Voraussetzungen im Vergleich zu anderen Ländern rückständig ist, besteht nur eine eingeschränkte Leerverkaufsmöglichkeit bei Aktien. Mittels synthetischer Futures ist es dennoch möglich, Leerverkäufe auf Aktien durchzuführen.

a) Synthetischer Long Future

Beim Long Future auf Aktien wird versucht, den Wertverlauf eines Aktienkaufs nachzubilden. Es ergibt sich der im linken Diagramm von Abbildung 8.10 dargestellte Verlauf der dick ausgezogenen Linie. Zu erreichen ist diese Position durch den gleichzeitigen Kauf eines Calls mit dem Basispreis A und den Verkauf eines Puts mit dem Basispreis A. Das Gewinn/Verlustprofil entspricht jenem eines Aktienkaufs zum Preis A. Folglich bestehen sowohl unbegrenzte Gewinn- als auch Verlustmöglichkeiten. Im Unterschied zur direkten Aktienanlage ist die Strategielaufzeit auf die Optionslaufzeit begrenzt. Der Vorteil eines synthetischen Long Futures liegt in dem geringen Kapitaleinsatz, der zum Eingehen einer Aktienposition erforderlich ist. Die mit dem gekauften Call verbundenen Kosten werden durch die Einnahme der Optionsprämie aus dem Putverkauf gesenkt, so dass ein im Vergleich zur direkten Aktienanlage kleinerer Mitteleinsatz verbleibt. Allerdings stehen dem Positionsinhaber keine Rechte zu, die mit dem physischen Aktienerwerb verbunden sind. Zu denken ist dabei vornehmlich an Dividenden- und Stimmrechte.

Für einen Investor, der in sechs Monaten einen größeren Betrag erhält und heute schon in eine bestimmte Aktie einsteigen möchte, kann sich ein Long Future durchaus anbieten. Im Rahmen von Unternehmensübernahmen dürften synthetische Aktienfutures ebenfalls von Bedeutung sein.

---

[40] Vgl. **Pilz** (1991), S. 132 ff.
[41] Eine Übersicht über die am Londoner Terminmarkt LIFFE angebotenen Kombinationsstrategien findet sich bei **Loistl** (1992), S. 326 f.

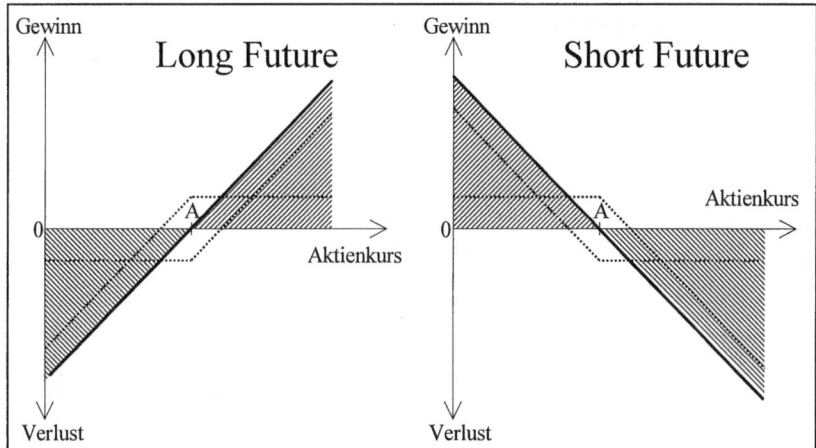

Abbildung 8.10: Long und Short Future

Wie aus dem Wertverlaufsdiagramm erkennbar ist, wird der Long Future weder von einem Zeit- noch von einem Volatilitätseffekt tangiert. Denn bei einer Kauf- und einer Verkaufposition neutralisieren sich die jeweils bei den einzelnen Optionen auftretenden Zeit- und Volatilitätseffekte. Dies gilt allerdings nur, falls jeweils at-the-money Optionen gehandelt werden.

b) Synthetischer Short Future

Wichtiger als der synthetische Long Future dürfte der Short Future auf Aktien sein. Durch den Aufbau einer Short Futureposition lassen sich Aktien leerverkaufen. Leerverkäufe von Aktienpositionen sind insbesondere Privatanlegern in Deutschland kaum möglich. Bei sinkendem Aktienkurs nimmt der Wert der Short Futureposition entsprechend dem Aktienkursverlust zu, et vice versa. Der Verlauf und die Generierung einer Short Futureposition ist dem rechten Diagramm von Abbildung 8.10 zu entnehmen. Es muss demgemäß ein Put mit dem Basispreis A gekauft und zugleich ein Call mit dem Basispreis A verkauft werden. Unterstellt man, dass A ungefähr dem derzeitigen Aktienkurs entspricht (at-the-money), so ergibt sich daraus ein negativer Kapitaleinsatz, denn wie aus der Optionspreistheorie bekannt, sind Calls c.p. wertvoller als Puts.

Anders als beim effektiven Leerverkauf von Aktien, bei dem sich der Verkäufer die Aktien zunächst mittels der Wertpapierleihe besorgt und anschließend veräußert, kann sich der Short Future Halter durch den Abschluss des Gegengeschäfts glattstellen. Eine physische Lieferung der Aktien muss nicht erfolgen. Aus diesem Grund eignet sich die Short Future-Strategie gut zum Eingehen von Short Positionen auf Aktien.

Wie schon beim Long Future liegt auch hier kein Zeit- oder Volatilitätseffekt vor, da eine Kompensation der Einzeleffekte eintritt. Dies vereinfacht die Überwachung der Strategie, da keine Gefahren von sich ändernden Restlaufzeiten und Volatilitäten ausgehen.

8.2.2.4.2.2 Split Strike Futures

a) Long Split Strike Future

Ein ähnlicher Verlauf wie bei Long Futures ergibt sich bei Long Split Strike Futures. Durch die Wahl verschiedener Basispreise erhält die Strategie eine neutrale Wertverlaufszone zwischen den gewählten Basispreisen. Die maximalen Gewinn- und Verlustmöglichkeiten sind jeweils unbegrenzt. Zum Positionsaufbau ist ein Callerwerb mit dem Basispreis B und ein gleichzeitiger Putverkauf zum Basispreis A erforderlich. Der Kurvenverlauf einer Long Split Strike Future-Strategie ist im linken Diagramm der Abbildung 8.11 dargestellt.

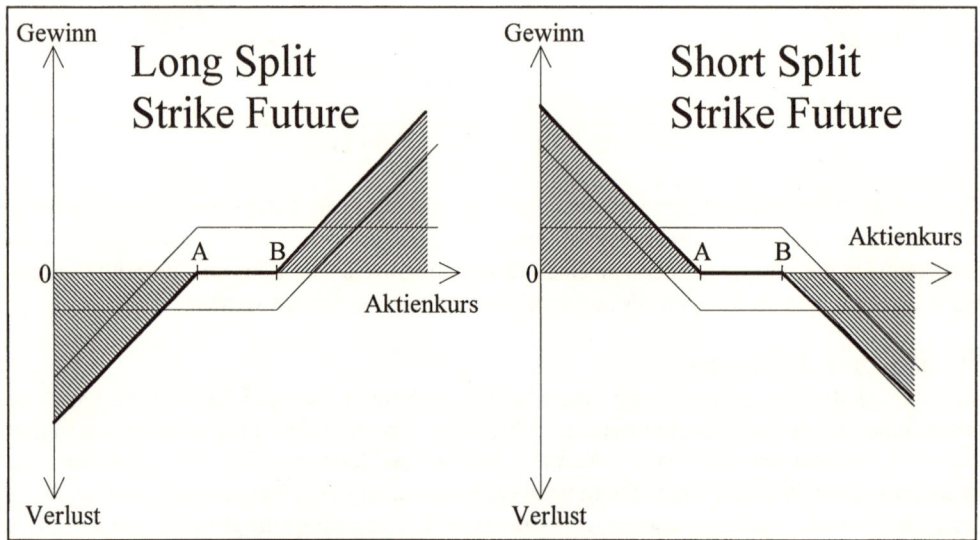

Abbildung 8.11: Long und Short Split Strike Futures

Die strategische Zielrichtung des Einsatzes von Long Split Strike Futures entspricht ungefähr der Long Future Strategie. Ein Unterschied besteht in dem Aktienkursbereich zwischen den Basispreisen, die mit den Punkten A und B bezeichnet sind. In diesem Bereich ist die Position keinem Kursrisiko ausgesetzt. Ein weiterer Unterschied liegt in dem Auftreten des Zeiteffekts bei der Long Split Strike Future Strategie. Je nach Lage des Aktienkurses und der Festsetzung der Basispreise verlieren die gewählten Optionen unterschiedlich schnell ihren Zeitwert. Hinsichtlich eines Volatilitätsanstiegs verhält sich die Strategie unempfindlich, da eine Long und eine Short Option gehalten werden. Es kommt somit zu einer Kompensation der einzelnen Volatilitätseffekte.

Das Hauptmotiv für die Wahl einer Long Split Strike Future-Strategie liegt in den geringen Transaktionskosten, verglichen mit dem direkten Aktienkauf. Sinnvoll kann die Strategie z.B. auch bei Unternehmensübernahmen sein, falls jemand, der während des Termins der Hauptversammlung keine Aktien des betreffenden Unternehmens besitzen will, für diese Zeit die Aktienposition in eine Futureposition tauscht.

b) Short Split Strike Future

Short Split Strike Futures stellen eine Variante zum Leerverkauf von Aktien dar. Zu erzeugen ist die Position mittels eines gekauften Puts mit Basispreis A und eines gleichzeitig verkauften Calls mit Basispreis B. Die graphische Darstellung ist dem rechten Diagramm aus Abbildung 8.11 zu entnehmen. Schwankungen des Aktienkurses zwischen den beiden Basispreisen führen nicht zu einer Wertveränderung der Gesamtposition. Das Gewinn- und Verlustpotential ist wiederum unbegrenzt. Bei links von A liegenden Aktienkursen entsteht ein Gewinn, während bei rechts von B liegenden Aktienkursen ein Verlust entsteht. Im Gegensatz zu den oben dargestellten Short Futures ergibt sich ein Zeiteffekt, der von der Höhe des Aktienkurses und der Lage der Basispreise abhängt. Es kann sich deshalb sowohl um einen positiven als auch um einen negativen Zeiteffekt handeln. Die Wirkung einer steigenden Volatilität ist auch hier neutral. Zur strategischen Zielrichtung der Short Split Strike Futures sei auf die Ausführungen zu den Short Futures verwiesen.

8.2.2.4.2.3 Spreads

Spreads sind die am häufigsten vorkommenden Optionskombinationen. Ihr Grundprinzip ist, dass entweder nur Calls oder nur Puts in der Kombination vorliegen. Dabei wird jeweils eine Option gekauft, während die andere Option zeitgleich verkauft wird. Innerhalb der Spreads lassen sich weitere Differenzierungen vornehmen. Es gibt Spreads, bei denen sich lediglich die Basispreise unterscheiden. Dabei handelt es sich um Vertical- bzw. Price-Spreads. Differieren stattdessen nicht die Basispreise, sondern die Laufzeiten der kombinierten Einzeloptionen, dann spricht man von Horizontal- oder Time-Spreads. Besitzen die gewählten Spreadkombinationen sowohl unterschiedliche Basispreise als auch verschiedene Restlaufzeiten, so handelt es sich um Diagonal-Spreads. Alle genannten Spreadstrategien werden im Folgenden erörtert.

8.2.2.4.2.3.1 Vertical- bzw. Price-Spreads

a) Bull-Price-Spread

Einem Bull-Price-Spread liegt die Erwartung leicht steigender Kurse des Basiswertes zugrunde. Die Konstruktion dieser Position ist auf verschiedene Weise möglich. Grundsätzlich beinhalten Spreads den gleichzeitigen Kauf und Verkauf einer Option mit verschiedenen Basispreisen. Folglich werden entweder nur Calls oder nur Puts zur Erzeugung eines Spread verwendet. Eine Möglichkeit, einen Bull-Price-Spread zu erzeugen, besteht im Kauf eines Calls mit Basispreis A bei gleichzeitigem Verkauf eines Calls mit Basispreis B. Dasselbe Ergebnis lässt sich durch den Kauf eines Puts mit dem Basispreis A und dem gleichzeitigen Verkauf eines Puts mit dem Basispreis B erzielen. Schließlich kann ein Bull-Price-Spread auch synthetisch erzeugt werden. Dies geschieht entweder durch den Kauf des Basiswertes bei gleichzeitigem Kauf eines Puts mit Basispreis A und gleichzeitigem Verkauf eines Calls mit Basispreis B, oder durch den Leerverkauf des Basiswertes bei gleichzeitigem Erwerb eines Calls mit Basispreis A und gleichzeitigem Verkauf eines Puts mit Basispreis B.

Durch die genannten Transaktionen wird das linke Diagramm in Abbildung 8.12 erzeugt. Die

Darstellung zeigt die Bildung eines Bull-Price-Spreads mit Puts. Wie zu erkennen ist, besteht sowohl ein begrenztes Gewinn- als auch Verlustpotential. Der maximale Gewinn ergibt sich, wenn der Kurs des Basiswertes oberhalb von Punkt B liegt. Unterhalb von B liegt die Teilgewinnzone. Die Teilverlustzone ist wie auch die Teilgewinnzone kariert dargestellt und verläuft vom Break-Even-Punkt bis zum Punkt A. Liegt der Kurs des Basiswertes unterhalb von A, dann nimmt die Optionsposition ihren maximalen Verlust an.

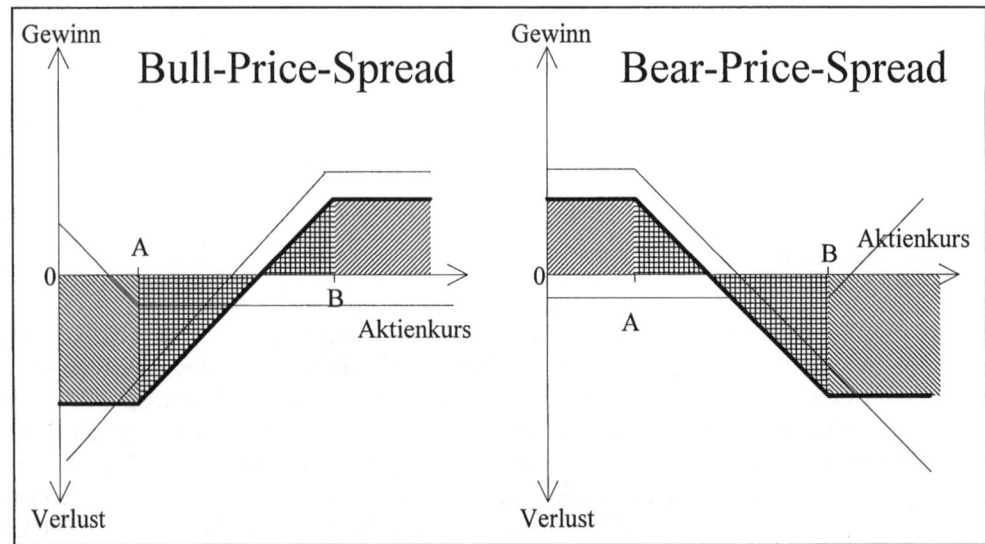

Abbildung 8.12: Bull- und Bear-Price-Spread

Der Zeiteffekt beim Bull-Price-Spread hängt vom Kurs des Basiswertes ab. Oberhalb des Break-Even-Punktes ist der Zeiteffekt positiv, während er unterhalb des Break-Even-Punktes negativ ist. Insofern kann von einem gemischten Zeiteffekt gesprochen werden. Hinsichtlich der Volatilität verhält sich die Position nahezu neutral, da eine verkaufte mit einer gekauften Option kombiniert ist. Die auftretenden Einzeleffekte kompensieren sich dabei. Da dies bei Spreads allgemein so ist, sind viele Spreads recht insensitiv in Bezug auf Volatilitätsveränderungen.

b) Bear-Price-Spread
Dem Bear-Price-Spread liegt die Erwartung eines leicht fallenden Kurses des Basiswertes zugrunde. Die Positionsgenerierung kann sowohl mit Puts als auch mit Calls erfolgen. Charakteristisch ist bei beiden Vorgehensweisen der Verkauf der Option mit dem geringeren Basispreis und der Kauf der Option mit dem höheren Basispreis. Werden Calls zur Positionsbildung benutzt, so muss ein Call mit Basispreis A verkauft werden und gleichzeitig ein Call mit Basispreis B gekauft werden. Bei Verwendung von Puts wird ein Put mit Basispreis A verkauft und gleichzeitig ein Put mit Basispreis B gekauft. Das Wertverlaufsprofil eines Bear-Price-Spread am Verfalltag ist im rechten Diagramm von Abbildung 8.12 dargestellt. Dabei erfolgte die Konstruktion mit Hilfe von Calls. Wie zu erkennen ist, sind die Gewinnchancen und Verlustrisiken begrenzt.

Auf synthetische Weise lässt sich ein Bear-Price-Spread bilden, indem der Basiswert gekauft wird und gleichzeitig ein Call mit Basispreis A verkauft, sowie ein Put mit Basispreis B gekauft wird. Die zweite synthetische Möglichkeit zur Bildung eines Bear-Price-Spread besteht im Leerverkauf des Basiswertes bei gleichzeitigem Callkauf mit Basispreis B und Putverkauf mit Basispreis A.

Die Wirkung einer Restlaufzeitverringerung hängt beim Bear-Price-Spread von der Lage des Aktienkurses ab. Befindet sich der Kurs des Basiswertes ungefähr in Höhe der Gewinnschwelle, dann ergibt sich ein neutraler Zeiteffekt. Der Zeitwertverlust der gekauften Option wird durch den Zeitwertgewinn der verkauften Option kompensiert. Oberhalb des Break-Even-Punktes ist der Zeitwert negativ, da die erworbene Option einen höheren Zeitwertverlust aufzuweisen hat als die verkaufte Option. Umgekehrt ergibt sich ein positiver Zeitwert, falls der Aktienkurs unterhalb der Gewinnschwelle liegt.

Als nahezu insensitiv erweist sich der Bear-Price-Spread gegenüber Volatilitätsveränderungen. Die volatilitätsinduzierten Wertänderungen der einzelnen Optionen heben sich gegenseitig auf.

8.2.2.4.2.3.2 Butterflies

a) Long Butterfly

Butterflies gehören zur Familie der Spreads, da entweder nur Calls oder nur Puts zur Positionskonstruktion verwendet werden. Einem Long Butterfly liegt die Erwartung sich wenig verändernder Kurse des Basiswertes bis zum Verfalltag zugrunde. Die Verlustmöglichkeiten im Fall nicht eintretender Erwartungen sind beschränkt. Dies wird aus Abbildung 8.13 erkennbar. Dabei können drei Zonen unterschieden werden. Die Gewinnzone, die Teilverlustzone und die Verlustzone. In letzterer befindet sich die Position, falls der Kurs des Underlying entweder geringer als A oder höher als C ist. Der maximale Gewinn fällt an, falls der Aktienkurs dem Punkt B entspricht.

Die Konstruktion eines Long Butterfly kann auf mehrfache Weise erfolgen. Die erste Möglichkeit besteht im Kauf eines Calls mit Basispreis A, dem gleichzeitigen Verkauf von zwei Calls mit Basispreis B und dem gleichzeitigen Kauf eines Calls mit Basispreis C. Diese Konstruktion entspricht dem linken Diagramm in Abbildung 8.13. Bei Verwendung von Puts muss ein Put mit Basispreis A gekauft werden, zwei Puts mit Basispreis B geschrieben werden und ein Put mit Basispreis C gekauft werden. Insgesamt müssen dementsprechend drei Optionen gehandelt werden, was bei den Transaktionkosten negativ zu Buche schlägt. Es ist darauf hinzuweisen, dass die Differenz zwischen A und B derjenigen zwischen B und C entsprechen muss.

Ein Long Butterfly kann auch als Kombination aus einem Bull-Price-Spread mit einem Bear-Price-Spread gebildet werden. Da Price-Spreads sowohl mit Calls als auch mit Puts zu erzeugen sind, ergeben sich zwei Konstruktionsmöglichkeiten. Der Bull-Price-Spread wird durch den Kauf eines Calls mit dem Basispreis A und dem gleichzeitigen Verkauf eines Calls mit Basispreis B konstruiert, während beim Bear-Price-Spread ein Call mit Basispreis B verkauft und ein Call mit Basispreis C gekauft wird.

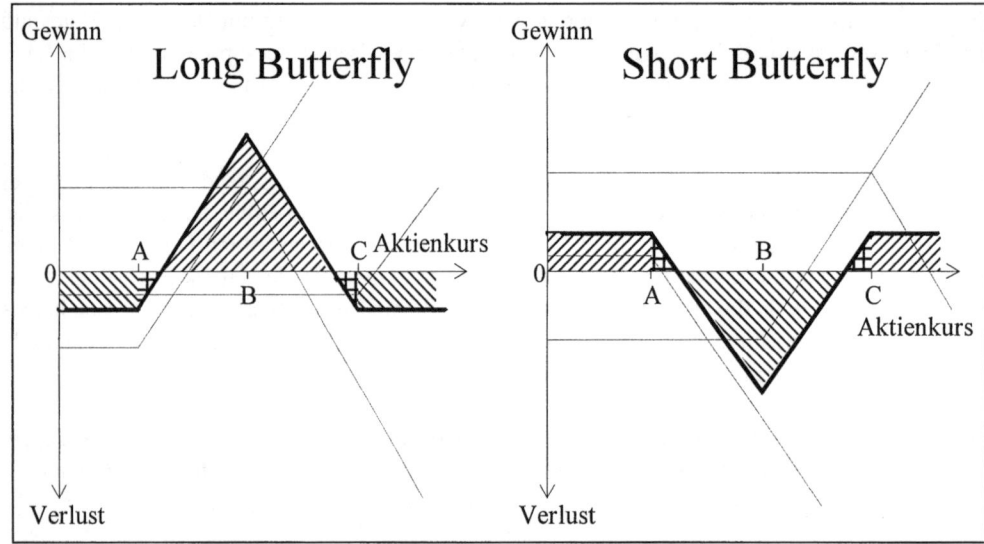

Abbildung 8.13: Long und Short Butterfly

Die Wirkung des Zeiteffekts beim Long Butterfly hängt von der Lage des Kurses des Basiswertes ab. Solange dieser in der Nähe von B liegt, ergibt sich ein positiver Zeiteffekt, da die zwei verkauften Calls am Geld notieren und einen hohen Zeitwertverlust aufweisen. Notiert hingegen einer der gekauften Calls am Geld, d.h. liegt der Basiswertkurs entweder oberhalb von C oder unterhalb von A, dann ist der betreffende Call einem starken Zeitwertverlust ausgesetzt. In diesem Fall ist der Zeiteffekt negativ. Deshalb kann der Zeiteffekt beim Long Butterfly als insgesamt neutral eingestuft werden.

Da eine sinkende Volatilität vom Käufer eines Long Butterfly erwartet wird, liegt die Annahme nahe, dass eine Volatilitätszunahme der Position schadet. Tatsächlich erweist sich aber ein Long Butterfly als relativ insensitiv gegenüber Volatilitätsschwankungen, da sich die Zahl der gekauften Optionen die Waage mit der Zahl der verkauften Optionen hält. Es kommt zu einer Kompensation der einzelnen Volatilitätseffekte.

b) Short Butterfly
Das Spiegelbild zum Long Butterfly stellt der Short Butterfly dar. Mittels dieser Optionsstrategie versuchen Anleger, von starken Kursveränderungen des Underlying zu profitieren. Folglich liegt dem Short Butterfly die Erwartung einer steigenden Volatilität zugrunde. Zur Positionsgenerierung bedarf es, wie im rechten Diagramm von Abbildung 8.13 dargestellt, des Verkaufs eines Calls mit Basispreis A, des gleichzeitigen Kaufs von zwei Calls mit Basispreis B und des gleichzeitigen Verkaufs eines Calls mit Basispreis C. Alternativ kann ein Short Butterfly auch durch einen verkauften Put mit Basispreis A, zwei gleichzeitig gekauften Puts mit Basispreis B und einem gleichzeitig verkauften Put mit Basispreis C konstruiert werden. In der Summe wird stets die gleiche Menge an Optionen gekauft wie verkauft.

Analog zum Long Butterfly lässt sich durch die Kombination eines Bear-Price-Spread mit einem

Bull-Price-Spread ein Short Butterfly erzeugen. Der Unterschied zum Long Butterfly besteht darin, dass beim Short Butterfly der Bear-Price-Spread die Basispreise A und B und der Bull-Price-Spread die Basispreise B und C aufweist.

Im Gegensatz zum Long Straddle ist das Gewinnpotenzial eines Short Butterfly auf die Vereinnahmung der ursprünglichen Nettooptionsprämien begrenzt. Das Verlustrisiko ist, wie aus dem rechten Diagramm in Abbildung 8.13 zu erkennen ist, bei einem Kurs des Underlying von B maximal. In diesem Fall besitzen die gekauften Calls einen inneren Wert von null und verfallen deshalb. Die ursprünglich aufgewendeten Optionsprämien sind verloren. Zur gleichen Zeit befindet sich der mit dem Basispreis A verkaufte Call im Geld, so dass die Differenz von A-B am Verfallszeitpunkt zu bezahlen ist.

Der Zeiteffekt beim Short Butterfly differiert mit dem Kurs des Basiswertes. Liegt der Kurs im Bereich um den Punkt B, so ist der Zeitwertverfall der beiden gekauften Calls größer als bei den beiden geschriebenen Calls. Somit liegt im mittleren Kursbereich ein negativer Zeiteffekt vor. Umgekehrt entfaltet die Restlaufzeitverkürzung einen positiven Effekt, falls der Basiswert höher als B oder niedriger als A notiert. In Bezug auf eine Volatilitätszunahme erweist sich die Short Butterfly Strategie als relativ unempfindlich, da jeweils zwei Optionen ge- und verkauft werden.

8.2.2.4.2.3.3 Condors

a) Long Condor
Nicht ein Punkt, sondern ein Bereich charakterisiert die maximalen Gewinnmöglichkeiten beim Long Condor. Um einen gewinnmaximalen Bereich zu erhalten, muss ein weiterer Basispreis hinzugenommen werden. Da Condors zur Familie der Spreads zählen, lassen sie sich entweder nur durch die Kombination von Calls oder nur durch die Kombination von Puts konstruieren. Mit dem Kauf eines Long Condor ist die Erwartung stabiler Kurse des Basiswertes verbunden. Damit wird eine sinkende Volatilität erwartet.

Im linken Diagramm der Abbildung 8.14 ist ein Long Condor auf der Basis von Calls erzeugt worden. Im einzelnen wurde dabei ein Call mit Basispreis A gekauft, gleichzeitig ein Call mit Basispreis B verkauft, gleichzeitig ein weiterer Call mit Basispreis C verkauft und schließlich ein Call mit Basispreis D gekauft. Insgesamt sind folglich vier verschiedene Optionspositionen eingegangen worden. Grundsätzlich gilt beim Long Condor, dass die beiden mittleren Basispreisoptionen verkauft und die Optionen mit den außen liegenden Basispreisen gekauft werden. Die Abstände der Basispreise zueinander müssen gleich sein, um eine symmetrische Position zu konstruieren. Unter Verwendung von Puts hätte ein Put mit Basispreis A gekauft werden müssen, zugleich ein Put mit Basispreis B verkauft, ein weiterer Put mit Basispreis C verkauft und schließlich ein Put mit Basispreis D gekauft werden müssen. Analog der Konstruktion eines Long Butterfly lässt sich der Long Condor auch durch die Kombination von Spreads erzeugen. Dabei entstehen vier weitere Kombinationsmöglichkeiten.

Aus dem Schaubild sind vier verschiedene Zonen erkennbar. Befindet sich der Kurs des Basiswertes zwischen den Kursen B und C, so ergibt sich ein maximaler Gewinn in Höhe der Differenz der Basispreise B und A. Bei Kursen zwischen A und B bzw. C und D befindet sich die Position in der Teilerfolgszone. Je nach genauer Lage des Kurses ergibt sich ein verringerter Gewinn oder ein verringerter Verlust. Oberhalb von D und unterhalb von A erreicht der Long Condor seinen maximalen Verlust. Dieser besteht in dem ursprünglich zum Positionsaufbau verwendeten Kapitaleinsatz.

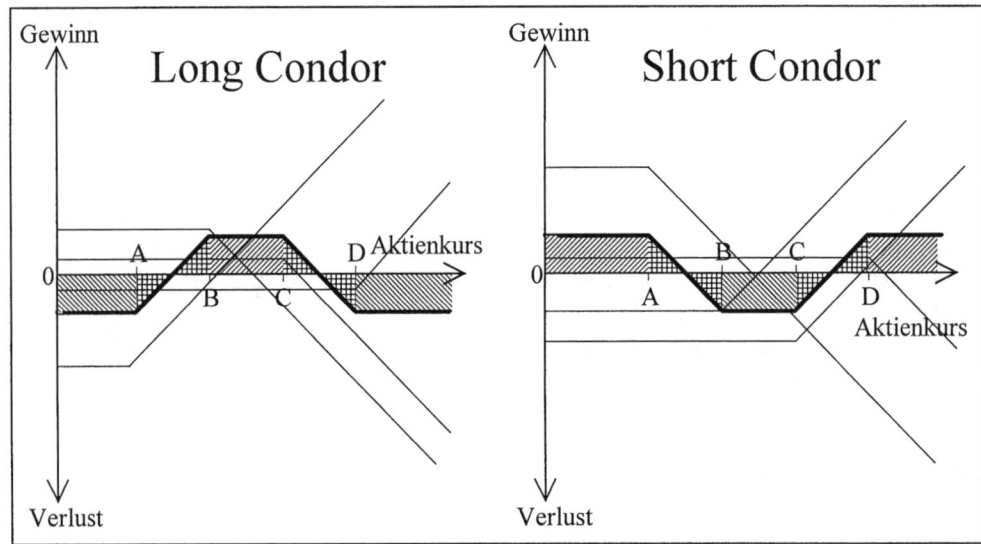

Abbildung 8.14: Long und Short Condor

Der Zeiteffekt beim Long Condor hängt vom Kurs des Basiswertes ab. Positiv ist der Zeiteffekt bei einem Kurs zwischen B und C, da die verkauften Optionen mit sinkender Restlaufzeit stark an Zeitwert verlieren. Bei oberhalb von D und unterhalb von A liegenden Kursen des Basiswertes tritt ein Zeitwertverlust auf, da eine der gehaltenen Optionen am Geld liegt. Gegen Volatilitätsveränderungen ist der Long Condor unempfindlich, da die Anzahl der gekauften und geschriebenen Optionen identisch ist.

b) Short Condor
Die Erwartung stark schwankender Kurse bei gleichzeitig großen Kursveränderungen des Underlying liegen der Short Condor Strategie zugrunde. Dabei ist die Richtung der Kursveränderungen für den Positionsinhaber unerheblich. Mit Hilfe von Calls ist die Position zu konstruieren, indem ein Call mit Basispreis A verkauft, ein Call mit Basispreis B gekauft, ein Call mit Basispreis C gekauft und schließlich ein Call mit Basispreis D geschrieben wird. Die genannten Transaktionen haben dabei gleichzeitig zu erfolgen. Werden Puts zum Aufbau einer Short Condor Position eingesetzt, so muss ein Put mit Basispreis A verkauft, ein Put mit Basispreis B gekauft, ein Put mit Basispreis C gekauft und ein Put mit Basispreis D verkauft werden. Daneben kann auch durch die Kombination von Spreads ein Short Condor konstruiert werden. Hierzu bestehen wiederum vier verschiedene Möglichkeiten.

Die im rechten Diagramm von Abbildung 8.14 dargestellte Short Condor Position wurde mit Hilfe von Calls gebildet. Es ergeben sich vier verschiedene Zonen, in denen der Short Condor am Verfalltag liegen kann. Ein maximaler Verlust wird eingefahren, falls der Kurs des Basiswertes zwischen den Punkten B und C liegt. Zwischen A und B und zwischen C und D befindet sich der Short Condor in der Teilerfolgszone. Hier kommt es darauf an, wo genau der Kurs des Basiswertes liegt. Bei Kursen unterhalb von A und oberhalb von D erreicht die Position ihren maximalen Gewinn. Sowohl der Verlust als auch der Gewinn sind ihrer Höhe nach begrenzt.

Bezüglich des Zeiteffekts ergibt sich wiederum ein gemischtes Bild. Eine negative Wirkung entfalten die sich verkürzende Restlaufzeit im Bereich von Kursen zwischen B und C. In den weiter außen liegenden Kurszonen entwickelt der Zeiteffekt eine positive Wirkung. Gegen Volatilitätsänderungen ist der Short Condor unempfindlich.

8.2.2.4.2.3.4 Ratio-Spreads

Bei Ratio-Spreads differiert die Anzahl von ge- und verkauften Optionen. Wie bei allen Spreads werden zur Positionskonstruktion entweder nur Calls oder nur Puts verwendet. Die Durchführung eines Ratio-Spreads geschieht mit Hilfe einer gekauften Option mit Basispreis A und mehreren geschriebenen Optionen mit Basispreis B. Allgemein kann das Verhältnis der gekauften Calls zu den verkauften Calls mit $n_1:n_2$ bezeichnet werden. Als Grundregel gilt, dass stets mehr Optionen geschrieben als gekauft werden. Deshalb muss n_2 immer größer sein als n_1.

a) Ratio-Call-Spread
Mit der Strategie eines Ratio-Call-Spreads ist die Erwartung einer sinkenden Volatilität und eines leichten Anstiegs des Basiswertkurses verbunden. Die Position wird i.d.R. bei am unteren Basispreis liegendem Kurs des Underlying eingegangen. Der mit Basispreis A gekaufte Call ist wertvoller als ein mit Basispreis B verkaufter Call. Deshalb hängt es von der Ratio und den jeweiligen Optionspreisen ab, ob für den Ratio-Call-Spread ein Nettokapitaleinsatz im Zeitpunkt der Positionseröffnung erforderlich ist oder nicht. Falls die Einnahmen aus den verkauften Calls höher sind als die Nettooptionsprämie des gekauften Calls, wird von einem Credit-Spread gesprochen. Im umgekehrten Fall kommt es bei der Positionseröffnung zu einer Nettoauszahlung, so dass von einem Debit-Spread gesprochen wird.

Im linken Diagramm der Abbildung 8.15 wurde der Verkauf von drei Calls unterstellt, so dass die Spread Ratio 1:3 beträgt. Offenbar handelt es sich bei der dargestellten Position um einen Debit-Spread, denn in der Kurszone unterhalb des Werts A liegt ein Verlustbereich.

Die Konstruktion eines Ratio-Call-Spreads ist auch synthetisch möglich. Dazu ist der Basiswert zu kaufen und zugleich ist ein Put mit Basispreis A zu kaufen und mehrere Calls mit Basispreis B zu verkaufen. Die Anzahl der geschriebenen Calls hängt von der Spread-Ratio ab ($n_1:n_2$).

Wie aus der Abbildung 8.15 zu ersehen ist, besteht beim Ratio-Call-Spread nur ein begrenztes Gewinnpotential. Maximal ist der Positionsgewinn, wenn der Kurs des Underlying den Punkt B erreicht. Demgegenüber ist das Verlustpotenzial unlimitiert. Sobald der Break-Even-Punkt erreicht ist, befindet sich die Position im Verlust. Je höher der Kurs des Basiswertes steigt, desto größer wird der Verlust, da die geschriebenen Calls immer wertvoller werden. Hinsichtlich des unterhalb von A liegenden Bereichs kommt es darauf an, ob ein Credit- oder Debit-Spread vorliegt. Je nachdem, besteht dort eine Zone begrenzten Gewinns oder begrenzten Verlusts.

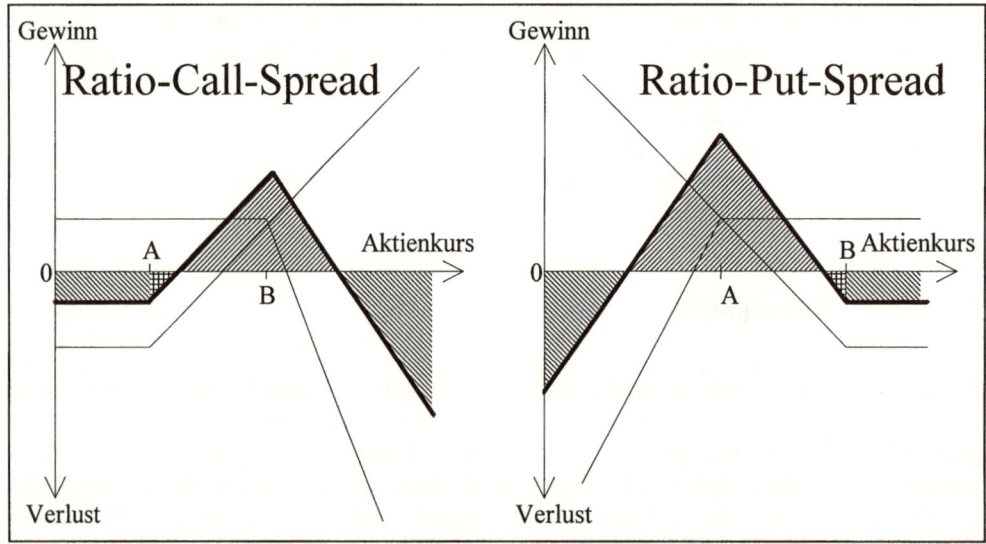

Abbildung 8.15: Ratio-Call und Ratio-Put-Spread

Wie bei den meisten Spread-Positionen hängt der Zeiteffekt beim Ratio-Call-Spread vom jeweiligen Kurs des Basiswertes ab. Es ist stets zu fragen, ob die geschriebenen Calls schneller ihren Zeitwert einbüßen als der gekaufte Call. Wenn der Kurs des Basiswertes in der Nähe von A liegt, ist der Zeitwertverfall des gehaltenen Calls größer als bei den verkauften Calls. In diesem Bereich ist der Zeiteffekt folglich negativ. Ein Basiswertkurs, bei dem die geschriebenen Calls am Geld notieren, sorgt demgegenüber für einen beschleunigten Zeitwertverfall der verkauften Optionen. Hier ist der Zeiteffekt positiv. Aus dem Gesagten geht hervor, dass insbesondere die Spread-Ratio ($n_1:n_2$) einen großen Einfluss auf die tatsächliche Wirkung des Zeiteffekts besitzt.

Eindeutiger als der Zeiteffekt lässt sich der Volatilitätseffekt bestimmen. Dieser ist im Ganzen negativ, da mehr Calls geschrieben als gekauft werden. Auch hier spielt die Spread-Ratio eine große Rolle für das Ausmaß dieses Effekts.

b) Ratio-Put-Spread
Beim Ratio-Put-Spread geht der Investor von leicht fallenden Kursen und einer sinkenden Volatilität des Basiswertes aus. Der Positionsaufbau erfolgt wiederum durch den Kauf der wertvolleren Option bei gleichzeitigem Verkauf mehrerer geringwertigerer Optionen. Da im Gegensatz zu Calls Verkaufsoptionen einen höheren Wert annehmen, je höher der Basispreis ist, wird ein Put mit dem Basispreis B gekauft. Gleichzeitig werden mehrere Puts mit Basispreis A verkauft. Die Anzahl der zu verkaufenden Puts wird mittels der Spread-Ratio bestimmt. Liegen die beim Put-Verkauf erzielten Optionsprämien über dem für den Put-Kauf verauslagten Betrag, dann ergibt sich ein positiver Kapitaleinsatz im Ausgangszeitpunkt. Entsprechend lautet die Positi-

onsbezeichnung dann Credit-Spread. In dem rechten Diagramm von Abbildung 8.15 ist allerdings ein Debit-Spread dargestellt, d.h. die Ausgaben für den gekauften Put werden nicht ganz durch die vereinnahmten Optionsprämien gedeckt.

Ihren maximalen Gewinn erreicht diese Strategie, falls der Kurs des Underlying am Verfalltag dem Wert A entspricht. Dort verfallen die geschriebenen Puts nämlich wertlos. Mit fortschreitendem Kursverfall gewinnen die verkauften Puts immer mehr an Wert und überkompensieren den Wertgewinn des gekauften Puts. Deshalb sind die Verlustmöglichkeiten unlimitiert, wenn man davon absieht, dass der Kurs des Underlying nicht unter null fallen kann. Im übrigen hängt der Grad der Überkompensation von der konkret gewählten Spread-Ratio ab.

Zum Zweck der synthetischen Konstruktion eines Ratio-Put-Spreads bedarf es des Leerverkaufs des Basiswertes bei gleichzeitigem Kauf eines Calls mit Basispreis B und gleichzeitigem Verkauf mehrerer Puts mit Basispreis A. Die Anzahl der geschriebenen Puts hängt von der Spread-Ratio ab ($n_1:n_2$).

Mit dem Ratio-Put-Spread ist ein gemischter Zeiteffekt verbunden, da die Lage des Basiswertkurses den Zeitwertverfall determiniert. Bei um B liegenden Kursen wird der Zeiteffekt negativ sein, denn die gehaltene Kaufoption ist einem höheren Zeitwertverlust ausgesetzt. Umgekehrt sieht es bei Kursen um A aus, wo die geschriebenen Optionen am Geld notieren und einem sehr starken Zeitwertverlust ausgesetzt sind. Für das Ausmaß des Zeiteffektes ist insbesondere das Verhältnis von gekauften zu verkauften Puts maßgebend. Dies gilt auch für den Volatilitätseffekt, wobei dieser insgesamt negativ ist. Zu erklären ist der wertmindernde Volatilitätseffekt mit der größeren Anzahl verkaufter als gekaufter Puts.

8.2.2.4.2.3.5 Back-Spreads

Zur Konstruktion von Back-Spreads bedarf es des umgekehrten Vorgehens wie bei Ratio-Spreads. Es wird jeweils die wertvollere Option verkauft anstatt gekauft. Die weniger wertvollen Optionen werden demgegenüber in größerer Anzahl gekauft. Somit werden stets mehr Optionen gekauft als geschrieben. Das Verhältnis von gekauften zu verkauften Optionen wird je nach der Ausprägung der Markterwartungen festgelegt. Es lassen sich erneut Credit- und Debit-Back-Spreads unterscheiden. Beim Credit-Back-Spread ergibt sich ein positiver Zahlungssaldo aus den ursprünglichen Positionen. Dabei erbringt die verkaufte Option mehr, als die gekauften Optionen kosten. Im umgekehrten Fall, wenn die gekauften Optionen teurer sind als die verkaufte Option, spricht man von Debit-Back-Spreads. Ein Debit-Back-Spread erfordert einen Nettokapitaleinsatz bei der Positionseröffnung.

a) Call-Ratio-Back-Spreads
Die dem Call-Ratio-Back-Spread zugrunde liegende Markterwartung beruht eher auf steigenden Kursen und zunehmender Volatilität des Basiswertes. Konstruiert wird die Position, indem ein Call mit Basispreis A verkauft wird und mehrere Calls mit Basispreis B gekauft werden. Auf synthetische Weise kann ein Call-Ratio-Back-Spread konstruiert werden, indem der Basiswert leerverkauft wird und gleichzeitig ein Put mit Basispreis A verkauft und mehrere Calls mit Basis-

preis B gekauft werden. Wie viele Calls erworben werden müssen, hängt von der Spread-Ratio ab.

Im linken Diagramm der Abbildung 8.16 ist ein Call-Ratio-Back-Spread dargestellt. Dabei handelt es sich um einen Credit-Back-Spread.

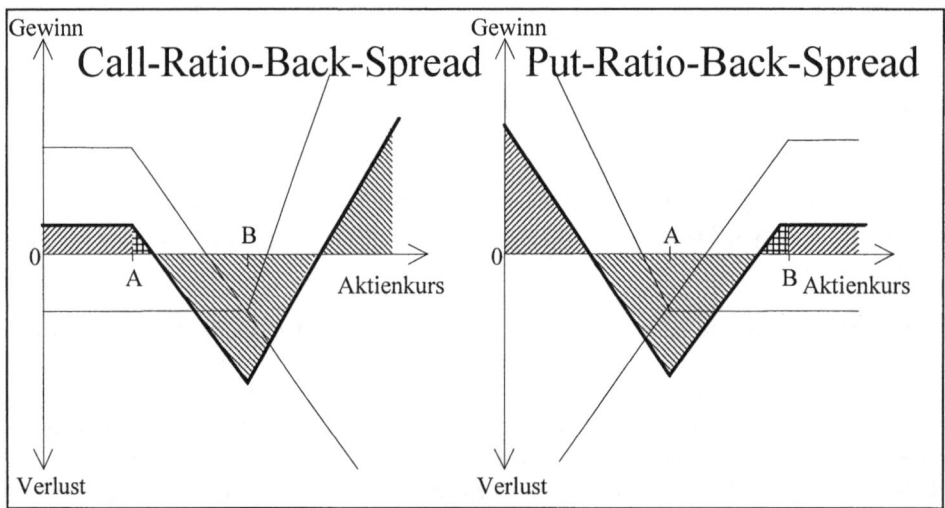

Abbildung 8.16: Call- und Put-Ratio-Back-Spread

Charakteristisch für Call-Ratio-Back-Spreads ist das unbegrenzte Gewinnpotenzial. Sobald die gekauften Calls im Geld liegen und der Wert des verkauften Calls aufgeholt ist, gerät die Position in die Gewinnzone. Aber auch bei fallenden Aktienkursen ergibt sich bei Credit-Spreads ein Gewinn, denn die vereinnahmten Prämien der verkauften Calls sind größer als der Optionspreis des gekauften Calls. Ein möglicher Verlust erreicht seine maximale Höhe bei einem Basiswertkurs von B, denn die gekauften Calls besitzen im Gegensatz zum verkauften Call keinen inneren Wert am Verfalltag.

Der Zeiteffekt hängt vom Kurs des Underlying ab und ist deshalb als unbestimmt zu bezeichnen. Die Spread-Ratio spielt für das Ausmaß des Zeiteffekts eine große Rolle. Im Bereich von Kursen um A besteht ein positiver Zeiteffekt, da die verkaufte Option am Geld notiert und einen größeren Zeitwertverlust aufweist als die gekauften Calls zusammen. Stark negativ wird der Zeiteffekt, je näher sich der Kurs des Basiswertes dem Punkt B annähert.

In der Summe besteht beim Call-Ratio-Back-Spread ein positiver Volatilitätseffekt, der sich damit erklären lässt, dass mehr Calls gekauft als verkauft werden. Eine Volatilitätserhöhung steigert deshalb den Wert der gekauften Calls. Dies überkompensiert die Wertminderung der Short Position.

b) Put-Ratio-Back-Spreads
Fallende Kurse bei steigender Volatilität sind die Erwartungshaltung bezüglich des Basiswertes,

der einer Optionsstrategie mit Put-Ratio-Back-Spreads zugrunde liegt. Zum Positionsaufbau wird der teurere Put verkauft und gleichzeitig die Puts mit dem niedrigeren Basispreis gekauft. Konkret folgt daraus der Kauf von mehreren Puts mit Basispreis A und das gleichzeitige Schreiben eines Puts mit Basispreis B. Eine synthetische Konstruktion der Position ist durch den Kauf des Basisinstruments bei gleichzeitigem Verkauf eines Calls mit Basispreis B und gleichzeitigem Kauf mehrerer Puts mit Basispreis A möglich. Dabei ist die Spread-Ratio in Analogie zur originären Position zu bestimmen.

Der im rechten Diagramm von Abbildung 8.16 dargestellte Verlauf einer Put-Ratio-Back-Spread Strategie lässt die Gewinn- und Verlustcharakteristika deutlich werden. Handelt es sich wie dargestellt um einen Credit-Spread, dann liegen zwei Gewinnzonen vor. Zunächst befindet sich die Position bei einem Basiswertkurs oberhalb von B in der Zone des begrenzten Gewinns. Dieser ergibt sich aus der positiven Differenz der bei Positionseröffnung angefallenen Optionsprämien. Unterhalb von B fängt die Teilgewinnzone an, da der verkaufte Put inzwischen ins Geld gekommen ist. Seinen minimalen Wert nimmt die Strategie bei Kursen um A ein, da die gekauften Puts keinen inneren Wert, der geschriebene Put aber einen relativ hohen inneren Wert erreicht hat. Unterhalb von A beginnt die Kompensation des Verlusts aus dem verkauften Put durch den Gewinn der gekauften Puts. Mit weiter fallendem Basiswertkurs gewinnt die Position immer mehr an Wert. Dieser wird maximal, falls der Kurs des Basiswertes auf null zurückfällt.

Die Put-Ratio-Back-Spread Strategie ist verbunden mit einem Zeiteffekt, der von der Kurssituation des Basiswertes abhängt. Liegt der Kurs des Basiswertes eher bei A, so besitzt die Gesamtposition einen negativen Zeiteffekt, weil die gekauften Puts am Geld notieren und einem hohen Zeitwertverfall ausgesetzt sind. Bei Kursen um B liegt ein positiver Zeiteffekt vor, denn der Zeitwertverlust des geschriebenen Puts dominiert die Gesamtposition.

Positiv wirkt sich in der Summe der Volatilitätseffekt aus, da die Anzahl der gekauften Optionen größer ist als die Anzahl der geschriebenen Puts. Hier zeigt sich auch der Einfluss der Spread-Ratio auf den Volatilitätseffekt. Je mehr Puts pro verkauften Put gekauft werden, desto stärker profitiert die Gesamtstrategie von einer steigenden Volatilität.

8.2.2.4.2.3.6 Horizontal-Spreads

Im Gegensatz zu allen bisherigen Optionsstrategien werden bei Horizontal-Spreads Optionen mit verschiedenen Laufzeiten benutzt. Aus diesem Grund findet auch der Ausdruck Time-Spread oder Calendar-Spread Verwendung. Ansonsten treten die für Spreads üblichen Charakteristika zutage, d.h. es werden entweder nur Calls oder nur Puts kombiniert. Die Kombination erfolgt, indem jeweils eine Long und eine Short Position in derselben Optionsklasse eingegangen wird.

Optionspreise hängen bekanntermaßen u.a. von der Restlaufzeit ab. Kürzer laufende Optionen besitzen c.p. einen geringeren Wert als Optionen mit einer längeren Restlaufzeit. Je länger die Restlaufzeit, desto höher der Zeitwert einer Option. Der Zeitwertverfall beschleunigt sich bei abnehmender Restlaufzeit. Diesen Umstand machen sich Time-Spreads zunutze. In der Abbildung wird bei Time-Spreads darauf verzichtet, die einzelnen Optionen in Form von gestrichelten

Linien in das Wertverlaufsdiagramm einzuzeichnen. Notwendig wäre bei Time-Spreads nämlich eine weitere Achse, die zu einer dreidimensionalen Darstellung führen würde. Da eine solche Zeitachse aber die Anschaulichkeit beeinträchtigen würde, bleibt es bei dem bisher verwendeten Darstellungstyp.

a) Long Time-Spread

Die Ausnutzung einer unterschiedlichen Zeitwertverfallintensität bei in naher Zukunft stabilen bis unveränderten Kursen des Basiswertes ist das Ziel eines Long Time-Spread. Dazu wird eine Option mit kürzerer Laufzeit verkauft und zugleich eine Option mit längerer Laufzeit und gleichem Basispreis gekauft. Dies kann sowohl mit Calls als auch mit Puts geschehen, da beide die selben Zeiteffekte aufweisen. In der Regel entspricht der Basispreis dabei ungefähr dem aktuellen Kurs des Underlying. In diesem Fall lässt sich von einem Neutral-Time-Spread sprechen. Von einem Bull-Time-Spread wird gesprochen, falls der Basispreis oberhalb des aktuellen Kurses liegt. Diese Strategie empfiehlt sich bei der Erwartung steigender Kurse. Umgekehrt spricht man von einem Bear-Time-Spread, wenn der Basispreis unterhalb des momentanen Kurses liegt.

Ein Long Time-Spread mit Calls entsteht durch den Verkauf eines Calls mit kürzerer Laufzeit bei gleichzeitigem Kauf eines Calls mit längerer Laufzeit. Die Basispreise sind dabei identisch. Der Investor hofft, dass der kürzere Call unausgeübt verfällt. Am Verfallszeitpunkt des kürzer laufenden Calls besitzt der gekaufte Call noch einen Zeitwert. Zur Sicherung dieses Zeitwerts, und damit keine offene Position entsteht, wird der gekaufte Call i.d.R. mit Verfall des geschriebenen Calls glattgestellt. Die Position eines Long Time-Spread ist im linken Diagramm der Abbildung 8.17 dargestellt.

Der maximale Gewinn ergibt sich bei einem Kurswert des Basiswertes am Verfalltag in Höhe von A. In diesem Punkt ist der Zeitwert der gekauften Option maximal und die verkaufte Option verfällt wertlos. Im Kursbereich um den Basispreis liegt die Gewinnzone. Auch der maximale Verlust ist begrenzt, da die inneren Werte der einzelnen Optionen sich gegenseitig genau kompensieren. Folglich besteht eine maximale Verlustmöglichkeit in Höhe der bei Positionseröffnung gezahlten Nettoprämie.

Es besteht auch die Möglichkeit zur synthetischen Konstruktion eines Long Time-Spreads. Dazu muss das Underlying und ein Put mit längerer Laufzeit gekauft werden. Zugleich wird ein Call mit kürzerer Restlaufzeit erworben.

Dass der Zeiteffekt beim Long Time-Spread positiv ist, leuchtet unmittelbar ein. Im unterschiedlichen Zeitwertverfall liegt die ausschließliche Motivation zum Eingehen dieser Position. Allerdings zeigt sich ein negativer Zeiteffekt in dem Fall, dass die gehandelten Optionen weit im Geld liegen. Ein leicht werterhöhender Volatilitätseffekt ist mit dem Long Time-Spread verbunden, denn die langlaufende Option profitiert stärker von steigenden Volatilitätswerten des Basiswertes als die kürzer laufende Option.

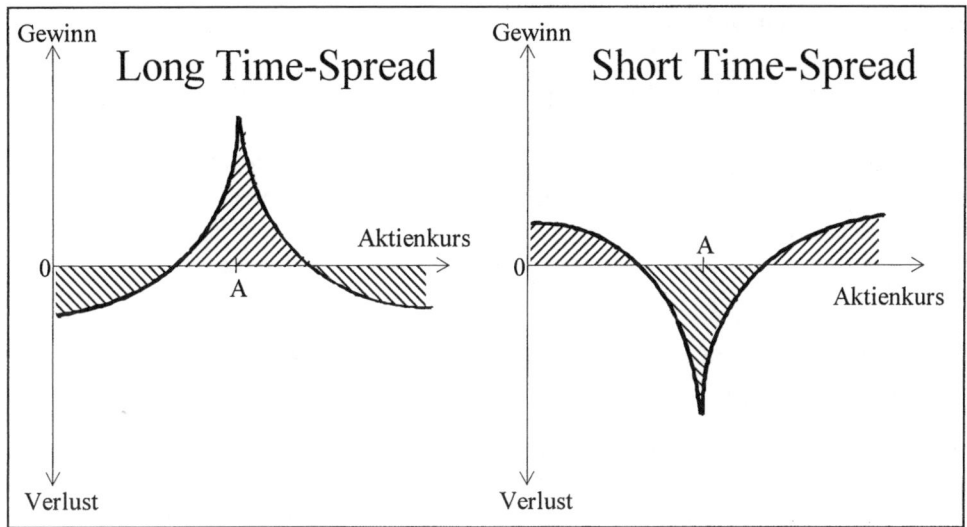

Abbildung 8.17: Long und Short Time-Spread

b) Short Time-Spread

Bei Short Time-Spreads, die auch als Reverse-Time-Spreads bekannt sind, kaufen die Anleger die kürzere und schreiben die längerlaufende Option. Daraus ergibt sich im Zeitpunkt der Positionseröffnung ein Geldzufluss, da die kürzer laufende Option c.p. billiger ist. Ein Investor, für den ein Short Time-Spread interessant ist, rechnet kurzfristig mit tendenziell steigenden, mittel- bis langfristig aber mit tendenziell sinkenden Kursen bei hoher Volatilität. Die Positionskonstruktion kann sowohl mit Calls als auch mit Puts geschehen. Werden Calls verwendet, so muss ein längerlaufender Call geschrieben und ein kürzer laufender Call gekauft werden. Die Basispreise beider Calls sind gleich. Das zugehörige Gewinn/Verlustprofil ist dem rechten Diagramm in Abbildung 8.17 zu entnehmen. Im ungünstigsten Fall liegt der Kurs des Basiswertes am Verfalltag beim Punkt A. Somit verfällt der gehaltene Call, und der geschriebene Call besitzt seinen maximalen Zeitwert. Um die Position zu schließen, muss ein derartiger Call gekauft werden. Ist der Basispreis bis zum Verfalltag der kürzer laufenden Option gestiegen, so ist der Zeitwert der längeraufenden Option gesunken. Übersteigt die bei Positionseröffnung erhaltene Nettoprämie die Kosten für das Glattstellen des längeraufenden Calls, so ergibt sich ein Gewinn. Ähnlich verhält es sich bei stark gefallenem Basiswertkurs. Die Positionsglattstellung kann dann aus der eingangs eingenommenen Nettoprämie erfolgen. Daraus zeigt sich, dass die Gewinn- und Verlustmöglichkeiten beim Short Time-Spread limitiert sind.

Synthetisch lässt sich ein Short Time-Spread z.B. bilden, indem der verkaufte Call durch einen leerverkauften Basiswert mit gleichzeitigem Verkauf eines längerlaufenden Puts substituiert wird. Die synthetische Position besteht dann insgesamt aus dem Long Call mit kürzerer Restlaufzeit, dem leerverkauften Basiswert und einem längerlaufenden Short Put. Der schnelle Zeitwertverfall beim kürzer laufenden Call führt insgesamt zu einem negativem Zeiteffekt. Lediglich in den Randbereichen, d.h. wenn die Optionen weit aus dem Geld sind, ergibt sich ein leicht positiver Zeiteffekt. Der Volatilitätseffekt ist leicht negativ, denn der Wert der längerlaufenden Option profitiert etwas stärker von einer steigenden Volatilität.

8.2.2.4.2.3.7 Diagonal-Spreads

Neben Vertical- und Horizontal-Spreads besteht noch eine dritte Möglichkeit, Spreads zu konstruieren. Diese liegt in der Kombination beider vorgenannten Spread-Varianten. Bei Diagonal-Spreads werden im Vergleich zu den bisher dargestellten Spreads folglich unterschiedliche Basispreise und verschiedene Optionslaufzeiten verwendet. Ansonsten bleibt das bekannte Spread-Muster bestehen, demzufolge eine Long Option mit einer gleichartigen Shortposition verknüpft wird.

a) Bull-Diagonal-Spread

Eine Bull-Diagonal-Spread Strategie ist mit der Erwartung steigender Kurse des Basiswertes verbunden. Grundsätzlich besitzt die geschriebene Option den höheren Basispreis und die kürzere Restlaufzeit. Dann muss die gekaufte Option den niedrigeren Basispreis und die längere Restlaufzeit aufweisen. Zur Konstruktion der Position eignen sich sowohl Calls als auch Puts. Unter Verwendung von Calls muss ein Call mit Basispreis A und einer längeren Restlaufzeit gekauft werden. Zugleich wird ein Call mit Basispreis B und kürzerer Restlaufzeit geschrieben. Soll die Position mit Puts erzeugt werden, dann muss ein Put mit Basis A und längerer Restlaufzeit gekauft werden und zugleich ein Put mit Basispreis B und kürzerer Restlaufzeit verkauft werden. Dabei gilt, dass der gekaufte Put billiger sein muss als der verkaufte Put. Das Ergebnis dieser Transaktionen ist im linken Diagramm der Abbildung 8.18 dargestellt.

Dabei ist sowohl das begrenzte Gewinn- als auch das begrenzte Verlustpotenzial erkennbar. Der maximale Gewinn des Bull-Diagonal-Spread ergibt sich bei einem Basiswertkurs von B im Zeitpunkt der Fälligkeit der kürzerlaufenden Option. In diesem Fall verfällt die verkaufte Option wertlos. Die bei Optionseröffnung eingenommene Prämie ist gewonnen, und die gekaufte Option befindet sich im Fall von Calls im Geld. Üblicherweise wird die Position dann glattgestellt. Der Break-Even-Punkt beim Bull-Diagonal-Spread liegt zwischen den beiden Basispreisen A und B. Im Höchstfall entspricht der Verlust bei Verwendung von Calls der im Zeitpunkt der Positionseröffnung gezahlten Nettoprämie.

Der Bull-Diagonal-Spread weist einen positiven Zeiteffekt auf, da die verkaufte Option stets die kürzere Restlaufzeit hat. Die kürzer laufende verkaufte Option unterliegt einem stärkeren Zeitwertverlust als die längeraufende gekaufte Option.

Wie üblich bei Spreads ist der Volatilitätseffekt gering, da der Wertgewinn der gekauften Option jeweils durch den Wertgewinn der verkauften Option bei steigender Volatilität aufgehoben wird. Da aber beim Bull-Diagonal-Spread unterschiedliche Restlaufzeiten bestehen, ist die Wirkung einer ansteigenden Volatilität auf die Option mit längerer Restlaufzeit größer. Weil die Option mit der längeren Restlaufzeit jeweils gekauft wird, ergibt sich ein marginal positiver Volatilitätseffekt.

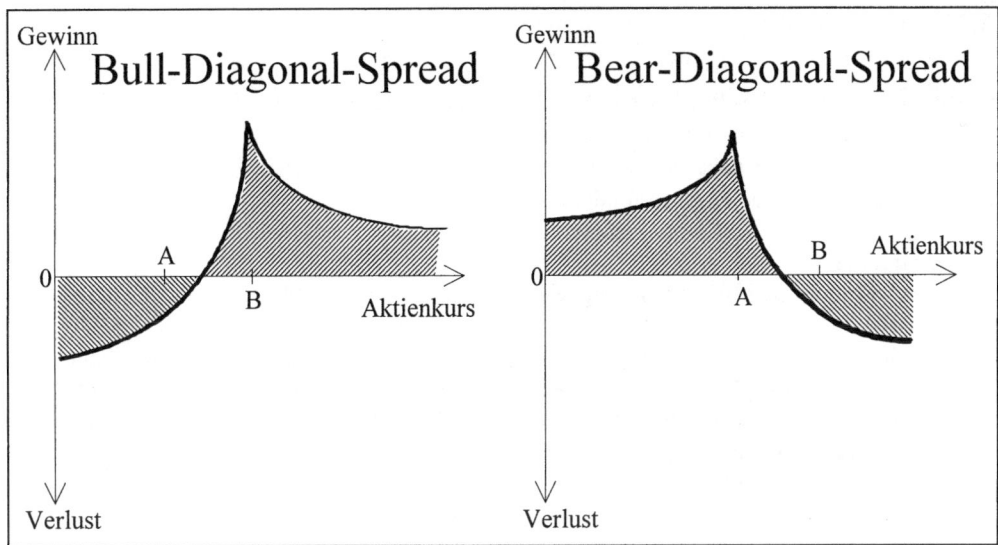

Abbildung 8.18: Bull- und Bear-Diagonal-Spread

b) Bear-Diagonal-Spread

Als Baisse-Strategie wird beim Bear-Diagonal-Spread auf sinkende Kurse gesetzt. Analog zum Bull-Diagonal-Spread besitzt auch diesmal die gekaufte Option die längere Restlaufzeit. Lediglich die Basispreise werden ausgewechselt, so dass die gekaufte Option stets den höheren Basispreis besitzt. Wiederum ist die Position sowohl mit Calls als auch mit Puts zu konstruieren. Werden Calls verwendet, dann muss ein gekaufter Call mit Basispreis B und längerer Restlaufzeit mit einem zugleich verkauften Call mit Basispreis A und kürzerer Restlaufzeit kombiniert werden. Alternativ kann ein Put mit Basispreis B und längerer Restlaufzeit gekauft werden und zugleich ein Put mit Basispreis A und kürzerer Restlaufzeit geschrieben werden. Das daraus entstehende Wertverlaufsdiagramm ist der Abbildung 8.18 zu entnehmen. Wie zu erkennen ist, besteht ein limitiertes Gewinn- und Verlustpozential. Der maximale Gewinn wird erzielt, falls der Basiswertkurs im Verfallszeitpunkt der kürzerlaufenden Option in Höhe von A liegt. Dann nämlich verfällt der geschriebene Call wertlos. Ein weiterer Verfall des Kurses lässt den Gewinn wieder absinken, da der gekaufte Call auch weiter an Wert verliert. Allerdings wird i.d.R. die Position glattgestellt, sobald der kürzere Verfalltermin erreicht ist. In den Verlust gerät die Position, je weiter der geschriebene Call im Geld notiert. Da sich die inneren Werte bis auf die Basispreisdifferenz aber kompensieren, ist der Verlust begrenzt.

Auch beim Bear-Diagonal-Spread wird der raschere Zeitwertverfall der kürzerlaufenden Option ausgenutzt. Dies führt in der Summe zu einem positiven Zeiteffekt.

Der Volatilitätseffekt ist ebenfalls gering positiv, da die gekaufte Option eine längere Restlaufzeit besitzt und somit stärker auf Volatilitätserhöhungen reagiert.

8.2.2.4.2.4 Straddles

Die Bildung von Straddle-Positionen erfolgt im Gegensatz zu den bisher dargestellten Strategien aus der Erwartung einer bestimmten Volatilitätsentwicklung des Basiswertes. Die Richtung der Marktentwicklung spielt dabei keine Rolle. Straddle-Positionen bestehen immer aus Calls und Puts. Entweder werden beide gekauft oder aber verkauft.

a) Long Straddle
Dem Long Straddle liegt die Erwartung einer steigenden Volatilität zugrunde, die zu starken Kursveränderungen führt. Dabei spielt es keine Rolle, ob der Basiswert im Kurs steigt oder fällt. Lediglich die Kursveränderung ist wichtig. Durch den Kauf eines Calls und gleichzeitigen Kauf eines Puts mit demselben Basispreis lässt sich die Long Straddle Position konstruieren. Da beide Optionen den gleichen Basispreis besitzen, wird eine der Optionen am Ende der Laufzeit verfallen. Das Wertverlaufsdiagramm ist im linken Teil von Abbildung 8.19 dargestellt. Beide Optionen besitzen als Basispreis den Kurs A.

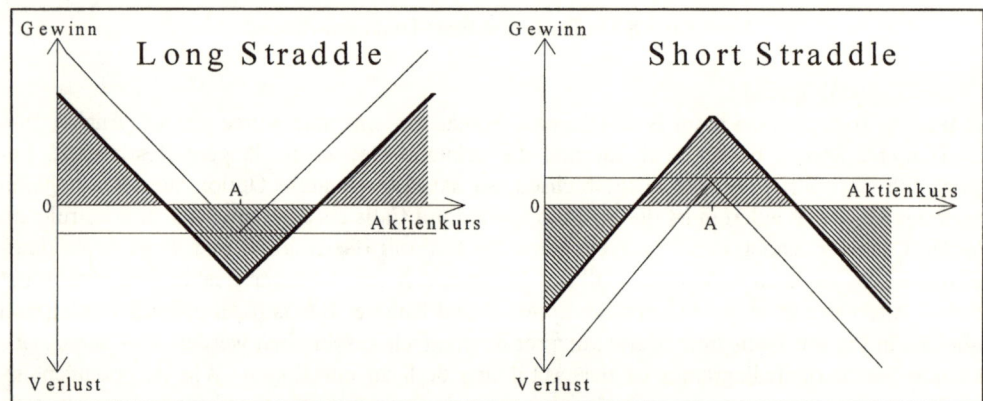

Abbildung 8.19: Long und Short Straddle

Der Long Straddle weist ein unbegrenztes Gewinnpotenzial auf. Demgegenüber ist das Verlustrisiko auf den Prämieneinsatz beschränkt. Mit einem Gewinn kann der Straddle-Käufer rechnen, falls sich der Kurs des Basiswertes deutlich nach unten oder oben bewegt.

Synthetisch kann ein Long Straddle auf zweierlei Art erzeugt werden. Entweder wird der Basiswert und gleichzeitig mindestens zwei Puts gekauft, oder es wird der Basiswert leerverkauft und gleichzeitig mindestens zwei Calls gekauft.

Der Attraktivität eines Long Straddle mit seinem unbegrenzten Gewinnpotenial bei gleichzeitig begrenztem Verlustrisiko stehen relativ hohe Kosten gegenüber. Da sowohl der Call als auch der Put gekauft werden, muss jeweils der Zeitwert bezahlt werden. Eine sinkende Restlaufzeit lässt den Zeitwert beider Optionen sinken, so dass sich die Straddle-Position verschlechtert. Insofern arbeitet die Zeit gegen einen Long Straddle. Anders sieht es mit dem Volatilitätseffekt aus. Steigende Volatilitätswerte des Basiswertes vergrößern die Aussicht auf signifikante Kursveränderungen und erhöhen somit den Wert des Long Straddle.

b) Short Straddle
Mit Hilfe eines Short Straddle kann auf eine sinkende Volatilität des Basiswertes spekuliert werden. Bewegt sich der Kurs des Basiswertes während der Optionslaufzeit kaum vom Basispreis weg, so ergibt sich ein maximaler Gewinn. Dieser besteht in der Vereinnahmung zweier Optionsprämien. Beim Short Straddle werden ein Call und ein Put mit demselben Basispreis gleichzeitig verkauft. Auf synthetische Weise wird ein Short Straddle konstruiert, indem der Basiswert gekauft wird und gleichzeitig mindestens zwei Calls darauf geschrieben werden. Alternativ kann die Position durch einen Leerverkauf des Basiswertes und das gleichzeitige Schreiben von mindestens zwei Puts synthetisch erzeugt werden.

Aus dem rechten Diagramm in Abbildung 8.19 geht hervor, dass beim Short Straddle ein unbegrenztes Verlustpotential gegeben ist. Deshalb ist die Strategie relativ risikoreich. Die Risikoübernahme wird durch die Vereinnahmung der beiden Optionsprämien entgolten. Dem Inhaber einer Short Straddle Position kommt der sinkende Zeitwert der geschriebenen Optionen zugute. Insbesondere bei einem Kurs des Basiswertes in der Nähe von A ist der Zeitwertverfall groß. Ein Ansteigen der Volatilität des Aktienkurses erhöht die Gefahr, dass eine der geschriebenen Optionen tief ins Geld kommt. Deshalb verschlechtert eine steigende Volatilität die Short Straddle Position. Insofern ist von einem negativen Volatilitätseffekt zu sprechen.

8.2.2.4.2.5 Strangles

a) Long Strangle
Eng verwandt mit einem Long Straddle ist die Long Strangle-Strategie. Die strategische Zielrichtung ist sogar identisch, lediglich das Ausmaß der erwarteten Kursveränderung des Basiswertes differiert. Denn dem Long Strangle liegt die Erwartung einer großen Kursveränderung bei gleichzeitig stark steigender Volatilität zugrunde. Auch in der Positionskonstruktion sind der Long Straddle und der Long Strangle vergleichbar, bis auf den Unterschied, dass beim Strangle verschiedene Basispreise der gekauften Optionen gewählt werden. Ein Long Strangle entsteht durch den Kauf eines Calls mit Basispreis A und dem gleichzeitigen Kauf eines Puts mit Basispreis B. Eine Long Strangle-Position kann auch erzeugt werden, indem ein Call mit Basispreis B und zugleich ein Put mit Basispreis A gekauft wird. Dieser Fall ist im linken Diagramm der Abbildung 8.20 wiedergegeben.

Die synthetische Konstruktion eines Long Strangles erfolgt entweder mittels des Basiswertkaufs bei gleichzeitigem Kauf zweier Puts, wobei der eine Put den Basispreis A und der andere den Basispreis B besitzt. Alternativ kann auch der Basiswert leerverkauft werden bei gleichzeitigem Kauf von zwei Calls mit den Basispreisen A und B.

Das Gewinnpotenzial beim Long Strangle ist unbegrenzt, während das Verlustrisiko auf die gezahlten Optionsprämien im Positionseröffnungszeitpunkt begrenzt ist. Maximal ist der Verlust, falls der Aktienkurs im Verfallszeitpunkt zwischen den Basispreisen A und B liegt. Ein verringerter Verlust ergibt sich, falls A leicht unterschritten oder B leicht überschritten wird. Im Unterschied zum Long Straddle handelt es sich hier aber um einen maximalen Verlustbereich anstatt um einen Punkt.

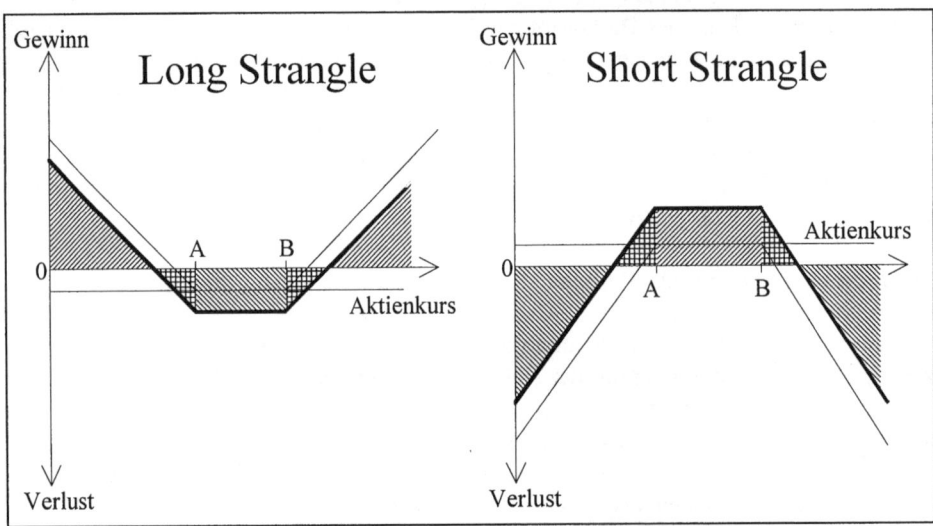

Abbildung 8.20: Long und Short Strangle

Da beim Long Strangle Optionen gekauft werden, ist die Strategie empfindlich gegenüber einer Restlaufzeitverkürzung. Der Wert der gehaltenen Optionen verliert c.p. bei einer sinkenden Restlaufzeit. Umgekehrt erhöht eine steigende Volatilität die Aussicht, dass entweder der Put oder der Call ins Geld kommt. Somit profitiert der Long Straddle von einer Volatilitätszunahme.

b) Short Strangle
Beim Short Strangle steht die Erwartung stabiler Kurse bei sinkender Volatilität im Vordergrund. Durch die Wahl von zwei verschiedenen Basispreisen wird ein Bereich geschaffen, der, falls der Aktienkurs des Basiswertes am Verfalltag in diesem Bereich liegt, einen begrenzten maximalen Gewinn in Höhe der vereinnahmten Optionsprämien erbringt. Erzeugen lässt sich ein Short Strangle aus einem verkauften Put mit Basispreis A und einem zugleich verkauften Call mit Basispreis B. Ein Short Strangle, wie er in Abbildung 8.20 rechts dargestellt ist, kann auch durch die Kombination eines geschriebenen Calls mit Basispreis A und eines gleichzeitig geschriebenen Puts mit Basispreis B erzeugt werden.

Aus dem Verkauf der beiden Optionen ergibt sich zunächst ein Kapitalzufluss beim Anleger, der in der Vereinnahmung der beiden Optionsprämien besteht. Dafür sieht sich der Short Strangle-Positionsinhaber der Gefahr eines unbegrenzten Verlustrisikos gegenüber. Der Verlust tritt auf, sobald eine der Optionen ins Geld kommt und einen größeren inneren Wert annimmt, als die vereinnahmten Optionsprämien erbracht haben.

Allerdings wird diese Gefahr um so geringer, je weiter die Restlaufzeit schrumpft. Insofern kommt der Zeiteffekt dem Short Strangle zugute. Eine ansteigende Volatilität hingegen arbeitet gegen den Short Strangle, da sie die Wahrscheinlichkeit markanter Kursbewegungen erhöht.

Die Position eines Short Strangle lässt sich auch synthetisch nachbilden. Dazu wird entweder der Basiswert leerverkauft und gleichzeitig zwei Puts mit den Basispreisen A und B verkauft, oder der Basiswert gekauft und gleichzeitig zwei Calls mit den Basispreisen A und B verkauft.

8.2.2.4.2.6 Straps

Straps ähneln konzeptionell den bereits dargestellten Straddles. Im Rahmen einer Strap-Position werden Calls und Puts mit gleichem Basispreis kombiniert. Beide Strategien unterscheiden sich nur hinsichtlich des Mengenverhältnisses von Calls und Puts. Während bei Straddles ein symmetrisches Verhältnis von 1:1 besteht, kommt es bei Straps zur mengenmäßigen Übergewichtung der Calls. Üblicherweise werden dabei pro Put zwei Calls gehandelt. Somit entsteht ein Call/Put-Verhältnis von 2:1, das zu einem steileren Wertverlauf oberhalb des Basispreises führt. Andere Mengenverhältnisse sind auch möglich.

a) Long Straps
Beim Long Strap wird von tendenziell steigenden Kursen ausgegangen. Wichtiger noch ist die Erwartung einer steigenden Volatilität des Basiswertes. Die Position wird gebildet, indem z.B. zwei Calls mit Basispreis A gekauft werden und zugleich ein Put mit demselben Basispreis gekauft wird. Dies führt zu der im linken Diagramm von Abbildung 8.21 dargestellten Wertverlaufslinie. Der Teil der Linie, der oberhalb des Basispreises A verläuft, ist deutlich steiler als der Teil unterhalb von A.

Für den Fall sinkender Kurse sichert der erworbene Put den Anleger ab. Trifft die Erwartung einer steigenden Volatilität zu, so steigt die Chance, dass der Kurs des Basiswertes sich deutlich verändert. Der maximale Gewinn eines Long Strap ist unbegrenzt und ergibt sich in der Zone eines sehr stark gestiegenen Kurses. Demgegenüber ist der Verlust auf den Einsatz der drei gezahlten Optionsprämien beschränkt. Bei einem Kurs des Underlying von A besitzen weder die Calls noch die Puts einen inneren Wert. Am Fälligkeitstag werden die Optionen dann verfallen. Es bestehen zwei Break-Even-Punkte. Der erste, unterhalb von A liegende Break-Even-Punkt ist erreicht, wenn der Wert des Puts den Wert der eingangs gezahlten Optionsprämien erstmals übersteigt. Der zweite, oberhalb von A liegende Break-Even-Punkt ist erreicht, wenn der Wert der Calls in der Summe die bei Positionseröffnung gezahlten Optionspreise übersteigt.

Ein Long Strap kann synthetisch konstruiert werden, indem der Basiswert zweimal gekauft wird und gleichzeitig drei Puts gekauft werden. Natürlich kann das Mengenverhältnis den vorliegenden Erwartungen entsprechend angepasst werden.

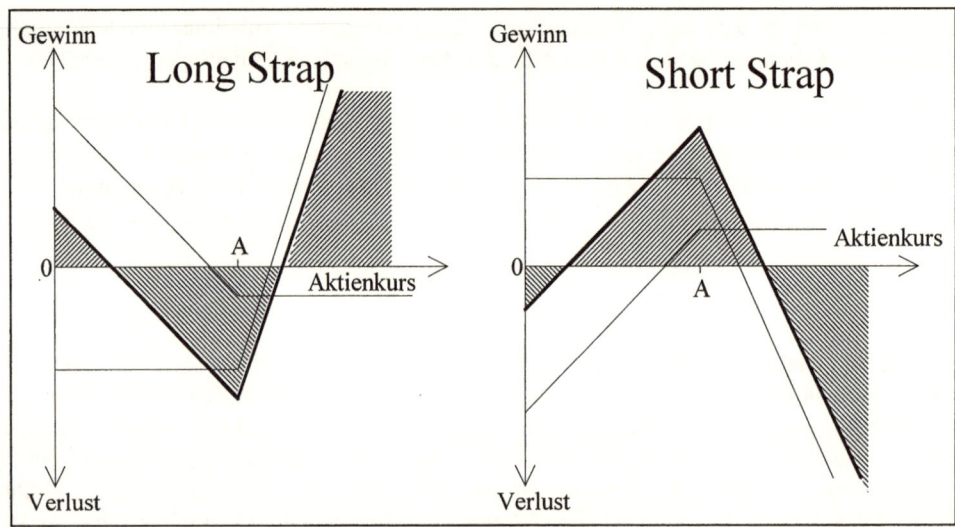

Abbildung 8.21: Long und Short Strap

Da beim Long Strap ausschließlich Long Positionen bestehen, unterliegt die Strategie einem hohen Zeitwertverfall. Insbesondere falls die Erwartung eines sich verändernden Basiswertkurses nicht eintritt, kommt es zu einem sehr raschen Zeitwertverfall. Hier liegt ein Hauptproblemfeld der Strategie. Auf der anderen Seite kommen gekauften Optionen stets steigende Volatilitäten des Basiswert entgegen, da die einzelnen Optionen an Wert gewinnen. Insofern muss bei drei Long Optionen von einem stark positiven Volatilitätseffekt gesprochen werden.

b) Short Straps
Die Erwartung einer stark sinkenden Volatilität des Basiswertes bei tendenziell stabilem unverändertem Kurs liegt der Short Strap Strategie zugrunde. Ein Absinken wird immerhin als wünschenswerter angesehen als ein Ansteigen des Kurses. Da sich die Position spiegelbildlich zum Long Strap verhält (die Abszisse ist die Spiegelachse), müssen zur Konstruktion z.B. zwei Calls mit Basispreis A verkauft werden und zugleich ein Put mit dem gleichen Basispreis geschrieben werden. Daraus resultiert das im rechten Diagramm von Abbildung 8.21 dargestellte Wertverlaufsmuster des Short Strap. Bei Kursen oberhalb von A erweist sich die Wertverlaufslinie als steiler im Gegensatz zur Situation bei Kursen unterhalb von A. Mit der Position ist ein begrenzter maximaler Gewinn verbunden. Dieser ergibt sich im Fall eines Basiswertkurses von A im Verfallszeitpunkt. Die geschriebenen Optionen besitzen dann keinen inneren Wert und verfallen. Die bei Positionseröffnung eingenommenen Prämien stellen den maximalen Gewinn dar. Ein Short Strap führt folglich zu keinem Kapitaleinsatz im Positionseröffnungszeitpunkt. Die Gefahr liegt aber darin, dass entweder die Calls oder der Put ins Geld kommen. Im negativeren Fall von im Geld liegenden Calls besteht die Möglichkeit eines unbegrenzten Verlusts.

Ein Short Strap kann synthetisch konstruiert werden, indem der Basiswert gekauft und drei Calls darauf geschrieben werden. Alternativ kann der Basiswert leerverkauft werden und zugleich werden drei Puts verkauft. Bei anderen Mengenverhältnissen ist entsprechend das Mengenverhältnis von Basiswert und Calls zu bestimmen.

Vom Zeiteffekt ist die Position positiv tangiert, denn der Zeitwertverlust der geschriebenen Optionen kommt dem Verkäufer zugute. Da alle drei Optionen verkauft werden, ergibt sich ein stark positiver Zeitwerteffekt.

Eine steigende Volatilität des Basiswertes entspricht nicht nur nicht den mit der Position verbunden Erwartungen, sondern besitzt zudem einen stark negativen Effekt. Denn die geschriebenen Optionen gewinnen an Wert bei einer steigenden Volatilität. Dies geht zu Lasten des Stillhalters, der Inhaber der Short Strap Position ist.

8.2.2.4.2.7 Strips

Auch Strips ähneln konzeptionell den weiter oben dargestellten Straddles. Im Rahmen einer Strip-Position werden Calls und Puts mit gleichem Basispreis kombiniert. Beide Strategien unterscheiden sich nur hinsichtlich des Mengenverhältnisses von Calls und Puts. Während bei Straps ein Übergewicht an Calls bestand, ist für Strips die Übergewichtung von Puts charakteristisch. Üblicherweise werden dabei pro Call zwei Puts gehandelt. Somit entsteht ein Put/Call-Verhältnis von 2:1, das zu einem steileren Wertverlauf unterhalb des Basispreises führt. Es können auch mehr Puts pro Call gehandelt werden.

a) Long Strip
Tendenziell fallende Kurse bei steigender Volatilität lautet die Erwartung beim Long Strip. Durch einen Long Call mit Basispreis A und z.B. zwei Long Puts mit Basispreis A wird die Position erzeugt. Auf synthetische Weise kann ein Long Strip durch den Kauf des Basiswertes und den gleichzeitigen Kauf von drei Puts konstruiert werden. Der Wertverlauf ist im linken Diagramm der Abbildung 8.22 wiedergegeben.

Dem Investor offenbart sich mit der Eröffnung einer Long Strip Position die Möglichkeit eines theoretisch unlimitierten Gewinns bei gleichzeitiger Verlustbegrenzung. Der maximale Verlust wird sich einstellen, falls der Kurs des Basiswert am Verfalltag bei A liegt. Dann verfallen sämtliche gehaltenen Optionen wertlos und die gezahlten Optionsprämien stellen den Verlust dar. Die zwei bestehenden Gewinnzonen werden erreicht, wenn entweder der Long Call oder die Long Puts deutlich im Geld sind. Im ersteren Fall ist die Gewinnzone erreicht, sobald der Wert des gekauften Calls größer ist als der bei Positionseröffnung geforderte Kapitaleinsatz. Im zweiten Fall wird die Gewinnzone erreicht, sobald der Wert der Long Puts den eingangs entrichteten Kapitaleinsatz übersteigt. Wünschenswert für den Investor ist der zweite Fall, da erstens der Break-Even-Punkt näher am Basispreis liegt und zweitens der Gewinnzuwachs aufgrund des steileren Asts höher ausfällt.

Der Zeiteffekt fällt deutlich negativ aus, da nur Long Positionen bestehen. Verglichen mit einem Straddle ist der Zeitwertverlust höher, da mehr als zwei Optionen gehalten werden. Gegenteiliges gilt für den Volatilitätseffekt, der stark positiv ist. Alle gehaltenen Optionen profitieren von einem Volatilitätsanstieg.

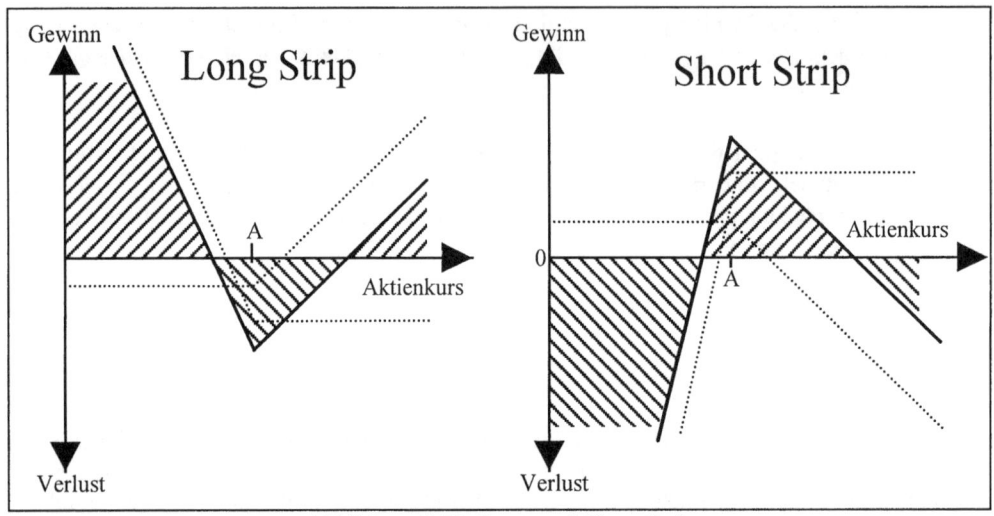

Abbildung 8.22: Long und Short Strip

a) Short Strip
Eine stark sinkende Volatilität, einhergehend mit unveränderten Kursen bildet die der Short Strip Strategie zugrunde liegende Erwartungshaltung. Sollte es dennoch zu markanten Kursveränderungen kommen, so ist für den Investor ein Ansteigen der Kurse tendenziell wünschenswerter. Zum Eingehen der Position ist das Schreiben eines Calls und das gleichzeitige Schreiben von zwei oder mehr Puts mit jeweils dem gleichen Basispreis notwendig. Die synthetische Positionsgenerierung erfolgt mittels des zweimaligen Kaufs des Basiswertes zuzüglich des Verkaufs von drei Calls. Bezüglich des Mengenverhältnisses muss darauf geachtet werden, dass die Gesamtposition stets der Originalposition entspricht. Aus den genannten Transaktionen resultiert das rechte Diagramm in Abbildung 8.22. Wie zu erkennen ist, bietet ein Short Strip die Chance auf einen begrenzten Gewinn bei theoretisch unbegrenzten Verlustmöglichkeiten. Die Short Strip Strategie befindet sich solange in der Gewinnzone, wie der innere Wert der verkauften Optionen nicht die vereinnahmten Optionsprämien übersteigt. Mit einem Short Strip ist bei Positionseröffnung eine Kapitaleinzahlung verbunden. Die Gefahr aus der Gewinnzone herauszugeraten ist bei sinkenden Preisen des Underlying höher, da der Break-Even-Punkt hier näher am Basispreis liegt. Der höchstmögliche Gewinn entsteht, falls alle Optionen am Laufzeitende wertlos verfallen. Dies ist der Fall, wenn zu diesem Zeitpunkt der Kurs des Basiswertes dem Wert A entspricht.

Der mit der Verkürzung der Restlaufzeit einhergehende Zeitwertverlust aller Optionen kommt dem jeweiligen Stillhalter zugute. Deshalb profitiert der Inhaber eines Short Strip stark vom Zeitwertverlust. Demgegenüber verschlechtert sich seine Position, falls die Volatilität des Basiswertes ansteigt. Der Volatilitätseffekt ist deshalb negativ.

Zusammenfassend ergibt sich für die dargestellten kombinierten Optionshandelsstrategien die in Tabelle 8.31 wiedergegebene synoptische Darstellung.

Optionsstrategie:	Strategietyp:	Primäre Markterwartung:	Volatilitätseffekt:	Zeiteffekt:	Gewinnpotential:	Verlustpotential:
Synth. Long Futures	Directional	↑steigender Kurs	neutral	neutral	unlimitiert	unlimitiert
Synth. Short Futures	Directional	↓fallender Kurs	neutral	neutral	unlimitiert	unlimitiert
Long Split Strike Futures	Directional	↑steigender Kurs	neutral	unbestimmt	unlimitiert	unlimitiert
Short Split Strike Futures	Directional	↓fallender Kurs	neutral	unbestimmt	unlimitiert	unlimitiert
Bull-Price-Spread	Directional	↗leicht steigender Kurs	neutral	unbestimmt	limitiert	limitiert
Bear-Price-Spread	Directional	↘leicht fallender Kurs	neutral	unbestimmt	limitiert	limitiert
Long Butterfly	Precision	→unveränderter Kurs	neutral	unbestimmt	limitiert	limitiert
Short Butterfly	Precision	↑↓volatiler Kurs	neutral	unbestimmt	limitiert	limitiert
Long Condor	Precision	→unveränderter Kurs	neutral	unbestimmt	limitiert	limitiert
Short Condor	Precision	↑↓stark volatiler Kurs	neutral	unbestimmt	limitiert	limitiert
Ratio-Call-Spread	Precision	↗sinkende Volatilität	negativ	unbestimmt	limitiert	unlimitiert
Ratio-Put-Spread	Precision	↘sinkende Volatilität	negativ	unbestimmt	limitiert	unlimitiert
Call-Ratio-Back-Spread	Precision	↗steigende Volatilität	positiv	unbestimmt	unlimitiert	limitiert
Put-Ratio-Back-Spread	Precision	↘steigende Volatilität	positiv	unbestimmt	unlimitiert	limitiert
Long Time-Spread	Precision	→unveränderter Kurs	positiv	positiv	limitiert	limitiert
Short Time-Spread	Precision	↑↓volatiler Kurs	negativ	negativ	limitiert	limitiert
Bull-Diagonal-Spread	Directional	↑steigender Kurs	positiv	positiv	limitiert	limitiert
Bear-Diagonal-Spread	Directional	↓fallender Kurs	positiv	positiv	limitiert	limitiert
Long Straddle	Precision	↑↓volatiler Kurs	positiv	negativ	unlimitiert	limitiert
Short Straddle	Precision	→unveränderter Kurs	negativ	positiv	limitiert	unlimitiert
Long Strangle	Precision	↑↓stark volatiler Kurs	positiv	negativ	unlimitiert	limitiert
Short Strangle	Precision	→unveränderter Kurs	negativ	positiv	limitiert	unlimitiert
Long Strap	Precision	↗steigende Volatilität	positiv	negativ	unlimitiert	limitiert
Short Strap	Precision	→sinkende Volatilität	negativ	positiv	limitiert	unlimitiert
Long Strip	Precision	→steigende Volatilität	positiv	negativ	unlimitiert	limitiert
Short Strip	Precision	→sinkende Volatilität	negativ	positiv	limitiert	unlimitiert

Tabelle 8.31: Charakteristika von kombinierten Optionsstrategien

8.2.2.5 Arbitragestrategien

Im Gegensatz zu den oben diskutierten Optionsstrategien liegt Arbitragestrategien keine Markterwartung bezüglich der Kursentwicklung oder der Volatilitätsentwicklung des Underlying zugrunde. Stattdessen zielen Arbitragestrategien auf die Ausnutzung von Preisungleichgewichten zwischen dem Kassa- und dem Optionsmarkt. Alternativ kann auch versucht werden, Preisungleichgewichte innerhalb des Optionsmarkts zu arbitrieren. Ein auftretendes Preisungleichgewicht wird durch den Eingang der jeweiligen Gegenposition gewinnbringend ausgenutzt. Die folgenden drei Strategien verdeutlichen die Anwendung von Arbitrageprozessen bei Optionspositionen.

8.2.2.5.1 Conversion

Die Conversion Strategie bietet sich an, wenn der Basiswert im Vergleich zu seinem synthetischen Pendant ungleich bewertet ist. Durchgeführt wird die Strategie, indem der Basiswert gekauft wird und der synthetische Basiswert verkauft wird. Gewinnbringend ist die Strategie offenbar nur, wenn der synthetische Aktienverkauf auch nach Transaktionskosten teurer ist als der physische Aktienkauf. Ansonsten lohnt sich Arbitrage im Rahmen dieser Strategie nicht. Wie bekannt, lässt sich eine zum Aktienkauf konträre Position durch den Kauf eines Puts und den gleichzeitigen Verkauf eines Calls generieren. Der mit einer Conversion verbundene Wertverlauf ist in Abbildung 8.23 dargestellt.

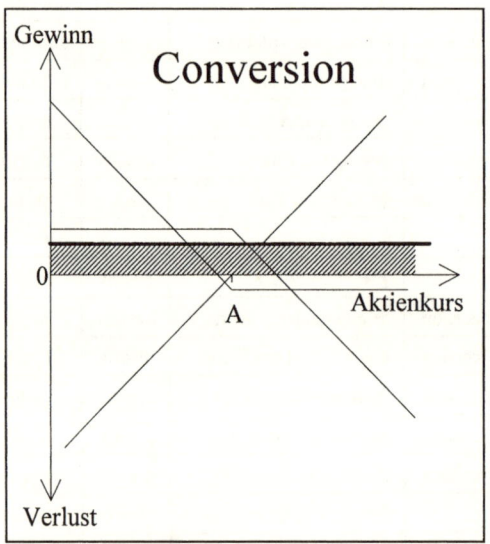

Abbildung 8.23: Conversion

In der Summe geht der Investor kein Exposure mit der Conversion-Strategie ein. Es handelt sich um eine geschlossene Position. Ein Risiko besteht für den Investor nicht. Von Zeit- und Volatilitätseffekten bleibt die Strategie unberührt, da eine Positionsbewertung üblicherweise nur zum Verfallszeitpunkt erfolgt. Sinnvoll ist eine Conversion-Strategie lediglich bei Erkennen eines Preisungleichgewichts zwischen Kassa- und Terminmarkt. Für Privatanleger ist die Strategie ungeeignet, da Preisungleichgewichte sehr schnell erkannt werden müssen und oft nur gewinnbringend genutzt werden können, wenn niedrige Transaktionskosten anfallen. Arbitragestrategien bleiben deshalb im Wesentlichen institutionellen Investoren vorbehalten.

8.2.2.5.2 Reversal

Wie die Namensgebung Reversal impliziert, handelt es sich dabei um die Umkehrung der Conversion-Strategie. Mithin wird der Basiswert leerverkauft und auf synthetische Weise gleichzeitig am Terminmarkt gekauft. Dies ist durch den Kauf eines Calls und den gleichzeitigen Verkauf eines Puts mit dem jeweiligen Basispreis A möglich. Um einen Gewinn zu erzielen, muss der verkaufte Basiswert nach Transaktionskosten teurer sein als der gekaufte synthetische Basiswert. Der mit Hilfe eines Reversals realisierbare Gewinn entspricht vom Verlauf her jenem der Conversion. Die einzelnen Transaktionen sind in Abbildung 8.24 dargestellt.

Die Durchführung eines Reversals kommt für Privatanleger i.d.R. aus den oben genannten Gründen nicht in Frage.

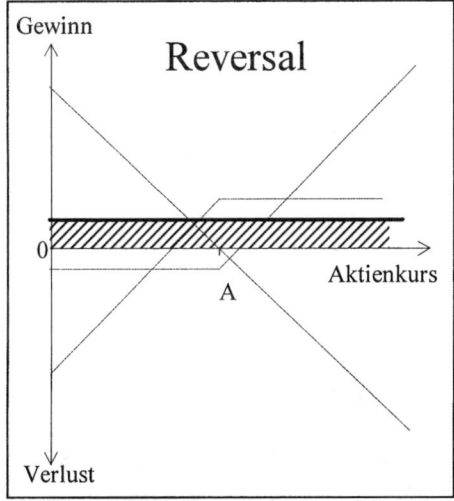

Abbildung 8.24: Reversal

8.2.2.5.3 Box

Auch die Box-Strategie dient zur Erzielung von Arbitragegewinnen. Allerdings geht es dabei nicht um Preisungleichgewichte zwischen Kassa- und Optionsmarkt, sondern um Preisungleichgewichte innerhalb des Optionsmarkts.

Die Bildung einer Box-Position erfolgt durch Kombination einer Conversion und eines Reversal. Da sich die effektiven Aktienpositionen gegenseitig aufheben, verbleiben schließlich jeweils die synthetischen Positionen. Charakteristisch für eine Box ist, dass die synthetischen Positionen unterschiedliche Basispreise besitzen. Mithin besitzt die Conversion z.B. den Basispreis A, während das Reversal den Basispreis B aufweist. Wie daraus zu erkennen ist, besteht die Box somit aus einem Bull-Price-Spread und einem Bear-Price-Spread. Je nachdem wie der Spread generiert wird, lässt sich zwischen einer Long Box und einer Short Box unterscheiden. Bei einer Long Box

556

wird ein Bull-Price-Spread und ein Bear-Price-Spread gekauft. Im einzelnen ergeben sich dabei folgende Operationen: Long Call A, Short Call B, Long Put B und Short Put A. Das Gewinnprofil samt Positionszusammensetzung ist in Abbildung 8.25 wiedergegeben.

Der schraffierte Bereich stellt dabei den risikolosen Positionsgewinn dar. Ein solcher Gewinn kann nur bei einer Fehlbepreisung mindestens einer der genannten Optionen entstehen. Für institutionelle Anleger bietet sich hier die Gelegenheit zur Erzielung eines risikolosen Arbitragegewinns.

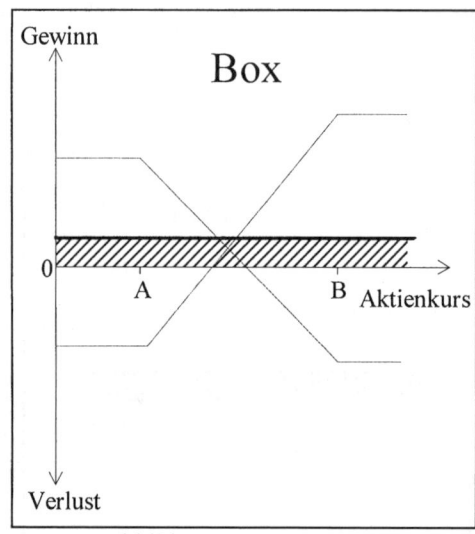

Abbildung 8.25: Long Box

Die synoptische Darstellung der erläuterten Arbitragestrategien ist Tabelle 8.32 zu entnehmen.

Options-strategie:	Kurserwartung für Basiswert:	Volatilitäts-effekt:	Zeiteffekt:	Gewinn-potential:	Verlust-potential:
Conversion	→neutral	neutral	neutral	limitiert	n.v.
Reversal	→neutral	neutral	neutral	limitiert	n.v.
Box	→neutral	neutral	neutral	limitiert	n.v.

Tabelle 8.32: Charakteristika von optionsbasierten Arbitragestrategien

8.2.2.6 Hedgingstrategien

Im Bereich von Optionen werden im wesentlichen drei Arten von Hedging unterschieden. Alle drei im Folgenden darzustellenden Hedgingstrategien planen die Absicherung einer bestehenden Aktienposition gegenüber Kursverlusten. Somit findet ein Hedging gegen das Gesamtrisiko einer Aktienanlage statt. Davon abweichend ist es auch möglich, lediglich das Residualrisiko zu hedgen. Insofern lassen sich Hedgingstrategien weiter differenzieren. Solcherlei Hedgeoperationen bleiben hier allerdings ausgeklammert.[42] Die folgenden Ausführungen beziehen sich nicht allein auf Aktienoptionen, sondern auch auf die DAX® Option.

8.2.2.6.1 Fixed-Hedge

Wie der Begriff Fixed-Hedge bereits vermuten lässt, steht eine Fixierung im Vordergrund dieser Hedging Variante. Fixiert wird das Verhältnis von gekauften Puts zu gehaltenen Aktien. Es wird folglich pro gehaltener Aktie eine bestimmte Anzahl an Puts zu Sicherung gekauft. Das gewählte Mengenverhältnis wird bis zum Verfalltag der Puts beibehalten, es sei denn, die Position wird aus irgendwelchen Gründen zuvor liquidiert. In der Regel beträgt das gewählte Verhältnis dabei 1:1. Diese Art des Hedging soll dazu führen, dass die Verluste auf der Aktienseite durch den Gewinn der Puts ausgeglichen werden.

Das Hedging-Ziel beim Fixed-Hedge wird nur im Fall eines steigenden Aktienkurses oder einer Optionsausübung am Verfalltag erreicht. Bei einem fixierten Mengenverhältnis muss bedacht werden, dass sich Aktien und Optionen nicht im gleichen absoluten Umfang bewegen. Zwar steigen Optionen aufgrund ihres Hebels prozentual schneller als ihre Basiswerte, für die Absolutbeträge gilt dies aber in aller Regel nicht. Lediglich, wenn Optionen tief im Geld sind, können parallele absolute Kursbewegungen beobachtet und erwartet werden. Ein Fixed-Hedge erbringt deshalb während der Optionslaufzeit nur unbefriedigende Absicherungsergebnisse, es sei denn, zur Absicherung werden tief im Geld liegende Puts verwendet. Da aber die am Geld notierenden Optionen stets die liquidesten Kontrakte darstellen, wird hier ein Problem des Fixed-Hedge augenscheinlich.

Um diesem Problem auszuweichen, kann das Mengenverhältnis beim Fixed-Hedge mit Hilfe des Delta-Faktors der tatsächlichen Optionssensitivität angeglichen werden. Da der Deltawert die Änderung des Optionspreises im Verhältnis zur Kursveränderung des Basispreises darstellt, ergibt sich für den modifizierten Fixed-Hedge folgende Formel:

$$\text{Anzahl der benötigten Optionskontrakte} = \frac{\text{Anzahl der Aktien im Portfolio}}{\text{Anzahl der Aktien pro Kontrakt}} \cdot \frac{1}{\text{Optionsdelta}}$$

Auf diese Weise dürfte solange eine ausreichende Absicherung bestehen, wie der Aktienkurs keine starken Kursbewegungen macht. Treten dennoch starke Kursveränderungen auf, so erweist sich die Sicherung bei steigenden Kursen als zu umfangreich. Bei fallenden Kursen hingegen reicht die Absicherung während der Optionslaufzeit nicht aus, um die Verluste der Aktie auszugleichen. Erst eine Putausübung bietet den gewünschten Schutz. Da aber gerade der Schutz vor fallenden Kursen durch ein Hedging intendiert ist, erweist sich die Strategie des Fixed-Hedge im Fall starker Kursveränderungen zur Absicherung einer bestehenden Position während der Laufzeit als ungeeignet.

---

[42] Zum Hedging des Volatilitäts- bzw. Vega-Risikos siehe **Whaley** (1991), S. 81 ff.

8.2.2.6.2 Delta-Hedging

Angesichts des statischen Vorgehens beim Fixed-Hedge und der dabei auftretenden Probleme erweist sich das sog. Delta-Hedging als dynamische Alternative. Sie soll dafür sorgen, dass auch während der Laufzeit die Gesamtposition stets kongruent abgesichert ist. Im Grundsatz wird beim Delta-Hedging die Anzahl der pro Aktie gekauften Puts ständig anhand des Deltawerts der Option angepasst. Auf diese Weise ist sichergestellt, dass zu jeder Zeit ein Kursverlust bei der Aktie durch einen gleich hohen absoluten Kursgewinn des Puts ausgeglichen wird. Man spricht dann von Deltaneutralität der Gesamtposition. Da mit sich veränderndem Aktienkurs auch der Deltawert variiert, bedarf es zur Durchführung des Delta-Hedgings einer theoretisch stetigen Positionsveränderung. Die jeweils zu haltende Anzahl an Kontrakten ergibt sich zu:

$$\text{Anzahl der benötigten Optionskontrakte} = \frac{\text{Anzahl der Aktien im Portfolio}}{\text{Anzahl der Aktien pro Kontrakt}} \cdot \frac{1}{\text{Optionsdelta}}$$

Offenbar entspricht die Formel beim Delta-Hedging jener beim Fixed-Hedge. Allerdings ist darauf zu achten, dass im Unterschied zum Fixed-Hedge das Delta-Hedging dynamisch ist und somit eine ständige Neuberechnung der optimalen Kontraktanzahl vonnöten ist.

Daraus ergeben sich allerdings zwei gravierende Probleme: Zum einen sind Umschichtungen bzw. Mengenanpassungen immer mit Transaktionskosten verbunden, so dass ein Delta-Hedging sehr kostspielig sein kann. Zum anderen sind die Kontraktgrößen standardisiert. Ein aufgrund des Deltawerts berechneter Optionsanteil wird häufig ungerade sein und nicht mit der handelbaren Kontraktgröße übereinstimmen. Werden im Portfolio 100 Aktien gehalten, so ist bei einem Deltawert von -0,565 der Kauf von 177 Puts zur genauen Absicherung erforderlich. Es besteht dann keine Übereinstimmung zwischen Absicherungs- und Kontraktvolumen.

Hinzu kommt noch, dass ein Delta-Hedging keinen Schutz gegen volatilitäts- oder zeitwertinduzierte Preisminderungen des Puts bietet. Die gehedgte Gesamtposition sieht somit einem sicheren Zeitwertverlust entgegen. Um diesem Problem auszuweichen, empfiehlt es sich, nicht nur Long Optionen zum Hedging zu verwenden, sondern auch mit Short Optionen zu operieren. Auf diese Weise lassen sich negative Zeitwert- und Volatilitätseinflüsse reduzieren bzw. ausschalten, denn es kommt zu Kompensationseffekten.

Schließlich muss beachtet werden, dass der Deltawert anhand des Black/Scholes-Modells ermittelt wird und insoweit dessen Probleme in sich trägt. Als derartig inhärentes Problem kann z.B. die Güte der Volatilitätsschätzung angesehen werden.

Folgendes Beispiel verdeutlicht das Vorgehen im Rahmen des Delta-Hedgings:

Ein Anleger besitzt 1.000 BASF Aktien. Da der Anleger nach neun Monaten mit den Aktien gute Gewinne erzielt hat, beabsichtigt er, eine Absicherung für weitere drei Monate vorzunehmen. Anschließend sollen die Aktien veräußert werden. Um sich die Möglichkeit offen zu halten, auch während der kommenden drei Monate ohne einen Kursverlust die Aktienposition liquidieren zu können, wünscht der Anleger einen deltaneutralen Hedge vorzunehmen. Transaktionskosten werden aus Gründen der Anschaulichkeit vernachlässigt. Folgende Daten stehen zusätzlich zur Verfügung:

Erwartete Volatilität der BASF Aktie in den nächsten drei Monaten: 30%
Zinssatz für risikolose Anlagemöglichkeiten: 3,0%
Basispreis: 40,- EUR.

Mit Hilfe dieser Daten lassen sich unter Hinzunahme der Restlaufzeit und des BASF Kurses die Black/Scholes Putpreise bestimmen. Sodann ergibt sich das folgende Tableau:

Restlaufzeit (Tage)	90	70	50	40	30	20	10	5
BASF Kurs:	40,--	45,50	39,--	41,80	39,30	37,50	38,--	36,60
Aktienwert:	40.000,--	45.500,--	39.000,--	41.800,--	39.300,--	37.500,--	38.000,--	36.600,--
Put-Delta:	-0,455	-0,139	-0,558	-0,301	-0,556	-0,810	-0,843	-1,000
Anzahl Puts:	2.198	7.194	1.792	3.322	1.799	1.235	1.186	1.000
Putpreis:	2,24	0,45	2,21	0,84	1,69	2,72	2,13	3,40
Positionswert:	44.948,73	48.737,75	42.962,53	44.591,32	42.340,31	40.859,20	40.528,31	40.000,--

Tabelle 8.33: Delta-Hedging einer Aktienposition

Anhand des Tableaus werden die charakteristischen Eigenschaften des Delta-Hedgings gut sichtbar. Besonders die starke Schwankung des Deltawerts selber fällt auf. Diese Schwankung wird durch die Veränderung der BASF Kurse und die Restlaufzeitverkürzung bewirkt. Aus der Deltawertänderung folgt jeweils eine Anpassung der Anzahl der gehaltenen Puts. Dabei gilt die Regel, dass die Anzahl der Puts mit zunehmendem Put-Delta steigt. Bei dem minimalen Put-Delta von -1 muss pro gehaltener Aktie nur ein Long Put gehalten werden. Dem Tableau ist zu entnehmen, dass die angewendete Hedging-Strategie zu jeder Zeit den Mindestpositionswert (Floor) von 40.000,-- EUR sichert.

Auch die Problempunkte des Delta-Hedgings werden gut erkennbar. Zunächst macht ein Blick in Zeile fünf deutlich, dass die Putanzahl meistens nicht mit der Kontraktgröße 100 oder einem Vielfachen davon übereinstimmt. Insofern wird es bei der praktischen Strategieumsetzung zu einer Über- oder Unterdeckung kommen. Außerdem trägt der Hedger den vollen Zeitwertverlust der Puts. Die originären Absicherungskosten bei at-the-money-Puts sind recht hoch. Obwohl Transaktionskosten nicht im Tableau berücksichtigt wurden, dürften sie angesichts der massiven Umschichtungserfordernisse deutlich ins Gewicht fallen.

8.2.2.6.3 Gamma-Hedging

Insbesondere das Problem der häufigen Positionsanpassungen erweist sich beim Delta-Hedging als Nachteil. Eine Positionsanpassung erfolgte dabei stets im Anschluss an Veränderungen des Deltawerts. Um dieses Problem zu lösen, wird Gamma-Hedging betrieben. Wie bekannt, beschreibt der aus dem Black & Scholes-Modell herrührende Gammawert die Veränderung des

Deltawerts. Gamma gibt somit Aufschluss darüber, bei welcher Preiskonstellation sich der Deltawert sehr stark verändert bzw. wie stabil der Deltawert ist. Ziel des Gamma-Hedgings ist es, die sog. Gammaneutralität zu erzeugen. Diese ist gegeben, wenn bei kleinen Preisänderungen der Aktie der Deltawert nahezu unverändert bleibt. dass sich gammaneutrale Positionen bilden lassen, wird klar, wenn man sich folgende Charakteristika vor Augen führt:[43]

a) Der Deltawert einer Aktie beträgt immer Eins.
b) Der Gammawert einer Aktie beträgt immer Null.
c) Gammawertänderungen verhalten sich bei Long und Short Optionen genau gegenläufig.

Aus den drei genannten Punkten ergibt sich, dass eine Aktienposition durch die Hinzunahme einer gekauften und einer geschriebenen Option unempfindlich gegen Kursänderungen der Aktie gemacht werden kann. Zudem ist eine solche Position vor dem Zeit- und Volatilitätseffekt geschützt, da die Einzeleffekte sich kompensieren.

Allerdings unterliegt auch die Gammaneutralität einigen Gefahren. Starke Kursveränderungen führen auch hier zu einer Anpassungsnotwendigkeit, so dass vollständige Gammaneutralität in der Realität kaum zu erreichen ist. Außerdem beruht auch das Konzept der Gammaneutralität auf dem Black/Scholes-Modell, so dass die Validität des Modells Voraussetzung für eine erfolgversprechende Anwendung des Gamma-Hedgings ist.

Das praktisches Beispiel soll schließlich das Vorgehen im Rahmen des Gamma-Hedgings verdeutlichen. Dazu wird wiederum der Anleger mit dem Portfolio, bestehend aus 1.000 BASF Aktien, betrachtet. Die Zielsetzung und Datenlage im Vergleich zum Delta-Hedging bleibt unverändert. Die Basispreise der gehandelten Optionen betragen jeweils 40,-- EUR. Transaktionskosten finden keine Berücksichtigung. Der Aufbau einer gammaneutralen Hedgeposition erfolgt in unserem Beispiel durch die Kombination von Long Puts und Short Calls.

Aus den Zeilen 3,4 und 5 wird ersichtlich, dass die Deltawerte der einzelnen Optionen in der Summe stets minus Eins ergeben. Das negative Delta des Short Calls sollte nicht verwundern, denn eine Kurserhöhung des Basiswertes führt zu einer Positionsverschlechterung des Call-Schreibers. Da nun das Delta der Gesamtposition über die Laufzeit konstant ist, bedarf es keiner Anpassung des Mengenverhältnisses der Optionen. Einem unveränderten Deltawert bei sich verändernden Kursen des Basiswertes muss ein Gammawert von null zugrunde liegen. Damit konnte ein gravierender Mangel des Delta-Hedgings beseitigt werden.

Im Zeitpunkt des Positionsaufbaus, der in der zweiten Spalte dargestellt ist, erzielt der Anleger einen Überschuss von 270,-- EUR, da die verkauften Calls teurer sind als die gekauften Puts. Für alternative Restlaufzeiten ist ab der dritten Spalte angegeben, welchen Wert die Gesamtposition des Investors aufweist, falls eine Positionsauflösung erfolgt. Da der Investor die Aktien über die gesamte Laufzeit halten will, kann lediglich eine Ausübung der geschriebenen Calls zur vorzeitigen Positionsauflösung führen. In diesem Fall realisiert der Investor den Basispreis von 40,--

---

[43] Vgl. **Lingner** (1991), S. 72.

EUR pro Aktie. Gleichzeitig verkauft er die gehaltenen Puts, um keine offene Position zu besitzen. Allerdings ist die Ausübung auch im Fall von im Geld liegenden Calls unwahrscheinlich. Denn durch die Ausübung geht der Zeitwert für den Ausübenden verloren.

Restlaufzeit (Tage)	90	70	50	40	30	20	10	5
BASF Kurs	40,00	45,50	39,00	41,80	39,30	37,50	38,00	36,60
Long Put-Delta	-0,46	-0,14	-0,56	-0,30	-0,56	-0,81	-0,84	-1,00
Short Call-Delta	-0,55	-0,86	-0,45	-0,70	-0,45	-0,20	-0,16	-0,01
Positions-Delta	-1,00	-1,00	-1,00	-1,00	-1,00	-1,01	-1,00	-1,01
Positions-Gamma	0,00	0,00	0,00	0,00	0,00	0,00	0,00	0,0
Long-Put	2,24 EUR	0,45 EUR	2,21 EUR	0,84 EUR	1,69 EUR	2,72 EUR	2,13 EUR	3,4 EUR
Short-Call	2,51 EUR	6,17 EUR	1,36 EUR	2,76 EUR	1,08 EUR	0,16 EUR	0,00 EUR	0,00 EUR
Anzahl Long Puts	1.000	1.000	1.000	1.000	1.000	1.000	1.000	1.000,00
Anzahl Short Calls	1.000	1.000	1.000	1.000	1.000	1.000	1.000	1.000,00
Aktienwert	40.000,--	40.000,--[44]	39.000,--	40.000,--	39.300,--	37.500,--	38.000,--	36.600,--
Cash Flow:	270,--[45]	720,--	1.120,--[46]	1.110,--	880,--	2.830,--	2.400,--	3.670,--
Positionswert	40.270,--	40.720,--	40.120,--	41.110,--	40.180,--	40.330,--	40.400,--	40.270,--

Tabelle 8.34: Gamma-Hedging einer Aktienposition[47]

Insgesamt zeigt sich, dass zu keinem Zeitpunkt der Gesamtwert der Position unter 40.000,-- EUR fällt. Das Ziel der Gamma-Hedging-Operation, ohne Mengenanpassungen der Optionsposition den Positionswert jederzeit zu sichern, konnte somit realisiert werden.

8.2.3 Aktienindexoptionen an der Eurex

In Tabelle 8.35 findet sich eine Übersicht der an der Eurex handelbaren Aktienindexoptionen. Da bei Index Optionen eine physische Lieferung des Underlyings ausscheidet, ist bei sämtlichen Aktienindex Optionen der Eurex ein Barausgleich vorgesehen.

Hinsichtlich der handelbaren Laufzeiten und der Abwicklung unterscheiden sich die Produkte nicht. Die Ausführungen bezüglich der DAX® Optionen sowie der Dow Jones STOXX^{SM} 50

---

[44] Da der verkaufte Call im Geld liegt, muss mit einer Ausübung gerechnet werden. Diese erbringt 40.000,-- EUR.

[45] Auf eine Verzinsung dieses Betrages wird aus Vereinfachungsgründen verzichtet.

[46] Statt der Ausübung des Puts ist es günstiger, die Aktien und die Puts am Markt zu verkaufen. Um die Gesamtposition zu schließen, muss dann der Call zurückgekauft werden. → Putverkauf (2.210,-- EUR) + Aktienverkauf (39.000,-- EUR) − Callrückkauf (1.360,-- EUR) + Anfangsüberschuss (270,-- EUR)

[47] Differenzen beruhen auf Rundungsfehlern.

Optionen können daher unter Berücksichtigung der abweichenden Kontraktvolumina auf die anderen Aktienindexoptionen übertragen werden

Basiswert	Kontraktvolumen/ Indexpunkt	Tick-Größe (Tick-Wert)
DAX®	5,-- EUR	0,10 (0,50 EUR)
NEMAX® 50	1,-- EUR	0,10 (0,10 EUR)
Dow Jones Global Titans 50	100,-- EUR	0,10 (10,-- EUR)
Dow Jones STOXX^{SM} 50	10,-- EUR	0,10 (1,-- EUR)
Dow Jones Euro STOXX^{SM} 50	10,-- EUR	0,10 (1,-- EUR)
Dow Jones STOXX^{SM} 600 Sector Indices: - Banks - Healthcare - Technology - Telecommunication	50,-- EUR	0,10 (5,-- EUR)
SMI®	10,-- CHF	variabel, abhängig vom Optionspreis
HEX25^{TM}	10,-- EUR	0,10 (1,-- EUR)

Tabelle 8.35: Übersicht Aktienindex Optionen der EUREX

8.2.3.1 DAX® Option

Am 16. August 1991 sind an der Deutschen Terminbörse Optionen auf den DAX® eingeführt worden. Ihr Volumen erreichte im Jahr der Einführung 2.045.707 Kontrakte. Im Jahr 1998 wurden an der Eurex bereits 29.948.503 DAX® Optionen gehandelt.[48] Dies entspricht einem durchschnittlichen täglichen Handelsvolumen von 119.173 Kontrakten. Seither ist die DAX® Option die am meisten gehandelte Option an der Eurex.

Die DAX® Option besitzt einige abweichende Kontraktspezifikationen im Vergleich zu den an der Eurex gehandelten Aktienoptionen. Der Kontraktgegenstand der DAX® Option umfasst den DAX-Indexstand multipliziert mit dem Indexmultiplikator 5. Aufgrund der Unmöglichkeit, einen Index bei Optionsausübung zu liefern, ist bei der DAX® Option ein Barausgleich vorgesehen. Der zu zahlende Barausgleich ergibt sich pro Kontrakt bei Ausübung eines Calls als Differenz

---

[48] Quelle: **Eurex** (1999), S. 20.

zwischen dem Schlussabrechnungspreis des DAX® und dem Basispreis multipliziert mit dem Indexmultiplikator von 5.

Im Gegensatz zu den Aktienoptionen werden bei Einführung eines neuen Verfallmonats mindestens 5 Optionsserien angeboten. Somit bestehen pro Verfallmonat mindestens fünf alternative Basispreise. Davon liegen zwei Basispreise out-of-the-money, ein Basispreis at-the-money und weitere zwei Basispreise in-the-money. Die Basispreisintervalle sind abhängig von der Restlaufzeit bei Einführung der Option. Tabelle 8.36 gibt einen Überblick über die Anzahl der Ausübungspreise und die Ausübungspreisabstände abhängig von der Restlaufzeit der Optionen bei Einführung.

Die kleinste Preisveränderung (Tick) beläuft sich auf 0,1 Indexpunkte. Bei einem Indexmultiplikator von 5 ergibt sich daraus ein Tick-Wert von 0,50 EUR. Mithin bedeutet eine Veränderung des DAX® um einen Punkt eine Positionsveränderung um 5,-- EUR.

Verfallmonate mit einer Restlaufzeit von bis zu	Anzahl Ausübungspreise	Ausübungspreisabstände in Indexpunkten
6 Monaten	9	50
12 Monaten	5	100
24 Monaten	5	200

Tabelle 8.36: Ausübungspreisstaffel bei DAX® Optionen

Eine wichtige Abweichung stellt schließlich der Optionstyp dar. Die DAX® Option ist als europäische Option konzipiert, so dass eine Ausübung nur am Verfalltag möglich ist. Einen genauen Überblick über die Kontaktspezifikationen der DAX® Option gibt Tabelle 8.37.

Basiswert:	DAX
Optionstyp:	Europäisch
Notierung:	Vielfaches von 0,1 Indexpunkten
Schlussabrechnung:	Barausgleich (Cash Settlement)
Tick-Größe und -Wert:	0,1 bzw. 0,50 EUR
Maximale Laufzeit:	24 Monate
Verfallmonate:	Die jeweils drei nächsten sowie die nächsten drei darauffolgenden Monate aus dem Zyklus März, Juni, September, Dezember sowie die beiden darauf folgenden Monate aus dem Zyklus Juni und Dezember
Ausübungstag:	3. Freitag im Verfallmonat
Verfalltag:	Börsentag nach dem letzten Handelstag
Letzter Handelstag:	Ausübungstag
Prämienabrechnung:	Am Börsentag nach dem Kauf bzw. Verkauf
Margin:	Risk Based Margin

Tabelle 8.37: Kontraktspezifikationen bei der DAX® Option

Hinsichtlich der Anwendungsmöglichkeiten ist die DAX® Option in vielfacher Weise mit den oben erläuterten Aktienoptionen vergleichbar. Insofern gelten die dort dargestellten Strategien auch für den DAX Optionskontrakt. Dies gilt z.B. für die Möglichkeit zur Erteilung kombinierter Aufträge wie Spreads oder Straddles.

Im Unterschied zu Aktienoptionen eignet sich die DAX® Option aber auch gut zum Hedging bestehender oder zukünftiger Portfolios. Da die DAX® Option einen diversifizierten Index als Underlying besitzt, lässt sie sich hervorragend im Portfoliomanagement verwenden. Gerade im Hinblick auf Transaktionskostenminimierung eignet sich die DAX® Option in Verbindung mit Aktienportfolios. Dies erklärt auch das vergleichsweise große Handelsvolumen in dem Kontrakt. Es ist mittels der DAX® Option z.B. möglich, synthetische DAX-Portfolios zu konstruieren. Auf diese Weise können z.B. Leerverkäufe des DAX® durchgeführt werden.

8.2.3.2 Dow Jones STOXX^{SM} 50 Option und Dow Jones Euro STOXX^{SM} 50 Option

Im Juni 1998 führte die DTB Optionen auf den Dow Jones STOXX^{SM} 50 und den Dow Jones Euro STOXX^{SM} 50 ein. Im gesamten Jahr 1998 wurden 73.779 bzw. 122.951 Kontrakte gehandelt. Insbesondere die Option auf den Dow Jones Euro STOXX 50 konnte nach der DAX® Option als liquide Aktienindexoption an der Eurex etabliert werden. So wurden im Juni 1999 bereits 256.525 Kontrakte in der Dow Jones Euro STOXX^{SM} 50 Option gehandelt.

Basiswert:	Dow Jones STOXX 50
	Dow Jones Euro STOXX 50
Optionstyp:	Europäisch
Notierung:	Vielfaches von 0,1 Indexpunkten
Schlussabrechnung:	Barausgleich (Cash Settlement)
Tick-Größe und -Wert:	0,1 bzw. 1,-- EUR
Maximale Laufzeit:	24 Monate
Verfallmonate:	Die jeweils drei nächsten sowie die nächsten drei darauffolgenden Monate aus dem Zyklus März, Juni, September, Dezember sowie die beiden darauf folgenden Monate aus dem Zyklus Juni und Dezember
Ausübungstag:	3. Freitag im Verfallmonat
Verfalltag:	Börsentag nach dem letzten Handelstag
Letzter Handelstag:	Ausübungstag
Prämienabrechnung:	Am Börsentag nach dem Kauf bzw. Verkauf
Margin:	Risk Based Margin

Tabelle 8.38: Kontraktspezifikationen Dow Jones STOXX^{SM} 50 und Dow Jones Euro STOXX^{SM} 50 Option

Abweichend von der DAX® Option beträgt der Kontraktwert der beiden Dow Jones Indexoptionen 10,-- EUR multipliziert mit dem Indexstand. Die kleinste Preisänderung beträgt 0,1 Punkte bzw. 1,-- EUR. Wie sämtliche anderen Indexoptionen an der Eurex sind die Dow Jones STOXX^{SM} 50 bzw. die Dow Jones Euro STOXX^{SM} 50 Optionen als europäische Option konzipiert. Einen Überblick über die Kontraktspezifikationen gibt Tabelle 8.38.

Im Gegensatz zur DAX® Option werden unabhängig von der Restlaufzeit bei der Einführung von neuen Serien jeweils 5 Ausübungspreise eingeführt. Vergleichbar mit anderen Optionen liegt dabei ein Ausübungspreis im Geld (at-the-money) während jeweils zwei Preise out-of-the-money bzw. in-the-money liegen. Die Ausübungspreisstaffelungen abhängig von der Restlaufzeit sind in Tabelle 8.39 angegeben. Bezüglich der Anwendungsmöglichkeiten wird auf die Darstellung zur DAX® Option verwiesen.

Verfallmonate mit einer Restlaufzeit von bis zu	Ausübungspreisabstände in Indexpunkten
3 Monaten	50
12 Monaten	100
24 Monaten	200

Tabelle 8.39: Ausübungspreisstaffel bei Dow Jones STOXX^{SM} 50 und Dow Jones Euro STOXX^{SM} 50 Optionen

8.2.3.3 SMI Option

Erstmals am 07.12.1988 führte die SOFFEX Optionen auf umsatzstarke Werte des Swiss Market Index (SMI) ein. Der SMI bildet den Kursverlauf Schweizer Standardwerte (sogenannte Blue Chips) ab. Die maximale Anzahl der im Index enthaltenen Titel beträgt 25. Dividendenzahlungen bleiben unberücksichtigt. Es handelt sich daher beim SMI um einen reinen Preisindex, der mit dem ausstehenden Börsenkapital gewichtet ist. Hierdurch ergibt sich ein gravierender Unterschied zum DAX®. Die Kontraktgröße beträgt 10,-- CHF pro Indexpunkt des SMI. Zu zahlen hat ein Call-Besitzer am Verfalltag dementsprechend die Differenz zwischen dem Basis- und dem Schlussabrechnungspreis des SMI multipliziert mit 10,-- CHF. Wie auch die DAX® Option ist die SMI-Option als europäische Option konzipiert, die einen Barausgleich am Schlussabrechnungstag vorsieht.

Die Verfallmonate der SMI-Optionen entsprechen denen der DAX® Optionen. Damit beträgt die maximal mögliche Laufzeit 24 Monate. Betrachtet man als Kriterium für die Preiswürdigkeit einer Option die Kennzahl Optionsprämie pro Tag, dann zeigt sich, dass lang laufende Optionen günstiger als kurz laufende Optionen sind.[49]

Ebenso wie bei der DAX® Option wird jeder Kontraktmonat mit mindestens fünf Ausübungspreisen eingeführt, wobei zwei Ausübungspreise im Geld (in-the-money), ein Ausübungspreis am Geld (at-the-money) und zwei Ausübungspreise aus dem Geld (out-of-the-money) sind. Für be-

---

[49] Vgl. **Baker** (1994), S. 4 f.

stehende Verfallmonate kommt es zur Einführung von Optionsserien mit neuen Ausübungspreisen, wenn der SMI-Index zum Handelsschluss an den beiden vorangegangenen Handelstagen den Mittelwert aus dem zweit- und dritthöchsten bzw. dem zweit- und drittniedrigsten bestehenden Ausübungspreis über- bzw. unterschritten hat. Es werden jedoch keine neuen Serien eingeführt, wenn die Restlaufzeit der Optionen weniger als fünf Tage beträgt.

Die Abstände zwischen den Ausübungspreisen sind von der Restlaufzeit der Option abhängig. In Tabelle 8.40 sind die jeweiligen Ausübungspreisabstände und die Anzahl der Ausübungspreise abgebildet.

Verfallmonate mit einer Restlaufzeit von bis zu	Anzahl Ausübungspreise	Ausübungspreisabstände in Indexpunkten
9 Monaten	9	50
12 Monaten	5	100
24 Monaten	5	200

Tabelle 8.40: Basispreisabstufungen bei SMI-Optionen

8.2.4 Zinsoptionen an der Eurex

An der Eurex werden zur Zeit Zinsoptionen auf vier Futurekontrakte gehandelt. Für den Geldmarktbereich sind Optionen auf den Dreimonats Euribor Future und im mittel- und langfristigen Zinsbereich Optionen auf den Euro Schatz, Euro Bobl und auf den Euro Bund Futurekontrakt handelbar. Auf den Euro Buxl Future und den CONF Future sind keine Optionen handelbar. Optionen auf Zinsfutures beinhalten bei Kauf das Recht, während eines bestimmten im voraus festgelegten Zeitraums zu einem ebenfalls im voraus festgelegten Preis eine Zinsfutureposition einzugehen. Der Käufer eines Calls transformiert im Fall der Optionsausübung seine Optionsposition in eine Long Futureposition. Ein Put-Käufer erhält bei Ausübung eine Short Position im zugrunde liegenden Future. Somit kommt es im Gegensatz zu Optionen auf Kassainstrumente, wie z.B. Aktien bei einer Optionsausübung nicht zu einer physischen Kassaposition. Durch rechtzeitige Glattstellung der nach Optionsausübung erhaltenen Futurekontrakte kann ein Kassageschäft vermieden werden. Anhand der Definition ist deutlich geworden, dass es sich bei den Optionen auf Zinsfutures an der Eurex um amerikanische Optionen handelt.

Bei Einführung einer neuen Laufzeit werden jeweils neun verschiedene Basispreise (21 bei der Option auf den Dreimonats Euribor Future) angeboten. Vier (zehn) dieser Basispreise liegen in-the-money, ein Basispreis liegt at-the-money und weitere vier (zehn) Basispreise liegen out-of-the-money. Neue Basispreise werden immer dann eingeführt, falls der tägliche Abrechnungspreis des jeweiligen Underlying mit der kürzesten Restlaufzeit den Durchschnitt zwischen dem fünft- und vierthöchsten Basispreis überschritten bzw. zwischen dem fünft- und viertniedrigsten unterschritten hat. Diese Regelung gilt nur, falls die Restlaufzeit mindestens 10 Tage beträgt.

Die Laufzeiten auf Zinsfutureoptionen weichen von den den Laufzeiten der Zinsfutures ab. Der letzte Handelstag für die Optionen liegt bereits sechs Börsentage vor dem ersten Kalendertag im

Liefermonat des Futures (abweichend hiervon Optionen auf den Dreimonats Euribor Future). Auf diese Weise laufen die Optionen noch vor dem Verfalltermin der Futurekontrakte aus. Ein zeitlicher Unterschied dieser Art ist bei der DAX® Future-Option nicht aufgetreten, da eine physische Lieferung des DAX® bei Verfall des DAX® Futures ausgeschlossen ist.

Eine herausragende Besonderheit der Futureoptionen an der Eurex ergibt sich in Bezug auf das Abrechnungssystem. Während bei Kassaoptionen die Optionsprämie am Tag nach dem Geschäftsabschluss zu zahlen ist, kommt es bei den Future-Optionen auf Zinsfutures, aber auch bei der DAX® Future-Option, an der Eurex erst bei Ausübung oder Verfall zur vollständigen Begleichung der Optionsprämie. Während der Optionslaufzeit findet eine tägliche Verrechnung von Gewinnen und Verlusten aus der Optionsposition statt. Somit führen Kurssteigerungen der Option zu Gutschriften auf dem Konto des Clearing-Mitglieds, während Kursverluste zu Kontobelastungen führen. Dieses Abrechnungsverfahren wird Future-Style-Verfahren genannt, da die täglichen Abrechnungen dem Vorgehen bei Futurekontrakten entsprechen. Fällt z.B. der Kurs einer Option auf den Euro Bund Future an einem Tag von 1,20 EUR auf 1,05 EUR und besitzt der Investor fünf Kaufoptionskontrakte auf den Bund-Future, so kommt es zu einer Kontoabbuchung in Höhe von 750,-- EUR (Ticks · Tick-Wert · Kontraktanzahl).[50] Dem Inhaber der Gegenposition werden an diesem Tag 750,-- EUR gutgeschrieben.

Durch die tägliche Verrechnung von Gewinnen und Verlusten ist eine Sicherheitsforderung für die tägliche Abdeckung von eventuell auftretenden Glattstellungsverlusten nicht erforderlich. Es bedarf deshalb bei Zinsfutureoptionen keiner Initial Margin. Lediglich die Gefahr zukünftiger Glattstellungsverluste muss durch Marginzahlungen abgegolten werden. Die Marginberechnung erfolgt wiederum anhand des Risk Based Margining Systems. Dabei wird für den nächsten Börsentag die maximale Kursänderung des Futures anhand der historischen Volatilität errechnet. Dieses Marginintervall dient zur Berechnung des höchstmöglichen Optionsverlusts am nächsten Börsentag. Der zu entrichtende Marginbetrag ergibt sich dann aus der Multiplikation der errechneten Tickdifferenz mit dem Tick-Wert und der gehaltenen Kontraktanzahl. Dies sei an einem Beispiel verdeutlicht.

Die Notiz des September 1999 Euro Bund Futurekontrakts liegt bei 112,41. Der Investor kauft zwei Calls auf diesen Bund-Futurekontrakt mit Basispreis 112,00. Für die Option wird ein Schlussabrechnungspreis von 0,94 EUR von der Eurex festgestellt. Bezüglich des nächsten Börsentags wird eine maximale Preisbewegung des betrachteten Futurekontrakts von 100 Ticks nach unten und nach oben für möglich gehalten. Somit gilt für die maximalen Futurepreise: F_{min} = 111,41; F_{max} = 113,41. Aufgrund Berechnungen mit Optionspreismodellen ergibt sich daraus der maximale und minimale Optionswert. Es wird angenommen, die kritischen Optionspreise liegen bei 1,49 EUR und bei 0,36 EUR. Im ungünstigsten Fall verliert der Call des Investors folglich 0,58 EUR bzw. 58 Ticks. Um keinen Glattstellungsverlust am nächsten Börsentag bei Eintritt des ungünstigsten Kursverlaufs zu erleiden, muss er folgende Marginzahlung leisten:

$$58 \cdot 10,-- \cdot 2 = 1.160,-- \text{ EUR (Maximale Tickdifferenz} \cdot \text{Tick-Wert} \cdot \text{Kontraktanzahl)}$$

---

[50] Der Tick-Wert ist Tabelle 8.41 zu entnehmen

Ein Investor, der zur gleichen Zeit eine Short Position in der Option eingegangen ist, hätte eine Marginzahlung von 1.100,-- EUR erbringen müssen.

$$55 \cdot 10,-- \cdot 2 = 1.100,-- \text{ EUR (Maximale Tickdifferenz} \cdot \text{Tick-Wert} \cdot \text{Kontraktanzahl)}$$

Den Optionspreis von 0,94 bzw. 1.880,-- EUR (94 Ticks · 10,-- EUR · 2 Kontrakte) muss der Optionskäufer zunächst nicht bezahlen.

Zum vollständigen Verständnis werden noch zwei weitere Tage betrachtet. Der Kurs des Futures sinkt am nächsten Tag auf 112,35. Als Schlussabrechnungspreis für den Call wird 0,87 EUR festgestellt. Die kritischen Optionspreise für den kommenden Börsentag werden mit 0,32 EUR und 1,44 EUR angegeben. Zunächst führt die Optionspreisveränderung zur Gutschrift von 140,-- EUR (7 Ticks · 10,-- EUR · 2) beim Stillhalter und zu einer Kontobelastung in gleicher Höhe beim Call-Besitzer. Für den Investor mit der Long Position ergibt sich dazu folgende Marginerfordernis:

$$55 \cdot 10,-- \cdot 2 = 1.100,-- \text{ EUR (Maximale Tickdifferenz} \cdot \text{Tick-Wert} \cdot \text{Kontraktanzahl).}$$

Die Marginanforderung sinkt um 60,-- EUR, so dass es zu einer Gutschrift dieses Betrags auf dem Margin Account kommt. Der Inhaber der spiegelbildlichen Short Position muss folgende Margin hinterlegt haben.

$$57 \cdot 10,-- \cdot 2 = 1.140,-- \text{ EUR (Maximale Tickdifferenz} \cdot \text{Tick-Wert} \cdot \text{Kontraktanzahl)}$$

Am nächsten Tag wird schließlich die Option ausgeübt. Der Futurkurs beträgt 112,50 und der Schlussabrechnungspreis des Calls wird mit 1,02 EUR festgestellt. Die Veränderung der Option zum Vortag beträgt 15 Ticks. Daraus ergibt sich für den Call-Besitzer eine Gutschrift von 300,-- EUR. Beim Inhaber der Short Position erfolgt eine Belastung in Höhe von 300,-- EUR. Da der Call-Inhaber für die Ausübung optiert hat, kommt es nun zur Zahlung der Optionsprämie. Errechnet wird der zu zahlende Betrag, indem der Schlussabrechnungspreis mit dem Tick-Wert und der Kontraktanzahl multipliziert wird. Somit ergibt sich für den Investor mit dem Long Call folgende Prämienzahlung:

$$102 \cdot 10,-- \cdot 2 = 2.040,-- \text{ EUR (Ticks} \cdot \text{Tick-Wert} \cdot \text{Kontraktanzahl)}$$

Da der Investor während der Optionslaufzeit aber eine Gutschrift von 300,-- EUR und eine Belastung von 140,-- EUR erhalten hat, ergibt sich aus der Saldierung der Beträge der Wert der ursprünglich zu zahlenden Optionsprämie von 1.880,-- EUR (-140 + 300 - 2040). Für den Inhaber der Short Position saldieren sich die Beträge aus der täglichen Abrechnung und der Prämienabschlusszahlung ebenfalls auf 1.880,-- EUR.

Durch die Optionsausübung ergibt sich für den Investor mit der Long Position eine neue Position von zwei Sept 99 Euro Bund Futurekontrakten. Da der Investor einen Basispreis von 112,00 besaß, der derzeitige Kurs des Futures aber 112,50 beträgt, muss zunächst der tägliche Gewinn- und Verlustausgleich dieser Futureposition vorgenommen werden. Die Differenz beträgt 50 Ticks. Dies hat eine Gutschrift von 1.000,-- EUR zur Folge. Auf der anderen Seite besitzt der ehemalige Stillhalter in der Option jetzt zwei Short Futurekontrakte. Da er diese zum Basispreis von 112,00 erworben hat, wird sein Konto im Rahmen der täglichen Gewinn- und Verlustverrechnung mit 1.000,-- EUR belastet. Schließlich ist für die Futurepositionen die Margin zu bestimmen. Da in dem Beispiel mit einer maximalen Preisabweichung von 100 Ticks gerechnet wurde, beträgt die geforderte Margin 2.000,-- EUR (100 Ticks · 10,-- EUR · 2 Kontrakte). Bisher hat der vormalige Call-Inhaber nur eine Margin in Höhe von 1.100,-- EUR hinterlegt. Die Differenz von 900,-- EUR muss er nachschießen. Für die neue Short Futureposition ist ein Nachschuss von 860,-- EUR erforderlich, da bisher schon 1.140,--EUR hinterlegt waren.

8.2.4.1 Option auf Euro Bund Future

Bund Future Optionen sind am 16. August 1991 zusammen mit DAX® Optionen erstmalig an der DTB gehandelt worden. Die Anzahl der täglich gehandelten Kontrakte betrug im Jahr der Einführung 1.780 und im Jahr 1998 durchschnittlich 27.200 Kontrakte. Bevor die DTB den Handel mit Bund Future Optionen aufgenommen hat, wurden diese bereits seit längerer Zeit an der LIFFE in London gehandelt. Dem folgenden Tableau können die Kontraktspezifikationen der Euro Bund Future Option entnommen werden.

Die Basispreise der Euro Bund Future Optionen sind in 0,50 Schritte (112,00; 112,50; 113,00; ...) unterteilt. Bei Futurekontrakten mit den Verfallmonaten März, Juni, September und Dezember sind die Verfallmonate von Option und Underlying identisch. Bei den übrigen Verfallmonaten ist der Fälligkeitsmonat des zugrunde liegenden Futures der Quartalsmonat, der dem Verfallmonat der Option folgt.

Als Motive für Investoren, mit Euro Bund Future Optionen zu handeln, können wiederum Hedging-, Trading- und Arbitragegründe angeführt werden. Beim Hedging mit Euro Bund Future Optionen geht es entweder um die Absicherung einer bestehenden oder einer zukünftigen Kassaposition gegen das Zinsänderungsrisiko. Im Unterschied zum Basisinstrument kann der Optionsinhaber bei einer für ihn ungünstigen Kursentwicklung des Futures die Option verfallen lassen. Eine Verlustteilnahme ist somit auf die gezahlte Optionsprämie beschränkt. Auf der anderen Seite ist Hedging mit Euro Bund Future-Optionen aufgrund der Prämie teurer als Hedging mit Euro Bund Futures.

Unter Tradinggesichtspunkten bietet sich der Kauf oder Verkauf von Euro Bund Future Optionen als Spekulation auf Zinsänderungen an. Durch den großen Hebel profitiert die Optionsposition von einer richtigen Prognose der Zinsentwicklung. Der maximale Verlust ist im Fall einer gekauften Option jeweils auf die Optionsprämie beschränkt. Da die Optionsprämie bei Euro Bund Futures aber erst am Ausübungs- bzw. Verfalltag in voller Höhe fällig wird, ist der Kapitaleinsatz im Vergleich zu anderen Optionen an der Eurex besonders gering. Zur Renditeaufbesserung kann bei der Erwartung stagnierender Zinssätze eine Stillhalterposition in Calls auf den Euro Bund Future eingenommen werden. Dabei kann gleichzeitig ein Anleiheportfolio gehalten werden. Im besten Fall wird auf diese Weise die gesamte Optionsprämie vereinnahmt werden. Diese Strategie, bei der auf ein bestehendes Portfolio Calls geschrieben werden, wird als Covered Call bezeichnet.

Basiswert:	Euro Bund Future
Kontraktwert:	Ein Euro Bund Futurekontrakt
Optionstyp:	Amerikanisch
Notierung:	In Punkten; auf zwei Dezimalstellen
Tick-Größe und -Wert:	0,01 bzw. 10,-- EUR
Maximale Laufzeit:	6 Monate
Verfallmonate:	Die jeweils drei nächsten sowie der darauffolgenden Monat aus dem Zyklus März, Juni, September, Dezember
Verfalltag:	Börsentag nach dem letzten Handelstag
Letzter Handelstag:	6 Börsentage vor dem ersten Kalendertag im Liefermonat des Euro Bund Futures
Prämienabrechnung:	Future Style Verfahren
Margin	Risk Based Margin

Tabelle 8.41: Kontraktspezifikationen bei der Euro Bund Future Option

Eine weitere Strategie besteht in der Spekulation auf die zukünftige Volatilität des Euro Bund Futures und somit der langfristigen Zinsen. Durch den Aufbau eines Straddles oder Strangles kann wirksam auf eine steigende (Long) oder sinkende (Short) Volatilität gesetzt werden. Auch lassen sich weitere Kombinationspositionen mit Euro Bund Future Optionen konstruieren. Dazu sei auf die Darstellungen im Bereich der Aktienoptionen verwiesen.

Auf dem Feld der Arbitrage mit Euro Bund Future-Optionen ist an Ungleichbewertungen zwischen dem Euro Bund Future und einer aus Euro Bund Future Optionen konstruierten synthetischen Euro Bund Future-Position zu denken. Es ist möglich, mit Hilfe des gleichzeitigen Handels des Futures und des aus Euro Bund Future-Optionen bestehenden synthetischen Futures risikolose Gewinne zu erzielen. Zur Vorgehensweise sei erneut auf die entsprechenden Abschnitte im Bereich der Aktienoptionen verwiesen.

8.2.4.2 Option auf Euro Bobl Future

Die Einführung von Optionen auf den Bobl-Future erfolgte am 15. Januar 1993. Bezüglich der Ausgestaltung des Optionskontrakts treten gegenüber den Optionen auf den Euro Bund Future kaum Abweichungen auf. Die einzigen Unterscheidungen bestehen im Underlying und in der Größe der Basispreisintervalle von 0,25. Insofern kann auf die Ausführungen des vorangegangenen Abschnitts verwiesen werden.

Basiswert:	Euro Bobl Future
Kontraktwert:	Ein Euro Bobl Futurekontrakt
Optionstyp:	Amerikanisch
Notierung:	In Punkten; auf 2 Dezimalstellen
Tick-Größe und -Wert:	0,01 bzw. 10,-- EUR
Maximale Laufzeit:	6 Monate
Verfallmonate:	Die jeweils drei nächsten sowie der darauf folgende Monat aus dem Zyklus März, Juni, September, Dezember
Verfalltag:	Börsentag nach dem letzten Handelstag
Letzter Handelstag:	6 Börsentage vor dem ersten Kalendertag im Liefermonat des Euro Bobl Futures
Prämienabrechnung:	Future Style Verfahren
Margin	Risk Based Margin

Tabelle 8.42: Kontraktspezifikationen bei der Euro Bobl Future Option

8.2.4.3 Option auf Euro Schatz Future

Mit Einführung des Schatz Futures sind Hedging-, Arbitrage- bzw. Trading-Strategien auf Zinsen im Laufzeitbereich von 1 ¾ bis 2 ¼ Jahren möglich. Die Kontraktspezifikationen der Option auf den Euro Schatz Future sind bis auf das entsprechende Undelying sowie den Basispreisintervallen von 0,10 identisch mit denen der Option auf den Euro Bobl Future.

Basiswert:	Euro Schatz Future
Kontraktwert:	Ein Euro Schatz Futurekontrakt
Optionstyp:	Amerikanisch
Notierung:	In Punkten; auf 2 Dezimalstellen
Tick-Größe und -Wert:	0,01 bzw. 10,-- EUR
Maximale Laufzeit:	6 Monate
Verfallmonate:	Die jeweils drei nächsten sowie der darauf folgende Monat aus dem Zyklus März, Juni, September, Dezember
Verfalltag:	Börsentag nach dem letzten Handelstag
Letzter Handelstag:	6 Börsentage vor dem ersten Kalendertag im Liefermonat des Euro Schatz Futures
Prämienabrechnung:	Future Style Verfahren
Margin	Risk Based Margin

Tabelle 8.43: Kontraktspezifikationen bei der Euro Schatz Future Option

8.2.4.4 Option auf Dreimonats Euribor Future

Gleichzeitig mit dem entsprechenden Underlying erfolgte im Oktober 1998 die Einführung der Option auf den Dreimonats Euribor Future an der Eurex. Im Gegensatz zum Underlying sind die Umsätze in diesem Produkt bislang allerdings gering.

Ebenso wie bei den eben dargestellten Optionen auf Zinsfutures ist der Käufer einer Kaufoption berechtigt, die Eröffnung einer Kaufposition des entsprechenden Futures zu verlangen, während der Käufer einer Verkaufsoption die Eröffnung der Verkaufsposition verlangen kann. Der Stillhalter dagegen ist bei Ausübung verpflichtet, die dazugehörige Gegenposition einzugehen. Auch die Preisermittlung der Option auf den Dreimonats Euribor Future erfolgt in Punkten. Aufgrund des abweichenden Kontraktvolumens des Underlyings von 1.000.000 EUR beträgt der Wert pro Punkt jedoch 2.500,-- EUR (1% · 1.000.000 EUR · 90/360). Die minimale Preisabstufung beträgt 0,005 Punkte bzw. 12,50 EUR (2.500 EUR · 0,005). Steigt z.B. eine bestimmte Kaufoption auf den Dreimonats Euribor Future von 0,130 auf 0,160 Punkte, werden einem Anleger, der vier Kontrakte hält, 300,-- EUR (6 · 12,50 EUR · 4) auf seinem Marginkonto gutgeschrieben, während dem Inhaber der Gegenposition derselbe Betrag belastet wird. Als Verfallmonate kommen nur Monate aus dem Zyklus März, Juni, September und Dezember in Frage. Im Gegensatz zu den Optionen auf Euro Schatz, Euro Bobl und Euro Bund Future sind jedoch Fälligkeitsmonat des zugrunde liegenden Underlyings und Verfallmonat der Option grundsätzlich identisch. Zu jedem Verfallmonat werden 21 Ausübungspreise eingeführt. Dementsprechend liegen die Ausübungspreisabstände mit 0,10 Punkte enger beisammen als bei den anderen Optionen auf Zinsfutures an der Eurex. In Tabelle 8.44 sind die Kontraktspezifikationen der Option auf den Dreimonats Euribor Future zusammengefasst. Hinsichtlich der Anwendungsmöglichkeiten ergeben sich keine Unterschiede zu anderen Optionen auf Zinsfutures an der Eurex. Hierzu wird auf die Ausführungen zur Option auf den Euro Bund Future verwiesen.

Basiswert:	Dreimonats Euribor Future
Kontraktwert:	Ein Dreimonats Euribor Futurekontrakt
Optionstyp:	Amerikanisch
Notierung:	In Punkten; auf 3 Dezimalstellen
Tick-Größe und -Wert:	0,005 bzw. 12,50 EUR
Maximale Laufzeit:	12 Monate
Verfallmonate:	Die vier nächsten Monate aus dem Zyklus März, Juni, September, Dezember
Verfalltag:	Börsentag nach dem letzten Handelstag
Letzter Handelstag:	Zwei Börsentage vor dem dritten Mittwoch des jeweiligen Erfüllungsmonats
Prämienabrechnung:	Future Style Verfahren
Margin	Risk Based Margin

Tabelle 8.44: Kontraktspezifikationen bei der Dreimonats Euribor Future Option

8.2.5 Währungsoptionen an der Eurex

In den letzten Jahren haben das Handelsvolumen und die Liquidität am deutschen Devisenmarkt erheblich zugenommen. Dabei entfielen ca. zwei Drittel aller Transaktionen auf die Währungen USD und DM. Die DTB hat darauf reagiert und bietet seit der Einführung am 20.01.1997 mit der USD/DM-Option ein Terminmarktinstrument für beide Währungen an. Der DTB/Eurex gelang es jedoch nicht, sich im Retail-Bereich gegen die Währungsoptionsscheine, die von großen internationalen Investmentbanken (z.B. Citibank, Goldman Sachs) emittiert werden, durchzusetzen.

Im institutionellen Bereich werden Devisentermingeschäfte nach wie vor überwiegend over-the-counter (OTC) gehandelt. Mit Einführung des Euro zum 01. Januar 1999 führte die Eurex daher keine neue Währungsoption ein. Der Handel mit der USD/DM-Option wurde im Dezember 1998 eingestellt. Dennoch sollen die wesentlichen Merkmale dieser Option kurz beschrieben werden.

Entsprechend anderer Optionsgeschäfte wird dem Käufer einer USD/DM-Option das Recht eingeräumt, einen bestimmten Betrag an USD zu einem im voraus festgelegten Preis (= Basispreis) gegen DM zu kaufen, falls es sich um eine Kaufoption handelt, bzw. zu verkaufen, falls eine Verkaufsoption vorliegt. Die USD/DM-Option an der DTB/Eurex wurde als Option europäischer Art ausgestaltet. Es war jederzeit eine Glattstellung über die DTB/Eurex möglich, indem der Käufer der Option diese weiterverkauft bzw. der Verkäufer einen Rückkauf tätigt. Durch die Möglichkeit zur jederzeitigen Glattstellung, die unter Anwendung des Market Maker-Prinzips sichergestellt wird, können Gewinne realisiert oder Verluste begrenzt werden.

Dem folgenden Tableau können die einzelnen Kontraktspezifikationen der USD/DM-Option entnommen werden.

Basiswert:	USD/DM-Wechselkurs
Kontraktwert:	50.000 USD
Optionstyp:	Europäisch
Notierung:	DM pro 100 USD mit zwei Nachkommastellen
Schlussabrechnung:	Barausgleich (Cash Settlement)
Tick-Größe und -Wert:	0,01 bzw. DM 5,--
Maximale Laufzeit:	12 Monate
Verfallmonate:	Die drei nächsten aufeinanderfolgenden Monate sowie die drei darauffolgenden Monate aus dem Zyklus März, Juni, September und Dezember
Letzter Handelstag:	Dritter Freitag des Verfallmonats
Verfalltag:	Börsentag nach dem letzten Handelstag
Prämienabrechnung:	Am auf den Kauftag folgenden Börsentag in voller Höhe in DM
Margin:	Risk Based Margin

Tabelle 8.45: Kontraktspezifikationen bei der USD/DM-Option

Dem Einsatz der USD/DM-Option können drei Motive zugrunde liegen: Hedging, Spekulation sowie Arbitrage. Das Motiv des Hedging spielt insbesondere im Import/Export-Geschäft eine wichtige Rolle. Der Hedger als Käufer einer Verkaufsoption beabsichtigt die Absicherung seiner bestehenden oder zukünftigen USD-Kassaposition, z.B. aus einem Warengeschäft, gegen Währungsrisiken. Damit kann er seine Verluste auf die gezahlte Optionsprämie beschränken und erzielt dadurch Planungssicherheit. Zu Spekulationszwecken bietet die USD/DM-Option ein Instrument, um Devisenkursprognosen in Handelsstrategien umzusetzen. Schließlich bestehen auch Arbitragemöglichkeiten bei Bewertungsdifferenzen zwischen dem USD und einer synthetischen USD-Position, die mit Hilfe der USD/DM-Option und einer risikolosen Anlagemöglichkeit kreiert werden kann.

8.2.6 Optionen an der LIFFE

Wie schon im Bereich der Futures bietet die LIFFE auch bei den Optionen eine relativ große Palette verschiedener Kontrakte an. Hierzu zählen Aktienoptionen, Optionen auf kurzfristige und langfristige Zinsfutures sowie Aktienindexoptionen. Bis Januar 1996 wurden alle Optionskontrakte ausschließlich auf dem Börsenparkett gehandelt. Inzwischen kommt ergänzend ein Computerhandelssystem zum Einsatz, das eine Erweiterung des ursprünglich nur für den Future-Handel genutzten „Automated Pit Trading System" darstellt. Mit Einführung von Release 1.0 des vollelektronischen Handelssystems LIFFE CONNECT im November 1998 können Aktienoptionen ganztägig elektronisch gehandelt werden. Sämtliche anderen Optionen werden bislang ausschließlich auf dem Parkett gehandelt. Eine Ausdehnung des elektronischen Handels auf diese Optionen ist allerdings vorgesehen.

Gegenwärtig sind 92 Aktienoptionen im Börsenhandel an der LIFFE vertreten (Stand: März 2002). Sämtliche Basistitel sind im FTSE 100 enthalten. Die Kontraktgröße beläuft sich in den meisten Fällen auf 1.000 Aktien. Ebenso wie die Aktienoptionen an der Eurex sind Aktienoptionen an der LIFFE amerikanischen Typs.

Indexkontrakte werden als europäische und amerikanische Optionen auf den FTSE 100-Index angeboten. Eine Besonderheit bildet hierbei die FTSE 100 FLEX-Option (European Style), deren Ausübungspreis und -tag nicht standardisiert sind, sondern zwischen zwei Kontraktpartnern beliebig innerhalb eines Zweijahreszeitraums vereinbart werden können. Bei FTSE 100 FLEX-Optionen handelt es sich um Optionen europäischen Typs. Auf folgende FTSE- und MSCI-Indizes für europäische Standardwerte werden Optionen angeboten: FTSE Eurobloc 100, MSCI Euro und MSCI Pan Euro. Diese Optionen sind als europäische Optionen ausgestaltet. Bezüglich der Zusammensetzung der einzelnen Indizes wird auf die Ausführungen zu Futures an der LIFFE verwiesen.

Die kurzfristigen Zinsoptionen umfassen Kontrakte auf Euro-Geldmarktfutures in den Währungen Euro, Pfund Sterling und Schweizer Franken.. Die Option auf den Dreimonats Euribor Future ist mit der entsprechenden Option an der Eurex vergleichbar. Die Kontraktspezifikationen gehen aus der folgenden Tabelle hervor. Im Gegensatz zur vergleichbaren Option an der Eurex sind jedoch Laufzeiten bis maximal 24 Monate möglich. Daneben fallen auch der Fälligkeitsmonat des entsprechenden Underlyings und der Verfallmonat der Option nicht grundsätzlich aufeinander. Jeweils der Quartalsmonat und die zwei vorhergehenden Monate als Verfallmonate der Option sind dem Quartalsmonat als Fälligkeitsmonat des Futures zugeordnet. Liegt z.B. der Verfalltermin der Option im Februar, ist der dazugehörige Fälligkeitsmonat des Underlyings der März. Daneben werden sogenannte „One Year Mid-Curve" Optionen auf den Dreimonats Euribor Future angeboten. Hierbei liegt zwischen Verfallmonat der Option und dem Fälligkeitsmonat des Futures noch zusätzlich ein Jahr.

Der Option auf den Dreimonats Euribor vergleichbare Optionen werden für den Dreimonats-Sterling- und den Dreimonats Euroswiss Future angeboten. Den Optionen liegt jeweils ein Future mit dem entsprechenden LIBOR-Satz zugrunde. Bis auf das entsprechende Underlying und abweichende Tickgrößen bzw. Werte ergeben sich keine Unterschiede zur Option auf den Dreimonats Euribor Future. Daneben wird an der LIFFE eine Option auf den Euro Bund Future gehandelt.

Basiswert:	Dreimonats Euribor Future
Kontraktwert:	Ein Dreimonats Euribor Futurekontrakt
Otpionstyp:	Amerikanisch
Notierung:	In Prozent vom Kontraktwert mit 2 Nachkommastellen
Tick-Größe und-Wert:	0,005 bzw. 12,50 EUR
Maximale Laufzeit:	24 Monate
Verfallmonate:	Die jeweils sechs nächsten Monate aus dem Zyklus März, Juni, September, Dezember sowie zwei weitere Monate, die dem Einführungsmonat am naächsten liegen
Verfalltag:	Letzter Handelstag des Verfallmonats
Letzter Handelstag:	Zwei Börsentage vor dem dritten Mittwoch des Verfallmonats
Optionsprämienabrechnung:	Future Style Verfahren
Handelszeit:	7.32 - 16.10 Uhr Londoner Zeit

Tabelle 8.46: Kontraktspezifikationen der Option auf Euribor Futures an der LIFFE

Zusätzlich zu den Optionen auf Finanzinstrumente bzw. Futures denen Finanztermingeschäfte zugrunde liegen, werden an der LIFFE auch Optionen auf Waren bzw. Rohstoff-Futures angeboten. Auf die Darstellung dieser Instrumente wird verzichtet.

8.3 Swaps

8.3.1 Währungsswaps

Den Anfang einer rasanten Entwicklung der Swapmärkte markiert ein vielfach zitiertes Swapgeschäft zwischen der Weltbank und IBM im Jahr 1981. IBM hatte 1979 Anleihen in DM und Schweizer Franken (CHF) emittiert. Zwei Jahre später war wegen der Abwertung dieser beiden Währungen der Dollar-Gegenwert der Anleihe-Verbindlichkeiten deutlich gesunken. Um den Kursgewinn festzuschreiben, suchte IBM nach einer Möglichkeit, die begebenen Anleihen durch eine Dollar-Verbindlichkeit zu ersetzen. Der Rückkauf der Anleihen kam aus steuerlichen Gründen nicht in Betracht.

Zur gleichen Zeit benötigte die Weltbank langfristige Mittel in DM oder CHF. Aufgrund der vergleichsweise geringen Aufnahmefähigkeit der europäischen Kapitalmärkte erschien es fraglich, ob das gewünschte Anleihevolumen platziert werden könnte. Außerdem war für die Weltbank eine günstigere Verschuldung an den wesentlich größeren Dollarmärkten möglich.

In dieser Situation vereinbarten IBM und die Weltbank zum beiderseitigen Vorteil einen Wäh-

rungsswap. Dabei handelt es sich um ein Tauschgeschäft, das sich grundsätzlich in drei Schritte aufteilen lässt:
- Austausch der Kapitalbeträge in den vereinbarten Währungen zu Beginn der Swap-Laufzeit (Ausgangstransaktion),
- Austausch der vereinbarten Zinszahlungen in den unterschiedlichen Währungen zu festgelegten Terminen während der Swap-Laufzeit (Zinstransaktion),
- Abschließender Tausch der Kapitalbeträge, wobei die Umrechnung nach einem vorab vereinbarten Kurs erfolgt (Schlusstransaktion).

Die Anfangstransaktion ist bei einem Währungsswap nicht zwingend erforderlich. Sie entfällt insbesondere dann, wenn eine der Vertragsparteien bei Geschäftsabschluss nicht über die entsprechende Kapitalsumme verfügt. Die Zinstransaktion kommt prinzipiell in vier Varianten vor, die sich daraus ergeben, dass variable oder fixe Zinszahlungen in Währung A gegen variable oder fixe Zinszahlungen in Währung B getauscht werden können.

Im Falle des IBM/Weltbank-Swaps wurde auf die Anfangstransaktion verzichtet und der Austausch beidseitig fixer Zinszahlungen vereinbart. Die Struktur der Swap-Zahlungsreihe aus der Sicht der Weltbank zeigt das folgende Schema, in dem Einzahlungen durch Pfeile nach oben, Auszahlungen durch Pfeile nach unten gekennzeichnet sind. Das entsprechende Schema für IBM ist im Vergleich hierzu spiegelverkehrt.

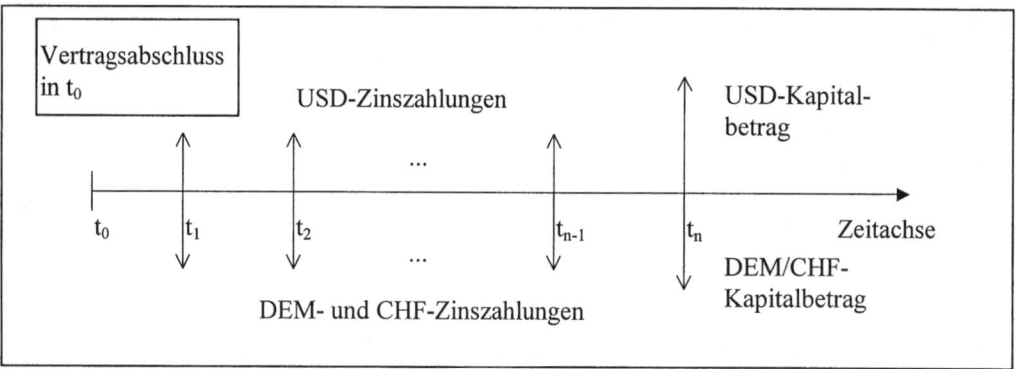

Abbildung 8.26: Beispielhafte Zahlungsstruktur eines Währungsswaps aus Sicht der Weltbank

Durch diese Swapkonstruktion war es der Weltbank möglich, die günstigere Mittelbeschaffung am Dollarmarkt zu erschließen, ohne auf die eigentlich gewünschten Währungen zu verzichten. Die angestrebte Verschuldung in DM und CHF wurde synthetisch konstruiert, da die in Dollar an die Anleihegläubiger zu leistenden Zins- und Tilgungszahlungen durch die Eingänge aus dem Swapgeschäft genau gedeckt waren. IBM andererseits konnte das Währungsrisiko der DM- und CHF-Verbindlichkeiten erfolgreich ausschalten, so dass die per Saldo verbleibenden Zahlungen einer Dollarverschuldung entsprachen.

Die vielfältigen Einsatzmöglichkeiten von Swapgeschäften gehen auf zwei grundlegende Formen zurück. Zum einen können Swaps mit anderen Finanzinstrumenten gezielt so kombiniert werden, dass insgesamt die gewünschten Ausstattungsmerkmale entstehen. Swaps sind in diesem Fall als

Baustein für synthetische Wertpapiere von Bedeutung. Zum anderen werden Swaps als eigenständiges Instrument im Rahmen des Risikomanagements eingesetzt.

Weiterhin können die Verwendungsmöglichkeiten von Swaps danach unterschieden werden, ob die Mittelbeschaffung optimiert werden soll (Liability Swaps) oder ob Swaps zur Veränderung der Anlagestruktur auf der Aktivseite genutzt werden. Im letztgenannten Fall, der für das Wertpapiermanagement besonders relevant ist, spricht man von Asset Swaps.

	Liability Swaps	**Asset Swaps**
Konstruktion synthetischer Wertpapiere	(1) z.B. Abdecken eines langfristigen EUR-Finanzbedarfs durch Plazierung einer USD-Anleihe + USD/EUR-Währungsswap (s. Weltbank im obigen Beispiel)	(2) z.B. Nachbilden einer EUR-Anlage durch Kauf einer USD-Anleihe + USD/EUR-Währungsswap
Einsatz als eigenständiges Instrument im Rahmen des Risikomanagements	(3) z.B. Umwandlung einer Verbindlichkeit in eine andere Währung (s. IBM im obigen Beispiel)	(4) Aktives Zins- und Währungsmanagement von Rentenportfolios, z.B. Umwandlung von USD- in EUR-Anlagen
	(5) Bilanzstrukturmanagement insb. in Banken, z.B. Schließen einer passivischen offenen Währungsposition durch einen Währungsswap	

Tabelle 8.47: Systematisierung der Einsatzmöglichkeiten von Swapgeschäften

Die Felder (1) und (2) der Tabelle 8.47 stellen auf das Financial Engineering mit Swaps ab. Vorteile ergeben sich hier, wenn die synthetisch konstruierten Wertpapiere entweder in direkter Form nicht gehandelt werden oder wenn sie im Vergleich zu den am Markt verfügbaren Alternativen günstigere Konditionen bieten. Swaps müssten folglich zur Komplettierung des Marktes beitragen oder Marktunvollkommenheiten ausnutzen.

Ein wichtiger Grund für die Attraktivität von Währungsswaps ist in diesem Zusammenhang darin zu sehen, dass Unternehmen häufig auf ihrem heimischen Kapitalmarkt Konditionenvorteile gegenüber ausländischen Kapitalmärkten besitzen, weil die Anleihegläubiger im Inland die Bonität des Unternehmens besser einzuschätzen vermögen als ausländische Investoren. Derartige Informationsasymmetrien werden zwar an den immer enger verflochtenen globalen Finanzmärkten zunehmend reduziert, lassen sich aber aufgrund der Informationskosten nicht vollständig beseitigen.

Nicht selten ist allerdings auch der umgekehrte Fall zu beobachten, nämlich die Anleihebegebung in fremder Währung, obwohl Finanzbedarf eher in heimischer Währung besteht. Beispielsweise waren eine Zeitlang Emissionen deutscher Unternehmen in Austral-$ und Can-$ in Kombination mit Währungsswaps verbreitet. Eine mögliche Erklärung hierfür ist ein vorübergehender Angebotsüberschuss am australischen oder kanadischen Kapitalmarkt, der sich in besonders günstigen Finanzierungskonditionen niedergeschlagen hat. Als Swappartner kamen Unternehmen in Betracht, die eine Transformation früher eingegangener DM-Verbindlichkeiten in Austral-$ oder Can-$ wünschten.

Marktunvollkommenheiten, die den Einsatz von Swaps vorteilhaft erscheinen lassen, gehen nicht zuletzt von staatlichen Reglementierungen und Besonderheiten der Steuergesetzgebung in einzelnen Ländern aus. Das Financial Engineering mit Swaps kann Vorteile bringen, wenn Zahlungsstrukturen, die aus ökonomischer Sicht gleichwertig sind, unterschiedlich behandelt werden. Nicht wenige Swap-Transaktionen wurden durchgeführt, weil mit den synthetisch nachgebildeten Wertpapieren einschränkende Vorschriften umgangen oder eine günstigere Besteuerung erreicht werden konnte.

Das Prinzip der Finanzchemie trägt auch zur Renditeverbesserung im Asset Management bei. So lässt sich beispielsweise der Kauf einer EUR-Floating Rate Note durch einen amerikanischen Investor auf folgende Arten nachbilden:
(1) Kauf eines USD-Floaters in Kombination mit einem Währungsswap (variabel/variabel);
(2) Kauf einer USD-Festzinsanleihe mit einem Währungsswap (fix/variabel);
(3) Kauf einer EUR-Festzinsanleihe und fix-variablem Zinstausch (vgl. Abschnitt 8.3.2.).

Mit erweiterten Möglichkeiten der synthetischen Konstruktion identischer Zahlungsstrukturen steigt die Wahrscheinlichkeit, eine rentablere Anlage oder einen günstigeren Finanzierungsweg zu finden als bei einem Direktengagement.

Die Vorteile von Währungsswaps, die in den Fällen (3) bis (5) aus Tabelle 8.47 zum Tragen kommen, liegen erstens in den mit anderen Instrumenten nicht erreichbaren langen Fristigkeiten dieser Geschäfte begründet. Zweitens resultieren Vorteile aus den relativ niedrigen Transaktionskosten bei Swapverträgen. Bestehende Verbindlichkeiten oder gehaltene Rentenportfolios können häufig nur unter Inkaufnahme hoher Transaktionskosten vorzeitig aufgelöst werden, wenn sich die gesamtwirtschaftlichen oder unternehmensbezogenen Rahmendaten ändern. Swaps haben sich hier zu einem kostengünstigen Instrument entwickelt, das eine flexible Anpassung der Cash Flows an die neuen Gegebenheiten ermöglicht. Vor allem Banken nutzen Swapgeschäfte in größerem Umfang, um ihre Bilanzstruktur fortlaufend im Hinblick auf Zinsänderungs- und Währungsrisiken zu optimieren (vgl. Fall (5) in Tabelle 8.47).

8.3.2 Zinsswaps

Ein Zinsswap ist eine vertragliche Vereinbarung über den Austausch von Zinszahlungen auf einen bestimmten Kapitalbetrag. Im Unterschied zu Währungsswaps erfolgen sämtliche Zahlungen in der gleichen Währung. Die Kapitalsumme wird nicht ausgetauscht. Meistens sind die Zinszahlungen einer Partei über die Gesamtlaufzeit fixiert, während die andere Partei variable Zahlungen leistet, deren Höhe sich i.d.R. nach einem Geldmarktsatz (vor allem: 3 oder 6 Monats-LIBOR) richtet (über 90 % aller Zinsswaps). Möglich sind daneben auch Zinsswaps mit entweder variablen oder aber fixen Zahlungen auf beiden Seiten. Leistung und Gegenleistung unterscheiden sich dann beispielsweise in der Häufigkeit der Zinszahlungen oder in der variablen Zinsbasis (z.B. LIBOR vs. U.S. Treasury bill rate).

Die in Tabelle 8.47 getroffenen Fallunterscheidungen sind auf Zinsswaps übertragbar. Als typisches Beispiel für die Vorteilhaftigkeit dieses Instruments wird häufig die Kombination von Anleiheemissionen mit Zinsswaps angeführt (Fall (1) in Tabelle 8.47).[51] Angenommen, ein bonitätsmäßig besser eingestuftes Unternehmen A sucht eine variable Verschuldung, wohingegen ein schlechter geratetes Unternehmen B festverzinsliche Mittel aufnehmen möchte. Es sei folgende Ausgangsposition unterstellt:

	Unternehmen A	Unternehmen B	Zinsdifferenz
Zinsvariable Mittelbeschaffung	LIBOR+0,25 %	LIBOR +0,75 %	0,5 %
Zinsfixe Mittelbeschaffung	8 %	9,5 %	1,5 %

Tabelle 8.48: Zinskonditionen für Kreditmittelbeschaffungen

Unternehmen B muss bei zinsvariabler ebenso wie bei zinsfixer Mittelbeschaffung höhere Zinsen zahlen als Unternehmen A. Allerdings ist die Zinsdifferenz bei variabler Verschuldung geringer. Dieser komparative Vorteil von Unternehmen B kann folgendermaßen zugunsten beider Parteien verwertet werden: Unternehmen B nimmt einen variabel verzinslichen Kredit auf, Unternehmen A emittiert eine festverzinsliche Anleihe und zugleich vereinbaren A und B einen fix-variablen Zinsswap. Zahlt nun A jährlich LIBOR an B und erhält dafür von B 8,25% Zinsen p.a., so ergeben sich für die Swappartner folgende Salden:

	Unternehmen A	Unternehmen B
Jährliche Auszahlung an Anleihegläubiger	- 8 %	- (LIBOR+0,75 %)
Jährliche Auszahlung aus Swapgeschäft	- LIBOR	- 8,25 %
Jährliche Einzahlung aus Swapgeschäft	+ 8,25 %	+ LIBOR
Jährliche Saldozahlung aus Kreditaufnahme + Swap	- (LIBOR-0,25 %)	-9 %

Tabelle 8.49: Zahlungsströme aus Anleiheemission und Zinsswap

Offenbar profitieren beide Unternehmen von der Swapvereinbarung: A realisiert eine auf direktem Wege nicht erreichbare Verschuldung unterhalb des LIBOR-Satzes und B zahlt per Saldo 9% Zinsen anstelle von 9,5%, die bei direkter Emission einer festverzinslichen Anleihe anfallen. Selbst wenn für die Vermittlung des Swaps eine Bankprovision von maximal einem Prozent erhoben wird, bleibt der Swap anscheinend für alle Beteiligten vorteilhaft. Daher wird diese Transaktion vielfach als ein Arbitragegeschäft angesehen (im Englischen: quality spread arbitrage).

---

[51] In den letzten Jahren wurde mehr als die Hälfte aller am Euromarkt begebenen Anleihen mit Zins- oder Währungsswaps unterlegt.

Allerdings stellt sich hier die Frage, warum der Zinsnachteil von B bei variabler Mittelbeschaffung geringer ist als bei fixen Krediten. An annähernd effizienten Märkten hat eine solche Differenz nur Bestand, wenn die Alternativen aus Sicht der Gläubiger unterschiedlich riskant sind. Erfolgt beispielsweise die zinsvariable Mittelbeschaffung revolvierend mit kurzfristigen Finanztiteln (z.B. Commercial Papers), so stellen die Gläubiger den Kredit nur kurzfristig zur Verfügung und tragen deshalb ein geringeres Ausfallrisiko als bei festverzinslichen Anleihen. Der Zinsswap leistet so gesehen keine Arbitrage, sondern lediglich eine Verlagerung von Risiken:

- Der Weg über die Swaptransaktion beinhaltet für die Gläubiger von B ein geringeres Risiko als die Alternative ohne Swap, daher fordern sie einen geringeren Risikozuschlag;
- Unternehmen B trägt das Risiko, die Kredite nicht verlängern zu können („funding risk") und erhält als Ausgleich einen Zinsvorteil von 0,5%;
- Unternehmen A riskiert Nachteile aus dem Ausfall des Swappartners B und verlangt eine „Risikoprämie" im Beispiel ebenfalls von 0,5%.

Es gibt viele Gründe, warum eine solche Risikoverlagerung erstrebenswert sein kann. Schließlich ist das enorme Wachstum der Finanzinnovationen nicht zuletzt Ausdruck der großen Bedeutung, die einer effizienten Risikoallokation an hochvolatilen Märkten beizumessen ist. Im obigen Beispiel könnte die Swaptransaktion der direkten Anleihebegebung unter anderem deshalb überlegen sein, weil die Gläubiger das Bonitätsrisiko von B zu hoch einschätzen. Um das daraus resultierende überhöhte Entgelt für die Risikoübernahme zu vermeiden, sollte der besser informierte Vorstand von Unternehmen B die revolvierende Mittelbeschaffung wählen.

Natürlich können gelegentlich auch echte Arbitragemöglichkeiten existieren. Da jedoch Arbitrageprozesse die Tendenz haben, die bestehenden Gewinnchancen auszuhöhlen, kann das enorme Wachstum der Zinsswap-Volumina in den letzten Jahren wohl nur zu einem geringen Teil durch echte Arbitragegeschäfte erklärt werden.

Es ist hervorzuheben, dass keineswegs heterogene Erwartungen der Swappartner vorliegen müssen, damit das Tauschgeschäft für beide Parteien attraktiv ist. Die entgegengerichteten Interessen können - in gleicher Weise wie bei Optionen und Futures - allein aus unterschiedlichen Ausgangssituationen resultieren. Hat z.B. eine Bank eine offene aktivische Festzinsposition und eine andere einen passivischen Festzinsüberhang, so bietet sich ein Zinsswap an, um das Zinsrisiko beider Kreditinstitute zu reduzieren.

Im Management von Rentenportfolios bieten Zinsswaps die Möglichkeit, innerhalb kurzer Zeit und mit relativ geringen Transaktionskosten die Zinsreagibilität des Portfoliowerts wesentlich zu verändern. Ein aktiver Portfoliomanager wird versuchen, im Vorfeld steigender Zinsen hauptsächlich variabel verzinsliche Anlagen zu tätigen und umgekehrt vor Zinssenkungen feste Zinsbindungen einzugehen. Mit Hilfe von Zinsswaps können solche aktiven Strategien ohne kostenintensive Ausweitung des Kapitalumschlags realisiert werden. Allerdings ist dabei die begrenzte Liquidität des Sekundärmarktes für Swaps zu beachten, die das Glattstellen einer einmal eingegangenen Position erheblich erschwert.

Wie die bisherige Darstellungen gezeigt haben, sind Swaps im Prinzip Tauschgeschäfte über Zahlungen fiktiver Anleihen. Zur Bewertung dieser Instrumente kann deshalb auf die Ausführungen im Kapital zur Anleihebewertung verwiesen werden.

8.3.3 Innovationen bei Swapgeschäften

Um einen Eindruck von der Vielfalt der Ausgestaltungen von Swapgeschäften zu geben, werden nachfolgend einige der wichtigeren Innovationen skizziert.

Zero-Coupon Swap
Ein Zero-Coupon Swap dient dazu, eine variable Anlage in einen Zerobond umzuwandeln oder auf der Passivseite eine variable Finanzierung durch eine Zerobondstruktur zu ersetzen. Variable laufende Zinszahlungen werden ausgetauscht gegen eine einmalige Zahlung am Laufzeitende. Da ein Swappartner durch die jährlichen Zahlungen erhebliche Vorleistungen erbringt, unterliegt er einem sehr hohen Ausfallrisiko des Kontrahenten.

Swaps mit Änderungen des Kapitalbetrags während der Laufzeit
Normalerweise beziehen sich die ausgetauschten Zinszahlungen auf einen konstanten Kapitalbetrag. In Einzelfällen kann es jedoch sinnvoll sein, Absprachen zu treffen, die einen ansteigenden, fallenden oder schwankenden Kapitalbetrag vorsehen (Amortisationsswap; auflaufender Swap; „roller-coaster swap").[52]

Forward Swap
Der Austausch der Zahlungsströme beginnt nicht unmittelbar nach Vertragsabschluss, sondern erst an einem festgelegten Termin in der Zukunft. Damit lässt sich das derzeitige Niveau der Zinskosten für einen in Zukunft liegenden Zeitraum fixieren, was sich insbesondere für künftig anstehende Zinsprolongationen oder Kreditinanspruchnahmen anbietet.

8.3.4 Optionen auf ein Swapgeschäft

Zu den Innovationen klassischer Swapgeschäfte gehören auch die Optionen auf einen Swap. Neben Caps (vgl. Kap. 7.2.3) stellen diese, und dabei insbesondere die im Folgenden noch näher betrachteten Swaptions, die gebräuchlichsten Varianten des Optionsgeschäfts im Zinsbereich dar und werden deswegen an dieser Stelle separat behandelt.

Callable/Putable Swap
Bei dieser Swap-Variation hat jeweils einer der beiden Swap-Partner die Möglichkeit, ohne zusätzliche Kosten eine ansonsten standardisierte Swapvereinbarung vorzeitig zu kündigen oder die vereinbarte Laufzeit zu verkürzen. Liegt das Recht, den zugrunde liegenden Swap vorzeitig

---

[52] Zu den Einsatzmöglichkeiten vgl. **Dattatreya/Venkatesh/Venkatesh** (1994), S. 42 ff.

zu kündigen, beim Zahler des fixen Zinssatzes, so spricht man von einem Callable Swap, andernfalls von einem Putable Swap, falls sich das Recht auf den Empfänger des fixen Zinssatzes bezieht.

Swaption
Swaptions wurden zum erstem Mal Mitte der achtziger Jahre in den USA zum Einsatz gebracht und bilden mittlerweile die wohl am häufigsten eingesetzte Innovation bei Swapgeschäften.

Eine Swaption ist eine Option auf den Abschluss eines genau spezifizierten Swapgeschäfts, dessen Konditionen vorab festgelegt wurden und stellt damit das optionale Pendant zu einem Forward Swap dar. Gegen Zahlung einer Prämie erwirbt der Optionskäufer das Recht, während einer bestimmten Frist in das Tauschgeschäft zu heutigen Konditionen mit einer im Voraus vereinbarten Laufzeit einzutreten. Demzufolge besteht auch die Möglichkeit, die Swaption bei aktuell günstigeren Marktzinsen oder bei einer veränderten Liquiditätsposition ungenutzt verfallen zu lassen. Generell unterscheidet man zwischen Payer- und Receiver-Swaption.

Eine Payer-Swaption gewährt dem Käufer dabei das Recht, aber nicht die Pflicht, als Festzinszahler in das vereinbarte zukünftige Zinstauschgeschäft einzutreten. Im Gegensatz berechtigt die Receiver-Swaption den Käufer zum Erhalt der fixen Zinszahlungen aus dem zugrunde liegenden Swap. Weiterhin differenziert man bezüglich der Erfüllungsart bei Ausübung der Option zwischen Cash- und Swap-Settlement. Während bei Cash-Settlement der Wert des zugrunde liegenden Swap bei Ausübung ausbezahlt wird, sofern dieser positiv ist, erfolgt bei Swap-Settlement der tatsächliche Eintritt in den Swap.

Neben den gewöhnlichen Charakteristiken eines Optionsvertrages sind bei der Swaption auch die Konditionen des zukünftigen Tauschgeschäfts genau zu spezifizieren. Eine besondere Rolle spielen die at-the-money Optionen, welche sich in der Praxis etabliert haben. Dabei wird der Basispreis, quotiert als Swapsatz (= Festzins im Swap), gleich dem fairen Swapsatz des zugrunde liegenden zukünftigen Swap gewählt. In diesem Kontext spricht man auch von einem Forward-Swapsatz.

Die Bewertung einer Swaption basiert auf der traditionellen Optionspreistheorie. Für die europäische Variante kann mit Hilfe des modifizierten Black-Scholes-Modell (Black76)[53] eine geschlossene Lösung berechnet werden. Die amerikanische Version lässt sich dagegen, wie bereits vermutet, auf Grund ihrer Eigenschaft, die Option jederzeit ausüben zu können, lediglich mittels numerischer Verfahren bewerten.[54]

Zu den Anwendungsmöglichkeiten gehört z.B. die Absicherung eines Anleiheportfolios. Zusätzlich macht die Optionskomponente dieses Produkt beispielsweise für noch nicht sicher feststehende Kredite interessant, wie etwa der Finanzierung eines Projekts, dessen Ausschreibung noch läuft.

---

[53] Das Black-Modell von 1976 modifiziert die ursprüngliche Version von Black/Scholes dahin gehend, dass Future-Kontrakte als Underlying verwendet werden. Vgl. **Black** (1976).

[54] Zur Bewertung von Swaptions vgl. **Rauleder** (1994).

8.3.5 Entwicklung der Swap-Märkte

Die ersten Swapgeschäfte zu Beginn der achtziger Jahre wurden bilateral ohne Beteiligung von Banken abgeschlossen. Die Zusammenführung geeigneter Swappartner wurde erheblich erleichtert, als Banken als Vermittler auftraten. Eine Hemmschwelle für das Eingehen eines Swaps war aber noch der Umstand, dass die Kontrahenten die Bonität der jeweiligen Gegenseite i.d.R. nicht beurteilen konnten. Dies veranlasste Banken, als Intermediäre tätig zu werden. Sie übernahmen durch den Abschluss separater Verträge mit beiden Swap-Interessenten das Erfüllungsrisiko. Heute definieren viele große Banken ihre Rolle im Swap-Handel noch umfassender: Sie beschränken sich nicht darauf, exakt korrespondierende Swapgeschäfte mit zwei Kontrahenten abzuschließen, sondern gehen offene Positionen ein. Das Risikomanagement im Swap-Handel von Banken hat sich in der Folge von einzelnen Geschäften auf die Portfolioebene verlagert. Hedging-Maßnahmen beziehen sich hierbei lediglich auf die offene Nettoposition aus allen Swaps. Seit Banken eine Art Market Maker-Funktion im Swap-Handel übernommen haben, ist die Liquidität des Sekundärmarktes stark gewachsen. Sie konzentriert sich allerdings auf bestimmte Währungen (vor allem USD) und Laufzeiten (1-5 Jahre). Die Provisionen der Kreditinstitute liegen im Primärmarkt bei etwa $^1/_8$ % und im Sekundärmarkt bei ca. ½ %. Die Kapitalbeträge der Einzelgeschäfte schwanken zwischen 5 und 500 Mio. USD.

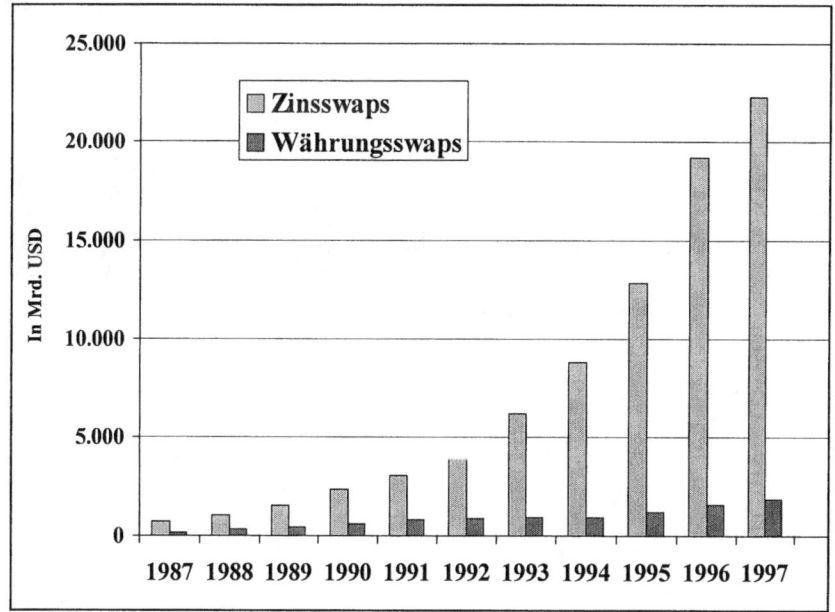

Abbildung 8.27: Volumina der ausstehenden Swapgeschäfte (jeweils zum 31.12.)[55]

---

[55] Quelle: International Swaps and Derivatives Association (ISDA), London. Das Kontrahentenausfallrisiko ist natürlich weit geringer als die hier angegebenen Kapitalbeträge. Es wird von der ISDA mit etwa 2 % der Kapitalsummen veranschlagt.

Die Verbesserung der Markteffizienz ging einher mit einer zunehmenden Nachfrage nach Swapgeschäften, wobei die reinen Zinsswaps sehr viel stärker gewachsen sind als die anfangs dominierenden Währungsswaps. Einen Überblick über die Volumina der gehandelten Zins- und Währungsswaps seit 1987 gibt Abbildung 8.27.

8.4 Kreditderivate

Unter Kreditderivaten versteht man Derivate, welche die Kreditwürdigkeit bzw. die Defaultwahrscheinlichkeit eines Unternehmens, einer Institution oder eines Staates als Underlying haben. Es handelt sich um eine relativ neue Finanzinnovation, die erst seit 1995 ein erwähnenswertes Handelsvolumen aufweist, dass sich aber in den letzten Jahren exponentiell erhöht hat, vgl. Abbildung 8.28.

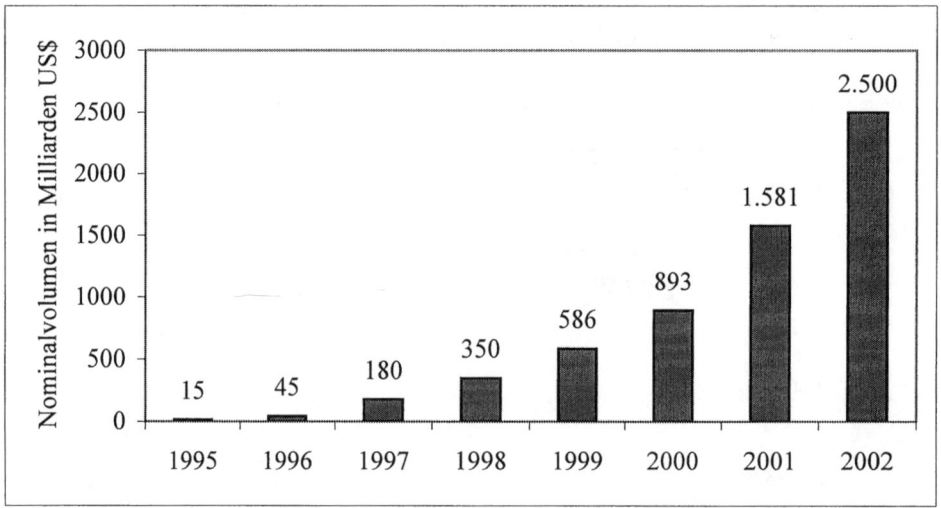

Abbildung 8.28: Entwicklung des Welthandelsvolumens von Kreditderivaten[56]

Im Gegensatz zu traditionellen Instrumenten, wie etwa der Kreditversicherung oder der Garantie, ist bei einem Kreditderivat der Schuldner weder Vertragspartner des Sicherungsgebers, noch muss er von der Transaktion des Kreditderivats erfahren. Ein weiterer Unterschied besteht darin, dass Kreditderivate, mit Ausnahme der Credit Linked Note, bilanzneutral sind, d.h. sie wirken sich nur auf und über die Gewinn- und Verlustrechung aus.

---

[56] Quelle: British Bankes' Association, Schätzung für 2002 von Lehman Brothers. Der Ausdruck Nominalvolumen bezieht sich auf das Nominalvolumen des Referenzaktivums.

Bevor auf die möglichen Einsatzgebiete von Kreditderivaten eingegangen wird, sei erwähnt, eine notwendige Voraussetzung zum Handel von Risiken ist, dessen Auswirkungen auf das Risiko-Rendite-Profil des Kreditportfolios evaluieren zu können. Funktionierende Kreditrisikomodelle, die eine verlässliche bzw. eher konservative Quantifizierung des Risikos erlauben, sind dafür unabdingbar. Auch die Überwachung der Einhaltung vorgegebener Risikolimite, durch das Risiko-Controlling, wird dadurch erst möglich. Dabei lassen sich zwei Grundarten unterscheiden. Asset-Value-Modelle haben ihre Grundlage im Ansatz von **Merton** (1974). Der Ausfall tritt hierbei ein, wenn der Marktwert aller Aktiva unter den Buchwert der Verbindlichkeiten fällt, die z.B. in 1 Jahr fällig werden. Bekannte Vertreter sind CreditMonitor von KMV und CreditMetrics von JP Morgan.[57] Ausfallraten-Modelle bestimmen die zukunftsbezogene Ausfallswahrscheinlichkeit direkt, indem sie durch Regression, einen funktionalen Zusammenhang mehrerer makroökonomischer Faktoren mit historischen Ausfallsraten herstellen. Ein bekannter Vertreter dieser Gruppe ist CreditPortfolioView von McKinsey & Company.[58]

8.4.1 Kreditrisikomanagement mit Kreditderivaten

Kreditderivate separieren das Kredit- vom Marktrisiko und ermöglichen so erst den getrennten Handel und ein aktives Management des Kreditrisikos. Dies ermöglicht es Banken, von der traditionellen buy-and-hold Strategie, zu einem aktiven Kreditrisikomanagement überzugehen. Der getrennte Handel bietet Vorteile, wenn die Bank das mit ihrem Engagement verbundene Marktrisiko beibehalten möchte (günstige Zinsentwicklung), aber das Bonitätsrisiko des entsprechenden Kreditnehmers abzusichern ist. Außerdem ermöglicht der getrennte Handel beider Risikoarten, eine gezielte Steuerung der Rendite, hinsichtlich eingegangener Kredit- bzw. Bonitätsrisiken. Ein getrennter Handel von Kredit- und Marktrisiken trägt auch der Tatsache Rechnung, dass für das Management von Kreditrisiken die Kreditabteilung befähigt ist, wohingegen der Umgang mit Marktrisiken der Treasuryabteilung vorbehalten sein sollte, die ihrerseits Kompetenz in diesem Bereich aufweist.[59]

Kreditderivate transferieren Bonitätsrisiken, die nicht nur in Form von Kreditrisiken auftreten sondern auch Kontrahenten- und Länderrisiken umfassen. Kontrahentenrisiken entstehen, wenn eine Bank oder ein Industrieunternehmen in einen bilateralen OTC-Kontrakt mit einem sogenannten Counterpart tritt, wobei es sich auch um ein Kreditderivat handeln kann. Das Risiko, dass dieser seinen vertraglichen Verpflichtungen, aufgrund einer sich verschlechternden Bonität, nicht nachommen kann, bezeichnet man als Kontrahentenrisiko. Länderrisiken beziehen sich auf die Zahlungsfähigkeit eines Staates und treten oft in Form politischer Entscheidungen, beispielsweise die Devisenausfuhr zu beschränken, auf. Sie haben Auswirkungen sowohl auf das klassische Kreditgeschäft als auch auf den Handel mit OTC-Derivaten, weil aufgrund staatlicher Be-

---

57 KMV steht für Kealhofer, McQuown und Vasicek.
58 Ein guter Modellvergleich findet sich in **Crouhy** (2000).
59 Vgl. **Schweimayer/Wagatha** (2000), S. 152.

schränkung von Devisen- und Zahlungsverkehr, ein an sich liquider Vertragspartner, seinen Zahlungsverpflichtungen nicht nachkommen kann. Drei Einflussgrößen determinieren die Höhe des Bonitätsrisikos:

1. die Ausfallswahrscheinlichkeit,
2. das Exposure und
3. die Recovery Rate, der in Aussicht stehende Restrückzahlungsbetrag bei Ausfall.

Der klassische Anwendungsbreich von Kreditderivaten liegt im aktiven Management des Kreditportfolios einer Bank. In jüngster Zeit haben jedoch auch Versicherungen und Industrieunternehmen begonnen, dieses Finanzinstrument zu nutzen. Versicherungen unterliegen beim Einsatz von Kreditderivaten einigen Einschränkungen. Geschäfte mit derivaten Finanzinstrumenten sind nur dann erlaubt, wenn sie der Absicherung gegen Kurs- und Zinsänderungsrisiken, der Erwerbsvorbereitung oder der Erziehlung von Zusatzerträgen in gewissem Umfang dienen.[60] Derivate dürfen in Versicherungsunternehmen nicht zum Einsatz kommen, wenn sie nur Arbitragegeschäften dienen. Ebenfalls nicht erlaubt sind Leerverkäufe. Industrieunternehmen haben Kreditderivate zur Absicherung ihrer Forderungen aus Lieferungen und Leistungen entdeckt. Da der Kunde vom Verkauf der Forderung in diesem Fall nichts erfährt, sind sie ideal geeignet die Kundenbeziehung zu erhalten, im Gegensatz zum offenen Factoring. Dies ist vor allem dann interessant, wenn der Zulieferer schlecht diversifiziert ist, d.h. Exposure gegenüber wenigen Großkunden hat.

Unabhängig von den oben genannten Restriktionen können Kreditderivate prinzipiell in drei Bereichen zum Einsatz kommen:[61]

1. Aktivmanagement,
2. Passivmanagement und
3. Eigenhandel (Spekulation).

8.4.1.1 Aktivmanagement

Das aktive Management des Kreditrisikos der Aktivseite kann entweder durch Risikokauf oder durch Risikoverkauf erfolgen. Das Ziel ist die Optimierung der Rendite-Risiko-Struktur des Kreditportfolios.

Die Motivation zum Kauf von Bonitätsrisiken liegt darin, zusätzliche Kreditrisiken in das Portfolio aufzunehmen, ohne dabei die bei der traditionellen Kreditvergabe notwendige Liquidität bereitstellen zu müssen. Zudem besteht die Möglichkeit, in bestimmte Segmente des Kredit-

---

[60] Vgl. §7 II VAG und das Rundschreiben R 3/2000 des Bundesaufsichtsamtes.
[61] Vgl. zum Folgenden **Hüttemann** (1997), S. 46-58 und **Becker/Peppmeier** (2000), S. 365-366.

marktes investieren zu können, die andernfalls nicht zugänglich wären. Mit Hilfe von Kreditderivaten kann somit die Diversifikation des Portfolios verbessert werden. Gerade für Regionalbanken mit begrenztem Geschäftsgebiet ist diese Möglichkeit interessant. Dabei muss jedoch einschränkend berücksichtigt werden, dass solche Banken oft nicht über das dafür notwendige Handels-Know-How und technische Ausrüstung (Front Office System) verfügen. Diese Einschränkung gilt nicht für Großbanken anderer Länder, die zwar in der Regel keinen ausreichenden Zugang zum regionalen Kreditmarkt besitzen, jedoch über die technsiche Ausstattung und das Know-How zum Handel von Kreditderivaten verfügen.

Durch den Verkauf von Bonitätsrisiken ist es möglich, das Kreditrisiko einzelner Positionen von den übrigen Risiken zu isolieren und an den Risikokäufer zu übertragen. Damit wird zum einen eine Reduktion des Risikos aus dem gesamten Kreditportfolio erreicht und zum anderen das intern oder gesetzlich vorgeschriebene Risikolimit für Risikoaktiva entlastet. Dadurch entsteht Freiraum für profitableres Neugeschäft.

Die gezielte Kombination von Kauf und Verkauf von Kreditrisiken, ermöglicht es der Bank, auch ohne internationale Kreditvergabe, eine breite Diversifikation ihres Risikoprofils zu erreichen.

8.4.1.2 Passivmanagement

Das passive Management verfolgt in der Regel das Ziel, die Refinanzierungskosten der Bank möglichst gering zu halten. Besteht die Gefahr der Ausweitung des Refinanzierungsspreads (z.B. durch eine Rating-Herabstufung), können Kreditderivate dazu beitragen, die derzeitige Refinanzierungsbasis zu sichern. Dies kann beispielsweise durch den Kauf einer Credit Spread Put Option geschehen.[62] Da sie bei Anstieg des Credit Spreads an Wert zunimmt, lassen sich damit erhöhte Finanzierungskosten ausgleichen. Bei der Verwendung des Creadit Spread als Underlying eines Kreditderivats, ist jedoch zu berücksichtigen, dass sich in dessen Veränderungen nicht nur Bonitäts- sondern auch Marktrisiken widerspiegeln.

8.4.1.3 Eigenhandel

Ein weiterer Anwendungsbereich sind Spekulations- und Arbitragezwecke. Die individuelle Portfoliozusammensetzung der Marktteilnehmer, unterschiedliche Bonitätsbeurteilungen und die Inhomogenität des Marktes, führen zu unterschiedlichen Risikoprämien für identische Risiken.[63] Hieraus ergeben sich Arbitragemöglichkeiten. Diese können mit Hilfe von Kreditderivaten ge-

---

[62] Zur Credit Spread Option siehe **Hüttemann** (1997), S. 37-39 und zur Erläuterung des Managements der Refinanzierungskosten S. 54.

[63] Dazu tragen u.a. unterschiedliche Kreditrisikomodelle bzw. unterschiedliche Verfahren der Risikoquantifizierung bei.

winnbringend genutzt werden, ohne selbst am Markt der Referenzaktiva tätig werden zu müssen, was mit hohen Transaktionskosten verbunden wäre. Im Rahmen von Spekulationsstrategien können Händler ganz bewusst, Kreditrisiken übernehmen oder abstoßen, um ihre individuelle Beurteilung der Bonitätsentwicklung des Referenzwertes gewinnbringend umzusetzen.

8.4.2 Vertragsgestaltung und Produkttypen

Als Underlying eines Kreditderivats dient ein kreditrisikobehaftetes Aktivum. Dazu gehören Kredite, Anleihen, Zinsdifferenzen, Rating-Einstufungen, Portfolios aus kreditsensitiven Titeln und Kreditindizes, wie etwa der Quaterly Bankruptcy Index (QBI) der Chigaco Mercentile Exchange, für den dort im November 1998, der Handel aufgenommen wurde.

8.4.2.1 Kreditereignis und Ausgleichszahlung

Die Definition des zahlungsauslösenden Kreditereignisses (Credit Event) wird bei Abschluß der Transaktion von beiden Kontrahenten individuell ausgehandelt. Die International Securities Dealers Association (ISDA) gibt in den Sektionen 4.1-4.6 ihres 1999 überarbeiteten Rahmenvertrages die nachfolgend beschriebenen Definitionen vor.

Bankruptcy entspricht der Insolvenz des Referenzschuldners, darunter fällt z.B. die Eröffnung eines Konkursverfahrens. Failure to Pay steht für Zahlungsverzug. Dabei versäumt es der Referenzschuldner, nach Ablauf einer eventuell vorgesehenen Aufschubfrist, eine Zahlung zu leisten. Hier besteht die Möglichkeit, einen Schwellenbetrag zu vereinbaren, der gewährleisten soll, dass ein eventuelles Kreditereignis genauer definiert und von beiden Parteien anerkannt wird. Obligation Acceleration, d.h. die Fälligstellung anderer Verträge, beinhaltet die vorzeitige Fälligkeit von einer oder mehreren Verpflichtungen des Referenzschuldners, wobei die vorzeitige Fälligstellung aufgrund von Zahlungsverzug des Referenzschuldners ausgeschlossen ist. Unter vorzeitiger Fälligkeit wird die Kündigung einer Verpflichtung von einem Dritten mit dem Referenzschuldner verstanden. Obligation Default ist die Verletzung anderer Verträge. Sie ähnelt der Obligation Acceleration unterscheidet sich von dieser jedoch dadurch, dass beim Obligation Default bereits die Möglichkeit einer vorzeitigen Fälligstellung ausreicht, ein Kreditereignis auszulösen, unabhängig davon, ob diese tatsächlich erfolgt oder nicht. Repudiation/Moratorium (Erfüllungsverweigerung): Der Referenzschuldner lehnt die Erfüllung seiner vertraglichen Verpflichtungen ab. Restructuring impliziert eine Umstrukturierung, Umschuldung oder sonstige Veränderung einer Verpflichtung des Referenzschuldners, zum Nachteil des Gläubigers.

Wurde das vertragliche Kreditereignis offiziell festgestellt, dann ist vom Sicherungsgeber die vereinbarte Ausgleichszahlung zu leisten. Dabei unterscheidet man Cash- und Physical Settlement. Barabwicklung erfolgt durch Zahlung eines festen oder variablen Betrages, wobei der Schuldtitel beim Sicherungsnehmer verbleibt. Ein variabler Betrag könnte durch die Differenz von historischem und aktuellem Marktwert des Referenzinstrumentes determiniert sein. Die physische Lieferung bedeutet die Lieferung des notleidenden Titels, gegen eine vertraglich vereinbarte Zahlung des Sicherungsgebers.

8.4.2.2 Produkttypen

Die folgenden Ausführungen behandeln nur die gebräuchlichsten Produkttypen, die durch ihre Marktliquidität in der Praxis eine Rolle spielen. Herausragender Produkttyp ist der Credit Default Swap, der die bei weitem größte Marktliquidität aufweist. Eine mögliche Vorstrukturierung der existierenden Produkttypen ist die Unterscheidung von Credit Default- und Credit Spread Produkten. Credit Default Produkte sichern auschließlich gegen den Ausfall bzw. Eintritt eines Defaults ab. Wohingegen Credit Spread Produkte eine Ausweitung des Credit Spread absichern, dass ist die Differenz zwischen risikolosem- und dem betrachteten, risikobehafteten Zinssatz. Sie sichern damit immer einen, mehr oder weniger großen, Teil des Marktrisikos ab, da eine Ausweitung des Spreads auch auf Marktbewegungen beruhen kann. Dieser Abschnitt wird sich deshalb auf die Darstellung des Credit Default Swap berschränken und danach zwei Produkte behandeln, die aufgrund ihrer Eigenschaften eine Sonderstellung einnehmen. Den Total Rate of Return Swap und die Credit Linked Note. Abbildung 8.29 gibt einen Überblick möglicher Grundtypen, welcher auf der grundlegenden Unterscheidung zwischen Credit Default- und Credit Spread Produkten beruht.

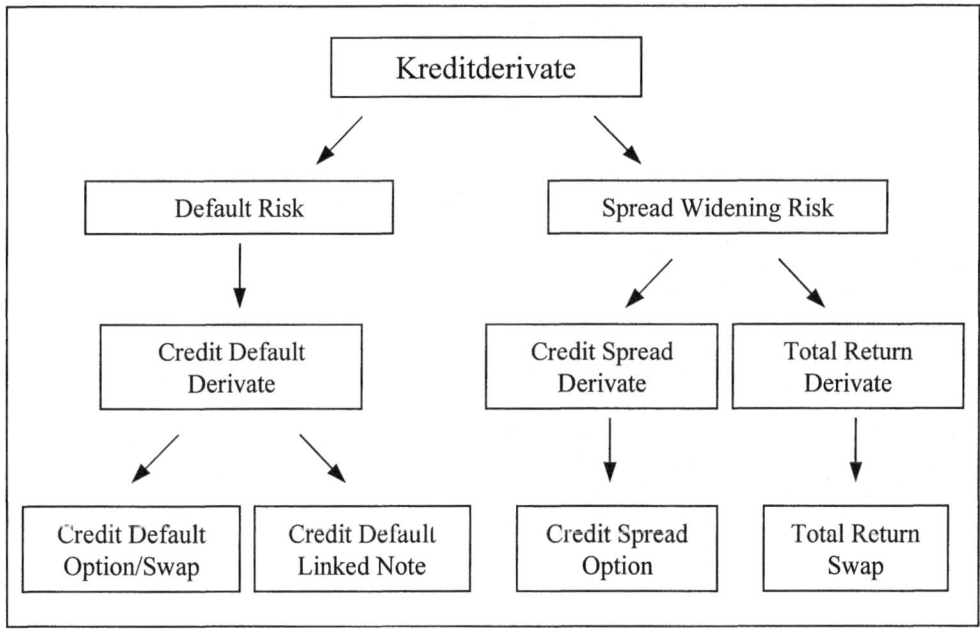

Abbildung 8.29: Vier Grundformen von Kreditderivaten

8.4.2.2.1 Credit Default Swap

Der Credit Default Swap unterscheidet sich von der Credit Default Option nur durch die periodische Zahlung der Prämie. Tritt das vertraglich vereinbarte Ereignis ein, dann leistet der Sicherungsgeber die Sicherungszahlung und der Vertrag erlischt. Abbildung 8.30 gibt einen Überblick der Zahlungströme und beteiligten Größen. Beim Referenzaktivum kann es sich beispielsweise, um eine Anleihe eines Schuldners des Sicherungsnehmers handeln.

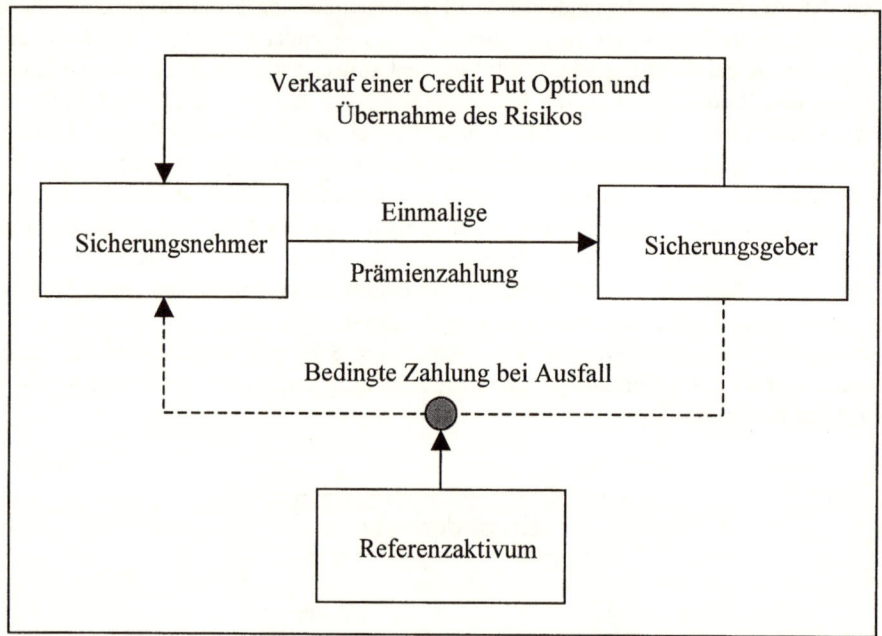

Abbildung 8.30: Credit Default Option

8.4.2.2.2 Total Rate of Return Swap

Im Gegensatz zu anderen Kreditderivaten, transferiert der Total Rate of Return Swap (TRRS), nicht nur das Kredit- sondern auch das Marktrisiko des Referenzaktivums. Der Sicherungsgeber erhält so eine bilanzneutrale und synthetische Position im Referenzaktivum. Abbildung 8.31 gibt einen Überblick der Zahlungströme und beteiligten Größen. Auch der Total Rate of Return Swap endet bei Eintritt des vertraglich definierten Defaults.

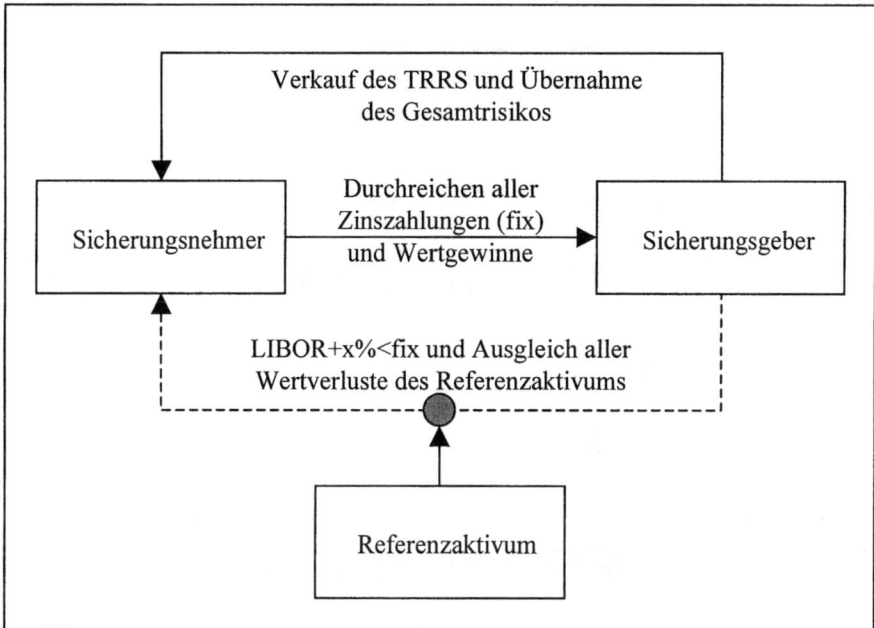

Abbildung 8.31: Total Rate of Return Swap

8.4.2.2.3 Credit Linked Note

Im Gegensatz zu den anderen Kreditderivattypen, erhält bei einer Credit Linked Note (CLN) der Sicherungsnehmer die Versicherungszahlung im Voraus. Daraus ergibt sich, dass man die Credit Linked Note in einen bilanzneutralen Credit Default Swap und in eine zu bilanzierende Anleihe zerlegen kann. Deshalb ist die Credit Linked Note, im Unterschied zu den übrigen Kreditderivaten, in die Bilanz aufzunehmen. Der Sicherungsgeber sieht sich, wie bei allen Kreditderivaten, sowohl dem Bonitätsrisiko des Schuldners, als auch dem des Sicherungsnehmers gegenüber. Aus diesem Grund wird bei der Strukturierung einer Credit Linked Note, oft das, von Abbildung 8.32 berücksichtigte, Special Purpose Vehicle dazwischen geschaltet. Bei einem Special Purpose Vehicle, handelt es sich um eine Zweckgesellschaft, die nur zum Zweck der Abwicklung von Zahlungen gegründet wird, welche durch die Credit Linked Note entstehen. Bei der Credit Linked Note muss der Sicherungsgeber entweder nur für den Schuldner oder nur für den Sicherungsnehmer Risikokapital zurückstellen.

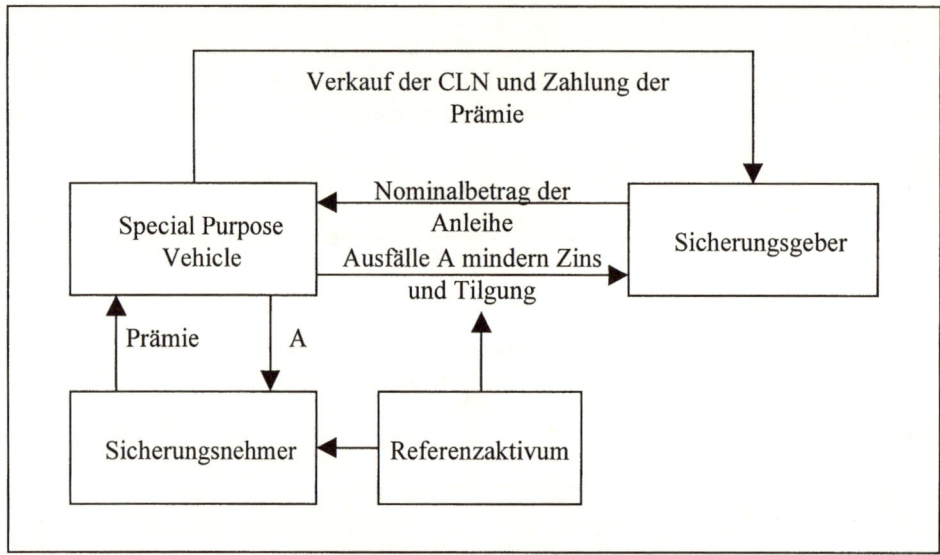

Abbildung 8.32: Credit Linked Note

8.4.3 Bepreisung von Kreditderivaten

Ein entscheidender Aspekt beim Handel mit Kreditderivaten ist deren Bewertung. Parallel zur Entwicklung des Kreditderivatemarktes haben sich eine Vielzahl von Bewertungsmethoden herausgebildet. Jedoch konnte sich bisher kein Bewertungsansatz durchsetzen.[64] Die Problematik liegt hierbei zum einen in der Modellierung des eigentlichen Ausfallprozesses bzw. der Ausfallwahrscheinlichkeit und zum anderen in der Prognose der Erlösquote (Recovery Rate) bzw. der Verlustquote (Loss Given Default) im Zeitpunkt des Ausfalls. Problematisch ist auch die Annahme, dass sich die risikofreien Marktpreisprozesse und Ausfallprozesse in der Regel voneinander unabhängig verhalten. Zur Modellierung der Kreditrisiken haben sich, basierend auf der Bewertung bedingter Forderungen (Contingent Claims Analysis), drei finanzmarkttheoretische Ansätze herausgebildet: Unternehmenswertmodelle (Firm's Value Model), Poissonprozessbasierte Modelle (Intensity Model) und Rating-Migrationsmodelle (Credit Rating Transition Model).

Bei Unternehmenswertmodellen wird der Unternehmenswert als kontinuierlicher Diffusionsprozess modelliert.[65] Ein Ausfall tritt dann ein, wenn der Unternehmenswert unter einer festgelegten Barriere, z.B. der ausstehenden Verbindlichkeiten, fällt. Dieser Zustand kann als Zahlungsunfähigkeit der Unternehmung interpretiert werden, denn eine Rückführung der Verbindlichkeiten ist nicht mehr möglich.

---

[64] Vgl. sowie im folgenden **Nonnenmacher/Brasch** (2001), Sp. 1394 ff.
[65] Grundlegende Arbeiten sind hier **Black/Scholes** (1973) und **Merton** (1974).

Modelle, die auf Poissonprozesse basieren, gehen zurück auf die grundlegenden Arbeiten von **Jarrow/Turnbull** (1997), **Duffie/Singleton** (1994) sowie **Madan/Unal** (1994). Hier wird der Ausfallzeitpunkt über einen Poissonprozess mit stochastischer Intensitätsrate modelliert.[66] Charakteristisch für diese Modelle sind die Annahmen zum Prozess der stochastischen Intensitätsrate, des risikofreien, kurzfristigen Zinssatzes, und der auftretenden Korrelation sowie der Erlösquote. Zur Modellierung der stochastischen Intensitätsrate können sämtliche Faktoren wie makroökonomische, sektor- oder firmenspezifische Daten, die den Ausfallzeitpunkt determinieren, eingebunden werden.

Rating-Migrationsmodelle gehen von einem endlichen Zustandszeitraum, der von den verschiedenen Ratingklassen repräsentiert wird, aus.[67] Entscheidend bei der Konstruktion des Prozesses ist die Frage, mit welcher Wahrscheinlichkeit ein Kreditrisikofall eintreten kann. Hierfür werden sogenannte Übergangswahrscheinlichkeiten benötigt. Diese geben an, mit welcher Wahrscheinlichkeit ein Schuldner einer Klasse nach einem gewissen Zeitraum in dieser Klasse verbleibt bzw. in eine andere Klasse wechselt. Dieses Vorgehen lässt sich mit Hilfe einer bestimmten Art von stochastischen Prozessen formalisieren: den sogenannten Markovschen Ketten.

Die akademische Forschung beschäftigt sich zur Zeit schwerpunktmäßig mit der Anwendung und Erweiterung von Poisson-basierten Modellen und der Kombination von Modellansätzen. In der Praxis wird die Herausforderung in der Kalibrierung der Modelle mit Marktdaten gesehen, da sich das empirische und historische Datenmaterial als gering verwertbar zeigt. Dies liegt an der Seltenheit des Auftretens von Kreditereignissen und teilweise an der Illiquidität des Marktes für risikobehaftete Finanzierungsinstrumente.

8.4.4 Problembereiche

Trotz ihrer vielen Vorteile, treten beim Einsatz von Kreditderivaten einige Probleme auf. Ein Hauptkritikpunkt, der den Kreditderivaten anhängt, ist das sogenannte Lemonproblem, das durch die Informationsasymmetrie beim Verkauf des kundenspezifischen Kreditrisikos entsteht.[68] Das durch ein Kreditderivat veräußerte Kreditrisiko besteht in Analogie zur Kapitalmarkttheorie aus einer kundenspezifischen, bekannt auch als unsystematisches Risiko, und einer allgemeinen, systematischen Komponente, die durch die Bewegung des Marktes hervorgerufen wird und somit nicht diversifizierbar ist. Kritiker befürchten, dass nur solche Kreditrisiken verkauft werden, die für den Käufer nicht einschätzbare kundenspezifische Risiken bergen oder mit niederer Qualität behaftet sind (Adverse Selection). Darüber hinaus geht die Kritik davon aus, dass Banken ihren Kreditnehmer nicht mehr ausreichend überwachen (Moral Hazard), wenn dessen Risiko erst einmal veräußert ist. Ein anderes Problem ist das nicht standardisierte und vertraglichen Details

---

[66] Die Literatur bezeichnet solche Prozesse auch als Cox-Prozesse, da Poissonprozesse eigentlich von einer konstanten Intensität ausgehen.
[67] Vgl. z.B. **Jarrow/Lando/Turnbull** (1997).
[68] Vgl. beispielsweise **Hartmann-Wendels et al.** (2000), S. 218.

unterworfene Underlying Kredit. Es verhindert die Entwicklung standardisierter Kreditderivate und damit eine schnelle, automatisierte Abwicklung. Dies wiederum hemmt Liquidität und Handelsvolumen.

9 Performance-Messung und -Attribution

9.1 Performance-Messung

Das Interesse an der Performance-Messung ist in den letzten Jahren spürbar angestiegen. Zimmermann führt sechs Gründe für die zunehmende Bedeutung der Performancemessung im Rahmen des Wertpapiermanagements an.[1] Zu nennen ist dabei zunächst das quantitative Wachstum des angelegten Vermögens. Weiterhin spielt die Institutionalisierung des Vermögens-Managements eine wichtige Rolle. Auch die Zunahme der leistungsorientierten Vergütung (Performance-Fees) für Anlagemanagementleistungen erfordert eine Performance-Messung. Hinzu kommt die ansteigende Komplexität der zur Verfügung stehenden Anlageinstrumente. Ferner bewirkt die Verfügbarkeit indexierter Anlageformen ein schärferes Bewusstsein für die Beurteilung der auf aktive und passive Weise erzielten Anlageergebnisse. Schließlich besteht ein wissenschaftliches Interesse an der Performance-Messung, da hiervon Rückschlüsse auf die Effizienz von Kapitalmärkten gezogen werden können.

Unter Performance-Messung versteht man die Beurteilung und den Vergleich des relativen Anlageerfolgs bei Portfolios. Üblicherweise beschränkt sich die Performance-Messung auf die Beurteilung von Wertpapierportfolios. Es spielt keine Rolle, ob es sich bei den Portfolios um private oder institutionelle Portfolios handelt. Im speziellen widmet sich die Performance-Messung der Leistungsbeurteilung von Wertpapierinvestmentfonds.[2] Die Performance-Einschätzung ist dabei sowohl für erwerbbare Investmentfonds als auch für Spezialfonds, die für bestimmte Anleger gemanagt werden, von Bedeutung. Bei Wertpapierinvestmentfonds kommt vor allem der Leistungsbeurteilung des Fonds-Managements großes Gewicht zu. Dafür hat sich in Analogie zum Credit-Rating ein Fonds-Rating entwickelt. Auch in der Vermögensverwaltung und Anlageberatung besitzt die Performance-Messung eine große Bedeutung. Besonders in den USA haben sich einige Beratungsunternehmen darauf spezialisiert, Performance-Messung als Dienstleistung anzubieten.[3] Sie beanspruchen für sich, eine unabhängige und neutrale Performance-Messung durchzuführen.

---

[1] Vgl. **Zimmermann** (1992), S. 51 f.

[2] Vgl. dazu die umfassende theoretische und empirische Untersuchung von **Wittrock** (1995).

[3] Vgl. **Fama** (1991), S. 1608. Auch in Deutschland gibt es derartige Dienstleistungsunternehmen, vgl. **Ziemer** (1993), S. 445 ff.

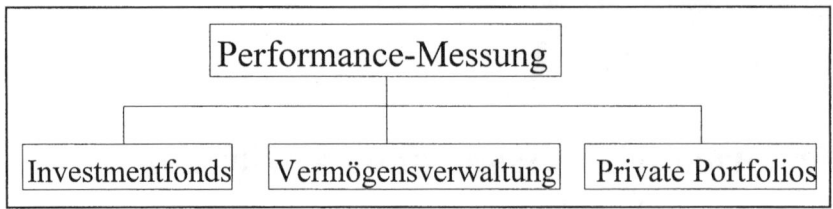

Abbildung 9.1: Anwendungsfelder der Performance-Messung

Die Methodik der Performance-Messung beruht größtenteils auf der Anwendung quantitativer Beurteilungskriterien. Qualitative Aspekte, wie z.B. die Portfolioberichterstattung oder die Entscheidungstransparenz bei gemanagten Portfolios, fanden in der Performance-Messung bislang kaum Berücksichtigung. Einen Ansatz zur Verbesserung stellen die Global Investment Performance Standards (GIPS) der Association for Investment Management and Research (AMIR) dar.[4] Die Performance-Messung wird jedoch weiterhin dominiert durch die anlagezielorientierte Erfolgsbeurteilung, so dass Rendite- und Risikoaspekte im Mittelpunkt der Performance-Messung stehen.

Gerade auch wegen des gestiegenen Bewusstseins für ein internes Controlling bei Kapitalanlagegesellschaften kommt die Performance-Messung mehr und mehr zum Einsatz. Die Performance-Messung dient darüber hinaus einer effizienten Kapitalallokation, indem die besser performenden Investmentfonds leichter neue Anlagegelder akquirieren können als schlechter abschneidende Fonds. Zudem kann mit Hilfe der Performance-Messung eine fundierte Einschätzung der Portfoliomanagementgebühren hinsichtlich ihrer Berechtigung und Höhe herbeigeführt werden.[5]

9.1.1 Performance-Begriff

Die Verwendung des Performance-Begriffs erfolgt im Schrifttum und in der Anlagepraxis nicht einheitlich. Vielfach wird der Begriff Performance, der aus dem angelsächsischen Sprachgebrauch entlehnt und mit dem Wort Leistung zu übersetzen ist, gleichgesetzt mit dem Begriff Rendite bzw. Vermögenszuwachs.[6] Die eindimensionale Zielgröße Rendite vermag über die erzielte Portfolioleistung aber keine hinreichende Aussage treffen, da ihre Entstehungsgründe unbetrachtet bleiben. Würden Portfolios ausschließlich anhand ihrer erzielten Rendite beurteilt, dann wäre es zweckmäßig, nur jeweils jenen einen Anlagetitel im Portfolio zu halten, der die höchste Rendite verspricht.[7] Eine Risikostreuung wäre unzweckmäßig.

---

[4] Vgl. **Association for Investment Management and Research** (1999).
[5] Vgl. **Henriksson** (1984), S. 73.
[6] Vgl. **Bitz** (1993), S. 239 u. 391.
[7] Vgl. **Roßbach** (1991), S. 18.

Aus diesem Grund ist es sinnvoll, Performance als risikoadjustierte Rendite zu definieren.[8] Mathematisch kann Performance dann als Überschuss der erzielten Anlagerendite über eine adäquate Vergleichsrendite (Benchmarkrendite) angesehen werden, wobei die Renditedifferenz mittels Division durch ein geeignetes Risikomaß standardisiert wird:[9]

$$\text{Performance} = \frac{\text{Anlagerendite - Benchmarkrendite}}{\text{Risikomaß}}.$$

Anhand der Formel zeigt sich, warum Performance-Messung als relative Erfolgsbeurteilung bei Wertpapieranlagen definiert wurde. Ob die erzielte Performance über- oder unterdurchschnittlich ist, kann nur auf der Basis geeigneter Vergleichszahlen entschieden werden.

Hinsichtlich des Performance-Begriffs haben sich im Sprachgebrauch weitere Ausdrücke eingebürgert. Zu denken ist dabei an Ausdrücke wie Outperformance, Überperformance und Over- bzw. Underperformance. Auf der Basis der oben angegebenen Definition müssen diese Ausdrücke so gedeutet werden, dass die Benchmark jeweils risikoadjustiert über- bzw. unterboten wurde.

Folglich liefert ein eindimensionaler Renditevergleich keine ausreichende Information über die Performance eines Portfolios. Die häufig anzutreffende Aussage, derzufolge ein Index von einem Portfolio geschlagen worden sei, reicht zur Bewertung des Portfolios somit nicht aus.

9.1.2 Portfolioorientierte Renditeberechnung

Wie gesehen, lassen sich die Leistungskomponenten Rendite und Risiko als zentrale Bestandteile der Performance-Messung kennzeichnen. Bei der Errechnung der Rendite von Wertpapierportfolios muss bedacht werden, dass während des Betrachtungszeitraums üblicherweise Kapitalzuführungen oder -abflüsse erfolgen. Besonders bei offenen Investmentfonds, bei denen das Fondsmanagement keinen Einfluss auf die Kapitalströme nehmen kann, ist dies der Regelfall.[10] Solcherlei Kapitalbewegungen bedürfen der Eliminierung, wenn ein unverzerrtes Bild über die erwirtschaftete Portfoliorendite erstellt werden soll. Im Fall des Vorliegens von zwischenzeitlich auftretenden Kapitalzu- und -abflüssen, erweist sich der einfache Vergleich von Portfolioend- und -anfangswert als ungeeignet. Auch eine Renditeberechnung, die die erzielten Renditen mit den jeweiligen Kapitalvolumina gewichtet, erfüllt nicht den Zweck einer geeigneten Renditeermittlung. Eine auf diese Weise bestimmte Rendite entspricht der sogenannten wertgewichteten Rendite (money-weighted rate of return)), der die Konzeption des internen Zinsfußes zugrunde liegt.

---

[8] Vgl. **Zimmermann** (1991), S. 164.
[9] Vgl. **Zimmermann** (1991), S. 178.
[10] Vgl. **Fischer** (2000), S. 18 ff.

Angemessener ist die sogenannte zeitgewichtete Renditeberechnung (time-weighted rate of return)), bei der die Einflüsse der Kapitalbewegungen auf die Portfoliorendite eliminiert werden, indem ein zeitgewichteter Durchschnitt der jeweiligen Renditen gebildet wird. Mithin wird für jede Zahlung eine eigene Berechnungsperiode eingeführt. Für jede Subperiode wird dann die Rendite errechnet. Allgemein ergibt sich die Formel der zeitgewichteten logarithmierten Rendite folgendermaßen:

$$r^{time} = \frac{1}{t} \cdot \left[\ln\left(\frac{P_t}{P_0}\right) - \sum_{j=1}^{m} \ln\left(\frac{P_j + K_j}{P_j}\right) \right]$$

mit: r^{time} = logarithmierte zeitgewichtete Rendite,
t = Länge der Betrachtungsperiode in Jahren,
P_j = Wert des Portfolios zum Zeitpunkt der j-ten Kapitalbewegung,
m = Zahl der Kapitalbewegungen während des Betrachtungszeitraums,
K_j = j-ter Kapitalzu- bzw. -abfluss,
j = Teilperiode.

Mit Hilfe einer einfachen Transformation lässt sich aus der logarithmierten Rendite eine diskrete Rendite bestimmen:

$$r^{diskret} = e^{r^{time}} - 1$$

mit: e = Eulersche Zahl (2,7182818...).

Anhand eines Beispiels sei der Unterschied zwischen wert- und zeitgewichteter Renditeberechnung erläutert. Zwei Aktienfonds investieren am Jahresanfang 2002 ihr jeweiliges gesamtes Fondsvermögen in den Marktindex, der im ersten Halbjahr 20% an Wert gewinnt und anschließend bis zum Jahresende 5 Prozentpunkte des Gewinns wieder einbüßt. Bei Fonds A erfolgt nach einem halben Jahr ein Mittelzufluss, während Fonds B einen Mittelabfluss hinzunehmen hat. Die genauen Daten sind Tabelle 9.1 zu entnehmen.

Datum:	Marktentwicklung:	Marktwert A:	Einzahlung A:	Marktwert B:	Auszahlung B:
01.01.2002	1,00	1.000,-- EUR		1.000,-- EUR	
30.06.2002	1,20	1.200,-- EUR		1.200,-- EUR	
01.07.2002	1,20	1.700,-- EUR	500,-- EUR	700,-- EUR	-500,-- EUR
31.12.2002	1,15	1.629,16 EUR		670,83 EUR	

Tabelle 9.1: Ausgangsdaten der Renditeberechnung

Da sich die wertgewichtete Rendite als interner Zinsfuß errechnet, erhält man für die Rendite des Fonds A folgenden Wert:

$$0 = -1.000,00 + \frac{-500,00}{(1+r_A)^{0,5}} + \frac{1.629,16}{(1+r_A)^1} \qquad \rightarrow r_A = 10,38\%$$

Im Unterschied dazu beträgt die wertgewichtete Rendite des Fonds B 22,4%.

$$0 = -1.000,00 + \frac{500,00}{(1+r_B)^{0,5}} + \frac{670,83}{(1+r_B)^1} \qquad \rightarrow r_B = 22,4\%$$

Offenbar hängt die wertgewichtete Rendite von den aufgetretenen Kapitalbewegungen ab. Eine Aussage, derzufolge das Management des Fonds B besser gewirtschaftet hat als jenes des Fonds A, ist nicht statthaft, denn beide Fonds waren zu jeder Zeit voll in den Marktindex investiert und haben somit die gleiche Strategie betrieben. Die hohe Rendite des Fonds B resultiert aus dem Kapitalabfluss nach einem halben Jahr und nicht aus einer hervorragenden Managementleistung. Wenn man davon ausgeht, dass die Kapitalbewegungen während des Betrachtungszeitraums nicht durch das Fondsmanagement induziert wurden, was zumindest bei offenen Fonds in der Praxis der Regelfall ist, dann erweist sich die wertgewichtete Rendite als ungeeignet für Vergleichszwecke.

Die zeitgewichtete Rendite entspricht demgegenüber immer der Marktrendite, sofern der Fonds zu jeder Zeit voll im Markt investiert war. Dies zeigen auch die unten dargestellten Berechnungen für die Fonds A und B.[11]

Datum:	Marktentwicklung:	Einzahlung:	Marktwert A:	Anteile:
01.01.2002	1,00		1.000,-- EUR	1
30.06.2002	1,20		1.200,-- EUR	1
01.07.2002	1,20	+500,-- EUR	1.700,-- EUR	0,4167
31.12.2002	1,15		1.629,16 EUR	1,4167

Tabelle 9.2: Zeitgewichtete Rendite bei Fonds A

Wird der Marktwert am Jahresende durch die mit dem ursprünglichen Marktwert multiplizierte Anzahl der Anteile geteilt, dann ergibt sich die zeitgewichtete Rendite.

$$r_A = \frac{1629,16}{1,4167 \cdot 1.000} - 1 \approx 0,15 = 15\%$$

---

[11] Vgl. **Hockmann** (1987), S. 135.

Datum:	Marktentwicklung:	Auszahlung:	Marktwert B:	Anteile:
01.01.2002	1,00		1.000,-- EUR	1
30.06.2002	1,20		1.200,-- EUR	1
01.07.2002	1,20	-500,-- EUR	700,-- EUR	-0,4167
31.12.2002	1,15		670,83 EUR	0,5833

Tabelle 9.3: Zeitgewichtete Rendite bei Fonds B

Ein analoges Vorgehen erbringt die gleiche Rendite für Fonds B.

$$r_B = \frac{670,83}{0,5833 \cdot 1.000} - 1 \approx 0,15 = 15\%$$

Zum gleichen Ergebnis führt die Renditeberechnung anhand der obigen Formel, wenn die logarithmierten Renditen in normale Renditen transformiert werden.

$$r_A^{time} = \frac{1}{1} \cdot \left[\left(\ln\frac{1629,16}{1000}\right) - \left(\ln\frac{1200+500}{1200}\right)\right] = 0,13976$$

$$\rightarrow 2,7182818^{0,13976} - 1 = 0,15 = 15\%$$

$$r_B^{time} = \frac{1}{1} \cdot \left[\left(\ln\frac{670,83}{1000}\right) - \left(\ln\frac{1200-500}{1200}\right)\right] = 0,13976$$

$$\rightarrow 2,7182818^{0,13976} - 1 = 0,15 = 15\%$$

Wie an den Ergebnissen zu sehen ist, wird beiden Fonds nach der zeitgewichteten Renditeberechnung die gleiche Rendite zugeschrieben. Die Kapitalzuführungen bzw. -abflüsse haben sich nicht auf die Rendite ausgewirkt. Da beide Fonds exakt die gleiche Anlagestrategie implementiert hatten, muss die Managementleistung folglich auch gleich bewertet werden.

Das Kernproblem der Bereinigung von Renditen um die Einflüsse von Kapitalbewegungen besteht hauptsächlich in den umfangreichen Datenerfordernissen. Um die zeitgewichtete Rendite zu errechnen, ist die Kenntnis aller Zeitpunkte und Volumina von Kapitalzu- und -abflüssen erforderlich.

9.1.3 Portfolioorientierte Risikobestimmung

Die Berücksichtigung des Anlagerisikos stellt einen wichtigen Bestandteil der Performance-Messung dar. Dabei kommt es maßgeblich auf das zu verwendende Risikomaß an. Wie bekannt, lässt sich Risiko auf mehrere Arten definieren.[12] Aus den unterschiedlichen Definitionen ergeben

---

[12] Vgl. **Fischer** (2000), S. 231 ff.

sich mehrere alternative Risikomaße, die im Rahmen der Performance-Messung eingesetzt werden können, wie aus Abbildung 9.2. erkennbar wird.

Das bekannteste Risikomaß stellt die Volatilität dar, die sich als periodisierte Standardabweichung errechnet. Mit Hilfe der Volatilität wird das Gesamtrisiko von Anlagen, verstanden als positive und negative Abweichung der Renditen von ihrem Mittelwert, bestimmt. Besonders geeignet als Risikomaß ist die Volatilität dann, wenn die Renditen einer Normalverteilung gehorchen, welche durch die Größen Mittelwert und Standardabweichung vollständig determiniert sind.[13] Die dominante Stellung innerhalb der Risikomaße verdankt die Volatilität ihrer Verwendung als Risikomaß in der Kapitalmarkttheorie.

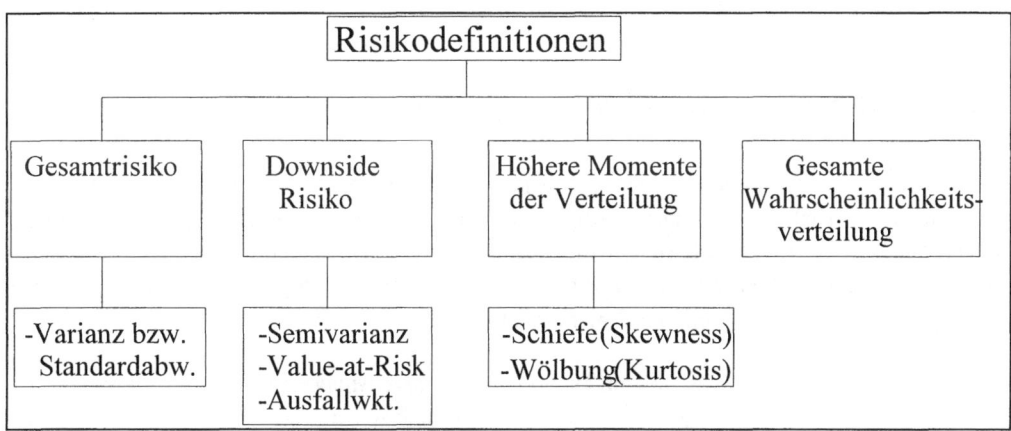

Abbildung 9.2: Mögliche Risikodefinitionen im Rahmen der Performance-Messung[14]

Intuitiv anschaulicher als die Varianz, und die daraus abgeleitete Volatilität, ist die Semivarianz. Sie misst lediglich die negative Abweichung vom Mittelwert (downside risk) und entspricht daher eher einer allgemein vorherrschenden Auffassung von Risiko. Die Semivarianz gehört zur Kategorie der downside risk-Maße, zu denen auch der Value-at-Risk zählt. Der Value-at-Risk gibt den Geldbetrag an, der mit einer bestimmten Wahrscheinlichkeit (Konfidenzniveau) innerhalb einer bestimmten Zeit (Haltedauer) nicht überschritten wird.[15] Die Ausfallwahrscheinlichkeit hingegen gibt an, mit welcher Wahrscheinlichkeit ein bestimmtes Renditeniveau erreicht bzw. verfehlt wird.

Angesichts bestehender Zweifel an einer Normalverteilung von Renditen kann die Einbeziehung höherer Momente der Verteilung einen Informationsgewinn liefern. Neben Mittelwert und Varianz eignen sich hierzu Schiefe (Skewness) und Wölbung (Kurtosis) als drittes bzw. viertes cha-

---

13 Bei Gültigkeit einer quadratischen Nutzenfunktion der Anlegerpräferenzen bedarf es zur Anwendung des (μ,σ)-Prinzips nicht einmal einer Normalverteilung.

14 In Anlehnung an **Nowak/Wittrock** (1993), S. 13.

15 Vgl. z. B. **Dowd** (1998), S. 21, **Johanning** (1998), S. 20 f., **Meyer** (1999), S. 12.

rakteristisches Moment einer Verteilung.[16] Während die Schiefe die Symmetrieabweichung einer Verteilung beschreibt, indiziert die Kurtosis, wie flach bzw. spitzgipfelig eine Verteilung ist. Bei einer rechtsschiefen Verteilung liegt die Mehrzahl der Ausprägungen oberhalb des Mittelwerts et vice versa. Eine hohe Kurtosis deutet auf eine sog. leptokurtische Verteilung hin, bei der die Masse ihrer Elemente in der Verteilungsmitte liegt.[17]

Schließlich kann als Risikomaß die gesamte Verteilung der Renditen herangezogen werden. Als Beurteilungskriterium des Risikos kommt dabei die sogenannte stochastische Dominanz zum Tragen.[18] Dem Vorteil geringerer Restriktionen hinsichtlich der Nutzenfunktion der Anleger steht allerdings die Notwendigkeit der Kenntnis jedes einzelnen Punktes der Wahrscheinlichkeitsverteilung gegenüber.[19]

9.1.4 Festlegung der Benchmark

Die Festlegung der Benchmark ist für den Aussagewert aller Methoden zur Performance-Messung wichtig. Deshalb ist besondere Sorgfalt bei der Bestimmung der Benchmark angebracht. Unter dem Begriff Benchmark ist ein mit besonderen Anforderungen versehenes Vergleichsportfolio zu dem zu beurteilenden Portfolio zu verstehen.[20] Sharpe hat folgende vier Anforderungen aufgestellt, die eine Benchmark erfüllen sollte:[21]

a) Bei der Benchmark sollte es sich um eine real erwerbbare Anlagealternative handeln;
b) Die Benchmark sollte sehr gut diversifiziert und deshalb schwer risikoadjustiert zu schlagen sein;
c) Der reale Erwerb der Benchmark sollte kostengünstig durchführbar sein;
d) Die Benchmark sollte bereits bekannt sein, bevor Anlageentscheidungen getroffen werden.

Zusätzlich erscheint es sinnvoll, dass die Benchmark den gleichen Restriktionen unterliegt wie das zu beurteilende Portfolio. Auf diese Weise wird eine substanzielle Vergleichbarkeit zwischen Portfolio und Benchmark hergestellt.[22] Eine Performanceabweichung zwischen der Benchmark und dem zu beurteilenden Portfolio, die durch Anlagerestriktionen induziert ist, kann letztlich nicht dem Portfoliomanager angelastet werden. Die Liquiditätshaltung bei Investmentfonds etwa

---

16   Die Berechnung der Schiefe (S) erfolgt gemäß folgender Formel: $S=E\left(\left(\frac{R-E(R)}{\sigma}\right)^3\right)$.

17   Vgl. **Loistl** (1994), S. 104.

18   Vgl. **Steiner/Meyer-Bullerdiek/Spanderen** (1996), S. 49ff.

19   Vgl. **Möhlmann** (1993), S. 111 ff.

20   Vgl. **Fischer** (2000), S. 73 ff.

21   Vgl. **Sharpe** (1992), S. 16.

22   Vgl. **Lerbinger** (1984), S. 65.

führt in Zeiten steigender Marktentwicklungen zu einer im Vergleich zur voll investierten Benchmark geringeren Rendite. Jedoch lässt sich daraus nicht der Schluss ziehen, dass der Grund für die Minderrendite in Managementfehlern zu suchen ist. Um einen fairen Vergleich durchführen zu können, müsste der Renditeeffekt der unausweichlichen Mindestliquiditätshaltung berücksichtigt werden.

In der Anlagepraxis bedient man sich bei der Benchmarkfestlegung häufig der gängigen Marktindizes.[23] Für ein amerikanisches Aktienportfolio kann z.B. der Dow Jones-Index als Benchmark herangezogen werden. Zweckmäßig ist dieses Vorgehen allerdings nur bei Aktienportfolios, deren Anlagespektrum genau jene Aktien umfasst, die im Index enthalten sind.[24] Da es sich beim Dow Jones nicht um einen Performance-Index handelt, müssen Dividendeneffekte zusätzlich berücksichtigt werden. Aus diesem Grund ist der Dow Jones prinzipiell für eine Performance-Messung wenig geeignet. Folglich sollten, soweit vorhanden, nur Performance-Indizes zur Performance-Messung herangezogen werden.[25] Die am weitesten verbreiteten Benchmark-Indizes in Deutschland sind dem folgenden Tableau zu entnehmen.

Deutsche Anleihen:	REX- und REX-P-Index
Deutsche Aktien:	DAX, DAX 100, CDAX, NEMAX 50
Europäische Aktien	Dow Jones Euro STOXX 50, Dow Jones STOXX 50, MSCI Euro, FTSE Eurotop 100
Internationale Anleihen:	Salomon World Government Bond Index Merril Lynch Global Government Bond Index
Internationale Aktien:	Morgan Stanley Capital International (MSCI) Indices Financial Times Indizes (FT-Actuaries World Indices)
US-Aktien:	Dow Jones Industrials, Transports und Utilities, S&P 500, Major Market Index, Nasdaq-Index, Russel 2000, Wilshire 5000, Nyse Composite
US-Anleihen:	Lehman Bond Indizes, Merrill Lynch Bond Indizes
Rohstoffe/Commodities:	CRB-Index, GSCI, MG-Base Metal Index

Tabelle 9.4: Gängige Benchmark-Indizes in Deutschland

Wie aus den obigen Anforderungen an die Benchmark zu ersehen ist, handelt es sich bei der Benchmark stets um ein ungemanagtes Vergleichsportfolio. Ein gemanagtes Porfolio müsste die ungemanagte Benchmark unter Berücksichtigung von Managementkosten outperformen, damit der Managementaufwand gerechtfertigt ist. Wichtig ist auch, dass die Festlegung der Benchmark vor der Portfoliokonstruktion auf Basis der Asset Allocation erfolgt. Eine im nachhinein festgelegte Benchmark birgt die Gefahr einer gezielten Auswahl, so dass eine positive Performancebeurteilung des einzuschätzenden Portfolios resultiert.

---

[23] Vgl. **Hockmann** (1987), S. 134.
[24] Zur Indexauswahl vgl. **Braun** (1990), S. 528 ff.
[25] Vgl. **Zimmermann/Zogg-Wetter** (1992), S. 144.

Das eigentliche Problem der Benchmarkbestimmung taucht aber erst bei breiter diversifizierten Portfolios auf. Sind in einem Portfolio mehrere Anlagegattungen gemischt, wie z.B. Aktien, Anleihen, Immobilien und Termingeld, dann ist die Verwendung eines singulären Aktien- oder Bondindex nicht zielsetzungsgerecht. Sind darüber hinaus die in dem Portfolio gemischten Anlagen nicht ausschließlich auf die nationalen Anlagemärkte beschränkt, dann entstehen weitere Probleme. In einem solchen Fall sollte ein geeignetes Benchmark-Portfolio auf der Basis der vorgenommenen Asset Allocation zusammengestellt werden, d.h. die Benchmark sollte einen wertgewichteten Mix aller betroffenen Teilindizes darstellen. Je nachdem, ob das Währungsrisiko gehedgt werden soll oder nicht, sind die verwendeten Indizes in die Referenzwährung des Anlegers umzurechnen.

Allerdings können sich während des Anlagezeitraums die Gewichtungen in der Asset Allocation verschieben. Deshalb kann auch die Benchmark nicht statisch sein, sondern muss den geänderten Portfoliozielsetzungen Rechnung tragen. Auf diese Weise entsteht eine dynamische Benchmarkbestimmung, die die Bedingungen und Anforderungen an ein sachgerechtes Portfoliomanagement erfüllt.

9.1.5 Performancemaße

9.1.5.1 Sharpe-Maß

Als Sharpe-Maß wird die sogenannte Reward-to-Variability-Ratio bezeichnet.[26] Wie der englische Name bereits andeutet, wird im Sharpe-Maß die Belohnung für die Übernahme von Risiko in Form der erzielten Überschussrendite zu dem dafür übernommenen Risiko ins Verhältnis gesetzt. Die Überschussrendite, die auch als 'Excess Return' bezeichnet wird, bestimmt sich als Überschuss der erwirtschafteten Portfoliorendite über eine als risikolos anzusehende Verzinsungsrate. Im Sharpe-Maß, das als relative Größe konzipiert ist und deshalb eine ordinale Skalierung verschiedener Portfolios zulässt, findet als Risikomaß die Volatilität der erwirtschafteten Portfoliorenditen Verwendung. Somit wird das Gesamtrisiko von Portfolios betrachtet. Deshalb lässt sich das Sharpe-Maß als Risikoprämie deuten, die pro Einheit des übernommenen Gesamtrisikos erzielt wird. Mathematisch verdichtet das Sharpe-Maß (SM) die Größen Rendite und Volatilität zu einer einparametrischen Kennzahl. Erst durch diese Verdichtung kann eine Beurteilung der Performance erfolgen. Ohne die Kenntnis von individuellen Anlegerpräferenzen hinsichtlich der Dimensionen Rendite und Risiko lassen sich häufig keine Rangfolgeentscheidungen bei Portfolios festlegen. Das Sharpe-Maß lässt sich mathematisch in seiner ex post-Form wie folgt darstellen

---

[26] Vgl. **Sharpe** (1966), S. 119 ff.

$$SM_{PF} = \frac{R_{PF} - R_f}{\sigma_{PF}}$$

mit: R_{PF} = gemessene Portfoliorendite,
R_f = risikolose Verzinsung,
σ_{PF} = Volatilität der Portfoliorendite in der Stichprobe.

Bei Betrachtung der Formel wird deutlich, dass die Portfolioperformance um so besser ist, je höher das Sharpe-Maß ausfällt. Je höher die erwirtschaftete Portfoliorendite pro übernommener Einheit Gesamtrisiko liegt, desto besser wird das Verhältnis von Rendite zu Risiko. Um anhand des Zahlenwerts des Sharpe-Maßes eine Aussage über das Ranking von Portfolios zu treffen, werden für verschiedene Portfolios die SM-Werte bestimmt. Gerade auch für das Benchmarkportfolio lässt sich das Sharpe-Maß ermitteln. Sodann werden die errechneten Werte in eine Reihenfolge gebracht. Liegt der SM-Wert des betrachteten Portfolios oberhalb des SM-Werts des Benchmarkportfolios, dann wurde das betreffende Portfolio risikoadjustiert besser gemanagt als das Vergleichsportfolio.

Anhand der folgenden Daten sollen das Sharpe-Maß und die weiter unten dargestellten Maße der Performancebeurteilung exemplarisch bestimmt werden.

	Portfolio A:	Portfolio B:	Portfolio C:	Marktindex (Benchmark):
Rendite (R_{PF}):	9%	13%	16%	12%
Volatilität (σ_{PF}):	18%	26%	30%	22%
Betafaktor:	0,9	1,1	1,3	1
Risikoloser Zins (R_f):	6%	6%	6%	6%

Tabelle 9.5: Ausgangsdaten der Performancebestimmung

Aus den Daten lassen sich die Sharpe-Maße für die verschiedenen Portfolios und den Benchmarkindex bestimmen:

$$SM_A = \frac{0,09 - 0,06}{0,18} = 0,1667 \qquad SM_C = \frac{0,16 - 0,06}{0,3} = 0,3333$$

$$SM_B = \frac{0,13 - 0,06}{0,26} = 0,2692 \qquad SM_{BM} = \frac{0,12 - 0,06}{0,22} = 0,2727$$

Werden die errechneten Werte in eine Reihenfolge gebracht, dann ergibt sich das nachstehende Ranking:

1. Portfolio C
2. Benchmark (BM)
3. Portfolio B
4. Portfolio A

Somit ist es auf der Basis des Sharpe-Maßes lediglich Portfolio C gelungen, die Benchmark risikobereinigt zu schlagen.

Wird das Sharpe-Maß graphisch dargestellt, so entspricht SM_{PF} der Steigung der in Abbildung 9.3 dargestellten Linie. Die Achsenbeschriftung macht deutlich, dass es sich um eine Kapitalmarktlinie handelt. Die errechneten SM-Werte stellen dabei im Gegensatz zur eigentlichen Kapitalmarktlinie ex post Werte dar. Nur ex post lassen sich oberhalb der Kapitalmarktlinie liegende Rendite/Risiko-Kombinationen erzielen. Werden die oben berechneten Sharpe-Maße der verschiedenen Portfolios in ein Diagramm eingezeichnet, dann wird für jedes Portfolio eine eigene Linie konstruiert, die jeweils vom Wert der risikolosen Verzinsung auf der Ordinate ausgeht. Jenes Portfolio, das die steilste Linie aufzuweisen hat, besitzt die beste Performance.

Wie der Graphik zu entnehmen ist, besitzt die Linie für das Portfolio A die geringste Steigung. Portfolio C hingegen weist die steilste Linie auf und liegt oberhalb der maßgeblichen Vergleichslinie der Benchmark. Nur geringfügig unterhalb der Benchmark ist die Linie für das Portfolio B angesiedelt.

Die Bestimmung der notwendigen Daten zur Errechnung des Sharpe-Maßes ist recht unkompliziert. Als risikoloser Zinssatz eignet sich ein laufzeitadäquater Geldmarktzins. Sowohl die Portfoliorendite als auch ihre Volatilität lassen sich auf der Basis von Vergangenheitsdaten errechnen.

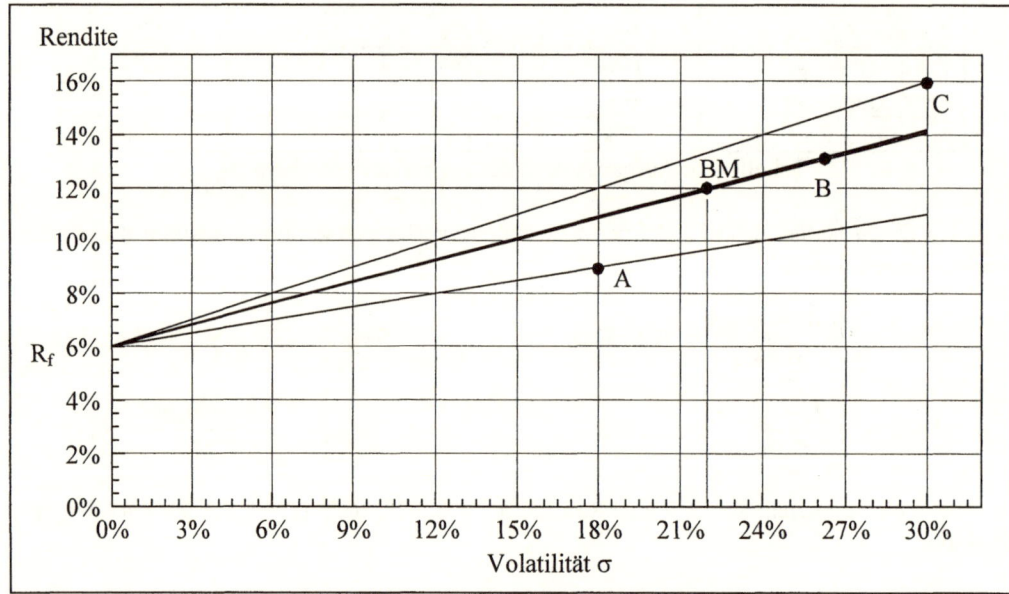

Abbildung 9.3: Graphische Darstellung des Sharpe-Maßes

Im Vordergrund der Kritik steht die Wahl der Benchmark. Wie die Kapitalmarktlinie selbst, so sieht sich auch das Sharpe-Maß mit dem Fehlen eines wirklichen und zugleich beobachtbaren Marktportfolios konfrontiert. Aus der Perspektive der Kapitalmarkttheorie lässt sich zudem darauf verweisen, dass das Gesamtrisiko bei Kapitalanlagen nur relevant ist, falls das betrachtete Portfolio die einzige Anlage des Investors darstellt. Ansonsten muss der Portfoliozusammenhang beachtet werden, so dass in diesem Fall nur das systematische Risiko in Form des Betafaktors relevant ist.[27]

Ein weiters Handicap des Sharpe-Maßes liegt darin begründet, dass es keinen Einblick in die Zusammensetzung des eingegangenen Portfoliorisikos zu geben vermag. Es wäre für die Portfoliobeurteilung jedoch wichtig zu wissen, wie hoch der Anteil des systematischen und jener des unsystematischen Risikos am eingegangenen Gesamtrisiko ist. Es kann der Fall auftreten, dass zwei Portfolios sowohl in der Rendite als auch hinsichtlich des Gesamtrisikos gleiche Werte aufweisen. Um eine Ranking-Aussage treffen zu können, bedarf es in diesem Fall der Kenntnis der Risikozusammensetzung. Jenes Portfolio, bei dem sich ein höherer Anteil an systematischem Risiko zeigt, sollte von einem Investor vorgezogen werden. Da mit Hilfe des Sharpe-Maßes dieses Problem nicht gelöst werden kann, ist dessen Eignung eingeschränkt.

9.1.5.2 Treynor-Maß

Wird ein Portfolio neben weiteren Vermögensanlagen gehalten, dann ist nicht das Gesamtrisiko des Portfolios, sondern das systematische Risiko des zu beurteilenden Portfolios ausschlaggebend. Zudem sollte gemäß der Kapitalmarkttheorie jedes gehaltene Portfolio ohnehin derart gut diversifiziert sein, dass das unsystematische Risiko bereits weitgehend eliminiert ist. Entsprechend ist lediglich der Betafaktor als Risikomaß von Bedeutung. Dieser wird bekanntlich aus dem CAPM hergeleitet und kann als relative Volatilität in Bezug auf einen Vergleichsindex - das Marktportfolio - gedeutet werden. Geht man von diesen Voraussetzungen aus, dann eignet sich das Treynor-Maß zur Performancemessung. Im Schrifttum ist das Treynor-Maß auch unter der Bezeichnung Reward-to-Volatility-Ratio bekannt.[28] Die Unterscheidung zum Sharpe-Maß liegt folglich in der Wahl des Risikomaßes. Beim Treynor-Maß handelt es sich ebenfalls um ein einparametrisches relatives Maß der Performancemessung. Das Treynor-Maß gibt an, wie hoch der Excess Return pro Einheit des übernommenen systematischen Risikos ist. Es ergibt sich mathematisch zu

$$TM_{PF} = \frac{R_{PF} - R_f}{\beta_{PF}}$$

mit: R_{PF} = gemessene Portfoliorendite,
R_f = risikolose Verzinsung,
β_{PF} = geschätzter Betafaktor für die Renditen der Stichprobe des betrachteten Portfolios.

---

[27] Vgl. **Sharpe/Alexander** (1990), S. 739 und 754.
[28] Vgl. **Treynor** (1965), S. 63 ff.

Die erzielte Performance ist, analog dem Vorgehen beim Sharpe-Maß, um so höher zu bewerten, je größer der TM_{PF}-Wert ist. Entsprechend kann ein ordinales Portfolio-Ranking vorgenommen werden.

Bei Verwendung der obigen Daten lassen sich die Werte des Treynor-Maßes folgendermaßen errechnen:

$$TM_A = \frac{0,09 - 0,06}{0,9} = 0,0333 \qquad TM_C = \frac{0,16 - 0,06}{1,3} = 0,0769$$

$$TM_B = \frac{0,13 - 0,06}{1,1} = 0,0636 \qquad TM_{BM} = \frac{0,12 - 0,06}{1} = 0,06$$

Werden die errechneten Werte wieder in eine Reihenfolge gebracht, dann erhält man folgendes Ranking:

1. Portfolio C
2. Portfolio B
3. Benchmark (BM)
4. Portfolio A

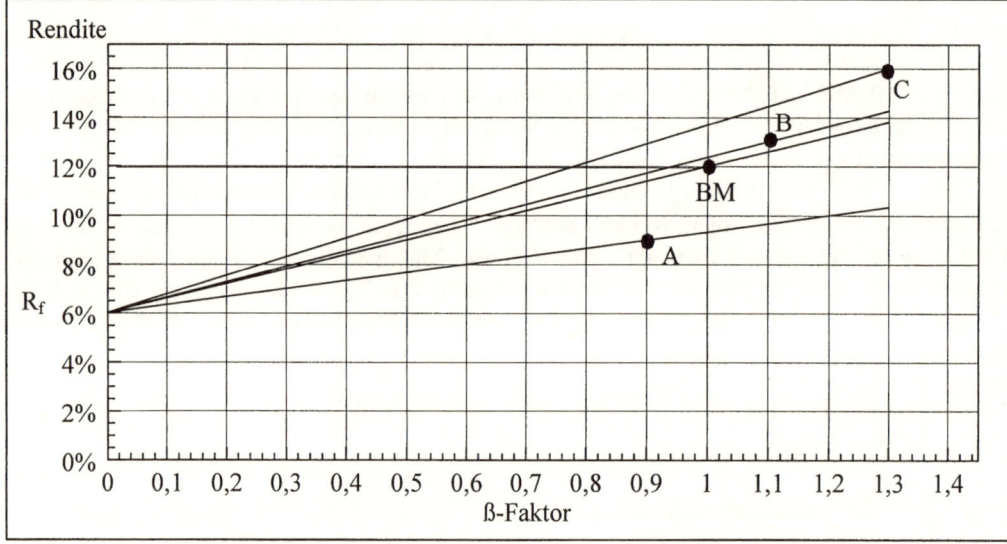

Abbildung 9.4: Graphische Darstellung des Treynor-Maßes

Graphisch entsprechen die errechneten Werte wiederum den jeweiligen Steigungen der Linien im Rendite/Risiko-Diagramm. Auf der Abszisse wird als Risikomaß der Betafaktor angetragen. Es handelt sich um ex post Wertpapierlinien. Für jedes Portfolio, dessen Performance gemessen wurde, kann eine derartige Linie eingezeichnet werden. Je steiler die jeweilige Wertpapierlinie ist, desto besser war die erzielte Portfolioperformance. Wird auch die Performance des Benchmarkportfolios in Form einer Linie in das Diagramm eingezeichnet, so lässt sich anhand der

Graphik beurteilen, ob und gegebenenfalls welche Portfolios eine Outperformance gegenüber der Benchmark erzielt haben.

Bei Anwendung des Treynor-Maßes haben sowohl Portfolio C als auch Portfolio B eine bessere Performance als die Benchmark erzielt. Insoweit tritt eine Abweichung gegenüber den Ergebnissen des Sharpe-Maßes auf, demzufolge nur Portfolio C die Benchmark schlagen konnte. Offenbar besitzt Portfolio B ein relativ hohes unsystematisches Risiko, das bei Verwendung des Treynor-Maßes unbeachtet bleibt. Eine Berechnung der Höhe des unsystematischen Risikos ist aufgrund der gegebenen Daten mit Hilfe der Risikozerlegung des Marktmodells leicht möglich.[29] Der Grad der Diversifikation eines Portfolios lässt sich mit Hilfe der Korrelation zwischen den Portfolio- und den Benchmarkrenditen bestimmen. Je größer die Korrelation ist, desto besser ist das Portfolio diversifiziert.

Bedenkt man allerdings die theoretische Gestalt der Wertpapierlinie im CAPM, so dürfte das Outperformen des Marktportfolios ex ante nicht möglich sein. Wird hingegen - wie hier - die Vergangenheitsperformance betrachtet, so ist eine Outperformance sehr wohl möglich. Als kritisch wird die Verwendung des Treynor-Maßes z.T. deshalb angesehen, weil das unsystematische Risiko des Portfolios vollkommen außer acht gelassen wird. Berechtigt ist diese Vernachlässigung des unsystematischen Risikos aber nur dann, wenn ein sehr gut diversifiziertes Portfolio vorliegt. Davon kann in der Anlagepraxis aber keineswegs immer ausgegangen werden. Folglich könnte der Fall auftreten, dass bei einem Performance-Ranking mittels des Treynor-Maßes ein Portfolio mit hohem Gesamtrisiko besser abschneidet als ein Portfolio mit geringerem Gesamtrisiko, welches die gleiche Rendite aufweist. Eine solche Bewertung wäre nur statthaft, falls neben dem Portfolio weitere Vermögensanlagen gehalten werden und somit das Portfolio selber Bestandteil eines umfassenden Portfolios ist.[30]

Aus dem Gesagten ergibt sich, dass die ausschließliche Verwendung des Treynor-Maßes zur Performancemessung problematisch, wenn nicht gar ungeeignet ist. Wird die Methode allerdings komplementär zum Sharpe-Maß angewendet, so ergibt sich ein tieferer Einblick in die Struktur des zu beurteilenden Portfolios.

Da das Treynor-Maß direkt aus dem CAPM abgeleitet ist, unterliegt es auch den an dem CAPM geäußerten Kritikpunkten. Allen voran steht dabei die Kritik, derzufolge das CAPM aufgrund der Nichtbeobachtbarkeit des Marktportfolios empirisch nicht testbar und somit letztlich wertlos ist.[31] Aus praktischen Erwägungen wird dem Problem der Marktportfoliobestimmung aus dem Weg gegangen und für die Bestimmung des Betafaktors nicht das Marktportfolio, sondern ein sogenanntes Proxy verwendet.[32] Unter einem Proxy ist ein real existierender Vergleichsmaßstab zu verstehen, der das Marktportfolio zumindest annähernd abbildet. In der Praxis werden häufig

---

29 Siehe dazu die Berechnung im Kapitel 2.
30 Vgl. **Sharpe/Alexander** (1990), S. 739 und 754.
31 Vgl. **Roll** (1977), S. 126 ff.
32 Vgl. **Steiner/Kleeberg** (1991), S. 171 ff.

die oben genannten Indizes als Proxies verwendet. Mit Hilfe von linearen Regressionen lässt sich der Betafaktor schließlich errechnen.[33]

9.1.5.3 Jensen-Maß

Ein alternativer Weg der Performancemessung wird von Jensen beschritten.[34] Jensen entwickelt mit dem sogenannten 'Jensen-Alpha' bzw. dem 'Differential Return' ein absolutes Beurteilungskriterium zur Performancemessung. Auch beim Jensen-Alpha handelt es sich um eine einparametrische Maßgröße. Wie schon das Treynor-Maß, fußt auch der Jensen-Ansatz auf dem CAPM als theoretische Grundlage der Performancemessung. Immerhin dürfte das Jensen-Alpha in der Praxis das am meisten geläufige Maß zur Beurteilung der Portfolioperformance sein.[35] Mathematisch bestimmt sich das Jensen-Maß (JM) in seiner ex post Form wie folgt:

$$JM_{PF} = (R_{PF} - R_f) - (R_{BM} - R_f) \cdot \beta_{PF} + \varepsilon_{PF}$$

mit: R_{PF} = gemessene Portfoliorendite,
R_{BM} = gemessene Rendite des Benchmarkportfolios (Marktindex),
R_f = risikolose Verzinsung,
β_{PF} = Stichproben-Betafaktor der Renditen des betrachteten Portfolios und
ε_{PF} = Stochastischer Störterm der Regressionsgleichung mit
$E(\varepsilon_{PF}) = 0$, $COV(\varepsilon_{PF}; R_{BM}) = 0$ und $COV(\varepsilon_{PFt}; \varepsilon_{PFt-1}) = 0$.

Von dem erzielten Excess Return des betrachteten Portfolios wird somit der erwartete Excess Return abgezogen. Da das Jensen-Maß durch eine Regression erhoben wird, befindet sich ein Störterm in der Formel. Der Störterm zeigt die vertikalen Abweichungen zwischen der Regressionsgleichung und den einzelnen Punkten der Regression an. Der als Maß für die nicht mit dem systematischen Risiko im Zusammenhang stehende Rendite zu interpretierende Störterm besitzt einen Renditeerwartungswert von Null. Darüber hinaus ist er nicht mit der Benchmarkrendite korreliert. Ferner sind die Werte des Störterms im Idealfall nicht autokorreliert. Für die obigen Daten lassen sich anhand der Formel die konkreten Werte errechnen.

$$JM_A = (0,09 - 0,06) - (0,12 - 0,06) \cdot 0,9 = -0,024$$
$$JM_B = (0,13 - 0,06) - (0,12 - 0,06) \cdot 1,1 = 0,004$$
$$JM_C = (0,16 - 0,06) - (0,12 - 0,06) \cdot 1,3 = 0,022$$
$$JM_{BM} = (0,12 - 0,06) - (0,12 - 0,06) \cdot 1 = 0,0$$

Eine Rangfolge der Portfolios ist anhand der errechneten Daten nicht bestimmbar, jedoch haben

---

[33] Dieses Vorgehen entspricht dem Vorgehen im Marktmodell.
[34] Vgl. **Jensen** (1968), S. 389 ff.
[35] Vgl. **Chang/Lewellen** (1984), S. 58.

die Portfolios B und C ein positives Alpha, so dass jeweils die Benchmark risikoadjustiert geschlagen wurde. Dies entspricht dem Ergebnis des Treynor-Maßes. Da in beiden Verfahren lediglich das systematische Risiko als relevant angesehen wird, musste die Performanceeinschätzung bezüglich des Benchmarkvergleichs identisch sein.

Graphisch stellt sich das Jensen-Maß als vertikaler Abstand zwischen der ex post ermittelten Wertpapierlinie und den Linien der jeweiligen Portfolios dar. Liegt die Linie des betrachteten Portfolios oberhalb der Wertpapierlinie, dann war die Performance des Portfolios superior gegenüber der Benchmark.

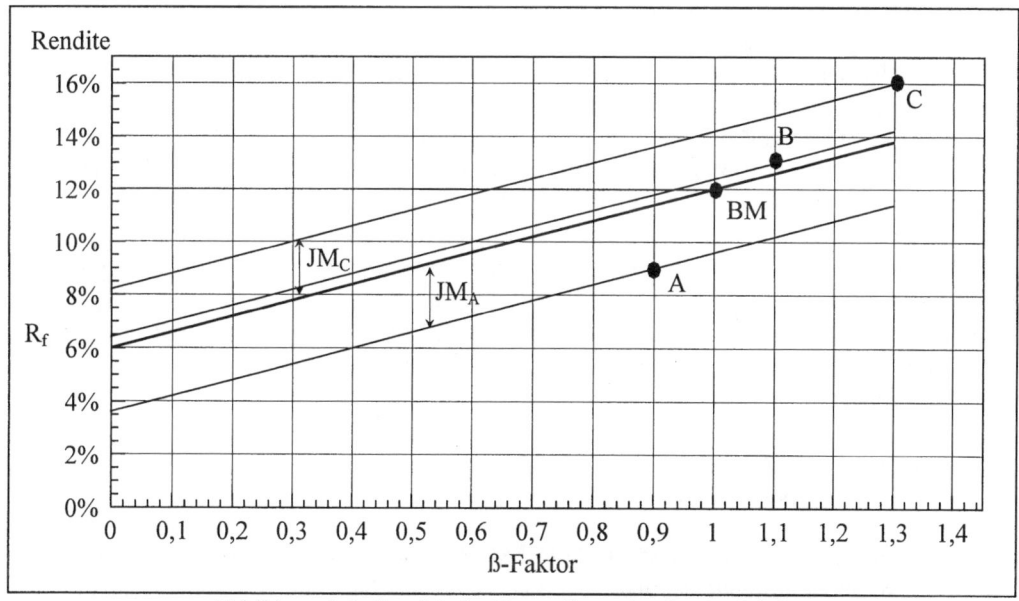

Abbildung 9.5: Graphische Darstellung des Jensen-Maßes

Die Wertpapierlinie wird dabei auf der Basis der Benchmark gebildet. Somit findet die Benchmark als Ersatz für das Marktportfolio Verwendung.

Jedoch taucht bei der praktischen Bestimmung des Jensen-Alphas das Problem auf, dass ein von null verschiedener Achsenabschnitt nicht immer mit der notwendigen statistischen Signifikanz vorliegt. Um diesbezügliche Sicherheit zu erhalten, muss der in der Regression errechnete Alpha-Wert jeweils hinsichtlich seiner Verschiedenheit von Null getestet werden.[36] Erst wenn ein solcher Test eine signifikante Abweichung des Alpha-Wertes von Null bestätigt, können mit hinreichender Sicherheit Schlussfolgerungen aus dem Wert gezogen werden.

---

[36] Dies geschieht üblicherweise mit Hilfe von t-Tests, die aber besonders bei einer geringen Anzahl von Beobachtungen nicht als sehr mächtig hinsichtlich ihrer Bestätigungskraft angesehen werden. Vgl. **Nowak/Wittrock** (1993), Fußnote 33, S. 40.

Im Gegensatz zum Sharpe- und zum Treynor-Maß erlaubt das Jensen-Maß kein einwandfreies Ranking verschiedener Portfolios, da diese jeweils mit einem unterschiedlich hohen systematischen Risiko ausgestattet sein können. Den Beurteilungsmaßstab beim Jensen-Alpha bildet stets die Wertpapierlinie des Benchmarkportfolios. Folglich erlaubt das Jensen-Maß eine Aussage darüber, ob das zu beurteilende Portfolio besser performed hat als die betrachtete Benchmark.

9.1.5.4 Alternative Ansätze zur Performance-Messung

Ein Problem der bisherigen Performance-Maße besteht darin, dass nicht bekannt ist, wie der Alpha-Wert zustande gekommen ist. Alpha selber ist lediglich eine Renditegröße und ist damit für die gleiche Kritik anfällig, die schon in Bezug auf die eindimensionale Renditemessung vorgetragen wurde.[37] Mit anderen Worten lautet das Problem: Wie viel Risiko hat der Portfoliomanager zusätzlich in Kauf genommen, um den Alpha-Wert zu erzielen? Zur Behebung dieses Mangels, und um ein Portfolio-Ranking bei der Beurteilung mehrerer Portfolios durchführen zu können, bedarf es wiederum eines relativen Vorteilhaftigkeitsmaßes. Auf der Basis des Jensen-Alphas und des Indexmodells von Sharpe konstruierten J. Treynor und F. Black die sogenannte Treynor/Black-Appraisal-Ratio.[38] Dabei wird das Jensen-Alpha zu der aus der Regressionsgleichung des Jensen-Maßes ermittelten Volatilität des Störterms $\sigma(\varepsilon_{PF})$ ins Verhältnis gesetzt. Folglich entspricht der errechnete Treynor/Black-Wert der Überrendite gegenüber der Wertpapierlinie, die pro Einheit an übernommenem unsystematischen Risiko erzielt wurde. Formal ergibt sich folgender Ausdruck:

$$TBM_{PF} = \frac{JM_{PF}}{\sigma(\varepsilon_{PF})}.$$

Je größer der errechnete Wert ausfällt, desto besser ist das Portfolio zu beurteilen. Denn eine erzielte Überrendite im Sinne des Jensen-Alphas ist um so höher einzuschätzen, je geringer das unsystematische Risiko war, das für die Überrenditeerzielung in Kauf genommen wurde.

Die Vorgehensweise zur Errechnung des Jensen-Alphas bedarf nicht notwendigerweise der Wertpapierlinie. Auch auf der Basis der Kapitalmarktlinie, die schon Gegenstand des Sharpe-Maßes ist, lässt sich ein Alpha-Wert bestimmen. Dieser als 'Total Risk Alpha' bezeichnete Wert misst die vertikale Distanz zwischen der ex post Kapitalmarktlinie und der Linie des zu beurteilenden Portfolios.[39]

Angesichts der theoretischen und praktischen Schwachpunkte von Kapitalmarkt- und Wertpapierlinie gibt es Bestrebungen, auf der Basis alternativer Theoriekonzepte Performance-Messung

---

[37] Vgl. **Ferguson** (1986), S. 5.
[38] Vgl. **Treynor/Black** (1973), S. 66 ff.
[39] Vgl. **Sharpe/Alexander** (1990), Fußnote 10, S. 752.

zu betreiben. In erster Linie findet dabei die Arbitrage-Pricing-Theorie (APT) Verwendung.[40] Die APT bietet den Vorteil, die Performance ohne die Kenntnis des Marktportfolios messen zu können, wodurch das Problem der Benchmarkbestimmung entschärft wird. Zudem erlaubt die APT eine tiefergehende Beurteilung der Risikostruktur von Portfolios, da eine detaillierte Risikofaktorenzerlegung erfolgt. Das Jensen-Maß lässt sich problemlos auf der Basis der APT ermitteln. Demgemäß ergibt sich der mathematische Ausdruck

$$JM_{PF}^{APT} = (R_{PF} - R_f) - \sum_{j=1}^{J}(R_j - R_f) \cdot \beta_{j,PF} + \varepsilon_{PF}.$$

Es wird somit von der Überschussrendite des Portfolios jene Rendite abgezogen, der aufgrund der eingegangenen Faktorsensitivitäten zu erwarten war. Die konkrete Bestimmung des Jensen-Maßes auf Basis der APT erfolgt wiederum mit Hilfe einer Regression. Graphisch gibt das auf diese Weise bestimmt Jensen-Maß den vertikalen Unterschied der durch das Portfolio aufgespannten Ebene und der APT-Ebene, die auch als Hyperplane bezeichnet wird, an. Aufgrund seines Charakters als absolutes Vorteilhaftigkeitsmaß eignet sich das APT-Jensen-Maß nicht zur Rankingbildung bei mehreren Portfolios. Allerdings lässt sich auch hier durch den Einsatz der Treynor/Black-Appraisal-Ratio eine Rangfolge herstellen.

9.1.5.5 Beurteilung der Performancemaße

Die vorgestellten Kennzahlen zur Performance-Messung sind jeweils in der Lage, eine Verdichtung von Rendite und Risiko zu einer aussagefähigen Maßzahl herbeizuführen. Aus diesem Grund sind sie theoretisch zur Performance-Messung geeignet. Hinsichtlich ihrer praktischen Anwendbarkeit bzw. Tauglichkeit sind jedoch einige einschränkende Bemerkungen zu machen.

Zunächst bleibt das Zustandekommen der Performance weitgehend unbeachtet. Ob Zufall oder das Geschick des Portfoliomanagers in Form von Timing- und Selektionsfähigkeit zu der Performance geführt haben, kann aufgrund der betrachteten Kennzahlen kaum beurteilt werden. Ihrer Konzeption nach stellen die dargestellten Verfahren sämtlich auf die Selektionsfähigkeit des Portfoliomanagements ab.

Ein weiteres Problem besteht in der fehlenden Konstanz der verwendeten Risikomaße im Zeitablauf. Bei den dargestellten Kennzahlen wird letztlich das durchschnittliche Risiko der Betrachtungsperiode angesetzt. Gerade durch Timing kann aber auf das Portfoliorisiko erheblicher Einfluss genommen werden, so dass durch die Verwendung des durchschnittlichen Risikos eine Verzerrung auftreten kann.[41]

---

[40] Vgl. **Nowak/Wittrock** (1993), S. 92.
[41] Vgl. **Zimmermann/Zogg-Wetter** (1992), S. 137.

Die Fokussierung der dargestellten Performance-Kennzahlen auf die Größen Rendite und Risiko entspricht dem Vorgehen in der Kapitalmarkttheorie. Praktische Bedeutung besitzt aber beispielsweise auch der Liquiditätsaspekt, der keine Berücksichtigung findet.

Schwierigkeiten können zudem bei der Bereinigung der Inputdaten auftreten. Von Bedeutung für Anleger sind letztlich nur reale Nettorenditen, so dass sowohl eine Inflations- als auch eine Gebührenbereinigung der Renditen sinnvoll erscheint. Selbstverständlich gilt dies auch für die Benchmark, die ihrerseits nicht zum Nulltarif nachzubilden ist.

Die schwerwiegendste Kritik betrifft die auf Basis der Benchmark errechnete Wertpapierlinie, die den meisten Verfahren zugrunde liegt. Da die Festsetzung der Benchmark großen Einfluss auf die gesamte Performance-Messung besitzt, hat die Benchmarkbestimmung sehr sorgfältig zu erfolgen. Die Benchmarkwahl darf nicht dazu führen, dass annähernd jedes Portfolio in der Lage ist, die Benchmark zu schlagen. Diese Gefahr ist in der Praxis recht groß, da das Portfoliomanagement i.d.R. erfahrener im Umgang mit derartigen Problemen ist als Anleger.[42] Insofern besteht eine Informationsasymmetrie zwischen dem Portfoliomanager und dem Anleger.

Empirische Tests, die sowohl auf der Basis des CAPM als auch auf der Basis der APT Performance-Messungen durchgeführt haben, konnten erhebliche Differenzen in der Beurteilung von Portfolios feststellen.[43] Daraus lässt sich der Schluss ziehen, dass die zur Performance-Messung verwendeten Rendite/Risiko-Modelle maßgeblich die Ergebnisse der Performance-Messung beeinflussen. Der Wechsel des Rendite/Risiko-Modells kann die Rangfolge der Performanceeinschätzung deshalb verändern.

9.1.6 Global Investment Performance Standards

Die Global Investment Performance Standards (GIPS), die von der Association for Investment Management and Research (AMIR) ausgearbeitet wurden, traten im Jahre 2000 in Kraft, und sollen weltweite Mindestanforderungen an die Performance-Darstellung festlegen.[44] Auf dieser Grundlage haben sich auch weitere länderspezifische Performance-Presentation-Standards entwickelt, wie etwa von der Deutschen Vereinigung für Finanzanalyse und Asset Management (DVFA) im Jahre 1999.[45] Ziel ist es, einen weltweit anerkannten Standard für eine exakte, konsistente und vergleichbare Performancemessung zu etablieren, dem sich weltweit Vermögensverwalter unterstellen können, und der dann als eine Art Gütesiegel angesehen werden kann. Das Regelwerk umfasst fünf Säulen:

---

42 Vgl. **Grinblatt** (1986), S. 13 u. 19, sowie **Roll** (1978), S. 1052.
43 Vgl. **Lehmann/Modest** (1987), S. 263.
44 Vgl. **Association for Investment Management and Research** (1999).
45 Vgl. **Fischer/Lilla/Wittrock** (2000).

a) **Datenbasis:** Eine einheitliche und vollständige Datenbasis soll als Grundlage für alle Berechnungen dienen.

b) **Kalkulationsmethode:** Es werden detaillierte Vorschriften zu den anzuwendenden Berechnungsmethoden gegeben, z. B. die zeitgewichtete Renditenberechnung.[46]

c) **Konstruktion von Composites:** Alle Portfolios müssen sogenannten Composites zugeordnet werden, die jeweils eine bestimmte Investmentstrategie wiederspiegeln, z. B. Globale Aktien, Emerging Markets Europa.[47]

d) **Zusatzangaben:** Es wird eine Reihe von Zusatzangaben und Dokumentationen gefordert, um ein größtmögliches Maß an Transparenz herzustellen.

e) **Präsentation und Berichterstattung:** Der Ausweis von Performance und Risikokennzahlen wird auch über historische Zeiträume verlangt.

Es ist weiterhin geplant, die Einhaltung der Vorschriften durch Wirtschaftsprüfungsgesellschaften zertifizieren zu lassen. Da der Wettbewerb auf dem Sektor der Vermögensverwaltung immer stärker zunimmt, wird die Einhaltung dieser Transparenz schaffenden Regeln einen Branchenstandard darstellen, der von den Gesellschaften erhebliche Anstrengungen erfordert.

9.2 Performance-Attribution

Neben der Performance-Messung etabliert sich zunehmend die als Performance-Attribution[48] bezeichnete Aufspaltung des erzielten Anlageergebnisses.[49] Man spricht in diesem Zusammenhang auch von einer Erfolgsquellenanalyse.[50] Zur aussagefähigen Beurteilung einer Portfolioperformance zählt letztlich auch die adäquate Einschätzung der vorliegenden Erfolgsfaktoren. Es stellt sich somit die Frage, ob eine überdurchschnittliche Performance dem Portfoliomanagement oder anderen Faktoren zuzuschreiben ist. Gerade die Managementqualität steht häufig im Vordergrund bei der Betrachtung einer Portfolioperformance. Die Qualität von Portfoliomanagern wird maßgeblich von ihrer Fähigkeit bestimmt, eine überdurchschnittlich renditeträchtige Anlagetitelselektion vorzunehmen sowie ein günstiges Timing der Anlagen zu gewährleisten.[51] Mit Hilfe der Performance-Attribution wird versucht, eine differenzierte Einschätzung der Gründe für die jeweils erwirtschaftete Portfolioperformance zu erhalten.

---

[46] Vgl. dazu Abschnitt 9.1.2.
[47] Vgl. **Fischer** (2000), S. 180 ff.
[48] Zur Performance-Messung und -Attribution vgl. ausführlich **Wittrock** (1995).
[49] Vgl. **Ankrim** (1992), S. 75 f.
[50] Vgl. **Nowak/Wittrock** (1993), S. 2.
[51] Vgl. **Fama** (1972), S. 551 ff.

9.2.1 Selektivität

Die traditionellen Maße der Performance-Messung beziehen sich in ihrer ursprünglichen Intention jeweils auf die Einschätzung der Selektionsfähigkeit von Portfoliomanagern. Mithin wird z.B. das Jensen-Alpha als Maß für die Selektionsfähigkeit des Portfoliomanagers interpretiert. Ein signifikant positives Alpha deutet somit auf die überdurchschnittlichen Auswahlfähigkeiten des Portfoliomanagers hin. Die Selektionsfähigkeit wird auch als 'micro-forecasting' bezeichnet, da es sich um die Auswahl einzelner unterbewerteter Titel handelt.[52]

Grundlage einer überdurchschnittlichen Selektionsfähigkeit ist der Besitz von Informationsvorsprüngen. Dabei kann der Informationsvorsprung zeitlicher und inhaltlicher Natur sein. Liegt ein zeitlicher Informationsvorsprung vor, dann besitzt der Portfoliomanager kursrelevante Informationen, bevor andere Marktteilnehmer im Besitz der gleichen Information sind.

Ein inhaltlicher Informationsvorsprung ergibt sich aus der besseren Auswertung von Informationen gegenüber Mitbewerbern. Obwohl alle Portfoliomanager im Besitz der gleichen Daten sind, können ihre Auswertungen zu sehr unterschiedlichen Einschätzungen bezüglich einzelner Anlagewerte kommen. Jene Portfoliomanager, die aufgrund ihrer Datenauswertung die genauesten Prognosen bezüglich der Entwicklung der Anlagetitel abzugeben im Stande sind, besitzen dadurch einen Informationsvorsprung, der ihnen zu überdurchschnittlicher Selektionsfähigkeit verhilft.

Die Selektionsfähigkeit von Portfoliomanagern fußt mithin auf Informationsvorsprüngen, die auf der Basis der Wertpapieranalyse erworben werden. Allerdings steht die mögliche Erzielung von Informationsvorsprüngen durch die Wertpapieranalyse im Widerspruch zur Hypothese effizienter Kapitalmärkte. Auf streng effizienten Kapitalmärkten dürfte es keine unter- oder überbewerteten Titel geben.

9.2.2 Timing

Im Gegensatz zur Selektionsfähigkeit bezieht sich die Timingfähigkeit auf die zeitliche Einschätzung der Gesamtmarktentwicklung. Besitzt ein Portfoliomanager Timing-Qualitäten, so wird er z.B. bei abwärtsgerichteter Gesamtmarkttendenz des Aktienmarktes im Rahmen seiner Asset Allocation den Portfolioanteil von alternativen Anlagegattungen, wie z.B. Anleihen oder Geldmarktanlagen, zu Lasten seines Aktienanteils erhöhen. Im Idealfall nimmt das Portfolio aufgrund einer perfekten Timing-Strategie an jeder Aufwärtsbewegung des Aktienmarktes teil, während bei Abwärtsbewegungen keine Verlustpartizipation erfolgt. Ein solches Vorgehen erinnert an die Protective Put Strategie sowie die dynamischen Strategien im Rahmen der Portfolio Insurance Konzeption. Perfektes Timing ist der Portfolio Insurance insofern überlegen, als eine

---

52 Vgl. **Admati et al.** (1986), S. 720.

Kosten verursachende Portfolioabsicherung durch Optionen entfällt. Liegen Timing-Qualitäten vor, dann sollte es möglich sein, die Benchmark jeweils outzuperformen, denn die Benchmark ist zu jedem Zeitpunkt voll im Markt investiert.

Die Gesamtmarktorientierung von Timing-Strategien wird deutlich, wenn man bedenkt, dass Einzelwerte über den Betafaktor an die Marktentwicklung gebunden sind und sich nur selten vollkommen konträr verhalten. Ist folglich das richtige Timing des Marktes bekannt, dann lassen sich daraus auch Timing-Strategien für Einzelwerte ableiten. Das Timing wird auch als 'macro-forecasting' bezeichnet, da es tendenziell auf die Gesamtmarktentwicklung fokussiert ist.[53] Wenn aber Timing-Strategien sich auf Gesamtmarktentwicklungen konzentrieren, dann treten jene Faktoren ins Blickfeld, die vornehmlich den Gesamtmarktverlauf bestimmen. Ein Portfoliomanager, der versucht, mit Hilfe von Timing Überrenditen zu erzielen, sollte demzufolge besondere Informationen hinsichtlich der marktbestimmenden Faktoren besitzen. Faktorenmodelle vermögen Aufschluß über die Bestimmung der marktrelevanten Einflussfaktoren zu geben.[54]

Besonders für den amerikanischen Aktienmarkt wurden bereits zahlreiche Versuche unternommen, die Timing-Fähigkeiten von Portfoliomanagern zu messen.[55] Gegenüber der Messung des Selektionsvermögens erweist sich die Messung der Timing-Qualität als schwieriger. Eine häufig angewendete Vorgehensweise besteht in der Verwendung von quadratischen Regressionsgleichungen. Die Regressionsformel nimmt dabei folgende Gestalt an:

$$R_{PF} - R_f = \alpha_{PF} + \beta_{PF} \cdot (R_{BM} - R_f) + \gamma_{PF} \cdot (R_{BM} - R_f)^2 + \varepsilon_{PF}$$

mit: R_{PF} = gemessene Portfoliorendite,
R_{BM} = gemessene Rendite des Benchmarkportfolios,
R_f = risikolose Verzinsung,
β_{PF} = Regressionskoeffizient des linearen Gliedes der Regression,
α_{PF} = Absolutwert der Regression,
γ_{PF} = Regressionskoeffizient des nichtlinearen Gliedes der Regression und
ε_{PF} = Stochastischer Störterm der Regressionsgleichung mit
$E(\varepsilon_{PF}) = 0$, $COV(\varepsilon_{PF}; R_{BM}) = 0$ und $COV(\varepsilon_{PFt}; \varepsilon_{PFt-1}) = 0$.

Die dargestellte Formel führt zu dem Kurvenverlauf im rechten Teil der Abbildung 9.6.

---

53 Vgl. **Admati et al.** (1986), S. 720.
54 Maßgebliche Einflussfaktoren auf dem amerikanischen Aktienmarkt werden von **Chen et al.** beschrieben und auf ihre Signifikanz getestet, vgl. **Chen et al.** (1986), S. 383 ff.
55 Siehe hierzu die Untersuchung deutscher Investmentfonds und die Literaturübersicht bei **Steiner/Wittrock** (1994), S. 593 ff.

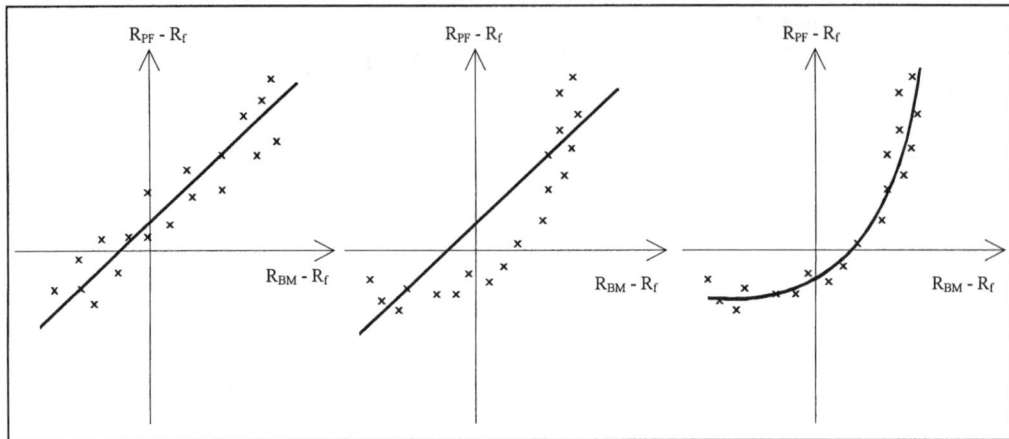

Abbildung 9.6: Regressionsgeraden und -kurven zur Erkennung von
Selektivitäts- und Timing-Qualitäten

In der linken Graphik ist die bisherige Vorgehensweise der linearen Regression zur Ermittlung von Selektionsfähigkeiten wiedergegeben. Anhand der mittleren Abbildung ist erkennbar, dass das Ergebnis einer linearen Regression eine Gerade mit positivem Alpha ist. Eine Kurve, wie sie in der rechten Graphik dargestellt ist, beschreibt die Verteilung der Rendite/Risikokombinationen des betrachteten Portfolios wesentlich besser. Herbeizuführen ist eine solche Kurve durch die Anwendung einer quadratischen Regression auf der Basis der obigen Formel.[56]

Je größere Werte γ_{PF} annimmt, desto steiler verläuft die Kurve im Quadrant mit positiven Überschussrenditen. Ein solcher Verlauf deutet auf Timing-Eigenschaften hin.[57] Beträgt der Wert von γ_{PF} Null, dann entspricht die Formel jener des Jensen-Maßes. In diesem Fall kann keinerlei Timingfähigkeit nachgewiesen werden. Negative γ_{PF} Werte weisen darauf hin, dass zwar Timing-Qualitäten des Portoliomanagers bestehen, jedoch antizyklisches Verhalten vorliegt. Mit anderen Worten: Bei steigendem Gesamtmarkt ist das Portfolio im Markt unterinvestiert, während es bei sinkendem Gesamtmarkt überinvestiert ist.

Neben dem dargestellten Verfahren gibt es weitere Methoden, die Timing-Qualitäten von Portfoliomanagern zu messen.[58] Gleichwohl ist die Timing-Messung nicht nur vergleichsweise kompliziert, sondern das Bestehen von Timing-Qualitäten wird z.T. in Frage gestellt.[59] Zimmermann/Zogg-Wetter stellen deshalb die Frage, ob nicht das Timing grundsätzlich den Anlegern statt den Portfoliomanagern vorbehalten sein sollte.[60]

---

[56] Vgl. **Sharpe/Alexander** (1990), S. 755 f.
[57] Vgl. **Treynor/Mazuy** (1966), S. 134.
[58] Vgl. die Übersicht bei **Nowak/Wittrock** (1993), S. 47 ff.
[59] Siehe z.B. **Samuelson** (1989), S. 4 ff., insbes. S. 8 und **Lee/Rahman** (1990), S. 80 ff.
[60] Vgl. **Zimmermann/Zogg-Wetter** (1992), S. 156.

9.2.3 Zufall

Hinsichtlich der Messung und Attribution von Performance hat es bereits zahlreiche empirische Untersuchungen gegeben.[61] Regelmäßig wurden dabei die Anlageergebnisse von Aktieninvestmentfonds betrachtet. Angesichts der Untersuchungsergebnisse lässt sich der Schluss ziehen, dass ein Outperformen einer adäquaten Benchmark kaum möglich ist. Diese Feststellung deutet auf eine hohe Effizienz der betrachteten Wertpapiermärkte hin.

Ist die Erzielung einer superioren Performance schon schwierig genug, so darf selbst im Fall ihres Vorliegens nicht unbedingt auf die Qualität des Fondsmanagements geschlossen werden. Statistisch betrachtet kann auch der Zufall in Form von sich einstellendem Glück zu einer Outperformance führen.[62] Gerade bei effizienten Märkten und somit effizienten Benchmark-Portfolios ist eine Outperformance auf Glück zurückzuführen.[63] Um eine annähernd objektive Einschätzung über die Qualität des Portfoliomanagements abgeben zu können, bedarf es einer großen Anzahl von Beobachtungswerten, die nur in einem recht langen Betrachtungszeitraums erhoben werden können. Als Faustregel nennt z.B. Brealey einen Zeitraum von 25 Jahren, bevor mit 95%iger Sicherheit ein Urteil über die Qualität eines Portfoliomanagers möglich ist.[64] Performance-Vergleiche, die auf einem kürzeren Betrachtungszeitraum basieren, besitzen folglich eine eingeschränkte Aussagekraft. Denn für sie gilt: "Most of the apparent differences in performance stem from good or bad luck."[65]

---

[61] Siehe für den deutschen Aktienmarkt z.B. **Steiner/Wittrock** (1994), S. 593 ff. und **Lerbinger** (1984), S. 60 ff.

[62] Vgl. **Samuelson** (1989), S. 7 und das illustrative Beispiel bei **Bodie et al.** (1989), S. 356.

[63] Vgl. **Grinold** (1992), S. 36.

[64] Vgl. **Brealey** (1990), S. 9. Einen deutlich längeren Zeitraum nennt **Ferguson** (1986), S. 8. **Zimmermann** (1991), S. 179 f. zeigt anhand eines Beispiels die Berechnung des notwendigen Analysezeitraums und dessen Determinanten auf.

[65] **Brealey** (1990), S. 9.

Literaturverzeichnis

Admati, A.R./Bhattacharya, S./Pfleiderer, P./Ross, S. (1986), On Timing and Selectivity, in: Journal of Finance, Vol. 41 No.3, 715-730.

Allendorf, G. (1996), Investor Relations deutscher Publikumsgesellschaften – Eine theoretische und empirische Wirkungsanalyse, Diss. Oestrich-Winkel 1996.

Altman, E. (1968), Financial Ratios: Discriminant Analysis and the Preditcion of Corporate Bankruptcy, in: Los Angeles Journal of Corporate Bankruptcy 23, S.589-609.

Altman, E./Loris, B. (1976), A Financial early warning System for Over-the-Counter-Broker-Dealers, in: JoF 31, S.1201-1217.

Altman, E./Marco, G./Varetto, F. (1994), Corporate Distress Diagnosis: Comparisons using linear Discriminant Analysis and Neural Networks (the Italien Experience), in: Journal of Banking and Finance 18, S.505-529.

Amihud Y./Mendelson, H. (1991), Liquidity and Asset Prices, in: Finanzmarkt und Portfolio Management, Nr. 3, S. 235-240.

Ankrim, E.M. (1992), Risk-Adjusted Performance Attribution, in: Financial Analysts Journal, March-April, S. 75-82.

Arbel, A./Strebel, P. (1982), The neglected and small firm effects, in: Financial Review, S. 201-218.

Arnott, R.D./Henriksson, R.D. (1989), A Disciplined Approach to Global Asset Allocation, in: Financial Analysts Journal, March-April, S. 17-28.

Aschinger, G. (1993), Optionspreisbestimmung und Portfolio-Insurance, in: WiSt, H. 1, S. 2-8.

Association for Investment Management and Research (1999), Global Investment Performance Standards, April 1999.

Auckenthaler Ch. (1991), Trust Banking, Theorie und Praxis des Anlagegeschäftes, Diss. Zürich.

Baetge, J./Jerschensky, A. (1996), Beurteilung der wirtschaftlichen Lage von Unternehmen mit Hilfe von modernen Verfahren der Jahresabschlußanalyse, in: DB 32, S.1581-1591.

Baetge, J./Kruse, A./Uthoff, C. (1996), Bonitätsklassifikationen von Unternehmen mit Neuronalen Netzen, in: Wirtschaftsinformatik 38, S.273-281.

Baetge, J./Schmedt, U./Hüls, D./Krause, C./Uthoff, C. (1994), Bonitätsbeurteilung von Jahresabschlüssen nach neuem Recht (HGB 1985) mit Künstlichen Neuronalen Netzen auf der Basis von Clusteranalysen, in: DB 47, S.337-343.

Baker, H. (1994), Der internationale Erfolg langfristiger Optionen, in: Ticker Nr. 4, ÖTOB AG (Hrsg.), S. 4-5.

Ball, C./Torous, W. (1983), Bond Price Dynamics and Options, in: Journal of Financial and Quantitative Analysis, Vol. 18, Nr. 4, S. 517-531.

Ballwieser, W. (1993), Methoden der Unternehmensbewertung, in: Gebhardt, G./Gerke, W./Steiner, M. (Hrsg.), Handbuch des Finanzmanagements, München, S. 151-176.

Ballwieser, W. (1998), Unternehmensbewertung mit Discounted Cash Flow-Verfahren, in: Die Wirtschaftsprüfung, 51. Jg., S. 81-92.

Bamberg, G./Lasch, R. (1997), Auswirkungen des Planungshorizonts und der Ausfallwahrscheinlichkeit auf die Portfolio-Bildung, in: Wirtschafts- und Sozialstatistik heute, Festschrift für Walter Krug, hrsg. v. P. v. d. Lippe u.a., Sternenfels.

Banz, R.W. (1981), The Relationship Between Return and Market Value of Common Stocks, in: Journal of Financial Economics, Vol. 9, S. 3-18.

Bauer, Ch. (1991), Volatilitäten und Betafaktoren - geeignete Risikomaße?, in: Die Bank, H. 3, S. 172-175.

Bauer, Ch. (1992), Das Risiko von Aktienanlagen, Köln (zugl. Diss. Münster).

Beaver, W. (1966), Financial Ratios and the Prediction of Failure in: Empirical Research in Accounting: Selected Studies, Supplement to Journal of Accounting Research 4, S.71-111.

Becker, H.P./Peppmaier, A. (2000), Bankbetriebslehre, 4. Aufl., Ludwigshafen.

Beermann, K. (1976), Prognosemöglichkeiten von Kapitalverlusten mit Hilfe von Jahresabschlüssen, Düsseldorf.

Behrenwaldt, U. (1996), Funktionen des Rating für Anleger, in: Büschgen, H./Everling, O. (Hrsg.), Handbuch Rating, Wiesbaden, S. 291-303.

Beike, R./Potthoff, A. (2000), Optionsscheine: Grundlagen für den gezielten Einsatz in der Börse, 3. Aufl., München.

Beiker, H. (1993), Überrenditen und Risiken kleiner Aktiengesellschaften, Köln (zugl. Diss. Münster).

Beilner, Th. (1989), Portfolio Insurance an der DTB, in: Die Bank, H. 8, S. 415-424.

Beilner, Th./Mathes, H.D. (1990a), Wandelanleihen und Optionspreistheorie (I), in: Die Bank, H. 3, S. 146-152.

Beilner, Th./Mathes, H.D. (1990b), Wandelanleihen und Optionspreistheorie (II), in: Die Bank, H. 3, S. 278-282.

Benninga, S. (1990), Comparing Portfolio Insurance Strategies, in: Finanzmarkt und Portfolio Management, Nr. 1, S. 20-30.

Benninga, S./Blume, M. (1985), On the Optimality of Portfolio Insurance, in: Journal of Finance, Vol. 40 Nr. 5, S. 1341-1352.

Berger, M. (1990), Hedging, Wiesbaden.

Berry, M.A./Burmeister, E./McElroy, M.B. (1988), Sorting Out Risks Using known APT Factors, in: Financial Analysts Journal, March-April, S. 29-42.

Bird, R./Dennis, D./Tippett, M. (1988), A stop loss approach to portfolio insurance, in: Journal of Portfolio Management, Fall, S.35-40.

Bishop, C. (1995), Neural Networks for Pattern Recognition, Oxford.

Bitz, M. (1993), Finanzdienstleistungen, München und Wien.

Black, F. (1972), Capital Market Equilibrium with Restricted Borrowing, in: Journal of Business, Vol. 45, S. 444-455.

Black, F. (1976), The Pricing of Commodity Contracts, in: Journal of Financial Economics 3, S. 167-179.

Black, F. (1986), Noise, in: Journal of Finance, Vol. 41, S. 529-543.

Black, F. (1993), Estimating Expected Return, in: Financial Analysts Journal, Sept. - Oct., S. 36-38.

Black, F./Jones, R. (1987), Simplifying Portfolio Insurance, in: Journal of Portfolio Management, Fall, S. 48-51.

Black, F./Jones, R. (1988), Simplifying Portfolio Insurance for Corporate Pension Plans, in: Journal of Portfolio Management, Summer, S. 33-37.

Black, F./Scholes, M. (1973), Pricing of Options and Corporate Liabilities, in: Journal of Political Economy Vol. 81, S. 637-654.

Bleymüller, J. (1966), Theorie und Technik der Aktienindizes, Wiesbaden.

Bleymüller, J./Gehlert, G./Gülicher, H. (1992), Statistik für Wirtschaftswissenschaftler, 8. Aufl., München.

Bodie, Z. (1990), Inflation, index-linked bonds, and asset allocation, in: Journal of Portfolio Management, Winter, S. 48-53.

Bodie, Z./Kane, A./Marcus, A.J. (1989), Investments, Homewood.

Bollerslev, T. (1986), Generalized autoregressive conditional heteroscedasticity, in: Journal of Econometrics, Vol. 31 No. 3, S. 307-327.

Bollerslev, T./Chou, R.Y./Kroner, K.F. (1992), ARCH modelling in finance, in: Journal of Econometrics, Vol. 52, S. 5-59.

Boyle, P.P. (1977), Options: A Monte Carlo Approach, in: Journal of Financial Economics, Vol. 4, S. 323-338.

Braun, R. (1990), Internationales Indexmanagement für Aktien, in: Österreichisches Bank Archiv, Nr. 7, S. 528-535.

Brealey, R.A. (1990), Portfolio Theory versus Portfolio Practice, in: Journal of Portfolio Management, Summer, S. 6-10.

Brealey, R.A./Myers, St. C. (1996), Principles of Corporate Finance, 5. Aufl., New York et al.

Breuer, W. (1997), Die Marktwertmaximierung als finanzwirtschaftliche Entscheidungsregel, in: WiSt, 26. Jg., S. 222-226.

Brinson G.P./Hood L.R./Beebower G.L. (1984), Determinants of Portfolio Performance, in: Financial Analysts Journal, July-August, S. 39-44.

Brinson, G.P./Singer, B.D./Beebower, G.L. (1991), Determinants of Portfolio Performance II: An Update, in: Financial Analysts Journal, May-June, S. 40-48.

Brock, W.A./Sayers, C.L. (1988), Is the Business Cycle Characterized by Deterministic Chaos?, in: Journal of Monetary Economics, Vol. 22, S. 71-90.

Bruns, Ch. (1994), 'Bubbles' und 'Excess Volatility' auf dem deutschen Aktienmarkt, Wiesbaden.

Bruns, Ch./Meyer, F. (1994), Auswirkungen des DAX-Futures auf die Volatilität des DAX, in: Zeitschrift für das gesamte Kreditwesen, 47. Jg. Nr. 13, S. 647-652.

Bühler, A./Hies, M. (1995), Zinsrisiken und Key Rate Duration, in: Die Bank, 2/95, S. 112-118.

Bühler, A./Zimmermann, H. (1994), Instabile Risikoparameter und Portfolioselektion, in: Finanzmarkt und Portfolio Management, 8. Jg. Nr. 2, S. 212-228.

Bühler, W. (1988a), Rationale Bewertung von Optionsrechten auf Anleihen, in: ZfbF, 40. Jg. Nr. 10, S. 851-883.

Bühler, W. (1988b), Bewertung und Management festverzinslicher Wertpapiere, in: Schellpass, H. u.a. (Hrsg.), Proceedings in Operations Research, Berlin, Heidelberg und New York, S. 20-41.

Bühler, W. (1991), Die Bewertung der DTB-Option auf den Bund-Future: Ein schwieriges Problem? in: DTB-Dialog, 2. Jg. H. 2, S. 2-4 u. 22-23.

Bühler, W. (1992), Die Bewertung der DTB-Option auf den Bund-Future: Ein schwieriges Problem? (Korrektur) in: DTB-Dialog, 3. Jg. H. 1, S. 16.

Bühler, W. (1993), Portfolio Insurance in the German Bond Market, in: Finanzmarkt und Portfolio Management, 7. Jg. Nr. 1, S. 73-81.

Bühler, W./Ayasse, L. (1993), Kombizinsanleihen aus Sicht des Privatinvestors, in: WiSt, H. 2, S. 89-94.

Busse von Colbe, W. (1997), Was ist und was bedeutet der Shareholder Value aus betriebswirtschaftlicher Sicht?, in: ZGR, 26. Jg., S. 271-290.

Celebuski, M.J./Hill, J.M./Kilgannon, J.J. (1990), Managing currency exposures in international portfolios, in: Financial Analysts Journal, January-February, S. 16-23.

Chance, D.M. (1989), Options and Futures, Orlando.

Chang, E.C./Lewellen, W.G. (1984), Market Timing and Mutual Fund Investment Performance, in: Journal of Business, Vol. 57 No. 1, S. 57-72.

Chen, N.-F. (1983), Some Empirical Tests of the Theory of Arbitrage Pricing, in: Journal of Finance, Vol. 38 No. 5, S. 1393-1414.

Chen, N-F./Roll, R./Ross, S.A. (1986), Economic Forces and the Stock market, in: Journal of Business, Vol. 59 No. 3, S. 383-403.

Clarke, R.G./Arnott, R.D. (1987), The cost of Portfolio Insurance: Tradeoffs and Choices, in: Financial Analysts Journal, November-December 1987, S. 35-47.

Cochrane, J.H. (1991), Volatility Tests and Efficient Markets, in: Journal of Monetary Economics, Vol. 27, S. 463-485.

Coenenberg, A. (2000), Jahresabschluß und Jahresabschlußanalyse, 17. Aufl., Landsberg/Lech.

Coenenberg, A.C./Schultze, W. (1998), Unternehmensbewertung anhand von Entnahme- oder Einzahlungsüberschüssen: Matschke, M.J./Schildbach, T. (Hrsg.), Unternehmensbewertung und Wirtschaftsprüfung, Festschrift für G. Sieben, Stuttgart, S. 269-299.

Cohen, J.B./Zinbarg, E.D./Zeikel, A. (1987), Investment Analysis and Portfolio Management, 5. Aufl., Homewood.

Collins, B.M./Fabozzi, F.J. (1990), Creating and managing an index fund using stock-index futures, in: Current Topics in Investment Management, Grand Rapids, S. 111-129.

Commerzbank (Hrsg.) (1993), Genußscheine, Frankfurt.

Copeland, T.E./Koller, T./Murrin, J. (1994), Valuation: Measuring and Managing the Value of Companies, 2. Aufl., New York u.a.

Copeland, Th.E./Weston, J.F. (1988), Financial Theory and Corporate Policy, 3. Aufl., Reading et al.

Corcoran, P.J. (1991), Reals Estate and Asset Allocation, in: Real Estate Portfolio Management, hrsg. von Bruce, B.R., Chicago, S. 35-52.

Corsten, H./May, C. (1996), Anwendungsfelder Neuronaler Netze und ihre Umsetzung, in: Corsten/May (Hrsg.): Neuronale Netze in der Betriebswirtschaft, Wiesbaden, S.1-13.

Cox, J./Rubinstein, M. (1985), Options Markets, Englewood Cliffs.

Cox, J.C./Ross, S.A./Rubinstein, M. (1979), Option Pricing: A simplified approach, in: Journal of Financial Economics, Vol. 7, S. 229-263.

Crouhy, M./Galai, D./ Mark, R. (2000), A Comparative Analysis of Current Credit Risk Models, in: Journal of Banking and Finance 24, S. 59-117.

Dattatreya, R.E./Fabozzi, F.J. (1990), A framework for analyzing bonds, in: Current Topics in Investment Management, Grand Rapids, S. 173-193.

Dattatreya, R.E./Venkatesh, R.E./Venkatesh, V.E. (1994), Interest Rate & Currency Swaps - The Markets, Products and Applications, Chicago (Illinois)/Cambridge.

De Bondt, W.F.M./Thaler, R.H. (1989), A Mean-Reverting Walk down Wall Street, in: Journal of Economic Perspectives, Vol. 3, S. 189-202.

Demuth, M. (1990), Profit mit Optionsscheinen, Haar.

Deppner, Ch. (1992), Die Schätzung der Zinsstruktur und deren Bedeutung in der Kapitalmarkttheorie, Diss. St. Gallen.

Deutsche Aktieninstitut (1999), DAI Factbook 1999, Frankfurt a. M.

Deutsche Börse AG (1998), Xetra®, Marktmodell Release, Aktienhandel, April 1998.

Deutsche Börse AG (1999a), Leitfaden zu den Aktienindizes der Deutschen Börse, Januar 1999, Version 3.1.

Deutsche Börse AG (1999b), Leitfaden zu den EURO.NM Aktienindizes, Februar 1999, Version 1.4.

Deutsche Börse AG (1999c), SMAX Small Caps – High Standards, Januar 1999.

Deutsche Börse AG (1999d), Designated Sponsor Guide.

Deutsche Börse AG (2001), Ihr Börsengang - Leitfaden für Emittenten zu Going Public und Being Public, September 2001.

Dittmar, T./Hilbert, A. (1998), Bonitätsprüfung mit Hilfe Künstlicher Neuronaler Netze, in: ZBB, 10. Jg., S. 343-352.

Doerks, W. (1991), Die Berücksichtigung von Zinsstrukturkurven bei der Bewertung von Kuponanleihen, in: WiSt Nr. 6, S. 275-280.

Doerks, W. (1992), Der Kursunterschied zwischen Stamm- und Vorzugsaktien in der Bundesrepublik Deutschland, Reihe Finanzierung/Steuern/Wirtschaftsprüfung, hrsg. von Steiner, M., Bd.16, Köln.

Doll, G.F./Neuroth, H.P. (1991), Internationale Optionsscheine.

Drayß, E.-L. (1990), Nutzen und Gefahren der Portfolio-Optimierung, in: Die Bank, H. 10, S. 566-567.

Drummen, M. (1992), Europaweit diversifizierte Aktienporfolios, Diss. St. Gallen.

Drummen, M./Lips, Th./Zimmermann, H. (1992), Finanzkolloquium: Bedeutung internationaler, nationaler und sektoraler Faktoren auf den europäischen Aktienmärkten, in: Finanzmarkt und Portfolio Management, 6.Jg. Nr. 2, S. 204-218.

Drummen, M./Zimmermann, H. (1992), Portfolioeffekte des Währungsrisikos, in: Finanzmarkt und Portfolio Management, 6. Jg. Nr. 1, S. 80-102.

Duan, J.-C. (1995), The GARCH Option Pricing Model, in: Mathematical Finance, Vol. 5 No. 1, S. 13-32.

Dubacher, R./Hepp, St. (1989), Internationale Anlagestrategien für institutionelle Investoren, in: Finanzmarkt und Portfolio Management, Nr. 2, S. 151-160.

Duffie, D./Singleton, K. (1996), Modeling Term Structures of Defaultable Bonds, Working Paper, Graduate School of Business, Standford University 1994, revised 1996.

DVFA (Hrsg.) (1991), Klassische technische Analyse (Charttechnik), Computergestützte technische Analyse, Graphiken mit praktischen Anwendungsbeispielen, Heft 27, Darmstadt.

DVFA/SG (Hrsg.) (1996), Ergebnis nach DVFA/SG, 2. Aufl., Darmstadt.

Eller, R. (1991), Modified Duration und Convexity - Analyse des Zinsrisikos, in: Die Bank, H. 6, S. 322-326.

Eller, R./Karl, C. (1994), Total Return Management festverzinslicher Papiere, in: Die Bank, H. 4, S. 245-250.

Elton, E.J./Gruber, M.J. (1991a), Modern Portfolio Theory and Investment Analysis, 4. Aufl., New York u.a.

Elton, E.J./Gruber, M.J. (1991b), International Diversification from a Swiss Perspective, in: Finanzmarkt und Portfolio Management, 5. Jg. Nr. 2, S. 120-129.

Elton, E.J./Gruber, M.J. (1995), Modern Portfolio Theory and Investment Analysis, 5. Aufl., New York et al.

Engle, R.F. (1982), Autoregressive conditional heteroscedasticity with estimates of the variance of United Kingdom inflation, in: Econometrica, Vol. 50, S. 987-1007.

Erxleben, K./Baetge, J./Feidicker, M./Koch, H./Krause, C./Mertens, P. (1992), Klassifikation von Unternehmen, in: ZfB, 62. Jg., H. 11, S. 1237-1262.

Estep, T./Kritzman, M. (1988), TIPP: Insurance without complexity, in: Journal of Portfolio Management, Summer, S. 38-42.

Eurex (1999), Monthly Statistics Derivatives Market, December 1998, Januar 1999.

Everling, O. (1991), Bestimmungsgründe des langfristigen Rating, in: Die Bank, H. 11, S. 608-612.

Everling, O. (1991), Credit Rating durch internationale Agenturen, Wiesbaden.

Everling, O. (1996), Ratingagenturen an nationalen und internationalen Finanzmärkten, in: Büschgen, H./Everling, O. (Hrsg.), Handbuch Rating, Wiesbaden, S. 3-17.

Fama, E.F. (1970), Efficient Capital Markets: A Review of Theory and Empirical Work, in: Journal of Finance, Vol. 25, S. 383-418.

Fama, E.F. (1972), Components of investment performance, in: Journal of Finance, Vol. 27 No. 3, S. 551-567.

Fama, E.F. (1991), Efficient Capital Markets II, in: Journal of Finance, Vol. 46 No. 5, S. 1575-1617.

Fama, E.F./French, K.R. (1992), The Cross-Section of Expected Security Returns, in: Journal of Finance, Vol. 47 No. 2, S. 427-465.

Fama, E.F./Miller, M.H. (1972), The Theory of Finance, Hinsdale.

Fastrich, H./Hepp, S. (1991), Währungsmanagement international tätiger Unternehmen, Stuttgart.

Feidicker, M. (1992), Kreditwürdigkeitsprüfung, Düsseldorf.

Ferguson, R. (1986), The trouble with performance measurement, in: Journal of Portfolio Management, Spring, S. 4-9.

Ferguson, R. (1989), On Crashes, in: Financial Analysts Journal, March-April, S. 42-52.

Fischer B./Lilla, J./Wittrock, C. (2000), DVFA-Kommission für Performance Presentation Standards, 2. Aufl., Dreieich.

Fischer, B. (2000), Performanceanalyse in der Praxis, Oldenburg.

Frank, M./Stengos, Th. (1988), Chaotic Dynamics in Economic Time-Series, in: Journal of Economic Surveys, Vol. 2 No. 2, S. 103-133.

Franke, G./Hax, H. (1990), Finanzwirtschaft des Unternehmens und Kapitalmarkt, 2. Aufl., Berlin et al.

Franke, J. (1993), Die Option auf den Bobl-Future bietet neue Möglichkeit der Risikosteuerung, in: HB vom 13.01.1993, Nr. 8, S. 31.

Frantzmann, H.-J. (1989), Saisonalitäten und Bewertung am deutschen Aktien- und Rentenmarkt, Frankfurt.

Frost, A.J./Prechter, R.R. (1989), Das Elliot-Wellen-Prinzip, Haar.

Fürer, G. (1992), Währungsabsicherung mit low cost Optionen, in: Die Bank, H. 4 1992, S. 206-211.

Füser, K. (1995), Neuronale Netze in der Finanzwirtschaft, Wiesbaden.

Garcia, C.B./Gould, F.J. (1987), An empirical study of portfolio insurance, in: Financial Analysts Journal, July-August, S. 44-54.

Garman, M.B./Kohlhagen, St.W. (1983), Foreign currency option values, in: Journal of International Money and Finance No. 2, S. 231-237.

Gastineau, G.L. (1988), The Options Manual, 3. Aufl., New York et al.

Gastineau, G.L. (1990), Arbitrage, Program Trading, and the tail of the dog, in: Current Topics in Investment Management, Grand Rapids, S. 131-143.

Gayed, M.E.S. (1990), Intermarket analysis and investing, New York et al.

Gebhardt, G. (1980), Insolvenzprognose aus aktienrechtlichen Jahresabschlüssen, Wiesbaden.

Gehrke, N. (1994), Tobins q, Wiesbaden (zugl. Diss. Augsburg 1993).

Gemeinsame Arbeitsgruppe der DVFA und Schmalenbach-Gesellschaft (1998): Fortentwicklung des Ergebnisses nach DFVA/SG, in: DB, 51. Jg., S. 2537-2542.

Geske, R. (1979), A note on an analytical valuation formula for unprotected american call options on stocks with known dividends, in: Journal of Financial Economics Vol. 7, S. 375-380.

Geyer, A./Schwaiger, W. (1994), GARCH Effekte in der Optionsbewertung, in: ZfB, 65. Jg., S. 533-549.

Ginter, M. (1991), Neue Aspekte der Finanzanalyse: Chaostheorie, Diss. Stuttgart.

Grinblatt, M. (1986/87), How to evaluate a portfolio manager, in: Finanzmarkt und Portfolio Management, 1. Jg. Nr. 2, S. 9-18.

Grinold, R.C. (1992), Are Benchmark Portfolios Efficient?, in: Journal of Portfolio Management, Fall, S. 34-40.

Grissom, T.V./Kuhle J.L./Walther C.H. (1987), Diversification works in real estate, too, in: Journal of Portfolio Management, Winter, S. 66-71.

Gruber, A. (1988), Signale, Bubbles und rationale Anlagestrategien auf Kapitalmärkten, Wiesbaden.

Gruppe Deutsche Börse (1999), Geschäftsbericht 1998.

Günther, T. (1997), Unternehmenswertorientiertes Controlling, München
Harter, W./Franke, J./Hogrefe, J./Seger, R. (1990), Wertpapiere in Theorie und Praxis, 3. Aufl., Stuttgart.
Hartmann-Wendels, T./Pfingsten, A../Weber, M. (2000), Bankbetriebslehre, 2. Aufl., Berlin, Heidelberg.
Haugen, R. A. (1999), The inefficent stock Market, New Jersey.
Haugen, R.A. (1990), Modern Investment Theory, 2. Aufl., Englewood Cliffs.
Hauptfachausschuß der Wirtschaftsprüfer (1995), Stellungnahme 1/1995: Die Kapitalflußrechnung als Ergänzung des Jahres- und Konzernabschlusses, in: Die Wirtschaftsprüfung, 1995, S. 210-213.
Hawawini, G. (1987), Controlling the Interest-Rate Risk of Bonds: An Introduction to Duration Analysis and Immuization Strategies, in: Finanzmarkt und Portfolio Management, 1. Jg. Nr. 4, S. 8-19.
Heath, D./Jarrow, R./Morton, A. (1990), Bond Pricing and the Term Structure of Interest Rates: A Discrete Time Approximation, in: Journal of Financial and Quantitative Analysis, Vol. 25, No. 4, Dec. 1990, S. 419-440.
Heath, D./Jarrow, R./Morton, A. (1992), Bond Pricing and the Term Structure of Interest Rates: A new Methodology for Contingent Claim Valuation, in: Econometrica, Vol. 60, No. 1, Jan. 1992, S. 77-105.
Heinke, V.G./Steiner, M. (2000a), Rating am europäischen Kapitalmarkt: Aktuelle Entwicklungstendenzen – Teil 1, in: Finanzbetrieb, 2. Jg., H. 1, S. 1-8.
Heinke, V.G./Steiner, M. (2000b), Rating am europäischen Kapitalmarkt: Nutzenaspekte und empirische Analysen – Teil 2, in: Finanzbetrieb, 2. Jg., H. 3, S. 138-150.
Hemmerick, S. (1994), New options pricing models gain ground, in: Pensions & Investments, 16 May, S. 5 und 101.
Henriksson, R.D. (1984), Market Timing and Mutual Fund Performance: An empirical Investigation, in: Journal of Business Vol. 57 No. 1, S. 73-96.
Hicks, J.R. (1939), Value and capital, Oxford.
Hielscher, U. (1991), Asset Allocation, in: Kredit und Kapital 24. Jg. H. 2, S. 254-270.
Hielscher, U. (1990), Investmentanalyse, München.
Hill, J.M. (1990), Measuring and interpreting volatility, in: Current Topics in Investment Management, Grand Rapids, S. 151-160.
Hill, J.M./Jones, F.J. (1988), Equity Trading, Program Trading, Portfolio Insurance, Computer Trading and all that, in: Financial Analysts Journal, July-August, S. 29-38.
Ho, T./Lee, S. (1986), Term Structure Movements and Pricing Interest Rate Contingent Claims, in: Journal of Finance, Vol. 41 No. 5, S. 1011-1029.
Hockmann, H.J. (1987), Performance-Messung von Wertpapier-Portfolios, in: Die Bank, H. 3, S. 132-137.
Hofmann, R. (1992), Kapitalgesellschaften auf dem Prüfstand, Berlin.
Hofstetter, G. (1992), Financial Futures, and Commodities, Publikation der Swiss Banking School, Nr. 59, Bern et al.
Holzer, Ch. S. (1990), Anlagestrategien in festverzinslichen Wertpapieren, Wiesbaden.
Horne van, J.C. (1989), Financial Management and Policy, 8. Aufl., Englewood Cliffs.

Hostettler, S. (1997), Das Konzept des Economic Value Added (EVA), Bern et al.

Hull, J. (1993), Options, Futures, and Other Derivative Securities, Second Edition, Prentice-Hall, Englewood Cliffs.

Hull, J. (1997), Options, Futures and Other Derivative Securities, Third Edition, Prentice-Hall, London u.a.

Hull, J./White, A. (1987), The Pricing of Options on Assets with Stochastic Volatilities, in: Journal of Finance, Vol. 42, No. 2, S. 281-300.

Hull, J./White, A. (1993), One-Factor Interest-Rate Models and the Valuation of Interest-Rate Derivative Securities, in: Journal of Financial and Quantitative Analysis, Vol. 28, No. 2, June 1993, S. 235-254.

Hüls, D. (1995), Früherkennung insolvenzgefährdeter Unternehmen, Düsseldorf.

Husemann, P. (1988), Computerunterstützung im Portfoliomanagement, Diss. St. Gallen.

Hüttemann, P. (1997), Kreditderivate im europäischen Kapitalmarkt, Wiesbaden.

Ibbotson R.G./Siegel L.B./Love K.S. (1985), World Wealth: Market Values and Returns, in: Journal of Portfolio Management, Fall, S. 4-22.

Ibbotson, R.G./Brinson, G.P. (1987), Investment Markets, New York et al.

Inselbag, I./Kaufold, H. (1997), Two DCF approaches for valuing companies under alternative financing strategies (and how to choose between them), in: Journal of Applied Corporate Finance, S. 114-122.

Jacobs, B.I./Levy, K.N. (1988), Disentangling equity return regularities: New insights and investment opportunities, in: Financial Analysts Journal, May-June, S. 18-43.

Janßen, B./Rudolph. B. (1992), Der Deutsche Aktienindex DAX, Frankfurt.

Jarrow, R./Turnbull, S.M. (1995), Pricing Derivatives on Financial Securities Subject to Credit Risk, in: Journal of Finance, Vol. L, No. 1, S. 53-85.

Jensen, M.C. (1968), The Performance of Mutual Funds in the Period 1945-1964, in: Journal of Finance, Vol. 23, S. 389-416.

Jorion, Ph. (1989), Asset allocation with hedged and unhedged foreign stocks and bonds, in: Journal of Portfolio Management, Summer, S. 49-54.

Kanders, G. (1991), Bewertung von Genußscheinen, in: Untersuchungen über das Spar-, Giro- und Kreditwesen, hrsg. von Ashauer, G., Ehrlicher, W., Krümmel, H.-J., Voigt, F., Bd. 145, Berlin.

Keppler, M. (1990), Risiko ist nicht gleich Volatilität, in: Die Bank, H. 11, S. 610-614.

Kerling, M./Poddig, T. (1994), Klassifikation von Unternehmen mittels KNN, in: Rehkugler, H./ Zimmermann, H.-G. (Hrsg.): Neuronale Netze in der Ökonomie. Grundlagen und finanzwirtschaftliche Anwendungen, München, S.427-490.

Kiehling, H. (1992), Das Chaos auf dem Aktienmarkt, in: Die Bank, H. 3, S. 146-150.

Kilger, W. (1965), Zur Kritik am internen Zinsfuß, in: ZfB, 35. Jg., S. 765-789.

Kleeberg, J.M. (1992), Der Einstz von fundamentalen Betas im modernen Portfoliomanagement, in: Die Bank, H. 8, S. 474-478.

Kleeberg, J.M./Schlenger, C. (1994), Konzeption und Performance einer europäischen Indexanlage, in: Finanzmarkt und Portfolio Management, 8. Jg. Nr. 2, S. 229-241.

Klein, H.-D. (1990), Gedeckte Optionsscheine auf deutsche Aktien, in: Die Bank, H. 5, S. 283-286.

Klein, H.-D. (1991), Indexoptionsscheine, in: Die Bank, H. 2, S. 75-79.

Knight, R.F. (1991), Optimal Currency Hedging and international Asset Allocation, in: Finanzmarkt und Portfolio Management, 5. Jg., S. 130-163.

Köhle, M. (1990), Neurale Netze, Wien.

Kolb, R.W. (1992), Investments, 3. Aufl., Miami.

König, G. (1991), Erfolgreiches Investment mit Optionsscheinen, Stuttgart.

Krause, C. (1993), Kreditwürdigkeitsprüfung mit Neuronalen Netzen, Düsseldorf.

Kritzman, M. (1994), ... About Time Diversification, in: Financial Analysts Journal, Jan.-Feb., S. 14-18.

Kruschwitz, L./Schöbel, R. (1984), Eine Einführung in die Optionspreistheorie, in WISU, H. 2, S. 68-72.

Lee, C-F./Rahman, S. (1990), Market Timing, Selectivity, and Mutual Fund Performance: An empirical Investigation, in: Journal of Business Vol. 63 No. 2, S.261-278.

Leffers, B. (1996), Das Rating im Konsortialgeschäft der Banken, in: Büschgen, H./Everling, O. (Hrsg.), Handbuch Rating, Wiesbaden, S. 345-372.

Lehmann, B.N./Modest, D.M. (1987), Mutual Fund Performance Evaluation: A Comparison of Benchmarks and Benchmark Comparisons, in: Journal of Finance, Vol. 42 No. 2, S. 233-265.

Leibowitz, M./Krasker, W. (1988), Persistence of Risk: Shortfall Probabilities over the Long Term, in: Financial Analysts Journal, Nov.-Dec., S. 40-47.

Leland, H.E. (1980), Who should buy Portfolio Insurance, in: Journal of Finance, Vol. 35 No. 2, S. 581-594.

Leland, H.E. (1985), Option pricing and replication with transaction costs, in: Journal of Finance, Vol. 40 No. 5, S. 1283-1301.

Leland, H.E. (1988), Portfolio Insurance and October 19th, in: California Management Review Vol. 30 H. 4, S. 80-89.

Lerbinger, P. (1984a), Beta-Faktoren und Beta-Fonds in der Aktienanalyse, in: Die Aktiengesellschaft H. 11, S. 287-294

Lerbinger, P. (1984b), Die Leistungsfähigkeit deutscher Aktieninvestmentfonds, in: ZfbF, 36. Jg. Nr.1, S. 60-73.

Lerbinger, P. (1986), Technische Aktienanalyse: Die Aktienkurse geben das Signal, in: Erfolgreiche Anlagestrategien für Aktien, hrsg. von Mühlbradt, F.W., 2.Aufl., Landsberg, S. 129-172.

Lewis, T.G./Lehmann, S. (1992), Überlegene Investitionsentscheidungen durch CFROI, in: BFuP, 44. Jg., S. 1-13.

Lingner, U. (1991), Optionen, 2. Aufl., Wiesbaden.

Linkwitz, Ch. (1991), Anlegerorientierte Bewertung von Devisenoptionsscheinen, in: Die Bank, H. 8, S. 453-457.

Lintner, J. (1965), The Valuation of Risk Assets and the Selection of Risky Investments in Stock Portfolios and Capital Budgets, in: The Review of Economics and Statistics, S. 13-37.

Löderbusch, B./Bernhardt, Ch. (1991), Index-Baskets eröffnen vielfältige Vorgehensweisen, in: Handelsblatt Nr. 22 vom 31.01.1991, S. 33.

Löffler, A. (1999), WACC approach and Nonconstant Leverage Ration, unveröffentlichtes Arbeitspapier.
Lohrbach, T. (1994), Einsatz von Künstlichen Neuronalen Netzen für ausgewählte betriebswirtschaftliche Aufgabenstellungen und Vergleich mit konventionellen Lösungsverfahren, Göttingen.
Loistl, O. (1990), Zur neueren Entwicklung der Finanzierungstheorie, in: DBW, 50. Jg. H. 1, S. 47-84.
Loistl, O. (1992), Computergestütztes Wertpapiermanagement, 4.Aufl., München und Wien.
Loistl, O. (1994), Kapitalmarkttheorie, 3. Aufl., München und Wien.
Loistl, O./Betz, I. (1993), Chaostheorie, München und Wien.
Lücke, W. (1955), Investitionsrechnung auf der Grundlage von Ausgaben oder Kosten, in: Zeitschrift für handelswissenschaftliche Forschung, 7. Jg., S. 310-324.
Luskin, D.L. (1989), Equity Indexing, in: Fabozzi, F.J. (Hrsg.), Portfolio and Investment Management, Chicago, S. 177-182.
Macaulay, F.H. (1938), Some theoretical problems suggested by the movements of interest rates, bond yields, and stock prices in the United States since 1856, New York.
Madan, D.B./Unal, H. (1994), Pricing the Risks of Default, Working Paper, College of Business and Management, University of Maryland.
Maldonado, R./Saunders, A. (1981), International Portfolio Diversification and the Inter-Temporal Stability of International Stock Market Relationships, 1957-1978, in: Financial Management, Autumn, S. 54-63.
Malkiel, B.G. (1990), A random walk down wall street, 5. Aufl., New York und London.
Markowitz, H.M. (1952), Portfolio Selection, in: Journal of Finance, 7. Jg. S. 77-91.
Markowitz, H.M. (1956), The optimization of a quadratic function subject to linear constraints, Naval Research Logistics Quarterly, March-June, S. 111-133.
Markowitz, H.M. (1959), Portfolio Selection. Efficient Diversification of Investments, New York et al.
Markowitz, H.M. (1987), Mean-Variance Analysis in Portfolio Choice and Capital Marktes, Oxford.
Markowitz, H.M. (1991), Foundations of Portfolio Theory, in: Finanzmarkt und Portfolio Management, 5. Jg., S. 204-211.
Merton, R.C. (1974), On the Pricing of Corporate Debt: The Risk Structure of Interest Rates, in: Journal of Finance 1974, S. 449-470.
Merton, R.C. (1976), Option pricing when underlying stock returns are discontinious, in: Journal of Financial Economics Vol. 3, S. 125-144.
Meyer, F. (1993), Hedging mit Zins- und Aktienindex-Futures, Köln (zugl. Diss. Münster).
Meyer, F./Wittrock, C. (1993), DTB vor einer neuen Ära, in: Die Bank, H. 2, S: 91-98.
Michaud, R.O. (1989), The Markowitz optimization enigma: is 'optimized' optimal?, in: Financial Analysts Journal, January-February, S. 31-42.
Miles, M. (1991), Real Estate as an Asset Class: A 25-Year Perspective, in: Real Estate Portfolio Management, hrsg. von Bruce, B.R., Chicago, S. 3-20.
Miller, M.H./Modigliani, F. (1961), Dividend Policy, Growth, and the Valuation of Shares, in: Journal of Business, Vol. 34, S. 411-433.

Möckel, A. (1992), Die indexorientierte Anlage hat den Ruf der Langeweile längst abgeschüttelt, in: HB Nr. 49 vom 10.03.1992, S. B12.

Modigliani, F./Miller, M.H. (1963), Corporate Income Taxes and the Cost of Capital: A Correction, in: American Economic Review, Vol. 53, S. 433-443.

Möhlmann, J. (1993), Theoretische Grundlagen und Methoden zweidimensionaler Performancemessung von Investmentfonds, Schriftenreihe der Wissenschaftlichen Hochschule für Unternehmensführung Koblenz, Nr. 12, Stuttgart.

Möller, H.P. (1985), Die Informationseffizienz des deutschen Kapitalmarktes, in: ZfbF, 37. Jg. Nr. 6, S. 500-518.

Möller, H.P. (1988), Die Bewertung risikobehafteter Anlagen an deutschen Börsen, in: ZfbF, 40. Jg., S. 779-797.

Mossin, J. (1966), Equilibrium in a Capital Asset Market, in: Econometrica, Vol. 34, S. 768-783.

Mühlbayer, M. (1986), Prospektive Erfolgsanalyse und Unternehmensbonität, Frankfurt u.a.

Müller, H. (1996), Funktionen des Rating für Banken, in: Büschgen, H./Everling, O. (Hrsg.), Handbuch Rating, Wiesbaden, S. 327-343.

Müller-Möhl, E. (1989), Optionen, 2. Aufl., Stuttgart.

Myers, S.C. (1974), Interactions of Corporate Financing and Investment Decisions – Implications for Capital Budgeting, in: Journal of Finance, Vol. 29, S. 1-25.

Narat, I. (1992), Optionen im Mantel der Anleihe, HB Nr. 94 vom 15/16.05.1992, S. 14.

Natusch, D. (1995), Chaostheoretische Analyse kurzfristiger Devisenkursfluktuationen - Eine empirische Analyse, Köln.

Natusch, I. (1995), Tracking Stocks als Instrument der Beteiligungsfinanzierung diversifizierter Unternehmen, Köln.

Nauck, D./Klawonn, F./Kruse, R. (1994), Neuronale Netze und Fuzzy-Systeme, Braunschweig.

Neisse, T. (1992), Professionelles Research muß unabhängig sein, HB Nr. 209 vom 28.10.1992, S. 14.

Niehaus, H.-J. (1987), Früherkennung von Unternehmenskrisen, Düsseldorf.

Nielsen, L. (1992a), Emerging Markets optimieren Aktieportefeuille, in: Die Bank, H. 5, S. 286-289.

Nielsen, L. (1992b), Quantifizierung von Investitionsrisiken auf dem deutschen Aktienmarkt, in: Die Bank, H. 4, S. 228-230.

Noack, U. (1999), Der unerwartete Trend zur Namensaktie fordert den Gesetzgeber heraus, in: HB Nr. 114 vom 17.06.1999, S. 2.

Nonnenmacher, D. J./Brasch, H.-J. (2001), Kreditderivate, in: Gerke,W., Steiner, M. (Hrsg.) Handwörterbuch des Bank- und Finanzwesens, 3. Aufl., Stuttgart, Sp. 1386-1399.

Nowak, T. (1994), Faktormodelle in der Kapitalmarkttheorie, Köln (zugl. Diss. Münster).

Nowak, T./Wittrock, C. (1993), Kapitalmarkttheoretische Ansätze zur Performance-Messung, Arbeitspapier des Lehrstuhls für Betriebswirtschaftslehre, Schwerpunkt Finanzierung, hrsg. von Steiner, M., Münster, Januar.

o.V. (1991), Das "Rating" gewinnt als Orientierung an Bedeutung, in: HB Nr. 89 vom 10/11.05.1991, S. 12.

o.V. (1993), Mit dem richtigen Timing bei Kauf und Verkauf aus der Steuerfalle schlüpfen, HB Nr. 78 vom 23/24.04.1993, S. 17.

o.V. (1993), Surf-Anleihen jetzt auch am Euro-Kapitalmarkt, in: FAZ Nr. 61 vom 13.03.1993, S. 19.

o.V. (1999), Eurex hängt Chicago deutlich ab, in: Börsen-Zeitung Nr. 85 vom 05.05.1999, S. 4.

o.V. (1999), Wettlauf der Aktienindizes, in: HB Nr. 140/27 vom 23./24.07.1999, Investor, S. 1.

O'Brien, Th.J. (1988), The mechanics of portfolio insurance, in: Journal of Portfolio Management, Spring 1988, S. 40-47.

Odier, P./Solnik, B. (1993), Lessons for International Asset Allocation, in: Financial Analysts Journal, March - April, S. 63-77.

Odier, P./Solnik, B./Mivelaz, J.M. (1991), International Diversification for Swiss Pension Funds, in: Finanzmarkt und Portfolio Management, 5. Jg. Nr. 1, S. 20-38.

Odom, M./Sharda, R. (1990), A Neural Network model for Bankruptcy Prediction, in: Proceedings of the International Joint conference on Neural Networks, Hrsg. v. IEEE, San Diego, Bd.II, S.163-168.

Perold, A.F./Sharpe, W.F. (1988), Dynamic Strategies for Asset Allocation, in: Financial Analysts Journal, January-February, S. 16-27.

Perridon, L./Steiner, M. (2002), Finanzwirtschaft der Unternehmung, 11. Aufl., München.

Pfaff, D./Bärtl. (1999), Wertorientierte Unternehmenssteuerung – Ein kritischer Vergleich ausgewählter Konzepte, in: ZfbF, Sonderheft 41, S. 85-115.

Pilz, O. (1991), DTB - für Bulle und Bär, Würzburg.

Poddig, T. (1994), Mittelfristige Zinsprognose mittels KNN und ökonometrischer Verfahren, in: Rehkugler, H./Zimmermann, H.-G. (Hrsg.): Neuronale Netze in der Ökonomie. Grundlagen und finanzwirtschaftliche Anwendungen, München, S.209-290.

Pruitt, St.W./White, R.E. (1988), The CRISMA trading system: Who says technical analysis can't beat the market?, in: Journal of Portfolio Management, Spring, S. 55-58.

Pytlik, M. (1994), Diskriminanzanalyse und Künstliche Neuronale Netze zur Klassifikation von Jahresabschlüssen, Frankfurt a.M.

Randow von, P. (1996), Rating und Regulierung, in: Büschgen, H./Everling, O. (Hrsg.), Handbuch

Rappaport. A. (1999), Shareholer Value: Ein Handbuch für Manager und Investoren, 2. Aufl., Stuttgart.

Rauleder, R. (1994), Bewertung, Anwendungsmöglichkeiten und Hedgingstrategien von Swaptions, Frankfurt a. M.

Rehkugler, H. (1995), Neuronale Netze, in: Zilahi-Szabó, M.G. (Hrsg.): Kleines Lexikon der Informatik, S.383-386.

Rehkugler, H./Kerling, M. (1995), Einsatz Neuronaler Netze für Analyse- und Prognosezwecke, in: BFuP 47, S.306-324.

Rehkugler, H./Poddig, T. (1990), Statistische Methoden versus künstliche neuronale Netzwerke zur Aktienprognose, Bamberg.

Rehkugler, H./Poddig, T. (1992a), Klassifikation von Jahresabschlüssen mittels Multilayer-Perceptrons, Bamberger betriebswirtschaftliche Beiträge 78.

Rehkugler, H./Poddig, T. (1992b), Neuronale Netze im Bankbetrieb, in: Die Bank, H. 7, S. 413-419.

Reibnitz von, U. (1987), Szenarien, Optionen für die Zukunft, Hamburg et al.

Reilly, F.K. (1989), Investment Analysis and Portfolio Management, 3. Aufl., Hinsdale.
Reinganum, M.R. (1990), The collapse of the efficient-market hypothesis, in: Current Topics in Investment Management, Grand Rapids, S. 33-47.
Rendleman, R.J./McEnally, R.W. (1987), Assessing the costs of portfolio insurance, in: Financial Analysts Journal, May-June, S. 27-37.
RISK/FINEX (Hrsg.) (1992), From Black-Scholes to Black Holes, London
Röhrs M. (1994), Empirische Untersuchungen der Zeitstruktur des Zinssatzes, Diss. Köln.
Rojas, R. (1996), Neural Networks. A Systematic Introduction, Berlin u.a.
Roll, R. (1977), An analytic valuation formula for unprotected american call options on stocks with known dividends, in: Journal of Financial Economics, Vol. 5, S. 251-258.
Roll, R. (1977), Critique of the Asset Pricing Theory's Tests, in: Journal of Financial Economics, Vol. 5. March, S. 129-176.
Roll, R. (1977), Return, Risk and Arbitrage, in: Risk and Return in Finance, hrsg. von Friend, J./Bicksler, J.L., Vol. 1, Cambride/Mass. 1977, S. 189-218.
Roll, R. (1978), Ambiguity when performance is measured by the securities market line, in: Journal of Finance, Vol. 33 No. 4, S. 1051-1069.
Ross St.A./Westerfield R.W./Jaffe J.F. (1990), Corporate Finance, 2. Aufl., Homewood.
Ross, St. A. (1976), The Arbitrage Theory of Capital Asset Pricing, in: Journal of Economic Theory, Vol. 13 Nr. 3, S. 341-360.
Roßbach, P. (1991), Methoden und Probleme der Performance-Messung von Aktienportefeuilles, Reihe: Aus der Forschung für kreditwirtschaftliche Praxis, hrsg. von Priewasser, E., Bd. 1, Frankfurt.
Rouwenhorst, G. (1999), European Equity Markets and the EMU, in: Financial Analysts Journal, Mai-Juni, S. 57-63.
Rubinstein, M. (1985), Alternative Paths to Portfolio Insurance, in: Financial Analysts Journal, July-August, S.42-52.
Rubinstein, M. (1988), Portfolio Insurance and the Market Crash, in: Financial Analysts Journal, January-February, S. 38-47.
Rubinstein, M./Leland, H.E. (1981), Replicating Options with Positions in Stock and Cash, in: Financial Analysts Journal, July-August, 63-72.
Ruda, W. (1988), Ziele privater Kapitalanleger, Wiesbaden
Rudolf, M./Zimmermann, H./Zogg-Wetter, C. (1993), Anlage- und Portfolioeigenschaften von Commodities am Beispiel des GSCI, in: FuPM, 7. Jg. Nr. 3, S. 339-359.
Rudolph, B. (1979), Zur Theorie des Kapitalmarktes, in: ZfB, 31. Jg. Nr. 11, S. 1034-1067.
Samuelson, P.A. (1963), A Fallacy of Large Numbers, in: Collected Scientific Papers of Paul. A. Samuelson, hrsg. von J. Stiglitz, Chapter 16.
Samuelson, P.A. (1989), The judgment of economic science on rational portfolio management: Indexing, timing, and longhorizon effects, in: Journal of Portfolio Management, Fall, S. 4-12.
Samuelson, P.A. (1994), The Long-Term Case for Equities, in: Journal of Portfolio Management, Fall 1994, S. 15-24.
Sattler, R. R. (1994), Renditeanomalien am deutschen Aktienmarkt, Aachen (zugl. Diss. Augsburg).

Savelberg, A.H. (1992), Währungsoptionsscheine, Wiesbaden.
Schierenbeck, H. (1991), Ertragsorientiertes Bankmanagement, 3. Aufl., Wiesbaden.
Schierenbeck, H./Rolfes, B. (1988), Entscheidungsorientierte Margenkalkulation, Schriftenreihe des Instituts für Kreditwesen der Westfälischen Wilhelms-Universität Münster, Bd. 38, hrsg. von Schierenbeck, H., Frankfurt.
Schmidt, R./May, A. (1993), Erklärung von Aktienindizes durch Pressemeldungen, in: ZfB, 63. Jg. H. 1, S. 61-88.
Schmidt, R.H. (1986), Grundzüge der Investitions- und Finanzierungstheorie, 2. Aufl., Wiesbaden.
Schneider, D. (1992), Investition, Finanzierung und Besteuerung, 7. Aufl., Wiesbaden.
Schnittke, J. (1989), Überrenditeeffekte am deutschen Aktienmarkt, Köln (zugl. Diss. Münster).
Schweimayer, G./Wagatha, M. (2000), Risikomanagement mit Makroderivaten am internen Markt eines Bankenverbundes, in: Verbundtagung Wirtschaftsinformatik, in: Bodendorf von, F; Grauer, M. (Hrsg.), Aachen, S. 150-176.
Schweizer, U.P. (1986), Geldmenge und Aktienpreise, Diss. Bern.
Shaked, I. (1985), International Equity Markets and the Investment Horizon, in: Journal of Portfolio Management, Winter, S. 80-84.
Shapiro, A.C. (1989), Multinational Financial Management, 3. Aufl., Boston et al.
Sharpe W.F./Alexander G.J. (1990), Investments, 4. Aufl., Englewood Cliffs.
Sharpe, W.F. (1963), A Simplified Model for Portfolio Analysis, in: Management Science, Vol. 9, S. 277-293.
Sharpe, W.F. (1964), Capital Asset Prices: A Theory of Equilibrium under Conditions of Risk, in: Journal of Finance, Vol. 19, S. 425-442.
Sharpe, W.F. (1966), Mutual Fund Performance, in: Journal of Business, S. 119-138.
Sharpe, W.F. (1970), Portfolio Theory and Capital Markets, New York et al.
Sharpe, W.F. (1977), The CAPM: A "Multi-Beta" Interpretation, in: Financial Decision Making under Uncertainty, hrsg. von Levy, H./Sarnat, M., New York, S. 127-135.
Sharpe, W.F. (1984), Factor models, CAPM's and the APT, in: Journal of Portfolio Management, Fall S. 21-25.
Sharpe, W.F. (1985), Computer Perspectives, in: Financial Analysts Journal, May-June, S. 10-11.
Sharpe, W.F. (1987), Integrated Asset Allocation, in: Financial Analysts Journal, September-October, S. 25-32.
Sharpe, W.F. (1991), Capital Asset Prices without negative Holdings, in: Finanzmarkt und Portfolio Management, 5. Jg. Nr. 3, S. 212-225.
Sharpe, W.F. (1992), Asset Allocation: Management style and performance measurement, in: Journal of Portfolio Management, Winter, S. 7-19.
Shiller, R. J. (2000), Irrational Exuberance, Princeton.
Shiller, R.J. (1989), Market Volatility, Cambridge MA/London.
Sinkey, J. (1975), A multivariate statistical Analysis of the Characteristics of Problem Banks, in: JoF 30, S.21-36.
Solnik, B.H. (1974), Why not Diversify Internationally rather than Domestically?, in: Financial Analysts Journal, July-August, S. 48-54.

Solnik, B.H. (1991), International Investments, 2. Aufl., Reading et al.

Solnik, B.H./Noetzlin, B. (1982), Optimal international Asset Allocation, in: Journal of Portfolio Management, Fall, S. 11-21.

Sortino, F.A./Meer van der, R. (1991), Downside risk, in: Journal of Portfolio Management, Summer, S. 27-31.

Spremann, K. (1991), Investition und Finanzierung, 4. Aufl., München.

Stambaugh, R.F. (1982), On the exclusion of assets from tests of the two-parameter model, in: Journal of Financial Economics Vol. 10, S. 237-268.

Standard&Poor's (2001), Record Defaults in 2001 the result of Poor Credit Quality and a Weak Economy.

Statman, M. (1987), How Many Stocks Make a Diversified Portfolio?, in: Journal of Financial and Quantitative Analysis Vol. 22, S. 353-363.

Steinbrenner, H.P. (2000), Optionsrechte in der Praxis: von Plain Vanilla bis zu Rainbow-Optionen, Wien.

Steiner, M. (1980), Ertragskraftorientierter Unternehmenskredit und Insolvenzrisiko, Stuttgart.

Steiner, M. (1992), Rating, in: WiSt, H. 10, S. 509-515.

Steiner, M. (1994), Stichwort: Kreditwürdigkeitsprüfung, in: Schierenbeck, H.: Bank- und Versicherungslexikon, 2. Aufl., München, S.425-438.

Steiner, M./Bauer, Ch. (1992), Die Fundamentale Analyse und Prognose des Marktrisikos, in: ZfbF, 44. Jg. Nr. 4, S. 347-368.

Steiner, M./Beiker, H./Bauer, C. (1993), Theoretische Erklärungen unterschiedlicher Aktienrisiken und empirische Überprüfungen, in: Empirische Kapitalmarktforschung, hrsg. von Bühler, W./Hax, H./Schmidt, R., ZfbF Sonderheft 31, S. 99-129.

Steiner, M./Hesselmann, C. (2001), Messung des Erfolgs von Investor Relations, in: Investor Relations am Neuen Markt, hrsg. von Achleitner, A.-K./Bassen, A., Stuttgart, S. 97-117.

Steiner, M./Kleeberg, J. (1991), Zum Problem der Indexauswahl im Rahmen der wissenschaftlich-empirischen Anwendung des Capital Asset Pricing Models, in: DBW, 51. Jg. Nr. 2, S. 171-182.

Steiner, M./Kölsch, K. (1989), Finanzierung, in: DBW, 49. Jg. Nr. 4, S. 409-432.

Steiner, M./Meyer, F. (1993), Hedging mit Financial Futures, in: Handbuch des Finanzmanagements, hrsg. von Gebhardt, G./Gerke, W./Steiner, M., München, S. 721-749.

Steiner, M./Nowak, T. (1994), Zur Bestimmung von Risikofaktoren am deutschen Aktienmarkt auf Basis der Arbitrage Pricing Theory, in: DBW, 54. Jg., S. 347-362.

Steiner, M./Tebroke, H.-J. (1998), Shareholder-Value-Konzepte für das Management von Unternehmen im dynamischen Umfeld, in: Berndt, R. (Hrsg.), Unternehmen im Wandel, Berlin u.a., S. 319-332.

Steiner, M./Wallmeier, M. (1999), Unternehmensbewertung mit Discounted Cash Flow-Methoden und dem Economic Value Added-Konzept, in: Der Finanzbetrieb, 1. Jg., S. 1-10.

Steiner, M./Wittkemper, H.-G. (1993a), Neuronale Netze: Ein Hilfsmittel für betriebswirtschaftliche Probleme, in: DBW, 53. Jg., H. 4, S. 447-463.

Steiner, M./Wittkemper, H.-G. (1993b), Aktienrendite-Schätzungen mit Hilfe künstlicher neuronaler Netze, in: FuPM, 7. Jg., H. 4, S. 443-458.

Steiner, M./Wittkemper, H.-G. (1994), Using Neural Networks to Forecast the Systematic Risk of Stocks, in: Rossignoli, C. (Hrsg): Artificial Intelligence in the Financial Industry, Mailand, S.265-291.

Steiner, M./Wittkemper, H.-G. (1997), Portfolio optimization with a neural network implementation of the coherent market hypothesis, in: European Journal of Operational Research 100, S.27-40.

Steiner, M./Wittrock, C. (1993), Märkte für Instrumente zur Risikoabsicherung, in: Handbuch des Finanzmanagements, hrsg. von Gebhardt, G./Gerke, W./Steiner, M., München, S. 669-719.

Steiner, M./Wittrock, C. (1994), Timing-Aktivitäten von Aktieninvestmentfonds und ihre Identifikation im Rahmen der externen Performance-Messung, in: ZfB, 64. Jg., S. 593-617.

Stenzel, H.-G. (1990), Dem Besitzer kleinerer Vermögen bietet sich das Management über einen Fonds an, in: HB Nr. 233 vom 04.12.1990, S. 26.

Steuer, J.H. (1985), Neue Formen von Kapitalanlagen, in: International Finance Management, Schriftenreihe zur Finanzpraxis international operierender Unternehmen, hrsg. von Swinne, A. H., Bd. 60, Frankfurt.

Stewart, B. (1990), Announcing the Stern Stewart Performance 1,000: A New Way of Viewing Corporate America, Journal of Applied Corporate Finance, Vol. 3, S. 38-59.

Stewart, B. (1991): The Quest for Value, HarperCollins Publishers.

Stöttner, R. (1989), Finanzanalyse, München.

Stulz, R.M. (1988), Program Trading, Portfolio Insurance and the Crash of 1987, in: Finanzmarkt und Portfolio Management, 2. Jg. Nr. 1, S. 11-22.

Süchting, J. (1989), Finanzmanagement, 5. Aufl., Wiesbaden.

Tilley, J.A./Latainer, G.D. (1985), Synthetic Option Framework for Asset Allocation, in: Financial Analysts Journal, May-June, S. 32-43.

Tobin, J. (1958), Liquidity Preference as Behavior Towards Risk, in: Review of Economic Studies, Vol. 25, S. 65-87.

Trautmann, S. (1990), Aktienoptionspreise an der Frankfurter Optionsbörse im Lichte der Optionsbewertungstheorie, in: Optionen und Futures, hrsg. von Göppel, H./Bühler, W./von Rosen, S. 79-100, Frankfurt.

Treynor, J.L. (1965), How to Rate Management of Investment Funds, in: HBR, Vol. 43, S. 63-75.

Treynor, J.L./Black, F. (1973), How to use security analysis to improve porfolio selection, in: Journal of Business, S. 66-86.

Treynor, J.L./Mazuy, K.K. (1966), Can Mutual Funds Outguess the Market?, in: HBR July-August, S. 130-136.

Uhlir, H./Sièvi, F. (1990), Ermittlung der Eingabeparameter für die Optionspreisberechnung, in: Die Bank, H. 7, S. 396-399.

Uhlir, H./Steiner P. (1994), Wertpapieranalyse, 3. Aufl., Heidelberg.

Uthoff, C. (1997), Erfolgsoptimale Kreditwürdigkeitsprüfung auf der Basis von Jahresabschlüssen und Wirtschaftsauskünften mit Künstlichen Neuronalen Netzen, Stuttgart.

Vaga, T. (1990), The Coherent Market Hypothesis, in: Financial Analysts Journal, Nov.-Dez., S. 36-49.

Vandell, R.F./Stevens, J.L. (1989), Evidence of superior performance from timing, in: Journal of Portfolio Management, Spring, S. 38-42.

Vogel, M. (1989), Portefeuillemanagement unter Verwendung von Wertpapierinformationssystemen, Schriftenreihe des Instituts für Kredit- und Versicherungswirtschaft, hrsg. von Bühler, W., Bd. 23, Wien.

Vogel, M. (1990), Anlagepolitik und Asset Allocation, in: Die Sparkasse, 107. Jg. H. 10, S. 446-448.

Wagner, F.W. (1994), Unternehmensbewertung und vertragliche Abfindungsbemessung, in: BFuP, 46. Jg., S. 477-498.

Wagner, F.W./Wangler, C. (1992), Kombizins-Anleihen - Eine Finanzinnovation als Steuersparmodell? in: Der Betrieb 45. Jg. H. 48, S. 2405-2409.

Wallmeier, M. (1997), Prognose von Aktienrenditen und -risiken mit Mehrfaktorenmodellen, Bad Soden/Ts. (zugl. Diss. Augsburg).

Wallmeier, M. (1999), Kapitalkosten und Finanzierungsprämissen, erscheint in: ZfB.

Weber, K. (1990), Wirtschaftsprognostik, München.

Weger, G. (1985) Optionsscheine als Anlagealternative, Wiesbaden.

Weibel, P. (1973), Die Aussagefähigkeit von Kriterien zur Bonitätsprüfung im Kreditgeschäft der Banken, Bern.

Weinrich, G. (1978), Kreditwürdigkeitsprognosen, Wiesbaden.

Welcker, J. (1991), Technische Aktienanalyse, 6. Aufl., Zürich.

Welcker, J./Kloy, J./Schindler, K. (1992), Professionelles Optionsgeschäft, 3. Aufl., Zürich.

Welcker, J./Thomas, E. (1981), Finanzanalyse, München.

Whaley, R.E. (1981), On the valuation of american call options on stocks with known dividends, in: Journal of Financial Economics Vol. 9, S. 207-211.

Whaley, R.E. (1993), Derivatives on Market Volatility - Hedging Tools Long Overdue, in: Journal of Derivatives, Vol. 1, S. 81 ff.

Wild, K.D. (1991), Neuronale Netze erstellen Zinsprognosen, in: Die Sparkasse, 108. Jg., S. 257-260.

Winter, S. (1993), Die Finanzmathematiker der Banken dürften auch in Zukunft Kreativität und Einfallsreichtum zeigen, in: Handelsblatt Nr. 184 vom 23.09.1993, S. B3.

Wittkemper, H.-G. (1994), Neuronale Netze als Hilfsmittel zur Rendite- und Risikoschätzung von Aktien, Köln (zugl. Diss. Münster).

Wittrock, C. (1995), Messung und Analyse der Performance von Wertpapierportfolios, Bad Soden/Ts. (zugl. Diss. Münster)

Wittrock, C./Steiner, M. (1995), Performance-Messung ohne Rückgriff auf kapitalmarkttheoretische Renditeerwartungsmodelle, in: Kredit und Kapital, Heft 1, S. 1-45.

Wolter, H.-J. (1993), Shortfall-Risiko und Zeithorizonteffekte, in: Finanzmarkt und Portfolio Management, 7. Jg. Nr. 3, S. 330-338.

WP-Handbuch (1998), Handbuch für Rechnungslegung, Prüfung und Beratung, Band II, Institut der Wirtschaftsprüfer (Hrsg.), Düsseldorf.

Zell, A. (1994), Simulation Neuronaler Netze, Bonn u.a.

Zenger, Ch. (1992), Zeithorizont, Ausfallwahrscheinlichkeit und Risiko: Einige Bemerkungen aus der Sicht des Praktikers, in: Finanzmarkt und Portfolio Management, 6. Jg. Nr. 1, S. 104-113.

Zenger, Ch. (1994), Zeithorizonteffekte: Replik auf zwei Beiträge mit einer grafischen Illustration, in: Finanzmarkt und Portfolio Management, 8. Jg. Nr. 2, S. 249-254.

Zhu, Y./Kavee, R.C. (1988), Performance of portfolio insurance strategies, in: Journal of Portfolio Management, Spring, S. 48-54.

Ziemer, N. (1993), Die Deutsche Performancemessungs-Gesellschaft - ein Service für institutionelle Anleger, in: Brunner, W.L./Vollath, J. (Hrsg.), Handbuch Finanzdienstleistungen, Stuttgart, S. 445-468.

Zimmermann, H. (1991), Zeithorizont, Risiko und Performance, in: Finanzmarkt und Portfolio Management, 5. Jg. Nr. 2, S. 164-181.

Zimmermann, H. (1992), Performance-Messung im Asset-Management, in: Controlling, hrsg. von Spremann, K. und Zur, E., Wiesbaden, S. 49-109.

Zimmermann, H./Zogg-Wetter, C. (1992), Performance-Messung schweizerischer Aktienfonds: Markt-Timing und Selektivität, in: Schweizerische Zeitschrift für Volkswirtschaft und Statistik, Vol. 128 Nr. 2, S. 133-160.

Zimmermann, H.-G. (1994), Neuronale Netze als Entscheidungskalkül, in: Rehkugler, H./ Zimmermann, H.-G. (Hrsg.): Neuronale Netze in der Ökonomie. Grundlagen und finanzwirtschaftliche Anwendungen, München, S.1-88.

Zurack, M.A. (1989), The many forms of portfolio insurance, in: Fabozzi, F.J. (Hrsg.), Portfolio and Investment Management, Chicago, S. 105-121.

Zwirner, Th. (1992), Gute Sicherheitsstrategien müssen nicht kompliziert sein, in: HB Nr. 49 vom 10.03.1992, S. B3.

Zwirner, Th. (1992), Kenntnis der "Zins-Betas" hilft bei der Strukturierung der Depots, in: HB Nr. 209 vom 28.10.1992, S. B12.

Zwirner, Th. (1992), Maschinenbau-, Chemie- und Autowerte weisen die größte Dollar-Sensitivität auf, in: HB Nr. 168 vom 01.09.1992, S. 29.

Stichwortverzeichnis

A

Abgeld 425
Absicherungsinstrument 129
Abzinsung 148
Additional Margin 458
Adjusted Present Value-Ansatz 245, **252**
Advance-Decline-Linie 279
Agency Costs 1
Agio 173
Aktien 1, 58, 128, **205**
Aktienanleihen 137, **180**
Aktienarten 205
Aktienbewertung 5
Aktienindex 408, 604
Aktienindexfutures 466, **484**
Aktienindizes 514
Aktienoptionen 62, **517**
Aktienoptionsbewertung 320
Aktienoptionsscheine 422
Aktienportfolios 402
Aktivmanagement 586
Allokation 2
Allokationseffizienz 2
Alpha 39
Alphafaktor 306
Alpha-Fehler 196
Amerikanische Option **318**, 566
Amerikanischer Put 343
Amortisationsswap 581
Amtlicher Handel 207
Analyse, fundamentale 15, **43**, 44
Analyse, technische 15, **43**, 44, 45
Anlage, risikolose **23**, 31, 77
Anlagedauer 131
Anlagegattung 92
Anlagehorizont **76**, 77
Anlagerestriktionen 81, 602
Anlagerichtlinien 131
Anlagerisiko 103, **600**
Anleger, institutionelle 15, 131
Anleihe mit variabler Verzinsung 137

Anleihe Stripping 177
Anleihebewertung **135**, **140**
Anleihekonstruktion 447
Anleihekursverlauf 382
Anleihemanagement 201
Anleihemärkte 135
Anleihen 1, 58, 128, **135**
Anleiheoption 382
Anleiheportfolio 161, **201**, **417**
Anleihestrategie, aktive 201
Anleihestrategie, semiaktive 202
Anleihetiming 201
Anleihetypologie 135
Anleihezerlegung 449
Annualisierung 54, 60
Anrechnungsverfahren 225
APT 5, **30**, 35, 36, **613**
APT-Hyperplane 613
APV-Ansatz **252**
Arbitrage 2, 5, **31**, **498**, 504
Arbitragefreiheit 5, 35
Arbitrageportfolio **31**, 32, 325
Arbitrageprinzip 345
Arbitrageprozess 30
Arbitragestrategien 553
Asset Allocation 36
Asset Allocation 36, **51**, 79, 118, 125, 133
Asset Allocation, strategische 90
Asset Allocation, taktische 109
Asset Swaps 577
Assetklassen 109
Asymmetrischen Renditeverteilung 401
Aufgeld 424, 431
Auftragsarten 459, 512, 517
Aufzinsungsfaktor 175
Ausdünnungsverfahren 200
Ausfallwahrscheinlichkeit **64**, 77
Ausfallwahrscheinlichkeit 77
Auslandsanlage, Risiko 104
Ausübung 422
Automated Pit Trading System 574

B

Back-Spreads 539
Balkencharts 274
Ball/Torous-Modell 392
Barausgleich 562
Bardividende 226
BARRA 311
Barrier-Warrants 440
Barwert 3
Barwertkonzept 229, 310
Barwertmodell 140
Basel II 195
Basis 451, 462, **468**, 499
Basis Trading Facility 464
Basishandel 463
Basiskonvergenz 468
Basispreis 318, 518
Basispunktwertmethode 494
Basisrisiko 498
Basis-Trade 463
Basistrend 278
Basiszinsniveau 436
Basket-Warrants 442
Basler Eigenkapitalvereinbarung 195
Bear-Diagonal-Spread 545
Bear-Price-Spread 532
Benchmark 72, 131, 203, **312**, 597, 602
Benchmarkfestlegung 614
Benchmarkportfolio 72
Bereinigung von Renditen 600
Bernoulli-Prinzip 3, 120
Bestimmtheitsmaß 38
Best-of-Two Warrant 441
Beta Fehler 196
Beta, fundamentales 67
Betafaktor **22**, 27, **35**, 36, 38, 40, 41, **66**, 71, 308, 497, 607
Beta-Fonds 315
Betreuer 210
Betriebsvermögen 170
Bewertungsanomalien 4
Bezugskurs 423
Bezugsverhältnis 422
Binomialbaum 388
Binomialmodell 324

Binomialverteilung 337
Black & Scholes-Modell **346**, 426
Black-Modell 223, **394**
Bondindex 604
Bonitätsprüfung 195
Bonitätsrisiken **57**, 163, **186**, **195**, 444, 456, 585
Börsencrash 48
Börsencrash 89
Börsenstruktur 6
Börsenzyklusmodell 131
Bottom-Up-Ansatz 230
Box 555
Branchenanalyse 236
Brancheneinteilung 237
Branchenrotation 313
Brownsche Bewegung 223
Brownsche Brücke 392
Bubbles 295
Buchwert 271
Buchwert/Marktwert-Verhältnis 271
Bull-Diagonal-Spread 544
Bulletstrategie 203
Bull-Price-Spread 531
Bundling 447
Butterflies 533
Buy and Hold 415
Buy and Hold-Konzept 203

C

Call 318, **324**
Callable Swap 581, 582
Call-Delta 327
Call-Ratio-Back-Spreads 539
Candlestick-Charts 276
Cap 177
CAPM **22**, 27, 29, 35, 36, 47, 66, 308, 609
Capped-Warrants 438
Caps 449
Carry Basis 469
Cash and Carry Arbitrage 499, 505
Cash Flow 3, 245, 268
Cash Settlement 430, 434, 435, 481
Cash-Flow-Return-on-Investment 265

CBOE 456, 516
CBOT 454, 455
Census Approach 73
Chaostheorie 302
Chartanalyse 43, 45, 131, **272**, 303
Chart-Formationen 291
Charts 272
Cheapest-to-Deliver-Anleihe 463
Clearing 456, 516
Clearinghouse 456
CME 456
Coherent Market Hypothesis 37
Collars 450
Commercial Paper 190
Compliance Regeln 45
Composite Assets 447
Composites 615
Condor 535
CONF Future 483
contingent claims 317
Conversion 554
Convertible Bond 136
Corporate Bond 142
Cost of Carry 461
Cost-Averaging 131
Covered Warrant **422**, 427, 429
Credit Default Swap 589
Credit Event 588
Credit Linked Note 591
Credit Spread 587
Credit Spread Produkten 589
Cross Hedge 493
Cross-Impact-Technik 84
CtD-Anleihe 473
Cushion 414
Cut-off-point 196

D

Daily Settlement 458
Daten 81
Datenaufbereitung 89
Datenprognosen 81
Datenvoraussetzungen 81
DAX **215**
DAX Future **215**, 457, 485, 497, 504, 509

DAX-Option 562
Dekomposition 311
Delphitechnik 83
Delta 327, **360, 558**
Delta-Hedging 558
Deltaneutralität 558
Depotgrößenproblematik 126
Derivat 2, 5, 36, **317, 453**
Derivatives Instrument 421
Designated Sponsors 214
Deutsche Terminbörse 454
Devisenoption 378
Devisenoptionsscheine 429
Diagonalmodell 16
Diagonal-Spreads 544
Differential Return 610
Differenzgeschäft 459
Direkt-Clearing-Mitglied 456
Dirty Price 162
Disagio 172
Disagiostaffel 173
Discounted Cash Flow (DCF)-Verfahren 242, **245**
Diskontierungssatz 3
Diskontpapier 136
Diskriminanzanalyse, multivariate 197
Diskriminanzanalyse, univariate 196
Diversifikation 13, 22, 27, 57, 72, **89, 109**, 118
Diversifikation, Assetklassen- 91, 95
Diversifikation, Branchen-, Schuldner-, Laufzeiten- 109
Diversifikation, Grenznutzen 127
Diversifikation, Länder- 95
Diversifikation, naive 133
Diversifikation, Titel- 111
Diversifikation, Währungs- 100
Diversifikationsebenen 111
Diversifikationsgrad 405
Dividende 3, 225
Dividendenbesteuerung **225**, 270
Dividendenrendite 270, 603
Dividendenschutz 355
Dividendenthese 3
DM-Auslandsanleihe 135
Doppelwährungsanleihe 136

Dow Jones Euro STOXX 50 487, 564
Dow Jones Euro STOXX 50 Future 487
Dow Jones STOXX 50 487
Dow Jones STOXX 50 Future 487
Dow Jones STOXX 50 Option 564
Dow Theorie 277
Downside Hedging 109
Downside Risiko 601
Dreimonats Euribor Future-Option 571
DTB 454
Dual-Range-Warrant 439
Duplikationsportfolio 329
Duplizierung 325
Duration **157**, 160, 174, 186
Durationskennzahl 161
Durationsmethode 494
DVFA/SG-Schema 244
Dynamische Strategien 409

E

EBIT 268
EBITDA 268
Economic Value Added 257
Effective Duration **166**
Effektivzins 143
Effektivzins nach AIBD 147
Effektivzins, Näherungslösung 144
Efficient Frontier 95
Effizienz 9, **41**, 44, 48
Effizienzkurve **9**, 10, 11, 12, 13, 14, 15, 19, 81
Effizienzthese 6
Eigenhandel 587
Eigenkapital 1
Einfaktormodell, **41**, **306**
Einperiodenfall 324
Einschüsse 457
Einzelwertanalyse 288
Elastizität 426, 428
elektronischer Handel 211
Elliot-Wellen-Theorie 281
Emissionsabgelt 173
Emissionsdisagio 173
Emissionsrendite 174, 185
Emittent 422

Emittentenprüfung 190
Equity-Ansatz 245, 254
Equity linked bonds 180
Erfolgsbeurteilung 596
Erfolgsfaktoren 615
Erfolgsquellenanalyse 615
Erfüllungsrisiko 453, 457
Erfüllungstag 317
Ersteinschuss 458
Ertragswertverfahren 254
Erwartungen, homogene 23, 30, 31
Eurex Deutschland **454**, **470**, **562**
Euribor 137, 480
Euribor Future 480, 501
Euro Bobl Future Optionen 570
Euro Bobl Future **478,** 499
Euro Bund Future 471, 499
Euro Bund Future Option 569
Euro Buxl Future 479
Euro Schatz Future 482
Euro Schatz Future Option 571
Euro-Einführungsgesetz 146
Europäische Option **318**
Europäischer Put 337
Excess Return 604, 610
excess volatility 228
Exchange Delivery Settlement Price 473
Exotische Option 437
Exposure 414
Extrapolation 85, 125, 132
Extrapolationsverfahren 85

F

Fair Range 486
Fair Value 426, 460
Faktoren, makroökonomische 34
Faktoren, mikroökonomische 34
Faktoren, psychologische 36
Faktorsensitivität 28, **32**, 33, 34, 35, 36,
FAZ-Index 603
Fehlbewertungen 4
Fehlklassifikation 196
Festverzinsliche Wertpapiere 135
FIBOR 480
Filterregel 45, **290**

Financial Engineering 2, 578
Finanzchemie 2, 152
Finanzierungsrisiko 310
Finanzierungsstrategien 246, 249, 252
Finanzmarktförderungsgesetz 45
Fixed-Hedge 557
Flat-Notierung 443
FLEX-Option 574
Floater **137**
Floating Rate Note **137**, 449
Floor 403, 409, 449
Fonds 596
Forward Rate 154
Forward Swap 581
Forwards 453
Free Cash Flow 247, 269
Free-Float 216
Freistellungsauftrag 225
Freiverkehr 211
Fremdkapital 1
Fremdwährungsanleihe 135
FTSE International 513
Full Hedging 108
Fundamentalanalyse **228**
Future 2, **454**
Future-Forward Arbitrage 501, 505
Futurehandel 456
Futures 455
Future-Style-Verfahren **394**, 567

G

Gamma 362
Gamma-Hedging 559
Gammaneutralität 560
GARCH-Modell 40, **62**, 63, 377
Garman/Kohlhagen-Modell 431
Gedeckte Optionsscheine 422
Geldmarktpapiere 1
Geldmengenentwicklung 234
General-Clearing-Mitglied 456
Genussscheine 442
Geregelter Markt 209
Gesamtmarkt 58, 66, 70
Gesamtmarktanalyse 277
Gesamtrisiko 39, **56**, 68, 601

Geschäftsrisiko 310
Geschützte Option 355
Gewerbeertragsteuer 255
Gewinnkapitalisierungsmodell 242
Gewinn-Momentum 269
Gewinnprognose 242
Gewinnthese 3
Glattstellung 459
Glattstellungsrisiko 457
Glättungsmethoden 89
Gleichgewichtsmodell 31
Gleitender Durchschnitt 283
Gleitzinsanleihe 136, **183**
Global Investment Performance Standards
    614
Globalanalyse 231
Globalurkunde 430
Good-till-cancelled 459
Good-till-date 459
Goodwill 261
Gross-Basis 463
Growth Stocks 271
Grundgesamtheit 60

H

Halbeinkünfteverfahren 217, 225, 255
Handelsbuch 213
Handelsformen 212
Handelsorganisation 6
Hantelstrategie 202
Häufigkeitsverteilung 63
Hebel 426, 428, 430, 433
Hedge Ratio 108, 327, 493
Hedge-Effizienz 498
Hedgeinstrument 128
Hedgeportfolio 329, 409
Hedging 2, 39, 100, 108, 128, **492**, 515
Hedging-Strategie 201
Hedgingstrategien 556
Heteroskedastizität 40
Hochzinsanleihen 448
Hockeystick 524
Horizontal-Spreads 541

I

IBIS 211
ifo-Geschäftsklimaindex 238
Immediate-or-cancel 459
Immunisierungsstrategie 203
Implied Repo Rate 500, 506
Implizite Volatilität **222**, 428, 432
Income Bond 139
Index 16, 17, 29, 37, **66**, **215**
Indexanleihen 446
Index-Basket 505
Indexierungsstrategie 203
Index-Linked-Notes 446
Indexmodell **16**, 18, 20, 37
Indexmultiplikator 562
Indexnachbildung 451
Indexoptionen 561
Indexoptionsscheine 434
Index-Partizipations-Scheine 451
Index-Zertifikate 451
Indifferenzkurve 121
Ineffizienzen 36
Inflation 35, 129
Information, fundamentale 6, 47, 48, 49
Information, unternehmensspezifische 17
Informationsasymmetrie 1, 614
Informationseffizienz **41**
Informationseffizienzhypothese 31
Informationsparadoxon 44, 228
Informationsverarbeitung 5
Informationsvorsprung 616
Inhaberaktie 205
Initial Margin 458
Innerer Wert 229, 295, **321**, 423, 430
Inputdaten 373
Insiderinformation 44, 45
Insolvenzprognose 198
Interner Zinssatz 597
Inter-Spreads 507
Intra-Spreads 507
Investment Banking 2
Investmentfonds 30, 595
Investor Relations 229
ISDA 514
Isonutzenkurve 13, 21, 25

J

Januar-Effekt 46
Jensen-Maß 610, 613

K

Kalenderzeiteffekte 46
Kalkulationszins 140
Kalkulationszinsfuß 242
Kapitalbewegungen 597
Kapitalbindung 258
Kapitalertragsteuersatz 225
Kapitalflussrechnung 247
Kapitalkosten 4, 35, 249
Kapitalmarkt 2, 29
Kapitalmarkt, vollkommener 3, 31, 41
Kapitalmarkteffizienz **41**, 616
Kapitalmarktgleichgewicht 22, 25, 33
Kapitalmarktlinie **22**, 23, 24, 27, 606
Kapitalmarktmodell, synergetisches 37
Kapitalmarktrisiken 399
Kapitalmarkttheorie 54, 16, **21**, 35, 606
Kapitalmaßnahmen 520
Kapitalstruktur 246
Kapitalverwässerung 445
Kassazinssatz 149
Kaufoption 318
Key Rate Duration 167
Kleinfirmeneffekt 29
Kombizinsanleihe 136, 172, **183**, 184
Konjunktur 235
Kontrahentenrisiken 585
Kontraktspezifikation 409
Konversionsfaktor 464, **473**
Konversionsfaktormethode 494
Konvexität 163
Konvexitätsformel 164
Kopf-Schulter-Formation 292
Körperschaftsteuer 217, 225, 255
Korrelation 7, 16, 609
Korrelation, fundamentale 125
Korrelation, serielle 46
Korrelation, unkorreliert 12, 114
Korrelation, vollständig negative 12, 16, 113

Korrelation, vollständig positive 12, 113
Korrelationskoeffizient 10, 11, 16, 66, **70**, 75, 86
Korridor-Optionsschein 439
Kovarianz 8, 10, 15, 19, **70**
Kovarianz-Matrix 10
Kreditaufnahme, risikolose 31
Kreditderivate 584
Kreditereignis 588
Kreditrisiko 586
Kreditrisikomanagement 585
Kreditwürdigkeitsprüfung 195
Kündigungsrecht 443
Kündigungsrisiko 57
Künstliche Intelligenz 297
Künstliches Neuronales Netz, 198, **296**
Kupon Stripping 177
Kuponeffekt 150
Kurs/Buchwert-Verhältnis (KBV) 272
Kurs/Cash Flow-Verhältnis (KCV) 268
Kurs/Gewinn-Verhältnis (KGV) 267
Kurtosis 602

L

Laufzeiten 422
Law of one price 325
Leerverkauf 31, 32
Leistungsbeurteilung 595
Leiterstrategie 202
Leptokurtosis 63
Leverage-Faktor 426
Liability Swaps 577
LIBOR 481
LIFFE 481, **511**, **574**
LIFFE CONNECT 511, 574
Liniencharts 273
Liquidationswert 271
Liquidität 52, **75**, 126, 128, 614
Liquidationserlös 442
Logarithmische Skalierung 273
Long Butterfly 533
Long Call 523
Long Condor 535
Long Hedge 492, 496
Long Put 525

Long Straddle 546
Long Strangle 547
Long Straps 549
Long Strip 551
Long Time-Spread 542
Long-Position 318
Look-Back-Warrants 440
Low Exercise Price Options 522

M

Macaulay-Duration 162
Macro-Forecasting 617
Maintenance Margin 458
Management, aktives 312
Managementfehler 603
Margin 456, 516, 569
Marginberechnung 457
Marginkonto 458
Marginsystem 457
Market Value Added (MVA) 261
Market-Maker 6
Markt, arbitragefreier 5
Markt, vollkommener 41
Markteffizienz **41**, 227, 314
Marktgleichgewicht 5
Marktindex **17**, 29, 37, 66, **215**, 603
Marktkapitalisierung 73, 218
Marktliquidität 45, 429
Marktmodell **37**, 47, 57, 66, 306
Marktportfolio **22**, 23, 24, 25, 27, 29, 30, 38, 41, 80
Marktrisiko **27**, **58**, 127
Marktsegmente 207
Marktzinsänderung 158, 164
Martingale-Modell 43, 228
Matrix-Szenariotechnik 84
Maturitystrategie 204
Maximalrendite 446
MDAX 218
Mean Reversion 48, 381
MEGA-Zertifikat 446
Mehr-Anlagen-Fall 14, 117
Mehrfaktorenmodelle 310
Mehrperiodenfall 330
Metrische Skalierung 273

Micro-Forecasting 616
Mikrostrukturtheorie 6
Mindestliquiditätshaltung 603
Mindestrendite 64, 77
Mindestverzinsung 444, 446
Minimum Variance Hedging 109
Mittelwert 59
Mittelzufluss 598
Modified Duration 162
Momente einer Verteilung 601
Momentum 284, 289
Moneynes 424
MSCI 513
Multi-Beta-CAPM 28
Multiplikator 414
Musterportfolio 124

N

Nachsteuerrendite 185
Naked Warrant 429
Namensaktie 205
Neglected-Firm-Effekt 47
NEMAX 220
Nennwert 206
Neoinstitutionalismus 37
Net Present Value 141, 152
Netto-Prinzip 457
Neuer Markt 209
Neuronale Netze **296**
Nominalwertmethode 494
Normalverteilung 43, 54, 60, 63, 78, **350**
Normalverteilungshypothese 59, 64
Notierungsform 136
Nullkuponanleihe 136
Nullkuponstrukturkurve 156
Nutzenfunktion 13, 120, 122, 124
Nutzenkurve 21

O

Odd-Lot-Indikator 288
Offene Investmentfonds 597
Offenlegungspflichten 45
Omega 364
Open Interest 459

Opportunitätskosten 3
Option 2, 126, 317
Option auf Anleihen 382
Option auf Zinsfutures 393
Option, amerikanisch 429
Option, amerikanisch **318**, 429
Option, Bewertung 5
Option, Devisen- 378
Option, europäisch **318**, 428
Option, zinsabhängige 380
Optionen 454, 516
Optionsanleihe **178**, 422
Optionsanleihen
Optionsbewertung **321**, 431
Optionsfrist 430
Optionsgenussscheine 445
Optionskontrakt 518
Optionsmarkt 62
Optionspositionen 318, 319
Optionsprämie **318**, 424, 431
Optionspreisformel 337
Optionspreistheorie 409, 529
Optionspreistheorie 529
Optionspreistheorie 317, 318
Optionsrecht 318
Optionsschein 178, 421
Optionsschein-Delta 428, 433
Optionsscheine, Besteuerung 439
Optionsschein-Gamma 428
Optionsschein-Omega 428, 433
Optionsschein-Rho 428
Optionsschein-Theta 428
Optionsschein-Vega 428
Optionstypologie 317
Ordergröße 212
Oszillatoren 287
OTC-Optionen 317
Outperformance 597
Outperformance-Warrants 442
Overlearning 199, 301
Overreaction-Effekt 4
Overreaction-Hypothese 295

P

Participation-Units 451

Partizipationsscheine 442
Passives Portfoliomanagement **314**, 451
Passivmanagement 587
Payer-Swaption 582
Perfect Hedge 492
Performance 51, **76**, 131, 312, **595**
Performance eines Portfolios 605
Performance, Definition 596
Performance, zahlungsstromorientierte 76
Performance-Attribution 615
Performanceindex 216, 434, **603**
Performance-Maß 604
Performance-Messung 30, 36, **595**, 612
Pfadabhängigkeit 438
Pfadunabhängigkeit 438
Physische Andienung 487
Point & Figure-Charts 275
Portfolio 66, 615
Portfolio Insurance 399
Portfolio Selection **7**
Portfolio, diversifiziertes 133
Portfolio, effizientes 4, 7, 15, 89, 125
Portfolio, optimales 128
Portfolio, risikoloses 5, 31
Portfolio, risikominimales 95, 98
Portfolioauswahl 3, 7, 14, 16, 80, 119
Portfolioduration 203
Portfolioduration, **161**, 203
Portfoliolinie **9**
Portfoliomanagement 564
Portfoliomindestwert 403
Portfoliooptimierung 122
Portfolioorientierte Aktienanalyse 304
Portfolioorientierte Risikobestimmung 600
Portfoliorendite 7, 32
Portfoliorevision 132
Portfoliorisiko **8**, 25, 113, 127
Portfolio-Selection-Modell 7, 79, 89
Portfoliostrukturierung 132
Portfoliotheorie **7**, 20, 23, 51, 81
Portfoliovarianz 8, 10
Positionseröffnung 460
Power-Warrants 439
Präferenzfunktion 120, 122
Praktikermethode 85
Preisbildung 6

Preisfaktor **473**
Present Value 445, 447
Present Value einer Anleihe 140
Price Earnings Ratio (PER) 267
Price-Spreads 531
pricing by duplication 325
Primärmarkt 2
Primärtrend 278
Prognose 81, 83
Prognose, konjekturale 82
Prognose, strukturmodellgestützte 85
Prognose, zeitreihengestützte 85
Prognosemethoden 82
Protective Put 404
Proxy 609
Put 318, 337
Put-Call-Parität 345
Put-Call-Ratio 287
Put-Optionsscheine 427
Put-Ratio-Back-Spreads 540

Q

Quantitative Analyse 304

R

R^2-Wert 38
Random Walk 303
Random Walk-Hypothese **43**, 46, 77, **227**
Range-Warrants 439
Ranking 605, 612
Rating 186
Rating Symbole 189
Rating, externes 186
Rating, internes 186
Ratingagenturen 189
Rating-Migrationsmodelle 593
Ratingsymbole 190
Ratio-Call-Spread 537
Ratio-Put-Spread 538
Ratio-Spreads 537
Reale Nettorenditen 614
Receiver-Swaption 582
Referenzzins 449
Regression 37, 38, 67, **87**

Regression, lineare 87
Regression, nichtlineare 88
Regressionsfaktormethode 495
Regressionsfunktion 39
Relative Stärke 289
Relatives Vorteilhaftigkeitsmaß 612
Rendite 7, 15, 19, 22, 24, 51, **52**, **596**
Rendite, arithmetische 53
Rendite, Brutto- 52, 129, 130
Rendite, erwartete 64
Rendite, geometrische 53
Rendite, logarithmierte 54, 60
Rendite, Netto- 52, 129
Rendite, reale 130
Rendite, risikoadjustierte 51
Rendite, Schätzung 38
Rendite, stetige 54, 55
Rendite, unterjährige 54
Rendite, wertgerichtet **597**
Rendite, zeitgewichtet **598**
Rendite/Risiko-Kennzahl, einparametrisch 604
Rendite/Risiko-Kombinationen 618
Renditestrukturkurve 148
Renditevarianz 19
Renditeverteilung, asymmetrische 78
Reproduktionswert 271
Residualgewinn 257
Residualvolatilität 68
Residuen 40
Restlaufzeit 322, 425
Reversal 555
Reverse Cash and Carry Arbitrage 499, 506
Reverse Convertible Bonds 180
Reverse Floater 177
Reverse Trade 459
Reward to Variability Ratio 604, 607
REX 150
REXP 151
Rho 365
Risiko 7, 21, 24, 51, **55**, **56**, **596**
Risiko, systematisches 27, 32, 39, **57**, 127
Risiko, titelspezifisches 56
Risiko, unsystematisches 27, 32, 39, **56**
Risikoadjustierte Rendite 597
Risikoarten 56

Risikoaversion 77, 120, 124
Risikodiversifikation **7**
Risikoeffizienz 21
Risikoeffizienz 80
Risikoeinstellung **13**
Risikofaktoren 30
Risikoklassen 124
Risikokomponenten 106
Risikomaß 8, 27, **58**, 64, 161, 600
Risikoneigung **13**, 14, 77, 80, 132
Risikonutzen 31
Risikoprämie 4, **22**, 24, 27, 30, 33, 34, 604
Risikoreduktion 4, 7, 39
Risikoreduktion 93
Risikoscheu 9, 31, 120
Risikozerlegung 607, 609
Risikozuschlagsmethode 249
Risk Based Margining 457
Risk Based Margining System 458
Rolling Hedge 405
Run-Test 45

S

Sachanlage **57**, 58
Sampling 74
Schätzfunktion 38
Schatz-Future 482
Schätzrisiko 133
Schiefe 602
Schlussabrechnungspreis 473, 563, 568
SDAX 219
Security Market Line, **22**
Sekundärmarkt 2
Sekundärmarkt 207
Sekundärtrend 278
Selektion 613
Selektionsfähigkeit 616
Selektivität 616
Semivarianz 601
Sensitivität **32**
Sensitivitätskennzahlen 360
Sentiment-Indikator 287
Shareholder Value 245
Sharpe-Maß 604

Short Butterfly 534
Short Call 525
Short Condor 536
Short Hedge 492
Short Put 526
Short Straddle 547
Short Strangle 548
Short Straps 550
Short Strip 552
Short Time-Spread 543
Shortfallrisk **64**, 66
Short-Position 318
Short-Range-Oscillator 287
Sicherheiten 456
Sicherheitsäquivalenzmethode 249
Sicherheitsleistung 457
Simulationsmodelle 85
Simultanerklärungsmodelle 125
Single-Index-Modell **16**, 56, 68
Single-Range-Warrant 439
Size Effekt 47
SMAX 210, 219
SMI Future 489
SMI Option 565, 566
Smile-Effekt 375
SOFFEX 454
Sparerfreibetrag 227
Special Purpose Vehicle 591
Spekulationsfrist 171
Split Strike Futures 530
Spot Rate 149, 152
Spread Margin 457
Spread-Position 457
Spreads 531
Spreadstrategien 507
Spread-Warrants 442
Stammaktien 205
Standardabweichung **8**, **59**, 60, 66
Standardisierung 454
Standardnormalverteilung 350
Statische Strategien 403
Step-down-Anleihe 137
Step-up-Anleihe 137
Steuerentlastungsgesetz 170, 517
Steuerklienteleffekt 150
Steuern 1, 3, 10, 30, 36, 41, 129

Stichprobe 60
Stille Reserven 271
Stillhalter 317
Stillhalteroptionsschein 435
Stillhalterstrategie 527
Stochastik 288
Stochastische Dominanz 602
Stock Picking 312
Stock Screening 313
Stop-Aufträge 459, 460
Stop-Loss Strategie 403
Störterm 17, 18, 19, 20, 610
Straddle 546
Straight Bond 135
Strangles 547
Straps 549
Streubesitzregelung 216
Strips 551
Stückzins 146, 443
Stückzinsberechnung 472, 474
Subindex 222
Submartingale Modell 43, 228
Substanzwert 271
Substanzwertverlust 448
SURF-Anleihe 139
Swap-Märkte 583
Swaps 2, 514, 575
Swaption 581
Symmetrische Renditeverteilung 400
synthetische Futures 528
Synthetischer Put 409
Szenariotechnik 82

T

Tafelgeschäfte 170
Tax Shield 245, 247
Technische Analyse **272**
Telefonhandel 215
Terminbörsen 454
Termingeschäfte 317, **453**
Terminmärkte 456
Terminzinssatz 154
Theta 367
Threshold 64
Tick-Wert 473, 487

Tilted Funds 313
Time-Spread-Aufträge 459
Timing 15, 131, 294, 613, **616**
Timing-Messung 618
Timing-Strategie 616
Tobin-Separation 22, 24
Top-Down-Ansatz 236
Top-Down-Ansatz **230**, 236, **277**
Total Rate of Return Swap 590
Total Risk Alpha 612
Total-Return-Orientierung 76
Tracking 315
Tracking Error **72**, 204, 405
Tracking Stocks 207
Traded Options 454
Trading 507
Tradingstrategien 523, 527
Transaktionskosten 1, 3, 6, 10, 30, 36, 41, 81, 126, 129
Treasury-Bond-Future 480
Trend 85, 131, 132, 277
Trendbestätigungsformation 292
Trendextrapolation 85
Trendlinien 286
Trendumkehr 278, **284**
Trendumkehrformation 291
Trennwert 196
Treynor/Black - Maß 612
Treynor/Black Appraisal Ratio 612
Treynor-Maß 607
Trinomialbaum 388
Tubos-Index 423

U

Überperformance 48
Überrendite **45**, 47, 48, 612
Überschussrendite 604
Umlaufrendite 235
Umtauschrecht 445
Unbundling 447
Underlying 454, 588
Ungewissheit 55
Unsicherheit 55
Unterjährige Zeitperioden 141
Unternehmenswertmodelle 592

V

Validitätstest 36, 47
Value Basis 469
Value-Aktien 47
Value-at-Risk 601
Varianz 8, 15, 19, 21, **59**, 60, 63
Variation Margin 458
Vega 369
Veräußerungskurs 175
Verfallmonat 520
Vergleichsportfolio 602
Verhalten, risikoscheues 9
Verkaufsoption 318
Verlustausschluss **418**
Verlustbeteiligung 442
Vermögensverwaltung 595
Verteilung, als Risikomaß 602
Verteilung, leptokurtische 602
Verteilung, Momente 601
Verwässerungseffekt 179, 422
Volatilität **58**, 61, 81, 428, 432, 601, 604
Volatilität, historische 62, 86
Volatilität, implizite 62, 375
Volatilität, zukünftige 62
Volatility Clustering 62, 63
Volatility Smile 375
VOLAX-Future 490

W

WACC-Ansatz 245
Wachstumsmodelle 85
Wachstumswerte 4, 47
Währungsanleihe 136
Währungsblock 128
Währungsfutures 128, 512
Währungshedging 108, 128
Währungskorb 129
Währungsoption 128, 572
Währungsoptionsscheine 429
Währungsrisiko 58, **128**, 201, 604
Währungsswap 575
Währungstermingeschäft 128
Wandelanleihe 136, **179**, 445
Wandelgenussscheine 444
Wandlungsrecht 445

Wechselkursrisiko 100, 101, 102, **128**
Weighted Average Cost of Capital 245
Wertadditivitätstheorem 143
Wertbasis 486
Wertgewichtete Rendite **597**, 599
Wertpapieranalyse 616
Wertpapierhandelsgesetz 45
Wertpapierlinie **22**, 25, 30, 608, 611
Wertpapierresearch 15
Wettbewerb, vollständiger 3
Wiederanlage 132
Wiederauffüllungsansprüche 444
Worst-of-Two-Warrants 441
WTB 455

Zinssatz, risikoloser 22, 27, 30, 38
Zinsstrukturkurve **148**, 152, 163
Zinsswaps 578
Zinstage 141
Zufall 619
Zuflussprinzip des EStG 170
Zuzahlungshöhe 179
Zwei-Anlagen-Fall **10**, 11, 25, 112, 12

X

Xetra 210, 212

Y

You-Choose-Warrants 440

Z

Zeiteffekt 76
Zeitgewichtete Rendite **598**, 599
Zeithorizont 82, 130
Zeithorizonteffekt 36
Zeitstabilität 35, **39**, 40, 69, 84, 86, 125
Zeitwert 423, 430
Zero-Beta-Portfolio 30
Zerobond 2, 78, 136, **152**, **173**, 446
Zerobondabzinsungsfaktor 152
Zerobondstrukturkurve 156
Zero-Coupon Swap 581
Zinsabschlagsteuer 170
Zinsänderungsrisiko **58**, 174, 185, 402
Zinsausgleichzertifikat 450
Zinseszinseffekt 53
Zinsfutures 461, **470**, 507
Zinsniveau 149
Zinsoptionen 566
Zinsoptionsscheine 435
Zinsreagibilität 202
Zinssammler 136, 173